Hintergründe & Infos

① **Vom Brenner bis Bozen**

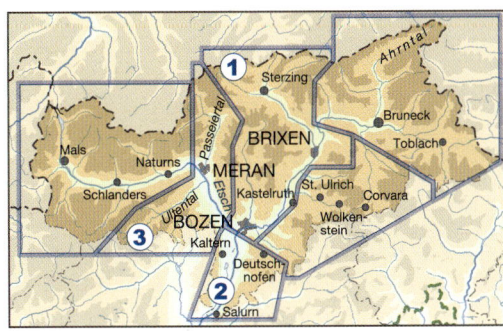

② **Überetsch und Unterland**

③ **Meran und Umgebung**

④ **Der Vinschgau**

⑤ **Pustertal und Nördliche Dolomiten**

⑥ **Dolomiten rund um die Sella**

Text und Recherche: Florian Fritz, Dietrich Höllhuber (Auflagen 1 bis 4) **Lektorat:** Angela Nitsche, aktuelle Auflage Britta Dieterle sowie Heide-Ilka Weber **Redaktion:** Angela Nitsche **Layout:** Gritta Deutschmann **Karten:** Judit Ladik, Hans-Joachim Bode, Carlos Borrell, Theresa Flenger, Günther Grill, Benedikt Neuwirth, Gábor Sztrecska **Fotos:** siehe S. 11 **Grafik S. 12/13:** Johannes Blendinger **Covergestaltung:** Karl Serwotka **Covermotive:** oben: Vom Weißbrunnsee nach St. Gertraud im Ultental (Angela Nitsche); Cover unten: Glückliches Rind auf dem Ritten bei Barbian (Florian Fritz); diese Seiten: Seiser Alm mit Langkofel und Plattkofel (Florian Fritz)

7. KOMPLETT ÜBERARBEITETE UND AKTUALISIERTE AUFLAGE 2018

SÜDTIROL

FLORIAN FRITZ | DIETRICH HÖLLHUBER

Südtirol – Die Vorschau   14

Südtirol – Hintergründe & Infos   18

Die Natur   20
Das Klima	20	Die Pflanzenwelt	25
Die Gesteine – Dolomit und Urgestein	22	Wildtiere in Südtirol	26
		Naturschutz	29

Die Menschen   30
Das Land und sein Image	31	Brauchtum und Feste	36
Bauerndörfer und Handelsstädte	35		

Anreise   39
Mit Auto und Motorrad	39	Mit dem Flugzeug	43
Mit der Bahn	41	Mit dem Fahrrad	43
Mit dem Bus	42		

Unterwegs in Südtirol   44
Mit Pkw, Wohnmobil und Motorrad	45	Mit der Bahn	48
Mit dem Bus	47	Mit dem Fahrrad	48

Übernachten   50

Essen & Trinken   55
Die Speisen und ihre Zutaten	57	Die Getränke	63

Mit Kindern in Südtirol   67

Sport   69
Sommersport	69	Wintersport	72

Wissenswertes von A bis Z   75
Alpenverein Südtirol (AVS)	75	Information	77
Ärztliche Versorgung	75	Infos im Internet und Südtirol-Apps	77
Einkaufen und Souvenirs	76	Kirchen und Gottesdienste	78
Geld und Banken	76	Kommunikation	78
Gesundheit und Wellness	76	Konsulate	78
Haustiere	77		

Kulturszene	78	Öffnungszeiten	82
Kurtaxe	79	Rauchen	82
Landkarten	79	Reiseveranstalter	82
Literatur	79	Reisezeit	82
Museen	81	Schutzhütten	83
Musik und Film	81	Sprachen/Dialekt	83
Notruf/Infodienste/Polizei/ Gendarmerie	82	Zeitungen	83
		Zoll	83

Abriss der Geschichte — 84

Vor- und Frühgeschichte	84	Die Aufklärung – Karl VI., Maria Theresia, Joseph II.	92
Die Römer kommen	85	Der Tiroler Freiheitskampf gegen Franzosen und Bayern	93
Goten, Franken, Langobarden – und Bajuwaren	86	1848 bis 1914 – die Gründerzeit	94
Im Fränkischen Reich	87	Erster Weltkrieg und Zwischenkriegszeit – die Teilung Tirols	94
Tirol wird Tirol	87	Zweiter Weltkrieg und Nachkriegszeit	96
Die ersten Habsburger – von Leopold III. bis zu Kaiser Maximilian	89	Die Gegenwart – Südtirol als autonome Provinz	97
Bauernkrieg, Reformation, Pest und Gegenreformation	91		

Die Kunstlandschaft Südtirol — 99

Präromanik und Romanik	100	Vom 19. zum 21. Jahrhundert: Gründerzeit, Moderne und Postmoderne	103
Gotik und Spätgotik	101		
Barock	103		

Südtirol – Reiseziele — 106

Vom Brenner bis Bozen — 108

Das Wipptal	108	Nördlich von Brixen	150
Der Brennerpass	109	Auf die Plose	154
Gossensass und das Pflerschtal	112	Das Lüsner Tal	156
Sterzing	116	Feldthurns	157
		Klausen	161
Das Ridnauntal	125	Lajen	168
Das Pfitschtal	132	Villanders	169
Von Sterzing nach Brixen	133		
Das Eisacktal	136	Waidbruck und Barbian	172
Brixen	137	Bozen	175
		Stadtgeschichte	176

Sehenswertes in der Altstadt	188
Die Bozner Museen	193
Sehenswertes/Ausflüge außerhalb der Altstadt	194
Der Ritten	199
Das Sarntal	207

Überetsch und Unterland ___ 214

Gemeinde Eppan	215
Kaltern	233
Tramin	245
Kurtatsch, Margreid und Kurtinig	250
Salurn	253
Neumarkt	255
Auer und Montan	258
Aldein und Radein	263
Naturpark Trudner Horn, Truden und Altrei	268

Meran und Umgebung ___ 272

Meran	272
Geschichte	273
Sehenswertes	288
Museen	292
Spaziergänge und Ausflüge	294
Nördlich von Meran	297
Algund	298
Dorf Tirol	303
Schloss Tirol	307
Kuens und Riffian	311
Schenna	313
Das Passeiertal	320
Südlich von Meran	332
Marling	332
Ausflug auf dem Marlinger Waalweg	334
Lana	335
Das Ultental	346
Abstecher auf den Deutschnonsberg	353
Tisens und Prissian	357
Nals	359
Der Tschögglberg	360
Hafling und Meran 2000	360
Mölten und Vöran	363
Terlan	366
Andrian	369

Der Vinschgau ___ 370

Von Meran in den Vinschgau	374
Partschins	375
Naturns	380
Das Schnalstal	390
Der untere Vinschgau	400
Kastelbell	401
Latsch	404
Goldrain	411
Morter	413
Das Martelltal	414
Schlanders	418
Laas	422
Der obere Vinschgau	427
Von Prad zum Ortler	428
Prad am Stilfser Joch	429
Stilfs	432

Trafoi	433	Burgeis	454
Das Suldental	437	Das Reschengebiet	458
Schluderns	440	Im Langtauferer Tal	462
Glurns	445	Das Münstertal	464
Mals	449	Taufers	465

Pustertal und Nördliche Dolomiten ___ 468

Das Unterpustertal	468	Das Ahrntal	501
Mühlbach und das Valser Tal	469	Das Antholzer Tal	509
Meransen	474	Welsberg und das Gsieser Tal	514
Vintl und das Pfunderer Tal	475		
Terenten und Pfalzen	477	Das Hochpustertal	518
Bruneck	479	Toblach	520
St. Lorenzen/ Kloster Sonnenburg	486	Niederdorf	525
		Das Pragser Tal	526
Das Tauferer Tal und das Ahrntal	493	Innichen	531
		Sexten	536
Sand in Taufers	494		

Dolomiten rund um die Sella ___ 544

Das Gadertal (Abteital)	544	Das Seiser-Alm-Gebiet	604
Alta Badia – das Hochabteital	545	Seis	605
Das mittlere Gadertal	558	Völs	608
Abtei/Badia Ortsteile Pedratsches/ Pedraces und St. Leonhard	558	Kastelruth	611
		Auf der Seiser Alm	615
		Compatsch	617
Wengen/La Val	560	Das Rosengartengebiet	620
St. Martin in Thurn/San Martin de Tor/San Martino in Badia	562	Tiers und das Tierser Tal	621
		Das Eggental	624
Enneberg/Marebbe/Mareo	564	Welschnofen	624
Das Villnösser Tal	570	Im Rosengarten	629
Das Grödner Tal	578	Im Latemar	631
St. Ulrich	580	Deutschnofen und Obereggen	631
St. Christina	590		
Wolkenstein	594		

Register ___ 639

Tourenverzeichnis

Tour 1	Mit dem Rad durch das Pflerschtal	115
Tour 2	Wanderung von Maiern zur Grohmannhütte	130
Tour 3	Im Ridnauntal – mit dem Rad von Sterzing nach Maiern	131
Tour 4	Wanderung zum Latzfonser Kreuz	166
Tour 5	Wanderung vom Durnholzer See nach Reinswald	213
Tour 6	Wanderung oder mit dem Rad von Girlan über die Montiggler Seen nach Kaltern	232
Tour 7	Wanderung oder Radtour von Montan nach Kaltenbrunn auf der ehemaligen Trasse der Fleimstalbahn	262
Tour 8	Wanderung vom Joch Grimm auf das Weißhorn	267
Tour 9	Mit dem Rad von Meran über den Hecherhof nach Burgstall	296
Tour 10	Wanderung von den Muthöfen über die Spronser Seenplatte hinunter zum Longfallho	310
Tour 11	Wanderung unter dem Hirzer	329
Tour 12	Wanderung über die Ultner Stauseen zur Höchster Hütte und den Weißbrunnalmen	356
Tour 13	Wanderung vom Latschiniger Albl nach Tarsch	408
Tour 14	Wanderung von St. Martin im Kofel über Egg und Vorra nach Schlanders	410
Tour 15	Rundtour mit dem Rad von Laas über Tannas, Schluderns und Prad	425
Tour 16	Wanderung an den Waalen oberhalb Schluderns: von Schluderns nach Mals	443
Tour 17	Mit dem Rad von Glurns über die Schartalm nach Stilfs	447
Tour 18	Wanderung von Melag auf die Weißkugelhütte	463
Tour 19	Mit dem Rad von St. Lorenzen bei Bruneck nach Mühlbach auf dem Pustertal-Radweg	488
Tour 20	Wanderung von Kasern auf die Birnlückenhütte	508
Tour 21	Mit dem Rad durchs Höhlensteintal	527
Tour 22	Rund um die Drei Zinnen	529
Tour 23	Auf den Helm und zur Sillianerhütte	542
Tour 24	Wanderung von Wengen durch die Viles	562
Tour 25	Wanderung über die Sennes auf die Seekofelhütte	568
Tour 26	Wanderung rund um die Aferer Geisler	576
Tour 27	Wanderung von der Seceda zur Regensburger Hütte und nach Wolkenstein	589
Tour 28	Wanderung rund um den Langkofel	601
Tour 29	Wanderung von Kastelruth über St. Valentin nach Seis	615
Tour 30	Wanderung von der Seiser Alm auf den Schlern und zum Tierser Alpl	619

Kartenverzeichnis

Südtirol Übersicht

Bozen/Bolzano	185
Vom Brenner bis Bozen	110/111
Brixen/Bressanone	140/141
Bruneck/Brunico	482
Dolomiten rund um die Sella	548/549
Eppan/Appiano	218/219
Kaltern/Caldaro	238/239
Meran/Merano Übersicht	280/281

Umschlagklappe hinten

Meran/Merano Innenstadt	287
Meran und Umgebung	275
Pustertal und Nördliche Dolomiten	470/471
Sterzing/Vipiteno	121
St. Ulrich/Urtijëi/Ortisei	582/583
Überetsch und Unterland	217
Der Vinschgau	372/373
Wolkenstein/Sëlva/Selva	597

Zeichenerklärung für die Karten und Pläne

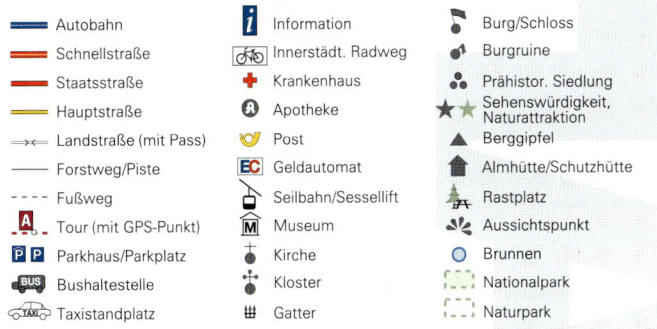

- Autobahn
- Schnellstraße
- Staatsstraße
- Hauptstraße
- Landstraße (mit Pass)
- Forstweg/Piste
- Fußweg
- Tour (mit GPS-Punkt)
- P P Parkhaus/Parkplatz
- BUS Bushaltestelle
- TAXI Taxistandplatz
- Information
- Innerstädt. Radweg
- Krankenhaus
- Apotheke
- Post
- EC Geldautomat
- Seilbahn/Sessellift
- M Museum
- Kirche
- Kloster
- Gatter
- Burg/Schloss
- Burgruine
- Prähistor. Siedlung
- Sehenswürdigkeit, Naturattraktion
- Berggipfel
- Almhütte/Schutzhütte
- Rastplatz
- Aussichtspunkt
- Brunnen
- Nationalpark
- Naturpark

Fotonachweis

Dietrich Höllhuber: S. 44, 75, 88, 95, 109, 117, 159, 175, 195, 211, 225, 226, 273, 294, 306, 316, 321, 331, 337, 345, 383, 389, 390, 400, 403, 404, 419, 427, 432, 441, 446, 452, 468, 469, 473, 476, 484, 493, 510, 511, 518, 534, 537, 544, 545, 550, 587, 592, 636 I Florian Fritz: S. 10, 20, 26, 33, 37, 49, 52, 59, 62, 66, 67, 69, 81, 83, 100, 105, 113, 123, 125, 127, 135, 143, 145, 149, 152, 157, 163, 169, 174, 179, 181, 187, 189, 197, 203, 205, 206, 214, 220, 229, 230, 231, 235, 237, 249, 256, 271, 274, 283, 289, 291, 292, 293, 301, 308/309, 313, 322, 328, 335, 339, 350, 352, 362, 370, 371, 375, 377, 381, 385, 392, 395, 398, 399, 407, 413, 414, 423, 435, 456, 461, 478, 480, 485, 490, 494, 495, 496, 502, 520, 525, 529, 531, 538, 540, 541, 543, 553, 554, 557, 561, 565, 568, 570,572, 574, 575, 581, 585, 588, 593, 595, 599, 600, 601, 602, 604, 607, 610, 614, 622, 627, 629, 630, 632 I Ferienregion Tauferer Ahrntal: S. 504 I Mirko Graf 222, 227, 244, 286, 318 I Sibylle Fritz: S. 27 I Steffen Fietze: S. 39, 50, 102, 136, 147, 165, 173, 254, 556 I Südtirol Marketing, Andergassen: S. 17 I Südtiroler Archäologiemuseum, A. Ochsenreiter S. 191

Die in diesem Reisebuch enthaltenen Informationen wurden vom Autor nach bestem Wissen erstellt und von ihm und dem Verlag mit größtmöglicher Sorgfalt überprüft. Dennoch sind, wie wir im Sinne des Produkthaftungsrechts betonen müssen, inhaltliche Fehler nicht mit letzter Gewissheit auszuschließen. Daher erfolgen die Angaben ohne jegliche Verpflichtung oder Garantie des Autors bzw. des Verlags. Autor und Verlag übernehmen keinerlei Verantwortung bzw. Haftung für mögliche Unstimmigkeiten. Wir bitten um Verständnis und sind jederzeit für Anregungen und Verbesserungsvorschläge dankbar.

Was haben Sie entdeckt? Haben Sie einen schönen Wanderweg, ein freundliches Gasthaus oder eine idyllische Herberge entdeckt? Wenn Sie Empfehlungen aussprechen möchten oder Ihnen Ungenauigkeiten aufgefallen sind, die sich trotz gründlicher Recherche immer wieder einschleichen können, lassen Sie es uns bitte wissen. Ihr Tipp kommt der nächsten Auflage zugute.
Schreiben Sie an: Florian Fritz, Stichwort „Südtirol"
c/o Michael Müller Verlag GmbH | Gerberei 19, D – 91054 Erlangen
florian.fritz@michael-mueller-verlag.de

ISBN 978-3-89954-389-0
© Copyright Michael Müller Verlag GmbH, Erlangen 2004–2018. Alle Rechte vorbehalten. Alle Angaben ohne Gewähr. Druck: Hofmann Infocom, Nürnberg.

Aktuelle Infos zu unseren Titeln, Hintergrundgeschichten zu unseren Reisezielen sowie brandneue Tipps erhalten Sie in unserem regelmäßig erscheinenden Newsletter, den Sie im Internet unter **www.michael-mueller-verlag.de** kostenlos abonnieren können.

Vielen Dank! Florian Fritz bedankt sich bei seiner Frau Sibylle für die Co-Recherche und das akribische Überarbeiten des Serviceteils, bei Heidi Überbacher aus Wolkenstein sowie bei folgenden Lesern, die ihm wertvolle Tipps geschickt haben: Franz Slemr, Brigitte Elbert, Jürgen Ciprian und Christina Gumbel, Yasmine Albert, Werner Krieg, Nikola Sellmair, Dr. A. Häusler, Sabine Weller, Ida Gruber, W. Prange, Hans Müller, Anja Wiegand, Rafael Ulbrich, Christian Spath und Angelika Beyreuther, B. Reineke, Jan Linke.

 Mit dem grünen Blatt haben unsere Autoren Betriebe hervorgehoben, die sich bemühen, regionalen und nachhaltig erzeugten Produkten den Vorzug zu geben.

Wohin in Südtirol?

① Vom Brenner bis Bozen
→ S. 108

Vom Brenner, den Generationen überquerten, um in den sonnigen Süden zu gelangen, zieht sich das Wipptal über das mittelalterliche Sterzing bis zur altösterreichischen Franzensfeste. In der Bischofsstadt Brixen werden kulturelle Bedürfnisse gestillt, in den Weindörfern rundum sind es eher die kulinarischen. Schmal wird das Eisacktal vor Bozen, wo sich der Blick nach Süden öffnet und im Herzen der Stadt das Ötzimuseum winkt.

② Überetsch und Unterland
→ S. 214

Weindörfer zieren die sanften Hänge im südlich warmen Überetsch: Eppan, Kaltern, Tramin, darüber thronen alte Adelssitze und winzige, freskengeschmückte Kirchlein. Im Unterland, dem breiten Tal der Etsch, ist Neumarkt ein alter Handelsort, während Salurn mit der Haderburg die Pforte ins Italienischsprachige bewacht – hier kam schon Dürer vorbei. Hohe Berge, Mendel und Weißhorn, flankieren Überetsch und Unterland, Dörfer wie Aldein oder Truden garantieren entschleuni-genden Urlaub.

③ Meran und Umgebung
→ S. 272

Meran ist eine Kurstadt aus dem Bilderbuch, schließlich war auch Kaiserin Sissi mal hier. Das Klima ist kurstadtmild, die Vegetation fast subtropisch. Rundum Bergerlebnis pur – ob Waalwanderung und Weinverkostung, gemütliche Almrunde oder Gipfelsturm in der Texelgruppe oder im Ultental mit seinen auf steilen Bergflanken klebenden Bergbauerndörfern und heute noch bewirtschafteten Almen. Andreas Hofer stammt aus dem noch sehr traditionellen Passeiertal, darauf ist hier jeder stolz.

⑤ Pustertal und Nördliche Dolomiten → S. 468

Von Brixen über den Hauptort Bruneck, über Toblach, Innichen und weiter nach Osttirol zieht sich das Pustertal. Langgezogene zentralalpine Täler flankieren das Tal im Norden, Tauferer Tal und Ahrntal reichen bis an Südtirols nördlichsten Punkt am Alpenhauptkamm. Dagegen lockt im Süden mit Zwölferkofel, Drei Zinnen und Seekofel über dem Pragser Wildsee eine ganz andere Landschaft, jeder Gebirgsstock der Nördlichen Dolomiten ist unverwechselbar.

④ Der Vinschgau → S. 370

Wer's im Urlaub gerne regenarm hat, verbringt ihn im Vinschgau, wo man an den sonnigen Steilhängen nur mit Bewässerung durch Waale ein bäuerliches Auskommen hat-te und hat. Äpfel dominieren den Talboden, zu den hohen Bergen – den Ötztaler Alpen im Norden (dort fand man Ötzi) und der Ortlergruppe im Süden – wandert man über Bergbauernhöfe und Almen. Solide bis spektakuläre Unterkünfte bieten Schlanders, Schluderns, Mals, Sulden und viele andere Orte, von den Sportmöglichkeiten mal ganz zu schweigen.

⑥ Dolomiten rund um die Sella → S. 544

Zwei der fünf Täler Ladiniens, Gadertal und Grödner Tal, liegen in Südtirol, dort ist Dreisprachigkeit normal. Berge wie Langkofel, Sella, Puez, Sennes, Fanes locken mit Touren ab St. Ulrich, Wolkenstein, Corvara und St. Kassian. Mehrere Naturparks schützen diese seit 2009 auch als UNESCO-Welterbe gelistete Landschaft. Das Villnösser Tal mit den Geislerspitzen (in denen Reinhold Messner das Klettern lernte) bietet eine deutschsprachige Ausnahme.

Südtirol: Die Vorschau

Kulturelles Cross-over

Mitteleuropa. Alpen, Italien, drei Sprachen (Ladiner!) – ein Land? Südtirol ist gerade italienisch genug, um ein gewisses mediterranes Flair auszustrahlen, und mitteleuropäisch genug, um dieses mit ausgesprochen samtiger Gemütlichkeit zu verbinden. Diese Atmosphäre gibt jedoch keine Erklärung dafür, dass die Besucher sich aus allen Altersstufen, Schichten und Interessengruppen zusammensetzen. Übrigens keineswegs nur aus dem deutschsprachigen Raum, denn auch von anderswo kommt man nach Südtirol, und der Rest Italiens ist von diesem Kuckucksei deutscher Kultur im eigenen Nest so fasziniert wie wir. Aber jetzt Nägel mit Köpfen: Was ist es, das Südtirol so unvergleichbar macht? Das Geheimnis ist der ziemlich unwahrscheinliche und auf jeden Fall einmalige Mix, das kulturelle Cross-over aus Deutsch-Mitteleuropa, alpiner Tradition und Dreisprachigkeit, das für sich allein schon spannend genug wäre, aufgepeppt mit einem kräftigen Schuss mediterraner Lebensart und kräftiger italienischer Würzung in Alltag, Küche, kulturellem Umfeld und Weltsicht.

Bergbauernkultur

Es gibt angeblich Bergbauernhöfe in Steillage, auf denen die Hühner Steigeisen benötigen. Tatsache: Die Heuernte ist auf manchen seit vielen Generationen bewirtschafteten Südtiroler Bergbauernhöfen lebensgefährlich, aber auch lebensnotwendig, sonst übersteht das Vieh den Winter nicht. Trotz der Almen, auf denen es den Sommer verbringt. Uns Gästen der Berge öffnen viele Höfe ihre Stuben und bewirten uns mit selbst gemachtem Käse, Speck und frischer Milch, oder sie haben ein Zimmer, ein Apartment ausgebaut und bieten Urlaub auf dem Bauernhof. Das Leben dort, auch wenn es nur vorüber-

„Kräftiger Schuss mediterrane Lebensart"

gehend ist, ermöglicht uns die Entschleunigung, die wir im Urlaub suchen, da wir sie sonst selten finden.

Bergsport für jede Jahreszeit

Es muss ja nicht gleich der Ortler sein. Oder die Sella Ronda. Oder ein Transalp-Event. Südtirol ist eine Ferienaction-Destination sondergleichen. Sommer: Dreitausender gefällig oder Waalwandern mit gemütlichen Buschenschankrasten? Oder lieber das Radl vom Auto abschnallen und auf eine von unzähligen Touren zwischen Ortlergruppe und Dolomiten? Oder doch Familienradtour auf dem Pustertal- oder Vinschger-Radweg? Winter: Dolomiti Superski ist der größte Lift- und Pistenverbund weltweit. Muss man da noch was sagen? Doch: Die Dolomiten sind seit 2009 UNESCO-Welterbe – wegen ihrer überwältigenden Schönheit, im Sommer wie im Winter.

Von Ötzi-Museum bis MMM

Mumien haben ihre gruseligen Reize – der Ötzi-Mumie hat man (fast) all ihre Geheimnisse entlockt. Vor 5300 Jahren lebte der Mensch, dessen vertrocknete Überreste im Bozner „Südtiroler Archäologiemuseum" betrachtet werden können. 25 Jahre wissenschaftliche Untersuchungen haben ungezählte Details über das Leben in Südtirol zu Ötzi-Zeiten ans Licht gebracht. Südtirols Museen können aber auch über ganz andere Phasen erzählen: Leben der feinen Leut' im Mittelalter im Freskenzyklus von Schloss Runkelstein, Leben der Bergvölker in einem „Messner Mountain Museum" (MMM), etwa im „Firmian" in der Ruine Sigmundskron, römische Funde im Mansio Sebatum St. Lorenzen bei Bruneck, Krippen vom Barock bis zur Gegenwart in der Brixner Hofburg. Da reicht ein einziger Urlaub leider nicht.

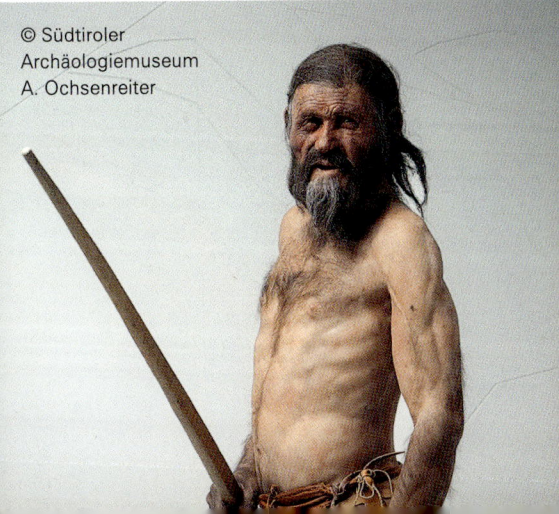

© Südtiroler Archäologiemuseum
A. Ochsenreiter

Südtirol: Die Vorschau

Küche und Keller

Beides geht: Schlutzkrapfen und Pasta. Der kulturelle Mix hat Südtirol eine einfallsreiche Küche spendiert, die locker mit alpin-österreichischen und italienischen Anregungen umgeht. Die schlichte alpine Küche der Bergbauerngebiete (Gerstlsuppe, Schlutzer, Knödel, Schöpsernes, Strudel) und jene von der Wiener Küche beeinflusste der Bürgerstädte (Tafelspitz, Sachertorte) verbanden sich mit der italienischen Gastrotradition zu einer unverwechselbaren Südtiroler Küche, für die es mittlerweile so viele Kochbücher gibt, dass sie mehrere Regale füllen würden. Das Schöne ist, dass man zwischen rein traditionellen Gasthäusern und feinen Restaurants wählen kann und dass es auch noch mit dem herbstlichen „Törggelen", dem Genuss von Wein, Kastanien und traditioneller Bauernkost nach der Weinernte, eine ganz speziell Südtiroler kulinarische Jahreszeit gibt.

Apropos Wein: Vom einfachen „Kalterer See" bis zu den vielfach international prämierten Kreszenzen aus den Weinkellereien von Bozen, Terlan, Eppan, Kaltern und so vielen anderen Orten bietet Südtirol eine Vielfalt, die keine andere Region Italiens erreicht.

Kinder willkommen!

Südtirol tut was für den Nachwuchs: Rabatte und spezielle Programme locken. Billig ist Familienurlaub zwar nie, aber er fällt nicht so ins Gewicht, wenn die Kleinen gar nichts zahlen und die Heranwachsenden Rabatte bis zu 50 % bekommen. Kinderprogramme sind ebenfalls die Regel; die Eltern können entspannen, die Kinder sind zumindest mal einen Tag lang versorgt. Die Programme sind vielfältig: Schatzsuche, Sagenstunde, Kinderrafting, Lamatrekking, Schnupperklettern, Ausflug mit dem (Kinder-)Mountainbike, Abenteuerpark, Basteln, Malen. Rodelbahnen im

„Enrosadüra in den Dolomiten"

Sommer wie im Winter, Skikindergärten, Kinderskikurse. Vielerorts Kinderbetreuung. Oder einfach Planschen: kein anständiges Hotel ohne Poolbereich für die Kinder, Bächlein auf der Alm bei der kindgerechten Wanderung, Wasseropern à la „Acquarena".

Die Musik spielt

Zwischen Kastelruther Spatzen und Haydn Orchester gibt es jede Menge Zwischentöne. Die Volksmusik gehört zu Südtirol. Echte Volksmusik, wie sie an hohen Feiertagen von der Blaskapelle des Dorfes vor der Kirche gespielt wird und jene schlagerlastige Variante, die sich mit den Kastelruther Spatzen verbindet und Dutzenden anderer Gruppen, die bei Volksfesten und Kirtagen auftreten. Sie sind dem Haydn Orchester, das in Bozen und Toblach (Mahler hat dort das „Lied von der Erde" komponiert) zu hören ist, keine Konkurrenz. Eher lässt sich das von der modernen jungen Musik Südtirols sagen wie dem ladinischen Damentrio Ganes oder dem innovativ-fetzigen Herbert-Pixner-Projekt, die mit ihrem musikalischen Crossover dazu beitragen, dass sich Südtirol ständig neu erfindet.

Enrosadüra

Die Landschaft der Dolomiten ist eines der großen Wunder unserer Erde. Die Ernennung zum UNESCO-Welterbe kam reichlich spät, den Dolomiten hätte man sie bereits ganz zu Anfang zuordnen müssen. Wollte man nur eine Landschaft Südtirols herausgreifen, die es immer und immer wieder lohnt, sie zu besuchen, man müsste sich wohl für das Einmalige, das Einzigartige entscheiden: die Dolomiten. Diese zerklüfteten Kalk- und Dolomitspitzen, die riesigen Plateaus, der Kontrast zwischen grünen Almwiesen und grellweißem Gestein und der Sonnenuntergang, die Enrosadüra, wie ihn die Ladiner nennen – wo gibt's das noch?

„Knottnkino" mit Blick auf Etschtal und Ultener Berge

Hintergründe & Infos

Die Natur	→ S. 20	Sport	→ S. 69
Die Menschen	→ S. 30	Wissenswertes von A bis Z	→ S. 75
Anreise	→ S. 39	Abriss der Geschichte	→ S. 84
Unterwegs in Südtirol	→ S. 44	Die Kunstlandschaft Südtirol	→ S. 99
Übernachten	→ S. 50		
Essen & Trinken	→ S. 55		
Mit Kindern in Südtirol	→ S. 67		

Burg Taufers

Die Natur

Vom randmediterranen zum subarktischen Klima, von Weinlandschaft bis in Gletscherhöhe, von wilden Dolomitnadeln zu dunklen Urgesteinswänden, von der Umwelt der Smaragdeidechse bis zu jener des Alpenmurmeltiers erstreckt sich Südtirols Naturraum. Mit einer Handvoll Naturparks vom südlich-milden Mittelgebirge des Trudner Horns zur Hochgebirgslandschaft der Texel- und Rieserfernergruppe und den beiden Dolomiten-Naturparks sowie einem generös geschnittenen Nationalpark um den höchsten Berg, den Ortler, hat sich das Land ein Naturreservoir für die Zukunft und ein Dorado für Freizeitsportler geschaffen.

Das Klima

Südtirol hat im unteren Etschtal Anteil am milden insubrischen Klima Oberitaliens. Seine Gipfelregion am Alpenhauptkamm, in der Ortlergruppe, den Sarntaler Alpen und den Dolomiten ist dagegen durch das harsche alpine Klima geprägt.

Von einem Südtiroler Klima zu sprechen ist also ziemlich unsinnig, und, stellen wir's gleich fest, im Zusammenhang etwa mit dem Kalterer See oder der Meraner Gegend von mediterranem Klima zu sprechen ist schlechthin Unfug, wenn nicht bewusste Fehlinformation. Was keineswegs der Feststellung widerspricht, dass es in Südtirol deutlich wärmer und milder ist als nördlich der Alpen und häufig auch trockener. Das hängt schon einmal mit der geographischen Lage zusammen, schließlich ist Südtirol der südlichste Bereich des deutschen Sprachraums und hat schon deshalb wärmere Sommer und tendenziell höhere Temperaturen. Das hängt auch mit der Schutzwirkung zusammen, der der Alpenhauptkamm im Norden und Nordwesten hat, der allzu kalte Winde und allzu starke Stürme abhält. Leider aber auch die Regenwolken, was besonders im Vinschgau zu so geringen Niederschlagsmengen führt (unter 500 mm), dass die Landwirtschaft seit Jahrhunderten mit Fremdwasser arbeiten muss, nämlich dem Kanalisationssystem der Waale, mit dem man noch heute ansonsten ungenützt abfließendes Wasser aus der regenreicheren Bergregion in die trockenen Täler leitet. Und umgekehrt kommt durch das weit nach Süden geöffnete Etschtal warme Luft aus der Po-Ebene bis in die Meraner Gegend und hebt dadurch die Durchschnittstemperaturen.

Die fünf Klimazonen Südtirols kann man auf einer Fahrt von Bozen in die Texelgruppe oder in die Dolomiten erleben. Man startet im insubrischen Klima, das von der Salurner Klause etwa bis Bozen reicht und das durch eine mittlere Jahrestemperatur von über 10 °C gekennzeichnet ist. Die Winter sind mild, es gibt selten Frost, die Niederschläge liegen bei 700 bis 900 mm, es gibt keine längeren Trockenperioden. Typischerweise sind im Winter die Südhänge schneefrei. Schon wenig höher beginnt die Zone des submontanen mitteleuropäischen Klimas, die Niederschlagsmengen sind sehr unterschiedlich, im Vinschgau bis unter 500 mm, auch im Eisacktal ist es sehr trocken, anderswo erreichen sie 1400 mm. Flaumeiche, Hopfenbuche und die vom Menschen eingeführte Esskastanie charakterisieren diese Klimazone. Das Jahresmittel der Temperatur liegt zwischen 9 und 10 °C, Winterfröste treten immer wieder auf. Im Bereich des montanen mitteleuropäischen Klimas sinkt das Jahresmittel der Temperatur unter 7 °C, die Niederschläge erreichen 900 bis 1400 mm. Im subalpinen Klima liegt das Jahresmittel nur noch bei 4 °C, und die Niederschläge fallen überwiegend im Winter und bleiben als Schnee lange liegen. Das Bergland bis ca. 2200 m weist diesen Klimatyp auf (z. B. das Rittner

	Bozen (241 m)			Toblach (1226 m)		
	Ø Lufttemperatur (Min./Max. in °C)	Ø Niederschlag (in mm), Ø Tage mit Niederschlag >= 1 mm		Ø Lufttemperatur (Min./Max. in °C)	Ø Niederschlag (in mm), Ø Tage mit Niederschlag >= 1 mm	
Jan.	-4,5	6,3	24	4	-8,5	0,1	22	4
Febr.	-2,1	9,5	23	3	-7,3	2,8	29	4
März	2,1	15,0	37	5	-3,4	6,6	34	5
April	5,4	18,5	50	7	-0,2	10,3	44	7
Mai	9,8	23,2	75	9	4,2	15,4	79	11
Juni	13,2	26,5	85	9	7,4	18,9	104	13
Juli	15,5	29,0	92	9	9,5	21,7	120	13
Aug.	15,1	28,5	86	8	9,2	21,2	98	12
Sept.	11,6	24,3	71	7	6,0	17,4	76	8
Okt.	6,2	17,9	84	7	1,9	11,6	72	7
Nov.	-0,1	11,0	50	5	-3,5	4,8	44	6
Dez.	-3,7	6,6	35	4	-7,3	0,4	30	5
Jahr	5,7	18,0	712	77	0,7	10,9	752	95

Horn über Bozen). Das alpine Klima umfasst nur die hochalpine Gipfelzone, bei einem Jahresmittel um die 0 °C bleibt der Unterboden ganzjährig gefroren und der Schnee bleibt mindestens ein halbes Jahr, meist etwa 8 Monate lang liegen.

Gletscherschwund und Auftauen der Permafrostzone: Der Weißbrunnferner im hinteren Ultental ist in den letzen 40 Jahren um die Hälfte abgeschmolzen, die Rekordsommer 2003 und 2014 setzten ihm besonders zu. Das ist kein Einzelfall, das Phänomen Gletscherschwund ließ 1991 die Ötzi-Mumie ausschmelzen, dazu kam feiner Staub aus der Sahara, der viel mehr Strahlung absorbiert als Schnee oder auch blankes Gletschereis und damit stärkeres Abtauen bewirkt. Der Gletscherschwund hat Nebenwirkungen, die für die Bevölkerung und den Tourismus sehr problematisch sind: Weniger Schmelzwasser wird in vielen Gebieten Wasserknappheit bewirken, und die vom Gletscher oft senkrecht abgeschliffenen seitlichen Hänge stürzen vor allem im lockeren Moränengelände zusammen und sind nur unter großer Gefahr zu queren. Hochtouren werden zum Vabanquespiel. Seit 1850 haben die Gletscher der Alpen 50 % ihrer Masse und 40 % ihrer Fläche verloren, laut IPCC-Bericht von 2007 werden am Ende des 21. Jh. nur noch 13–20 % aktiver Gletscherfläche gegenüber der Fläche vom Ende des 20. Jh. vorhanden sein.

Nicht nur die Gletscher schmelzen, der gesamte alpine Bereich über der Schneegrenze schmilzt ab und zwar bis tief in den Boden hinein. Bis zu 12 % der Fläche Südtirols sind davon betroffen. Damit wächst auch die Rutschgefahr über dem auftauenden Untergrund. 48 Schutzhütten liegen in dieser Zone, manche rutschen schon wie die Schwarzensteinhütte im Ahrntal. Derzeit schmilzt der Großteil des Permafrostgebietes, der im Sommer nur oberflächlich auftaut, noch nicht zur Gänze ab, weil die tieferen Eislagen noch nicht betroffen sind. Wenn diese jedoch erst einmal auftauen, gibt es kein Halten mehr – Muren, Bergstürze, Rutschungen und langsames Fließen mit Girlandenbildung (girlandenförmige Bodenwellen) sind die Folge. Wie lange wird es noch dauern?

Die Gesteine – Dolomit und Urgestein

Die dunklen und häufig vergletscherten Gebirgsketten des Nordens und Westens ergeben ein ganz anderes Bild als die aus hellen Gesteinen aufgebauten, von isolierten Spitzen und großflächigen Plateaus in mehreren Stufen geprägten Dolomiten im Osten und Südosten. Im Eisacktal dominieren vulkanische Gesteine, der Bozner Quarzporphyr.

Die kristallinen Gesteine des Alpenhauptkamms wie Granit und Glimmerschiefer, aber auch Marmor, die Sedimentgesteine wie die Kalke und Dolomite der Dolomiten und die vulkanischen Quarzphyllite bilden ein Muster mit paralleler Verteilung der drei großen Gesteinsgruppen, das nur durch einen kurzen Blick auf die Entstehung der Alpen erklärt werden kann:

Alle Gebirge entstehen an den Plattengrenzen der Erdoberfläche. Unter Platten versteht man zusammenhängende Stücke der erkalteten Erdoberfläche, die auf dem elastischen Magma-Inneren der Erde schwimmen und dabei immer wieder kollidieren. Mit Folgen für die Kollisionszonen: Gebirge werden aufgeworfen, Schollen übereinander geschoben, Vulkanreihen entstehen, so wie wir das heute rund um den Pazifik beobachten können, von den Anden bis zu den Vulkanen Japans. Südtirol liegt in einem Bereich, wo vor ca. 60 Mio. Jahren der afrikanische Kontinent, eine riesige zusammenhängende Platte, gegen die europäische Platte zu drücken begann. Mit Erfolg, die damals beginnende alpine Gebirgsbildung ließ vor 35 Mio. Jahren die ersten Meeresablagerungen auftauchen. Schon vom ersten Tag der Hebung an wurde wieder abgetragen, entstanden Täler, bildeten sich flache Ablagerungsbecken. Manches wurde dadurch von ganz unten nach ganz oben gehoben: Die Tauern im Nordosten Südtirols bestehen aus den ältesten und ursprünglich am tiefsten gelegenen Gesteinen des ganzen Landes! Gewaltige Störungen begleiteten das Aufwerfen der Alpen, so entstand das Etschtal an so einer Querstörung. Magma aus dem Erdinneren war schon vor ca. 290 Mio. Jahren in unvorstellbar großen Mengen ausgetreten, wie wir das in Island und auf Hawaii heute beobachten können, die Bozner Quarzporphyre sind bis zu 3 km hoch (!) und bedecken eine Fläche von 4000 km^2! Als die Alpen entstanden, wurden sie von aus großer Entfernung herangeschobenen Sedimenten des Meeresbodens teilweise überdeckt, den Kalken der heutigen Dolomiten.

Dolomieu – Dolomit – Dolomiten

1788 kam der Inhaber des Lehrstuhls für Mineralogie an der Ecole des Mines (Bergbauschule) in Paris nach Tirol. Sein Name war *Deodat de Dolomieu*. Sein Ziel war die Erforschung der Gebirge im Süden Tirols. Einen eigenen Namen hatten diese isolierten Berge mit ihrem hellen Gestein und ihren steilen Flanken nicht. Wer interessierte sich damals schon für Berge oder für die jungen Wissenschaften Mineralogie und Geologie? Die meisten Menschen waren davon überzeugt, dass Gott die Welt vor 6000 Jahren erschaffen hatte. Warum sollte man sich denn damit beschäftigen, wie sie entstanden war?

Dolomieu fand auf 3000 m Höhe versteinerte tropische Korallen und andere Fossilien, die zeigten, dass die Gesteine dieser Berge im Meer entstanden waren. Vor allem aber fand der Mineraloge ein Gestein, das nach seiner wissenschaftlichen Veröffentlichung nach ihm benannt wurde: den Dolomit. Im Dolomit ist das im ursprünglichen Kalksediment des Meeresbodens oder in Korallenriffen vorhandene Kalzium durch Magnesium ersetzt worden. Allmählich bürgerte sich in der wissenschaftlichen Literatur für diesen Teil Tirols der Name „Dolomiten" ein, ganz zum Schluss auch bei den Bewohnern dieses armen Bergbauernlandes.

Als die alpine Gebirgsbildung fast abgeschlossen war, hatte gleichzeitig das Mittelmeer den niedrigsten Stand aller Zeiten erreicht: Es war ausgetrocknet. Alle Zuflüsse mussten vor 6 Mio. Jahren eine enorme Höhendifferenz ausgleichen – der Boden des ausgetrockneten Meeres lag 3000 m tiefer als der heutige Meeresspiegel! – und schnitten sich dabei messerscharf in die Gebirge ein, dabei wurden ältere Gesteinsschichten wieder aufgedeckt (z. B. die Bozner Quarzporphyre im Eisacktal). Als wenig später während der Eiszeiten die Gletscher vorrückten, verbreiterten sie diese Täler und schütteten sie während der Rückzugsphase – vor ca. 12.000 Jahren – wieder teilweise mit Moränenmaterial zu. Die heutige Gestalt der Oberfläche Südtirols hat sich maßgeblich in diesen letzten 12.000 Jahren entwickelt, die Talböden mit ihren Murkegeln, auf denen Nebenbäche ihr Abtragungsmaterial aufschütten, die Terrassen oberhalb des Talgrundes, die alte Gletschertalformen markieren, während V-förmig eingeschnittene Täler wie das Untere Eisacktal erst nach den Eiszeiten entstanden.

Die Natur

> ### UNESCO-Welterbe Dolomiten
>
> Seit 2009 gehören die neun wichtigsten Teilgebiete der Dolomiten zum UNESCO-Welterbe. Mehr als 231.000 ha Gebirgsland in den Provinzen Belluno, Bozen-Südtirol, Pordenone, Trento und Udine wurden dabei unter den Schutz der Weltorganisation gestellt. Der außergewöhnliche universale Wert der Dolomiten wurde mit (u. a.) der Formenvielfalt der Gebirge begründet, mit der enormen Bedeutung für die Erdwissenschaften (so bildet die Trias in den Dolomiten mit ihrem Fossilienreichtum die weltweit bedeutendsten Aufschlüsse) und mit ihrer „erhabenen, monumentalen und farbenreichen Landschaft" – damit werden auch kulturelle Elemente in die Begründung aufgenommen, denn Landschaft ist nicht nur Natur, der Mensch hat sie sehr wesentlich geformt.
>
> Die geschützten Teilgebiete der Dolomiten sind:
>
> - Pelmo, Croda da Lago (Belluno)
> - Marmolada (Belluno, Trento)
> - Pale di San Martino, Pale di San Lucano, Dolomiti Bellunesi, Vette Feltrine (Belluno, Trento)
> - Dolomiti Friulane e d' Oltre Piave (Belluno, Pordenone, Udine)
> - Nördliche Dolomiten (Belluno, Bozen-Südtirol)
> - Puez-Geisler (Bozen-Südtirol)
> - Schlern-Rosengarten, Latemar (Bozen-Südtirol, Trento)
> - Bletterbach (Bozen-Südtirol)
> - Dolomiti di Brenta (Trento)
>
> In der Provinz Belluno liegen 41,2 % der Kernzone, in Südtirol 31,0 % (51,8/ 15,9 % der Pufferzone). Trento, Pordenone und Udine besitzen nur kleinere Gebiete (14,6/10,7/2,5 % der Kernzone bzw. 8,9/16,9/6,5 % der Pufferzone).
>
> In diesem Buch werden die auf Südtiroler Gebiet fallenden Dolomiten-Teilgebiete beschrieben: Naturpark Fanes-Sennes-Prags (→ S. 567), Naturpark Sextener Dolomiten (→ S. 541), Naturpark Puez-Geisler (→ S. 573), Naturpark Schlern-Rosengarten (→ S. 623) und Bletterbachschlucht (→ S. 635). Im Band „Dolomiten" werden die gesamten Dolomiten beschrieben, jedoch ohne die abseits gelegenen Brentadolomiten und ohne die (nicht in den Schutz aufgenommenen, österreichischen) Lienzer Dolomiten sowie ohne die Randbereiche in den Provinzen Pordenone und Udine.

Hochgebirgsformen wie die Kare mit ihren Seen sind Erinnerungen an abgeschmolzene Gletscher, steile Felswände oft Hinweise auf seitlichen Schliff. In den Dolomiten haben sich jedoch Formen erhalten, die sich so nicht erklären können: Die großen Plateaus der Seiser Alm und der Fanes- und Sennesgruppe und viele kleinere Plateaus dieses Gebirges sind nur dann zu verstehen, wenn man weiß, dass Kalk wasserdurchlässig ist, also oberflächig nicht abgetragen wird und damit alte Formen, in diesem Fall eine frühere flache Landoberfläche, konserviert.

Gesteine und Wirtschaft: Der widerstandsfähige *Quarzporphyr* ist ein ausgezeichneter Bau- und Dekorstein, er wird in zahlreichen Steinbrüchen gewonnen, einen besonders auffälligen passiert man auf der Staatsstraße im Eisacktal zwischen Bozen und Waidbruck. Große wirtschaftliche Bedeutung hat der *Laaser Marmor*, ein geologisches Element des Ötztaler Kristallins, das auf der Südseite des Vinschgaus an der Oberfläche ansteht. Der ganze Ort Laas lebt von dieser Marmorproduktion, der Marmor wird hoch oberhalb des Ortes gebrochen und mit einem hypermodernen Fördersystem ins Tal gebracht. In den kristallinen Gesteinen sind an mehreren Stellen in Südtirol, vor allem aber in der Sterzinger Gegend, um Gossensass und im Ahrntal bei Prettau Silber- und Bleiglanz eingelagert, die z. T. seit der Vorgeschichte abgebaut werden. Größte Bedeutung hatte vor allem das Silber im Mittelalter, die Produktion blieb aber bis ins 19. Jh., im Schneebergbereich des Ridnauntales und Passeiertales gar bis ins 20. Jh. bestehen. Heute haben diese Fundorte keine wirtschaftliche Bedeutung mehr.

Die Pflanzenwelt

Auch nur annähernd die Fülle der Pflanzenwelt skizzieren zu wollen, verbietet sich in einem Führer wie diesem von selbst: Wer in Südtirol wandert, trifft auf mediterrane und alpine Vegetation, Trockenheitsanzeiger und auf Feuchtgebiete spezialisierte Pflanzen.

Südtirols tiefster Punkt bei Salurn liegt nur ca. 220 m über dem Meer, der höchste (Ortlergipfel) auf 3905 m, schon dies allein muss ein enormes Spektrum bewirken. Dazu kommen die vielen unterschiedlichen Gesteine und ihre Auswirkungen auf die Pflanzenwelt, z. B. Pflanzen, die nur auf Kalk gedeihen und solche, die ihn nicht ausstehen können. Das alles wird nochmals differenziert durch das Klima, die Trockenheit mancher Täler und die hohen Niederschläge mancher Nordwestflanken, die Bodenfeuchte in Staubereichen der Täler und in hochalpinen Karen, in Sümpfen und Mooren und an Seerändern sowie die oberflächliche Erhitzung an den steilen Sonnenhängen.

Manche der in Südtirol unterschiedenen Vegetationsgürtel haben sich kaum erhalten, da sie der Mensch verändert oder zerstört hat. So sind die Auwälder, die ehemals die Etsch, den Eisack und die Rienz begleiteten, fast gänzlich durch Flussbereinigung und Entwässerung zerstört worden. Nur kleinste Bereiche überlebten (als Naturschutzgebiete) wie etwa das Auenbiotop zwischen Prad und Spondinig im Vinschgau, die Aue bei Lana und die kleine Millander Eisack-Aue im Brixner Stadtgebiet sowie das immerhin 1,5 km lange und 150 m breite Biotop Kematner Ahrauen im untersten Tauferer Tal bei Bruneck. Weniger haben sich die trockenen Buschwälder am unteren Hangfuß verändert, in denen besonders viele mediterrane Pflanzen vorkommen (neben anderen), die Weinbaugebiete des Landes haben jedoch große Breschen geschlagen. Die trockenen Kiefernwälder der Südhänge in den großen Tälern des Landes sind nach wie vor sehr ausgedehnt (die im Vinschgau sind nicht natürlich, sondern jüngere Aufforstungen). Buchenwälder gibt es nur an der Mendel und am Gampenpass, während Tannenwälder auf den Quarzporphyren rund um Bozen, an den Schattenhängen des Vinschgaus und den engen größeren Tälern des Landes weit verbreitet sind. Natürliche Fichtenwälder gibt es in allen Bereichen des Landes zwischen 900 und 2000 m, sie sind besonders in den höheren Lagen oft stark von Lärchen durchsetzt. Es gibt regelrechte lichte Lärchenwälder, alle anderen Bäume wurden vom Menschen zur Weidegewinnung ausgeholzt, wie jene des Salten zwischen Bozen und Flaas bzw. dem Tschöggiberg.

Ganz stark hat der Mensch den Zirbenwäldern zugesetzt. Sie wurden gerodet, um Almen Platz zu machen, auch war das Holz stark begehrt – eine Zirbenstube ist heute noch der Stolz jedes Bauern, und kaum ein neueres Hotel mit alpinem Südtiroler Flair kommt ohne dieses Holz aus. In größeren Höhen und abseits leicht erreichbarer Gebiete findet man sie aber immer noch, wie etwa im Anstieg vom Latschiniger Albl zu den Kofelrastseen (östliche Ortlergruppe zwischen Vinschgau und Ultental). Der Zwergstrauchgürtel mit Legföhren (Latschen), Alpenrosen (Almrausch) und Wacholder ist ebenfalls stark vom Menschen überformt und zu Weidezwecken gerodet worden. Die hochalpinen Rasengesellschaften und die Pflanzen der nivalen Stufe, also des höchsten Bereichs der Berge, in dem noch Pflanzen überleben können (über 2500 bis 2800 m bis in die Gipfelzone) sind wohl am stärksten von allen im ursprünglichen Zustand geblieben.

Dolomitenflora: Von den Vegetationszonen Südtirols ist jene der Dolomiten wohl am interessantesten, denn die Dolomitenflora besitzt die meisten Endemiten, also nur in dieser Zone vorkommende Pflanzen. Kalk ist für viele Pflanzen nicht geeignet oder sie passen sich an und es entstehen neue Unterarten und Arten, wie das etwa beim Stengellosen Enzian der Fall ist: Auf kristallinen Gesteinen wächst Gentiana kochiana, auf Kalk wächst Gentiana clusii. Für Laien sehen diese beiden Arten des klassischen Enzians identisch aus, Botaniker lächeln milde und zeigen einander die Unterschiede. Aber die Dolomiten haben auch echte Endemiten, die nur dort zu finden sind, eine Steinbrechart und die Dolomiten-Akelei, die Dolomiten-Schafgarbe, Séguiers Hahnenfuß und die wunderschöne, aber selten zu sehende und in steilen Felswänden wachsende Schopfige Teufelskralle.

Wildtiere in Südtirol

Der Mensch hat auch in Südtirol die Umwelt nach seinen Bedürfnissen verändert und den Lebensraum vieler Tiere eingeschränkt, zerstört, aber auch erweitert. Während Reh und Rothirsch ausreichend Platz bekommen, wurde der letzte Bär 1930 erlegt (im hinteren Ultental), und wegen seiner Spielhahnfedern für die Tirolerhüte ist das Birkhuhn selten geworden.

Das Murmeltier, bis in die Gegenwart wegen seines angeblich heilkräftigen Fetts erbarmungslos gejagt, ist in einigen Bereichen wieder recht häufig geworden, nachdem es vor etwa 150 Jahren knapp vor dem Aussterben war. Steinbock und Bartgeier wurden wieder eingeführt, nachdem sie ausgerottet worden waren. Manche Tiere wären andererseits längst ausgerottet, würde man ihrer habhaft, denn man sieht sie als Schädlinge: Fuchs, Frettchen, Iltis und Marder gehören in diese Kategorie.

Die Zonen Südtirols, in denen man am ehesten Wildtieren begegnen kann, sind die warmen Buschwälder des Südens und der inneralpinen Trockentäler wie im Vinschgau sowie die Hochalmen und Gebirgswiesen. In den Buschwäldern, etwa am Südfuß des Montiggler Waldes im Überetsch oder auf der anderen Seite des Etschtals im Naturschutzgebiet Castelfeder, kann man der Smaragdeidechse begegnen, der flinken Zornnatter und der auf Bäume kletternden Äskulapnatter, der Gottesanbeterin, die in Südtirol Maringgele genannt wird, aber auch, doch nur am späten Abend, dem Greil oder Gleir, anderswo als Siebenschläfer bekannt. In den alpinen Rasengebieten sieht man vor allem in Karmulden häufig Murmeltierbauten und die sichernden Männchen, die durchdringende Pfiffe zur Warnung für die anderen von sich geben, wenn man sich nähert. Gämsen sind nicht selten, und wer Glück hat, kann den Alpenschneehasen beobachten, aber auch Haselhuhn und Schneehuhn. Der wieder eingeführte Steinbock besiedelt derzeit neun Gebiete in Südtirol (davon

Wer guckt denn da so neugierig?

sechs dauerhaft) mit einem Bestand von etwa 1400 Tieren (ohne die auf Trentiner Gebiet lebenden Kolonien im Nationalpark Stilfser Joch): Weißkugel, Texel, Ultental, Tribulaun, Eisbruggspitz und Durreck (dauerhaft), Sesvenna, Tauern, Seekofel (im Sommer, wobei am Seekofel nach der Ausrottung der Population durch Gamsräude im Jahr 2004 eine Wiederansiedlung stattfand). Auch der Steinadler zieht in immer mehr Bereichen der Südtiroler Gebirge seine Kreise, vor allem im Ahrntal und Antholzer Tal, Pfossen- und Passeiertal, über der Fanes- und der Puezgruppe. Im Martelltal wurde vor einigen Jahren erfolgreich der Bartgeier wieder angesiedelt. Was einem immer und überall begegnet, sind Alpendohlen: Kaum ist man auf einem Gipfel oder bei der Hütte angelangt, wird man neugierig umflattert; die Vögel wagen sich für einen Happen auch ganz nahe an die Wanderer.

Auerhuhn und Birkhuhn: Sie zählen zu den Raufußhühnern Europas, die früher in vielen Gebieten vorkamen und heute auf wenige Gebiete der Alpen und Nordeuropas beschränkt sind. Die Bejagung hat sie stark dezimiert, beim Birkhuhn vor allem wegen der dekorativen Schwanzfedern des Hahnes, die man als Spielhahnfedern auf den Hut steckt. Gleichzeitig wurde ihr Lebensraum so stark reduziert, dass nur noch geringe Reste davon übrig blieben – dabei klingen die Gesamtzahlen gar nicht so schlecht: In den Alpen und Karpaten allein soll es noch ca. 43.000 Birkhühner geben. Aber die Bestände sind isoliert und werden durch Natur- und Umweltzerstörung ständig kleiner. Berühmt ist die sog. Arenabalz der Raufußhühner, die erwachsenen Hähne kämpfen auf Lichtungen miteinander um die Weibchen, die scheinbar unbeteiligt zuschauen.

Hilfe – ein Bär!

In der Brentagruppe lebt die letzte Bärenpopulation der italienischen Alpen, aufgestockt durch einige Jungbären, die man im Rahmen des „Life Ursus"-Projekts aus Slowenien einführte (insgesamt neun Bären zwischen 1999 und 2002). Die Population ist mit derzeit 50 Bären einigermaßen gesichert. Aber die männlichen Jungbären benötigen eigene Territorien, die sie sich auf Wanderungen suchen. In den letzten 20 Jahren haben sie den (Trentiner) Nonsberg und den Deutschnonsberg entdeckt, und auch das Ultental mit seinen großen Wäldern auf der Schattseite gefällt ihnen. Im Sommer 2011 riss ein Jungbär auf Südtiroler Boden zwei Kälber und ein Pferd, die Regionalpresse („Dolomiten") reagierte mit Tiraden gegen das Bärenprojekt, der Landeshauptmann schaltete sich ein („Ich ließe diesen Bären abschießen"). Im Januar 2014 riss ein Bär bei Tramin mehrere Tiere, und eine ähnliche Diskussion flammte in den Online-Foren wieder auf. Die sog. „Problembärin" KJ2, die im Trentino zwei Menschen angegriffen hatte (es handelte sich um Spaziergänger mit Hunden), wurde im August 2017 erschossen. Fakt ist, dass Bären im Jahr Schäden von 50.000 bis 60.000 € (in der gesamten Region Trentino-Südtirol) anrichten (sie reißen Schafe, plündern Bienenstöcke). Andererseits – die fünf Bären, die im Sommer 2011 in der Mendelgruppe unterwegs waren, wurden von keinem einzigen Wanderer bemerkt. Die Diskussionen um die Bären und die Art und Weise des Monitorings werden wohl nie aufhören. Letztlich sind sie Ausdruck der Tatsache, dass der Populationsdruck von Menschen und Bären dazu führt, dass sie schlicht um ein und dasselbe Territorium konkurrieren, wobei der Bär am kürzeren Hebel sitzt: So kamen die Jungbären M 13 und M 14 vor ein paar Jahren bei Verkehrsunfällen ums Leben.

Alpenmurmeltier: Murmeltiere gehören wie die Eichhörnchen zur Familie der Hörnchen, sind aber größer, sie werden bis 66 cm lang und 7 kg schwer. Sie sind typische Nagetiere mit kräftigen gelben Nagezähnen, die sie beim Fressen von Blättern, Trieben, Blüten und (v. a. im Spätsommer) Samen einsetzen. Sie sind echte Winterschläfer, 5 bis 7 Monate im Jahr verbringen sie schlafend in ihren Bauten, dabei werden die normalen 70 Pulsschläge pro Minute auf 5 reduziert. Eine Nebenhöhle ist als Klo gedacht, wenn sie zweimal im Monat aufwachen, gehen sie in diesen Teil des Baus, um zu urinieren. Früher hatte das Murmeltier mehr Feinde als heute (der Bestand wird auf 50.000 Tiere geschätzt), die Ausrottung von Luchs und Wolf (Letzterer wird mittlerweile wieder vereinzelt gesichtet, z. B. 2017 auf der Seiser Alm) im alpinen Lebensraum Südtirols hatte nur noch Adler und Fuchs als Feinde gelassen, Jungtiere fallen auch Raben zum Opfer. Murmeltiere leben in großen Familienverbänden. Sind die Tiere außerhalb des Baus, wachen immer einige ältere Männchen, um bei Gefahr zu pfeifen, woraufhin alles in nahen Löchern verschwindet (oder in nicht sehr elegantem, aber flottem Lauf zum nächsten Loch hastet).

Achtung, Schlangen! In den warmen Buschwäldern und auf den Trockenhängen Südtirols kommen drei Giftschlangen vor: Aspisviper, Kreuzotter und Hornviper. Am dichtesten ist ihre Verbreitung im Überetsch und Unterland, vor allem im Bereich um den Kalterer See, im Montiggler Wald, in der Gegend von Eppan und in der Neumarkter Gegend. Bei Schlangenbiss sofort zum Arzt, nicht abbinden, Wunde nicht aussaugen oder gar ausbrennen, wie immer wieder empfohlen wird – die Bisse der drei Giftschlangen sind nicht tödlich! Den betroffenen Bereich fest verbinden wie einen verstauchten Knöchel und beim Transport möglichst ruhig halten. Zur Vermeidung von Schlangenbissen in den gefährdeten Zonen abseits der breiteren Wege immer feste Schuhe mit hohem Schaft, Socken und lange Hosen tragen. Kreuzottern kann man auch in großen Höhen, vor allem auf Almen, begegnen, sie sind dann oft ganz schwarz und ohne das namengebende Kreuzmuster (man nennt solche Exemplare auch Höllenotter), dem Menschen gehen sie üblicherweise aus dem Weg.

Literaturtipp: Klaus Hellrigl u. a.: *Lebensräume in Südtirol. Die Tierwelt.* Erschienen beim Athesia Verlag in Bozen (ISBN 978-88-7014-424-0), nur noch gebraucht erhältlich. Untergliedert in verschiedene Lebensräume und Regionen, durchgehend bunt bebilderte Kurzbeschreibungen der charakteristischen Tiere.

Naturschutz

Südtirol besitzt mit dem **Nationalpark Stilfserjoch** und sieben **Naturparks** geschützte Landschaften in allen wichtigen alpinen Gebieten mit Ausnahme der Sarntaler Alpen, in denen jedoch seit Jahren ein weiterer Naturpark geplant ist. In diesen Schutzzonen ist das ökologische Gleichgewicht noch gegeben und soll für alle Zeiten erhalten werden. Die Ernennung der Dolomiten zum UNESCO-Welterbe hat keinen speziellen Schutz zur Folge. Um den Schutz realistisch zu gestalten, hat man die größeren Siedlungen ausgeklammert, jedoch nicht Bergbauerngebiete und Almweiden. Im Prinzip sollte in Schutzgebieten keine größere Veränderung erlaubt sein, tatsächlich wirkt sich jedoch jede Veränderung in der Nähe auch auf das Schutzgebiet aus und Ausnahmeregelungen sind anscheinend die Regel geworden. Dass die Sommerskizone Stilfserjoch und das Skigebiet Sulden – mit neuer, besonders großer Kabinenbahn – im Nationalpark liegen, ist in Südtirol anscheinend kein Widerspruch. Auch nutzen Politiker diesen Umstand, wenn sie an der Substanz von Parks und Schutzzonen zu sägen belieben. Alle Schutzgebiete sind frei zugänglich und besitzen Informationszentren, die Naturpark- bzw. Nationalparkhäuser (von Letzteren gibt es vier). Beschränkungen der Besucherzahlen hat es bisher nicht gegeben, wenn aber die Übernutzung mancher leicht erreichbarer Zonen allerdings überhand nimmt, wie nicht nur in der Ortlergruppe sondern z. B. an der Pederühütte in der Fanes oder auf der Plätzwiese (beide im Naturpark Fanes-Sennes-Prags), wird man sich Zugangsquoten überlegen müssen.

Mehr zu den einzelnen Naturparks und zum Nationalpark finden Sie in den jeweiligen Kapiteln, dort auch Adressen der Naturpark- bzw. Nationalparkhäuser; Naturpark Schlern-Rosengarten → S. 623, Naturpark Puez-Geisler → S. 573, Naturpark Fanes-Sennes-Prags → S. 567, Naturpark Rieserferner-Ahrn → S. 500, Naturpark Texelgruppe → S. 302, Naturpark Sextener Dolomiten → S. 541, Naturpark Trudner Horn → S. 268 und Nationalpark Stilfserjoch → S. 429.

Information Zuständig für die Schutzgebiete Südtirols ist das **Amt für Naturparke**, Cesare-Battisti-Str. 21, I-39100 Bozen, ✆ 0471/414300, www.provinz.bz.it/naturparke. Für den Nationalpark Stilfserjoch wenden Sie sich an das **Konsortium Nationalpark Stilfserjoch/Südtirol**, Außenamt Glurns, Rathausplatz 1, I-39020 Glurns, ✆ 0473/830430, www.stelviopark.it.

Stolze Bauern beim Almabtrieb in Pfelders

Die Menschen

Die Deutschtiroler und Ladiner gehören zwar zwei verschiedenen Sprachgruppen an, sind aber beide der alpenländisch-österreichischen Tradition verbunden. Die dritte Sprachgruppe, die Italiener, sind mit Ausnahme einiger Anpassungserscheinungen an ein überwiegend fremdkulturelles und anderssprachiges Land der italienisch-mediterranen Kultur verpflichtet. Und schließlich prägt die vermehrte inner- und außereuropäische Zuwanderung seit Beginn des neuen Jahrtausends auch die Südtiroler Bevölkerung, sodass längst nicht mehr von nur zwei klar voneinander abgrenzbaren Volksgruppen die Rede sein kann.

Die Kultur der Deutschtiroler und der Ladiner entspricht in großen Zügen jener des österreichischen Nordtirol, wurde aber in der langen Zeit der Spaltung Tirols seit 1918/1919 durch italienische Elemente bereichert. Die Italiener sind in vielen Fällen Nachkommen erst vor zwei bis drei Generationen aus Süditalien eingewanderter Arbeiter, zum kleineren Teil seit vielen Generationen im Lande ansässig.

Das hört sich klar geschieden an und wird durch das *Südtiroler Autonomiestatut* auch immer wieder eingeklagt: Man muss sich, wenn man in Südtirol wohnt, immer wieder bei amtlichen Erhebungen oder wenn man in den Landesdienst treten will, einer dieser Volksgruppen zuordnen, eine Mischkategorie gibt es nicht. Die Realität ist jedoch durch die so deutliche wie subtile Annäherung der beiden Volksgruppen weitaus komplexer. Gemischte Ehen sind keineswegs selten. Die Kinder stehen zwischen den Kulturen und müssen sich für offizielle Zwecke entscheiden, ob sie sich als Italiener oder als Deutsche registrieren lassen. Das Autonomiestatut will es so, und das hatte auch seinen Sinn, solange die deutschsprachige Bevölkerungsgruppe benachteiligt wurde. Schließlich sollten und sollen aufgrund dieser Zuordnungen Stellen nach dem Bevölkerungsgruppenproporz verteilt werden, um der potenziellen Benachteiligung der Deutschtiroler ein Ende zu setzen. Die Frage ist, ob dieses Verfahren noch zeitgemäß ist, insbesondere auch, weil Südtirols Bevölkerung in den letzten Jahren immer multikultureller und bunter wird und dies die Grenzen zwischen den ethnischen Zuschreibungen weiter verwischt. In den letzten 20 Jahren hat sich die Zahl ausländischer Mitbürger in Südtirol versiebenfacht, von 6500 im Jahr 1993 auf 47.000 im Jahr 2016. Den höchsten Anteil unter den Städten hat Bozen mit 14,5 % (vgl. München mit etwa 40 %, Stuttgart 44 %).

Insgesamt leben mittlerweile Menschen aus 135 Nationen in Südtirol – in der Regel friedlich mit- und nebeneinander. Für die starken Fluchtbewegungen der letzten Jahre durch die Kriege in Afghanistan, Syrien, Irak, Somalia usw. ist Südtirol bislang eher Transitland. Die Flüchtlinge wollen, von Milano Centrale kommend, nach Norden, wo sie zumeist Verwandte und Communitys haben. Konfrontiert wird Südtirol mit diesem Thema daher hauptsächlich durch das Aufgreifen von Flüchtlingen durch die österreichische Bundespolizei am Brenner und anschließende Rückschiebungen auf die andere Seite der Grenze. Möglicherweise wird aber Südtirol selbst in naher Zukunft für eine größere Anzahl dieser Verfolgten als neue Heimat in Frage kommen.

Das Land und sein Image

Südtirol, dieser an der Oberfläche so runde und eindeutige Begriff, ist tatsächlich schillernd und mehrdeutig. Wer mit Südtirol nur das von deutschen, österreichischen, niederländischen und – vor allem in der Sommer- und Winterhochsaison – italienischen Gästen dominierte Wanderland mit seinem auf Volksmusik, Trachten, Speck und Gemütlichkeit basierenden Image verbindet, sieht das Land genauso schief und dazu durch die rosa Brille wie der hochwinterliche Pistenfreak, der zwei Wochen „Dolomiti Superski" bucht und zwischen Lift und Après-Bar pendelt.

Schief liegen diejenigen, die Südtirol als ein deutsches Land sehen, denn die Vorfahren der Ladiner in den Dolomitentälern lebten hier schon, als die Germanen noch nördlich der Alpen in Sümpfen Schnepfen jagten. Von manchen italienischen Politikern ganz zu schweigen, die Südtirol zu einem italienischen Land machen wollen und damit argumentieren, die Deutschsüdtiroler hätten in den letzten 1500 Jahren Südtirol nur „oberflächlich germanisiert". Die Wahrheit liegt wie so oft dazwischen. Ja, Südtirol ist ein vorwiegend deutschsprachiges Land, und das ist es seit dem Beginn der Neuzeit und der Übernahme des Deutschen auch im oberen Vinschgau, wo bis dahin Rätoromanisch gesprochen wurde wie heute noch in den Dolomitentälern um die Sella (übrigens nicht nur in Südtirol, sondern auch in den angrenzenden Gebieten der Provinzen Trient und Belluno). Italienische Einflüsse haben auf das Land aber nicht erst seit 1918 und dem Beginn der italienischen Okkupation gewirkt, sondern schon wesentlich früher. So sind in Bozen zu den Messezeiten schon vor Jahrhunderten Italiener massiv präsent gewesen. Gerne wird in deutschsprachigen Kreisen auch vergessen, dass Tirol vor 1918 immer ein dreisprachiges Land war und dass das Italienische in Welschtirol, jenem Bereich des historischen Landes Tirol, der heute Trentino genannt wird, nicht nur eine der Sprachen der Tiroler Bevölkerung war, sondern durchaus kulturellen Einfluss hatte. Deutsch, Ladinisch und Italienisch sprechende Tiroler haben ihr Land und seine heutige Form gemeinsam geschaffen, auch wenn aufgrund der politischen Situation und der Ausrichtung ganz Tirols nach Norden und in den deutschen Sprachraum der deutsche Einfluss dominierte.

Die Waale – Südtiroler Bewässerungssystem mit uralter Tradition

Vor allem im trockenen Vinschgau hat sich bis heute eine uralte Bewässerungsform erhalten, die Waale. Dort reicht das Regenwasser sowohl an den sonnendurchglühten Hängen als auch im Tal für den Anbau von Getreide, Wein oder Obst, aber auch für die Wiesen und Weiden nicht aus. Mit dem mittelalterlichen Siedlungsausbau in die inneren Täler und vor allem in die Höhen musste man sich ernsthaft mit dem Wasserproblem auseinandersetzen, denn auf den steilen Hängen, etwa des Naturnser oder Kastelbeller Sonnenhanges, gab es überhaupt kein Wasser und auch keine vorbeiziehenden Bäche, denn die stürzen in engen Schluchten zu Tal, ohne dass man sie nutzen konnte. Die Mönche von Marienberg waren vielleicht die ersten, die das Bewässerungsproblem durch Wasserleitungen über weitere Strecken in gewarteten Kanälen lösten, die später Waale genannt wurden.

Die Grundidee war, dass man die Wasserläufe an geeigneten Stellen in ihrem Oberlauf anzapfte und dann über offene Holzrinnen (sog. *Kandeln*) in Form von ausgehöhlten Baumstämmen und Gesteinsrinnen auf einer speziell dafür gebauten Trasse zu den Feldern und Wiesen brachte. Auf einigen Waaltrassen musste extremes Gelände gequert werden, etwa am Mitterwaal nach Glurns oder am Bergwaal oberhalb Schluderns. Die Röhren wurden förmlich in den Felsen gehängt. Wegen der großen Reparaturanfälligkeit musste unmittelbar neben den Waalen ein Weg ver-

Waale führen durch Wiesen und Wälder …

laufen. Die meist schattigen und kühlen Waalwege sind heute *der* Sommerwanderknüller im Vinschgau. In einigen Fällen wurden Quellgebiete angezapft, deren Wasser sonst ungenutzt in eine andere Richtung geflossen wären. So entstand hoch über Goldrain der heute zwar aufgegebene, aber noch in Abschnitten erhaltene *Goldrainer Jochwaal*, der das oberste Quellgebiet des Penaudbachs anzapft. Auf dem *Tarscher Jochwaal* hat man die alten Holzpfeiler und Holzrinnen des aufgegebenen Waals wieder hergestellt, sie dienen heute aber nur noch einem touristischen und kulturhistorischen Zweck.

Erste Verordnungen zum Waalwesen, das immer mit Organisation und Kollektivarbeit verbunden war, sind schon im 13. Jh. ergangen, das Wort Waal selbst taucht bereits 1136 auf. Von Anfang an scheinen spezielle „Waaler" die Überwachung und die Aufsicht über die Instandhaltung übernommen zu haben, die von der Nutzergemeinschaft bezahlt wurden. Das Waalwasser wurde nach genau festgelegten Anteilen verteilt und zeitlich fixiert, d. h., die Nutzer durften nur in einer festen Zeitspanne den Waal öffnen, um ihre Felder zu bewässern.

Latschanderwaal

Wasser war und ist kostbar, Wasserdiebstahl war daher an der Tagesordnung, man musste doch nur den Schieber ein wenig weiter aufmachen, ihn ein wenig länger offen halten ... All diejenigen, die weiter unten Wasser aus dem Waal abzapfen wollten, hatten das Nachsehen. Und haben es immer noch wie etwa beim *Neuwaal* in Obermais (Meran). Der dortige heute noch funktionierende Tragwaal, also der Hauptwaal, der das Wasser zum Verteilersystem leitet, ist ein halbes Jahrtausend alt. Er wird bei Saltaus im Passeier „eingekehrt" und verläuft auf 8,5 km über Schenna bis Meran, wobei er nur 51 m Höhe verliert. Mit 150 l pro Sekunde kann er in Obermais 74 ha Kulturland bewässern, das 85 Mitgliedern gehört. Die Verträge sehen Nutzungszeiten von 30 Minuten bis eine Stunde vor. Der größte Nutzer ist der 12 ha große Botanische Garten in Schloss Trauttmansdorff.

Die *Waalschellen*, an deren regelmäßigem Klingen der Waaler erkennen konnte, ob das Wasser lief oder ob er sich um einen Bruch kümmern musste, haben sich nur in sehr wenigen Fällen erhalten. Ausnahme sind z. B. der *Quairwaal* in Schluderns, der *Zaalwaal* oberhalb von Kortsch (bei Schlanders) und der *Tscharser (Schnalser) Waal*. Die Herkunft des Ausdrucks „Waal" ist übrigens nicht geklärt, sie wird auf spätlateinisch *aquale* oder keltisch *buol* zurückgeführt, was beides mit Wasser zusammenhängt. Unter www.waalwege.org finden sich Beschreibungen von Waalen und Wandervorschläge.

Die Menschen

Warum Klausen auf Italienisch Chiusa heißt und Sterzing Vipiteno

In Südtirol sind die Orts- und Flurnamen zweisprachig. Dem aufmerksamen Betrachter wird aber nicht entgehen, dass die italienische Variante mit der deutschen meist in keinem Zusammenhang steht. Klausen z. B. heißt auf Italienisch „Chiusa", was wörtlich übersetzt „geschlossen" heißt, womit der Namen Klausen nun aber gar nichts zu tun hat.

Ursache für dieses babylonische Begriffsgewirr sind die Anstrengungen des nationalistisch geprägten Geografen Ettore Tolomei nach dem 1. Weltkrieg, im Auftrag der italienischen Regierung (insbesondere ab der Machtübernahme der Faschisten 1922) die Italianisierung der Geografie Südtirols voranzutreiben. Er machte das unter Anwendung verschiedener Verfahrensweisen: So italianisierte er z. B. ladinische Ortsnamen wie Ortisei für St. Ulrich ladinisch „Urtijej"; oder er griff auf römische Analogien zurück (aus Sterzing wurde Vipiteno wegen des römischen Kastells Vipitenum); bei manchen Namen stellte er Herleitungen über das Lateinische her (Montiggl = Monticulum = Monticolo), teils übersetzte er wörtlich (Oberberg = Sopramonte). Und wenn ihm gar keine Herleitungsidee kam, erfand er einfach neue Namen (Sigmundskron = Castel Firmiano).

Die Italianisierung diente einem einzigen politischen Zweck, nämlich den Anschluss der deutsch- und ladinischsprachigen Gebiete an das übrige Italien zu fördern und zu verfestigen. In gewisser Weise hatte Tolomei damit Erfolg. Aus der rein italienischen Namensgebung wurde jedoch nach 1945 wieder eine zweisprachige, später sogar dreisprachige (im ladinischen Sprachraum), und in jüngster Zeit wurde gar bei einigen Tausend Flurnamen die italienische Variante wieder offiziell gestrichen. Die Zweisprachigkeit bei Orts- und Flurnamen ist heutzutage so selbstverständlich, dass man sie weder hinterfragt noch versucht, sie in einen historischen Kontext einzuordnen.

Ettore Tolomei, von Italienern geachtet, von vielen Südtirolern gehasst, starb 1952 und wurde in Montan beerdigt. 1979 sprengten Unbekannte sein Grab in die Luft – dabei soll sein einbalsamierter Leichnam über die Friedhofsmauer geschleudert worden sein. Die makabre Anekdote zeigt, wie verbittert noch heute manche Einheimischen über das sind, was Reisenden heutzutage als simple Zweisprachigkeit auf Ortsschildern und Wanderkarten begegnet.

Auch in anderer Hinsicht ist Südtirol nicht so einfach gestrickt, wie uns das die Fremdenverkehrswerbung glauben lassen will. Niemand zieht mehr während der Woche die alte Tracht an, sondern nur noch in wenigen Tälern (wie im Sarntal) am Sonntag. Und Trachtenumzüge sind nicht zuletzt dazu da, die Gästebetten zu füllen, dienen also (zumindest auch) als Touristenattraktionen. Andererseits ist bei der jüngeren Generation eine zunehmende Rückbesinnung auf Tracht und Brauchtum zu beobachten. Allerdings wird auch hier der Stolz auf das Eigene mit den Vorzügen der globalisierten Moderne verbunden und zu einer regional-/internationalen Identität verknüpft.

Das kernig-bodenständige Image des Südtiroler Bauern (verkörpert durch die omnipräsente blaue Schürze) trifft indes nur auf ein paar Ausnahmeerscheinungen zu, die meisten Landwirte in Südtirol gehen genauso mit der Zeit und richten sich nach der Höhe der EU-Zuschüsse wie die Kollegen im Allgäu oder in der Normandie. Südtiroler Äpfel und Südtiroler Milch, heute die wichtigsten landwirtschaftlichen Produkte, werden in der Regel keineswegs mehr nach traditionellen Methoden und im Familienverband hergestellt, sondern sind – bis auf wenige und rühmenswerte Ausnahmen (die im Zuge des Regio- und Bio-Booms landesweit zunehmen) – Erzeugnisse auf Industrieniveau. Und: Südtirol erzielt das höchste Bruttoinlandsprodukt Italiens je Einwohner, das sogar über dem des benachbarten Österreich liegt. Das kommt nicht von ungefähr, denn das Wort Müßiggang gehört nicht zum Sprachschatz der Südtiroler.

Bauerndörfer und Handelsstädte

Ob man in Bozen durch die Stadt spaziert oder durch das Bergbauerngebiet des Oberen Vinschgau wandert, im ladinischen Hochabteital oder im überwiegend zweisprachigen Unterland unterwegs ist, macht – zumindest was die Gestalt der Siedlungen ausmacht – wenig Unterschied. 1500 Jahre überwiegend gemeinsamer Geschichte in einem einheitlichen Kulturkreis haben viele Gemeinsamkeiten erzeugt.

Die Hofformen ähneln einander, großzügige Paarhöfe mit getrenntem Wohn- und Stallhaus. Auch die Bauformen gleichen sich, wie der steinerne Unterbau, die Oberstockwerke aus Holz, die tief heruntergezogenen Pultdächer. In den mittelalterlichen Handelsstädten Bozen, Sterzing, Brixen, Meran und Neumarkt fallen die Lauben auf, gedeckte Gänge zu beiden Seiten der Hauptgeschäftsstraße, ideal für die Händler, die ihre Waren in den sich lang nach hinten erstreckenden Häusern unterbringen konnten. Die Weindörfer von Überetsch und Unterland mit ihren eng zusammengebauten Steinhäusern mit aufwendigem Dekor, der auf einigen Wohlstand hinweist, sind ein anderer Typus, der sich auch weiter südlich in den Weinorten des Trentino findet. Typisch sind die Kirchen, viele mit spitzen gotischen Türmen, in den wohlhabenderen Orten, wie etwa in Überetsch, hat man im Barock ausladende Zwiebelhelme aufgesetzt. Kein Ort, kein Dorf, kein Weiler ohne bereits im Mittelalter gebaute Kirche, kaum ein einsamer Bergbauernhof ohne Kapelle.

Während die Fluren der Bauern in Unterland und Überetsch oft unregelmäßig und stark zerstückelt sind, im ladinischen Sprachgebiet oft sehr klein, wirken die Bergbauernhöfe von unten und vom Berghang gegenüber wie kleine Inseln im Wald. Während die Talorte langsam wuchsen und das Muster der Grundstücke viele Änderungen anzeigt, wurden die Bergbauernhöfe während der früh- und hochmittelalterlichen Kolonisationszeit ein für alle Mal angelegt und als Einödhöfe mit umgebendem Grund geplant. Diese Höfe blieben oft jahrhundertelang im Besitz einer Familie. Kann eine Familie einen mehr als 200-jährigen Besitz urkundlich nachweisen, gilt dieser Hof als „Erbhof" – über 300 solcher Erbhöfe gibt es in Südtirol!

In Ladinien war das anders, da es kein rigides Anerbenrecht gab (der älteste Sohn erbt alles) und Teilungen immer wieder neu zerstückelten und verkleinerten (die sog. „Realteilung" führte dazu, dass viele alte Höfe nicht weiterbestanden, sondern verfielen und neu gebaut wurden). Auch die Dörfer sehen anders aus im Ladinischen, die „Viles" sind eng aneinander gebaute Hofgruppen, wie sie im Deutschtiroler Gebiet unbekannt sind.

Auch wenn heute die meisten Bauern für sich allein wirtschaften, gab es doch in der Vergangenheit enge Verbindungen, man half sich gegenseitig, etwa beim Heueinbringen, wenn ein Gewitter drohte. Die Apfelernte ist heute gar nicht mehr von der Familie zu leisten, für diese typische Stoßzeitarbeit werden polnische und tschechische Saisonarbeiter angeworben. In den Trockengebieten des Landes war früher eine der wichtigsten gemeinsamen Arbeiten das Bewässerungssystem der Waale, mit dem man Wasser von weither zu den Feldern und Wiesen brachte. Auch in diesem Bereich hat die Gegenwart mit mechanischen Bewässerungsanlagen (Sprinklern) und unterirdischer Wasserzufuhr von Stauseen enorme Veränderungen und Arbeitserleichterung gebracht. Die alte Art der Bergbauern, ihr auf Steilhängen unter Lebensgefahr handgemähtes und gerechtes Heu zum Stadel zu bringen, ist zugunsten von kleinen motorbetriebenen Lastenseilbahnen aufgegeben worden. Früher trug man das Heu auf dem Buckel den Hang hinunter, eingeschlagen in ein Heutuch, bis zu 100 kg pro Mann und Ladung. Ein hölzerner Schlitten übernahm den Weitertransport zum Stadel, die Fahrt über steile und oft ausgesetzte Wege erforderte Mut und Können und endete nicht selten tödlich. Heute hat auch diese bäuerliche Arbeitsweise Museumscharakter angenommen, so feiert man etwa im Trentiner Primiero ein Heuerntefest, den „Palio della Sloiza", bei dem junge Männer ihre Geschicklichkeit mit dem Schlitten beweisen.

Brauchtum und Feste

Wer knapp nach 4 Uhr durch Explosionen geweckt wird, kann – besonders, wenn es eine Nacht von Freitag auf Samstag ist – beruhigt weiterschlafen. Es sind nur Böllerschüsse, mit denen eine Hochzeit gefeiert wird. Um 5 Uhr (aber meist früher) wird für die Braut, um 6 Uhr für den Bräutigam geschossen. Lebendiges Brauchtum mitzuerleben, ist einer der großen Pluspunkte eines Urlaubs in Südtirol. Die Chancen stehen gut: Trachten trifft man auf dem Bauernmarkt oder am Sonntag in der Kirche, die Blaskapelle und die Schützen samt Marketenderinnen versammeln sich bei Kirchenfesten, bei der Kirchweih, bei Prozessionen und den zahlreichen Wallfahrten. Nicht zu vergessen der Almabtrieb mit den herausgeputzten Menschen und dem geschmückten Vieh sowie die überall in Südtirol mit Bergfeuern begangene Herz-Jesu-Feier.

Schürzenträger

Der Südtiroler Bauer trägt Schürze (www.bauernschurz.com). Beim Heumachen, im Weinberg, beim Ausruhen auf der Bank vor der Tür, im Wirtshaus. Das gehört einfach dazu, ist seit mehr als 150 Jahren ein unabdingbares Attribut der Bauern und Handwerker. Die Schürze ist knallblau, meist mit einem Slogan versehen („lustig und durstig"), sie ist zu 100 % aus Baumwolle und in Südtirol, nicht in Südkorea hergestellt. Innen hat sie eine Tasche, da kann man Werkzeuge transportieren, Pfeife, Geldbeutel, was man halt so braucht. Im 19. Jh. war die Schürze noch aus ungefärbtem Leinen, das war ein Stoff, den man in Südtirol selbst herstellte, erst ab ca. 1900 setzte sich blaue Baumwolle durch. Wir wollen sie nicht missen, die Schürze. Südtirol ohne blaue Schürzen? Unmöglich!

Böllerschießen: Zu Hochzeiten und an Feiertagen, vor allem zu den Prozessionen an Fronleichnam und zum Herz-Jesu-Fest wurde und wird in manchen Regionen kräftig geböllert – das kann schon um 5 Uhr früh beginnen. Im Martelltal hat sich in Meiern Oberdorf oberhalb von Martell Dorf auch der historische Schießstand erhalten.

Brauchtum und Feste 37

Scheibenschlagen: Am ersten Fastensonntag werden in Vetzan bei Schlanders (Vinschgau) beim Anbruch der Dämmerung hölzerne Scheiben im Feuer zum Glühen gebracht und dann mit Geschrei und bestimmten Reimen als Flammenräder den Hang hinuntergerollt („geschlagen"). Mit dem feurigen archaischen Ritual soll der Winter ausgetrieben und die Fruchtbarkeit der Felder im kommenden Jahr beschworen werden.

Herz-Jesu-Feiern mit Prozession und Bergfeuer: Am Herz-Jesu-Sonntag (letzter Sonntag im Juni) erinnern an das Gelöbnis von 1797, das Tirol – erfolglos – vor dem Angriff der Franzosen bewahren sollte. Die Herz-Jesu-Feuer werden oft in Kreuzform angelegt, jede Gruppe, die hoch in den Bergen die Feuer anlegt – und löscht –, ist auf ihre Arbeit besonders stolz und versucht, konkurrierende Gruppen zu übertrumpfen.

Wein- und andere kulinarische Feste: Zunehmend entdecken es nun auch Südtirols Gemeinden für sich, themenspezifische Feste zu regionalen Produkten zu veranstalten. Hierzu zählen z. B. das Erdbeerfest im Martelltal Ende Juni (www.erdbeerfest.it), das Speckfest im Oktober in Villnöss (www.speckfest.it) und diverse Knödeltage. Die zahlreichen Weinwochen, die sich fast über die ganze Hauptsaison verteilen, und die diversen Kastanienfeste im Herbst gehören dagegen zu den Festivitäten, die es schon seit vielen Jahrzehnten gibt.

Almabtrieb: Zwischen Mitte September und Mitte Oktober mag es noch viele schöne und warme Tage geben, aber die Gefahr eines Wetterumschwungs mit Temperaturen unter dem Gefrierpunkt ist zu groß – die Almen leeren sich, Menschen und Vieh kehren je nach Höhenlage früher oder später ins Tal zurück. Die Rückkehr wird gefeiert, man hat lange genug hart gearbeitet, Tiere und SennerInnen sind geschmückt, unten warten die Blaskapelle und das Feiertagsessen: Knödel und Fleisch satt, Krapfen, Wein. Heute ist der Almabtrieb vielerorts auch eine Touristenattraktion. In der Regel feiern dann Einheimische und Auswärtige neben- und nicht selten auch miteinander.

St. Nikolaus und Krampus: Am 5. Dezember, dem Vortag zum Nikolaustag am 6. Dezember, finden in vielen Orten Südtirols traditionelle Krampusläufe statt. Der Krampus, teuflisch-böser Begleiter des hl. Nikolaus, soll die Kinder mit seiner Rute bestrafen, wenn sie das Jahr über nicht folgsam gewesen sind, der Nikolaus bringt denen, die brav waren, in seinem Sack Geschenke mit. Der Krampus ist der Interessantere von beiden, Krampusse sind wie die Schiachperchten mit Tiermasken und Fellen bekleidet, haben oft Schellen um und sind mit ihren Ruten anscheinend darauf spezialisiert, vor allem den hübschen jungen Mädchen entlang der Dorfstraßen einen Schlag zu geben. Besonders traditionell sind die Feiern in Mals und die Umzüge der „Klaasen" (Krampusse) in Stilfs, überregional bekannt ist mittlerweile die Veranstaltung in Toblach.

Feste, Feiern und Veranstaltungen im Jahreslauf

Heuschlitten- und Pferdeschlittenrennen in Stern/La Villa. Im Februar.

Fastnachtsumzüge und -bräuche in vielen Orten am Ende des Faschings, in einigen Orten besonders traditionelle Umzüge mit Tiermasken und Kuhglocken, wie z. B. die „Zussln" in Prad.

Karfreitag, Prozession in den meisten Kirchorten.

Fronleichnamsprozessionen → Kasten.

Oswald-von-Wolkenstein-Ritt auf dem Plateau von Seis, Geschicklichkeitskämpfe zu Pferd. Ende Mai/Anf. Juni.

Die Menschen

> **Fronleichnam** und **Christi Himmelfahrt** werden wie andere bewegliche Feste in Italien auf den Sonntag gelegt, der dem Feiertag am nächsten liegt (bei diesen beiden Festen am darauf folgenden Sonntag).

Erdbeerfest im Martelltal mit Markttreiben und Infos rund um die Erdbeere. Ende Juni.

Herz-Jesu-Feste, in vielen Orten Prozessionen. Am Abend werden auf den umliegenden Bergen eindrucksvolle Bergfeuer angezündet, die z. B. das Herzsymbol mit einem Kreuz darstellen. 3. So nach Pfingsten.

Internationales Fest der Chöre im Hochpustertal. Im Juni.

Traditioneller Karneval auf Ladinisch

Jazzfestival in Bruneck. Im Juli.

Fest der hl. Magdalena in Latzfons mit Bittgang zum Latzfonser Kreuz, dem höchstgelegenen Wallfahrtsort Europas. 22. Juli.

Gustav-Mahler-Wochen in Toblach, Klassik, nicht nur von Mahler, der hier drei Sommer verbrachte. Mitte Juli bis Mitte Aug.

Mariä Himmelfahrt, feierliche Prozessionen unter Beteiligung der Vereine und Schützen in traditionellen Trachten an allen Orten, besonders aufwendig in Marienwallfahrtsorten wie Maria Weißenstein bei Deutschnofen. 15. Aug.

Tag der Volksmusik und des Volkstanzes im Volkskundemuseum Dietenheim. September.

Spectaculum, 3-tägiges Mittelalterfest in den Straßen von Bozen und auf Schloss Runkelstein. Im Sept.

Almabtrieb an vielen Orten, anschließend gemütliche Runde im Gasthaus, das „Kühkemma". Im Sept.

Gsieser Almhüttenfest mit Verkostung der Spezialitäten auf den Almen. Mitte Sept.

Erntedankfeste und Kir(ch)tage in vielen Orten, Ende Sept./Anfang Okt.

Traubenfest in Meran, das älteste Erntedankfest Südtirols, das seit 1886 stattfindet; mit Festumzug und umfangreichem Rahmenprogramm. 3. Wochenende im Okt.

Kuchlkirchtag in Brixen mit geführten kulinarischen Wanderungen; **Völser Kuchlkastl**, kulinarisches Volksfest in Völs am Schlern. Beide im Okt.

Speckfest in Villnöss mit buntem Treiben, Musik und Speckvariationen satt. Anf. Okt.

Törggelen im Herbst, Verkostung des neuen Weins in den Stuben der Weinbauernhöfe, dazu werden traditionelle Speisen gegessen, vor allem Speck und geröstete Kastanien („Keschtn"). Anf. Okt. bis nach Allerheiligen und später.

Leonhardiritt in St. Leonhard im Abteital. 2. So im Nov.

Krampustag 5. Dez. und Toblacher Krampuslauf. 6. Dez.

Weihnachtsmärkte in Bozen, Brixen (die ältesten) und an anderen Orten nach dem Muster deutscher und österreichischer Weihnachtsmärkte. Im Dez.

Bahnhof Bozen: entspanntes Ankommen

Anreise

Mit der Wahl des richtigen Verkehrsmittels und der am besten geeigneten Anreiseroute kann man den Urlaub entscheidend beeinflussen. Nichts stresst mehr, als am ersten Urlaubstag gegen Mitternacht komplett geschafft am Zielort anzukommen, nur um festzustellen, dass man nicht einmal mehr was zu essen bekommt.

Wer den eigenen Pkw nimmt, ist zwar unabhängiger, hat aber mehr Stress plus Kosten für die Fahrt, Maut und Stellplatz. Bei Ausflügen und Wanderungen muss man immer wieder zum Ausgangspunkt zurück. Mit dem Bus hat man mehr Freiheiten bei der Wanderroute, insbesondere in Südtirol mit seinem dichten Busnetz, das bei größeren Orten im Sommer wenig zu wünschen übrig lässt. Ab September wird jedoch der Fahrplan dünner und ab Winterfahrplan ist ein Pkw oft die bessere Alternative.

Mit dem Fahrrad hat man diese Probleme nicht, aber wer kommt schon mit zwei Seitentaschen und kleinem Rucksack einen Urlaub lang aus und scheut auch nicht die zweimalige Alpenüberquerung? Busse und Bahnen in Südtirol nehmen allerdings in der Regel den Drahtesel mit, wenn man mal keine Lust oder keine Puste mehr hat.

Mit Auto und Motorrad

Dank Autobahnen, Schnellstraßen und guten Fernstraßen ist der Weg über die Alpen kein Problem, Kopfzerbrechen macht bestenfalls die Auswahl der Route. Bei Anreise aus dem Norden Deutschlands empfiehlt sich eine Zwischenübernachtung – angesichts von etwa 1100 km Entfernung zwischen Hamburg und Bozen und wahrscheinlichen Staus bei Ferienbeginn und -ende im Sommer. Da hilft nur locker bleiben und ausweichen. Links und rechts der Autobahn gibt es eine Reihe Ausweichstrecken und jede Menge Landschaft mit freundlichen Orten als Draufgabe.

Am bequemsten ist die Anreise über die Brennerautobahn (A 22). Nur von Südostösterreich (Kärnten/Steiermark) fährt man kürzer über Lienz und das Pustertal nach Südtirol. Aus der Ostschweiz und Graubünden kommt auch die Anfahrt über Davos, Engadin und Vinschgau in Frage. Von München über den Brenner nach Brixen fährt man nur ca. 3–4 Std. – vorausgesetzt, es gibt keine größeren Staus.

Fahrzeugpapiere Führerschein (patente), Fahrzeugschein (libretto di circolazione) und grüne Versicherungskarte, bei Schadensfällen wie auch normalen Kontrollen werden alle drei geprüft.

Versicherung Bei neuen und wertvollen Fahrzeugen ist eine zeitlich begrenzte Vollkaskoversicherung für Unfall und Diebstahl anzuraten, da die Deckungssummen italienischer Haftpflichtversicherer niedrig sind. Unbedingt empfehlenswert ist ein Auslandsschutzbrief, den alle Automobilclubs sowie Versicherungen anbieten (30–50 € jährlich). Er deckt die Kosten des Transports zur nächsten Werkstatt, den Heimtransport von Personen und Fahrzeug, die Versandkosten von Ersatzteilen, Übernachtungskosten, die eventuelle Verschrottung u. a. (Kleingedrucktes lesen).

> Das Tragen einer **Warnweste** ist bei einem Unfall für alle Pkw-Insassen Pflicht.

Anreiserouten

Aus Deutschland und Österreich über die Brennerautobahn: Der Brenner besitzt den einzigen Autobahnübergang über die Alpen, der direkt nach Südtirol führt. Man erreicht ihn von München über die A 8/A 93 über Kufstein und Innsbruck, von Stuttgart über die A 7 und weiter über die häufig verstopfte Straße über den Fernpass zur Inntalautobahn A 12 und weiter nach Innsbruck. Ab Ostösterreich nimmt man die Autobahn A 1 Wien – Salzburg und dann die A 8 bis Rosenheim, von dort die Inntalautobahn nach Innsbruck. Aus der Ostschweiz nimmt man die Autobahn Zürich – St. Gallen – Rheintal, dann via Feldkirch auf die noch nicht komplett ausgebaute, aber gut zu fahrende österreichische A 14 durch den nun fertiggestellten Arlbergtunnel (mautpflichtig 9,50 €) und weiter die A 12 nach Innsbruck, von dort auf die Brennerautobahn, die nahtlos in den ebenfalls mautpflichtigen italienischen Autobahnabschnitt Brennero – Modena übergeht. Abfahrt für das Pustertal ist Brixen, für die zentralen Dolomiten Klausen, für die südlichen Dolomiten Bozen-Nord, Bozen-Süd oder Auer/Neumarkt.

Die **Gebühren** sind happig. Es beginnt mit dem österreichischen „Pickerl". Wer die Autobahnvignette nicht aufgeklebt hat und ertappt wird, riskiert bis 240 € Bußgeld. Es gibt drei verschiedene Vignetten: die Jahresvignette für Pkw (gültig ab 1. Dezember des Vorjahres bis zum 31. Januar des Folgejahres) kostet 87,30 € (2018), die für zwei Monate 26,20 € und die für 10 Tage 9 €. Man erhält die Vignetten bei den Automobilclubs, an der Grenze und den grenznahen Tankstellen. Seit Anfang 2018 gibt es eine **digitale Vignette** zu gleichen Preisen (www.asfinag.at oder Asfinag-App). Sie ist nur an das Kennzeichen gebunden, kann also beim Autowechsel problemlos übertragen werden. Aber Achtung: Die digitale Vignette gilt beim Online-Erwerb (aufgrund des Rücktrittsrechts gemäß der Europäischen Richtlinie für Konsumentenschutz) frühestens ab dem 18. Tag nach dem Kauf. Ab Sommer 2018 kann man die digitale Vignette allerdings auch an den herkömmlichen Vertriebsstellen beziehen, dann entfällt die Konsumentenschutzfrist und sie gilt unmittelbar nach dem Erwerb. Vorteil der digitalen Version: u. a. keine verklebten Autoscheiben. Weitere Infos zur digitalen Vignette, z. B. Hinweise zum Vignettenersatz bei Scheibenbruch, auf www.afinag.at.

Die Brennerautobahn kostet zusätzlich zum Pickerl 9,50 € Maut, und für den italienischen Autobahnabschnitt bis Bozen-Süd sind ca. 6,20 € zu bezahlen. Für Vielfahrer über den Brenner lohnt sich u. U. eine österreichische Videomautkarte für die Streckenmaut über den Brenner (www.asfinag.at). Für italienische Autobahnen macht bei häufigeren Fahrten der Kauf einer *Viacard* Sinn, bei dieser Guthabenkarte (wahlweise à 25 oder 50 €) wird die Maut bargeldlos abgezogen, man erspart sich die Bargeldsuche und kommt auf speziellen Spuren an den Mautstellen meist staufrei und schneller durch; die Card ist erhältlich z. B. beim ADAC der ARAG und beim ÖAMTC oder im Büro des ACI am Brennerpass-Autobahnübergang (Mo–Sa 8.30–12.30/15.30–18 Uhr). Für Schweizer Autobahnen ist der Kauf einer Vignette erforderlich (gültig von 1. Jan. bis 31. Jan. des Folgejahres, 2018: 40 Sfr).

Mautfrei aus Süddeutschland und Österreich: Die österreichische Bundesstraße von Innsbruck zum Brenner und die italienische Staatsstraße nach Brixen und Bozen sind mautfreie Alternativen, allerdings ist man auf diesen stark frequentierten Verbindungen (Lkw) wesentlich länger unterwegs. Die Strecke von Lienz durch das Pustertal ist ebenfalls mautfrei, man muss aber für den Felbertauerntunnel 11 €, für den Bahntransport Tauerntunnel ca. 18 € zahlen. Die Straße vom Inntal über den Reschenpass in den Vinschgau und über Meran nach Bozen ist ebenfalls kostenfrei, aber umständlich und zeitraubend. Im Sommer gibt es weiter die Möglichkeit, aus dem Inntal bei Imst durch das Ötztal und über das Timmelsjoch nach Südtirol einzureisen (keine Gespanne), die Mautstrecke über den Pass kostet für Pkw 16 € (hin/zurück 21 €), für Motorräder 14 € (19 €), in der Maut sind österreichische wie italienische Anteile inbegriffen.

Aus der Schweiz und dem Dreiländereck Basel-Freiburg: Von Basel/Zürich via St. Gallen – Rheintal – Feldkirch und von dort über die B16 über den leicht zu fahrenden Arlbergpass (Tunnel ist mautpflichtig, 9,50 €) ins Inntal. Bei Landeck auf die B 315, die nach Nauders und über den Reschenpass in den Vinschgau nach Meran und Bozen führt. Alternativ Weiterfahrt auf der Inntalautobahn bis Innsbruck und Autobahn über den Brenner, abhängig vom Reiseziel in Südtirol. Relativ flott ist die Verbindung über Landquart und Autoverladung durch den Vereinatunnel bei Klosters nach Zernez (einfach 34 € Sommer/39 € Winter) und anschließend über den Ofenpass nach Taufers im Vinschgau (www.rhb.ch). Eine weitere Möglichkeit, um aus der Schweiz nach Südtirol zu kommen, ist die Benutzung des Gotthardtunnels (mautpflichtig), bzw. des mautfreien und weit weniger stauanfälligen San-Bernardino-Tunnels über die A9/A4 Como – Mailand – Verona und weiter auf der A22 nach Bozen, zieht sich jedoch.

Aus Ost- und Südösterreich: Wer aus Niederösterreich, Wien oder dem Burgenland kommt sowie aus der Steiermark und Kärnten, nimmt am besten die österreichische Autobahn Wien – Villach und dann die B 100, die über Spittal und Lienz an die Südtiroler Grenze in Winnebach führt.

Mit der Bahn

Es ist nahezu ideal: Alle 2 Stunden fährt tagsüber ein internationaler EC von München nach Bozen. Die Reise dauert 4 bis 4:30 Stunden. In Kufstein oder Innsbruck besteht Anschluss aus dem ÖBB-Streckennetz. An Ort und Stelle fährt man dann mit dem Bus weiter oder wird – bei vielen Hotels ein kostenloser Service – am Bahnhof abgeholt.

Ab den EC-Bahnhöfen Franzensfeste, Brixen und Bozen sind die meisten Fremdenverkehrsorte Südtirols rasch und bequem mit dem Bus zu erreichen, wer nach Sterzing will, muss bereits am Brenner in einen Regionalzug umsteigen. Die Vinschgerbahn ermöglicht es, diesen westlichsten Teil Südtirols zwischen Meran und Mals per Bahn zu erreichen.

Seit Ende 2007 ist entschieden, dass der Brenner-Basistunnel (BBT) gebaut wird, der die Fahrzeit nach Bozen erheblich reduzieren wird. Der Tunnel soll bei Franzensfeste münden, aber bis ins Unterland Zulaufstrecken in Tunneln nach sich ziehen (z. B. eine großzügige Bozen-Umgehung), geplante Eröffnung 2026. Dann sollen täglich 400 Züge in zwei Röhren durch den Tunnel brausen. Interessierte haben die Möglichkeit, eine geführte Baustellenbesichtigung zu buchen (Fr 10 und 14 Uhr, Start am BBT-Infopoint in Franzensfeste, Brennerstraße, ✆ 0472/057200, Erw. 8 €, erm. 5 €, www.bbtinfo.eu. Eine Buchung mehrere Monate im Voraus ist wegen der großen Nachfrage sinnvoll).

EC-Verbindungen München – Bozen Von München nach Bozen (und weiter nach Venedig oder Mailand) fahren tagsüber Eurocitys alle 2 Std. von 7.30 bis 15.30 Uhr. Zurück geht es ab Bozen von 10.30 bis 18.30 Uhr.

Verbindungen über die Schweiz Aus Südwest-Deutschland EC/ICE-Strecke nach Basel, von dort Linie Basel – Zürich – Innsbruck – Wien, Umsteigen in die EC-Züge aus München in Innsbruck. Derzeit tgl. 5x von Zürich nach Innsbruck.

Verbindungen aus Ostösterreich EC-Strecke Wien – Salzburg – Innsbruck – Basel, in Innsbruck Umsteigen in die EC-Züge München – Verona. Derzeit tgl. 6x von Wien nach Innsbruck.

Preise und Ermäßigungen Die Tarifstruktur der DB mit ihren Ermäßigungen legt frühzeitiges Planen und gute Information nahe. Sinnvoll ist die BahnCard 50 samt Railplus, die 25 % Ermäßigung auf den Anschlussstrecken der österreichischen ÖBB gewährt. Für alle grenzüberschreitenden Züge gibt es sog. Globalpreise, die Fahrkarte und Reservierung umfassen, wer in der Kleingruppe im Nachtzug gleich ein ganzes Liegewagenabteil reserviert, spart enorm. Infos unter www.bahn.de. Die ÖBB gewährt auf ihre Vorteilscard bisher max. 50 % Rabatt.

Bahn & Bike Über den Radtransport der DB auch ins Ausland informiert – nicht immer verlässlich und selten vollständig – die Radfahrer-Hotline ✆ 0180/6996633 (ganzjährig tgl. 8–20 Uhr; 0,20 €/Min. aus dem Festnetz, mobil max. 0,60 €/Min.). Die EC auf der Strecke Deutschland – Österreich – Italien haben meist ein winziges Radabteil, das man besser (mindestens am Vortag) reserviert.

Mit dem Bus

Einige Regionen wie Meran, Meraner Land sowie Überetsch und Unterland unterhalten eigene Zubringerdienste mit dem Bus, die ab München, Stuttgart bzw. Zürich operieren. Diese Verbindungen sind schnell (München ZOB – Meran 4 Std. Fahrtdauer) und bieten zwischen Mitte März und Mitte November eine preiswerte Anreisemöglichkeit. Darüber hinaus bietet **Flixbus** eine Vielzahl von Anreiseoptionen aus Deutschland nach Sterzing, Brixen, Bozen und Meran. Optional können Zubringerdienste gebucht werden – bequemer geht es nicht!

Meraner Land Express verbindet München (ab ZOB) mit Südtirols Süden und dem Meraner Land, jeweils Mittwoch; **Silbernagl** (www.silbernagl.it) verbindet München mit dem Seiser-Alm-Gebiet und dem Grödner Tal; **Südtiroltours** nennt sich die Verbindung von Stuttgart ins Meraner Land, nach Bozen, zum Rosengarten, zur Seiser Alm und ins Grödner Tal. Aus St. Gallen, Winterthur und Zürich startet der **Südtirol Express** ebenfalls im Sommer über den Reschenpass in den Vinschgau, nach Meran und Umgebung und ins Unterland sowie bis hinauf zum Karerpass.

Flixbus, zwischen München ZOB und Bozen bis zu 10x tgl. direkt, 18–28 €, nach Brixen 4x tgl. 15–20 €, nach Meran (Terme) 4x tgl., 18–20 €, nach Sterzing 4x tgl. 18–25 €, www.flixbus.de. **Anschlusstransfers** zum Zielort können über den Kooperationspartner **Südtiroltransfer** (dahinter stecken die Anbieter Silbernagl und Martin Reisen) gebucht werden, www.suedtiroltransfer.com.

Meraner Land Express, zwischen München ZOB und Meraner Land sowie Südtirols Süden, Ende März bis Mitte Nov. Mi und Sa um 6 Uhr ab Meran und 14 Uhr ab München, hin/zurück 75 €, Buchung bei den Fremdenverkehrsvereinen.

Südtiroltours, jeden Sa Stuttgart – Meran – Überetsch – Unterland – Karersee und Gröden, So Rückreisen, nach Meran hin/zurück 160 €. Inselweg 16, D-73663 Berglen/Stuttgart, ✆ +49/7195/7884, www.suedtiroltours.de.

Südtirol Express, St. Gallen – Algund, Meran, Dorf Tirol, ca. Mitte April–Okt., hin/zurück (Sa) 180 Sfr plus 10 Sfr Buchungsgebühr. Erwin Hofmann, Wilenstr. 111c, CH-9322 Egnach, ✆ +41/71/2980919, www.suedtirolexpress.ch. Aus der Schweiz auch www.eurobus.ch.

Silbernagl, der Südtiroler Reiseveranstalter kooperiert mit Flixbus und bietet Anschlusstransfers in der Region Seiser Alm bis zum Zielort. Schlernstr. 39, I-39040 Seis, ✆ 0471/706633, www.silbernagl.it.

Mit dem Flugzeug

Der seit 1999 international operierende *Flughafen Bozen ABD* (Airport Bozen Dolomiten) bietet derzeit nur Linienflüge innerhalb Italiens an (ganzjährig nach Rom in Kooperation mit Alitalia). Derzeit erreicht man Bozen aus dem deutschen Sprachraum nicht direkt. Nahe gelegene Flughäfen (Malpensa, Bergamo, Brescia, Verona) werden jedoch aus Deutschland z. B. von Air Dolomiti und Ryanair bedient. Von Verona und Bergamo kann man dann mit dem Bus relativ gut nach Südtirol gelangen. Im Winter gibt es außerdem einen Bustransfer von Bergamo ins Eggental (und zu den Skiorten des Trentino).

Mit dem Fahrrad

Von den Anreisemöglichkeiten mit dem Rad aus Süddeutschland, der Schweiz und Österreich bieten sich die Route über den Reschenpass, den Brenner und den Grenzübergang Winnebach im Pustertal an, da sie auch mit schwerem Gepäck in Form von Seitentaschen, Hecktasche und Rucksack zu bewältigen sind. Hingegen sind die Straßenverbindung über das Timmelsjoch und die unbefestigten Straßen wie das Pfitscher Joch weniger empfehlenswert.

Die *Via Claudia Augusta* von Landeck über den Reschen in den Vinschgau hat den großen Vorteil, dass es einen Radtransport über den Pass gibt, der das für Radfahrer unangenehmste Wegstück erspart. Die Postbusstelle Landeck (Österreich) bietet 3x tgl. Radtransport im Huckepackverfahren von Landeck nach Nauders und umgekehrt an, man zahlt nur den Fahrgastpreis (Infos auf www.viaclaudia.org). Wer darauf verzichtet und die Straße fährt, wird mit zwei äußerst unangenehmen Tunneln konfrontiert. Besonders der erste Straßentunnel ist sehr gefährlich, schmal, kurvig und ohne Seitenstreifen (der schmale erhöhte Streifen rechts ist nicht befahrbar). Also besser: Von Landeck nach Nauders mit dem Bus, dann kann man den Blick in die Finstermünzschlucht ganz unbeschwert genießen.

Typisch Vinschgau: Radler und Vinschgerbahn

Die Brennerstrecke ist auf österreichischer Seite nicht als Radweg ausgebaut, nimmt man jedoch die Brennerstraße, erreicht man zügig und ohne viel Verkehr den Pass. Nach Innsbruck kommt man am besten über Seefeld und Zirl. Ab dem Brenner bis Sterzing gibt es einen schönen Radweg auf der alten Bahntrasse und ab Sterzing den Radweg durch das Eisacktal bis Bozen.

Wer von Osttirol und Ostösterreich aus anreist, hat ab Spittal den Drauradweg, der in Lienz in den Pustertalradweg übergeht, er ist bis zur Einmündung in den Eisacktalradweg komplett befahrbar. Nach Lienz von Salzburg über den wunderschönen Radweg entlang der Salzach bis in den Pinzgau, ab Mittersill Radtransport mit dem ÖBB-Bus bis Matrei oder Lienz.

Unterwegs in Südtirol

Reisen ist angenehm in Südtirol. Egal, auf welches Verkehrsmittel man sich stützt, privat, öffentlich, motorisiert oder nicht. Engstellen wurden erweitert, Alternativen geschaffen – das Land hat eine Menge Geld in den Verkehr investiert.

Durch das Land führt von Nord nach Süd eine gut ausgebaute Autobahn, die in Ost-West-Richtung verlaufenden Straßen sind recht gut ausgebaut, die schlimmsten Nadelöhre wie die Umfahrung samt Tunnel in Naturns und die Tunnel am Eingang des Schnalstals sowie die lang ersehnten Umfahrungen Welsberg und St. Christina in Gröden sind Realität. Eine Schnellstraße, die geschäftige MeBo, verbindet Bozen und Meran. Das kleinste Dorf, der letzte Einödhof sind auf Straßen zu erreichen. Zumindest im Sommer gibt es ein gutes bis ausreichendes Busnetz, in Fremdenverkehrsgebieten auch auf die Belange der Urlauber zugeschnitten (in der Nebensaison ist es mit den Bussen eher mau). Radler finden ein Paradies vor: Immer mehr Fahrradwege werden eröffnet, die großen Täler Wipptal, Eisacktal, Pustertal, Etschtal und Vinschgau sind nahezu durchgehend auf separaten Radwegen befahrbar.

Zwei besondere Zuckerl sind unbedingt zu erwähnen: zum einen die von einem Großteil der Betriebe ausgegebenen Gästekarten/GuestCards, die als Konsequenz der Kurtaxe seit 2014 existieren und eine kostenlose Benutzung von vielen Bussen und Bahnverbindungen ermöglichen, sowie die Mobilcard, die von den Südtiroler Verkehrsbetrieben herausgegeben wird und uneingeschränkte Mobilität auf allen öffentlichen Verkehrsmitteln innerhalb Südtirols ermöglicht – zum Schnäppchenpreis. Da die Autonome Provinz Südtirol bestens durch Bahn, Bus und Seilbahnen erschlossen ist, kommt man mit der Mobilcard überall hin. Das spart Benzin und Nerven, von den Kosten ganz zu schweigen. Es macht allerdings Sinn, vor dem Kauf einer Mobilcard zu überprüfen, inwieweit die benötigten Leistungen schon durch die Gästekarte abgedeckt sind, denn doppelt gemoppelt muss ja auch nicht sein.

Mit Pkw, Wohnmobil und Motorrad

Im Prinzip gelten die gleichen Regeln wie nördlich des Brenners, doch richtet man sich in Italien mehr nach dem Gefühl für die Verkehrssituation als starr nach Regeln. Insgesamt ist jedoch der Respekt vor Verkehrsregeln überall in Oberitalien wesentlich größer als weiter südlich, so kann man sich meist darauf verlassen, dass an Ampeln bei Rot gehalten wird.

Autobahnen: Es gibt nur die Autobahn *Brennero – Modena*, die Südtirol in einen West- und einen Ostteil zerschneidet. Abfahrten am Brenner, in Sterzing, in Franzensfeste/Brixen, Brixen-Süd, Klausen, Bozen-Nord, Bozen-Süd, Auer und (bereits im Trentino, aber für das Unterland eine Alternative) Mezzocorona.

> **Autobahngebühren** (Pkw) in Italien: Brenner – Brixen ca. 2,90 €, Brenner – Bozen-Süd 6,40 €, Bozen-Süd – Trento-Centro 4,10 €, Bozen-Süd – Verona-Nord ca. 10 €. Informationen unter ☏ 0461/980085; Seite der italienischen Brennerautobahngesellschaft (Brennero – Modena) www.autobrennero.it, alle italienischen Autobahnmautgebühren sind gelistet auf www.autostrade.it, einen einfachen Mautrechner (englisch) findet man unter www.infotraffico.autovie.it/pedaggi.
>
> **Mautauskunft** auf www.kfz-auskunft.de.

Stadtverkehr: Bis auf den Stadtverkehr in Bozen und Meran sowie die Durchfahrt durch Brixen hat man in Südtirol wenig Probleme, durch Orte zu fahren oder dort (kostenpflichtig) zu parken. Anders wird's im Advent, wenn an den Samstagen die italienischen Touringbusse zum Weihnachtsmarkt kommen und Bozen, Meran und Brixen blockieren. Gegen das entstehende Verkehrschaos ist der 15. August, der Haupturlaubstag der Italiener, das reinste Zuckerschlecken.

Mit dem Motorrad: Auf Motorradfahrer üben die kurvenreichen Dolomitenpässe Penser Joch, Jaufenpass, Gampenpass, Mendelstraße und vor allem das Stilfser Joch eine unstillbare Faszination aus, zumal einige nicht ganz leicht zu fahren sind. Das Fahren auf alten Militärstraßen ist nicht mehr erlaubt und wird auch nicht geduldet. Leider fahren zu viele Motorradfahrer zu schnell, die Unfallhäufigkeit

Unterwegs in Südtirol

gerade auf den Bergstraßen Südtirols ist um ein Vielfaches höher als bei Autofahrern. Immer wieder passiert es, dass bei Motorradunfällen die Fahrer oder Beifahrer unter den Leitplanken hindurch in den Abgrund rutschen, das führte schon dazu, dass im Landtag die Anfrage gestellt wurde, ob es nicht nötig sei, eine zweite Planke anzubringen, die das verhindern würde.

Übernachtungstipps: Informationen zu bikerfreundlichen Hotels und Pensionen gibt u. a. www.dolomiten-bike.com.

Bestimmungen für Motorroller/Scooter („motorini"): Immer mit Helm fahren, Mitfahrer sind, wo nicht ausdrücklich vorgesehen, nicht erlaubt (auch wenn's 15 % der italienischen Teenager trotz Verbot machen). Es hagelt harte Strafen, oft wird das Fahrzeug konfisziert – auch das Leihfahrzeug.

Camping, Wohnwagen und Wohnmobile: Fast alle Gemeinden verbieten in ihrem gesamten Gemeindegebiet das Abstellen von Wohnmobilen und Wohnanhängern und das Aufstellen von Zelten außerhalb von Campingplätzen. Wildcampen wird in Südtirol nirgendwo geduldet, und die Polizei ist gleich da, wenn man's versucht.

Vorschriften/Wissenswertes zum Straßenverkehr in Italien

Höchstgeschwindigkeit Auf **Autobahnen** Pkw/Motorräder 130 km/h, auf 3-spurigen Autobahnen können 150 km/h erlaubt werden (wird von den Autobahngesellschaften im Einzelfall festgesetzt), Pkw mit Anhänger 80 km/h, Wohnmobile über 3,5 t 100 km/h, Motorräder unter 150 ccm nicht zugelassen; auf **Schnellstraßen** Pkw/Motorräder 110 km/h, Pkw mit Anhänger 70 km/h, Wohnmobile über 3,5 t 80 km/h; auf **Landstraßen** Pkw/Motorräder 90 km/h, Pkw mit Anhänger 70 km/h, Wohnmobile über 3,5 t 80 km/h.

Von D/A/CH abweichende Verkehrsregeln Abblendlicht ist für Pkw außerhalb von Ortschaften auch bei Tag vorgeschrieben, für Motorräder und andere motorisierte Zweiradfahrzeuge auch innerhalb geschlossener Ortschaften; die rechte Fahrspur auf Autobahnen ist nun für alle Verkehrsteilnehmer freigegeben. Die zweite und dritte Spur sind, wie jenseits der Alpen, nur für überholende Fahrzeuge bestimmt; an Ampeln wird das Abbiegen nach rechts auch bei Rot geduldet; privates Abschleppen auf Autobahnen ist verboten, ebenso Telefonieren mit dem Handy ohne Freisprecheinrichtung (kaum jemand hält sich dran, auch nicht Busfahrer auf Bergstraßen); Promillegrenze 0,5, alkoholisierten Verkehrsteilnehmern wird der Führerschein für 2 Wochen bis 3 Monate abgenommen, es gibt hohe Strafen selbst für kleine Verkehrsdelikte; bei Unfallbeteiligung wird ab 1,5 Promille das Fahrzeug eingezogen und evtl. versteigert, das gilt für Italiener wie für Ausländer. Scooter (Motorroller) und Mopeds dürfen von Jugendlichen über 14 nicht mehr wie bisher führerscheinlos benützt werden, für 14- bis 18-Jährige ist ein Führerschein vorgeschrieben. Wer Fahrräder am Heck des Autos transportiert, muss ein rot-weißes Warnschild anbringen (in Deutschland nicht obligatorisch, wird daher häufig vergessen).

Pannenhilfe An den Autobahnen stehen (noch) in regelmäßigen Abständen Notrufsäulen. Der Straßenhilfsdienst des *italienischen Automobilclubs ACI* ist rund um die Uhr unter ✆ 116 zu erreichen, in Südtirol kann man sich (meist) auf Deutsch verständigen. Die Pannenhilfe ist kostenpflichtig, es sei denn, man besitzt einen Auslandsschutzbrief. In manchen Fällen beauftragt der ACI private Abschleppdienste (diese akzeptieren die Schutzbriefe nicht, die Rechnungen werden aber von den deutschen Versicherern nachträglich beglichen). Deutschsprachiger Notrufdienst des ADAC bei Fahrzeugschaden ✆ +49 89/222222, bei Erkrankung oder Verletzung ✆ +49 89/767676 (24 Std.).

ACI, Italienischer Automobilclub, Zweigstelle Bozen, Corso Italia 19a, ✆ 0471/273455.

Kraftstoff Preise höher als nördlich der Alpen, Bleifrei (senza piombo), Super (super) und Diesel (gasolio) entsprechen auch in der Oktanzahl/Qualität jenen in D/A und CH.

Tankstellen Nur an den Autobahnen Tag und Nacht geöffnet, an Fernstraßen und in Orten sind sie häufig nachts (20–7 Uhr), mittags (12–15 Uhr) und So geschl. Immer mehr Tankstellen besitzen einen Zapfautomaten, der Euronoten (5/10/20 €) annimmt.

> Die nicht ganz leicht zu fahrenden **Dolomitenpässe** sind oft nur im Schritttempo zu machen, so stark ist der Verkehr der Ausflügler. Vor allem das Grödner Joch zwischen Grödner Tal und Hochabteital ist ein Nadelöhr mit oft langen Staus. Hier wie an anderen (noch) mautfreien Pässen wird immer wieder über die Einführung einer Maut diskutiert, um den stetig wachsenden Individualverkehr einzudämmen.

Häufige Verkehrsschilder (meist zweisprachig) Accendere i fari = Licht einschalten; attenzione … = Achtung/Vorsicht; deviazione = Umleitung; divieto di accesso = Zufahrt verboten; lavori in corso = Bauarbeiten; parcheggio = Parkplatz; rallentare = langsam fahren; senso unico = Einbahnstraße; strada senza uscita = Sackgasse; tutte le direzioni = alle Richtungen; uscita veicoli = Ausfahrt; zona a traffico limitato = Eingeschränkter Verkehr; zona disco = Parken mit Parkscheibe; zona pedonale = Fußgängerzone.

Straßenzustandsbericht ✆ 194 und ✆ 0471/200198, im Internet unter www.stol.it auf der Serviceseite. Verkehrsmeldezentrale Südtirol, ✆ 0471/416100, www.provinz.bz.it/verkehr.

Mit dem Bus

Die Busse der Südtiroler Busgesellschaft SAD sind flotte, preisgünstige und verlässliche Verkehrsmittel, wenn man nicht gerade am Sonntag fahren will, denn dann werden kleinere Orte nicht angesteuert. Ebenso wenig sollte man in der Nebensaison großen Busreisen planen, da der Fahrplan gegenüber der Hochsaison deutlich abgespeckt ist.

Gästebusse: Nicht alle Ziele können mit SAD-Bussen erreicht werden, deswegen haben einige Tourismusvereine ihren eigenen Gästebusdienst eingerichtet. Normalerweise funktioniert der in Verbindung mit einer Gästekarte und praktisch überall mit der normalen Busfahrkarte der SAD (s. u.).

Ski- und Wanderbusse/Wandertaxis/„Schneeschuhwanderbus": Einige Verkehrsverbände setzen im Winter kostenlose oder sehr billige Busse ein, die auch isolierte Hotels mit den Liftanlagen verbinden. Dies trifft in einigen Fällen (z. B. Karerseegebiet) auch für den Sommer zu. Andere Vereine, wie der im Oberen Vinschgau, setzen auf einigen Strecken Wandertaxis ein, Kleinbusse, die nach Fahrplan fahren. Infos bei den Verkehrsverbänden.

SAD: Die Südtiroler Busgesellschaft hat ihr Zentrum in Bozen, von wo auch ein Gutteil der orangeroten Busse abgeht, weitere Knoten sind im Dolomitenbereich Brixen und Bruneck. Auch einige Ziele außerhalb Südtirols werden von SAD-Bussen angefahren, z. B. im Trentino das Fassatal (ab Bozen) und Fondo (ab Meran über Lana und Deutschnonsberg) oder Cortina d'Ampezzo in der Provinz Belluno (ab Toblach).

Callcenter In Italien 1 Einheit je Gespräch (lange Warteschleife) unter ✆ 840/000471, im Internet unter www.sii.bz.it (mit neuem Fahrplan schon vor Fahrplanwechsel – an den Haltestellen wird er oft erst einige Tage *nach* dem Wechsel ausgehängt).

Tickets Es gibt Einzeltickets (Überlandkarten) und Wertkarten. Man kann sie sowohl beim Fahrer als auch in Büros der Gesellschaft und bei konzessionierten Händlern (meist Tabakläden) sowie am Automaten erwerben, bei Kauf an Bord sind sie geringfügig teurer. Einzeltickets gelten anders als die Wertkarten nur für Bahn oder Bus! Vor Antritt der Fahrt müssen die entsprechenden Abschnitte entwertet werden, sonst drohen dicke Bußgelder! Pro Kilometer 0,15 €. Wertkarten gibt es für 5, 10 und 25 €, sie berechnen nur 0,12 € je Kilometer!

Mobilcard und Museum-Mobilcard
Wer auch nur mäßig mit Bus und Bahn unterwegs ist, wird die *Mobilcard* schätzen: Man bekommt sie für die Gesamtregion Südtirol und für alle Busse und Bahnen sowie für einige Seilbahnen, sogar die Fahrt nach Trient/Trento ist dabei: 7 Tage 28 €, 3 Tage 23 €, 1 Tag 15 €. Einzelne Fremdenverkehrsverbände geben Karten für noch kleinere Regionen aus (z. B. die activeCard in Sterzing und Umgebung, www.sterzing.com). Die Mobilcard erhält man bei den Tourismusbüros und an den Bahnhofsautomaten des Südtiroler Verkehrsverbundes, sie muss beim ersten und bei jedem folgenden Fahrtantritt entwertet (bzw. auf diese Weise überprüft) werden. Seit 2014 Kurtaxe in ganz Südtirol eingeführt wurde (→ Wissenswertes von A bis Z), geben die Beherbergungsbetriebe folgender Südtiroler Regionen eine lokale Mobilcard zu unterschiedlichen Konditionen an ihre Gäste ab: Grödner Tal (Val Gardena Card), Brixen (Brixen Card, www.brixencard.info), Seiser Alm (Seiser Alm Live Card), Rosengarten (Eggental-Rosengarten-Latemar-Guestcard), Bozen (Bozen Card), Meran (MeranCard), Meraner Land (Meraner Land Guestcard), Vinschgau (Vinschgau Card, www.vinschgaucard.net). Damit lassen sich für die Dauer des Aufenthalts alle öffentlichen Verkehrsmittel der Region kostenlos nutzen.

Da die Bezeichnungen und Konditionen in diesem Card-Karussell fast jährlich variieren, macht es Sinn, sich vor Ort im Tourismusbüro zu informieren.

Eine interessante Alternative ist die *Museum-Mobilcard*, sie bietet neben den Leistungen der Mobilcard für 3 oder 7 Tage den Gratisbesuch in fast allen der derzeit 128 Südtiroler Museen. 7 Tage 34 €, 3 Tage 30 €.

Fahrräder Fast alle Busse nehmen Räder mit falls Platz ist. Sa/So ist das aber selten der Fall! Bus-Fahrradkarten (6 €) sind im Zug nicht gültig (und umgekehrt). Die *Bike-Mobilcard* bietet die Leistungen der Mobilcard und zusätzlich die einmalige Nutzung eines Leihfahrrades, das nicht im Bus/in der Bahn mitgeführt werden darf: 7 Tage 34 €, 3 Tage 30 €, 1 Tag 24 €.

Mit der Bahn

Die Brennerbahn und vor allem die Pustertalbahn sind eventuell Alternativen zur Reise innerhalb Südtirols für diejenigen, die in Bozen, Brixen, Bruneck und Toblach oder Innichen wohnen. Fast stündlich fahren tagsüber Züge von Innichen über Toblach und Bruneck nach Franzensfeste und von dort (umsteigen) nach Brixen, Klausen und Bozen sowie nach Auer und Neumarkt sowie – vom Brenner kommend – nach Meran. Ein Hit bei Bikern ist die Vinschgerbahn (→ Kasten), die wieder eingerichtete Strecke zwischen Meran und Mals.

Information www.trenitalia.it.

Tickets Viele Bahnhöfe sind nicht besetzt; Zeit- und Einzelkarten kann man an Automaten oder bei Busfahrern erwerben. Nur wenn kein Automat vorhanden ist, darf man im Zug nachlösen. In Italien sind Bahnfahrkarten immer **vor der Fahrt zu entwerten**, da sie sonst ungültig sind und hohe Bußen drohen! Einzeltickets gelten anders als die Zeitkarten nur für Bahn oder Bus, die Mobilcard gilt im angegebenen Abschnitt auch im Zug. Die Mobilcard muss vor jeder Fahrt im Automaten kontrolliert werden!

Mit dem Fahrrad

Südtirol ist wegen der vielen Passstraßen nicht unbedingt ideal für Langstreckenfahrer und Gelegenheitsradler, aber ein ideales Tourengebiet für Rennradler, Mountain- und Trekkingbiker. Es gibt eine rasch wachsende Zahl ausgebauter separater

Mit dem Fahrrad

Radwege und jede Menge Tourenmöglichkeiten. In fast allen inneritalienischen Zügen kann das Rad mitgenommen werden (s. u.). Busse (außer Niederflurbusse) nehmen, falls Platz ist, Räder mit. An An- und Abreisetagen (Sa/So) ist meist kein Platz mehr.

Information Zum Radtransport per Bahn in Italien unter www.trenitalia.it.

Fahrradmitnahme im Bus 6 €/Tag, nicht möglich in Niederflurbussen (die immer häufiger die alten Brummer mit Kofferraum ersetzen), in manchen Bussen (Martelltal!) kann nur ein Rad befördert werden. Siehe auch Bike-Mobilcard (S. 48).

Fahrradmitnahme im Zug Alle Interregional- und Regionalzüge (im Fahrplan mit IR und R ausgewiesen) nehmen Fahrräder mit, der Fahrradwagen befindet sich meist im Triebwagen am Zuganfang oder -ende. Die Einstiege sind eng und hoch, Schaffner helfen nicht und öffnen nicht die speziell breiten Türen der Radabteile. Wenn man sich dann hineingequetscht hat, gibt es entweder reichlich Aufhängevorrichtungen (vorbildlich!) oder gar nichts zum befestigen. Manche Bahnsteige (z. B. Klausen) sind nicht so lang wie der Zug, sodass man das Rad über das Bahnsteigende hinaus schieben und dann sehr hoch heben muss. Es gilt ein Pauschaltarif 24 Std. ab Entwertung, derzeit 6 €. In der Vinschgerbahn zahlt man 4 € für die Radmitnahme, vormittags wird das Rad getrennt verladen und per Busanhänger zum Ziel geschickt.

Regeln Für Kinder bis 14 Jahre gilt Helmpflicht; nach Einbruch der Dunkelheit ist eine Warnweste Pflicht.

E-Bikes Fakt ist, dass diese angenehmen Fortbewegungsmittel derzeit einen beispiellosen Boom erleben, der noch lange nicht am Ende zu sein scheint. Darauf hat sich auch die Tourismusindustrie in Südtirol eingestellt. An allen derzeit 20 Verleihstationen von **Südtirol Rad** (www.suedtirol-rad.com) lassen sich neben 500 Rädern auch 600 E-Bikes entleihen. Demzufolge gibt es dort auch Ladestationen. Letztere schießen mittlerweile wie Pilze aus dem Boden (neu z. B. am Salewa Cube in Bozen, mehrere neue in Eppan, zunehmend auch an Hotels), leider gibt es dazu (noch) keinen allgemeinen Überblick. Am besten in den Tourismusbüros nachfragen (bevor der Akku ganz leer ist …). Manche Hütten werben mit einer Ladestation, vor Ort trifft man dann aber oft nur auf ein paar Steckdosen am Parkplatz, das Ladekabel muss man also nach wie vor mitschleppen.

Ein Anbieter, der es mit flächendeckender Standardisierung versucht, ist bike-energy (www.bike-energy.com). Die Ladestationen befinden sich überwiegend auf Almen und Hütten. Mittels eines Kabels, das man vor Ort entleihen oder für 72 € selbst erwerben kann, lassen sich alle handelsüblichen Akkus neu betanken. Eine Übersicht der (ständig wachsenden) Standorte findet sich auf der Website.

Historische Unterkunft mit 4 Sternen: der „Goldene Adler" in Brixen

Übernachten

Die Zahl der Zimmer in Hotels und Pensionen, Apartments und Bauernhöfen ist schier unbegrenzt. Um die 4500 Betriebe gibt es in der Hotellerie, das Angebot reicht vom einfachen Zimmer mit Frühstück bis zur Suite im 5-Sterne-Hotel.

Während das Angebot an Zimmern mit Frühstück und kleinen Familienpensionen allerdings zurückgeht, nimmt dasjenige an Apartments deutlich zu. Viele Anbieter stellen ihr Angebot in dieser Hinsicht um. Die Gründe dafür sind nicht etwa die mangelnde Nachfrage an billigen Zimmern oder der Wunsch der Gäste, unter sich zu sein, sondern vielmehr der hohe Arbeitsaufwand. Zimmer mit Frühstück bedeutet eben, dass die Hausfrau täglich zumindest zum Frühstück anwesend ist, tagsüber die Zimmer aufräumt und abends gegenüber den Gästen gute Laune verströmt, sie sollen schließlich wiederkommen. Mit einer Ferienwohnung hat man dieses Problem nicht und die Endreinigung wird gar extra bezahlt.

Anzahl der Sterne und Zimmerausstattung: Hotelbetriebe werden je nach Ausstattung mit 1 bis 5 Sternen (*–*****) klassifiziert – von Standard (*) bis Luxus (*****), recht guten Komfort findet man auch schon in 2- und 3-Sterne-Hotels. In den Angaben zum Übernachten wird bei Hotels, Pensionen, Gasthäusern und Garnis vorausgesetzt, dass sie TV im Zimmer haben, wenn nicht, wird dies extra erwähnt. In *allen* Betrieben wird vorausgesetzt, dass die Zimmer mit Bad (Dusche/WC oder Dusche/Badewanne), Waschgelegenheit kalt/warm und TV, Sitzgelegenheit, ausgestattet sind. Ist das nicht der Fall, wird gesondert darauf aufmerksam gemacht – anders in Alm- und Berghütten, für die heute immer noch Mehrbettzimmer oft mit Stockbetten und ohne Schrank oder Waschgelegenheit üblich sind. Bei diesen wird umgekehrt erwähnt, wenn sie komfortabler ausgestattet sind. In

Übernachten 51

neueren Hotels und Pensionen ist ein Balkon heute Standard, das trifft nicht auf ältere und historische Häuser und die ewig stiefmütterlich behandelten Einzelzimmer zu. Viele Betriebe, die kein eigenes Frei- oder Hallenbad besitzen, schließen im Wochenpreis den Gratisbesuch der örtlichen Badeanstalt ein. Ist ein Wellnessbereich angegeben, so die Sauna etc. fast immer im Zimmerpreis inbegriffen, das Solarium geht jedoch oft extra. WLAN (in Italien meist Wi-Fi genannt) oder Internetzugang in den Prospekten bedeutet übrigens nicht automatisch, dass dieser kostenfrei ist. Allerdings hat sich hier in den vergangenen Jahren einiges getan, und meist zahlt man nichts für den Internetzugang. Zu beachten ist, dass das WLAN oft nicht oder nur in schlechter Qualität in die Zimmer reicht, die weiter vom Empfang entfernt liegen. Die Folge ist, dass man ständig aus dem Netz fliegt oder erst gar keine Verbindung bekommt – für Internetjunkies der reinste Horror, in Zeiten der neuen EU-Roaming-Regeln allerdings nicht weiter dramatisch, sofern man über ausreichend Netzempfang verfügt.

Listen der Beherbergungsbetriebe: In Südtirol gibt es für alle Tourismusverbände und Tourismusvereine eine Hotelliste, die auch Privatzimmer und Apartments umfasst, in großen Orten werden getrennte Listen für Zimmer und Apartments geführt. Information über freie Zimmer aller Kategorien gibt es meist auch über die Internetadressen der Verkehrsvereine. Oft sind auch die Tourismusbüros vor Ort bei der Suche nach freien Zimmern behilflich und tätigen den einen oder anderen Anruf. In allen größeren Orten gibt es mittlerweile elektronische Terminals, an denen man rund um die Uhr freie Betten abfragen und dann auch gleich Kontakt aufnehmen kann. Darauf weisen die Schilder mit dem großen „I" und „24 h" hin – und nicht etwa darauf, dass hier ein Tourismusbüro rund um die Uhr geöffnet hat!

Online-Reiseportale: Auch in Südtirol wird zunehmend über Online-Reiseportale gebucht. Neben airbnb (s. u.) sind hier die üblichen Verdächtigen wie booking.com oder Tripadvisor zu nennen. Die Bedingungen sind für die Vermieter nicht immer vorteilhaft, dennoch bieten die Portale vor allem für Spontanreisende eine gute Möglichkeit, kurzfristig noch ein Bett oder Zimmer zu finden. Abseits touristischer Zentren ist die Zahl heimischer Anbieter allerdings noch relativ gering. Bei telefonischer oder Online-Buchung sind die aktuellen Preise oft nicht identisch mit den Listenpreisen.

Zu den Angaben im Buch

Mindestaufenthalt und Pensionspflicht In vielen Quartieren liegt der Mindestaufenthalt bei drei Tagen, und zumindest in der Hauptsaison ist Halbpension (HP) noch häufig obligatorisch, nur in der Nebensaison ist Zimmer mit Frühstück (FR) öfter zu bekommen. Wo das Hotel in der Regelfall HP verlangt, sind hier im Buch die Preise für ein Doppelzimmer mit HP pro Nacht (DZ/HP) angegeben, wo problemlos Frühstück möglich ist, der Preis für ein Doppelzimmer mit FR pro Nacht (DZ/FR). Kurzfristiges Anfragen lohnt. Denn wenn gebuchte Kapazitäten unerwartet wegfallen, sind die Gastgeber bei den Konditionen flexibler.

E-Mail- und Web-Adressen Aus Platzgründen wurden E-Mail-Adressen nur aufgeführt, wenn keine Website vorhanden ist oder über die Website kein Kontakt aufgenommen werden kann. Web-Adressen sind dagegen, sofern vorhanden und mit einem Mindest-Informationsgehalt versehen, immer angegeben.

Preise Die Preisspannen im Buch entsprechen den niedrigsten und höchsten Preisen für ein DZ. Alle Preise gelten ab einem Aufenthalt von 3–4 Übernachtungen, bleibt man kürzer, werden üblicherweise mindestens 10 % aufgeschlagen. Die in den Katalogen und hier im Buch angegebenen Preise

Wie gemalt: Geislerspitzen und Broglesalm

beziehen sich folglich immer auf einen Aufenthalt von mindestens 3 Nächten/4 Tagen. In der Nebensaison kann der sonst übliche Aufschlag für einen kürzeren Aufenthalt schon mal entfallen, wie es auch mal ein DZ zum EZ-Preis gibt.

Saisonzeiten/Betriebsferien In Südtirol gelten in allen Bereichen etwa ähnliche Saisonzeiten. Am Beispiel Grödner Tal dauert die Saison von Mai/Juni bis Ende Sept./Mitte Okt. (ein Teil der Betriebe nur Juli bis Mitte Sept.) und von Dez. bis Mitte/Ende April; die Hochsaison ist dabei von der 4. Juliwoche bis 3. Augustwoche und von Weihnachten bis zum 6. Januar sowie – nur in Skigebieten – von Febr. bis Mitte März. Typische Herbst-Urlaubsgebiete wie das Meraner Land und das Überetsch haben von Ende Juli bis Ende Oktober Hochsaison, besonders in der zweiten September- und ersten Oktoberhälfte kann es schwer werden, ein Quartier zu finden. In reinen Sommer- und Herbst-Urlaubsgebieten wie dem Überetsch und Unterland sind die Betriebe im Winter überwiegend geschlossen! Mitte Juni bis Ende der 1. Juliwoche sind viele Hotels, Pensionen, Gasthäuser und Restaurants in Südtirol wegen Urlaub geschlossen!

Berghütten: Sie sind vorrangig für Bergsteiger gedacht und werden in den Listen der Beherbergungsbetriebe nur aufgeführt, wenn es sich um private Betriebe im Stil eines Gasthauses handelt. In der Sommersaison sind fast alle Hütten vom 20. Juni bis 20. September geöffnet, manche auch Mitte Juni bis Ende September/Mitte Oktober und später (kaum früher). Die Fremdenverkehrsvereine kennen die genauen Öffnungszeiten, einige geben dazu entsprechende Listen heraus.

Wellnesshotels: Nicht überall, wo es Wellness heißt, ist auch Wellness drin. Der Begriff ist weder definiert noch geschützt. Sicher geht man z. B. bei den 29 Belvita Wellnesshotels (www.belvita.it) oder den fünf DolceVita Wellnesshotels im Meraner Land (www.dolcevitahotels.com).

Urlaub auf dem Bauernhof (Agriturismo): Wird in Südtirol in den meisten Orten angeboten. Vermietet werden Zimmer mit Frühstück und zunehmend Apartments. Fremde auf dem Bauernhof zu beherbergen, ist nicht einfach nur Schlüsselübergabe und dann wieder normale Hausarbeit. Vielmehr muss die Organisation und das Gästemanagement in den Alltagsablauf integriert werden, was zumeist Aufgabe der Bäuerinnen ist. Während die ältere Generation sich mit Internet und Online-Buchungen noch schwertut, haben die Jungen den Zeitenwechsel längst adaptiert. So lassen sich mittlerweile die meisten Bauernhöfe per Mail oder Online-Kalender buchen. Portale wie „Roter Hahn" (www.roterhahn.it) helfen bei der Vermarktung und Organisation und setzen Qualitätsstandards, an denen sich die Touristen orientieren können. Mittlerweile nehmen über 1600 Betriebe daran teil, man ist aktiv auf Facebook, YouTube, Twitter und Instagram.

In den Tourismusbüros liegt jährlich ein dicker Katalog aus („Urlaub auf dem Bauernhof"), ebenso Spezialprospekte zu Themen wie „Bäuerlicher Feinschmecker" (Buschenschankbetriebe) oder „Delikatessen vom Bauern". Es gibt jedoch auch Betriebe, die sich dieser Zertifizierung bewusst verweigern, weil sie zum einen nicht ganz kostengünstig ist und zum anderen immer wieder Anpassungen und Veränderungen fordert, denen sich nicht jeder Hof unterwerfen will.

Information: Südtiroler Bauernbund, Urlaub auf dem Bauernhof, K.-M.-Gamper-Str. 5, I-39100 Bozen, ✆ 0471/999308, www.roterhahn.it.

Residence: Diese Bezeichnung bedeutet nichts anderes als **Ferienwohnung**, gemeint ist normalerweise ein Gebäude mit Ferienwohnungen bzw. Apartments. Im Gegensatz zu Hotels gibt es normalerweise keinen Service, die Gäste versorgen sich selbst und räumen auch selbst auf. Dem widerspricht nicht, wenn es im Gebäude ein Restaurant gibt oder zum Frühstück ein Brötchenservice angeboten wird. Die Endreinigung der Ferienwohnung ist fast immer extra fällig, sie kann um die 40 € betragen. Dieser Betrag ist oft *nicht* in den Preisangaben der Kataloge enthalten! Komplett eingerichtet bedeutet normalerweise Bad/Dusche und WC, TV, Kochnische/Küche mit Kochplatte oder Herd, Kühlschrank, Geschirr, Besteck, Pfannen und Töpfe, Tischwäsche und Bettwäsche.

Pensionen: Familienbetrieb mit Restaurant, es werden Halb- und Vollpension angeboten. Oft die preiswerteste Form, Urlaub mit Halbpension zu buchen. Fließend ist übrigens die Grenze zu den Privatzimmer-Vermittlern.

Bed & Breakfast: Weil sich Italiener nicht mit „Zimmer mit Frühstück" anfreunden wollen und Deutschen „camera con colazione" nicht zumutbar ist, vermarkten immer mehr Südtiroler Anbieter ihre Zimmer als „bed & breakfast". Schön neutral und international verständlich. Ein Anbieter, der es so macht, ist „Südtirol privat", Schlachthofstr. 59, Bozen, ✆ 0471/324879, www.suedtirolprivat.com.

Familienhotels: Die derzeit rund 25 Hotels dieser Gruppe bieten besonders Familien das richtige Zuhause auf Zeit. Die Häuser (3 bis 5 Sterne) kümmern sich besonders um die Kinder, was Spielplätze/-zimmer sowie kindgerechte Animation einschließt.

Information: Familienhotels Südtirol, Pfarrplatz 11, I-39100 Bozen, ✆ 0471/999990, www.familienhotels.com; Ein Spezialanbieter nicht nur für Südtirol (7 Häuser) ist Vamos Eltern-Kind-Reisen, www.vamos-reisen.de.

Wanderhotels: Diese über 35 Komforthotels (meist 4, einige 3 und 5 Sterne) sind speziell auf Wanderer und Familien zugeschnitten mit Ausrüstungsverleih, Wanderbus beim Haus, geführten Wanderungen, Infothek mit den entsprechenden

Karten und Führern. Die in dieses Buch aufgenommenen Wanderhotels sind als solche vermerkt.

Information: Wanderhotels, A-9900 Lienz, ✆ (0043)485/264611, www.wanderhotels.com.

Bike-Hotels: Knapp 40 radfahrerfreundliche Hotels von einfachem bis 4-Sterne-Komfort sind unter BikeHotels Südtirol zusammengefasst. Die Gastgeber sind oft selbst passionierte Biker und kennen die besten Touren (www.bikehotels.it).

Vitalpina-Hotels: über 30 Komforthotels (3 bis 5 Sterne), die Wandern, Wellness, gesunde Ernährung und regionale Naturprodukte miteinander kombinieren (www.vitalpina.info).

Adults only: Kein neues Label für Kinderfeindlichkeit, sondern schlicht Reaktion auf eine wachsende Zielgruppe, die es gerne ruhig hat. Wo bekannt, ist es im Buch vermerkt.

Bio-Hotels: 6 zertifizierte Bio-Hotels gibt es derzeit in Südtirol. Sie zeichnen sich durch die Verwendung biologischer Produkte und eine Kooperation mit rein biologisch wirtschaftenden Herstellern aus Südtirol aus, deren Produkte (z. B. Ultner Brot, Vinschger Öl, Kräuter von Bergila und vom Kräuterschlössl) sie verwenden (www.biohotels.info).

airbnb: Die umstrittene Internetplattform hat in Südtirol nicht mit den gleichen Problemen zu kämpfen wie in den globalen Boomtowns, wo sie privaten Wohnraum vom Markt nimmt und letztlich zur Mietexplosion mit beiträgt. Hier sind die privaten Anbieter vielmehr eine sinnvolle Ergänzung der Palette an bestehenden Übernachtungsmöglichkeiten – mit anerkannten Standards und der Option, auch kurzfristig noch ein freies Bett zu finden. Und nicht zuletzt bietet airbnb die Gelegenheit, nette Südtiroler kennen zu lernen.

Jugendherbergen: Mangelware. Südtirols Hotellerie schätzt Gäste nicht, die kaum Geld bringen. Ausnahmen sind die von der Stiftung Kassianeum geführten, sehr schönen Jugendherbergen im ehemaligen Grandhotel in Toblach, im Kassianeum in Brixen, aber auch in Meran, Bozen und Salurn sowie die Jugendherberge Castelfeder in Montan. Die Kolpinghäuser (Bozen und Meran) sind von der Preisgestaltung her alles andere als Jugendherbergen.

Glamping: Südtirol ist eine gute Adresse für besondere, auch exklusive Übernachtungsvarianten, und deshalb gibt es hier auch Glamping (glamouröses Camping). Darunter sind die Baumhäuser in Sexten (→ S. 538) ebenso wie die Schlaffässer auf dem Campingplatz Steiner in Leifers (→ S. 184) oder diverse Chalets und Luxusbungalows. Mit Camping hat das nicht mehr viel zu tun – allerdings ist Glamping eine weltweite Bewegung, und der Markt ist eher im Wachsen begriffen (www.glamping.info).

Campingplätze: Derzeit gibt es in Südtirol 40 Campingplätze, die allerdings recht ungleich verteilt sind. Die Schwerpunkte liegen im sonnigen Vinschgau, rund um Meran und rund um Bozen sowie im Süden bis Salurn. Auch im Pustertal und seinen Seitentälern gibt es einige Plätze, während das Grödner Tal bis heute campingplatzfrei ist und im gesamten Gebiet des Schlern und Rosengarten einzig ein Platz in Völs existiert. Die komfortabelsten Plätze finden sich im Vinschgau und bei Meran.

Information: www.campingsuedtirol.com; hilfreich ist der ADAC-Campingführer Südeuropa (erscheint jährlich), außerdem der Stellplatzführer für Deutschland und Europa (erscheint ebenfalls jährlich). Es gibt auch eine „Camping Südtirol"-App.

Kalte Köstlichkeit zum Nachtisch

Essen & Trinken

Die Küche Südtirols verbindet mehrere kulturelle Traditionen, denn sie schöpft nicht nur aus dem alpinen Repertoire, sondern bezieht auch die Wiener und die italienische Küche mit ein. Das ergibt einen ausgesprochen interessanten Mix. Dazu kommen die bekannten Südtiroler Weine, und nicht nur der „Kalterer See".

Auf den Tisch kommen Nudeln oder die den Ravioli ähnlichen Schlutzkrapfen („Schlutzer") oder eine Suppe mit Einlage, dann ein Braten aus dem Ofen oder Geselchtes mit Kraut, Gulasch oder eine Forelle, es folgt eine Mehlspeise. Auch im ladinischen Teil sind die Knödel beliebt: Speckknödel zum Sauerkraut und kleine Knödel in die Suppe, Spinatknödel, Käseknödel. Speck ist eine besondere Südtiroler Spezialität, die mit dem, was man sonst im deutschen Sprachraum darunter versteht, wenig zu tun hat.

Essen & Trinken im Lokal: *Restaurants* und *Gasthäuser* unterscheiden sich in Südtirol nicht oder kaum von denen in Österreich, Deutschland oder der deutschsprachigen Schweiz. Das Südtiroler Durchschnittsrestaurant ist von Ausstattung und Speisekarte her eher etwas konservativer als sein Vetter nördlich der Alpen. *Pizzerien* sind genauso beliebt wie überall und sehen nicht anders aus. Was man jedoch sonst nicht kennt sind die *Bars*, die deutlich dem italienischen Muster entsprechen: Sie sind lokale Treffpunkte, in denen es außer morgens Brioche und später Sandwich oder Toast nichts zu essen gibt, wo man für ein Glas Wein oder einen Espresso vorbeikommt (der „deutsche Kaffee" Südtirols ist wirklich nur für die Gäste aus Deutschland), auch in kurzen Arbeitspausen, auch um schnell mal sein Glück am

Spielautomaten zu versuchen. *Cafés* (auch italienisch *Caffè* geschrieben – da gibt es in Südtirol keine Norm) sind die etwas größeren Ausgaben der Bars mit manchmal größerer Auswahl an kleinen Speisen und auch schon mal einer Süßigkeit in der Glasvitrine. Eine Besonderheit sind die *Törggelenlokale*, in vielen Fällen nichts anderes als die Wohnstuben von Bauern, die im Herbst ihren eigenen Wein ausschenken, Buschenschanken also (zum Törggelen s. u.), es gibt aber auch Gastwirtschaften, die im Herbst ihren eigenen Wein ausschenken und diese Bezeichnung verdienen. Leider nennen sich heute immer mehr ganz stinknormale Lokale Törggelenlokal und locken Kunden zu allen Jahreszeiten. Wer zum Törggelen will, sollte sicher sein, dass das Lokal seinen eigenen Wein ausschenkt, und auf die Jahreszeit schauen – vor dem Spätherbst und nach dem Winter läuft nichts. Wie in Österreich sieht das Angebot der *Konditoreien* und *Konditorei-Cafés* aus, die Wiener Mehlspeistradition ist dominant, und ähnlich ist das Ambiente (was man als „bürgerlich" bezeichnet). Was im übrigen Italien absolut unbekannt ist, bei einem Kaffee und einer Cremeschnitte ein Stündchen zu sitzen, wird hier lustvoll zelebriert.

Öffnungszeiten Die angegebenen Ruhetage der Restaurants gelten in den meisten Fällen nicht für die Hochsaison, also Mitte Juli bis Mitte/Ende Aug., Weihnachten/Neujahr und in Wintersportorten im Febr.

Brot und Gedeck/Pane e coperto Der Obolus für das Gedeck und Bedienung (pane e coperto/servizio) wird hin und wieder extra berechnet. Vorher auf die Speisekarte nachschauen.

Wein im Lokal Es empfiehlt sich, einen Hauswein (vino della casa) zu trinken, wie es ihn in jedem Lokal Italiens und auch Südtirols gibt, es sei denn, man möchte tiefer in die Tasche greifen. Flaschenweine sind, wie anderswo auch, in der Regel übertreuert. Allerdings bieten viele Gaststätten gute regionale Tropfen an, manche produzieren auch selbst, ebenso wie viele Höfe. Nachfragen lohnt sich.

Preisangaben Bei den Preisangaben für die im Text dieses Buches erwähnten Restaurants bedeutet „ab ... €" immer den Preis für einen Gang, falls es um Menüs geht, ist das extra erwähnt, und zwar ohne Getränke! Auch das Trinkgeld (Aufrundung bis ca. 10 %) ist in dieser Preisangabe nicht inbegriffen.

Rauchverbot im Lokal Seit 2005 ist das Rauchen in Italien in geschlossenen Lokalen verboten! Für Regentage und die Wintersaison haben deshalb viele Lokale ihre Terrasse für die Raucher abgedeckt – das gilt nicht als „geschlossenes Lokal". Ausnahmen gelten in wenigen Lokalen mit eigenen Raucherräumen. Man hält sich ans Verbot!

Zimmer mit Halb- oder Vollpension: Wer sicher ist, dass er um sechs Uhr abends im Hotel zurück ist, wird mit Halbpension gut bedient sein, wer oft später dran ist, sollte sich das genau überlegen und lieber nur Zimmer mit Frühstück nehmen (was in der Hauptsaison oft erst gar nicht angeboten wird). Viele Pensionen und Hotels haben nämlich nur eine beschränkte Essenszeit, sie beginnt oft schon um 18 oder 18.30 Uhr. Wer später kommt, etwa gar nach 20 Uhr, hat das Nachsehen und nur mit Glück ein Resteessen am Katzentisch.

Die in einigen Fällen angebotene ¾- oder Verwöhnpension beinhaltet neben der Halbpension ein Nachmittagsbuffet mit Kuchen, manchmal auch einen Spätimbiss. Wer keine Probleme mit der schlanken Linie hat und überschüssige Kalorien rasch mit dem Mountainbike abstrampelt, sollte sich diese Form der Pension überlegen.

Wo viele Gäste zufrieden gestellt werden müssen, die ihre individuellen Wünsche nicht äußern können, muss ein gemeinsames Niveau gefunden werden, das meist niedrig ist. Kocht man reine Südtiroler Küche, mäkeln die einen, kocht man italienisch, die anderen, kocht man „international" und bietet ein Salatbuffet an, zieht man sich als Hotelier diskret aus der Affäre. Immer mehr Hotels und Pensionen lenken von der Fantasielosigkeit ihrer Speisenfolge ab, indem sie diese einfach um einen Gang verlängern, also z. B. einen zusätzlichen Gang zwischen Suppe und Hauptspeise legen. In der völlig korrekten Annahme, dass unter vier Gängen mehr Gäste etwas finden, das ihnen schmeckt, als unter dreien. Nur teure Hotels können diesem Dilemma entfliehen und z. B. ein Vorspeisenbuffet aufbauen und zum Hauptgang wirklich ganz unterschiedliche Speisen zur Auswahl stellen. Oder (s. o.) sie bieten eine ¾-Pension an, dann findet auch jeder was, das ihm schmeckt.

Die Speisen und ihre Zutaten

Die Südtiroler Küche ist keineswegs leicht. Noch immer geht es auf dem Lande darum, den Hunger mit eigenen Produkten und möglichst wirtschaftlich zu stillen. Dass Essen auch Gourmetcharakter haben kann, wird einem Bergbauern im Ultental eher unverständlich erscheinen. Diese Küche der dicken Suppen, Knödel, Nocken und Nudeln, der Schmarrn und des Schmalzgebäcks kommt meist nur in entschlackter Form auf die Tische der Lokale des Landes: weniger fett, meist nur als ein Gang unter mehreren, der Lokalkolorit geben soll. Gerstsuppe ist hierfür ein gutes Beispiel. Die Wiener Küche, genauer die Küche Altösterreichs, ist in den Restaurants teilweise zwar noch mit Herrengröstl und Kalbsschnitzel (als obligates Wiener Schnitzel mit Pommes und Mayo der Traum vieler Kinder aber auch Erwachsener) vertreten. Aber es gibt zunehmend Einflüsse der internationalen Küche, oft in gehobener Qualität (die hervorragende Fischküche auf der Comicihütte am Langkofel ist vielleicht das extremste Beispiel hierfür). Und zahlreiche, oft junge Südtiroler Köche, die nach einigen Jahren im Ausland in ihre Heimat zurückkehrten, heimsen Gault-Millau-Hauben und auch Michelin-Sterne ein. Bei den Primi Piatti macht sich Italien deutlicher bemerkbar, wobei die ganze Fülle an Nudel- und Reisgerichten, die Italien hervorgebracht hat, von den Südtirolern eher zögerlich und mit deutlichem Blick auf das Trentino eingesetzt wird: Im Zweifelsfall gibt es eher Trentiner Pilzravioli als apulische Muschelnudeln.

Frühstück: besteht im einfachsten Fall aus Semmeln/Brot und Kaffee/Tee, dazu gibt es Marmelade und Schmelzkäse und/oder Leberpastete in Plastikminibehältern (das ist nicht Geschichte, sondern immer noch bittere Realität). Die meisten Frühstückspensionen, Pensionen und Hotels bieten jedoch mittlerweile mehr und Besseres an: Im Schnitt kann man frische Brötchen und „Vinschgerl" oder „Paarln", also Südtiroler Fladenbrot, erwarten, oft selbst gemachte Marmelade, fast überall einen Teller mit Schnittwurst und Käse sowie Südtiroler Speck. Das Frühstücksbuffet besteht im einfachsten Fall nur aus eben diesen Zutaten neben Milch, Saft und Müsli und/oder Frühstücksflocken. Nach oben gibt es keine Grenzen, wer sich ins 3- oder 4-Sterne-Hotel mit Verwöhnpension begibt, darf auch schon morgens häufig mit üppig gedeckter Tafel rechnen, inklusive selbst gebackenem Biobrot, zahlreichen Frischkäsen, Chiasamen und anderen gesunden Körnern, aber auch Rührei mit Speck, frisch gepressten Fruchtsäften, verschiedenen Joghurts und einer breiten Palette an Obst bzw. frischem Obstsalat.

Frühaufsteher, Achtung! Generell hat sich 8 Uhr für den Beginn des Frühstücks eingebürgert, und nur mit viel gutem Zureden kann man mal schon um 7.45 Uhr was bekommen. Zimmervermieter und Familienpensionen sind meist etwas lockerer, was das Timing betrifft. Schlecht für diejenigen, die gern früh aufstehen, und diejenigen, die auf öffentliche Verkehrsmittel angewiesen sind: Bei sehr häufig nur zwei Vormittagsbussen zum Tagesziel muss man ohne Wegzehrung aus dem Haus oder kommt erst mittags an.

Merende (oder Marende) ist die Brotzeit, die Jause, der Imbiss zwischendurch. Generell wird hier eine kalte Zwischenmahlzeit Merende genannt, z. B. ein Stück

Speck mit Brot oder eine Kaminwurz, wie die kräftig geräucherten kleinen Dauerwürste heißen.

Südtiroler Speck

Wer Südtirol bereist, wird unter allen Umständen und in jedem Landesteil mit Speck konfrontiert. Speck war immer ein solider Teil der Bauernnahrung, und Speck, Brot und Wein wurden und werden den Gästen als Südtiroler Merende vorgesetzt – und das seit dem Mittelalter. Unter Speck versteht man allerdings in Südtirol etwas anderes als in den meisten anderen Bereichen des deutschen Sprachraums. Also nicht der fette Bauchspeck vom Schweinebauch, sondern der vom Fett befreite Hinterschinken vom besten Teil des Schweins, dem Schlegel, eingelegt in mit Kräutern versetztem Salz, über Wacholderholz geräuchert und lange abgelagert. Nach Tiroler Art wird er in dicke Scheiben geschnitten und dann bei Tisch „auf'm Brettl" in Streifen geschnitten und zum Brot verzehrt, dazu trinkt man Rotwein. Früher pökelte und räucherte jeder Tiroler Bauer seinen eigenen Speck. Das Schwein durfte sich den Sommer über den Ranzen voll schlagen und wurde dann im Frühwinter, meist vor Weihnachten, geschlachtet. Praktisch also zur späten Törggelenzeit und zu den Festtagen der Jahreswende, denn dann gab es zuerst Schlachtplatten zum neuen Wein und nach ein paar Wochen – heute im Schnitt 22 – den fertigen Speck, der sich jedoch bis zu eineinhalb Jahren halten musste, denn nicht jedes Jahr konnten es sich kleinere Bauern leisten, ein Schwein zu schlachten.

„Speck aus Südtirol" ist eine geschützte Herkunftsbezeichnung. Nur Speck mit der Angabe „Südtiroler Speck G. G. A." kommt aus Südtirol und wurde nach den Qualitätsregeln und unter staatlicher Kontrolle erzeugt. Der Schutz betrifft die Verarbeitung, die Dauer und Art der Pökelung, Räucherung und Reifung, aber nicht unmittelbar die Herkunft des Fleischs. Die vorgeschriebenen Mindeststandards sollten vergleichbare Qualität versprechen. Na, von wegen. Da gibt es den elastischen bis zähen und in Plastik eingeschweißten Supermarktspeck auf der einen und zarten, auf der Zunge förmlich schmelzenden aromatischen Speck aus Dorfmetzgereien auf der anderen Seite, da gibt es leicht säuerlichen und eher salzigen, milden und intensiv schmeckenden Speck, solchen mit ganz feiner und anderen mit grobkörniger Struktur des Gewebes. Woran das liegt? An der Qualität des Fleisches (wie und wie lange und womit das Schwein gemästet wurde – eine Frage des Preises), an der Art der Pökelung und Räucherung, der Reifung und an der Gewürzmischung. 100 g Speck enthalten übrigens ca. 300 kcal, 28,3 g Eiweiß, 20,9 g Fette, verschiedene Vitamine und Spurenmineralien.

Informationen: Konsortium Südtiroler Speck, Rittnerstr. 33 a, I-39100 Bozen, www.speck.org.

Suppen und „Muas": Die Rollgerstlsuppe oder Gerstensuppe ist eine dicke Suppe aus Gerste, Selchfleisch und Schwarte, Gemüse und Kartoffeln. Neben dem Muas, einem mit brauner Butter übergossenen Schmarrn aus Milch, Salz und Maismehl, war es das Hauptnahrungsmittel der Bergbauern. Gerste deshalb, weil dieses Getreide bis in größere Höhen gedeiht, noch auf 1700 m konnte man es anbauen. Wie

Die Speisen und ihre Zutaten

Deftiges auf der Haderburg bei Salurn

den Buchweizen: der „Schwarzplentene Riebler", also der Buchweizenschmarrn, feierte unlängst in der feinen Gastronomie eine Wiederauferstehung. Auch die Brotsuppe, in der altbackenes Brot verwendet wird, ist ein altes Rezept der einfachen lokalen Küche. Die Frittatensuppe, also Rinderbrühe mit geschnittenen Palatschinken (dünne Pfannkuchen), die Grießnockerlsuppe, Milzschnitten- und Käseschöberlsuppe, alles beliebte Südtiroler Suppen, stammen hingegen aus dem altösterreichischen Repertoire. Suppen sind etwas aus der Mode gekommen, sieht man von der Terlaner Weinsuppe ab, die es heutzutage auch außerhalb Terlans gibt: eine cremig-rahmige Suppe aus Fleischbrühe und Weißwein aus Terlan, die mit Eigelb eingedickt und mit gerösteten Brotwürfeln und Zimt serviert wird.

Knödel und Nocken: Speckknödel, Käsknödel, Spinatknödel, Ronenknödel (in kräftiger roter Farbe), Käsnocken – ohne sie wäre die Südtiroler Küche nur halb so interessant. Auf der Basis eines Semmelteigs entstehen die meisten ungesüßten Knödel, was man noch hinzufügt, bestimmt den Geschmack. Auf jeden Fall sollte man „Schwarzplentene Knödel" probieren, also Buchweizenknödel. Etwas Besonderes sind auch Grießknödel, die aus gequollenem Grieß gemacht werden. Grießknödel werden im Gegensatz zu den anderen Knödeln nie als Vorspeise gereicht.

Die süßen Knödel sind ganz was anderes: Zwetschgen, Marillen und neuerdings auch Erdbeeren werden in dünn gerollten Kartoffel- oder Brandteig gehüllt, auf die fertigen Knödel gibt man in Butter gebräunte Semmelbrösel oder Zimtzucker mit leicht gebräunter Butter. Topfenknödel bestehen aus einem leichten Topfenteig, dazu isst man nach altösterreichischer Manier Zwetschgenröster (ein Mittelding zwischen Zwetschgenkompott und Zwetschgenmus).

> ### „Tris" und „Südtiroler Tris"
> Den Italienern abgeschaut ist das „Tris" auf Südtiroler Speisekarten. Gemeint ist, dass kleine Portionen von drei verschiedenen Gerichten auf einem Teller serviert werden. Auch ohne den Zusatz „Südtiroler" ist vor Ort meist gemeint, dass drei Knödel- oder Nockenarten auf den Teller kommen, z. B. Speckknödel, Käsknödel und Spinatknödel. Für Vegetarier gibt es häufig Ronen- statt Speckknödel. Genaues weiß natürlich immer die Bedienung.

„Tirtlen" und „Schlutzer" – die Nudelgerichte: Nicht nur südlich von Salurn kann man Nudeln kochen. Die Pustertaler Tirtlen (oder Tirtlan) und die allgegenwärtigen Schlutzkrapfen sind gefüllte Nudeln vom Ravioli- bzw. Tortellini-Typ, die aus alter regionaler Tradition stammen. Während die Tirtlen meist mit Topfen (Quark) oder Spinat und Kartoffeln, in Privathaushalten auch gerne mit Sauerkraut gefüllt sind, nimmt man für die Fülle der Schlutzer heutzutage gerne Käse, Pilze, aber auch Spinat, Kräuter und manchmal Kalbshirn. Hauptunterschied ist die Garmethode: Schlutzer werden gekocht, Tirtlen werden im heißen Schmalz gebacken. Zunehmend bekommt man auch Kartoffelteigtaschen mit ähnlichen Füllungen, deren Teig etwas geschmacksneutraler daherkommt, dafür weicher und dicker ist.

Pilzgerichte: Der Sommer und Frühherbst sind wegen der Pilze eine eigene Jahreszeit, zumal sich die Südtiroler Gastronomie darauf eingestellt hat, dass die Italiener regelrechte Pilz-Freaks sind und auf das Schild „Polenta e funghi" (Polenta mit Pilzen) reagieren wie Pawlowsche Hunde auf ihren Reizauslöser. Steinpilze und Pfifferlinge sind die hauptsächlich in der Küche verwendeten Arten, wer selbst pflückt, findet Dutzende essbarer Arten.

> ### Pilzsammler-Regeln in Südtirol
> Einige Auflagen gelten in ganz Südtirol. Man besorgt sich im Postamt einen speziellen Posterlagschein und bezahlt die verlangte Gemeindegebühr (ca. 5 €/Tag), den bestätigten Abschnitt und den Personalausweis nimmt man zum Pilzesammeln mit. Man pflückt nur an geraden Tagen und keinesfalls mehr als 1 kg pro Tag und Person (ab 14 Jahre), außerdem ohne die Humusschicht oder nicht gepflückte Pilze zu beschädigen. Strenge Strafen gibt es bei Übertretung der Regeln –, nachdem regelrechte Pilzsammelbanden Südtirol unsicher gemacht und den Pilzbestand gefährdet haben. Um ihn zu erhalten, wurden diese notwendigen Regeln eingeführt. Im Nationalpark Stilfserjoch ist das Sammeln von Pilzen nicht gestattet.

Brot: „Vinschgerl" nennt man die Sauerteigfladen aus Roggenmehl mit Brotgewürz, die in ganz Südtirol angeboten werden. Im Vinschgau nennt man sie „Paarln", weil sie paarweise gebacken werden, ein schmaler Steg verbindet jeweils zwei der Brötchen. Bauernbrot oder einfach Brot nennt sich der größere Fladen aus Roggenmehl, das typische Pustertaler „Breatl". Das „Schüttelbrot" ist eine weitere Südtiroler Spezialität: Trockenbrot zum langen Aufbewahren, entstanden aus Notwendigkeit, heute traditionelle Beilage zum Wein, etwa beim Törggelen. Ganz

Die Speisen und ihre Zutaten

wunderbar schmecken die Roggenfladen, wenn ihnen im Herbst Apfelstückchen oder die Vinschgauer „Palabirn" beigemischt werden.

Südtiroler Brot ist ein herkunftsmäßig geschütztes Produkt, was natürlich auch für die berühmten „Vinschgerl" gilt. Außerdem sind das Ultner Brot (ausschließlich bio – gibt es als Sauerteigbrot, Schüttelbrot und Vinschgerl), Pustertaler Breatln, Schüttelbrot (trocken), Vorschlagbrot, Apfelstrudel und Zelten (Lebkuchen) geschützte Südtiroler Produkte (www.brot.org). Brot wird in lokalen Bäckereien zunehmend auch in biologischen Variationen angeboten.

Käse: In den letzten Jahren hat die Zahl der Anbieter, die regionalen und/oder Biokäse in hoher Qualität produzieren und verkaufen, kontinuierlich zugenommen. Fast in jedem Ort hat der Dorfladen heimischen Käse von Almen oder Genossenschaften anzubieten (bekannte Beispiele sind Bozen (Mila), Toblach (3 Zinnen), Sterzing, Prad, Vintl (mit der Ziegenkäserei Capriz), aber auch viele Bauernhöfe bieten ihren eigenen Käse an (Hofkäserei), ebenso zahlreiche Almen. Neben den eher konventionellen halbfesten und festen Schnittkäsen gibt es hervorragenden Bergkäse (besonders würzig als Bergblumenkäse), den bekannten, strengen Ahrntaler Graukäse (ein Slow-Food-Produkt s. u.), Weinkäse und hervorragende Schafs- und Ziegenkäse, die beiden letzteren oftmals auch als schmackhaften Frischkäse.

Gemüse und Salate sind keine Stärke Südtirols. Sieht man von den Pilzen ab, insbesondere von Steinpilzgerichten, ist Gemüse selten Hauptgericht und kaum einmal mehr als eine in Wasser gekochte und allenfalls in etwas Butter gewendete Beilage. Ein Bergland wie Südtirol hatte nie viel Auswahl an Gemüse, was man anbauen konnte waren Zwiebeln, Kraut und Rüben, daraus kann man wenig anspruchsvolle Gerichte zaubern. Die klassische Beilage ist nicht zufällig das Sauerkraut: Kraut anbauen und einlagern ist für den Kleinhäusler und den Bergbauern möglich, das fertige Gemüse hält sich Monate lang und passt zu vielen Gerichten, die klassisch milchsaure Vergärung sorgt für Wintervitamine. Bei Salaten sieht es ähnlich aus: Früher gab es geschnittene gekochte Ronen (das sind rote Rüben/rote Beten), Sellerie und eventuell eingelegte grüne Bohnen als Salat, in einfachen Gaststätten hat sich das bis heute nicht geändert. Die Salatsoßen sind meist einfallslos, auch in einfacheren Pensionen und Hotels gibt es heute die Möglichkeit, mit Olivenöl und gutem Essig – oft Balsamessig – den Salat nach eigenem Gusto abzuschmecken, wie das in Italien üblich ist.

Obst: Südtirols Obstproduktion versorgt weit mehr als den lokalen Markt, wie man auch in Deutschlands Supermärkten sieht, vom Absatzmarkt in Italien ganz zu schweigen. Vorrangig werden Äpfel angebaut, lokal auch Erdbeeren, Birnen und Marillen alias Aprikosen (Martelltal, Vinschgau).

Äpfel Zu den Klassikern wie Delicious und Jonathan gesellen sich neue Sorten. Im Vinschgau z. B. Gala und Pinova (rote Sorten) sowie die neue rotfleischige Weirouge, im Bozner Raum und Unterland neuerdings die ebenfalls rote Sorte Pink Lady sowie Fuji, die demnächst den Markt beherrschen sollen, nachdem Granny Smith offensichtlich ins Altersheim geht und sich viele Konsumenten an der noch beherrschenden Sorte Golden Delicious sattgesehen haben (www.suedtirolerapfel.com). Zunehmend gerät der Südtiroler Apfelanbau wegen seines massiven Pestizideinsatzes unter öffentlichen Druck (→ Kasten Apfelkrieg S. 449). Der Anbau von Bioäpfeln nimmt kontinuierlich zu, liegt aber immer noch bei unter 10 % der Gesamtproduktion.

Birnen „Palabirn" – diese in Südtirol sehr beliebten Vinschgauer Birnen werden kaum kommerziell gezüchtet, sie sind eine traditionelle Hausgartenfrucht. Wenn sie im Frühherbst kurzfristig in den Vinschgauer Läden erscheinen, sind sie bald aufgekauft.

Traditioneller Kaiserschmarrn und „Schneamilch" aus dem Vinschgau

Erdbeeren Marteller Erdbeeren kommen aus einem alpinen Tal, dem man niemals zutrauen würde, dass dort Qualitätsobst gedeihen kann, dem Martelltal. Aber von wegen! Marteller Erdbeeren sind ausgesprochen aromatisch.

Weil sie auf bis zu 1500 m hoch angebaut werden und daher spät reifen, haben sie ihren eigenen Markt am Ende der Erdbeersaison und sind bis Oktober erhältlich.

Marillen Die Aprikose des Vinschgaus wurde leider großenteils durch Apfelplantagen ersetzt, was sehr bedauerlich ist, da diese Frucht besonders lecker ist – kein Vergleich mit den Plastikfrüchten aus dem Supermarkt! Ideal sind die Vinschgauer Marillen für Marillenknödel.

Nachspeisen, Süßes: Womit wir bei den „Mehlspeisen" wären, wie sie auch in Südtirol genannt werden. Sie sind wie in Österreich wichtiger als sonst im deutschen Kulturraum und können auch, meist kombiniert mit einer Suppe, den Hauptgang eines Essens darstellen. Beliebt sind *Strudel*, vor allem der Apfelstrudel, Apfelküchle, in Backteig gewendete und in Öl gebackene Apfelscheiben, süße Schmarren und Aufläufe und natürlich die süßen Knödel. Aus der Wiener Küche kommen Torten wie die Sachertorte, eigenständig sind Karottentorte und Buchweizentorte oder „Schwarzplentene Torte", eine besonders leckere Südtiroler Spezialität, in der das nussige Aroma des Buchweizens mit etwas fein-säuerlicher Marmelade kontrastiert und dadurch betont wird. Krapfen sind nicht das, was sie anderswo sind, die *krafins (krafuns)* der Ladiner und die Mohnkrapfen der Deutschtiroler sind ein krapfenähnliches Schmalzgebäck mit Mohn, es gibt sie auch mit anderen Füllungen, etwa mit Walnüssen oder mit Apfelmus. Eine interessante Mehlspeise ist die Raunentorte (Ronentorte) oder Gelbe-Rüben-Torte, die ähnlich wie die Karottentorte zubereitet wird. Eine Vinschger Spezialität ist die „Schneamilch". In gezuckerter Milch aufgeweichtes Weißbrot oder Zopf mit Rosinen und Mandeln vermischt, darüber Sahne und Zimt. Nicht nur in der Weihnachtszeit und nicht nur in Bozen werden (Bozner) Zelten gebacken, an Trockenfrüchten reiche Lebkuchen.

Kräuter: Kräuter haben in Südtirol eine jahrhundertealte Bedeutung zur Herstellung von Salben, Tees und Gewürzen. Sie wachsen auf ungedüngten Berg- und Almwiesen und in Fluren und Wäldern und werden gegen allerlei Beschwerden und Krankheiten eingesetzt. Während es vor einigen Jahren schien, als würde das oftmals mündlich überlieferte Wissen über Fundorte, Wirkungsweisen und Wechselwirkungen allmählich versiegen, hat neuerdings eine regelrechte Kräuter-Retro-Bewegung eingesetzt. Es gibt Kräuterhöfe, -hotels, -kurse, -bäder, -wanderungen und eine Fülle von Kräuterprodukten und Büchern über Südtiroler Kräuterfrauen.

> **Slow Food in Südtirol**
>
> 1986 in Italien als Gegenbewegung zur grassierenden Fastfood-Kultur gegründet, weist die Organisation Slow Food heute über 80.000 Mitglieder in 150 Nationen auf. Der Name ist Programm und spiegelt sich im Symbol der Vereinigung, einer Weinbergschnecke, wider. Es geht um ökologische Qualität, Regionalität und Genuss. In Südtirol gibt es derzeit vier Förderkreise, die das Slow-Food-Siegel tragen, und zwar der Ahrntaler Graukäse, das Grauvieh, das Villnösser Brillenschaf und das Vinschger Ur-Paarl. Fleisch und Käse vom Grauvieh und dem Brillenschaf sind ebenso Slow-Food-zertifiziert. Alle Restaurants, die Slow-Food-Produkte anbieten, dürfen ebenfalls mit dem Logo der Weinbergschnecke werben. Die Slow-Food-Bewegung ist vor allem in Norditalien sehr populär.

Die Getränke

Espresso, Macchiato und Cappuccino: „Einen Kaffee" können Sie allemal bestellen, dann bekommen Sie meist einen Verlängerten, also einen Espresso mit doppelter Wassermenge. Besser man bestellt präzise: Der Espresso (caffè) ist wie überall in Italien ein Mund voll Kaffee-Essenz, Caffè Macchiato nennt er sich mit einem Milchschaumhäubchen („Kleiner Brauner" in Österreich). Auch für den Cappuccino hat sich die italienische Bezeichnung durchgesetzt. Cappuccino nennt sich der mit heißer Milch und Milchschaum versetzte Espresso in der großen Tasse. Mit Sahne (Schlagobers) kommt er nicht in Berührung. Dennoch bekommt man in Südtirol noch gelegentlich das Sahnehäubchen auf den Kaffee (ein Graus für „echte" Italiener). Ein Cappuccino nach dem Essen wird übrigens in Italien als Sakrileg empfunden, man schließt den Magen mit einem Espresso (caffè) und manchmal mit einem Grappa ab, aber nicht mit Cappuccino. Zum Frühstück ist der Kaffee meist gefiltert, bisweilen fast amerikanisch schwach, selten von gehobener Qualität, dazu wird häufig ein Kännchen heiße, geschäumte Milch gereicht.

Tee: Sicherlich sind die Südtiroler keine Teetrinker, aber ebenso wie es viele Touristen gibt, die mal gerne einen guten Tee trinken, findet sich in jedem guten Südtiroler Café mittlerweile auch eine ausreichende Auswahl an Teesorten. Eine wachsende Zahl von Kräuterhöfen produzieren lokale Kräutertees, die im Hofladen oder regionalen Geschäften angeboten werden (z. B. Bergila im Pustertal oder das Kräuterschlössl im Vinschgau). Die Firma *Monthea* arbeitet mit mehreren solcher Produzenten zusammen und vertreibt biologische Früchte- und Kräutertees aus heimischem Anbau. Dazu gibt es geschmackvoll designtes Zubehör wie eine Glasflasche inkl. Teesieb – was übrigens auch ein perfektes Mitbringsel ist (www.monthea.it).

Bier: Die Geschichte des Biers in Südtirol ist bislang relativ wenig erforscht. Das Hopfengetränk stand stets im Schatten der Weinproduktion. Erstmals urkundlich erwähnt wurde die Bierabgabe eines Olanger Hofes an den Adel im Jahr 985. Auch im Mittelalter gab es Brauereien, häufig waren es Klöster, aber die Obrigkeit war stets darauf bedacht, die Weinproduktion nicht zu sehr zu vernachlässigen – auch als Konsequenz des politischen Drucks der Weinbauern, die ihre Pfründe bedroht sahen. Erst Mitte des 19. Jh. führte der Befall der Weinreben von Schimmelpilzen und Mehltau zu einer stark schrumpfenden Weinproduktion und als Folge zu einer Blüte des Bierbrauens. Große Brauereien entstanden in Kaltenbrunn, Bozen, Blumau und Vilpian, Sterzing, Gossensass, Brixen, Bruneck, Toblach und Meran (die heute noch bestehende Forst-Brauerei), kleinere in Franzensfeste, Vahrn, Lüsen, Sand in Taufers, Höhlenstein, Klausen, St. Peter und St. Leonhard. Man traf sich in Biergärten und trank u. a. Bier „Münchner Art" (womit gemäß dem Reinheitsgebot gebraut gemeint war).

Törggelen und Buschenschanken

Fast schon ein Synonym für die kulinarische Südtiroler Lebensart ist das Törggelen geworden. Der Begriff selbst kommt von Torggel, der Weinpresse, und Törggelen bedeutet das Verkosten des neuen Weins beim Winzer, was natürlich nicht ohne Essen abgeht. Im Herbst wandert man auf die Höhen hinauf, wo die Sonne länger scheint und die Winzer ihre Häuser für kurze Zeit zur Weinverkostung und Hausmannskost öffnen. Traditionell ist das nur zwischen St. Martin (11. November) und St. Katharina (25. November) der Fall, aber wie so viele schöne Bräuche wird auch dieser heutzutage zeitlich ausgedehnt und umfasst den gesamten Spätherbst ab Oktober bis Jahresende. Ein Buschen (Strauß) über der Eingangstür macht darauf aufmerksam, dass die „Buschenschank" nunmehr geöffnet ist. In der Stube des Bauern oder auf Tischen vor dem Haus wird dann der neue Wein verkostet, der „Nuie", zur Schlachtschüssel oder zu gerösteten Kastanien, den „Keschtn" oder „Köschtn", zu Speck oder Schlutzern, zu Knödeln und Kraut. Zu den süßen Krapfen mit Mohnfüllung passt vor allem der „Siaße", den man aber auch gerne zu den gebratenen Kastanien und zu frischen Walnüssen probiert. Auch wenn die Winzer in allen Fällen mit dem Auto zu erreichen sind, bleibt die Wanderung (oder Radtour) ein unbedingter Bestandteil des Törggelen.

Der Erste Weltkrieg bereitete der kurzen Hochphase des Bierbrauens ein jähes Ende. Einzig die Forst-Brauerei, die übrigens nicht nach dem Reinheitsgebot braut, überstand schadlos die erste Hälfte des 20. Jh., kaufte 1955 den letzten verbliebenen Konkurrenten Seeber aus Sterzing auf und besaß knapp 40 Jahre lang das Biermonopol in Südtirol. 1995 versuchte sich Karl Klammsteiner mit einer Kleinbrauerei namens Greiter Bräu. Zu erfolgreich offensichtlich, denn 2003 kaufte die Forst-Brauerei den Konkurrenten kurzerhand auf. 1998 jedoch begann mit der Eröffnung der Wirtshausbrauerei Hopfen & Co. in Bozen eine neue Epoche. Es eröffneten sieben weitere kleine Wirtshausbrauereien, zuletzt 2012 der Batzenbräu in Bozen. Sie schlossen sich alsbald zusammen, brauen (nach dem Reinheitsgebot) und vermarkten naturtrübes Bier und verschaffen dem geneigten Biertrinker eine willkommene Alternative zum Massenprodukt der Brauerei Forst (www.wirtshausbrauereien.it).

Wein: Im Verhältnis zu seiner geringen Größe (verglichen mit dem übrigen Italien) und der beschränkten Anbaufläche von etwa 5000 ha sowie der Produktion mit um die 400.000 hl haben Südtirols Weine einen bemerkenswert hohen Bekanntheitsgrad. Kalterer See, Terlaner, Traminer sind Hausmarken im gesamten deutschen Sprachraum. Kein Wunder, Millionen haben diese Weine beim Urlaub in Südtirol kennen- und schätzen gelernt, das hat Nachfrage auch zu Hause in Deutschland oder Österreich geschaffen.

Weinberge gibt es vom niedrigsten Punkt Südtirols in der Etschebene bei Kurtinig und Salurn bis in Höhen von 600 m und mehr, bis in den Vinschgau bei Kastelbell, bis ins Eisacktal nördlich von Brixen und bis auf den Fennberg über dem Unterland, der mit 1000 m Meereshöhe lange Zeit den höchstgelegenen Weinberg Südtirols besaß. (Seit 2014 schmückt sich die neue Anbaufläche Weingart auf 1340 m Höhe beim Kloster Marienberg im Vinschgau mit diesem Superlativ. Der dort angebaute Wein vom Weinhof Calvenschlössl ist allerdings noch nicht im Handel verfügbar.) Während Südtirol quantitativ vorwiegend Rotweine produziert und die Rebsorte Vernatsch dominiert (darüber hinaus gibt es noch den Blauburgunder, aber auch guten Cabernet), sind einige Gegenden auf Weißweine spezialisiert wie das Eisacktal mit seinen trockenen, leicht herben Silvanern, einigen Rieslingen und anderen Weißweinsorten wie den flächenmäßig am weitest verbreiteten Weißburgunder, Grauburgunder und den kräftigen, süffigen Kerner.

Wer die echten Südtiroler Spezialitäten kennenlernen will, sollte mit den heimischen Weinen beginnen: Der *Vernatsch*, aus dem u. a. Kalterer See und St. Magdalener bestehen, ist in allen Spielarten (z. B. Grauvernatsch) ein echter Südtiroler. Der württembergische Trollinger ist aus dieser Rebe hervorgegangen. Ansonsten ist diese Rebsorte vor allem auf Südtirol und das anschließende Trentiner Etschtal beschränkt. Ebenfalls ein Südtiroler ist der *Lagrein,* der zwischen Bozen und Auer angebaut wird, er ist ebenfalls ein Roter, der meist kräftiger und fast immer dunkler und ausdrucksvoller ist als der Vernatsch. Und was ist ein *Kretzer*? Das ist ein Wein aus einer Rotweinrebe, der wie ein Weißwein gekeltert wird, das ist das, was man anderswo als Rosé (in Württemberg Schillerwein, in Baden Weißherbst) bezeichnet. Der Bekannteste ist der Lagrein Kretzer. Der Dritte im Bunde ist der *Gewürztraminer,* der wie die Rebsorte *Traminer* seinen Namen vom bekannten Produktionsort übertragen bekam, dem Weindorf Tramin im Unterland. Der Gewürztraminer ist ein Wein von kräftiger, manchmal fast an Bernstein erinnernder Farbe mit einer ausgeprägten, duftigen Süße. Er ist extrem beliebt bei Italienern, immer zuerst ausverkauft und räumt im internationalen Vergleich reihenweise Preise und Prämierungen ab. Insgesamt ist die Weinqualität in Südtirol in den letzten 15 Jahren enorm gestiegen. Es werden fast überall hochklassige, teils sehr alkoholreiche Weine produziert (bis zu 14,5 % Alc.), die sowohl bei Einheimischen und Touristen begehrt sind als auch in den Export gehen. Mit der Qualität stieg allerdings auch der Preis an. Unter 10 € wird man fast nirgendwo in Südtirol eine Flasche Wein erstehen können.

Piwi-Weine: Die ominös klingende Abkürzung steht für „pilzwiderstandsfähige Rebsorten" und damit für den Versuch, den Einsatz von Pestiziden und Düngemitteln auf neuartige Art und Weise drastisch zu reduzieren. In Südtirol sind eine Handvoll Winzer dabei, mit diesen Rebsorten zu experimentieren. Der bekannteste ist wohl Thomas Niedermayr vom Bio-Weinhof Gandberg in Eppan. Aber auch Genossenschaften wie die Weinkellerei Eppan versuchen sich an einzelnen Linien. Weiße Traubensorten wie Bronner und Villaris ergeben die bislang bekanntesten Tropfen. Sie sind trocken und frisch, aber nicht lange haltbar und reichen bis dato

Essen & Trinken

Stilvoll eingedeckt

nicht an einen guten Weißburgunder oder Kerner heran – aber das kann sich ja noch ändern.

Wein-Information im Buch Für die wichtigsten Weinorte Südtirols sind in diesem Buch die interessanteren Weinkellereien aufgeführt, von denen viele Betriebsbesichtigungen und Verkostungen anbieten.

Weinpreise Südtirols Weine sind nicht billig – im Gegenteil. Für einen guten Lagrein müssen Sie 10–20 € hinlegen, für Spitzenweine 20 bis weit über 30 €.

Winepass plus Der Südtiroler *Winepass plus* wird von einer rasch wachsenden Zahl an ausgesuchten, eher hochpreisigen Partnerbetrieben (überwiegend Unterkünfte) kostenfrei an die Gäste ausgegeben und beinhaltet neben den Leistungen der Mobilcard auch die der Museum-Mobilcard (→ S. 48). Er gilt für die Dauer des Aufenthaltes. Eine Liste der Partnerbetriebe und eine Broschüre zum Downloaden mit allen Leistungen und Vergünstigungen findet man unter www.suedtiroler-weinstrasse.it/deutsch/winepass-plus.html.

Südtirol Bio – eine Bewegung wächst und wächst

Biologische Produkte in Südtirol – das wächst sich zunehmend zu einer Erfolgsgeschichte aus. Unter dem Label „Biosüdtirol" (www.biosuedtirol.it) haben sich schon fast 200 Bauern zusammengeschlossen, die jährlich etwa 25.000 Tonnen biologische Äpfel produzieren, meist in kleineren Betrieben. Viele Südtiroler Winzer haben mittlerweile eine oder mehrere biologisch bewirtschaftete Lagen im Portfolio. Erzeugnisse wie Brot, Käse, Trockenfrüchte, getrocknete Kräuter gibt es ebenfalls biologisch. Eine der Handelsketten, die diese Produkte vertreibt, ist „Pur Südtirol" – mittlerweile mit Läden in Bozen, Bruneck, Meran und Lana (www.pursuedtirol.com) sowie Onlineshop und eigener Manufaktur, die z. B. Holzbesteck herstellt. Zunehmend werden die Produkte auch in Gastronomie und Hotellerie eingesetzt, die Bio-Hotels (→ S. 54) sind hierfür nur ein Beispiel.

Mit Kindern in Südtirol

Südtirol hat im Vergleich zu anderen italienischen Regionen Familien mit Kindern schon recht früh als kaufkräftige Zielgruppe für sich entdeckt. Dementsprechend ist das Angebot für Kinder jeden Alters recht umfangreich und wird sogar noch weiter ausgebaut.

Ganze Bücherregale voller Reiseführer à la „Südtirol mit Kindern neu entdecken" gibt es mittlerweile. Sie sind nicht immer ihr Geld wert, können aber doch den einen oder anderen Tipp beinhalten. Wegen des Regionalbezugs empfehlenswert sind die Bücher aus dem Athesia Verlag, die es für das Pustertal („Pustertal für Kinder"), das Eisacktal, Bozen und Umgebung, das Meraner Land und den Vinschgau gibt und die sich direkt an Kinder richten. Folgende Möglichkeiten bieten sich Eltern, die mit Kind und Kegel nach Südtirol reisen:

Andere beaufsichtigen lassen. Gute Idee, wenn man mal traute Zweisamkeit genießen will, aber nur an großen Wintersportorten und nur in der Wintersaison durchzuführen, dann gibt es nämlich Skikindergärten (nicht ganz billig).

Gleich im Familienhotel oder gar im Kinderhotel absteigen. Das Personal nimmt den Eltern einen Teil ihrer Pflichten ab, die Einrichtung ist immer kindgerecht. Die „Familienhotels" (→ „Übernachten", S. 53) haben ein komplettes Aktionsprogramm für den Nachwuchs auf Lager.

Urlaub auf dem Bauernhof machen. Exzellente Idee, denn dort gibt es nicht nur viele Tiere und Spielwiesen und andere Ablenkung, sondern auch jede Menge Kinder. Außerdem ist diese Urlaubsart gesund und meist preisgünstig. Für Eltern im Idealfall *die* Urlaubsvariante: Man liegt locker im Liegestuhl und liest in aller Ruhe ein Buch, während die Kleinen auf der Wiese toben. Bei schlechtem Wetter bleiben dann immer noch die Indoor-Alternativen (s. u.).

Hochseilgärten besuchen (siehe auch S. 70). Können gut als Vorstufe zum Klettern genutzt werden (s. u.). Die Balance trainieren, Angst vor Höhe bezwingen,

Kontaktfreude auf beiden Seiten

Koordination und Konzentration schärfen, all das ist auf schmalen Seilen, schaukelnden Netzen und sausenden Flying Foxes möglich. Ein recht teures Vergnügen, aber für alle Altersstufen geeignet.

Klettern lernen. Ab 8 ja, ab 6 kein Problem, Alpinschulen machen's möglich. Die Kinder stellen sich geschickter an, als man ahnt, das Nächste ist, dass sie unbedingt auf den „versicherten Klettersteig" (→ „Sport" S. 70) mitgenommen werden wollen (auch kein Problem bei doppelter Sicherung). Man kann ja schon mal mit einem der Hochseilgärten anfangen (nicht für die ganz Kleinen), die etwa in Schenna-Taser bei Meran, in Terlan und im oberen Ahrntal die Geschicklichkeit und den Gleichgewichtssinn trainieren.

Sagen erleben. Insbesondere die Dolomiten sind eine Region mit zum Teil jahrtausendealten Sagen und Geschichten. Vom berühmten König Laurin am Rosengarten über die Schlernhexen bis zur geheimnisvollen Königin von Fanes gibt es viel zu erzählen und zu lesen. Karl Wolffs „Dolomitensagen" sind in diesem Zusammenhang sehr zu empfehlen. Auf zahllosen Spaziergängen und Wanderungen lassen sich Bergspitzen, Almwiesen und Plätze erkunden, von denen man am Vorabend dem fasziniert lauschenden Nachwuchs vor dem Schlafengehen vorgelesen hat.

Sammlungen anschauen. Puppen, Spielzeug wie im ladinischen Museum in St. Ulrich, alles über das Wasser und Waalbewässerung in „Wasserwosser" in Schluderns, Imkereimuseum auf dem Ritten … Von den vielen figurenreichen Krippen der Sammlung der Brixner Hofburg lassen sich nicht nur Kinder begeistern (es muss auch gar nicht Advent sein, dann ist es dort ohnehin drückend voll). Spannende Ausflüge zum Ötzi nach Bozen für die Größeren, die selber Infos am Bildschirm abrufen können (in vielen Museen, z. B. Bozen, Prettau). Auf in die Naturparkhäuser, die generell kindgerechte Informationen liefern mit Tast- und Riechspielen wie in Naturns (Naturparkhaus Texelgruppe). Besonders attraktiv ist der Besuch des Museums Ladin in St. Martin in Thurn, dort werden an Sommerdonnerstagen die Kinder durchs Museum geführt, während die Eltern es auf eigene Faust erkunden können.

Seilbahn fahren. Bergwerksbesuch (Schneeberg im Passeier/Ridnaun!), Fahrt mit der Ritten-Schmalspurbahn, Schrägaufzug auf die Mendel von Kaltern, kindgerechter Museumsbahnhof in Naturns (ehemalige Haltestelle Schnalstal).

Baden/Schwimmen. Im Sommer bieten sich der Kalterer See, die Montiggler Seen, der Völser Weiher und einige andere Seen für einen relaxten und erfrischenden Badetag an. Darüber hinaus gibt es eine Reihe teils recht neuer Schwimm- und Erlebnisbäder. Neben der luxuriösen Meraner Therme (www.thermemeran.it) das Cron4 in Bruneck (www.cron4.it), die Acquarena in Brixen (www.acquarena.it), das Acquafun in Innichen (www.acquafun.com), den Alpinpool in Meransen (www.alpinpool.it), das Aquaforum in Latsch (www.aquaforum.com) und das Erlebnisbad in Naturns (www.naturns.it/erlebnisbad). Mit der ganzen Familie kann man dort aber schnell mal 100 € am Tag verbraten.

Wandern. Na ja, aber nicht ohne Zusatzprogramm (Bachpritscheln, Hängebrücke, kleiner Kletterausflug mit Sicherung, Kaiserschmarrn auf der Alm – etwas in der Art). Und nicht zu lang darf es dauern, bei 5- bis 6-Jährigen sollte man nicht mehr als 45 Minuten am Stück unterwegs sein, dann muss man sich wieder was einfallen lassen (ein Ameisenhaufen, Schmetterlinge, auffallendes Gestein am Wegrand, Wolkenbilder raten …). Fast alle Hütten verfügen mittlerweile über einen Streichelzoo mit Kaninchen, Ziegen, Meerschweinchen und was sonst noch so alles im Gebirge daher kreucht und fleucht. Das macht die Zielerreichungsmotivierung („nur noch eine Viertelstunde bis zur Alm!") erheblich einfacher.

Rücksichtsvolle Koexistenz: Wanderer und Radler am Sellajoch

Sport

Südtirol ist ein Paradies für Freizeitsportler mit Angeboten und Möglichkeiten zu allen Jahreszeiten.

Die Wander-, Touren-, Kletter-, Paragleiter-, Golf- und Mountainbikelandschaft von Sommer und Herbst verwandelt sich nach dem ersten Schnee in ein Ski- und Snowboardparadies, neuerdings auch in ein Top-Ziel für Schneeschuhläufer. Auch Rodler finden immer mehr Pisten, die neueren mit Aufstiegshilfen.

Sommersport

Abenteuersportarten: Canyoning, Wildwasser-Rafting und Paragleiten sowie Drachenfliegen sind die in Südtirol beliebtesten Abenteuersportarten – mit steigender Tendenz. Die Anbieter wechseln häufig, sollten im Buch genannte Adressen nicht mehr aktuell sein, wendet man sich an die Tourismusbüros.

Angeln/Fischen: In den vielen klaren Gewässern der Dolomiten ist das Angeln erlaubt. Die „Ausländerlizenzen" für Urlaubsgäste bekommt man in den Tourismusvereinen, manchmal auch im Tabakladen und oft in den Gaststätten, die an die Fischgewässer grenzen. Private Fischereizonen sind oft nur auf Italienisch mit „Divieto di pesca" oder „Pesca privata" gekennzeichnet.

Baden/Schwimmen: In Südtirol gibt es mehr Bademöglichkeiten, als man vielleicht annimmt (siehe auch „Mit Kindern in Südtirol"), auch im Freien. Wer auf Wassertemperaturen deutlich über 20 °C steht, dem bleiben allerdings nur die Hotelhallenbäder. Diese aber sind in 4-Sterne-Hotels ziemlich gut vertreten, von den Wellnessbereichen mit Sauna etc. ganz zu schweigen. Wer in einem natürlichen Gewässer schwimmen will, kann das z. B. in Vahrn bei Brixen und im Völser Weiher tun. Der einzige größere See hat allerdings starken Andrang aus der gesamten Region, es ist der Kalterer See mit zwei Badeanstalten. Auch die nahen Montiggler Seen sind nicht zu verachten!

Golf ist in Südtirol ein gutes und potentiell wachstumsträchtiges Geschäft. Leider ist in einem Land mit wenigen ebenen Flächen Golf doppelter Luxus: So wurde der Golfplatz Passeier in St. Leonhard seit 2004 von 9 auf 18 Löcher erweitert, satte 60 ha (600.000 m^2) des Talbodens an der Passer waren dafür nötig. Neu ist „The Blue Monster", ein Golfplatz bei Eppan mit 9 Löchern „inmitten eines Meers aus Apfelbäumen" (www.golfandcountry.it). Mangels flacher Zonen gibt es besonders in den Dolomiten nur wenig Golfplätze: Deutschnofen-Petersberg, Corvara-Tranrüs, außerhalb Südtirols Campitello und Cortina d'Ampezzo sind die Ausnahmen, der Kreuzbergpass hat eine Driving range und Zielgolfanlage mit sechs Abschlägen, in Reischach oberhalb Brunecks liegt der Platz des Golfclubs Pustertal (9 Löcher, Erweiterung auf 18 Löcher geplant). Im Westen des Landes sind Lana und das Passeiertal Golfgebiete: Ein schöner Platz in Lana, ein kleiner privater Platz in St. Martin (im Hotel Quellenhof), 18 Löcher hat der Platz in St. Leonhard. Ganz nahe den Südtiroler Grenzen liegt der Golfplatz Dolomiti in Sarnonico, auf der Mendelstraße von Eppan oder Kaltern aus in 30 Minuten zu erreichen.

Die **Golfcard** ist bei den angeschlossenen Golfhotels des Landes erhältlich und berechtigt zum Zutritt in die acht Golfclubs „Golf in Südtirol" und hat fünf Greenfee-Coupons, die Ersparnis beträgt bis zu 30 %. Mehr dazu unter www.golfinsuedtirol.it.

Hochseilgärten: Sie sind ausgesprochen familienkompatibel im Gegensatz zum Hochgebirgskraxeln und schießen wie Pilze aus dem Boden. Zumeist sind sie unmittelbar mit dem Auto erreichbar und verheißen in schattigem Waldgelände sportliches Gruseln auf schwankenden Hängebrücken, schmalen Drahtseilen oder atemberaubend schnellen Flying Foxes (man hängt an einem Stahlseil und braust wie eine ungebremste Gondel unter enormer Adrenalinausschüttung zu Tal).

Paragliding (Gleitschirmfliegen) und Drachenfliegen: Die starken Aufwinde, die es in den Dolomiten bei vielen Wetterlagen gibt, v. a. natürlich am Vormittag an Schönwettertagen, machen dieses Bergland zu einem hervorragenden Tummelplatz für Paraglider. Optimale Startplätze sind die Bergstationen der Bergbahnen oder nahe gelegene Plätze wie die Plose, die Spitzbühlhütte auf der Seiser Alm, außerhalb der Dolomiten der Hirzer, die Muthöfe über Meran und das Vigiljoch.

Immer beliebter werden Gleitschirm-Passagierflüge (voli biposto). In ganz Südtirol operiert die im Grödner Tal beheimatete Firma Fly 2, Abflüge z. B. von der Seceda, Monte Pana (beide Gröden), Seiser Alm (Kastelruth), Ritten (Bozen), Vigiljoch (Lana, Meraner Land), Mölten, Ifinger (Sarntal/Meran). Infos bei den Skischulen St. Ulrich und Catores (Wolkenstein), der Alpinschule Dolomiten in Kastelruth, den Touristeninformationen Ritten und Terlan sowie unter www.fly2.info.

Für Südtirol bietet www.paragliding.it einige aktuelle Nachrichten, informativ ist www.parapendio-gardena.com, die Seite des Grödner Gleitschirmfliegerverbands (Parapendio Club Gherdeina, Trebingerstr. 7, I-39046 St. Ulrich/Ortisei, ✆ 333/3647369), nicht nur für das Grödner Tal.

Radsport/Mountainbiking: Kaum ein Sport ist in Südtirol populärer als der Radsport. Rennfahrer bevölkern in Scharen die großen Dolomitenstraßen, besonders rund um die Sella, auch das Stilfser Joch ist ein erstrangiges Rennradfahrerziel.

Sommersport 71

Einmal jährlich werden diese Passstraßen für den motorisierten Verkehr gesperrt, und Tausende von Hobbyradlern machen sich auf den Weg, um schweißgebadet ihre Grenzen auszutesten, bzw. nicht selten auch zu überschreiten (www.sellaronda bikeday.com und www.stelviopark.bz.it/radtag). Seit 2017 ermöglicht zudem die von Reinhold Messner publikumswirksam unterstütze Initiative „Dolomites Vives" die Schließung des Sellajochs für den motorisierten Verkehr (im Juli und August Mi 9–16 Uhr). Trotz anfänglicher Proteste der Gastronomen an der Strecke, sie befürchteten Umsatzeinbußen, erwies sich das Projekt als Erfolg und soll in den kommenden Jahren ausgebaut werden (www.dolomitesvives.com). Mountainbiker machen den Wanderern zahlenmäßig längst Konkurrenz, und das gute alte Radl tut für viele (italienische) Familien den Dienst auf der völlig steigungsfreien Strecke von Innichen runter nach Lienz (zurück geht's dann bequem mit dem Zug). Ganz entspannt fährt man auf den neuen Talradwegen im Wipptal und Eisacktal, im Pustertal, im Vinschgau und zwischen Bozen und Trient sowie von Bozen über Eppan nach Kaltern. Da man überall in Südtirol das Rad im Bus (wenn Platz ist) und in der Bahn mitnehmen darf, kann man auch größere Radausflüge ohne eigenen Pkw durchführen. *Radverleihe* gibt es im Sommer an fast allen Orten (Adressen bei den jeweiligen Orten im Buch).

Viele Tourismusvereine geben mittlerweile eigene MTB-Führer und Karten kostenlos heraus und/oder bieten Bücher zum Thema an.

Hinweise für Mountainbiker

In Südtirol werden, wie auch im übrigen Alpenraum, vermehrt Routen speziell für Mountainbiker ausgeschildert, um Konflikte mit Wanderern zu vermeiden. Gleichzeitig weisen Verbotsschilder darauf hin, wenn auf bestimmten Strecken Radeln nicht erlaubt ist. In aktuellen Wanderkarten sind neben den Wanderungen sogar Rad- und Mountainbikerouten unterschiedlich gekennzeichnet. Vereinzelt gibt es kreative Lösungsansätze wie beim Goldseetrail am Stilfser Joch. Dieser bei Wanderern und Mountainbikern gleichsam äußerst beliebte Weg ist in der Hochsaison vor 16 Uhr für Bergsteiger und ab 16 Uhr für Biker zugänglich.

》》 Mein Tipp: Das Netz alter Bergstraßen aus dem Ersten Weltkrieg, ursprünglich für Maultiertransporte errichtet, ist ein **Dorado für Mountainbiker** – nur mäßig steil, meist recht gut erhalten und für Pkw gesperrt. Am dichtesten ist es im ehemaligen Nachschubgebiet der Front in der Fanes- und Sennesgruppe (zwischen Gadertal und Höhlensteintal). Dort lassen sich abseits der beliebteren Routen noch individuelle Entdeckungen machen. Gleiches gilt für die zum Teil geteerte Brenner-Grenzkammstraße. **《《**

Reiten: Der Südtiroler Reitsport konzentriert sich auf den Tschögglberg und das Sarntal, diejenige Region, aus der der Haflinger stammt. Ein über die Grenzen des Landes hinaus bekanntes Hippodrom besitzt Meran. In den Tälern nördlich des Pustertals gibt es einige Reitställe, die auf Trekking spezialisiert sind (z. B. über den Tauernkamm nach Salzburg oder Tirol). Mehr dazu beim Tourismusverein Tauferer Tal).

In **Südtirol** informiert die Tourismuswerbung über Reitställe und Pferdehöfe. Wer **Haflinger** liebt, wendet sich an den Südtiroler Haflinger Pferdezuchtverband, I-391090 Bozen, Galvanistr. 38, ✆ 0471/063970, www.haflinger.eu.

Wandern/Bergsteigen/Klettern: Die klassische Alpinsportart Bergsteigen hat sich aufgefächert, denn Bergwanderer, Bergsteiger, Tourengeher, klassische Kletterer und Freikletterer haben nicht nur unterschiedliche Ziele, sondern auch unterschiedliche Ausrüstung. Für alle hat Südtirol ein vorzüglich markiertes Wegenetz (meist rot/weiß/rot), zahlreiche natürliche Klettergärten (wie jenen am Dürrensee) und eine wachsende Anzahl von künstlichen Kletterwänden (Adressen bei den jeweiligen Orten).

In den Südtiroler Dolomiten liegen die Schutzhütten sehr dicht beieinander, mit eher längeren Wegen muss man in den Zentralalpen (Zillertaler, Ötztaler, Sarntaler und Ortlergruppe) rechnen. Der Grenzkamm mit Österreich und die Ortlergruppe sind im Wesentlichen hochalpinen Bergsteigern mit Gletscherausrüstung vorbehalten. Die Bergführerbüros der jeweiligen Orte sind in deren Infoteil genannt, zum Alpenverein Südtirol und zu den Schutzhütten → „Wissenswertes von A bis Z", S. 75 und 83.

Eine Besonderheit der Dolomiten sind die vielen „versicherten Klettersteige" (vie ferrate). Eisenklammern, Stifte und durchgehende Seile erlauben es auch klettertechnisch weniger Versierten, Wände zu durchqueren, die sonst Fertigkeiten im Grad IV und höher verlangen. Notwendig sind jedoch Klettersteigset, Klettergurt und Helm und natürlich die entsprechende Erfahrung im alpinen Gelände.

Information: AVS (Alpenverein Südtirol), Giottostr. 3, Mo–Fr 9–12/13–17 Uhr, Fr Nachmittag geschl., I-39100 Bozen, ✆ 0471/978141, www.alpenverein.it.

Im Notfall: Das Handy hilft wenig, wenn man in eine Gletscherspalte sitzt. Vor der Tour immer Hüttenwirt/Vermieter informieren! Bergrettung ✆ 118; **alpines Notsignal**: innerhalb 1 Min. 6 akustische oder optische Zeichen (z. B. Rufen, Aufblenden der Taschenlampe), 1 Min. Pause, dann Wiederholung bis zur Antwort. Antwort: 3 Signale innerhalb 1 Min.

Wanderkarten: Für die Orientierung im Gelände reichen die Karten aus den Tourismusbüros nicht aus. Besser vor Ort die ausgezeichneten *Tabacco-Karten* (1:25.000) besorgen oder die entsprechenden Blätter von Kompass, 4Land oder Tappeiner (in den letzten Jahren zahlreiche neue, verbesserte Versionen, u. a. MTB-Karten und Winterwanderkarten).

> Von den 30 ausführlich beschriebenen **Wanderungen** und **Radtouren** in diesem Buch sind die meisten mittels **GPS kartiert**: Tour 1–7, 9–13, 17–19, 22, 23, 27 und 28. Die Waypoint-Dateien für diese Touren finden Sie zum Gratis-Downloaden unter: www.michael-mueller-verlag.de/gps.

Wintersport

Die Wintersaison hat in Südtirol nicht überall die Bedeutung der Sommersaison, im Überetsch und Unterland ist sie praktisch nicht existent mangels Schnee und entsprechender Berggebiete. Dafür wird sie in den Dolomiten immer mehr zur eigentlichen Hauptsaison, für den Februar ist die Region lange vorher ausgebucht.

Skifahren/Langlaufen/Snowboarden: Die Bergbahnen und Pisten des Ostteils der Dolomiten sind im Verbund *Dolomiti Superski* zusammengefasst. Einige der dazugehörigen Abfahrten zählen zu den interessantesten, schnellsten und populärsten der Welt (Gran Risa in Stern/La Villa). Namen wie Wolkenstein, St. Ulrich, Stern/La Villa, Brixen/Plose, Kronplatz, im nahen Bellunese Cortina d'Ampezzo (Olympische Winterspiele 1956) und Canazei im angrenzenden Fassa sowie das Fleimstal lassen Wintersportlern das Herz aufgehen. Die *SellaRonda*, die ski-alpine Umrundung der

Sella ist nicht nur Ski-Freaks, sondern auch blutigen Ski-Laien bekannt. Vielfältig sind die Langlaufmöglichkeiten, wie ein Blick auf die Karte zeigt, die *Dolomiti Nordic Ski* auf seiner Website (www.dolomitinordicski.com) veröffentlicht. Mit dem Snowboarden haben sich die meisten Orte angefreundet. Telemark galt kurze Zeit als der letzte Schrei, führt jetzt aber wieder ein Sonderlingsdasein.

Dolomiti Superski

1 Skipass – 450 Lifte – 1200 km Pisten – das ist der Werbeslogan von Dolomiti Superski, dem weltweit größten Lift- und Pistenverbund. Damit umfasst der Skipass fast die gesamten Dolomiten samt den westlichen Brenta-Dolomiten und der Adamellogruppe (aber ohne die österreichischen Lienzer Dolomiten). Die nicht ganz billige Karte für die Gesamtregion lohnt sich nur, wenn man mehr als eines der hier genannten Skigebiete abklappern will oder sich einen Wintersportort ausgesucht hat, von dem aus man verschiedene Skigebiete erreicht (z. B. Brixen mit Eisacktal und Grödner Tal/Seiser Alm und Bozen mit seiner guten Anbindung an die meisten Gebiete).

Information: www.dolomitisuperski.com. Wetterbericht aus den Dolomiten in 3sat jeweils ab 8 Uhr früh. Skipassbüros gibt es in allen Orten des Gültigkeitsbereichs, meist befinden sie sich an den Talstationen.

Preise: Stand 2018, für Erwachsene 53–59 € für 1 Tag, für Junioren 37–41 € und Senioren 47–53 €. Für 6 Tage 265–294 €, 185–206 € und 238–265 €. Kinder bis 8 in Begleitung eines Vollzahlers frei, bis 16 erhalten sie ca. 30 % Ermäßigung.

Allgemein gilt: Die Enge auf der Piste nimmt zu, immer mehr und größere Seilbahnen karren Skifahrer in die weißen Höhen, die dann fast auf Tuchfühlung abfahren – die Unfallhäufigkeit ist im Steigen (legendär die „Gipsbomber", die die beim Skifahren verletzte Urlauber nach Hause fliegen, jährlich etwa 1600 Personen – nur von Innsbruck aus). Der Wintersportboom gilt aber nur für die großen Skigebiete, die kleineren machen mangels Kundschaft zu oder haben schon (wie am Brenner) zugemacht. Wer seine teuren Winterurlaubswochen skifahrend gestalten will, möchte die Qual der Pistenwahl haben, stille Dörfer mit dem netten Sessellift und zwei Schleppliftchen samt Babylift sind nicht gefragt.

Helmpflicht für Kinder: In Italien gilt seit 2005 beim Skilaufen für Kinder bis 14 Jahre Helmpflicht. Eltern, die ihre Kinder ohne Helm auf die Piste gehen lassen, werden mit bis zu 150 € zur Kasse gebeten.

Ebenfalls neu ist die Auflage für Pisten- und Variantenfahrer, **Lawinensuchgeräte** („Lawinen-Pieps") zu tragen.

Skischulen: Jeder Wintersportort Südtirols hat seine eigene(n) Skischule(n) und sei er noch so klein. Eine Übersicht bietet die Infonummer des Verbands der Skischulen (neudeutsch: Snowsportschulen) Südtirols, ☏ 0471/981092, und www.snowsport.bz.it.

Lawinenlagebericht: ☏ 0471/271177 (Bandansage).

Böcklfahren: Das Böckl (der Rennbock) ist eine Art Monoski mit Sitzaufbau. Angeblich wurde er im Pustertal in Olang nach dem 2. Weltkrieg von Kindern erfunden, um schneller zur Schule zu kommen. Böcklbauen ist eine eigene Wissenschaft für sich. Es gibt mittlerweile (seit 2005) Weltmeisterschaften und insbesondere im Pustertal viele Anhänger dieses Wintersports – alleine in Olang finden sich fünf

Vereine. Der weltbeste Böcklfahrer Patrick Felder stammt denn auch aus diesem Ort. Das bis zu 100 km/h schnelle Gefährt darf auf Pisten und Ziehwegen ohne Einschränkung benutzt werden und kann z. B. am Skigebiet Kronplatz entliehen werden – auf geht's!

Schneeschuhwandern ist in den letzten Jahren groß herausgekommen. Endlich sind auch für Nicht-Skifahrer bzw. Nicht-Boarder die verschneiten Winterwelten abseits der Wege erreichbar. Dabei ist dieses Erlebnis für sie mit den gleichen Gefahren verbunden wie für die anderen, die sich dort bewegen, was derzeit noch wenigen bewusst ist, da es noch keine Unfälle und entsprechende Schlagzeilen gegeben hat: Lawinengefahr, Schneebretter und – gefährlicher als beim Skifahren – Unterkühlung (z. B. beim Verirren im Waldgebiet). In allen größeren Skiorten kann man mittlerweile Schneeschuhe ausleihen. Die Tourismusbüros bieten geführte Schneeschuhwanderungen unterschiedlicher Schwierigkeitsgrade an und weisen immer wieder darauf hin, dass Anfänger tunlichst nicht alleine in die alpine Wildnis aufbrechen sollten.

Winterwandern mag ja nicht von allen als Wintersport betrachtet werden – ist aber durchaus einer. In allen Skiregionen gibt es mehr oder weniger ausgebaute Winterwanderwegenetze (der erste und bislang einzige zertifizierte Premium-Winterwanderweg beginnt an der Bergstation der Ritten-Seilbahn). Das bedeutet gespurte Wege und oftmals als Ziel eine gemütliche Hütte. Manche Orte wie Tiers am Rosengarten haben sich mangels Liftanlagen das Winterwandern gar als Schwerpunktwintersport auf die Fahnen geschrieben. Schöne Winterwanderungen lassen sich übrigens auch durchführen, wenn kein Schnee liegt. Das gilt für ohnehin meist schneefreie Gegenden wie das untere Meraner Land, das Unterland und das untere Vinschgau (mit schönen Waalwanderungen), aber auch für große Höhen. Sofern die Bahnen gehen und die Almen geöffnet haben, stellen sie dann eine lohnenswerte Variante zum Skirummel auf dem Kunstschnee dar – preiswerter, ruhiger, relaxter und garantiert klimawandelresistent!

Ortler Skiarena

Im Westen Südtirols bis hinein ins Schweizer Graubünden und ins Trentino sind im Verband Ortler Skiarena 16 Skigebiete unter einem Dach zusammengeschlossen. Der Verband umfasst den gesamten Vinschgau mit der Ortlergruppe und den Liftanlagen um den Reschenpass, das Schweizer Münstertal, das Burggrafenamt (Meraner Land) mit der populären und dicht erschlossenen Skirunde Meran 2000, das Sarntal und den Ritten, also fast alle Skigebiete jenseits von Dolomiti Superski. Im Einzelnen sind dies: Schöneben (Reschen), Haideralm, Watles, Trafoi, Sulden, Schnalstal, Meran 2000/Hafling, Rittner Horn, Reinswald (Sarntal), Rosskopf (Sterzing), Schwemmalm (Ultental), Pfelders (Hinterpasseier), Minschuns im schweizerischen Val Müstair und Vigiljoch (Lana). Neu dazu gekommen sind Ladurns (Eisacktal) und Nauders (Österreich). 15 Seilbahnen und mehr als 400 km Piste mit einem einzigen Skipass bietet nun die Ortler Zweiländerskiarena.

Information: ☏ 0471/611822, www.ortlerskiarena.com.

Preise (Stand 2017/18): Gesamtkarte für 6 Tage 243,50 €, Senioren ab 60 J. 231,50 €, Kinder bis 15 J. 158 €.

Brauchtumspflege auf vier Rädern

Wissenswertes von A bis Z

Alpenverein Südtirol (AVS)

Der AVS hat seinen Sitz in der Giottostraße 3, I-39100 Bozen, ✆ 0471/978141, www.alpenverein.it. Dazu auch → Schutzhütten, S. 83.

Ärztliche Versorgung

Gesetzlich Versicherte können sich im europäischen Ausland direkt auf ihre *European Health Insurance Card*, die die vorherige normale Versichertenkarte abgelöst hat, behandeln lassen. In Italien geht man dabei nicht einfach zum Arzt, sondern zuerst zur USL (Unità Sanitaria Locale), dem örtlichen Ambulatorium, das in einigen Fällen speziell für Touristen eingerichtet wurde. Erst dann geht es zum Arzt oder ins Krankenhaus. Da diese saisonalen Einrichtungen und ihre Öffnungszeiten stark wechseln, haben wir sie nicht aufgenommen, Sie erfahren sie jedoch bei den Touristeninformationen, außerdem sind sie an den Gemeindeämtern angeschlagen. Sollten Sie bei einem niedergelassenen Arzt (also nicht im Ambulatorium oder im Krankenhaus) bar zahlen müssen, wird die Rechnung zu Hause von der Krankenkasse meist zurückerstattet. Um allen Problemen aus dem Weg zu gehen, ist es sinnvoll, eine Reisekranken- und Rückholversicherung abzuschließen, wie sie z. B. der ADAC anbietet, aber auch viele Krankenkassen.

Diensthabende **Apotheken** und **Ärzte** an Wochenenden und in der Nacht sind bei Gemeindeämtern und an den Apotheken angeschlagen und werden in der Tageszeitung veröffentlicht (in deutscher Sprache „Dolomiten").

Krankenhäuser gibt es in Bozen, Brixen, Bruneck, Meran, Sterzing, Schlanders und Innichen, bei schweren Unfällen, z. B. bei Lawinenopfern, wird von der Flugrettung meist Trient oder Innsbruck angeflogen.

> Für Smartphone-Besitzer die ultimative Lösung: Die **Notdienst-App** („Notdienst Südtirol") listet tagesaktuell die nächstgelegenen Krankenhäuser, Apotheken und Ärzte im Notdienst auf, außerdem kann man über die App direkt einen Notruf tätigen. Siehe auch „Information im Internet und Südtirol-Apps".

Barrierefreiheit ist ein Thema in Südtirol, das zunehmend an Bedeutung gewinnt.

Das Webportal „Südtirol für alle" (www.suedtirolfueralle.it, auch als App!) hat es sich zur Aufgabe gemacht, Barrierefreiheit in Unterkünften zu prüfen und auch Museen, Baudenkmäler und Ausflüge aufzulisten, die entsprechend zugänglich sind. Mittlerweile gibt es über 300 Unterkünfte und mehr als 600 Einrichtungen für Behinderte. Im Athesia Verlag sind die Bücher „Barrierefreies Kulturerlebnis für alle" mit 84 geprüften Kulturenrichtungen und „Barrierefreies Naturerlebnis für alle" mit 45 geprüften Wanderungen in Südtirol erschienen. Eine lobenswerte lokale Initiative ist Kaltern barrierefrei. Die lokalen Tourismusbüros geben ein Infopaket mit 15 barrierefreien und entsprechend beschilderten Wanderungen heraus.

Einkaufen und Souvenirs

Holzschnitzereien Künstlerische und kunsthandwerkliche Holzskulpturen stammen v. a. aus dem Grödner Tal, werden aber auch in anderen Dolomitentälern (Fassatal, Hochabteital, Ampezzo) hergestellt. Früher verdienten sich die Bewohner der abgelegenen Täler damit ein Zubrot. Wer daran Interesse hat, sollte sich vorher unbedingt in der ständigen Ausstellung in St. Ulrich in Gröden informieren (→ S. 582). Spezialschnitzer produzieren Masken (z. B. auch in Prettau im Tauferer Ahrntal) und Spielzeug (besonders im Grödner Tal).

Wolle Handproduzierte Schafwolle und Schafwollkleidung bieten das Ultental und das Sarntal an.

Federkielstickerei Hort dieser alten Zierart für Gürtel ist u. a. das Sarntal.

Loden Keine Italienerin verlässt Südtirol ohne ein neues Loden-Kleidungsstück. Das sollten wir Deutschsprachigen doch auch können, zumal die Lodenmode ziemlich zeitlos zu sein scheint. Preisvergleiche sind angebracht, Toblach ist billiger als Bozen! Die größten Firmen sind Oberrauch-Zitt (in Bozen und Vintl im Eisacktal) und Moessmer (in Bruneck).

Stoffe und Spitze Alte Muster auf handgewebten Decken aus Leinen oder aus einem Baumwoll-Leinen-Gemisch sind ein attraktives Mitbringsel. Spezialisiert ist Pederü (La Valle) im Abteital, wo sich in der Handwerkerzone neben der Straße gleich 3 dieser Betriebe finden. Auch andere Orte im Abteital und im Pustertal (Läden z. B. in Bruneck) sind auf diese Heimtextilien spezialisiert. Im oberen Tauferer Ahrntal werden heute noch Klöppelarbeiten hergestellt, die z. B. in Prettau angeboten werden.

Südtiroler Speck Hat Weltruf und ist in allen Qualitätsstufen zu haben (→ S. 58). Von Industriespeck Abstand nehmen, bei den Bauern, die den Speck selber räuchern, findet man den idealen Speck schon eher: den frisch eingelegten und dann mild und schonend sowie langsam geräucherten Hinterschinken des Schweins.

Pilze Was die Italiener mit kaum erklärbarer Intensität auf allen Märkten und in jedem Laden suchen, sind getrocknete Steinpilze. Wer selbst suchen will → S. 60.

Käse Almkäse, besonders halbfester und abgelagerter, also harter Schnittkäse sind gute Mitbringsel. Hervorragend sind die Produkte der Molkereien Sexten und Toblach (Dreizinnen) sowie der Dorfsennerei Prad und der Ziegenkäserei Capriz in Vintl, immer wieder ausgezeichnet die Almkäse des Vinschgaus und seiner Nebentäler.

Wein und Grappa Große Auswahl, Preise nicht unbedingt niedrig, aber auf jeden Fall haltbar. Beim Erzeuger kaufen, Adressen finden Sie im Reiseteil.

Geld und Banken

Italien ist Euroland, aus dem deutschen Sprachraum gibt es den Geldwechsel folglich nur für Schweizer. Bares holt man sich am besten mit der Debitkarte (früher: EC-Karte) und Geheimzahl aus dem Automaten, den heute nahezu jedes Dorf besitzt (Höchstgrenze 250 €, bei manchen Banken 500 €). Pro Abhebung werden zu Hause bis zu 5 € abgebucht. Hebt man mit Kreditkarten ab, muss man bis zu 3 % Kommission bezahlen. Unter Umständen sind Abhebungen kostenfrei; am besten vorher bei der Hausbank erkundigen, ob und für welche Bankautomaten dies im Ausland gilt. Alle Kreditkarten unter Cirrus, Maestro und V-Pay (Visa) mit und ohne Chip funktionieren (hoffentlich).

Gesundheit und Wellness

Wellness ist in Südtiroler Hotels nicht mehr die Ausnahme, sondern zur Regel geworden. Kein gehobenes Hotel kommt ohne Sauna, Pool und Dampfbad aus. Spa, Duft- und Heubäder, Panorama-Ruheräume, Alpenwhirlpool, beheiztes Dachterrassenbecken sind die Add-ons. Im Zimmer steht

Information im Internet und Südtirol-Apps

fein säuberlich hergerichtet die Tasche mit Bademantel und bedruckten Einmal-Schlappen. Auf geht's ins Wohlfühlvergnügen. Wer es mag, erhält gegen Aufpreis nicht selten noch Massagen oder andere Anwendungen.

Haustiere

Hunde dürfen innerhalb der EU seit Sommer 2011 nur noch mit Mikrochip die Grenze überqueren, Näheres auf www.vier-pfoten.de. Nicht in allen Hotels und (gehobenen) Restaurants sind Hunde willkommen, besser vorher fragen. Auf Campingplätzen werden für Hunde meist happige Zuschläge (5–15 €) verlangt.

Information

Sowohl im Internet als auch vor Ort ist die Tourismusindustrie Südtirols äußerst rührig, Infos gibt es reichlich und kostenlos, Prospekte werden prompt und gratis verschickt. Der Service in den Büros ist i. d. R. freundlich und kompetent. Die Italienische Zentrale für Tourismus (ENIT) ist zwar offiziell (auch) für Südtirol zuständig, man wendet sich aber besser gleich an die Südtiroler Institutionen, zumeist Tourismusvereine. Die Kontakdaten sind in diesem Buch jeweils in den Informationen zum Ort oder der Region genannt.

Gebietsdirektion ENIT für die deutschsprachigen Länder in 60325 Frankfurt/Main, Barckhausstr. 10, ☎ +49/69/237434, www.enit-italia.de, die Büros in Wien und Zürich sind auf der Website www.enit.it verzeichnet.

Infos im Internet und Südtirol-Apps

Niemand vermag sich heute mehr vorzustellen, wie man seinen Urlaub wohl in der Prä-Internet-Ära geplant hat bzw. überhaupt planen konnte. Überlebende berichten, dass es damals auch schon funktioniert hat, irgendwie, aber zweifelsfrei ist das World Wide Web eine erhebliche Erleichterung. Dementsprechend haben so gut wie alle Südtiroler Einrichtungen mittlerweile einen Internetauftritt – außer vielleicht einige kleine Pensionen und Lokalitäten. Der Informationsgehalt ist dabei durchaus unterschiedlich. Oftmals wird parallel der Auftritt in den sozialen Netzwerken gepflegt; insbesondere bei Facebook sind zahlreiche Restaurants, Hütten und Beherbergungsbetriebe vertreten, und das nicht selten aktueller als auf ihrer Website. Auch übergreifende bzw. themenspezifische Websites gibt es zuhauf. Hier eine kleine Auswahl zum Durchklicken:

www.suedtirolerland.it: umfassende Infos zu Unterkünften und Freizeitaktivitäten.

www.suedtirol3d.it: tolle Panoramabilder in 3D; zur Einstimmung oder zum Nachglühen perfekt geeignet!

www.suedtirol.info: offizielle Seite der Tourismusorganisationen Südtirols, übersichtlich und benutzerfreundlich gestaltet.

》》》 **Mein Tipp**: **www.provinz.bz.it**: Südtiroler Bürgernetz mit vielen allgemeinen Infos zur Verwaltung, zu Verkehrsmitteln etc. Unter „Wetter und Lawinen" kommt man zum definitiv besten Wetterbericht Südtirols! Und unter „Kartografie" findet man u. a. 3D-Karten, archäologische Karten, Landschaftspläne und Infrastrukturpläne. Für Kartenfreaks verbirgt sich hier ein unendlicher Fundus. 《《《

www.adrianbischoff.eu: Ein deutscher Fotograf beleuchtet Bergmassive in dunkler Nacht und kommt so zu spektakulären Aufnahmen; u. a. hat er auf diese Art die Dolomiten porträtiert und unwirklich anmutende Lichtgemälde geschaffen.

Für Smartphone-Nutzer gibt es eine zunehmende Anzahl an Apps mit mehr oder minder hohem Informationswert. Hier seien einige herausgegriffen, die wirklich einen Nutzen haben:

„Südtirol to go" ist eine neue App, mit der man alle Verbindungen öffentlicher Verkehrsmittel in ganz Südtirol abfragen kann.

„Sentres" ist eine unglaublich umfassende Outdoor-Datenbank mit Wanderungen und Radtouren aller Kategorien, benutzerfreundlich aufbereitet und für die Vorabplanung extrem nützlich.

Seit Herbst 2014 gibt es die App „Notdienst Südtirol": Sie zeigt Ärzte und Apotheken im Notdienst in einer landesweiten Übersicht an, außerdem alle Krankenhäuser, und man kann mit ihrer Hilfe direkt einen Notruf absetzen.

Umfassend über Barrierefreiheit informiert die App „Südtirol für Alle."

Für Architekturinteressierte empfiehlt sich „Architektur Südtirol."

Weitere Apps sind im Buch an passender Stelle genannt. Wenn nicht näher spezifiziert, bedeutet das immer: Die Apps sind kostenlos und für iPhone und Android erhältlich.

Kirchen und Gottesdienste

Über die omnipräsente katholische Kirche in Südtirol muss hier wohl kaum etwas gesagt werden, ganz Südtirol gehört zur Diözese Bozen-Brixen; in jedem Dorf findet man eine Kirche und in jedem größeren ein Pfarramt. Anders die evangelisch-lutherische Kirche, die nur zwei Gemeinden hat, Bozen (das auch das Trentino mitbetreut) und Meran (Burggrafenamt und Vinschgau). Evangelisch-lutherische Gottesdienste an Sonn- und Feiertagen um 10 Uhr in der Christuskirche Bozen-Gries, Via Col di Lana 10 und in Meran, Christuskirche, Carduccistr. 31. Im Sommer Gottesdienste an Sonn- und Feiertagen in Brixen (Erhardskirche) und Bruneck (Rainkirche) sowie in einigen großen Fremdenverkehrsgemeinden (zu erfragen bei den Fremdenverkehrsämtern).

Kommunikation

In fast allen Touristenorten gibt es eine **Post** und **Telefonzellen** (Telefonkarten gibt es im Tabakladen). Die Post ist langsam und teuer. Wir empfehlen *posta prioritaria*, diese getrennt beförderte Eilpost ist um einiges schneller. **Porto**: Postkarten/Briefe in Italien/EU 0,95 €, Prioritaria Italien/EU 2,90 €.

Internetpoints sind bei den jeweiligen Orten angegeben (jedes Jahr gibt es neue).

WLAN ist in vielen Beherbergungsbetrieben zur Selbstverständlichkeit geworden (nur noch selten muss man dafür bezahlen, oftmals reicht der Empfang aber nicht bis in alle Zimmer), aber auch immer mehr Gemeinden (2017 waren es deren 45) bieten es an öffentlichen Orten gratis an (dazu www.wifree.bz.it).

> In Italien immer die Vorwahl mit der 0 wählen, auch bei Ortsgesprächen (sie sind bei den Adressen im Buch angegeben). Anders die Mobilnummern – deren Vorwahlen sind den einzelnen Anbietern zugeordnet und haben keine 0 am Anfang.

Ein **Handy** ist empfehlenswert, da es kaum mehr Telefonämter gibt. Die Netzsituation ist meist herausragend, die Preise für Auslandsgespräche sind seit 2017 denen des Anbieters im Inland gleichgesetzt. Dennoch kann es sich unter Umständen lohnen, sich eine italienische Prepaidkarte zuzulegen. Surft man z. B. in Italien viel mehr als zu Hause und die Internetflat reicht nicht, kann es schnell wieder teuer werden! Vergleichen kann man unter www.billiger-telefonieren.de. Mit kostenlosem WLAN lässt sich über Skype oder WhatsApp aber auch ganz umsonst telefonieren.

Telefonauskunft in Italien: Teilnehmerverzeichnis ✆ 12, Ausland ✆ 186.

Internationale Vorwahl: von Italien nach Deutschland ✆ 0049, nach Österreich ✆ 0043, in die Schweiz ✆ 0041. Aus dem Ausland nach Italien ✆ 0039 *und die Null der Vorwahl mitwählen* (also 0039/0471/… für eine Rufnummer im Bereich Bozen).

Radio Tirol (in Dorf Tirol; www.radiotirol.it) sendet in Deutsch auf den Frequenzen 107,2 für die Bereiche Welschnofen und Bozen, 106,9 für Bozen, Etschtal und Eisacktal. Es handelt sich um den größten deutschsprachigen Sender Italiens mit Nachrichten und flotter Musik.

Fernsehen bedeutet in Südtirol üblicherweise das deutschsprachige Programm aus Bozen oder via Satellit ein österreichisches oder deutsches Programm.

Konsulate

Deutschland: Konsulat, I-39100 Bozen, Dr.-Streiter-Gasse 12, ✆ 0471/972118.

Österreich: Generalkonsulat, I-20121 Milano, Piazza del Liberty 8/4, ✆ 02/7780780.

Schweiz: Konsulat, I-20121 Milano, Via Palestro 2, ✆ 02/7779161.

Kulturszene

Südtirol hat in Bozen, Meran, Brixen und Bruneck stehende **Theater**, in Bozen hat das Neue Stadttheater eine junge **Opern**sparte aufgebaut, im Haydn Orchester (www.haydn.it) unter seinem estnischen Dirigenten Arvo Volmer hat das Land ein der Spitzenklasse ganz nahes **Orchester**. Der deutschen Volksgruppe ist das Dokumentieren der Zugehörigkeit zum deutschsprachigen Kulturraum eine Menge Steuergelder wert, das Publikum ist dem Augenschein nach vorhanden. Mit eigenen Produktionen ist es nicht genug: Das **Südtiroler Kulturinstitut** ist eine Landesorganisation mit dem speziellen Auftrag, Kulturkontakte zum deutschen Sprachraum, vorwiegend nach Österreich zu pflegen.

Einladungen deutschsprachiger Bühnen und Schauspieler, Orchester und Musiker, Schriftsteller und Dichter nach Südtirol machen den Hauptteil der Arbeit aus. Jahresabonnements erlauben in Bozen, Meran, Bruneck und anderen Orten den regelmäßigen Kontakt mit der deutschsprachigen Kulturszene außerhalb Südtirols.

Programm/Tickets → Bozen, Brixen, Meran, Bruneck und beim Südtiroler Kulturinstitut, im Haus der Kultur „Walther von der Vogelweide", Schlernstr. 1, I-39100 Bozen, ℡ 0471/313800, www.kulturinstitut.org.

Kurtaxe

Seit Anfang 2014 gibt es in Südtirol eine Kurtaxe. Pro Nacht und Person werden nach einer leichten Anhebung 2018 folgende Gebühren erhoben: 1,60 € bei Häusern mit 4 und 5 Sternen, 1,20 € bei Häusern mit 3 Sternen und 0,85 € bei allen sonstigen Unterkünften. Kinder unter 14 Jahren zahlen keine Kurtaxe. Viele Beherbergungsbetriebe geben seit der Einführung der regionalen Mobilcards kostenfrei ab – eine Verbundaktion, der sich häufig nur abgelegene Unterkünfte nicht angeschlossen haben. Allerdings gibt es die Mobilcards nicht in jeder Region (→ S. 48). Eine typische Südtiroler Lösung: Die Gäste ärgern sich nicht über die Taxe, sondern freuen sich über die Mobilcard, und die Gastgeber vermitteln den Urlaubern einen Anreiz dafür, das Auto stehen zu lassen. Die Kurtaxe als aktiver Beitrag zur Stauvermeidung, ein unerwarteter Nebeneffekt.

Landkarten

Die meisten Übersichtskarten für Südtirol sind ganz knapp auf die Provinz zugeschnitten und schneiden die angrenzenden Gebiete ab, die man als Urlauber auch in Erwägung ziehen will, etwa die angrenzenden Zonen des Trentino. Die Ausnahme ist z. B. die **Michelinkarte** (1:400.000) „Italien Nord-Ost", die aber für viele Unternehmungen zu wenig detailliert ist. Die Südtirol-Karte (1:160.000) des **Tabacco-Verlags** in Udine reicht für Unternehmungen mit Pkw, Motorrad oder Trekkingbike. Wanderer, Bergsteiger und Mountainbiker greifen am besten zu den ausgezeichneten Karten im Maßstab 1:25000 desselben Verlags, die in Südtirol und in letzter Zeit auch in Deutschland und Österreich in allen guten Buchhandlungen, in Südtirol auch an Zeitungskiosken zu erhalten sind. Die Karten von **Kompass** und **Freytag & Berndt** sind weniger detailliert, jedoch in manchen Fällen aktueller, da öfter aufgelegt. Seit einigen Jahren sind die **4land**-Karten aus Trento auf dem Markt, mit einer frischen Farbgebung und vielen verzeichneten Adressen, z. B. auch viele Weingüter. **Tappeiner** aus Bozen publiziert am laufenden Band neue Karten, u. a. auch für MTB und E-Biking, häufig mit einer Luftbildkarte auf der Rückseite. Von Publicpress gibt es seit 2017 einige reißfeste und abwaschbare Karten im Maßstab 1:35.000 z. B. zu Meran mit Passeier- und Ridnauntal, auch für MTB und E-Biking.

Die **Gratiskarten**, die man in einigen Touristeninformationen bekommt, sind meist nur zur groben Orientierung geeignet, immer öfter aber auch Ausschnittskarten z. B. von Tabacco- oder Tappeinerkarten und dann durchaus nutzbar.

Literatur

Es gibt eine Fülle von Literatur über Südtirol, seine Bewohner, seine Natur, Kultur und Geschichte. Jährlich kommen einige Dutzend Bücher hinzu, in neuester Zeit viele Autobiographien von Bauern und Bäuerinnen und auch Südtirol-Krimis. Die Athesia-Buchläden in den größeren Städten wie Sterzing, Brixen, Bozen und Meran sind hervorragend mit Hunderten von Titeln bestückt, von denen es viele in Deutschland nicht zu kaufen gibt. Hier eine (subjektive) Auswahl:

Belletristik Ich, Wolkenstein von Dieter Kühn. 700-Seiten-Wälzer zu Leben und Schaffen des legendären Oswald von Wolkenstein, verfasst von einem anerkannten historischen Biografen. Fischer Verlag.

König Laurin und sein Rosengarten von Karl Felix Wolff. Die bekannteste Dolomitensage aufbereitet vom bekanntesten Dolomitensagensammler und daher der perfekte Einstieg ins Thema. Wer es umfassend mag, schafft sich gleich den Wälzer „Dolomitensagen" vom selben Autor an. Beide Athesia Verlag. In Deutschland gebraucht (z. B. im Internet) erhältlich.

Südtirol liegt am Meer von Ulrich Ladurner. Geschichten über Südtirol und seine Menschen von einem in Südtirol geborenen Journalisten der Wochenzeitung *Die Zeit*. Das beste, weil feinsinnigste von mehreren Büchern des Autors zu Südtirol. Sanssouci Verlag.

Sachbücher Südtiroler Architekturführer, hrsg. von der Architekturstiftung Südtirol. Kleines, aber feines Kompendium der architektonisch herausragenden Neubauten, die seit Ende der 1990er-Jahre in Südtirol entstanden sind. Nutzbar als ein etwas anderer Reiseführer. Edition Raetia.

einheimisch.zweiheimisch.mehrheimisch, Eva Pfanzelter Und Dirk Rupnow. Ein Sachbuch, das sich (endlich) der zunehmenden Einwanderung in Südtirol stellt, Probleme und Chancen benennt und Lösungen aufzeigt. Edition Raetia.

Südtirol. Von der Vielfalt der Landschaft, hrsg. von den Strix Naturfotografen Südtirols. Bildband mit wunderschönen Naturaufnahmen aus allen Jahreszeiten. Tecklenborg Verlag.

Erben der Einsamkeit: Reise zu den Bergbauernhöfen Südtirols von Aldo Gorfer. Zuerst 1973 erschienen, wurde diese düstere, zutiefst berührende Schwarz-Weiß-Reportage schnell zum Klassiker und Denkmal für eine archaische Bergbauernkultur. Tappeiner Verlag.

Südtirol im Gegenlicht von Othmar Seehauser. Der Stammfotograf des Wochenmagazins „ff" dokumentiert seit über 30 Jahren Zeitgeschichte, Natur und Leute in Südtirol. Dieses Buch gibt einen komprimierten Einblick in sein Schaffen. Folio Verlag.

Stille Zeit. Winterreise in die Natur von Hugo Wassermann und Erwin Brunner. Faszinierende Winterbilder (nicht nur) aus Südtirol von einem der bekanntesten Naturfotografen des Landes, zu denen der Herausgeber von NG Deutschland den Text verfasst hat. Athesia Verlag.

Die Dolomiten von Guido Mangold. Der Bildbandklassiker von einem der größten deutschen Reportagefotografen, nur noch antiquarisch erhältlich, Athesia Verlag.

Gsessn isch man lei ban Essn von Martina Mantinger. Eines aus der Flut der derzeit erscheinenden autobiographischen Bergbauern- und -bäuerinnen-Bücher. Interessant deshalb, weil es eine Reihe von Villnössern zu Wort kommen lässt und diese Zeitzeugenberichte mit einem historischen Aufriss des Villnöss-Tals verknüpft. Athesia Verlag.

Landschaften für die Seele von Michael Isidor Engl. Kleiner, aber feiner Bildband über Menschen und Natur in den Pfunderer Bergen. Athesia Verlag.

Curves von Stefan Bogner, ein Magazin für Pass-Freaks. Die Ausgabe „Norditalien" stellt viele Südtiroler Pässe in tollen Bildern vor – die eine oder andere Kurve, an der man sich verschaltet hat oder nur knapp am entgegenkommenden SUV vorbeirasierte, erkennt man hier sicher wieder! Erhältlich z. B. unter www.curves-magazin.com.

Alpenpässe Band 3: Vom Inn zum Gardasee, Stefan Bruns. Kompaktes Lesebuch mit kurzweiligen Texten zu wirklich jedem Südtiroler Passübergang. L. Staackmann Verlag.

Bier in Südtirol von Roman Drescher, ein ansprechend aufgemachtes Kompendium zur Bierkultur in Südtirol, Edition Raetia.

Total alles über Südtirol von Hermann Gummerer und Franziska Hack, witziges Büchlein mit originellen Infografiken in handlicher Pocket-Edition. Folio Verlag.

Mit der Zeit gehen von Udo Bernhart und Erwin Brunner, berührender Bildband über die vergangenen 40 Jahre auf dem hoch gelegenen Schnatzhof im Vinschgau und zugleich ein Spiegelbild der sich verändernden Gesellschaft Südtirols. Edition Raetia.

Die Dolomitenladiner von Tobia Moroder, kompaktes Wissen über Geschichte und Kultur der Ladiner im Taschenbuchformat. Folio Verlag.

Geschichte der Dolomitenladiner von Werner Pescosta, mit vielen tollen Bildern angereicherte XXL-Variante der ladinischen Kulturgeschichte, hrsg. vom Istitut Ladin.

Bauerngärten in Südtirol von Martha Canestrini, eines von zahlreichen Werken rund um Tradition, Heimat und Natur, übersichtlich, praxisnah und mit schönen Fotos. Folio Verlag.

Über die Jöcher, Natur und Kultur in Gsies und Villgraten, von Anton Draxl, ein opulenter Bild- und Textband zum Gsieser Tal von einem Heimatexperten, der hier sicherlich ganze Arbeit geleistet hat. Deltagrafik Verlag.

Wächter des Waldes von Martin Schweiggl und Othmar Seehauser, faszinierender großformatiger Bildband über 53 spektakuläre Bäume in Südtirol, mit genauer Ortsangabe der portraitierten Baumriesen – und somit auch ein Wander- und Bergführer. Hrsg. Autonome Provinz Bozen.

Über Gletscher und Grenzen von Mauro Gambicorti, schöner Bildband mit Aufnahmen verschiedener Almauf- und Abtriebe in Südtirol. Edition Raetia.

Unsere Schöne vom Titelbild

Berge unter Sternen von Bernd Willinger und Norbert Span, Fotoband mit grandiosen Nachtaufnahmen aus den Dolomiten. Knesebeck Verlag.

Cinema, Film in Südtirol seit 1945 von Renate Mumelter, erstmalige Bestandsaufnahme der Südtiroler Film- und Kinogeschichte. Edition Raetia.

Südtirol in Wort und Bild, quartalsweise erscheinende Zeitschrift zu Kultur, Geschichte und Natur mit vielen Fotos und allerlei interessanten Beiträgen. Hrsg. in Thaur, Tirol in Österreich (was einmal mehr die enge Verbindung zwischen den Landesteilen zum Ausdruck bringt).

Museen

In Südtirol gibt es über 140 Museen, Sammlungen und Ausstellungen. Am bekanntesten ist sicher das „Ötzi-Museum" in Bozen (→ S. 190). 142 Museen sind in einer kostenlosen, in vielen Tourismusbüros erhältlichen Infobroschüre aufgelistet und beschrieben. Die Website www.museen-suedtirol.it gibt einen guten, aktuellen Überblick über die Museenlandschaft, auch zu evtl. bestehenden Schließungen wegen Umbauten oder Renovierungen. Eine hilfreiche Ergänzung ist das Portal „Young Museum" (auf der Museen-Website), das sich an Kinder und Jugendliche richtet.

Musik und Film

In Südtirol gibt es neben der einheimischen, klassischen Volksmusik (mit zum Teil starkem Hang zur Popularisierung wie bei den Kastelruther Spatzen zu beobachten) auch eine lebendige Musikszene, die versucht, Tradition und Moderne miteinander zu verknüpfen. Bekannteste Vertreter sind die ladinische Popgruppe Ganes, die aus drei miteinander verwandten Sängerinnen besteht und dem aus dem Passeiertal stammende Musiker Herbert Pixner, der mit seinem Herbert Pixner Project erfolgreich die Volksmusik um moderne Elemente erweitert, dabei viel selber komponiert und auch Theaterstücke schreibt. Film und Kino wird auf Südtirol bezogen vor allem mit Drehschauplätzen in Verbindung gebracht, obwohl es auch eine eigene kreative Filmszene und seit 1988 eine innovative, mittlerweile international renommierte

Filmhochschule (Zelig) gibt. Luis Trenker war mit seinen heroischen Bergdramen hier der absolute Vorreiter. Bekannte Kinofilme neueren Datums sind der Alpenwestern „Das finstere Tal","Honig im Kopf" von Till Schweiger (im Hochpustertal), „Die Pfefferkörner" und „The Red Cup", ein Spin-Off der Star-Wars-Reihe mit Han Solo an den Drei Zinnen und am Misurinasee. Größtes Highlight war aber zweifelsohne der Dreh von „Ötzi" (natürlich im Schnalstal) mit Jürgen Vogel in der Hauptrolle, der die letzten Tage im Leben des Steinzeitmenschen in das Format eines Rachethrillers verpackt. Fortsetzung folgt?

Notruf/Infodienste/Polizei/ Gendarmerie

Allgemeine Notrufzentrale (auch Rettungshubschrauber): ✆ 118;

Bergrettung: ✆ 118;

Carabinieri-Bereitschaftsdienst (Gendarmerie): ✆ 112; **Polizei** (öffentlicher Notruf): ✆ 113; **Feuerwehr:** ✆ 115;

Pannenhilfe, Abschleppdienst (ACI): ✆ 116; Südtiroler Verkehrsmeldezentrale mit Straßenzustandsbericht, Wetter und aktuellen Verkehrsmeldungen ✆ 0471/200198; **Wetter:** ✆ 0471/414740, www.provinz.bz.it/wetter/home.asp; Wetter/Lawinenbericht: täglicher Lawinenlagebericht in der Tageszeitung „Dolomiten"; Lawinenlagebericht (Band) ✆ 0471/271177. Wettervorhersage auch ✆ 0436/780007, ✆ 0471/270555 und www.datameteo.com.

Öffnungszeiten

In Südtirol ist der Samstagnachmittag seit mehreren Jahren nicht mehr überall Schließtag. Viele Geschäfte in den Städten und Tourismuszentren haben bis Samstagabend, oftmals auch am Sonntagvormittag geöffnet. Wenn eine Bar oder ein Café angeschlossen ist, was immer öfter der Fall ist, ist auch der Sonntag ganztags geöffnet. Große Supermärkte haben im ganzen Land am Samstagnachmittag und zum Teil sogar Sonntagvormittag geöffnet, die meisten Geschäfte außerhalb touristischer Zentren schließen jedoch traditionell am Samstag um 12.30 Uhr oder 13 Uhr. Am Dienstagoder Mittwochnachmittag haben insbesondere Lebensmittelgeschäfte, Bäcker und Metzger traditionell geschlossen – auch in Tourismusgebieten! Banken haben Mo–Fr 8–13/14.30–15.30 Uhr geöffnet, die Post meist Mo–Fr 8.15–13 Uhr.

Rauchen

Das Rauchen in öffentlichen Verkehrsmitteln, am Arbeitsplatz, in Gaststätten, Kaffeehäusern mit Speiseausgabe, Geschäften und öffentlichen wie privaten Büros mit Publikumsverkehr ist in Italien nicht gestattet. Man hält sich daran!

Reiseveranstalter

Einige Unternehmen wie DER-Tour bieten Pauschalaufenthalte in zahlreichen Südtiroler Hotels an. Ein Preisvergleich lohnt sich u. U., erfahrungsgemäß liegen aber die Preise nicht unter denjenigen, die das Hotel von seinen Privatkunden verlangt.

Reisezeit

Südtirols Hotellerie hat je nach Region drei Stoßzeiten. Im *späten Frühjahr und im Sommer* kommen die Wanderer und Bergsteiger, die Aktivsportler und Spaziergänger aus dem deutschen Sprachraum, im *August* auch die Italiener. In diesem Monat ist in allen Regionen jedes Zimmer besetzt. Wer wandern will und nicht an Ferientermine gebunden ist, sollte auf den *Herbst* ausweichen, jedoch nicht in den klassischen Wein- und Törggelengebieten. Im Meraner Bereich und im Überetsch sowie in Teilen des Eisacktals herrscht nämlich noch bis Anfang November Hochsaison. Anderswo sind aber die Hotels und Pensionen immer noch geöffnet, allerdings sind die Lifte meist schon geschlossen. Im *Advent*, wenn in immer mehr Südtiroler Orten Weihnachtsmärkte stattfinden, die aus ganz Oberitalien besucht werden, gibt es meist günstige Wochenpakete, denn die Besucher kommen vor allem am Samstag und Sonntag und während der Woche stehen die Hotels leer. Im selben Zeitraum kann man in den höchstgelegenen Skigebieten (z. B. Sulden) schon Skifahren. Die größten Weihnachtsmärkte finden in Brixen, Meran, Bozen (am Wochenende total überlaufen) und Bruneck statt. *Weihnachten und Neujahr* sind die teuersten Tage des Jahres, Preise können in dieser Zeit und im Februar bis auf das Dreifache der Nebensaison steigen – dies gilt aber nur für die besten Skigebiete wie das Grödner Tal, das Hochabteital und Sulden.

Schutzhütten

Nach dem Ersten Weltkrieg wurden sämtliche Schutzhütten in Südtirol, die dem Deutsch-Österreichischen Alpenverein gehört hatten, beschlagnahmt, die meisten waren sowieso vom Krieg zerstört. Später wurden sie dem CAI übergeben, dem Italienischen Alpenverein. Inzwischen hat der nach 1918 gegründete Alpenverein Südtirol 14 eigene Hütten errichtet, die zu den besten des Landes gehören (Marteller, Sesvenna, Oberettes, Meraner, Radlsee, Sterzinger/Pfitschtal, Hochfeiler, Brixner, Tiefrasten, Dreischuster, Rieserferner, Puflatsch und Schlernbödelehütte sowie Sterzinger Haus/Rosskopf). Im Autonomiepaket wurde auch die Rückgabe von 25 der 33 CAI-Hütten an den Alpenverein Südtirol festgelegt, die 2011 in Kraft trat. Gerade diese Hütten haben in den Südtiroler Bergen die längste Tradition und wurden von Sektionen wie Kassel, Regensburg oder Düsseldorf zum Teil noch im 19. Jh. errichtet.

Die Lager sind nur mit Schlafsack zu benützen (z. B. mit dem Schlafsackbezug, den man beim ÖAV und DAV bekommt), für die Zimmer mit Betten benötigt man meist keinen Schlafsack. Mitglieder aller Alpenvereine (wie DAV und ÖAV) haben gleiche Rechte wie AVS-Mitglieder, bekommen die gleichen Ermäßigungen und z. B. sofort bei Eintreffen in der Hütte einen Schlafplatz zugewiesen, wogegen Nichtmitglieder bis abends warten müssen. In den meisten Hütten ist heutzutage leider eine (frühzeitige) Reservierung unumgänglich. Die Zeit ungeplanter Hüttentouren gehört zumindest in Südtirol definitiv der Vergangenheit an.

Sprachen/Dialekt

Südtiroler wachsen zwei- (deutsch/ italienisch) bzw. dreisprachig (ladinisch) auf. Zählt man noch die je nach Tal oft sehr unterschiedlichen Dialekte hinzu, muss man schon feststellen, dass sie echte Sprachtalente sind. Die Dialekte sind dann nochmals ein Extrakapitel für sich. Einen (nicht nur ernst gemeinten) Versuch, Südtiroler Dialekt Außenstehenden zugänglich zu machen, findet man unter www.oschpele.ritten.org. Oschpele bedeutet so viel wie „Ausdruck". Allein unter „a" finden sich knapp 130 Einträge. Bayern und Österreicher werden vermutlich in diesem unterhaltsamen Wörterbuch die eine oder andere Verbindung zum eigenen Wortschatz entdecken können.

Herbstgefühle

Zeitungen

Südtirols deutschsprachige Zeitung „Dolomiten", ein sehr konservatives Blatt, hat kaum Konkurrenz. Ausländische deutschsprachige Zeitungen gibt es in den Feriengebieten an jedem Kiosk und oft schon am Erscheinungstag.

Zoll

Innerhalb der Schengen-Staaten Deutschland, Österreich, Italien, Niederlande, Belgien etc. gibt es für nicht-kommerzielle Transporte keinen Zoll mehr und auch keine regulären Kontrollen. Wer allerdings im Kleinbus einen halben Weinkeller transportiert und kontrolliert wird, muss damit rechnen, dass sein Transport als kommerziell eingestuft wird. Die Grenze liegt bei 90 l, was darüber hinausgeht, kann Ärger, Probleme und Kosten bereiten.

Abgabenfreie Warenmengen im Reiseverkehr mit der **Schweiz**: alkohol. Getränke bis 18 % Vol. 5 l, über 18 % Vol. 1 l (ab 17 Jahren), Zigaretten 250 Stück, Zigarren 250 Stück, 250 g Pfeifentabak, Geschenkartikel bis 300 Sfr.

Schloss Runkelstein am Eingang des Sarntals

Abriss der Geschichte

Vor- und Frühgeschichte

In den Zwischeneiszeiten mögen in Südtirol bereits Menschen gelebt haben, wir wissen es nicht, denn aus dieser Zeit gibt es keinerlei Funde. Erst ab ca. 12.000 v. Chr. und nach dem Beginn des Abschmelzens der Gletscher der letzten Vereisungsphase begannen erste Jagdexpeditionen in die Alpenregionen. Funde machte man auf dem Schlern, im Pustertal und im Vinschgau, der Jäger gehörte damals selbstverständlich schon zum Typus des *Cromagnonmenschen,* also des Homo sapiens. Ab ca. 5000 v. Chr. gab es erste Siedlungen jungsteinzeitlicher Ackerbauern in den breiten Tälern, die wahrscheinlich auf halbnomadischer Brandrodung basierten. Die Böden waren schnell ausgelaugt, man zog nach ein, zwei Ernten weiter, um nach Brandrodung in die frische Asche Körner zu stecken. Bald gab es auch Siedlungen von Viehzüchtern im Berggebiet, z. B. auf der Seiser Alm, der Puflatsch-Alm und auf Hügelstandorten oberhalb des Pustertals. Eine jungsteinzeitliche Siedlung in Feldthurns (ca. 4000 v. Chr.), 2001 bei Bauarbeiten entdeckt, markiert den Beginn bäuerlicher Siedlung im Eisacktal. Reibsteine zum Getreidemahlen wurden gefunden, es dominieren aber Haustierreste von Schaf, Ziege, Schwein und Rind.

Um 3500 v. Chr. starb *Ötzi,* der Mann aus dem Schnalstal, auf einem Hochgebirgspass (Tisenjoch, Similaunbereich). Er hatte frühe Metallobjekte und über weite Strecken gehandelte Waren bei sich, z. B. Lessini-Feuerstein. Die heute im Bozner Archäologiemuseum konservierte und ausgestellte Mumie ist ein erster unmittelbarer Zeuge für Alpenübergänge in der Vorzeit. Die mitgeführte Kupferklinge des

Beils ist Beleg für Ötzis Zeitalter, das Chalkolithikum, die *Kupferzeit* als erste Metallzeit. Der Darm enthielt Mehl der alten Weizenform Einkorn und Fleischfasern von Hirsch und Steinbock. Einige der Blütenpollen und Moossporen, die man in und an der Mumie identifizierte, verweisen auf ein ähnliches Klima wie heute.

Von der Zeit zwischen dem Tod des Mannes vom Tisenjoch und der *Eisenzeit*, die in Südtirol ca. 800 v. Chr. begann, weiß man wenig. Aus der Zeit um 2200 bis 1900 v. Chr. stammen die Menhire (stehende Bildsteine) von Algund, sie sind Zeugen dafür, dass die spät-jungsteinzeitlich/kupferzeitliche *Megalithkultur*, die von Malta über Südspanien nach Westfrankreich und zu den Britischen Inseln reichte, ihre Ausläufer auch in die Alpen streckte (berühmteste Bauten dieser Zeit sind die Steinkreise und Steinalleen der Bretagne). Aus der *Bronzezeit*, die um 1800 v. Chr. einsetzte, haben sich vor allem die um 1300 bis ca. 800 v. Chr. entstandenen bronzezeitlichen Wallburgen erhalten, wie z. B. jene auf dem Mutkopf oberhalb von Dorf Tirol.

Ab ca. 800 bis ca. 400 v. Chr. war Südtirol von der früh-eisenzeitlichen *Hallstattkultur* bestimmt, die ihr Zentrum in den Salzbergwerkszonen nördlich der Alpen hatte, z. B. im namengebenden Hallstatt in Oberösterreich. Immer wieder kommen auch in großen Höhen Fundplätze zum Vorschein, die nahe legen, dass bereits in dieser Zeit eine Vorform des heutigen Almwesens existierte. So wurde kürzlich im Maneidtal, einem Nebental des Schlandrauntals, ein in 2400 m Höhe gelegener Opferplatz innerhalb eines Steinkreises aufgedeckt. Er wurde seit der Bronzezeit um 1200 v. Chr., während der gesamten Eisenzeit und bis in die Römerzeit genutzt.

Ab ca. 500 v. Chr. begannen keltische Einwanderer, die illyrische Vorbevölkerung zu überlagern. Das Mischvolk, das u. a. den Raum des heutigen Südtirol bewohnte, war den Römern unter dem Namen *Räter* bekannt. Die sich entwickelnde späteisenzeitliche *La-Tène-Kultur* hat ihr Zentrum nördlich der Alpen, so im namengebenden La Tène in der Westschweiz.

Die Römer kommen

Nachdem Rom seinen etruskischen und keltischen Nachbarn in Italien endgültig gezeigt hatte, wer der Herr im Hause war, blieb auf der Apenninenhalbinsel nur noch der Alpenraum politisch unabhängig, obwohl kulturelle Einflüsse – und nachweisbar römisches Geld – schon lange vor dem direkten Zugriff eindrangen. 41 v. Chr. war es dann soweit, bis 16/15 v. Chr. eroberte der römische Feldherr Drusus, Stiefsohn des Kaisers Augustus, endgültig den Raum des heutigen Trentino-Südtirol. Der größte Teil des heutigen Südtirol wurde in die *Provinz Raetia* mit der Hauptstadt *Augusta Vindicorum* (Augsburg) eingegliedert. Mit der allmählichen kulturellen und sprachlichen Romanisierung der keltischen Bevölkerung entstanden eine alpenromanische Umgangssprache und eine gemeinsame antikalpenländische Kultur.

Bis ca. 400 n. Chr., also länger als 400 Jahre, wurde das heutige Südtirol als Teil des Römischen Reichs von der Reichskultur dominiert. Ab ca. 46 n. Chr. wurde die *Via Claudia Augusta* angelegt, die Augsburg über Südtirol mit Rom verband. Wichtigster römischer Ort innerhalb der Grenzen des heutigen Südtirol wurde *Sebatum* (St. Lorenzen bei Bruneck). Grabungen in der Nekropole am Fuß des Sturmbühels belegen die römische Präsenz von der Mitte des 1. bis zum Ende des 5. Jh. n. Chr. Ein größerer Ort wie etwa Tridentum (Trient) im Trentino, dessen römische Stadtanlage bei neueren Ausgrabungen noch deutlicher wurde, befand sich nicht in Südtirol.

Um 400 wurde das *Bistum Säben* gegründet, dessen Sitz später nach Brixen umzog und das heute als Bistum Brixen-Bozen in Bozen residiert. Die Bischofskirche steht auf dem Säbener Berg oberhalb des heutigen Klausen, charakteristisch ist die Schutzlage, denn in der spätrömischen Zeit musste man sich allmählich an unsichere Verhältnisse und germanische Einfälle gewöhnen. Zu diesem Zeitpunkt war Südtirol bereits überwiegend christlich, eine der Kirchen aus dieser Zeit ist die unter der Pfarrkirche von St. Lorenzen ausgegrabene frühchristliche Kirche des Vorgängerorts Sebatum, aber auch anderswo sind unter späteren Kirchen frühchristliche Grundmauern zu Tage gekommen.

Das Weströmische Reich ging offiziell im Jahr 476 mit der Abdankung des letzten Kaisers Romulus Augustulus zu Ende. Sein germanischer Feldherr Odoaker übernahm de facto die Herrschaft, wenn auch nur in Teilen Italiens. Germanische Stämme besetzten einen Großteil des ehemaligen Weströmischen Reichs, unter anderem auch Südtirol: Von Nordwesten drangen Franken ein, von Süden schoben die Langobarden ihre Herrschaft aus der Po-Ebene bis ins Bozner Becken vor und von Norden warfen die Bajuwaren bald ein begehrliches Auge auf die Alpenregion im Süden.

Goten, Franken, Langobarden – und Bajuwaren

Die germanischen Teilreiche, die sich das Römerreich während und nach der Völkerwanderung aufteilten, berührten Südtirol erstmals in Form des Ostgotenreichs. 493 bis 526 regierte der Ostgote *Theoderich I. (der Große)* im nahen Verona, der Einfluss seiner Herrschaft reichte weit in den Alpenraum hinein. Dieser „Dietrich von Bern" wird in der Rosengartensage *König Laurin*, dem Helden der Alpenromanen (Ladiner), entgegengesetzt, Erinnerung an die mehrere Generationen dauernden Kämpfe zwischen den altansässigen Alpenromanen und den germanischen Eindringlingen. Seit den Ostgoten wurden alpenromanische Gruppen immer wieder und immer stärker durch die germanischen Neuankömmlinge in die weniger zugänglichen Täler der Dolomiten und der Ortlergruppe sowie westlich davon nach Graubünden abgedrängt, wo sie sich bis heute als Sprecher des Friulan (im Friaul), des Ladinischen (in den Dolomiten) und den verschiedenen Dialekten im Schweizer Kanton Graubünden behaupten konnten.

Ab 550 drangen langobardische Gruppen in Oberitalien ein, die 568 ein langobardisches Königreich gründeten, das bis 773 Bestand haben sollte, und auf relativ selbstständigen Grafschaften basierte. Die alpenromanische Bevölkerung wurde durch dieses Reich vom direkten Austausch mit anderen romanischen Gruppen südlich des Pos abgeschnitten, was maßgeblich zur Entwicklung einer eigenen Sprache beitrug. (Das Alpenromanische und Italienische sind nur über das Spätlateinische miteinander verwandte Sprachen, genau wie auch das Französische und Spanische. Das Rätoromanische, wie es auch genannt wird, ist deshalb nicht, wie in Italien lange Zeit behauptet wurde und wird, lediglich ein Dialekt des Italienischen.)

Im 7. und 8. Jh. dehnte sich der bajuwarische Einfluss auf die Region südlich des Brenners aus, erste bayerische Ansiedlungen entstanden wahrscheinlich im Raum Bruneck. Um 680 wird erstmals ein bayerischer Graf von Bozen genannt. Die Landnahme muss sehr schnell gegangen sein: Der bayerische Besitz in Tirol südlich des Brenners umfasste um 765 fast das ganze heutige Südtirol. Der bayerische *Agilolfingerherzog Tassilo III.* (748–788) gründete 769 das Kloster Innichen zum Zweck der Germanisierung des seit dem 6. Jh. slawisch besiedelten Pustertals.

Im Fränkischen Reich

Die Franken hatten im Vinschgau schon längere Zeit ihre Finger im Spiel, aber so lange die Langobarden Oberitalien beherrschten, war eine politische Dominanz des Alpenraumes nicht möglich. Als 773 der Frankenkönig *Karl der Große* das Langobardenreich eroberte, geriet fast ganz Oberitalien unter fränkische Herrschaft und wurde Teil des Fränkischen Reichs. Ein fränkischer Adeliger aus der damaligen Zeit mit Schwert und in karolingischer Hofkleidung blickt uns heute noch auf einem Fresko in St. Benedikt in Mals an. Bayern – und damit ein Teil von Südtirol – blieb vorerst als selbstständiges Herzogtum bestehen, wurde aber 788 nach Absetzung von Herzog Tassilo (der in ein Kloster verbannt wurde) als letztes Stammesherzogtum der Deutschen an das Reich der Franken angeschlossen. Das gesamte spätere Tirol inklusive Südtirol befand sich damit erstmals seit dem Ende des Römischen Reichs wieder unter einer einheitlichen Oberhoheit.

Auch geistlich ging es Karl dem Großen um Einigung unter einer Herrschaft: Nach der Schaffung einer eigenen Kirchenprovinz Salzburg (798) wurde Säben (Brixen) aus dem Metropolitanverband Aquileia herausgelöst und zu Salzburg geschlagen. Diese Orientierung nach Norden sollte kaum zu unterschätzende Folgen haben.

Den sächsischen und salischen Kaisern auf dem römisch-deutschen Thron kam es im 11. Jh. stark darauf an, die angestammte Oberhoheit über den Klerus zu behaupten, was vom Papst vehement bekämpft wurde. Dass 1004 Trient (Bistum seit 381) und 1027 Brixen (Bistum seit 571 – der Bischofssitz war 990 von Säben nach Brixen verlagert worden) zu *Fürstbistümern* und damit zu unabhängigen Territorien unter direkter Reichshoheit wurden, ist auf das Motiv der Kaiser zurückzuführen, sich gerade im Grenzgebiet zum notorisch unruhigen Italien loyale Verwalter zu schaffen. Die Bischöfe beauftragten Adelsfamilien mit der Verwaltung ihrer Territorien. In Südtirol waren das die *Grafen von Eppan*, Lehensleute der Trienter Bischöfe, und die *Grafen von Andechs* als wichtigste Adelsfamilien. Weitere wichtige frühmittelalterliche Adelsfamilien waren die ursprünglich aus Como stammenden *Herren von Matsch* im Oberen Vinschgau, die *Herren von Burgeis-Wangen* im Vinschgau, die *Görzer Grafen* im östlichen Pustertal, die *Herren von Enn* im Unterland und die *Herren von Taufers* im Pustertal und Ahrntal.

Tirol wird Tirol

In der Zeit der *Hohenstaufen* (1138–1254) bestand Südtirol, das bis ins 19. Jh. kein politisch zusammenhängendes Territorium bildete, aus einem Teil der relativ unbedeutenden Randprovinz Tirol im wieder hergestellten Herzogtum Bayern, dazu kamen die offiziell reichsunmittelbaren Territorien der Bischöfe von Brixen, Trient und (nur im äußersten Westen) Chur. In der Praxis machten regionale Adelsgeschlechter und Lokalfamilien einander die Herrschaft streitig. Die Bischöfe, die im Wesentlichen über das heutige Südtirol ihre geistliche Hand hielten, mischten sich in die politischen Geschehnisse selten ein und ließen in ihren Territorien die längst mächtiger als sie selbst gewordenen Verwalter zu Schutzherren werden. In der folgenden Phase des deutschen Wahlkönigtums mit seinen wechselnden Loyalitäten und geringen kaiserlichen Kompetenzen konnten die Territorialherren ihre Macht immer weiter ausbauen, was im Falle Tirols zu einer von Bayern zuerst de facto und dann de jure unabhängigen Grafschaft Tirol führte.

Kloster Neustift bei Brixen, 1142 gegründet

Die ein größeres Gebiet rund um ihre Stammburg Tirol oberhalb von Meran verwaltenden Vinschgauer Grafen nannten sich ab ca. 1140 nach ihrem Sitz *Grafen von Tirol,* was zunächst nicht mehr war als anmaßend, denn ihr relativ kleiner Besitz um die Stammburg herum verdiente noch kaum den Titel einer Grafschaft. Die Stammburg Tirol selbst wurde unter Albert II. († 1165) und Berthold I. († 1180) erneuert und erweitert. In der Folgezeit weiteten die Grafen von Tirol ihren Einfluss und ihr Territorium langsam, aber stetig aus. Als um 1248 in kurzer Folge die Eppaner und Andechser Grafen, bisher mächtige Gegner, ihre Macht verloren und in der Hauptlinie ausstarben, stiegen die Grafen von Tirol zur mächtigsten Familie ganz Tirols auf, das damals immer noch ein Teil Bayerns war.

Um 1250 ließ Bischof Bruno von Brixen nahe St. Lorenzen im Pustertal eine Burg und Stadt Bruneck errichten, die kurz darauf das Stadtrecht erhielt. 1253 nach dem Tod des Grafen Albert III. von Tirol, beerbten ihn seine Schwiegersöhne Gebhard von Hirschberg und Meinhard IV. von Görz, der Besitz der Familie wurde damit über die Grenzen des heutigen Tirol auf Teile Istriens und Görz ausgedehnt – die *Grafen von Tirol und Görz* besaßen nun eine Hausmacht, die im süddeutschen Raum kaum Konkurrenz hatte. Nach dem Tod Meinhards IV. von Görz (I. von Tirol) im Jahr 1258 verstärkte sein Sohn Meinhard II. von Tirol die Einflussnahme auf die Fürstbistümer Trient und Brixen, die ihn als zumindest teilweise in sein Territorium eingeschlossene Fremdkörper zur Abrundung seines Besitzes förmlich einluden und mit schwachen oder von ihm eingesetzten Bischöfen kaum ein Gegengewicht in die Waagschale werfen konnten.

Nach der 1271 erfolgten Teilung von Görz-Tirol in Tirol unter Meinhard II. und Görz mit Lienz und dem Pustertal unter Albert, entwickelten sich auf dem Boden Tirols zwei von der gleichen Familie beherrschte Grafschaften mit Verwaltungssitzen in Tirol/Meran und Lienz. Die **Grafschaft Tirol** wurde 1282 souveränes Territorium, da König Rudolf von Habsburg den Anspruch der Tiroler Grafen gegen die bayerischen Herzöge unterstützte und bestätigte. In der Folge erweiterten die Grafen von Tirol ihr Gebiet nach Süden und brachten die Fürstbistümer Brixen und Trient endgültig unter ihren Einfluss.

Das frühe 14. Jh. sah eine Menge wirtschaftlicher Änderungen in Tirol und bis zur Jahrhundertmitte wachsenden Wohlstand. Bald nach 1300 ließ der Bozner und Haller (Hall bei Innsbruck) Bürger *Heinrich Kunter* zwischen Bozen und Kollmann einen Weg durch die Eisackschlucht anlegen, den Vorgänger der späteren Straße. Vorher hatte man sich mit der alten Kaiserstraße über den Ritten abgefunden, eine wesentlich umständlichere Verbindung von Brixen nach Bozen. Ab dieser Zeit und bis 1348, als die Pest eine Wirtschaftskrise auslöste, hatte der Brenner mit einem Aufkommen von ca. 4000 t Fracht pro Jahr das höchste Aufkommen aller Alpenpässe. Der wirtschaftliche Wohlstand betraf auch Meran, das unter Meinhard II. Mauern erhalten hatte und 1317 zur Stadt erhoben wurde. (Sterzing, Klausen und Glurns hatten ihr Stadtrecht wohl einige Jahre früher bekommen.) Und ebenfalls in diesem halben Jahrhundert entstanden um 1320 in der letzten großen Rodungsphase Tirols im Waldland zwischen Neumarkt und dem Fleimstal die Dörfer Truden und Altrei.

1330, wir befinden uns immer noch in der Blütezeit der Wirtschaft, wurde *Margarethe Maultasch,* die Erbin von Tirol, mit Heinrich von Luxemburg, dem Sohn König Johanns von Böhmen, verheiratet. Die Ehe wurde später (wegen Nichtvollzug) annulliert und Margarethe heiratete Markgraf Ludwig von Brandenburg, Sohn Kaiser Ludwigs des Bayern. Wie die Frau zu ihrem abwertenden Namen kam, ist nicht geklärt, hängt aber wohl mit ihrer Ehetrennung zusammen, die ihr viele Feinde machte. Ludwig von Brandenburg bestätigt 1342 die *Tiroler Landesfreiheiten,* die sog. „Magna Charta Tirols". Auf dieses Datum bezogen sich alle späteren Tiroler Forderungen nach persönlicher Freiheit für alle Stände und vor allem die Forderung der Bauern als vierter Stand (neben Adel, Geistlichkeit und Bürgertum) nicht nur anerkannt zu werden, sondern auch gleiche Rechte zu bekommen.

In den Pestjahren 1348 und 1349 wurde ganz Südtirol stark betroffen, in manchen Gegenden, wie im Vinschgau, starb die Mehrheit der Bevölkerung. Die Pest war nicht nur eine soziale, sondern auch eine wirtschaftliche Katastrophe, die sich auf die nächsten 100 Jahre auswirken sollte.

1360 ließ Margarethe Maultasch die landesfürstliche Residenz von Schloss Tirol ins komfortablere Meran verlegen. 1363 gab die kinderlos gebliebene Landesherrin zu Lebzeiten ihr Erbe, das Land Tirol, an Herzog Rudolf IV. von Habsburg (1363–1365). Tirol fiel in der Folge endgültig durch einen freien Entscheid der Stände an das *Haus Habsburg,* das es bis 1918 direkt oder indirekt regierte.

Die ersten Habsburger – von Leopold III. bis zu Kaiser Maximilian

Die Habsburger waren damals bereits eine führende Familie, besaßen in der Schweiz, im heutigen Elsass und Südwestdeutschland eine Hausmacht, hatten 1282 Österreich und die Steiermark erworben, 1335 dann Kärnten und Krain und hatten schon zweimal (mit Rudolf von Habsburg, 1273–1291, und Albrecht I., 1298–1308) den deutschen König gestellt, waren dann aber von den Luxemburgern ausgebootet worden. Mit Tirol sicherten sie sich nun eine Landverbindung zwischen ihren beiden Hausmachtgebieten in Südwestdeutschland und im Osten des deutsch-römischen

Reichs. Nach dem Aussterben der Luxemburger würden sie wieder deutsche Kaiser werden – das sollte 1438 sein, unter Albrecht II. (bis 1439). Für Tirol konnte diese neue Situation Vorteile bringen, vor allem durch die Öffnung eines großen neuen Absatzmarkts! Bereits 1372 sicherten sich die Weinbauern Südtirols den lukrativen Weinexport über die Alpen nach Nordtirol und Österreich durch das Verbot der Weineinfuhr von südlich des Avisio (bei Trient), also der wesentlich billigeren Trientiner Weine – dieses Verbot blieb in nur leicht veränderter Form bis ins 19. Jh. erhalten.

Immer wieder gab es Auseinandersetzungen zwischen dem Haus Habsburg und den verschiedenen Schweizer Bünden, die z. T. auf Südtiroler Boden ausgetragen wurden, vor allem im Oberen Vinschgau. In der *Schlacht von Sempach* 1386 gegen die Schweizer scheiterte der erste Versuch der Habsburger, ihr an den Vinschgau grenzendes Territorium in der Schweiz zu sichern. Die heutige Grenze bei Taufers entstand. Bei der Schlacht fiel auch der Tiroler Landesfürst Leopold III. (1365-1386).

Die Ächtung Herzog Friedrichs IV. (1406–1439, genannt „Friedel mit der leeren Tasche") auf dem Konzil von Konstanz 1415 nach einem Konflikt mit dem Kaiser, nämlich dem Luxemburger Sigismund, sorgte in Tirol für Empörung, aber auch für Versuche des Adels, sich der lästigen Gewalt des Landesherrn zu entledigen. Nach Haft und Flucht (1416) errang der Herzog gegen Adelsinteressen und mithilfe von Bürgertum und Bauern wieder die Macht im Lande. Die Teilnahme aller vier Stände des Landes an Entscheidungen, die das Land betreffen, wurde ab diesem Zeitpunkt die Norm.

Herzog Friedrich IV. verlegte Tirols Regierungssitz von Meran nach Innsbruck. Meran verlor in der Folge gegenüber der Händlerstadt Bozen zunehmend an Bedeutung. Ab ca. 1420 kam es zu einem starken Aufschwung des Silberbergbaus, vor allem im Nordtiroler Schwaz, das vorübergehend nach Wien die größte Stadt im östlichen Herrschaftsgebiet der Habsburger war, aber auch in Gossensass und Sterzing sowie im Ahrntal bei Prettau. Mit der Verlegung der Tiroler Münzstätte von Meran nach Hall unter Sigismund „dem Münzreichen" (1446–1490) verlor Meran 1477 seine letzte wichtige Funktion. Um den Handelsweg zwischen Schwaz, Innsbruck und Bozen zu verbessern, wurde der „Kunterweg" durch die Eisackschlucht zwischen Bozen und Kollmann durch Sprengungen zur Straße erweitert. Der alte Kaiserweg über den Ritten verlor jede Bedeutung.

Mit dem Antritt des *Kardinals Nikolaus von Kues* als Brixner Fürstbischof begann 1415 eine Kirchenreform, die zu Konflikten führte. Der Kardinal verlangte die Unterwerfung unter bischöfliche Entscheidungen nicht nur im geistlichen Bereich, sondern forderte auch dort Gehorsam, wo weltliche Belange betroffen waren, also etwa im Lehensrecht. Während für den Kardinal das Bistum für allen kirchlichen Besitz zuständig war, sahen vor allem die Vorstände reicher Klöster seit Generationen ihren Besitz (inkl. der Abgaben, Zehnt, Frondienst) als eigene Angelegenheit an. Ein Einzelfall wurde zur Zerreißprobe: Die Äbtissin *Verena von Stuben* (Kloster Sonnenburg im Pustertal) weigerte sich, die Oberhoheit des Bischofs über ihr Kloster anzuerkennen. In dem sich ausweitenden Konflikt, der auch mit Waffen ausgetragen wurde, schaltete sich auch der Landesfürst Herzog Sigismund ein.

Nach dem Tod Sigismunds wurde 1490 Maximilian I., „der letzte Ritter", Landesfürst von Tirol (bis 1519). Unter seiner Herrschaft gab es wieder habsburgische Angriffe auf die Bündner mit blutigen Übergriffen auf die Bevölkerung, so wurde das Frauenkloster Müstair niedergebrannt. Der *Engadiner Krieg* ging weiter mit dem Gegenangriff der Bündner 1499. Örtliche Sympathisanten führten einen Teil der

Bündner in den Rücken der Tiroler (also der habsburgischen Truppen unter Führung des unfähigen Ulrich von Habsberg), die sich an der Calwenbrücke zwischen Glurns und Taufers verschanzt hatten. Die Bündner siegten in dieser *Schlacht an der Calwenbrücke* durch Überraschung und Kampfmoral. Sie folgten den fliehenden habsburgischen Truppen weit in den Vinschgau und verwüsteten besonders den Oberen Vinschgau. Glurns ging in Flammen auf und wurde später komplett neu und mit festen Mauern errichtet, die sich bis heute erhalten haben. Im Frieden von Basel, noch im selben Jahr, blieb der Vinschgau jedoch bei Tirol.

Um 1500 war der Höhepunkt des Tiroler Bergbauwesens nach Ausmaß und Wert erreicht. In Südtirol waren Sterzing, Gossensass und Prettau im Ahrntal die wichtigsten Bergwerke für Silber und Blei. Die finanzierenden Gewerke, vor allem die Augsburger *Fugger*, aber auch lokale Geschlechter gehörten zu den reichsten Familien der damaligen Zeit. Mit dem Beginn massiver Importe billigen südamerikanischen Silbers um 1525 kam es jedoch rasch zu Preisverfall und zur Reduzierung des Bergbaus.

Das sog. *Landlibell* Kaiser Maximilians I. von 1511 entband die Tiroler vom Kriegsdienst außerhalb Tirols, aber verpflichtete zur Landesverteidigung. (Diese Wehrverfassung bildete 1915 die Grundlage für den Landsturm zur Verteidigung der Dolomitengrenze bis 1918.) Während der Regierungszeit des Kaisers fiel nach dem Aussterben der Grafen von Görz das Pustertal an Tirol.

Bauernkrieg, Reformation, Pest und Gegenreformation

Die Reformation hatte in Tirol geringeren Einfluss als in anderen Gebieten des Habsburgerreichs, protestantische Städte gab es nicht, nur unter den Bergleuten setzte sich das neue Bekenntnis durch. Was jedoch diskutiert und aufgenommen wurde, waren die mit der Reformation transportierten Ideen von der persönlichen Freiheit und vor allem der Bauernbefreiung. In Tirol kam es 1525/26 wie in anderen Regionen des Reichs zum *Bauernkrieg*. In Meran tagte die Landesversammlung, auf der *Michael Gaismair,* Sohn eines Sterzinger Bergwerksunternehmers und nun Sekretär des Fürstbischofs von Brixen, einen Entwurf einer demokratischen Reichsversammlung vorstellte. Zunächst gab es Erfolge der Bauernheere sowie Plünderungen wie im Kloster Neustift, in Meran und anderswo. Der Aufstand brach jedoch bald zusammen, allerdings erfolgten keine repressiven Maßnahmen gegenüber den Bauern, auch ihre bisherigen Rechte wurden nicht beschnitten. Der Hauptanführer Michael Gaismair aus Brixen wurde 1532 ermordet, nachdem er sich unter venezianische Hoheit begeben und vergeblich den Aufstand wieder anzufachen versucht hatte.

Während das Luthertum kaum Ausbreitung fand, entstanden besonders im Wipptal und Pustertal ab 1527 größere *Wiedertäuferkolonien,* die von Anfang an von den Behörden scharf verfolgt wurden. Viele verfolgte Wiedertäufer wanderten auf Initiative des *Jakob Huter* aus Moos bei St. Lorenzen im Pustertal bis 1564 nach Mähren aus, von wo sie später nach Südrussland und im 19. Jh. nach Nordamerika emigrierten. Ihre Nachkommen sind die „Hutterer" (in Kanada und den USA nennen sie sich heute „Hutterian Brethren Church").

Ab etwa 1600 begann Südtirols Bedeutung zu schwinden. Die Handelswege hatten sich von der Achse Süddeutschland – Oberitalien nach Westen und zur Neuen Welt verlagert. Südtirol (und ganz Tirol) lag plötzlich außerhalb der Welthandelsrouten, genau wie Venedig, das ab dieser Zeit ebenfalls zu kämpfen hatte. Die Metallpreise gingen wegen der Billigimporte aus Amerika weiter drastisch zurück, der Bergbau in Südtirol kam fast vollständig zum Erliegen. Einen positiven Effekt hatten diese weltwirtschaftlichen Entwicklungen aber insofern, als man begann, die Ressourcen des Landes noch besser zu nutzen und z. B. das Almwesen durch *Almnutzungsverträge* zwischen Grundherren und Bauern erstmals auf feste Grundlagen stellte.

Politisch war diese Phase geprägt vom Verlust der Selbstverwaltung und dem Übergang zur Zentralmacht. Kurzfristig entstand 1630 unter *Leopold von Tirol* (1619/30–1632) eine eigene landesfürstliche Tiroler Linie der Habsburger. Leopold war mit Claudia von Medici verheiratet, die nach seinem Tod die Regentschaft an sich riss (1632–1646). In der Tiroler Wirtschaftsgeschichte machte sie sich einen Namen als Patronin des Bozner Merkantilmagistrats, eines autonomen Handelsgerichtes, das sie 1635 errichten ließ. 1665 starb die Tiroler Linie der Habsburger aus, das Land behielt zwar weiter eine gewisse Autonomie, wurde aber seit damals mehr oder weniger direkt von Wien aus verwaltet. Der offizielle Sitz der Regierung aber blieb Innsbruck.

Der *Spanische Erbfolgekrieg* 1701–1714 sah Tirol nach langer Zeit wieder als Kriegsschauplatz, da die mit Frankreich gegen Österreich verbündeten Bayern 1703 bis nach Südtirol vorstießen, während Welschtirol (Trentino) von französischen Truppen verwüstet wurde. Eine Tiroler Bauernarmee verhinderte die Besetzung des Landes.

Die Aufklärung – Karl VI., Maria Theresia, Joseph II.

Das Jahrhundert der Aufklärung, wie das 18. Jh. oft genannt wird, war für Tirol eher das Jahrhundert des Kampfes gegen die Aufklärung, der weit ins 19. Jh. hinein währte und eigentlich erst mit dem Kampf um die Rechte der protestantischen (nicht-katholischen) Minderheiten endete. Tirol und damit auch Südtirol sah sich spätestens seit *Maria Theresia* und vor allem unter ihrem Sohn, dem Reformkaiser *Joseph II.*, Veränderungen gegenüber, die das Land nicht akzeptieren wollte. Die allgemeine Schulpflicht (1744) war schon schlimm genug, das Toleranzpatent für Andersgläubige konnte man nicht mehr hinnehmen.

Kaiser Karl VI. (1711–1740) hatte 1711 als letzter Herrscher die Erbhuldigung der Tiroler Stände entgegengenommen, die ständische Verfassung war jedoch seit dem 17. Jh. bzw. dem beginnenden Absolutismus de facto ausgehöhlt worden und nun nur noch leere Hülle. 1738 erinnerte jedoch die *Landesschützenordnung*, die als Neuorganisation des zur Landesverteidigung gedachten Schützenwesens gedacht war (und einzigartig in Europa war) wieder an die alten Freiheiten. Sie blieb bis zum Ende der Habsburgermonarchie in Kraft.

1760 führte das *Verbot von Passionsspielen* im Raum Kaltern zu Unruhen unter der bäuerlichen Bevölkerung. Dieses Verbot, das im Zusammenhang mit den auch vom Papst unterstützen Reformen des Kults stand, wobei man abergläubische Bräuche und allgemein ein strengeres Reglement des Kults im Sinn hatte, brachte auch anderswo in Tirol Widerstand hervor. Die bäuerliche Bevölkerung sah keineswegs ein, warum eine jahrhundertealte Tradition plötzlich verboten sein sollte, genauso fand das Verbot vieler Wallfahrten und Prozessionen großen Widerstand. Die unter Joseph II. verfügte Aufhebung vieler Klöster, vor allem aber das *Toleranzpatent* gegenüber

Nicht-Katholiken wurden in Tirol nicht akzeptiert. Der Unmut über diese unpopulären Maßnahmen führte 1789 fast zu einem Bauernaufstand in Tirol.

Der Tiroler Freiheitskampf gegen Franzosen und Bayern

In den *Koalitionskriegen* zwischen dem revolutionären und später napoleonischen Frankreich und der Habsburgermonarchie, die von 1792 bis 1810 dauerten, war Tirol mehrmals Kriegsschauplatz. In diese Phase fällt die für Tirol traumatische Besetzung durch die Bayern und der Aufstand unter Leitung des Südtirolers Andreas Hofer.

Im *Ersten Koalitionskrieg* (1796/97) rückten erstmals Franzosen in Tirol ein. Im Gefecht von Spinges bei Brixen vertrieben mit Heugabeln und Rechen bewehrte Bauern überlegen bewaffnete französische Soldaten, wobei das *Heldenmädchen von Spinges*, eine aus dem ladinischen Enneberg stammende Magd, die Anführerin der Abwehr war. Österreich verlor jedoch gegen die französischen Truppen auf ganzer Linie und musste Frankreich diverse territoriale Konzessionen machen und im Frieden von Campo Formio zum Beispiel Mailand an Frankreich abtreten, das nun u. a. am Stilfser Joch eine gemeinsame Grenze mit Südtirol hatte. Der *Zweite Koalitionskrieg* (1799–1802) brachte keine Veränderungen, Österreich musste im Frieden von Lunéville die Abtretungen bestätigen.

Im *Reichsdeputationshauptschluss* wurden 1803 die geistlichen Fürstentümer des Heiligen Römischen Reichs aufgelöst und den weltlichen Territorialmächten zugeschlagen. Habsburg-Österreich erweiterte sein Kronland Tirol um die Fürstbistümer Brixen und Trient, damit entstand ein territorial zusammenhängendes Land Tirol zwischen Kufstein und der Etschtalklause südlich von Ala.

Nach der Niederlage von Austerlitz im *Dritten Koalitionskrieg* (1805) gegen Napoleon trat Österreich Tirol an Bayern ab. Da auch Venetien an Frankreich abgetreten werden musste, wurde die heutige Grenze zwischen Trentino und Venetien zur Grenze zwischen Bayern und Frankreich. Ein Jahr später verzichtete Kaiser Franz II. (1792–1806) auf Druck Napoleons auf die Kaiserkrone – das Heilige Römische Reich Deutscher Nation existierte nicht mehr. Als Franz I. (1806–1835) bestieg der eben Zurückgetretene den neu geschaffenen österreichischen Kaiserthron.

1809 kam es während des *Fünften Koalitionskriegs* zum Aufstand der Tiroler gegen die Franzosen und deren Vasallen, die ungeliebten bayerischen Besatzungstruppen. Zu Beginn des Aufstands im April 1809 erzielte das Tiroler Bauernheer große Erfolge gegen bayerische Truppen. Nach dem Sieg der Österreicher über Napoleon bei Aspern am 21./22. Mai und der zweiten, für die Tiroler siegreichen *Berg-Isel-Schlacht* am 29. Mai garantierte der Kaiser Tirol, dass er das Land nie wieder an eine fremde Macht abtreten werde. Ein entsprechendes Manifest wurde überall in Tirol verteilt. Nach der gegen Napoleon verlorenen *Schlacht von Wagram* zog der österreichische Kaiser Franz I. bereits im Juli seine Unterstützung der Aufständischen zurück und bestätigte die Abtretung Tirols an Frankreich bzw. das frisch gebackene Königreich Bayern. Der Passeirer Gastwirt *Andreas Hofer* führte den Widerstand noch bis in den Winter. Nach der für die Tiroler vernichtenden Niederlage bei der vierten Schlacht am Berg Isel am 1. November 1809 brach der Widerstand zusammen. Andreas Hofer wurde durch Verrat gefangen genommen und am 20. Februar 1810 in Mantua hingerichtet.

Nach der endgültigen Niederlage Napoleons verhandelten die Siegermächte 1815 beim *Wiener Kongress* über das zukünftige territoriale Bild Europas. Tirol kam unter Einbeziehung der ehemaligen Trentiner fürstbischöflichen Besitzungen (also die heutigen Einheiten Nord- und Osttirol, Südtirol, Trentino, Buchenstein und Ampezzo) wieder an Habsburg-Österreich, das auch die Lombardei und Venetien erhielt.

1848 bis 1914 – die Gründerzeit

Nicht so heftig gegründet wie anderswo in Mitteleuropa wurde in der Südtiroler „Gründerzeit", der Phase zwischen dem Revolutionsjahr 1848 und dem Ausbruch des Ersten Weltkriegs. Aber Bahnen, einige neue Verarbeitungsbetriebe, ein besseres Straßennetz und neue Wohnviertel entstanden auch hier, gefolgt von einem ersten Aufschwung des Tourismus in der Zeit kurz vor dem Ersten Weltkrieg.

Die Wiener Revolution von 1848 wirkte sich auch in Tirol aus, so fielen die Grundabgaben an den Adel. Die alten Abgaben mussten jedoch geldmäßig abgelöst werden, was viele Bauern in kaum lösbare finanzielle Probleme stürzte. Für die Bauern war die Gründerzeit sowieso nicht das große Zuckerlecken, wurde doch durch die zunehmende Erschließung insbesondere mit Bahnen der Transport immer billiger und viele Landesprodukte bald nicht mehr absetzbar – so geschehen mit dem Vinschgauer Weizen, ehedem ein wichtiges Produkt des Landes, mit dem Aufkommen billiger Importe todgeweiht. Der bisher kaum bemerkbare Konflikt zwischen Deutschtirolern und Welschtirolern wurde im Jahrhundert des Nationalismus immer krasser, zumal von Italien aus die Idee eines *Risorgimento*, des Wiedererstehens eines Nationalstaates für *alle* Italiener propagiert wurde. Der Konflikt steigerte sich mit der Zeit und gipfelte in der Forderung der Italiener, nicht nur alle italienischsprachigen Gebiete der Donaumonarchie (also u. a. auch Welschtirol) an Italien anzuschließen, sondern auch die „natürliche Grenze" Italiens, also jene am Brenner, dem Alpenhauptkamm, anzustreben. Mit dem Verlust der Lombardei 1859 und Venetiens 1866 hatte Österreich bereits Territorien abtreten müssen, nun sollten irgendwann die letzten unterdrückten italienischen Sprachgebiete befreit und an Italien angeschlossen werden: das Trentino, Friaul, Istrien und Dalmatien mit seinen Inseln ...

Die Eröffnung der *Brennerbahn* 1867 war für Südtirol ein großes Ereignis, war das Land nun doch wieder auf einem bedeutenden internationalen Transportweg erreichbar. Ähnliche Bedeutung hatte die Eröffnung der *Großen Dolomitenstraße* 1912 zwischen Bozen und Cortina, die Österreichs Dolomiten querte, sie bildete den Startschuss für den Tourismus in diesem Landesteil. Doch der Aufschwung war kurz.

Erster Weltkrieg und Zwischenkriegszeit – die Teilung Tirols

Österreich war mit Deutschland und Italien verbündet, als der Erste Weltkrieg ausbrach. Dass Italiens Bündnistreue im Hinblick auf die immer wieder geäußerten Repatriierungswünsche der Italiener gegenüber Österreich mit Vorsicht zu genießen war, war bekannt, doch rechneten Wien und Berlin mit der vertraglich zugesicherten Neutralität Italiens.

Erster Weltkrieg (1914–1918): 1915 trat das zunächst neutrale und eigentlich mit Österreich und Deutschland verbündete Italien auf Seiten der Entente in den Krieg ein. Es kam zu einem blutigen Gebirgskrieg zwischen Österreich und Italien. Stellungen in großen Höhen zogen sich in einem Band vom Kreuzbergpass im Osten zum Stilfser Joch im Westen mit einer Auswölbung nach Süden bis zum Gardasee bei Riva. Die Ortlergruppe trug die höchsten Kriegsstellungen, die je errichtet wurden, u. a. unter dem Ortlergipfel in 3859 m Höhe! Die Orte im Frontbereich wurden evakuiert und durch Geschützfeuer zerstört wie Toblach. In der italienischen Volksgruppe wuchs der Widerstand, zahlreiche Trentiner kämpften für Italien. Von den Österreichern hingerichtete *Irridentisti* wie der Trentiner Cesare Battisti (der prominente Sozialdemokrat war österreichischer Reichstagsabgeordneter und Reserveoffizier der österreichischen Armee) wurden zu Märtyrern für die italienische Sache, nach ihnen sind heute noch zahllose italienische Straßen und Plätze benannt (auch in Südtirol).

Am 3. November 1918 kam es zum Waffenstillstand an der österreichisch-ungarischen Südfront, italienische Truppen besetzten kampflos Tirol südlich des Brenners. Das Gebiet der Dolomitenladiner wurde durch die neuen Provinzgrenzen dreigeteilt: Buchenstein und Ampezzo wurden von Tirol abgetrennt und zu Venetien (Provinz Belluno) geschlagen. Noch war die Annexion nicht Völkerrecht. Die Tiroler Landesversammlung bot 1919 dem Völkerbund als Alternative zur Teilung die Selbstständigkeit Tirols in den Grenzen von 1914 an, der Vorschlag wurde international erst gar nicht diskutiert, die *Teilung Tirols* war hinter den Kulissen längst beschlossene Sache, das „Selbstbestimmungsrecht der Völker" ausgerechnet den Italienern, die es für ihre Landsleute eingeklagt und dafür einen Krieg geführt hatten, Makulatur. Am 10. September 1919 bestätigte der *Friedensvertrag von St. Germain* die De-facto-Besetzung Südtirols durch Italien. Tirol wurde territorial in fünf Teile zerbrochen: Nordtirol und Osttirol blieben bei Österreich, der Rest wurde von Italien auf die Provinzen Bozen und Trient aufgeteilt, Buchenstein und Ampezzo kamen zur Provinz Belluno.

Gedenkstätte: Weltkrieg-I-Ossarium in der Malser Haide

Zunächst schien es, als ob Italien gewisse Versprechungen halten würde, etwa eine gewisse Autonomie und die Akzeptanz der deutschen Sprache. Aber dann kam 1922 und am 2. Oktober der faschistische „Marsch auf Bozen", wobei die *Faschisten* gewaltsam die Verwaltungsämter in Südtirol besetzten – der Kampf um die Erhaltung des Deutschtums in Südtirol hatte begonnen. 1923 wurde die deutsche Sprache als Unterrichtssprache an den Schulen Südtirols verboten, erster und wichtigster Schritt für die Assimilierung der Deutsch-Südtiroler. Im ganzen Land entstanden daraufhin illegale Notschulen. Alle öffentlichen Einrichtungen und Behörden durften ausschließlich in Italienisch verkehren. Im selben Jahr 1923 verboten die faschistischen Behörden den Namen Tirol und ersetzen ihn durch den Kunstbegriff *„Alto Adige"*.

Mit der Errichtung der Industriezone in Bozen-Süd 1935 und der massiven Zuwanderung süditalienischer Arbeiter hatte man ein neues und wesentlich effektiveres Mittel der Italianisierung gefunden. Wenn die Deutschen sperrig waren, setzte man ihnen eben Italiener vor die Nase, Süditaliener am besten mit gänzlich fremder, mediterraner Kultur. Nach dem Anschluss Österreichs ans Deutsche Reich 1938 machte man sich auch in Südtirol auf einen Anschluss gefasst und versprach sich davon die Befreiung von den Repressalien der Italiener. Aber Hitler und Mussolini hatten anderes vor. Hitler versprach seinem Verbündeten Mussolini die Unantastbarkeit der Brennergrenze.

Zweiter Weltkrieg und Nachkriegszeit

Zweiter Weltkrieg (1939–1945): Noch vor Kriegsausbruch hatten sich Italien und Deutschland auf eine Aussiedlung der deutschsprachigen Südtiroler geeinigt. Bis Ende 1939 gab es die Option, als Italiener in der Heimat zu bleiben oder als Volksdeutscher ins Deutsche Reich umzusiedeln. 86 % der Südtiroler entschieden sich für die Auswanderung, wegen des Kriegs wanderten nur 30 % tatsächlich aus. Dieser bittere Entscheidungszwang zerriss das Volk, und der Riss ging in vielen Fällen quer durch Familien. Die durch diesen Konflikt geschlagenen Wunden waren auch Jahrzehnte nachher noch nicht verheilt.

Nach dem Kriegsende und der Besetzung durch die deutsche Wehrmacht kehrten die italienischen Truppen zurück, als ob nichts geschehen wäre. Österreichs Karten waren aber wieder schlecht, die Rückführung des Landes war abermals nicht Gegenstand der Diskussion der Siegermächte. (In zahlreichen Petitionen und auf Kundgebungen forderte 1945 und 1946 die Mehrheit der Deutsch-Südtiroler die Wiedervereinigung Tirols im Rahmen der Republik Österreich.) Im *Pariser Abkommen* führte der Druck der Alliierten immerhin zum Autonomiezugeständnis Italiens für die Provinz Bozen, das vor allem den kulturellen Bereich, also die Schulen und damit die deutsche Sprache umfasste. Die Landesregierung blieb jedoch in Trient, die deutschsprachige Bevölkerung der Region war folglich in der Minderheit und konnte jederzeit überstimmt werden. Von echter Autonomie war nichts zu spüren. In der Folge wurde das *Autonomiestatut* immer wieder ganz bewusst unterlaufen, etwa 1955 durch die Erneuerung des aus der Faschistenära stammenden Verbots, Kindern nicht-italienische Namen zu geben!

Eine wachsende Mehrheit der Südtiroler wollte sich mit diesen Zuständen nicht abfinden. 1956/57 lenkten Sprengstoffanschläge am Grenzkamm zu Österreich die internationale Aufmerksamkeit auf das Südtirolproblem. Am 17. November 1957 kulminierte der Unmut der Südtiroler in der *Kundgebung von Sigmundskron,* 35.000 Teilnehmer forderten Autonomie innerhalb einer selbstverwalteten Provinz Südtirol mit dem Slogan „Los von Trient". Österreich brachte die Südtiroler Autonomie in der Folge (1959/60) vor die UNO-Vollversammlung, die Österreich und Italien zu Verhandlungen aufforderte. Terroranschläge gegen italienische Einrichtungen zwischen 1961 und 1966 ließen die Beziehungen zwischen den beiden Staaten abkühlen. Aber schließlich hatte Italien keine andere Wahl, als sich dem gegebenen Autonomieversprechen zu stellen. Verhandlungen zwischen Italien, Österreich, der SVP (Südtiroler Volkspartei) und Landeshauptmann Silvius Magnago (1914–2010) über ein neues Autonomiestatut brachten 1967 die Klärung hinsichtlich Ausmaß und Formen der von den Deutsch-Südtirolern gewünschten Autonomie und der für Italien annehmbaren Forderungen. 1969 schließlich wurde mit der Annahme des zwischen Österreich und Italien beschlossenen „Pakets" von Autonomiebestimmungen durch die SVP der Konflikt zwischen Österreich und Italien beigelegt.

Die Gegenwart – Südtirol als autonome Provinz

1972 trat das Autonomiestatut für Südtirol in Kraft, die *Landesregierung in Bozen* erhielt zahlreiche neue Kompetenzen, und die Gleichstellung von Deutsch und Italienisch wurde erstmals per Gesetz umgesetzt. Beamte und Beschäftigte im öffentlichen Dienst müssen seit damals einen Test über ihre Zweisprachigkeit ablegen. Da die Südtiroler gezwungen gewesen waren, neben ihrer Muttersprache Italienisch zu lernen, die Italiener aber nur in den seltensten Fällen Deutsch gelernt hatten, war die korrekte quotengemäße Stellenbesetzung in vielen Bereichen zunächst gar nicht möglich. Inzwischen ist dieses Problem fast gelöst, die Zweisprachigkeit an Behörden ist nach Einschätzung des Autors ganz überwiegend gegeben.

1992 wurde das „Paket" als umgesetzt erklärt, und die UNO erklärte den Konflikt für beendet. Das hält die Südtiroler jedoch nicht davon ab, jedes Mal, wenn sie einen Angriff auf ihr Autonomiestatut fürchten, die Schutzmacht Österreich anzurufen – die den Ruf gerne hört. Die Rufe ertönten mit der Zeit immer seltener, haben sich aber während der zweiten Regierung Berlusconi (mit Italo-Neofaschisten und Lombardo-Nationalisten in der Regierungskoalition) wieder gehäuft. Dass das kleine autonome Südtirol auch noch wirtschaftlich boomt, während die meisten anderen italienischen Provinzen weniger erfolgreich sind, dass Südtirol innerhalb Italiens als besonders sicher, besonders komfortabel und äußerst beliebtes Ferienziel gilt (fremde Kultur im eigenen Lande!), will vielen Italienern immer noch nicht gefallen. Dabei hat sich Welschtirol, das für ein italienisches Trentino kämpfte, in den letzten Jahrzehnten immer stärker an Südtirol angeschlossen: in der *Euregio* aus Nord-, Ost-, Südtirol und dem Trentino, in gemeinsamen kulturellen Unternehmungen wie den *Tiroler Landesausstellungen,* von denen eine der letzten im Trentino stattfand, bis zu den allerorten wieder auflebenden *Schützenvereinen.* 2002 verabschiedete Italien ein Gesetz, das den Wechsel von Grenzgemeinden in andere Provinzen erlaubt, auch wenn es sich um autonome Provinzen handelt. Der Weg für die ladinischen Gebiete Ampezzo, Buchenstein und Fassatal nach Südtirol mit seinen politischen und kulturellen Garantien für die deutsche und ladinische Volksgruppe ist damit theoretisch frei, 2007 wurde dort ein Referendum durchgeführt (s. u.).

Aus den Landtagswahlen in Südtirol im Herbst 2003 ging wie erwartet wieder die SVP als stärkste Partei hervor. Etwas weniger stark zwar, aber immer noch sehr deutlich führend und weiterhin an der Regierung. Die Südtiroler wollen keine Experimente.

Bei den Europawahlen 2004 lag die SVP mit 46,7 % der Stimmen jedoch erstmals unter 50 %. Drei Südtiroler zogen ins Brüsseler Parlament ein, darunter die populäre Fernsehjournalistin Lilli Gruber (übrigens für die linke Parteigruppierung Uniti nell'Ulivo, bei diesen Wahlen mit 13,1 % die zweitstärkste Partei in Südtirol, nahezu gleich schnitten die Grünen ab). Auch bei den italienischen Parlamentswahlen im April 2008 bekam die Südtiroler Volkspartei trotz erheblicher Verluste wieder sechs Abgeordnete, musste aber mit 54 % der Wählerstimmen ein sehr schlechtes Ergebnis einstecken – das waren 8 % weniger als noch 2001. Jetzt heißt es vorsichtig treten, eine Vorgehensweise, die man der SVP seither deutlich anmerkt. Zumal das große, aber natürlich nie erwähnte oder gar diskutierte Ziel eines einigen Tirol immer weiter in die Ferne rückt. In einer Umfrage der (Nord-) „Tiroler Tageszeitung" Ende 2006 sprachen sich 48 % der Nordtiroler gegen eine Wiedervereinigung Tirols aus, nur 38 % waren dafür. Südlich der Grenzen hingegen sieht man das ganz anders: Die ladinischen Nachbarn im Bellunese wollen zurück nach Tirol. In Cortina (Ampezzo/Anpezo), Arabba (Buchenstein) und Colle di Santa Lucia wurde Ende 2007 in einem Referendum über einen Provinzwechsel (von Belluno nach Südtirol) abgestimmt: mehr als 85 % (bei 70 % Wahlbeteiligung) stimmten für Südtirol. Nun muss Rom entscheiden und Österreich zustimmen – in Rom hat sich bis Ende 2014 nichts getan. Auch noch weiter südlich beschäftigt man sich mit Südtirols Sonderstatus und einer eventuellen Änderung der politisch-administrativen Situation. Ex-Staatspräsident Cossiga machte sich im Frühjahr 2008 für ein Referendum stark, in dem die Südtiroler selbst über ihre politische Zukunft entscheiden sollen: Zugehörigkeit zu Italien bzw. zu Österreich oder eventuell auch Eigenstaatlichkeit (wie Kosovo). Dagegen machte die Regierung Berlusconi ein Jahr später mit dem „Schilderstreit" Italianisierungspolitik: Alle Wanderwegschilder, Hinweisschilder, Wegweiser müssten ab sofort (!) zweisprachig sein. 2009 empörten sich italienische Touristen darüber, dass der Alpenverein in Wandergebieten 60 neue, deutschsprachige Wegweiser aufgestellt hatte. Im Jahr darauf einigten sich Luis Durnwalder und der italienische Regionalminister auf einen Kompromiss. Historisch gewachsene deutsche Flurnamen dürfen seither nur in Deutsch angegeben werden, der Rest muss zweisprachig bezeichnet sein. Im Jahr 2013 gab es ein weiteres Abkommen zwischen Durnwalder und dem Regionalminister. Es legte die Löschung von 135 italienischen Namen in den Dolomiten fest. Konservative Italiener protestierten vehement gegen den „Ausverkauf der italienischen Sprache." So bleibt der Schilderstreit auf absehbare Zeit wohl unentschieden. In Ladinien hängen hingegen oftmals dreisprachige Schilder.

Südtirols Landeshauptmann, der „ewige Durni" Luis Durnwalder, kandidierte im Herbst 2013 nicht mehr für die Landtagswahl. Dennoch erreichte die SVP mit ihrem Kandidaten Arno Kompatscher 45,7 % der Stimmen. Kompatscher regiert seither als Erbe des „ewigen Durni". Das Land ist schuldenfrei (im Gegensatz zu Mamma Italia), Vollbeschäftigung ist selbstverständlich (die Tourismusindustrie muss Arbeitskräfte aus dem Osten der EU rekrutieren, vom Arbeitskräftebedarf bei der Apfelernte ganz zu schweigen). Jenseits aller politischen und soziokulturellen Befindlichkeiten ist den Südtirolern bewusst, dass die Mehrsprachigkeit ein wesentlicher Grund für ihren Wohlstand und für die Beliebtheit ihrer Region als Urlaubsziel ist. Viele Angehörige der jüngeren Generationen, die ohnehin globaler orientiert sind, gehen das Ganze entspannter an und verstehen es, die Vorzüge beider bzw. aller drei Welten, der italienischen, der deutschen und der ladinischen, miteinander zu verknüpfen.

Burg Rodenegg, mittelalterliches Iwein-Fresko

Die Kunstlandschaft Südtirol

Kunstland Südtirol – von der Präromanik bis zur Moderne entstanden Bauten, die für ihre Zeit typisch, wenn auch zumeist nicht von allererstem Rang sind. Ganz besonders reizvoll sind die vielen spätromanischen und gotischen Kirchlein, die übers ganze Land verstreut sind.

Drei Phasen seiner Entwicklung haben die Kunstlandschaft Südtirol besonders geprägt. Die erste dieser Phasen entspricht dem Hochmittelalter des 11. bis 13. Jh., als kaiserliche Macht, bischöfliche Ansprüche und die aufstrebenden Regionalmächte wie die Andechser und die Tiroler Burggrafen miteinander um Einfluss rangen. Die kleinen romanischen Saalkirchen, die an vielen Orten des Landes erhalten sind, vor allem aber die Fülle an Wandmalereien erinnern an diese Zeit. Die zweite Phase entspricht dem Spätmittelalter von etwa 1400 bis 1550, als der Silberbergbau und der damit verbundene Wohlstand seinen Höhepunkt erreichte. Damals entstanden in vielen Orten gotische Kirchen, und verschiedene Malerschulen schmückten sie aus. Die großartigen spätgotischen Flügelaltäre des Landes wie jener in Gries bei Bozen entstanden ebenfalls in dieser Epoche. Weniger durch Neubauten als durch Umbauten und Dekor hat die Barockzeit das Land verändert, diese Epoche entspricht in etwa dem 18. Jh. bzw. der relativ friedlichen Phase zwischen dem Spanischen Erbfolgekrieg und den Napoleonischen Kriegen. Auch in früheren und späteren Zeiten und in den Zwischenphasen wurden künstlerisch bedeutende Werke geschaffen, die Kunstlandschaft Südtirol haben sie jedoch nicht geprägt. Dennoch sind die vorromanischen Fresken wie in St. Prokulus in Naturns und St. Benedikt in Mals (beide im Vinschgau) oder die Jugendstilbauten Merans wie das Kurhaus herausragende Kunstwerke.

Präromanik und Romanik

Der romanische Baustil erreichte Südtirol im späten 11. Jh. aus zwei Richtungen: In der Architektur, die uns vor allem aus Kirchen bekannt ist, brachten sie lombardische Steinmetze aus Oberitalien mit, in der Malerei wurden byzantinische Einflüsse sowohl über das nahe Venedig als auch über die Malerschulen am Rhein und in Südwestdeutschland weitergegeben.

Laas, romanische Apsis der Pfarrkirche

Aus der Zeit vorher, der **Präromanik**, haben sich vor allem zwei bedeutende Werke erhalten: die Innenausmalung des Kirchleins *St. Prokulus in Naturns* und jene von *St. Benedikt in Mals*. Beide wurden in etwa zur selben Zeit ausgemalt – in St. Benedikt hat sich auch plastischer Stuck als Bildrahmen erhalten –, wahrscheinlich kurz vor dem Jahr 800. Während in St. Prokulus naiv und in Einzelheiten plump erzählt wird – so ist dem Künstler nicht klar, wie man vorne und hinten zeichnerisch deutlich unterscheidet –, ist St. Benedikt eindeutig von der karolingischen Hofkunst abhängig, die sich wiederum stark an der byzantinischen Hofkunst orientierte. Deutlich drückt sich dies in einer der beiden dargestellten Personen aus: ein fränkischer Adeliger mit dem typischen karolingischen Schwert und karolingischer Hoftracht. Die Art der Zeichnung und die Darstellung des Faltenwurfs sind ohne byzantinische Vorbilder nicht denkbar. Im nahen schweizerischen *Müstair* befindet sich wenige Kilometer nach der Grenze in der Klosterkirche ein karolingischer Freskenzyklus, dessen Besichtigung man bei einer Südtirolreise nicht versäumen sollte.

Die **Romanik** hat überall in Südtirol ihre Spuren in Form kleiner einschiffiger Saalkirchen mit flacher Decke und halbrunder Apsis hinterlassen, die Glockentürme wurden in den meisten Fällen erst später, aber immer noch während der Romanik angebaut. Das Modell dieser Kirchen stammt aus Oberitalien, lombardische Meister, darunter viele Comaker, errichteten wohl einige von ihnen. In der Malerei kamen die Einflüsse vor allem aus dem Westen über das Bistum Chur und die Klöster Müstair und Marienberg – die geistliche Hoheit Churs erstreckte sich durch den Vinschgau bis knapp vor Meran – sowie aus Süd- und Westdeutschland. Beide Einflusslinien sind indirekt von der byzantinischen und seit 1200 der venezianischen Kunst beeinflusst, vom streng hieratischen Bildaufbau dieser Kunst, wie dem thronenden Christus als Weltenherrscher in der Mandorla oder den ikonenhaften, in ihrer Szenik ein für allemal festgeschriebenen Darstellungen von Christi Geburt, Leben, Leiden und Tod, Auferstehung und dem Jüngstem Gericht. Selbst die Lage der Bilder im Kirchenraum wurde aus Byzanz übernommen, der Christus als Weltenherrscher in der Kalotte der Hauptapsis, darunter die Gottesmutter und Heilige sowie Apostel, über der Eingangstür das Jüngste Gericht. Wie direkt aus der Völkerwanderungszeit übernommen wirkt das Flechtwerk der *Burgkapelle von Schloss Tirol*, 1160 begonnen, direkter Vorfahr im Lande ist das Stuckflechtwerk um die Fresken von *St. Benedikt in Mals* aus karolingischer Zeit.

Die Ausmalung der *Krypta des Klosters Marienberg* über Burgeis im Oberen Vinschgau und jene der *Burgkapelle in Hocheppan* gehören zu den bedeutendsten und frühesten Beispielen romanischer Malerei in Südtirol. In Marienberg wird unmittelbar deutlich, wie stark das byzantinische Vorbild Malstil und Bildauswahl prägt. Der Maler dieser Szenen, die um 1175 entstanden, verarbeitet Einflüsse aus dem Norden, vor allem aus Ottobeuren – sein byzantinisches Ideal war von der deutschen Tradition seit den Karolingern und Ottonen geprägt. Die Engel mit ihrer flatternden Kleidung und ihren grazil zur Seite oder nach hinten gelegten Flügeln sind jedoch individuelle Bildschöpfungen, die durch Hinweis auf byzantinisches Formengut nicht zu erklären sind. In der Burgkapelle von Hocheppan wiederum ist die Hauptszene in der Apsis, eine thronende Gottesmutter, ganz byzantinisch streng gehalten, während im Bildstreifen darunter der Maler – oder ein lokaler Mitarbeiter – die Szene der Geburt Jesu so ausschmückt, wie er sie sich nur vorstellen konnte: mit einer Magd, die Knödel zubereitet und einen davon schon mal probiert. Ähnlich lokale Elemente bringt der Maler von *St. Jakob bei Grissian* ins Spiel, seine Darstellung von Abraham und Isaak, die mit einem Eseltreiber zum Opferplatz gehen, zeigt im Hintergrund wildes Gebirgsgetürm, stark idealisierte, aber doch klar erkennbare Südtiroler Berglandschaft fern jeder byzantinischen Darstellungsnorm.

Gänzlich aus der Reihe fallen die Fresken in der kleinen Kirche *St. Jakob in Kastelaz in Tramin*. Während ein oberer Bildzyklus eher konventionelle, aber sehr bewegte, eindringlich gestikulierende Apostelgestalten zeigt, befindet sich darunter ein ohne Rahmen und Hintergrund in Einzelgestalten gemaltes Bestiarium. Diese Szene der kämpfenden Tiermenschen und anderer grotesker Wesen ist eine absolut eigenständige Schöpfung des Malers, vergleichbar mit keinem Werk seiner Epoche oder der vorangegangenen, in seiner nur teilweise erkennbaren Aussage ähnlich bestürzend wie ein Werk des so viel später schaffenden Hieronymus Bosch.

Gotik und Spätgotik

Spät kam die Gotik nach Südtirol, erst nach 1300 entstanden die Kirchen der Bettelorden, die diesen Baustil mitbrachten, etwa die der Dominikaner und Franziskaner in Bozen, der damals reichsten Handelsstadt Südtirols, aber auch die dortige Pfarrkirche (heute Domkirche). Breitenwirkung hatte dieser Architekturstil nicht, und erst in seiner späten Phase entstanden wieder größere Kirchenbauten wie in Tramin, Sterzing und St. Pauls in Eppan.

Wesentliche Breitenwirkung hatte jedoch die **gotische Malerei**, die seit den Malereien aus der Giotto-Schule, die um 1330 bis 1340 in der *Bozner Dominikanerkirche* entstanden, mehrere regionale Malerschulen hervorbrachte. Die *Bozner, Brixner und Pustertaler Schule* sind autochthone Südtiroler Schulen, die sowohl Einflüsse aus dem Süden, wie etwa die Perspektivität Giottos, als auch aus dem Norden, wie etwa die Expressivität der deutschen Tradition, verarbeiteten. In allen drei Schulen wurden nebeneinander und ineinander verschränkt – und wohl in einigen Fällen vom gleichen Meister – Werke der Malerei und der Schnitzkunst geschaffen, waren doch die Hauptwerke neben den Wandfresken kunstvolle Kirchen- und gelegentlich

Hausaltäre. Ab 1420 wurde mit dem monumentalen *Flügelalter des Hans von Judenburg in der Bozner Pfarrkirche* (heute teilweise in Deutschnofen) der große spätgotische Flügelaltar in Südtirol eingeführt, der über fast fünf Generationen die Kirchenaltäre des Landes dominieren sollte und heute noch eines der großen künstlerischen Wunder Südtirols darstellt.

Hauptwerke der ab ca. 1360 wirkenden *Bozner Schule* befinden sich u. a. in der *Pfarrkirche Terlan*, wo sie zwischen 1399 und 1407 vom Bozner *Hans Stockinger* geschaffen wurden: bunte, perspektivisch gekonnte, figurenreiche und äußerst belebte Bilder, die wenig Wert auf Individualisierung der Personen legen, aber umso mehr auf die Nachdrücklichkeit – der Bethlehemitische Kindermord ist an Deutlichkeit nicht zu überbieten. Wie der hl. Cyprian und die hl. Justina in *St. Cyprian in Sarnthein* in einem Kupferkessel auf dem Feuer dargestellt sind, lässt ebenfalls keine Wünsche offen, was Präzision im Umgang mit dem schaurigen Detail betrifft (unten links legt einer noch schnell ein Holzscheit nach, muss aber wegen des beginnenden Rauchs die Augen mit einer Hand schützen).

Die *Pustertaler Schule* hat seit *Hans von Bruneck* und dessen Ausmalung der *Spitalkirche in Sterzing* um 1415 eine etwas andere Richtung beschritten: Auch Hans von Bruneck kannte ganz eindeutig seinen Giotto und verwendete dessen spezielle Perspektive, verband sie aber mit dem üppig dekorativen Darstellungsstil, der sich am Prager Hof der Luxemburger entwickelt hatte und als „Weicher Stil" oder „Höfischer Stil" bekannt ist. Seine farblich intensiven (in der Spitalskirche allerdings stark verblichenen) Szenen sind in dekorativ gemalte Architekturen gestellt, sodass der ganze Kircheninnenraum wie ein einheitliches Kunstwerk wirkt. Aus dieser Schule ging ihr letzter und größter Vertreter hervor, der Brunecker *Michael Pacher*, der Einflüsse der frühen Renaissance in Italien an Ort und Stelle studiert und mitgebracht hatte. Als Maler *(Portal der Stiftskirche in Innichen, Kirchenväteraltar,* heute in München, Alte Pinakothek) wie als Bildhauer und Holzschnitzer *(Flügelaltar der alten Pfarrkirche in Gries bei Bozen)* leistete er Epochemachendes.

Fresko „Anbetung der Könige" im Brixner Kreuzgang

Die *Brixner Schule* inkorporierte wiederum stark nordische, nämlich flämische und deutsche Einflüsse, die sie in einem expressiv naturalistischen Stil umsetzte. Bedeutende Meister waren etwa *Meister Leonhard*, dessen Werk in der *dritten Kreuzgangarkade in Brixen* zu bewundern ist, und als absoluter Höhepunkt, das Werk des *Hans Klocker* mit großen *Flügelaltären in Pinzon* bei Neumarkt und im *Bozner Franziskanerkloster*.

Späteste Spätgotik sind die großen *Flügelaltäre in Niederlana, Göflan* und *Latsch*, Werke schwäbischer Meister, die bereits Elemente der Renaissance in Bildaufbau und sogar in die Gesamtansicht des Altars hinein nehmen, so *Jörg Lederer* in seinem *Altar der Spitalkirche in Latsch*.

Barock

Während in der Renaissance relativ wenig gebaut wurde – die Churburg über Schluderns und die Burg der Fürstbischöfe in Brixen sind die großen Ausnahmen – da Pest, Dreißigjähriger Krieg und Hungersnöte im 17. Jh. das Bauen fast unmöglich machten, schuf das 18. Jh. in Südtirol eine Reihe deutlicher, heute noch auffallender Veränderungen. So wurden zahlreiche Kirchen nach damals modernem Geschmack barockisiert, gotische Pfeiler wurden mit Stuck umhüllt und romanische *Ornamente* abgeschlagen, Innenräume wurden freskiert, gewölbte Decken eingezogen, Kirchtürme mit einem oberen Stockwerk und schickem neuem (Zwiebel-)Turmhelm versehen. Wo man das Geld dazu hatte – das war dankenswerterweise nicht überall der Fall – warf man die altmodischen gotischen Flügelaltäre raus und stellte neue Altäre ins völlig umgemodelte Schiff. So verschwand der größte Teil des ersten großen Flügelaltars in Südtirol, den die Bozner Pfarrkirche nicht mehr benötigte, und von dem nur ein kleiner Teil erhalten ist (in Deutschnofen), so wurden im Lande Dutzende Altäre abgetragen und z. T. zu Brennholz zerhackt, Fresken wurden unter Putz gelegt und kamen erst im 19. und 20. Jh. wieder zum Vorschein wie jene berühmten aus der Krypta des Klosters Marienberg.

Eigenständige Kunstschöpfungen waren selten, die Meister kamen aus Welschtirol oder aus dem Österreich nördlich des Brenners, aus Augsburg oder Ulm. So wurde der *Brixner Dom* von der Welschtiroler Architektenfamilie *Delai* sowie *Sartori*, ebenfalls einem Trentiner, und Franz Singer, einem Nordtiroler, barockisiert. Neubauten waren eher selten, aber *Franz de Paula Penz* sind die *Pfarrkirchen in Toblach* und *St. Vigil in Enneberg* und die *Stiftskirche Gries* zu verdanken. Der Welsberger *Paul Troger* war ein in der ganzen Monarchie geschätzter Maler. In Südtirol steht er zusammen mit *Michelangelo Unterberger* an der Spitze der Maler der Epoche.

Vom 19. zum 21. Jahrhundert: Gründerzeit, Moderne und Postmoderne

Der Freiheitskampf der Tiroler 1809 und die Jahre des repressiven Biedermeier (1815–1848) ließen in (Süd-) Tirol wenig Entwicklung und kaum Investitionen zu. Auch in der Gründerzeit blieb Südtirol im Windschatten der Kunst- und Architekturszene, wer Deutsch sprach, ging nach Wien, wer Italienisch sprach nach Rom. Keine Stadterweiterung – wie in fast allen Regionen des deutschen Sprachraums – störte die gewachsenen Strukturen der Städte, sieht man von kleinen Villenvierteln des späten 19. Jh. und der Zeit vor dem Ersten Weltkrieg ab. Tiroler Maler wie Albin Egger-Lienz (aus Osttirol) wirkten mehr in der Hauptstadt als zu Hause. Erst die Entdeckung der Alpen als schaurig-schöner romantischer Hintergrund für den Freizeittourismus ab den 1880ern brachte ein paar Änderungen: Großhotels in Toblach, Moos bei Sexten, Niederdorf, am Karersee und in Meran, einige davon waren nur möglich, weil neue Bahn- und Straßenlinien wie die Dolomitenstraße entstanden. Der Jugendstil ging fast unbemerkt an Südtirol vorüber, sieht man von einer Handvoll Villen in Meran und dem dortigen Bahnhof ab.

Tecneum – Virtuelles Museum für technische Kulturgüter

Ein Internetmuseum? Kraftwerke, Aluminiumschmelzen, Großbrauereien, Eisenbahnlinien, Seilbahnen und Autobahnen kann man schlecht ins Museum stecken. Dabei ist es ungeheuer interessant zu erfahren, was hinter einem Kraftwerk steckt, in einer Großbrücke, einer Bergbahn, wie sie funktionieren, wann sie entstanden und welche Bedeutung sie für die Entwicklung der Ingenieurtechnik hatten.

Tecneum stellt in kaum überschaubarer Fülle, aber strikter und leicht durchschaubarer Ordnung diese technischen Denkmäler vom 19. bis zum 21. Jh. vor. Ein Klick und man steht im Großkraftwerk, ein weiterer Klick und der Flughafen ist dran. Technische Daten, Funktionsweise, wer hat geplant, wann entstanden, heute noch und wie in Funktion – alles ist vermerkt, alles ist illustriert. Technischer Schmäh, wo er nötig ist, aber nicht als Selbstzweck. Fantastisch!

Information: Tecneum, www.tecneum.eu, bearbeitet vom Kuratorium für technische Kulturgüter, Lauben 71, Bozen, ✆ 0471/301401.

In der Zwischenkriegszeit entstanden Bauten wie jene des italienischen Bozen jenseits der Passer, deutlich am faschistischen Ideal eines dekorativen Funktionalismus orientiert, mit Denkmälern vom Siegesdenkmaltyp, die man anderswo bereits abgerissen hätte, auf jeden Fall fern von jeder Südtiroler Tradition. Von den Industriebauten mit ihrer klaren Funktionalität hat sich das Alumixgebäude im Bozner Süden erhalten.

Es dauerte lange, bis man sich in Südtirol mit dieser aufgezwungenen Funktionalität anfreunden konnte, und erst in den letzten 15 Jahren wurde sie wirklich akzeptiert – vielleicht weil sie nun von Südtirolern realisiert wird wie z. B. von Matteo Thun. Der junge Architekt entwarf heutige Architekturknüller wie die Therme Meran und das Vigilius Mountain Resort. Klare, sparsame Linien, Holz, Glas, Stein, im Vigilius schützen Lärchenstämme das Haus mit einer vorgelegten hölzernen Gitterfront. Andere Bauten sind ähnlich sparsam funktionell und doch effektvoll inszeniert wie der fast komplett unter die Erde gelegte Keller der Kellerei Manincor in Kaltern oder die Glasfront des Museions in Bozen. Auch bei den Hotelbauten setzen sich mehr und mehr innovativ-funktionale Entwürfe durch. Das Architekturbüro **noa** aus Bozen (→ S. 177) ist hier wegweisend. Interessante Beispiele sind das Hotel Tofana in St. Kassian (ein Neubau von 2016, der mit seinen Außentreppen und Rampen und durch seine Form einem Berg nachempfunden ist, den der Gast gleichsam erkunden und erklimmen soll), und das renovierte und erweiterte Hotel Hubertus in Olang, dessen Fassade auf faszinierende Art und Weise der Hangstruktur angepasst ist, auf der es erbaut ist (mehr unter www.noa.network).

Fresko in Taufers im Münstertal

Tierische Begegnung auf der Seiser Alm

Reiseziele in Südtirol

Vom Brenner bis Bozen → S. 108
Überetsch und Unterland → S. 214
Meran und Umgebung → S. 272
Der Vinschgau → S. 370

Pustertal und
  Nördliche Dolomiten → S. 468
Dolomiten
  rund um die Sella → S. 544

Blick aufs südliche Eisacktal

Vom Brenner bis Bozen

Seit der Frankfurter Johann Wolfgang von Goethe vor mehr als 200 Jahren über den Brenner nach Bozen reiste, sind ihm einige Millionen Nordlichter gefolgt. Der Brenner ist das klassische Einfallstor in den Süden geworden, egal ob man als Transportweg Straße, Autobahn oder die Schiene bevorzugt. Die Stationen Sterzing, Brixen, Klausen, Bozen sind aber mehr als nur Zwischenhalte: Historische Altstädte, Klöster, Kirchen und Museen (Ötzi-Museum in Bozen!) sind zu besichtigen und links wie rechts wartet Wander- wie Wintersportlandschaft aufs Entdecken: Zentralalpenkämme, Plose, Sarntaler Alpen … – von herbstlichem „Törggelen" bei gerösteten Kastanien und Wein in der Bauernstube mal ganz abgesehen!

Das Wipptal

Der erste Eindruck von Italien? Ein hässlicher, verlassener Zollbereich und auf der italienischen Seite der immerwährende Leder-, Kleider- und Weinmarkt. Dafür, dass Generationen von Touristen ihren ersten Eindruck von Italien am Brenner und den Orten südlich davon gewannen, ist diese Gegend heute ganz schön unbekannt. Ein Glücksfall für Entdecker.

Schuld am Schattendasein hat vor allem die Autobahn, die den obersten Teil des Wipptals zwischen Brenner und Sterzing in aller Eile durchmisst, Gossensass rechts liegen lässt, Sterzing zwar mit einer Abfahrt beehrt, aber wie alle ihres Typs dazu verführt, gleich weiter zu rasen bis man „unten" ist, wo immer auch dieses unten ist, in den Dolomiten oder an der Adria, am Kalterer See oder in Florenz. Das war anders, als noch die Bahn die Menschen heran karrte, da war Brennerbad etwas südlich des Passes ein fashionabler Kurort mit eigener Schnellzugstation und Gossensass eine ebenso fashionable Sommerfrische, in Sterzing machten die Gastwirte ein Mordsgeschäft mit den Durchreisenden – aber das ist lange her.

Vom Brenner bis Bozen

Wipptal nennt sich das Tal nördlich wie südlich des Brennerpasses, das von Innsbruck im österreichischen Nordtirol bis nach Franzensfeste im italienischen Südtirol reicht. Dass ein Tal über einen Pass hinweg seinen Namen behält, kommt in Tirol noch zweimal vor. (Der Südtiroler Vinschgau reicht über den Reschenpass nach Nauders in Nordtirol, und das Pustertal erstreckt sich von seiner Mündung in das Eisacktal bei Brixen über die Wasserscheide bei Toblach bis Lienz im österreichischen Osttirol.) Warum das so ist, wird klar, wenn man weiß, dass der Brennerpass in den Ostalpen die wichtigste, weil niedrigste Verbindung über den Alpenhauptkamm darstellt – schlappe 1375 m Meereshöhe –, sogar der sanfte Reschenpass liegt höher (1508 m)! Der Brenner ist mindestens seit der Römerzeit der wichtigste Pass zwischen dem heutigen Oberitalien und Süddeutschland gewesen, da wundert es nicht, dass die Verbindungsfunktion über den Pass hinweg den Landschaftsnamen bestimmte und nicht der Name des Flusses, wie das sonst so üblich ist. Innerhalb Südtirols ist es der Eisack, der das Tal durchfließt vom Brenner bis Brixen, wo die Rienz einmündet und das Tal den Namen wechselt und nun nach dem Fluss Eisacktal genannt wird.

Tourismusverband Eisacktal, I-39042 Brixen, Großer Graben 26a, ✆ 0472/802232, www.eisacktal.info, Mo–Fr 8.30–12.30/13.30–17.30 Uhr. Das Büro ist für das gesamte Tal zuständig! Für Detailinfos zu den einzelnen Orten wendet man sich besser an die bei den jeweiligen Orten genannten Büros.

Der Brennerpass

Der Brennerpass ist erst seit 1918, offiziell sogar erst seit dem Friedensvertrag zwischen Österreich und Italien Staatsgrenze. Bis zum Schengen-Abkommen war er zumindest auf italienischer Seite ausgesprochen gut mit Zöllnern, Carabinieri und anderen Offizialen besetzt. Das ist Geschichte, auf der Straße wurde der Übergang praktisch komplett abgebaut, der große Bahnhof Brenner (auf italienischer Seite) hat nicht einmal mehr einen Fahrkartenschalter, weder für die ÖBB noch für Trenitalia. Auch die Zahl der Händler, die hier gute Geschäfte mit kauflustigen Nordlichtern machten, die ihren ersten Chianti und ihren letzten Ledergürtel ausgerechnet hier erwerben wollten, ist zurückgegangen. Aber nicht ganz: Leder, Leder, Leder in jeder Form gibt es noch immer in dicht gedrängten Geschäften und Ständen und italienischer Wein wird immer noch zu gehobenen Preisen angeboten. Traurige

110 Das Wipptal

Zeiten für Banken und Geldwechsler, die wenigsten Urlauber müssen noch Geld wechseln, wenn sie über den Brenner nach Italien einreisen.

Als der **Kurort Brennerbad** im späten 19. Jh. gegründet wurde, errichtete man für ihn extra eine Schnellzugstation, so populär war er. Das Jahr 1914 ließ die Touristen wegbleiben, das Jahr 1918 machte aus dem Kurort einen Grenzort, und das war's dann. Die italienischen Soldaten und Alpini, die dann die Grenzregion bevölkerten, brachten auch keinen Ersatz für den Tourismus. Heute hat die alte Kuranstalt in neuem Kleid wieder aufgemacht und bald wieder zugemacht (das Mineralwasser wird weiterhin abgefüllt), die zahlreichen für die Öffentlichkeit freigegebenen Militärstraßen hinauf zum Alpenhauptkamm bilden ein Dorado für Mountainbiker.

Verbindungen Bahn: Am Bahnhof Brennero/Brenner halten immer noch alle Züge, aber nur noch zum Lokwechsel, nicht mehr zur Personenkontrolle. Keine Schalter, an den Automaten erhält man nur Südtiroler und Nordtiroler Fahrkarten, nach überregionalen Tickets sucht man vergebens! Direkte Regionalbahnen nach Kufstein und Meran.

Auto: Der Autobahnübergang Brenner, an dem man oft mehr lange warten musste, kann heute schlicht durchfahren werden.

Einkaufen Markt am Brenner am 5. und 20. jeden Monats (außer wenn So). Seit 2008 gibt es das **Outlet Center Brenner** mit einer großen Auswahl an Mode-, Sport- und Schuhgeschäften, Mo–So 10–19 Uhr, www.outletcenterbrenner.com. 2016 eröffnete die Raststätte Lanz eine zweite Filiale im Plessi-Museum (die erste liegt bei Brixen in Richtung Pustertal). Hier kann man sich den ersten (oder letzten) Cappuccino in Italien gönnen oder sich mit Südtiroler Feinkost und Wein eindecken. www.lanz-suedtirol.it.

Museum Plessi-Museum, vom Architekten Carlo Costa entworfenes Museumsgebäude aus Glas und Beton, an dem man meistens nur vorbeifährt – ein Stopp lohnt aber durchaus (tgl. von morgens bis abends geöffnet): Im Inneren finden sich Werke des Künstlers Fabrizio Plessi.

Wintersport/Hütte Rodelbahn Zirog-Brennerbad, 6,5 km, leicht bis mittel, Enzianhütte, 1894 m, (Gehzeit 2–3 Std.) auch im Winter geöffnet, ☎ 0472/631224.

Gossensass und das Pflerschtal

Das bei Gossensass in das Wipptal mündende Pflerschtal sollte man unbedingt besuchen, und wäre es nur für den Blick auf den *Tribulaun*, den man von Innerpflersch aus hat. Bei einer wilden Berggestalt wie dieser müssen andere Gipfel regelrecht neidisch werden. Wer den Tribulaun aus höherer Position betrachten will, hat's ebenfalls leicht: Ein bequemer Lift führt auf die **Ladurnser Alm** mit ihrem Sommer- und Wintersportrevier.

Basis-Infos

Information Tourismusverein Gossensass, Ibsenplatz 2, I-39040 Gossensass/Colle Isarco; Mo–Fr 9–12.30/14–17.30, Sa 9–12 Uhr. ✆ 0472/632372, www.gossensass.org.

Verbindungen Auto: Gossensass ist der erste größere Ort, den man auf der Brennerstaatsstraße in Südtirol erreicht. Keine Autobahnabfahrt!

Bus: gute Verbindungen mit Brenner und Sterzing, erträglich ins Pflerschtal.

Internet WLAN-Hotspot WiFree am Ibsenplatz.

Einkaufen Kräutergärten Wipptal, angebaut werden Heil- und Würzkräuter in Bioqualität, verarbeitet werden sie zu Tee, Gewürzmischungen, Likör, Sirup und Kosmetik. Zwei Höfe vermarkten sich unter dem Label: der Steirerhof in Wiesen und der Botenhof in Pflersch, jeder mit einem Hofladen. www.biowipptal.it. ■

Sport Radfahren/Mountainbiken: reichlich alte Militärstraßen in der Umgebung, von den Italienern angelegt, um die 1918/19 neu entstandene Grenze gegen Österreich zu schützen. Einige Straßen verlaufen in großer Höhe und in Grenznähe.

Hervorragend ausgebaut ist der **Radweg Brenner – Gossensass – Sterzing**, der die alte Bahntrasse benutzt. Vorbei an verfallenen Wärterhäuschen geht es durchgehend asphaltiert stets bergab mit Blick auf die Stelzen der Autobahn durch mehrere beleuchtete Tunnels hindurch. Die Route führt in weitem Bogen sanft hinein ins Pflerschtal bis Ausserpflersch. Über Gossensass und hindurch unter einem gewaltigen Autobahnviadukt geht es auf einem happigen Gegenanstieg bis zum malerischen **Schaurhof** (hier Einkehr empfohlen). Gestärkt rollt man dann hinab nach Sterzing (20 km, Fahrzeit gut eine Stunde). Auch für Familien geeignet.

Wintersport: → Sterzing; Natureislaufbahn Ibsenplatz, auch Eisstockschießen.

Übernachten/Essen & Trinken

In Gossensass *** **Lorenz**, Hotel-Residence, das durch 3 Mini-Giebel aufgebrochene Dach symbolisiert Bergspitzen und Tiroler Bauernhofdächer, die Abrundungen an der Fassade gehören zum selben postmodernen Stil. Wellnessbereich mit Sauna und Dampfbad. Es gibt auch Ferienwohnungen (45–60 m^2): Apt. (2 Pers.) 56–64 €, DZ/FR 60 €. Färberstr. 5, ✆ 0472/632093, www.hotellorenz.com.

*** **Gudrun**, Hotel in Bauformen, wie sie vor 1914 für alpine Hotels verwendet wurden, mit rustikalen Holzbalkonen, nicht alle mit Satteldach, beachten Sie das schöne zeittypische Treppengeländer aus Gusseisen im Inneren des Hauses! Das Hotel ist schön auf einer Wiese am Waldrand gelegen und wurde kürzlich grundlegend renoviert und erweitert. Moderner Saunabereich mit Whirlpool und kleines Hallenbad. Kinderspielzimmer. DZ/HP 116–168 €. Alte Postgasse 8, ✆ 0472/632318, www.hotel-gudrun.com.

*** **Erna**, Hotel im üblichen Tiroler Stil (umlaufende Holzbalkone) in recht ruhiger Lage am unteren Ortsrand, großer Saunabereich mit Whirlpool, Liegewiese, Tennisplatz, Zimmer recht ordentlich. DZ/HP 124–142 €. Pflerscher Str. 2, ✆ 0472/632307, www.hotel-erna.it.

** **Schuster**, ruhig unter der Pfarrkirche gelegenes, eher einfaches Hotel mit Sauna und Fitnessraum. Gutes Restaurant-Café (eigener Kuchen und Eis). Hilfsbereit die Besitzerfamilie Plank, die auch Wanderungen, Rodelpartien und Grillabende veranstaltet. DZ/FR 70–80 €. Pfarrgasse 1, ✆ 0472/632322, www.hotel-schuster.com.

** **Moarwirt**, einfacher Gasthof an der Durchgangsstraße, traditionelle Küche (Schlutzkrapfen, Kasnocken & Co, Knödel, italienische Nudelgerichte, empfehlenswert die Forellen in 5 Zubereitungen. DZ/FR ab 72 €. Romstr. 11, ✆ 0472/632324, www.moarwirt.com.

*** **Schaurhof**, malerisch am Radweg Brenner–Sterzing gelegener historischer Gastbetrieb mit Bierbänken auf grüner Wiese, deftige Südtiroler Kost, 10 einfache Zimmer und drei Fewos. DZ/FR 90–104 €. Ried 20, ✆ 0472/765366, www.schaurhof.it.

Im Pflerschtal *** **Panorama**, vom Hotel Panorama oberhalb der Kirche von St. Anton hat man einen schönen Ausblick, wenn er auch gewissermaßen in die „falsche", nämlich weniger spektakuläre Richtung geht: Man sieht nicht zum über St. Anton thronenden Tribulaun, sondern talauswärts in Richtung Gossensass. Das hat den Vorteil, dass die korrekt eingerichteten Zimmer zum Tal mit ihren Balkonen sonnig und warm sind, während die Zimmer zur Eingangsseite die spätnachmittägliche und Abendsonne abbekommen. Das Hotel wurde renoviert, die Zimmer sind modern und gemütlich. Auch der Wellnessbereich mit Sauna und Dampfbad wurde komplett erneuert. Das Frühstücksbuffet und die Küche können sich sehen lassen. DZ/HP 100–174 €. Pflersch 176, ✆ 0472/770010, www.hotel-panorama.it.

*** **Bergkristall**, modernes, attraktiv gestaltetes Hotel neben der Talstation Ladurns, die große Pizzeria (Holzofenpizza) im Erdgeschoss mit Terrasse ist an Sonn- und Feiertagen in der Saison gerammelt voll. Zimmer mit Balkon, zweckmäßiges und gut verarbeitetes Mobiliar. Sauna und Dampfbad, Fitnessraum, Liegewiese. DZ/HP 116–158 €. Pflersch, ✆ 0472/770561, www.bergkristall.it.

» **Mein Tipp:** ***** **Feuerstein**, der Hit für Kinder: ein ganzer Schuppen zum Spielen! Heuboden, Rutschen (hinein ins Heu!), Billard, Tischtennis, Tischfußball, Streicheltiere, Badeteich, Spielräume … und die Eltern können in Ruhe was anderes machen. Dazu Betreuung, Ausflüge und spezielle Veranstaltungen für Kinder und Teenager. Das moderne Haus im Grünen hat gemütliche Zimmer und luxuriöse Familiensuiten in verschiedenen Größen, außerdem neue Chalets direkt am Badeteich. Dazu 3000 m² Family SPA und mehrere Pools – da bleiben keine Wünsche offen. DZ/¾P 252–396 €, Chalet/¾P 376–468 € (2 Pers.), Kinderermäßigungen. Pflersch 185, ✆ 0472/770126, www.feuerstein.info. «

*** **Argentum**, Hotelpension im Tiroler Stil mit großem Hallenbad und Sauna am Ortseingang von St. Anton, nach vorn jenseits der Straße Bach und Wald, nach hinten Wiesen, Wald und der Tribulaun. Behindertengerecht (Aufzug, stufenlose Übergänge, Zugang auf Rampe), Zimmer teilweise renoviert und mit Balkon. Sommer- und Winterziel, Wanderwege und Skilifte unweit. DZ/HP 98–146 €. Pflersch 157, ✆ 0472/770083, www.hotel-argentum.it.

** **Knappenhof**, Pension in einem Haus im Grünen mit viel Holz in Speisesaal, Bar und Zimmern; gutes Frühstücksbuffet, Sauna, Whirlpool und Liegewiese. DZ/HP 98–100 €. Pflersch 86, ✆ 0472/770594, www.knappenhof.com.

In Gossensass

Sehenswertes/Ausflüge

Gossensass: Die Stadt hat eine ähnliche Geschichte wie Sterzing, seine Lage am Fuß des Brennerpasses und die nahen Erzvorkommen haben sie im Wesentlichen bestimmt. Im Pflerschtal wurde schon in vorgeschichtlicher Zeit Bergbau betrieben, der Silberabbau hatte dann im Spätmittelalter seinen Höhepunkt, bevor der Silberpreis durch die Importe aus der Neuen Welt nach etwa 1520 schlagartig in den Keller fiel und der Abbau unwirtschaftlich wurde. Rein äußerlich ist von dieser Glanzzeit im Straßenort Gossensass wenig zu sehen, man muss genau hinschauen. Etwa in der *Barbarakapelle* auf dem Friedhof, einer Knappenkapelle, also einer Stiftung von Bergleuten aus dem Jahr 1510 (noch konnte man den nahen Zusammenbruch des Bergbaus nicht voraussehen). Sie beherbergt einen prächtigen spätgotischen Flügelaltar, der auf der Predella Malereien trägt, die Knappenarbeit zeigen (links Steinbruch, rechts Stollen, ein Knappe schiebt eine Lore mit gebrochenem Gestein, ein anderer zerkleinert es). Noch 1751 konnte sich Gossensass den berühmten Matthäus Günther leisten, um die *Pfarrkirche* auszumalen, seine illusionistischen Fresken stehen am Anfang des Rokoko. Neuen Auftrieb erhielt der zur Bedeutungslosigkeit herabgesunkene Ort, der wenigstens immer als Einkehr bei Brennerüberschreitungen genutzt wurde, in der Gründerzeit. Zusammen mit Brennerbad entstand in Gossensass eine der ersten alpinen Sommerfrischen der österreichisch-ungarischen Monarchie, einer seiner langjährigen Gäste war Henrik Ibsen. Der Beginn einer Entwicklung, die durch den Kriegsausbruch von 1914 rasch wieder beendet wurde. Ein schöner Hotelbau der damaligen Zeit steht an der Brennerstraße im unteren Ortsteil (Restaurant-Pizzeria Europa), insbesondere die damals für Hotels in Sommerfrischen typischen maschinell hergestellten Holzsägearbeiten am zweistöckigen Holzvorbau des Hauses sind einen Blick wert.

Im Pflerschtal: Zunächst scheinen die Talschlussgletscher, vor allem der *Feuersteingletscher*, das bestimmende Landschaftselement dieses bis zum Alpenhauptkamm reichenden Tals. Doch wenn man sich weiter ins Tal hineinbegibt, wird ein Berg an der Nordseite immer gewaltiger und eindrucksvoller, der Tribulaun, genauer der **Pflerscher Tribulaun** (3096 m). Seine gewaltige Südwand ist fast 800 m hoch, sie wirkt wie eine senkrechte Mauer. Auf der Nordseite, aus dem österreichischen Gschnitztal, wirkt der Berg nicht ganz so gewaltig, ist aber genauso wenig von Durchschnittbergsteigern zu bewältigen. Direkt unter dem Tribulaun liegt **Innerpflersch**, der letzte Ort im Tal mit Kirche und Gasthof, weiter drinnen im Talschluss gibt es nur noch Almen und Hütten. Der Talschluss gipfelt in einem Gletscherplateau, dem *Feuersteinferner*, umrahmt von mehreren Dreitausendern, darunter dem Westlichen (3250 m) und Östlichen (3267 m) Feuerstein. Einzige Hütte in dieser Eiseinsamkeit ist die *Magdeburger Hütte* (Rifugio Cremona, 2423 m), ein Stützpunkt für Kletterer und Eisgeher, aber auch beliebtes Wanderziel für einen Bergtag – von der Ochsenhütte im Talschluss, die man mit dem Auto erreichen kann, sind es nur zwei Stunden zu Fuß hinauf.

An der schattigen Südseite des Pflerschtals hat sich viel Wald erhalten, der ab etwa 1800 m in ausgedehnte Almweiden übergeht. Die **Ladurner Alm** in der Mitte des Tals wird durch einen Lift erschlossen, der im Sommer ein schönes Wandergebiet erschließt, in dem man z. B. eine Rundwanderung hinüber zur Bergstation des Rosskopfs oberhalb von Sterzing machen kann. Eine Mountaincart-Strecke (ein Mountaincart ist eine Art tiefer gelegter Dreirädler, mit dem man Feld- und Waldwege hinunterbrausen kann) führt von der Berg- zur Talstation (6,5 km). Im Winter ist die Ladurner Almlandschaft ein in sich abgeschlossenes, sehr reizvolles Skigebiet mit immerhin vier Liften.

Pflerschtal 115

Bergbahn Ladurns-Lift, Ende Juni bis Mitte Juli und Anfang bis Mitte Sept. Mi/Fr und an Wochenenden, Mitte Juli bis Ende Aug. tgl. 9–17 Uhr, Berg 8,50 €, Kinder 5,50 €, Berg/Tal 12,50/8,50 €. ✆ 0472/770559, www.ladurns.it.

Hochseilgarten Am Parkplatz vom Sessellift. Mai–Okt., tgl. 10–18 Uhr, Erw. 18 €, Kinder 13 €. www.euralpin.com.

Mountaincarts Strecke ab Ladurner Alm bis zum Parkplatz. Ende Juni Mitte Juli und Anf. bis Mitte Sept. Mi/Fr/Sa/So, Mitte Juli bis Anf. Sept. tgl. 10–17 Uhr, geeignet ab 14 Jahren, ansonsten in Begleitung der Eltern, Verleih an der Talstation, Erw.11 €, Kinder 9 €.

Wintersport → Sterzing. Skiservice Erwin Stricker, ✆ 0472/770560; Skischule Gossensass, ✆ 0472/632673, www.skischule-gossensass.it.

Skibus Sterzing – Ladurns, Weihnachten bis Mitte April; an der Talstation Skiverleih.

Übernachten/Essen Edelweißhütte, am winzigen Ladurner See, rustikale Küche, neuer Speisesaal, einfache Zimmer, Angeln im See. DZ/FR ab ca. 50 €. Pflersch, ✆ 339/6459558, www.oberhofer.it. **Ladurnerhütte**, 1730 m, seit bald 50 Jahren versorgt der Familienbetrieb seine Gäste, kürzlich wurde umgebaut, renoviert und erweitert, DZ/HP 94 €. ✆ 0472/770012, www.ladurnerhuette.com.

Am Schalter des Ladurns-Sessellifts gibt es einen kostenlosen Übersichtsplan: „Ladurns Wandervorschläge".

Wanderung zur Tribulaunhütte am Sandersee: Die fantastischsten Blicke auf den Pflerscher Tribulaun hat man von der 700 m tiefer gelegenen Tribulaunhütte am dunklen Sandersee. Man beginnt die Wanderung am Parkplatz in Hinterstein auf 1350 m und wird auf dem gut markierten und beschilderten Weg 8 ohne Gabelungen zur Hütte hinaufgelenkt (eine Weg-Einmündung von rechts im oberen Teil wird nicht beachtet). Der steile Südhang ist nicht ohne Schweißvergießen zu gehen, an einigen Stellen ist er etwas ausgesetzt.

Tour-Info: Vom Parkplatz zur Hütte 900 Höhenmeter, ↑ 3:30 Std., ↓ 2:30 Std., Gesamtgehzeit 6 Std. Tribulaunhütte (Rifugio Calciati al Tribulaun), Gossensass/Pflersch 136, CAI Sterzing, 2369 m, 19 Betten und 18 Lager, Juli bis Sept. geöffnet, ✆ 0472/632470, www.tribulaunhuette.com.

Tour 1: Mit dem Rad durch das Pflerschtal

Tour-Info: Radtour entlang dem Schattenhang des Pflerschtals, meist durch Wald und hoch über der Talsohle, einfach zu fahren bis auf ein kurzes Stück auf einem holprigen Steig. Dauer 2–2:30 Std.; Länge der beschriebenen Strecke 16,6 km, dazu Hinweg auf Talstraße 9,7 km; Höhenunterschied: ↑ 450 m, ↓ 600 m; Karten: Tabacco (1:25.000) Blatt 38; Kompass (1:50.000) Blatt 44.

Von der Kirche in St. Anton in Innerpflersch **A** nimmt man die talauswärts führende Straße hinunter zum Pflerschbach, passiert eine erste Brücke **B** und fährt mit der Straße über eine zweite Brücke **C**. Jenseits davon zweigt eine schmale asphaltierte Straße ab und führt den Hang hinauf. Auf mehreren Serpentinen schraubt sie sich durch Wald, nach einer Rechtskurve endet der Asphalt **D**, und es geht auf einer Forststraße weiter. Diese mündet kurz darauf in eine querende, fast eben verlaufende Forststraße **E**, der man nach links folgt. Mit einigen Steigungen führt diese Straße ins Tal des Toffringbachs, der nach dem Staubecken gequert wird **F**, hier kann man rechts einen hübschen Abstecher zur Toffringalm machen oder gar hinauf zur bewirtschafteten Edelweißhütte laufen (hin/zurück 3 Std., nur Wanderweg!).

Nach der Bachquerung führt die Straße eben weiter durch Wald, dann wird die Liftstation **G** des neuen zweiten Lifts zur Ladurnser Alm und der Lift selbst passiert. Im nächsten Tälchen endet die Forststraße plötzlich **H**, hier nicht links hinunter, sondern ein meist trockenes Bachbett querend auf dem Wanderweg, der mit „Gossensass" deutlich beschildert ist. Vorsicht bei der Weiterfahrt, holpriges Gelände mit vielen Wurzeln (evtl. absteigen und schieben)! Der Fußweg endet am Beginn einer Forststraße **I**, der wir ab sofort folgen. Nach Hangpassage und Querung eines Tälchens folgt eine hübsche Abfahrt, eine einzige Kurve **J** ändert die Fahrtrichtung, dann ist man auch schon an einer Schranke und an der Hauptstraße durch das Pflerschtal **K** angelangt, rechts weiter auf dieser Straße und nach Gossensass, wo die Bennerstraße erreicht wird **L**.

Sterzing

Nach einem so hübschen und hervorragend erhaltenen mittelalterlichen Städtchen wie Sterzing muss man lange suchen und muss den Vergleichsmaßstab hoch ansetzen, bei Rothenburg o. d. Tauber oder San Gimignano.

Die alte Straße vom Brenner nach Süden quert die Stadt vom oberen Altstadt- bis zum unteren Neustadtende. Spätmittelalterliche Häuser reihen sich eins ans andere, im Neustadtteil mit schattigen Laubengängen. Die Renaissance macht sich noch hier und dort bemerkbar, aber keine großen barocken oder gar gründerzeitlichen Veränderungen bestimmen das Bild. Sterzing ist ein Juwel eines Städtchens, das einmal Bedeutung hatte und förmlich in eine Zeitblase eingeschlossen auf uns gekommen ist.

„Fuggerstadt" – das trifft auf Augsburg zu und in kleinerem Maßstab auf Sterzing, diese Handelsfamilie hat es im Spätmittelalter und der frühen Neuzeit beherrscht und nachhaltig geprägt. Die Augsburger Fugger waren der wahrscheinlich wichtigste Handelspartner der Republik Venedig nördlich der Alpen und gaben deutschen Kaisern Kredite, damit die ihre Kriege führen konnten, hatten also Einfluss auf Reichspolitik und Welthandel. In Sterzing verwalteten sie einen Teil ihres bedeutenden Bergwerkimperiums und zwar die *Silbergruben* des Ridnauntals, den Bergwerksbezirk Schneeberg auf bis zu 2500 m Meereshöhe. Die reichen Silbervorkommen des Schneebergebiets machten nicht nur die Fugger reich, auch auf die Knappen und vor allem auf die Verwaltung in Sterzing entfiel ein Teil des Silbersegens. Man konnte sich einfach eine Menge leisten, damals in den silbernen Zeiten der Fugger. Zum Beispiel eine komplette Neustadt, als Sterzings Altstadt 1443 abbrannte. Zur Ausstattung von Bürgerhäusern, Burgen und Kirchen wurden keine

Am Rathausplatz in Sterzing

Kosten und Mühen gescheut, so hat der spätgotische „Sterzinger Altar" des Hans Multscher von 1459 einen Haufen Geld gekostet. Erst als die spanisch-habsburgischen Galeonen nach 1500 und vor allem verstärkt nach 1530 tonnenweise billiges Silber aus der Neuen Welt nach Europa brachten, nämlich ins Habsburgerreich, zu dem ja auch Tirol und damit Sterzing gehörte, verloren das Schneeberger Silber an Bedeutung und die Fugger an Macht. Das sollte Sterzing nachhaltig beeinträchtigen, aber auch für die Zukunft konservieren, ja förmlich einfrieren. Gut für uns Nachgeborene!

Basis-Infos

Information Tourismusverein, Stadtplatz 3, I-39049 Sterzing/Vipiteno, ☏ 0472/765325, www.sterzing.com; Mo–Sa 8.30–12/14.30–18 Uhr. Großes Büro, die üblichen Prospekte, insgesamt viel Material.

Verbindungen Bahn: Sterzing liegt an der Brennerbahn, es halten nur Regionalzüge, Verbindungen zum Brenner und nach Brixen/Bozen/Meran etwa alle 2 Std.

Bus: Verbindungen nach Gossensass und Brenner, Ridnauntal, Jaufenpass (im Sommer), Pfitschtal und nach Franzensfeste sowie Brixen.

Pkw: Sterzing hat eine Autobahnabfahrt.

Taxi/Mietwagen: Taxistandplatz am Untertorplatz oder (u. a.) ☏ 0472/977977 (Südcab).

Ärztliche Versorgung Krankenhaus: St. Margarethenstr. 24, ☏ 0472/774111.

activeCARD Die kostenlose Gästekarte gibt es in den meisten Übernachtungsbetrieben. Sie ermöglicht die unentgeltliche Benutzung der öffentlichen Verkehrsmittel, eine Berg- und Talfahrt pro Tag, freien Eintritt in die Gilfenklamm und in verschiedene Museen. Außerdem winken Rabatte in weiteren Betrieben. Infos unter www.ratschings.info.

Einkaufen Hofer Market, ausgesuchte Weine und Delikatessen aus allen Regionen Italiens, perfekt für den Einkauf auf der Rückreise! Di–Fr 8.30–13/15–19, Sa 8.30–19 Uhr. Brennerstr. 21, www.hofermarket.it.

Milchhof Sterzing, Milchprodukte wie Joghurt, Butter und Käse gibt es in einem kleinen Laden auf dem Gelände des Unternehmens an der Jaufenpassstraße und einem weiteren Geschäft in der Sterzinger Neustadt. www.milchhof-sterzing.it.

Eurospar, großer Supermarkt, der auch sonntags geöffnet hat. Brennerstr. 34.

Feste & Veranstaltungen Sterzinger **Joghurttage**, 3 Wochen im Juli, die Molkerei Sterzing ist auf Joghurt und Bio-Milchprodukte spezialisiert, was lag näher, als diese Kompetenz in „Joghurtwochen" zu vermarkten? Besichtigungen (Molkerei), Almwanderungen, Verkostungen, „Joghurtbähnchen" in Sterzing, Joghurtmenüs in vielen Restaurants und Gasthäusern des Gebiets. Infos über Tourismusverein Sterzing.

Biker Days, 3 Tage im Juli – rette sich, wer kein Motorrad hat. Das ohnehin schon von Bikern belagerte Sterzinger Umland (Brenner, Jaufen, Timmelsjoch, Penser Joch sind *musts* für Biker) wird dann zu 100 % im Zeichen des Motorrads stehen.

Im September **Knödeltage** um den 2. So des Monats; am letzten Tag Knödelfest in der Fußgängerzone mit 70 verschiedenen Knödelarten zum Verkosten und eine der längsten Tischreihen der Welt, derzeit 400 m. Mit Volksmusik, Tanz, Trachten und Stimmung bei jedem Wetter. www.knoedelfest-sterzing.com.

Speziell für Kinder

Im Winter „**Kinderland**" bei der Talstation der Bergbahnen Ladurns (→ Pflerschtal), ganztägige Betreuung von Kindern ab 3 Jahren inkl. 2 Stunden Skikurs und Mittagessen mit Getränk. Die Skischule Sterzing bietet eine betreute **Kinderskischule** an (ab 3 Jahren), Infos bei Residence Ladurns, ✆ 0472/770060. Ebenfalls im Winter **Ermäßigungen in den Hotels** (bis 8 Jahre freie Unterkunft im Zimmer der Eltern), Gratisskipass (Vater und/oder Mutter muss dabei sein), Leihausrüstung gratis (wenn Papa und/oder Mama die ihre ausborgen).

Das Südtiroler **Bergbaumuseum** bietet jeweils am Mittwoch um 13.45 Uhr ein spezielles Kinderprogramm an.

Sterzing hat ein modernes **Stadttheater**, in dem neben Theateraufführungen auch Vorträge und anderes stattfinden. Programm im alle 2 Monate erscheinenden Veranstaltungskalender (bei den Tourismusvereinen der Region). Stadttheater Sterzing, Goetheplatz 1, ✆ 0472/760400, www.stadttheater-sterzing.it.

Internet WLAN-Hotspot WiFree am Stadtplatz und Neustadt.

Märkte Wochenmarkt: Di ab 9 Uhr **Sterzlmarkt** auf dem Stadtplatz, nur Mitte April bis Mitte Okt.

Sterzinger Weihnachtsmarkt (Ende Nov. bis Anfang Jan.) auf dem Stadtplatz.

Sport Kanu & Rafting: Der Eisack unterhalb von Sterzing ist ein beliebtes und gut besuchtes Kanurevier. Infos und Buchungen bei Rafting Sterzing, Pfarrangerstr. 1, Tour ab 42 € (2:30 Std., leicht), ✆ 0472/765660, www.raftingsterzing.it.

Hallenbad, Freibad und Sauna: Modernes und sehr stylisches Bad „Balneum", mit Baby- und Kleinkindbecken, Whirlpool, Liegewiese und 4 Saunen, Mo–Fr 16–22, Sa/So/Fei/Schulferien 10–22 Uhr, Tageskarte Erw. 11–22 €, ✆ 0472/760107, www.balneum.sterzing.eu.

Hochseilgarten: Im Nordpark Sterzing. April/Juni/Sept./Okt. Mi–So 10–18 Uhr, Juli/Aug. tgl. 10–19 Uhr. Erw. 22 €, Kinder und Jugendl. 10–18 €, www.skytrek.it.

Radsport: Walter's Radklinik, Lahnstr. 5, ✆ 0472/766801, www.radklinik.it; MTB-Touren und Verleih auch bei **m2bike**, Brennerstr. 46, ✆ 0472/766102, www.m2-bike.com.

Wintersport: Drei Skigebiete, Rosskopf oberhalb von Sterzing, Ratschings-Jaufen und Ladurns im Pflerschtal (→ Gossensass), bilden die Skiregion „Südtiroler Wipptal". *Skigebiet Rosskopf*: Umlaufbahn (von Sterzing), 2 Sessellifte, Schlepplift, bis zu 893 m Höhenunterschied, 16 km Piste, leichte bis mittlere Schwierigkeitsgrade. *Skigebiet Ladurns*: 2 Sessellifte, 1 Schlepplift, bis zu 600 m Höhenunterschied, 15 km Piste, alle Schwierigkeitsgrade. *Skigebiet Ratschings-Jaufen*: 1 Kabinenbahn, 6 Sessellifte, 1 Schlepplift, 25 km Piste sowie FunPark.

Schneeschuhlauf auf dem Rosskopf, dort „Erste Wipptaler Schneeschuhstrecke", die man auf der Höhenloipe über den Sessellift Stock erreicht.

Rodelbahn: Die 10 km lange Rodelbahn auf dem Rosskopf ist nicht nur ein populäres, sondern auch ein sicheres, familiengeeignetes Vergnügen: Nach dem ADAC-Rodel-

Sterzing 119

bahntest in Deutschland, Österreich, Schweiz und Italien (veröffentlicht 2011) ist sie die sicherste Rodelbahn dieses Raumes. Nachtrodeln: Di/Fr 19–24 Uhr geöffnet (und beleuchtet), die Gondel und die Hütten haben dann bis 22 Uhr auf.

Skibus: Sterzing – Ladurns (Weihnachten bis Mitte April).

Kinderskikurse: durch Skischule Sterzing, neben Skischulbüro an der Bergstation Rosskopf „Kinderparadies" mit Betreuung (→ „Speziell für Kinder").

Information: Seilbahn Rosskopf, Brennerstr. 12, Sterzing, ✆ 0472/765521, www.rosskopf.com; Bergbahnen Ladurns, Pflersch 94, Gossensass, ✆ 0472/770559, www.ladurns.it; Skizentrum Ratschings-Jaufen ✆ 0472/659153, www.ratschings-jaufen.it. Skischule Sterzing, ✆ 0472/764476, www.skischule-sterzing.it.

Eissporthalle: meist Di–Do und Sa/So 14–15.45 sowie Do/Sa 21–23 Uhr; ✆ 334/9916228.

Übernachten

Sterzing ist mit Quartieren gut versorgt, eng wird es Mitte Juni bis Anfang Juli, wenn oft die Hälfte der Hotels und Gasthäuser wegen Betriebsurlaub geschlossen sind. Hochsaison ist Mitte Juli bis Ende August und an den Oktoberwochenenden sowie Weihnachten/Neujahr, Fasching, Ostern und Pfingsten.

Wiesen, das eigentlich zum Pfitschtal gehört, ist, was die Quartiere betrifft, ein Teil Sterzings und wird hier aufgeführt.

**** Lilie 16, nach längerer Renovierung hübsch aufgefrischtes Traditionshotel im historischen Bau, jeder Komfort in Zimmern und Suiten, Hallenbad mit Saunalandschaft. Restaurant Mo Ruhetag. DZ/FR 136–164 €. Neustadt 49, ✆ 0472/760063, www.hotellilie.it.

***S Lamm 12, gutbürgerliche spätgotische Zentralerkerfront zur Fußgängerzone, moderne Zimmer im Nebenhaus, schick renovierte im Haupthaus. Alte Stube, Sauna und Dampfbad, Whirlpool, Solarium. DZ/FR 86–130 €. Neustadt 16, ✆ 0472/765127, www.hotellamm.it.

**** Zum Engel 25, gegenüber der Pfarrkirche liegt dieser gutbürgerliche Einkehrgasthof mit „neuen Juniorsuiten". Nach hinten sehr ruhig, Zimmer mit hellem Holz, durchschnittlich groß und möbliert (nicht alle mit Balkon). Wellnessbereich mit neuem Hallenbad, Sauna und Dampfbad, Whirlpool, Kneippbad und Heusitzbad. DZ/FR 124–250 €, Apt. (2 Pers.) 90–120 €. Deutschhausstr. 20, ✆ 0472/765132, www.zum-engel.it.

*** Sterzinger Moos 23, ruhig gelegenes Hotel am Altstadtrand, im Sommer 2014 neuer Anbau. Schnörkellose, aber durchaus schicke Zimmer, Wellnessbereich mit Sauna, Dampfbad und Kneippbecken. Restaurant und Pizzeria im Haus. DZ/FR 88–104 €. Moosweg 4, ✆ 0472/765542, www.sterzingermoos.com.

*** Steindl's 1, der markante Neubau am Beginn der Fußgängerzone setzt konsequent auf Nachhaltigkeit. Viel Holz außen wie innen, nahezu klimaneutrales Wohnen, regionale und saisonale Produkte beim reichhaltigen Frühstück. Dazu schick designte Zimmer und Studios, Dachterrasse mit Blick ins Grüne, Sauna und E-Bike-Verleih. Freundlicher Service. DZ/FR 120–190 €, Studio ab 160 €. Parkweg 2, ✆ 0472/765358, www.hotelsteindl.it.

** Wipptalerhof 8, durch den Bogen am Anfang der Burggerichtsgasse erreicht man das sehr angenehme Bed & Breakfast. Zimmer nach vorne (Neustadt) mit Erkern, die Zimmer zur Rückseite blicken zumeist auf einen kleinen Park, die Jöchlsturm und den Komplex des ehemaligen Kapuzinerklosters. Zimmer teilweise modern renoviert. „Weinbar Vinzenz – zum feinen Wein" im Haus. DZ/FR 82–106 €. Neustadt 4, ✆ 0472/765428, www.vinzenz.it/wipptalerhof/.

** Villa Maria 4, günstig gelegenes Gästehaus, sowohl für den Brenner wie für die Stadtbesichtigung, in schönem Garten hart am Nordrand der Altstadt. Durchschnittlich ausgestattete Zimmer, Balkon. Angenehme Atmosphäre, die Zimmer zur Straße am Wochenende durch das nahe Nachtleben etwas beeinträchtigt. DZ/FR 76–92 €. Altstadt 33, ✆ 0472/767622, www.pension-villa-maria.com.

Vom Brenner bis Bozen → Karte S. 110/111

Das Wipptal

** Frick 24, kleine Pension am Ortsrand, Familienbetrieb, alle Zimmer mit Balkon, rustikale Ausstattung (am hübschesten die Zimmer im Dachgeschoss), schöner Aufenthaltsraum, große Liegewiese, die nahe Autobahn stört kaum. DZ/FR 70–80 €. Deutschhausstr. 22, ☎ 0472/764496, www.pensionfrick.com.

** Färbe 3, Garni in der ehemaligen Färberei – alte Stube mit Kachelofen, renovierte Zimmer im Anbau, der auf eine Liegewiese schaut (Bahnnähe evtl. etwas störend), günstige Lage nahe Busbahnhof/Nordeinfahrt (großer Parkplatz), neuer Aufenthaltsraum. DZ/FR 78–98 €, Apt. (2 Pers.) 61–69 €. Altstadt 46/B, ☎ 0472/764123, www.garni-faerbe.com.

**** Wiesnerhof 18, das erste Haus in Wiesen aus Richtung Sterzing ist auch das erste Haus am Platz, das verrät schon das Äußere des „Wellness- und Wanderhotels" mit dem neu ausgebauten Hallenbadtrakt samt Wellnessanlage und den vorgelagerten Tennisplätzen. Fahrrad- und E-Bike-Verleih. Angenehme Zimmer und große Suiten, teils im modern-schicken Alpin-Stil. DZ/HP 162–210 €. Wiesen 98, ☎ 0472/765222, www.wiesnerhof.it.

Camping * **Gilfenklamm** 21, 2 km von Sterzing entfernt am Beginn des Ratschingstals, Lärchenwald, einfache, zweckmäßige Ausstattung. 2 Pers./Gespann ca. 18–27 €. Jaufenstr. 2, Ratschings, ☎ 0472/779132, www.camping-gilfenklamm.com.

Sadobre 22, einfacher Autohof an der Lkw-Zollstation nahe der Autobahn, Parkplatz und Stellmöglichkeit für Wohnmobile, Sanitäranlagen. 15 €/Nacht ☎ 0472/721793.

Essen & Trinken/Nachtleben

Kleine Flamme 14, Neustadt 31, Lokal im Innenhof mit Tischen am Brunnen und im Erdgeschossgewölbe, Durchgang von den Lauben (beim Eingang mit Renaissancearabesken bemalt!) an der (zum Lokal gehörenden) Bar „Flamme Wine & more". Sehr feine italienische Küche von sehr hohem Standard und oft ungewöhnlichen Zusammenstellungen mit Asia(Thai!)-Touch. Eines der Spitzenlokale der Provinz (1 Michelin-Stern 2017, 16 Gault-Millau-Punkte). Ab ca. 45 €. ☎ 0472/766065. So abends und Mo geschlossen. www.kleineflamme.com.

Goldenes Kreuz 15, Neustadt 36, draußen nur wenige Tische, dafür drinnen ein gotischer Saal mit von Steinsäulen getragenem Gewölbe – ein toller Ort, um zu speisen: österreichisch und italienisch, mit ca. 25 € für 2 Gänge kommt man gut hin. Do Ruhetag (außer Juli bis Nov.).

Lilie 16, Neustadt 49, 2 Stockwerke: Restaurant im hohen, eleganten Saal, Bistro und Bürgerstube des Hotels Lilie, klassische Tiroler und internationale Küche: Tagesgerichte wie Knödelreis ab ca. 10 €, im Restaurant im 1. Stock ab 25 €. ☎ 0472/760063. 8–23 Uhr, Bistro im EG 11–15 Uhr, Mo Ruhetag.

Lamm 16, Neustadt 16, Restaurant mit z. T. gedeckter Gartenterrasse auf der Rückseite des Stadthotels, Pasta von Spaghetti-Gerichten bis zu Knödeln. Hauptgericht ab ca. 15 €.

arbor 9, Geizkoflerstr. 15, kleine Restaurant-Pizzeria des Sterzinger Hofs, altehrwürdige Tirolerstube und moderner Speisesaal. Mediterran-italienische Küche, Jahreszeitenprodukte, 1 Gault-Millau-Haube 2017. Mi geschlossen. www.arbor.bz.it.

Schwemme und Café 12erl 7, im Gasthof Schwarzer Adler, Stadtplatz 1, ganz Sterzing trifft sich hier auf ein Bier in der Schwemme (altmodische Gasthausatmosphäre) oder einen Macchiato im schicken Café nebenan. Kein Ruhetag.

Pretzhof 20, Wiesen, Tulfer 259, zunehmend gerühmter Gasthof, in dem Köchin Ulli Mair Regionalküche vom Feinsten auftischt (der Gault-Millau 2017 vergibt 1 Haube), Fleisch aus eigener Metzgerei, Käse aus der Käserei, Gemüse und Kräuter aus dem Garten, eigener Hofladen. Hauptgericht ab 15 €. ☎ 0472/764455, Mo und Di Ruhetag, www.pretzhof.com.

14, Neustadt 31, schick-modernes Minilokal, leicht zu übersehen, dabei lohnt sich für mehr als ein Dutzend offener Weine oder einen Espresso unbedingt der Besuch.

Vinzenz – zum feinen Wein 8, Neustadt 4, schicke Weinbar mit zeitlos-modernem Ambiente und großer Auswahl, zudem sehr leckere, kleine Gerichte. www.vinzenz.it.

Caffé Rossi 13, Neustadt 27, nicht nur Natursäfte und Illy-Espresso im glasgedeckten

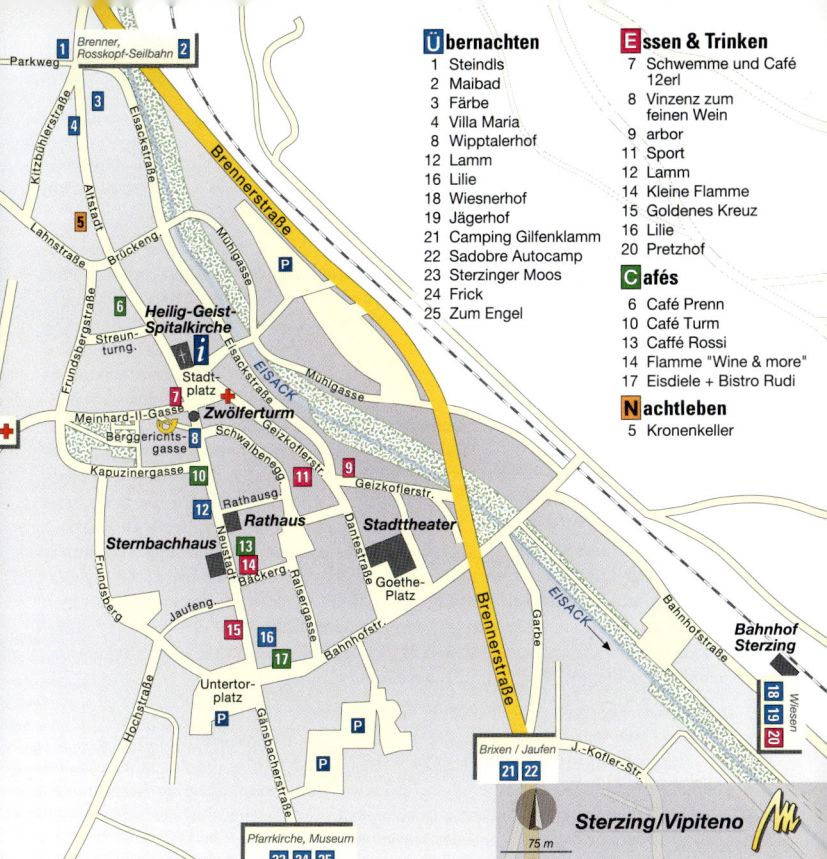

Innenhof des ehemaligen Gasthofs zum Goldenen Adler. Wunderschöne spätgotische Spitzbögen, mittelalterlicher Treppenaufgang zu den Arkaden des 1. Stocks – stilvoller kann man in Sterzing kaum sitzen.

Café Turm 10, Neustadt 2, das naturtrübe „Tiroler Bier" der Innsbrucker Brauerei Harald Baumgartner ist natürlich ein Anreiz, die kleine Bar am Zwölferturm zu besuchen, dass man bleibt, macht aber die sehr persönliche Atmosphäre.

Eisdiele und Bistro Rudi 17, Bahnhofstr. 1 (Ecke Neustadt), am späteren Abend (bis 23 Uhr, Mo Ruhetag) eines der wenigen offenen Lokale Sterzings, dann ist das Doppellokal mit großer Terrasse oft voll. Hauptgrund sind aber die guten Eisbecher dieses Meisterbetriebs (39 stehen auf der Karte).

Im Bistro kleine Speisen ab 4 €, gute Bruschetta.

Café Prenn 6, Altstadt 17a, gutbürgerliche Café-Konditorei mit klassischem Angebot an eigenen Kuchen und Torten (und super Kastanienherzen!) vom Feinsten.

Nachtleben Das Nordende der Altstadt und der Untertorplatz sind die Zentren des bescheidenen Sterzinger Nachtlebens.

Kronenkeller 5, Altstadt 31, echter Keller in mittelalterlichem Haus, das goldene Zeichen „Peter Seeber's Brauerei" verweist auf eine von vielen früheren Nutzungen. Alle waren schon da (will man den Bildern vor der Tür glauben). ☏ 0472/766499, 18–2 Uhr, Do Ruhetag.

Sehenswertes

Durch den Stadtbrand von 1443 und seine städtebaulichen Folgen teilt sich Sterzing in die nördliche Altstadt und die südliche Neustadt. Wer vom Parkplatz am Busbahnhof kommt, erreicht zuerst den Südteil der Neustadt.

Die Neustadt: Ein Teil der sofort nach dem Stadtbrand begonnenen Neubauten wurden, wie damals in den Handelsstädten Tirols allgemein üblich, mit Arkaden versehen, den sogenannten *Lauben*, wie sie sich auch in Bozen, Brixen, Neumarkt und Meran erhalten haben (in kleinerem Maßstab auch in anderen Städten). Die Lauben ziehen sich durch den mittleren Teil der Ostseite der Neustadt (vom Untertorplatz aus gesehen rechts) bis zum Rathaus. Nach der Rathausgasse wurden sie der platzartigen Verbreiterung der Neustadt geopfert und der Statue des hl. Johannes Nepomuk (der angrenzende hübsche Brunnen wurde erst neu errichtet). Die Häuser zu beiden Seiten der Neustadt, die praktisch aus der einen Durchgangsstraße besteht, zeugen vom Wohlstand der Stadt zur damaligen Zeit: breite Fassaden, mehrere Stockwerke, breite Einfahrten in Innen- und Lichthöfe für die hoch beladenen Karren mit Waren, eine hohe Nobeletage für die Besitzerfamilie (erster Stock), Fresken und schöne Auslieger, die das Gewerbe des Besitzers verkünden. Dem *Haus zur Lilie* gab der ab 1450 bezeugte Gasthof zur Goldenen Lilie den Namen, das Hotel Lilie, das sich heute darin befindet, ist also ein direkter Nachfolger. Das *Sternbachhaus* ist eines der größten der Neustadt, 1450 war hier das Stadt- und Landgericht untergebracht, heute ist in den Obergeschossen eine Schule untergebracht, Läden und Bistro im Erdgeschoss.

Der spätgotische, reich verzierte Erker des **Rathauses** überblickt die gesamte Neustadt. Das Haus wurde 1468 vom Rat der Stadt gekauft und kräftig umgebaut, der Erker entstand zuletzt und wurde 1524 fertig. Genau richtig für das Jahr 1525, als die aufständischen Bauern überall in Süddeutschland und Böhmen/Mähren Ratsherren einen gehörigen Schrecken einjagten – da konnte man den Erker gleich als Ausguck verwenden, während der Notstandsrat tagte und die Sterzinger Bauern unter *Michael Gaismair* vorrückten.

Im Inneren des schönen spätgotischen Hauses überrascht der großzügige Lichthof mit umlaufender Galerie. Im ersten Stock sind einige museale Objekte ausgestellt, u. a. ein schöner Schrank mit farbigen Holzeinlagen aus dem Barock. Eine alte Holztür führt in den historischen *Ratssaal* mit alter Täfelung und umlaufenden Wandbänken, einem eindrucksvollen Kachelofen und schlichter gotischer Holzdecke. Bemerkenswert das Lüsterweibchen, das 1525 in Augsburg wohl nach einer Vorlage Albrecht Dürers entstand.

Im *Innenhof* sind zwei interessante Objekte ausgestellt: ein römischer Meilenstein der Brennerstraße, 1979 beim Umbau eines Sterzinger Hauses gefunden (aus dem Jahr 201), und der Abguss eines Mithrassteins aus derselben Zeit, der in einer Felsenhöhle bei Mauls gefunden wurde, wo er über dem Altar des dortigen Heiligtums stand (Mithras war ein besonders vom Militär verehrter vorderasiatischer Gott, der meistens im Kampf mit einem Stier abgebildet wird).
Rathaus Mo–Do 8–12.30, Mi auch 14–17.30 Uhr; Innenhof (Mithrasstein/römischer Meilenstein) Mo–Do 8–17, Fr 8–15, Sa 9–12 Uhr; Eintritt frei.

Neben dem Rathaus steht die **Statue des hl. Johannes Nepomuk** (1739). Der Heilige, der von der Moldaubrücke in den Fluss geworfen wurde, wehrt Wassergefahren ab. Unbedingt nötig an einem Ort, der immer wieder mit Überschwemmungen durch den etwas oberhalb mündenden Vallerbach und den Eisack zu rechnen hatte (er hat seine Arbeit nie perfekt getan).

Die Altstadt: Der *Zwölferturm* trennt Neustadt und Altstadt: Er ist 46 m hoch, von 1468 bis 1472 erbaut und das Wahrzeichen Sterzings. Der steinerne Treppengiebel stammt von 1867, nachdem der frühere Spitzhelm abgebrannt war. Auf dem Stadtplatz gleich dahinter dominiert der *Gasthof Schwarzer Adler* mit seinen zwei Frontgiebeln (offensichtlich aus zwei alten Häusern zusammengefasst), am linken Eck steht ein hölzernes *Bildstöckl* (leider ohne die Statue), das zur Erinnerung an einen Blitzschlag im Jahr 1636 aufgestellt wurde, der dank göttlicher Fügung ohne Brand ablief. Dem Zwölferturm gegenüber liegt ebenfalls am Stadtplatz die *Heilig-Geist-Spitalkirche* (rechts davon die Touristeninformation), ein nach außen ganz schlichter Bau der Gotik (ab 1399). Drinnen entpuppt sie sich als ein zweijochiger Raum mit Spitzbögen, der fast komplett spätgotisch ausgemalt ist (das nördliche Seitenschiff ist ohne Dekor). Die Fresken des *Hans von Bruneck* aus dem Jahr 1402 sind etwas verblasst, aber gut zu erkennen. Die Heilsgeschichte – wie damals üblich – ist in großformatigen Szenen dargestellt. Besonders eindrucksvoll sind der Zug der Hl. Drei Könige mit der Anbetung des Kindes über der nordwestlichen Arkade und das Jüngste Gericht an der Westwand, der früheren Eingangswand: Die Darstellung von Reihen sich öffnender Gräber, aus denen die Toten beim Jüngsten Gericht auferstehen, kann schon Schauer auslösen.

Speck-Verkauf in Sterzing

Heilig-Geist-Spitalkirche Mo–Fr 8.30–12/14.30–18 Uhr, Sa nur vormittags.

Das postmoderne *Athesiahaus* (zweistöckige Buch- und Papierhandlung) mit seinem zentralen Stahl-Glas-Erker fügt sich trotz oder wegen des großen Kontrasts zu den Nachbarhäusern gut in die Fassadenflucht der Altstadt ein. Typisch postmodern heißt hier: Das für Sterzings Architektur charakteristische Element des Mittelerkers wird verfremdet zitiert. Das *Haus in der Färbe*, ganz am oberen Ende der Altstadt, wurde früher Oberspital genannt und war im 14. Jh. ein Armenspital, dann Bürgerhaus, später Färberei, heute wird es als Pension genutzt.

Stadtpfarrkirche und Deutschordenshaus: Etwas außerhalb des Orts liegt die *Pfarrkirche Unsere Liebe Frau im Moos*, ein im Inneren prächtiger spätgotischer Bau (1417–1524). An der Nordwand der Kirche befindet sich der *Postumia-Victorina-Stein*, ein römischer Grabstein, der unter Kaiser Maximilian 1497 aufgefunden wurde. Der kaiserliche Auftrag, den Fund schriftlich zu dokumentieren, ist die älteste archäologische Dokumentation im deutschen Sprachraum.

Das Wipptal

Die beiden Museen *Stadtmuseum* und *Multschermuseum* sind im ersten Stock der Kommende des Deutschen Ordens nahe der Pfarrkirche untergebracht. Der Ritterorden hatte im Sterzinger Raum großen Besitz, in diesem Haus war die Verwaltung untergebracht, was in einigen Räumen noch gut zu sehen ist. Das Multschermuseum verwahrt die wichtigsten Teile des „Sterzinger Altars" des Ulmer Meisters *Hans Multscher* (1459), der Altar gehört zu den wichtigsten Werken des ausgehenden Mittelalters im deutschen Sprachraum.

Stadtpfarrkirche tgl. 9–19 Uhr. **Stadtmuseum/Multschermuseum**, Deutschhausstr. 11, ✆ 0472/766464. April bis Okt. Di–Sa 10–13/13.30–17 Uhr, Eintritt 2,50 €, Kinder 1,20 €.

Ausflüge

Auf den Rosskopf: Direkt von Sterzing, das auf fast 1000 m liegt, führt die Rosskopfseilbahn 800 m höher bis unter den Rosskopf mit seiner fantastischen Aussicht, einem dichten Netz von meist leichten Wanderwegen und winterlichen Pisten samt zugehörigen Skiliften. Die 300 Höhenmeter von der Bergstation zum Rosskopfgipfel sollten für jeden einigermaßen rüstigen Besucher zu schaffen sein. Die kleine Mühe wird mit Blicken auf den Tribulaun im Norden (Stubaier Alpen), die Zillertaler Alpen, die Sarntaler Alpen und die Geislerspitzen in den Dolomiten im Südosten belohnt (wenn das Wetter mitspielt).

Der fast achtstündige **Dolomieu-Höhenweg** vom Rosskopf bis zur Ochsenhütte im Talschluss des Pflerschtales (auch 6-Almen-Weg genannt) kann durch Bergbahnen beliebig verkürzt und durch Einkehr in den Almen zu einer veritablen Genusstour werden. Wieso Dolomieu-Weg? Der Geologe, nach dem die Dolomiten benannt sind, fand das ebenfalls nach ihm benannte Mineral Dolomit nicht dort, sondern am Pflerscher Tribulaun.

Wer nur im Bereich der Bergstation spazieren will, bekommt an Wochenenden ein buntes Programm präsentiert, das von Bierverkostungen über Volksmusik bis zum Country- und Westernfest reicht. Für Kinder gibt es einen Streichelzoo mit Bergtieren wie Esel, Ziegen und Lamas, ebenso einen Wasserspielplatz. Der Wassererlebnisweg vom Rosskopf nach Sterzing erklärt die Trinkwassergewinnung am Berg.

Bergbahn Seilbahn Sterzing – Rosskopf, Brennerstr. 12, ✆ 0472/765521. Ende Mai bis Anf. Okt. tgl. 8.30–17.30 Uhr; Juli/Aug bis 18 Uhr, Berg 9,50–11,50 €, Kinder 6–7,50 €, Berg/Tal 12,50–14,50 €, Kinder 8–9,50 €; im Sommer immer mittwochs Sonnenaufgangsfahrten ab 5 Uhr; ✆ 338/3406942, www.rosskopf.com.

Wintersport → S. 115

Hütten Bewirtschaftete Hütten an und in der Nähe der Bergstation („Roßstodl"): **Sterzinger Haus**, Alpenverein Südtirol, 1930 m, Übernachtungsmöglichkeit, ✆ 335/299054, www.sterzingerhaus.com, **Sternhütte**, 1946 m, uriges Restaurant, neue, gemütliche Chalets für 2–8 Personen ab 234 € (2 Pers. inkl. FR und SPA), ✆ 347/2387204, www.stern.one, im Abstieg nach Sterzing liegt die **Enzianhütte**, 1600 m, www.enzianhuette.it.

Burg (Schloss) Reifenstein: Die eindrucksvolle Burg der Thurn und Taxis liegt am Südrand des *Sterzinger Mooses*. Die „typische Ritterburg" (wie aus dem Bastelladen) bewacht mit der gegenüberliegenden *Burg Sprechenstein* den Eingang zum unteren Wipptal (das obere Eisacktal und seine Verlängerung über den Brenner bis nach Innsbruck wird traditionell Wipptal genannt). Reifensteins Bergfried stammt noch aus romanischer Zeit, die späteren mittelalterlichen Erweiterungen standen schon, als 1470 der *Deutsche Orden* die Burg übernahm. Die Besichtigung zeigt u. a. die große Rauchkuchl, eine rußgeschwärzte Küche, in der für Herrschaft und Dienstboten über offenem Feuer gekocht wurde. Der Grüne Saal im zweiten Stock wurde

1497 komplett illusionistisch ausgemalt. Eindrucksvoll der Marterpfahl im Vorraum des Verlieses, das im Bergfried untergebracht war. Im untersten Geschoss des Bergfrieds schliefen die Wachen auf Stroh, die engen hölzernen Verschläge, in denen wahrscheinlich je drei Mann Platz finden mussten, sind erhalten.

Am Nordrand der Kuppe von Reifenstein steht *St. Zeno,* eine mittelalterliche Kapelle mit barocker Ausstattung. Wie der Veroneser Patron St. Zeno wohl hierher kommt?

Anfahrt Straße von der SS 12 (Sterzing – Brixen) mit Hinweisschild „Elzenbaum Burg Reifenstein", Parkplatz unter dem Burgberg (ca. 0,5 km zu Fuß bis zur Burg).

Öffnungszeiten/Eintritt Besichtigung nur im Rahmen einer **Führung**, April bis Okt. tgl. außer Sa um 10.30, 14 und 15 Uhr (im Aug. auch 16 Uhr). Eintritt 7 €, Kinder 4 €. ✆ 339/2643752.

Das Ridnauntal

Das nur 16 km lange Ridnauntal mit seinen Nebentälern ist prall gefüllt mit Sehenswürdigkeiten und landschaftlichen Highlights. Gletscher und Dreitausender im Westen bis hinauf zum Zuckerhütl, dem mit 3507 m höchsten Gipfel der Stubaier Alpen (deren größter Teil in Österreich liegt). Die *Gilfenklamm* ist ein leicht zu erreichendes Naturwunder, das abzweigende *Ratschingstal* ein idyllisches Bergtal mit Bauernhöfen und Almen, ein wahres Wanderparadies. Im *Schloss Wolfsthurn* ist nicht nur ein prachtvoller spätbarocker Schlossbau zu bewundern, sondern auch eine außergewöhnliche Sammlung zum Jagd- und Fischereiwesen. Vom früher bedeutenden Bergbau bekommt man eine Ahnung, wenn man die ausgedehnten Anlagen des *Südtiroler Bergbaumuseums Ridnaun-Schneeberg* besucht, die sich bis in fast 2500 m Meereshöhe hinauf ziehen.

Die einsam liegende *Kirche St. Magdalena*, Knappenkapelle genannt, ist aus Sorge vor Diebstählen ständig geschlossen. Sie ist ein spätgotisches Juwel von 1482 und

Der Frühling tastet sich vor ins Ridnauntal

wurde von den Bergleuten am Schneeberg bezahlt, Beleg des wirtschaftlichen Höhepunkts der Bergwerksregion. Innen zwei bedeutende spätgotische Flügelaltäre von den Sterzinger Meistern *Mattheis Stöbele* und *Hans Harder*. Wenig später ging's bergab, als um 1500 die Fugger den Bergbau übernahmen. Zum einen investierten die Fugger eine Menge und steigerten die Ausbeute enorm, brachten sie dadurch aber auch bald zum Versiegen. Und zum anderen brachten die amerikanischen Silberschätze im 16. Jh. den Silberpreis auf einen nie geahnten Tiefstand. Die Bergwerke wurden unwirtschaftlich. 1925 bis in die 50er-Jahre des 20. Jh. betrieben italienische Gesellschaften den Bergbau, was davon und von den früheren Bergbauphasen, besonders des Spätmittelalters, übrig ist, kann besichtigt werden.

Basis-Infos

Information Tourismusverein Ratschings, vor dem Büro Infosäule mit Online-Informationsdienst über Ridnaun, Ratschingstal, Sterzing und das Eisacktal. Mo–Fr 8–12/13.30–17.30, Sa 9–12 Uhr. ✆ 0472/760608, www.ratschings.info.

Verbindungen Bus von/nach Sterzing bis zu 9x tgl., von/nach Maiern bis zu 5x.

Einkaufen Teppichweberei Zössmayr, Telfes, Ratschings, Telferweg 14, führt Fleckerlteppiche, Schafwollteppiche und andere Webwaren. ✆ 338/7677191, www.webkunst.it.

Sport Ridnauner Bergführer, Führungen, Tourenarrangement, Ausrüstungsverleih, Kontakt M. Parigger, Ridnaun, Gesennen 4, ✆ 349/6220125, www.bergfuehrer-ridnaun.com.

Sepps Ski-, Snowboard- und Radverleih, Ridnaun, Gasse 81a, ✆ 0472/656374.

Skigebiet Ratschings-Jaufen, ✆ 0472/659153, www.ratschings-jaufen.it; Details → Sterzing/Wintersport.

Reiten ermöglicht der Haflingerreitstall im Hotel Taljörgele, Ridnaun, Obere Gasse 14, ✆ 0472/656225, www.taljoergele.it.

Übernachten/Essen & Trinken

In Ratschings ****** Almina**, das nach Umbauten 2015 neueröffnete Hotel präsentiert sich nun als Familien- und Wellnesshotel der gehobenen Klasse. Ausgestattet mit neuen Zimmern, schönem Speisesaal und einem großzügigen SPA-Bereich sowie einer eigenen Wasserwelt für Kinder, Spielplatz und Kinderbetreuung ist hier alles auf Familien ausgerichtet. DZ/¾HP 140–230 €, Suiten teurer. Mittertal 12, ✆ 0472/764120, www.almina.it.

Camping: Gilfenklamm → Sterzing.

In Mareit ***** Haller**, angenehmes Hotel der Mittelklasse am Ortsrand mit Hallenbad und Sauna. Große Wiese, kinderfreundliches Ambiente, Zimmer guter Dreisternedurchschnitt, nicht alle mit Balkon. DZ/HP 130–164 €. St. Johannes 17, Mareit, ✆ 0472/758249, www.haller.it.

Schlossschenke im Schloss Wolfsthurn, hübsch in gewölbten Räumen untergebracht, Tiroler Küche und Merenden, geöffnet wie das Museum.

In Ridnaun ****** Schneeberg**, „Family Resort und Spa" im obersten Ridnauntal mit 30-jähriger Tradition und einer neuen Eingangshalle, die zeigen soll, wie weit man's gebracht hat. Komplex aus 3 Häusern in ausgedehnter Garten-/Pool- und Hallenbadsamt Wellness-Landschaft vor der Kulisse der Stubaier Alpen. Zahlreiche Beautyprogramme, auch Moor- und Heubad. Gemütliche Zimmer, auch Familienzimmer. Aller Komfort der Kategorie. DZ/VP 164–270 €, Suiten teurer. Auch Apartments in verschiedenen Größen und Ausstattungen. Maiern 22, ✆ 0472/656232, www.schneeberg.it.

In der Pizzeria des Hotels Schneeberg in Maiern isst man relativ preiswert, die Kegelbahn nebenan wartet schon mit einer Kegelrunde zum Abtrainieren überflüssiger Kalorien.

Knappenstube, Maiern 48, im Schaubergwerksgelände, sehr gute Aussicht auf den Bergwerksbereich, bei Knödeln, Spaghetti, Schnitzel und/oder hausgemachtem Apfelstrudel und einem Bier. Die Preise sind für den Standort erstaunlich niedrig (Nudeln/Knödel und Hauptgericht ab ca. 20 €). Mo und So abends Ruhetag. www.knappenstube.com.

Sehenswertes/Ausflüge

Zur Gilfenklamm und der Ruine Reifenegg: Bei *Stange* im Ridnauntal mündet der Ratschingsbach in den Ridnaunbach – ganz unspektakulär. Aber wenige 100 m oberhalb muss er sich durch eisenharten Marmor durchfressen und dabei hat er eine schmale, spektakuläre Klamm gebildet, die Gilfenklamm. Einige Abschnitte sind sehr dunkel, die Felsen schließen sich über der Klamm fast zusammen. Höhepunkt: ein 15 m hoher Wasserfall. Schon 1896 hat man für uns Touristen einen Steg gebaut, der auch weniger Bergerfahrenen und Familien die Möglichkeit gibt, dieses Naturwunder zu bestaunen. Die Klamm überwindet einen Höhenunterschied von 175 m, man ist also 30 Min. bis 1 Stunde zur höchsten Stelle unterwegs. Nachdem im schneereichen Winter 2013/14 einige Wege stark beschädigt worden waren, mussten die Stege teilweise erneuert und ausgebaut werden. Schönster Rückweg: Weg 11 b ab Jaufensteg bis Weggabelung Burgt, dann links (weiter mit 11 b) etwas steiler, vorbei an der Burgruine Reifenegg, hinunter nach Stange bzw. zu den Parkplätzen unterhalb des Eingangs zur Klamm.

Die wilde Gilfenklamm bei Sterzing

Die **Ruine Reifenegg** besteht heute fast nur noch aus dem gewaltigen *Bergfried*, der aber ist sicher der massivste Südtirols. Ihre frühere bedeutende Funktion ist heute nicht mehr zu erahnen: Sie schützte den Zugang zum Jaufenpass. Der damalige Saumweg verlief unmittelbar unter der Burg (die heutige Straße hat einen gänzlich anderen Verlauf).

Gilfenklamm: Mai bis Anfang Nov. tgl. 9–17, Juli/Aug. bis 18 Uhr, Eintritt 4 €, Kinder 2 €.

Schloss Wolfsthurn mit Südtiroler Landesmuseum für Jagd und Fischerei (in Mareit): Viele Burgen und Schlösser sind in Südtirol heute noch von den Familien bewohnt, die sie errichten ließen, das Barockschloss Wolfsthurn gehört dazu. 1727 ließ Baron Franz Andrä von Sternbach in Mareit im einsamen Ridnauntal einen kleinen Vorgängerbau niederreißen und ein Prachtschloss im neuesten Stil errichten: barocke Schaufassade nach außen ins Tal, großer Innenhof, der den Repräsentationstrakt vom Herrentrakt (oder Kavaliertstrakt) trennt, in dem die Sternbachs heute noch wohnen (nicht zu besichtigen). Bei der Ausmalung, dem Stuck und den Tapeten, bei den Bildern, Teppichen, Möbeln und Kaminen wurde nicht gegeizt, die Hauskirche ist eine der sehenswertesten Barockkirchen des Landes (Arbeiten u. a. vom berühmten *Matthäus Günther* aus Augsburg). Ein Traumschloss ... man denkt, die Vorfahren der heutigen Besitzer sollten allesamt vor Freude strahlen, in einem derart prächtigen Schloss wohnen zu dürfen, aber wie die Portraits zeigen (u. a. vier Gemälde von Chr. Zucchi im Salon des zweiten Stocks), war das keineswegs der Fall, sie wirken ernst und irgendwie tief betroffen (kein Wunder ... was der Unterhalt wohl kosten mag!). Im ersten Stock des Repräsentationstraktes ist seit 1996 das *Südtiroler Landesmuseum für Jagd und Fischerei* untergebracht, das jede Menge Objekte und Infos zu dieser für Südtirol so wichtigen Wirtschaftssparte bringt. Das Museum ist ein Volkskunde-, kein Naturkundemuseum, der Akzent liegt auf den Bräuchen, den Traditionen, die mit Jagd und Fischerei verbunden sind. April bis 15. Nov. Di–Sa 10–17, So/Fei 13–17 Uhr; Eintritt 6 €, erm. 4,50 €. ✆ 0472/758121, www.wolfsthurn.it.

Bergbauwelt Ridnaun-Schneeberg (in Maiern): Im obersten Talabschnitt liegt Maiern mit den eindrucksvollen Bauten und Stollen eines aufgelassenen Bergbaus im Bereich Ridnaun. Zusammen mit dem auf der Seite des Passeiertals in großer Höhe liegenden Schneeberg (→ Passeiertal, S. 329) bildet es den Museumsbereich Ridnaun-Schneeberg des auf mehrere Orte und Berggebiete verteilten Landesbergbaumuseums. In Maiern war im 19. und 20. Jh. die Erzaufbereitungsauflage für die zahlreichen Stollen, die von hier aus und von noch höher – bis 2480 m! – in den Berg getrieben wurden. Gebrochen wurde silberreiches Gestein, nach der Blütezeit im Spätmittelalter (1486 wird als Höhepunkt gesehen) wurden die begleitenden Metalle Blei und Zink von Bedeutung.

Neben dem Museum knapp über dem Parkplatz besichtigt man in einem kleinen Rundgang („Schneeberg Kompakt" 1:30 Std.) den ca. 200 m langen Schaustollen und erfährt alles über Gesteine, die Arbeit im Stollen, den Erztransport und das Knappenleben. Wer mehr Zeit und Interesse hat, kann längere Touren buchen: Bei „Schneeberg Abenteuer Schicht" (7 Std.) fährt man zuerst mit dem Bus ins *Lazzacher Tal* und zum auf 2100 m gelegenen Poschhausstollen, durch den man 3 km weit mit der Grubeneisenbahn fährt. Das Ziel von „Schneeberg Bergbau Welt" (10 Std.) ist die **Knappensiedlung St. Martin** (im Passeier, also auf der anderen Seite des Bergkamms) mit der heutigen *Schneeberghütte* auf 2355 m, die früher das Herrenhaus der Siedlung war. Hier kann man sich stärken, aber auch nächtigen. Von dort aus wird der *Carlsstollen* besichtigt, im Jahr 1660 aufgeschlagen, und auf den zahlreichen Abraumhalden kann nach Mineralien gesucht werden. Im Gebiet werden immer mehr Zeugnisse der früheren Bergbaus instandgesetzt, so wurden auf dem Lehrpfad, der durch das Lazzacher Tal führt, die alten Trassen der Erzförderwege saniert, meist ehemals Pferdebahnen. Für Kinder gibt es auch eine spezielle Tour, „Schneeberg Junior", die 2:30–3 Std. dauert und „abenteuerlich über und unter Tage" führt.

Bergbauwelt Ridnaun Schneeberg, in Ridnaun-Maiern, geöffnet April bis Anfang Nov. außer Mo (jedoch geöffnet, wenn Feiertag und im Aug.), bis auf „Schneeberg Kompakt" Anmeldung nötig! Nur Museum 3 €; *Kompakt* 9.30–15.15 Uhr, 4 Führungen pro Tag, Erw. 10 €, Kinder 4 €; *Abenteuer Schicht* Mitte Mai bis Okt. Do–So, nur ab 10 Pers., Erw. 25 €, Kinder 15 €; *Bergbauwelt* Mitte Juni bis Okt. Do/Sa/So, ab 10 Pers., Erw. 35 €, Kinder 15 €; *Junior* Mi und Fr 13.30 Uhr, nur ab 10 Pers., Erw. 10 €, Kinder 7 €. Ridnaun, Maiern 48, ✆ 0472/656364, www.bergbaumuseum.it.

Im Ratschingstal: Das nur von wenigen Bauernhöfen bewirtschaftete Ratschingstal, das so spektakulär mit der Gilfenklamm ins Ridnauntal mündet, endet im 1480 m hoch gelegenen Weiler *Flading*. Ein paar schmucke Höfe, eine Kapelle von 1745 mit alten und neueren Votivbildern, die von Wallfahrten hierher zeugen. Wer das Auto in **Bichl**, dem Hauptport des Ratschingstals lässt, erreicht Flading in einer gemütlichen, für alle Altersklassen geeigneten Wanderung auf dem alten Talweg, der meist parallel zur Talstraße verläuft – etwas höher am Sonnenhang, Markierung 13 a –, in 1:30–2 Std. (hin/zurück 3–3:30 Std.).

Höher liegt die **Fladingalm** und darüber Hochalmgebiet, das auf mehreren Wanderwegen erschlossen wird. Besonders reizvoll der Weg zur bewirtschafteten **Klammalm** auf 1925 m mit dem 40 Min. höher zwischen Bergriesen gelegenen *Butsee* (weiter zur Hohen Kreuzspitze, 2743 m, für Geübte leicht; Flading – Klammalm 1 Std., Klammalm – Butsee – Hohe Kreuzspitze 3 Std., Rückweg bis Flading 3 Std., insgesamt 7 Std. Gehzeit). Auf halbem Weg durch das Tal gibt es im Ort *Ratschings* eine kürzlich erneuerte, topmoderne Seilbahn, die fast hinauf zum *Jaufenpass* führt. An der Bergstation liegt der neu angelegte Wanderweg der **BergerlebnisWelt Ratschings**, mit tollen Attraktionen für Kinder wie Streichelzoo, Wasserspielen, Aussichtsturm und Klettergerüst. Es gibt Infotafeln über die örtliche Fauna und Flora, als kulinarisches Highlight lockt die **Rinneralm** mit leckeren Gerichten (hervorragend die Nudel- und Knödelgerichte) und Kuchen. Die reine Gehzeit des Parcours beträgt ca. 45 Min.

Bergbahnen: *Seilbahn Ratschings – Jaufen*, Anf. Juni bis Anfang Okt. tgl. 8.30–17 Uhr, Erw. einfach 9,50 €, Berg/Tal 14 €, Kind 6/9 €; ☏ 0472/659153, www.ratschings-jaufen.it.

Ins Jaufental und über den Jaufenpass: Bevor die Fahrt auf der kurvenreichen Straße richtig beginnt, geht es beim Ort Gasteig nach links ins abgelegene Jaufental, in dem die Weiler Mittertal und Obertal liegen. Die ruhige Gegend mit mehreren Almhütten ist ideal für entspannte Spaziergänge und im Winter zum Schneewandern. Und es gibt ein empfehlenswertes Hotel dort (s. u.).

Die Passstrecke von Sterzing über den 2094 m hohen Jaufenpass ins Passeiertal und nach Meran ist zwar erst 1912 trassiert worden, aber sie geht auf ehrwürdige, ältere Vorgänger zurück. Der bereits in vorgeschichtlicher Zeit begangene Übergang hatte seine größte Bedeutung in der Zeit, als Schloss Tirol und Meran das politische Zentrum Tirols waren und der Hauptverkehrsstrom nach Norden über den Jaufen nach Sterzing und den Brenner nach Innsbruck führte. Nach dieser mittelalterlichen Phase (ca. 1150–1420) verlor der Pass stark an Bedeutung, zumal die Route durch das Eisacktal, der sogenannte Kunterweg, in eben dieser Zeit entstand, und von Bozen nicht mehr der zeitraubende Umweg über den Ritten gemacht werden musste. Dennoch blieb der Pass ein bedeutender Übergang und das Hospiz, ein indirekter Nachfolger ist das *Sterzinger Jaufenhaus*, samt *Kirchlein Mariä Heimsuchung* blieb ein von vielen Menschen besuchter Ort. Heute ist der Jaufenpass eine äußerst beliebte Tourismusroute und Einfallstor von Norden in das Burggrafenamt, nach Meran und den Vinschgau, Ziel vor allem auch in jeder Sommersaison von Zehntausenden Motorradfahrern.

Bergwandertipp für Schwindelfreie!

Direkt vom Jaufenhaus (1993 m) oder vom Pass führt ein gut markierter Steig (Schilder „Jaufenspitze") auf die **Jaufenspitze (2481 m)**, die als mächtige Pyramide die Passgegend überragt. Bei knapp 400 Höhenmetern ist man hin und zurück bis zum Gipfel ca. 2:30 Std. unterwegs. Der Steig ist an einigen Stellen, meist schrägen Platten, etwas ausgesetzt, aber technisch leicht und gut gesichert (Drahtseile), dennoch ist er nur für trittsichere und schwindelfreie Bergwanderer geeignet. Vom Gipfel hat man einen überwältigenden Blick, umfasst er doch Zentralalpen und Sarntaler Alpen!

Über das Penser Joch: Verglichen mit dem Jaufenpass war und ist das Penser Joch eher idyllisch, es hat nie dessen Bedeutung gehabt, blieb immer eine eher lokale

Verbindung. Wegen der im Vergleich zum kilometermäßig weiteren Eisacktal (und der Autobahn) wesentlich längeren Anreise nach Bozen wird sich daran wohl auch nichts ändern. Das heißt aber: Wer Zeit hat, nimmt das Penser Joch, an landschaftlicher Schönheit steht es nämlich dem Jaufenpass in nichts nach. Für **Motorrad- und Rennradfahrer** gehört die Fahrt von Sterzing übers Penser Joch ins Sarntal fast schon zum guten Ton. Aufstieg durch Wald, schöner Blick auf *Burg Reifenstein*, dann nach erstem Bergblick *Egg* mit seinen zwei Gasthöfen in Panoramaposition. Eine lang gezogene Kurve führt durch Almgebiet zum wenig auffälligen Joch mit dem meist von Besuchern umlagerten Haus.

**** **Naturhotel Rainer**, stylish-funktional eingerichtetes Wanderhotel mit vielfältigen Angeboten: Sauna, Wellnessbereich, Spa, Beauty – und in den kommenden Jahren wird es nochmals umgebaut und modernisiert werden. DZ/FR 150–300 €, Jaufental, Mittertal 48, ✆ 0472/765355, www.hotel-rainer.it.

** **Schönblick**, da macht ein Name mal wirklich Programm: Vom „Schönblick" in Egg überblickt man das ganze obere Wipptal samt Sterzing und den Alpenhauptkamm. Tagsüber nach vorne raus etwas lärmig (Motorräder!), ab der Dämmerung heilige Ruhe. Rustikales Ambiente, schlichte Zimmer, zu essen gibt's Deftiges. DZ/FR 70–80 €. Freienfeld, Egg 11, ✆ 0472/771990, www.schoenblick-egg.it.

Auf dem Penser Joch liegt der Berggasthof **Alpenrosenhof** (Penserjochhaus), geöffnet von Mai bis Okt., mit Übernachtungsmöglichkeit in einfachen 2- und Mehrbettzimmern.

Tour 2: Wanderung von Maiern zur Grohmannhütte

Tour-Info: Viel begangene, relativ einfache Wanderung, die fast bis in die Gletscherzone reicht. Dauer: 4:30 Std.; Höhenunterschied: 850 m. Karte: Tabacco (1:25.000) Blatt 38; Kompass (1:50.000) Blatt 44.

Man startet die Wanderung am Straßenende in Maiern mit Parkplatz **A** und quert die Brücke über den Ridnaunbach, um rechts einen Fußweg einzuschlagen (üppige Beschilderung, u. a. Hinweis auf Grohmannhütte). Er führt zunächst steil, dann immer flacher relativ holprig durch dichten Bergwald, Blicke ins Bachtal hat man keine, aber man hört den Bach. Bei einer Brücke **B** kommt eine geschotterte Straße von rechts, man quert die Straße (die zur Aglsbodenalm führt) und geht jenseits auf dem Fußweg weiter und quert die Straße **C** nochmals, bevor man den flachen Almboden **D** erreicht. Man bleibt am linken Rand des flachen Beckens (eines ehemaligen Seebeckens) und wird schon in Sichtweite der Aglsbodenalm nach rechts **E** zu der Aglsbodenalm **F** hingeführt.

Nach der Hütte rechts und auf Steg über den Bach (Wasserfall links) und auf Steig hinauf zum querenden markierten Weg, dem wir nach links folgen. In steilen Serpentinen bergauf, dann nach links am Steilhang über dem Wasserfall, bis wir eine flache Wegstrecke erreichen **G**. Nach dieser folgt noch einmal ein steiles Stück, dann steht man auf einem Sattel mit herrlichem Ausblick, und rechts liegt einen Steinwurf entfernt etwas oberhalb der Grohmannhütte **H**. Noch höher liegt die Teplitzer Hütte (wer hinauf will, muss noch einmal hin/zurück 1:30 Std. aufwenden, der

Das Ridnauntal

> Die Grohmannhütte liegt an einer Variante des **Tiroler Höhenwegs**, der das Gebirge rund um den Brenner in einer Tour von ca. 13 Tagen erschließt. Infos im Internet auf www.13h.de und http://hoehenweg.eisacktal.info.

Aufwand lohnt sich, denn man ist den Gletschern noch näher; allerdings etwas anstrengender als der Anstieg zur Grohmannhütte).

Zurück geht man bis zur Stelle über der Aglsbodenalm auf dem gleichen Weg, dann aber bleibt man auf dem markierten Weg auf der gegenüber vom Hinweg liegenden Seite des Almbodens.

Am Ende des kleinen Staudamms wird wieder der Hinweg erreicht.

Hütten Aglsbodenalm, 1717 m, nur im Sommer bewirtschaftet.

Grohmannhütte (Rif. Vedretta Piana), CAI Sterzing, die kleine, 1887 erbaute Hütte auf 2254 m ist genau das, was man sich immer wieder erhofft und selten findet: urgemütlich. Gerhard Rainer führt seit Kurzem die von Grund auf sanierte Hütte. 10 bezogene Betten, und im Mini-Aufenthaltsraum ein gemauerter Kamin und eine Speisekarte, die jedem Gasthof Ehre machen würde. Ü/HP ab ca. 45 €. ✆ 335/8047545, www.bergwandern-suedtirol.it.

Teplitzer Hütte, 2586 m, CAI Sterzing, 30 Betten und 50 Lager, Ü/HP ab 45 €, geöffnet Ende Juni bis Sept., ✆ 0338/1358371, www.teplitzerhuette.com.

Tour 3: Im Ridnauntal – mit dem Rad von Sterzing nach Maiern

Tour-Info: Bis auf ein kurzes Stück, das auf einem schmalen Steig zurückgelegt werden muss, eine einfache Tour, die Mountainbikern das Ridnauntal auf dem Sonnenhang in ganzer Länge erschließt. Zurück geht es dann ganz flott auf der normalen Straße, aber der Sterzinger Industriezone folgt dann (links) für schlappe 2,5 km ein Radweg. Dauer: 2:30–3 Std.; Länge: beschriebene Strecke 17,9 km, Rückweg 16,9 km, insgesamt 34,8 km; Höhenunterschied: 725 m. Karten: Tabacco (1:25.000) Blatt 38; Kompass (1:50.000) Blatt 44. Einkehren: Hotel Schneeberg in Wiesen; Knappenstube im Bergwerksmuseum Ridnaun-Maiern.

Von der Touristeninformation in Sterzing **A** quert man den Platz und fährt durchs Tor in die Neustadt zum Untertorplatz **B** (bis hierher größte Vorsicht, Fußgängerzone, Radfahrer werden gerade eben geduldet!). Dort sofort nach rechts und bei der nächsten Straßeneinmündung **C** nach links. Bei einer Gabelung **D** rechts auf Straße „In die Vill" und bei der nächsten Gabelung **E** links auf die St.-Margarethen-Straße. Eine Brücke führt über die Autobahn, dann führt das Sträßchen nach rechts als für den motorisierten Verkehr gesperrter „Besinnungsweg" weiter.

Nach einer längeren Steigung erreicht man das Dorf Thuins, quert am Ortsanfang eine Asphaltstraße und hält sich rechts in Richtung Kirche **F**, an der vorbei man einen größeren Platz **G** erreicht. Hier scharf links auf Fahrweg (Schild „Telfes") und am oberen Ortsrand entlang zurück zur Asphaltstraße **H**, auf der man rechts und bergauf weiterfährt. Es handelt sich um die Straße nach Telfes, das man in Obertelfes **I** mit seiner weithin sichtbaren Kirche erreicht. Die Straße setzt sich fort nach Untertelfes mit einer Kirche **J**, die ebenfalls einen schönen barocken Zwiebelturmhelm besitzt. Fährt man weiter, trennen sich bald die Straßen, wir halten uns bei der nächsten Gabelung **K** links und leicht abwärts (Schild „Mareit"). Die Abzweigung nach rechts **L** zum Hochbichlhof lässt man unbeachtet. Das schmale, aber gute Sträßchen mündet bald in eine etwas breitere, ebenfalls asphaltierte Straße **M**, der man rechts und aufwärts folgt. Ein Schild **N** weist auf den hier abzweigenden Weg zur Rotwand hin, kurz darauf sind wir

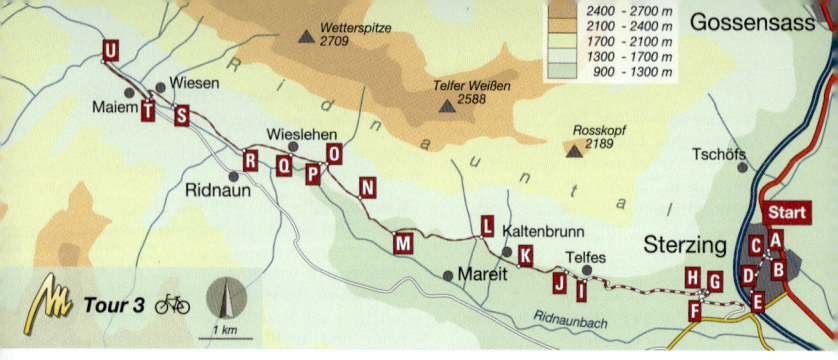

Tour 3

am Ende der Asphaltstraße **O** und am Wieslehenhof angelangt. Geradeaus auf Karrenweg weiter, dann bei einem Kruzifix **P** nach links auf einen schmalen und nur für Mountainbiker mit gutem Körpergefühl befahrbaren Fußweg (Schild „18 Ridnaun"). Er quert drei scharf eingeschnittene Gräben und erreicht auf der anderen Seite eine Schotterstraße bei einem Bauernhof **Q**. Wir folgen ihr nach links. Kurz darauf ist sie asphaltiert und führt ins Tal hinunter, wo wir uns unmittelbar vor einer Brücke **R** rechts halten. Nach der Hofgruppe Braunhofer, die gequert wird, ist der Weg nur noch geschottert. An einem Bach führt uns ein Holzsteg **S** (oder Furt) nach links. Der folgende Weg erreicht den Weiler Wiesen, wo man auf einem Sträßchen im Linksbogen zur Brücke und hinüber auf die andere Talseite geführt wird, wo das neue Hotel Schneeberg **T** steht. Nun noch ein kurzes Stück talaufwärts auf der Talstraße und Maiern mit seiner ehemaligen Erzaufbereitungsanlage (ein Riesenkomplex mit etwa 36 Einzelobjekten!), dem Straßenende und dem großen Buswendeplatz **U** ist erreicht. Der Rückweg erfolgt auf der Talstraße.

Das Pfitschtal

Das Pfitschtal, das sich vom Alpenhauptkamm östlich des Pfitscher Jochs (2248 m) zum Eisack unterhalb Sterzing hinunterzieht, besteht eigentlich aus zwei Tälern: Der Ausgang des unteren Teils verschmilzt mit dem Becken von Sterzing, hier wurde aus dem Ort **Wiesen** (→ „Sterzing/Übernachten") de facto ein Vorort von Sterzing. Hier steht nahe der Straße die 8-eckige *Heiliggrabkapelle*, ein 1682 geweihter, auffälliger Bau. Nur sanft steigt das Tal von dort an. Breite Terrassen auf der Südseite und weiter oben auch auf der Nordseite versorgten zumindest in früheren, kargeren Zeiten drei Dutzend Bauernfamilien. Dann ein scharfer Knick, die Straße macht einen großen Schlenker, um eine plötzliche steile Talstufe zu überwinden, und voilà!, ein See, der **Rieder Stausee**, und ein neues, diesmal komplett flaches Tal.

Die nächsten 10 km steigt der Talboden praktisch nicht an, Heuwiesen nutzen die Fläche, die von Heuhütten förmlich gesprenkelt ist. Die Dörfer liegen höher an den sonnigen Südhängen, jedes mit seiner Kirche mit spitzem Kirchturm wie jener der Kirche von *St. Jakob* in **Innerpfitsch**, die 1577 zum ersten Mal urkundlich erwähnt wurde. Am 1. März 1817 wurde sie durch eine schwere Lawine fast vollständig zerstört, nur der Turm blieb unversehrt. Zwar baute sie die lokale Bevölkerung rasch wieder auf, aber der Standort erschien dann doch zu gefährlich, so dass von 1821 bis 1824 die neue Jakobuskirche weiter westlich im Ort erbaut wurde. Die alte Kirche wurde in der Folge zu einer Wallfahrtskirche und beeindruckt mit einer reichhaltig ornamentierten, verwitterten Holztüre. Das bei Innerpfitsch ungewöhnlich flache Talstück ist nichts anderes als ein verlandeter Stausee, welcher wohl vor etwa 6000–7000 Jahren durch einen Bergrutsch geschaffen wurde, der an der Stelle der heutigen Talstufe abging. Zwischen St. Jakob und Stein wird die Straße sehr schmal. Vom obersten Talbereich in **Stein** (ab hier 12 km bis zum Joch und einige Parkplätze am E-Werk unterhalb der Höfe) steigt das Tal noch einmal steil zum Alpenhauptkamm und den Zillertaler Alpen an, eine nicht asphaltierte, für den Autoverkehr ab der vierten Kehre (dort Parkmöglichkeit) gesperrte Straße führt zum **Pfitscher Joch** (2248 m) mit seinem Pfitscherjochhaus an der österreichischen Grenze. Im Sommer fährt ein Shuttlebus zum Joch. Wahlweise kann man mit dem Rad ab Stein oder ab der vierten Kehre die wunderschöne Straße mit atemberaubenden Ausblicken auf den 3510 m hohen Gipfel des *Hochfeiler* im Alpenhauptkamm und den spektakulären Talgrund emporfahren. Da sie als Passstraße eigentlich für den motorisierten Verkehr angelegt wurde, sind die Steigungen gleichmäßig und gut zu bewältigen.

Shuttlebus Juli bis Mitte Sept. ab Angerhöfe über Stein zum Pfitscher Joch mehrmals tgl. hin und zurück, Erw. 5 €, Kinder 2,50 €. Weiterfahrt nach Sterzing möglich. Info unter www.pfitscherjochhaus.com.

Übernachten/Essen *** **Kranebitt**, das an der Panoramastraße bei Kematen gelegene Hotel bietet eine herrliche Aussicht auf das flache Hochtal. Großzügige, helle Zimmer, ein kleiner Wellnessbereich mit Hallenbad, Dampfbad und Sauna. Ideal für Alpenüberquerer und MTB-Transalpler. DZ/HP 108–128 €. Grube 83, ✆ 0472/646019, www.kranebitt.com.

** **Pfitscherhof**, die lokale Klientel des Gasthofs trägt ganz wesentlich zu seiner Gemütlichkeit bei, da schmeckt die Speckplatte mit einem Viertel Roten gleich besonders authentisch. Schöne Zimmer, Liegewiese, Spielplatz. DZ/FR 76–80 €. Platz 124, ✆ 0472/630115, www.pfitscherhof.it.

Bacherhof, Urlaub auf dem ruhig am Sonnenhang gelegenen Bauernhof im unteren Pfitschtal, freundliche Zimmer, hofeigene Produkte, Ausritte. DZ/FR 80–106 €. Afens 279, ✆ 0472/646057, www.bacherhof.net.

Leitenhof, neuer, modern und hell gestalteter Agriturismo-Betrieb unter selber Leitung wie der Bacherhof und nur wenige Meter von diesem entfernt, gemütliche Panoramazimmer und Familiensuiten. Großer Aufenthaltsraum. DZ/FR 90–110 €. Afens 279a, ✆ 0472/646057, www.leitenhof.it.

Pfitscherjoch-Haus, das 1888 auf 2276 m Höhe erbaute Schutzhaus hat eine interessante Geschichte hinter sich, so war es zeitweise Zoll- und Grenzstation. 1966 kam es aufgrund der Unruhen in Südtirol zu einem Sprengstoffanschlag, bei dem ein Beamter getötet und ein Großteil der Hütte zerstört wurde. Seit 1973 wird sie wieder bewirtschaftet, 2012 wurde das Haus grundlegend umgebaut und erweitert und präsentiert sich seither mit modernem Speisesaal, neuen Zimmern und Sauna. Von Juni bis Mitte Okt. geöffnet. ✆ 0472/630119, www.pfitscherjochhaus.com.

Pretzhof → S. 120

Von Sterzing nach Brixen

Von Sterzing geht es zunächst gemächlich und im breiten flachen Becken talabwärts. *Schloss Reifenstein* (→ S. 124) bewacht diesen Talabschnitt auf der Südseite, Schloss Sprechenstein im Norden – beide sieht man von Autobahn, Straße und Bahn aus. An der Nordseite des Beckens liegt Freienfeld mit der Wallfahrtskirche Maria Trens, dann Mauls, eine alte Raststation an der Brennerstraße. Die Berge im Norden gehören zu den Pfunderer Bergen, bis hoch hinauf sind sie waldlos, die steilen Flanken sind mit Gras überzogen. Nach dem Becken von Sterzing verengt sich das Wipptal und wird zwischen Mauls und Franzensfeste so eng, dass die drei Hauptverkehrswege Bahn, Staatsstraße und Autobahn gerade eben nebeneinander Platz haben und das nicht überall. Das Tal ist in diesem Abschnitt dunkel und verkehrsfeindlich, es gibt immer wieder Muren und Überschwemmungen der Seitenbäche, die mit großem Gefälle von den bis zu 1700 m hohen Talflanken herunterstürzen. Wo sich das Engtal wieder öffnet liegt Franzensfeste, errichtet nach den Napoleonischen Kriegen, als man sichergehen wollte, dass nie wieder ein Feind durch das Wipptal zum Brenner vordringen würde (die Rechnung ist nicht aufgegangen).

Der oberste Teil des Eisack-Radwegs durchzieht das gesamte Tal. Zwischen Mittewald und Franzensfeste muss man 2 km auf der Staatsstraße fahren. Hier gibt es keinen Radweg, was vermutlich mit der Großbaustelle des BBT zusammenhängt und deshalb noch für einige Jahre so bleiben wird. Zwischen Franzensfeste und Vahrn ist die Trasse nicht asphaltiert.

Übernachten/Essen *** Post, der behäbige Gasthof nahe der Wallfahrtskirche lebt von seiner Lage und der hervorragenden Leistung der Küche. Nicht umsonst ist er Mitglied der Marke „Südtiroler Gasthaus", die für Gastfreundschaft, Tradition und regionale, authentische Küche steht. Freundliche, gut ausgestattete Zimmer, meist Balkon. DZ/HP 98–138 €. Innozenz Barat Str. 5, ✆ 0472/647124, www.post-trens.it.

Gasthaus Post, Spargeltage, Joghurttage und andere Spezialitätentage von fein bis rustikal. Hervorragende vegetarische Gerichte! Mi Ruhetag.

**** **Stafler**, das „Romantik Hotel" liegt als ehemalige Poststation zwar direkt an der Brennerstaatsstraße, aber das alte Gebäude („Haus Einhorn") ist heute nur noch ein kleiner Teil der Anlage und die Zimmer sind schön ruhig (meist) mit Blick auf die Grünanlagen. Die „Romantik" wird von der Umgebung hergestellt und von der Einrichtung: Qualitäts-Stilmöbel, altes bäuerliches Mobiliar, diskrete Beleuchtung von der Kerze zum Kronleuchter und eine mindestens der Kategorie entsprechende Ausstattung von Zimmern und Hotelräumen. Aller Komfort, Sportmöglichkeiten, Hallenbad, Saunalandschaft und seit Kurzem E-Bike-Verleih und Tesla-Ladestation (!). DZ/FR 140–246 €, Suiten teurer. Mauls 10, ✆ 0472/771136, www.stafler.com.

Restaurant Stafler mit Gourmetstube Einhorn, so erfolgreich war der Stafler mit seinem Romantik-Restaurant, dass er einen Teil abgetrennt und als „Gourmetstube Einhorn" zum Feinschmeckertempel deklariert hat. Prompt hat ihm der Gault-Millau (2017) 15 Punkte für die Gasthofstube und 17 Punkte, also 3 Hauben, für das Einhorn verliehen, außerdem gab es als Krönung den 2. Stern vom Guide Michelin! Die Küche des Hauses jongliert hier wie dort mit Tiroler, italienischen und Nouvelle-Cuisine-Akzenten, dass es eine Cross-over-Freude ist, alles ist (Gault-Millau) „schnörkellos und delikat" und „kongenial komponiert". Da folgt auf den Passeirer Bachsaibling die Karottenflan; als Pasta Tafelspitzravioli, dann geschmortes Lamm, getoppt von Bratäpfelsorbet und karamellisierter Kastaniencreme. Einhorn-Menü (6 Gänge) 119 €, Reservierung essenziell, Di und Mi Ruhetag (außer in HS). ✆ 0472/77113.

Maria Trens (Gemeinde Freienfeld): Maria Trens liegt auf einem Schwemmkegel, die **Wallfahrtskirche**, aus der der Ort hervorging, ganz oben. Wie so oft ist die Entstehung der Wallfahrt mit einer wunderbaren Auffindung des Gnadenbildes verbunden, hier fand ein Bauer im Geröll einer Mure eine völlig intakte Statue der Gottesmutter mit Kind. Die Wallfahrt stammt noch aus dem 13. Jh. und hat nie an Bedeutung verloren, viele Votivtafeln als Dank für wunderbare Errettung aus allen möglichen Gefahren sind an der Nordwand aufgehängt. Das Gnadenbild selbst, eine gotische Marienstatue von ca. 1470 (also nicht das Original), ist reich mit Krone und bestiktem Kleid geschmückt, sie verschwindet regelrecht unter allem Dekor. Auch Kunstfreunde besuchen Maria Trens: Die hochgotische Kirche wurde in der Spätgotik durch einen schönen Chor erweitert und 1753/54 barock umgestaltet. Aus dieser Zeit stammen die Fresken des *Adam Mölk* und die Altäre, die Gnadenkapelle (links) entstand bereits 1726/27.

Mauls und Umgebung: Aus ehemals zwei Dorfkernen wurde ein einziges Dorf: An der Straße liegt der große Gasthof, die ehemalige Poststation mit den Stallungen und Dienstbotenquartieren, an der Spitze des Schwemmkegels des Maulser Bachs steht die Dorfkirche. Und das ist alles? Von wegen: Im *Maulser Tal* und im davon abgehenden *Sengestal* stehen alte Bauernhöfe, heute jeder mit eigener Zufahrtsstraße, in *Ritzail* auf 1548 m befindet sich sogar noch ein Weiler mit einer Kapelle des hl. Antonius. Darüber Almen, Kaser, Bergweiden und eine Schutzhütte (Simile-Mahd-Alm, 2012 m) am *Pfunderer Höhenweg,* der dieses ansonsten einsame Bergland quert.

Franzensfeste: Um das Wipptal und das Pustertal gegen von Süden durch das Eisacktal eindringende Feinde verteidigen zu können, ließen die österreichischen Behörden zwischen 1833 und 1838 eine gewaltige Festung errichten. Hier und etwas oberhalb an der **Sachsenklemme** waren die Franzosen (und die mit ihnen verbündeten Sachsen) 1809 durch Tiroler Schützen kurz aufgehalten, aber nicht an ihrem Vormarsch nach Norden gehindert worden, die nach Kaiser Franz I. benannte Festung sollte so etwas für alle Zeit verhindern. Die Anlage besteht aus einer breiten Talperre und einem höher gelegenen Werk am Westhang, sie hat einen unregelmäßigen Grundriss. Heute noch ist der Festungsbereich eindrucksvoll, man tangiert ihn auf Autobahn und Staatsstraße, die Pustertalbahn fährt mitten durch. Für die Manifesta (eine alle zwei Jahre stattfindende europäische Biennale moderner Kunst), die 2008 in Südtirol und im Trentino stattfand (in Franzensfeste, Bozen, Trento und Rovereto), wurde die Festung einer Restaurierung unterzogen und als Ausstellungsort genutzt, die militärische Nutzung ist seither Vergangenheit. In der Folge wurde eine eindrucksvolle Ausstellung zur wechselhaften Geschichte

In der Wirtshausbrauerei Sachsenklemme

des monumentalen Bauwerks konzipiert. Sie führt durch nahezu alle Gebäude der verschachtelten Anlage. Man betritt in den Fels gehauene Stollen und kann am Ende einen 80 m tiefen Schacht auf steilen Treppen hinabsteigen, um abschließend durch einen Tunnel dem gleißenden Licht entgegenzugehen ... Das ist abenteuerlich, ein bisschen gruselig und in jedem Falle Spannung pur für die ganze Familie! Am Ausgang des Tunnels findet sich ein Obelisk: ein sog. geodätischer Punkt, einer von nur sieben im Gebiet der einstigen K.-u.-k.-Monarchie. Er diente als Fixpunkt zur exakten Höhenmessung und befindet sich auf genau 736,4520 m.

Festung Die Festung Franzensfeste ist ganzjährig zu besichtigen, Mai bis Okt. 10–18 Uhr, Nov. bis April 10–16 Uhr, Mo geschl. Eintritt 7 €, erm. 5 €. Historische Führungen (zusätzl. 5/4 €) über den Verein Oppidum, ℡ 0472/057200, www.festung-franzensfeste.it.

Übernachten/Essen *** **Sachsenklemme**, das massive Natursteinbauwerk mit dem zentralen Turm wirkt wie eine Burg, ist aber ein Bau der österreichischen Zeit, als man so was für die Bahnreisenden errichtete. Heute sind's die Auto- und Motorradfahrer auf der Brennerstraße, die den Hotelgasthof und den großen Rastplatz bevölkern. Schöne und – bei diesem Bau etwas unerwartet – helle Zimmer mit oft ungewöhnlichem Schnitt. In einem eindrucksvollen, mit viel Glas und Holz gestalteten Neubau unmittelbar daneben befindet sich die gleichnamige Restaurant-Pizzeria. Dort lässt man sich das süffige, in der angeschlossenen Kleinbrauerei gebraute naturtrübe Biobier Andreas-Hofer-Bräu schmecken, am besten mit einem deftigen Speckknödel dazu. DZ/FR 82–88 €. Sachsenklemme, Sackweg 1, Franzensfeste, ℡ 0472/837837, www.sachsenklemme.it. ■

Blick auf Brixen und Gitschberg-Jochtal

Das Eisacktal

In Brixen mündet die Rienz in den Eisack und von da an darf sich das Tal auch Eisacktal nennen. Nach dem engen Wipptal wirkt das Becken von Brixen weiter, als es ist. Erste Blicke auf die Dolomiten, im Norden auf die Pfunderer Berge. Dann wird es wieder enger, ab Klausen noch enger. Man ahnt nur, dass sich auf der Sonnenseite große und kleine Dörfer aneinanderreihen.

In **Brixen** spürt man zum ersten Mal einen Hauch von Süden, auf den Hängen wird Wein angebaut. Die Bischofsstadt schmückt sich mit alten Bürgerhäusern, Kirchen und den typischen Tiroler Ansitzen, mit alten Gasthöfen wie dem „Elephanten" und im Hintergrund dem **Skiberg Plose**. Von hier sieht man schon auf die ersten Dolomitengipfel, die wilden Spitzen der Geislergruppe. In **Klausen**, den Eisack abwärts, liegt auf einem Felsen die Klosterburg Säben, Vorgänger von Brixen als Bischofssitz. Der Weinbau hat die Südhänge voll im Griff, bis zur Talsohle herunter ziehen sich die Weinberge von Feldthurns, Villanders, Barbian, großen Dörfern auf Aussichtsterrassen am Abhang der weich geformten Sarntaler Alpen. Gotische Kirchen mit überspitzten Turmhelmen, das prachtvolle Schloss Velthurns, im Herbst Törggelen in der getäfelten Bauernstube.

Freizeitsport pur: hervorragend markierte Wanderwege, Pfade für Bergsteiger, Gleitschirmfliegen (wozu sonst gibt es Seilbahnen wie jene auf die Plose?), Mountainbikerouten v. a. in den Sarntalern zum Süchtigwerden. Man kann aber auch schlicht über die Villanderer Alm spazieren oder ganz genießerisch im Liegestuhl in der Sonne braten und die Welt an sich vorbeiziehen lassen. Nicht zu vergessen der Wintersport, Dolomiti Superski lässt grüßen!

Information: Über das gesamte Eisacktal (auch zum Wipptal) informiert der **Tourismusverband Eisacktal**, I-39042 Brixen, Großer Graben 26a, ☏ 0472/802232, www.eisacktal.info.

Brixen

In der Altstadt gibt es um den Bischofsdom, den man schon von Bahn und Autobahn aus erkennt, gut erhaltene Bürgerhäuser mit Läden, Restaurants und empfehlenswerten Hotels. Die Plose über der Stadt mit ihren Wander- und Skirouten sowie die Weinberge rundum bieten eine würdige Kulisse.

Wer vom Brenner kommt, erreicht bei Brixen das milde Klima des Südens mit trockenen, heißen Sommern, mit Weinbau, der ab dem Ort Aicha etwas nördlich der Stadt bis zur oberitalienischen Tiefebene reicht, mit Edelkastanienwäldern und großen Apfelplantagen. Brixen (ital. Bressanone) atmet südliche Luft, ganz ohne Zweifel. Die Arkadengänge, die „Lauben", die in der Altstadt die Straßen flankieren, wurden aber nicht zum Schutz vor der Sonne, sondern gegen den Regen errichtet. Komfortabel kann man unter ihnen trocken shoppen, auf der Kaffeehausterrasse auf den wiederkehrenden Sonnenschein warten, bummeln, plaudern, den Kinderwagen schieben und was halt sonst außerhalb des Hauses in einer Stadt getan wird.

Stadtgeschichte

Brixen ist noch ein wenig älter, als seine ältesten Häuser vermuten lassen, die aus dem Mittelalter stammen. Im Stadtteil Stufels jenseits des Eisackflusses hat man eine hallstattzeitliche Siedlung (1000–500 v. Chr.) entdeckt, die später ein kleiner römischer Siedlungsstandort war. Noch kein wichtiger, denn die Hauptstraße von Oberitalien über den Brenner nach Süddeutschland führte ja damals von Bozen über den Ritten, Brixen wurde links (oder eigentlich rechts) liegen gelassen. Pressena hieß die Siedlung damals, die nach der Völkerwanderung einsickernden Germanen machten daraus mit der Zeit Brixen. Dann entschieden sich die Bischöfe von Säben über dem heutigen Klausen (→ S. 161), ihren unbequemen Standort zu verlassen und ins gemütlichere Becken von Brixen zu verlegen. Das war 990 – sie blieben übrigens fast 1000 Jahre lang bis 1964, als sie nach Bozen übersiedelten, ein großer Schlag für Brixen! Neben Trient wurde Brixen das bedeutendste Bistum an der Südgrenze des deutschen Sprachraums.

Die Stadt Brixen, ein unregelmäßiges Quadrat, umgeben von Mauern und Gräben – die Straßenbezeichnungen Großer und Kleiner Graben erinnern heute noch daran –, entstand bis 1039, Brixen ist damit die erste Deutschtiroler Stadt, älter als Innsbruck, Schwaz oder Hall. Stadt und Bistum hatten und haben ein gemeinsames Wappentier, das man immer wieder sieht, das Osterlamm. Die Grafen von Tirol verstanden es, das Bistum, mit dessen Territorien sich die eigenen eng verbanden und zum Teil überschnitten, allmählich immer enger an Tirol zu binden. Als im 14. Jh. die neue Straße (nicht viel mehr als ein Karrenweg) durch das Eisacktal eröffnet wurde, profitierte Brixen sehr davon, da nun Kaiser, Fürsten und Händler hier abzusteigen begannen. Typisch dafür ist das „Haus zum Elephanten": Im Tross eines Habsburger Erzherzogs kam 1591 tatsächlich ein Elefant mit Namen Soliman durch die Stadt, der in den vergangenen Jahren Thema der erfolgreichen vorweihnachtlichen Lichtinstallation Solimans Traum in der Hofburg war. 1803 endete die Territorialgewalt der Brixner Bischöfe, Brixen kam an Tirol und damit an Österreich.

Die Brennerbahnlinie, an die Brixen 1867 angeschlossen wurde, sorgte für Auftrieb, das Ende des Ersten Weltkriegs und der Anschluss an Italien für das Gegenteil. Auch die Abwanderung des Bischofs nach Bozen wurde als Rückschlag empfunden.

Das Eisacktal

Andererseits brachte der Tourismus bescheidenen Aufschwung und 1998 wurde die Stadt mit der Fakultät für Bildungswissenschaften der Universität Bozen zur (Teil-)Universitätsstadt erhoben. Man prosperiert, wenn auch in bescheidenem Maß. 20.000 Menschen leben heute in Brixen und Umgebung, für das schöne Talbecken sind das vollauf genug.

Basis-Infos

→ Karte S. 140/141

Information Tourismusverein Brixen und Umgebung, die Touristeninformation hat sich in einem Flachbau am Westende der Altstadt eingerichtet, viel Infomaterial ist direkt zugänglich. Infosäule mit Online-Informationsdienst über Brixen und das Eisacktal. Fax-Information über freie Zimmer aller Kategorien, auch Privatzimmer und Urlaub auf dem Bauernhof; alle Buchungen auch über die Internetadresse des Tourismusvereins. Mo–Fr 8.30–12.30/14–18, Sa 9–12.30 Uhr. Brixen/Bressanone, Regensburger Allee 9, ✆ 0472/836401, www.brixen.org.

Ein weiterer **Infopunkt** befindet sich an der Autobahnauffahrt Brixen, Mo–Fr 8.30–13/14–18 Uhr.

Verbindungen Pkw: Brennerautobahn/Abfahrt Brixen; das Stadtzentrum ist für Autos gesperrt; gebührenpflichtiger Parkplatz nördlich der Altstadt an der Brennerstraße. Parkhaus in der Dantestraße am westlichen Altstadtrand, gegenüber Einmündung Romstraße (durchgehend geöffnet). Gebührenfreie Parkplätze ohne zeitliche Begrenzung gibt es nur vor dem Krankenhaus (zwischen Vinzenz-Pacher-Str. und Alter Straße) und auf dem Parkplatz Brixen Süd südlich des Bahnhofs in der Vittorio-Veneto-Straße. Der Bahnhofsparkplatz ist tagsüber normalerweise voll. Parkplatz für Camper an der Brennerstraße in Richtung Vahrn bei der ehemaligen Sader-Kaserne (nahe Bushaltestelle). Die gesamte Stadt ist für Fahrzeugklassen Euro 0 und 1 gesperrt!

Bahn: In Brixen halten alle Züge zwischen Brenner und Bozen. **Bus**: Brixen ist Knoten für Busse nach Bruneck, nach Bruneck/Innichen sowie in die Täler und Bergdörfer der Umgebung. Busbahnhof an der Dantestraße. Brixen besitzt auch ein innerstädtisches Busnetz mit drei Stadtbuslinien, Auskunft bei den Fahrern, an den Haupthaltestellen sind Netzfahrpläne angeschlagen. **Taxi**: Standplätze Bahnhofsplatz und Kleiner Graben. Taxizentrale ✆ 0472/835666.

Ärztliche Versorgung Krankenhaus Brixen, Dantestr. 53, ✆ 0472/812111.

BrixenCard Gratis-Card der Gastgeber mit vielen Inklusivleistungen wie einer kostenlosen Berg- und Talfahrt mit der Plose-Seilbahn; www.brixencard.info.

Summer Card Diese kostenpflichtige Karte, die bis Mitte Juni des jeweiligen Jahres erhältlich und etwa von Anfang Juni bis Anfang Okt. gültig ist, beinhaltet einen Eintritt in den Hofburggarten, in die Kletterhalle und in die Eishalle sowie ein Sommer-Abo der Plose-Seilbahn. Sie kostet 40 €, erm. 30 €. Die Summer Card Gold erlaubt es, alle Angebote plus das Acquarena im Abo zu nutzen. Sie kostet 160 €, erm. 90 €. Infos unter www.summercard.org.

Einkaufen Boutiquen, Kleidung, Schuhe etc. in den Großen Lauben.

Kunsthandwerk/Antiquarisches: Compatscher am Seminarplatz und Galerie Hofburg, Hofburggasse 5 (Krippen!).

Lebensmittel/Feinkost: Großer Supermarkt am Kleinen Graben neben Hotel Goldenes Kreuz. **Käseladen** „Casa del formaggio", Große Lauben 14, auch Nudeln, Pilze, Olivenöl etc. **Brot und Feingebäck** aus der Backstube Profanter (z. B. Altenmarktgasse), Gewürzbrot, sehr gute „Breatl" (Bauernbrot, „Vinschgerl"), im Herbst köstliches Apfel-Walnuss-Brot. **Tee und Kaffee** im Caracolito, das kleine Geschäft am Domplatz bietet eine große Auswahl sowie passendes Geschirr und Geschenkartikel.

🌿 **Naturkost**: Euvita Naturprodukte, Adlerbrückengasse 7a, Naturkosmetik und -arzneien; Pro Natura, Stadelgasse 6b. ■

Bücher/CDs/DVDs: Athesia, Große Lauben im Torbau an der Weißenturmgasse.

Sportkleidung und -ausrüstung: Sportler, Große Lauben 3, führt eine kaum zu überbietende Auswahl.

Großer **Monatsmarkt** am Ende der Trattengasse (auf dem Großparkplatz), v. a. Kleidung, Schuhe, Haushaltswaren.

Bauernmarkt am Hartmannsplatz und Großen Graben, ganzjährig am Sa 9–14 Uhr.

Flohmarkt „Gumperermarkt", Albuingasse, die Termine sind beim Tourismusverein zu erfahren.

Internet WLAN-Hotspots WiFree z. B. im Stadtpark, PCs im Forum Brixen, Romstr. 1, Bar Sport, Dantestr. 14, Telefon- und Internetcenter, Stufels 18 sowie bei der Stadtbibliothek am Domplatz 13, ✆ 0472/262190.

Kultur & Veranstaltungen Forum Brixen 25 Romstraße 9, moderne Mehrzweckhalle. Programm unter ✆ 0472/257588, www.forum-brixen.com.

Dekadenz 9 Obere Schutzengelgasse 3, engagiertes Kleinkunsttheater. ✆ 0472/836393, www.dekadenz.it.

Theatralische Erlebnisführungen, Stadtführungen der etwas anderen Art: Auf anderthalbstündigen Touren erzählen Schauspieler in historischen Gewändern Geschichten und Anekdoten rund um Brixen, so u. a. „Auf den Spuren des Elefanten" (Sa 10 Uhr), „Hexer, Henker und Halunken" (April bis Okt. Di 21 Uhr, Wintermonate 20 Uhr), „Auf sagenhafter Schatzsuche am Woody Walk", Familienwanderung auf der Plose (Juli bis Sept. Sa 10.30 Uhr, Dauer 120 Min.). Erw. 10–12 €, Kinder 5 €. Infos und Anmeldung: www.brixen.org.

Solimans Traum, da das einzigartige Licht- und Musikspektakel im Innenhof der Hofburg über die Ankunft des Elefanten Soliman in Brixen viel Anklang fand, wird über eine Neuauflage ab 2018/19 nachgedacht (Ende Nov. bis Anf. Jan.).

Südtiroler Brot- und Strudelmarkt, ein Wochenende Ende Sept./Anf. Okt., nicht nur große Auswahl an Brot und Kuchen/Torten/Strudeln/Krapfen, sondern auch Infos über alte Getreidearten, Backvorführungen u. a.

Weihnachtsmarkt, in der Adventszeit rund um den Dom, dazu Veranstaltungen wie Konzerte, Lesungen in Gastbetrieben, Spezialführungen, Krippenausstellung im Diözesanmuseum – besonders bei Italienern sehr beliebt. An einem Wochenende Anf. Dez. findet der Adventsmarkt in den historischen Gassen von Stufels statt, mit Musik, Kunsthandwerk und regionalen Produkten.

International Mountain Summit in der zweiten Oktoberhälfte, mit Vertretern der internationalen Bergsteigerelite, Nachwuchsalpinisten, Kletterern und, und, und – Vorträge, Diskussionsrunden, Erfahrungsaustausch. www.ims.bz.

Sport → Karte S. 140/141

Paragliding Beliebter Startplatz auf der Plose, Infos bei Paragliding Tandemteam Südtirol, www.para-tandemteam.com.

Radfahren Leihräder am Bahnhof (durch Sportservice Stricker, ab 10 €/Tag), im Acquarena und Soracase, Kleiner Graben 5. **Radwerkstatt** (kein Verleih) Mister Bike, Plosestr. 24 b, ✆ 0472/200635.

Von Brixen aus führen drei gut ausgebaute **Radwege** durch das Pustertal nach Innichen (→ S. 531), durch das Wipptal nach Sterzing und zum Brenner (→ S. 116 und 109) sowie der Etsch entlang nach Bozen, Salurn (→ S. 253) und weiter nach Trient.

Reiten Reitstall Überegger, Sarns/Vahrn, ✆ 335/6288866.

Sportzentren Sportzone Süd, Fischzuchtweg, Vahrn. Informationen beim Sportamt Brixen, ✆ 0472/262060.

Wandern/Bergsteigen/Klettern Neue **Kletterhalle Vertikale** 18 (2012) mit 1500 m² Kletterfläche, Brennerstraße neben Acquarena, www.vertikale.it. **Geführte Wanderungen** veranstaltet der Tourismusverein im Sommer jeden Di und Do.

Schwimmen/Baden Naturbad am Vahrner See.

》》Mein Tipp: Erlebnisbad Acquarena, Altenmarktgasse 28b, unweit vom Stadtzentrum gelegene Wasseroper auf 5000 m², der architektonisch spannende Mix aus geraden und kurvigen Linien macht außen und innen ein unruhiges, aber interessantes Bild! Mit schickem Hallenbad samt Wasserrutsche, sehr diskret zurückhaltend dekorierte Sauna, Wellnessbereich (Wellnessangebote auch als Wochenprogramm buchbar), verschiedene Bäder, Fitnessstudio mit allen Schikanen und Freibad mit Strömungskanal. Restaurant Grissino → „Essen & Trinken". Hallenbad tgl. 9–22 Uhr, Freibad 9–20 Uhr, Sauna 14–23, Sa 11–23, So 11–22 Uhr. Eintritt: Hallenbad und Freigelände 3 Std. ab 8,90/5,20 €, Tag ab 10,90/6,20 €, Eintritt inkl. Sauna (3 Std.) ab 20,90 €, Tageskarte ab 24,90 €. ✆ 0472/823500, www.acquarena.com. 《《

Übernachten

1. Kranebitt
2. Guggenberg
3. Dominik
6. Residence Plose
7. Gasserhof
10. Tagenhof
11. Millanderhof
13. Grüner Baum
14. Gasthof Haller
17. Pupp
19. Cityhotel Tallero
22. Goldenes Rössl
23. Pension Mayrhofer
24. Goldene Krone
25. Elephant
27. Jarolim
29. Goldener Adler
31. Alter Schlachthof
33. Kassianeum (Jugendherberge)

Essen & Trinken

5. Pizzeria Valentina
12. Schatzerhütte
14. Haller
15. Grissino
25. Elephant
31. Alter Schlachthof
38. Finsterwirt
40. Kutscherhof
41. Fink

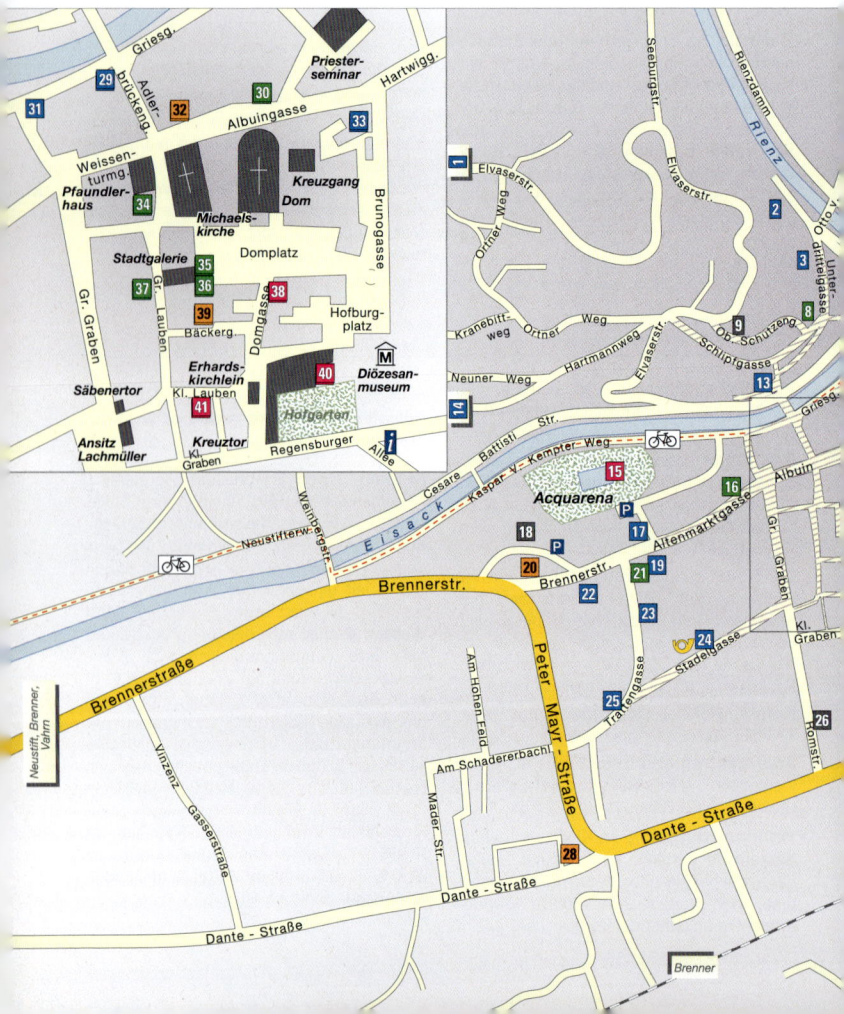

C afés, Imbisse, Bars

- 4 Café-Konditorei Heiss
- 8 Café-Bar Sabine
- 16 Vinus - Peter's Weinbistro
- 21 Konditorei Pupp
- 29 Adlercafé und Weinbar Vinissimo
- 30 Café am Gries
- 34 Domcafé
- 35 Goldene Rose
- 36 Bar Rossini
- 37 Art Café

N achtleben

- 20 You 2
- 28 Time Out
- 32 Absolut Lounge
- 39 3fiori Bar Jazzkeller

S onstiges

- 9 Theater Dekadenz
- 18 Vertikale (Kletterzentrum)
- 26 Forum Brixen

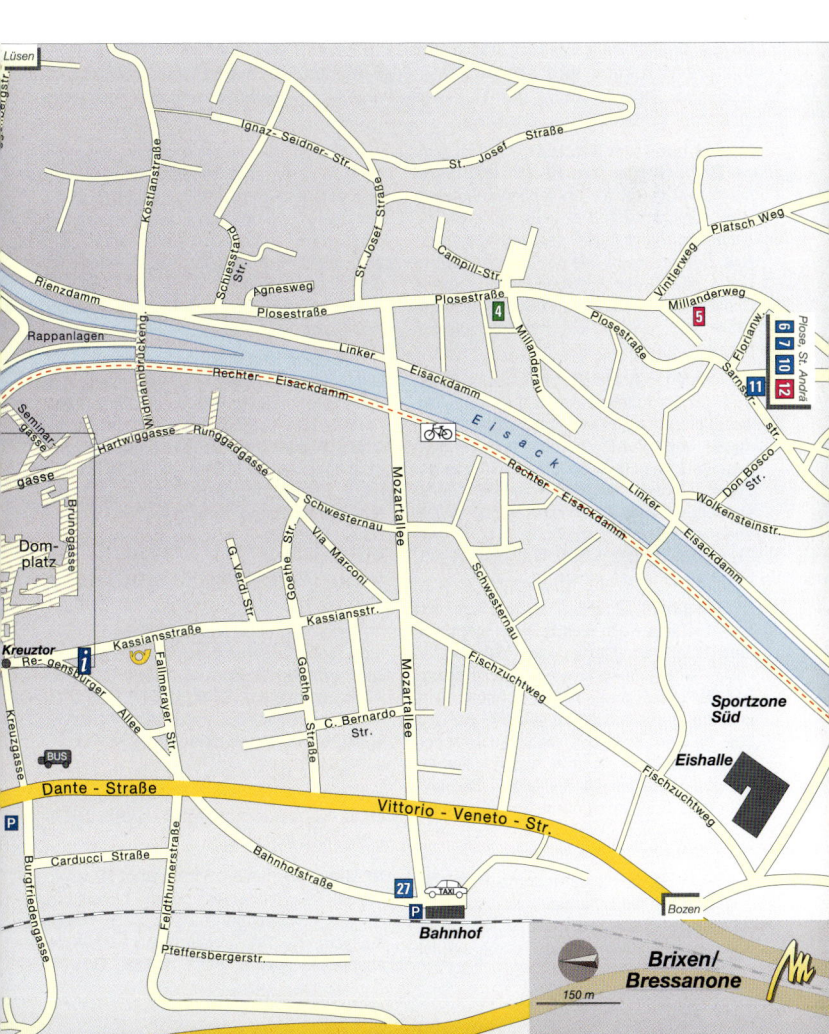

Das Eisacktal

Wintersport Eisstadion am Fischzuchtweg/Sportzone Süd. **Naturrodelbahn Petscheid** (0,8 km), Mi auch abends (19–22 Uhr beleuchtet). **Skifahren/Snowboarden:** Das Skigebiet Plose ist Teil der Region Eisacktal der Organisation *Dolomiti Superski* (→ S. 73); zum Skifahren auf der Plose (→ S. 154). Neben dem Skipass für die Gesamtregion gibt es den Skipass für die Region Eisacktal, die auch die Skigebiete Gitschberg-Meransen und Jochtal-Vals umfasst (beide von Mühlbach im Pustertal zu erreichen → S. 469).

Skispecials für Kinder: Liste der teilnehmenden Hotels von der Touristeninfo in Brixen (→ „Information").

Skilanglauf: Loipen um Würzjoch und Palmschoss, 22 km ab Parkplatz Schnatzgraben; Loipe im Aferer Tal, 12 km, ab Vikolerhof; Rundloipe Kreuztal (5 km) ab Gasthof Geisler; 2 Loipen in Lüsen. Die Rundloipe Petscheid in Hinterlüsen (3 km) ist Mi 19–22 Uhr beleuchtet.

Übernachten
→ Karte S. 140/141

Brixen besitzt eine Reihe guter Hotels, allen voran das ehrwürdige Hotel „Elephant". Man kann also sehr schön in der Altstadt nächtigen, aber nicht billig. Günstiger sind (auch in der Hochsaison im Aug., Weihnachten bis Febr.) die Quartiere in den Dörfern um Brixen.

In und nahe der Altstadt **** **Privatklinik Dr. v. Guggenberg** 2, seit 1890 bestehendes Kurhotel für Kneippanwendungen. Ganz ruhig am Rand des Stadtteils Stufels nahe dem Rienz-Fluss, gut ausgestattete Zimmer (nicht alle mit Balkon), Hallenbad, alle Kneippanwendungen, Kuren, Rehabilitation. DZ/VP 350–410 €. Unterdrittelgasse 17, ☏ 0472/820222, www.von-guggenberg.it.

**** **Goldener Adler** 29, gediegenes Stadthotel an der Adlerbrücke, Antiquitäten, Perserteppiche, alte Kassettendecken, individuelle und große Zimmer, teils modern gestaltet. Das Hotel gehört zur Gruppe der „Vinum Hotels Südtirol", die sich durch spezielles Wein-Know-how und Weinerlebnisangebote auszeichnen. DZ/FR 148–234 €. Adlerbrückengasse 9, ☏ 0472/200621, www.goldener-adler.com.

****S **Elephant** 25, das Traditionshotel mit dem Elefanten als Wahrzeichen steht seit dem 15. Jh. Ein Elefant kam 1591 wirklich vorbei, er wurde im Tross eines Erzherzogs von Österreich mitgeführt. Die heutige Hoteliersfamilie ist zwar erst seit 1773 Besitzer des Hauses, aber das ist ja auch schon ganz nett. Jeder Komfort, prachtvoller Kachelofen in einer der drei alten „Stuben". Beheizter Pool im großen Garten, Sauna. DZ/FR 162–270 €. Weißlahnstr. 4, ☏ 0472/832750, www.hotelelephant.com.

**** **Pupp** 17, das ultramoderne Hotel gegenüber der gleichnamigen Konditorei ist schon rein äußerlich ein Hingucker. Im Inneren bestechen die Räume durch exklusives Design, die Suiten sind mit eigenem Whirlpool, privater Terrasse oder Balkon ausgestattet. Zum Frühstücksbuffet gibt's Leckereien aus der Konditorei. Das Haus ist eines von mehreren Hotels in Südtirol, die sich mit ihrem Angebot ausschließlich an Erwachsene richten. DZ/FR 198–340 €. Altenmarktgasse 36, ☏ 0472/268355, www.small-luxury.it.

**** **Goldene Krone** 24, das bereits 1717 als Gasthof erwähnte Haus präsentiert sich nach vollständigem Umbau als „Vital Stadthotel". Gute Lage, 5 Min. von der Innenstadt. Modernster Wellnessbereich „Regenbogenwelt" mit Blick von oben auf die Stadt, sehr komfortable Zimmer und Suiten, aufmerksamer Service und ein vorzügliches Restaurant machen den Aufenthalt sehr angenehm. Spezielle Pakete für Radfahrer. DZ/FR 152–194 €. Stadelgasse 4, ☏ 0472/835154, www.goldenekrone.com.

*** **Tallero** 19, nach grundlegender Renovierung sehr angenehmes Stadthotel, gute Zimmer, Frühstücksraum unterm Dach mit Ausblick auf die Stadt. DZ/FR 116–128 € (inkl. Eintritt ins Acquarena). Alter Markt 35, ☏ 0472/830577, www.tallero.it.

*** **Jarolim** 27, renoviertes Bahnhofshotel mit Park (nach hinten ruhig) und Pool. DZ/FR 95–155 €. Bahnhofsplatz 1, ☏ 0472/836230, www.hotel-jarolim.it.

» **Mein Tipp:** Alter Schlachthof 29, allein schon die alte Steintreppe, die hinaufführt zu den 5 Schlafkojen unterm Dach, macht neugierig, der Anblick der durch Holzwände abgeteilten Räume nicht minder. Drinnen

Brixen

Stylisches Ambiente: alter Schlachthof in Brixen

erwarten die Gäste eine originelle, urgemütliche Einrichtung, kuschelige Kojen, liebevolle Details wie Sitzsäcke aus ehemaligen Getreidesäcken, eine Dusche mit Metallzuber. Und beim Frühstück, das man im wunderschön eingerichteten Lokal einnimmt, kann man à la carte wählen, alles bio, lecker und frisch zubereitet. Da bleibt man gerne etwas länger sitzen. DZ/FR 108–128 €. Schlachthausgasse 4, ✆ 327/3621614, www.schlachthof.it. «

*** **Pension Mayrhofer** 23, gepflegte Pension mit gehobenem Niveau, sympathisch altmodisch, DZ/FR 86–102 € inkl. Eintritt ins Hallenbad. Trattengasse 17, ✆ 0472/836327, www.mayrhofer.it.

Jugendgästehaus Kassianeum (Jugendherberge) 33, einfache Unterbringung in Zwei- und Vierbettzimmern mit oder ohne Du/WC. DZ (Dusche)/FR 62 €, DZ (Etagendusche)/FR 48 €. Brunogasse 2, ✆ 0472/279999, www.jugendherberge.it.

Außerhalb *** **Plose Parkhotel** 6, Aparthotel im Skigebiet Plose, helle Apartments mit 2–5 Betten, teils mit Balkon. Apt. (2 Pers.) 46–70 €, Endreinigung ab 25 €. Palmschoss, ✆ 0472/521301, www.ploseparkhotel.it.

***S **Millanderhof** 11, familienfreundlicher Gasthof mit modernen, funktionalen Zimmern. Sehr persönlicher, angenehmer und effizienter Service. DZ/FR 114–200 € inkl. Eintritt Hallenbad. Plosestr. 58, ✆ 0472/833834, www.millanderhof.com.

*** **Gasserhof** 7, alter Gasthof mit schöner Tirolerstube, teils schick im Alpin-Stil gestalteten Zimmern und gemütlichen Apartments und Lodges im Nebengebäude, Garten mit Freibad und Spielgeräten für Kinder. Der neue Wellnessbereich zeigt sich mit Hallenbad, Whirlpool und versch. Saunen. DZ/HP 170–220 €, Apt./Lodge (2 Pers. mit HP) 200–224 €. St. Andrä, Dorfstr. 31, ✆ 0472/850097, www.gasserhof.com.

*** **Kranebitt** 1, ehemalige Pension, jetzt vorwiegend Apartmenthaus über Brixen, ruhig, sonnig, kinderfreundlich, schöner Pool mit Liegewiese, im Haus viel Holz, komfortabel-gemütliche Apartments. Apt. für 2 Pers. mit FR 94–120 €, DZ/FR 78–102 €. Elvaser Str. 78, ✆ 0472/836411, www.pension-kranebitt.com.

*** **Gasthof Haller** 14, freundlicher Familienbetrieb, eigene Landwirtschaft/Weinberg, gemütliche Zimmer, helles Holz. DZ/FR 110–120 €. Weinbergstr. 68, Elvas, ✆ 0472/834601, www.gasthof-haller.com.

Essen & Trinken/Nachtleben → Karte S. 140/141

Restaurants, Gasthäuser, Pizzerien
Finsterwirt 38, Domgasse 3, seit 1743 als Gasthaus geführtes Restaurant mit mehreren alt getäfelten Räumen (Künstlerstübele im 1. Stock, Andreas-Hofer-Stube) und schöner Gartenterrasse. Das Lokal gehört zum Hotel Goldener Adler. 2016 wurde die Leitung der Küche von Hubert Ploner übernommen, der zum einen auf Tradition setzt, andererseits aber auch neue Wege geht. So setzt er ganz auf regionale und saisonale Produkte, artgerechte Haltung und Bio sind ihm wichtig. Auch Slow Food spielt eine Rolle bei der Auswahl seiner Zutaten. So findet man das Villnösser Brillenschaf auf der Speisekarte ebenso wie den veredelten Käse von Degust. 2017 vergab der Gault-Millau 14 Punkte. Abends besser reservieren. 2 Gänge ab ca. 35 €. So abends/Mo geschlossen. ✆ 0472/835343, www.finsterwirt.com.

Fink 41, Kleine Lauben 4, alteingesessenes Lokal der gehobenen Kategorie, unten eher Bistrocharakter, oben das eigentliche Restaurant, ausgezeichnet vom Gault-Millau 2017 mit 13 Punkten. Sehr gute Qualität der traditionellen, dem Trend angepassten Speisen: Strudel von heimischen Steinpilzen, Eisacktaler Weinsuppe, Hirschrücken mit Blaukraut und Kastanienschupfnudeln, aber auch verschiedene Knödel und Schlutzer. Dazu untadelige Weine, hervorragend die Eisacktaler. 2 Gänge ab ca. 30 €. Tischreservierung ✆ 0472/834883. Di abends und Mi geschl. www.restaurant-fink.it.

Elephant 25, Weißlahnstr. 4, gehobene und verfeinerte Tiroler Küche im Restaurant Elephant, viele Fleischgerichte, aber auch mediterrane und vegetarische Gerichte, das historische Ambiente ist kostenlos. Mehrgängige Degustationsmenüs in der Apostelstube im Art-déco-Stil. Gute Küchenleistung und ein preiswürdiger Service (Gault-Millau 14 Punkte). 3 Gänge ab ca. 40 €, Degustationsmenü ab 75 €. Apostelstube Mi und Do Ruhetag. Tischreservierung ✆ 0472/832750.

≫ Mein Tipp: **Alter Schlachthof** 31, Schlachthausgasse 4. Vom Namen sollte man sich keinesfalls abschrecken lassen! Denn was aus dem Gebäude, das bis 1983 als Schlachthof in Betrieb und danach dem Verfall preisgegeben war, entstanden ist, kann sich sehen lassen. Das direkt am Radweg gelegene Lokal wurde behutsam saniert und modernisiert, ohne dass das spezielle Flair des Ursprungsgebäudes dabei verlorenging. Kulinarisch hat die Küche vom Brunch über den Kaffee am Nachmittag bis zum Aperitif hin einiges zu bieten. Verwendet werden regionale und Bioprodukte. Im Sommer Kultur- und Musik-Events. ✆ 327/3621614, www.schlachthof.it. «

Pizzeria Valentina 5, Millanderstr. 14, echt italienische Pizzeria, hervorragende Pizza: dünner Teig, kross gebacken, saftiger Belag. Weißbiertrinker müssen nicht verzweifeln. Reservierung ✆ 0472/833625. Mo Ruhetag.

Kutscherhof 40, Hofgasse 6, Bräustüberl im ehemaligen Kutschentrakt der Hofburg, urige Bierkelleratmosphäre im historischen Gewölbe, draußen malerischer Gastgarten mit Blick auf die Hofburg. Typische Südtiroler Küche, z. B. leckere Roggenschlutzkrapfen mit Topfen und Spinat gefüllt und brauner Butter. Ab ca. 10 €. So Ruhetag, ✆ 0472/802674, www.kutscherhof.it.

Grissino 15, Altenmarktgasse 28b im Gebäude der Acquarena, trendiges Restaurant v. a. für die Jüngeren, wo Thai-Food, Wokgerichte (von ostasiatischen Köchen showmäßig zubereitet) und Eisbecher, Pizza aus dem Holzofen und mediterrane Nudelgerichte ein köstliches Nebeneinander führen – der Laden ist hell und stromlinienförmig möbliert, hier geht's um Essen und Kommunikation – ohne Hintergedanken. Die Kegelbahn ist bis 1 Uhr geöffnet! ✆ 0472/262500. Ab 10 Uhr geöffnet, kein Ruhetag.

Haller 14, Weinbergstr. 68, der Gasthof (→ „Übernachten") besitzt ein gut besuchtes Restaurant mit Südtiroler Küche und hervorragenden Weinen, u. a. Eisacktalern aus Eigenanbau. Auf den Tisch kommen, wenn möglich, Produkte aus eigener Landwirtschaft. Hübsch gedeckte Terrasse mit Weinberg- und Talblick, Stuben, Wintergarten, schöner Ausblick, 2 Gänge 3-gängiges Tagesmenü ab ca. 20 €. Mo abends/Di geschl. ✆ 0472/834601, www.gasthof-haller.com.

Cafés, Imbisse, Bars **Goldene Rose** 35, Domplatz 17, Kaffee, Eis und kleine Gerichte auf dem Domplatz, Zugang auch von den Lauben. So Ruhetag.

Bar Rossini 36, Domplatz 15, letzthin in Rot modernisierte kleine Bar, beliebter Treff für einen Macchiato oder ein kleines Pils zum Panino.

Konditorei Pupp 21, Altenmarktgasse 37, traditionelle Konditorwaren auf gehobenem Niveau. So nachmittags/Mo geschl., www.pupp.it.

Café-Konditorei Heiss 4, Plosestr. 26, Sacher- und Weincremetorte, Spezialität Brixner Nüsse. Di Ruhetag.

Art Café 37, Große Lauben 8, Eis, Panini, Fruchtsäfte, Kaffee und Kuchen im 1. Stock des Hauses mit Blick auf die Großen Lauben, entspannte Atmosphäre. Sa ab 15 Uhr und So zu.

Domcafé 34, Pfarrplatz 3, Konditoreicafé und Eisdiele unter den Lauben des Pfarrplatzes, mittags kleine Imbisse, So zu.

Vinus – Peter's Weinbistro 16, Altenmarktgasse 6, Vinothek und Weinlokal mit großer Auswahl, vor den Essenszeiten knallvoll, im Sommer stimmungsvoller Garten im Innenhof. Mi/Fr abends warmes Essen, Sa abends/So geschl., www.vinothekvinus.it.

Adlercafé 29, Adlerbrückengasse 9a, das Hotel Adler hat unter den Arkaden ein Café eingerichtet – bei dieser Lage ein nicht unerwarteter Erfolg.

Nachtleben Die Bäckergasse, ein schmaler Schlauch zwischen den Großen Lauben und der Domgasse, ist noch spät abends belebt, anderswo wird es schwierig, nach 22.30 Uhr geöffnete Lokale zu finden.

3fiori 39, Bäckergasse 3, sympathische Kneipe („Bar, Café, Jazzkeller") mit Musikhintergrund und verschiedene Veranstaltungen, es gibt Craftbier, Wein und Snacks, Mo-Sa 9.30–24 Uhr, So geschl., www.3fiori.com.

Absolut Lounge 32, Albuingasse 2, trendige Bar für alle Altersstufen, Cocktails und Kaffeespezialitäten (So nachm. geschl.)

Weitere bis nach Mitternacht geöffnete Lokale: **You 2 20** (Brennerstr. 6c, So Ruhetag) und Pub **Time Out 28** (Dantestr. 34, ✆ 0472/837677, 19–2 Uhr, House, Latino, gelegentlich Live-Musik, So Ruhetag).

Sehenswertes in Brixen

Dom und Domplatz: Beginnen Sie den Stadtspaziergang durch Brixen am Domplatz, auch wenn Sie vom Bahnhof oder vom Großparkplatz an der Brennerstraße durch einen Teil der Altstadt gehen müssen, um zum Domplatz zu gelangen. Ohne diesen Dom gäbe es keine Stadt, geben wir ihm also den gebührenden Vorrang. Der

Frühlingsblüte am Domplatz von Brixen

Domplatz hat für die relativ kleine Stadt überraschend große Ausmaße, die Bischöfe verwendeten ihn für ihre Prozessionen und Feierlichkeiten. Die **Domfassade** mit ihren seitlichen Türmen und dem in der Mitte vorspringenden Portal dominiert diesen Platz, an dem man sich, vielleicht an einem der Kaffeehaustische sitzend, die vor den Häusern gegenüber aufgestellt sind, recht klein vorkommt.

Ein Dom aus ottonischer Zeit ist nur bezeugt; der romanische Dom, der nach dem großen Stadtbrand von 1174 entstand und 1237 geweiht wurde, ist nur in den unteren Stockwerken der beiden Türme und an ein paar weiteren Stellen erhalten. Dann wurde der Zeitmode entsprechend ein gotischer Hochchor samt angrenzenden Kapellen errichtet, der Bauherr war der damalige Bischof *Nikolaus von Kues*, von dem wir in Bruneck noch hören werden. Die damals entstandene **Oswaldkapelle** zwischen den beiden Türmen hat ihren Namen vom Stifter, dem Dichter und Minnesänger *Oswald von Wolkenstein*, dessen Gedenkstein sich heute auf dem Alten Friedhof nebenan befindet.

Heute hat der Dom überwiegend barocke Formen, denn nach 1610 wurde er grundlegend modernisiert, also barockisiert, vor allem zwischen 1745 und 1758. Das ist am deutlichsten im Domineren zu sehen, das in Rot, Schwarz, Gold und Weiß schwelgt: Weißer Carraramarmor, gelber Brentonico aus dem Trentino, braunroter Pfunderer Marmor (eigentlich ein Schiefer) und rotbrauner Rocchetta aus dem Trentino und exotischer Marmor aus Sizilien, Griechenland und Nordafrika wurden zur Wandverkleidung und für die Altäre verwendet. An Gold wurde nicht gespart: Man sehe sich die Kanzel an! Der spätbarocke Maler *Paul Troger* aus Welsberg im Pustertal schuf die prachtvollen **Deckengemälde**, mehrere barocke Altäre entstanden. Das große Deckengemälde Trogers zeigt die „Anbetung des Lamm Gottes". Einige der zahlreichen **Grabplatten** von im Dom begrabenen Bischöfen und Domherren wurden schon damals in die Arkaden des benachbarten Friedhofs und des Kreuzganges verbannt, andere beließ man im Dom. Bemerkenswert die in der Vorhalle aufgestellte Grabplatte des Bischofs Christoph von Schrofenstein von 1521, die äußerst naturalistisch einen ausgezehrten Mann in prunkvoller Bischofskleidung darstellt (Christophorus de Schrobenstain steht über der Bischofsmütze geschrieben).

Südlich des Doms liegt der nach dem Brand von 1174 romanisch begonnene und gotisch mit Kreuzrippengewölben vollendete **Kreuzgang**, man betritt ihn von einem aus der Domvorhalle rechts abgehenden Durchgang. Der Kreuzgang verbindet den Bischofspalast und verschiedene Nebengebäude mit dem Dom, hatte also zentrale Funktion. Im späten 14. und 15. Jh. ließ man seine Gewölbe durch lokale Künstler ausmalen, es waren bedeutende darunter wie *Hans von Bruneck*. Diese leider durch die Grabsteine aus dem Dom oft empfindlich beeinträchtigten Fresken sind ein großartiges Beispiel für die Malerei des Mittelalters und wert, sehr genau und in aller Ruhe betrachtet zu werden. (Vier Gewölbe wurden nie ausgemalt, hier durften Händler den Domherren ihre Ware anbieten, Fresken gönnte man ihnen nicht.) Um die Zuordnung der einzelnen Szenen zu bestimmten Künstlern gab es und gibt es Gelehrtenstreit, dem Besucher wird es genügen, festzustellen, dass mehrere Künstler mit deutlich unterschiedlicher Technik und Gewandtheit an diesem mittelalterlichen Bilderbogen gearbeitet haben.

In der (meist geschlossenen) Johanneskapelle (bzw. **Taufkapelle**), die man durch eine der Arkaden betritt, haben sich ältere, nämlich romanische Fresken erhalten. Besonders interessant unter den Heiligen und Personen aus dem Alten Testament,

In den Großen Lauben

die in einer Prozession in Richtung Altarraum (und Darstellungen von göttlicher Weisheit und Kirche) schreiten, die Königin von Saba, die, äußerst ungewöhnlich für die damalige Zeit, als Schwarze dargestellt ist.

Dom und Kreuzgang tgl. 7–18 Uhr, Nov. und 7. Jan. bis vor Karwoche 12–15 Uhr geschl.

Alter Friedhof und Michaelskirche: Auf der anderen Seite des Doms liegt ein vom Domplatz wie von der Albuingasse aus zugänglicher Freiraum, der sog. Alte Friedhof. Heute wird hier niemand mehr begraben, aber viele Jahrhunderte war er der einzige Friedhof der Stadt. An den Arkaden auf seinen Seiten sind Grabsteine aufgestellt, auch einige aus dem Dom und vor allem der **Gedenkstein des Oswald von Wolkenstein**, der einen bärtigen, wuschelhaarigen Mann in Rüstung mit Sporen, Schwert und Standarte zeigt (vom Eingang Domplatz aus gleich links). Der Alte Friedhof grenzt auf der Nordseite an die Michaelskirche oder Pfarrkirche, deren 72 m hoher, achteckiger Turm (Bauzeit von 1300 bis 1591) wegen seiner weißen Farbe als **Weißer Turm** bekannt und Wahrzeichen von Brixen geworden ist. Die Kirche ist sehr alt, wurde aber 1757/58 völlig barockisiert.

Alter Friedhof tagsüber ständig geöffnet; Michaelskirche ca. 8–19 Uhr; Weißer Turm jeden Sa. 11 Uhr Glockenspiel, davor um 10.30 Uhr Führung (5 €), Anmeldung unter ✆ 0472/837034.

Priesterseminar: Jenseits der Albuingasse, die den Dombezirk nach Osten begrenzt, liegt etwas zurückgesetzt das Priesterseminar (man muss am Café am Gries vorbei, wozu einige Überwindung gehört, wenn man weiß, wie gut dort die Mehlspeisen sind). Es wurde 1607 gegründet, die Bauten sind aber jünger und wurden 1764 bis 1771 in eher zurückhaltenden spätbarocken Formen errichtet. Dabei wurde auch die **Kirche zum Hl. Kreuz** angebaut, die heute mit ihrem riesigen überwölbten Portalbereich die Fassade dominiert. Die Fresken im Inneren der Kirche sind von *Franz Anton Zeiller*. Wer als Student kommt – das Priesterseminar ist Sitz der Philosophisch-Theologischen Hochschule und der Fakultät für Bildungswissenschaften der Freien Universität Bozen – dringt in die Universitätsbibliothek vor. Ihr ältester Teil ist die barocke **Bibliothek** mit Deckengemälden des *Franz Anton*

Zeiller, eine über zwei Stockwerke reichende Halle, von großen blauen Säulen getragen, mit einem weiß-gold schimmernden Gewölbe – ein echtes Barockjuwel.
Während des Semesters evtl. begrenzt zugänglich, keine festen Öffnungszeiten. Infos unter www.priesterseminar.it.

Große und Kleine Lauben: Brixens Lauben sind zwei Straßen, die im rechten Winkel aufeinander stoßen und die bereits bei der ersten Stadtplanung im 11. Jh. so angelegt wurden. Bürgerhäuser und Adelspalais rücken im ersten und zweiten Stock nahe aneinander, aber auf Fußgängerniveau lassen sie geräumige Arkadengänge frei, die die Straßenbreite fast verdreifachen. Wir durchqueren das **Michaelstor** (Freskenreste) beim **Weißen Turm** (s. o.) und gelangen auf den Pfarrplatz. Dankbar sind wir, dass das **Pfaundlerhaus** noch außerhalb der Großen Lauben errichtet wurde und auf einer Straßenerweiterung gegenüber der Michaelskirche steht, sodass man seine üppige, doppelt geschwungene und durch Erker gegliederte Fassade in aller Ruhe bewundern kann. Das Gebäude stammt aus dem Jahr 1581 und verbindet gotische und Renaissanceelemente, besonders hübsch sind die schmiedeeisernen Gitter vor den Fenstern. Zwischen Großen und Kleinen Lauben bewacht aus etwa 3,5 m Höhe der **Wilde Mann** das geschäftige Kommen und Gehen. Er hat drei Köpfe, damit er wirklich alles überblicken kann.

Besonders in den Kleinen Lauben haben sich einige schöne Häuser erhalten, dazu gehört das Gebäude des Restaurants Fink. In der von den Kleinen Lauben zum Domplatz führenden **Domgasse** sei das alte Gebäude des „Finsterwirts" erwähnt, in dem sich ebenfalls ein angesehenes Restaurant mit langer Tradition befindet. Am Ende der Kleinen Lauben steht auf einem kleinen Platz die **Erhardskirche**, ein um 1800 klassizistisch veränderter älterer Bau über (wie Grabungen bewiesen) vorrömischen Vorgängern, der heute als evangelische Gemeindekirche dient.

Pharmaziemuseum: In der Adlerbrückengasse 4 gibt es alles über das Apothekerwesen zu erfahren, wie es sich in Mitteleuropa in den letzten 400 Jahren entwickelt hat. Darüber hinaus wird gezeigt, wie Arzneien hergestellt werden. Große Pharmaziebibliothek mit kleiner öffentlicher Handbibliothek.
Di und Mi (Juli/Aug. Mo–Fr) 14–18, Sa 11–16 Uhr; Eintritt 3,50 €, erm. 2,50 €; ✆ 0472/209112, www.pharmaziemuseum.it.

Großer und Kleiner Graben: Der Stadtgraben, das sieht man an den alten Fassaden der angrenzenden Gebäude, ist schon lange zugeschüttet. Heute kann man auf ganzer Breite über den Großen Graben flanieren und diese Fassaden (oder die Auslagen) bewundern. Das **Säbenertor** mit seinem hohen Turm unterbricht die gerade Reihe der Fassaden, es ist eines der ursprünglich drei Tore der Stadt (des Weiteren Michaelstor am Pfarrplatz und Kreuz- oder Sonnentor bei der Erhardskirche). Rechts daneben steht der alte **Ansitz Lachmüller**, der einer Familie gehörte, die über Jahrhunderte den Bischöfen als Ärzte, Rechtsanwälte und Verwaltungsbeamte zu Diensten war (heute im Besitz der Stadt und üblicherweise bis auf den Innenhof nicht zu besichtigen). Der Kleine Graben wird leider ziemlich stark befahren, sodass man froh ist, bei Regensburger Allee Nr. 7 einen Durchgang zu finden, der in den hübschen, nach alten Mustern neu gestalteten **Hofgarten** führt.

Ein Abstecher vom Großen Graben beim Säbenertor über die Stadelgasse muss sein. Wo sie endet, stößt man auf die Weißlahngasse und das gegenüberliegende **Hotel Elephant**.

Hofburg und Diözesanmuseum: Quert man den Hofgarten, hat man zur Linken das **Neugebäude** (so genannt, weil die Hofburg schon alt war, als es um 1620 errichtet wurde), in dessen Kutschentrakt die neue „Kutscherstube" mit Speis und

Trank lockt. Zur Rechten liegt die Hofburg, der Sitz der Brixner Bischöfe bis zu ihrem Umzug nach Bozen (de facto 1973). Diese „Burg" ist in Wirklichkeit ein Renaissanceschloss, 1260 als Burg gegründet, 1595 im Renaissancestil umgebaut und 1710 (im Wesentlichen innen) barockisiert. Reste des Grabens, der sich einmal um die ganze Burg spannte, werden durch eine Brücke überwunden. Besonders eindrucksvoll ist der **Innenhof**, dessen Fassadengestaltung durch die schwarzen Statuen vor dem gelben Anstrich bestimmt wird.

In der Hofburg ist das **Diözesanmuseum** untergebracht. Im Erdgeschoss links befindet sich die riesige Krippensammlung, die allein schon den Besuch wert ist, Krippen aus allen Materialien und von Sizilien bis Tirol sind zu sehen, Kinder sind gar nicht mehr raus zu bekommen. Im ersten Stock ist die Kunst des Mittelalters untergebracht, zahlreiche romanische und gotische Holzstatuen, vor allem der Gottesmutter mit und ohne Kind, Heilige, spätgotische Flügelaltäre, Tafelmalerei. Einige Arbeiten von *Hans Klocker*, der zwischen 1475 und 1500 in Brixen arbeitete, und dessen Werkstatt die Kunst bestimmte. Besonders schön die kniende Maria einer Krönungsgruppe aus Kaltern mit weich fließendem Gewand – Detailreichtum, intensive Farben. In einem eigenen Raum ist der Domschatz zu sehen, Gold und Silber und Bergkristall und was sonst noch gut teuer und schwer zu bearbeiten war wohin das Auge reicht. Seit 2004 besitzt das Museum die Sammlung Unterberger mit bedeutenden Werken österreichischer (meist Tiroler) Maler des 19. und 20. Jh. *(Albin Egger-Lienz, Franz von Defregger).* Auf dem Rundgang passiert man die barocke **Hofburgkirche**, die man aber leider nicht betreten, sondern nur von oben einsehen darf. Frühneuzeitliche Kunst und die schöne Hofratsstube beschließen den Rundgang. Im zweiten Stock ist sakrale Kunst vom Barock bis zum 20. Jh. untergebracht, unter den barocken Gemälden sollte man jene von *Paul Troger*, der die Deckengemälde im Dom geschaffen hat, nicht übersehen. Im **Kaisertrakt**, wo der Kaiser, wenn er Brixen besuchte, untergebracht war, hat sich die Ausstattung zum Teil erhalten, imposant der kaiserliche Empfangssaal von 1710.

Diözesanmuseum 15. März bis 31. Okt. tgl. (außer Mo) 10–17 Uhr, Ende Nov. bis 7. Jan. (dann nur Krippenmuseum und außer 24./25. Dez.) tgl. 10–17 Uhr. Eintritt 8 €, Schüler 2,50 €, im Winter 5/2 €. 3 kleine Broschüren (Mittelalter, Neuzeit, Domschatz), es gibt auch 2 größere Führer. ✆ 0472/830505, www.hofburg.it.

In den Ortsteil Stufels: Vom oberen Ende der Albuingasse zweigt nach rechts die Adlerbrückengasse ab, in der sich u. a. das Pharmaziemuseum befindet (s. o.). Heute ist die **Adlerbrücke** eine reine Fußgängerbrücke, aber früher hatte sie den ganzen Verkehr über den Eisackfluss zu bewältigen. Dass dabei alles reibungslos ablief, darum kümmerte

Krapfen, ganz frisch zubereitet

sich der klassische Brückenheilige Nepomuk, dessen barocke Statue heute etwas abseits steht und – bis auf die Fotografen, die sie mit dem Blick durch die Adlerbrückengasse auf die Michaelskirche kombinieren – recht unbeachtet bleibt. Ihr gegenüber und noch auf Altstadtboden steht eines der ältesten Hotels der Stadt, eingerichtet in einem typischen Brixner Stadthaus mit (falschem) Zinnengiebel, heute Hotel Goldener Adler. Jenseits der Brücke liegt Stufels, der älteste Siedlungsboden von Brixen, ein aus wenigen engen Gassen bestehender Stadtteil. Quert man ihn über die Untere Schutzengelgasse, erreicht man die Brücke über die Rienz – Brixen wurde sicher auch aus Verkehrsgründen an der Mündung der Rienz in den Eisack gegründet. Hübsch sind die sich bis zur eigentlichen Mündung erstreckenden **Rappanlagen**, ein städtischer Park mit schönen Blicken auf Altstadt und Plose.

Pfarrkirche in Milland: Die 1984/85 errichtete, vom Südtiroler Othmar Treffer entworfene Pfarrkirche war die erste weltweit mit einem Altar für den neuesten Südtiroler Heiligen: Pater Josef Freinademetz (→ Badia/Abtei, S. 558. Die Kirche ist ein Beton-, Glas- und Holzbau mit Stufendach und spitzem Turm, in der Unterkirche ist eine Ausstellung über den Heiligen zu besichtigen.
Ausstellung tgl. 7–19 Uhr, ✆ 0472/835465.

Nördlich von Brixen

Vahrn ist ein Ort am Nordrand des Brixner Stadtgebiets, touristisch abhängig vom nahen Brixen, mit dem es praktisch zusammengewachsen ist. Im alten Dorf Vahrn und in den Dörfern an den Hängen oberhalb, etwa in **Schalders** und in **Spiluck**, wohnt man angenehm und hat Brixen vor der Tür. Die große Attraktion von Vahrn ist die ausgedehnte alte Anlage des **Klosters Neustift**, die auf der Vahrn gegenüberliegenden Seite des Eisack liegt. Sie gehört zu den ganz großen kunst- und kulturhistorischen Sehenswürdigkeiten (Süd-)Tirols.

Information Infopoint an der Autobahnauffahrt Vahrn, ✆ 0472/205521, tgl. (außer So) 8.30–19 Uhr.

Verbindungen Gute Busverbindungen zwischen Vahrn, Neustift und Brixen, ins Schalderer Tal nur Schulbusse.

Internet WLAN-Hotspot WiFree am Dorfplatz in Vahrn und am Stiftsplatz in Neustift.

Einkaufen ≫ **Mein Tipp:** Veredelter Käse in allen Variationen. Sternekoch Hansi Baumgartner hat sich darauf spezialisiert, Käse aus Südtirol und anderen Regionen Italiens auf raffinierte Art zu verfeinern. 1994 entstanden ist **Degust**, inzwischen zu einem Begriff in ganz Südtirol geworden und in vielen gehobenen Restaurants und Feinkostläden zu finden. Der Käse hat allerdings auch seinen Preis. Einen eigenen Shop gibt es in Vahrn, Bsackerau 1, www.degust.com. ≪

Übernachten/Essen **** **Löwenhof**, Familienbetrieb an der Staatsstraße in Richtung Brenner, gute Ausstattung mit Pool, Whirlpool, Sauna und Dampfbad. Im Haus Restaurant-Pizzeria und Café-Bar. Sehr gut ausgestattete Zimmer. Hauseigener Campingplatz (→ „Camping") auf dem anstoßenden Grünbereich mit Freibad und Minigolf. DZ/FR 110–160 €. Brennerstr. 65 bzw. Löwenviertel 60, Vahrn, ✆ 0472/836216, www.loewenhof.it.

**** **Pacher**, große und behagliche Zimmer, üppiges Frühstücksbuffet, Pool, Sauna und schöne Liegewiese. Im Restaurant wird Südtiroler und italienische Küche serviert, dazu gute Weine v. a. aus der Region. DZ/FR 138–170 €. Pustertaler Str. 6, ✆ 0472/836570, www.hotel-pacher.com.

***S **Clara**, Hotel an der Durchgangsstraße, etwas zurückgesetzt, modern und bunt eingerichtete Zimmer, z. T. Balkon, kleiner Wellnessbereich (Saunen, „Vitarium", „Erlebnisdusche", Massage) im Sommer Freischwimmteich, Spielplatz, Kegelbahn. DZ/FR 104–140 €. Brennerstr. 64, Vahrn, ✆ 0472/833777, www.hotelclara.it.

Nördlich von Brixen 151

**** Pacherhof, Vinum Hotel und Weingut mit großer moderner Dependance, Freibad, Wellnessbereich, schöne Aussichtslage. Großzügige Zimmer mit Balkon. Vier holzgetäfelte alte Stuben. Beliebtes Törggelenziel. DZ/HP 168–280 €, Pacherweg 1, Vahrn, ℅ 0472/835717, www.pacherhof.com.

Punterhof, stattlicher Bauernhof mit Eigenproduktion von Wein, Obst und 30 Gemüsesorten (Hofladen, Verkostung auf Anfrage möglich). Idyllische, sehr ruhige Lage nördlich vom Kloster Neustift, 3 Apt. für 2 und mehr Pers. 65–80 €, Eisackstr. 42, Vahrn, ℅ 0472/834726, www.punterhof.com.

Martinhof, im seit dem 15. Jh. bezeugten Haus der Familie Winkler im Oberdorf oberhalb des Klosters Neustift haben die Räume ganz unterschiedliches Niveau, ein Zeichen des hohen Alters sowie von An- und Umbauten. Gotisches Netzgewölbe im 1. Stock. 2 einfache Zimmer, besonders freundliche, familiäre Atmosphäre. DZ/FR 60 €, dazu 1 großes Apt. für 2–4 Pers. 55 €. Oberdorfstr. 8, Neustift-Vahrn, ℅ 0472/834814, www.martinhof-neustift.com.

Stiftskeller Neustift, im Kloster Neustift, ansprechend renovierte Räumlichkeiten, gemütliche, ruhige Terrasse, 30 eigene Weine im Ausschank, Brotzeiten mit Speck und Käse, Salatteller, aber auch Kaffee und Kuchen. So Ruhetag, ℅ 0472/836189, www.kloster-neustift.it.

Kömererhof, Neustift/Vahrn, Pustertaler Str. 3, neben dem alten Hof an der Straße ins Pustertal steht das neu gestaltete Gebäude mit modernem Anbau. Innen mit viel Holz gemütlich eingerichtet, hinter der großen Glasfront eine schöne Terrasse, von der man auf Neustift, Brixen und die Sarntaler Berge schaut. Spezialität des Hauses sind Knödel, Schlutzer und Bauerngröstl. Hauseigene preisgekrönte Weißweine: Müller-Thurgau, Silvaner, Kerner, Riesling, Gewürztraminer, alle reintönig und sortenbetont. ℅ 0472/836649 (in der Törggelenzeit an Wochenenden unbedingt reservieren!), www.koefererhof.it.

Camping Löwenhof, zum gleichnamigen Hotel gehöriger und direkt benachbarter Campingplatz mit guter Ausstattung und Swimmingpool, geöffnet April bis Okt., grün und teilweise schattig, wenn auch nicht ganz leise. Gespann und 2 Pers. 25–35 €. Brennerstr. 65/Löwenviertel 60, Vahrn, ℅ 0472/836216, www.loewenhof.it.

Camping zum See, hübsch gelegener, einfacher Platz am Vahrner See (angrenzend Badezone, der Großteil des sauberen Sees mit großer Verlandungszone und Schilfgürtel ist streng geschütztes Feuchtbiotop). Achtung: Die Zufahrt führt durch einen nur 2,90 m hohen und 2,70 m breiten Tunnel. Geöffnet April bis Okt. Gespann und 2 Pers. ca. 21–24 €. Vahrner Seeweg 6, Vahrn, ℅ 0472/832169, www.camping-vahrner-see.com.

Sehenswertes/Ausflüge

Kloster Neustift: Seit 1142 besteht dieses idyllisch in den eigenen Weinbergen gelegene *Augustiner Chorherrenstift*. Der Grundstock der heutigen Anlage entstand nach einem Brand 1190 und wurde im 15. Jh. befestigt, 1525 während des Bauernaufstands geplündert (die Augustiner waren geflohen) und ab 1735 zumindest in den wichtigsten Gebäuden barockisiert.

Man betritt den Klosterbereich durch einen mittelalterlichen Eingangsbau und hat dann zur Linken einen merkwürdigen Rundbau, die sog. *Engelsburg*. Sie entstand als Michaelskapelle und war Teil des Pilgerhospizes, zogen doch durch Brixen viele Jerusalempilger weiter nach Venedig, wo sie sich einschifften. Aus Angst vor der türkischen Invasion im 15. Jh. umgab man das Kloster mit Wehrgängen und Schießscharten, 1476 entstand z. B. der Türkenturm zur Rechten. Links folgen die Klosterschenke und der Weinkeller des Stifts, dahinter erreicht man den ersten Hof. Im Gebäude über dem Durchgang befindet sich die *Bibliothek*, die man bei Führungen besichtigen kann. Der zweistöckige Saal mit Stuckdecke und etwa 65.000 Büchern, Manuskripten und Karten ist ein Juwel des Rokokos.

Im ersten Hof fällt gleich der *Weltwunderbrunnen* ins Auge. Der barocke Aufbau des Brunnens, der selbst aus dem Jahr 1508 stammt, zeigt in Gemälden die sieben antiken Weltwunder und als achtes Weltwunder das zeitgenössische Neustift von 1669!

Das Eisacktal

Der barocke Weltwunderbrunnen

Unter dem Atrium der Prälatur mit Bildnissen sämtlicher Äbte des Klosters – auch diesen Saal besichtigt man bei einer Führung – erreicht man den zweiten Hof, auf dessen linker Seite die *Stiftskirche* steht. Massig ist der Kirchturm aus romanischer Zeit, durch dessen Gewölbe man die Kirche betritt, eine dreischiffige Kirche mit hohem, während der Gotik entstandenen Chor. Die Barockisierung war vollständig, üppiger Stuck (von bayerischen Stuckateuren), prächtige Deckengemälde (von Matthäus Günther, 1736) in Form von drei Riesenmedaillons mit Darstellungen aus dem Leben des hl. Augustinus, ein Marmorhochaltar mit gedrehten Säulen – das Innere der Stiftskirche gilt als einer der Höhepunkte des Spätbarocks.

Der *Kreuzgang*, den man durch einen Durchgang vom ersten Hof aus erreicht, ist gotisch. Seine Kreuzrippengewölbe sind z. T. von sehenswerten Fresken bedeckt, die allerdings vielfach durch später eingemauerte Grabsteine zerstört wurden.

Erst vor einigen Jahren wurde der *Stiftsgarten*, ein sorgfältig rekonstruierter historischer Garten, wieder zur Besichtigung freigegeben – hier befand sich einst die Gärtnerei des Stiftes. Die Bäume und Büsche im „Wilden Garten", im streng geometrischen Barockgarten und im botanischen Lehrgarten sind noch recht jung. Die neueste Attraktion Neustifts kann man mit einer Gartenführung besuchen.

Besichtigung Der Zugang zum Klosterbereich ist normalerweise ständig möglich, Parkplatz (gebührenpflichtig) vor dem Eingang. Die beiden Höfe, Stiftskirche und Kreuzgang sind tagsüber jederzeit zugänglich. Führungen (ab 10 Pers.) ab dem ersten Hof (Tür rechts hinten) Mo–Sa 10–16 Uhr jeweils zur vollen Stunde, außer 12 und 13 Uhr (nur Mitte Juli bis Sept. auch 12 Uhr). Um 11 und 15 Uhr evtl. Führungen mit weniger als 10 Pers. Führung 9 €, erm. 4 €. Der historische Stiftsgarten ist von Ende April bis Anfang Okt. (nur Mo, Mi und Fr) geöffnet, Führung 9 €, erm. 4 €; Gartenführungen für Einzelpersonen nur Mo 10.30 Uhr von Mitte Mai bis Mitte Sept.!

Wein Stiftskellerei Neustift, Kloster Neustift, Verkostungsmöglichkeit im Stiftskeller nach Anmeldung ab 10 Pers., 9 € pro Pers. Reservierung unter ✆ 0472/836189, www. kloster-neustift.it. Verkauf sowohl eigener Produkte (Weine, Schnäpse, Säfte, Kräutertee und Naturkosmetika) als auch Produkte befreundeter europäischer Klöster (Schokolade aus England, Seife aus Frankreich) im Klosterladen am Pkw-Parkplatz. Mo–Sa 9.15–18 Uhr.

Törggelen »> Mein Tipp: In mehreren Buschenschanken rund um Brixen kann man den Eisacktaler Wein kosten und deftige Tiroler Kost probieren, z. B. die beliebten Kastanien. **Gattererhof** (Elvaserstr. 83, ✆ 0472/838243, www.gattererhof.it) in Kranebitt sowie **Strasserhof** (Unterrain 8, ✆ 0472/830804, www.strasserhof.info) und **Pacherhof** (Pacherweg 1, ✆ 0472/835717, www.pacherhof.com) in Neustift, **Gummererhof** (Pinzagen 18, ✆ 0472/835553, www.gummerhof.it), **Hubenbauerhof** (Schattengasse

Nördlich von Brixen

12, ☎ 0472/830051, www.hubenbauer.com) und **Huberhof** (Pinzagen 21, ☎ 0472/832180, www.huberhof.net) in Pinzagen auf der Westseite des Eisacktals sind die beliebtesten Adressen. Saisonbetriebe, daher unbedingt vorher anrufen! **«**

Der Vahrner See: Zehntausende fahren täglich daran vorbei, ohne ihn zu sehen, denn der Vahrner See nördlich von Vahrn ist durch einen dichten Waldgürtel von Autobahn und Staatsstraße abgeschirmt. Nur bis 2,2 m tief ist der See, der zum größten Teil als Biotop geschützt ist. Ein einziger klarer Quellbach speist den stark verlandenden See, der in einer abflusslosen Mulde liegt. Stockenten und Sumpfrohrsänger bewohnen See und Schilfgürtel, die Ringelnatter ist oft zu sehen. An die 6 ha Schutzgebiet grenzt ein kleiner Bereich, in dem gebadet werden darf.
 Gasthof zum (Vahrner) See, Do Ruhetag, ☎ 0472/832169.

Vahrn: Der hübsche alte Ort ist über 1000 Jahre alt, er wurde 992 erstmals erwähnt. In der *Pfarrkirche* wurde Gotisches während der Barockzeit rigoros ausgeräumt, aber an der Südwand blieb ein großes Außenfresko von Meister Leonhard (dem Brixner Maler) erhalten, das die Krönung Mariens zeigt. Vom oberen Ortsteil sollte man auf jeden Fall auf dem nördlichsten Teil des „Keschtnweges" (s. u.) zum Vahrner See wandern, man passiert einen kleinen Esskastanienwald und an einer Stelle einen uralten Baumriesen, der nach wie vor Früchte trägt.

Der Keschtnweg

Der Keschtnweg ist ein Weitwanderweg von 61 km Länge. Er führt von Neustift bei Brixen bis nach Schloss Runkelstein bei Bozen. Von Norden passiert er dabei Vahrn, Feldthurns, Klausen, Villanders, Barbian, Leitach und Unterinn. Unterteilt in vier etwa gleichlange Etappen (jeweils ca. 5 Std.), überwindet er eine Gesamthöhe von 2000 m und kann von beiden Seiten begangen werden. Er passiert spektakuläre Erdpyramiden, malerisch gelegene Törggelenhöfe, tief eingeschnittene Bachschluchten, weite Almweiden, dichte Wälder – und natürlich immer wieder üppige Kastanienhaine! Neben wenigen Abschnitten auf Fahrstraßen verläuft er weitgehend auf Feldwegen, Wiesenpfaden und auch felsigen Steigen, nicht selten auf der Trasse der früheren Römerstraße. Innerhalb weniger Jahre ist dieser panoramareiche (von den Geislerspitzen über Lang- und Plattkofel, Puflatsch, Schlern bis hin zum Rosengarten werden Wanderer mit Traumausblicken verwöhnt, zumeist hervorragend ausgeschilderte Wanderweg zu einem der beliebtesten Südtirols geworden. Dennoch ist man aufgrund seiner Länge und Lage abseits von Hotels und Hauptverkehrswegen oft recht alleine unterwegs.

Karten: Zum Keschtnweg gibt es eine Tappeiner-Panoramakarte (eher zum Schmökern und Schwärmen geeignet denn als Wanderkarte) und eine Kompass-Karte (Blatt 696, 1:25.000) mit Begleitheft.

Verbindungen/Info: Bus 342 von Brixen nach Feldthurns, Bus 346 von Waidbruck nach Barbian, Bus 165 von Bozen nach Lengstein (über Unterinn), Zug von Brixen/Bozen nach Waidbruck. Die Bauern der Höfe entlang des Wegs haben einen kleinen Faltplan publiziert, der in den Törggelenhöfen erhältlich ist.

Das „Apfelplateau" von Natz und Schabs: Was rund um Neustift der Wein ist, das sind zwischen Natz, Schabs, Viums und Raas die Äpfel. Das sog. Apfelplateau, und um ein welliges Plateau handelt es sich wirklich, liegt im Schnitt fast 300 m höher als Neustift, nämlich bis 900 m hoch, da kann kein Wein mehr gedeihen oder doch nur als Hauswein vor den warmen Südfassaden der alten Bauernhöfe. Besonders schön ist das Plateau im Frühjahr während der Apfelblüte, aber auch im Spätsommer und Frühherbst, wenn die roten und gelben Äpfel durch das Grün der Obstplantagen leuchten. Wenn man dort in der Landschaft steht und das untrügliche Gefühl verspürt, dass das hier eine in Jahrhunderten gewachsene traditionelle Bewirtschaftung darstellt, unterliegt man einem fundamentalen Irrtum. Historisch war das eher eine unfruchtbare, arme Gegend. Erst als im Jahre 1958 die damals größte Beregnungsanlage Europas ohne Pumpenantrieb installiert wurde, waren die Voraussetzungen da, um das sonnenreiche, milde Klima für großflächigen Apfelanbau zu nutzen (das Wasser kommt von der Nordseite des Pustertales herabgeschossen und schafft es allein durch die Eigengeschwindigkeit durch unterirdische Rohre über den Talgrund auf die Hochfläche).

Im **Raier Moos** hat sich ein kleines Wasserauge erhalten, ein kleiner Moorsee und letzter Rest eines großen Sees, an dem in der Nacheiszeit Menschen in Pfahlbaudörfern wohnten. Das Verlandungsgebiet mit seinen vielen Orchideen und das 1986 teilweise ausgebaggerte Moor sind geschützte Landschaftsteile, die aber durch Wege und Holzstege erschlossen sind (das Raier Moos ist von der Straße Natz – Raas aus zu erreichen).

Information Tourismusverein, Mo–Fr 8.30–12/14.30–17.30 Uhr. I-39040 Natz/Schabs, Haus Hansengut 47, ☏ 0472/415020, www.natz-schabs.info.

Feste & Veranstaltungen Sunnseitn **Feschtl**, im Sommer wöchentlich stattfindender Abendmarkt (immer mittwochs) mit Musik, heimischen Spezialitäten und Kinderprogramm.

Anfang Mai lädt die örtliche Apfelkönigin zum **Apfelblütenfest**; Apfelköniginnen aus halb Europa haben dann ein Stelldichein.

Im Oktober wird im Rahmen der **Apfelwoche** die neue Apfelkönigin gekrönt, und dazu gibt es Apfelspezialitäten in den Restaurants, Apfelwanderungen und am ersten Sonntag im Oktober ein großes Apfelfest mit Festumzug.

Übernachten ***S Ploseblick**, Obst rundum – Äpfel vor allem – man ist schließlich auf dem „Apfelplateau". Das Hotel gibt sich gehoben bürgerlich, Wandern und Radfahren sind Hauptaktivitäten. Das Abarbeiten der Kalorien kann auch in Sauna, Whirlpool oder Freibad erfolgen. Gute Zimmer mit hübschen Möbeln, nicht alle mit Balkon. DZ/HP 120–158 €. Oberbrunnergasse 5, ☏ 0472/415109, www.ploseblick.com.

》》》 Mein Tipp: **Weiherhof**, moderner, geschickt in die Landschaft integrierter Bau, malerisch zwischen Obst- und Apfelplantagen und dem Flötscher Weiher gelegen. Die junge, engagierte Betreiberin Barbara Graf führt das Haus mit viel Herzblut und Leidenschaft. Die 2 Zimmer sind sehr gemütlich und mit viel Naturholz geschmackvoll eingerichtet, ebenso die 4 Apartments. Das reichhaltige Frühstück mit hofeigenen und regionalen Produkten lässt keine Wünsche offen. DZ/FR 60–113 €, Apt. (2 Pers.) 65–120 €. Natz Flötscher 4, ☏ 0472/412017, www.weiherhof.it. **《《《**

Weiter nach Rodeneck und ins Untere Pustertal → S. 474.

Auf die Plose

Im Sommer wie im Winter lockt die Kulisse des Brixner Hausbergs, der Plose, eines Wander- und Skibergs, der mit dem *Großen Gabler* immerhin 2561 m erreicht – das sind von Brixen aus 2000 m Höhenunterschied! Kein Wunder, dass die waldfreie Gipfelregion schon im Frühherbst weiß überzuckert ist und der Schnee lange im Frühjahr liegen bleibt.

Auf die Plose 155

Anfahrt/Verbindungen Eine Straße führt über mehrere hübsche Weiler und Dörfer nach St. Andrä, von wo eine Kabinenumlaufbahn auf 2050 m führt. Über Afers und Palmschoss kann man die Bergstation auch mit dem Auto erreichen. Von dort Sessellift oder zu Fuß. Buslinie 2 ab Brixen stündlich zur Talstation und Bergstation, im Winter Skibus.

Bergbahnen Die **Kabinenbahn Plose** fährt Ende Mai bis Mitte Okt. tgl. 9–12/12.45–17, im Sommer 9–18 Uhr; die neue **Kabinenbahn Pfannspitze** fährt Juli bis Ende Sept. tgl. 9–12.15/13–17 Uhr. Beide Bahnen jeweils Berg 11 €, Berg/Tal 15 €, Kombiticket Berg/Tal 18 €, Mountainbike nur in der Plose-Bahn gratis. Die neue Bahn ermöglicht es, im Sommer immer freitags den Sonnenaufgang am Gabler zu erleben. Die genauen Fahrzeiten stehen auf der Webseite. Die Plose hat zusätzlich zu den Umlaufbahnen 7 Skilifte, die 43 km Piste erschließen. Infos unter ✆ 0471/200433, www.plose.org.

Sport/Freizeit Im neuen **Outdoorcenter Plose**, das aus der Zusammenarbeit zwischen Skischule und einem Erlebnisanbieter entstanden ist, wird im Sommer ein umfangreiches Programm angeboten. Mtb-Touren, Wanderungen, Canyoning, Aktivitäten für Kinder stehen auf dem Plan. Das Center befindet sich an der Talstation der Plose-Seilbahn, ✆ 0472/850040, www.outdoorcenterplose.org. **Tandem-Paragleiten** wird angeboten vom Paragliding Tandem Team, ✆ 333/6799316, www.para-tandemteam.com.

Mountainbike: Die Plose ist Mtb-Revier, neben ausgewiesenen Touren, die auch E-Bike geeignet sind, gibt es eine Downhill-Strecke („Flow 6,6 km") für Profis. Verleih von Bikes an der Bergstation.

Wandern mit Kindern Woody Walk, 2,5 km langer Familienwanderweg mit vielen Spielstationen, kinderwagentauglich. Ab Bergstation Kreuztal bis zur Rossalm.

Mountaincarts Mit geländegängigen Dreirädern geht's auf die 9 km lange Strecke von der Bergstation Kreuztal nach St. Andrä. Verleih an der Bergstation. Anfang Juni bis Ende Sept.

Wintersport Skifahren/Snowboarden: Das Skigebiet Plose ist Teil der Region Eisacktal der Organisation *Dolomiti Superski* (→ S. 73 für Details). Neben dem Skipass für die Gesamtregion gibt es den Skipass für die Region Eisacktal, die auch die Skigebiete Gitschberg-Meransen und Jochtal umfasst (beide von Mühlbach im Pustertal zu erreichen). Skibus ab Brixen und Lüsen. Den Skipass erhält man an Ort und Stelle beim Plose Skipassbüro, ✆ 0472/200433.

Skischule Plose, auch Kinderskikurse, Umlaufbahn St. Andrä 31b, ✆ 0472/850040, www.ploseskischule.it.

Rodeln: Die 9 km lange Rodelbahn, Rudi Run (benannt nach Maskottchen Rudi), führt von Kreuztal nach St. Andrä. Die Bahn gliedert sich in zwei Abschnitte: den oberen, leichteren, und einen unteren mit höherem Anspruch; die beiden Strecken können unabhängig voneinander befahren werden. An den Freitagabenden wird die Rodelbahn für das Event „Friday Night Fever" beleuchtet. Die Benutzung der Rodelbahn ist kostenlos, Verleih von Ausrüstung an der Berg- oder Talstation.

Berghütten »» **Mein Tipp:** Rossalm, die gemütliche Hütte auf 2200 m wurde vor einigen Jahren komplett neu und architektonisch ansprechend errichtet. Sie bietet eine fantastische Aussicht auf Geislerspitzen und Peitlerkofel. Die Küche wartet mit leckeren Südtiroler Gerichten auf. Wer noch den Sonnenuntergang erleben will, kann sich in eines der 6 Gästezimmer einmieten und Sauna und Whirl-Badebottich nutzen. DZ/HP 166–250 €. ✆ 0472/521326, www.rossalm.com. ««

Schatzerhütte, die am Südhang des Gablers auf 2004 m gelegene Alm ist für ihre herausragende Kulinarik bekannt. Sie ist eine von 7 Südtiroler Hütten, die 2016 erstmals eine Haube vom Gault-Millau verliehen bekommen haben. Gemütliche Stube mit Kachelofen, Sonnenterrasse mit toller Aussicht. Übernachtet wird in einfachen Zimmern und im Lager. Oder komfortabler in einem der 3 neuen Chalets oberhalb der Hütte. Geöffnet Ende Mai bis Ende Okt. und nur im Winterrsaison. Nur über einen 2 km langen Fußweg zu erreichen. Buchung nur telefonisch möglich. ✆ 0472/521343, www.schatzerhuette.com.

In **St. Andrä** beginnt die Kabinenumlaufbahn auf die Plose. Die spätgotische Pfarrkirche mit ihrem typischen hohen, spitzen Turm ist innen barockisiert, die Kapelle ist ein interessanter 8-eckiger Zentralbau von 1696. Im Weiler **Klerant** wurde die

Kirche St. Nikolaus spätgotisch ausgemalt. Der Freskenzyklus aus dem Leben des hl. Nikolaus, aus der Passion Christi sowie Darstellungen aus dem Alten Testament stammen von Künstlern der Brixner Malerschule (um 1475). Die wahrscheinlich berühmteste Szene zeigt einen Kriegselefanten: Er trägt einen hohen Wehrturm auf seinem Rücken und ist in einen Panzer gekleidet, wie er von damaligen Ritterrüstungen abgekupfert wurde. Als Elefant erkennt man ihn nur am Rüssel, der Rest des Tieres, das der Maler offenbar nie in natura gesehen hat, ähnelt mehr einem Pferd.

Von St. Andrä lohnt sich ein Abstecher nach **St. Leonhard**. Die dortige alte Wallfahrtskirche ist immer noch von einer schmiedeeisernen Kette umgeben, wie das bei Leonhardskirchen so üblich war. Der hl. Leonhard galt als Löser von Ketten und war gleichzeitig Patron des Hausviehs. Früher brachte man ihm schmiedeeiserne Tierfiguren als Votivgabe oder ließ sie vom Pfarrer segnen, um mit ihnen den Tieren den Segen des Heiligen zu bringen. Bekannt sind die Leonhardiritte, die am Tag des Heiligen im November stattfinden, der in St. Leonhard findet seit 1870 nicht mehr statt, ganz im Gegensatz zu St. Leonhard in Abtei oder dem im deutschen Bad Tölz.

Das Lüsner Tal

Im schmalen, tief eingeschnittenen Lüsner Tal liegt nur das eine Dorf Lüsen sowie mehrere große, alte Bauernhöfe auf der Sonnenseite und ausgedehnter Wald auf der Schattenseite (Nordabfall der Plose). Immer noch leben die Menschen vorwiegend von der Landwirtschaft, das Vieh wird im Sommer auf die Lüsner Alm getrieben, ein ausgedehntes welliges, zwischen 1900 und 2200 m hoch gelegenes Plateau mit Traumblicken auf den Peitlerkofel und die Dolomiten. **Lüsen** selbst ist jung. Ein Brand hat 1921 den gesamten Ort vernichtet, auch die Pfarrkirche, die aber schön renoviert wurde samt Barockinnenleben. Wer hierher kommt, will wandern, viel Ruhe, noch mehr Grün, will sich erholen, rustikal essen und abends früh ins Bett. Einzige Sehenswürdigkeit ist die *Pardellermühle*, ein Bau von 1646 und heute Schaumühle. Die Touristeninformation organisiert von Mai bis Oktober Führungen, die auch eine *Kulturwanderung* durch das Dorf beinhalten.

Der Bauernaufstand des Balthasar Dosser

Historisch war Lüsen immer mit dem Bistum Brixen verbunden, auch wenn es wie in der Reformationszeit drunter und drüber ging, die Bauern Wiedertäufer wurden und versuchten, ihre Herrschaft abzuschütteln. Nach dem großen Südtiroler Bauernaufstand, der die Brixner und vor allem die Neustifter Mönche das Fürchten gelehrt hatte, gab es noch einmal eine Rebellion, die von Balthasar Dosser aus Lüsen geleitet wurde. Oder geleitet werden sollte, denn die Pläne wurden der Obrigkeit noch vor dem Aufstand bekannt. Dosser und seine „Konkubine" wurden in Klausen verhaftet, und Dosser wurde mit einigen Komplizen zum Tode verurteilt. Das war damals noch grausiger als heute: Am 26. Februar 1562 wurde er vor dem Rathaus in Innsbruck bei lebendigem Leibe geviertelt.

Information/Termine Touristeninformation Lüsen, Mo–Fr 8–12 Uhr, I-39040 Lüsen, ✆ 0472/413750, www.luesen.com.

Baden Naturbadeteich mit großer Liegewiese und langer Rutsche ins Wasser.

Übernachten/Essen *** **Herolerhof**, das familienfreundliche Hotel liegt etwas oberhalb von Lüsen. Großzügige, helle Zimmer mit viel Naturholz, Terrasse mit Aussicht auf die umliegenden Berge und kleiner, aber feiner Wellnessbereich. Auf dem Hof gibt es Kühe, Hund und Katzen, 4 Haflingerpferde warten auf den Ausritt auf die Lüsner Alm. DZ/HP 122–206 €. Berg 1, ✆ 0472/413770, www.herolerhof.it

Kreuzwiesenalm, 1924 m, der behäbige Holz- und Steinbau nach altem Muster auf den Almwiesen oberhalb von Lüsen ist modern und urgemütlich mit viel Holz eingerichtet. Sauna, Naturbadeteich und Kegelbahn. Mit Almkäserei! Doppel- und Mehrbettzimmer, Matratzenlager. DZ/HP 100–170 €. Geöffnet Ende Mai bis Anf. Nov. und teilweise in der Wintersaison. Runggerstr. 18, ✆ 0472/413714, www.kreuzwiesenalm.com.

Feldthurns

Die Sonnenterrasse von Feldthurns liegt schräg gegenüber dem Eingang zum Villnösser Tal, sodass man Geislerspitzen, Aferer Geisler und Peitlerkofel, aber auch die Plose und einen Teil der Pfunderer Berge vor sich hat, wenn man über das tief unten liegende Eisacktal hinweg schaut. Die Gegend gefiel schon den Fürstbischöfen so gut, dass sie sich hier einen Sommersitz errichten ließen, **Schloss Velthurns**, direkt neben dem Dorf Feldthurns. Eine gute Idee, die Sommerfrische im hübschen Dorf zwischen Wein und Kastanien nachzumachen. Wein und Edelkastanien – das ist die unmittelbare Umgebung des Orts mit dem nahen Weiler **Tschiffnon** und bis hinauf nach Schnauders, wer noch höher steigt, erreicht die steilen Hänge unter den Gipfeln der Sarntaler Alpen. Unter dem Gipfelgrat zwischen Königsangerspitze (2436 m) und Hundskopf (2354 m) liegt der winzige **Radlsee** mit einladendem Schutzhaus, von dort hat man einen Ausblick, der fast die gesamten Dolomiten umfasst.

Information Tourismusverein Feldthurns, Simon-Rieder-Pl. 2, Mo–Sa 8.30–11.30 Uhr, April bis Nov. auch Mo–Fr 14.30–17 Uhr. I-39040 Feldthurns, ✆ 0472/855290, www.feldthurns.info.

Malerisches Feldthurns

Veranstaltungen Keschtnigl, in der Kastanienwoche (1 Woche zwischen Mitte Okt. und Anf. Nov.) werden den Gästen geführte Wanderungen durch die Kastanienhaine geboten (Feldthurns hat angeblich 3336 Kastanienbäume); ein „Niglmarkt" mit Unterhaltung und Gastro-Ständen, und in den Gasthäusern gibt's traditionelle Kost mit Kastanien.

Übernachten/Essen ****** Taubers Unterwirt**, Traditionsbetrieb im modernen Gewand, sehr gute Zimmer und Suiten mit Blumenbalkonen, außerdem 1000 m² Wellness mit Hallenbad, Sauna, Fitnessraum, Liegewiese. Auf den Tisch kommt die traditionelle Südtiroler Küche mit italienischen Akzenten. Eisacktaler Weinsuppe und Feldthurner Krapfen gehören zu den Spezialitäten des Hauses, die während der Törggelenzeit besonderen Zuspruch finden, dann gibt es z. B. auch ein reines Kastanienmenü. Der Unterwirt ist ein „Wander und Bikehotel" und entsprechend um seine Gäste bemüht. Restaurant Mi Ruhetag. DZ/¾-P 192–306 €, Suiten teurer. Josef-Telser-Str. 2, ☏ 0472/855225, www.unterwirt.com.

*** Oberwirt, Hotel nahe dem Schloss Velthurns, Familienbetrieb mit Saunen, Whirlpool, Massage, Fitnessraum. Restaurant-Pizzeria und Bar mit kleiner Eiskarte in einem gesonderten, dekorativ eingerichteten Bau, Kegelbahn. Restaurant Mo Ruhetag. DZ/HP 112–124 €. Dorfstr. 6, ☏ 0472/855212, www.hotel-oberwirt.it.

***S Feldthurnerhof, Panoramahotel, der Name stimmt, dazu Wellnessbereich, Fitnessraum, Liegewiese, Kinderspielplatz. Im Haus sehr stimmungsvolle Pizzeria „Die Mühle" mit Italo-Tiroler Cross-over-Küche, aber auch viele Hauptgerichte vom Grill. Pizzeria Di/Mi, Restaurant Mo Ruhetag. DZ/HP 142–182 €. Guln 1, ☏ 0472/855333, www.feldthurnerhof.com.

** Wöhrmaurer, Landgasthof im Familienbetrieb mit Zimmern und Pizzastube. Ruhige Einzellage an der Straße nach Brixen, gute hausgemachte, traditionelle Gerichte: Kartoffelteigtaschen mit Pfifferlingen, Käseknödel, außergewöhnliche Pizzakreationen; beliebtes Törggelelokal. Teils neue, schicke Zimmer im Alpinstil. DZ/HP 98–152 €, Apt. (2 Pers.) 68–100 €, Tschiffnon 21, ☏ 0472/855301, www.woehrmaurer.com.

Tonig, nettes, stylisch eingerichtetes Café und Bar mit großer, sonniger Terrasse und Garten, teilweise überdacht. Leckere Sandwiches, Bruschetta, aber auch Eis und Kuchen. Ideal zum Chillen, für den Imbiss zwischendurch und zum Aperitif am Abend. Musikalische Events. Dorfstr. 22, ☏ 0472/8552016, www.tonigbar.it.

Urlaub auf dem Bauernhof **Obermoserhof**, Hofschänke mit Zimmern und neuen Apartments, im Herbst Törggelen, eigene Produkte wie Speck, Butter und Joghurt, eigene Alm. Apt. 2–6 Pers. 50–85 € (bei Belegung von 2 Pers.). Schnauders 26, ☏ 0472/855215, www.obermoserhof.it.

Oberfraunerhof, mit Alpenbadl (Heubad, Dampfbad, Kneippbad u. a.). DZ/FR 56–64 €, auch Apt. Schnauders 22, ☏ 0472/855318, www.alpenbadl.com.

Thalerhof, mit Holzschnitzerei. 3 Apt. für 2–6 Pers. 50–60 € (2 Pers.). Schnauders 17, ☏ 0472/855258, www.thalerhof.it.

Gasserhof, freundlicher Hof/Pension mit hellen Balkonzimmern und traumhafter Aussicht, reichhaltiges Frühstück mit hofeigenen Produkten, im Dörfchen Schnauders auf ca. 1030 m. DZ/FR 54–60 €. Schnauders 6, ☏ 0472/855252, www.gasser-hof.it.

Törggelenstuben Im Herbst verwandeln einige Feldthurner Bauern ihre Wohnstuben in Törggelenstuben, die Liste gibt es beim Verkehrsverein, der in der Saison auch Törggelenwanderungen mit Einkehr veranstaltet.

》》 Mein Tipp: Obermoserhof, Schnauders 26, Feldthurns, typischer Bauernhof in toller Aussichtslage über Feldthurns und Schnauders. Das Innere kombiniert gekonnt moderne Täfelung mit alten Holzelementen. Eigener Speck, Käse und Topfen, leckerer Tris mit Schlutzern, Käse- und Spinatknödeln, opulente Krapfen zum Nachtisch. Geöffnet Okt. bis Mitte Dez. Mi–Sa ab 18, So ab 12 Uhr. ☏ 0472/855215, www.obermoserhof.it. 《《

Sehenswertes/Ausflüge

Schloss Velthurns und **Archaeoparc Feldthurns**: Fürstbischof Johann Thomas Spaur ließ 1587 eine um 1140 bereits bestehende und zu seiner Zeit recht heruntergekommene Burg zu einer Sommerresidenz umbauen. Während man in Südtirol

Blick von Meransen auf Plose und Eisacktal

was Kirchen anbelangt zu diesem Zeitpunkt immer noch in gotischen Formen dachte, entstanden Schlösser und die typischen Ansitze in den Formen der Renaissance (z. B. Hofburg Brixen, Fürstenburg in Schluderns, Rathaus in Schlanders, Ansitze des Überetsch). Velthurns ist keine Ausnahme, wie schon ein Blick ins mit überbordender Dekoration ausgestattete Fürstenzimmer mit seiner kostbaren Täfelung, den großartigen Einlegearbeiten und dem üppig dekorierten Kamin zeigt. Velthurns war bis 1803 Sommerresidenz der Fürstbischöfe von Brixen, kam 1810 in Privatbesitz und gehört heute der Autonomen Provinz Bozen/Südtirol, deren Denkmalamt das Schloss vorbildlich und aufwendig restauriert hat.

kzrDer Hof kann jederzeit auch ohne Führung betreten werden, sodass man einen guten Eindruck von der Anlage des Schlosses mit seinen zwei Gebäuden, dem eigentlichen Schloss links, dem Nebengebäude rechts (sog. Schreiberhaus, auch Haus Türnitz genannt) und den Umfassungsmauern bekommt. Die Letzteren umschließen auch einen unteren Hof ohne Gebäude, das ehemalige Wildgehege.

Die Wiesen der Tanzgasse oberhalb des Ortszentrums waren 1983 Teil eines Bauprojekts. Aber statt Gebäuden entstand nach 25 Jahren Grabungen ein Archaeoparc, denn bei ersten Sondierungen wurde ein megalithischer Steinkreis entdeckt und Artefakte, die, wie wir heute wissen, bereits vor 7000 Jahren entstanden. Wie man heute weiß, wurde der Steinkreis mit Nebenanlagen als Kult- und Begräbnisplatz genutzt, dieser Teil des noch keineswegs komplett ausgegrabenen Geländes ist heute als Archaeopark teilweise überdeckt. In den Jahrzehnten der Grabungen wurden Reste menschlicher Siedlung bis hin in die späte Römerzeit entdeckt, am bedeutendsten blieb jedoch der Steinkreis und eine Stele derselben Zeit – sie ist fast 5000 Jahre alt – mit Ritzungen. Da die Funde im ungestörten Zusammenhang lagen, stellen sie ein unschätzbar bedeutendes Indiz für die zeitliche Zuordnung aller anderen Südtiroler Megalithen dar.

Innenbesichtigung des Schlosses nur mit Führung, März bis Nov. Di–So 10, 11, 14.30 und 15.30 Uhr, Juli/Aug. auch 16.30 Uhr; Eintritt 5 €, erm. 3 €, ✆ 0472/855525, www.schloss velthurns.it.

Archaeoparc Feldthurns, Di–So von 9–18 Uhr, Eintritt 3 €, Info unter ✆ 0472/855290, oder beim Tourismusverein, auch Führungen; sehr informativ ist das Büchlein „Reich der Steine", das man vor Ort erwerben kann.

Die Edelkastanie

Ob am „Keschtnweg", im „Keschtnriggl" oder beim Fest „Keschtniggl" – immer wieder begegnet einem der umgangssprachliche Begriff für die Kastanie. Das ist kein Wunder, denn im Eisacktal und im Etschtal, aber auch in der Gegend um Meran und im oberen Vinschgau sind weite Hänge bis in Höhen von 900 m mit prächtigen Kastanienhainen bedeckt. Im Oktober fallen die stacheligen Früchte von den Bäumen. Erst wenn die harte Schale entfernt ist, kommt die braun glänzende Frucht zum Vorschein. Sie wird auf zahllose Arten verarbeitet. Der Klassiker sind die über offenem Feuer gerösteten, oft zum Teil leicht angekokelten Früchte auf den Kastanienfesten – lecker! In der Gastronomie gibt es mittlerweile vielerorts Kastanienwochen. Da werden dann Kastaniensuppe, Wildschwein mit Kastanien, Kastanienmousse, Kastanientorte oder Kastanieneis kredenzt. Beim Törggelen gibt es oftmals einen Teller gerösteter Kastanien als Nachtisch – die Frucht verträgt sich prächtig mit einem Glas Roten ...

Die Kastanie existiert bereits seit über 3000 Jahren in Südtirol. Während der Römerzeit erlebte sie ihre erste Hochphase, die zweite dann im Zuge der Hangbesiedelung ab dem 12. Jh., als zahlreiche Höfe entstanden. Von den etwa 50.000 Kastanien, die es in Südtirol gibt, zählen die ältesten Exemplare bis zu 500 Jahre, der größte gemessene Stammesumfang liegt bei 11 m. Pro Baum lassen sich im Schnitt 10 kg Ernte einfahren, das ergibt dann in der Summe 500.000 kg pro Jahr. Durch den aus den USA eingeschleppten Kastanienrindenkrebs waren auch Südtirols Kastanien bis knapp vor der Jahrtausendwende stark bedroht. Seither wurden 30.000 Bäume forstwirtschaftlich saniert und die Krankheit weitgehend eingedämmt, wenn sie auch nicht überwunden ist. Da viele der Bäume schon weit über 100 Jahre alt und entsprechend anfällig sind, müssen Neupflanzungen durchgeführt werden, um den Bestand zu sichern. Zu diesem Zweck und um die Kastanie im Allgemeinen zu schützen, zu bewerben und zu vermarkten, haben sich verschiedene Kastanienvereine gegründet, u. a. im Eisacktal, im Burggrafenamt und im Vinschgau.

Der Radlsee: Gerade 130 mal 60 m misst dieser kleine, bis zu 10 m tiefe See auf 2284 m zwischen Königsangerspitze (2436 m) und Hundskopf (2354 m) hoch über Brixen und Feldthurns. Kaum erwähnenswert also, aber seine Lage an den an Seen armen Sarntaler Alpen vor allem der großartige Blick auf die Dolomiten mit Geislerspitzen, Sella und Langkofel, den man von der Hütte und den beiden, im Übrigen leicht zu ersteigenden Gipfeln hat, machen ihn zu einem äußerst lohnenden Wanderziel. Die freundliche Schutzhütte am Radlsee, die von der Sektion Brixen vor einem halben Jahrhundert nach Zerstörungen neu errichtet wurde, gewinnt ihren Strom aus einer mit reinem Wasserstoffgas betriebenen Brennstoffzelle. Sie ging im September 2003 in Betrieb und war damit die erste Versuchsanlage dieser Art in Europa. Die Normleistung beträgt 10 Kilowatt, mit der tatsächlich erreichten

Stromproduktion werden Energiebedarf von Hütte und Materialseilbahn gedeckt. Umweltbelastung? Bei der Verbrennung von Wasserstoff entsteht reines Wasser!

Radlsee-Schutzhaus, AVS Brixen, 2284 m, 20 Betten, 40 Lager, traditionelle Küche. Mitte Mai bis Ende Okt. geöffnet, ✆ 0472/855230, www.radlseehuette.it.

Klausen

Eine Klause ist eine Engstelle, eine Verengung im Flusstal, Klausen hat also einen wirklich aussagekräftigen Namen: Der Ort liegt im engen Eisacktal am Fuß eines hohen, isolierten Felsens, auf dem sich mehrere alte Bauten befinden, Kirchen und Burgen, gekrönt vom Kloster Säben, dem früheren ersten Sitz des Bischofs von Bozen-Brixen.

Kein toller Ort für einen Bischof und noch weniger für die Bürger des zwischen Fluss und Klosterfels eingezwängten Städtchens. Aber ein ziemlich schlecht zu eroberender Ort und damit zumindest bis ins 19. Jh. auch ein sicherer Ort. Und jedermann, vor allem jeder Kaufmann, musste durch die Klausner Hauptstraße, wenn er im Eisacktal unterwegs war, und seinen Pfennig Maut bezahlen. Also: doch ein guter Standort.

Der Südtirolreisende, begierig die Dolomiten oder das Ötzimuseum zu erreichen, gönnt Klausen meist einen kurzen Blick aus dem Auto- oder Bahnfenster. Ein Fehler: Es lohnt sich sehr, das mittelalterliche Städtchen zu erkunden, den Säbener Klosterberg auf einer Treppe durch Weinberge steigend zu erklimmen, in der Umgebung die Buschenschanken beim Törggelen abzuklappern und die Atmosphäre eines seit Jahrhunderten kaum veränderten Orts auf sich wirken zu lassen.

Klausens Umgebung ist zumindest auf der Sonnenseite Weinland, das sieht man im unmittelbaren Stadtumfeld, auf dem Säbener Berg und natürlich in und unter den Dörfern **Villanders** und **Barbian** sowie einer Handvoll kleinerer. Klassisches Buschenschankenland und ebenso klassisches Törggelengebiet ist diese Eisacktaler Weinlandschaft mit ihren Kastanienhainen als Draufgabe. Auch die Schattenseite hat Wein, aber nur auf den sonnigen Dorfterrassen wie im Lajener Ried. Im Westen reicht das Gebiet der Gemeinden um Klausen bis hinauf zum Ostkamm der Sarntaler Alpen, bis zur Villanderer und Latzfonser Alm, die Letztere mit dem berühmten höchstgelegenen Wallfahrtsort Europas, der Kapelle am Latzfonser Kreuz.

Basis-Infos

Information Tourismusverein, Mo–Fr 8.30–12.30/14.30–18, Sa 9–12 Uhr. Privatzimmervermittlung, auch Urlaub auf dem Bauernhof, die meisten Unterkünfte befinden sich in den umliegenden Dörfern. I-39043 Klausen/Chiusa, Marktplatz 1, ✆ 0472/847424, www.klausen.it.

Verbindungen Pkw: Brennerautobahn, Ausfahrt Klausen, die Altstadt ist Fußgängerzone. **Bahn:** Am Bhf. Klausen halten alle Regionalzüge. **Bus:** Busbhf. von Brixen kommend links neben dem Bahnhof, Busse nach Bozen, Brixen/Bruneck/Innichen, nach Feldthurns und Latzfons, ins Villnösser Tal und Grödner Tal. **Taxi:** Erlacher, ✆ 0472/846044.

Klausen Card Neue Gästekarte „alps & wine", gültig in Klausen, Barbian, Feldthurns und Villanders. Die Karte kombiniert die Mobilität und Museumsangebote der „museumobil Card 7 Tage" und bietet zusätzliche Angebote in der Region. Infos unter www.klausencard.info.

Baden Erlebnisbad Klausen, Freibad, Ende Mai bis Anf. Sept., tgl. 9–19, Do/Fr bis 22 Uhr.

Das Eisacktal

Einkaufen Monatsmarkt zu bestimmten Tagen des Heiligenkalenders (z. B. 10. Aug. **Laurenzimarkt**, 14. Sept. **Hl.-Kreuz-Markt**).

Feste & Veranstaltungen Traditionelles **Gassltörggelen** in der Altstadt mit Vorstellung hiesiger Handwerksberufe, im September.

Frogener Kirchtig: Traditionskirchweihtag des Klausner Stadtteils Frag, Ende Juni. Die Frager gelten in Klausen als ein eigener Menschenschlag, ihren nach der Eingemeindung in den 1930er-Jahren vernachlässigten Kirchtag haben sie im Jahr 2003 mit Aplomb wieder aufgenommen.

Alle 3 Jahre (2018, 2021 usw.) Mitte Juni **Pilgerzug der Gadertaler** zur Heiligkreuzkirche in Säben. Die 3 Tage dauernde Wallfahrt geht für die Obergadertaler von Pedratsches und Campill über das 2294 m hohe Kreuzjoch ins Villnöss, wo die anderen Gruppen getroffen werden, bevor man gemeinsam nach Klausen und Säben weiter zieht. Hin- wie Rückweg werden zu Fuß gemacht (bei vielen heutigen Fußwallfahrten ist das nicht mehr der Fall, oft wird sogar für den größten Teil des Weges der Bus benutzt). Die Prozession entstand bereits vor 1400 und wurde 1503 erstmals erwähnt.

Am Krampustag (5. Dez.) **Krampusumzug** durch die Altstadtgassen: Wie in Österreich wird auch in Südtirol wird der hl. Nikolaus (6.12.) vom Krampus begleitet, einem borstigen, schwarzen Teufel mit heraushängender roter Zunge und Rute, mit der er besonders gern hübsche Mädchen schlägt. Das Brauchtum ist noch vielerorts lebendig, hier in Klausen vielleicht besonders stark.

Internet WLAN-Hotspot WiFree im Kapuzinergarten.

Übernachten/Essen & Trinken/Nachtleben

In Klausen ***S Der Rierhof**, Hotel am Ortsausgang, relativ ruhig, Grün im Hintergrund, dazu Außenpool, Hallenbad, Sauna und was sonst noch zur Wellness nötig ist, auch Heubäder. Große Balkone und großzügige, komfortable Zimmer. Es gibt auch attraktive Familienzimmer auf 2 Ebenen. DZ/HP 120–160 €. Fragburg 7, ☎ 0472/847454, www.rierhof.it.

*** **Bischofhof**, das Hotel auf der stadtabgewandten Flussseite hat eine gehobene gutbürgerliche Atmosphäre. Die Architektur ist regionaltypisch holzbetonter Tirolerstil, Außenpool und dekorativer Saunenbereich runden das Angebot des Hauses mit seinen gut ausgestatteten und teils modern renovierten Zimmern ab. Im Haus befindet sich das mehrfach ausgezeichnete Restaurant Jasmin (s. u.). DZ/FR 100–175 €. Griesbruck 4, ☎ 0472/847448, www.bischofhof.it.

*** **Ansitz Fonteklaus**, Hotel im alten Ansitz mit modernem Anbau, ganz isoliert 400 m hoch über Klausen gelegen, eigene Zufahrtsstraße (Abzweig von SS 242 dir. beim Gasthof Gamp). Der mittelalterliche Ansitz wurde vom heutigen Besitzer liebevoll saniert. Blick auf die Sarntaler Berge, nur 11 komfortable Zimmer, ohne Balkon. Es gibt eine ausgesprochen schmackhafte Küche (der Hausherr kocht selbst) mit Tiroler und italienischen Nudelgerichten, hausgebackenem Brot und besonders leckeren Nachspeisen. Restaurant Do Ruhetag. DZ/FR 86–100 €, Suiten teurer. Im Winter geschl. Laion, ☎ 0471/655654, www.fonteklaus.it.

*** **Ansitz Gamp**, Hotel mit Nebengebäuden und kürzlich modern und komfortabel renovierten Zimmern. Pool, Liegewiese. Restaurant mit Südtiroler Küche. DZ/FR 89–120 €, Apt. (2 Pers.) 86–130 €. Griesbruck 10, ☎ 0472/847425, www.camping-gamp.com.

*** **Camping Gamp**, am Gasthof angeschlossener Camping- und Wohnmobilstellplatz, nicht gerade ruhig gelegen, aber gute Sanitärausstattung, z. T. schattig (junge Bäume), Waschmaschine, ganzjährig geöffnet. Gespann und 2 Pers. 31–40 €, Wohnmobilstellplatz 15 € (inkl. Strom, aber ohne Sanitäranlagen). Griesbruck 10, ☎ 0472/847425, www.camping-gamp.com.

Jasmin, das Restaurant im Hotel Bischofhof ist ein Gourmettempel, der in der obersten Liga spielt: seit 2011 hat der Küchenchef Martin Obermarzoner dank seiner Kreativität 2 Michelin-Sterne und 3 Gault-Millau-Hauben abgeräumt. Die Küche zeigt einige regionale Bezüge, aber bietet vor allem überraschende und ungewohnte Geschmacks- und Herkunftskombinationen bzw. Variationen zu bekannten Themen. Degustationsmenü ab 110 €, ☎ 0472/847448; Im Nov. geschl., Di Ruhetag, Reservierung essenziell.

Café Nussbaumer, Unterstadt 4, dunkel ist's zunächst, wenn man die paar Stufen hinunter ins Lokal steigt, aber dann sehr intim und gemütlich. Ein Stockwerk höher schönes Renaissance-Ambiente für besondere Anlässe, das alte Batzenhäusl mit seinem Mittelerker ist eines der schönsten Häuser des Orts. Di Ruhetag.

Aquarium Pub, Marktplatz 23, außerhalb der Altstadt in Richtung Busbahnhof; So Ruhetag.

In Latzfons ** **Zum Hirschen**, ehemals wohl einziges Gasthaus des Orts, bei der Kirche, durch Zu- und Anbauten ziemlich angeschwollen, recht einfache Zimmer. Das **Weiße Kreuz** gegenüber wird vom gleichen Betreiber geführt, neuerer Bau mit schönen Balkonzimmern, funktional, aber gemütlich, mit Kinderspielplatz und Liegewiese. DZ/FR 50–60 € im Hirschen, im Weißen Kreuz 52–74 €. Latzfons 30, ✆ 0472/545184, www.gasthaus-weisses-kreuz.it.

In Gufidaun **** **Gnollhof**, der alteingesessene Hotelgasthof (er war der erste am Ort mit Freibad, heute ist ein Hallenbad dazu gekommen) bietet einen komfortablen, ruhigen Aufenthalt in gut ausgestatteten, großen Zimmern mit Balkon und reichlichem Frühstücksbuffet. DZ/HP 162–236 €. Gufidaun 81, ✆ 0472/847323, www.gnollhof.it.

** **Garni Turm**, neben der Kirche liegt diese familiäre Pension, die sich nicht nur für Besucher des guten Restaurants Turmwirt eignet. Einfache Zimmer, die meisten mit Balkon. DZ/FR 60–80 €. Gufidaun 48, ✆ 0472/844001, www.turmwirt-gufidaun.com.

Figisterhof, Urlaub auf dem Bauernhof in prachtvoller Aussichtslage im Grünen, eigene Produkte, beliebte Jausenstation. Gotische Stube aus dem 18. Jh. Möglichkeit, auf dem Hof mitzuhelfen, kleiner Spielplatz, kinderfreundlich. DZ/FR 64–80 €; Apt. (2 Pers.) 64 €. Gufidaun 12, ✆ 0472/847395, www.figisterhof.com.

Unterwirt, das Gasthaus hat eine 400 Jahre alte Bauernstube und eine äußerst gemütliche Zirbenstube, aber außerdem eine Südtiroler Küche vom Feinsten (2 Gault-Millau-Hauben 2017), die keineswegs vor Anregungen aus der ital. Küche zurückschreckt und die auch köstliche Kuchen und andere Mehlspeisen (Zwetschgenknödel, Schlutzkrapfen!) sowie die kalten und warmen Speisen für eine anständige Merende umfasst. Menü ab 76 €. So/Mo Ruhetag und Jan./Febr. geschlossen. Helle, teils angenehm renovierte Zimmer, DZ/FR 112–164 €. Gufidaun 45, ✆ 0472/844000, www.unterwirtgufidaun.com.

Eines der schönsten Häuser in Klausen: das Café Nussbaumer

Turmwirt, Gufidaun 50, das alte Wirtshaus mitten im Dorf ist für seine fantasievolle Südtiroler Küche bekannt, Spezialitätenwochen (Kräuterküche, Kastanien, Kürbis …). 3 Gänge ab ca. 30 €. Nächtigen kann man im Garni Turm nebenan. Mi/Do Ruhetag.

In Pardell, Verdings und in Gufidaun liegen einige der gemütlichsten und freundlichsten **Buschenschanken** Südtirols: **Hienghof**, Leitach 60, ✆ 0472/847354 (Straße nach Feldthurns, dann links nach Pardell abbiegen oder Wanderweg Säben – Pardell); **Huberhof**, Pardell 50, ✆ 0472/855479; **Martscholerhof**, Gufidaun 27, ✆ 0472/847207, www.martscholerhof.it; **Moar zu Viersch**, Verdings 22, ✆ 0472/855489; **Torggler**, Gufidaun 22a, ✆ 0472/847371, www.pensiontorggler.com.

Sehenswertes/Ausflüge

Stadtspaziergang: Machen Sie einen Spaziergang auf der (fast) verkehrsfreien Hauptstraße. Wo bis in die 60er-Jahre der Durchgangsverkehr rauschte, herrscht heute beschauliche Fußgängerruhe. Am besten beginnt man auf der Nordseite beim *Brixner Tor*, wo die Kaufleute aus Deutschland ankamen und in der angebauten (spätgotischen) Apostelkirche erst mal ein Gebet sprachen, bevor es ans Geschäft ging – und an das Zahlen der Maut. Dann die *Oberstadt*, wie sich die schmale Hauptstraße hier nennt; für die typischen Lauben ist hier kein Platz. Hübsche breite Häuser, Erker, Wappen, mit steinernen Rahmen eingefasste Fenster sind zu sehen, und im Erdgeschoss herrscht Gegenwartsgeschäftsgeist mit Läden und Gaststätten. Gleich rechts (Nr. 67) ist ein Renaissancehaus mit schönen Fresken zu bewundern, Nr. 59 ist das schöne gotische *Alte Rathaus*, und auf Nr. 37 wartet (ebenfalls rechts) das *Säbner Haus*.

Auf dem Pfarrplatz steht etwas unterhalb die *Pfarrkirche St. Andreas*. 1498 wurde sie fertig und aus dieser Zeit haben sich einige spätgotische Gemälde, die Empore und Statuen erhalten. Ab hier heißt die Hauptstraße *Unterstadt*, sonst ändert sich nichts, hübsche Häuser rechts wie links. Knapp vor ihrem Ende beginnt rechts der Säbener Aufgang, wo es anschließend zum Kloster hinaufgeht (s. u.).

Jenseits des Tinnebachs steht etwas isoliert das ehemalige *Kapuzinerkloster* von 1701. Die Kapuziner sind erst 1972 gegangen, heute beherbergt ein Teil des Komplexes das *Klausner Stadtmuseum*. Das Gebäude besitzt den kostbaren Loretoschatz. Der war ein Geschenk der letzten spanischen Habsburgerkaiserin an ihren Hauskaplan, der aus Klausen stammte.

Klausner Stadtmuseum: Ende März bis Anfang Nov. Di–Sa 9.30–12/15.30–18 Uhr, So, Mo und an Feiertagen geschl. Eintritt 4 €, erm. 1,50 €; ✆ 0472/846148, www.museumklausenchiusa.it.

Der Säbener Aufgang: Diese lange Stiege, die von der Unterstadt bis zur Heiligkreuzkirche auf der Spitze des Säbener Bergs führt, war und ist ein Wallfahrts- und Kreuzweg, wie die Kreuzwegstationen zeigen. Man passiert nach einem steilen Treppenstück die *Burg Branzoll* (nicht zu besichtigen) mit mächtigem Bergfried. Dann erreicht man die *Liebfrauenkirche*, einen achteckigen barocken Zentralbau. Sie entstand als Votivkirche der Klausner Bürger, die von der Muttergottes vor der Pest bewahrt worden waren (schön sind die Fresken zum Marienleben in der Kuppel). Entlang dem Benediktinerinnenkloster gelangt man zur *Klosterkirche* von 1687, besonders schön die schmiedeeisernen Gitter, die den Chorraum der Schwestern vom Schiff abtrennen. Noch eine Treppe und wir sind am höchsten Punkt mit der kleinen *Heiligkreuzkirche*. Sie steht auf sehr viel älteren Vorgängerinnen, der prominente und gut zu verteidigende Standort war seit vorgeschichtlicher Zeit besiedelt. Bei der Kirche handelt es sich um den Dom des Bischofs Ingenuin (um 600), umgebaut in der Spätgotik als Palastkapelle der bischöflichen Burg. Das großartige Kruzifix auf dem Hochaltar ist von Leonhard von Brixen.

Liebfrauenkirche Juli bis Ende Okt. Di, Mi, Fr und Sa 15–18 Uhr; **Gnadenkapelle, Heiligkreuz- und Klosterkirche** tgl. 8–17/18 Uhr. Das **Kloster** kann nicht besichtigt werden.

Verdings und Latzfons bestanden ursprünglich aus Kirche und einer Handvoll Höfe, darunter das Mesnerhaus und ein Gasthof. In vielen Fällen war das in Südtirol übrigens ein und dasselbe Haus, denn der Mesner musste einen Nebenberuf ausüben, um überleben zu können. Die Kirche *St. Valentin* in Verdings wurde um 1200 geweiht, ihr hoher, schlanker Turm mit dem kleinen Satteldach ist weitum zu sehen. Bauernhöfe sind locker über die Hänge in Richtung Latzfons verteilt, heute jeder mit eigener asphaltierter Zufahrt, aber es gibt noch genug alte Wander- und Karrenwege zu entdecken. Wandern ist überhaupt das Zauberwort, wer hier nicht wandert, der ist ganz sicher am falschen Platz.

Zum Latzfonser Kreuz (2303 m): Die höchste Wallfahrt Europas führt zum 2303 m hoch gelegenen Latzfonser Kreuz. Sie gehört zu den beliebtesten und landschaftlich großartigsten Ausflügen aus dem Eisacktal. Die Wallfahrt entstand, als man um 1700 ein Wetterkreuz am Joch aufstellte, das zwischen Brixen und dem Sarntal einen einfachen, aber bei Schlechtwettereinbruch potenziell gefährlichen Übergang darstellt. Das Kreuz war damals eine geschwärzte Christusfigur aus dunklem Holz („Schwarzer Herrgott"). Sie entstammte ursprünglich der Totenkapelle oberhalb von Villanders (heutiges Kirchlein am Toten). Offensichtlich musste sich das Wetterkreuz bewährt und schlechtes Wetter abgehalten haben,

Hoch über Klausen: das Kloster Säben

denn man baute einen Bildstock und 1867 eine Wallfahrtskapelle. Heute noch kommt am Sonntag, der auf St. Magdalena (22. Juli) folgt, eine große Zahl von Wallfahrern herauf aufs Joch, die meisten Besucher des etwas oberhalb stehenden Schutzhauses sind aber Wanderer, die den Ausblick und das Essen genießen.

Zum Latzfonser Kreuz gibt es mehrere Wege. Einer startet vom Kühhof (Parkplatz) oberhalb des Ortes Latzfons auf breitem Forstweg über die Klausner Hütte – das ist der bekannteste und beliebteste, daher auch vollste Weg; der zweite ist unten beschrieben (siehe Wanderung 4).

Attraktiv, da von Beginn an sehr aussichtsreich ist auch folgende Variante: Man fährt mit dem PKW auf der schmalen, panoramareichen Straße 12 km von Latzfons hinauf zum Kasereck (1930 m). Über breite Wiesenrücken steigt man gut eine Stunde bergan und dann nach Osten in weitem Bogen in 30 Min. bergab zum Schutzhaus, immer die steile Geröllflanke der Kassianspitze im Blick (hin und zurück 2:45 Std.).

Von der Schutzhütte aus sind zwei Touren besonders beliebt. Die eine führt über den eiskalten, klaren Kassiansee auf die Kassianspitze (2581 m), man ist in 1:30 Std. wieder unten (wenn man nicht da oben die einmalige Aussicht bis hin zur Pala, Monte Pelmo und Ortler genießt und viel, viel länger braucht). Die andere führt über den Kamm der Villanderer Alpe, die hier den höchsten Rücken der Sarntaler Alpen bildet, zum Rittner Horn (ca. 4 Std.). Das allerdings ist denen vorbehalten, die nicht zum Pkw zurück müssen, es sei denn, sie gehen den ganzen Weg wieder zurück.

Gufidaun: Der Ort gehört zur Gemeinde Klausen, viele Urlauber, die berichten, sie machten in Klausen Urlaub, meinen tatsächlich das auf sonniger Terrasse gelegene Gufidaun. Vom Ort hat man einen schönen Blick auf Klausen und die Sarntaler Alpen, das Villnösser Tal mit den Geislerspitzen und auf Brixen, die Plose und im Hintergrund die Zillertaler Alpen. Am Dorfrand fällt sofort das große Gebäude der *Koburg* auf, ein alter Ansitz der Herren von Gufidaun, deren Gerichtsbarkeit zeitweise bis ins Grödner Tal und sogar ins oberste Abteital bis Kolfuschg reichte. Wie die *Burg Summersberg* am Rand des Steilhangs hinunter ins Eisacktal ist die Koburg in Privatbesitz und kann nicht besichtigt werden. Anders der *Ansitz Hohenhaus* neben der innen hübsch freskierten, spätgotischen *Pfarrkirche*, denn hier ist das *Dorfmuseum Gufidaun* untergebracht, das man schon wegen der schönen Stuckdecken des alten Baus besuchen sollte, aber auch wegen der „Russküche", der Schlafkammer und des Torgglkellers, die hier alte Bauernkultur vor Augen führen.
Museum Ostern bis Allerheiligen Mi 20–22, Do 17–19, Fr 10–12 Uhr, Eintritt 4 €, erm. 2 €, Infos unter www.dorfmuseum-gufidaun.it.

Der Eisacktal-Radweg
Bei Klausen berührt der Eisacktal-Radweg die einzige größere Siedlung zwischen Brixen und Bozen. Der Radweg ist komplett ausgebaut, asphaltiert und sogar ab und an mit Ruheplätzen bzw. Bänken versehen. Im unteren Teil, wo die Bahn heute zwischen Waidbruck und Bozen im langen Tunnel verschwindet, wurde er auf den verwaisten Bahngleisen angelegt und die Tunnel wurden so weitergenutzt – die meisten kurz, alle gut beleuchtet. Der Weg ist leicht zu fahren, die Bahn bietet einen billigen und einfachen Rücktransport – kein Wunder, dass der Radweg ziemlich belebt ist (aber kein Vergleich zum Vinschger Radweg oder zum Pustertaler Radweg zwischen Innichen und Lienz!).
Karten und Einkehr: Eine Gratis-Radkarte mit den wichtigsten kulturellen Stätten „Kulturradroute am Eisack" gibt es bei den Tourismusbüros. Auf der Höhe von Atzwang lädt die originelle *Bios-Radstation*, die zum Partschillerhof gehört, zu einem kühlen Getränk unter schattigen Bäumen ein, Mo Ruhetag.

Tour 4: Wanderung zum Latzfonser Kreuz

Tour-Info: Verhältnismäßig leichte Tour, die durch Wald in die Almenregion und dann ins Hochgebirge führt. Ziel ist die Wallfahrtskirche am Latzfonser Kreuz und die dortige Schutzhütte mit ihrer herrlichen Aussicht. Gute Fahrwege bis knapp unterhalb der Hütte, dann kurz schlechter Weg, der Schlenker ab der Hütte zur Fortschellscharte auf schmalem alpinem Steig. Gehzeit 4:30 Std. Höhenunterschied 860 m. Karten: Tabacco (1:25.000) Blatt 30; Kompass (1:50.000) Blatt 56.

Radler-Info: Der Aufstiegsweg ist bis knapp unterhalb der Hütte am Latzfonser Kreuz mit dem **Mountainbike** befahrbar, der Abstiegsweg ist für Räder auf großen Strecken nicht geeignet.

Den Ausgangspunkt dieser Tour erreicht man von Latzfons auf dem Sträßchen, das aus dem Ort weiter ins Tal hineinführt, wobei man rechts abbiegende Straßen nicht beachtet. Nach einer Einmündung endet der Asphalt, und nach der knapp danach folgenden Bachquerung macht die Straße (Rodelbahn-Hinweis) einen Knick nach links. Hier beginnt keine 100 m weiter auf der rechten Seite unser Wanderweg (bescheidene Parkmöglichkeiten).

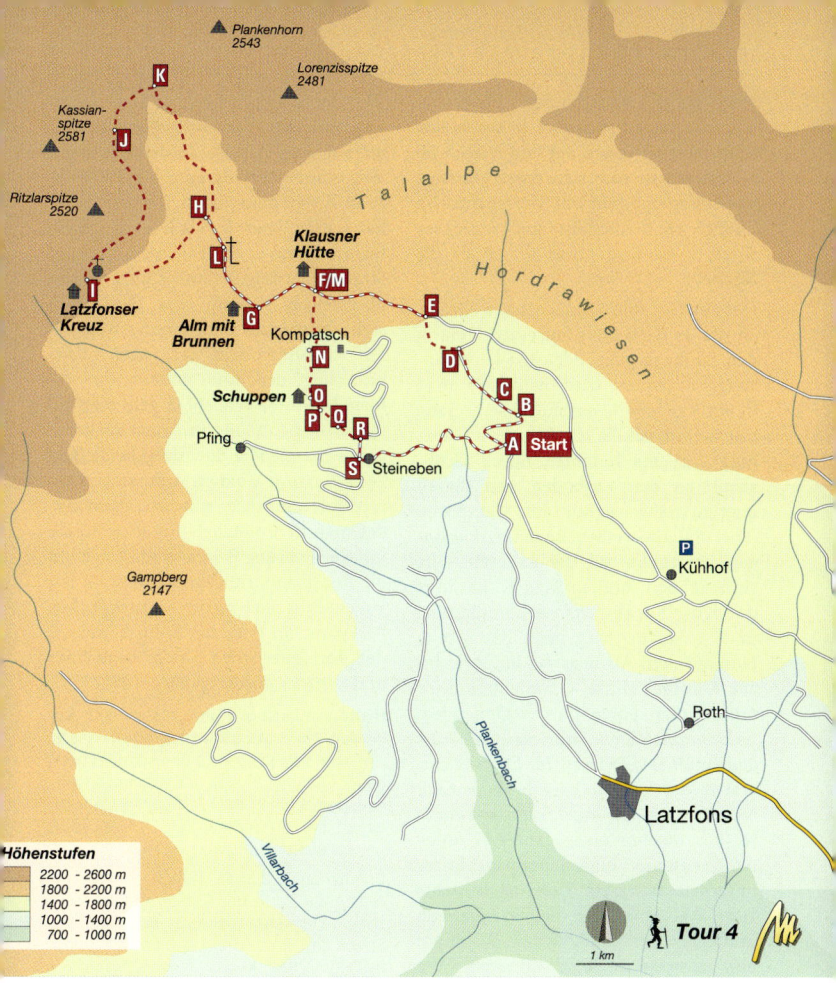

Am Ausgangspunkt der Wanderung **A** weist ein Schild „Latzfonser Kreuz" und die Markierung für Weg 2 auf einen steil ansteigenden Forstweg. Man geht durch Wald, kurze Zeit begleitet von einem teilweise offenen Waal, dessen Waalfassung **B** gut zu sehen ist. Wo das Forststräßchen nach rechts abknickt **C**, geht es geradeaus auf dem Fußweg weiter. Auf einer Lichtung wird ein Fuhrweg gequert **D**, der Fußweg führt weiter aufwärts durch Wald. Endlich erreicht man ein Fahrsträßchen mit Markierungen **E** („17" und „1"), links geht es weiter, und bald tritt man aus dem Wald auf die Almwiesen hinaus und hat die Klausner Hütte erreicht **F**. Das nächste Stück Steigung ist ziemlich zertrampelt, der Weg macht Abkürzungen zwischen Kurven des Fahrsträßchens. Bei einem ziemlich neuen Almgebäude mit Brunnen **G** erreicht man ein Joch und sieht zum ersten Mal hinüber zur Kirche am Latzfonser Kreuz. Der flotte Fahrweg führt im Bogen hinüber in das dazwischen liegende Tal, dort bei einem Kruzifix Abzweigung eines Wanderwegs (hier kommen wir später zurück), und steigt auf der anderen Seite unvermittelt schärfer an **H**, wobei er zusehends schlechter wird, um auf den letzten 50 Höhenmetern zum schlechten Fuhrweg zu verkommen (nur mit Vierradantrieb). Endlich die Schutzhütte am Latzfonser Kreuz **I**, sie liegt etwas höher als die Kirche.

Der Abstieg führt zunächst zur Kirche, an der es nach links auf einen Steig in den Südhang geht, der ganz leicht ansteigend gequert wird. Bald sieht man in ein Kar hinein, das auf unserer Seite mit Schutt gefüllt ist. Bei einer Gabelung **J** rechts hinunter, durch Grobschutt in den Karboden und diesen queren, teilweise nur mit Wegspuren (aber mit rot-weißen Bodenmarkierungen) zu einem auf der anderen Seite verlaufenden, breiten Weg **K**. Er führt durch das Kar abwärts zur Einmündung in den Aufstiegsweg beim Kruzifix **L**. Nun auf dem Abstiegsweg hinunter bis zur Klausner Hütte. Unterhalb von ihr nimmt man einen dort beginnenden, nicht bezeichneten Fuhrweg in die ausgedehnten Mähwiesen **M**. Er zieht zuerst in der Falllinie bergab, dann nach rechts, wo er bei einem Schuppen endet **N** (der oberste einer ganzen Gruppe von Heustadeln und Schuppen). Etwas unterhalb führt ein Zaun nach rechts zum Waldrand, wir bleiben oberhalb und gehen dann entlang dem Waldrand und teilweise im Wald auf altem Weg abwärts (keine Markierungen!). Nach Querung einer Forststraße **O** ist der Weg durch aufgeschüttetes Material etwas verdeckt, rechts umgehen und weiter auf dem Altweg. Leider endet der Weg dann endgültig an einem Wiesenzaun **P**, den man überklettert, um weglos schräg über die Wiese zu einem Brunnen und in der Falllinie weiter zur Straße abzusteigen (zwei Zäune sind zu übersteigen – wenn das Gras hoch steht, geht man, sollten keine Wegspuren vorhanden sein, ganz nach rechts und steigt den Zaun entlang ab). Hat man die Straße erreicht **Q**, geht man auf ihr nach rechts und in einem Linksbogen weiter, wobei das Almgelände bald verlassen und Wald erreicht wird. Mehrere Kurven führen abwärts, dann findet man sich plötzlich auf einer Straße mit Beleuchtung **R** – es handelt sich um die Rodelbahn. Dankenswerterweise nur kurz auf ihr nach rechts bis zum großen Parkplatz am Ende der Bahn **S** und auf der dort querenden Straße nach links und zurück zum Ausgangspunkt **A**.

Hütten Klausner Hütte, 1920 m, Anf. Mai bis Anf. Nov., gut besucht, große Terrasse. 2017 komplett umgebaut und seitdem unter neuer Führung. Nudel- und Knödelgerichte, hausgemachter Käse, Buchweizentorte. Lager 15 €, im Zimmer 24 €. ☎ 320/7078058, www.klausnerhuette.it.

Schutzhaus Latzfonserkreuz, 2305 m, privat, große Karte mit Gerstensuppe, köstlichen Pfannenmakkaroni, Bauerngröstel, Speck am Brettl, Graukäse, Speckknödeln, hausgemachten Kuchen (Linzerschnitte, Torten). Lager/FR 25 € p. P., DZ/FR 60 €. ☎ 0472/545017, www.latzfonserkreuz.com.

Lajen

Über dem Eingang zum ladinischen Grödner Tal thront ein deutschsprachiger Ort, das große Dorf Lajen. Auf einer höheren Sonnenterrasse dehnt sich das eigentliche Dorf auf ca. 1100 m aus, auf einer tieferen, schmaleren Terrasse um die 800 m liegen die Höfe des **Lajener Rieds**. *Tschöfas, Tanürz* und *St. Peter* mit seiner großen Kirche (Außenfresken!) sind isolierte Weiler, St. Peter ist die letzte deutschsprachige Siedlung vor den dichten Wäldern unter dem Raschötzberg, welche die deutschen und ladinischen Orte des Grödner Tals trennen. Altes Bauernland: Tiroler Doppelhöfe, breit hingelagert, einige mit uralter Tradition. In einem der *Vogelweiderhöfe* des Lajener Rieds soll *Walther von der Vogelweide* geboren worden sein (das wird auch anderswo behauptet). Die Straße Klausen – Grödner Tal folgt der

Trasse der ehemaligen Grödner Bahn, die vom österreichischen Militär in Rekordzeit von September 1915 bis Februar 1916 auf 31,4 km gebaut wurde und Brixen mit dem hintersten Grödner Tal verband.

Information Tourismusverein Lajen, hauptsächlich Zimmer mit Frühstück, Apartments und Urlaub auf dem Bauernhof. Vermittlung vor Ort oder auf der Webseite. I-39040 Lajen/Laion, ✆ 0471/655633, www.lajen.info.

Internet WLAN-Hotspot WiFree am Rathausplatz.

Übernachten/Essen *** Überbacher, direkt an der Straße neben der Kirche liegt dieser große moderne Gasthof, der für das kleine St. Peter fast ein wenig überdimensioniert ist. Unübertreffliche Lage, und das Panorama ist mit Sicherheit nicht verbaubar. Zimmer mit Balkon; Schwimmbad und Sauna. DZ/FR 94–164 €. St. Peter 6, ✆ 0471/655639, www.ueberbacher.com.

*** Radlhof, am Platzl von Lajen, also wirklich zentral liegt dieser Gasthof, bei dem einem unwillkürlich die Worte „gemütlich" und „behäbig" einfallen. Hauptsächlich Apt., aber auch 2 hübsche Zimmer, gutes Frühstück, hofeigene Produkte, sehr schöner Sauna- und Ruhebereich. DZ/FR 56–68 €, Apt. für 2 Pers. 66–92 €. Dorf 22a, ✆ 0471/655648, www.radlhof.it.

Außervogelweiderhof, Sie wollen Urlaub auf dem Bauernhof verbringen, wo (vielleicht) schon Walther von der Vogelweide Hand angelegt hat? Bitte sehr: 2 Apartments und die Einladung, auf dem Hof mitzuarbeiten (nicht enttäuscht sein, das Wohngebäude stammt nicht mehr aus der Zeit des Minnesängers), Produkte aus eigener Landwirtschaft und eine freundliche Besitzerfamilie. Apt. für 2 Pers. 60–70 €. Ried 138, ✆ 0471/655606, www.ausservogelweiderhof.it.

Törggelen Putzerhof, Ried 127, freundlicher Buschenschank in der Stube

Blick auf Langkofel und Plattkofel von Lajen aus

des Bauernhofs, dessen gute Rot- und Weißweine zum rustikalen Essen auf den Tisch kommen: Knödel, Schlutzkrapfen, Krapfen, Speck. Von Klausen kommend, biegt man bei der Bushaltestelle Ried scharf rechts und gleich wieder scharf links ab, um den Hof zu erreichen. Sept. bis März tgl. ab 12 Uhr, an Werktagen wird um Reservierung gebeten, ✆ 0471/655785.

Buchnerhof, Ried 144, Buschenschank in historischem Haus, die Stube ist barock (17. Jh.)! Speckknödel, Kaiserschmarrn, Tirtlen, Gerstlsuppe – eigene Weiß- und Rotweine. Mitte Sept. bis Mitte Dez. tgl. außer Mo ab mittags, Mitte Jan. bis Ende April Sa/So ab 16 Uhr, ✆ 0471/655829.

Villanders

Die beiden spitzen Kirchtürme von Villanders, die so eng beieinander stehen, sind ein gut merkbares Wahrzeichen des Ortes im Eisacktaler Weinland. Die zu den Kirchen hinaufführende Gasse wird gerne „Defreggergasse" genannt. Diese pittoreske Dorfgasse war Vorlage für *Defreggers* berühmtes Gemälde „Das letzte Aufgebot", jenes historische Gemälde zur Verherrlichung des Tiroler Freiheitskampfs. In der Pfarrkirche erinnern hübsche farbenprächtige spätgotische Glasfenster an die Knappen, die im heute stillgelegten Pfunderer Bergwerk arbeiteten.

Villanders ist nicht nur das schmucke Dorf mit seinen umliegenden Weilern und Einzelhöfen, wie jenen um die Kirche *St. Moritz* im Weingebiet, die beliebte Törggelenziele darstellen. Vielmehr bildet die **Villanderer Alm**, ein sanft gewelltes Almenplateau hoch über dem Dorf zwischen ca. 1800 und ca. 2500 m, ein sommerliches wie winterliches Erholungsziel, das sich nur mit der Seiser Alm auf der anderen Seite des Eisacktals vergleichen muss. Ohne den starken Besucherverkehr der Seiser Alm wohlgemerkt, aber sehr wohl mit attraktiven Hütten und Jausenstationen, die erschöpfte Sportler mit Speckknödeln und Schlutzern, Bier und Wein vor dem Umfallen bewahren.

Information Tourismusverein Villanders, F.-v.-Defregger-Str. 6, I-39040 Villanders, ✆ 0472/843121, www.villanders.info. Mo–Fr 9–11/15.30–17.30 Uhr.

Sport Wandern/Bergsteigen → Villanderer Alm, S. 171.

Wintersport: Langlauf und Rodeln vor allem auf der Villanderer Alm. Mehrere Loipen mit zusammen ca. 26 km, mehrere Rodelbahnen.

Taxi Niederstätter, ✆ 335/6609913.

Übernachten/Essen ****** Stephanshof**, Kupferdachwucherungen, die eher an eine chinesische Pagode als an einen Tiroler Ansitz erinnern, passen vielleicht nicht unbedingt in ein Dorf wie Villanders, aber der Stephanshof, der sich ohne jedes Understatement „Granpanorama-Hotel" nennt, ist ja nun wirklich komfortabel. 320 m² Badelandschaft mit Hallenbad, Saunen, Kneippbad, Whirlpool, Freischwimmbad, Fitnessraum und gute Zimmer mit Balkon. Mountainbikeverleih. DZ/¾P 164–248 €. St. Stefan 12, ✆ 0472/843150, www.stephanshof.com.

***S Sambergerhof, Hotel hoch über Villanders auf dem Weg zur Villanderer Alm in großartiger Aussichts- und Sonnenposition. Komfortables Haus mit Wellnessbereich (Saunen inkl. Kräutersauna, Whirlpool, Ruheraum, Fitnessraum, beheiztes Freibad), Tennisplatz, Kinderspielplatz und Abenteuerspielplatz im nahen Wald. Außerdem Mtb- und E-Bike-Verleih. Nicht alle Zimmer (einige ohne Balkon) blicken auf Sella, Langkofel & Co! DZ/HP 138–218 €. Oberland 48, ✆ 0472/843166, www.sambergerhof.com.

*** Ansitz zum Steinbock, der historische Ansitz beherbergt ein sehr gutes Restaurant (Gault-Millau 2017 15 Punkte) im mittelalterlichen Ambiente einer getäfelten Bauernstube, zur Dorfstraße kleine erhöhte Terrasse. Das Angebot umfasst Schlutzkrapfen, aber auch Risotto mit Scampi, Rindsfilet mit Pilzen wie auch Saltimbocca vom Seeteufel. Hauptgang ab ca. 20 €, Mo Ruhetag. Die Zimmer mit alten Dielenböden, eingerichtet mit Holzmöbeln, gemütlich. DZ/FR 116–152 €. F.-v.-Defreggergasse 14, ✆ 0472/843111, www.zumsteinbock.com.

** Sturmhof, traditioneller Gasthausbau in isolierter Panoramalage mit wirklich traditioneller Stube und altem Kamin, wie wir in der Region üblich ist. Ausblick von Pool und Liegewiese, solide Zimmer mit Balkon. Das Gasthaus serviert zum traditionellen Essen Eigenbauweine, im Herbst Törggelen. DZ/FR 70–90 €. St. Valentin 7, ✆ 0472/847645, www.sturmhof.it.

** Erlacher, komfortabel eingerichtete Pension mit schönen Zimmern mit Massivholzmöbeln und Balkon. Auf den Tisch kommen bevorzugt Produkte aus eigener Landwirtschaft, von den beiden Almen, die zum Familienbetrieb gehören. Schöner Garten mit Whirlpool. DZ/FR 96–116 €. Stofls 1, ✆ 0472/843207, www.pension-erlacher.com.

Urlaub auf dem Bauernhof/Törggelen
*** Winklerhof, Familie Fink führt ihren Bauernhof mit saisonaler Buschenschank (Sept. bis Mitte Dez. ab 12 Uhr, Mo/Di geschl.) nach alter Tradition, die Gäste, die zum Törggelen kommen, sieht sie als Hausgäste. Man isst Speck und Käse, Schlutzer, Kasnocken und Spinatknödel zum Weißen, zum Portugieser oder Vernatsch. Zwei schöne alte Stuben, es gibt auch 3 modern eingerichtete Ferienwohnungen. Wanderer erreichen den Hof auf Weg 14 von Villanders aus in einer halben Std. Apt. (2 Pers.) ab 55 €, Frühstück kann extra bestellt werden. Sauders 25, ✆ 0472/843105, www.winklerhof.eu.

Villanders

Oberparteggerhof, Unter St. Stefan 7, ein traditioneller Bauernhof im Weingebiet unterhalb von Villanders, Weiß- und Rotweine (Gewürztraminer, Zweigelt, Lagrein), dazu Hausmannskost, die wirklich vom Hof stammt inklusive selbstgebackenem Brot, eigener Butter, Gerstlsuppe, Schlutzer und Käse, mehr auf Vorbestellung. Sept. bis Dez. ab 16, März bis Mai ab 17, an Herbstsonntagen ab 13 Uhr, Mo Ruhetag. Reservierung ratsam, ☎ 0472/847869, www.beimpartegger.com.

Sehenswertes/Ausflüge

Dorf Villanders: Die Herren von Villanders haben keine Burg hinterlassen, obwohl sie einmal im ganzen Eisacktal recht einflussreich waren. Da sie sich aber schon im Mittelalter in mehrere Zweige mit Besitz in anderen Tälern aufspalteten, aus der u. a. die Wolkensteiner hervorgingen (Gröden, Schlerngebiet!), blieb Villanders ohne Burg. Doch nicht ohne einen eindrucksvollen alten Edelsitz, den *Ansitz zum Steinbock* am unteren Ende der Kirchengasse. Der schöne Bau wurde in der Renaissance in seine heutige Form gebracht, tatsächlich hat er wesentlich ältere Bauteile und eine alte getäfelte Stube, wie sie einmal alle Häuser hatten. Villanders hat noch immer einige schöne alte *Bauernstuben,* die man während der Törggelenzeit bewundern kann, wenn mehrere Bauern ihre Stuben öffnen, um Gäste zu Wein und Kastanien willkommen zu heißen. Eine spätgotische Stube des 15. Jh. aus Villanders wurde im Tiroler Volkskunstmuseum in Innsbruck wieder aufgestellt, sie zeigt die hohe Wohnkultur der Bauern, nicht nur der Adeligen. Der Hauptteil der Stube ist ein Tonnengewölbe, dessen Deckenlängsbalken verziert sind, der Kamin ist direkt neben der Tür, auf der anderen Seite ist der Essbereich mit den kleinen Fenstern und Butzenscheiben. Eine Stehuhr neben der Tür verweist ebenfalls auf den Wohlstand des bäuerlichen Besitzers dieser Stube.

Die Kirchengasse führt zu zwei Kirchen, das Bild der Gasse ist berühmt, wie schon oben bemerkt. Die gotische *Pfarrkirche zum hl. Stephan* hat eine neugotische Einrichtung mit wenigen älteren Stücken, die aber Aufmerksamkeit verdienen: Glasmalereien im Langhaus (um 1520 entstanden) stellen die Knappenarbeit dar, aber auch eine Maria mit Kind und zwei Heiligen. An älteren Stücken sind noch der schöne Renaissancetaufstein und ein Gemälde des Franz Xaver Unterberger an der Nordseite des Chores (Martyrium des hl. Stephanus, 1767) erwähnenswert. Die Kirche daneben ist die dem hl. Michael geweihte *Friedhofskirche,* der Friedhof mit seinen schönen schmiedeeisernen Kreuzen ist besonders reizvoll (und fotogen).

(Pfunderer) Bergwerk Villanders: Schaubergwerk mit stillgelegten Stollen auf Kupfer-, Zinn-, Bleierze und Schwefelkies, im Mittelalter wurde hier nach Silber geschürft. Das Bergwerk liegt oberhalb der Kapelle St. Anna, die man von Villanders auf dem Sträßchen über St. Valentin erreicht.

Nur mit Führung zu besichtigen, April bis Nov. jeweils Di und Do 10.30 und 14.30 sowie So 10.30 Uhr, im August erweiterte Öffnungszeiten, Eintritt Elisabethstollen 9 €, erm. 4 €, Dauer ca. 1:30 Std., im Sommer spezielle Kinderführungen, Sonderführungen möglich, Anmeldung unter ☎ 345/3115661, www.bergwerk.it.

Auf der Villanderer Alm: Alm heißt in Südtirol auch ein ausgedehntes Plateau mit grünen Wiesen, Seelein und Mooren, mit Kuppen, auf denen Almrausch und Lärchen wachsen, mit dem einen oder anderen Steilabfall, mit der einen oder anderen Quelle, mit Almhütten an mehreren Stellen und deren Weidevieh und dem, was man sonst als Alm bezeichnet. Wie auf der Seiser Alm besteht auch die Villanderer Alm aus mehreren unabhängigen Almen auf einem großen Plateau. Eine Fülle von Wanderwegen quert diese riesige Alm; sie führen zum südlichen Rittner Horn mit seinem Blick ins Unterland und auf die Mendel, oder zum *Wallfahrtskirchlein am Toten* („Am Toatn"), einer Kapelle am Übergang ins Sarntal, wo die Villanderer Besitz und Weiderechte haben, ein Totenkirchlein, in das heute immer noch die Sterbebildchen gebracht werden. Oder über die benachbarte Latzfonser Alm, die man zur Kassianspitze und zum Latzfonser Kreuz quert. Mountainbiker finden viele Almverbindungssträßchen und gute Wege, auf denen sie über die Alm bis zu den Abfahrten nach Bozen, nach Barbian (→ Tour 4, S. 166) oder ins Durnholzer Tal fahren können. Auch im Winter lockt die Villanderer Alm mit Loipen und Touren, mit Rodelbahnen und Schneeschuhtouren. Eine Handvoll Jausenstationen und Berghütten erschließen die Villanderer Alm, auf die vom Dorf herauf bis zur Gasserhütte eine öffentliche Straße führt.

Wanderbus Im Sommer Klausen – Villanders – Bergwerk – Villanderer Alm 5x tgl.

Essen/Übernachten Pfroder Alm am Toten (2145 m), Villanderer Alm, Jausenstation, ☎ 335/6833677.

Rinderplatzhütte (1800 m), Almgasthof vorwiegend in Holzbauweise, doch ein bisschen größer als eine Almhütte, Terrasse und Rasenfläche zum Sonnenbaden. Spielplatz und Streichelzoo. Gemütliche Stube, Südtiroler Küche. Ab 2018 wegen zu hohen Auflagen keine Übernachtung mehr möglich. Villanderer Alm 2, ☎ 335/1438245, www.rinderplatz.com.

Gasserhütte (1744 m), Schutzhütte mit 4 gemütlichen Zimmern. Restaurant mit Tiroler Kost und Jausen. DZ/FR ab 80 €. Villanderer Alm, ☎ 0472/843510, www.gasserhuette.it.

Waidbruck und Barbian

Wo das Eisacktal sich zur Schlucht verengt, die sich erst bei Bozen wieder öffnet, liegt **Waidbruck**, ein Ort, der als Verkehrsknoten schon in der Römerzeit seine Berechtigung hatte und sie heute nach wie vor hat: Hier zweigt aus dem Eisacktal die Straße ins Grödner Tal ab, in römischen Zeiten begann hier die Straße über den Ritten nach Bozen.

Waidbruck ist Teil der hoch oberhalb des Eisacktals gelegenen Gemeinde Barbian, wo sich auch die Touristeninfo befindet.

Information Tourismusverein Barbian, Mo–Fr 8.30–11 Uhr, Dorf 9, I-39040 Barbian, ☎ 0471/654411, 654260, www.barbian.it. Infos auch beim Tourismusverein Klausen.

Verbindungen Pkw: Waidbruck liegt an der Abzweigung der Grödner-Tal-Straße von der Brennerstraße, nächste Autobahnausfahrten sind Klausen und Bozen-Nord. Alle Busse zwischen Bozen und Brixen halten in Waidbruck. Achtung: Die Busse nach Gröden starten nicht von der Eisacktalstraße aus (Haltestelle), sondern auf der linken Eisackseite, man muss die Brücke queren, um sie dann links am Parkplatz zu finden (Pech bei Kofferträger bei Regen und Schnee). Bahn: In Waidbruck halten nur Regional- und Lokalzüge.

Übernachten/Essen/Törggelen *** Kircher Sepp, Gasthof an der Straße in Richtung Villanders in einsamer und aussichtsreicher Lage, Zimmer mit Balkon. Im Haus gute Restaurant-Pizzeria (ab 16 Uhr) mit gedeckter Terrasse und Taverne. Pizza, Nudelgerichte z. B. mit Steinpilzen, aber auch Schlutzkrapfen und Knödel, verschiedene Salate. DZ/FR 72–82 €. Rosengartenstr. 27, Barbian, ☎ 0471/650074, www.kirchersepp.com.

*** **Rösslwirt**, angenehmer Gasthof bei der Kirche in Barbian mit schönen, teils schick und modern renovierten Zimmern, alten Bauernstuben und modernem Speisesaal, Restaurant mit gutbürgerlicher Küche, leckeren Südtiroler Speisen, auf Wunsch auch vegetarisches Menü. Freundlicher Service. DZ/HP 100–148 €. Dorf 6, Barbian, ☎ 0471/654188, www.roesslwirt.it.

Gostnerhof, typischer Bauernhof des Eisacktales mit Wein & Alm, Törggelen im Herbst, gemütlichen Zimmern und Apartments. Viele eigene Produkte vom Brot über den Speck zu Eiern und Fruchtaufstrichen. DZ/FR 68–78 €, Apt. (2 Pers.) 66–

90 €, Barbianerstr. 9, Barbian, ☏ 0471/654357, www.gostnerhof.com.

Unteraichnerhof, Törggelenstube im Bauernhof, eigene Hausmacherwürste und Schlachtplatte, Kasnocken und Schlutzkrapfen, Krapfen und „Keschtn", dazu natürlich Eigenbauwein. Geöffnet Sept. bis 1. Dez. und Ostern bis Pfingsten jeweils ab 12 Uhr, besser reservieren, Aichnerweg 2, ☏ 0471/650115, www.unteraichnerhof.com.

Sehenswertes/Ausflüge

Barbian: Das Dorf mit dem schiefen Turm blickt hinunter auf die *Trostburg* (s. u.) am anderen Hang des Eisacktals, die aber wie Waidbruck zum Gemeindegebiet von Barbian zählt. Barbian ist der alte Ort auf der sonnigen und fruchtbaren Terrasse, Waidbruck ist nur ein Verkehrsknotenpunkt. Die Trostburg entstand im Mittelalter, da war Barbian bereits seit ein paar Tausend Jahren besiedelt. Der schiefe Turm – er hat bei 37 m Höhe eine Neigung von immerhin 1,56 m – gehört zur Pfarrkirche *St. Jakob* aus dem 13. Jh., sie ist leider eine der wenigen schönen Bauten des durch Neubauten verhunzten Dorfkerns.

Dreikirchen: Die Gruppe von drei Kirchen, die der Größe nach Kapellen sind, ist außergewöhnlich: Warum man die *Kirchen für die Heiligen Nikolaus, Gertrud und Magdalena* neben- und aneinander gebaut hat, ehemals weit ab vom Schuss und nur betreut von Einsiedlern, das fragt man sich ohne Zusatzinformationen vergeblich. Und es gibt keine Zusatzinformationen. Alte Quellheiligtümer, sicher vorchristlich – sagen die einen („Bad" Dreikirchen – das alte Badgasthaus nebenan hat 1315 schon gestanden. Ein Punkt für die Vertreter dieser Hypothese). Römisches Capitolium (der Tempel mit drei *cellae* für Jupiter, Juno und Minerva) – sagen andere

Barbians schiefer Turm

(Beweise stehen aus). Nur die Hypothese, dass hier erst in christlicher Zeit ein Heiligtum für christliche Heilige entstand wird von keinem vertreten (und ist noch weniger wahrscheinlich als Nr. 1 oder 2). Vielleicht haben Sie ja nach dem Besuch eine weitere Hypothese anzumelden?

Kirchen Schlüssel beim Messnerhof nebenan, Ostern bis Allerheiligen, Infos unter ☏ 0472/650059.

Übernachten/Essen ≫ **Mein Tipp:** *** **Bad Dreikirchen**, komfortables und idyllisch gelegenes Gasthaus aus dem 14. Jh., auf 1120 m Höhe gelegen, das nur zu Fuß oder mit dem Geländetaxi zu erreichen ist. Hier wird bewusst auf Telefon, TV und Auto verzichtet. Der schön bemalte Speisesaal, die sonnige Veranda, gemütliche Plätze im Garten und dazu eine absolute Ruhe – perfekt zum Entschleunigen. Die Zimmer sind individuell und traditionell eingerichtet. Regionale Küche, Rote-Bete-Knödel, Steinpilze mit Polenta, Marillenstrudel, ab ca. 25 €. Geöffnet von Mai bis Okt. DZ/HP 114–194 €.

Dreikirchen 12, ✆ 0471/650055, www.baddreikirchen.it. «

》》 **Unser Tipp:** **Briol**, Gasthof in wunderschöner Lage auf 1310 m Höhe, nur zu Fuß oder per Geländetaxi zu erreichen. 1928 vom Künstler Hubert Lanzinger gestaltet und in der Bausubstanz unverändert erhalten. Daher Waschschüsseln statt eigenem Bad, geräumige Zimmer mit Lärchenholzboden, weder Heizung noch TV – aber ein einmaliges Ambiente (Waschbecken und Duschen stockwerksweise). Reichhaltiges Frühstücksbuffet, hausgemachte Kuchen, regionale Küche. Es gibt auch 4 sehr schöne Apartments im etwas unterhalb gelegenen Haus Settari. Das Haus wurde 2012 als historischer Gastbetrieb des Jahres ausgezeichnet – unbedingt rechtzeitig reservieren! DZ/HP 164–210 €, Apt. (2 Pers.) 850–950 €/Woche. April bis Okt. Dreikirchen, ✆ 0471/650125, www.briol.it. «

Die Trostburg: Sie bewachte im Mittelalter den Eingang zum Grödner Tal und da steht sie noch heute, als ob sie nach wie vor zur Verteidigung bereit wäre. Ein gepflasterter Reitweg führt (sehr steil!) hinauf, die Wehranlagen, u. a. ein oberhalb des Komplexes isoliert stehender Rundturm, sind gut erhalten. Die mittelalterliche Burg wurde während der Renaissance ausgebaut und prächtig ausgestattet, was man ihr von außen nicht ansieht. Gotische Stube mit Kachelofen und herrlichem dreifachen Tonnengewölbe aus Holz, spektakulärer Renaissancerittersaal mit Figuren im Wandstuck und eindrucksvoller alter Kassettendecke, Burgkapelle mit schönen Fresken (vor allem an der Decke). Die Innenräume sind nur noch zum kleinen Teil original ausgestattet, eine Ausstellung informiert über *Oswald von Wolkenstein*, von dem (wohl zu Unrecht) behauptet wird, dass er hier seine Kindheit verbracht habe.

Besichtigung nur mit Führung: Ostern bis Ende Okt. um 11, 14 und 15 Uhr, im Juli/Aug. auch um 10 und 16 Uhr. Mo geschl. Eintritt 8 €, erm. 5 €. Die Burg ist vom Hauptplatz in Waidbruck in 20 Min. zu Fuß über die alte (für Pkw gesperrte) Zufahrt zu erreichen. Infos ✆ 0471/654401, www.burgeninstitut.com.

Die Trostburg, vom Ritten aus gesehen

Schloss Maretsch am Weinberg am Bozner Stadtrand

Bozen

Bozen ist nicht erst seit gestern ein multikultureller Ort. Italienische Kaufleute waren in dem Tiroler Handelsort am Zusammenfluss von Etsch und Eisack schon im Mittelalter gerne gesehen. Die Hauptstadt der Provinz ist eine ganz besondere, einmalige Stadt: ein Mix aus deutschen und italienischen Elementen unter Tiroler Vorzeichen.

Man kam sich auch menschlich näher: Italienische Familiennamen deutschsprachiger Familien und umgekehrt sind nicht erst seit 1918 entstanden, als Bozen mit ganz Südtirol unter italienische Verwaltung kam. Über ein Jahrtausend lang war Tirol eine zweisprachige Region, Mittler zwischen deutschem und italienischem Kulturraum, dabei war das nördliche Innsbruck stärker nach Deutschland, das südliche Bozen stärker nach Italien ausgerichtet.

Bozen liegt in einem nach Süden offenen, sonnigen Becken und wird im Norden von Weinbergen umrahmt, die wie die Stadt selbst von der südlichen Sonne profitieren, die selten einmal Schnee fallen lässt, aber lange und trockene, oft heiße Sommer garantiert. So heiß, dass Bozner wie Gäste am liebsten hoch über der Altstadt von Bozen in **Jenesien** oder **Oberbozen** wohnen, mit Blick nach Süden ins Etschtal, auf die Dolomiten mit dem Schlern – den Blick hat man auch mitten in der Stadt – und mit Kühlegarantie.

Bozen war immer ein Handelsort, die zentrale Einkaufsgasse, die „Lauben" mit ihren jahrhundertealten Häusern legt Zeugnis dafür ab. Eine gute Verkehrsanbindung hatte der Ort wohl auch schon seit der Keltenzeit, und römische Feldherren wie römisch-deutsche Kaiser zogen auf ihren Alpenüberquerungen auch durch Bozen. Heute sind Brennerbahn und Brennerstraße, Brennerautobahn und die Straße über den Reschen sowie ein Flughafen mit großen Ambitionen die Garanten dafür, dass Bozen reichlich Besucher hat, wenn auch wenige auf die Idee kommen, hier länger als zwei Nächte zu bleiben.

Die für die Südtiroler traumatische Italianisierungspolitik der *Faschisten* hatte besonders auf Bozen starke, das Bild der Stadt völlig verändernde Auswirkungen. War Bozen vor 1918 eine deutschsprachige Kleinstadt im Schatten der Landeshauptstadt Innsbruck gewesen, wurde es nun systematisch zum Zentrum eines industrialisierten Gebietes aufgebaut. Große neue Stadtviertel entstanden westlich und südlich der Altstadt, und in diese Viertel zogen fast ausschließlich aus Süditalien stammende Zuwanderer. Während für viele Südtiroler auf dem Land „die Italiener" nur eine kleine Rolle spielten, mussten sich die deutschsprachigen Bozner damit abfinden, in ihrer Stadt plötzlich eine Minderheit zu sein. Doch die Bozner haben sich arrangiert und sind zur Tagesordnung übergegangen, Geldverdienen ist immer wichtiger als Politik. Und mit wem man Geschäfte macht, ist letztlich egal, Hauptsache er zahlt. Zumal man sich mit den Italienern viel besser versteht, als die von den Zeitungen der Provinz immer wieder durchgehechelten Zwistigkeiten glauben machen wollen. Und: Bozen wäre nicht Landeshauptstadt, gäbe es kein Südtirol, hätte wahrscheinlich keine Universität, müsste sich wie früher Innsbruck oder wie später bis 1969 Trient unterordnen. Und wer will das schon von den Bozner Händler- und Großbürgerfamilien?

Stadtgeschichte

Bozen ist eine römische Gründung, was die italienischen Neofaschisten auch weidlich ausschlachten, um zu belegen, dass Bozen „immer schon italienisch gewesen sei". Pons Drusi nannte sich die römische Militärstation, die 15 v. Chr. errichtet wurde. Wichtig war der Standort, weil dort die Via Claudia Augusta – von Rom über die Alpen nach Süddeutschland – das Etschtal verließ, den Eisack querte, um über den Ritten den Alpenaufstieg zu beginnen (das Eisacktal war noch unwegsam).

Zum zweiten Mal wurde der Ort 1027 gegründet. Damals ließ der Trienter Bischof Ulrich II. eine Stadt errichten, die von Anfang an als Kaufmannsstadt gedacht war, was der Bozen genannte Ort auch bis heute geblieben ist. Die Laubengasse mit ihren bis heute für den Handel genutzten Häusern entstand damals in ihrer Urform (nur Grundrisse und wenige Teile haben sich erhalten). Den Grafen von Tirol war der gut verdienende Handelsort der Trienter Konkurrenz bald ein Dorn im Auge, und nachdem sie 1277 die Stadt zuerst zerstört hatten, gliederten sie diese dann ihrem Territorium ein und übernahmen die Schirmherrschaft über das Bistum Trient – man kann ja schließlich nie wissen.

Die neuen Tiroler Landesherren ließen die Straße durch das Eisacktal bauen, was der Handelsstadt sehr gut bekam und ihre Messe zu einem der Hauptumschlagplätze zwischen Oberitalien und Süddeutschland machte. Im Spätmittelalter ging es Bozen gut, den vornehmlich aus dem 15. und 16. Jh. stammenden Lauben, den reich ausgestatteten Kirchen der Zeit (Dom, Abtei in Gries) sieht man das heute noch deutlich an. Viele Händler und Großbürger erhielten Adelstitel oder wurden doch mit dem Adel gleichgestellt wie die Familie Vintler, die sich in Schloss Runkelstein einen prachtvollen Ansitz schuf und die heute noch großartigen Fresken zum höfischen Leben der Zeit malen ließ.

Bozner Innovationen

Das bisweilen stickige Klima im Bozner Talkessel, das sich erst im Herbst wie eine milde Verlängerung von Sommer anfühlt, scheint den Erfinder- und Innovationsgeist in der Stadt eher zu beflügeln als zu bremsen. Vier ganz unterschiedliche Beispiele seien hier stellvertretend genannt:

Die 1990 gegründete Firma Technoalpin ist mittlerweile Weltmarktführer bei der Herstellung von Schneekanonen und erwirtschaftet jährlich 170 Millionen Euro Umsatz bei weltweit 500 Beschäftigten. Während der Markt in den vom Klimawandel geplagten Alpen trotz Wärmeanstiegs aufgrund von öffentlichen Subventionen und der permanent nötigen Erneuerung veralteter Anlagen zumindest stabil bleibt, wird die Zukunft anderswo gestaltet. Die USA, Russland und vor allem China erschließen noch neue Skigebiete.

In eine ganz andere Richtung zielt das Engagement des Bozner Architekturbüros noa, gegründet 2011 von Lukas Rungger und Stefan Rier, zwei jungen Südtirolern. „Holistik" und „Emergenz" heißen hier die Schlüsselbegriffe, will meinen, dass das Ganze aus mehr besteht als der Summe seiner einzelnen Teile und in seiner Gesamtheit ein Eigenleben entwickelt.

In der Umsetzung vereinen die Designer spielerische und funktionale Elemente zu spektakulären Entwürfen, zu sehen an zahlreichen Hotelbauten in Südtirol, Österreich und Deutschland, aber auch an vergleichsweise kleinen Projekten wie der aus Holz gestalteten Bushaltestelle am Panider Sattel beim Hotel Pinei oberhalb von St. Ulrich. In diesem „hybriden Raum" haben die Macher zwei Schaukeln installiert. Naturgenuss und Staunen über zeitlos schwebende Architektur verbinden sich hier mit ganz praktischen Effekten: dass nämlich die Schaukelei die Wartezeit auf den nächsten Bus verkürzt (www.noa.network).

Schweben kann man auch mit dem Edelprodukt von Armin Oberhollenzer. Sein Designer-E-Bike Leaos sprengt visuell und preislich alle bisher bekannten Grenzen. Ein Rahmen aus Carbon mit integriertem Akku und Holzinlays, Sattel und Handgriffe aus feinstem Leder, Fahrradtaschen aus Nussholz oder Palisander, und irgendwo findet noch ein Kristall von Swarovski seinen Platz. Das 2012 gegründete Unternehmen fertigt jährlich etwa 100 Räder zum Stückpreis zwischen 5000 und 10.000 €. Wie solch ein Prachtstück aussieht, lässt sich unter www.leaos.com betrachten. Und wer gern mal „Erfüllen wir uns unseren Traum" spielen mag, kann sich dort im Konfigurator sein ganz persönliches Leaos zusammenwünschen (bitte Aufwachen, bevor man auf den „Bestellen"-Button klickt!).

Schon mal was von Industrie 4.0 gehört? Der Begriff bezeichnet die Idee, die industrielle Produktion mit den Errungenschaften der digitalen Kommunikation zu verknüpfen. Hierin besteht nach Ansicht vieler Politiker und Wissenschaftler eine große Herausforderung im Kampf um die Zukunft in der Konkurrenz zu den USA und China. In Bozen gibt es einen Technologiepark, in dem 40 Start-ups, 20 Forschungslabore und 60 etablierte Unternehmen ihren Sitz haben und in enger Kooperation – vor allem mit Deutschland – an der Umsetzung der Idee arbeiten. Der Bundesverband der Deutschen Industrie (BDI) und sein italienisches Pendant Confindustria treffen sich dazu einmal jährlich zu einer großen Konferenz in Bozen. Mehr Informationen zum Technologiepark finden sich unter www.noi.bz.it.

Bozen blieb bis zum Ersten Weltkrieg Tirols wichtigste deutschsprachige Stadt südlich des Alpenhauptkamms. Bereits damals besaß die Stadt eine bedeutende italienische Minderheit, die Italiener aus Venetien und der Lombardei waren schließlich die wichtigsten Handelspartner.

Nach dem Waffenstillstand von 1918 übergaben die österreichischen Truppen die Stadt kampflos den Italienern, die am nächsten Tag einzogen (einen „Sieg" hat es also nicht gegeben). Zunächst änderte sich wenig. Anders, als die Faschisten in Italien die Macht ergriffen: Bozen wurde zur Speerspitze der Italianisierung Südtirols, neue Stadtviertel und große Industriebetriebe für Zuwanderer aus dem Süden entstanden, das Siegesdenkmal zeigte den Boznern, wer die neuen Herren waren. Bozen wurde mehrheitlich italianisiert.

Heute hat Bozen mehr als 100.000 Einwohner, davon sind nur noch etwa 25 % deutschsprachig, was nicht heißt, dass die italienische Mehrheit nicht ebenfalls Deutsch beherrscht (obwohl es Stadtviertel und Lokale gibt, in denen man mit Deutsch wirklich nicht weit kommt – Leifers, ein südlicher Vorort, ist das beste Beispiel). Die Atmosphäre zwischen den beiden Bevölkerungsgruppen hat sich allmählich neutralisiert, von einem Aufeinanderzugehen kann man jedoch keineswegs reden.

So italienisch und industrialisiert Bozen auch ist, die Altstadt macht den Eindruck einer mittelalterlich-barocken Stadt des deutschen Sprachraums. Das gilt nicht nur für uns Deutschsprachige, sondern vor allem auch für die Italiener, die Bozen durchwandern, als läge es auf einem anderen Stern. Wenn sich die Altstadt zum Christkindlmarkt auch noch ein weißes Kleid anzieht, sind die zahllosen italienischen Touristen kaum noch zu halten vor Begeisterung über die mittelalterlich-romantische, für sie sehr deutsche und damit fremdartige, gemütlich-kleinbürgerliche Seite der Hauptstadt Südtirols.

Basis-Infos

Information Verkehrsamt der Stadt Bozen, die Touristeninformation ist in ein neues, modernes Büro im Gebäude der Handelskammer umgezogen. Service: kostenlose Pläne, kurze Ortsbeschreibung und die informative Broschüre „kunsthistorischer Rundgang" sowie eine Liste der Hotel- und Privatzimmer. Kompetente, freundliche Mitarbeiter. Mo–Fr 9–19, Sa 9.30–18, So 10–15 Uhr (Mai bis Oktober). Südtirolerstr.60, I-39100 Bozen/Bolzano, ✆ 0471/307000, www.bolzano-bozen.it.

Verbindungen Pkw: Auf der Brennerautobahn A 22 von Norden Ausfahrt Bozen Nord oder Bozen Süd. Die bisher üblichen Staus am Stadtrand wurden durch die Eröffnung einer Brücke über den Eisack (Virglbrücke) verringert, aber nicht behoben. Am wenigsten staugefährdet ist jetzt die Ausfahrt Nord, wenn man der Eisacktalstraße bis zur Virglbrücke folgt und dann das Parkhaus Mitte ansteuert (auf der Brücke rechts einordnen!). Elektronische Anzeigetafeln informieren unmittelbar nach den beiden Autobahnabfahrten über Staus und freie Parkplätze. Neben dem großen Parkhaus Mitte auf der Südseite des Bahnhofs (Mayr-Nusser-Str. Ecke Schlachthofstr. 95, Pkw 1,50 €/Std., größtes und preisgünstigstes Parkhaus der Stadt) gibt es eine Tiefgarage unter dem Waltherplatz, eine weitere in der Laurinstraße gegenüber dem Bahnhof und eine in der Perathonerstraße beim Busbahnhof sowie in der Mühlgasse neben dem Naturmuseum. Sämtliche Parkplätze um die Altstadt – die Altstadt selbst ist Fußgängerzone – sind gebührenpflichtig!

Als Anti-Smog-Maßnahme dürfen Pkws der Euroklassen 0 und 1 nicht mehr in die Innenstadt einfahren!

Bahn: In Bozen halten alle Züge, die zwischen München und Verona/Mailand/Rom/Venedig verkehren. Tagsüber bestehen alle 2 Std. Direktverbindungen mit dem Eurocity

München – Bozen – Trient – Verona (und weiter). Daneben häufige Bahnverbindung nach Meran. Der während der faschistischen Zeit errichtete Bahnhof Bozen liegt nur 5 Min. zu Fuß von der Innenstadt entfernt. In der Vorhalle Bahnauskunft (keine städtische Information, keine Zimmervermittlung!), beim Seiteneingang Gepäckaufbewahrung.

Bus: Bozen ist Zentrum des dichten Busnetzes der Gesellschaft SAD, die ganz Südtirol erschließt. Der Busbahnhof soll 2018 auf das Gelände der Bahn in der Rittner Straße verlegt und damit einhergehend größer und moderner werden. Kostenlose Fahrpläne für ganz Südtirol oder nur für einzelne Gebiete (z. B. Bozen und Umgebung) gibt es in der Information im Bahnhof. Städtische Busse der Gesellschaft SASA mit 13 Linien u. a. nach Gries und Moritzing (10 b, Camping Moosbauer), aber auch nach Meran.

Bozen Card Plus, die Gratis-Gästekarte beinhaltet die kostenlose Benutzung der öffentlichen Verkehrsmittel und Seilbahnen in Bozen, diverse Stadtführungen und Verkostungen und vieles mehr. Sie wird von den Beherbergungsbetrieben ausgegeben. Die **Bozen Card** hingegen bietet weitere Vergünstigungen auch außerhalb Bozens (Verkehrsmittel, 80 Museen im Land, Wanderungen bis hin zu einem Ausflug nach Mals-Müstair in der Schweiz); sie kann im Tourismusbüro käuflich erworben werden (38 €, erm. 20 €, für 3 aufeinanderfolgende Tage).

Taxi: Standplätze vor dem Bahnhof, am Waltherplatz sowie am Siegesplatz. Funktaxi ☎ 0471/981111.

Mietwagen: Avis, Verdiplatz 18, ☎ 0471/971467; Eurorent, Rittner Str. 5, ☎ 201104.

Stadträder/Radverleih: Städtischer Radverleih in der Bahnhofsallee (zwischen Bahnhof und Waltherplatz).

Seilbahn: Bozens eingemeindete höhere Ortsteile Jenesien und Kohlern sowie Oberbozen in der Gemeinde Ritten werden durch Seilbahnen erschlossen, von Oberbozen nach Klobenstein verkehrt die Rittner Bahn (→ Ritten). Zur Seilbahn Kohlern in der Kampillstraße mit dem Stadtbus 11 und 14.

Ärztliche Versorgung Krankenhaus Bozen, Lorenz-Böhler-Str. 5, ☎ 0471/908111; im Krankenhaus auch **zahnärztlicher Notdienst** Sa/So 9–11 Uhr.

Bibliotheken Universitätsbibliothek, Sernesistr. 1, ☎ 0471/315332, www.unibz.it/library; **Landesbibliothek Friedrich Tessmann**, Armando-Diaz-Str. 8, ☎ 0471/271853, www.tessmann.it.

Mittelaltergasse in Bozen

Feste & Veranstaltungen Blumenmarkt, Ende April/Anfang Mai, der Waltherplatz verwandelt sich in einen bunten Garten.

Bozner Sommer, Kulturfestival mit Konzerten international erstrangiger Orchester und Dirigenten sowie Solisten (Ashkenazy, Abbado, Argerich …), Ballettaufführungen.

Lorenzinacht, an einem Samstag oder Sonntag um den Namenstag des hl. Laurentius von Rom herum (10.8.) bieten zahlreiche Kellereien der Umgebung ihren Wein unter den Bozner Lauben zur Verkostung an. 18.30 Uhr bis Mitternacht.

Bozner Messe, mehrmals im Jahr finden in Bozen nationale und internationale Messen statt. Standort ist das Messegelände, Messeplatz 1, Haupteingang Marco-Polo-Str., Haltestelle Stadtbus 10 A/B, dort auch großer Dachparkplatz (gebührenpflichtig während der Messen), Infos unter ☎ 0471/516000, www.messebozen.it.

Erntedankfest und Südtiroler Bauernherbst, große Erntedankveranstaltung am letzten Samstag im Okt., Präsentationen, Verkostung und Information über die Südtiroler Agrarproduktion auf dem Waltherplatz. Dazu Volksmusikbegleitung, Ponyreiten für Kinder, Volkstanzvorführungen.

Christkindlmarkt, es gibt ihn noch gar nicht so lange, den Bozner Christkindlmarkt, aber er hat einen enormen Erfolg – gerade auch bei den Italienern – und ist mittlerweile nicht mehr aus der Vorweihnachtszeit wegzudenken. Die Hotels sind in dieser Zeit, die anderswo tiefste Nebensaison ist, oft ausgebucht!

Fundamt Gumerstr., ✆ 0471/997265.

Internet WLAN-Hotspots WiFree mit 21 Standorten in ganz Bozen, 11 davon allein in der Altstadt, so am Waltherplatz, am Obstmarkt und am Kornplatz.

Post Hauptpost, Dominikanerplatz 1.

Stadtpolizei Gallileistr. 23, ✆ 0471/997788.

Einkaufen

Shopping heißt in Bozen vor allem **Lauben** und **Obstmarkt**. Auf den 380 m Länge der Lauben konzentriert sich das hochwertigste Angebot ganz Südtirols. Internationale Boutiqueketten und Lokalmatadore (Loden bei Oberrauch-Zitt, Bücher bei Athesia, Sportausrüstung bei Sportler) drängen sich in dieser schmalen Straße. Bequem zu erreichen ist Bozens großer täglicher Grünmarkt: Der Obstplatz liegt gleich am Westende der Lauben.

Die Lauben Die wichtigsten und interessantesten Läden sind die folgenden:

Nr. 1: **Sportler**, Hauptgeschäft der Südtiroler Kette, 6 Stockwerke Sportgeräte und Kleidung;

Nr. 2: **Tschager**, 5 Stockwerke Kunsthandwerk und Souvenirs;

Nr. 17: **Apotheke zur Madonna**, seit 1443, mit kompletter alter Täfelung;

Nr. 37a: **Sportler alpin**, weil's im Hauptgeschäft zu eng wurde, ist der Alpinbereich hierher umgezogen – tolle Auswahl;

Nr. 39: **Südtiroler Werkstätten**, Kunsthandwerk in einem prachtvollen Barockhaus, dem einzigen der Lauben, ehemals Sitz des Bozner Merkantilmagistrats (→ Merkantilmuseum);

Nr. 41: **Buchhandlung Athesia**, Hauptgeschäft des größten Südtiroler Buchverlages auf mehreren Etagen, alle Tirolensien im Erdgeschoss, im Tiefgeschoss EDV-Bedarf;

Nr. 46b: **Schwarzer Adler**, historische Apotheke;

Nr. 58-60: **Rizzolli**, Hüte und Schuhe, wohin das Auge blickt, ein Bozner Meilenstein seit 1870 in verwinkeltem Altbau;

Nr. 67: **Oberrauch-Zitt**, *das* Lodengeschäft, größtes und bekanntestes Italiens, Hauptsitz in Vintl (Pustertal), hier eher auf fein und sehr hochwertig getrimmt (die Konkurrenz, **Moessmer**, findet man auf dem Musterplatz 3).

Kulinarisches Die **Franziskaner-Bäckerei**, Hauptsitz in der gleichnamigen Gasse, hat die wohl größte Brotauswahl Bozens, Filiale z. B. Ecke Museum-/Rauschertorgasse. Konkurrenz macht **Bozner Brot** mit seinem Stand vor (und von) „Hopfen & Co." auf dem Obstmarkt.

Pur Südtirol nennt sich eine Lebensmittelkette, die auf biologische und regionale Produkte ausgewählter Anbieter setzt. Dazu zählen neben Speck und Käse auch getrocknetes und frisches Obst, Wein und Marmeladen sowie der Apfelsekt S'Pom. Das Ganze in modern-gediegenem Ambiente (in Bozen mit einem Designpreis gekrönt) – offenkundig ein Erfolg, denn neben den Filialen in Bozen, Meran und Bruneck gibt es inzwischen auch einen neuen Ableger in Lana. Perathonerstr. 9, www.pursuedtirol.com. ■

Mila Shop, Innsbruckerstr. 41, die Molkerei eröffnete vor Kurzem einen großen, ansprechend gestalteten Laden mit angeschlossenem Bistro auf ihrem Firmengelände. Angeboten werden eigene Molkereiprodukte und eine große Auswahl an Käse, aber auch leckere Spezialitäten aus Südtirol, www.mila.it.

Großer **Despar** in der Innenstadt an der Ecke Raingasse/Laurinstraße; riesiger **Interspar** im Gewerbegebiet Bozen Süd, Buozzistr. 30, tgl. geöffnet.

Hochwertige Fleisch- und Wurstwaren gibt es bei **Feinkost Egger Metzgerei**, Obstmarkt 7.

Acherer Patissier Chocolatier, Kunstvolles aus Schokolade in stilvoll-modernem Ambiente, dargeboten im Ableger des erfolgreichen Brunecker Stammgeschäfts. Leonardo-da-Vinci-Str. 1d, www.acherer.com.

Einkaufen

Wein Der auf den Hängen über Bozen wachsende „St. Magdalener" (aus mehreren Rebsorten gekeltert) ist eine „Geschützte Herkunftsbezeichnung" (DOC).

Enoteca 1000 e 1 vino, Südtiroler Str. 37, Weine, Sekte und edle Destillate, www.1000eunvino.it.

Enovit, Dr.-Josef-Streiter-Gasse 30, Önothek in stilvoll renovierten und eingerichteten historischen Gewölben, www.enovit.it.

Winestore, Gewerbezone Kardaun 5, das neue Weinfachgeschäft im Gewerbegebiet Bozen Nord verkauft Spitzenweine aus Südtirol und Italien, Obstbrände und Destillate, außerdem regionale Feinkost und Delikatessen. Verkostung von 32 Weinen und 4 Schaumweinen. Riesige Auswahl, große Fachkenntnis in schön gestalteten Räumlichkeiten, www.weindiele.com.

Von den 25 Bozner Kellereien ist besonders empfehlenswert die **Kellerei Bozen**, die 2001 aus der Fusion der Kellereigenossenschaften Gries und St. Magdalena entstanden ist – interessant v. a. die von hochklassigen Weingütern wie Trögler, Dellago oder Mumelter kommenden Weine. Eine komplett neue, 32 Mio. Euro teure Anlage entsteht momentan nach Plänen des Architekturbüros noa in Moritzing in der Nähe des Anraitherhofes. Architektonisch ist sie schon allein deswegen interessant, weil der überwiegende Teil der Kellerei unterirdisch in einem Hang liegt, darüber wird ein Weinberg angepflanzt. 2018 sollen die neuen Gebäude fertig sein, www.kellereibozen.com.

Tenute Loacker, das Unternehmen produziert seit 1970 biologischen Wein in der Toscana und in Südtirol. Der Schwarhof liegt östlich von Bozen am Fuß sonniger Südhänge und keltert hochwertige Rot- und Weißweine. St. Justina 3, ☎ 0471/365125, www.loacker.bio.

Märkte Obst- und Gemüsemarkt tgl. (außer So) 7–19 Uhr auf dem Obstplatz, nicht nur attraktives Touristenspektakel und nächtliche Barmeile mitten in der Altstadt, sondern auch echter Grünmarkt der Bozner Bürger.

Bauernmarkt mit Direktverkauf durch Südtiroler Bauern jeden Di und Fr auf dem Rathausplatz und Fr auf dem Don-Bosco-Platz, am Di auch auf dem Mazziniplatz und am Sa auf dem Matteottiplatz, jeweils 7.30–13.30 Uhr. Der Bauernmarkt auf dem Rathausplatz ist sehr schön und lebendig mit vielen echten Bauernständen, Kirschen in

Auf dem Bozner Obstmarkt

Schwarz, Rot und Gelb, alle möglichen Kräuterbüscherl, bereits vorbereitete Salatherzen, Biogemüse … ■

Flohmarkt jeden ersten Sa des Monats an der Wassermauerpromenade am Talferufer zwischen 8 und 17 Uhr.

Markt (Kleidung, Schuhe, etwas Obst/Gemüse) jeden Sa 8–13 Uhr auf dem Siegesplatz.

Sonstiges Lorenzi in der Goethestraße bietet eine Auswahl von mehr als 2000 Arten Messer, Jagdmesser werden nach Kundenwünschen gefertigt. Loden aus Bruneck bietet **Moessmer** auf dem Musterplatz 3 (www.moessmer.it). In der Rauschertorgasse auf Nr. 6 befindet sich der Lederhandwerksbetrieb Il Gufo. Teuer, aber eben auch exklusiv sind die Läden des Südtiroler Modemachers **Gasser** auf dem Waltherplatz 23, wo sich auch die Filiale von De Call befindet (auf Nr. 7), die Boutique der Meraner Modemacherin Alexandra Stelzer.

Thuniversum, Galvanistraße 29 (Industriezone), Schausalon und Verkauf der Firma Thun, handgefertigte Sammlerstücke aus Steingut/Porzellan, v. a. die berühmten „Bozner Engel", Panoptikum mit Panoramaprojektion der Dolomiten, Café-Bar und Bistro „Cafè al Volo", ☎ 0471/245272, www.thuniversum.it.

Salewa World, Waltraud-Gebert-Deeg-Str. 4, das markante Headquarter von Salewa erinnert an eine postmoderne Raumstation und ist von der Autobahn aus nicht zu übersehen. Es beherbergt u. a. einen Store (kein Outlet) mit allerdings überschaubarem Angebot und eine Kletterhalle (Salewa Cube, → Sport). Besuchenswert vor allem wegen der Architektur!

Kultur → Karte S. 185

Theater/Konzerte/Kulturzentren **Neues Stadttheater** 40 Verdiplatz 40, Hauptspielort der „Vereinigten Bühnen Bozen". Eigenproduktionen und Gastspiele in Deutsch und Italienisch, Ballett, seit der Saison 2002/2003 auch Musiktheater. Infos und Karten unter ✆ 0471/065320; www.theater-bozen.it.

Waltherhaus 27 Schlernstr. 1; v. a. das Südtiroler Kulturinstitut bringt Gastspiele deutschsprachiger Bühnen hohen und höchsten Ranges ins moderne Haus, www.waltherhaus.org.

Konzerthaus Bozen 29 Dantestr. 15, Konzerte des Haydn Orchesters, das in Bozen und Trient beheimatet ist. Chefdirigent ist seit 2014 der Este Arvo Volmer, der auch die 2010 ins Leben gerufenen Festspiele Südtirol in Toblach (→ S. 521) und die Tiroler Festspiele in Erl leitet. Infos ✆ 0471/975031, www.haydn.it.

Carambolage 21 Kleinkunsttheater, v. a. Kabarett, Silbergasse 19, Infos unter ✆ 0471/981790, www.carambolage.org.

Cortile/Theater im Hof 14 Kleinkunstbühne, auch und v. a. Kindertheater, Obstmarkt 37, ✆ 0471/980756, www.theaterimhof.it.

Kinos **Filmclub** 15 Dr.-Streiter-Str. 8d, 3 Säle, www.filmclub.it; Twenty, G. Galileistr. 20, 6 komplett digitalisierte Säle im neuen Einkaufszentrum in der Nähe der Autobahn, www.twentybz.it.

Sport

Die wichtigsten Sportzentren sind der **Sportpalast** und der **Drusus-Sportplatz** mit angeschlossenem Bocciodrom an der Triester Straße, über weitere Sportstätten und spezielle Einrichtungen gibt die Touristeninformation Auskunft.

Baden/Schwimmen Großes städtisches Freibad **Lido** und **Hallenbad Karl Dibiasi** am Drusus-Sportplatz an der Triester Str. 21, der Fahrradweg von der Altstadt eisackabwärts führt direkt daran vorbei.

Klettern Kletterwand auf dem Drusus-Sportgelände, Triester Straße, ✆ 0471/910217.

Kletterhalle Salewa Cube, Waltraud-Gebert-Deeg-Straße im Industriegebiet (Beschilderung „Messe"), mit 2000 m² die größte Kletterhalle Italiens, unmittelbar neben dem Store (→ Einkaufen), tgl. 9–23 Uhr. 13 €/Tag. www.salewa-cube.com.

Radfahren/Mountainbiken Bozen eignet sich gut zur Erkundung mit dem Fahrrad, hat man sich nicht gerade die Ortsteile Jenesien oder Kohlern oder das mit Bozen verbundene Oberbozen als nicht zugehörige Überbozen vorgenommen. **Städtischer Verleih** von einfachen Citybikes am Waltherplatz/Ecke Bahnhofsallee, 5 €/Tag, Kaution 10 €.

Fahrradverleih vom Citybike bis zum E-Bike gegen Gebühr bei **Zweirad Engl**, Cavourstr. 20, ✆ 0471/978114, www.zweirad-engl.it

Radverleih und Touren bei **Passepartour**, J.Perathonerstr.1, ✆ 333/8384447, www.passepartour.com.

Reparaturservice macht **Novum**, Schlachthofstr. 49, sehr freundliches, flinkes Personal. ✆ 0471/971713, www.novum.it.

Wandern/Bergsteigen Spaziergänge und Wanderungen ab der Altstadt, auch geführte Wanderungen, z. B. die interessante Kellertour „Bacchus urbanus", die mit den lokalen Weinsorten Lagrein und St. Magdalener vertraut macht. Näheres, Termine und Buchungen in der Touristeninformation.

Wintersport „Palaonda/Eiswelle" nennt sich die **Eishalle** in der Luigi Galvani Straße neben dem Messegelände in Bozen Süd. **Icerink** auf dem Ritten für Eis-Leistungssport (→ Ritten).

Übernachten → Karte S. 185

Bozen ist, was Hotels betrifft, kein Billigpflaster. Die meisten Häuser haben die in Südtirol üblichen drei Sterne mit entsprechenden Preisen und bürgerlichem Publikum. Leider gibt es nur sehr wenige Zimmervermieter, weswegen man in der Hochsaison und während der Messen kaum ein einigermaßen bezahlbares Zimmer findet.

****S **Parkhotel Laurin** 32, zentral gelegenes Traditionshotel mit eigenem Park und untadeligem Service. Eindrucksvoller Bau (5 Stockwerke) der späten Gründerzeit, total renoviert, was sich z. B. in der Laurin Bar erkennen lässt: moderner Chrom-Marmor-Bartresen, aber an den Wänden die Fresken zur Laurinsage aus der Entstehungszeit des Hotels. Großzügig geschnittene Zimmer und Suiten mit Marmorbädern, Swimmingpool im Park. DZ/FR 163–394 €, die exklusiven Suiten auch bis 721 €. Laurinstr. 4, ✆ 0471/311000, www.laurin.it.

**** **Greif** 30, alteingesessenes, aber modern eingerichtetes Designhotel. Die nur 33 Zimmer wurden von zeitgenössischen Künstlern individuell dekoriert und ausgestattet, die Spanne reicht von elegant über nüchtern-modern bis zu postmodern, die Zimmer kann man auf der Homepage des Hotels anschauen. Einige Zimmer haben Whirlpool, Sauna oder ein Klavier. DZ/FR 178–428 €. Waltherplatz 7, ✆ 0471/318000, www.greif.it.

**** **Luna Mondschein** 13, sympathisch mit freundlichem Personal, großer Garten vor dem Haus, daher relativ ruhig. Von der Tiefgarage an der Rückseite gelangt man direkt ins Hotel mit seinen überwiegend komfortablen Zimmern und ausgezeichnetem Gartenrestaurant (Eingang Binderstr. 25). Sehr schöner Wellnessbereich. DZ/FR 148–197 €. Piavestr. 15, ✆ 0471/975642, www.hotel-luna.it.

***S **Figl** 23, altes Bürgerhaus, komplett renoviert, wirklich „im Herzen der Altstadt" und mit nur 23 komfortablen Zimmern recht persönliche Atmosphäre. Die tolle Lage muss bezahlt werden, das Figl ist nicht gerade billig für seine Kategorie. DZ ohne FR 130–140 €. Kornplatz 9, ✆ 0471/978412, www.figl.net.

*** **Regina A.** 33, ein von außen funktionell-langweiliger Bau schräg gegenüber dem Bahnhof an der nicht sehr ruhigen Rittner Straße. Das „Regina Angelorum" ist nüchtern eingerichtet und ohne Schnickschnack, die jüngst renovierten Zimmer sind zum Schlafen und nicht für lange gemütliche Abende gedacht. Auch für Tagungsgäste. DZ/FR 120–150 €. Rittner Str. 1, ✆ 0471/972195, www.hotelreginabz.it.

*** **Stadthotel Città** 27, geschmackvoll und mit postmodernen Anklängen renoviertes Hotel im Besitz der Stadt Bozen, in einem Gründerzeitbau am Waltherplatz, mit Garage. Schicker Wellnessbereich (Biosauna, türkisches Bad, Whirlpool, Kneippbecken etc). Teebar im Ruheraum. Man zahlt recht viel für die Kategorie – aber die Lage! Das zugehörige „Stadtcafé" mit Tischen zum Waltherplatz ist ein beliebter Treffpunkt. DZ/FR 160–240 €. Waltherplatz 21, ✆ 0471/975221, www.hotelcitta.info.

** **Kolpinghaus** 35, ein Studentenheim allem Anschein nach funktional eingerichtete Zimmer, Selbstbedienungsfrühstück à la Mensa, aber freundliche Rezeption. Geräusche nur vom Gartenlokal oder von der Musikschule gegenüber. DZ/FR 109 €. Kolpingstr. 3, ✆ 0471/308400, www.kolpingbozen.it.

** **Feichter** 24, kürzlich renoviertes Hotel mit freundlichen Zimmern, zum Hof hin (dort individuelle Eingänge) recht ruhig, das Haus wird gerne von Gruppen besucht – billiger geht's in Bozens Innenstadt nicht mehr. Bürgerliches Restaurant im Haus. DZ/FR 105 €. Weintraubengasse 15, ✆ 0471/978768, www.hotelfeichter.it.

*** **Post Gries** 6, alter Einkehrgasthof im Zentrum von Gries, der renoviert und durch Anbauten erweitert wurde. Eigene Garage und Parkplätze, ausgedehnte Speiseräume, die Bar ist – gutes Zeichen! – lokaler Treff. DZ/FR 115–150 €. Apt. (2 Pers.) ab 60 €. Freiheitsstr. 117, ✆ 0471/279000, www.hotel-post-gries.com.

*** **Magdalener Hof** und **** **More Magdalener** 34, im Weingebiet um St. Magdalena gelegen – gediegene Komfortzimmer, teils renoviert. Die Dependance bietet moderne und ansprechend gestaltete Suiten mit First-Class-Komfort, alle Zimmer und Suiten mit Balkon. Gepflegte Gartenanlage mit Pool, Fitnesscenter, Restaurant mit schöner

Vom Brenner bis Bozen → Karte S. 110/111

Tiroler Stube. DZ/FR 125–135 €. Rentscherstr. 48/A, ☎ 0471/978267, www.magdalenerhof.it.

** Kandlerhof 37, Ferien auf dem Bauernhof bei Familie Spornberger, Haus mitten in den Weinbergen, kleiner Pool im Garten, Verkostung von Eigenbauweinen möglich, 6 einfache Gästezimmer. DZ/FR 74–80 €. St. Magdalena 30, ☎ 0471/973033, www.kandlhof.it.

*** Kohlern 45, romantisches Hotel in einem prächtigen Bau von 1908 vom Typ „Sommerfrische", sehr schön und stilvoll eingerichtete, große Zimmer mit Marmorbädern, wunderschöne verglaste Veranda – man sieht weit, denn das Hotel liegt auf 1170 m! Der Infinity Pool und die Sauna mit Ausblick bieten Entspannung pur. Weder Telefon noch Fernseher stören die wohltuende Stille. Sehr gutes Restaurant (→ „Essen & Trinken"). Die Kohlerer Seilbahn verbindet Bozen mit dem Gasthof – wer mag, kann die schmale Kohlerer Straße aber auch mit dem eigenen PKW hinauffahren. Sie beginnt direkt hinter der Talstation der Bahn. DZ/HP 158–290 €. Kohlern 11, ☎ 0471/329978, www.kohlern.com. ■

Privatzimmer Booking Bolzano bietet diverse attraktive und bezahlbare Privatzimmer und Apartments in und um Bozen. Ab 80 €. ☎ 335/8258599, www.bookingbolzano.com.

Jugendherberge Moderne Jugendherberge 38 in Bahnhofsnähe. 81 Betten in Ein- bis Vierbettzimmern (mit Du/WC), Frühstücksbuffet! DZ/FR ab 47 €. Rittnerstr. 33, ☎ 0471/300865, www.jugendherberge.it.

Camping **** Moosbauer 4, vorbildlich geführter Platz, der seit Kurzem neue Wege in Richtung Nachhaltigkeit geht. Maßnahmen zum Energiesparen und zur Müllvermeidung wurden ergriffen, im Restaurant mit lauschiger Terrasse heißt es jetzt „zurück zu früheren Werten – back to the roots". Pizza gibt es aber nach wie vor. Ansonsten schattiger Rasenplatz, Salzwasserpool, top Sanitäranlagen mit innovativem Konzept. Busverbindung (201) in die Stadt, geöffnet März bis Nov. Gespann und 2 Pers. 35–43 €. Moritzinger Weg 83, ☎ 0471/918492, www.moosbauer.com.

Steiner 44, sauberer, schattiger und schön angelegter Platz mit Außenpool, Hallenbad (nicht im Hochsommer) und guten Sanitäranlagen. Bungalows und originelle Schlaffässer. Gutes Restaurant und Pizzeria, auch ein reichhaltiges Frühstücksbuffet wird angeboten. Geöffnet Ostern bis Ende Okt. Gespann und 2 Pers. 32–40 €, Schlaffass (2 Pers.) 50–55 €. Leifers (7 km südl. in Richtung Auer), ☎ 0471/950105, www.campingsteiner.com.

Wer die etwas längere Anreise nicht scheut, kann auch den kleinen, aber angenehmen Campingplatz des **Hotels Markushof** in Auer (siehe dort) in Erwägung ziehen.

Essen & Trinken/Nachtleben

Das kulinarische Angebot Bozens ist kaum zu überblicken und enorm vielfältig. Es gibt Restaurants, Gasthöfe und Kneipen in allen Abstufungen zwischen traditionellem Tiroler Gasthof und schickem italienischen Restaurant, feinem Gourmettempel und Szenekneipe, für jeden Geldbeutel und jede Altersgruppe, und wer's mag, kann auch chinesisch, türkisch oder mexikanisch essen, vom Trinken ganz zu schweigen. Die Preise sind auf Hauptstadtniveau, also deutlich höher als im Südtiroler Durchschnitt.

Arma 36, Rittnerstr. 1, großes, 2015 komplett renoviertes Selbstbedienungsrestaurant direkt rechts neben dem Hotel Regina A. gegenüber dem Bahnhof, zivile Preise (Nudelgericht oder Fleischgang, gemischter Salat und Mineralwasser um die 10 €), mittags immer voll. Der Clou: Zapfhähne für Weinessig und Olivenöl extra vergine, www.armarist.it.

Zur Kaiserkron 31, Musterplatz 2, das Lokal im und vor dem schönen Barockpalais Pock ist Nachfolger des beliebten gutbürgerlichen Lokals gleichen Namens. Das Haus ist schicker geworden, die Karte bietet gehobene Bistroküche mit ein paar Reminiszenzen an verflossene Tage. Zunehmend gute Kritiken aus der Gastroszene (Gault-Millau 2017 15 Punkte). 2 Gänge ab ca. 30 €, günstiger isst man zu Mittag. So geschl., Küche nur bis 21.30 Uhr! ☎ 0471/980214, www.zurkaiserkron.com.

Vögele (Roter Adler) 25, Goethestr. 3, traditionelles, innen getäfeltes Gasthaus unter

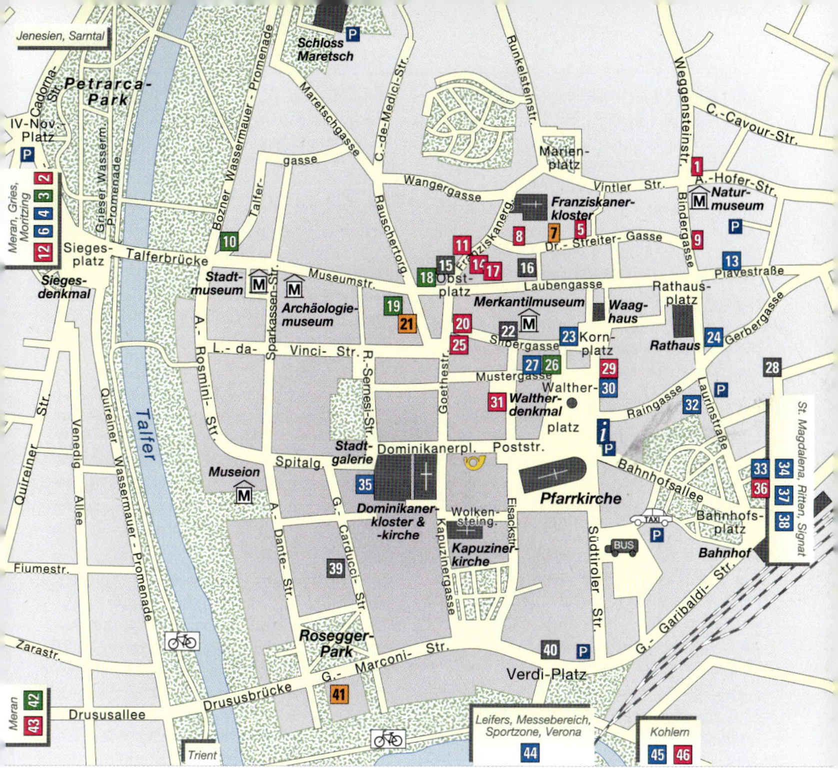

Übernachten

- 4 Camping Moosbauer
- 6 Post Gries
- 13 Luna Mondschein
- 23 Figl
- 24 Feichter
- 27 Stadthotel Città
- 30 Greif
- 32 Parkhotel Laurin
- 33 Regina A.
- 34 Magdalenerhof
- 35 Kolpinghaus
- 37 Kandlerhof
- 38 Jugendherberge
- 44 Camping Steiner
- 45 Kohlern

Essen & Trinken

- 1 Batzenhäusl
- 2 Föhrner
- 5 Osteria Dai Carrettai
- 8 Fischbänke
- 9 Pizzeria Nussbaumer
- 11 Nadamas
- 12 Pizzeria Geier
- 13 Mondschein
- 14 Banco 11
- 17 Anita
- 20 Hopfen & Co.
- 25 Vögele
- 29 Walther´s
- 31 Zur Kaiserkron
- 32 Laurin
- 36 Arma
- 43 Steidlerhof
- 45 Kohlern
- 46 Gasthof Schneiderwiesen

Cafés

- 3 Gelateria Avalon
- 10 Gelateria Theiner
- 18 Hofer
- 19 Streitberger
- 26 Stadtcafé
- 42 Zingerle

Sonstiges

- 15 Cortile/Theater im Hof
- 16 Filmclub
- 22 Theater Carambolage
- 28 Waltherhaus
- 39 Konzerthaus Bozen
- 40 Neues Stadttheater

Nachtleben

- 7 Sonderbar
- 11 Nadamas
- 21 Pogue Mahone's
- 41 Pub Caffè Latino

Bozen/Bolzano

100 m

Bozen

den Lauben der Goethestraße, 2016 wurden zwei Räume von dem bekannten Architekturbüro noa zur „Kamaunstube" umgestaltet. Absolut sehenswert! Südtiroler Küche klassisch (Erdäpfelplattlen mit Sauerkraut), auf gehobenem Niveau und neue Küche, gute Weinauswahl. Gar nicht teuer: 2 Gänge ab ca. 25 €, preiswerte Tagesgerichte. So geschl. ✆ 0471/973938, www.voegele.it.

Nadamas [11], Obstplatz 43, praktisch für Marktgeher, man hat nicht weit zu laufen, die Tische draußen sind folglich schnell belegt. Wirtshaus mit gemütlicher Atmosphäre, Nudelgerichte sind bei den besonders abends jungen Gästen die Favoriten, es gibt aber auch marokkanische Küche, Salatteller als Hauptspeise und ein wechselndes Tagesgericht. Warmes Essen bis Mitternacht, das ist in Bozen eine Rarität. Hauptgang 12–16 €; So Ruhetag.

Walther's [29], Waltherplatz 6, Restaurant/Bar und „Takeaway" am zentralen Waltherplatz, glutenfreie Pizza und Nudelgerichte, verschiedene Fleisch- und Fischgerichte. Hauptspeisen 15–25 €. So Ruhetag. ✆ 0471/324022, www.walthers.it.

Laurin [32], Laurinstraße 4, Restaurant des Nobelhotels Laurin, nüchtern und kühlfunktionalistisch, im Sommer auch im wunderschönen Garten. Aufmerksamer Service, kurze Wartezeit garantiert, kochtechnisch einfache, aber interessante Menüs mit mediterranem Flair (Gault-Millau 2017 15 Punkte) zu durchschnittlichen Preisen – genau das richtige für den schnellen Business-Lunch. Hauptgericht ab ca. 15 €. ✆ 0471/311593. So mittags geschl.

Mondschein [13], Piavestr. 15, Tiroler Stube des Hotels Luna/Mondschein, Kachelofengemütlichkeit, altösterreichische Tiroler Küche („Gemischtes Gebackenes") – 5 Min. vom geschäftigen Waltherplatz. Eindrucksvoll: der Van-Gogh-Saal des Restaurants mit Glasmalereidecke, dort klassische Küche französischer Abstammung. 2 Gänge ab ca. 25 €. So geschl.

Anita [17], Obstplatz 5/A, rustikal eingerichtetes Restaurant, dunkel, Kerzen auf den Tischen, die Holzwände zwischen den Tischen erlauben Privatsphäre. Gehobene Südtiroler Küche (köstlich die Spinatknödel mit Gorgonzola), günstige Tagesmenüs (2 Gänge ab 15 €). ✆ 0471/973760. Sa abends und So geschl. (außer im Dez.).

Hopfen & Co. [20], Obstplatz 17, Bozens immer gut besuchte, lange Zeit einzige Gasthausbrauerei (erst 2012 kam das Batzenbräu hinzu, s. u.). Das Bier wird mitten im Lokal gebraut und drinnen an Holztischen und draußen auf hohen Hockern von der vorwiegend jungen Klientel getrunken. Dazu kleine und große Gerichte ab ca. 9 €, Bruschetta und von der Speckplatte und den Weißwürsten über Bierknödel bis zum Braumeistersteak. Ab und an Live-Musik, man liegt schließlich an der Kneipenmeile. So Ruhetag. www.boznerbier.it.

Osteria Dai Carrettai [5], Dr.-Streiter-Gasse 20b, winzige, geschäftige Trattoria mit wenigen Plätzen drinnen und schmalen Holztheken draußen. Rund 20 verschiedene Crostini, Toasts und Bruschette im Buffet und Wein in kleinen Gläsern zum selber (Nach-)Zapfen – was will man mehr für eine kurze (oder längere) Rast!

Batzenhäusl und Batzenbräu [1], Andreas-Hofer-Str. 30, sechs Jahrhunderte Gasthaustradition sind im Batzenhäusl mit seiner unveränderlichen Speisekarte mit (Süd-)Tiroler Gerichten keine Sache, wahrscheinlich wird die Gaststätte nach weiteren sechs Jahrhunderten auch nicht anders ausschauen. Die deftig-schmackhaften Gerichte (Hauptgang ab ca. 12 €) kann man bis 0.45 Uhr früh bekommen. Seit 2012 eigene Wirtshausbrauerei mit schönem Biergarten und Kulturkeller „Sudwerk", www.batzen.it.

Fischbänke [8], Dr.-Streiter-Gasse 28, wahrscheinlich das originellste Lokal Bozens: Dort tischt man auf den Marmortischen des ehemaligen Fischmarkts Bier und Wein zu kleinen Imbissen (besonders beliebt: Bruschetta) auf. Nur im Sommer (ca. Mitte Mai bis Mitte Okt.), Sa abends und So geschl.

Nussbaumer [9], Bindergasse 11, die „Symbiose aus Restaurant, Steakhaus, Pizzeria und Vinothek" (Eigenwerbung) in historischen Gewölben wird vom Publikum gut angenommen. Es gibt preiswerte Tagesmenüs, Nudelgerichte ca. 9 €. Die Terrasse ist meist überfüllt. So Ruhetag. www.vinum.it.

Pizzeria Geier [12], Grieser Platz 7, großartige Pizza gegenüber der Abteikirche, kleiner, durch eine Hecke geschützter Gastgarten, großes Lokal. Pizza leider nur abends, sonst Risotti und Nudelgerichte. So geschl.

Essen & Trinken/Nachtleben

Kult-Eisdiele Gelateria Avalon

Banco 11 14, Obstplatz 11, winzige Weinbar mit Stehtischen draußen, die kleine Appetithäppchen und belegte Crostini zum Wein anbietet. Sehr beliebt und dementsprechend voll. So geschl.

Kohlern 45, Kohlern 11, Restaurant des gleichnamigen Hotels. Schöne Veranda mit überragendem Ausblick auf Bozen. Mit einer Gault-Millau-Haube ausgezeichnete Küche mit Pilzen und Kräutern aus der Umgebung, schmackhaften Knödeln und Schlutzern sowie Fleisch und Gemüse von lokalen Bauern. 3 Gänge ab ca. 45 €. Mo Ruhetag. ✆ 0471/329978, www.kohlern.com.

Gasthof Schneiderwiesen 46, Seit 41, Steinmannwald (Leifers). Ein gemütlicher Spaziergang bringt den Wanderer von der Bergstation in Kohlern über Weg 1 zum Gasthof Schneiderwiesen auf einsamer grüner Wiese über dem Etschtal auf 1372 m (ca. 40 Min.). Alternativ zur Seilbahn Kohlern Zufahrt über St. Jakob (Straße nach Leifers und Auer): schmal, kurvenreich, genau richtig für Mountainbiker. Traditionelle Küche, Wildgerichte, aber auch Brettljausen und hausgemachte Mehlspeisen im Speisesaal und auf der sonnigen Terrasse. ✆ 0471/250500, www.schneiderwiesen.it.

Steidlerhof 43, der moderne Bauernhof mit seinem großartigen Blick auf den Rosengarten und das Etschtal ist ein Weingut, dessen Angebot – St. Magdalener, Sauvignon, Lagrein aus Eigenkellerei – man in der Buschenschank bei Speck, Kaminwurzen und Rippelen, aber auch zum Apfelstrudel genießen kann. Geöffnet März bis Mai Do–So ab 11 Uhr, Sept. bis Dez. Mi/Do ab 17, Fr–So ab 11 Uhr. Man erreicht den Hof auf der Straße nach Ritten, bei Rentsch Abzweig links nach Obermagdalena. Es gibt auch 2 Apts. (2 Pers.) 75–85 €. Obermagdalena 1, ✆ 0471/973196, www.steidlerhof.bz.

🌿 **Föhrner** 2, der mächtige, 1135 erstmals urkundlich erwähnte Bau oberhalb von Bozen ist von dort aus auf einem steilen Fußweg zu erreichen. Startpunkt oberhalb der Kirche von Gries, dann auf gepflastertem Ochsenweg Nr. 9 Richtung Glanig, Hinweg 40 Min., Rückweg 25 Min. Die Aussicht von hier ist fantastisch, die Gerichte bodenständig und äußerst lecker, z. B. Kartoffelteigtaschen mit Ziegenkäse und Knödel mit Graukäse, als Nachtisch leckere Krapfen, gefüllt mit hausgemachter Marmelade. Hauseigener Lagrein und St. Magdalener. Der Buschenschank wurde 2015 zum Schankbetrieb des Jahres gewählt, besonders zur Törggelezeit sollte man unbedingt reservieren. Sept. bis Dez. und Mitte Jan. bis Mai, Do–So ab 12 Uhr. Mit dem Auto erreicht man den Gasthof über die Straße nach Jenesien. Glaningerweg 19, ✆ 0471/287181. ■

Cafés, Imbisse, Konditoreien Stadtcafé 26, gediegenes Kaffeehaus des Stadthotels am Waltherplatz, dezente Hintergrundmusik, zahlreiche deutsche und italienische Zeitungen, großzügige Abmessungen. Tische auch draußen unter den Bögen und auf dem Platz. Wer will, kann auch – gut – essen.

🌿 **Gelateria Avalon** 3, von außen unscheinbare Eisdiele im Stadtviertel westlich der Talfer. Laut zahlreicher Medienberichte eine der besten Eisdielen Italiens. Neben den üblichen Geschmacksrichtungen kreiert Paolo Coletto („Eismachen ist für mich wie Yoga") seit mehr als 30 Jahren ungewöhnliche Eissorten (Avocadoeis mit Ziegenmilch), oft aus regionalen und saisonalen Produkten. Die aktuellen Sorten und die Herkunft der Zutaten sind an der Wand im Inneren an-geschrieben. Wenige

Sitzmöglichkeiten. Freiheitsstr. 44, www.officinadelgeloavlon.eu. ∎

Gelateria-Pasticceria Theiner 10, direkt an der Talferbrücke kann man im kleinen Gastgarten sitzen, auf die Berge schauen und sich fern der Stadt wähnen, wäre da nicht der Blick auf das Siegesdenkmal jenseits des Flusses. Kaffee, ein Glas Wein zum Sonnenuntergang, ein Eis … Sehr entstressend. Publikum vorwiegend italienisch.

Gehören zu Bozen: die **Würstelstände**. Klassischer Standort ist die Ecke Obstmarkt/Lauben, wo man bei Sonja Ebner Wiener und Lange mit Estragonsenf erhält (ein weiterer Stand macht gute Geschäfte am Park zwischen Bahnhof und altem Busbahnhof).

Streitberger 19, Museumstr. 15a, große, gutbürgerliche Café-Konditorei mit üppigen Torten der Wiener Konditortradition, Eis.

Hofer 18, Museumstr. 4, ein paar Schritte vom Obstmarkt liegt diese ausgezeichnete Café-Konditorei. 2015 wurde sie umgebaut, das Café erstrahlt ganz im Sinne der Wiener Kaffeehaustradition und bietet nun einen sehr ansprechenden Sitzbereich. Die leckeren Torten, Schnitten, Krapfen und Hörnchen sind geblieben, im Advent gibt es hier ausgezeichnete Weihnachtsbäckerei, berühmt sind die „Zelten", wie man in Tirol die Lebkuchen nennt.

Zingerle 42, Drususallee 49, köstliche Petits Fours und die klassischen italienischen Süßigkeiten in besonders zierlicher Ausführung und hoher Qualität, dazu das ganze Spektrum altösterreichischer Desserts, auch der Kaffee ist top, schön der Innengarten. Deutschsprachige Gäste verschlägt es kaum Wunder – sie versäumen was.

Nachtleben Trotz der Universität und der studentischen Nachfrage nach Kneipen, die nicht unbedingt um 22 Uhr schließen, hat Bozen nicht gerade ein aufregendes Nachtleben zu bieten. Am ehesten trifft man auf andere Nachtschwärmer in den Gassen um den Obstmarkt mit Ausnahme der Lauben, die nach Ladenschluss in Tiefschlaf verfallen.

Gutbetuchte Klientel trifft sich in der **Laurin Bar** 32 im Hotel Laurin, Laurinstr. 4, wo es häufig Solo- und Jazzabende gibt, Infos www.laurin.it.

Volkstümlich „irisch" ist **Pogue Mahone's** 21 in der Erbsengasse 10a.

Nadamas 11 Obstmarkt 43 (s. o.) ist nicht nur zum Essen beliebt, sondern vor allem auch für einen Stopp mit Aperitif entlang der „Kneipenmeile" Obstmarkt – Dr.-Streiter-Gasse.

In letzterer ist die **Sonderbar** 7 (Nr. 26) unter dem vom Obstmarkt her ersten Bogen direkt nach den Fischbänken des alten Fischmarktes kaum zu übersehen. Mehrere Kneipen rund um das Kolpinghaus (u. a. ein Irish Pub).

Vor allem studentisches Publikum trifft sich im immer vollen **Pub Café Latino** 41 Marconistr. 25, wo es Fr/Sa auch Live-Musik gibt, auch beliebtes Tagescafé mit Cocktails, Häppchen und schick schwarz gekleidetem Personal.

Sehenswertes in der Altstadt

Waltherplatz: Ein Stadtspaziergang durch Bozen beginnt wie selbstverständlich auf dem Waltherplatz. Das Denkmal des „größten deutschsprachigen Minnesängers" *Walther von der Vogelweide* steht unübersehbar auf einem normalerweise von müden Touristen und Jugendlichen belagerten Stufenpodest in der Mitte des Platzes. Das Denkmal für den angeblich in Südtirol geborenen Dichter wurde während der frühen Blüte des Nationalismus errichtet (1889) und sollte das Deutschtum Bozens betonen. Die damals ebenfalls tirolische Stadt Trient nahm das zum Anlass, ihrerseits ein großes Denkmal für einen berühmten Sohn der Stadt zu errichten, für *Dante Alighieri*. Der Waltherplatz ist eine klassische gute Stube, umgeben von Cafés und ein paar feinen Boutiquen, ideal für Flaneure, für den Espresso auf der Kaffeehausterrasse, für Aussteller und Schausteller und für Kunstsinnige: Von den Cafés auf der ihr gegenüberliegenden Seite sieht man sehr schön die Dompfarrkirche mit ihrem hohen Turm.

Sehenswertes in der Altstadt

Waltherplatz mit Denkmal des Vogelweiders

Dom Maria Himmelfahrt: 62 m hoch ist der spitze gotische Turm der Dompfarrkirche. „Dom", weil Bozen seit 1964 die Rolle Brixens als Bischofsstadt übernommen hat, „Pfarrkirche", weil das gotische Bauwerk (13./14. Jh.) nie etwas anderes sein sollte als eine Pfarrkirche und – mit Ausnahme des Turms – eher bescheidene Ausmaße hat. Die Architekten und Baumeister kamen aus der Lombardei, die am Bau beschäftigten Handwerker waren meist ortsansässige Tiroler. Der Turm, ein zartes spätgotisches Gebilde aus der Werkstatt des *Hans Lutz*, wurde erst 1519 fertig. Geht man um die Dompfarrkirche herum, erkennt man, dass sie auf einen romanischen Bau zurückgeht, von ihm haben sich die beiden Portale erhalten. Interessant sind einige der Außenskulpturen! Innen ist leider nach mehreren Zerstörungen (zuletzt 1945) wenig von der Originalausstattung übrig geblieben: die schöne gotische Kanzel, wie der Turm ein Werk des Hans Lutz (1514), recht eindrucksvoll der barocke Hochaltar. Der berühmte Flügelaltar, den *Hans von Judenburg* ab 1420 für die Kirche schuf, wurde nach Ausmusterung in der Barockzeit teilweise verstümmelt und ist heute in der Pfarrkirche Deutschnofen zu bewundern.

Das jüngst der Allgemeinheit zugänglich gemachte **Domschatzmuseum** ist wahrlich ein Schatz von unzähligen Kostbarkeiten, seien es Prunkgeräte für den Gottesdienst, prachtvolle Monstranzen, Reliquien und Einrichtungsgegenstände oder Textilien, Gemälde und Votivbilder.

Kirche Mo–Sa 7.30–18, So 8–20 Uhr; **Domschatz**, Pfarrplatz 27, Di–Sa 10–12.30 Uhr, Erw. 3 €, erm. 1/2 €. ✆ 0471/978676, www.dompfarre.bz.it.

Dominikanerkirche und -kloster: Die Dominikaner errichteten um 1300 für ihr gerade gegründetes Kloster einen einfachen Kirchenbau, der 1498 zu einer dreischiffigen Hallenkirche umgebaut wurde. Deren Chor wiederum wurde im Barock üppig stuckiert, was einen aparten Gegensatz zur Strenge des gotischen Rippengewölbes bewirkt. In der **Johanneskapelle**, die man vom Chor aus betritt, hat sich dagegen die Gotik unverändert erhalten. Hier sind auch die Fresken aus der Mitte des 14. Jh. noch gut erhalten, die von einer Werkstatt der Giotto-Schule ausgeführt wurden, sie bedecken Teile von Wänden und Decke. Besonders eindrucksvoll der „Triumph des Todes", wohl das Meisterwerk oberitalienischer Freskenkunst in ganz Tirol. Im **Kreuzgang**, den man durch das Gebäude der Musikhochschule vom Dominikanerplatz aus betritt (Haus Nr. 19), kann man die kürzlich ans Tageslicht gekommenen und renovierten Fresken des *Friedrich Pacher* (etwa von 1490) bewundern.

Kirche Mo–Sa 8–18, So 12–18 Uhr, **Kreuzgang** April bis Okt. Sa 10–12, 15–17 Uhr.

Viel Rummel um Ötzi

Die Schlangen vor den Schaltern des Südtiroler Archäologiemuseums (→ S. 192) können ziemlich lang werden. Es ist es ein ganz bestimmtes Objekt, das massenweise Besucher ins seit 1998 bestehende Museum lockt: die 5300 Jahre alte mumifizierte Leiche eines Mannes, die damit älter ist als alle ägyptischen Mumien. Jahrtausende wurde sie vom Gletschereis der Zentralalpen konserviert und kam erst im Spätsommer 1991 an die Oberfläche, wo sie von Bergwanderern zufällig entdeckt wurde, noch bevor sie an der Luft austrocknen und sich zersetzen konnte. Mit der Leiche kamen Kleidungsstücke und Utensilien für die Jagd, das Feuermachen, die Nahrungszubereitung und anderes ans Tageslicht, alle in vorzüglichem Erhaltungszustand und jeweils die ältesten, die man jemals gefunden hat. Die Mumie dieses Mannes um Mitte 40 erhielt in den Wochen nach der Entdeckung über 500 verschiedene Namen, bis sie ein österreichischer Journalist nach dem Fundort an der italienisch-österreichischen Grenze in den Ötztaler Alpen „Ötzi" nannte. Innsbruck und Bozen stritten sich um den endgültigen Verbleib; Bozen siegte, da Ötzi, so das Ergebnis 1992 neu durchgeführter Messungen, 92 m südlich der Grenze auf italienischem Gebiet gefunden wurde. Als würdiger Rahmen für den weltberühmten Fund wurde das Archäologiemuseum errichtet. 1998 wurde Ötzi, der bis dahin in Innsbruck gekühlt und erforscht worden war, unter höchsten Sicherheitsvorkehrungen im Konvoi über die gesperrte Brennerautobahn nach Bozen in sein neues Zuhause transportiert.

Der „Mann aus dem Eis" liegt im 1. Stock in einem abgedunkelten Raum hinter einer Panzerglasplatte. Der klinisch reine Raum wirkt wie ein Krankenhauszimmer, das allerdings – was der Besucher nicht merkt – auf Temperatur und Luftfeuchtigkeit eines Gletschers eingestellt ist. Eine Videodokumentation berichtet über Bergung, Analysen (5 Labors in verschiedenen Staaten) und Konservierung. Im selben Stockwerk werden die mit der Mumie gefundenen Objekte ausgestellt und erklärt: Pelzmütze, Leggins, Grasumhang, Fellmantel, Unterwäsche aus Ziegenleder, Lederschuhe, eine kleine Ledertasche, Feuerschwamm, Messer, 14 Pfeile und ein Beil aus Kupfererz (Ötzi lebte in der Kupferzeit, die Kupferbearbeitung war gerade erst erfunden worden). Eine ungemein lebendig wirkende Rekonstruktion des Eismanns zeigt einen kräftigen Mann mittleren Alters mit wachem Blick. Ötzis Genom wurde 2012 aufgeschlüsselt, wobei 96 % des Erbguts identifiziert wurden und seine Blutgruppe bestimmt werden konnte (null).

Wie der Mann ums Leben gekommen war, was ihn auf 3000 m Höhe getrieben hatte, war lange Zeit unklar und ist auch heute noch nicht restlos geklärt. 2001 wurde ein Teil des Rätsels gelöst: Eine bis dahin übersehene (!) Pfeilspitze im Rücken wurde auf einem Röntgenbild identifiziert. Ötzi war wohl verfolgt und angeschossen worden, die Verwundung führte Erschöpfung und Tod herbei. Im Jahr 2008 wurde – 15 Jahre nach der Entdeckung der Mumie – von der Wissenschaft wieder eine neue Todesversion lanciert: Der Pfeil traf mit Sicherheit die Halsschlagader, Ötzi verblutete innerhalb weniger Minuten. 2010 schließlich entdeckte man ein Schädeltrauma und konnte aufgrund der Blutleere in den Arterien auf einen Tod durch Verbluten schließen. Die im Körper verbliebene Pfeilspitze löste nicht den Tod aus, sondern das Herausdrehen des Pfeilschaftes. Wer schoss, wer drehte den Pfeil heraus, wer versetzte dem Eismann durch einen oder mehrere Schläge das Schädeltrauma? Querrillen in den Fingernägeln deuten auf großen Stress hin, dem er in den Wochen und Tagen vor seinem Tod ausgesetzt war. Wie der Eismann wirklich zu Tode kam, wird möglicherweise eines der wenigen Geheimnisse bleiben, die der bestuntersuchte Mensch aller Zeiten für sich behält.

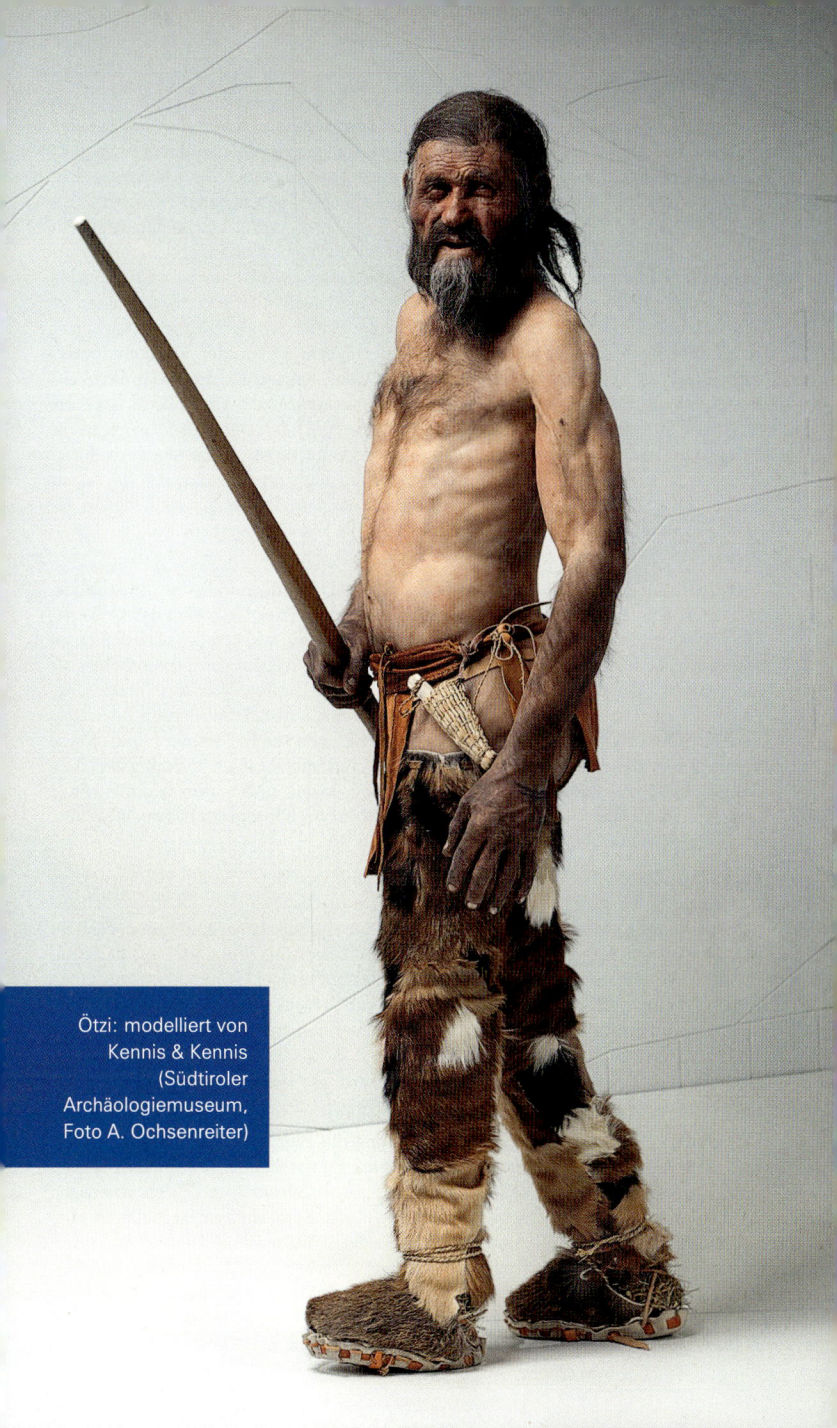

Ötzi: modelliert von Kennis & Kennis (Südtiroler Archäologiemuseum, Foto A. Ochsenreiter)

Kapuzinerkirche: Erwähnt sei noch die etwas südlich gelegene Kapuzinerkirche, auch sie wurde von einem Mönchsorden des Mittelalters errichtet. Der heutige Bau stammt jedoch erst aus dem 17. Jh. Um den kürzlich der Allgemeinheit zugänglich gemachten **Kapuzinergarten** (ehemaliger Klostergarten östlich des Klosters, grenzt an Eisackstraße und Vorplatz des Neuen Stadttheaters) gab es eine Kontroverse, die Bozen – und die Einstellung vieler Südtiroler – recht zopfig erscheinen lässt. Für den Garten war eine Plastik „Verlorener Sohn" bei Lois Anvidalfarei bestellt worden, einem Bildhauer aus dem Abteital, dessen Kunstwerke bereits in Kirchen in St. Pankraz in Ulten, Auer bei Bozen und St. Magdalena in Gries stehen. Die fertige Plastik stellt einen nackten, in sich gekehrten Mann dar, der Körper ist wuchtig dargestellt, derb. Die Öffentlichkeit protestierte, geführt von den Kapuzinerpatres und vom konservativen Tagblatt „Dolomiten", das von „strotzender Männlichkeit" berichtete. Tatsächlich hat der Künstler dem nackten Mann einen Penis gegeben, wer hätte auch gedacht, dass so eine Frivolität möglich ist. Der Aufschrei gegen die Plastik („Wir sind auch nicht kunstfeindlich, doch für dieses Ambiente ist die Figur doch etwas zu freizügig", sagte der Provinzial der Kapuziner in Südtirol) führte zur Verbannung. Die Plastik wurde in den verschlossenen Hof der Schule nebenan gestellt, wo man ihr anstößiges Glied von der Straße aus nicht sehen kann.
Kapuzinerkirche tgl. 7–18 Uhr.

Universitäts- und Museumsviertel: Zwischen Dominikanerkloster und Talferbrücke liegen drei der fünf großen Bozner Museen und der Hauptbau der Universität. Die deutschsprachigen Südtiroler studierten bisher (und tun es vorwiegend immer noch) in Innsbruck, Wien, Graz und München, seit einigen Jahren haben sie auch die Möglichkeit, im Lande zu bleiben. Hier finden sich das interessante Museion, ein Museum für moderne Kunst, das mit anderen Museen und der Universität kooperiert und außer Wechselausstellungen auch Seminare und Kurse veranstaltet; das **Stadtmuseum** mit seinen außergewöhnlich aufschlussreichen Sammlungen zur Stadtgeschichte und natürlich Bozens und Südtirols großer Stolz und Publikumsmagnet Nummer 1, das **Südtiroler Archäologiemuseum**, allgemein als „Ötzi-Museum" bekannt. (→ S. 190).

Obstplatz: Durch die Museumsstraße gelangt man von der Talferbrücke zurück ins Zentrum von Altbozen, zum Obstplatz und in die Lauben. Der Obstplatz ist wie seit Jahrhunderten der Grünmarkt der Stadt: Geschäftigkeit vor und hinter den vielen Ständen mit Gemüse, Obst und Feinkost aus der Umgebung und aus ganz Italien, nur Neptun von seinem Brunnen sieht das mit einiger Gelassenheit, zu seinen Füßen ist allerdings der Würstelstand gut besucht. Vom Obstplatz nach links (von der Museumsstraße aus gesehen) geht es auf die Kneipenmeile zwischen Obstplatz und Dr.-Streiter-Gasse, aber auch nach rechts in die Goethestraße lohnt es sich, wenn man Kneipen, Bars und Restaurants sucht (hier befindet sich Bozens einzige Gasthausbrauerei: „Hopfen & Co.").

Die Lauben: Sie sind wie seit ihrer Gründung die Haupteinkaufsstraße der Stadt und obwohl einige internationale Ketten Fuß gefasst haben, dominieren immer noch die alteingesessenen Bozner Geschäfte. Beim Bummel unter den schattigen Lauben, also den Arkadengängen der prächtigen Bürgerhäuser, sollte man aber nicht nur den Geschäften Aufmerksamkeit zollen: Viele dieser Häuser sind wunderbar verziert, haben alte Fresken und Steinmetzarbeiten, hübsche Erker und Eingänge oder wie das aus zwei älteren Häusern zusammengefügte barocke *Haus Nr. 46* eine komplett barock stuckierte und bemalte Fassade in rosa Tönen. Beim *Haus Nr. 30*, dem ältesten Rathaus der Stadt, haben sich gotische Arkaden erhalten,

Sehenswertes in der Altstadt 193

leicht erkennbar an ihrem spitzen Zuschnitt. Dasselbe Haus hat – als einziges in den Lauben – noch einen alten Wasserspeier in Form eines Drachens (Dachtraufe rechts). Sehr interessant auch die *Apotheke zur Madonna*, Haus Nr. 17, mit ihrer altehrwürdigen Einrichtung.

Von den Lauben zum Rathausplatz: Wer – wie empfohlen – die Lauben vom Obstplatz rauf und runter gegangen ist, wendet sich jetzt in die **Silbergasse** mit ihren schönen Bürgerhäusern. Von hier aus lassen sich einige der Geschäfte der Lauben ebenfalls erreichen (z. B. Athesia, Sportler), während das *Merkantilmuseum*, eingerichtet im Gebäude der Bozner Merkantilhauses (Handelsrat der Stadt) von 1708, umgekehrt nur über die Lauben zugänglich ist (Eingang Lauben Nr. 39). Die Gasse mündet in den **Kornplatz**, der nach seiner ehemaligen Aufgabe benannt ist, in den Ort gebrachtes Getreide (und anderes) zu wiegen und die Steuer zu bemessen. Das **Alte Waaghaus** von 1633 mit seinen Fresken erinnert ebenfalls daran. Der Rathausplatz, den man mit ein paar Schritten erreicht, ist ein sehr harmonisches städtisches Ensemble. Prächtig dekorierte Hausfassaden flankieren das neubarocke **Rathaus** (1907).

Franziskanerkirche: Über die Dr.-Streiter-Gasse, die im Spätmittelalter über dem zugeschütteten Stadtgraben entstand, oder über die Bindergasse, vorbei am *Naturmuseum* (s. u.) und die ziemlich stark befahrene Vintlerstraße, erreicht man die Franziskanerkirche. Als Bettelordenskirche wurde sie außerhalb der Stadtmauern und relativ schlicht erbaut, aber in der Spätgotik umgebaut, als auch die Bettelorden in ihren Kirchen nicht mehr auf Schmuck verzichten wollten. Dabei teilte man die bisherige Saalkirche in drei Schiffe und baute einen Chor mit üppigem Rippengewölbe an. Aus der reichen spätgotischen Ausstattung sticht besonders der *Krippenaltar* von 1500 auf dem Hochaltar heraus, ein Hauptwerk des *Hans Klocker* und der spätgotischen Altarschnitzkunst schlechthin (unbedingt mit dem um 1475 entstandenen Pacheraltar in Gries vergleichen!).
Mo–Sa 10–17.30, So 14.30–17.30 Uhr.

Die Bozner Museen

Südtiroler Archäologiemuseum: Das Museum wurde für *Ötzi* (→ Kasten S. 190) geschaffen – dementsprechend steht der Mann aus dem Eis im Mittelpunkt der sich über drei Etagen erstreckenden Ausstellung zur Vor- und Frühgeschichte Südtirols. Im Erdgeschoss lässt sich durch eine multimediale Präsentation der Medienhype nacherleben, den Ötzis Entdeckung auslöste. Im 1. Stock werden die Kleidung und die Gegenstände gezeigt, die der Eismann bei sich hatte. Er selbst liegt gleich zu Beginn des Rundgangs in seiner Kühlkammer, in eigenartig verdrehter Haltung und mit glänzender Haut – was von der feinen Besprühung mit Wasser herrührt, das auf der Haut zu einer dünnen, konservierenden Eisschicht wird. Im 2. Stock wird der Lebensalltag zu Ötzis Zeiten dargestellt – und der „Kriminalfall Ötzi" aufgerollt. Die Zitate aus dem Autopsiebericht erinnern an die populären amerikanischen Gerichtsmedizinserien der Gegenwart. Außerdem steht hier die lebensgroße Ötzi-Rekonstruktion, die so echt wirkt, dass man fast das Gefühl hat, der Eismann blicke einen aus seinen wachen Augen fragend an. Im 3. Stock des Museums werden wechselnde Ausstellungen zur Archäologie Südtirols gezeigt.

Besichtigung Di–So 10–18 (letzter Einlass 17.30 Uhr), Juli, Aug. und Dez. auch Mo geöffnet. Eintritt 9 €, Fam. 18 €, für Gruppen wird telefonische Reservierung empfohlen, Tickets kann man auch online kaufen. Wer kurz vor Öffnung um 10 Uhr ankommt, muss kaum anstehen! Kostenloser Eintritt mit der museummobil Card und mit diversen

Gästekarten. Museumstr. 43, ☎ 0471/320100, www.iceman.it.

Bücher und Apps Empfehlenswert sind „Ötzi, der Mann aus dem Eis" von Angelika Fleckinger, Direktorin des Archäologiemuseums, Folio Verlag 2014, und „Ötzi 2.0. Eine Mumie zwischen Wissenschaft, Kult und Mythos", hrsg. von Angelika Fleckinger, Folio Verlag 2011. Den Audioguide zum Museum gibt es als App für 2,99 € (für alle, die schon vorher – oder danach – mehr wissen wollen). Empfehlenswert für junge Leser ist das Buch von Gudrun Sulzenbacher: „Die Gletschermumie" (2000). Es gibt außerdem eine Ötzi-App für Kinder (1,99 €). Beide Apps findet man in den App-Stores unter „Ötzi".

Stadtmuseum: drei Stockwerke mit Objekten zur Geschichte, Kulturgeschichte und Volkskunde Bozens und Südtirols, „Bozner Saal" im 1. Stock mit Gemälden, Stichen, alten Möbeln, Stube von ca. 1450, häuslichem Gerät und alten Plänen der Stadt. Gemälde von *Franz Defregger*, Trachtensaal mit lebensgroßen Trachtenpuppen. Seit Jahren wird das Haus umgebaut, nun gibt es eine vorläufige Ausstellung, die in sechs Räumen und im Turm etwa 300 Werke vom 8. bis 20. Jh. zeigt. Sie soll „Gusto machen" auf die nicht absehbare Gesamt-Wiedereröffnung!

Das Museum wird bis auf Weiteres umgebaut, die bereits geöffneten Räume sind Di–So 10–18 Uhr zu besichtigen, der Eintritt ist frei! Sparkassenstr. 14, ☎ 0471/997960.

Naturmuseum Südtirol: modernes, sehenswertes und in großen Zügen kindgerechtes Naturkundemuseum mit Blick auf Südtirol: Gesteine und Gebirgsentstehung, Pflanzen, Tiere (z. T. in Terrarien) und eindrucksvolle Dioramen wie z. B. Murmeltiere im Hochgebirge. Dazu Veranstaltungen mit den neuesten Forschungsergebnissen.

Tgl. (außer Mo) 10–18 Uhr. Eintritt 5 €, erm. 3,70 €, Familie 10 €. Bindergasse 1, ☎ 0471/412964, www.naturmuseum.it.

Museion: Museum für moderne Kunst mit Wechselausstellungen, seit 2008 ist der Neubau, ein 54 m langer Glaszylinder mit Fronten in den Maßen 25 x 23 m, eröffnet, ein interessanter Newcomer in der architektonischen Landschaft Bozens. Im Erdgeschoss und auf der seitlichen Terrasse nettes kleines Café, auch Imbisse.

Di–So 10–18, Do bis 22 und ab 18 Uhr freier Eintritt, ansonsten 7 €, erm. 3,50 €. Dantestr. 6, ☎ 0471/980001, www.museion.it.

Domschatzmuseum: → S. 189.

Merkantilmuseum: prächtiges barockes Stadthaus mit doppelter Freitreppe und zwei Stiegenaufgängen im Hof, ehemals Sitz des Handelsgerichts, 1997 als Museum eingerichtet. Barocke Möbel, Gemälde und Originalausstattung, eindrucksvoller Ehrensaal.

Mo–Sa 10–12.30 Uhr, Eintritt 4 €, erm. 2 €. Silbergasse 6 und Lauben 39, ☎ 0471/945702.

Schloss Runkelstein: → S. 195.

Sehenswertes/Ausflüge außerhalb der Altstadt

Schloss Maretsch: Ganz stadtnah und doch von Weinbergen umgeben ist Schloss Maretsch. Der quadratische Bau entstand samt seinen Rundtürmen an den Ecken zwischen 1558 und 1570, dabei wurde ein älterer Teil mit fünfstöckigem Wehrfried und Wohnburg aus dem 12./13. Jh. integriert. Die Burg gehörte verschiedenen Bürgerfamilien und zuletzt den Toggenburg, die sie verfallen ließen. 1975 erwarb der Fremdenverkehrsverein Bozen das Schloss und machte ein Kongress- und Tagungszentrum daraus (Räume samt Gastronomie können auch gemietet werden). Von der Einrichtung hat sich wenig erhalten, aber interessant sind die Fresken im

Sehenswertes/Ausflüge außerhalb der Altstadt

Empfangssaal des ersten Stocks mit mythologischen, symbolischen und allegorischen Szenen.

Das Schloss ist ein Kongress- und Veranstaltungszentrum und kann an Tagen, an denen keine Veranstaltungen stattfinden, besichtigt werden. Geöffnet Mo–Fr, 9–12.45 und 14–17 Uhr, Eintritt 5 €. Auskünfte/Anmeldungen: Schloss Maretsch, Claudia-de-Medici-Str. 12, ✆ 0471/976615, www.maretsch.info.

Auf der Wassermauerpromenade nach Schloss Runkelstein: Ein schöner Spaziergang führt auf der Wassermauerpromenade von der Talferbrücke oder vom Schloss Maretsch den Talferbach entlang zur Burg Runkelstein. Zwischen Weinbergen zur Rechten und Auengrün und dem Fluss zur Linken – bei der St.-Anton-Brücke wechselt man kurzzeitig auf die andere Flussseite – spaziert man gemütlich bis zum Ausgang des Sarntals. Darüber liegt an ehemals schwer zugänglicher Stelle Schloss Runkelstein. Nach langen Restaurierungsarbeiten ist die Burg seit 2000 wieder dem Publikum zugänglich, und sie ist mehr als sehenswert: In mehreren Räumen haben sich *mittelalterliche Fresken* zum Hofleben erhalten, eine große Seltenheit, da die meisten nicht kirchlichen Fresken des Mittelalters verschwunden sind. Da sieht man Damen und Herren beim Ballspiel, ein Turnier mit Lanzen wird ausgetragen, ein Reigentanz unter Bäumen aufgeführt. Obwohl die Burg der Bozner Bürgerfamilie *Vintler* gehörte, ist das Dargestellte doch gänzlich höfisch, was man schon an den Kronen erkennt, die einige Personen tragen. Tatsächlich handelt es sich um Illustrationen zu damals populären Romanen, dem Tristanroman des Gottfried von Strassburg und dem Artusroman des Pleier (So populär wie heute, sagen wir, Thriller von Stephen King. Stellen Sie sich eine schicke Villa mit Fresken zu „The Shining" vor, das wäre das heutige Äquivalent).

Monumental: Siegesdenkmal

Schloss Runkelstein, Kaiser-Franz-Josef Weg, ganzjährig geöffnet, tgl. (außer Mo) 10–18 Uhr, Nov. bis Mitte März bis 17 Uhr, Eintritt 8 €, erm. 5,50 €, Familie 16 €; ✆ 0471/329808, www.runkelstein.info. Die **Burgschänke** auf Schloss Runkelstein ist rustikal-stimmig, aber bei Andrang (Regenwetter!) überfordert; ✆ 0471/324073.

Auf der Oswaldpromenade nach St. Magdalena: Ebenfalls an der Talfer beginnt ein beliebter Wanderweg der Bozner, der durch die sonnenbeschienenen warmen Hänge nördlich der Stadt zum Weinbauerndorf St. Magdalena führt. Die Promenade beginnt an der Talfer bei der Antoniusbrücke, wo beim Schloss Klebenstein die eigentliche Wassermauerpromenade endet, und führt in vielen Kurven nicht ganz ohne Anstrengung bis auf eine Höhe von 400 m, wo es dann aber gemütlich bis St. Magdalena weitergeht. Es erwartet Sie der überspitze gotische Kirchturm von *St. Magdalena in Pranzöll* (im normalerweise verschlossenen Inneren gotische Fresken), ein toller Ausblick auf Bozen und ringsum Wein, Wein und nochmals Wein. Nicht umsonst heißt die beliebteste Rebsorte der Winzer hier

"Magdalener". Der Anstieg führt über die kaum befahrene Untermagdalenerstraße zur Brennerstraße am östlichen Ende von Bozen.
St. Magdalena in Pranzöll ist von April bis Okt. Mi, Fr und Sa 16–18 Uhr geöffnet.

Im Stadtteil Gries: Der ehemals unabhängige Ort Gries, vor 1914 einer der wichtigsten Fremdenverkehrsorte (Süd-)Tirols, gehört heute zu Bozen. Gries wurde infolge der Umklammerung durch das faschistische Bozen seiner idyllischen Lage beraubt und stark italianisiert. Trotz der Eingemeindung besitzt es aber nach wie vor ein **Stadttheater**, das auch ganz ordentlich bespielt wird. Ein Grieser wird sich bis heute nicht als Bozner bezeichnen. Zentrum des Orts ist der Komplex aus der **Benediktinerabtei** Muri-Gries und der Pfarrkirche. Vom Kloster, das aus einer aufgegebenen Burg der Grafen von Tirol hervorging, ist nur die üppig spätbarocke *Stiftskirche* zugänglich. Die **Alte Pfarrkirche** ist ein spätgotischer Bau, dessen Inneres eines der großen Kunstwerke der damaligen Zeit beherbergt, den Schnitzaltar des *Michael Pacher* von 1475 mit der Darstellung der Marienkrönung.
Stiftskirche: Vorraum tgl. 9–19 Uhr zugänglich, guter Blick auf den Kirchenraum; Alte Pfarrkirche: April bis Okt. Mo–Fr 10–12/14.30–16 Uhr, Juli/Aug. nur vormittags.

Auf der Guntschnapromenade (Heinrichpromenade): Von Gries aus geht man auf der nach dem Erzherzog Heinrich von Habsburg benannten Promenade durch einen submediterranen Park in vielen Windungen hinauf nach Guntschna. Wärme liebende Pflanzen sind an diesem heißen Sonnenhang gut aufgehoben, praktisch ganzjährig blüht dieser oder jener Strauch oder Baum (die Pflanzen sind beschildert). Großartige Ausblicke, beim Reichrieglerhof am oberen Ende hat man 250 m Steigung hinter sich (ca. 0:45–1 Std.). Rückweg auf demselben Weg.
Man erreicht die Guntschnapromenade vom Grieser Platz aus, wenn man der in Richtung Berg führenden Fagen- und geradeaus weiter der M.-Knoller-Straße folgt und sich an deren Ende nach links in die Glaningerstraße wendet, die Promenade zweigt dann rechts ab.

Schloss Sigmundskron: → Gemeinde Eppan S. 224.

Die Haselburg: Dank einer privaten Initiative wurde die lange Zeit vor sich hin verfallende Burg südöstlich von Bozen nach 2-jährigen Grabungs- und Renovierungsarbeiten wieder eröffnet. Sie liegt auf einem strategischen Standort über der Stadt, der das Etschtal in Richtung Meran im Blick hat: Man sieht bis Lana, aber auch ins Unterland und ins Überetsch bis Eppan. 1240 wurde sie von den Herren von Haselberg errichtet, kam an die Grafen von Toggenburg, die sie restaurierten, seit Kurzem gehört sie einem Bozner Kaufmann (Bozner Kaufherren haben schon immer eine Vorliebe für Burgen gehabt, denken Sie an die Vintl und Runkelstein!). In den oberen Stockwerken wurden die Fresken (z. B. schöne Renaissance-Veduten) sorgfältigst restauriert. Auf der Burg gibt es ein bekanntes und gelobtes Restaurant mit Traumausblick, die verwinkelten Räume und Speisesäle wunderschön renoviert.
Restaurant und Kulturburg Haselburg, nur über das Restaurant und zu dessen Öffnungszeiten zugänglich, Di–Sa 12–14 und 19–22, So 12–15 Uhr; hervorragendes Restaurant (Gault-Millau 2017 13 Punkte), seit 2015 unter der neuen Leitung von Mattia Baroni. Menü ab 53 €. ✆ 0471/402130, www.haselburg.it.

Radtour von Bozen nach Eppan und Kaltern auf der alten Eisenbahntrasse: Eine schöne Radtour für die ganze Familie führt auf dem durchgehend asphaltierten Radweg von Bozen nach Eppan und Kaltern, wo er am ehemaligen Bahnhof endet. Der Weg benutzt die alte Sekundärbahntrasse und weist besonders nach der Etschquerung auf der ehemaligen Eisenbahnbrücke im Aufstieg nach Eppan nur noch Radverkehr auf. Die beiden früheren Eisenbahntunnel, die man durchquert, sind vorbildlich beleuchtet (In Bozen Beschilderung ab den Brücken über die Talfer).

Radtour von Bozen nach Salurn (und weiter nach Trient): Der Etschtalradweg ist ein optimaler Familienradweg: Von Bozen fährt man fast immer entlang des Eisack und dann – ab der Weggabelung mit dem Radweg nach Eppan bzw. nach Meran unterhalb der Ruine Sigmundskron – entlang der Etsch. Praktisch ständig ganz leicht bergab auf relativ breitem, aphaltiertem Radweg – da hat man vielleicht Lust, über Salurn hinaus bis nach Trient zu fahren. Die Fahrradtageskarte und die Mobilcard Südtirol gelten auch für die Bahnfahrt ab Trento/Trient zurück nach Bozen (alle Regionalzüge nehmen Fahrräder mit).

Gleich über Bozen beginnen die Reben

Radtour von Bozen nach Meran: Zunächst wie oben, ab der Gabelung unterhalb von Sigmundskron dann etschaufwärts. Stets am Fluss entlangführend durch schier endlose Apfelplantagen passiert der Weg Terlan, Vilpian, Gargazon und Lana. Über Sinich geht es gut beschildert ins Zentrum von Meran (aufgrund der vielen Abzweige und der verschachtelten Streckenführung auf diesem letzten innerörtlichen Abschnitt ist erhöhte Aufmerksamkeit geboten!). Einfach 28 km, wer nach sättigender Einkehr in Meran zu müde ist für den Rückweg, der nimmt den Zug.

Die Radwege nach Klausen und Brixen: Eisacktalradweg (→ S. 166) und in den Vinschgau via Vinschger Radweg (→ S. 374).

Mit der Seilbahn nach Kohlern: Die älteste Personenseilbahn der Welt führt seit 1908 nach Kohlern, einem Siedlungsgebiet südlich der Stadt mit den beiden Ortsteilen Bauernkohlern und Herrenkohlern. Schöne Blicke vom 37 m hohen Aussichtsturm auf Bozen und den Ritten, eine hervorragende Gastronomie (Gasthof Kohlern, s. o.) und viele Wanderwege locken herauf. Besonders schön ist die Wanderung über Bad St. Isidor, einem ganz einsam gelegenen Gehöft (heute Hotel): Man nimmt ab der Seilbahnbergstation die Straße nach Herrenkohlern, biegt nach 750 m nach links auf Wanderweg 1 ab, der nach Bad St. Isidor führt. Weiter auf 1 (später auch 2), dreimal die Asphaltstraße querend, bis Schloss Kampenn über dem Eggental (→ S. 624). Auf der Straße weiter bis zur Talstation der Seilbahn.

Seilbahn Kohlern, 7–19 Uhr halbstündig, So ab 8 Uhr, einfach 4 €, hin/zurück 8 €. Anfahrt mit Bus 11 zur Talstation der Seilbahn, mit Bus 14 bei Kampiller Brücke aussteigen. www.kohlererbahn.it.

Nach Jenesien und über den Salten bis Flaas und Mölten auf den Tschöggelberg: Eine der drei Bozner Seilbahnen führt nach Jenesien hinauf, einem Dorf oberhalb der Kastanienwälder im Rücken Bozens. Hier oben auf dem Plateau, auf dem sich der aus Weilern und Einzelhöfen zusammengesetzte Ort befindet, breiten sich weite Lärchenwiesen aus: Die lockeren Lärchenbestände hat der Mensch geschaffen, indem er andere Bäume aushackte, aber die Lärchen stehen ließ und damit eine beschattete Viehweide schuf. Und: Man hat prachtvolle Ausblicke auf die Dolomiten. Besonders reizvoll ist eine Wanderung auf den flachen Bergrücken des Salten Mitte April (dann blühen Abertausende kleiner weißer und blauer Krokusse, so weit das Auge reicht) und im Frühherbst mit seinen klaren Tagen mit weiter Sicht. Dann sind die Lärchen schon gelb, und die Berge jenseits von Etsch- und Eisacktal zeigen weiß verschneite Gipfel.

Der Herbst ist auch die traditionelle Zeit des Feierns, die Bauern haben die wichtigsten Arbeiten abgeschlossen, die Tiere von den Hochweiden abgetrieben, jetzt kann man es sich gut gehen lassen. Der *Flaaser Kirchtag* am zweiten Wochenende im September ist der erste große Termin, da trifft sich halb Südtirol auf der Schermooswiese am Pass zwischen Flaas und Mölten und dem Tschögglberg (wie das westlich an den Salten anschließende Plateau genannt wird, → S. 360).

Information Tourismusverein Jenesien, Information im Dorfzentrum bei der Kirche, allgemeine Infos gibt es auch bei der Tourismusinformation in Bozen (Werbegemeinschaft). Mo, Mi, Fr 8.30–12.30, Di und Do 8–12, im Sommer zusätzl. Mo/Mi 16–18 und Sa 9–11 Uhr. Schrann 7, I-39050 Jenesien, ✆ 0471/354196, www.jenesien.net.

Anfahrt/Fußweg Die Straße von Bozen schafft den steilen Anstieg nur mit Kehren und zwei Spiraltunneln (nicht ungefährlich für Radfahrer, da sehr eng!). Die alte Straße, die im Tal fast an derselben Stelle wie die neue beginnt, ist heute großenteils Wanderweg, sie ist so steil, dass man sich vorstellen kann, dass hier nur Fußgänger und Reiter unterwegs sein konnten. Alle Lasten wurden früher in Körben oder eigens dafür angefertigten Holzfässern, den „Lagln" auf den Berg hinauf transportiert. Wer nur einen Ausflug macht, nimmt lieber die seit 1937 bestehende Seilbahn.

Bergbahn Seilbahn nach Jenesien: von Bozen/Waltherplatz mit Bus 12 zu erreichen, 8.30–12 und 15–18.30 Uhr jeweils zur halben Stunde, einfach 3 €, hin/zurück 5 €. Die Seilbahn soll ab 2019 neu gebaut werden.

Veranstaltungen Schupfenfest am Salten, an einem Sonntag in der 2. Septemberhälfte: Die vielen Heuschupfen und Hütten des Salten werden an diesem Tag zu Jausenstationen, die man auf einer langen Wanderung zwischen Jenesien und Flaas abklappert. Sämtliche Vereine der Gemeinde sind beteiligt und bewirten die Wanderer mit lokalen Spezialitäten von Schwarzplentene Knedl mit Rattich, Spinatspatzlen mit Schinkn über Spießlen mit Erdepflsolet, Krautkrapfln oder Pfifferling mit Plent mit Graukas und Rattich mit Laugenbrot sowie Schmorrn mit hausgmachter Grantnmarmelad. Dazu das obligate Glas Roten oder ein Bier. Und weiter zur nächsten Schupfn. Musik gibt's auch und Tanz.

Flaaser Kirchtag, 2. Septemberwochenende, traditioneller Kirchweihtag des bis 1926 selbstständigen Dorfes Flaas, auf großer Festwiese am Farer Joch unterhalb der alten Kirche Lafenn (auch Langfenn genannt, daneben Wirtshaus) auf dem Rücken des Salten. Festzelt, Musik, Tanz, großes Speisenangebot, Besucher von nah und fern.

Übernachten/Essen ****S Belvedere Schönblick, das beste Haus im Dorf Jenesien mit der besten Aussicht gehört zur Gruppe der Vitalpina-Hotels. Zum unlängst renovierten Hotel mit seinen stilvoll eingerichteten Zimmern gehört nun auch eine Dependance mit 2 eleganten Apartments. Auch das Restaurant ist besuchenswert, es bietet leichte Küche in Südtiroler Tradition mit modernen Akzenten, die sich besonders stilvoll auf der Terrasse genießen lässt. Do Ruhetag. DZ/HP 194–334 €, Apt./HP 1204–1568 €/Woche (2 Pers.). Pichl 15, ✆ 0471/354127, www.schoenblick-belvedere.com.

***S Tschöggelbergerhof, das Hotel am Ortsrand bietet eine Traumaussicht auf die Dolomiten und das Etschtal. Die Zimmer sind individuell eingerichtet, schick, modern und trotzdem sehr gemütlich. Schöner Wellnessbereich mit Dampfbad, Sauna, Whirlpool und Kneipp. Leckere Südtiroler Küche, überaus freundlicher, persönlicher Service. DZ/HP 142–236 €. Freigasse 8, ✆ 0471/354119, www.tschoeggelbergerhof.com.

Wietererhof, ein echter Bauern- und Reiterhof in Jenesien mit 4 modernen Apartments, alter Wirtschaftstrakt, schöne Aussicht von den ostseitigen Zimmern im Wohnhausneubau. Kindgerecht: Mitarbeit auf dem Hof (Kühe, Pferde, Schafe, Hühner, Kaninchen …), eher für die Erwachsenen: das Heubad. DZ/FR 80–100 €, Apt. für 2–5 Pers. ca. 95–200 €, auf Wunsch Frühstücksservice. Außerdem Hofschank mit regionaler Küche. Simml 9, ✆ 0471/354066, www.wietererhof.com.

Lanzenschuster, der Berggasthof liegt ganz im Westen schon in der Fraktion Flaas am Tschögglberg (→ S. 360). Gastbetrieb mit eigener Schlachtung, bekannt v. a. das Schöpserne, in der Jagdsaison Wild. Mehrgängige Menüs – das erwartet man nicht in einem Berggasthof. Mitte März bis Nov., Mo Ruhetag (in der Hauptsaison mittags geöffnet), im Winter nur an Wochenenden. Lanzenweg 12, ✆ 0471/340012, www.lanzenschuster.com.

Rittner „Bahnl" in Oberbozen

Der Ritten

Ritten nennt sich das leicht nach Süden geneigte und entsprechend von der Sonne verwöhnte Plateau oberhalb von Bozen. Locker gruppieren sich Höfe und kleine Ortschaften zwischen Wiesen, Weiden und Wäldern auf dem Hang, der vom wuchtigen Rittner Horn überragt wird.

Wenn im Herbst über dem Tal undurchdringlicher Nebel liegt, gehen die Bozner zum Törggelen zu den Weinbauern am Südrand des Plateaus. Von deren Höfen blickt man über den Nebel hinweg auf den Schlern und den Rosengarten, die in der strahlenden Sonne liegen. In den zum Eisacktal tief eingeschnittenen Tälern haben sich im lockeren Moränenschutt spektakuläre *Erdpyramiden* gebildet, die man vom Hauptort Klobenstein aus bequem besichtigen kann.

Schon wie man auf den Ritten kommt, ist ein Ausflug für sich: Die *Seilbahn* führt direkt von Bozen bis hinauf nach **Oberbozen** – mit 5 km längste Seilbahn der Welt für den Personenverkehr und damit im Guinnessbuch der Rekorde. Bis 1966 fuhr eine Zahnradbahn hinauf. Von Oberbozen fährt die Rittner Schmalspurbahn, das „Bahnl", nach **Klobenstein** bzw. **Maria Himmelfahrt**. Die Wagen sind Original-Triebwagen (Graz 1907/08) und ein Vierachser von 1910, der noch von der 1934 eingestellten Bahn von Fondo auf den Mendelpass stammt.

Basis-Infos

Information Tourismusverein Ritten, Mo–Fr 8.30–18, Sa 8.30–12 Uhr, I-39054 **Klobenstein**/Collalbo, Dorfstr. 5, ☎ 0471/356100 (im Winter Schneetelefon), www.ritten.com, Mo–Fr 8.30–18, Sa 8.30–12 Uhr. Zweigstelle in I-29059 **Oberbozen**/Soprabolzano,

Dorf 20 (Bahnhof Rittner Bahn), ℡ 0471/345245, Mo–Fr 9–12.30/15–18, Sa 9–12.30 Uhr, in den Wintermonaten Mo–Sa 9–12.30 Uhr. Beide bieten neben dem üblichen Werbematerial das „Family Magazin" mit Tipps für Familien mit Kindern – der Ritten will sich als besonders kinderfreundliches Ferienziel etablieren.

Ritten Card, mit der Gästekarte der Beherbergungsbetriebe kann man kostenlos die öffentlichen Verkehrsmittel nutzen. Außerdem die Rittner Seilbahn, die Schmalspurbahn und die Bergbahn zum Rittner Horn. Inbegriffen ist auch der Eintritt in rund 90 Südtiroler Museen.

Verbindungen SAD-Bus Bozen – Ritten; Hochmodern die Talstation der **Rittner Seilbahn Bozen – Oberbozen**, Wiedereröffnung als Umlaufbahn nach komplettem Neubau im Jahr 2009, alle 4 Min. (12 Min. abends) zwischen 6.30 und 22.45, im Winter bis 21.48 Uhr, 8 Kabinen zu je 30 Pers., Berg 6 €, mit Tram 9 €, Berg/Tal 10/15 €, fürs Fahrrad Fahrradtageskarte (6 €). Parken 2 €/Std. Im Anschluss **Tram Oberbozen – Klobenstein**: Die Rittner Bahn wurde 1907 erbaut und war von Anfang an als Touristenbahn gedacht. Von Maria Himmelfahrt über Oberbozen führen die Gleise der Schmalspurbahn bis Klobenstein auf 6,8 km Länge. Die Tram fährt im Halbstundentakt (ca. 10–18.30 Uhr), allerdings heutzutage überwiegend zwischen Oberbozen und Klobenstein (6x tgl. bis Maria Himmelfahrt). Einfach 3,50 €, hin und zurück 6 €. Tickets auch in der Bahn.

den Sa in Klobenstein (vormittags) und Di in Oberbozen (nachmittags); Bartlmämarkt am Bartlmastag (24. Aug.).

Obsthof Troidner, Thomas Kohl produziert leckere Bergapfelsäfte pur und in interessanten Kombinationen, z. B. mit Marille, Karotte, Johannisbeere. Im dazugehörigen „Genussladen" gibt es den Apfelsekt S Pom, Marmeladen und Sirup aus eigener Produktion sowie Chutneys, Weine, Honig und Nudeln von anderen lokalen Produzenten zu kaufen. Unterinn, Hauptstr. 35, ℡ 0471/359442, www.kohl.bz.it.

Bienenmuseum und Imkerei Plattnerhof: schöner alter Bauernhof mit Imkertradition, zum großen Teil original eingerichtete Räume, bemalte Bienenkästen, Ausstellung zur Imkerei und zum Bienenleben, Bienenlehrpfad, Honig zum Probieren und zum Verkauf. Ostern bis Okt. tgl. 10–18 Uhr. Eintritt 7 €, erm. 4 €. Man erreicht den Bienenhof in 10 Min. vom Parkplatz am Wolfsgrubener See bzw. der Haltestelle Wolfsgruben der Rittner Bahn. Wolfsgruben 15, ℡ 0471/345350, www.museo-plattner.it. ■

Feste & Veranstaltungen Rittner Sommerspiele, Laientheater im Innenhof der Deutschordenskommende in Lengmoos, Ende Juli bis Mitte August, Kartenreservierung unter ℡ 0471/357030.

Bartlmastag, Kirchweihfest auf dem Ritten zu St. Bartholomä, 24. Aug. Ursprünglich ein Viehmarkt am Tag des Almabtriebs, heute immer stärker Volksfest für die Rittner und viele Gäste.

Seilbahn by night

Ein besonderes Erlebnis ist die Fahrt mit der Rittner Seilbahn bei Nacht. Wie sich das funkelnde Lichtermeer Bozens vor einem ausbreitet und sich sekündlich die Perspektive verändert – das allein ist schon den Fahrpreis wert!

Baden/Schwimmen Öffentliche Freibäder in Klobenstein bei der Arena Ritten, tgl. 9–20 Uhr und in Oberbozen, tgl. 9–19.30 Uhr. Baden im Wolfsgrubener See ist ebenfalls möglich, Eintritt 3 €, erm. 2 €.

Einkaufen Märkte: in Klobenstein jeden Mi am Parkplatz Kaiserau, Bauernmarkt je-

Mountainbiken ist am Ritten abseits asphaltierter Wege nur auf eigens ausgeschilderten Routen gestattet. Einige früher zugängliche Wege sind für Radler bereits seit Längerem gesperrt, nämlich Weg 1 und 4 (von Maria Himmelfahrt über Oberbozen nach Klobenstein), Weg 22 (Fennpromenade in Klobenstein) und 24 a (von Lengmoos zu den Erdpyramiden).

Radfahren/Mountainbiken E-Bike und Mtb-Verleih bei Elektro Rottensteiner/Rent a Bike Ritten in Oberbozen. Rückgabe der Räder gegen Gebühr an vielen Stationen von Papin (www.papin.it) möglich. Es werden auch geführte Touren angeboten. Ladestationen für E-Bikes in Klobenstein und bei der Feltuner Hütte am Rittner Horn. Dorf 10, ℡ 0471/345096, www.elektro-rottensteiner.it.

Reiten Im Flachenhof in Pemmern, ℡ 0471/352782, www.flachenhof.it; in der **Alpenranch Himmelreich** in Klobenstein, ℡ 0471/356300, www.alpenranchhimmelreich.com.

Wandern/Bergsteigen Eine wachsende Anzahl Rittner Hoteliers hat sich unter der Bezeichnung **Wanderwirte Ritten** zusammengeschlossen und bewirbt speziell Wanderer (u. a. Abholservice vom Bahnhof in Bozen, Ausrüstungsverleih und auf Wanderer ausgerichtete Wochenprogramme). Informationen beim Tourismusverein und unter www.wanderwirte-ritten.com.

Wintersport Rittner Horn: Kabinenbahn von Pemmern (Straßenende) zur Schwarzseespitze mit Mittelstation, 2 Schlepplifte bis aufs Rittner Horn (2259 m), leichte bis mittlere Pisten (ca. 15 km), eine **Rodelbahn** (3,5 km, ab Mittelstation 2,5 km), 35 km Loipen. Das Skigebiet gehört zur *Ortler Skiarena*. Gratis-Skibus ab Klobenstein. Skischule ℡ 0471/352793, Skiverleih ℡ 0471/352950, Infos über Preise und Pistenverhältnisse (Südhang!) an der Talstation, über ℡ 0471/352993 und www.rittnerhorn.com, Schneetelefon ℡ 0471/356100. Skischule www.ritten.com/schischule. **Winter- und Schneeschuhwanderungen** finden immer mehr Anhänger. Am Ritten wurde nun Italiens erster „Winter-Premiumweg" eröffnet, ein Panoramaweg mit Ausblicken auf die Sarntaler Alpen und Dolomiten. Er beginnt an der Bergstation der Rittner Horn Bergbahn. 7,8 km lang, Gehzeit 2:45 Std., Höhenunterschied 340 m.

Eissporthalle „Arena Ritten" in der Sportzone Klobenstein, Eishalle sowie sehr schnelle Freiluftbahn, auf der zahlreiche Rekorde erzielt wurden und werden, zuletzt bei der Eisschelllauf-EM 2011; Information bei Arena Ritten, Zaberbach 15, ℡ 0471/356606, www.arenaritten.it.

Übernachten/Essen & Trinken

Speziell für Kinder

Einige Rittner Hoteliers haben sich zum lockeren Verband der „Family-Hotels Ritten-Renon" zusammengeschlossen (nicht mit der Hotelkette Familienhotels verwechseln – im Fall des Parkhotels Holzner in Oberbozen trifft aber beides zu). Diese Hotels sind mit Rabatten für Kinder, mit Spielzimmern und Spielplätzen, Kindermenüs und Kinderprogramm besonders familienfreundlich. Liste beim Tourismusverein und auf www.familyhotels-ritten.com.

In Oberbozen und Wolfsgruben
****S Parkhotel Holzner**, Familienbetrieb mit Tradition und dem Charme eines mehr als hundert Jahre alten, liebevoll konservierten und mit jedem modernen Komfort ausgestatteten Hauses. Garten und Park, ausgezeichnete Küche (Gault-Millau 2017 14 Punkte), recht große Zimmer und Suiten. 2018 wird erneut umgebaut und erweitert. Das Haus gehört zur Kette der „Familienhotels Südtirol", es gibt ein Kleinkinderspielzimmer, eine Lounge für größere Kinder, ein neues Zirkus-Spielparadies und Kinderbetreuung. Innen- und Außenpool sowie eine schön gestaltete Saunalandschaft. Restaurant „1908" Mo Ruhetag. DZ/HP 228–452 €. Dorf 18, ℡ 0471/345231, www.parkhotel-holzner.com.

***S **Hotel Post Victoria**, schon im Jahr 1060 erstmals erwähnt, ehemalige Poststation (zwei Gebäude) mit gediegenen Zimmern in historisch angehauchtem Stil, schöner Aussichtsterrasse, Hallenbad und Sauna. DZ/HP 136–214 €. Dorf 1, ℡ 0471/345365, www.post-victoria.com.

***S **Hotel am Wolfsgrubener See**, auf kleiner Halbinsel im von Wald umkränzten Wolfsgrubener See gelegenes Hotel mit Charme, große Zimmer, von den Balkonen kann man Seeblick und Ruhe genießen. DZ/HP 158–230 €. Wolfsgruben 14, ℡ 0471/345119, www.hotel-wolfsgrubenersee.com.

Kaserhof, großer Bauernhof mit Hofschänke und einer schönen Auswahl hauseigener Produkte, Ferienwohnungen (komplett und gut eingerichtet) und Reitstall mit Vollblutarabern und Isländern sowie Lama- und Alpakazucht. Die Hofschänke ist Montag geschl. Apt. für 2–3 Pers. 74–124 €. Geirerweg 26, ☏ 0471/345046, www.kaserhof.it.

Ebnicherhof, Am Grumeregg 6, Oberbozen, auf halbem Weg zwischen Maria Himmelfahrt und Bozen gelegen. Das herbstliche Törggelen ist hier besonders stimmungsvoll, sieht man doch weit über den Bozner Kessel auf die dann schon verschneiten Dolomiten. Weiß- und Rotweine (Müller-Thurgau, Blauburgunder, Vernatsch) zu Knödeln, Schlachtplatten, Käse, Speck und Kastanien. Von der Bozner Oswaldpromenade ab St. Peter auf Weg 2 in einer guten Stunde zu erreichen, mit Pkw über Straße von St. Magdalena nach Oberbozen (ausgeschildert, Weiterfahrt ab Hof für Privatfahrzeuge gesperrt). ☏ 0471/978264. Mitte Sept. bis Mitte Dez. tgl. außer Di und Mitte Jan. bis Mitte Mai Do–So ab Mittag geöffnet.

Gasthaus Babsi, Dorf 4, unmittelbar neben dem Post Victoria, nachmittags Kaffee und Kuchen, abends leckere Pizza in heimeligem Ambiente zu moderaten Preisen, Di Ruhetag. Seit Kurzem werden 4 neue, schön eingerichtete Apartments vermietet, Apt. (2 Pers.) 74–106 €. ☏ 0471/345385, www.babsi.it.

Café Haus am Hang, Wolfsgruben, Café mit ebenso großer wie großzügig geschwungener Terrasse, die ein wirklich stupendes Panorama der Dolomiten eröffnet, Di Ruhetag. ☏ 0471/345222, www.hotelamhang.it.

In Signat *** **Signaterhof**, Gasthof, aber auch beliebtes Törggelenziel (direkt am Keschtnweg gelegen, → S. 153) mit schöner alter Bauernstube aus dem 18. Jh. hoch oberhalb der Stadt. Es gibt eigenen St.-Magdalener-Wein, Selchwürste, Wild, Hirschgulasch und eine köstliche Kastanienmousse (Gault-Millau 2017 13 Punkte). Am schönsten zu erreichen von Wolfsgruben zwischen Oberbozen und Klobenstein mit Abstecher zur „Signater Aussicht" (Weg 11 ab Wolfsgrubener See). Gut ausgestattete Zimmer mit Balkon, Liegewiese. Restaurant So abends und Mo Ruhetag. DZ/FR 94–102 €. Signat 166, ☏ 0471/365353, www.signaterhof.it.

》》 Mein Tipp: Törggelen in Signat, die Streusiedlung Signat liegt direkt über Bozen und ist von dort aus auf einer guten Straße zu erreichen – entsprechend gut besucht sind an Wochenenden und während der Törggelenzeit an jedem Abend die Lokale (s. u.). Aber es lohnt sich, kaum irgendwo anders isst man so gut und bei so guter Aussicht! 《《

Von Bozen Abzweigung von der Straße über Rentsch und Klobenstein auf den Ritten, von Oberbozen Straße (kein privater Pkw-Verkehr!) ab Wolfsgruben.

Patscheiderhof, Signat 178, 300 Jahre alte Stube, beste regionale Küche mit deutlichen österreichischen Zügen, mit eigenem Speck und örtlichem Käse, Speck- und Leberknödelsuppe, Gulasch, Hauswurst mit Sauerkraut. Nachher Mohntorte, Linzertorte, Strauben. Ab ca. 25 € – der Ausblick vom Hof über Bozner Becken, Mendel und Unterland ist kostenlos. Di Ruhetag. ☏ 0471/365267, www.patscheider-hof.com.

🍃 **Tipp**: **Kinighof**, Signat 187, inmitten von Apfelplantagen gelegen. Familie Pechlaner produziert leckeren Bio-Apfelsaft. In der 400 Jahre alten Stube oder vor dem Haus mit tollem Ausblick ins Eisacktal lässt man sich Käse, Speck und Rotwein, Graukäse- oder Brennnesselknödel und zum Nachtisch den legendären Kinigschmarrn mit getrockneten Zwetschgen schmecken. Die Hausherrin kocht nicht nur hervorragend, sie ist auch gelernte Restauratorin, was sich in den 4 brandneuen Apartments (eines davon barrierefrei) widerspiegelt. Modern gestaltet und mit antiken Möbeln versehen, u. a. einem gewaltigen alten Holzzuber, der als romantische Badewanne dient. Apt. (1–5 Pers.) 80–160 €/Tag. Mi Ruhetag. ☏ 0471/365047, www.hof-kinig.it. ∎

Buschenschanken in Signat: Baumannhof, Signat 6, ☏ 0471/365206, Mo Ruhetag, www.baumannhof-bz.it; Loosmannhof, Signat 177, ☏ 0471/365551, Mi Ruhetag (zur Törggelenzeit geöffnet); Partschunerhof, Signat, ☏ 0471/365122.

In Klobenstein ***S **Ansitz Kematen**, Hotel in einem 750 Jahre alten Ansitz mit nur 16 Zimmern, exklusiv und äußerst komfortabel, im Inneren eine gotische Stube und altes Mobiliar, auch in den Zimmern. Kürzlich erweitert mit komfortablen, modernen Zimmern und Suiten. Moor-Badesee mit integriertem Holzbecken, Sauna. Das Haus liegt neben der kleinen neugotischen Kirche Heiligkreuz am Hang oberhalb der Straße von Klobenstein nach Wangen und ins Sarntal. Herrlicher Ausblick und Wanderwege praktisch ab der Haustür. Restaurant und Café mit eigener Konditorei. Restaurant Mo

Ruhetag. DZ/HP 184–340 €. Kematerstraße 29, ✆ 0471/356356, www.kematen.it.

Flachenhof, nicht nur Gelegenheit zum Reiten und zum Reitunterricht, sondern auch zum Brotbackenlernen, Mountainbiken (Gratis-Fahrradverleih) und Kennenlernen des Lebens auf der eigenen Alm. Apt. für 2 Pers. ab 60 €. Tannstr. 31, ✆ 0471/352782, www.flachenhof.it.

Weidacherhof, der traditionelle, aber modern arbeitende Bauernhof verspricht Wellness einmal anders und das hält er – Honigmassage, Kräuterstempelmassage, Molkebäder, Kräutersauna, Naturpool mit Aussicht ... 5 schöne, gut ausgestattete Apts., allerdings mit Blick auf die Eissportarena Ritten, im Hofladen gibt es viele hofeigene Produkte vom Speck bis zum Fruchtaufstrich. Apt. (2/2–6 Pers.) 70–290 €. Viehweiderweg 1, ✆ 0471/356691, www.weidacherhof.com.

In Lengmoos *** **Sporthotel Spögler**, freundliches und solides Haus nahe der Deutschordenskommende, das sich trotz Komfort (Hallenbad nicht nur für Hausgäste, Sauna, Liegewiese) mehr wie ein Landgasthof gibt, was der Atmosphäre förderlich ist. Ringsum viel Grün. DZ/HP 80–140 €. Lengmoos 21, ✆ 0471/356211, www.spoeglerhotels.com.

Törggelestube Pfoshof, Oberlengmoos 5, rustikales Lokal, einfache Küche, dazu gute Weine, teilweise überdachte Terrasse am alten Wirtschaftsgebäude. Auch schöne Apts. (2–4 Pers., 90–130 €). Di Ruhetag. ✆ 0471/356723, www.pfoshof.com.

In Lengstein *** **Schwaiger**, schräg gegenüber der Kirche steht der behäbige Gasthof (rechts unten im Gebäude die klei-

Allgegenwärtiger Glaube: hier am Ritten bei Signat

ne „Handlung" des Orts mit freundlicher Bedienung), geräumige Zimmer mit viel Holz, gutes Frühstück. DZ/FR 90–96 €. Dorf 1, ✆ 0471/349049, www.gasthof-schwaiger.it.

Haidgerberhof, großer Bauernhof im alten Stil in Traumlage und mit traditioneller Küche, die vom selbstgebackenen Brot über Schlutzer und Knödel bis zum Schöpsernen und zu köstlichen Krapfen und Strudeln reicht. Ganzjährig geöffnet, Di und Mi Ruhetag, im Febr. und März auch Mo. Köblbach 5, ✆ 0471/352885, www.haidgerberhof.it.

Sehenswertes/Ausflüge

Oberbozen, Rittner Themenweg und Freudpromenade: Ein Bummel durch Oberbozen zeigt, dass das Dorf schon lange Fremde beherbergt, tatsächlich ist der Fremdenverkehr schon auf die Zeit vor den Napoleonischen Kriegen zu datieren, als die Bozner begannen, hier oben Sommerfrische zu machen. Nach einem kurzen Spaziergang durch den Ort, der sonst nichts Sehenswürdiges bietet (sieht man vom barocken *Antoniuskirchlein* ab), können Sie immer noch in die nächste Bahn nach Klobenstein einsteigen. Der „Themenweg" zwischen Oberbozen und Maria Himmelfahrt verläuft teilweise entlang der Bahnstrecke des Rittner Bahnl, führt aber auch hinunter zum Kirchlein St. Jakob und zu den Erdpyramiden im Katzenbachtal, die man von der zweiten, flacheren Teilstrecke der Seilbahn nach Oberbozen sieht. Er beginnt an der Bergstation der Seilbahn in Oberbozen und berührt neun Rittner Besonderheiten, die auf Infotafeln erklärt werden, nimmt Weg 23 hinunter ins

Katzenbachtal, führt an den dortigen *Erdpyramiden* vorbei und beim Hof Maier am Loch, erreicht dann das *Kirchlein St. Jakob* auf einem Sporn des Berghangs. Vom Kirchlein geht es wieder hinauf nach *Maria Himmelfahrt*, wie Oberbozen eine alte Sommerfrische. Hier endete die Zahnradbahn, die ab 1907 die Bozner auf den Ritten brachte und erst 1966 durch die Rittner Seilbahn ersetzt wurde. Entlang der Bahn oder mit dieser zurück zum Bahnhof Oberbozen oder weiter nach Klobenstein; Gehzeit 1:30–2 Std.

Die „Freudpromenade" hat ihren Namen vom berühmten Psychoanalytiker, der 1911 seine Silberhochzeit in Klobenstein feierte. Zu seinem 150. Geburtstag im Jahre 2006 ließ man es sich nicht nehmen, den Wanderweg Nr. 35 von Oberbozen nach Klobenstein nach ihm zu benennen. Familientauglich führt er in etwa 1:30 Std. nahezu steigungsfrei durch Wiesen und Wälder, meist in der Nähe der Bahntrasse. Rückweg mit der Bahn; auch eine kurze Variante der Tour ist möglich, indem man nur bis zum Bahnhof Lichtenstern geht, der auf halber Strecke liegt.

** Gasthof Schluff, Einkehrgasthof mit Tiroler Küche, auch einfache Zimmer. Do Ruhetag. DZ/FR ab 80 €. Maria Himmelfahrter Weg 2, ℡ 0471/345276. ℡ 0471/359014, www.pirbamer.it.

Die Erdpyramiden

So seltsam sie aussehen, die spitzen Erdtürme mit den Hüten aus grauen oder leicht rötlichen Gesteinsplatten, so wenig seltsam ist ihre Entstehungsweise. Wo lockeres Material, etwa Moränenschutt, langsam abgetragen wird, also etwa an den Rändern eines Plateaus, wird das zwischen den Gesteinsplatten liegende Lockermaterial vom Wasser schneller entfernt als die Platten selbst. Die Rinnsale werden tiefer, die Platten schützen das darunter liegende Lockermaterial vor der Abtragung. Die Form, die entsteht, ist eine Pyramide mit Deckstein (wird die Basis unterspült und fällt der Deckstein, wird die Pyramide ganz schnell abgetragen). Bei den Erdpyramiden des Ritten ist der Deckstein in vielen Fällen aus Granit oder Porphyr, das Lockermaterial, das ohne diese Decksteine rasch abgetragen würde, ist Moränenmaterial der letzten Eiszeit, als die riesigen Gletscher, die bis ins Alpenvorland am Südufer des Gardasees vordrangen, das heutige Rittenplateau mit mehreren Hundert Metern Eis überdeckten. Es handelt sich um lehmige Ablagerungen, die trocken steinhart werden. Wenn sie feucht werden, sind sie bald ein lehmiger Brei, der hangabwärts rutscht und fließt.

Wanderung am Wolfsgrubener See: Beim Dorf *Wolfsgruben* liegt im Wald der Wolfsgrubener See (mit Hotel auf einer kleinen Halbinsel), von dem aus mehrere Wanderwege in das Waldgebiet um den Signater Kopf führen. Der *Signater Wald* bedeckt ein leicht welliges Plateau mit vielen Mulden in denen „Lacken" (Teiche), der kleine Mittterstieler See und sumpfige Wiesen liegen, in denen im Frühjahr die knallgelbe Trollblume wächst. Ein schöner Rundweg beginnt am Nordufer des Sees (wo man ihn von Oberbozen her zuerst erreicht) und führt auf Sträßchen (nach 300 m Schranke) praktisch ohne Höhenunterschiede bis zur *Signater Aussicht,* man biegt jedoch bereits nach 1 km links auf einen Wanderweg ab, der zur großartigen Aussichtsstelle auf 1234 m Höhe führt. Zurück bis zur Schwarzen Lacke, die man bereits passiert hatte und bei Gabelung rechts zum *Mittterstieler See*. Mit Weg 12 nach links weiter, man kommt am anderen Ende des Wolfsgrubener Sees heraus (ca. 1 Std. Gehzeit, kann stellenweise matschig sein).

Sehenswertes/Ausflüge

Hier geht's zum Keschtnweg

Mit dem Rad von Oberbozen über Unterinn nach Bozen: Besonders bequem haben es die Radler, die Seilbahn nimmt das Fahrrad mit (bei Stoßzeiten etwas problematisch), oben fährt sich's dann ganz gemütlich und ohne große Steigungen auf verkehrsarmen Straßen, ein Trekkingbike genügt. Abfahrt über *Klobenstein* und *Unterinn*, dort noch vor dem Unterinner Hof auf das Sträßchen nach rechts (nicht asphaltierter Güterweg, für Pkw gesperrt, für Rennräder nicht geeignet), bei Erreichen der sehr schwach befahrenen Asphaltstraße Bozen – Signat dann links hinunter und über das Weindorf *St. Justina* und *Rentsch* zurück nach Bozen.

Wanderung zu den Erdpyramiden bei Lengmoos: Schon auf der Seilbahnfahrt von Bozen herauf hat man rechts die Erdpyramiden gesehen, die es am Rand des Rittner Plateaus an einigen Stellen gibt. Bei Lengmoos nahe Klobenstein befindet sich im steil eingeschnittenen *Finsterbachtal* das größte, interessanteste und am leichtesten erreichbare Vorkommen dieses interessanten geomorphologischen Phänomens. Um dorthin zu kommen nimmt man am besten von der Endstation der Trambahn die Straße bis nach Lengmoos, dem nächsten Ort, und biegt beim Café Erdpyramiden am großen Pkw- und Busparkplatz in den ausgeschilderten Wanderweg 24 (nach Bachbrücke 24 a) ein. Er führt in unmittelbare Nähe der Erdpyramiden, quert das Tal und steigt zu den Wiesen von **Mittelberg** (Kirche *St. Nikolaus*, barockisierter gotischer Bau, Turm bereits 12. Jh. – wahrscheinlich ältestes Gotteshaus auf dem Ritten) an. Man sieht deutlich, wie sich das Tal immer weiter in die darüber liegende Wiese einschneidet und immer wieder neue Pyramidenformen bildet. Zurückwandern kann man entlang der Straße und über **Maria Saal** (kleine barocke *Wallfahrtskirche* mit Bild der Muttergottes unter einem Regenschirm).

Café Erdpyramiden, 2016 wieder eröffnete Café-Konditorei, Eis, große Terrasse, Mi Ruhetag.

Aufs Rittner Horn: Das Rittner Horn ist der Hausberg der Bozner und ein Aussichtsberg erster Ordnung, von dem aus man Pfunderer Berge bzw. südliche Zillertaler Alpen, Dolomiten und Ortlergruppe sowie Texelgruppe und Ötztaler Alpen sieht. Eine bequeme Straße ab Bozen führt bis zur Kabinenbahn auf die *Schwarzseespitze*, von dort aus kurzer Wanderweg auf das Horn: Von der Bergstation auf der Schwarzseespitze geht es in eine Scharte (etwas oberhalb Unterhornhaus, links etwas abseits Feltuner Hütte), von dort führt ein schnurgerader Weg über den mäßig geneigten Hang hinauf zum Rittner Horn. An klaren Herbsttagen *der* Bergausflug ab Bozen!

Bergbahn Kabinenbahn Pemmern – Schwarzseespitze (von 1538 m auf 2071 m), Mitte Mai bis Anf. Nov. 8.30–17.30, ab Okt. bis 16.30 Uhr, Berg/Tal 14 €, Kind 8 €; ✆ 0471/352993.

Hütten Feltuner Hütte, 2046 m, Jausenstation/Gasthaus auf grüner Almwiese, große Veranda und Terrasse, die ganze Familie bedient, kocht, brutzelt (Schlutzer, Speckknödelsuppe, Speck am Brettl) und schenkt

Bier und Wein aus, wie sie auch noch die einfachen, aber vorzüglichen hausgemachten Mehlspeisen schafft (Buchweizentorte, Biskuitroulade), bleibt ihr Geheimnis. Jeden Mi Knödeltag! ✆ 0471/352777, www.feltunerhuette.it.

Unterhornhaus, Berggasthof auf 2042 m am Anstieg zum Rittner Horn; ✆ 0471/356371, www.unterhorn.it.

Rittnerhornhaus, 2259 m, Schutzhütte (CAI Bozen) auf dem Gipfel des Rittner Horns mit einem der gewaltigsten Panoramen Südtirols; genächtigt wird in Mehrbettzimmern und im Lager; geöffnet Ende Mai bis Okt. ✆ 0471/356207.

Auf der Straße von Lengmoos nach Barbian (der „Kaiserweg"): Lengmoos ist eine alte Pfarre und war zu Zeiten des Kaiserwegs über den Ritten ein wichtiger Ort mit Hospiz. Als nach 1314 der Kunterweg durch das Eisacktal den Verkehr über den Ritten praktisch völlig ersetzt hatte, übernahm der Deutsche Orden das Gebäude und machte eine Kommende daraus. Ein Teil des Gebäudes wurde durch einen Brand im Bauernaufstand (1525) vernichtet, der spätgotische Kapitelsaal mit seinem schönen Gewölbe ist jedoch erhalten geblieben. Der Neubau stammt aus der Mitte des 17. Jh. und ist im damals in Tirol üblichen späten Renaissancestil errichtet. Die Repräsentationsräume wurden ein Jahrhundert später nach neuester Mode ausgestattet mit üppigen Stuckdecken, bemalten Tapeten und prunkvollem – weitgehend verlorenem – Mobiliar. Im Innenhof finden im Sommer Aufführungen der Rittner Sommerspiele statt.

Man passiert *Maria Saal* und *Mittelberg* (→ „Wanderung zu den Erdpyramiden"), erreicht nach der nächsten Talquerung **Lengstein**. Am Kirchplatz Brunnen, Friedhofseingang, eine kleine „Handlung" und der Gasthof Schwaiger, eine Nebenstraße führt hinunter nach St. Andreas über der Eisackschlucht. Die Straße führt über eine schmale, flache Terrasse, die Blicke nach rechts fallen auf die Dolomiten. Nach dem Rotwandterhof wird ein steil eingeschnittenes Tal passiert. Drüben hat man den Ritten verlassen und ist im Gemeindegebiet von Waidbruck-Barbian, der nächste kleine Ort, Saubach, gehört bereits zu Barbian.

Deutschordenskommende Lengmoos, Anmeldung zu Führungen (im Sommer bis Ende Okt. an Freitagvormittagen) beim Tourismusverein Ritten.

Auf dem Keschtnweg: → Brixen, S. 166.

Malerisches Ortszentrum in Lengstein

Blick ins Sarntal oberhalb von Schloss Runkelstein

Das Sarntal

Immer noch bäuerlich ist das Sarntal, das sich von Bozen nach Norden zieht bis zum Penser Joch. Höfe besiedeln die unteren Hänge auf beiden Seiten, ein großes Nebental, das Durnholzer Tal, hat Bergbauernhöfe mit ganzjähriger Besiedelung bis in 1760 m Höhe.

Das Sarntal ist das einzige Tal Südtirols, in dem nicht nur Frauen ab und an, sondern auch die Männer immer wieder die alte Tracht tragen, also nicht nur zum Schützenfest und zum berühmten Sarner Kirchtag im September, sondern am Sonntag zur Kirche und zu allen anderen einigermaßen festlichen Gelegenheiten. Die Viehwirtschaft war schon immer wichtig, heute ist sie neben dem Fremdenverkehr die Haupteinnahmequelle der Bauern. Das Vieh weidet auf den Bergbauernhöfen und den vielen Almen, die in den Sarntaler Alpen zu beiden Seiten des Tales günstige Bedingungen finden: nicht zu steile Lagen in mittleren Höhen, genügend Wasser, sonnige und warme Sommer. Immer wieder sieht man die Haflinger Pferde, sie sind hier so gut zu Hause wie in Hafling auf der anderen Seite des Ifinger. Heute verwendet man sie meist als Reitpferde, nur gelegentlich sieht man einen Haflinger, der auf der Alm den Heuwagen zieht.

Basis-Infos

Information Tourismusverein Sarntal, Mo–Fr 8.30–12/15–18, Sa 8.30–12 Uhr. Kirchplatz 9, I-39058 Sarnthein/Sarentino, ✆ 0471/623091, www.sarntal.com.

Verbindungen Bus: gute Verbindung nach Bozen, auch die Seitentäler wie das Durnholzer Tal werden erschlossen. Pkw: Die Strecke Sarnthein – Bozen durch die Talferschlucht wurde durch eine neue, 4 km lange Straße entschärft. 2016 wurden die 2 neuen Tunnels eröffnet, die 15 alte und gefährliche Tunnels umfahren.

Das Sarntal

Ärztliche Versorgung Apotheke und Arzt in Sarnthein, **Ambulanz** (Notaufnahme) neben Apotheke am Spitalweg, Nähe Kirchplatz.

Baden/Schwimmen Freibad in Sarnthein mit Großschwimmbecken (12,5 x 25 m).

Mineralbad Bad Schörgau, wiederbelebtes früheres Bauernbadl (→ „Übernachten/Essen & Trinken" in Sarnthein); Sarner Latschenkiefernbad, Entspannungsbad in den sehr aromatischen Nadeln und Zapfen der Latschenkiefer, dazu Heubäder, Kneippgüsse und Sauna. Infos bei Eschgfeller, Unterreinswald 17, ✆ 0471/625138, www.alpenwellness.bz, oder beim Hotel Bad Schörgau, www.badschoergau.com.

Bank/Post In Sarnthein.

Einkaufen Samer Speck und Wurst aus eigener Produktion bei Luis Moser, Sarnthein, Handwerkerzone 30, ✆ 0471/623610, www.sarntaler.com.

Latschenkieferöl und Zirbelkieferöl in Bio-Qualität aus eigener Brennerei bei Georg Thaler, Unterreinswald 10, ✆ 0471/625106, www.latschenkieferoel.com.

Sarner G'schick, fünf junge Handwerker in Traditionsberufen haben sich zusammengeschlossen, um heimische Waren aus örtlichen Rohstoffen zu propagieren (www.sarner-gschick.com):

Handweberei Unterweger, Steet 26. Schafwollteppiche nach Maß, Fleckerlteppiche, Bettsocken, aber auch Betten und Kissen mit naturbelassener Schafschurwolle, ✆ 0471/622660, www.handweberei.it.

Federkielstickerei Thaler, Rohrerstr. 41. Trachtengurte, Hosenträger, Glockenriemen und Brieftaschen, ✆ 0471/623258, www.federkielstickerei.com.

Holzbildhauerei Runggaldier, Kellerburgweg 1. Heiligenfiguren und Pendeluhren aus Holz, ✆ 0471/623020, www.bildhauerei.it.

Goldschmiede Mair, Europastr. 27b. Traditioneller, moderner und individueller Schmuck, ✆ 0471/622150, www.goldschmiede-bm.com.

Drechslerei Fritz, Steet 37a. Schüsseln, Teller, Lampen und Kerzenständer aus Zirbenholz, ✆ 0471/623313, www.drechslereifritz.com.

Feste & Veranstaltungen Sarner Kirchtag am ersten Wochenende im September in Sarnthein, Volksfest mit 450-jähriger Tradition, das Besucher aus ganz Südtirol anlockt. Die auch während des Jahres immer wieder Trachten tragenden Sarner sind dann ausschließlich in der Tracht zu sehen. Musikkapellen, Schützen und Feuerwehren aus dem ganzen Tal nehmen an Aufmärschen teil – ein Trachtenumzug mit Festwagen, viele von Haflingergespannen gezogen, ist wohl der Höhepunkt des Festes (am Sonntagnachmittag). Festplatz mit Festzelt, am Samstagabend Fackelumzug, Volkstänze und – über dem ganzen Rummel zumindest bei den Bauern nicht in Vergessenheit geraten – Markttreiben und der einzige echte Viehmarkt des Landes am folgenden Montag.

Wintersonnenwende: In der Vorweihnachtszeit ziehen im Sarntal die Zussln von Haus zu Haus, vermummte Maskengestalten, geführt von Zusslmandl und Zusslweibele, den Symbolen von Winter und Frühling. Dazu wird kräftig Lärm gemacht, „geklöckelt", mit selbst gebastelten Instrumenten, Glocken und Ziehharmonika. Dann werden zwei Lieder gesungen, es wird weiter gelärmt, bis die Hausleute herauskommen und Speck, Wurst, Brot (oder Geld) spenden.

Reiten Mit mehr als 500 Haflingerpferden gehört das Sarntal zu den großen Zuchtzentren dieser Pferderasse. Reiterhöfe sind z. B. Bergerhof in Reinswald, Auener Hof in Auen oberhalb von Astfeld sowie der Rabensteinerhof in Rabenstein (→ „Übernachten/Essen & Trinken").

Wintersport Das **Skigebiet Reinswald** ist das einzige größere Skigebiet des Sarntals und Teil der Ortler Sikarena. Moderne Kabinenbahn von Reinswald (1570 m) auf 2130 m (1 Sessellift, 2 Schlepplifte, 14 km Pisten, 4,5 km Rodelbahn von der Bergstation zur Sunnalm und von dort zur Talstation auf 720 m). An Vollmondwochenenden gibt's Mondscheinrodeln, die Kabinenbahn ist dann von 19–21.30 Uhr in Betrieb. Skischule und Skiverleih an der Talstation, ✆ 345/6118042, www.skischule-sarntal.com, ✆ 0471/625330, www.skireinswald.com.

Übernachten/Essen & Trinken

In Sarnthein ****** Bad Schörgau**, idyllisch südlich von Sarnthein gelegen und äußerst komfortabel, mit erstklassigem Restaurant. Der letzte An- und Umbau verstärkte den Einsatz von Holz in Zimmern und Suiten und stellte dem Restaurant ein Bistro zur

Sehenswertes/Ausflüge

Seite. Außerdem erweckte man das alte Bauernbadl, den ursprünglichen Auslöser für das Gasthaus, zu neuem Leben als Bestandteil einer extensiven Wellnesslandschaft, die auf unterschiedlichste Bäder spezialisiert ist. DZ/FR 162–250 €. ☎ 0471/623048, www.bad-schoergau.com.

Alpes, das Restaurant des Hotels Bad Schörgau wird in fast jedem kulinarischen Italien-Führer genannt (1 Michelin-Stern, 3 Hauben im Gault-Millau 2017), aus der Küche kommen Gerichte einer verfeinerten italienischen Küche, die sowohl die französische und internationale Entwicklung verfolgt, als auch die Tiroler Küche der Region kennt. Schon mal gegessen: Latschen-Basilikum-Ravioli? Menü ab 105 €. Mo/Di Ruhetag. Etwas bodenständiger geht's im **Wirtshaus in der Veranda** zu, gemütlich rustikales Ambiente, schöne Terrasse, mediterrane und Südtiroler Küche mit Fisch- und Fleischgerichten, Kaiserschmarrn und Knödeln. 3 Gänge 42 €. Mo Ruhetag.

*** Olympia, neueres Hotel mit dem in Südtirol anscheinend obligaten Turm. Hallenbad, Saunen und Fitnessraum sowie Liegewiese. Radlerfreundlich: Radgarage, kleine Werkstatt und Waschmöglichkeit, „Bikerwochen" mit z. T. begleiteten Touren, im Winter Ski- und Snowboardwochen. Neu: E-Tankstelle! Geräumige und helle Zimmer mit Balkon, schöne Apartments. DZ/FR 90–120 €, Apt. (2 Pers.) 64–107 €. Kellerburgweg 10, ☎ 0471/623213, www.hotel-olympia.net.

** Zum Hirschen, wer nicht wegen des Essens kommt (traditionelle Tiroler und italienische Küche), kommt wegen des Ambientes: Die Stube des Hauses stammt wie der gesamte Bau aus dem 15. Jh. (1494), die prachtvolle, kunstvolle Balkendecke ist gotisch, die getäfelten Wände, der Kachelofen, das schlichte Mobiliar vervollständigen eine Wirtshausstube, wie sie schöner und gemütlicher kaum vorstellbar ist. Menü ab ca. 20 € (Restaurant Do Ruhetag). Zimmer einfach, aber sehr schön mit Täfelung und Holzriemenböden. Großer Garten. DZ/FR 96–110 €. Reineggweg 8, ☎ 0471/623116.

** Sonnenblick, Pension am Westrand von Sarnthein in etwas erhöhter Position, freundliches Haus mit schön renovierten farbenfrohen Zimmern, Zirbenbetten, kleinem Saunabereich, großer Terrasse. Zum Frühstück gibt's schon mal Selbstgebackenes. DZ/FR 91–127 €. Rohrer Leiten 12, ☎ 0471/623206, www.sonnenblick.it.

Milchbar, Europastr. 28, uriges Café in der ehemaligen Mittermühle von 1497. Den Cappuccino oder den hervorragenden Hauspunsch (im Winter) trinkt man im Gewölbe neben einem originalen hölzernen Mühlrad. Dazu hausgemachte Kuchen und Sandwiches.

In Astfeld und Nordheim *** **Alpenblick**, Hotel am nördlichen (oberen) Ende von Astfeld bei, aber nicht direkt an der Straße. Mit Hallenbad und Sauna, schöne Liegewiese, zur Straße eine Pizzeria, teils geschmackvoll renovierte Zimmer mit Balkon, freundlicher und guter Service. DZ/FR 76–136 €. Astfeld 41, ☎ 0471/623183, www.alpenblick.bz.it.

Hueberhof, Nordheim 19, schöner alter Bauernhof auf der heute verkehrsarmen Seite des Tals mit Kellerlokal/Jausenstation. 10 offene Weine, darunter ein Teroldego und ein hervorragender Lagrein Dunkel. Speck am Brettl, Aufschnitt, kalte/warme Imbisse. 3 neue Ferienwohnungen werden vermietet, Apt. (2 Pers., mit FR) 100–116 €. ☎ 338/2207063.

An der Straße bei Astfeld **Graf-am-Bichl-Hof**, wunderschöner alter Bergbauernhof oben am Berg (1183 m; Zufahrt auf asphaltierter Straße ab Sarntalstraße zwischen Astfeld und Muls) mit typischer Stube, in der das Frühstück eingenommen wird – mit vielen hauseigenen Produkten. Liegewiese und Pool, Kinderspielplatz, Haustiere. Freundliche Zimmer. DZ/FR 54–60 €, Apt. (2 Pers.) 55–75 €. Essenberg 8, ☎ 0471/623472, www.graf-am-bichl.it.

**** Terra, „The Magic Place" nennt sich das Relais&Chateaux-Hotel auf 1620 m, besser bekannt (noch) als „Auener Hof". Nur 8 Zimmer und 2 komfortable Suiten, alle sehr geräumig und im Naturstil eingerichtet. 2 neue Saunen, Heubad, Whirlpool mit Panoramablick. Im stilvollen Restaurant kocht Kräuterfachmann Heinrich Schneider raffiniert mit regionalem Touch auf höchstem Niveau (3 Gault-Millau-Hauben 2017, 2 Michelin-Sterne seit 2016). Menü (16 Gänge) 198 €. So Ruhetag. DZ/FR 248–366 €. Prati 21, ☎ 0471/623055, www.terra.place/de/.

In Reinswald *****Reischnhitt**, das neu erbaute Garni der Familie Eschgfeller mit seinen naturnah eingerichteten Zimmern hat sich ganz dem Konzept „Alpen-Wellness" verschrieben. Gemütliche Bar, großzügige Saunalandschaft mit Sarntaler Latschenkiefernbad. Eigene Latschenölbrennerei. Im Latschenladen gibt es Pflegeprodukte und

Süßigkeiten aus eigener Herstellung. DZ/FR 70–74 €, Wellness extra. Unterreinswald 17, ✆ 0471/625138, www.alpen-wellness.bz.

In Durnholz Messnerhof, hinter dem Bauernhof im Dörfchen Durnholz breitet sich das Grün aus, knapp unterhalb liegt der See. Zimmer und 2 Apts., es gibt auch Produkte vom Hof wie Eier und Speck. DZ/FR 60–70 €, Apt. (2–5 Pers.) 55–120 €; Durnholz 12, ✆ 0471/625176, www.messnerhof.info.

In Rabenstein Rabensteinerhof, Gasthof mit Tradition, tolle Lage über dem Tal, hinter dem Gasthof freundliche Dependance. Schöne getäfelte Bauernstube, Essen von traditioneller Sarner Kost bis gutbürgerlich, die Hauptzutaten kommen meist aus eigener Landwirtschaft. Hallenbad, Fitnessraum, Liegewiese und Naturkegelbahn, Reitstall! Wanderwege und im Winter Loipe ab Haus. Do Ruhetag. DZ/FR 70 €, Apt. (2 Pers.) ab 70 €. Muls 6, ✆ 0471/627147, www.rabensteinerhof.com.

In Pens *** Penserhof, das „Alpenhotel" mit freundlich rustikalem Restaurant, Saunen, Liegewiese und Haustaverne (fürs Törggelen!) ist ein kleineres, familiär geführtes (motorradfreundliches) Anwesen. Die Zimmer mit – laut Angabe der Besitzer – Gesundheitsbetten sind ansprechend möbliert. Restaurant/Taverne Do Ruhetag. DZ/HP 112–120 €. ✆ 0471/627122, www.penserhof.com.

Sehenswertes/Ausflüge

Die Höfe des Sarntals: Das Sarntal besitzt überdurchschnittlich viele alte Höfe, die z. T. auf das Mittelalter zurückgehen. Oft haben diese Anwesen meist großer Bauern getäfelte Stuben, die aber meist nicht älter als barock sind. Ältere Täfelungen haben aber z. B. der Rorerhof in Rungg, der Kieserhof in Öttenbach (1583), der Nisslhof in Essenberg (16. Jh.), der Felderhof in Aberstückl und der Heißhof in Muls – sie sind alle Stuben privater Bauern und normalerweise nicht zu besichtigen. Ersatz bieten Gasthausstuben wie im Gasthof Zum Hirschen in Sarnthein (→ „Essen & Trinken").

Die Talferschlucht zwischen Schloss Runkelstein (Bozen) und Sarnthein: Fährt man von Runkelstein die Talferschlucht weiter in Richtung Sarnthein, durchquert man seit 2016 einen langen Tunnel und bekommt somit von der Talferschlucht nicht mehr wirklich was mit. Die Schlucht ist im untersten Teil so eng und wild, dass immer wieder auf Bergverbindungen zwischen Bozen und dem Sarntal ausgewichen wurde – z. B. über Jenesien nach Sarnthein – und trotz der über das Penser Joch günstigen und theoretisch kürzesten Verbindung zwischen Brenner und Bozen nie ein Verkehrsweg mit größerer Bedeutung entstand.

Sarnthein: Die schönen alten Häuser des Hauptorts des Tals drängen sich an der ehemaligen Hauptdurchgangsstraße, die jetzt dank einer Umgehungsstraße verkehrsberuhigt ist. Sehenswert ist die *Sarner Pfarrkirche*, nach dem Erdbeben von 2001 wurde sie komplett wieder restauriert. Ein schöner Ansitz im Norden des Orts ist die *Kellerburg*. Eine Zinnenmauer umgibt den Ansitz, ein Rundbogentor mit Wappenstein der Sarntheiner von 1778 öffnet sich zur Straße. Es handelt sich um ein älteres Haus, das in der Renaissance zum Ansitz erweitert und verschönert wurde. Es gehört seit Mitte des 17. Jh. den Grafen von Sarnthein.

Nicht zu übersehen ist die romanische Burg **Schloss Reinegg** über den Wiesen östlich von Sarnthein. Der Bau hat sich bis in Einzelheiten so erhalten, wie er vor 750 Jahren errichtet wurde. Burgbesitzer waren die Velturner, die Burg wird erstmals 1263 anlässlich der Hochzeit der Tochter des Hugo von Velturns mit Albero von Matsch erwähnt. Die Burg dürfte damals brandneu gewesen sein, fiel nach Hugos Tod aber nicht an dessen Nachfahren, sondern wurde eingezogen und kam an Meinhard II. von Tirol. Weil sie bald in Fremdbesitz überging, blieb sie unverfälscht erhalten, die Pfleger hatten wenig Interesse und kein Geld für Anbauten oder Veränderungen.

Schloss Reinegg bei Sarnthein

Der **Rohrerhof** ist ein bereits 1280 erstmals erwähnter Hof, der heute mitten in Sarnthein steht, sich aber traditionelle Elemente wie die Rauchkuchl und vor allem den Gesamtzustand von vor 200 Jahren bewahrt hat. Er wird heute als Museum geführt, die Räume – zwei Stuben, Küche, Stubenkammer – sind im Stil des späten 19. Jh. eingerichtet, in weiteren Räumen sind Verwaltung und Ausstellungsbereiche untergebracht. Bauerngartl, Backofen und Mühle vervollständigen das Ensemble.

Juni bis Oktober Di, Do, Sa 15–18 Uhr, Aug./Sept. auch So 15–18 und Do 20–22 Uhr, im Advent bei Veranstaltungen, Führungen um 15 und 16.30 Uhr. Runggener Str. 10, www.rohrerhaus.it.

Wanderungen um Sarnthein: Sarnthein ist ohne Zweifel ein idealer Standort für Wanderer, die nicht unbedingt Felsensteige gehen, sondern in einer abwechslungsreichen Landschaft mit großen Almwiesen und unproblematischen alpinen Steigen unterwegs sein wollen. Die Wanderung Nr. 1 ab Sarnthein ist die einwöchige Umrundung des Tals auf der *Großen Hufeisentour*, ein anstrengendes, aber bergsteigerisch einfaches Unternehmen (Flugblatt und Liste der Hütten mit Adressen etc. in den Tourismusbüros).

Aber nicht jeder hat eine Woche Zeit. Eine hübsche Wanderung führt von der Sarner Skihütte, die man auch schön per Mountainbike erreichen kann, auf das *Auenjoch*, besser bekannt als „Stoanerne Mandln" (→ Tschögglberg/Mölten, S. 360).

Durch das direkt von Sarnthein ausgehende *Ottenbachtal* erreicht man die Almenlandschaft um Meran 2000 und den Ifinger (→ Hafling, S. 360). Auf der anderen Talseite locken Rittner Horn, Villanderer Alm (→ S. 171) und – rascher über das Durnholzer Tal und Reinswald zu erreichen – die Kassianspitze (→ Tour 4). Hier nur ein Tipp für einen kleinen Familienausflug: Weg 17 führt als *Jubiläumskreuzweg* sehr hübsch von Astfeld zum Höhenkircherl St. Valentin auf dem Sporn zwischen Sarntal und Durnholzer Tal. Er beginnt beim ersten Haus nach der Brücke am Beginn der Straße ins Durnholzer Tal, Dauer ca. 0:30 Std.

Hütten Sarner Skihütte, Schutzhütte mit gemütlicher Stube, 7 einfachen Zimmern mit Etagenduschen, außerdem Sauna. Mai bis Okt. geöffnet. Kleine Speisen, zur Törggelenzeit besser reservieren. DZ/FR 76 €. Auen 19, ✆ 0471/622480, www.sarnerskihuette.com.

Jausenstation Messnerhof, St. Valentin, Mi Ruhetag.

Im Durnholzer Tal: Mit den beiden Dörfern Reinswald und Durnholz ist das Durnholzer Tal, ein Nebental des Sarntals, das sich zum östlichen Kamm der Sarntaler

Alpen hinaufzieht, recht dünn besiedelt. „Erschließung", die meist mit Zersiedelung Hand in Hand geht, gibt es nur in bescheidenem Maße. Nur **Reinswald** besitzt durch die Kabinenbahn (s. u.) ein erschlossenes Wander- und Skigebiet. Kaum ein anderes derart ursprüngliches Bergbauern- und Berggebiet Südtirols ist gleichzeitig so gut erreichbar und so einsam. Wanderer werden durch die leichten Steige zu sehr aussichtsreichen Zielen gelockt, die Tagwaldhorn, Jakobspitze und Kassianspitze umfassen, alle im Hauptkamm zwischen Sarntal und Eisacktal mit Dolomitenblick.

Der kleine **Durnholzer See** (1540 m) ist ein gut erreichbares und doch einsames Bergseejuwel. Am aufgestauten Ende des Sees steht man, nachdem man durch ein steiles bewaldetes Stück heraufgestiegen ist, wie überwältigt da. Im an dieser Stelle ganz dunklen See spiegeln sich die von der Sonne erhellten offenen Wiesen und Weiden und der mit Berghöfen gesprenkelte Hang, der sich hinter dem See zur Jakobspitze (2741 m) hinaufzieht. Ein bequemer Weg führt um den See, ein Teil ist Asphaltstraße, ein Teil für Räder befahrbarer Wanderweg. Beim „Fischerwirt" kann man schön draußen sitzen und über den See hinweg auf die Berge blicken.

Der Ort **Durnholz** (1558 m), am Seeende etwas höher auf einer schmalen, aber sonnigen Hangterrasse gelegen, besteht aus einer Handvoll Häusern im Schatten der **Kirche St. Nikolaus** und verfügt über eine der kleinsten Bergschulen Südtirols – bei 260 Einwohnern ein Wunder, dass sich die Schule halten kann. Die gotische Kirche überrascht mit einem spektakulären **Freskenzyklus** aus dem frühen 15. Jh. Neben der Lebensgeschichte des Hl. Nikolaus ist die Passionsgeschichte in großer Farbenpracht und Detailtreue dargestellt (tgl. geöffnet). Die Fresken wurden zur Zeit der Pest übertüncht und erst 1986 wieder freigelegt.

Für Aktive bietet sich ab Durnholz die große Tour auf das *Tagwaldhorn* (2708 m) an, das sich am Ende des Seebachtals erhebt. Eine bequeme Talwanderung führt in 3 Std. zur Flaggerscharterhütte (Marburger-Siegener Hütte, 2481 m) auf der Flaggerscharte unter dem Gipfel, zu dem man noch eine Gehstunde hat, zurück geht man 3, also insgesamt 7 Std.

Bergbahn Kabinenbahn Reinswald, Juni bis Anf. Okt., tgl. 8.30–12.30/13.30–17.30 Uhr; Berg 8,20 €, Berg/Tal 14,50 €; ✆ 0471/625132, www.sarntal.com.

Kinder Urlesteig, neu angelegter, kinderwagentauglicher Naturerlebnispfad in nunmehr 6 Etappen zum Thema Wasser, Tiere, Geschichte und Kultur, Pflanzen und – ganz neu – zu Naturgewalten und Almwiese. Ausgangspunkt ist die Bergstation der Bahn. Wasserratten, Klettermaxe und Naturforscher kommen hier auf ihre Kosten. Die Urlesteig-Wanderkarte und weitere Infos gibt es unter www.sarntal.com.

Essen & Trinken Pichlberg, das 2016 gebaute Restaurant an der Bergstation der Kabinenbahn fügt sich durch die Verwendung von Naturstein und Holz perfekt in die Umgebung ein. Eine große Glasfront und die Terrasse bieten eine fantastische Aussicht bis zur Brenta und dem Ortlergebiet. Klassische Hüttengerichte, aber auch kreative neue Akzente setzt der junge Koch Armin Tobanelli. Und für Kinder gibt's einen großzügigen Spielplatz. Die Lokalität bringt alles mit, um sich zu einem neuen Anziehungspunkt im Sarntal zu mausern. Geöffnet Juni bis Anf. Okt. und in der Wintersaison, ✆ 0471/095585, www.pichlberg.it. Sunnolm, gemütlicher Berggasthof bei Reinswald mit Sonnenterrasse, daneben Iglu und „Grillikota", ein Grillerlebnis für Gruppen nach finnischer Art. Imbisse und warme Speisen lokaler Tradition mit ein paar Schlenkern für die italienischen Besucher. Gut ein Knödel-Tris, der Grillteller oder die Sarner Bachforelle. 30 Min. zu Fuß ab Parkplatz Kabinenbahn. ✆ 0471/625324, www.reinswald.it.

Bauernhof Messnerhof → S. 210.

Flaggerscharterhütte, 2481 m, CAI Bozen, Tiroler Küche mit einigen Knödelgerichten, sonnige Terrasse, 3 Vierbettzimmer mit neuen Zirbenholzbetten und Lager, sehr einfache Sanitäranlagen, geöffnet Ende Juni bis Ende Sept. ✆ 349/0033198, www.flaggerscharterhuette.com.

Durnholzer See 213

Tour 5: Wanderung vom Durnholzer See nach Reinswald

Tour-Info: Hübsche Waldwanderung ohne große Anstrengungen, **auch mit Kindern**, einige schöne Ausblicke ins Durnholzer Tal und in die Sarntaler Alpen. Zurück mit dem Bus Sarnthein – Durnholz, vorher nach Zeiten erkundigen! Länge 7,8 km; Dauer 2 Std.; Höhenunterschied ↑ 250 m, ↓ 210m. Karten: Tabacco (1:25.000) Blatt 40, Kompass (1:50.000) Blätter 54 und 56. Keine Hütten!

> Beim nächsten Gehöft K zweigt links ein Fuhrweg ab, der sich bald zum Steig verschmälert und einen zum nahen Gehöft Wieshäusl L bringt, wo man am Ende einer hier heraufführenden Asphaltstraße bei einem Kruzifix M geradeaus in den Hang weitergeht. Nicht lange, dann zweigt rechts ein Steig ab N, der nach ca. 200 m im Wald eine abschüssige Forststraße quert, danach wird der Weg etwas besser und auch breiter. Er führt zu einer Hofgruppe O (Pichler), wo man beim letzten Gebäude nach links auf einen Weg gelangt, der durch Wiesen um eine Schulter herum zu einem Hof am Rand von Reinswald führt, wo wieder eine Asphaltstraße beginnt P. Auf dieser weiter, bei Einmündung in breitere Straße Q entweder nach rechts (zur Kirche) oder nach links zur Talstation der Seilbahn und Buswendestation samt Parkplatz R.

In Durnholz geht man nicht in den Ort hinauf, sondern nimmt den unterhalb am See beim Buswendeplatz A beginnenden Fahrweg (oder das kurze Stück beschilderten Wanderweg). Beim ersten Hof B (Schacherhof) endet die Asphaltstraße, geht aber als schmaler Weg und dann Fuhrweg weiter zum zweiten Hof C (Eggerhof). Nach halblinks auf einen Fahrweg, ein Schild nennt „Reinswald", die rot-weiße Markierung trägt die Nummer 22. Bei einer Gabelung D vom Fahrweg nach rechts auf an dieser Stelle undeutlichem Fußweg, er führt zu einem weiteren Hof E (Kröss). Dort hinter einem Schuppen mit Schild „Reinswald" rechts hinunter auf Weg, der in eine steile Wiese und ein Bachtal führt. Unten erreicht man den Waldrand F, kurz links und Bachquerung auf einem Steg, danach kurz steil hinauf zu einem flacheren bewaldeten Hang, wo man eine Forststraße erreicht G. Nach rechts und nach 100 m links auf eine abzweigende Forststraße (Schild, Markierungen). Bei einem Kruzifix H geht es wieder von der Forststraße ab und zwar nach links auf einen schmalen Fußweg durch Wald. Wo man die Forststraße wieder erreicht I, hält man sich rechts und ist bald am Waldrand, wo wunderschöne Wiesen darüber hinwegtrösten, dass hier wieder Asphalt beginnt. Eine Abzweigung J (Staubstraße zur Pfnatschalm und zur Bergstation der Kabinenbahn von Reinswald) bleibt links.

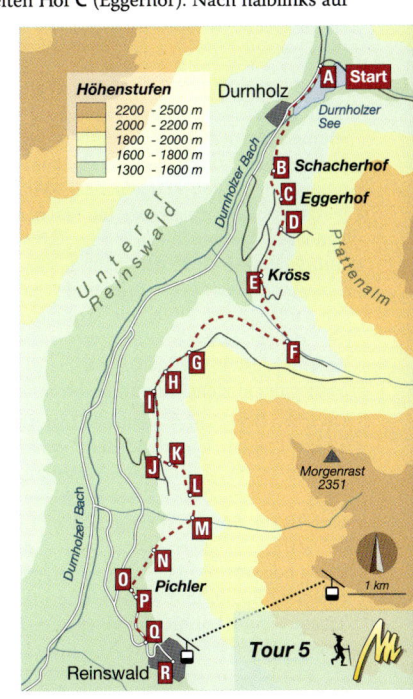

Goldener Herbst am Kalterer See

Überetsch und Unterland

Mit Südtirols mildestem Klima kann sich die Weinlandschaft des Überetsch brüsten. Zwischen Etschtal und Mendelkamm fühlen sich sogar mediterrane Pflanzen wohl. In Eppan und Kaltern ist man für den Ansturm sonnenhungriger Gäste gut gerüstet, zur Törggelenzeit im Herbst ist auch das letzte Bett belegt.

Von Bozen führt die **Südtiroler Weinstraße** ins Weinland des Überetsch. In den Winzerdörfern von Eppan und rund um Kaltern scheint eine südliche Sonne, im submediterranen Klima gedeihen einige der besten und bekanntesten Weine des Landes, allen voran der Traminer und der Kalterer See. Aber auch im Unterland dominiert an den Hängen der Wein, etwa um Tramin mit der nach dem Ort benannten Traminerrebe. Im Etschtal selbst erstrecken sich von Bozen bis zur Landesgrenze bei Salurn riesige Obstplantagen, vor allem Äpfel werden gezogen. Auf der linken Seite der Etsch liegen im Schatten steiler rötlicher Felsen weitere Obst- und Weindörfer. Auer und Neumarkt stechen als große, fast städtische Orte mit ihren großen alten, von Wohlhabenheit zeugenden Häusern hervor. Oberhalb der steilen Talflanken liegt ein welliges Plateau, nur wenige Bauerndörfer wie Aldein, Altrei, Truden trotzen dem harten Klima. Die gewaltige Bletterbachschlucht zieht sich mittendurch, Ziel für Wanderer und Naturliebhaber.

Die drei Regionen Überetsch, Unterland und die Bergdörfer des Unterlands (in Südtirol meist „Unterland Berg" genannt) teilen sich einen objektiv kleinen Raum: Von Bozen im Norden nach Salurn im Süden sind es keine 40 km, an der breitesten Stelle – zwischen dem Roèn im Westen und dem Weißhorn im Osten – sind es gerade 20 km. Für die Winzigkeit ist eine Menge los, gerade auch was den Tourismus betrifft. Um es gleich klar zu stellen, den **Sommertourismus**, denn im Winter läuft wenig oder gar nichts, Südtirols Skigebiete liegen anderswo. Vor allem das Überetsch zwischen Eppan und Kaltern und bis hinunter nach Tramin hat sich dank seiner langen Sommersaison, die einen meist milden und sonnigen Herbst einschließt, zu einem wahren Urlaubsparadies entwickelt, einer klassischen Ferienregion vorwiegend

Überetsch und Unterland

deutschsprachiger Gäste. Kaum ein Renaissanceansitz, der nicht auf die eine oder andere Art mit Gastronomie oder Hotellerie verbunden ist, kaum ein Weingut, das nicht deutsche, österreichische und Schweizer Kunden hat.

Information Tourismusverband Südtirols Süden, großes Infobüro am unteren Ortsende direkt an der Straße nach Bozen, Mo–Fr 9.30–12.30/14.30–18.30 Uhr, Sa 9.30–12.30 Uhr. Digitale Reiseinfos gibt's im Download. Pillhofstr. 1, I-39057 Frangart, ☎ 0471/633488, www.suedtirols-sueden.info.

Verbindungen Bustransfer von Stuttgart Hbf. nach Eppan, Kaltern, Tramin und Auer, hin/zur. 165 €, von April bis Allerheiligen Sa nach, So von Südtirol. Infos/Buchungen bei Südtirol Tours, D-73663 Berglen, Inselweg 16, ☎ +49/7195/7884, www.suedtiroltours.de.

Winepass Plus Gästekarte, u. a. kostenlose Benutzung der öffentliche Verkehrsmittel, Eintritt in Museen, Weinverkostungen und Kellerführungen.

Übernachten Die meisten Beherbergungsbetriebe in Überetsch und Unterland haben nur von Ostern bis Allerheiligen geöffnet, es gibt **keine Wintersaison!**

Gemeinde Eppan

Eppan – der Name steht für die Überetscher Ansitze, diese Landhäuser und Schlösschen, die sich reiche Händler und Adelige in der Renaissance und im Barock bauten. In Eppan sind Dutzende davon attraktiv in der idyllischen Weinbergslandschaft verteilt.

16 eng aneinander grenzende Dörfer und Weiler und zahlreiche Einzelhöfe sind in der Gemeinde Eppan zusammengefasst. 67 Ansitze (→ Kasten, S. 226) gibt es im Gemeindegebiet, fast alle zwischen 1550 und 1650 in einem Mischstil aus spätgotischen Elementen und Renaissanceformen errichtet, dem *Überetscher Stil*. Die Besitzer dieser Ansitze lebten überwiegend vom Weinbau, sei das nun direkt durch Weingüter oder indirekt durch Zins und Pachtgelder von Weinbauern. Heute sind die Schlösser und Ansitze die größte Sehenswürdigkeit Eppans (als größte temporäre Sehenswürdigkeit könnte man die deutsche Fußballnationalmannschaft bezeichnen, die sich hier schon mehrmals im Frühsommer auf ihre großen internationalen Turniere vorbereitet hat …).

Die Südtiroler Weinstraße

Von Nals im Burggrafenamt und von Bozen über Sigmundskron nach Salurn durchzieht die „Südtiroler Weinstraße" die wichtigsten Weingebiete Südtirols im Burggrafenamt und in Überetsch und Unterland. Die neu trassierte, die größeren Orte umfahrende Straße ist allerdings nur noch sehr bedingt in der Lage, etwas über den Weinbau zu verraten, zumal sie ein flotter Fahrer in kürzester Zeit abgefahren hat. Sie ist eher als Einladung zu sehen, den Wagen stehen zu lassen und durch die Orte, die Weinberge und die Landschaft zu wandern. Als sie entstand, da glaubte man noch an das Auto, der absurde Ausdruck „Autowanderung" entstand – heute nimmt man besser das Radl, wenn man eine Landschaft kennenlernen will.

Ein Gratis-Faltblatt mit den Anschriften der Kellereien entlang der Südtiroler Weinstraße und einem Übersichtsplan ist in den Tourismusbüros „Südtirols Süden" erhältlich. Jedes Jahr gibt es mehr Veranstaltungen um den Wein, die von Pinot-Noir-Tagen über Weinfeste, „Tage des Eppaner Weines" und einer Weinmesse bis zu einem Gewürztraminerfest reichen. Besonders erwähnenswert sind die Südtiroler Weinstraßenwochen von Ende April bis Ende Juni. Es gibt Verkostungen, Weinschulungen, Konzerte, Führungen durch Weingärten und Veranstaltungsschwerpunkte wie die Blauburgundertage. Das Programmheft gibt es ab Jahresbeginn in den Tourismusbüros.

Unter den nicht nur Bergsteiger und Bergwanderer faszinierenden Felswänden und Steilhängen des **Mendelkamms**, die Eppan überragen, erstreckt sich ein breiter Mischwaldgürtel mit vielen schönen Wanderwegen, darunter dem **Eppaner Höhenweg**. Tiefer liegt das besiedelte Gebiet von Eppan, das etwa in **Perdonig** weit über die Weinzone hinausragt, aber im Wesentlichen von Weinbergen und generell vom Wein geprägt ist. Es ist windgeschützt und warm, die Hänge blicken nach Süden und Südosten, da kann sich die Sonnenwärme so richtig einnisten. Nicht nur die Schlösser und Ansitze zeugen von der Attraktivität, die Eppan schon früher hatte, Burgen und Burgruinen, vor allem das **Eppaner Burgendreieck** mit **Hocheppan**, **Boymont** und **Korb**, zeigen, dass auch die Herrschaft Tirols sich hier gerne niederließ. Eine Zeit lang schien es im Mittelalter sogar, als ob Hocheppan Schloss Tirol den Rang ablaufen würde (dann würden wir heute Südeppan besuchen und nicht Südtirol). Aber dann setzten sich doch die Herren von Tirol im Land durch und nicht die Eppaner.

Basis-Infos

Information Tourismusverein Eppan, Büro im Zentrum von St. Michael, neben dem Üblichen (ausführliches Unterkunftsverzeichnis) Gastronomiefibel, Shoppingführer und guter Ortsplan; neu ist ein Sport- und Freizeitführer mit Wander- und Radtourentipps. Geöffnet April bis Okt. Mo–Fr 8.30–18 Uhr, ab Mai ab Sa 9–13 und 14–17 Uhr, So/Fei 10–12 Uhr, im Winter Mo–Do bis 18, Fr nur bis 12.30 Uhr. Rathausplatz 1, I-39057 Eppan/Appiano, ✆ 0471/662206, www.eppan.com.

Verbindungen Pkw: Die Strecke von Bozen über Eppan nach Kaltern ist gut ausgebaut. Der locker gebaute Ort hat Parkmöglichkeiten an vielen Stellen. Bus: gute Verbindungen mit Bozen und Kaltern sowie Auer und Neumarkt; innerorts 5 Citybuslinien im Stundentakt, die Verbindung zum Bahnhof Sigmundskron an den Fahrplan der Bahnlinie Bozen – Meran angepasst. Sehr guter, leicht zu fahrender **Radweg** Bozen – Eppan – Kaltern auf der ehemaligen Bahntrasse. Taxi ✆ 339/77335315 und 333/3321009.

Überetsch und Unterland

Ärztliche Versorgung Apotheken: St. Michael, Bahnhofstr. 13 und 32.

Ärztlicher Bereitschaftsdienst: ☎ 0471/909148. Amtsarzt: ☎ 0471/660977. **Gesundheitsdienst** Eppan, J.G. Plazerstr. 29, ☎ 0471/670880.

Internet WLAN-Hotspot WiFree im Dorfzentrum von St. Michael.

Sport & Freizeit Fahrradverleih/-touren: über den Tourismusverein sowie bei Sanvit Bike, Sillweg 70 (Umfahrungsstraße), ☎ 0471/660775, www.sanvit.com, dort auch Werkstätte. EppanBIKE.it bietet geführte Touren sowie Fahrtechniktrainings an und verleiht hochwertige MTBs und Elektrofahrräder, Infos und Kontakt über den Tourismusverein und auf www.bike-academy.it.

Baden/Schwimmen: Lido am Großen Montiggler See mit Sportbecken, Kinderbecken und -animation sowie großer Rutsche (längste Südtirols), ab Ende Mai geöffnet.

Golf: „The Blue Monster" nennt sich der neue Golfplatz unterhalb von Eppan, das 10.000 m² große Gelände mit dem architektonisch gelungenen Hotel „The Lodge" ist auch nicht zu übersehen. Er umfasst eine 9-Loch-Anlage, Hotel und Restaurant. Unterrainerstr. 74d, ☎ 0471/1660056, www.golfandcountry.it.

Veranstaltungen Der Tourismusverein veranstaltet regelmäßig Wanderungen und Führungen, Kutschenfahrten, Weinseminare, Filmabende etc., Infos und Anmeldungen beim Tourismusverein.

Kinder: Von Juli bis September bietet der Tourismusverein ein abwechslungsreiches Aktiv- und Erlebnisprogramm unter Beteiligung zahlreicher Eppaner Betriebe an, z. B. Burgenwanderungen, einen Besuch der Feuerwehr u. v. m.

In der Vorweihnachtszeit zeigt St. Pauls seine **Krippenausstellung** mit rund 100 Krippen.

Übernachten
1. Schmalzerhof
3. Schloss Korb
4. Bad Turmbach
5. Stroblhof
6. Schloss Paschbach
7. Schloss Englar
8. Ansitz Tschindlhof
9. St. Justina Hof
12. Weißes Rössl
18. Ansitz Angerburg
19. Weingarten
22. Camperstop
23. Schloss Warth Residence
24. Unterhabsbergerhof
27. Moser am See
28. Sparer

Essen & Trinken
2. Lipp
4. Bad Turmbach
5. Önothek Stroblhof
10. Pasta & Co.
13. Zur Rose
14. Zum guten Tropfen
15. Heuschupfen
16. Mein Beck
20. Sternegg
25. L'Arena
26. Vinothek Pillhof

Cafés
11. Caramel
17. Vinothek Schreckenstein
21. Peter Paul
29. Jausenstation Kleiner Montiggler See (S. xxx)

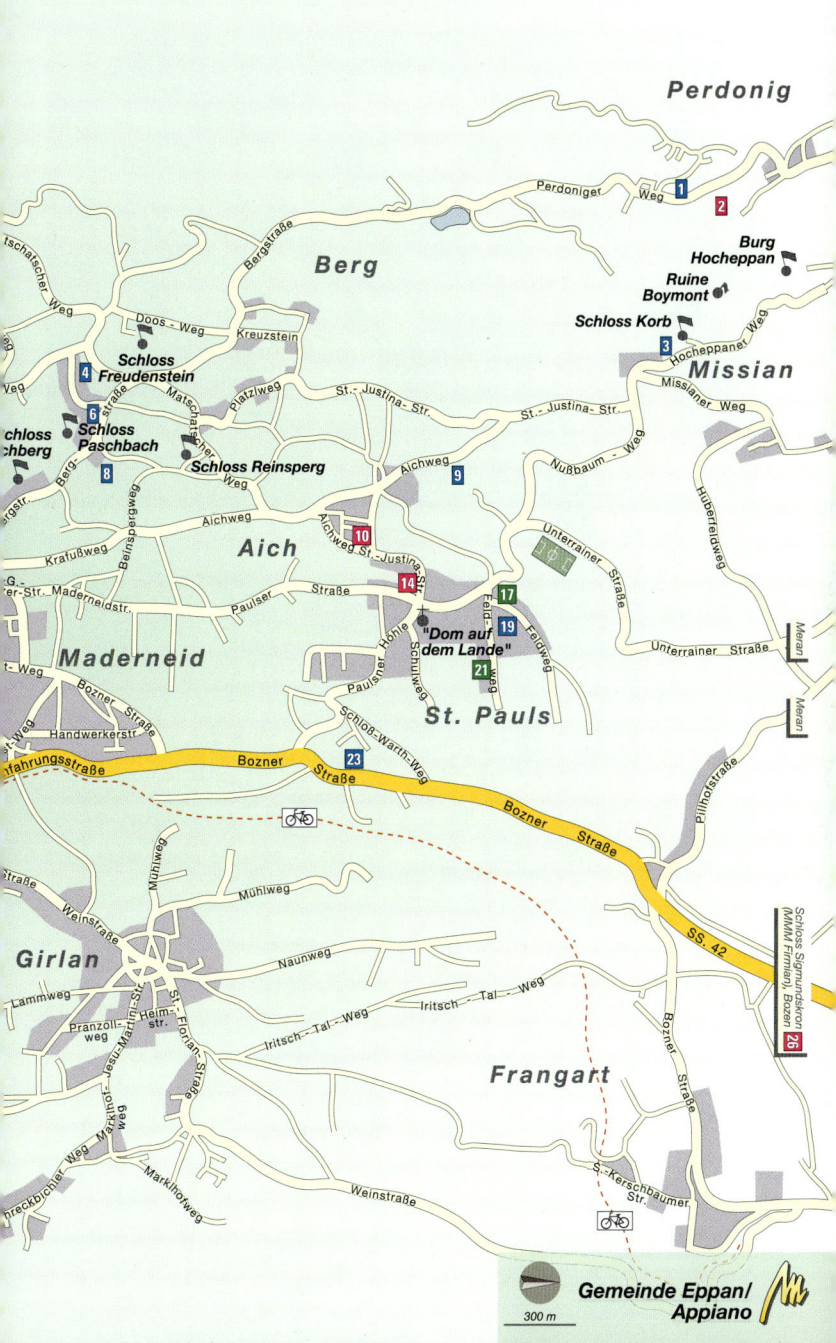

Überetsch und Unterland

Einkehr unter historischem Gewölbe in Eppan

Die beleuchteten Krippen sind hinter Fenstern, in Nischen, auf Erkern, in Höfen zu bewundern – ein einmaliges Schauspiel! Die Krippen sind handgefertigt und nicht zum Verkauf bestimmt. An 2 oder 3 Terminen gibt es eine „Lebende Krippe" mit Laiendarstellern zu bewundern.

Einkaufen → Karte S. 218/219

Lebensmittel/Märkte Bioprodukte im Bioparadies (Reformhaus mit Lebensmitteln aus kontrolliertem biologischem Anbau), St. Michael, Albertus Magnus Platz 5.

Speck aus eigener Produktion in der Metzgerei Rainer, St. Pauls, St.-Justina-Weg 4.

Das Brot der **Bäckerei Plazotta** wird sehr gerühmt, in St. Michael, J.-Innerhofer-Str. 44, mehrere Filialen.

Bio Ultner Brot und anderes im Bio-Paradies.

Supermarkt: großer Despar in St. Michael, Bahnhofstr. 8.

Markt: am Mo in St. Pauls, am Di in St. Michael, am Do in Girlan.

Brände/DOP-Olivenöl Gutshofbrennerei Alfons Walcher, Pillhofstr. 99, Südtiroler Edelbrände, die Brennerei hat unter der Marke Biostilla diverse Biobrände anzubieten. Walcher bietet aber auch verschiedene hochwertigste kaltgepresste Olivenöle aus ganz Italien mit der höchsten Qualitäts- und Herkunftsgarantie DOP an. Weiterer Laden in St. Michael, Turmbachstr. 17. Auch Betriebsbesichtigung und Verkostung, Anmeldung und Infos zum Betrieb unter ☎ 0471/631145, www.walcher.eu, www.biostilla.com.

Fischerhof, Schreckbichl 12, Girlan, Hofbrennerei der Winzerfamilie Mauracher. 40 verschiedene hauseigene Brände und Liköre, 12 Sorten Grappa. ☎ 0471/660627 www.fischerhof-mauracher.it.

Kunsthandwerk Bäuerliche Tischwäsche und Bauernmöbel in der **Paulser Kunststube**, St. Pauls, Hauptplatz 16.

Reitsportartikel In großer Auswahl bei **Black Beauty**, St. Michael, Albertus-Magnus-Platz 4.

Wein Vinothek Merum, J.-G.-Plazer-Str. 14, große Auswahl Südtiroler Spitzenweine und andere italienische Weine, Olivenöl, Balsamessig, Grappe und Schnäpse.

Weingut Gandberg, Pigeno, Schulthauserweg 1, Bioweinanbau und Piwi-Weine. ☎ 0471/664152, www.thomas-niedermayr.com.

Eppan 221

Weingut Niedermayr, Girlan, Jesuheimstr. 15, alteingesessenes Weingut seit 1852 im Familienbesitz mit 15 ha, auf Rotweine spezialisiert (Lagrein, Pinot Noir, St. Magdalener, Blauburgunder). ✆ 0471/662451.

Josef Brigl Weinkellerei, St. Michael, Maria-Rast-Weg 1, seit 1308 nachgewiesene Weinbauernfamilie, der Keller befand sich von 1309 bis 2003 in Girlan. Technisch hervorragend; die Keller mit Tanks in blitzendem Edelstahl und ein paar traditionellen Holzfässern. Schick-minimalistischer Verkostungsraum mit offenem Holzdachstuhl. Die Großkellerei verarbeitet den Wein von mehr als 100 ha. ✆ 0471/662419, www.brigl.com.

Weingut K. Martini & Sohn, Girlan, Lammweg 28, noch recht junges Weingut, Weine in mehreren Qualitätsstufen aus eigenem Anbau, der Rosenmuskateller besonders fein und aromatisch, interessanter Lagrein. ✆ 0471/663156, www.martini-sohn.it.

Weinkellerei Schreckbichl, Girlan, Weinstr. 8, große Kellerei mit breit gefächertem Angebot, einige Weine auch als Lagenabfüllungen. ✆ 0471/664246, www.schreckbichl.it.

Kellerei Girlan, Girlan, St.-Martin-Str. 24, große Kellerei mit Weinen in 3 Qualitätslinien, auch Lagenweine, nicht nur Vernatsch. Stilvolle Vinothek in historischen Gewölben. ✆ 0471/662403, www.girlan.it.

Kellerei St. Pauls, St. Pauls, Schloss-Warth-Weg 21, alteingesessener Betrieb mit ausgezeichneten Weinen und neuerdings auch Sekt, Gelegenheit zum Verkosten und Einkaufen in der hauseigenen Vinothek; Weinseminare, Weinbergbegehung und Kellerführung Di 15.30 Uhr, Dauer ca. 1:30 Std., 12 €; ✆ 0471/662183, www.stpauls.wine.

Kellerei St. Michael, Umfahrungsstr. 17–19, großer Betrieb im gründerzeitlichen „Ansitz" seit 1907. 320 Mitglieder, Weiß- und Rotweine je zu 50 %. Neben Konsumweinen in Stahltanks feine Kreszenzen aus dem Holzfass, Spitzenprodukte haben die Bezeichnung „Linie Sanct Valentin". Neuer Shop mit Degustation; Weine auch im Einzelhandel erhältlich. ✆ 0471/664466, www.stmichael.it.

Weingut Josef Weger, Girlan, Jesuheimstr. 17, traditionelles Familienweingut, detaillierte Weinbeschreibungen auf der Website. ✆ 0471/662416, www.wegerhof.it.

Übernachten → Karte S. 218/219

Wohin auch das Auge blickt – Eppans Ansitze werden als Hotels und Pensionen geführt. Die Gelegenheit, sich als Schlossherr oder Schlossherrin zu fühlen – und das zu ganz zivilen Preisen.

**** Stroblhof 5, alter Ansitz und Weingut. Ausbau, Anbau, Zubau – der Mix hat eine Tradition, die bis ins 16. Jh. zurückreicht. Dennoch moderner Komfort und sehr gut ausgestattete geräumige Zimmer mit Vollholzstilmöbeln. Ruhe? Das Hotel liegt nahe Schloss Englar in den Weinbergen über St. Michael. Sport? Tennisplatz, Hallenbad, Wellnessbereich, Naturbadeteich, Liegewiese, Kinderspielplatz. Stilmöbel und gründerzeitliches Mobiliar neben moderner Einrichtung. DZ/HP 204–314 €. Pigenoer Weg 25, ✆ 0471/662250, www.stroblhof.it.

*** Ansitz Angerburg 18, zentrumsnahes Hotel mit großer Liegewiese/Garten („Paradiesgartl" mit mehr als 7000 m², das Hotel hat sich nicht umsonst die Bezeichnung Blumenhotel gegeben) und sehr schönem Freibad samt Whirlpool und Wasserfall, gut ausgestattete Zimmer (nicht unbedingt mit Balkon), das Frühstücksbuffet (und das Essen generell) wird gelobt. Wie auch das Engagement der Besitzerfamilie und das gute Preis-Leistungs-Verhältnis. DZ/FR 98–181 €. Unteralberstr. 16, ✆ 0471/662107, www.hotel-angerburg.com.

*** Ansitz Tschindlhof 8, an den Ansitz mit seinen beiden ungleichen Türmchen grenzt der eigentliche (neuere) Hoteltrakt. Neben sehr angenehmen Zimmern gibt es auch funktional-schlichte. Atmosphäre eines historischen Ansitzes von der Bibliothek/Rezeption im Hochparterre bis in die Zimmer, zum Tal Gartenterrasse mit altmodischen Wirtshausgartenstühlen, Park und Pool, Speisen in der getäfelten Stube mit großem Kamin, eigene Gemüse, eigener Wein. DZ/HP 180–222 €. Bergweg 16, ✆ 0471/662225, www.tschindlhof.com.

*** Bad Turmbach 4, Landgasthof/Pension mit vorzüglichem Restaurant (→ „Essen & Trinken") und schönen, teils neu möblierten Zimmern im 1. Stock im Anbau an das alte Haus (im Altbau ohne Balkon).

Große Liegewiese, Pool, großzügiges Frühstücksbuffet. DZ/FR 104–134 €. Turmbachweg 4, ✆ 0471/662339, www.turmbach.com.

*** **Schloss Englar** 7, Garni in einem gotischen Schloss (15. Jh.) in gräflichem Besitzsamt Rittersaal als Aufenthaltsraum, wurde 2014 komplett umgestaltet und renoviert. Garten mit alten Zedern – auch die abseits stehende Kapelle gehört zum Ansitz, Pool mit Liegewiese, ringsum Wein und Obst. DZ/FR 230–320 €. Pigeno 42, ✆ 0471/662628, www.schloss-englar.it.

*** **Schloss Paschbach** 6, das Garni im nach außen wehrhaft wirkenden Renaissanceansitz (1248 erbaut, 1585 umgestaltet) bietet innen Komfort. Arkadengang zwischen den Innenhöfen, eine getäfelte Renaissancestube mit historischem Kachelofen. Frühstücksbuffet, im Grünen um das Ansitz Liegewiese. DZ/FR 110–160 €. Bergstr. 33, ✆ 0471/662588, www.schlosspaschbach.it.

** **Weißes Rössl** 12, alteingesessener Gasthof mit schönem Ercker, die Zimmer z. T. groß und mit schönen Stilmöbeln eingerichtet, ein solides Haus in der Ortsmitte mit freundlicher Atmosphäre. Familiärer, vielleicht etwas burschikoser, aber sympathischer Service. DZ/FR 70 €. J.-G.-Plazer-Str. 15, ✆ 0471/664135, www.weisses-roessl.it.

**** **Sparer** 28, wer direkt am See (d. h. in 20 m Entfernung ohne trennende Straße) wohnen will, bucht hier. Schicke Zimmer, teils neu und farbenfroh gestaltet mit ungewöhnlichen Details (Fernrohr in der Künstlersuite), alle mit Balkon. Ausgedehnter Wellnessbereich mit Hallenbad, Saunalandschaft, Kneippbecken und was so dazugehört (z. B. „Schallbrause vom Felsen für Nackenmassage". Ausprobieren!). Von der Seeterrasse des Cafés kann man über den hauseigenen Badesteg zum See und Bootsanlegeplatz gehen (Boote im Preis inbegriffen). DZ/¾-P 176–306 €. Montiggl 53, ✆ 0471/664061, www.seehotel-sparer.it.

**** **S Moser am See** 27, das schicke „Life & Wellness-Resort" gehört zur Kette der Familienhotels und liegt absolut ruhig zwischen Weinberg, Obstgarten, Wiese und einen Katzensprung vom Großen Montiggler See entfernt. Der Wellnessbereich ist so hell und großzügig, dass man glaubt, man sei im Freibadbereich. Mehrere Saunas, Thermarium, Kneippbecken, eigener Beautybereich, große Liegewiese. Für Kinder gibt es ein eigenes Becken, Erlebnisspielplatz und Beachvolleyball, Spielzimmer, Animation und Disco. 2015 wurde der Komplex um einen weiteren Bau mit 13 Luxussuiten, neuer Saunawelt und Naturbadeteich erweitert. Das „Winter Ramus Montiggl" getaufte Haus ist als B&B konzipiert und hat, wie der Name sagt, auch im Winter geöffnet. DZ/¾P 220–396 €. Montiggler See 104, ✆ 0471/662095, www.gartenhotelmoser.com.

Schlosshotel Korb mit wuchtigem Turm

Eppan 223

*** **Unterhabsbergerhof** 24, der überlegt neu gestaltete historische Bauernhof im Dorf Montiggl ist ein Traumziel für Sommerfrischler: Ruhe, eine große Liegewiese mit anschließendem Garten und eine Terrasse für das Glas Roten oder einen Plausch, alte Holztreppen im Haus und moderne Bäder in geräumigen Zimmern und langes Frühstücken am wohl bestückten Buffet. DZ/FR 90–112 €. Montiggl 74, ℡ 0471/664529, www.unterhabsbergerhof.com.

*** **St. Justina Hof** 9, schöne Lage schon außerhalb des Orts, man blickt von den Balkonen des Hotels auf die Landschaft und nicht auf die Nachbarn. Zur – wenig befahrenen – Straße Restaurant-Café mit Terrasse, nach hinten großer Garten und Liegewiese, kleine Sauna. Sehr gutes Frühstücksbuffet, angenehm renovierte Zimmer mit Balkon. DZ/FR 106–152 €. Missianer Weg 4 a, ℡ 0471/663137, www.justinahof.com.

**** **Weingarten** 19, modernes Hotel mittlerer Größe am Ortsrand von St. Pauls in ruhiger Lage mit Auslauf, Animation und Spielbereich für Kinder. Großes helles Hallenbad, Sauna, Naturbadeteich und gepflegte, recht gemütliche Zimmer. DZ/¾P 200–270 €. Feldweg 2, ℡ 0471/662299, www.hotel-weingarten.info.

****S **Schlosshotel Korb** 3, die Umwandlung von Schloss Korb, einem der 3 Schlösser im Eppaner Burgendreieck, war ein Glücksgriff. Die Burg mit ihren Turmsuiten (und 2 Zimmern) im Bergfried und der Neubau mit seiner auf ganz andere Art ebenso einladenden Suite, die komfortablen Zimmer, eine neue Badelandschaft samt Kinderbereich mit Becken und Spielplatz, mit Hallenbad, Saunen, Whirlpool und Beautycenter garantieren entspannenden Urlaub. Gelungen ist die mit Glas und Holz nicht geizende Verbindung von Turm und Anbau, amüsant das winzige Rezeptionsfenster. Eigene Weinkellerei. DZ/HP 180–394 €. Hocheppaner Weg 5, Missian, ℡ 0473/636000, www.schloss-hotel-korb.com.

Urlaub auf dem Bauernhof, Ferienwohnungen Schmalzerhof 1, der Hof liegt in Perdonig, im höchsten Teil von Eppan mit toller Aussicht. Spezialisiert auf Wanderer, einmal wöchentlich gibt es eine geführte Wanderung. 5 Ferienwohnungen, Apt. (2 Pers.) 55–75 €. Perdonig 17, ℡ 0471/664232, www.schmalzerhof.it.

*** **Schloss Warth Residence** 23, eine Burg (von ca. 1250) in strategischer Lage, wuchtiger Bergfried, von dem man Überetsch und Unterland überblickt, Weinreben rundum, im Garten ein Pool – und Ferienwohnungen, teils schick und modern renoviert. Apt. für 2 Pers. 68–82 €, für 5 Pers. 138–148 €. Schloss-Warth-Weg 30, ℡ 0471/662850, www.schloss-warth.it.

Camping Camperstop 22, Camperstellplatz mit kleinem Sanitärhäuschen, ruhige Lage in der Gewerbezone Sillnegg unweit der Hauptstraße 27, Stellplätze mit Stromversorgung, 22 €/Tag. Ganzjährig geöffnet. www.camperstop.it.

Essen & Trinken → Karte S. 218/219

Zur Rose 13, Josef-Innerhofer-Str. 2, in den beiden Räumen (Stube und eleganter Speisesaal) des mittelalterlichen Hauses isst man nicht die übliche Gasthausküche. Vielmehr wird italienischen Gerichten mit lokalalpinen Anleihen und leichten Zubereitungen auf höchstem gastronomischem Niveau (Guide Michelin 2017 1 Stern, 3 Gault-Millau-Hauben 2017) neuer Pfiff gegeben (Chefkoch Herbert Hintner hat dazu auch zwei Bücher veröffentlicht: *Meine Südtiroler Küche* und *Meine neue Südtiroler Küche*, beide Folio Verlag). Und mit feinen, saisonalen und regionalen Zutaten: Minzrisotto mit Zander, Kartoffel-Pfifferlings-Tartar mit Wachtelbrüstchen oder Kloaznravioli mit Graukäse und ein fantasievolles Dessertangebot. Menü ab 54 €. So sowie Mo mittags geschl., ℡ 0471/662249, www.zur-rose.com.

L'Arena 25, Lammweg 22, das Gourmetrestaurant im Anbau des Luxushotels Weinegg in Girlan wurde 2016 als neues Haubenlokal mit 14 Punkten in den Gault-Millau aufgenommen. Regional-mediterrane Speisen im eleganten Restaurant oder auf der romantischen Terrasse. Degustationsmenü mit 4 Gängen ab 51 €. ℡ 0471/662511, www.weinegg.com.

Bad Turmbach 4, Turmbachweg 4, Lust auf Feines? Der Landgasthof offeriert u. a. Thunfischcarpaccio und Burata mit Mangovinaigrette, Hirschrückensteak mit Walnusskruste, Schokoladenmousse mit Orangengelee. Ab 50 € für ein Menü von 4 Gängen sind Sie dabei. Auf der anderen Straßenseite besonders entspannend der Gastgarten unter Apfelbäumen und dazu die kalten

Speisen der Karte oder was Traditionelles wie Schlutzer. Eigene Forellen, eigener Weißwein. Di und Mi mittags Ruhetag, ✆ 0471/662339, www.turmbach.com.

Stroblhof 5, Pigenoer Weg 25, im stilvollen Restaurant des gleichnamigen Hotels werden Südtiroler und mediterrane Speisen serviert. Dazu gibt es Weine vom eigenen Weingut. Auf der üppig begrünten Gartenterrasse oder in der Vinothek im alten Kellergewölbe kann man den Abend wunderbar ausklingen lassen. Mo Ruhetag, ✆ 0471/662250.

Sternegg 20, Bahnhofstr. 31, der alte Gasthof hat hinter der hohen Mauer, die ihn von der Straße trennt, einen geschützten Gastgarten mit Oleander, einer Palme und einer Bananenstaude … verwunschen! Einfache Küche, aber gute Zubereitungen, Schlutzer, Knödel-Tris, Pizza – ab ca. 18 €. Mi Ruhetag, ✆ 0471/662166.

Heuschupfen 15, J.-Innerhofer-Str. 26, schlichte Tiroler Hausmannskost. Schöne Stimmung im Garten und während der Törggelenzeit sowie eine rustikal-einladende Kellerbar. Do Ruhetag, ✆ 0471/662893.

Zum guten Tropfen 14, Paulser Str. 4, Gasthaus und Pizzeria (ab 17 Uhr), einfache traditionelle Kost von Schlutzern über Schnitzel zum hausgemachten Strudel im Speisesaal und Wintergarten. 2 Gänge ab ca. 20 €. Do Ruhetag, ✆ 0471/662223, www.gutentropfen.com.

Pasta & Co. 10, St.-Justina-Str. 39, Bistro mit Nudelgerichten all'italiana wie Lasagne (Mi), aber auch Knödel (gute Lauch-Gorgonzola-Knödel)/Nocken/Salatteller als Hauptgericht ab ca. 7 €, Schnitzel/Steaks ab ca. 12 €. Funktionell, viele junge Leute. Di Ruhetag, ✆ 0471/662429.

Lipp 2, Perdoniger Weg 30, traditionelles Essen und ein herrliches Panorama, Knödel und Nocken, Würste und Speck, aber auch Kaffee und Kuchen und zur Törggelenzeit Kastanien und neuer Wein (reservieren!). Mo Ruhetag, ✆ 0471/662517, www.lipp.it.

Vinothek Pillhof 26, Bozner Str. 48, stilvolle Weinwirtschaft in einem Ansitz aus dem 15. Jh. mit Restaurant, Weinbar und Vinothek. Intelligente und große Weinkarte. Essen mediterran, Wein aus Südtirol – ein ideales Paar! Reservieren! Sa abends und So geschl., ✆ 0471/633100, www.pillhof.com.

Cafés & Weinbars Schreckenstein 17, Unterrainer Str. 20, Weinbar & Bistro, neu gestalteter Törggelekeller unter der Führung von Herbert Hintner. In der Törggelenzeit tgl. ab 11 Uhr, ansonsten Di–Sa ab 17, So 10–14 Uhr. ✆ 0471/665456, www.schreckenstein.it.

Peter Paul 21, Feldweg 20a (Fußweg ab Schreckensteinkeller), Konditorei-Café, macht in der Weihnachtszeit eigene „Zelten" (Tirol-Trentiner Lebkuchen) und typische Gebildbrote zu den Festen.

Caramel 11, Kapuzinergasse 13, beliebte Café-Eisdiele mit Terrasse am oberen Ende der Fußgängerzone. Leckere Kuchen und Torten und traumhaft gute Kastanienherzen. Das Eis gilt unter Connaisseuren als eines der besten Südtirols.

》》 **Mein Tipp:** Mein Beck 16, Rathausplatz 8, die Bäckerei hat im Zentrum von St. Michael eine neue Filiale mit Bistro und Café eröffnet. Frühstücken unter den Bäumen der Terrasse oder im gemütlichen Café, zum Aperitif in die verwinkelten Ecken im 1. Stock, die Kinder spielen derweil in der Kinderecke. Ein Platz zum Verweilen! Und leckere Semmeln, Croissants und allerlei Süßes gibt's natürlich auch. 《《

Sehenswertes/Ausflüge

Schloss Sigmundskron „MMM Firmian": „Symbol für Südtirol" nennen heimatverbundene (Deutsch-)Südtiroler die so minimalistisch wie intelligent restaurierte Ruine. Sie wurde gegen venezianische Söldner erbaut, die diese im Spätmittelalter (15./16. Jh.) zu Zeiten Kaiser Maximilians noch eine Gefahr darstellten. Später vergaß man sie, was hatte sie noch zu verteidigen, nachdem Tirol-Österreich eine Großmacht und Venedig eine immer weniger bedrohliche und schließlich sogar (1797–1866) von Österreich geschluckte Macht geworden war? Für die Geschichte der Autonomen Region Südtirol wurde die Ruine zum Wahrzeichen für die kulturelle, sprachliche und administrative Eigenständigkeit der Deutsch-Südtiroler, als dort im Jahr 1957 jene große Kundgebung unter dem Motto „Los von Trient"

Schloss Sigmundskron 225

Schloss Sigmundskron vom Radweg zwischen Bozen und Eppan

stattfand, die letztendlich die Entwicklung zur heutigen Autonomie ins Rollen brachte (→ S. 97).

Seit *Reinhold Messner*, umtriebig und ideenreich wie immer, in der Burg sein „Messner Mountain Museum Firmian" für die Berge der Welt eingerichtet hat (Eröffnung 2006), haben die ursprünglichen Unkenrufe vieler Südtiroler (die in der Messner-Gründung einen Ausverkauf sahen) so ziemlich aufgehört, denn das Ergebnis, eine begehbare und teilrekonstruierte Ruine, spricht für sich. Messner will auf Sigmundskron, nur ein Standort seines insgesamt sechsteiligen MMM *(*Messner Mountain Museum, das „erste, größte und bisher einzige Bergmuseum der Welt", die anderen Standorte sind Monte Rite in der Provinz Belluno, Juval, Sulden, die Stadtburg in Bruneck und seit 2016 der Kronplatz mit dem von Zaha Hadid entworfenen futuristischen Corones), „aufklären über den Berg und die Menschen im Gebirge. Indem Kunstwerke immer wieder in Beziehung gebracht werden, wird die Zeit aufgehoben und eine kollektive Biographie des Alpinismus erzählt" (Zitat aus dem Südtiroler Sympathiemagazin „M&B Trend"). Über einen „Tanzplatz der Götter" wachen mythische Standbilder, außerdem sind Figuren aus verschiedenen Bergkulturen der Welt zu sehen.

Auf SS 42 in Richtung Eppan, nach Kreuzung mit SS 38 (Bozen – Meran) links zur Ruine. Alternativ auf dem **Radweg** Eppan – Bozen auf der ehemaligen Bahntrasse. Geöffnet 3. So im März bis 2. So im Nov. Fr–Mi 10–18 Uhr, Eintritt 12 €, erm. 10 €, Kinder 6–14 J. 4 €. ✆ 0471/631264, www.messner-mountain-museum.it.

Der „Ansitz" im Überetsch

Nicht nur im Vergleich mit dem restlichen (Süd-)Tirol ist das Überetsch ein gesegnetes Land, mild und südlich warm, wo Feigen reifen und Weinberge ein an die Toskana erinnerndes Hügelland überziehen. Die über den Brenner und den Ritten nach Süden reisenden Deutschen, die adeligen Ritter, die Kaiserzüge nach Rom, die Heere und Händler erfuhren dieses Land als einen Vorgeschmack auf Italien. Wer hier Besitz hatte, konnte sich zurücklehnen und auf Klima und Boden vertrauen. Schließlich kam der *Weinhandel* über die Alpen selbst in unruhigen Zeiten nicht zum Erliegen, schließlich brauchte man Messwein, wo immer Christen das Abendmahl feierten, von privatem Konsum ganz zu schweigen. Seit dem Spätmittelalter bauten sich die Herren und die Besitzer von Grund und Boden im Lande – nicht unbedingt Adelige, in vielen Fällen auch reiche Handelsherren etwa aus Bozen – nicht mehr Burgen wie Hocheppan, sondern eine Art befestigte Landhäuser (wie in der *terra ferma* Venedigs zur selben Zeit, wo sich die venezianische Villa als Wohntrakt zwischen zwei aus Befestigungstürmen hervorgegangenen flankierenden Risaliten entwickelte).

Ansitz ist das Südtiroler Wort für einen Landsitz des niederen Adels, wie man sie ganz besonders im Überetsch noch heute zu Dutzenden findet, allein in Eppan hat man offiziell 67 gezählt. Ein eigener Stil, der *Überetscher Stil* entstand unter habsburgischer Herrschaft (und während langer Friedenszeiten) in diesen von Fruchtbarkeit gesegneten Weinhügeln: gotische Elemente wie die Kreuzgratgewölbe der Keller und Renaissanceelemente wie die geradlinigen Einfassungen der Fenster, mittelalterliche wie die Türmchen und neuzeitliche wie die Bogengänge in Renaissanceformen in mehreren Stockwerken um einen Innenhof. Im Gegensatz zu Venedig – das die Grundbesitzer des Überetsch durchaus im Blick hatten – gab es keine überragenden Architekten wie Palladio und Vincenzo Scamozzi, die Ordnung in die Entwicklung brachten. Ganz im Gegenteil entwickelte sich hier ein Stil, der alle Elemente gleichzeitig duldete, ja bewusst mischte. So entstanden Ansitze mit oft burgenartigem Äußeren, mit gotischen Erkern und fast idealen Renaissancefenstern im lombardischen Stil, mit engen, mittelalterlich wirkenden Gängen und Stiegenhäusern mit Kreuzgrat- oder Tonnengewölbe, mit repräsentativen Sälen im Renaissancedekor mit Stuck, Fresken, Täfelungen, aufwendigen Kassettendecken, elegante Arkaden, aber auch zinnenbestückte Wehrtürme mittelalterlichen Typs. Fast alle haben als Erkennungsmerkmal den *Erker*. (Der Erker ist als Symbol Südtiroler Baukultur leider von so vielen neueren Hotels und auch Privathäusern übernommen worden, dass man von einer regelrechten Erkerschwemme sprechen kann.) Sehen Sie sich den Eppaner Ansitz Thalegg zwischen St. Pauls und St. Michael an, er ist ein wahres Bilderbuch des Überetscher Stils! Sehenswert sind auch der Ansitz Paschbach in Berg, Schloss Englar in Gand, Schloss Moos, Schloss Gandegg, Ansitz Kreith, Ansitz Stofferin, Castel Ringberg (ein Gut der berühmten Winzerin Elena Walch), Ansitz Löwengang in Magreid, Ansitz Wohlgemuth in St. Michael und viele mehr.

Eppaner Burgendreieck

Das „**Eppaner Burgendreieck**": Von Missian aus, aber auch von St. Pauls kann man zu den drei Burgen in Aussichtslage aufsteigen: **Burg Hocheppan, Schloss Korb** und **Ruine Boymont**. Zusammen bilden sie das „Eppaner Burgendreieck", Wahrzeichen der Gemeinde und des gesamten Überetsch und Symbol für die bedeutende Vergangenheit.

Burgendreieck-Rundwanderung: Als Wanderung ab Missian nimmt man Weg 9, der durch Weinberge und Laubwald bis *Schloss Eppan* führt (1 Std.). Von dort Weg 9 a hinunter in eine Schlucht und jenseits auf Treppen in Waldgebiet und dann auf Fuhrweg bis *Boymont* (0:45 Std.). Von dort auf Fahrweg hinunter nach *Schloss Korb* und auf dem Nussbaumerweg nach St. Pauls bzw. auf der erreichten Straße zurück nach Missian (1 Std.; insgesamt 2:45–3 Std.).

Burg Hocheppan: Tirol könnte genauso gut Eppan heißen. Schließlich waren die Grafen von Eppan, als sie unter *Ulrich II.* etwa von 1125 bis 1130 ihre große, neue Burg Hocheppan bauen ließen, mindestens so mächtig wie die mit ihnen um die Vorherrschaft im alten fränkischen Gau Bozen konkurrierenden Grafen von Tirol in ihrer Burg oberhalb von Meran. Erst nachdem *Heinrich der Löwe* die Eppaner nach deren Übergriff auf eine päpstliche Reisegruppe besiegte und empfindlich in ihren Rechten beschnitt (sie waren zwar Welfen wie er, aber was sollte er gegen einen päpstlichen Befehl unternehmen – und außerdem war es politisch opportun), bekamen die Grafen von Tirol die Oberhand im Land, das sich später – erheblich erweitert – nach ihnen benennen sollte.

Ein 30 m hoher Bergfried und der dreistöckige Palas sind die auffälligsten Teile der Anlage, die strategisch so angelegt war, dass man von dort aus angeblich 36 Burgen und Burgruinen sehen kann. Künstlerisch bedeutend ist nur die frei stehende *Burgkapelle*, diese aber auf höchstem Niveau. Sie enthält einen *romanischen Freskenzyklus* wahrscheinlich byzantinischer Meister oder solcher mit Kenntnis der byzantinischen Tradition. Besonders interessant ist die Mittelapsis, in der eine thronende

Die Burgkapelle von Hocheppan

228 Überetsch und Unterland

Madonna mit einem ziemlich großen Jesuskind auf dem Schoß von Engeln flankiert wird. Diese sehr formale Darstellung erinnert in Ausführung an eine Ikone. Ganz anders die törichten (links) und die klugen Jungfern (rechts) im Fries darunter. Die Letzteren sind ausgesprochen schick und nach der letzten Mode gekleidet und haben in der Art, wie sie locker stehen, etwas von Mannequins während einer Modeschau. Einzelne Details, die ebenso von der byzantinischen Norm abweichen, lassen vermuten dass auch lokale Meister ihre Hand im Spiel hatten, vor allem ist die Darstellung einer Knödelesserin im Bild von Christi Geburt ein echter Realitätshit – das Fresko ist übrigens der älteste Hinweis auf die lange Tradition der *Knödel* in der Tiroler Küche. An der Außenwand fällt eine große Jagdszene ins Auge. Die sehr naturalistische Szene wird nicht als reine Jagddarstellung gedeutet, sondern als Höllenfahrt des Dietrich von Bern. Dieser war als Arianer in den Augen der Kirche ein Ketzer gewesen und zur Hölle verdammt. (Rechts vom Haupteingang von San Zeno in Verona befindet sich eine vergleichbare Darstellung, sie wird allgemein als Höllenfahrt des Dietrich von Bern interpretiert, die Szene in Hocheppan könnte sich darauf beziehen.)

Etwas unterhalb der Burg steht, so weithin sichtbar wie Hocheppan selbst, der letzte erhaltene der vier Wachtürme, der schlanke, hohe Kreideturm.

Burg: Mitte März bis Anfang Nov. tgl. 10–18 Uhr, Führungen stündl. 11–16 Uhr (können bei sehr schlechtem Wetter entfallen), 7 €. Vom Parkplatz zu Fuß in ca. 40 Min.

Burgschänke (Jausenstation): bis Anfang Nov. tgl. geöffnet, passend zum „Knödelfresko" liegt der kulinarische Schwerpunkt auf – Knödeln! Zur Törggelenzeit besser vorher anrufen, ✆ 333/6698212, www.hocheppan.it.

Ruine Boymont: Die Herren von Boymont, Ministerialen der Eppaner und von ihnen abhängig, ließen ab 1230 für sich unterhalb von Hocheppan eine Burg erbauen. Die heutige Ruine (die Burg wurde 1425 durch Brand zerstört) zeigt noch sehr genau die ursprüngliche Konstruktion, die später nicht mehr verändert wurde. Ein großes Rechteck von 45 auf 31 m, ein massiver Bergfried und zwei große, übereinander liegende Säle, in denen die Herrschaft wohnte. Von der Ausgestaltung haben sich nur die Fassungen der Rundbogenfenster mit ihren zierlichen Säulchen erhalten.

Fußweg/Essen: Von Schloss Korb (unterhalb des Schlosses großer Parkplatz) zu Fuß ca. 30 Min.; *Jausenstation Boymont*, drinnen im Innenhof der Ruine schmeckt die Merende an den rustikalen Tischen besonders gut, wer dann auch noch die Törggelenzeit mit ihren gebratenen Kastanien für den Besuch ausgewählt hat, wird sich sicher lange daran erinnern. April bis Allerheiligen, Mo Ruhetag, ✆ 0471/866000.

Schloss Korb: Wer das heutige komfortable Hotel besucht, das geschickt in den ursprünglichen Wohnturm integriert und um ihn herum gebaut wurde, kann sich kaum vorstellen, dass in der Bauzeit um 1240 nicht nur eine Adelsfamilie, sondern wahrscheinlich auch Gesinde und Soldaten im Turm wohnten. Die Burg ging durch mehrere Hände, u. a. besaßen sie eine Zeit lang die Bozner Vintler, die auch Runkelstein ihr Eigen nannten. Die Umwandlung zum Schlosshotel, die erst vor einer Generation erfolgte, hat dem Bau neues Leben gegeben.

Das Innere des Turms kann nur der Hotelgast, der eines der Zimmer bucht, besuchen, vom Gang an der Rezeption guter Blick auf den Turm. Restaurant im Schloss Korb, kein Ruhetag, ✆ 0471/636000; Hotel Schloss Korb → „Übernachten".

St. Pauls und der „Dom auf dem Lande": Wahrhaftig eines Domes würdig ist diese Dorfkirche mit ihrem 86 m hohen Turm. Für das kleine, wenn auch wohlhabende Weindorf St. Pauls muss die Errichtung dieser Kirche ein gewaltiger Kraftakt gewesen sein, man fragt sich, wen man damit beeindrucken oder gar übertrumpfen wollte. Die spätgotische Kirche (1461–1552) besitzt einen eindrucksvollen Umgangschor mit schönem Chorgestühl von ca. 1600. Eindrucksvoll vor allem auch die Fassade, die 1514 von einem Augsburger Meister entworfen und errichtet wurde und schönen plastischen Schmuck besitzt.

Die Kirche ist tgl. geöffnet. Außerdem sehr informative Kirchenführung jeden Di 10 Uhr (während der Saison), Dauer ca. 1:30 Std., 5 €. Anmeldung im Tourismusbüro. Infos zur Kirche unter www.kirche-st-pauls.info.

Spachteln unter Sternen – die Eppaner Tafel

Gastronomisch lassen sie sich ja einiges einfallen, die Südtiroler. Aber unter freiem Himmel in der mittelalterlichen Gasse in St. Pauls mit 340 anderen Gästen an einer über 130 m langen Tafel dinieren – das ist schon das, sagen wir mal, Tüpfelchen auf dem „i". Seit 15 Jahren findet dieses Ereignis immer Ende Juli statt. Sternekoch Herbert Hintner aus der „Rose" in St. Pauls kreiert das Menü. Zuvor präsentieren sich ausgesuchte Winzer am einen Ende der Tafel, man schlürft Sekt oder Wein, plaudert, und dazu spielt Blasmusik. Die halbe Eppaner High Society ist anwesend, das kleine Schwarze ist ebenso vertreten wie legere Freizeitkleidung. Für ein paar Auswärtige reicht der Platz auch noch, es geht international zu. Das Essen ist natürlich fantastisch, aber der Mehrwert besteht zweifelsohne im Ambiente. Und es ist eine Schau, wie flink wieselnde Kellner es hinbekommen, 340 Teller fast gleichzeitig zu servieren. Zu jedem Gang gibt es einen eigenen Wein, und nachgeschenkt wird schneller, als man austrinken kann. Das Motto der Tafel ist Begegnung, und im Laufe des Abends werden die Gespräche mit den Sitznachbarn stetig angeregter. Gegen Mitternacht ist das Spektakel vorbei.

Gleich geht's los

Die Eppaner Tafel ist, wie alle Tafeln in Südtirol, extrem beliebt. Deshalb gilt es, frühzeitig im Internet nachzusehen, ab wann gebucht werden kann – die Plätze sind in null Komma nix weg. Und das, obwohl 150 € pro Person kein Schnäppchen sind, und wenn das Ereignis doch mal ausfallen sollte, erhält man nur 50 % zurück. Infos und Buchung unter www.eppan.com.

Anlage um 1270 noch mit spätromanischen Elementen erbaut. Im Museum erst um 1960 entdeckte gotische Fresken, darunter der sehenswerte Zyklus des „Katzen- und Mäusekriegs", gotische Stube mit Balkenwalmdach, Original-Rauchkuchl und eine Menge mittelalterliches Original-Inventar. Die Burg wurde um 1550 im Überetscher Renaissancestil umgebaut. Von außen sollte man sich *Schloss Freudenstein* ansehen, erbaut im 13. Jh., Neubau 1519, vor 1914 im spätgründerzeitlichen Geschmack renoviert durch den damaligen Besitzer, Baron Seibald, Botschafter des Deutschen Reichs in Japan. Zwei Burgkapellen, Loggiengänge und leider derzeit geschlossen.

Mittelerker von Ansitz Thalegg

Museum Schloss Moos-Schulthaus (Museum für mittelalterliche Wohnkultur, im Herbst Kunstausstellungen), Schulthausweg 4, Eppan-Berg, Ostern bis Okt., Führungen Di–Sa 10, 11, 15 und 16 Uhr, Eintritt 7 €, erm. 5 €. Infos ✆ 0471/660139, www.burgeninstitut.com.

Die Eislöcher bei Eppan: Am oberen Ortsrand von Eppan liegt mitten im warmen Flaumeichen- und Hopfenbuchenwald auf 510 bis 527 m Meereshöhe ein Biotop, in dem die übliche Vegetationsfolge auf kleinstem Raum umgekehrt ist. Hier steigt man aus dem submediterranen Buchenwald durch subalpinen Fichten- und Lärchenwald in Mulden hinunter, in denen Alpenrose, alpine Moose und Farne, Scheuchzers Glockenblume und andere typisch alpine Pflanzen vorkommen. An manchen Felsblöcken hängt auch im Sommer ein Eiszapfen. Ein eiskalter Wind kommt unter den Blöcken hervor, die Luft kann in der Mulde nicht abfließen, bleibt den ganzen Sommer über alpin-kalt, während es ein paar Dutzend Meter höher vielleicht 25 °C hat. Dieses interessante Temperaturumkehrphänomen ist möglich, weil kalte Bergluft unter lockerem Felssturz- und Bergrutschmaterial den Berghang unterirdisch herab dringt, ohne sich dabei zu erwärmen. Am Boden der Mulde tritt sie aus und kann nicht ablaufen, ein an die 5 m hoher Kaltluftsee bleibt permanent in der Mulde, da eine Erwärmung wegen der ständig nachfließenden Kaltluft nicht möglich ist. So können hier nur Pflanzen überleben, die alpine Klimabedingungen gewöhnt sind – wie ihre Vettern, 1000 bis 2000 m höher!

Von Eppan auf den Mendelpass: Die Straße auf den Mendelpass 1300 m über Eppan wurde 1880–1885 errichtet und war damals eine bedeutende Leistung im Gebirgsstraßenbau. Die Fahrt ist nach wie vor eine eindrucksvolle Erfahrung, vor allem im zweiten Teil, wenn man förmlich durch die Felswand aufwärts geführt wird. Zusammen mit der Straße über den Gampenpass ermöglicht sie eine fantastische Rundfahrt von Eppan: auf den Mendelpass, hinunter ins Nonstal nach Fondo, über den Deutschnonsberg (Unsere Liebe Frau im Walde) nach Lana und von dort auf der Südtiroler Weinstraße zurück nach Eppan.

Zum Pass und seiner Umgebung → Kaltern/Mendelbahn.

Der Montiggler Wald und die Montiggler Seen: Die beiden Seen mitten im großen Montiggler Wald sind nur außerhalb der Badesaison idyllisch, wenn dort Wanderer, Jogger und Radfahrer auf den vielen Wegen tummeln, ohne dass es irgendwo eng wird. Im August jedoch umlagert badewütiges Volk die recht flachen und daher bald aufgewärmten Seen. (Großes Freibad und Hotel am Großen Montiggler See, kleines Bad mit Jausenstation am Kleinen Montiggler See; s. u.).

Um den Kleinen Montiggler See führt ein **Botanischer Lehrpfad** mit hübschen, handgemalten Tafeln, ein Werk zweier Klassen des humanistischen Gymnasiums „Walther von der Vogelweide" in Bozen (einen ausgezeichneten Führer dazu gibt es gratis im Tourismusbüro – so lange der Vorrat reicht).

Ganz einsam liegt südlich des Montiggler Waldes auf einem isolierten Basaltfelsen die **Ruine Leuchtenburg**, die man von der Autobahn aus besser sieht als vom Überetsch. Die Burg wurde um 1250 von den Herren von Rottenburg erbaut, die zur damaligen Zeit Vögte des Gerichtes Kaltern waren (sie gehört auch heute administrativ zu Kaltern). Wer auf recht steilem Steig zur frei zu besichtigenden Ruine hinaufsteigt, entdeckt die Reste einer *prähistorischen Wallanlage*, die den gesamten Berg umgibt, die aber in dem dortigen niedrigen Flaumeichenbuschwald oft nicht gut auszumachen ist.

Zu den Montiggler Seen fährt im Sommer der „**See- und Wanderbus**" von Altenburg/Kaltern und Girlan; **Jausenstation Kleiner Montiggler See** 29 (→ Karte S. 218/219), Ostern bis Okt., ☎ 0471/663127, www.kleinermontigglersee.com.

Das Frühlingstal bei Montiggl: Zwischen dem Großen Montiggler See und dem Kalterer See verläuft ein von Eiszeitgletschern ausgeformtes breites Tal, das wegen seiner auffallend artenreichen und bunten Frühjahrsvegetation Frühlingstal genannt wird. Hopfenbuchen, Mannaeschen, Edelkastanien, Eichen und Steinweichsel an trockenen Stellen, an Bachläufen Schwarzerlen, sind im frühen Frühjahr noch blattlos und erlauben dann einen reichen Unterwuchs. Zwischen dem Großen Montiggler See und dem Ort Montiggl ist dieses Naturparadies leider durch landwirtschaftliche Nutzung und Straßenbau fast zerstört worden, weiter in Richtung Kalterer See jedoch sind im natürlich bewaldeten Teil des Frühlingstals wunderschöne **Biotope** erhalten (in den Aufforstungsgebieten der Douglastanne hingegen ist der Bodenbereich praktisch vegetationslos). Die Blütezeit von Schneeglöckchen und Frühlingsknotenblume, Leberblümchen und stengelloser Primel, Seidelbast und Buschwindröschen ist der März. Zu dieser Jahreszeit ist bereits oft der Zitronenfalter zu sehen. Das Frühlingstal ist ein nach Landesgesetz geschütztes Biotop.

Fußweg: Großer gebührenpflichtiger Parkplatz an der Straße Eppan – Montiggl etwas oberhalb von Eppan, von dort Weg nach Montiggl nehmen, wo die Beschilderung „Frühlingstal" beginnt.

Tour 6: Wanderung oder mit dem Rad von Girlan über die Montiggler Seen nach Kaltern

Tour-Info: Durch den Montiggler Wald und zu den Montiggler Seen führt diese gemütliche Radtour oder Wanderung zwischen Eppan/Girlan und Kaltern. Die Tour führt an der autofreien Seite der Montiggler Seen entlang und durch den oberen Teil des Frühlingstals. Länge der Radtour 13,7 km, der Wanderung ca. 15,5 km (Girlan–Kaltern); Dauer mit dem Rad 1:15–1:30 Std., zu Fuß 4–4:30 Std.; Höhenunterschied ↑ 180 m, ↓ 210 m. Karte: Tabacco (1:25.000) Blatt 49. Mehrere Gaststätten am Weg.

Von Eppan-St. Michael aus nimmt man die Straße oder den Maria-Rast-Weg (von der Information in St. Michael nach rechts auf die J.-G.-Plazer-Straße, erste rechts und immer geradeaus bis zur Maria-Rast-Kapelle, dort auf für Pkw gesperrtem Weg über die Umfahrungsstraße, man kommt am Ortsrand von Girlan an) nach Girlan, wo unsere Tour vor der Kirche des Dorfs **A** beginnt. Mit Blick auf die Kirchenfassade wendet man in die rechts beginnende Straße und hält sich bei der folgenden Einmündung in eine lebhafter befahrene Straße **B** links. Bei der folgenden Gabelung **C** nach links auf die Schreckbichler Straße und dieser folgend auf einen sanften Höhenzug mit dem Weiler Schreckbichl mit Kapelle **D**. Zwei Buschenschanken laden zur (hier für uns etwas frühzeitigen) Rast. Die Straße ist noch ein Stückchen asphaltiert, am Waldrand beginnt dann in der Fortsetzung eine recht gute, aber nicht geteerte Forststraße **E**. Der Montiggler Wald empfängt uns, es geht leicht bergauf, man erreicht einen Forststraßenstern **F**, wo man sich links hält. Kurz darauf zweigt rechts ein beschilderter und markierter Fußweg ab, den Wanderer benützen, die Radler bleiben auf der Forststraße, die im Bogen bergan führt, der nur 300 m lange Wanderabschneider mündet rechts. Zwei Abzweigungen schmalerer Forststraßen werden in der Folge nicht beachtet (bei Gabelung „Hirschplatz" links), dann erreicht man nach kurzem Abstieg eine Schranke und die Forststraße mündet in eine Seeuferstraße **G** – wir sind am Kleinen Montiggler See angekommen, rechts befindet sich eine Jausenstation.

Der weitere Weg für Wanderer: Linksbündig (im Uhrzeigersinn) um den Kleinen Montiggler See entlang, die Straße endet, ein Weg mit Markierung 1A führt weiter. Knapp bevor sich die Seerunde schließt, biegt der Weg nach links ab und führt als schmaler Weg zum Großen Montiggler See. Dort erreicht man ein Sträßchen, dem man wieder linksbündig folgt, auch dieses setzt sich später als schattiger Waldweg fort, der durch den schönen Kiefern-, Buchen- und Lärchenwald dieser Zone

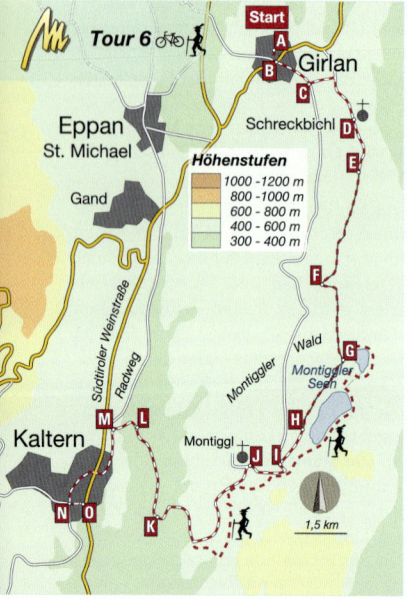

führt (die ungewöhnliche Mischwald-Zusammensetzung gilt als seltener Rest nacheiszeitlicher Vegetation). Am Südufer angekommen, geht man am dort beginnenden Zufahrtssträßchen nicht nach rechts zur Autostraße, sondern geht in etwa gleicher Richtung weiter auf Weg 20, der durch das ausgedehnte Sumpfgebiet im Verlandungsbereich des Großen Montiggler Sees führt (Schilder „Frühlingstal"). Man folgt diesem deutlich markierten und beschilderten Weg ca. 2,5 km. Er bleibt bis auf die letzten 300 m auf der linken Seite des Bachs. Wo er dann eine asphaltierte Straße kreuzt, wenden wir uns auf dieser nach rechts und erreichen nach 250 m die Einmündung einer von rechts kommenden, ebenfalls asphaltierten Forststraße **K** (s. u.).

Der weitere Weg für Radfahrer: Rechts weiter auf der Seeuferstraße, man passiert – ohne Ausblicke, für die muss man den Wanderweg gehen – den Kleinen und den Großen Montiggler See, erreicht dann die zur Badezone (und zum Hotel Sparer) führende breite Autostraße **H**, der man nun nach rechts folgt. Das Hotel Moser am See bleibt links, die Schilfzone im Verlandungsgebiet des Großen Montiggler Sees endet, die Asphaltstraße macht eine scharfe Rechtskurve. Hier noch vor der Kurve **I** nach links auf ein Sträßchen, das in die Ortschaft Montiggl **J** führt. Dort noch vor der Kirche nach links hinunter auf asphaltierte Forststraße („Unterberg"), flotte Fahrt, dann im Wald Einmündung in eine etwas breitere, ebenfalls asphaltierte Forststraße **K**.

Von der Einmündung **K** auf der asphaltierten Forststraße weiter, abwärts durch Wald in ein wasserloses Tal, das von Eppan/Gand herunterziehende Lavasontal, das im unteren Teil zum Kalterer See führt. Wo der Talboden erreicht ist, Linksknick **L** und rechts zwei Wege, der linke der beiden („Lavasonweg") ist für Wanderer wie für Radfahrer geeignet, er führt nach Gand und somit nach Eppan. Wir gehen oder fahren jedoch ganz links weiter, recht steil geht es hinauf zur alten Bahntrasse, die Straße wird unten durch geführt. Auf der anderen Seite steht man am Ortsrand von Kaltern, rechts verläuft die Weinstraße, links mündet der Radweg (die Bahntrasse) von Eppan. Hier **M** nicht die Weinstraße überqueren, sondern leicht links versetzt weiter auf der Bahnhofstraße (am Ende liegt links der alte Bahnhof) bis zu einem Verkehrskreisel, wo man relativ gefahrlos auf die andere Seite wechseln kann. Oder man quert erst gar nicht, sondern wartet an der Haltestelle auf den nächsten Bus nach Eppan. Auf der anderen Seite fährt man als Radler am besten die schräg nach links führende Straße in Richtung Mitterdorf hinauf (Maria-Theresien-Straße) und wendet sich oberhalb des Dorfkerns von Kaltern nach links zum breiten Rottenburger Platz **N**, wo man die einigermaßen steile Straße Paterbichl zum Dorfplatz hinunter nimmt **O**.

Kaltern

Kaltern lebt vom Wein: Kalterer Wein und vor allem das Etikett „Kalterer See" sind allgemein bekannte Begriffe. Das kommt nicht von ungefähr. 760 ha Wein baut Kaltern heute an, der „vinum de caldaro" ist seit 1220 urkundlich belegt, aber wohl viel älter.

Das milde, im Herbst lange sonnenwarme Klima lässt es zu, dass Feigen, Japanische Mispeln und Mandeln reifen – und natürlich der Wein. Vernatsch ist die Rebe des lokalen Weins, der sich nicht nur „Kalterer See" nennt.

Weinbau ist eine Sonderkultur, die im Vergleich zur Getreide- oder Milchwirtschaft wesentlich kleinere Grundstücke benötigt, was bedeutet, dass in Weinbaudörfern auf gleicher Fläche wesentlich mehr Familien leben können als in Dörfern mit gemischter Landwirtschaft. Man sieht es Kaltern an, dass es ein Weindorf ist, man sieht es am dichten Nebeneinander der Weinbauernhöfe, an der Größe der einzelnen Dorfteile, am fast städtisch anmutenden Dorfkern. Ohne die Hektik einer Stadt mit der außerhalb der Erntezeit ruhig fließenden Arbeitsweise des Weinbauern, der selten einen Termin hat, den er nicht ein wenig verschieben kann, um mit dem Nachbarn ein paar Worte zu wechseln. Nur ausgerechnet dann, wenn die meisten Gäste im Dorf sind, hat man tagsüber wenig Zeit, wenn nämlich die frühherbstliche Erntesaison beginnt. Aber die vorübergehende Vernachlässigung der Gäste lässt sich abends leicht wieder wettmachen, indem man mit ihnen ein Glas Roten trinkt. Kalterer selbstverständlich.

Basis-Infos

Information Tourismusverein, neben Unterkunftsverzeichnis (kaum Einzelprospekte!) und Stadtplan gibt es ein „Logbuch" mit allen wichtigen Adressen. Karwoche bis Allerheiligen Mo–Fr 8–12.30/13.30–18 Uhr, Sa 9.30–12.30/14–18 Uhr, So 10–12 Uhr, Nov. bis vor Ostern Mo–Do 8–12.30/13.30–17 Uhr, Fr 8–12.30 Uhr, Marktplatz 8, I-39052 Kaltern/Caldaro, ✆ 0471/963169, www.kaltern.com.

Verbindungen Pkw: gute Straßen nach Eppan und Bozen sowie nach Tramin und Auer. Bus: Verbindungen mit Bozen und Tramin, Auer und Neumarkt. Der *See-Wanderbus* bringt Kalterer Gäste (mit Tourist-Pass) von Mitte Juni bis Anfang Okt. von allen Ortsteilen zum Kalterer See.

Ärztliche Versorgung Gesundheitsdienst Kaltern, Rottenburger Platz 2, ✆ 0471/964103.

Wie vermarkte ich ein Dorf?

Wer Kaltern besucht, kommt am roten Punkt und am Signum wein•kaltern nicht vorbei. Das Weindorf Kaltern ist in dieser Form seit 1999 eine Marke, ein geschütztes Warenzeichen, das beworben und an dessen Image gefeilt wird wie an jedem anderen Markenprodukt. Das Produkt hat eine touristische Seite – Unterkünfte und Restaurants im Ort wollen profitieren – und eine vom Wein geprägte – das Image des „Kalterer Sees" löst sich erst allmählich von der unseligen Vergangenheit mit minderwertiger und teils gepanschter Massenproduktion (→ Kasten S. 236). Edle Gläser von Riedel in der Schänke, fein gestaltete und in den Boden eingelassene Schwellen mit den Schriftzügen der einzelnen Riedel (Lagen) und natürlich dem roten Punkt, ein neues „wein•haus" vom „Star-Architekten" Hermann Czech am Marktplatz gegenüber der Pfarrkirche und viel, viel teure Werbung sollen dazu beitragen, die Marke „wein.kaltern" ganz weit oben zu positionieren. Die Weine des Ortes sind auf jeden Fall schon jetzt von hoher Qualität und ansprechend verpackt.

Infos: wein.kaltern Genossenschaft, Marktplatz 8, Kaltern am See, ✆ 0471/956410, www.wein.kaltern.com.

Baden/Schwimmen Badebetriebe am Kalterer See: **Lido** bei St. Josef mit großer Terrasse, Pizzeria, Freibad und Bootsverleih. Im Bereich Gretl am See (nordwestliches Seeende) großzügiges **Kalterer Seebad** auf zwei Ebenen und 11.000 m^2 Fläche;

Seezugang mit Liegewiese beim Gasthof Klughammer und beim Hotel Seegarten, Mitte Mai bis Ende Sept.

Einkaufen Viele Kalterer Geschäfte haben im Juli und August am Do länger offen, zu diesen Terminen auch Sonderfahrten des Gästebusses in die Ortsteile bis nach 22 Uhr.

Brot und Gebäck in der Dorfbäckerei Wörndle, Goldgasse 4 (hervorragendes Brot aus Vorschussmehl, köstliche Topfentaschen aus Germblätterteig). **Feinkost und Wein** bei Vinothek Battisti, Goldgasse 7. **Supermarkt**, Bahnhofstr. 31.

Bioprodukte wie naturtrübe Fruchtsäfte beim Steffelehof, Heppenheimerstr. 11, St. Nikolaus, 0471/963608, www.lugginsteffelehof.com; Bioladen Triade, Rebschulweg 1. ■

Winecenter der Kellerei Kaltern, Bahnhofstr. 7. Der architektonisch interessante Neubau mit spiegelnder Außenfassade beherbergt neben dem Weinverkauf eine stylische Winelounge und eine Dependance von „pur Südtirol" mit einer kleinen Auswahl an regionalen Delikatessen. 0471/966067 www.winecenter.it.

Am Mittwoch **Markt** in der Kellereistraße (Ortseinfahrt aus Richtung Eppan links). Dienstags **Bauernmarkt** am Marktplatz.

Feste & Veranstaltungen Weinfest, Mitte August feiert Kaltern sich und seinen Wein.

Kalterer Weintage, Kaltern präsentiert sich auch in der ersten Septemberwoche ganz im Zeichen des Weins – nicht, als ob das im alten Weindorf etwas Besonderes wäre, aber in diesen Tagen dreht sich wirklich alles um den Wein. Stände mit Wein und traditionellem Essen auf dem Marktplatz, Weinfachproben und Verkostungen, Konzerte (v. a. Blasmusik), spezielle Weinmenüs in den Gaststätten, Führungen zum Thema Wein … Infos beim Tourismusverein (s. o.).

Kalterer Seespiele, drei Abende im Sommer mit Programm zwischen Rock, Pop und Klassik. 2017 stand u. a. Silbermond auf der Bühne, 2016 Lena und 2015 das Haydn Orchester. Open Air und recht romantischer Seestandort.

Golf In Petersberg (Deutschnofen), aber auch – über den Mendelpass unschwer erreichbar – im oberen Nonstal (Trentino) die 18-Loch-Anlage des Golf Clubs Dolomiti,

Seio di Sarnonico, 0463/832698, www.dolomitigolf.it.

Kinder Großer **Kinderspielplatz** im Altenburger Wald nahe der Sportzone St. Anton.

Marktplatz in Kaltern

Tretbootfahren, z. B. beim Camping Gretl am See, 9,50 €/Std. Südtirols größter **Hochseilgarten** im Walderlebnis-Abenteuerpark beim Altenburger Wald, Erw. 22 €, Kinder und Jugendliche 16–18 €. 347/8010960, www.abenteuerpark.it.

Paragliding/Drachenfliegen Para-Start vom Lavinaspitz, Drachen vom Penegal, Landewiese ist die Südwestecke des Kalterer Sees.

Radfahren/Mountainbiken Fahrradshop und -Verleih Sarner Bike, Gewerbezone Gand 6, www.sarnerbike.it. Wöchentlich geführte Radtouren (Tourismusverein). **Mountainbike- und Rennradtouren**: Bike School Roen, 338/2950013, www.bikeschoolroen.it.

Reiten Moderne Reitsportanlage Georgsturm mit neuer Reitschule in Oberplanitzing. 339/2412547, www.priskakelderer.it.

Segeln/Surfen Auf dem Kalterer See, nachmittags kräftige Ora, Infos beim **Segelverein**, Clubhaus St. Josef am See 14, www.svks.it.

Surfkurse und Surfbrettverleih im Strand- und Freibad Gretl am See, ✆ 0471/960055, www.gretlamsee.com.

Wintersport Kunsteisbahn „Eisring Kaltern" in der Sportzone St. Anton. Natureisplatz auf dem Kalterer See.

Weingüter Weinverkostungen jeweils Mi, abwechselnd durch die Kellerei Kaltern und die Erste & Neue Kellerei, Infos und Anmeldungen beim Tourismusverein (s. o.). Eine Karte der einzelnen Lagen erhält man im Tourismusverein („wein•wegweiser"), sie enthält Namen und Adressen der Betriebe, die mit Kalterer Wein in Beziehung stehen.

Kellerei Kaltern, Kellereistr. 12, großer Traditionsbetrieb, der 2016 mit dem in finanziellen Schwierigkeiten steckenden Weinhaus Erste+Neue fusionierte, Kellerführungen und Verkostungen (April bis Okt.) Do 17 und Fr 10 Uhr, Kosten 10 €, Anmeldung unter ✆ 0471/966067, Infos unter www.kellereikaltern.com.

Erste+Neue Kellerei Kaltern, direkt neben der Kellerei Kaltern und seit 2016 von dieser übernommen, großes Verkaufsgeschäft mit genug Parkmöglichkeiten für mehrere Busse, besonders guter Lagrein. Ein weiterer Verkaufsladen im Hof des Gebäudes des Weinmuseums, Goldgasse 1, ✆ 0471/963122, www.erste-neue.it.

Weinkellerei Kettmeir, Wein und Sekt aus Südtirol, Kellereistr. 4, ✆ 0471/963135, www.kettmeir.com.

Weingut Klosterhof, Klavenz 40, privater Weinkeller mit Garni (→ „Übernachten"). Die junge Familie hat vor ein paar Jahren den Sprung aus der Genossenschaft zum selbstständigen Weingut gewagt, die Weine sind alle aus hofeigenen Trauben, die Vermarktung ist direkt (Verkostungsstube im Innenhof des Garni). ✆ 0471/961046, www.klosterhof.it.

Weingut Manincor, St. Josef am See 4 (direkt an der Weinstraße), Eigentümer ist Michael Graf Goëss-Enzenberg, eindrucksvoller, architektonisch interessanter, drei Stockwerke tiefer moderner Kellerbereich neben dem alten Gebäude, schöner Verkaufsladen, Führungen mit Weinverkostung möglich. ✆ 0471/960230, www.manincor.com.

Der „Kalterer See"

Wer „Kalterer See" sagt, der meint die Vernatsch-Rebe, denn der berühmte Wein besteht zu mindestens 85 % aus dieser Traube. Leicht, frisch und süffig ist dieser Wein. Man sollte ihn nicht zu lange lagern, sondern lieber jung genießen. Der Säuregehalt ist gering (um die 4,5 Promille), das macht ihn besonders bekömmlich, zumal er fast immer trocken ausgebaut wird. Dass er keinen Restzucker enthält, macht ihn auch für Diabetiker zum idealen Wein. Vor einer Generation war er *der* Südtiroler Wein, zumindest im deutschsprachigen Ausland. Doch was als „Kalterer See" oder gar „Kalterer See Auslese" in die Flaschen kam, war oft nicht unbedingt ein Produkt der sonnenwarmen Hänge um Kaltern. Einen Schutz der Bezeichnung gab es nicht. Jeder konnte irgendein „elendes gepantschtes Heidengesöff" unter dem Etikett „Kalterersee" den getäuschten Konsumenten andrehen (Zitat nach H. Hochrain: Die guten Weine Südtirols, Bozen 1985). Der Wein verlor Prestige und Marktanteile. Die Kontrolle durch den Staat und die geschützte Ursprungsbezeichnung (DOC – denominazione di origine controllata) konnten dann zwar die Qualität sichern, aber den guten Ruf nicht wieder herstellen. Vor 20 Jahren hatte der Anteil der Vernatsch-Rebe im Bereich von Kaltern noch 80 % betragen, heute liegt er knapp über 50 %. Andere Sorten haben das Rennen gemacht, Lagrein, Blauburgunder und die an den Höhengrenzen des Kalterer Weinbaus schon immer beheimateten Weißweine wie der Gewürztraminer und der Müller-Thurgau. Derzeit scheint der Abwärtstrend gebannt zu sein, der italienische Markt für die Vernatsch-Traube hat sich sogar verbessert.

Übernachten → Karte S. 238/239

Gutes Angebot an Übernachtungsmöglichkeiten, in der Hochsaison (August bis Oktober) meist voll bis auf ein paar Restplätze, die z. T. beim Tourismusbüro auf Anfrage ausgedruckt werden. Darüber hinaus lohnt sich die Zimmersuche auf eigene Faust. In einigen Ecken des ausgedehnten Orts konzentrieren sich die Frühstückspensionen, z. B. am ruhigen **Barleiterweg** (Nr. 7, 11, 18, 28), im ebenso ruhigen **Prey-Klavenz**, wo fast jedes Haus einzeln im Weinberg steht, und im alten Dorf **Oberplanitzing** am Waldrand in Richtung Eppan, unweit der Mendelstraße gelegen. Auch **St. Nikolaus** oberhalb von Kaltern Dorf und Mitterdorf ist wegen der größeren Anzahl privater Zimmervermieter ein guter Tipp.

**** Schlosshotel Aehrental 15, wer mal in einem Ansitz wohnen will (späte Renaissance), ist hier am rechten Ort. Hervorragendes Restaurant Schlosskeller (→ „Essen & Trinken"). Gelungener Mix aus alten Räumen, denen man z. B. die unverputzten Wände und die Steinumfassungen von Türen, Toren und Fenstern gelassen hat, und mit Stilmöbeln und Teppichen komfortabel eingerichteten modernen Bereichen. Nahe dem Zentrum, sehr gute, großzügig proportionierte und eingerichtete Zimmer mit Sitzecke, großer parkähnlicher Garten mit Liegewiese und am Kalterer See Privatstrand mit Liegewiese und Café. DZ/HP 184–320 €. Goldgasse 19, ☏ 0471/962222, www.schlosshotel.it.

*** Zum Weißen Rössl 17, was ein richtiger alter Einkehrgasthof ist (16. Jh.!), sieht wie ein Ansitz aus, und genau das trifft für das Weiße Rössl mit seinen Erkerseitentürmchen und dem abgeschrägten Erdgeschoss zu. Gutbürgerliches Restaurant (→ „Essen & Trinken"). Spätgotische Gewölbe und modern ausgebaute Zimmerstockwerke ergänzen einander, die Zimmer sind komfortabel ohne Luxus, zum Platz keine Balkone. DZ/FR 88–92 €. Marktplatz 11, ☏ 0471/963137, www.weisses-roessl-kaltern.com.

**** Weingut Klosterhof 20, sehr ruhig gelegenes, familiengeführtes Hotel garni in den eigenen Weinbergen (→ „Weingüter"), gemütlich eingerichtete, teils modern gestaltete Zimmer und Ferienwohnungen mit Balkon und neuen Holzböden. Vor dem Haus großer Garten/Liegewiese mit Obstbäumen und Pool. Neues „Wein-Spa" mit Sauna und Bade-Weinfässern. Die Weine aus dem eigenen Anbau, das appetitliche Frühstücksbuffet und nachmittäglicher Kaffee und Kuchen tragen nicht wenig zur guten Stimmung bei. DZ/FR 118–214 €, Apt. für 2–4 Pers. 98–

Herbstliche Reben oberhalb des Kalterer Sees

141 €. Klavenz 40, ℡ 0471/961046, www.klosterhof.it.

*** **Saltneregg** 12, schön in den Weinbergen gelegenes Garni mit eigener Zufahrt, also ruhig. Eher kleine Zimmer, 4 Apartments für 2–4 Pers. Wirklich großes Freibad und Liegewiese, wie sie einem größeren Hotel Ehre machen würden. DZ/FR 86–106 €, Apt. (2 Pers.) 80–95 €. Klavenz 41, ℡ 0471/963481, www.saltneregg.com.

**** **Das Wanda** 6, aus dem ehemaligen Garnellenhof wurde ein Hideaway der Extraklasse, aber leider nur für Erwachsene. 12 großzügig geschnittene Suiten in dezenten Farben, individuell und hochwertig ausgestattet. Prächtige Aussichtslage zwischen Wald und Reben. Frühstück mit lokalen Produkten. Schöner Park mit Pool und Liegewiese, im Haus außergewöhnlich designter Spa-Bereich mit Sauna und Infinity Pool. Perfekt zum Entspannen. DZ/FR 196–280 €. Garnellenweg 18, ℡ 0471/669011, www.das-wanda.com.

***S **Römerrast** 8, Hotel oberhalb der Straße, nach hinten Wald, im Haus Café mit Panoramaterrasse, alle Zimmer mit Balkon, sodass man auch dort den Ausblick genießen kann. Seitlich große Liegewiese und Pool, kleiner Wellnessbereich. DZ/HP 142–194 €. Oberplanitzing 40, ℡ 0471/669097, www.roemerrast.com.

》》》 Mein Tipp: *** **Masatsch** 4, das von der Lebenshilfe Südtirol betriebene Integrationshotel ist das erste barrierefreie Hotel Südtirols und wird ausgesprochen freundlich geführt. Von 34 Zimmern sind 22 rollstuhlgerecht eingerichtet. Breite Gänge mit Leseecken, Aufenthaltsraum, heller Frühstückssaal mit einem üppigen Buffet. Das Hallenbad ist natürlich auch barrierefrei zugänglich. Schöner, ruhiger Innenhof. Gratis Fahrradverleih. DZ/FR 112–160 €. Oberplanitzing 30, ℡ 0471/669522, www.masatsch.it. 《《《

》》》 Mein Tipp: *** **Villa Weingarten** 7, futuristisch und klar gestaltetes neues Garni mit toller Aussicht auf Kaltern und die Bergwelt. Große Panoramafenster lassen viel Licht in die modern und großzügig gestalteten Zimmer. Die engagierte Hausherrin legt großen Wert auf persönlichen Service und zaubert ein hervorragendes Frühstück für ihre Gäste. Im ruhigen, schön angelegten Garten kann man so richtig ausspannen. DZ/FR 86–110 €. Unterwinkel 24, ℡ 0471/1886507, www.villaweingarten.it. 《《《

Übernachten

1 Dissertorihof
4 Masatsch
6 Das Wanda
7 Villa Weingarten
8 Römerrast
12 Saltneregg
15 Schlosshotel Aehrental
17 Zum Weißen Rössl
20 Klosterhof
22 Camping St. Josef am See
26 Seehotel Ambach
27 Kreithof
28 Camping Gretl am See

Dissertorihof 1, der Familienbetrieb vermietet 4 Apartments und hat eine eigene kleine Weinproduktion für den Hausgebrauch. Rund um Kaltern besitzt man vorzügliche Lagen. Vater Paul zeigt gern den hauseigenen Weinkeller, wo er einen kräftigen Vernatsch und einen süffigen Rosé keltert. Sohn Roland brilliert als wandelndes Weinlexikon und Mutter Helene stellt dem Gast neben einem leckeren Frühstück und guter Laune auch einen umfassenden Fundus an Ausgeh- und Wandertipps zur Verfügung. Apt. 75–90 € für 2 Pers. Malga 8/A, ℡ 0471/963350, www.dissertorihof.com.

Essen & Trinken

- 2 Steffelehof
- 3 Einkehr zur Linde
- 5 Heisskeller
- 9 Rottenburger Keller
- 10 Speckkeller
- 11 Spuntloch
- 13 Kalterer Hof
- 15 Schlosskeller
- 16 Drescherkeller
- 17 Zum Weißen Rössl
- 18 Weinhaus Punkt
- 19 Zum Turm
- 21 Torgglkeller
- 23 Castel Herrnhof
- 24 Castel Ringberg
- 25 Panholzer

Cafés

- 14 Eis Innerhofer

Kaltern/Caldaro

**** Seehotel Ambach 26, ein Bau von Othmar Barth von 1973, klare geometrische Linien, sanfter Schwung der Fassade, ein architektonischer Höhepunkt der Region. Direkt am Radweg gelegen, ein ruhiger Ort im trubeligen Umfeld von Kaltern – komfortabel. 2018 eröffnet das neue Badehaus im Park mit Wasser- und Spa-Landschaft. DZ/HP 178–396 €. Klughammer 3, ☏ 0471/960098, www.seehotel-ambach.com.

*** Kreithof 27, die freundliche Frühstückspension liegt in den Weinbergen südöstlich über dem See, man geht etwa 20 Min. hinunter zum Strandbad und erreicht direkt vom Hof aus die Wanderwege zu den Montiggler Seen. Kein Durchgangsverkehr, kinderfreundlich, große Liegewiese und sehr gutes Frühstücksbuffet, Eigenbauweine! Zimmer mit Balkon. DZ/FR 80–100 €. Kreith 2, ☏ 0471/960025, www.kreithof.it.

Camping *** Gretl am See 28, Platz für Wasserratten, denn hier kann man evtl. in erster Reihe direkt am See zelten! Etwas Schatten, kleines Schwimmbecken, alle Einrichtungen in Ordnung, alle Wassersportarten möglich. Geöffnet April bis Okt.

Überetsch und Unterland

Gespann und 2 Pers. ab ca. 27 €. St. Josef am See 18, ☏ 0471/960244, www.camping-gretl.it.

*** **St. Josef am See** 22, Platz an der Weinstraße zwischen den Weinbergen und dem Schilfgürtel des Sees, gut ausgestattet, auch in Bezug auf den Sanitärbereich. Nicht sehr schattig. Durch den Schilfgürtel führt ein Weg zum großen Badesteg im See. Geöffnet April bis Allerheiligen. Gespann und 2 Pers. ca. 25–32 €. St. Josef 75, ☏ 0471/960170, www.campingkalterersee.com.

Essen & Trinken/Nachtleben → Karte S. 238/239

Castel Hermhof 23, Bahnhofstr. 18, so populär, dass man kaum an gastronomische Freuden glauben will – man wird angenehm enttäuscht: In den verschiedenen alten Stuben sowie im Garten wird klassische italienische Küche serviert, ein paar Zugeständnisse an den Standort inbegriffen. Interessante Kreationen wie Schwarzbrot-Lauch-Knöderl auf Gorgonzolasoße. Ausgezeichneter Service, gehobene Tischkultur. 3 Gänge ab ca. 35 €. Bis 1 Uhr früh, Di Ruhetag, ☏ 0471/964222.

Schlosskeller 15, Goldgasse 19, Restaurant des Schlosshotels Aehrental, rustikal und gemütlich, verfeinerte Traditionsküche (Räucherforellensuppe mit Steinpilztortelli, Kalbskopf auf Knödelcarpaccio mit Kren, Ziegenfrischkäsenocken mit Schwarzer Sommertrüffel auf Cremespinat), Hauptgericht ab ca. 25 €, warme/kalte Vorspeisen ca. 15–22 €, Degustationsmenü (4 Gänge) 48 €. Kein Ruhetag, ☏ 0471/962222.

Zum Turm 19, Andreas-Hofer-Str. 32, gutbürgerliche Gaststätte, Gewölbe etwas unter Straßenniveau, kleiner Garten im Gässchen neben dem Hof. Internationale Karte samt Pizza, die zur Törggelenzeit rustikaler wird (z. B. Törggelenteller mit Bauchfleisch, Selchkarree und halbgeselchter Wurst, Knödel und Sauerkraut). Beliebt die Nudelgerichte in der Pfanne. Effizienter, flotter und freundlicher Service. Im Herbst stimmungsvoller Keller. So Ruhetag, ☏ 0471/963281, www.zumturm-kaltern.com.

Kalterer Hof 13, Goldgasse 23, Restaurant und Pizzeria, Küche zwischen Tirol und dem Mittelmeer im ehemaligen Weinlagerkeller des Renaissanceansitzes. Im Restaurant stilistisch gelungene Kombination aus Raum (Tonnengewölbe mit Stichkappen für die Fenster) und Mobiliar. Pizza (abends), im Restaurant Feines wie Ravioli mit Fasanfüllung und Steinpilzen, aber auch Schnitzel, Kotelett & Co., Nudeln/Knödel, ab ca. 20 €. Di Ruhetag, ☏ 0471/964343, www.kaltererhof.eu.

Zum Weißen Rössl 17, Marktplatz 11, Gasthof mit Restaurant im Erdgeschoss, Tischen auf dem Platz und im 1. Stock, anständiges 3-gängiges Menü (ab ca. 35 €, z. B. Spinatknödel, Schweinefilet mit Beilagen, Kastanienreis mit Vanilleeis). Mi Ruhetag, ☏ 0471/963137.

Weinhaus Punkt 18, im wein.haus Kaltern, Marktplatz 3, am Marktplatz gegenüber der Pfarrkirche steht die vom österreichischen Szene-Architekten Hermann Czech gestaltete, modern-funktionale Weinbar, die sich im alten Haus über zwei Etagen erstreckt und mit 150 Etiketten die Fülle des Weinangebots der Kalterer Kellereien vorstellt; dazu gibt es die passenden Speisen (vom Bistrotyp). 9–23 Uhr, Mo geschl., ☏ 0471/964965, www.wein.kal tern.com.

Rottenburger Keller 9, Rottenburgerplatz 4, das denkmalgeschützte, historische Weinlagerhaus wurde 2011 stilvoll umgebaut. Entstanden ist eine Restaurant-Pizzeria, die sich sehen lassen kann. Man speist in gemütlichem Ambiente unter schönem Gewölbe oder im rustikalen Gastgarten. Auf den Tisch kommen neben 37 riesigen Pizze traditionelle Gerichte wie Schlutzkrapfen, Knödel oder Nudeln mit Wildragout. Kein Ruhetag, ☏ 0471/962108, www.rottenburger.it.

Torgglkeller 21, Bichl 2, beliebter und ganz zentral gelegener Keller (16. Jh.) mit 2 Räumen und guter Weinauswahl, stark besucht vor allem während der Törggelenzeit (unbedingt reservieren!), wenn man sich die leckeren Imbisse zum neuen Wein vom Buffet holt. Ostern bis Allerheiligen 11–23.30 Uhr, So Ruhetag (außer Sept./Okt. und an Fei), ☏ 0471/963421, www.torgglkeller.com.

Drescherkeller 16, Maria-von-Buolplatz 3 (an der A.-Hofer-Straße), Keller mit Innenhof im Renaissanceansitz „Reich'sches Schlössl" im typischen Überetscher Stil. Nahe dem Ortszentrum, Eigenbauweine und Merenden. Ende April bis Allerheiligen 10–20 Uhr, Di Ruhetag, ☏ 0471/963119.

Spuntloch ⓫, Goldgasse 35 (vom Zentrum kommend beim Hotel Aehrenhof nach rechts!), Restaurant, Wein, Grillspeisen (argentinisches Rindfleisch), Rippele, Pasta/Risotti (schmackhaft Heu und Stroh mit Rucola und Rohschinken), aber auch rosa gebratene Entenbrust, Rindsfilet mit Rosmarin und Folienkartoffel und Merenden im eindrucksvollen Kellergewölbe des seit 1731 bestehenden Ansitzes Paterbichl. Ab ca. 25 € für 2 Gänge mit Beilagen. 17–24 Uhr, So Ruhetag, ✆ 0471/961062.

Zur Linde ❸, Heppenheimer Str. 6, Gasthaus/Restaurant (ohne Linde) mit recht traditioneller Küche (Schlutzer, Knödel) und Pizza, verglaster Speisesaal/Terrasse, Tagesgerichte 7–11 €. Bis 23 Uhr geöffnet, Di Ruhetag, ✆ 0471/963155.

Heisskeller ❺, Unterwinkl 14, Kellerlokal mit Speisen von Speck bis Pizza. 16–24 Uhr, Mo Ruhetag, ✆ 0471/962349.

Steffelehof ❷, Heppenheimerstr. 12, Buschenschank im Steingewölbe des Obst- und Weinbauernhofs. Saisonale Gerichte, Speck, Käse und Knödel werden im urgemütlichen Keller serviert, dazu Eigenbauwein. Besonders zur Törggelenzeit sehr beliebt. Geöffnet ab Sept., Do–So ab 17 Uhr. ✆ 0471/963608, www.luggin-steffelehof.com.

Speckkeller ❿, Oberplanitzing 13, Weinkeller im Weinhof Uvahof – Renaissancefenster, blendend weiß gestrichen, alte Gewölbe. Auf den Tisch kommen der eigene Wein (Vernatsch, Grauvernatsch), die eigenen Schnäpse und die Klassiker Speck und (im Herbst) Kastanien, Käse u. a. Unbedingt vorbestellen, geöffnet Ostern bis Juni und Aug. bis Mitte Nov. tgl. 18–24 Uhr. ✆ 0471/669191, www.speckkeller.it.

Castel Ringberg ㉔, St. Josef am See 1, historisches Jagdschloss an der Seeuferstraße, schön in den Weinbergen gelegen mit Blick auf den See, großer Garten, in dem man während des Sommers speisen kann, ansonsten in den Gewölben des Erdgeschosses. Originelle gastronomische Kreationen („Praline vom Pragser Ziegenfrischkäse im Schüttelbrotmantel, mit Kartoffelchips, Honiggelee und Walnussöl"). 2 Gänge ab ca. 40 €. Di geschl., ✆ 0471/960010, www.castelringberg.com.

Panholzer ㉕, St. Josef am See 8, nach einem Pächterwechsel heißt der ehemalige Keller am Keil nun wieder Panholzer. Zeitgemäß mit dem Zusatz „Weinbar & Restaurant". Auch die Speisekarte hat sich gewandelt, Bachsaibling und Tatar vom Rindsfilet statt Speckteller. 4-Gänge-Menü ab 45 €. Große Weinauswahl, passend zu den jeweiligen Gerichten. Das außergewöhnliche Ambiente in den steinernen Gewölben sucht seinesgleichen. Geöffnet März bis Jan., 11–24 Uhr. Ruhetage Di und Mi, ✆ 0471/662649, www.panholzer.it.

»› Mein Tipp: Eis **Innerhofer** ⓮, Marktplatz 10, leckeres Eis in der besten Eisdiele weit und breit, besondere Sorten wie Holundereis, soweit es geht, aus regionalen Zutaten hergestellt. Fr geschl., www.eisdiele-innerhofer.com. **«‹**

Sehenswertes/Ausflüge

Schlösser und Ansitze in Kaltern: Neben herrschaftlichen Gebäuden in der Hauptstraße wie dem ehemaligen **Laimburger Pfleghaus**, in dem heute das *Weinmuseum* (s. u.) untergebracht ist, besitzt Kaltern vor allem in den Weingärten außerhalb der geschlossenen Ortschaft einige bedeutende und große Ansitze.

An der Straße zum Kalterer See liegt am Ortsausgang **Schloss Windegg**, ein 1807 errichteter Ansitz in klassizistischem Stil (französische Vorbilder sind deutlich, es war schließlich die Zeit der Napoleonischen Kriege). Wahrscheinlich steht der Ansitz auf einer alten Burg der Rottenburger, die ihren Bau der strategischen Lage verdankte – man sieht von hier aus das gesamte Becken des Kalterer Sees. Prächtige Repräsentationssäle mit dem typischen Dekor des Empire! **Schloss Campan** mit seinem Park stammt in den Grundzügen noch aus dem 13. Jh. und wurde nach 1499 im Überetscher Renaissancestil vergrößert. Besonders schön der Innenhof mit seinen Renaissanceloggien. **Schloss Sallegg** besteht – für viele Überetscher Ansitze typisch – aus mehreren unterschiedlich alten Teilen, einer um 1500 entstandenen Schlosskapelle, dem um 1600 noch spätgotisch geprägten Hauptbau und einem neugotischen Südtrakt. Aber auch ganz normale Häuser in Kaltern sind dekoriert mit Außenfresken, mit Nischen, in denen Heiligenfiguren stehen, mit Schmuck besonders um Fenster und Toreinfahrten. Selbst im winzigen Ortsteil **Oberplanitzing** kann man diesen Wunsch auch Normalsterblicher, ihren Besitz künstlerisch zu verschönern, beobachten, wie am Fresko mit der Gottesmutter und dem hl. Jakobus (rechts) an einem Haus unterhalb der Kirche.

Ansitz Windegg ist eine Weinkellerei und kann nur noch für Hochzeiten, Familien- und Firmenfeiern genutzt werden. Infos unter www.windegg.it. Das bis vor kurzem bewohnte **Schloss Campan** (M.-v.-Morandell-Platz) kann im Rahmen einer Führung nun wieder besichtigt werden. Infos und Anmeldung im Tourismusbüro, Kosten 18 €. **Schloss Sallegg** (Unterwinkelweg) hat ein Verkostungs- und Verkaufslokal, Kernzeit ganzjährig Mo–Fr 8.30–12.30/14–18 Uhr, Anm. unter ✆ 0471/963132, www.castelsallegg.it.

Südtiroler Weinmuseum: Das Museum in der zentralen Goldgasse von Kaltern ist im ehemaligen Pfleghaus der landesfürstlichen Pfandherrschaft Kaltern-Laimburg untergebracht. Im Zehentkeller mit seinen eindrucksvollen Gewölben (17. Jh.) werden die Geräte gezeigt, mit denen ein Weinbauer übers Jahr arbeitet, die Pergeln, an denen der Wein befestigt wurde und wird, die Torggln, in denen die Trauben gepresst werden, die Fässer und Tonkrüge, Flaschen und Butten, das Leben der Weinsäumer und Fuhrleute, der Fassbinder und eben der Weinbauern. Auch über die Geschichte des Weingartsaltner erfährt man etwas, jenen in oftmals furchterregende Gewänder gekleideten Wächter der Weingärten und Reben, von dessen Existenz heutzutage fast niemand mehr weiß. Eindrucksvoll auch der tiefe Keller (16. Jh.) mit seinen alten Fässern.
April bis Mitte Nov. Di–Sa 10–17, So/Fei 10–12 Uhr, Eintritt 5 €. ✆ 0471/963168, www.weinmuseum.it.

Pfarrkirche Maria Himmelfahrt: Ohne eine große Pfarrkirche kommt kein Weinort aus, das sagten sich auch die Kalterer, als sie 1791/92 ihre neue Kirche im damals brandmodernen klassizistischen Stil errichten ließen. Dem Innenraum der Kirche fehlt zwar der Überschwang und die Dekorwut des späten Barocks, die Details sind jedoch noch ganz eindeutig aus dem Barock übernommen. Die Ausmalung von *Josef Schopf* (1792/93) hinkt ein klein wenig der damaligen Entwicklung hinterher, sie ist purstes Rokoko mit den typischen zarten Farbtönen dieses Stils. Das Altarblatt im spätbarocken (vor der Kirche entstandenen) Hochaltar ist eine hervorragende Arbeit von *Michelangelo Unterberger*.

Rundwanderung um den Kalterer See im Naturschutzgebiet „Feuchtbiotop Natura 2000": Ein 7 km langer Wanderweg führt in etwa 3 Std. gemütlich rund um den Kalterer See und macht auf 14 Schautafeln mit den sehr unterschiedlichen und äußerst interessanten Biotopen am Seeufer bekannt. Der See hat in Teilen noch einen breiten Schilfgürtel, anderswo grenzt er an Auwald oder an Feuchtwiesen, die jeweils auf Schautafeln erklärt werden. Das gilt u. a. auch für Trockenrasen, den submediterranen Buschwald mit Flaumeichen und die Weinkulturen. Besonders interessant ist der Weg außerhalb der Badesaison in der Zugvogelperiode im Frühjahr und Herbst, wenn zahllose Zugvögel hier Station machen.

Kirche St. Peter in Altenburg: Die Ruinen der Kirche von St. Peter sieht man sehr gut vom Panoramaaussichtsplatz in Altenburg aus, wo der Weg hinunter zum Kalterer See beginnt. Sie gehört zu den ältesten christlichen Kirchen Tirols, ist vielleicht die älteste Südtirols und wurde im 4. oder 6. Jh. errichtet. Die dreischiffige Kirche hatte eine halbrunde Mittelapsis. Man fragt sich, warum sie so unzugänglich unmittelbar an der Schlucht erbaut wurde, sodass man im Mittelalter eine Steinbrücke errichten musste, um die Kirche zu erreichen. Warum baute man sie nicht etwas höher oben auf besser zugänglichem Gelände? Für die alte Brücke wurde neuerdings etwas höher eine Hängebrücke errichtet, sie erspart den Abstieg in die Schlucht. Die Ruine der Kirche ist in Privatbesitz (Familie Baron di Pauli), aber jederzeit frei zu besichtigen.

Wanderung nach Altenburg durch die Rastenbachklamm: Eine großartige Szenerie stellt die scharf eingeschnittene Rastenbachklamm dar, die von Altenburg zum See herunterführt. Ein für gute Geher unproblematischer, aber recht steiler Weg erschließt die Klamm. Ausgangspunkt ist der Gasthof „Sonnleitenhof" in St. Josef am See, von dort führt eine Straße bergan zum Vogelmairhof. Dort wendet man sich nach links und quert auf Steg und mit Markierung 13 auf einen Fahrweg, der nun etwas steiler ansteigt. Bei einer Weggabelung geht es (immer markiert) geradeaus weiter, bis man den *Wasserfall* in der Klamm erreicht. Nun auf Holztreppen und über Stege durch die Klamm hinauf, man passiert die Ruinen von *St. Peter* (s. o.), erreicht den großartigen Aussichtspunkt und die Kirche von Altenburg (Gasthaus etwas weiter oben links). Abstieg über Weg 14, den „Nusstalweg", den man erreicht, wenn man sich beim Gasthof „Altenburger Hof" links hält und dann vom Feuerwehrhaus wieder links abbiegt. Weg 14 erreicht Kaltern an der Straße zwischen St. Josef am See und dem Vogelmairhof. Trittsicherheit nötig!

Weg-Alternative: Der **Friedensweg** führt als leichter zu gehende Variante von der Altenburger Kirche über die Ruinen der Abtei St. Peter (vom Aussichtspunkt sehr gut einzusehen) hinunter zur Pfarrei Maria Himmelfahrt in Kaltern. Für diesen Weg wurde extra eine Hängebrücke errichtet, die *Friedensbrücke*. Sie hängt 30 m über den Resten eines mittelalterlichen Brückenpfeilers über der Schlucht.

Essen & Trinken Waldschenke, Altenburg 10, Jausenstation und Buschenschank, Terrasse und Wintergarten, Panorama zum Gleichhierbleiben. Vernatsch und Blauburgunder aus eigener Produktion, dazu gibt es die ganze Palette Südtiroler Weinkost von Speck über Schlutzer, Spinatknödel und Schlachtplatte bis Apfelstrudel und Kaiserschmarrn. Geöffnet Febr. bis Ostern an Sonntagen, von Ostern bis Allerheiligen tgl. 11–17 Uhr, ✆ 0471/962703, www.waldschenke-kaltern.com

Altenburger Hof, Restaurant und Pizzeria bei der Kirche von Altenburg, Tiroler und italienische Küche (Knödel-Tris, Wiener Schnitzel), Holzofenpizza. Di Ruhetag, ✆ 0471/964143, www.altenburgerhof.it.

Die Eppaner Eislöcher: Von Oberplanitzing auf Weg Nr. 15 markiert → Eppan, S. 230.

Mit der Mendelbahn auf den Mendelpass: Seit mehr als 100 Jahren verrichtet die Mendelbahn (erbaut 1901–1903) ihren Dienst als flotter Zubringer vom Überetsch auf den Mendelpass. Die 854 m Höhenunterschied und 4,5 km Entfernung überwindet sie in Minuten – das sollen ihr die Autofahrer, die sich die Kurven von Eppan hinaufquälen, mal nachmachen. Im oberen, sehr steilen Streckenabschnitt hat sie ein Gefälle von 64 %, damit ist sie die steilste Standseilbahn Tirols und eine der steilsten der Welt. Zu ihrer Eröffnungszeit war sie ein technisches Wunderwerk. Inzwischen wurde sie komplett renoviert und auf den letzten technischen Stand gebracht samt neuen Wagen und versieht weiter ihren Dienst, obwohl ihre Zubringerbahn vom Dorf Kaltern und die alte Bahn Bozen – Kaltern schon lange eingestellt wurden und zum Zeitpunkt der Einstellung kaum jemand eine Lira für das Überleben der Mendelbahn gegeben hätte. Als Attraktion ist sie jedoch unschlagbar, die Fahrt ist ein Erlebnis, man sollte sie bei einem Besuch des Überetsch nicht auslassen!

Der *Mendelpass* war vor dem Ersten Weltkrieg eine bedeutende Sommerfrische, das sieht man den dortigen Hotels auch deutlich an wie dem ehemaligen „Grandhotel Penegal" im typischen späten gründerzeitlichen Grandhotel-in-den-Bergen-Stil, wie er zwischen Luzern und Toblach, Karersee und Trafoi viele Beispiele hinterlassen hat. Vom Mendelpass erreicht man auf einer steilen, aber guten – mittlerweile asphaltierten – Straße den Gipfel des nördlich gelegenen *Penegal* (1737 m) mit dem „Hotel Penegal" und berühmtem 360-Grad-Rundblick. In Richtung Süden führt eine Zubringerstraße zur Talstation des Sesselliftes Monte Roèn, von dessen Bergstation aus man die gut besuchte **Malga di Romeno** und das Wandergebiet um den *Monte Roèn* erreicht.

Wanderung zum Penegal und über die Furtlauer Scharte: Viel schöner als die Fahrt mit dem Auto ist es, mit der Mendelbahn hochzufahren und dann zum Gipfel des Penegal (1:30 Std. hin, 1 Std. zurück) zu wandern. Ein gut markierter Steig führt durch Lärchen- und Mischwald parallel der Fahrstraße hinauf. Er führt fast immer am Grat entlang und bietet so einen spektakulären Ausblick nach dem anderen – auf Kaltern, seinen See, Montiggl, Bozen und dahinter die Felswände der Dolomiten. Besonders empfehlenswert an einem sonnigen Oktobertag, wenn die Lärchen am Berg und die Weinreben im Tal in goldgelben Farbvarianten schimmern und leuchten.

Versierte Bergsteiger wandern weiter in 45 Min. zur Furglauer Scharte, um dann in weiteren 2 Std. die spektakuläre Furglauer Schlucht hinabzukraxeln. Trittsicherheit und absolute Schwindelfreiheit vorausgesetzt, ist das ein atemberaubender Trip über 1200 Höhenmeter zwischen himmelhohen Felswänden, der gemächlich zwischen Weinreben endet. Zurück nach Kaltern fährt man von St. Michael Eppan mit dem Bus.

Seit über 100 Jahren im Dienst: Talstation der Mendelbahn

Fahrrad- und MTB-Touren: Eine genussreiche Rundtour führt von Kaltern durch Weinreben zum Gasthof Klughammer am nördlichen Seeufer. Dann weiter am Ostufer auf geteerter Straße immer am Berghang entlang, ein Sackgassenschild ignorieren, an einem abgezäunten Militärareal vorbei bis zur Südspitze des Höhenkamms, der Kaltern vom Etschtal trennt. Hier nach links der Hauptstraße folgend. Einkehr bei *Viktor's Imbiss*, schaut eher wie eine Autobahnraststätte aus, hat aber einen guten Apfelstrudel. Dann auf dem Etschradweg zurück nach Bozen und über die Brücke unterhalb von Sigmundskron nach links Richtung Eppan. Wer noch Körner hat, kann östlich auf den Höhenkamm fahren und durch waldreiche Gegend über die Montiggler Seen nach Kaltern, alternativ direkt über den Radweg nach Eppan und Kaltern. Etwa 35 km, kaum Höhenmeter (Anstieg zwischen Bozen und Eppan), ca. 3 Std., über die Montiggler Seen + 200 Höhenmeter, + 10 km und + 1 Std.

Ein Schmankerl für Mountainbiker ist der speziell für sie errichtete **Neue Mendelsteig**, 28 km Länge, teilweise felsdurchsetzter Schottertrail, 1000 m Höhenunterschied, Dauer 1:30 bis 3 Std.

Eine weitere schöne MTB-Tour führt von Kaltern (Ausgangspunkt Sportpark St. Anton) über Altenburg und Tramin und den *Lenzenhof* (Buschenschank mit Top-Panorama!) steil hinauf nach Graun. Schattige Buchenwälder wechseln sich dabei mit Weinreben ab. Ab Graun steil bergab, dann zurück oberhalb von Kurtatsch durch Wälder bis Altenburg und von dort zum Ausgangspunkt. 27 km, 860 Höhenmeter, ca. 4–5 Std.

Bergbahnen Mendelbahn, Standseilbahn von Kaltern/St. Anton (513 m) zum Mendelpass (1363 m) in 12 Min., Berg 6 €, Berg/Tal 10 €. **Sessellift Monte Roèn**, Juli bis Sep. tgl. 9–13/14–17.30 Uhr, Mai/Juni/Okt. nur an bestimmten Tagen, Berg 6 €, Berg/Tal 9 €, www.altipianivaldinon.it.

Wintersport Auf dem Pass befindet sich auf Trentiner Seite das Skigebiet **Ruffrè – Monte Nock** mit zwei Sesselliften.

Essen & Trinken **** **Penegal**, das optisch gewöhnungsbedürftige Panoramahotel auf 1740 m stand Jahre leer und verkam zur Ruine, seit 2011 erstrahlt es in neuem Glanz mit fantastischer Aussicht von der großen Panoramaterrasse, es lohnt sich wieder, hier Halt zu machen auf seiner Wanderung zum Penegal. ✆ 0471/200769, www.penegal.com.

Malga di Romeno (1775 m), rustikale Küche, Merenden, Kuchen – die Tische der renovierten Roenalm sind selten frei.

Tramin

Tramin ist trotz des berühmten Namens ein Dorf geblieben. Dabei zeigen schon die große Kirche und die behäbigen Ansitze, dass hier Wohlstand herrscht, dass man sich etwas leisten kann – dass Tramin eben nicht ein Dorf ist wie viele, sondern der Ort, wo der Traminer herkommt.

Wer die Christian-Schrott-Gasse hinaufgeht, spaziert durch einen ganz traditionellen Weinort. Man passiert gleich zu Anfang einen bäuerlichen Ansitz, Torbogen zum Hof, drinnen rechts die offene Scheune, geht weiter zwischen Mauern, die Weinberge abgrenzen, passiert einen weiteren, großen Ansitz und ist draußen, wieder unter Weinbergen. Neben der *Pfarrkirche* gibt es zwei weitere Traminer Kirchen, die alle bedeutende *mittelalterliche Freskenzyklen* besitzen. (Andere Orte wären froh, wenn sie nur einen davon hätten.) Offensichtlich hatte man schon im Mittelalter das Geld, um die jeweiligen Künstler zu bezahlen, der Traminer, scheint es, hat sich immer gut verkauft.

Übersetsch und Unterland

Basis-Infos

Information Tourismusverein, I-39040 Tramin/Termeno, Julius von Payer-Str. 1, Unterkunftsverzeichnis, Ortsplan, „Urlaubsbegleiter" mit allen wichtigen Adressen. Gästekarte mit verschiedenen Preisnachlässen beim Gastgeber. Mo–Fr 8.30–12.30/14–18 Uhr, Sa 9–12.30/16–18 Uhr. ✆ 0471/860131, www.tramin.com.

Verbindungen Pkw: Nach Kaltern wie in Richtung Kurtatsch und Neumarkt gute Straßen. Der Ortskern ist autofrei, die blau gekennzeichneten Parkplätze am Dorfrand sind gebührenpflichtig, es wird häufig kontrolliert. Gebührenfreies Parken am Parkplatz Mindelheimer Straße und in der Tiefgarage des Bürgerhauses (6–24 Uhr). Bus: gute Verbindungen mit Kaltern und Bozen, Auer und Neumarkt. Taxi: Weissensteiner, ✆ 0471/860337.

Ärztliche Versorgung Ambulatorium im Gemeindehaus, ✆ 0471/861189.

Baden/Schwimmen Großes, sehr schönes **Sport- und Erlebnisbad Tramin** in der Sportzone am Nordrand des Orts an der Straße in Richtung Auer, ca. 1300 m^2 Wasserfläche, großes Becken, Wildbach und Wasserfall, auch Whirlpool und Kletterfelsen, die Kinder kriegt man nicht so leicht wieder raus. Juli/Aug. tgl. 9–19 Uhr, Mai/Sept. 10–18 Uhr. Eintritt 6,50 €, erm. 3,20 €. Und natürlich im **Kalterer See** (→ Kaltern).

Einkaufen S' Traminer Weinhaus, Weinstr. 15, hier gibt's die ganze Palette Traminer Weine und Destillate und diverse andere Südtiroler Weine, die Preise liegen meist kaum über denjenigen der Erzeuger! Weitere Verkaufsstelle zentral am Rathausplatz 8, www.wein-suedtirol.it.

Supermarkt an der Einfahrt aus Richtung Kaltern.

Feste & Veranstaltungen Fasching: Wer im Dorfmuseum war, hat die „Schnappviecher" gesehen, Masken, die während der Faschingszeit getragen wurden und werden. Schauen Sie sich doch an, was diese „Schnappviecher" während des Traminer Faschings beim Egetmann-Umzug treiben. Der Brunnen auf dem Rathausplatz vor dem Sparkassengebäude gibt einen Hinweis darauf. Faschingsdienstag, alle 2 Jahre (in ungeraden Jahren).

Diverse **Wein- und Schützenfeste** (meist auf dem teilweise überdachten Festplatz) während des Sommers und Herbstes.

Traminer Weingassl, ein Samstagnachmittag und Abend im späten Oktober, an dem der historische Ortskern Tramins in ein gastronomisches Paradies verwandelt wird: Weinverkostungen (Traminer!), Südtiroler Spezialitäten von Kastanien über Mohnkrapfen bis zu Speck und Käse, dazu Straßenmusik von Volksmusik bis Jazz und das alles unter freiem Himmel. Seit 2003 ein Publikumshit!

Weingüter/Brennerei Kellerei Tramin, Weinstr.144, 1898 gegründete Genossenschaftskellerei, eine der ältesten Südtirols. Großer mengen- und qualitätsmäßiger Aufstieg: Anfang der 1990er-Jahre ca. 250.000, 2003 ca. 800.000 Flaschen trotz 1993 erfolgter Verstärkung der Qualitätsproduktion. Kellermeister Willi Stürz wurde vom renommierten italienischen Weinführer „Gambero Rosso & Slow Food" als erster Südtiroler zum Kellermeister des Jahres gewählt. Im Sommer 2010 wurde der markante, aus viel Glas und netzartigen grünen Streben bestehende Bau eingeweiht. Im Sommer Di und Do 10 Uhr Kellerbesichtigung und Weinprobe, 9 €. ✆ 0471/096633, www.cantinatramin.it.

Kellerei A. von Elzenbaum, Hans-Feur-Str. 4, Weinverkostung und Verkauf, die Schlager sind Gewürztraminer und Rosenmuskateller, ✆ 0471/860124, www.vonelzenbaum.it.

Weinkellerei Elena Walch, A.-Hofer-Str. 1, Traditionsweingut mit breitem Angebot aus den Weingütern Castel Ringberg und Kastelaz. Das Unternehmen geht neue Wege in Richtung Nachhaltigkeit und Umweltschutz. ✆ 0471/860172, www.elenawalch.com.

Brennerei Roner, Zallingerstr. 44, Besichtigung mit Kostproben, April bis Okt. Mo 10 Uhr, Do 14.30 Uhr, 11 €; eigener Shop, ✆ 0471/864010, www.roner.com.

Übernachten

**** Mühle Mayer, noch oberhalb von St. Jakob in Kastelaz über Tramin liegt dieses Hotel, das aus einer alten Mühle hervorgegangen ist, woran heute allerdings eigentlich nur noch die Lage am Bach erinnert. Komfort in modernem Ambiente, bewusst

Tramin 247

funktionelles, lichtes Hallenbad mit Sauna, Liegewiese, Massage, die angenehmen Zimmer mit Balkon, von dem man, in welche Richtung er auch weist, auf Wein blickt. DZ/HP 120–266 €. Mühlgasse 66, ℡ 0471/860219, www.muehle-mayer.it.

*** **Winzerhof**, angenehmes Hotel in Familienbesitz, ruhig gelegen, Hallenbad und Freibad, Saunen, Whirlpool und Liegewiese und Fitnessraum, Gratis-Fahrradverleih, die Zimmer mit Balkon. DZ/HP 156–234 €. Rechtentalstr. 6, ℡ 0471/860183, www.hotel-winzerhof.com.

*** **Erna**, angenehme Pension an der Nebenstraße etwas abseits des Zentrums in der Nähe des Erlebnisbads. Gut ausgestattete Zimmer teils mit Balkon, schöne Gartenterrasse, beschattet von Kiwiblattwerk. Sehr gutes Frühstücksbuffet. DZ/FR 74–92 €. In der Au 12, ℡ 0471/860230, www.pension-erna.com.

** **Sandhof**, erst 2011 komplett überholtes Garni in den Weinbergen am Südende des Ortes, wenig oberhalb des Schwimmbades (freier Eintritt!). Gute Zimmer mit Balkon oder Terrasse. DZ/FR 62–74 €. Weinstr. 146, ℡ 0471/2253803, www.sandhof.it.

Ferienwohnungen *** **Finkenhof**, drei Ferienwohnungen in einem modernen, großen Bauernhof mit Obstgärten und Weinberg, aussichtsreich im Weiler Rungg (1 km südlich von Tramin/Ortsmitte auf der alten Straße nach Kurtatsch) am Hang über dem Unterland gelegen. Die Apartments sind gut ausgestattet und haben eine separate Wohnküche. Brötchenservice; Radler sind hier besonders willkommen! 3 Apts. für 2–4 Pers., 63–90 €. Rungg, ℡ 0471/860315, www.finkenhof.it.

Ansitz Romani, in dem unter Denkmalschutz stehenden, sorgfältig renovierten Ansitz gibt es 3 Zimmer und 7 Apts. Ausgestattet sind sie mit stilvollen Möbeln, geschmackvollen Bädern und eigenen Kochnischen. Idyllischer Garten mit Pool und Sauna. In der historischen Taberna Romani (→ „Essen & Trinken") lässt es sich ausgezeichnet speisen. DZ/FR 155–165 €, Apt. (2 Pers.) 90–120 €. Andreas-Hofer-Str. 23, ℡ 0471/860010, www.ansitzromani.com.

Essen & Trinken

Goldene Traube, Julius-von-Payer-Str. 2, gute innovative Küche im alten Gasthaus, das – erst kürzlich komplett umgebaut – sich einen modernen und trotzdem traditionellen Anstrich gegeben hat. Steaks und Burger vom Grill, Nudelgerichte. Di Ruhetag, ℡ 0471/860164, www.goldene-traube.it.

Taberna Romani, A.-Hofer-Str.23, schon kurz nach der Eröffnung im historischen Ansitz heimste Küchenchef Armin Pernstich die ersten Auszeichnungen ein. 2016 dann der Aufstieg zum neuen Haubenlokal des Gault-Millau. Raffinierte, regionale Küche, aber auch italienisch-mediterrane Gerichte stehen auf der Speisekarte. Das saisonale Angebot spiegelt sich im Menü wider. Das Ambiente in den alten Gemäuern und im stimmungsvollen Innenhof ist einmalig. So/Mo Ruhetag, ℡ 0471/860010.

Bürgerstube, Mindelheimer Str. 16, Restaurant-Pizzeria mit Kegelbahnen, einfache Gerichte und Pizza. Ab 17 Uhr geöffnet, So/Fei auch mittags, Mo Ruhetag, ℡ 0471/861448.

Schießstand, Schießstandweg 10, Pizzeria und Terrassenrestaurant mit Seeblick. Klassische italienische Küche. Mi Ruhetag, ℡ 0471/8603120, www.schiessstand.it.

Plattenhof, Söll 33, Ausflugslokal in Spornlage über dem Unterland, Restaurant mit Pizzeria im Weingut, traditionelle Küche mit ein paar italienischen Schlenkern, gute Nudelgerichte und Knödel, Fleischgerichte vom Wiener Schnitzel bis zum Berglammkotelett. Der hauseigene Gewürztraminer hat besondere Qualität, beim ersten Schluck ist er fast bitter, um dann eine ungewöhnlich harmonische Würzigkeit zu entfalten. Mo Ruhetag, ℡ 0471/860162, www.plattenhof.it.

Gummererhof, Söll 68, Berggasthof und Jausenstation, höher geht's nimmer (in Tramin), Apfelsaft und Weißweine aus Eigenbau. April bis Okt., Mo und Di Ruhetag. ℡ 0471/860430, www.gummererhof.com.

Buschenschanken/Keller Ansitz Raßlhof, A.-v.-Keller-Weg 11 (beim Hotel Traminer Hof an der Weinstraße), Buschenschank seit über 100 Jahren. Gag: Man speist in oder zwischen umgewidmeten Holzfässern, zum Eigenbauwein gibt es deftige Kost vom Speck über hausgemachte Hirschwurst bis zum Almkäse und bei den warmen Gerichten die ganze Palette zwischen Spinatknödeln, Kasnocken und Gulasch. Unter den Eigenbauweinen stechen

Überetsch und Unterland → Karte S. 217

Gewürztraminer und Weißburgunder hervor. Geöffnet Ostern bis Fronleichnam und Mitte Juli bis Anfang Nov. 17–23 Uhr, Mo Ruhetag. ℡ 0471/861222, www.buschenschank.it.

Weiskeller, Julius-von-Payer-Str. 29, sehr traditionsverbundener Betrieb mit guten Weinen, u. a. Merlot, Weißburgunder und Vernatsch. Dazu die eher üblichen Merenden und einige warme Gerichte, z. B. Käsknödel und – ein rarer Fund – Spare Ribs mit Rosmarinkartoffeln. ℡ 0471/860851; geöffnet April bis Nov. 16–23 Uhr, Di Ruhetag.

G'würzerkeller, Zallingerstr. 24, Wein- und Speckkeller – ein zünftiges Weinlokal in Gründerzeitvilla mit großem Garten und Kinderspielplatz. Geöffnet 11.30–14 Uhr und 17–1 Uhr, Mo Ruhetag. ℡ 0471/860236, www.gwuerzerkeller.com.

Cafés, Eisdielen Café Bistro s'Platzl, Rathausplatz 3, wer in Tramin flaniert, kommt an diesem Café mit seinen Tischen und Stühlen mitten im Ort nicht vorbei. Kuchen, Imbisse (Salate!), Eis. So abends und Mo zu.

Goldener Löwe, Rathausplatz 2, Café und Imbissstube. Eisbecher sowie Kaffee und Kuchen gehen besonders an warmen Tagen, wenn sich *tout* Tramin mit seinen Gästen auf der Terrasse trifft, weg wie die sprichwörtlichen warmen Semmeln. So Ruhetag.

Wie man Trauben zieht – Pergl versus Spalier

Wer sich auf seiner Reise die Weinhänge genauer anschaut, wird schnell feststellen, dass die Rebstöcke an unterschiedlichen Haltesystemen emporwachsen. Während sie beim Drahtrahmenspalier senkrecht nach oben wachsen, haben die Perglsysteme, von denen es wiederum alleine in Südtirol zehn Varianten gibt, die Gemeinsamkeit, dass die Rebstöcke nach oben hin in die Schräge gezogen werden und letztlich richtige Dächer bilden. Der Pergl ist das traditionelle Südtiroler System. Doch viele Weinbauern pflegen auf ihren Flächen mittlerweile beide Systeme. Das Spaliersystem ermöglicht eher eine mechanische Laub- und Vorschneidung und gezielteren (und damit sparsameren) Einsatz von Spritzmitteln und gilt als weniger fäulnisanfällig. Beim Pergl müssen die Triebe in der Regel weniger oft nachgeschnitten werden, das dichtere Laubdach schützt Trauben nach der Entblätterung eher vor direktem Sonnenlicht, ist aber in der Gesamtpflege erheblich aufwendiger. Letztlich sind Vor- und Nachteile von Lage und Sorte abhängig. Ohnehin kommt der Spalier nur bei neuen Anbaulagen zum Einsatz oder wenn Stöcke so alt sind, dass sie ausgetauscht werden müssen.

Sehenswertes

Pfarrkirche Hl. Quiricus und Hl. Julitta: Die Pfarrkirche mit dem seltenen Patronat hat einen 93 m hohen gotischen Turm (obere Stockwerke 1460–1492), in der spätgotischen Apsis (1440) befinden sich zwei Freskenzyklen (nur der 1460 entstandene Chor der Kirche ist alt, das Kirchenschiff entstand 1909–1911). Der ältere Zyklus (rechts) zeigt das Martyrium der Kirchenpatrone Quiricus und Julitta, die gesamte grausige Story wird in einem einzigen Bild abgehandelt, der Realismus und die Betonung des Bizarren ist typisch für die Bozner Schule. Werfen Sie ebenfalls einen Blick auf das Hochaltarbild des Tiroler Barockmalers *Martin Knoller*.

Kirche St. Jakob in Kastelaz: An das romanische Kirchlein im oberen Ortsteil wurde viel später ein gotisches Parallelschiff angebaut, beide sind mit Fresken aus der Entstehungszeit dekoriert. In der Sockelzone des romanischen Teils fällt gleich eine außergewöhnliche Darstellung ins Auge, denn dort sind die berühmten kämpfenden Fabelwesen zu sehen, u. a. die Nixe mit den beiden Fischschwänzen. Die meisten Wesen haben tierische und menschliche Teile, Pferde mit Menschenoberkörper in antiker Tradition, Vogel- und Fischmenschen, es gibt aber auch einige völlig fantastische, an nichts Lebendiges erinnernde Ungeheuer. Man versteht den Sinn dieses grausigen Freskenbandes nur, wenn man die Darstellungen darüber mit einbezieht, die Christus in der Mandorla, Heilige und Apostel zeigen. Die Ungeheuer sollen den Kontrapunkt zur christlichen Erlösung darstellen, das zur ewigen Verdammnis und zur Hölle verurteilte Heiden- und Ketzertum.

Ostern bis Mitte Nov. tgl. 10–18 Uhr, im Winter am Wochenende 10–16 Uhr, Eintritt 2 €. Führungen auf Anfrage (✆ 0471/860190). Bei der Kirche keine Parkmöglichkeit!

Verschlafenes Ortszentrum in Tramin

Kirche St. Valentin am Friedhof: Noch eine Traminer Kirche sollten sich Kunstinteressierte ansehen, vor allem wenn sie Freude an den figurenreichen Freskenzyklen der *Bozner Schule* haben: die Friedhofskirche St. Valentin. Sie ist innen vollständig ausgemalt (1390–1420) und enthält sehr eindrucksvolle plastisch-naturalistische Wimmelbilder. Das Leben Jesu macht den Hauptteil des Zyklus aus, doch an der rechten Wand befindet sich eine Darstellung der Ursulalegende (mit den heiligen Jungfrauen links in den Schiffen im Rhein) mit Darstellung einer mittelalterlichen Stadt (Köln ist gemeint; die bösen Soldaten sind Hunnen).

Den **Schlüssel** erhalten Sie gegen Kaution im Tourismusverein.

Die Ansitze in Tramin: In der Hans-Feur-Straße gibt es mehrere Renaissanceansitze, auf Nr. 11 das ehemalige Heilig-Geist-Spital, auf Nr. 24/26 das „Amt Stetten", ehemals Sitz der Verwaltung für den Besitz der Grafen von Tirol in Tramin und Kurtatsch. Nr. 23 war der Sitz der Herren von Villanders und später Wolkenstein, mit schönem Wappen über dem Torbogen. Der Ansitz Unterspaur in der Andreas-Hofer-Str. 5–9 ist ein 1796 nach einem Brand komplett neu errichteter Ansitz der Grafen Spaur.

Traminer Dorfmuseum (Hoamet-Museum): Das Museum am Rathausplatz ist ein echtes Dorfmuseum mit einer Menge interessanter Dinge – besonders die Figuren zum Brauchtum machen auch Kindern Spaß (z. B. die „Schnappviecher"). Alles zum Weinbau mit einer Gewürztraminersammlung, deren ältestes Exponat von 1886 stammt (!), dann die Geräte des Ackerbaus, ein Kachelofen von 1793 mit schöner Fayencebemalung. Fast nichts zum Obstbau, er hat – obwohl heute im Etschtal so bedeutend – in Tramin keine Tradition.

Ostern bis Ende Okt. Di–Fr 10–12 Uhr, Di/Do zusätzlich 16–18 Uhr. Eintritt 3 €, Führungen Di 16.30 und Mi 10.30 Uhr, Dauer 1:30 Std., 10 €. Infos unter ✆ 328/5603645, www.hoamet-tramin-museum.com.

Kurtatsch, Margreid und Kurtinig

Wein bildet in den am Berghang lehnenden Dörfern des Unterlandes das A und O des Jahreslaufs. Ein Rebstock in Margreid wurde 1601 gepflanzt und trägt immer noch, er ist der älteste Südtirols und zeugt von Alter und Bedeutung des Weinbaus in den Dörfern Kurtatsch und Margreid – weniger in Kurtinig, das als einziges Dorf des Unterlands nicht am Rand des Etschtals liegt, sondern auf einer unscheinbaren Anhöhe mitten in der Ebene.

Basis-Infos

Information Tourismusverein Südtiroler Unterland (Kurtatsch/Margreid/Kurtinig a. d. Weinstraße), Ostern bis Allerheiligen Mo–Fr 9–12/15–18, Sa 9–12 Uhr, im Winter Mo–Fr 9–12 Uhr. I-39040 *Kurtatsch/Cortaccia*, Hptm.-Schweiggl-Platz 8, ℰ 0471/880100, www.suedtirol-unterland.it.

Verbindungen Relativ gute Verbindungen per **Bus** mit Tramin, Neumarkt und Salurn.

Klettersteig Der **Klettersteig Margreid-Fennberg**, ein Klassiker seines Typs, beginnt an der Provinzgrenze an der Straße Richtung Roverè de la Luna/Eichleit.

Weingüter Weingut Schloss Turmhof, Entiklar, Schlossweg 4. Lagrein aus den tieferen Lagen und Müller-Thurgau aus Europas höchsten Weinlagen in Fennberg (ca. 1000 m!), Grappa; Weinverkauf, Verkostung in der eigenen Jausenstation (→ „Essen & Trinken") und Führungen Di 16.30 Uhr nach Voranmeldung, ℰ 0471/880122, www.tiefenbrunner.com.

Vinothek im Paradeis/Weingut Löwengang Alois Lageder, St.-Gertraud-Platz 10, Margreid, der innovative Betrieb arbeitet seit 1996 fast ausschließlich mit alternativer Energie, nämlich Südtirols größter Photovoltaik-Anlage. Nicht nur der Kellereibereich, auch die Büroräume werden durch diese Anlage mit Energie versorgt, der angeschlossene Wintergarten wird damit beheizt. Das Haus, ein alter Ansitz, hat eine auffallend schöne Renaissance-Fassade, das zentrale Fresko im oberen Wandteil ist leider verwittert. Zwei Linien: die biodynamischen Weine der Tenuta Lageder und die klassischen Weine von Alois Lageder. Verkostung und Verkauf Mo–Sa 10–19 Uhr, Kellerführungen jeden Di und Do um 14.30 Uhr, auch interessante individuelle Führungen. Anmeldung in der Vinothek oder unter ℰ 0471/809580. 12–15.30 Uhr Mittagsküche im Paradeis und im Innenhof „lokal, frisch und bio". www.aloislageder.eu. ■

Kellereigenossenschaft Kurtatsch, Weinstr. 23, Kurtatsch, Weinverkauf, Weinproben, Do 16 Uhr Kellereiführungen (außer Sept./Okt.). Vernatsch, vor allem der Grauvernatsch, Chardonnay u. a. Rebsorten. ℰ 0471/880115, www.kellerei-kurtatsch.it.

》》》 Mein Tipp: **Weinhof Kobler**, Weinstr. 36, Margreid, kultiger Gewürztraminer. Verkauf und Besichtigung nach Vereinbarung, ℰ 0471/809079, www.kobler-margreid.com. **《《《**

Übernachten/Essen & Trinken

In Kurtatsch ** **Terzer**, Gasthof/Restaurant und Pizzeria an der Straße nach Graun, auf der anderen Seite Wein und Obst. Zimmer teilweise mit Balkon, modern und individuell gestaltet. Saunabereich auf der Dachterrasse. Sehr gute regionale Küche, Frühstück auf der Gartenterrasse, freundlicher Service. Restaurant Mo Ruhetag. DZ/FR 88–120 €. Obergasse 5a, ℰ 0471/880219, www.gasthof-terzer.it.

》》》 Mein Tipp: **Schwarz Adler**, das älteste Gasthaus im Zentrum von Kurtatsch wurde vor ein paar Jahren behutsam saniert. Harmonische Licht- und Farbgestaltung und schlichtes Mobiliar unter historischer Balkendecke prägen das Ambiente. Überregional bekannt ist die Küche für ihre Grillgerichte, beeindruckend, wenn das riesige T-Bone-Steak am Tisch geschnitten und verteilt wird. Sehen lassen können sich aber auch das Orangen-Pistazien-Risotto,

Kurtatsch, Margreid und Kurtinig 251

die Teigtaschen mit Spinatfüllung und die Kamutnudeln mit Kalbsleber. Küchenchef Claudio Marcomin hat sogar ein Kochbuch veröffentlicht, das vor Ort erworben werden kann. Menü ab 45 €. Der Gault-Millau vergab 2017 13 Punkte. Di Ruhetag (nur Juli/Aug.). Schweiggl Platz 1, ✆ 0471/096405, www.schwarzadler.it. «

Turmhotel Schwarz Adler, das Hotel befindet sich gegenüber dem gleichnamigen Gourmetrestaurant. Die Zimmer sind gemütlich mit viel Holz eingerichtet, teils mit Balkon, die Turmzimmer großzügig und stilvoll. Pool im Garten, kleiner Wellnessbereich mit Sauna, Beauty-Anwendungen kann man im separaten Studio buchen. DZ/HP 162–218 €. Kirchgasse 2, ✆ 0471/096400, www.turmhotel.it.

Fischerhof, der unmittelbar neben dem Camping Obstgarten (s. u.) gelegene schlichte Gasthof bietet eine knusprige Pizza und guten Salat zu fairen Preisen, Mi Ruhetag, Breitbach 5, ✆ 0471/880022, www.fischerhof-kurtatsch.com.

»> Mein Tipp: Camping Obstgarten, freundlicher kleiner Campingplatz mit Naturbadeteich, Minimarkt und Kinderspielplatz, sehr gute Sanitäranlagen und – angenehm – Brötchenservice. Gespann und 2 Pers. 25–30 €, Wohnmobilstellplatz (vor der Schranke!) 15 €. Breitbach 9, Kurtatsch, ✆ 0471/880709, www.camping-obstgarten.it. «

In Entiklar Schloss Turmhof, Schlossweg 4, schöner Ansitz mit stimmungsvoller Jausenstation im Innenhof und den modern getäfelten Zirmstuben. Hervorragende Weine aus Eigenproduktion (auch Verkauf) und sehr gute Südtiroler Merenden. Ostern bis Okt. (So Ruhetag); ✆ 0471/880122, www.tiefenbrunner.com.

In Penon Gasthaus Torgglhof, Kauderle 6, Hausmannskost vom Hof zwischen Penon und Hofstatt und Eigenbauweine auf der Terrasse mit Blick hinunter ins Etschtal – so stellt man sich die Merende vor. Schöner Innenhof. 10–24 Uhr, Do Ruhetag, ✆ 0471/880021.

In Hofstatt Santlhof, Hofstatt 7, Buschenschank: Weine aus Eigenbau, dazu die bäuerliche Küche Südtirols: Schlutzkrapfen, Speckknödelsuppe, Speck am Brettl, Gröstl. Ab ca. 15 €. In der Törggelenzeit besser reservieren, März bis Nov. Do–So 12–24 Uhr, ✆ 0471/880700, www.santlhof.it.

In Graun Ungererhof, freundliche Zimmer in einem wirklich ruhig und einsam gelegenen, großen Bauernhof. Ideal für Kinder, denen die umgebenden Wiesen mit Haus- und Nutztieren und der anschließende Wald zur Verfügung stehen. DZ/FR 52–54 €. Indermauerstr. 41, ✆ 0471/880205, www.ungererhof.it.

Buschenschank Lenzenhof, Indermauerstr. 46, wenig außerhalb von Graun (vom Tal kommend ca. 0,5 km nach Graun) in prachtvoller Aussichtslage, Weinbau auf über 800 m (Müller-Thurgau). Dazu Speck und Käse, Gerstlsuppe und Omelett. Karwoche bis Allerheiligen 10–20 Uhr, Mi Ruhetag, erste Julihälfte geschl.; ✆ 0471/880299, www.buschenschank-lenzenhof.com.

In Fennberg Zur Kirche, Unterfennberg 18, einfacher Gasthof neben einer vierhundertjährigen Linde, eher Jausenstation für Wanderer und Treffpunkt der Einheimischen.

Sehenswertes/Ausflüge

Kurtatsch und das Museum bäuerlicher Kultur: Kurtatsch liegt auf einer kleinen Terrasse über dem Unterland, umgeben von Weingärten und mit prächtiger Aussicht auf das Etschtal und die jenseitigen Berge. Mehrere Ansitze im Ort und in der Umgebung zeugen von bescheidenem Wohlstand. Der Ort besitzt eine historischkulturelle Sammlung im *Ansitz am Orth,* deren Objekte in der Steinzeit beginnen und bis zur Gegenwart reichen, der Besuch – nur mit Führung – bedeutet also eine Zeitreise durch 10.000 Jahre. Viele Infos und mehr als 4000 Objekte (!) zu Ackerbau, Obstbau, Viehzucht und Handwerk, Vor- und Frühgeschichte.
  Museum bäuerlicher Kultur/Museum Zeitreise Mensch, Botengasse 2. Führungen Ostern bis Allerheiligen jeden Fr um 10 Uhr und nach Voranmeldung unter ✆ 0471/880267 oder beim Tourismusverein. Eintritt 6 €, erm. 3 €. www.museumzeitreisemensch.it

Entiklar und Weinlehrpfad Kurtatsch: Im Kurtatscher Ortsteil Entiklar steht *Schloss Turmhof,* ein Ansitz in schönem Park, der sich aus mittelalterlichen und

252 Überetsch und Unterland

neuzeitlichen Teilen zusammensetzt. Der namengebende Turm geht wohl auf das 12. Jh. zurück, desgleichen der kleine Wohntrakt (Palas) und die Ringmauer. Der Ansitz beherbergt heute ein Weingut und eine Jausenstation und ist zu deren Öffnungszeiten zu besichtigen (→ „Wein" und „Übernachten/Essen & Trinken").

Von Kurtatsch nach Entiklar führt ein reizvoller Themenweg mitten durch die Weinberge: der *Weinlehrpfad Kurtatsch*. 2,1 km, eine Dreiviertelstunde Gehzeit, das schafft fast jeder. Auf den 23 Infotafeln, die letzten fünf auf dem möglichen Weiterweg nach Margreid (zusätzliche 1,4 km/40 Min.), steht eine Menge Interessantes und Wissenswertes.

Broschüre beim Fremdenverkehrsverein sowie www.weinlehrpfad.it.

Margreid und Kurtinig: Das kleine Weindorf **Margreid**, durchflossen von einem frischen Gebirgsbach, liegt ausgesprochen fotogen am Rand der Ebene direkt am Bergfuß. Alte Häuser und Ansitze mit strengen Fronten bestimmen das Ortsbild, spitze und runde Torbögen, Brunnen, Wappensteine. Besonders reizvoll ist der St.-Gertraud-Platz im oberen Ortsteil mit großer Linde und Brunnen in der Mitte und der Renaissancefassade der Vinothek „Im Paradeis" (und der durch einen hässlichen Vorbau verunstalteten Fassade des Gasthofs zum Hirschen). Die älteste Weinrebe Südtirols, gepflanzt 1601, rankt sich an einer Häuserfront in der Grafengasse und ist alleine schon einen Abstecher wert. Sie wächst aus einer gemauerten Fassung empor. Der marmorne Kragstein daneben dokumentiert das Jahr der Pflanzung. Das mächtige Gebäude, dessen Außenfassade sie je nach Jahreszeit blühend im Frühjahr, in saftigem Grün im Sommer und leuchtend gelb und rot im Herbst zum Erstrahlen bringt, stammt von 1572.

Weiter nach Süden kann man noch einmal die Etsch queren und erreicht **Kurtinig**. Der verschlafen wirkende Ort ist der einzige in Südtirol, der weder Wald noch Fels noch mehrere Fraktionen hat. Am einladenden Dorfplatz, dem größten steingepflasterten seiner Art in Südtirol, befinden sich ein alter Ziehbrunnen, die mächtige Pfarrkirche St. Martin und das traditionelle Hotel Teutschhaus (www.teutsch haus.it) mit zugehörigem Café-Restaurant auf der gegenüberliegenden Platzseite. Kurtinig ist für einen besonderen Brauch bekannt: bei Geburt eines Kindes oder bei Übergabe des Hofes an den Nachfolger wird eine Rebe an der Hausmauer gepflanzt, die sog. „Hausrebe".

Ab hier geht es entweder weiter nach Salurn oder zurück auf die Weinstraße, die bald die Landesgrenze passiert, bevor sie *Roverè della Luna* erreicht, das vormalige Eichleit. Knapp vor der Landesgrenze kommt man am Einstieg des 1976 errichteten **Fennberger Klettersteigs** vorbei. Dieser führt durch teilweise senkrechte Wände, aber für Klettersteiggeher mit relativ geringen technischen Problemen, hinauf nach Fennberg.

Fennberg, das zur Gemeinde Kurtatsch gehört, liegt auf einem bewaldeten Plateau, das zum Etschtal mit bis zu 800 m hohen, steilen bis senkrechten Wänden abfällt. Die lang gezogene Siedlung liegt zwischen 1000 und 1160 m und ist sicher eine der isoliertesten Südtirols, obwohl dank einer gut befahrbaren, aber kurvenreichen, 14 km langen Straße von Kurtatsch nicht mehr so einsam wie früher. Im Jahre 1145 erstmals urkundlich erwähnt, war die abgelegene Hochfläche wahrscheinlich schon viel früher besiedelt, wie mehrere prähistorische Fundstätten (insbesondere die eines Kupferschmelzofens) belegen. Viele der Höfe Fennbergs stammen noch aus dem Mittelalter (damals hatte Fennberg sogar eine eigene Gerichtsbarkeit), einige wurden von wohlhabenden Familien im 18. Jh. als Sommerfrische errichtet. Heute verirren sich nur wenige Touristen hierher, die hier aber Ruhe und Entspannung finden. Es gibt mehrere einfache Einkehrmöglichkeiten und im Bereich um den See (s. u.) kann man schön spazieren gehen. Wenn man vom Gasthof zur Kirche der Straße westwärts folgt, passiert man zur Linken unter zwei Ulmen den Siebenbrunnenhof. Hier wurde 1759 der Feldmarschallleutnant Franz Philipp von Fenner zu Fennberg geboren, weswegen der Müller-Thurgau des Weinguts Hofstatt (s. u.) als „Feldmarschall von Fenner" vermarktet wird. Kurz darauf folgt der Turm-Kellerhof mit dem ehemaligen Gerichtsgebäude und Gefängnis (!), einer Hofkapelle und einem Sommerfrischehaus. Am Ende des geteerten Weges trifft man auf den zweithöchstgelegenen Weingarten Europas, das Weingut Hofstatt (1034 m). Höher ist nur die Lage am Kloster Marienberg im Vinschgau.

Von Fennberg aus lässt sich auf Wanderwegen das *Tresner Horn* (1812 m) erreichen und weiter im Westen das Val di Non. In **Oberfennberg** steht das schlichte *Renaissancejagdschlösschen Ulmburg*, in **Unterfennberg** ist das kleine *Leonhardskircherl* bereits im frühen Hochmittelalter bezeugt, wahrscheinlich entstand es zum Zeitpunkt der Rodung des ursprünglich vollständig bewaldeten Plateaus. Der **Fennberger See** ist ein romantisch gelegener See von ca. 1,3 ha, er ist von einem 10 ha großen Schutzgebiet umgeben, durch das nur ein einziger Zugang an das Wasser führt (dort Bademöglichkeit). In den blumenreichen Feuchtwiesen um den See finden sich viele Orchideen, im klaren Wasser lebt der sehr selten gewordene Flusskrebs.

MTB-Tour auf den Fennberg: Die Straße von Kurtatsch auf den Fennberg ist landschaftlich reizvoll und nicht stark befahren. Deshalb bietet sie sich für eine Fahrradtour an. Auf 14,5 km werden 850 Höhenmeter überwunden, garniert mit herrlichen Talblicken. Zur Belohnung winkt ein Bad im Fennberger See und eine lange Abfahrt. Versierte Fahrer können den markierten Weg Nr. 3 (zweigt beschildert Richtung Putzwald von der Hauptstraße ab) nach Margreid nehmen. Im oberen Teil extrem steil und schottrig, im unteren Drittel geteert, belohnt er mit tollen Panoramablicken. Von Margreid geht es dann auf der Weinstraße (3 km) nach Kurtatsch zurück.

Salurn

Salurn liegt an einer Engstelle des Etschtals, das bis ins 19. Jh. und zur Etschregulierung regelmäßig überschwemmt wurde und unpassierbar war. In diesen Zeiten umging der Verkehr die *Salurner Klause*, wie die Engstelle sich nennt, und erreichte über die nahen Berge das Fleimstal, von wo man weiter nach Trient reiste. *Albrecht Dürers* erste Venedigreise 1494 ist eines der bekannteren Beispiele für diese Wegführung (→ „Wanderung auf dem Albrecht-Dürer-Weg", S. 258). In Salurn selbst erinnert die in den Felsen über dem Ort heute noch Wache haltende **Haderburg** an die frühere Bedeutung der Klause. Das Ortsbild zeigt behäbige Bürger- und Bauernhäuser, an einigen aufwendigeren Fassaden zeigen die Adelswappen ihre früheren Besitzer an. Heute hat Salurn keine Bedeutung mehr als Posten an der deutsch-italienischen Sprachgrenze, die Brennerautobahn und die Bahnlinie zwischen Bozen und Verona lassen Salurn schnöde links liegen, nur die Staatsstraße passiert es. Salurn ist heute ein überwiegend italienischsprachiger Ort, was man sofort bemerkt, wenn man eine der Bars betritt.

Feste & Veranstaltungen Torbogenfest, 3 Tage zu Pfingsten, traditionelle Spezialitäten, stimmungsvolle Unterhaltung, organisiert von den Salurner Vereinen.

Wein **Weingut Haderburg**, Albrecht-Dürer Weg 3, Weingut von Alois Ochsenreiter in Buchholz, Sortiment eigener Weine vom Blauburgunder zum Sauvignon und Chardonnay, mehrfach ausgezeichneter Sekt. Weinverkauf, Kellerführungen auf Anfrage. ℡ 0471/889097, www.haderburg.it.

Übernachten/Essen **** **Erica**, beim noch ziemlich neuen „Komforthotel" ist nicht ganz entschieden, ob es funktional-modern oder traditionell-rustikal sein will, ist aber insgesamt ansprechend und recht komfortabel. Alle Zimmer mit Balkon, im Haus Wellnessbereich mit Sauna, Dampfbad und Fitnessraum. DZ/HP 110–124 €. Nationalstr. 20, ℡ 0471/883145, www.comforthotelerica.it.

Jolly, Staatsstr. 28, Pizzeria-Restaurant an der Durchgangsstraße, eines der wenigen Lokale Salurns, Do/Fr frischer Fisch. ℡ 0471/884240; Mo Ruhetag.

Ebenfalls an der Staatsstraße: **Weißer Adler**, Nr. 27, Restaurant und Pizzeria mit Holzofen, ℡ 0471/884620; Mi Ruhetag.

Jugendherberge Dr. Josef Noldin, 55 Betten, Zwei- und Mehrbettzimmer mit Etagenbad oder eigenem Bad, umsichtig renoviert. DZ/FR 52 €. Dr.-J.-Noldin-Str. 20, ℡ 0471/884356, www.noldinhaus.org.

Sehenswertes

Ortsbummel: Salurn ist ein hübscher Ort. Von der Staatsstraße, die den Ort heute umgeht, führen Romstraße und Noldinstraße über Battistiplatz und Rathausplatz ins alte Zentrum mit der *Pfarrkirche des hl. Andreas*. Die Häuser sind aus Stein, hoch und im Erdgeschoss besonders kräftig gebaut, einige mit abgeschrägten Wänden. Auch Ansitze sind darunter mit Wappen und skulptierten Fensterfassungen. Ein Spaziergang führt vom Rathausplatz durch die Wasserfallstraße zum Wasserfall, ein anderer durch die Bergstraße und den Schlossweg zum St.-Josephs-Platz mit der hübschen Kirche dieses Heiligen. Mehrere Brunnen auf Plätzen und vor Häusern, beruhigendes Plätschern. Der interessanteste Spaziergang führt jedoch aus der Stadt hinauf zur Haderburg, deren Ruine hoch über der Stadt und dem Etschtal in den Felsen thront.

Die Haderburg: Die Burg in den senkrechten Felsen der Salurner Klause verbindet sich optisch so vollständig mit dem grauen Gestein, dass man sie nur wahrnimmt, wenn sie beleuchtet vor dem dunklen Hintergrund steht – ein paar Stunden lang

Die Haderburg bei Salurn

am Nachmittag. Die südlichste Burg des geschlossenen deutschen Sprachraums wurde um 1150 erbaut und schützte die Verkehrswege nach Süden (Trient, Verona und Venedig) und ins Fleimstal. Die Klause, über der sie thront, wurde damals nur phasenweise vom Verkehr benutzt, da die mäandrierende Etsch und ihre Sümpfe fast den ganzen Talboden ausfüllten, bei den häufigen Überschwemmungen war kein Durchkommen. Man musste dann von Salurn aus über die Berge und den Sauc-Pass (980 m) ins Fleimstal und von dort nach Trient weiterreisen. Die aufwendig restaurierte, vorher praktisch unzugängliche Burgruine kann seit Sommer 2004 besichtigt werden, im Hof gibt es eine Jausenstation („Burgschenke"). In Vollmondnächten Musik- und Literaturprogramm (Infos beim Tourismusverein oder beim Hausherrn in der Schenke).

Burg Mitte April bis Ende Okt. Mi–So/Fei 11–18 Uhr.

Fußweg/Anfahrt Der 890 m lange, 2,5 m breite und 12 % steile Weg zur Burg beginnt in der Trientstraße, der alten Landstraße von Bozen nach Trient (sie quert die Romstraße zwischen heutiger Staatsstraße und Battistiplatz, man erreicht sie aber auch vom Rathausplatz z. B. über Bergweg und Schlossweg). Großer Parkplatz am Fuße der Burg.

Essen & Trinken Burgschenke, gemütlich der Innenhof, urig die Ritterstube. Und Hausherr Roman Perfler, nach 36 Jahren in der Gastronomie zur Haderburg aus- bzw. aufgestiegen, ist ein echtes Original. Mit Lederschurz und Mittelalterkäppi ausstaffiert, serviert er neben Knödeln, Gerstsuppe und Krautplatte auch saftiges Grillfleisch, eine Mangold-Weißkohl-Mischung, würzigen Frischkäse aus Algund und am Nachtisch Ausgebackenes aus Semmelresten mit Ei und Preiselbeerfüllung. Und schon dünkt einem, man wäre im Mittelalter … Mi–So 11–18 Uhr, ☎ 335/6029490, www.haderburgschenke.com.

Neumarkt

Die schattigen mittelalterlichen Laubengänge sind der Stolz des Städtchens. Intimer als anderenorts zeugen sie von der geschäftigen Vergangenheit. Wenn man am Markttag den Trubel beobachtet, kann man sich lebhaft vorstellen, wie es hier vor einem halben Jahrtausend zuging.

Neumarkt wurde im Hochmittelalter (1189) vom Bischof Konrad von Trient als Handelsort gegründet, wie seine schönen Lauben mit den lang nach hinten gezogenen Häusern mit oft mehreren Höfen und Trakten zeigen, die für die Lagerung von Handelsware und für Werkstätten gedacht waren. Als wichtige Station an einer internationalen Handelsroute hatte Neumarkt eine weitere Funktion, der es mit großen Gasthöfen, früher mit Hospizen nachkam. Doch diese Tradition ist noch älter: Der unmittelbare Vorgänger des Orts war die römische Poststation *Endidae*, deren Ruinen sich so erhalten haben wie jene des mittelalterlichen **Klösterle**, einer Raststation an der Brennerstraße.

Eindrucksvoll sind die **Neumarkter Lauben** mit spitz zulaufenden gotischen Portalen und dunklen niedrigen Durchgängen mit mittelalterlichen Kreuzgratgewölben, die zu großen Höfen führen, in denen einmal mehr los war als heute und Handelsgüter aufbewahrt wurden, wo heute meist nur Trödel und Ausgemistetes lagert. Einige Fassaden haben noch Reste ihres alten herrschaftlichen Anstriches wie das Haus gegenüber der Information in den Lauben mit seinen Renaissancegraffiti und den Spitzbögen der Gotik, die man später dem Zeitgeschmack entsprechend abgerundet hat. Meist stehen die Häuser entlang der Lauben Schulter an Schulter, aber es gibt auch schmale Gässchen zwischen ihnen, über die alte Schwibbögen laufen, die den Druck der seitlichen Mauern auffangen.

Überetsch und Unterland

Basis-Infos

Verbindungen Bahn: Bahnhof, der jedoch nur von Lokalzügen bedient wird (Regionalzüge in Auer, → S. 258). Bus: Gute Verbindungen mit Bozen und ins Fleimstal/Fassatal sowie 3 bis 4x tgl. nach Aldein. Pkw: Autobahnabfahrt etwas nördlich zwischen Neumarkt und Auer. Großer Parkplatz beim Busbahnhof. Von dort zu Fuß zur Altstadt: auf Querstraße vor dem Rathaus (dieses schräg links gegenüber), dann rechts („centro storico") auf Kapuzinerring bis zur ersten Querstraße nach links, dem Marienweg, der zur Altstadt führt.

Baden/Schwimmen Lido Neumarkt, das örtliche „Erlebnisbad" in der Sportarena, im Sommer tgl. 9–19 Uhr, Eintritt 6 €, erm. 3 €. Brennerstr. 7, www.sportarena-unterland.com.

Einkaufen Naturkost bei **Biomarkt Triade**, Marienweg 8/1, und bei Pro Natura, Lauben 30 (neben Information).

Markt am Di, **Bauernmarkt** am Fr, **Flohmarkt** jeden 3. Sa des Monats.

Feste & Veranstaltungen Laubenfest im historischen Zentrum: Das älteste Dorffest Südtirols (seit 1974) findet an einem Wochenende Anfang August statt (Fr–So). Originell ist die traditionelle Eierzeremonie zu Beginn (Fr vormittags), ein Bittgang durch den Ort um schönes Wetter und gutes Gelingen des Laubenfestes. Musikkapellen, Festumzüge, Volkstänze, Kinderfest (So nachmittags).

》》 Mein Tipp Wein und Lauben: stimmungsvolles Weinverkostungsfest Mitte Juli unter den historischen Lauben im Zentrum. Im Eintrittspreis von 40 € (2017) ist ein Verkostungsglas enthalten, welches man stilecht im mittelalterlichen Brunnen ausspült, außerdem zwei Gänge eines Degustationsmenüs, das am zentralen Platz den ganzen Abend über serviert wird. Über 40 Produzenten stehen Rede und Antwort, und im Laufe des Abends, nach dem 25. Ausspülen des Glases, werden die Weine immer fruchtiger und der Blick immer entrückter. Beginn 17.30 Uhr. 《《

Ritterkost vom Grill

Internet Deutsche Bibliothek im Ballhaus, Andreas-Hofer-Str. 58/2, Wi-Fi im Zentrum unter den Lauben.

Radfahren/Mountainbiken Verleih hochwertiger E-Bikes und MTBs im Tourismusbüro, Infos unter ✆ 0471/812754, www.ebike-dreams.com.

Reiten Im Pferdezentrum **Alps Coliseum**, unter neuer Leitung von Amelie von Longo, ✆ 335/8205811, www.alpscoliseum.net.

Übernachten/Essen & Trinken/Nachtleben

Übernachten *** **Andreas Hofer**, ruhig im Ortszentrum an den Lauben gelegenes Hotel im alten Bürgerhaus mit modernem Anbau sowie mit Pool und schöner Liegewiese. Qualitätsbewusst eingerichtet mit Stilmöbeln, Bauernmöbeln und Antiquitäten, zu den Lauben Restaurant (→ „Essen & Trinken"). Zimmer in diskreten Farben, sehr gute Bäder; Fahrradverleih gratis. DZ/FR ab 98 €. Straße der Alten Gründungen 21–23, ✆ 0471/812653, www.hotelandreashofer.com.

*** Villner Hof, unterhalb des Felsens von Castelfeder außerhalb Neumarkts liegt dieser Hotelfamilienbetrieb mit Schwimmbad, Liegewiese, Sauna, Reitpferden, Kinderspielplatz, Radverleih. Gutes Frühstücksbuffet, die Zimmer nicht alle mit Balkon, teils neu und modern renoviert. DZ/FR 80–102 €. Villner Str. 30c, ✆ 0471/812639, www.villnerhof.com.

Essen & Trinken **Engelkeller**, Ballhausring 33, rustikales Restaurant mit Garten, die Küche serviert bevorzugt traditionelle bürgerliche Gerichte in leichteren, innovativen Zubereitungen und Pizza. Unter der neuen Führung gibt es als Spezialität Meeresfisch. Ab ca. 25 €. Bis 22 Uhr geöffnet, Mo Ruhetag, ✆ 0471/813271.

Andreas Hofer, Restaurant des gleichnamigen Hotels. Essen traditionell: Herrengröstl, Hausspieß, Bauernschöpsernes, Kalbsleber venezianisch; Nudeln/Knödel/Risotti 8–9 €, Hauptgerichte mit Beilagen ab 12 €; So Ruhetag.

Oenothek Johnson & Dipoli, Andreas-Hofer-Str. 3, kleines Lokal unter den Lauben. Man kann schön kühl draußen sitzen, wenn die Sonne brennt. Ambitioniertes Weinrestaurant für den volleren Geldbeutel. Küche mit frischen Zutaten, italienisch-mediterrane, aber auch Südtiroler Speisen. Degustationsmenü ab 56 €. ✆ 0471/820323, www.johnson-dipoli.it.

Café Central, großes gutbürgerliches Kaffeehaus und Eissalon am Hauptplatz, vorne große Terrasse, von der man alles überblickt, was in den beiden Einkaufsgassen der Stadt geschieht. 7–24 Uhr, Do Ruhetag.

Kuckuckshof, Mazon, Bergstr. 1, Bauernhof mit Hofschänke im Weiler Mazon, Brettljausen, kleine warme Speisen, hausgemachter Apfelstrudel, Eigenbauwein, eigene Fruchtsäfte. Im Sommer Di bis So nachmittags, im Frühjahr und Herbst nur am Wochenende geöffnet, ✆ 0471/812405.

Nachtleben Papa Joe's, im Alps Coliseum, Kellerbar und „Grill", abends Treff vor allem jüngerer Jahrgänge (wie in den weltweiten Dependancen des Papajoe's, u. a. in Vicenza, Wien und Panama). ✆ 0471/823997.

Sehenswertes/Ausflüge

Museum für Alltagskultur: Unter den Lauben findet man das Museum traditioneller Wohnkultur. Vorwiegend werden Objekte städtischer und ländlicher Alltagskultur vor 1914 gezeigt (insgesamt ca. 1815–1950): Mobiliar im Wohnraum, in der Küche und der Speis (wie man den zur Küche gehörenden Vorratsraum nannte), im Herrschaftszimmer und im Schreibzimmer. Nicht nur für Kinder interessant ist das Kinder- und Puppenzimmer u. a. mit einem Puppenhaus im Jugendstil. Kaum zu glauben: Etwa 60 % der Sammlung stammt vom Sperrmüll.

Ostern bis Allerheiligen So/Di/Fr 10–12 Uhr, Mi/Do 16–18 Uhr. Führungen nach Vereinbarung mit Frau A. Müller, der das Museum den Großteil seiner Exponate zu verdanken hat. A.-Hofer-Str. 50, www.museum-alltagskultur.it; freiwillige Spende.

Vill: Der Weiler Vill in den Weinbergen bei Neumarkt (an der alten Straße in Richtung Auer, die etwas oberhalb der heutigen Staatsstraße verläuft) besitzt in der kleinen *Kirche Unsere Liebe Frau* ein Kleinod hochgotischer Architektur, dessen feines Rippengewölbe zum Besten gehört, was in Südtirol aus dieser Zeit existiert. Die Planer und Architekten des Baus waren mit Sicherheit lokale Meister.

Ruine Kaldiff: Im Tal des Gschnoner Bachs liegt auf einem Felssporn die Ruine Kaldiff (auch Caldiff geschrieben). Sie bewachte die alte Wegverbindung hinauf nach Truden und hinüber ins Fleimstal, die um Jahrtausende älter ist als die heutige Straße von Auer über Kaltenbrunn. Vom Palas und Rittersaal sind noch mehrere Stockwerke der Außenmauern erhalten, von der Inneneinrichtung ist praktisch nichts mehr zu erkennen. Man erreicht Kaldiff vom höher gelegenen Neumarkter Ortsteil *Mazon* auf Weg Nr. 3.

St. Florian und das Klösterle: Südlich von Neumarkt verengt sich das Etschtal bei St. Florian (Gemeinde Laag), einer alten Kirche mit kräftigem Chorturm und wenigen benachbarten Häusern. Hier begann in den Zeiten, als die Etschüberschwemmungen Jahr für Jahr die Salurner Klause für Monate unpassierbar machten, der Weg hinüber ins Fleimstal und weiter nach Trient. Etwas oberhalb von St. Florian liegt sehr einsam das hervorragend erhaltene *mittelalterliche Pilgerhospiz*, das an dieser Stelle als Quartier notwendig war, es wird heute Klösterle genannt. Wahrscheinlich ist das Hospiz ein unmittelbarer Nachfolger des 1979 in Neumarkt ausgegrabenen römischen *mansio*, also einer Pferdewechselstation mit Herberge, wie sie an wichtigen Stellen des römischen Wegenetzes existierten und hier im römischen *Endidae* auch zu erwarten waren. Typisch dafür ist der Grundriss mit Innenhof mit Gebäuden an drei Seiten, eines davon offensichtlich Stall und eines mit zweitem Stockwerk, in dem die Schlafsäle und Krankenlager waren. Im Klösterle konnte man vom Krankenlager aus den Gottesdienst im Chor der benachbarten Hospizkapelle verfolgen. Das Hospiz wurde 1317 aus unbekannten Gründen aufgehoben *(Albrecht Dürer hat auf seiner ersten Venedigreise also sicher nicht dort genächtigt, sondern in einem der Neumarkter Gasthöfe).*

Wanderung auf dem Albrecht-Dürer-Weg: Von St. Florian/Klösterle über Krozzol und die sogenannte Römerbrücke führt der Albrecht-Dürer-Weg auf der mittelalterlichen Trasse hinüber zum Fleimstal und nach Segonzano. In fünf erhaltenen Aquarellen hat Dürer diese Passage über die Berge auf seiner ersten Venedigreise verewigt. Sie stellen u. a. Burg Segonzano und die dortigen Erdpyramiden dar, wo der Weg, der in Cembra das Fleimstal erreicht, endet. Der Weg ist ab Klösterle deutlich mit dem bekannten Signum Dürers (in ein großes A eingeschriebenen D) beschildert. Ein anregendes Teilstück des Weges zwischen Klösterle und Salurn bietet sich für einen Tagesausflug an (zurück mit dem Bus). Der Weg führt zunächst von St. Florian/Klösterle nach Laag und dann hinauf nach Buchholz, von wo man auf dem schmalen Sträßchen über Pichl nach Salurn absteigen kann (Gesamtgehzeit ca. 3 Std.).

Auer und Montan

Auer liegt auf einem Bachschuttkegel. Das sieht man an der Form des Untergrunds, und das kann man unschwer an den hohen Natursteinmauern erkennen, die Felder und Gärten umschließen, und an den Mauern, aus denen die älteren Gebäude errichtet wurden. Der aus der wilden Bletterbachschlucht herunter strömende Schwarzenbach ist heute ziemlich friedlich, bei schweren Regenfällen schäumt er aber nach wie vor in seinem regulierten, tiefen Bachbett. Früher überschwemmte er Auer in unregelmäßigen Abständen nicht nur mit Wasser, sondern mit Schutt und Schlamm – daraus entstand der große Schuttkegel unter dem Dorf, und damit wurde es gebaut. Ganz anders liegt Montan, kein Bach beeinträchtigt mit seinen Überschwemmungen das auf einer sonnigen Hangterrasse liegende Dorf mit Schloss Enn im Wald oberhalb. Wein gedeiht auch hier, in Buschenschanken kann man ihn auch beim Hersteller probieren. Zwischen beiden Orten liegt der Felshügel von Castelfeder, ein uralter, heute verlassener Siedlungsort.

Basis-Infos

Information Ferienregion Castelfeder Hauptbüro, hier auch Infos zu Salurn, Neumarkt, Montan, Mo–Fr 8.30–12.30/14–18 Uhr, im Sommer auch Sa 9–12.30 Uhr. Auer/Ora, Hauptplatz 5, ✆ 0471/810231, www.castelfeder.info.

Verbindungen Bus: gute Verbindungen mit Bozen und Salurn sowie ins Fleimstal (u. a. mit Bussen der Trentiner Regionalbuslinien), weniger gut ins Überetsch. Bahn: Bahnhof in Auer, an dem alle Regionalzüge halten, etwas außerhalb des Orts.

Auer und Montan

Pkw: Autobahnauffahrt etwas südlich zwischen Auer und Neumarkt. **Taxi:** Fa. Franzelin, Montan, Gebadweg 8, ✆ 0471/819009.

Baden/Schwimmen Freibad Forchwald im Sport- und Erholungszentrum Schwarzenbach in Auer, mehrere Becken, große Liegewiese, parkartiger Wald.

Einkaufen Markt am Mi in Auer. **Einkaufszentrum** mit großem Supermarkt in Auer, Hilbweg 1.

Feste & Veranstaltungen Unterlandler Weinkosttage, Traditionsveranstaltung Ende August in Auer, Winzer aus dem Unterland und auch von anderswo stellen ihre Weine vor, Verkostungen (Anmeldung nötig!), Vorträge, Musik und viel Gratis-Information zum Wein. Infos und Anmeldung beim Tourismusbüro.

Altmauerfest, das Aurer Dorffest erstreckt sich über drei Tage Ende Mai, alle 2 Jahre in ungeraden Jahren. Es gibt jede Menge Südtiroler Spezialitäten, ein umfassendes Kinderprogramm und Musik zum Abtanzen. www.altmauerfest.it.

Radfahren Verleih am Bahnhof und im Tourismusbüro.

Sportzentrum Sport- und Erholungszentrum Schwarzenbach, Zufahrt von der Fleimsstraße in Auer nach der Brücke über den Schwarzenbach.

Weingüter Weingut Pfitscherhof (Ansitz Pfitscher), Dolomitenstr. 17, Montan, Eigenbaukellerei mit 5 ha Rebfläche, neues Kellereigebäude inmitten der Weinberge, bemerkenswert der Südtiroler Merlot Kotznloater. ✆ 0471/1681317, www.pfitscher.it.

》》 Mein Tipp Weinkellerei Clemens Waldthaler, der Hausherr betreibt seit drei Jahrzehnten Weinbau und legt das Geschäft seit kurzem zunehmend in die Hände von Sohn Lorenz. Gerne nimmt Clemens sich die Zeit zu einem Rundgang durch seine Kellergewölbe aus dem 13. und 17. Jh. oder lädt zur Verkostung im Verkaufsraum. Seine Spezialität sind Cabernet und Blauburgunder mit langer Fassreife und ein kräftiger Pinot Grigio, der im Akazienfass reift. Ultimativ der Raut Rosso, eine kräftige Cuvée (raut kommt von „roden" und meint den Beschnitt im Weinberg), die nur in hervorragenden Jahren (bislang erst 6x) abgefüllt wird. Bachgasse 4, Auer, ✆ 0471/810182. 《《

Übernachten

In Auer *** **Markushof**, richtig dörflich wirkt die Gartenseite des Markushofs mit den blumengeschmückten Balkonen und dem schattigen Gastgarten, hinter dem sich der hauseigene kleine Campingplatz samt Pool, Liegewiese und Kinderspielplatz versteckt. Dabei ist der Markushof kein Landgasthof, sondern ein veritables und keineswegs kleines Hotel, das Busgruppen aufnimmt und sie auch problemlos verköstigen kann, denn selbst der urige Keller hat Übergröße (besonders beliebt in der Törggelenzeit, wenn kein Keller groß genug sein kann). Die Ausstattung der Zimmer ist okay, das Essen gut, die Atmosphäre sympathisch familiär. DZ/FR 82–116 €. Truidn 1, ✆ 0471/810025, www.hotelmarkushof.it.

Camping Markushof, privater Campingplatz des Hotels Markushof (s. o.), ruhig und angenehm übersichtlich, Pool und Liegewiese, Kinderspielplatz, beheizte Sanitäranlagen. April bis Okt. Gespann und 2 Pers. 29–37 €. Truidn 1, ✆ 0471/810025, www.campingmarkushof.it.

*** **Heide**, nach umfassender Renovierung ansprechend gestaltetes Hotel mit freundlichen Zimmern (nicht alle mit Balkon), Restaurant, Weinlaube und Terrasse. Freibad und Terrasse. DZ/FR 60–118 €. Nationalstr. 7, ✆ 0471/801211, www.hotelheide.it.

*** **Kaufmann**, verkehrsgünstig an der Straße nach Cavalese gelegenes Hotel mit kategorieadäquater Ausstattung, Freibad und Liegewiese. Und einer wichtigen Besonderheit: Das Hotel ist ein Biohotel, sein Restaurant ein Biorestaurant. Beim letzten Umbau wurde auf die Durchsetzung baubiologischer Grundsätze geachtet, was sich besonders in den neuen Zimmern zur Gartenseite manifestiert. DZ/FR 82–110 €. Fleimstalstr. 16, ✆ 0471/810004, www.hotelkaufmann.it. ∎

*** **Villa Groff**, kleineres, sympathisches Hotel in einer umgebauten gründerzeitlichen Villa am Ortsrand, mit Anbau, Pool und Liegewiese. Garten, schöne Zimmer mit Sitzbereich und Balkon und gute Küchenleistung (nicht nur beim Frühstücksbuffet). DZ/FR 90–125 €. Bahnhofstr. 80, ✆ 0471/810424, www.villagroff.it.

** Meinrad, Garni oben bei der Kirche, gemütlich und familiär, die Zimmer (Balkon) mit soliden Möbeln, üppiger Blumenschmuck, Garten mit Whirlpool. Fahrradverleih. DZ/FR 76–116 €. Kirchgasse 2, ☎ 0471/810416, www.meinrad.it.

In Montan *** Tenz, der „Tenz" ist aus einem alten Einkehrgasthof hervorgegangen, was man ihm allerdings nicht ansieht. Er ist ein gut ausgestattetes Hotel, alle Zimmer mit Balkon oder Terrasse. Hallenbad und Sauna, Freischwimmbad und Natursee mit schöner Liegewiese, 2 Stuben, Biergarten. Die bei Motorradfahrern beliebte nahe Fleimstalstraße macht sich abends und morgens, wenn man im Zimmer ist, kaum bemerkbar. DZ/HP 120–190 €. Kalditsch 3, ☎ 0471/819782, www.hotel-tenz.com.

** Goldener Löwe, trutziger mittelalterlicher Bau aus dem 14. Jh. im Zentrum, einst wohl Zollstation für Schloss Enn. Vorbildlich renoviert, moderne Details harmonieren mit alter Bausubstanz, der historische Saal mit Deckenfresken und Holzvertäfelung ist absolut sehenswert. Freundliche Zimmer, teils mit Balkon. Im Haus gutes Restaurant (Do Ruhetag). DZ/FR 76–90 €. Kirchplatz 11, ☎ 0471/819844, www.goldenerloewe.it.

Gästehaus Castelfeder, ruhige Lage, einfache Ausstattung, Restaurant im Haus, Pool. Jugendgruppen sind willkommen. DZ/FR 50 €. Castelfeder Weg 3, ☎ 0471/810184, www.haus-castelfeder.com.

Essen & Trinken

In Auer Aura, Nationalstr. 44, Pizzeria mit Holzofenpizza in 80 Varianten, auch Vollkornpizza, einen passenden Namen hat die „Pizza odorosa" mit Zwiebeln, Basilikum und Knoblauch. Außerdem Bruschette, Schnitzel mit Pommes, Speckteller und ein leckeres Amaretto-Feigen-Parfait mit Schokosoße, auch Eis sowie Kaffee und Kuchen. So Ruhetag, ☎ 0471/811119, www.pizzeriaaura.it.

Tschurtsch, Kirchplatz 3, Weinstube und Törggelenlokal in den Kellergewölben des funktionierenden Bauernhofs mit seinen z. T. mittelalterlichen Mauern. Die Hintergrundmusik trifft den kleinsten gemeinsamen Nenner. Merenden, Speck, Hauswurst mit Sauerkraut, im Herbst Kastanien. 17–1 Uhr, Mi Ruhetag, ☎ 0471/810648.

In Montan Rose, Kirchplatz 17, sehr traditionsverbundenes Gasthaus im wuchtigen, mittelalterlichen Bau, das spürt man sofort, wenn man Schank und Stube im 1. Stock betritt: Die wenigsten Gasthäuser haben noch die früher allgemein übliche Schank, und welches Gasthaus hat schon im Speisesaal eine rauchgeschwärzte Deckenwölbung, unter der sich mal ein Kamin (oder die Küche?) befand. Das betrifft auch das einfache Essen: Nudelgerichte, Schlutzkrapfen, Speck am Brettl, Risotto mit Pfifferlingen. Mi Ruhetag, ☎ 0471/819564, www.gasthausrose.it.

Pinzonerkeller, St.-Stephan-Platz 3, gemütliche, stilgerecht renovierte Bistro-Weinbar. Grillspezialitäten, aber auch viele vegetarische Gerichte aus regionalen und Bioprodukten. Mo–Mi Ruhetag. Unbedingt reservieren, ☎ 0471/813552, www.pinzonerkeller.com.

Schloss Enn, Pizzeria-Café im Ort (gegenüber Touristeninfo), große Auswahl an hervorragender, schön krosser Pizza, aber auch Restaurantküche. Mo Ruhetag, www.schlossenn.com.

Planitzer Hof, Glen 25, 2014 nach Renovierung neu eröffnete Buschenschank, traditionelle und saisonale Gerichte, hausgemachte Säfte und Eigenbauwein. Holzgetäfelte Stube, Panoramaterrasse. So Ruhetag, ☎ 0471/819407, www.planitzer.it.

In Gschnon Gschnon erreicht man auf der Straße Montan – Truden (Glenerstraße ab Montan/Kirchplatz), bei der Trudner Mühle nach rechts und ca. 1,5 km Zufahrtsstraße.

Dorfnerhof, Gschnon 5, Törggelen im traditionellen Berggasthof mit einer Traumaussicht und einer gemütlichen Stube. Traubenmost, eigener Speck und Kastanien, Reservierungen sinnvoll, ein Leser war allerdings mit der Küche nicht zufrieden, Mo zu. Es gibt auch 6 schön eingerichtete Zimmer, DZ/FR ab 85 €. ☎ 0471/819798, www.dorfnerhof.it.

Sehenswertes/Ausflüge

Auer: Die Lage auf einem immer wieder von Überschwemmungen geplagten Schuttkegel (der Bach ist heute durch Verbauungen einigermaßen entschärft) ist nicht gerade ideal. Immer wieder musste zerstörte Bausubstanz repariert oder gänzlich neu gebaut werden. Der Ort ist sehr locker besiedelt, es gibt kein eigentliches Zentrum, hohe Mauern verbergen auch in der Ortsmitte dahinterliegende Weingärten. Auch um die im höheren Ortsbereich stehende *Kirche St. Peter* ist kein wirkliches Zentrum auszumachen. Auf der rechten Seite der ansonsten schmucklosen Westfront dieser Kirche hat sich ein gotisches Christophorusfresko erhalten, dessen Ausmaß sogar für Südtirol ungewöhnlich ist. Die spätgotische Pfarrkirche zeigt deutlich, wie viel seit dem Spätmittelalter aufgeschüttet wurde: Sieben Stufen sind es zum Eingang des früher auf normalem Ortsniveau stehenden Baus. *Schloss Auer* mit schönen spätbarocken Wappenfresken ist der größte der Ansitze des Orts, er wurde in der Renaissance auf einer mittelalterlichen Burg aufgebaut.

Auf dem Castelfeder: Über Auer erhebt sich der Castelfeder, ein von karger Vegetation bedeckter und von Felsrippen mit Gletscherschliffen übersäter *Porphyrfelsen* (Teil des Porphyr-Mittelgebirges des Überetsch, der durch Etsch und Etschgletscher davon getrennt wurde). *Smaragdeidechsen, Nashornkäfer* und *Gottesanbeterin* leben hier. Mauerwerk aus verschiedensten Zeiten deutet auf frühere Besiedlung des heutigen Weidegebiets. Die karge *Trockenvegetation* ist so interessant wie selten, Flaumeichen, Hopfenbuchen, Mannaeschen, Perückenstrauch und Kornelkirsche wachsen hier, auch die vom Menschen eingeführten Kiefern und Esskastanien. Für Laien sind am auffälligsten die alten Eichen in großen Abständen, die dem Hügel von Castelfeder den Anblick einer Parklandschaft geben.

Auf der Kuppe des Hügels hat man eine vormittelalterliche Ringmauer identifiziert. Im Inneren sind Reste einer *mittelalterlichen Burg* mit *romanischer Kapelle* und Rundapsis auszumachen – die Reste dieses Baus auf erhöhter Stelle werden immer wieder gegen den Hintergrund des Unterlands und der Salurner Klause fotografiert. Tiefer am Südwesthang fallen auf einer Verebnung die Reste einer *prähistorischen Großsiedlung* auf, insgesamt 160 Häuser konnten identifiziert werden. Wer die Bewohner waren und wann sie lebten, das ist nicht klar.

Fußweg: Man erreicht den Castelfeder am einfachsten in ca. 20 Min. aus der großen Linkskurve, die die Straße nach Montan nach der ersten Steigung macht. Wegweiser zeigen den Weg hinüber zum Hügel (Schutzgebiet), den man nach Querung eines trockenen Tals erreicht. Alternativ beginnt man den Aufstieg in Auer beim Sportgelände Schwarzenbach, geht rechts der Turnhalle zur Fleimstalstr. und dort 200 m nach rechts, wo jenseits Weg 5 a beginnt. Mit 5 a und 5 auf die Kuppe, dort blauweiße Markierung zur Straße; der gesamte Weg ist sehr gut beschildert (0:45–1 Std.).

Wanderung auf der „Katzenleiter": Eine für gute Geher einfache Wanderung führt die 540 Stufen der „Katzenleiter" hinauf zu Aussichtspunkten über der *Schlucht des Schwarzenbachs*, für Ausdauernde weiter zu einer Bushaltestelle an der Straße nach **Aldein**, von wo aus man mit dem Bus nach Auer zurückkehren kann. Man beginnt rechts der Pfarrkirche und nimmt den dort beginnenden „Wasserfallweg", der unvermittelt vor einem E-Werk endet. Rauf auf eine Mauer, die vor Überschwemmungen schützen soll, eine Fußgängerbrücke und Weg 2 zum Treppenanstieg der Katzenleiter. Schwindelfreiheit ist nicht nötig, obwohl die Ausblicke wahrhaft schwindelerregend sind. Oben in **Karnol** kommt von links ein alter Weg herauf, es handelt sich um die früher (also bis ins 20. Jh.!) einzige Verbindung von Aldein mit dem Etschtal, den heute noch so genannten *Alten Aldeiner Weg*.

Gehzeiten bis Schlossberg (656 m) 1:20 Std., bis Steinhaus (802 m) 2 Std., bis zur Bushaltestelle beim Gasthaus Schmieder (880 m) 2:15 Std. Gesamtgehzeit.

Montan: Das idyllische Weindorf Montan liegt der Nachmittagssonne zugewandt auf einer schönen Hangterrasse über dem Etschtal. Das 1300 entstandene und um 1880 veränderte und restaurierte große **Schloss Enn** oberhalb von Montan ist seit 1650 im Besitz der Grafen Albrizzi (aus Venedig). Leider kann es nicht besichtigt werden, nur von fern hat man einen Blick auf die Anlage. Der Bau ist von hohen Bäumen umgeben, sodass man es aus der Nähe schlecht erkennen kann, auch vom Tor aus sieht man wenig. Nur einmal im Jahr gibt es Gelegenheit, zumindest das Äußere und den Innenhof in Augenschein zu nehmen, nämlich anlässlich eines Konzerts der Musikkapelle Montan im Innenhof, das Mitte August stattfindet. Die alte Fleimstalbahn fuhr unterhalb von Montan in großer Schleife nach Süden, um dann oberhalb von Schloss Enn in Richtung Kaltenbrunn zu dampfen. Heute ist die Trasse der stillgelegten Bahn ein beliebter *Wander- und Radweg* (→ Tour 12).

Pinzon: Das kleine Weindorf Pinzon etwas südlich von Montan – man sieht es von der Trasse der Fleimstalbahn aus unter sich liegen – birgt einen Kunstschatz erster Ordnung. In der *Dorfkirche St. Stephan* befindet sich nämlich der bedeutendste Flügelaltar des Unterlands, eine Arbeit des *Hans Klocker*. Der vorzügliche spätgotische Altar ist gegen 1500 entstanden und atmet noch rein gotischen Geist, so verzichtet er völlig auf Perspektive oder gar auf die gekonnte und bewusst zur Gestaltung eingesetzte Zentralperspektive seines Zeitgenossen Michael Pacher. Von den Figuren des Schreins wurden leider bei einem Kunstraub die vier den Vorhang hinter der Hauptszene tragenden Engel und das Christuskind im Schoß der Maria geraubt (das Letztere wurde durch eine originalgetreue Kopie ersetzt).

Keine offiziellen Zeiten, den **Schlüssel** gibt es beim Pfarramt (✆ 0471/820781) oder beim Messner (✆ 0471/812871).

Tour 7: Wanderung oder Radtour von Montan nach Kaltenbrunn auf der ehemaligen Trasse der Fleimstalbahn

Tour-Info: Gemütliche Wanderung mit (fast) immer gleicher, angenehm schwacher Steigung auf ehemaliger Bahntrasse, meist schattig und kühl auf der Nordseite – etwas für heiße Tage! Nur unzureichend beleuchtete Tunnel, eine Taschenlampe ist zwar nicht unbedingt notwendig, tut aber gute Dienste (mit dem Rad Licht notwendig). Zurück mit dem Linienbus. Länge 12,7 km; Dauer 3:30 Std.; Höhenunterschied: ↑ 530 m. Karte: Tabacco (1:25.000) Blatt 49.

Die stillgelegte Fleimstalbahn von Auer (wo der Bahnhof neben dem der Etschtalbahn erhalten ist) nach Cavalese im Trentino ist heute die Strecke für eine herrlich gemütliche, schattige Wanderung von Montan bis Kaltenbrunn. Von dort kann man mit dem Bus zurück, oder man hängt den Besuch des nahen Truden dran (Radfahrer machen auf der Rückfahrt sowieso besser den kleinen, interessanteren Umweg über Truden, denn die SS 48 ist stark befahren).

In Montan nimmt man etwas unterhalb des Dorfs beim großen Parkplatz **A** die nach rechts in Richtung Pinzon (Schild) abgehende Straße. Eine größere Straße wird gequert **B**, drüben geht es mit einem Fahrweg weiter. Wir sind auf dem alten Bahnweg, den wir bei einer Gabelung **C** ausgehen, um die enge Schleife der Trasse samt Viadukt kennenzulernen (weiter oben guter Blick auf Viadukt). Nach diesem Richtungswechsel weiterhin leicht ansteigend auf erneuer-

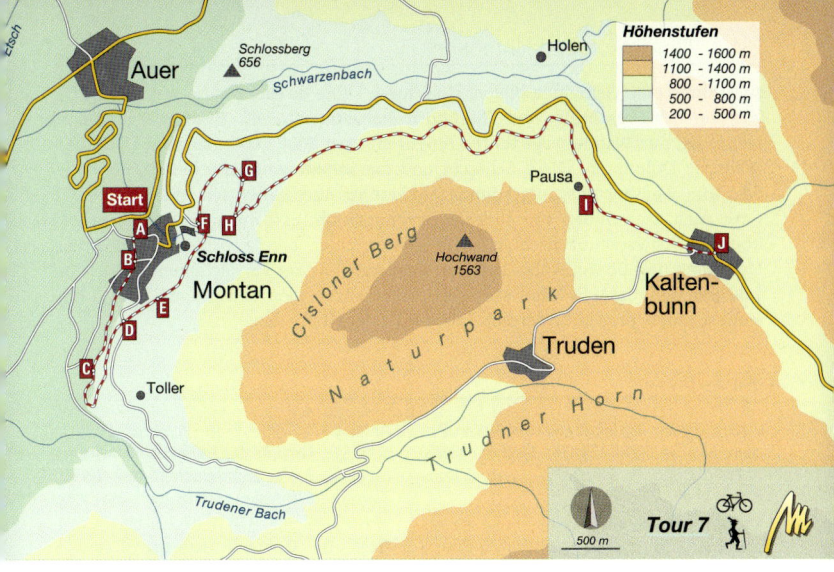

ter Asphaltstraße D (Straße nach Truden) und bald darauf in einen ersten Tunnel E. Spärliche Beleuchtung! Zweiter Tunnel, Schloss Enn liegt unterhalb. Kurz darauf Gabelung F, nicht flach und links weiter auf der Bahntrasse, sondern jetzt etwas steiler nach rechts (Schilder sind hilfreich) in einen Wiesenhang. Der eingeschlagene Weg macht eine Krümmung nach rechts, wird nochmals steiler und erreicht den Feitnerhof G, wo man ein Sträßchen links liegen lässt, um rechts mit Markierung 3 weiterzugehen. Man gelangt nach einem sehr steilen Wegstück (Radler müssen schieben) zum Lamberthof, dem höchsten der Kalditscher Höfe, wo man sich links auf einen Güterweg wendet H. Nun immer in der am Hof eingeschlagenen Richtung bleiben, die Trasse der Bahn führt hier fast ohne Steigung weiter, ein Tunnel wird passiert, ein Schild macht auf den nahen Gasthof Brückenwirt aufmerksam (gute 100 m tiefer, hin/zurück 0:30 Std., Mo Ruhetag), und dann öffnet sich wieder der Wald, und man betritt die Wiesen des historischen Pausahofs. Dort links vorbei I und noch ein Stück Bahnweg, dann erreicht man eine Straße, der man nach links abwärts und zu den wenigen Häusern von Kaltenbrunn J folgt. Vorsicht bei der Querung der SS 48 zur Bushaltestelle, die Ortsdurchfahrt ist eine Rennstrecke! Wer nach Truden möchte, geht auf der Straße nicht Richtung Kaltenbrunn, sondern 300 m nach rechts, wo auf der anderen Seite ein Wanderweg beginnt, der in einer guten halben Stunde nach Truden leitet (von dort Busverbindung nach Montan und Auer), es ist der Europäische Fernwanderweg Nr. 5.

Aldein und Radein

Die beiden Streusiedlungen Aldein und Radein am Südfuß des Regglbergs mit ihren alten Bauernhöfen sind ideale Sommerfrischen. Die sanft geneigten Hänge unter dem Weißhorn blicken nach Süden, Wiesen und Weiden, dazwischen Wald, bieten Erholung. Das touristische Angebot ist begrenzt, aber gut, erholsame Familienferien sind angesagt, wer Action sucht, ist fehl am Platz. Die beiden Dörfer, die

Überetsch und Unterland

zusammen eine Gemeinde bilden, sind durch keine direkte Straße verbunden. Die wie ein Messerschnitt vom Weißhorn herunterziehende **Bletterbachschlucht** trennt sie, nur Wanderwege führen hindurch – seit 2009 gehört sie zum UNESCO-Welterbe Dolomiten. Diese Schlucht und die **Schwarzenbachschlucht**, die ebenfalls vom Weißhorn herunterkommt und erst bei Auer endet, schneiden die beiden Orte auch nach Süden von anderen Siedlungen ab. Erst die spektakuläre Brücke über die Schwarzenbachschlucht, 1963/64 errichtet, brachte Aldein näher an das Unterland und Bozen, wohin man mit dem Auto vor der Fertigstellung mindestens 1:30 Std. benötigte. Es lohnt sich, den Wagen abzustellen und in die Schlucht hineinzuschauen, man befindet sich 110 m über dem Talboden.

Basis-Infos

Information Tourismusverein Aldein/Radein, Mo–Sa 8.30–12.30 Uhr, Dorf 34, I-39040 Aldein/Aldeno, ✆ 0471/886800, www.aldeinradein.com.

Verbindungen Pkw: gute Straße als Abzweigung von der Fleimstalstraße, Bus: 3 bis 4x tgl. Bus von Neumarkt nach Aldein, Radein wird nicht bedient! Taxi: Fa. Dibiasi, Aldein, ✆ 0471/886687.

Guestcard Die Gratis-Gästekarte von Aldein-Altrei-Truden enthält den Eintritt in die Bletterbachschlucht, in die örtlichen Museen und diverse Ermäßigungen, z. B. beim E-Bike-Verleih oder bei der Seilbahn Alpe Cermis.

Ärztliche Versorgung Arzt in Aldein, wechselnde Sprechstunden (Auskunft im Tourismusbüro).

Einkaufen „Käseladele" auf der Schönrastalm (1700 m), der diplomierte Senner und Käser stellt derzeit sechs Rohmilchkäse her, darunter Brennnesselkäse und Heukäse, auch in handlichen kleinen Laiben fürs Picknick und zum Mitnehmen im Rucksack; Lerch 43, Aldein, ✆ 0471/886731. ∎

Feste & Veranstaltungen Klangdein, eine musikalische Veranstaltungsreihe im Sommer, verschiedene Konzerte und Feste mit Blasmusik, Chor und Kultur. Sonnenuntergangskonzert auf dem Weißhorn, Genussfestl auf dem Dorfplatz von Aldein.

Anfang bis Mitte Sept. **Almabtrieb** in Aldein. Die Ankunft der Tiere im Dorf wird mit Musik (z. B. der „Böhmischen" aus Aldein), Tanz, traditionellen Gerichten und jeder Menge Getränken gefeiert.

Golf Der Golfplatz Petersberg, eine 18-Loch-Anlage, ist wenige Autominuten entfernt. ✆ 0471/615122 (→ Deutschnofen(Golf, S. 632), www.golfclubpetersberg.it.

Kegeln Die wenigsten Südtiroler Orte haben ihre **alten Naturkegelbahnen** erhalten. Anders in Aldein und Radein, Naturkegelbahnen im Gasthaus Schönblick, auf der Schmiederalm, der Lahneralm, Schönrastalm und Gurndinalm sowie in den Gasthöfen Nigglhof und Rose. Das Gasthaus Joch Grimm auf dem gleichnamigen Pass hat eine vollautomatische Kegelbahn.

Radfahren E-Bike-Verleih beim GEOPARC Bletterbach, im Geologiemuseum Radein (Adressen → S. 266) und beim Gasthaus Pfiffikus in Aldein, Dorf 26 (✆ 0471/886805).

Wintersport Das Joch Grimm mit seinen Schleppliften scheint so nah, ist aber mit dem Auto nur über Cavalese und das Lavazèjoch zu erreichen. Nächstes alpines Skigebiet ist folglich die **Alpe Cermis** mit Kabinenseilbahn ab Cavalese. Anders beim **Langlauf**: Rund um das Weißhorn ziehen sich ca. 50 km Loipen und auch **Rodler** haben freie Bahn: Naturrodelbahnen auf der Schmiederalm und Schönrastalm.

Übernachten/Essen & Trinken

In Aldein *** Krone, der historische Gasthof (1577 als Gaststätte bezeugt) in der Ortsmitte zeigt sein Alter deutlich an der Fassade, an der Steinumrahmung der Eingangstür, am Dachtyp. Älteres und hier und da ehrwürdiges Mobiliar in Räumen, Fluren und Zimmern, die große Stube holzgetäfelt, die Bar unter Kreuzgewölbe, der Weinkeller ein Tonnengewölbe. Restaurant mit sehr guter Küchenleistung (Gault-Millau 2017 14

Punkte). 2 Gänge ab 34 €, dicke Weinkarte (ohne Preislimit). Restaurant Mo Ruhetag (außer Juli/Aug.). DZ/HP 156–258 €. Dorfplatz 3, ✆ 0471/886825, www.gasthof-krone.it.

Ploner, Dachselweg 1, Café-Restaurant mit gutem Preis-Leistungs-Niveau, gehobene Tiroler Küche mit italienischem Einschlag, auch viel Fisch. Lokal mit Terrasse, Garten und kleinem Spielplatz, Menü ab 45 €. Di Ruhetag, ✆ 0471/886556.

In Radein *** **Zirmerhof**, wenige Hotels in (Süd-)Tirol können mit der Tradition des Zirmerhofs mithalten. Schon Ende des 19. Jh. beherbergte die Familie Perwanger Gäste aus Österreich-Ungarn und dem Deutschen Reich. Diese mussten damals noch auf haarsträubenden Fuhrwegen ins Dorf hinauffahren (mit der Pferdekutsche natürlich). Das stattliche Bauernhaus von damals hat sich nicht wesentlich verändert, die Zirmerstube des 16. Jh. mit ihrer Zirbenholztäfelung, der später angebaute Speisesaal mit seinen Fresken, die Gründerzeitmöbel in den Zimmern, die Kachelöfen und Kamine – das atmet alles noch den Hauch des ganz frühen Fremdenverkehrs. Hinzugekommen sind die (Marmor-) Bäder und WCs (damals undenkbar – man hatte eine Schüssel und einen Wasserkrug im Zimmer, WC gab's auf dem Gang), Sauna, Dampfbad im Heustadel, Ruheraum. Sehr gute Küche (Gault-Millau 2014 13 Punkte). Mo Ruhetag. DZ/HP 210–350 €. 3 liebevoll renovierte und überaus gemütlich eingerichtete Berghütten werden zur Alleinnutzung vermietet, 128–192 €/Tag. Oberradein 59, ✆ 0471/887215, www.zirmerhof.com.

Wastlhof, freundliche Apartments mit traditioneller Einrichtung (Holzriemenböden) in wuchtigem Bauernhof am Rand Oberradeins. Hofprodukte erhältlich, Spielplatz, Haus-, Stall- und Weidetiere, toll für Kinder. Apt. 2–4 Pers. 48–55 € (für 2 Pers.). Oberradein 62, ✆ 0471/887168, www.urlaub-am-wastlhof.com.

* **Roter Adler**, der Rote (Tiroler) Adler des kleinen Gasthofs signalisiert ein einfaches, rustikales Haus mit angenehmen, schlichten Zimmern (z. T. Balkon) und typischer Tiroler Küche. Di Ruhetag. DZ/FR 66–70 €. Oberradein 41, ✆ 0471/887227.

Nigglhof, Oberradein 3, Gasthof/Jausenstation, Tiroler Küche, wunderbare Mehlspeisen (Kuchen, Strudel etc.), Naturkegelbahn. Mi Ruhetag, ✆ 0471/887165, www.nigglhof.com.

Almgasthöfe 》》 Mein Tipp: Gurndinalm, 1953 m, schlichter kleiner Almgasthof (20 Min. vom Joch Grimm) in toller Aussichtslage auf einer von Lärchen umgebenen Wiese und mit Liegestühlen zum Entspannen. Leckere Südtiroler Küche, Knödelbis und Nudeln. Spezialität des Hauses sind köstliche Strauben mit Preiselbeeren. Unbedingt probieren! Geöffnet Mai bis Anfang Nov. und in der Wintersaison. Einfache Zimmer (Etagenbad), DZ/FR 40–46 €. Eich 28/2, ✆ 0471/886745, www.gurndinalm.com. 《《

Schmiederalm, traditionelles Almgasthaus mit entsprechender, sehr guter Kost, einfache Zimmer (Etagenbad), sehr schöne Aussichtslage. DZ/FR 64–70 €. Do Ruhetag. Lerch 41, ✆ 0471/886810, www.schmiederalm.it.

Laneralm, Gasthof auf dem Weg zur Bletterbachschlucht mit gemütlichem Ambiente, Stube und großem Gastgarten, Almgerichte und Merenden. E-Bike Ladestation. Ende April bis Anfang Nov., Fr Ruhetag (Mai/Juni/Okt.), Lerch 39, ✆ 0471/886778, www.laneralm.com.

Sehenswertes/Ausflüge

Aldein: Die Streusiedlung nimmt nur um die *Kirche* auf dem Hügel Dorfgestalt an. Ausgrabungen haben gezeigt, dass hier schon eine romanische Kirche stand (die heutige ist spätgotisch mit neugotischer Ausstattung). Aldein wurde wohl im 12. Jh. wahrscheinlich von hessischen Bauern besiedelt, noch heute werden die Aldeiner „Hessen" genannt. Etwas unterhalb der Kirche steht der eindrucksvolle historische „Gasthof Krone" (→ „Übernachten/Essen & Trinken"), auf der anderen Seite des dortigen Platzes sind die Touristeninformation und das Dorfmuseum untergebracht.

Sehr lebendig wird das **Mühlenmuseum „Im Thal"**, ein Ensemble aus bisher vier Mühlen unterschiedlichen Typs (man will erweitern), wenn man sich einer Führung anschließt. Dann wird nämlich in der Thalmühle das Getreide zu Mehl gemahlen, in der Matznellermühle wird mit dem Rendl das Gerstenkorn von seinen Spelzen befreit und mit dem Stampf Loden gewalkt und, früher sehr wichtig, die Fichtenrinde zerkleinert, die man zur Herstellung von Lohgerbe brauchte. In der Wasserschmiede sieht man den Wasserhammer, der mit einem Wasserrad betrieben wird. Erst 2009 hinzugekommen ist die Stampfer Säge, eine sogenannte Venezianersäge, die von einer Schaufelradturbine betrieben wird.

Dorfmuseum Aldein, Museum für sakrale Kunst, es werden v. a. barocke Monstranzen, Hostienschalen, Messbecher, Stickereien etc. gezeigt. Geöffnet Mai bis Okt. Sa 17–19 Uhr, im Juli/Aug. auch Fr 17–19 Uhr. www.museum-aldein.com.

Mühlenensemble „Im Thal", Freilichtmuseum, von Mai bis Okt. geöffnet. Führungen durch den Tourismusverein: im Juli/Aug. jeden Sa um 14 Uhr Mühlenwanderung ab Feuerwehrhalle Aldein. www.museum-aldein.com.

Radein: Die *Kirche* von Radein, ein schöner gotischer Bau mit schönem Fächergewölbe im Chor, steht im Gegensatz zu Aldeins Kirche fast allein. Radein ist Streusiedlung geblieben, die Aldeiner Siedlungskonzentration durch Pensionen und Privathäuser hat Radein nicht mitgemacht.

Auch Laien werden vom Radeiner **Geologiemuseum** angesprochen, das den Gesteinsaufbau der Dolomiten in vielen Beispielen, instruktiven Schautafeln und einem Diorama erklärt. Außerdem eine Sandsteinplatte mit Spuren unterschiedlicher Saurier! Wer die Bletterbachschlucht besucht oder den obersten Schluchtbereich mit dem Weißhorn von der Aldeiner Seite gesehen hat, wird sich ohnehin fragen, wie so ein gewaltiges Naturphänomen wohl entstanden sein mag. Das Museum sollte man mit dem GEO-Weg durch die Bletterbachschlucht verbinden (s. u.), nachher ist man Experte für Dolomiten-Geologie.

Geologiemuseum im Vereinshaus „Peter Rosegger" in Oberradein, geöffnet Mai bis Okt. 9.30–18 Uhr. Im Museum sind die Eintrittskarten in den GEOPARC Bletterbach erhältlich. www.museum-aldein.com.

„Auf den Spuren der Saurier" – der GEO-Weg durch die Bletterbachschlucht: Leitern und Stiegen führen hinunter und hinauf in die gewaltige Bletterbachschlucht, deren obersten Teil, die „Gorz", man gar nur auf einer seilichen Metallstiege verlassen kann. Der Canyon ist ein wahres Geologiemuseum der Dolomiten unter freiem Himmel, reicht doch der Aufbau von Schlucht und Weißhorn vom Bozner Porphyrsockel über Grödner Sandstein und Bellerophonschichten der Permphase bis zum Muschelkalk der Trias. Der Canyon entstand an einer Störungszone: Die dunklen Gesteine des Schwarzhorns (Porphyr) wurden en bloc gehoben, die weißen des Weißhorns (Triaskalke) ebenso en bloc abgesenkt. Der GEO-Weg durch die Bletterbachschlucht beginnt am Parkplatz unter der Lahneralm in Aldein beim Besucherzentrum (mit Souvenirshop) und führt hinunter ins „Butterloch". An 14 interessanten Stellen informieren Schautafeln über Tektonik und Gesteine der Schlucht. Der Rückweg zum Besucherzentrum erfolgt im Regelfall über den Jägersteig.

Tour-Info: Ein Faltblatt zum GEO-Weg mit kurzer Beschreibung und Verlaufsskizze gibt es beim Tourismusverein und im Besucherzentrum. Infos im Internet – mit virtueller Tour durch die Schlucht – unter www.bletterbach.info.

Vorsicht! Bei Regen oder gar Gewitter ist von der Begehung der Schlucht wegen Steinschlaggefahr dringend abzuraten! Es herrscht Helmpflicht, Ausleihe im GEO Museum. Bei einem Erdrutsch wie im Mai 2014 wird der Eingang zur Schlucht vorübergehend geschlossen. Vorher informieren!

Besucherzentrum Bletterbach (Aldein), Mai bis Okt. tgl. 9.30–18 Uhr, Eintritt 6 €, Eintritt und Schluchtführung 13 €, tgl. Führung durch den GEOPARC um 10.30 Uhr. ✆ 0471/886946.

Tour 8: Wanderung vom Joch Grimm auf das Weißhorn

Tour-Info: Das Weißhorn ist die äußerste Bastion der Dolomiten im Südwesten, dementsprechend ist die Aussicht von seinem Gipfel. Der Rundweg (Variante A) mit Gipfelbesteigung ist leicht und **auch für Kinder** zu bewältigen. Die Variante B auf dem Höhenweg ist zum Schlussanstieg schwer (mit Seilversicherungen) und nicht für Kinder geeignet, aber absolut spektakulär, da sie am oberen Abbruchrand der Bletterbachschlucht entlangführt (Schwindelfreiheit und Trittsicherheit erforderlich). Dauer Variante A 2–2:15 Std.; Höhenunterschied: 340 m, Variante B 3 Std. 600 Höhenmeter. Karte: Tabacco Blatt 29 oder 4land Blatt 184 (1:25.000). Anreise mit dem Pkw nur über Cavalese oder Deutschnofen und Passo di Lavazè!

Beim Gasthaus Joch Grimm (1989 m) beginnt auf der Radeiner (westlichen) Seite ein gut ausgebauter Wanderweg, der den Südhang des Weißhorns durchsteigt und in einer Stunde direkt zum Gipfel führt. (Dieser Gipfel ist, wie man erst hier entdeckt, ein Doppelgipfel mit 2317 m und 2313 m). Die Abzweigung zum Höhenweg (mit H beschildert und beschriftet) nach rechts auf etwas mehr als halber Höhe (Variante B) wird nicht beachtet, es sei denn, man möchte das Weißhorn umrunden, denn genau das macht dieser Steig (und kommt, wie wir, bei der Gurndinalm zurück an die Straße).

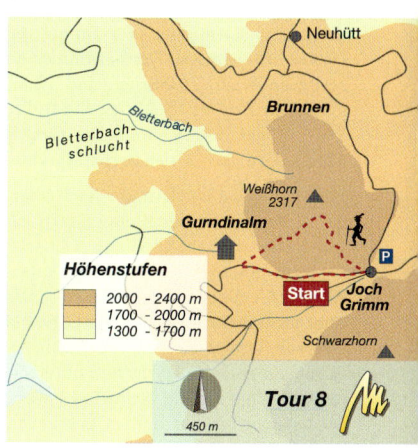

Zurück geht's die ersten Meter auf dem Aufstiegsweg, dann aber bei der obersten Gabelung nicht links, sondern rechts weiter (beschildert Gurndinalm) und flott durch Wiesen und Krummholz zur Gurndinalm (1952 m). Von dieser auf dem Sträßchen in 0:20–0:25 Std. zurück zum Joch Grimm und zum Ausgangspunkt.

Die Variante B führt ab der Gabelung am Höhenweg durch Latschenfelder an der Ostseite des Weißhorns entlang (schöner Ausblick auf Schlern, Rosengarten und Latemar), umkurvt den Berg an der Nordseite und trifft 0:45 Std. nach der Gabelung unvermittelt auf die Abbruchkante der Bletterbachschlucht. Fantastischer Ausblick in die Schlucht, nach Norden auf Maria Weißenstein und nach Westen auf den ganzen Rest Südtirols. Ab hier auf Steig Nr. 5 immer an der Kante entlang Richtung Gipfel des Weißhorns. Ein ziemliches Gekraxel, auf und ab dem Gratverlauf folgend. Nach 20 Min. erreicht man den Gipfelanstieg. Zwischen Felsblöcken seilversichert senkrecht nach oben, technisch nicht schwierig, aber schwindelfrei sollte man sein. 15 Min. Kletterei, und man erreicht das Gipfelkreuz und genießt einen Rundblick, wie er für einen Berg dieser Höhe mehr als ungewöhnlich ist – aber außer dem Schwarzhorn ist halt kein anderer Gipfel in der Nähe, der die Sicht nehmen könnte. Ab hier wie Variante A.

Essen & Trinken ** Jochgrimm, Hotel/Gasthaus mit rustikaler Küche, Heubäder, ☎ 0471/887232, www.jochgrimm.it. **Gurndinalm**, mit Naturkegelbahn, Liegestühlen und leckeren Strauben, Mai bis Okt. tgl. geöffnet, ☎ 0471/886745 (siehe auch S. 636).

Das Joch Grimm → Kapitel „Das Rosengartengebiet" auf S. 620.

Naturpark Trudner Horn, Truden und Altrei

Der Naturpark Trudner Horn ist ein Mittelgebirgspark mit sehr artenreicher, südlich angehauchter Vegetation. Im Naturparkhaus kann man sich die ersten Informationen holen, bevor man mit Wanderstock oder Mountainbike in die Umgebung zieht.

Das Bergdorf **Truden** (Kirchplatz auf 1127 m) hat kaum Platz zwischen den Talflanken, die Dorfstraße ist steil, die Felder mussten durch hohe Steinmauern vor dem Wegschwemmen geschützt werden. Einige schöne alte Häuser, gepflegte Steinbauten, haben den Bauboom der letzten Generation überlebt. Truden wurde früher von Cavalese (Trentino) aus verwaltet und ist heute noch ein Teil der „Magnifica Comunità di Fiemme", der alten Selbstverwaltungsorganisation der Dörfer im Fleimstal. Das hat immer noch Bedeutung: Ein ausgedehnter Kollektivbesitz an Wald (20.000 ha!) und Weideland wird gemeinsam bewirtschaftet. Erst nach dem Zweiten Weltkrieg wurde Truden aus dem Trentino herausgelöst und zu Südtirol geschlagen. Stolz des Orts ist die Schützenkompanie mit 41 aktiven Mitgliedern, davon vier fesche Marketenderinnen.

Von den vielen Dörfern, die hoch über dem *Torrente Avisio* liegen, dem Fluss, der das Trentiner Fleimstal entwässert, ist nur **Altrei** deutschsprachig. Die Gemeinde war früher wirtschaftlich und politisch eng mit Trient verbunden und reicht heute noch bis hinunter ins Fleimstal – tatsächlich führt die Trentiner Straße 612 durch Altreier Gemeindegebiet. Diese Grenzlage hat die kulturelle Zugehörigkeit der Altreier nie angefochten, eher im Gegenteil, sie waren sich immer besonders bewusst, Deutsch-Tiroler zu sein. Wer nach Altrei kommt, erlebt ein ruhiges Bauerndorf, kaum von anderen Dörfern zu unterscheiden, bis auf den Umstand, dass das nächste Dorf (Capriana im Fleimstal) italienischsprachig ist. Die jahreszeitlichen bäuerlichen Arbeiten bestimmen das Leben im Dorf, das von ausgedehnten Wäldern umgeben ist, die zum Naturpark Trudner Horn gehören. Die Hauptstraße ist gesäumt von alten Häusern mit mächtigem Mauerwerk und großen Toren aus verwittertem Holz. Alle paar Minuten kommt aus irgendeiner Gasse ein Ape daher und verschwindet kurz darauf laut knatternd hinter der nächsten Biegung – ein Beleg dafür, dass die meisten Straßen und Wege hier eng und kurvig sind, und nicht immer für Autos geeignet. Das Dorf und seine Landschaft sind ideal zum Ausspannen – Sommerfrische eben.

Der Naturpark Trudner Horn

Auf 6600 ha umfasst dieser Mittelgebirgsnaturpark eine sehr differenzierte Waldflora und Fauna, hat aber wenig Spektakuläres zu bieten. An seinem Süd- und Westfuß reicht er noch bis in die submediterrane Buschwaldzone hinein, die durch Flaumeichen charakterisiert ist, seine höchsten Bereiche um das Trudner Horn (1817 m) liegen im subalpinen Tannenwald. In einigen Bereichen dominiert dunkler Porphyr, anderswo, z. B. am Rand des Etschtals, liegt verkarstetes helles Kalkgestein an der Oberfläche, wie jenes, das die Haderburg in Salurn trägt. Lärchenwald und einige Hochmoore zwischen Truden und Altrei sind gerade in diesen relativ niedrigen Höhen selten gewordene Biotope. Sehr informativ ist das Naturparkhaus in Truden.

Information: Naturpark Trudner Horn, Am Kofl 2, I-39040 Truden/Trodena, ✆ 0471/869247, www.trudnerhorn.com.

Der Naturpark Trudner Horn

Basis-Infos

Information Tourismusverein Trudner Horn, Information und Naturparkhaus sind im selben Gebäude untergebracht. Information ganzjährig Mo/Mi 8–12.30 Uhr; Naturparkhaus April bis Ende Okt. Di–Sa 9.30–12.30/14.30–18 Uhr, Juli/Aug. auch So, Eintritt frei. Am Kofl 2, I-39040 Truden/Trodena, ✆ 0471/869078, www.trudnerhorn.com. Büro des Tourismusvereins in Altrei für Fr 8–12.30 Uhr, Rathausplatz 1c, ✆ 0471/882077.

Verbindungen Pkw: von der Fleimstalstraße gute Verbindung zu beiden Orten, ab Montan nach Truden ebenfalls ausgebaute Straße (weniger Verkehr). Bus: wochentags 2 bis 3x ab Neumarkt oder Auer nach Truden, nicht nach Altrei.

Gesundheit/Wellness Naturoase Stegerhof, Truden, Pintergasse 8b, Heubäder, Kräuterdunstbad, „Kraxenofen", Thalassotherapie etc. in einem (modernen) Bauernhof, So geschl; ✆ 0471/869211, www.naturoase-stegerhof.com.

Kneippanlagen in Altrei (Anhöhe Sandegg) und in Truden, schön angelegt in einem Lärchenwald etwa 10 Min. außerhalb Trudens (beschildert).

Radfahren Verleih im Tourismusverein. Außerdem Radverleih im Gasthaus Kaltenbrunn.

Spezialitäten Altreier Kaffee

Dabei handelt es sich nicht etwa um eine endemische Alpenkaffeebohne, sondern um ein Produkt aus Lupinen. Deren Samen werden geröstet und gemahlen und dann als Aufguss zubereitet. Lupinenkaffee wurde angeblich schon im alten Ägypten konsumiert. In Altrei war er etwa seit 1860 bis 1960 übliches Heißgetränk, wurde dann aber vom Bohnenkaffee verdrängt und geriet in Vergessenheit. Die Diplomarbeit einer österreichischen Studentin über alte Kulturpflanzen brachte die seltene Altreier Lupine und den entsprechenden Kaffee ab 1998 wieder ans Tageslicht. Ab 2003 wurde im Rahmen eines EU-Projektes wieder mit der Produktion begonnen. Seit 2010 kann der Kaffee als „Voltruier Kaffee" reinsortig oder mit 20 % Anteil lokal angebauter Gerste erworben und z. B. auch im Kürbishof konsumiert werden. In Guggal liegen auch mehrere Lupinenfelder, eines direkt vor dem Kürbishof und ein anderes etwa 150 m dahinter, wenn man der schmalen Gasse nach Süden folgt, ist es nicht zu verfehlen. Von Juni bis September ist der Anblick besonders interessant, dann leuchten die Blüten der Lupine in kräftigem Blau. Erhältlich ist der Kaffee in der örtlichen Metzgerei, im Gemischtwarenladen und bei den Produzenten Reiner Amort (Guggal 26a) und Leonhard Werth (Hof am Orth, Gottschalkstr. 4).

Übernachten/Essen & Trinken

In Truden ** Zur Mühle, Hotel-Restaurant mit funktionstüchtiger Getreidemühle im Untergeschoss, Ortsteil Mühlen. Zimmer in moderner Holzbauweise, Restaurant mit vorzüglicher traditioneller Küche mit Knödeln, Pilzgerichten, Pizza; schöne Gartenterrasse. Komplettes Menü ab ca. 25 €, Mi Ruhetag; DZ/FR 76–106 €. Mühlner Str. 11, ✆ 0471/869210, www.zur-muehle.com.

**** Stegerhof, Bauernhof mit Heubad, Bauernsauna und Kraxenofen, Naturpool. Hofeigene Produkte wie Säfte und Milch, nachhaltige Bewirtschaftung. 5 helle und modern eingerichtete Apartments für 2–6 Pers. 75–160 €. Pintergasse 10, ✆ 0471/869211, www.naturoase-stegerhof.com.

Überetsch und Unterland → Karte S. 217

In Pausa *** **Pausahof,** Ferienwohnungen in mustergültig renoviertem, historischem und denkmalgeschütztem Hof an der ehemaligen Fleimstalbahn (→ Tour 12). Komplett ausgestattet und mit modernen Bauernmöbeln eingerichtet. Apt. für 2–4 Pers. 58–81 €. Pausa 1, ✆ 0471/887055, www.pausahof.it.

In Altrei ** **Zum Rössl,** solides Hotel mit Tradition, Zimmer mit Balkon, die meisten mit abgetrenntem Wohnbereich; es gibt auch Apartments. Hallenbad mit Gegenstromanlage, Whirlpool und Sauna, reichhaltiges Frühstücksbuffet. DZ/FR 54–80 €. Noldin-Str. 3, Altrei, ✆ 0471/882031, www.hotel-zum-roessl.it.

》》 Mein Tipp Kürbishof, Guggal 23, der ehemalige Stadel wurde grundrenoviert und zum Restaurant mit interessanter Küche ausgebaut (1 Gault-Millau-Haube 2017), so schmackhaft, dass sich der Abstecher nach Altrei in jedem Fall rentiert. Steckrübenknödel, Lammbraten mit Roascht, einem Mix aus Kartoffeln, Polenta und Zwiebeln, zur Nachspeise die „Altreier Kaffeevariation", eine raffiniertes Dessert aus drei verschiedenen Gaumenschmeichlern. Dazu eine vom sympathischen Hausherrn Hartmann Varesco, dessen Familie bereits seit 1406 in Guggal heimisch ist, kenntnisreich abgestimmte Weinauswahl. Gespeist wird in 2 originalen Bauernstuben, mit viel Liebe zum Detail eingerichtet. Nur 3 stilvoll möblierte Zimmer. DZ/FR ab 120 €. 3 Gänge ab ca. 40 €, nur 30 Gedecke, reservieren! Di Ruhetag, ✆ 0471/882140, www.kuerbishof.it. **《《**

Sehenswertes/Ausflüge

Naturparkhaus in Truden: Eine elektrisch betriebene Elevator-Mühle in Höhe von drei Stockwerken (entstanden 1948/49) bildet den Kern des Naturparkhauses. Mehr auf den Naturpark Trudner Horn und die anderen Naturparke Südtirols bezogen sind die Multivisionsschauen zum Naturraum, deren Themen von den Gesteinen bis zu den Lärchenwiesen reichen. Ein lebendiger Ameisenhaufen, das Moorprofil und Vogelnester sind Anschauungsmaterial, das auch Kinder fesselt. Interessante Veranstaltungen, so wird u. a. das Brecheln vorgeführt, das Trocknen (Rösten) des Flachses im speziellen Ofen (Brechelhaus) und das anschließende Zerkleinern (Brecheln) der Flachsbündel auf der Brechelbank bevor die Fasern zu Leinen gesponnen werden.

Geöffnet von Mitte April bis Ende Oktober, Di–Sa 9.30–12.30/14.30–18 Uhr, Juli/Aug. auch So. Eintritt frei; Am Kofl 2, ✆ 0471/869247.

Unterwegs im Naturpark: Wandern und Radfahren (Mountainbike oder Crossbike) heißt die Devise in Truden. Ein dichtes Wegenetz ist für beide Gruppen von Freizeitsportlern geeignet, kaum ein Weg kann und darf nicht von Radlern befahren werden. *Cisloner Alm* und *Hornalm* sind die beliebtesten Ausflugsziele von Truden, kann man sich doch dort für den Rückweg auf traditionelle Weise stärken.

Essen & Trinken Cisloner Alm, 1249 m, zu Fuß in einer Stunde erreicht man von Truden aus die Alm im Naturpark. Tolle Aussicht auf das Unterland bis hin zur Brenta. Die Alm wurde 2016 komplett neu aus Naturstein und mit viel Holz gebaut. Almküche mit Knödeln und Schlutzern, Apfelstrudel und Kaiserschmarrn. Ganzjährig geöffnet, Mi Ruhetag (außer Juli bis Sept.), ✆ 0471/1889832.

Hornalm, 1715 m, 2 Std. Fußweg von Truden, eine traditionelle Alm mit herrlichem Ausblick auf die Dolomiten und regem Betrieb vor allem am Wochenende. Merenden, Trentiner Küche mit Polenta und Wild, Südtiroler Almkost mit Knödeln, Kaiserschmarrn und Strauben. Zimmer mit Du/WC im separaten Häuschen. April bis Okt., im Sommer kein Ruhetag (sonst Mo). ✆ 338/1022342.

Hauptverkehrszeit in Altrei

Blick vom Marlinger Waalweg auf das Meraner Land

Meran und Umgebung

Das Sissi-Denkmal im kleinen Meraner Park an der Passer ist eine Art Nervenzentrum der Region, die seit den Aufenthalten der Kaiserin vom damaligen Ruhm zehrt und ihn als Kurstadt bis in die Gegenwart gerettet hat. Nobel – und nicht gerade preiswert – gab und gibt man sich in Meran, aber in den Orten ringsum findet man auch ohne dicke Brieftasche ein gutes Quartier. Wandern und Mountainbiken, das ist die Devise des Meraner Umlandes, endlos sind die Wege und Pisten (und zahlreich die Aufstiegshilfen) und alle zwei, drei Stunden wartet eine rustikale Alm oder ein Berggasthaus auf den hungrig-durstigen Einkehrer. Im Passeiertal und im Ultental ist die bäuerliche Welt noch in Ordnung und BIO wird groß geschrieben.

Meran

Die Kurstadt mit dem milden Klima und den fast 300 Sonnentagen liegt mitten im Gebirge, überragt von den Dreitausendern der Texelgruppe. In Gärten und Parks blühen Bäume und Sträucher aus jedem mediterranen Klima. An die frühere Hauptstadt Tirols erinnern mittelalterliche Laubengassen, an den Glanz vor 1914 Jugendstil-Kurhaus und Wandelhalle.

Nach Nordwesten schützen die Berge der Texelgruppe vor Regen und Wind und sichern so auch mediterranen Pflanzen wie Palmen, Zypressen, Libanonzedern, Steineichen, Lorbeer und Myrthen ein ganzjähriges Überleben in Parks und Gärten. In freier Natur gedeihen Flaumeiche, Mannaesche, Wacholder und die vom Menschen wegen ihrer nahrhaften Früchte stark geförderte Esskastanie. Das alles macht noch kein echtes Mittelmeerklima, wie Meran es in Broschüren gerne vermarktet (selbst der Gardasee hat kein Mittelmeerklima), aber ein ausgesprochen angenehmes Klima mit reiner Gebirgsluft. Weit und breit gibt es keine größere Fabrik, sieht man von der Brauerei Forst ab, die sich ortstypisch als Mega-Ansitz verkleidet hat. Die Stadt macht das Beste aus ihrem Klima, Gärten und Parks durchziehen sie, und

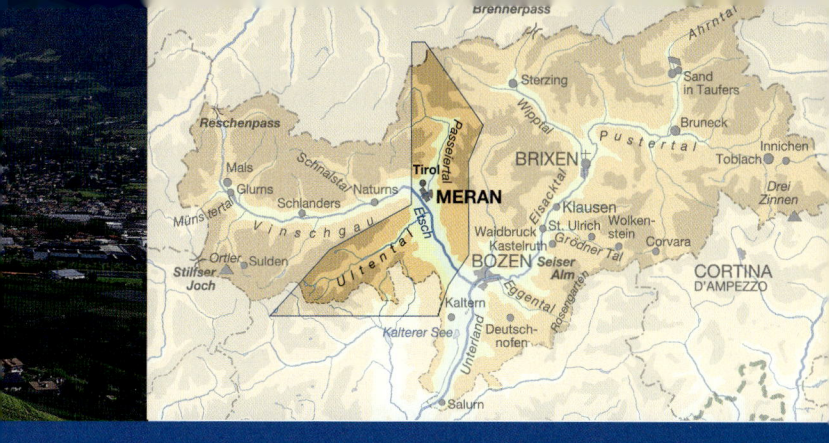

Meran und Umgebung

was immer auch hier wachsen kann, vom japanischen Pittosporum bis zum kalifornischen Mammutbaum, das wächst auch irgendwo. Promenaden und Spazierwege, allen voran der bereits mythische *Tappeinerweg*, ab 1890 angelegt, werden von immergrünen Bäumen und Sträuchern begleitet, denn auch und gerade im Winter will man das Grün genießen.

Meran bietet aber nicht nur gutes Wetter. Die Stadt selbst ist ein **Shoppingparadies**, es gibt Konzerte und Theater, Ausstellungen, eine Handvoll interessanter Museen, Promenaden und Spazierwege, Restaurants, Bistros, Bars und Cafés zum Umfallen. Und sogar ein nicht zu verachtendes Nachtleben. Die Hotellerie ist auf einem hohen, allerdings ziemlich teuren Niveau. Die Alternative dazu schaffen die umgebenden Dörfer **Algund, Dorf Tirol, Riffian** und **Kuens** auf hoher Sonnenterrasse, **Schenna** in ähnlich bevorzugter Lage sowie **Marling**, denn dort gibt es auch Hotels, die man sich als Durchschnittsverdiener mit Kind und Kegel leisten kann, und wo man nicht für Einrichtungen bezahlt, die man sowieso nicht benutzt. Und da ist natürlich die Umgebung. Meran bietet Freizeit- und Sportmöglichkeiten vom Wandern entlang idyllischer Waalwege bis zur Hochgebirgsüberschreitung in der Texelgruppe oder den Ultner Bergen, Almerlebnis und herbstliches Törggelen, Mountainbiketouren bis auf 2500 m Höhe und Paragliderflüge von den benachbarten Höhen, die man mit mehreren Seilbahnen erreichen kann. Zwischen den Weinbergen und den Alpengipfeln bieten die Stadt und jedes der benachbarten Dörfer ein reichhaltiges Unterhaltungsprogramm von Konzerten zu geführten Wanderungen. Kinderprogramme, erst vor Kurzem ernst genommen, werden von Jahr zu Jahr ausgebaut, irgendjemand muss begriffen haben, dass man mit einem packenden Kinderprogramm die zukünftigen Urlaubsgäste anzieht. Im Winter hat Meran selten Schnee, in der Stadt und in den Weinbergen kann man meistens bei milder Sonne wunderbar spazieren gehen. Dafür tobt in **Meran 2000**, dem großen Skigebiet in den Sarntaler Alpen und am nahen Vigiljoch der Skizirkus.

Geschichte

Meran hat zwei Karrieren hinter sich. Die erste als Hauptstadt Tirols und Residenzstadt der *Grafen von Tirol* mit einem Besitz, der vom heutigen Bayern bis ins heutige Trentino reichte, mit reichen Silbergruben und einträglichem Handel übers

Gebirge zwischen Venedig und Süddeutschland. Diese erste Karriere, die ihren Höhepunkt zwischen 1317 und 1420 hatte, hat sich besonders deutlich im Stadtbild niedergeschlagen. Die Lauben, die zu beiden Seiten von Bogengängen flankierte Gasse, die ganz Alt-Meran von West nach Ost durchzieht, sind das beste Zeugnis für den Wohlstand dieser Zeit. Oder die große Stadtpfarrkirche und vor allem die vielen komfortablen Ansitze von Adeligen im benachbarten Ober- und Untermais, heute Stadtteile von Meran. Nach dem großen Einbruch – die Landeshauptstadt wurde nach Innsbruck verlegt, und Bozen zog den Handel an sich – kam ein halbes Jahrtausend des Abstiegs. Versuchen Sie, in Meran einen anständigen Bau des Barocks zu finden! Fehlanzeige. In dieser Zeit war Meran das klassische „Kuhstadtl", wer überhaupt investieren konnte, der investierte in ein neues Dach, bevor ihm das alte auf den Kopf fiel.

Seine zweite Karriere hat Meran einem Wiener Arzt zu verdanken. *Dr. Johann Huber*, Leibarzt der Fürstin Mathilde zu Schwarzenberg, empfahl der einflussreichen Hochadeligen Meran für einen Kuraufenthalt. 1836 gab er eine Broschüre heraus, in der er Meran als hervorragenden Luftkurort empfahl (der Aufenthalt der Fürstin dürfte positiv verlaufen sein). Damit war Meran einer der ersten Orte im Rennen um den beginnenden Tourismus. *Bürgermeister Valentin Haller*, ein weiterer Glücksfall für Meran, sah seine Stadt als europäischen Kurort und kümmerte sich um entsprechende Investitionen, was seinen Bürgern großenteils nicht gefiel.

Dann kam der größte Glücksfall: Zwischen 1870 und 1872 verbrachte *Kaiserin Elisabeth von Österreich* mit Töchtern und Hofstaat zwei Winter in Meran bei hochadeligen Freunden. Meran hatte seine Weihen erhalten und wuchert bis heute mit dem Pfund „Sissi" (seit ein paar Jahren „Sisi" geschrieben). Der Hochadel zuerst Österreich-Ungarns, dann aus Deutschland und ganz Europa traf sich fortan im Winter in Meran zur Kur. Mit der Bahn ging es bis Bozen und ab 1881 bis nach Meran.

Traubenfest in Meran

Bürgerliche kamen hinzu, wenn sie es sich leisten konnten. Hotels entstanden, der Kurarzt *Dr. Franz Tappeiner* ließ einen Promenadenweg über dem Ort errichten, und auf der Kurpromenade und im neuen Kurhaus spielte das Kurorchester Walzer und Polkas. Dann kam 1918/19 und der Anschluss an Italien. Die Kurgäste blieben aus, der südlichste deutschsprachige Kurort war plötzlich Faustpfand der Italiener und Ausland, die Inflation und die Weltwirtschaftskrise taten das Übrige.

Noch eine Karriere, eine dritte? Nicht ganz. Meran hat nach dem Zweiten Weltkrieg lange gebraucht, um sich wieder hochzurappeln. Die großen Hotels waren inzwischen alt und unkomfortabel und aus der Mode, die adelige Kurklientel existierte nicht mehr, eine neue war weit und breit nicht zu entdecken oder zog Cannes dem kleinstädtischen Meran vor. Von der überschwappenden Welle des Urlaubstourismus von jenseits der Alpen, der Mitte der 50er-Jahre begann, konnte zwar auch Meran profitieren, aber keineswegs auf dem früheren Niveau, sondern als ein Ort unter vielen. Dies hat sich bis heute kaum geändert. Dennoch hat Meran in den letzten Jahrzehnten eine Menge getan, um den alten Glanz aufzufrischen und eine neue Elite an sich zu ziehen. Bei den Hotels in Schlössern und Ansitzen, die von privaten Besitzern eingerichtet wurden, ist das auch bereits in einem gewissen Grad der Fall. Darüber, ob das teure Kurzentrum „Therme Meran" die ersehnte betuchte Klientel nach Meran gebracht und die angestrebte Exklusivität der Stadt gefördert hat, lässt sich diskutieren.

Das Meraner Kurwasser

Meran hat nicht nur ein sehr gesundes Klima, sondern besitzt auch in seiner Umgebung, vor allem im Gneis rund um das Vigiljoch (Tscherms, Lana), leicht radonhaltige radioaktive Heilquellen, die 1914 erstmals analysiert wurden. Zwischen 1933 und 1936 ergab die Untersuchung von mehr als 700 Quellen, dass etwa 100 radioaktiv sind, und auch in Meran selbst stieß man auf Radonquellen, und zwar im Garten der Villa Tivoli. Die darauf entstandene Heilbadanlage vervollständigte das Angebot des Kurorts, der bis dahin Luftkurort gewesen war und seine Traubenkur (→ Kasten S. 278) anbot. Das *Thermenzentrum*, inzwischen schon wieder veraltet, wurde großzügig umgebaut, die Promenade im Bereich des Bads, bisher von Pappeln beschattet, soll in Zukunft von farbintensiven Ahornbäumen (die natürlich erst wachsen müssen) flankiert werden.

Das Meraner Kurwasser der radioaktiven Quellen dient vielfältigen therapeutischen Zwecken, so hilft es bei arthritischen Erkrankungen, verschiedenen rheumatischen Beschwerden, bei Frauenkrankheiten, Erkrankungen der Atemwege und Kreislaufstörungen. Es ist antiphlogistisch (entzündungshemmend) und gefäßerweiternd und wird entsprechend dem Krankheitsbild auf unterschiedlichste Weise angewendet: Bäder, Fangopackungen, Hydromassage, Inhalation, Baden im Thermalwasser und weitere Anwendungen.

Basis-Infos

Information Kurverwaltung Meran, Mo–Fr 9–18, Sa 9–16, So 10–12 Uhr (die Öffnungszeiten variieren saisonal, sind aktuell auf der Webseite zu finden). Auskünfte nur zu Meran. Auf der Webseite auch Infos zum Meraner Land sowie hilfreiche Downloads

(Stadtführer, kulturhistorische Routen, Stadtplan etc.), Freiheitsstraße 45, I-39012 Meran/Merano, ☎ 0473/272000, www.meran.eu.

Vorteilskarten GuestCard Meraner Land: Gästekarte mit vielen Vergünstigungen, Ermäßigungen für Museen, Seilbahnen und Veranstaltungen. **MeranCard**: Gästekarte, kostenlose Benutzung der öffentlichen Verkehrsmittel, verschiedene Seilbahnen, Eintritt in Museen, die MeranCard ist nur von Okt. bis Juni in ausgewählten Partnerbetrieben kostenlos erhältlich. **Seilbahnkarte Meraner Land**: 14 Seilbahnen können im Zeitraum von April bis Nov. kostenlos benutzt werden, Gültigkeit 6 Tage, 54 €, erm. 25 €. **BusCard** Meraner Land: Gültigkeit 1 Woche, nur für Busse, 15 €.

Verbindungen Pkw: Meran ist mit *Bozen* durch eine Schnellstraße verbunden, die zwischen Meran und Bozen meist kurz MeBo genannt wird. Die MeBo ist eine der unfallträchtigsten Straßen Italiens! Die Straße in den *Vinschgau* umfährt die meisten Orte, zum Teil sogar mittels Tunnel. Dennoch ist eine Fahrt durch den Vinschgau zum Reschenpass mit Staus gespickt.

Sehr zentral die Tiefgarage unter den Thermen – wer diese besucht, zahlt niedrigere Parkgebühren. Neue, etwas enge Tiefgarage Plaza Parking, 690 Stellplätze Ecke Goethestraße und Otto-Huber-Straße (außerhalb des Vinschgauer Tores).

Bus: Zum *Bustransfer* aus Deutschland und der Schweiz → S. 42. Zubringerdienst von den Flughäfen Bergamo und Verona mit Umsteigen in Bozen: Buchung auf www.suedtirolbus.it.

Busse im Nahverkehr: Meran ist Zentrum für die SAD-Busse in den Vinschgau, das Passeiertal, das umgebende Burggrafenamt und den Deutschnonsberg. Der Busbahnhof befindet sich auf dem Bahnhofsvorplatz.

Stadtbusse (SASA): Fahrkarten (wie jene der SAD) vorher kaufen, z. B. im Busbüro am Theaterplatz oder in Tabakgeschäften aber auch Ticketautomat im Bus.

Bahn: Meran ist mit Bozen in kurzen Abständen mit der Bahn verbunden. Die *Vinschgerbahn* fährt bis Mals im (mindestens) Einstundentakt, die Trenitalia fährt über Bozen ebenfalls nahezu stündlich zum Brenner.

Taxi: Funktaxizentrale ☎ 0473/212013, Taxistände am Sandplatz ☎ 0473/237133, am Theaterplatz ☎ 0473/237097 und am Bahnhof Meran ☎ 0473/447700.

Bergbahn: Nostalgischer Einer-Sessellift *Meran – Dorf Tirol*, April bis Okt. tgl. 9–18, Juli/Aug. bis 19 Uhr, Berg 4 €, Berg/Tal 5,50 €, www.panoramalift.com.

Ärztliche Versorgung Allgemeines Krankenhaus Franz Tappeiner, Rossinistr. 5, dort auch **ärztlicher Notdienst** (Sa/So 8–10 Uhr), ☎ 0473/263333.

Feste & Veranstaltungen Im Herbst (3. Wochenende im Okt.) traditionelles **Traubenfest** und alle 5 Jahre das **Landesmusikfest** (zuletzt 2015). Die meisten Zuschauer zieht der große Festzug am Sonntagnachmittag an, wenn um die 70 Gruppen, meist Trachtengruppen, geschmückte Festwagen und Musikkapellen 15.000 Besuchern gegenüberstehen. Seit 1965 ist auch der Rosenheimer Spielmannszug dabei.

Christkindlmarkt auf der Kurpromenade, auf der Besucherseite fest in italienischer Hand (Sonderzüge, Staus an Wochenenden).

Das aktuelle Veranstaltungsprogramm entnimmt man dem monatlich erscheinenden, kostenlosen **Veranstaltungskalender der Gemeinde Meran** (bei Tourismusbüros, an den Veranstaltungsorten und im Hotel).

Internet WiFree u. a. Passer Promenade, Thermenplatz, Sparkassenstraße, Freiheitsstraße.

Kino & Theater Apollo-Kino, Matteottistr. 22, Untermais, ☎ 0473/237526.

Stadttheater Puccini, Theaterplatz 2, ☎ 0473/233422, www.kurhaus.it.

Theater in der Altstadt, Freiheitsstr. 27, ☎ 0473/211623, www.theater-in-der-altstadt.it.

Konzerte Das **Kurorchester** mit seiner alten Tradition (es wurde bereits 1855 gegründet) hat eine Frühjahrs- und Herbstsaison mit (vorwiegend) klassischer Musik. Die Aufführungen finden im Kursaal statt.

Südtirol Classic Festival (früher Meraner Musikwochen) im Sept., vor allem im Kurhaus, aber auch im Stadttheater, Klassik und Cross-over, Jazz und Folk mit bedeutenden Orchestern, Dirigenten und Solisten, www.meranofestival.com.

Kurhaus, Freiheitsstr. 29, häufig Konzerte und andere Veranstaltungen, für Kammermusik wird gelegentlich der Dom zur Konzerthalle verfremdet.

Pferderennen Am Ostermontag traditionelles **Haflinger-Galopprennen** in Meran-Mais, vorher Umzug durch die Innenstadt.

Ende Sept. **Großer Preis von Meran** am Pferderennplatz in Untermais. Information unter ☏ 0473/446222, www.meranomaia.it.

Post Hauptpost: Romstr. 2; weitere Postämter: Goethestr. 1, Brunnenplatz 3 (Obermais).

Gesundheit/Kuren & Wellness

Kurverwaltung → „Information".

Kureinrichtungen Therme Meran: Der Plan des 2005 vollendeten neuen Meraner Kurbades stammt von Südtirols vielbeschäftigtem Stararchitekten Matteo Thun. Das Kurbad weist neben einem großen „Gesundheits-, Bäder- und Wellnesszentrum", der eigentlichen Therme, und dem zugehörigen Park mit Freischwimmbädern ein Hotel der Oberklasse mit Kongresseinrichtungen auf, das Hotel Therme Meran. Die Anlage umfasst 25 Pools mit 2000 m^2 Wasserfläche, eine 1250 m^2 große Saunalandschaft, ein Spa & Vital Center mit 1400 m^2 und 560 Parkplätze. Die 12 Pools in der Außenanlage haben eine Temperatur von 18–37 °C und sind in einen großzügigen Kurpark gebettet, die 13 Innenpools sind 34–37 °C warm. Sauna finnisch, Bio-Heusauna, Schneeraum, Caldarium, Dampfbad … Auskünfte Therme Meran, Thermenplatz, ☏ 0473/259000, www.thermemeran.it.

Kuren & Preise Zwar bieten auch Hotels Kuren an (vor allem das exklusive Palace, das sich zum reinen Kurhotel hin entwickelt), die Therme Meran hat aber den Löwenanteil der Kuren gebucht. Die Auswahl ist kaum zu überblicken: Molkebäder, Entspannungsmassage, Baden in Ultner Schafwolle als Wärmetherapie, Traubenkur ganz klassisch, Apfelaromabad, Apfel-Honig-Lehmpackung für entspannte Haut, insgesamt 18 Arten Massage, Solebäder mit Heuextrakten, Hydrotherapie, Fango …

Therme Meran: Eintritt für 2 Std. 13–15 €, mit Sauna 18–20 €, Tageskarte 19–21 €, mit Sauna 25–27 €, die höheren Preise gelten am Wochenende. Diverse Pakete wie z. B. das Kennenlernpaket „Wohlfühltag" mit Bergheubad, Massage und Thermenbesuch für 109 €. Die Pools sind 9–22 Uhr geöffnet, im Park bis 20 Uhr, in den anderen Bereichen sehr unterschiedlich.

Berühmt und lecker: die Meraner Traubenkur

Man isst pro Tag ca. 300 g bis 1 kg frische Kurtrauben (Großvernatsch, rote großbeerige Trauben mit dünner Fruchtschale), sehr langsam und jede Beere einzeln, die Schale wird gekaut (und dann ausgespuckt), denn gerade in ihr sind viele wichtige Vitamine und Salze enthalten. Kurtrauben wirken positiv bei Erkrankungen des Verdauungstrakts, bei Herz- und Kreislauferkrankungen, Erkrankungen der Leber, Galle, Niere, Harnwege und bei Stoffwechselerkrankungen. Man nennt das auch ihre „therapeutische Indikation", ohne den exakten Einfluss auf die Entwicklung einer Erkrankung genau bestimmen zu können. Die Trauben sind keineswegs die Einzige, was man isst, doch sollte man während der Kur Essen und Trinken nicht übertreiben. Der gepresste Traubensaft aus Kurtrauben, wie er im Herbst z. B. auf der Promenade angeboten wird, hat leider nicht die therapeutische Wirkung der frischen Traube!

Einkaufen

Meran ist ein Boutiquen-Dorado. Die Lauben und die von ihr abgehenden Passagen und Durchgänge beherbergen eine solche Vielzahl von kleinen Traditionsgeschäften, internationalen Ketten und feinen Läden, wie sie selbst für eine zehn Mal größere Stadt ungewöhnlich wäre. Dabei mischen sich immer wieder Bars

Einkaufen

und Restaurants, Weinkeller und der eine oder andere Metzger darunter, was das Einkaufen in der Meraner Altstadt besonders sympathisch und angenehm macht.

Märkte Die Marktstände auf dem Kornplatz sind, auch wenn sie Obst und Gemüse anbieten, für Touristen gedacht und haben entsprechende gehobene Preise.

Markttag ist Samstag 8–12 Uhr mit **Bauernmarkt** vor der Landesfürstlichen Burg in der Galileistraße, v. a. Obst und Gemüse und andere landwirtschaftliche Produkte, Biogemüse und Biokräuter, Honig, Würste; ähnliches Angebot am Mi in der Meinhardstraße; **Biomarkt** auf dem Sandplatz August bis Oktober Do 9–13 Uhr, Bioland Südtirol setzt den Standard. ■

Di und Fr ist **Markt** am Bahnhof, dann auch großes Angebot an Textilien und Lederwaren.

Flohmarkt auf der Winterpromenade (Wandelhalle) jeden letzten Sa des Monats 8–16 Uhr.

Supermärkte Großer **SPAR-Markt** Otto-Huber-Straße/Ecke Goethestraße; **Supermarkt** auch in den Lauben, Nr. 211.

Spezialitäten/Feinkost Brotspezialitäten im winzigen Laden Ultner Brot an der Freiheitsstraße 8.

Speck und andere hervorragende **Fleisch- und Wurstprodukte** aus eigenem Betrieb bei Max Siebenförcher, Laurinstraße 59 (Straße nach Gratsch), www.max-siebenfoercher.it, oder bei G. Siebenförcher, Lauben 164, www.siebenfoercher.it; **Ultner Speck**, Bauernmarkt 59.

Hausgemachte **Confiseriewaren** bei Pfitscher, Freiheitsstraße 80.

Pur Südtirol, so nennt sich eine Initiative und Vermarktungsgemeinschaft, die Südtiroler Qualitätsprodukte – und natürlich nicht nur Bioware – fördert. „Pur Südtirol" nennt sich auch der große Laden links vom (im) Kurhaus, wo man an den Ständen Südtiroler Gastrokultur zum Kauf angeboten bekommt, einiges auch zur Verkostung. Eine Besonderheit ist der fruchtige Apfelcidre S'Pom, der ausschließlich von Pur vertrieben wird. Freiheitsstr. 35, www.pursuedtirol.com. ■

Wein **Kellerei Algund**, Lauben 218, mit großem, zentrumsnahem Parkplatz (Zufahrt von der Galilei-Straße); Sauvignon, Vernatsch, Merlot, Lagrein hoher Qualität, auch Destillate, ✆ 0473/237147, www.kellereialgund.it.

Weingut Schloss Rametz, Labersstr. 4, Weingut im Schloss, große alte Keller, Weinmuseum, Önothek, Restaurant. 1860 wurde hier die erste Blauburgunderrebe Südtirols angepflanzt. Führungen durch das Weinmuseum und die Keller mit Weinprobe Mo–Fr jeweils 16.30 Uhr, Kosten 15 €. Das zugehörige Restaurant ist So geschl. ✆ 0473/211011, www.rametz.com.

Kellerei Meran Burggräfler, Kellereistr. 9, Marling, durch die Fusion der beiden Genossenschaften entstand die größte Kellerei im Westen Südtirols mit nun 260 ha Reben. Großes Angebot vom Weißburgunder bis zum Lagrein, ausgezeichneter Gewürztraminer, Süßweine. Verkauf und Kellerführung mit Weinverkostung möglich, März bis Nov. Mo–Fr 15 Uhr, ✆ 0473/447137, www.kellereimeran.it.

Bücher/CDs Bei Athesiabuch, Lauben 186, Alte Mühle, Sparkassenstr. 11a, und Pötzelberger, am Pfarrplatz.

Mode aus Meran

Alexandra Stelzers Label „De Call" ist eine weitere Südtiroler Erfolgsgeschichte. Die Modedesignerin entwirft so schlichte wie elegante Modelle in oft kostbaren Stoffen, ihr Angebot reicht vom Freizeitdress und Pulli bis zum Abendkleid und Brautkleid. Gelernt hat Alexandra Stelzer auf der Accademia Italiana Moda in Florenz, ein Jahr später (1993) wagte sie den Sprung in die ungewisse Selbstständigkeit und gründete Firma und Label in Meran. Auftritte auf der Düsseldorfer Modemesse CPD und Aufträge wie die Einkleidung der Kandidatinnen für die Vorentscheidung zur Miss Italia folgten. Auftritt bei der New Yorker Fashion Week 2011. Der Showroom „Atelier de Call" befindet sich in der Luis Zuegg-Str. 72a (✆ 0473/201444, www.decall.it).

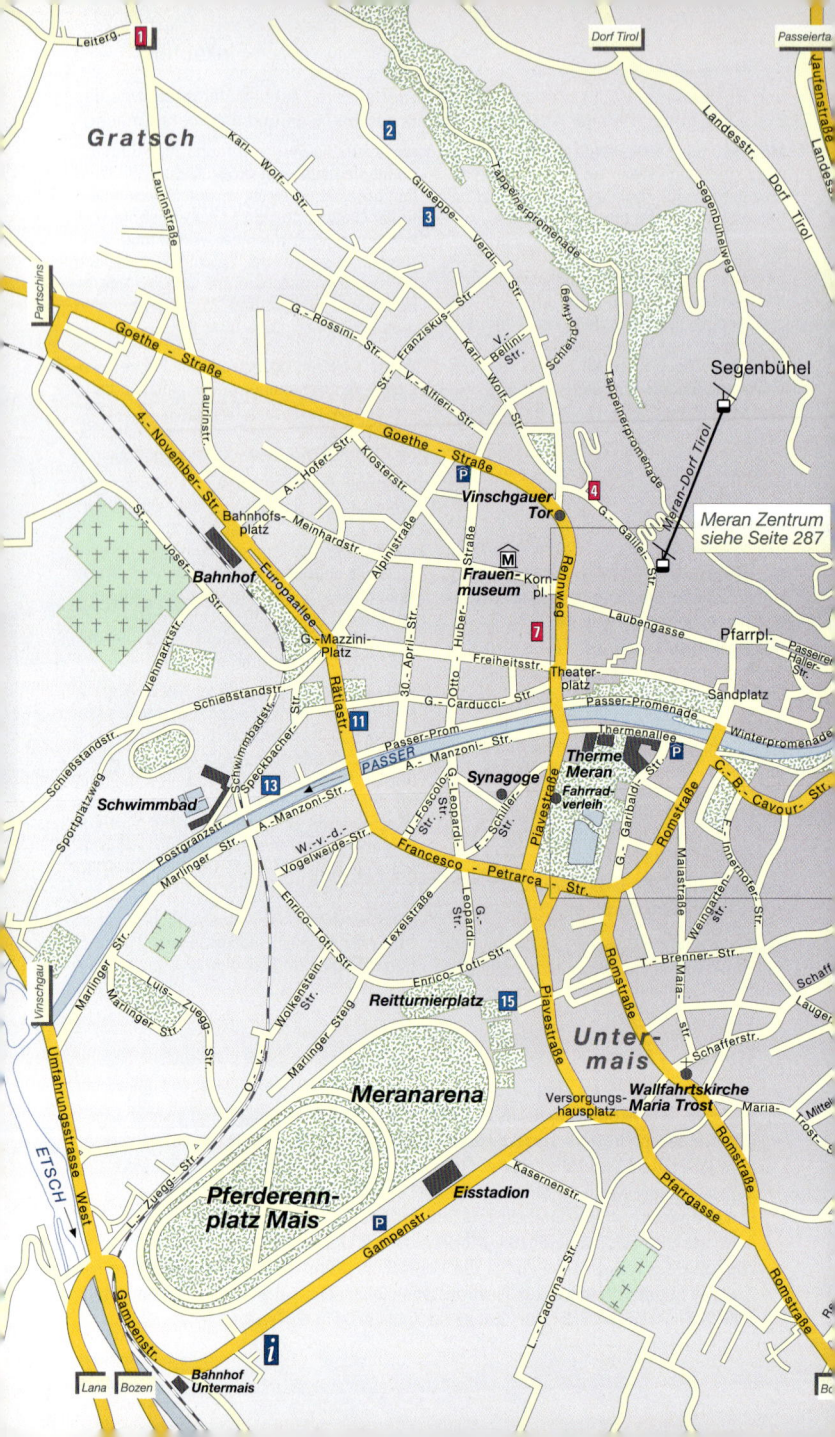

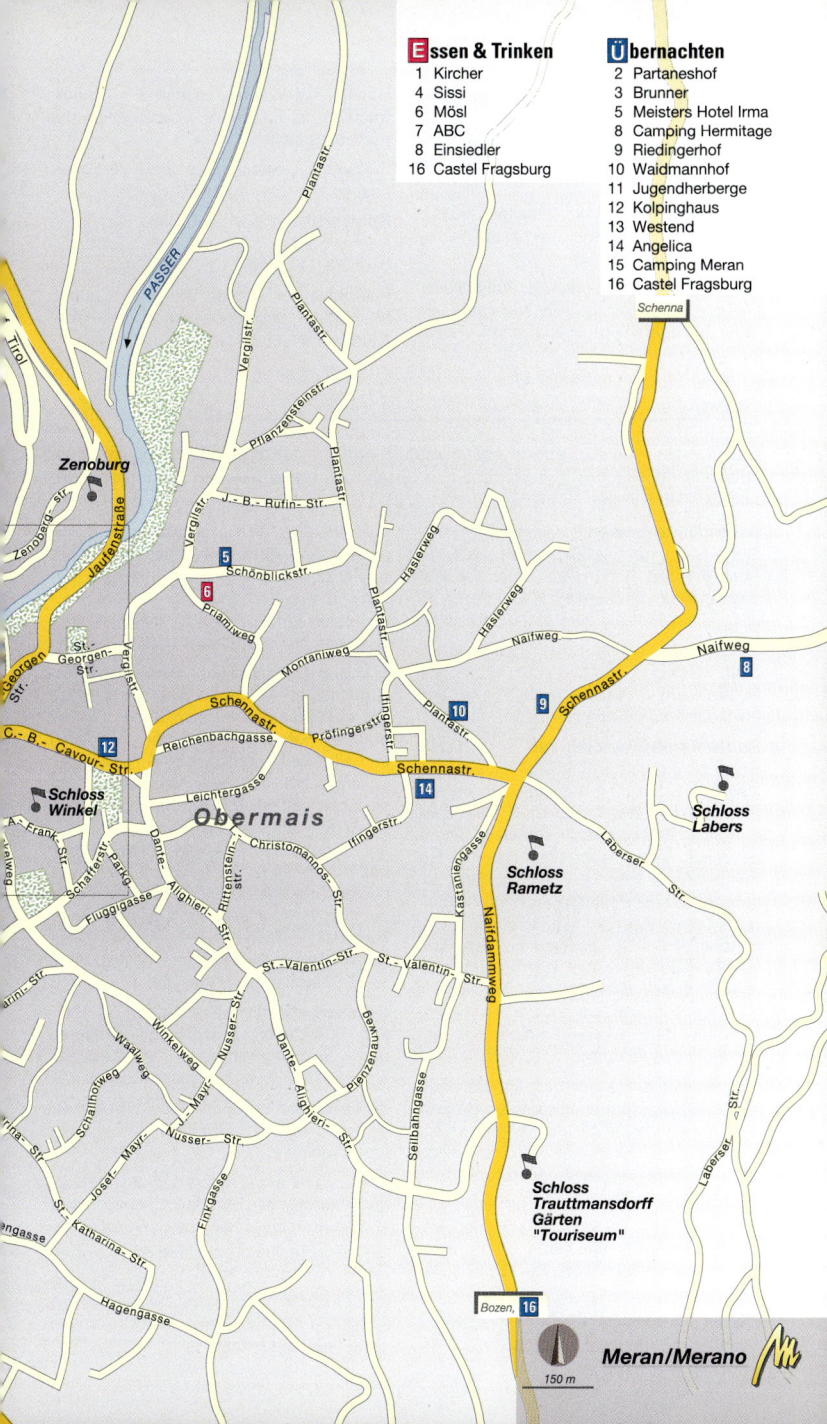

Haushaltswaren Frasnelli, Lauben 262; bei diesem Fachgeschäft gibt es u. a. die typischen durchlöcherten Maroni-Grillpfannen, auch – edel, edel und nicht billig – aus reinem Kupfer.

Kleidung & Schmuck Haute Couture von Alexandra Stelzer (→ Kasten) Luis-Zuegg-Str. 72a.

Trachtenmode und Loden bei Runggaldier, Lauben 276, Tiroler Traditionsgeschäft seit 1896; handgefertigte Filzpatschen (Hausschuhe) bei Wenter, Lauben 319. **Kindertrachten** bei Edelweiss, Lauben 31 (in der Kurhauspassage).

Eleganter **Goldschmuck** bei Wegleiter, Lauben 175.

Sportartikel Sportler, Lauben 272, Sportler Alpin, Lauben 60, und Hutter Sport, Arbour 18a (Passage).

Fahrräder bei Gruber Bikepoint, Lauben 337. **Skate- und Snowboards** bei Fakie, Lauben 244.

Sport

Gleich eine Fülle von Sportmöglichkeiten bietet die **Meranarena** in der Gampenstraße 74 neben der Pferderennbahn in Untermais: Hallenbad und Eisstadion, Kletterhalle „Rockarena", nebenan Tennis. ✆ 0473/236982, www.meranarena.it.

Baden/Schwimmen Hallenbad Meranarena (s. o.), geöffnet Ende Sept. bis Ende April, **Freibad „Lido"**, mit neuen Becken und Rutschen, Restaurant und Eisdiele, geöffnet Mai bis Sept., an der Passer, Schwimmbadstr. 38.

Golf Nächste Golfplätze in St. Martin und St. Leonhard in Passeier (→ S. 325), in Lana (→ S. 335) und in Eppan (→ S. 215).

Radfahren/Mountainbiken Meran selbst bietet wenige Radwege, ist aber ein ideales Zentrum für Radurlauber, ob sie nun auf offiziellen Radwegen, wie dem Vinschger Radweg, recht gemütlich fahren oder auf Single Trails und ausgesetzten Steigen ihren Mut beweisen wollen. Gebahnte Radwege führen in den Vinschgau und über die Grenze nach Nordtirol, in das Passeiertal bis St. Leonhard und etschabwärts bis Bozen, Salurn, Trento und weiter zum Gardasee. Der Radtransport auf der Vinschgerbahn ist so populär geworden, dass die Bahn eigene Radcontainer einsetzt, um des Ansturms Herr zu werden.

Fahrradverleih Südtirol Rad am Bahnhof, ✆ 0473/201500, www.suedtirol-rad.com. Eine gute Auswahl an MTBs und Rennrädern sowie geführte Touren gibt es (kostenpflichtig) bei Bike Academy Meranerland in Schenna (→ S. 313).

Fahrräder, Radausrüstung sowie eine kompetente **Radwerkstatt** bietet Gruber Bikepoint, Lauben 337, ✆ 0473/237733 (Sa keine Reparaturen).

Reiten Pferderennen auf der **Pferderennbahn** in Untermais, Rennstallweg 37, ✆ 0473/446222, www.meranomaia.it, dort auch Sitz des **Reitclubs Meran** (Tennistr. 2, ✆ 0473/232481) mit Reitschule, Reithalle, Turnierplatz etc. Während des Meraner Traubenfestes im Okt. werden hier Haflinger-Galopprennen ausgetragen.

Wandern/Bergsteigen/Klettern 3 Gebirgsgruppen in unmittelbarer Umgebung, alle durch Seilbahnen erschlossen: **Texelgruppe**, **Sarntaler Alpen** (Ifinger, Hirzer) und **Ultener Berge** (östliche Ausläufer der Ortlergruppe). Dazu ein **Nationalpark** um die Ecke (Ortler) und ein **Naturpark** noch auf Gemeindegebiet (Texelgruppe). Ein Klima, in dem sich Wanderer zwischen April und November schneefrei bis in die subalpine Zone bewegen können. Ein äußerst dichtes Netz von Wanderwegen, beste Erschließung durch Hütten und Berggasthöfe – klingt nach Wanderparadies und ist eines. Infos zu den Bergbahnen Meran 2000 → S. 283.

Bergsteigerschule MeranAlpin, Gletscher- und Hochtouren, Klettersteige, Skitouren und Schneeschuhtouren, Kletterkurse. ✆ 348/2600813, www.meranalpin.com

AVS (Alpenverein Südtirol) Sektion Meran, Galileistr. 45, ✆ 0473/237134, www.alpenverein-meran.it.

Kletterwand in der Rockarena des AVS an der Nordwand der Eishalle Meranarena, vier Klettertürme bis 15 m Höhe; saisonal wechselnde Öffnungszeiten, Infos unter ✆ 0473/234619, www.rockarena.it.

Kleiner **Klettergarten** oberhalb von Schloss Fragsburg mit Abseilhaken und kurzem gesichertem Klettersteig.

Weihnachten in Meran

Wintersport Der Skizirkus **Meran 2000** am Südfuß des Ifinger über Meran ist mit seiner guten Erschließung durch Seilbahnen und Schlepplifte und wegen der nur mäßigen Schwierigkeiten auf dem eher sanft gewellten Plateau ein ideales Familienskirevier. Die 2010 komplett erneuerte Seilbahn von Meran-Naif herauf, die Umlaufbahn Falzeben, die man auf der Straße von Meran und Hafling her erreicht, 4 Sessellifte und ein Schlepplift erschließen die Zone komplett (die Förderleistung liegt bei 8000 Personen/Stunde). 36 km Pisten, mittelschwere Pisten überwiegen, daneben leichte und eine schwere (Abfahrt vom Sessellift Mittager). Skipass 6 Tage ab 204 €, Tageskarte 41 €. Der Skizirkus ist Mitglied der Ortler Skiarena (→ S. 74), Infos zu Meran 2000 unter ✆ 0473/234821, www.meran 2000.com. Dazu siehe auch Hafling, S. 360.

An der Bergstation der Seilbahn von Meran-Naif und der Umlaufbahn von Falzeben, Piffing genannt (1950 m), findet man **Babylift** und **Skikindergarten**, den Ski- und Rodelverleih und Reparaturdienst Stricker, ✆ 0473/279607, sowie die Skischule Meran 2000, ✆ 0473/279404. Tolle **Rodelbahn** ab Bergstation bis Falzeben.

Eishalle Meranarena (s. o.) mit Eisplatz, Mitte Juli bis April, saisonabhängige Öffnungszeiten für den Publikumseislauf im Internet (www.meranarena.it), im Sommer **Inline-Skating**; Information ✆ 0473/236982.

Eislaufen auf dem Thermenplatz ist ein beliebtes Hochwintervergnügen, das Bistro des Thermenhotels macht dann gute Geschäfte.

Übernachten → Karte S. 280/281 und 287

In Meran wird, was die Herbergen betrifft, geklotzt und nicht gekleckert. Derzeit 26 4- bis 5-Sterne-Betrieben stehen klägliche 16 2-Sterne-Pensionen und Garnis gegenüber, also Betriebe, die auch für Normalverdienende bezahlbar sind. Die Meraner Hotellerie klagt über den Bettenüberhang in Südtirol, hat ihn aber selbst maßgeblich mit verursacht.

****S Therme Meran** 34, klare, kühle bis kalte Linien und Flächen zeichnen diesen Hotelneubau an der Therme Meran aus, der aber durch rote Farbflecken, Wände und Textilien farblich aufgelockert wird. Superlage, denn das Hotel liegt zwischen Passerfluss mit Fußgängerpromenade und großem Kurgarten, 115 stylische Zimmer und 24 Suiten. Gespeist wird im dazugehörigen Restaurant „Olivi", das nur Hotelgästen zur Verfügung steht. Riesiger Spa-Bereich mit allem, was dazu gehört. DZ/HP 332–456 €, Suiten teurer. Thermenplatz 1, ℡ 0473/259000, www.hotelthermemeran.it.

> Viele Meraner Hotels bieten während der Woche **3-Tage-Pauschalen** an – viele Gäste kommen nur am Wochenende und vor allem im Herbst –, da lohnt es sich, zu anderen Zeiten nach günstigen Arrangements zu fragen.

***** **Palace Meran Espace Henri Chenot** 36, der Blick ins Foyer genügt, um den Rang dieses Hotels einzuschätzen: In den neoklassizistischen Saal passen mindestens 4 Einfamilienhäuser hinein. Bereits Franz Kafka soll das opulente, 1906 im botanischen Garten von Schloss Maur errichtete Grandhotel gelobt haben. Auch der Rest des Hauses ist sehr Belle Époque mit den zeittypischen eklektizistischen Dekors, die sich nie zwischen Palladio und Barock entscheiden können. Das alles auf dem letzten Stand modernen Komforts, großer Park, Wellness vom Feinsten, individuell mit Stilmöbeln eingerichtete Zimmer, die noch die alte Höhe haben, Suiten im angrenzenden Schloss (Ansitz) Maur. Grandhotels aus der Zeit vor 1914 hatten alle einen Tearoom, so auch dieses – lassen Sie ihn sich auf der Zunge zergehen. DZ/Suite 450–1600 €. Cavourstr. 2, ℡ 0473/271000, www.palace.it.

****S **Meisters Hotel Irma** 5, die Außen-Thermalpools mit dampfendem Wasser und den sich genussvoll dem Vergnügen hingebenden Badenden haben enorme Anziehungskraft, besonders für diejenigen, die an kühlen Oktobertagen das Vergnügen nur von Weitem wahrnehmen können. Das macht den Charme eines (in vierter Generation) gut geführten 4-Sterne-Hotels aus: Wellness vom Feinsten, Baden und Saunen, Kuranwendungen, Schönheitsbehandlungen, 1,6 ha großer Park mit einer 60 m^2 großen Baumhaus-Suite (mit Terrasse), Zimmer und Suiten – sehr komfortabel, DZ/HP 307–414 €. Schönblickstr. 17, ℡ 0473/212000, www.hotel-irma.com.

***** **Castel Fragsburg** 16, nicht mehr in Meran selbst, sondern in einem Schloss auf aussichtsreichem Hügel gegenüber der Mündung des Ultentals. Das wirklich geschmackvolle Haus ist ein idealer Rückzugsort für anspruchsvolle Gäste, die im exquisitem Ambiente Ruhe suchen, es fehlt an nichts: Sauna, Whirlpool, Massage, Beautybehandlungen, Fitnessraum. Hervorragendes Restaurant (→ „Essen & Trinken"). Die Suiten z. T. im gelungenen modernen Anbau, der Blick vom Balkon ist hinreißend, ganz egal, wohin er fällt. DZ/HP 426–604 €. Fragsburger Str. 3a, ℡ 0473/244071, www.fragsburg.com.

**** **Imperial Art** 26, beim weltweiten Trend der Kunsthotels will auch Meran mitmischen und, voilà, das Hotel Imperial Art gegenüber dem Kurhaus ist dabei. Man hat noch das Café Imperial hinter der schönen, weißen Jugendstilfassade in Erinnerung, dann wurde ab 2009 umgebaut und es entstand ein schickes 4-Sterne-Hotel. Die Zimmer und zwei Penthouse-Suiten (jede mit eigenem Whirlpool) sind von drei Meraner Künstlern gestaltet (Elisabeth Hölzl, Ulrich Egger, Marcello Jori) und komfortabel ausgestattet. Das Frühstück wird im hauseigenen „Coffee Art" im Parterre eingenommen. DZ/FR 244–736 €. Freiheitsstr. 110, ℡ 0473/237172, www.imperialart.it.

**** **Partaneshof** 2, alter Bauernhof der Familie Ladurner (an einer Wand großes Fresko mit fahnenschwingendem Tiroler), die Weingärten beginnen hinter dem Haus direkt über dem Pool. Zimmer des Garni-Hotels in separatem Gebäude, straßenabgewandt, sonnig, Balkon oder Terrasse. DZ/FR 150–184 €. Verdistr. 66, ℡ 0473/446260, www.partaneshof.de.

***S **Brunner** 3, bürgerliches Hotel auf der „falschen" (vom Hang abgewandten) Seite der Verdistraße, das tut den recht gut ausgestatteten Zimmern keinen Abbruch. Pool und Liegewiese, Garten, v. a. aber eine herzlich-hilfsbereite Besitzerfamilie, die sich um jeden Gast persönlich kümmert. DZ/HP 152–208 €. Verdistr. 31a, ℡ 0473/446150, www.hotel-brunner.it.

*** **Westend** 13, familiengeführtes Hotel in schönem spätgründerzeitlichem Haus (1890, seit 1984 denkmalgeschützt), wunderschöner Garten an der Passer, komfortable und recht ruhige Zimmer mit Balkon. DZ/FR 104–168 €. Speckbacherstr. 9, ℡ 0473/447654, www.westend.it.

*** **Kolpinghaus** 12, Hotel in gründerzeitlichem Haus und modernem Anbau, 2014 stilvoll renoviert. Die Zimmer zur Südseite, es gibt Freischwimmbad und Liegewiese und Dachterrasse, und ein Kolpinghaus hat natürlich eine Hauskapelle. Im Keller Taverne mit Merenden. DZ/HP 122–174 €. Cavourstr. 101, ✆ 0473/253200, www.kolpingmeran.it.

*** **Angelica** 🔢, etwas altmodisch wirkt der große gründerzeitliche Bau in seinem Park mit kleinem Pool und mit Sauna, Fitnessraum, Massage. Von der Terrasse und den in Richtung Tal liegenden, teilweise renovierten Zimmern mit ihren Balkonen schöner Blick auf Meran, besonders empfehlenswert die geräumigen Eckzimmer. DZ/FR 108–120 €. Schennastr. 36, ✆ 0473/234407, www.hotel-angelica.com.

*** **Riedingerhof** 🔢, Pension unterhalb der Schennastraße (kein störender Lärm), viel Holz, große geschwungene Terrasse, Pool mit Kinderbecken, Whirlpool und Sauna. Gute Zimmer (auch Apts.) mit Balkon, herzliche Atmosphäre. DZ/FR 105–118 €. Schennastr. 45, ✆ 0473/233273, www.riedingerhof.com.

*** **Waidmannhof** 🔢, Garni in modern eingerichtetem Hof mit Pool und Liegewiese, bäuerliche Oase am oberen Rand von Obermais mit Apfelgarten vor der Tür, es herrscht robuste, aber herzliche Familiarität. Freundliche Zimmer mit Balkon. DZ/FR 102–110 €. Plantastr. 2, ✆ 0473/234766, www.waidmannhof.com.

Jugendherberge Die 2004 eröffnete **Jugendherberge** 🔢 nimmt ein umstrukturiertes ehemaliges Hotel ein. Die 70 Betten in Ein- bis Vierbettzimmern (alle mit Du/WC!) kosten 25 € pro Nacht (mit FR). Carduccistr. 77, ✆ 0473/201475, www.meran.jugendherberge.it.

Camping Camping Meran 🔢, 1,5 ha für 150 Einheiten, also 100 m² pro Einheit – nicht schlecht. Dazu ist der von der Gemeinde betriebene Platz recht ruhig, nebenan liegt das Hippodrom, durch Häuser und Parkplatz getrennt auf der anderen Seite die Piavestraße, auf der man rasch ins Zentrum kommt. Beheiztes Freibad, gute sanitäre Einrichtungen, teilweise Schatten, geöffnet Ende März bis Anfang Nov. und in der Weihnachtszeit. Gespann und 2 Pers. 29–36 €. Piavestr. 44, ✆ 0473/231249.

**** **Hermitage** 🔢, neuer Campingplatz nahe der Talstation der Seilbahn Meran 2000. Das Gelände gehört zum Gasthaus Einsiedler (→ Essen & Trinken), hat Zelt- und Wohnmobilstellplätze, gute Sanitäranlagen, Freibad und Liegewiese des Hotels können genutzt werden. Gespann und 2 Pers. 22–34 €. Naifweg 29, ✆ 0473/232191, www.einsiedler.com.

Weitere **Campingplätze** in der Nähe Merans befinden sich in Lana, Nals und in Saltaus im Passeiertal, siehe dort!

Wohnmobilstellplatz → Dorf Tirol S. 305.

Essen & Trinken
→ Karte S. 280/281 und 287

Merans Gastronomie hat hohes Niveau und ist entsprechend teuer. Die „feineren" Lokale befleißigen sich eines eher italienischen Küchenstils, der bei der überwiegend italienischen Klientel dann recht gut ankommt, wenn er mit einer Prise rustikaler Tiroler Küche gewürzt ist. Es gibt kaum noch traditionelle Gasthausküche, da auch die einfacheren Gaststätten die Vorreiter nachahmen.

Restaurants und Gasthöfe Artemis, Verdistr. 72, das Restaurant des Hotels Villa Tivoli bietet leichte, mediterran orientierte und mit 14 Gault-Millau-Punkten bewertete Küche. Das passt zur Atmosphäre, die von Blumen und dem Garten bestimmt ist und sich im Wintergarten fortsetzt. Leichte klassische Fisch- und Fleischgerichte mit zeitgenössischem Touch, köstliche Desserts. Ab ca. 25 €. ✆ 0473/446282, www.villativoli.it.

Sissi of Andrea Fenoglio 🔢, Galileistr. 44, die höchsten kulinarischen Weihen hat Andrea Fenoglio im altstadtnahen Restaurant Sissi erreicht (1 Michelin-Stern, 3 Gault-Millau-Hauben 2017). Aus der ganzen Welt stammen die Anregungen für Speisen (und das außergewöhnliche Eis), die unverkennbar piemontesischen Einflüsse kommen vom Vater, die österreichischen von der Mutter. 4-Gänge-Menü ab 80 €. Mo Ruhetag. ✆ 0473/231062, www.sissi.andreafenoglio.com.

Castel Fragsburg 🔢, Fragsburger Str. 3a, im Restaurant des Schlosshotels zwischen Meran und Burgstall (→ „Übernachten") zelebriert der sizilianische Küchenchef Enzo Bellia Gourmetküche auf höchstem Niveau, eine gelungene Fusion aus alpiner und mediterraner Küche (1 Michelin-Stern, 2 Gault-Millau-Hauben). Klassische Stube und verglaste Terrasse mit Panoramablick. Menü

Die Winterpromenade am sonnigen Ufer der Passer

ab 40 €, ✆ 0473/244071, Mo und Nov. bis März geschl.

Laubenkeller 21, Lauben 118, gutbürgerliches Restaurant unter den Lauben, man isst Lasagne oder Tagliatelle, Spinatknödel oder Schlutzer, es gibt Carpaccio vom Angusrind und Rindsgulasch mit Knödel sowie einen üppigen Bauernschmaus, anschließend Panna cotta oder Tiramisu. Im ersten Lichthof Eingang zum „Keller", einem großen Raum mit ausgemaltem Tonnengewölbe. Tagesgerichte ab ca. 13 €, Do Ruhetag. ✆ 0473/237706, www.laubenkeller.it.

Hellweger's 24, L.-da-Vinci-Str. 30, in der auf den Pfarrplatz mündenden Raffl-Passage, Restaurant mit ruhigem Garten am Ende der Passage, modern ausgestattet, im Lichthof davor beliebte Pizzeria. Tagesgericht ab ca. 15 €, So Ruhetag. ✆ 0473/212581, www.hellwegers.it.

Bistro 7 19, Lauben 232, besonders romantisch sitzt man am Spätnachmittag/Abend im Gegenlicht und genießt dabei raffinierte Pastagerichte ab 11 € (Spargel-Lasagne mit Rohschinken), hervorragend die Millefoglie mit Ricotta-Mousse als Nachtisch. ✆ 0473/210636, www.bistrosieben.it.

Kallmünz 32, Sandplatz 12, feine Küche in ebensolchem Ambiente, minimalistischer Schick im ehemaligen Wagenschuppen. Das Kallmünz steht seit 2014 unter neuer Leitung und ist weiterhin erfolgreich, 1 Gault-Millau-Haube. Zwei Gänge ab 35 €. So Ruhetag. ✆ 0473/212917, www.kallmuenz.it.

Forster Bräu 27, Freiheitsstr. 90 (gegenüber dem Kurhaus, Zugang auch von den Lauben bei Nr. 105), großer Gastbetrieb der Brauerei Forst mit Biergarten (schöne alte Rosskastanien und das mitten in Meran!), Restaurant St. Sixtus im 1. Stock – ein typisches gründerzeitliches „Brauhaus". Große gutbürgerliche Karte – von Weißwürsten bis zum Bauernschmaus –, Vorspeise und Hauptgang ab ca. 20 €. ✆ 0473/236535, www.forsterbrau.it.

Hasen Jos 20, Lauben 204, im Gasthof unter den Lauben gibt es eher bodenständig-rustikale Kost – von Nudelgerichten und Risotti über Fleisch von Würstel vom Grill bis Schnitzel. Alles traditionell ohne Schnickschnack zubereitet – sehr gut. So Ruhetag, ✆ 0473/232599, www.hasenjos.com.

Rainer 18, Lauben 266, bürgerlicher Gasthof etwas unter Straßenniveau, Garten. Rustikales und Feines: Carne salá – das ist hauchdünn geschnittenes eingesalzenes Rindfleisch aus der Hüfte, das nur sekundenlang gegrillt wird – mit Gemüse, Frischkäseterrine garniert, ab ca. 22 €. ✆ 0473/236149, So Ruhetag.

Bistro Therme Meran 34, Thermenplatz 9, beliebter Treffpunkt für Jung und Alt, mediterrane Küche mit Südtiroler Anklängen, kleine, leichte Speisen wie Salate und

Pasta (ab 9 €), aber auch Menüs. Abends auch Cocktails und Fingerfood. Schöne Terrasse mit Blick auf den Thermenpark, perfekt zum People-Watching. ✆ 0473/252043.

Bistro-Bar La Piazza 35, Thermenplatz 1, modernes Bistro im Glaskubus mit mediterranen Tönen im Styling und auf der Karte, zum Bistro-Food gesellen sich diverse Aperitifs und Cocktails. Terrasse zum Thermenplatz! Tgl. 10–24 Uhr, ✆ 0473/259461.

Einsiedler 8, Naifweg 29, Restaurant des Hotels mit italienischer Küche, hohe Qualität der Nudelgerichte, Grillspezialitäten, Pizza; Menü ab 32 €, ✆ 0473/232191, www.einsiedler.com.

Mösl 6, Priamiweg 1, am unteren Ende der Schönblickstraße, Gasthof-Pizzeria mit großem Gastgarten unter Rosskastanien und Linden, gemütlich. ✆ 04373/231757, Mi Ruhetag.

Kircher 1, Laurinstr. 113, Restaurant etwas unterhalb der Kirche von Gratsch, verglaster Speisesaal, schöner Garten mit stimmungsvoller Wein-Pergola. Austro-Tiroler Karte mit Speckknödelsuppe, Knödeltris, Apfelstrudel. Spezialitätenwochen – vom Spargel bis zum Wild. Abends Pizza. Ab ca. 20 €. Mi Ruhetag, ✆ 0473/443140, www.kircher-gratsch.net.

Gaston 17, Lauben 244, im Durchgang. Pizza, aber auch Speck am Brettl und Nudelgerichte sowie Mehlspeisen. So Ruhetag, ab 11.30 Uhr geöffnet, ✆ 0473/210245, www.pizzeriaristorantegaston.it.

Cafés/Konditoreien Caffè Kunsthaus 25, Sparkassenstr. 18b, schick und trendy ist das Café des Kunsthauses der Sparkasse. Vorbildlich: 11 offene Weine. Junges Publikum. So Ruhetag.

Fino 31, Passerpromenade 38, Café-Bistro des Hotels Aurora mit gemütlicher Terrasse an der Kurpromenade, immer gut besucht, schließlich flaniert ganz Meran an den Tischen vorbei. www.fino.bz.

Central 22, Sparkassenstr. 11, bei den Massen, die hier ständig vorbeidrängen, wundert es nicht, dass es im Café Central häufig eng wird. Imbisse, Eis und natürlich Kuchen. So Ruhetag.

Wandelhalle 33, Winterpromenade 25, das Café, in dem man seinen Kurschatten trifft, in der Mitte der Jugendstilwandelhalle der Winterpromenade. Hier ist es auch im Winter schon mal so mild, dass die Tische draußen frequentiert werden. Kurpreise.

Nachtleben/Bars & Weinstuben Immer mehr zur Barmeile entwickelt sich die Freiheitsstraße zwischen Theaterplatz und Sandplatz:

Bar Piccolo 30, Freiheitsstr. 5, sympathische, kleine Bar mit schöner Terrasse, Cocktails & Co. So Ruhetag.

Sketch 31, Passerpromenade 40, Cocktailbar und Club vom Hotel Aurora, schick und beliebt. Live-Events, dann bis 3 Uhr geöffnet. ℡ 0473/211800, www.sketch.bz.

Lauben 21, Lauben 120, „Enothek" im 2. Lichthof hinter dem Restaurant Laubenkeller, die Bar/Weinstube mit Weinverkauf ist immer sehr gut besucht, es überwiegt die lokale Kundschaft am Tresen.

Rossini 29, Freiheitsstr. 18, das Rossini ist zwar auch tagsüber geöffnet und tut dann braven Café-Dienst, zu Popularität kommt es aber erst abends. Äußerst stylish und hipp, www.rossini-bar.it.

Wunderbar 28, Freiheitsstr. 70, „Fun & Food" hat sich der Laden – Café, Bar und Pasticceria – auf die Fahnen geschrieben, das bedeutet vor allem Abendgeschäft und ein zu später Stunde junges (aber keineswegs ganz junges) Publikum.

Rafflkeller 23, Pfarrplatz 32 (in der Raffl-Passage), Lounge und Kellerlokal, Cocktails und – für Nachtschwärmer eher untypisch – gute Weinliste, geöffnet meist ca. 22–2/3 Uhr.

Sehenswertes

Meraner Altstadt: Da Innsbruck Landeshauptstadt wurde und Meran an Bedeutung verlor, hat sich die mittelalterliche Stadt vorzüglich erhalten. Drei von den vier Stadttoren stehen heute noch, das Vinschgauer Tor nach Algund, das Bozner Tor und das Passeirer Tor. Das vierte, das Ultner Tor, beschützte den Stadtausgang in Richtung Lana und Ultental, es lag dort, wo sich heute der Theaterplatz befindet. Eindrucksvoll ist besonders das *Bozner Tor,* das man erreicht, wenn man vom Pfarrplatz die Leonardo-da-Vinci-Straße abwärts nimmt, an seiner Fassade haben sich die Wappen Tirols, Österreichs und Merans erhalten. Von der *mittelalterlichen Stadtmauer* ist am *Passeirer Tor* ein Stück erhalten, der Rest fiel der Stadterneuerung des 19. Jh. und dem Bau der Promenaden für die Kurgäste zum Opfer. Zwischen dem Passeirer Tor, der Pfarrkirche und dem an das Bozner Tor angrenzenden Sandplatz liegt das *Steinachviertel,* das älteste Viertel der Stadt, das schon vor der Stadterweiterung durch die Lauben bestand. Nur hier haben sich z. B. in der Kallmünzgasse und am Gartenweg enge Gässchen mit hohen Mauern zwischen ehemaligen Weinberggrundstücken erhalten, letzter Rest des alten Weindorfs zur Zeit der frühen Grafen von Tirol.

Stadtpfarrkirche und Barbarakapelle: Dem hl. Nikolaus, dem Patron der Reisenden, Seefahrer und Händler ist die große Meraner Stadtpfarrkirche mit ihrem 83 m hohen Kirchturm (14. und 17. Jh.) gewidmet. Der Turm ist so etwas wie ein Wahrzeichen von Meran geworden, unzählige Male von der Tappeinerpromenade etwas oberhalb fotografiert, mit dem Burggrafenamt und der Mendel im Hintergrund. An der Fassade der Mitte des 15. Jh. fertiggestellten gotischen Kirche (begonnen 1302) sieht man ein übermannshohes Christophorus-Fresko. Das dreischiffige Innere wurde 1785 spätbarock verändert, die beiden Seitenaltäre aus dieser Zeit sind sehenswerte Arbeiten des Tirolers *Martin Knoller* (1793).

Hinter der Kirche stehen an der Umgrenzungsmauer des Platzes alte Grabsteine, einige stammen noch aus der Renaissance. Der Zentralbau hinter der Pfarrkirche ist die *Barbarakapelle,* die als gotischer Bau im 15. Jh. entstand und ursprünglich als Totenkapelle des Friedhofs und im Untergeschoss als Karner (Beinhaus) diente. Besonders schön ist das Netzgewölbe im Inneren, zwei barocke Altäre flankieren einen spätgotischen Flügelaltar mit einer eindrucksvollen Darstellung des Letzten Abendmahls in der Predella (hinter Glas).

Palais Mamming: Unmittelbar neben der Kirche befindet sich das barocke Palais Mamming, das nach langem Leerstand und jahrelanger Renovierung im Jahr 2015 wiedereröffnet wurde und seither die Sammlung des Stadtmuseums beherbergt. Das Palais wurde etwa um das Jahr 1675 von Karl Delai für die Familie Mamming erbaut und ist mit zahlreichen barocken Fresken ausgestattet.

Die Lauben: Geht man vom Pfarrplatz nach Westen, kommt man in den Bereich der mittelalterlichen Stadterweiterung, die Meran erst zur Stadt machte. Die Lauben, unter Graf Meinhard II. von Tirol Mitte des 13. Jh. errichtet, sind das deutlichste Zeichen des städtischen Wohlstands in der damaligen Zeit. Eine schnurgerade Straße vom West- zum Osttor, in Richtung Passer die Wasserlauben, in Richtung Berg die Berglauben, zweistöckige Häuser mit geräumigen Kellern und Lagern für die Händler, zur von den Lauben flankierten Straße meist schlichte Fassaden. Fast jedes Haus besteht aus mehreren Trakten, die hintereinander gestaffelt und durch schmale Gänge und oft mehrere Lichthöfe erreicht werden. Zwischen den Häusern führen schmale Durchgänge zu weiteren Hauseingängen mit jeweils eigenen Hausnummern. Auch am **Rennweg**, auf den die Lauben münden, gilt dieses System, Rennweg 47–69 ist so ein Durchgang mit einer ganzen Reihe von Hausnummern, was für Neulinge ziemlich verwirrend ist. Im Gegensatz zu den Lauben, wo jeder einzelne Durchgang von Läden oder Kneipen erobert wurde, ist dieser immer noch Wohnbereich (Eingang gegenüber Hotel Roter Adler). Im Barock wurden die Fassaden vieler Häuser umgestaltet, mit Erkern versehen und oft freskiert, sodass die Lauben heute bunter und vielfältiger wirken als zur Entstehungszeit. Einige sehenswerte Häuser sind etwa das Jugendstilhaus Mahlknecht (Lauben 78), heute ein Schuhladen, oder die Passage mit Lichthof (Lauben 18–20): Über der schönen gotischen Brüstung im ersten Stock des ersten Lichthofes sitzt die Statue eines Christus in der Marter. Sehenswert ist auch der Durchgang Lauben 164–174 a mit schön restauriertem Lichthof.

Freiheitsstraße und Kurpromenade: Jugendstil ist das Zauberwort der Straßen, Promenaden und Bauten, die nach Abriss der Wassermauer zwischen Altstadt und Passer errichtet wurden. An der Stelle des Ultner Tores entstand das *Stadttheater*

Kastanienröster am Markt in Meran

(heute Giacomo Puccini gewidmet) 1899 im Stil der „Münchner Gruppe" entworfen und errichtet. Noch gründerzeitlichen Bauvorstellungen gehorcht das 1874 errichtete *Alte Kurhaus („Pavillon des Fleurs")*. Als es zu klein wurde, entstand das *Neue Kurhaus („Kursaal")*. Dieser Bau, der 1914 fertiggestellt wurde, also nie jenes Vorkriegspublikum sah, für das er gebaut wurde, ist reinste Wiener Sezession, der Architekt war Friedrich Ohmann. Eleganz charakterisiert Inneres wie Äußeres, der riesige Ballsaal dient heute vor allem Konzerten.

Die Kurpromenade verbindet Theaterbrücke und Postbrücke, von der Theaterbrücke flussabwärts führt die *Passerpromenade* bis zum Lido, der Städtischen Badeanstalt. Die *Postbrücke* über die Passer, die den Sandplatz mit dem Stadtteil Untermais verbindet, ist ebenfalls reiner Jugendstil (1909): Vergoldete Girlanden hängen von einem aufwendigen Geländer mit den für Jugendstil und Sezession typischen asymmetrischen Kurven. An der *Freiheitsstraße* und vor allem am *Rennweg* haben sich weitere Bauten des Jugendstils erhalten, darunter die amüsante Fassade in Biedermeier und Jugendstil von Haus Nr. 12 („Forster Bierstüberl").

Sandplatz, Winter- und Sommerpromenade: In der Mitte des hübschen Platzes am Ostende der Kurpromenade steht eine *barocke Mariensäule*. Das große Gebäude dahinter, das wie ein Hotel der Zeit vor 1914 aussieht und heute vor allem Ämter beherbergt, war tatsächlich ein Hotel, das renommierte „Erzherzog Johann" und spätere „Esplanade". Am Sandplatz beginnt die Winterpromenade, die der Sonne voll ausgesetzt ist, schließlich wollte und will man auch im Winter etwas Wärme spüren. Der erste Teil wird von einer offenen Wandelhalle mit hübschen Fresken und einigen Büsten flankiert, so kann man auch bei Regen gemütlich auf und ab spazieren. Auf der anderen Passerseite bietet die Sommerpromenade das Gegenteil: Schatten und keine direkte Sonneneinstrahlung – schließlich hatte frau ihren blassen Teint zu wahren. Beide Promenaden sind üppig begrünt, wärmeliebende subtropische Pflanzen aus aller Welt wurden angepflanzt und werden umhegt. Am Beginn der Sommerpromenade hat ein Denkmal kultische Qualität, es zeigt die sitzende Elisabeth, Kaiserin von Österreich, Königin von Ungarn (etc., etc.), unter uns „Sis(s)i" genannt.

Zenoburg: Über den Eingang ins Passeiertal und damit zur Jaufenstraße wacht auf einem steil über dem hier klammartig eingeschnittenen Fluss die Zenoburg. Wahrscheinlich stand hier schon in römischer Zeit eine Festung, sicher ist, dass während der Völkerwanderungszeit hier der Augsburger Bischof Valentin (ca. 470) und später der Freisinger Bischof Korbinian (725) bestattet wurden (beide wurden später überführt). 1347 wurde die Zenoburg, damals Besitz der Grafen von Tirol, zerstört und später nie wieder aufgebaut. Die pittoreske Ruine wurde 1800 von der heutigen Besitzerfamilie erworben und teilweise restauriert, die Burg wird heute wieder ständig bewohnt.
Die Zenoburg ist Privatbesitz, das Innere kann nicht besichtigt werden. Von der alten Jaufenstraße aus ist die Burg sehr schön zu sehen.

Stadtteil Untermais: Wenige Touristen verirren sich weiter nach Untermais. Der Stadtteil war wie auch Obermais bis 1923 eine eigene Gemeinde. Geblieben ist das historistische Rathaus von 1908, das heute die Post beherbergt. Im 20. Jh. wurde in Untermais fleißig gebaut, so entstand während der faschistischen Ära die große **Pferderennbahn**.

Jenseits der Postbrücke im Ortsteil Untermais steht die **Heiliggeistkirche**, eine nach außen hin schlichte Kirche mit winzigem Türmchen. Sie wurde ursprünglich

Die Gärten von Schloss Trauttmansdorff

als Kirche des Spitals vom Heiligen Geist 1271 anlässlich einer Stiftung Graf Meinhards II. errichtet, aber nach einer flutbedingten Zerstörung im 15. Jh. als gotische Hallenkirche wieder errichtet. Das Portal zeigt das Relief eines Gnadenstuhls, Gottvater mit dem Gekreuzigten auf dem Schoß und einer darüber schwebenden Heiliggeisttaube. Der Innenraum mit seinen fein profilierten Pfeilern gehört zu den eindrucksvollsten Südtirols. Auch die Ausstattung ist bemerkenswert: Holzfiguren von Heiligen (15. Jh.) im Chor, zwei Reliefs von *Jörg Lederer* (um 1520), die in den neugotischen Flügelaltar integriert sind, sowie eine große gotische Kreuzigung. An der Südwand Fresken, die Schäden durch das Hochwasser der Passer schildern.

Die **Wallfahrtskirche Maria Trost** ist ein romanischer Bau, der 1614 völlig umgebaut wurde. Die Fresken an der Außenfassade sind aus dem 14. Jh. und wohl Bozner Schule. Im Inneren romanische Fresken, die aber nur in Bruchstücken erhalten geblieben sind, darunter ein Marientod und Marienbegräbnis eines Meisters, der wohl in Oberitalien den byzantinischen Stil erlernt hat.

Stadtteil Obermais: Als die Grafen von Tirol in Meran ihre Hauptstadt hatten, baute sich eine Reihe von Adeligen außerhalb der Stadt Ansitze und Schlösser. Obermais auf der anderen Passerseite und mitten in Weinbergen war der bevorzugte Standort. Bedeutende Schlösser und Ansitze sind geblieben, *Schloss Winkel* bewahrt unter dem Kleid der Spätrenaissance die Züge eines mittelalterlichen Ansitzes. *Schloss Rametz*, im 12. Jh. gegründet, ist heute Sitz eines bedeutenden Weinguts. Als Hotel wird heute *Castel Rundegg* geführt, dasselbe gilt für *Schloss Labers* mit seiner bis ins 11. Jh. reichenden Bausubstanz (Schlosskapelle St. Michael), die Umwandlung in ein Hotel fand schon 1885 statt! Am bekanntesten ist heute **Schloss Trauttmansdorff**.

Gärten von Schloss Trauttmansdorff: Die Gartenanlage von Schloss Trauttmansdorff ist seit ihrer Eröffnung im Jahr 2001 fast ein Muss für Besucher Südtirols geworden, genau wie das Bozner Archäologiemuseum mit der Ötzi-Mumie. Wahre Besucherkolonnen (pro Jahr 400.000, mehr als anderswo in Südtirol) drängen sich in den prachtvollen botanischen Gärten, die Pflanzen aus aller Welt umfassen, aber auch spezifische Südtiroler Landschaftstypen zeigen. Im Schloss Trauttmansdorff können Sie das **Touriseum**, ein witziges Tourismusmuseum, besichtigen (→ „Museen").

Öffnungszeiten/Eintritt April bis Okt. tgl. 9–19 Uhr, im Sommer Fr bis 23 Uhr, Anfang bis Mitte Nov. 9–17 Uhr, Rest des Jahres geschl. Am besten man kommt gleich ganz frühmorgens, wenn noch kein Trubel ist, oder um die Mittagszeit, wenn andere Besucher essen. Eintritt mit Touriseum 13 €, erm. 9 €, Familien 28 €; Gartenführungen tgl. 10.15 Uhr, 6 € pro Pers.; persönliche Gartenführung mit Voranmeldung, 60 €. St.-Valentin-Str. 51, ☏ 0473/235730, www.trauttmansdorff.it, www.touriseum.it.

Verbindungen Fürs **Parken** muss extra gezahlt werden. **Bus:** Linie 1a ab Bahnhof/Sandplatz).

Museen

Kunst Haus Meran/Merano Arte: moderne Kunsthalle im Gebäude der Sparkasse unter den Lauben, wechselnde Ausstellungen mit übergreifenden, gelegentlich kontroversen Themen. International beachtet die Werkschau Meret Oppenheim im Winter 2008/09 in Zusammenarbeit mit dem Kunstmuseum Basel und der Fondazione Marconi in Mailand.
Di–Sa 10–18 Uhr, So/Fei 11–18 Uhr, Eintritt 6 €, erm. 5/2 €. Lauben 163, ☏ 0473/212643, www.kunstmeranoarte.com.

Frauenmuseum Evelyn Ortner: Am neuen Standort in der Meinhardstraße 2 (früher unter den Lauben) dokumentiert das Museum auf zwei Stockwerken die Stellung der Frau in unserer (westlichen) Gesellschaft zwischen dem Biedermeier und den 80er-Jahren des 20. Jh. Themen sind Schönheitsideale, die Rolle der Frau in der Privatsphäre seit dem Biedermeier und Frauenarbeit bzw. die Frau in der Arbeitswelt. Reichlich Anschauungsmaterial, nicht nur für frau, aber mit Vorrang „von Frau, über Frauen, über alle".
Mo–Fr 10–17, Sa 10–12.30 Uhr; Eintritt 4,50 €, erm. 4 €, Führungen (ab 10 Pers.). ☏ 0473/231216, www.museia.it.

Schön geworden: Stadtmuseum im Palais Mamming

Stolpersteine in Meran – Blick auf den Boden gegen das Vergessen

Viele deutsche Städte haben sie mittlerweile. In Meran wurden im Jahr 2012 insgesamt 33 Stolpersteine als Erinnerung an die jüdischen Opfer der NS-Zeit, die an diesem Ort wohnten, in den Gehweg eingelassen. Der Künstler Gunter Demnig wurde dabei von Schülern verschiedener Schulen und der jüdischen Kultusgemeinde unterstützt. Einige der Stolpersteine liegen im Zentrum, z. B. in der Laubengasse. In der Nummer 71, heute ein Optikergeschäft, wohnte einst Richard Reitsamer. Er verweigerte den Kriegsdienst aus religiösen Gründen und wurde am 1944 hingerichtet. Eine Liste aller Stolpersteine in Meran findet sich unter http://de.wikipedia.org/wiki/Liste_der_Stolpersteine_in_Meran.

Landesfürstliche Burg: Die Residenz der Tiroler Landesfürsten war schon alt, als sie 1470 umgebaut wurde, um jetzt den Habsburgern als Tiroler Landesfürsten bei ihren gelegentlichen Besuchen der Stadt als Absteige zu dienen. Heute ist die Burg noch teilweise alt (spätgotisch) möbliert, interessant ist eine Sammlung von historischen Musikinstrumenten, nicht übersehen sollte man einen Kachelofen, der zu den ältesten seiner Art gehört. Schade, dass der würdevolle Bau an zwei Seiten von gesichtslosen Bauten flankiert wird (Gemeindeverwaltung und Lehranstalt für Wirtschaft und Tourismus Peter Mitterhofer).

April bis Jan. Di–Sa 10.30–17, So 10.30–13 Uhr; Eintritt 5 €.

Städtisches Museum im Palais Mamming: Nach der Eröffnung im Jahr 2015 hat die Stadt Meran nun endlich ein Gebäude zur Verfügung, in dem ihre umfangreiche Sammlung (über 100.000 Exponate) zumindest zu einem repräsentativen Teil gezeigt werden kann. Von der Frühgeschichte bis zur Moderne wird hier die Stadtentwicklung in allen ihren Facetten präsentiert. Vieles stammt aus dem Fundus privater Sammler, so eine ägyptische Mumie und eine sudanesische Waffensammlung. Skulpturen und Gemälde von der Gotik bis zur Gegenwart machen aus dem Städtischen Museum darüber hinaus eine veritable Tiroler Kunstgalerie. Die Gemälde der großen Tiroler Barockmaler *Michelangelo Unterberger*, *Johann Evangelist Holzer* und *Franz Anton Maulbertsch* sind ebenso vertreten wie eine Schreibmaschine des Erfinders *Peter Mitterhofer* (sein viertes Modell) und eine originelle mechanische Fastenkrippe, ein barockes Modell der Leidensgeschichte Christi mit einer Unmenge Figürchen.

Di–Sa 10.30–17, So 10.30–13 Uhr, im Sommer Di bis 13 und 18–22 Uhr, 6 €, erm. 5 €, www.palaismamming.it.

Jüdisches Museum und Synagoge: Meran hatte vor dem Zweiten Weltkrieg eine bedeutende jüdische Kultusgemeinde. Das Museum in der Synagoge, 1901 errichtet, zeigt die Glanzzeiten der jüdischen Kultusgemeinde vor 1914 und ihre Vernichtung in der Schoah.

Di/Mi 15–18 Uhr, Do/Fr 9–12 Uhr außer an jüdischen Feiertagen; Eintritt frei. ✆ 0473/234999, www.juedischegemeindemeran.com, Schillerstr. 14 (über Theaterbrücke auf Piavestraße, dann rechts).

Touriseum (Tourismusmuseum): Schloss Trauttmansdorff wurde Mitte des 19. Jh. errichtet auf Ruinen eines älteren Baus, was sich allerdings nicht wesentlich auf den Gründerzeitbau ausgewirkt hat. In einigen Räumen befindet sich das Tourismusmuseum „Touriseum". Tirol hat – nach den klassischen Reiseländern Italien und Frankreich sowie der Schweiz – mit die längsten Erfahrungen mit dem Tourismus, nämlich um die 200 Jahre. Die Präsentation im Museum ist kurzweilig, amüsante Figurengruppen illustrieren den Wandel des Tourismus von den Anfängen bis heute. Eine echte BMW Isetta von 1959 und eine Original-Vespa samt Reiseköfferchen stehen für Urlaubsreisen in der Nachkriegszeit.

April bis Okt. tgl. 9–19 Uhr, Juni bis Aug. am Fr bis 23 Uhr, 1. Hälfte Nov. tgl. 9–17 Uhr. Der Eintritt ist im Ticket für die Gärten von Schloss Trauttmansdorff inbegriffen (s. o.). ✆ 0473/255655, www.touriseum.it.

Spaziergänge und Ausflüge

> Zu Spaziergängen, Wanderungen und Radtouren ab Dorf Tirol, Algund, Schenna, Riffian, Kuens und Marling siehe jeweils dort!

Auf dem Tappeinerweg und der Gilfpromenade: Für seine Kurgäste ließ sich Dr. Tappeiner alles Mögliche einfallen, u. a. einen Weg durch den Sonnenhang über Meran, einen schön flachen Weg durch diese steilen Hänge mit ihrer wärmeliebenden Vegetation. Flach sollte er sein wegen der Rekonvaleszenten und der Damen. Damen konnten damals nur trippeln, wenn sie der Mode gehorchten (in Meran gehorchten sie der Mode). Palmen, Yucca, Kirschlorbeer, Steineiche, Myrthe, Lorbeer, Japanische Mispel, Schneeball, Zypresse, Zürgelbaum, Perückenstrauch, Feigenbaum, Pinie – das sind einige der auffälligeren Bäume der interessanten Vegetation, die man damals großenteils neu angepflanzt hat.

Flanieren unter schattigem Grün ...

Dr. Franz Tappeiner, Meraner Kurarzt

Die Tappeiner sind eine alte Vinschgauer Familie, die ursprünglich von einem Hof in der Nähe der Schlandersburg stammt. Franz Tappeiner wurde 1816 in Laas geboren und zum Medizinstudium nach Innsbruck, Prag, Padua und Wien geschickt (zu seiner Zeit waren alle diese Städte in österreichischem Besitz). Der junge Arzt ließ sich 1846 in Meran nieder, damals ein Kuhkaff, und eröffnete eine Praxis. Nach der Revolution von 1848, als er für die Liberalen kandidierte (eine oppositionelle Partei) und verlor (gegen den katholisch-konservativen Priester und Wissenschaftler Beda Weber), verlegte er sich wieder auf die Medizin und gründete mit zwei Kollegen eine Molkenkuranstalt. Dass Meran ein gutes Kurklima besitzt, wusste man schon. Das war bereits öffentlich und in den Medien der Zeit diskutiert worden, nur Kureinrichtungen gab es keine. Nun entstanden eine Kurordnung und eine „Kurvorstehung", Dr. Tappeiner musste sich schließlich erst eine Kurverwaltung schaffen. Die für den Kurbetrieb notwendigen Investitionen wurden durch Tappeiners Stiftungen ermöglicht. Man machte mit dem Geld emsig Werbung, und ohne diesen Einsatz wäre auch die Wandelhalle wohl nicht so bald der schöne Bau geworden, den wir heute noch sehen. Schließlich spendierte Dr. Tappeiner Geld für die Gilfpromenade, und endlich 1893, zum 50-jährigen Promotionsjubiläum, stellte er fast 30.000 Gulden – ein Vermögen – für die später nach ihm benannte Promenade oberhalb Merans zur Verfügung. Zur Eröffnung wurde eine Büste des edlen Spenders in Laaser Marmor enthüllt, wir können sie heute noch in einer platzartigen Erweiterung des Tappeinerwegs bewundern.

Der Treppenanstieg von der Pfarrkirche aus (zwischen dieser und der Barbarakapelle) ist im oberen Teil ein steiler Treppenweg („Tirolersteig"). Wer jetzt schon ins Schwitzen gekommen ist, hat in Jausenstationen und Cafés am Tappeinerweg jede Gelegenheit, sich zu erholen. Geht man von der Einmündung des Tirolersteigs in den Tappeinerweg nach rechts, kommt man zu einer halbrunden Terrasse mit dem Denkmal Tappeiners, darunter am sonnigen, heißen Hang der städtische Kräutergarten. Unweit davon passiert man den Pulverturm, einen mittelalterlichen Wehrturm oberhalb der Stadt. Hier biegt die Promenade nach links ins Tal der Passer ein. Bei einer Weggabelung kann man rechts direkt in die Altstadt hinuntergehen, bleibt man links, quert man bald die Zenobergstraße und wird in engen Kurven den steilen Hang zur Passerbrücke und zur Gilfpromenade hinuntergeführt. Kurz davor Aussichtspunkt in die wilde Passerschlucht (links). Die Promenade führt auf der anderen Seite der Passer weiter. Man unterquert die alte Römerbrücke, die keineswegs römisch ist, aber immerhin mittelalterlich. Die Gilfpromenade mündet auf dieser Flussseite in die schattige Sommerpromenade, der Tappeinerweg führt hinüber zur Winterpromenade und zum zentralen Sandplatz.

Städtischer Kräutergarten 5000 m^2, 250 Beete, 230 Aromapflanzen und Heilkräuter, Mitte März bis Ende Okt. tgl. 9–17 Uhr (Mitte Mai bis Ende Aug. 9–19 Uhr); freier Eintritt.

Essen & Trinken Fernblick im Weinberg, Jausenstation und Café, es gibt Brotzeiten, hausgemachte Kuchen, zur Törggelenzeit Bauernkrapfen, eigene Weine, so u. a. einen weißen Küchelberger, Edelvernatsch und Merlot.

Saxifraga Stub'n, am oberen Ende des Tirolersteigs, Stuben und Terrasse mit Blick auf die Pfarrkirche. Kuchen, hausgemachte Nudeln, Schlutzkrapfen, Speck, Vorspeise und Hauptgericht ab ca. 20 €; 35 Teesorten, eigene Weine, Di Ruhetag. ✆ 0473/239249, www.saxifraga.it.

Der Ifinger (2581 m) und Meran 2000: Wie bequem, dass man mit dem Stadtbus (Linie 1 a ab Bahnhof über Theaterplatz und Sandplatz) die Talstation der *Ifinger-Seilbahn* erreichen kann. Da braucht man im Sommer wie im Winter keine Stunde vom Zentrum Merans auf eine Höhe von nahezu 2000 m. Von dort aus einfache Spaziergänge, Wanderungen, Touren, im Winter dreht sich der Skizirkus (neben der Hirzer-Seilbahn und jener von Dorf Tirol zu den Muthöfen die am meisten frequentierte Seilbahn in alpine Höhen). Wichtig: Bis zu einer halben Stunde Weg im Umkreis der Bergstation ist manchmal ziemlich viel, ab einer Stunde dann fast gar nichts mehr los. Und wer einen Weg nimmt, der nicht zu einer Hütte führt (wie Weg 3 zum Missensteiner Joch ab Gabelung in Richtung Oswaldscharte), der hat vielleicht schon nach 5 Min. ab Abzweigung keine Begleitung mehr.

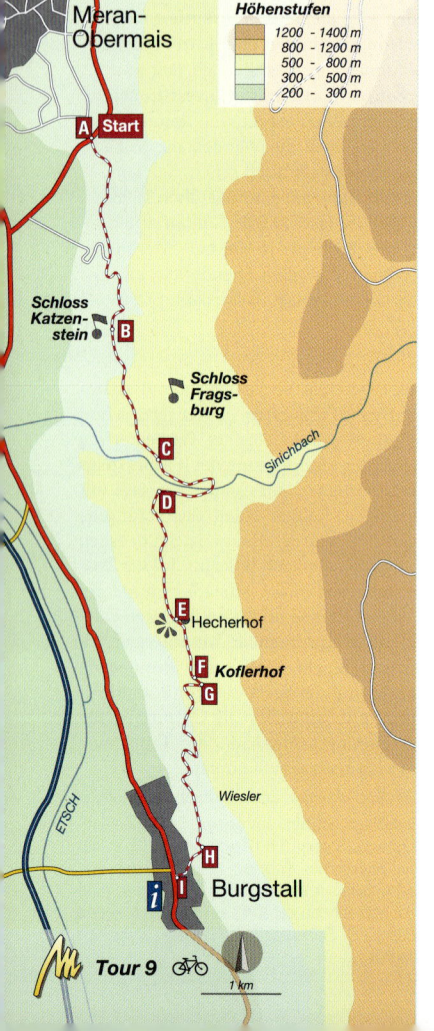

Wandern/Wintersport Zu den Wanderzielen auf dem Plateau → Tschögglberg (Hafling). Zum Wintersport → Sport, S. 282.

Bergbahnen Seilbahn Meran 2000, modernste 120-Personen-Kabinenbahn, Ende April bis nach Allerheiligen 9–17 Uhr, Juli bis Mitte Sept. 9–18, Fr 7–21 Uhr; Berg/Tal 18,50 €, einfach 13,50 €, Kind 12,50/9,50 €.

Umlaufbahn Falzeben, Ende April bis nach Allerheiligen 9–17 Uhr, Juli bis Mitte Sept. bis 18 Uhr; Berg/Tal 15 €, einfach 11 €, Kind 10/7,50 €.

Alpin Bob, Action und Spaß auf der 1,1 km langen Schienenrodelbahn, Startpunkt an der Bergstation Piffing. Geöffnet wie die Bergbahn, 10–16.30, im Sommer bis 17.30 Uhr; eine Fahrt 4 €.

Infos zu allen Bahnen unter ℡ 0473/234821, www.meran2000.com.

Tour 9: Mit dem Rad von Meran über den Hecherhof nach Burgstall

Tour-Info: Kurze Radtour durch lichten Laubwald und Bauernland mit Wein, **auch als Wanderung** hübsch zu gehen, in der Mitte der Hecherhof, Gasthof und beliebte Buschenschank. Wunderschöne Ausblicke auf Etschtal und Ultental, zurück auf der alten Bozner Straße; Dauer 1:30 Std.; Länge 8,4 km; Höhenunterschied ↑ 350 m, ↓ 400 m. Karten: Tabacco (1:25.000) Blatt 11, Kompass (1:50.000) Blatt 53.

In Meran-Obermais fährt man entlang von Winkelweg oder Dantestraße in

Richtung Schloss Trauttmansdorff und knapp nach Vereinigung der beiden bei einem Brunnen nach rechts in die Katzensteinstraße bis zur Landesstraße Schenna – Verdins mit meist starkem Verkehr, da sie als Ostumfahrung für Meran dient. Dort quert man vorsichtig **A** und fährt auf der Verlängerung der Katzensteinstraße bergan in den Waldhang, nach einer Serpentine erreicht man die Weingärten und Schloss Katzenstein **B** und hat erstmals eine wunderbare Aussicht auf Burggrafenamt und Ultner Berge. Das Sträßchen führt nun als Güterweg weiter, eine Abzweigung **C** verweist auf die Buschenschank Mitterwalder und den Wanderweg nach Sinich. Kurz darauf wird die Schlucht des Sinichbachs gequert, jenseits geht es steil hinauf zu einer großen, relativ flachen Wiesenterrasse **D** mit mehreren verstreuten Höfen. 150 m nach Wiesenbeginn weist ein Schild wieder zum Mitterwalder, und an der tiefsten Stelle der Wiese hält man sich bei einer Gabelung links und fährt hinauf zum Hecherhof in seiner fantastischen Aussichtsposition **E**.

Der weitere Weg führt in Form eines fahrbaren Fußwegs hinter dem Haus rechts am dortigen Bildstock vorbei und erreicht nach kurzem Abstieg den Koflerhof **F**, ebenfalls eine Buschenschank, wo man nach rechts auf eine Asphaltstraße fährt. Sie mündet in eine weitere Asphaltstraße **G**, hier rechts weiter, bei der folgenden Kirche **H** bei Einmündung in eine querende Asphaltstraße nach links zur Staatsstraße, wo man ziemlich genau gegenüber der Touristeninformation in Burgstall **I** ankommt. Rückfahrt auf der Staatsstraße oder über Lana und Marling (etwas weniger Verkehr). Wer die Strecke gewandert ist – bei dem praktisch nicht existenten Autoverkehr sehr angenehm –, nimmt den SASA-Bus Bozen – Meran zurück (Haltestelle beim Erreichen der Staatsstraße etwas rechts versetzt).

Hecherhof, Katzensteinstr. 38, Meran, Jausenstation/Gasthof/Törggelenkeller. Was für ein Ausblick von der Terrasse! Wenn Sie wollen, können Sie natürlich auch drinnen sitzen und sich hausgemachte Nudelgerichte schmecken lassen. Di Ruhetag. ✆ 0473/274086, www.hecherhof.it.

Nördlich von Meran

In Weinbergen und Apfelgärten liegen die einladenden Dörfer am Sonnenhang über Meran, in denen man ruhiger und billiger nächtigen kann als in der Stadt. Zwischen der Texelgruppe im Westen und den Sarntalern im Osten zieht sich das Passeiertal, Heimat Andreas Hofers, von Meran noch weiter nach Norden bis an den Alpenhauptkamm.

Algund, Dorf Tirol, Kuens, Riffian, Schenna – diese Dörfer am Rand von Meran sind mit der Stadt verwachsen, ohne ihren eigenen Charakter verloren zu haben. *Schloss Tirol*, die Burg, die dem Land den Namen gab, schaut oberhalb von Algund auf das Meraner Becken herunter, jenseits des Tals der Passer bewacht Schloss Schenna den Zugang zum Passeiertal und zum *Jaufenpass*, der alten Verbindung zwischen Meran und dem Brenner. Im *Passeiertal* erinnern die alten Schildhöfe an alte Rechte des Tiroler Bauernstandes, sie sind Bauernhöfe, deren Besitzer seit dem Mittelalter Adeligen praktisch gleichgestellt waren. Über den höchsten Höfen des Tales ragen die Gipfel des Wanderparadieses *Naturpark Texelgruppe* bis auf 3335 m auf, die Eisriesen der Ötztaler Alpen an der Grenze nach Nordtirol gar auf 3482 m.

Das „Meraner Land" und was alles dazugehört

Meraner Land, so nennt sich der Zusammenschluss der Tourismusvereine von Meran und Umland in einem Tourismusverband. Mit dieser Bezeichnung macht er Werbung, die jedoch nur sehr allgemein auf den gesamten Verband bezogen ist, für Beherbergungslisten und Ortsprospekte sind immer noch die örtlichen Vereine zuständig. Der Verband initiiert vor allem Aktionen wie die kostenlose „GuestCard Meraner Land", anderswo schlicht Gästekarte genannt, die dem Gast verschiedene Vorteile verschafft, wie etwa die kostenlose Benutzung von Gästebussen oder Ermäßigungen bei Veranstaltungen der Tourismusvereine (→ Meran). Im „Meraner Land", dessen Sitz sich in Meran befindet, sind Terlan und Andrian nicht vertreten, die es vorziehen, mit „Südtirols Süden" gemeinsam zu werben. Hier die Liste der Tourismusvereine, die im „Meraner Land" vereinigt sind: Meran, Algund, Dorf Tirol, Schenna, Lana und Umgebung, Naturns und Plaus, Partschins, Rabland und Töll, Marling, Hafling, Vöran und Meran 2000, Tisens und Prissian, Riffian und Kuens, Nals, das Passeiertal, das Schnalstal sowie das Ultental mit Proveis und dem restlichen Deutschnonsberg.

Information Tourismusverband Meraner Land, kein eigenes Büro, sondern Zentrale, die Anfragen weiterleitet, auf der Webseite finden sich allerdings die Adressen aller Tourismusbüros im Meraner Land, Gampenstr. 95, I-39012 Meran/Marano, ✆ 0473/200443, www.meranerland.com.

Verbindungen Zum Bustransfer aus Deutschland und der Schweiz → S. 43.

》》 Mein Tipp: Der **Wanderführer „Rund um Meran"**, erschienen 2014 (im Michael Müller Verlag), beschreibt 35 Wanderungen und Bergtouren rund um Meran, die GPS-Tracks gibt's gratis dazu. **《《**

Algund

Das milde Meraner Klima gilt auch für Algund, das benachbarte Dorf mit seinen gutbürgerlichen Pensionen und Hotels zwischen Apfelgärten und Weinbergen. Schönste Reisezeit? Die Obstbaumblüte im April und Mai.

Die Texelgruppe steigt unmittelbar hinter dem nach Süden blickenden Ort auf 2625 m (Große Rötelspitze) und schützt mit ihrer massiven Gebirgsfront vor den Nordwestwinden. Gute Wanderwege führen durch die Steilhänge rund um die Texelgruppe, darunter der berühmte Meraner Höhenweg. Entlang der Waale spaziert man hinüber nach Gratsch, bereits in der Gemeinde Meran, oder nach Partschins, etwas höher und bereits im unteren Vinschgau gelegen. Algund ist ein ruhiges Dorf, besonders die Ortsteile **Dorf**, **Oberplars** und **Vellau**, das Letztere schon auf über 900 m gelegen, haben noch etwas dörflichen Charakter, während **Mühlbach**, das neue Zentrum (meist als Algund angesprochen), schon recht verdichtet und geschäftig ist.

Basis-Infos

Information Tourismusbüro, Mo–Fr 8.30–18.30, Sa 9–17, So 9.15–11.30 Uhr, Nov. bis Mitte März nur Mo–Fr 9–12/14–18 Uhr. Das Büro liegt etwas abseits in modernem Betonbau. Informationen und Termine in der Broschüre „Willkommen in Algund", gro-

Algund 299

ßes Ausflugsprogramm. I-39022 Algund/Lagundo, Hans-Gamper-Platz 3, ✆ 0473/448600, www.algund.info.

AlgundCard Die kostenlose Gästekarte berechtigt zur freien Fahrt mit öffentlichen Verkehrsmitteln, ausgewählten Seilbahnen und Eintritt in Museen.

Verbindungen Bustransfer aus Deutschland und der Schweiz → S. 43

Algunder Dorf-Express, Gästebus nach Meran und zum Waalweg jeweils bis zu 7x pro Tag (SAD-Wertkarte oder beim Fahrer).

Taxi: Tratter, ✆ 335/7086703.

Einkaufen Brot und Gebäck in der Bäckerei Tauber, Alte Landstr. 33. Gute **Weinauswahl** im Weinfachgeschäft Vinum bonum, Alte Landstr. 33, www.vinumbonum-algund.it. **Weingut** Kellerei Schloss Plars (s. u.).

Internet WiFree am Kirchplatz, Hans-Gamper-Platz und Festplatz.

Sport Freibad Algund, Marktgasse 11, sehr schön gelegenes Freibad, seit 2016 mit einer Salzanlage, Mai bis Sept. geöffnet, im Juli/Aug. bis zur Abenddämmerung.

Radverleih bei Bike and Hike, Stenizerstr. 14, Verleih von Mountain- und E-Bikes, www.bikeandhike.it. 2 kostenlose Stromtankstellen im Ort.

Veranstaltungen Konzerte der **Algunder Musikkapelle**, die seit 1837 besteht, etwa zehn öffentliche Termine zwischen April u. Okt.

Übernachten

Algund und Meran ergänzen einander. Während in Meran die 4-Sterne-Hotels hervorstechen, wird Algund von 3- und 2-Sterne-Hotels und von Ferienwohnungen dominiert. Also kein Luxus, aber komfortable Unterkünfte mittleren Niveaus und mittlerer Preislage auch und besonders für Familien mit Kindern. Die Saison dauert mit wenigen Ausnahmen von der Karwoche bis nach Allerheiligen.

**** Wiesenhof, Algunds einziges 4-Sterne-Hotel hebt sich mit seinem Tiroler Stil von anderen Hotels kaum ab, hat aber z. B. Hallenbad sowie beheiztes Freibad, Whirlpool, Sauna, Massage, Radverleih, komfortable, teils modern renovierte Zimmer mit großen Balkonen. Lage am äußersten Ortsrand in Richtung Meran, das man mit Pkw in 5 Min. erreicht. DZ/HP 160–292 €. J.-Weingartner-Str. 16, Mühlbach, ✆ 0473/446677, www.wiesenhof.com.

***S Maria Theresia, eine Geländekante hat das „Rosenhotel" geschickt ausgenutzt, um den Balkonen seiner Zimmer einen uneingeschränkten Blick über die Obstgärten auf Meran und die Berge des Burggrafenamts zu gewähren. Die weiß getünchte Gartenfront des neuen Hotelbaus ist denn auch die eigentliche Front samt Freischwimmbad und Liegewiese und häufiger musikalischer Unterhaltung am Abend. Saunen gibt es ebenso und Gratis-Mountainbikeverleih. DZ/HP 180–252 €. Rosengartenstr. 10, ✆ 0473/443251, www.mariatheresia.it.

*** Gstör, war das Haus mal ein Einkehrgasthof an der Alten Landstraße? Bis auf die Lage merkt man nichts mehr davon in diesem gutbürgerlichen Hotel mit Freibad und Liegewiese (Benützung von Hallenbad/ Sauna im Hotel Mühlbacher Hof gegenüber kostenlos). Restaurants (→ „Essen & Trinken"), geräumige und moderne Zimmer, traditionelle Gasthauszimmer im alten Gasthaustrakt sowie einfachere Dependance. DZ/HP 150–196 €. Alte Landstr. 40, Mühlbach, ✆ 0473/448555, www.gstoer.com.

***S Flora, große Pension in sehr schöner und ruhiger Lage über dem Becken von Meran in den Weingärten (hinter dem Haus Obst), großer beheizter Pool und Liegewiese, Whirlpool, Sauna, Radverleih, freundliche Zimmer. DZ/HP 146–190 €. Huebenweg 1 (Nähe Talstation Vellauer Seilbahn), ✆ 0473/448450, www.pensionflora.it.

**** Schloss Plars, der mit Turm und Zinnen geschmückte alte Ansitz mit schönem, geschütztem und ruhigem Garten ist heute ein schickes Boutiquehotel und B&B. Nur 12 individuelle Zimmer und Suiten, stilvoll und elegant möbliert. Neuer Pool mit schöner Aussicht. Das zugehörige Weingut hat hier die Schlosskellerei mit Weinverkauf. DZ/FR 178–240 €. Mitterplars 25, ✆ 0473/448472, www.schlossplars.com.

*** Paradies, hübsche Pension mit geschmackvoll und modern eingerichteten, geräumigen Zimmern mit Balkon, teilweise mit Kochnische. Das Haus hat Hallenbad und Freischwimmbad, Sauna und Fitnessraum. Einmal wöchentlich gibt es Pizza aus dem Holzofen. DZ/FR 84–130 €. Alte Landstr. 20, Mühlbach, ☎ 0473/448367, www.paradiesalgund.com.

**** Ansitz Pünthof, B&B im Ortsteil Mühlbach, großer Komplex mit altem Natursteintrakt (Wehrturm mit Kaminzimmer) und modernen Anbauten. Kleiner Park, Pool und ringsum Obstgärten – paradiesisch. DZ/FR 140–164 €, Bungalow für 2–6 Pers. 99–132 €. Steinachstr. 25, ☎ 0473/448553, www.puenthof.com.

*** Maratscher, eine aus der Reihe tanzende Frühstückspension: Jedes der 10 Zimmer wurde auf individuelle Art gestaltet, Farbkombinationen, Dekor, Möbel und sonstige Ausstattung bilden eine künstlerische Einheit, das bezieht sich auch auf die Bäder. Besonders freundliche Atmosphäre, schöner Garten mit Liegewiese, verglaste Terrasse. DZ/FR 118–184 €. Mitterplars 30, ☎ 0473/448469, www.maratscher.com.

*** Spisshof, Garni am oberen Rand von Dorf ganz nahe dem Algunder Waalweg, schöner Pool mit Liegewiese, Sauna. Apartments und Zimmer mit Balkon. DZ/FR 90–110 €, Apt. für 2–4 Pers. 82–230 €. Leitenweg 10–12, ☎ 0473/448654, www.spisshof.com.

*** Ganthaler, Garni in den Obstgärten oberhalb von Mühlbach, freundliche helle Räume mit gutem Mobiliar und Balkon, helle Frühstücksterrasse, draußen Schwimmbad in schönem Garten mit Liegewiese. DZ/FR 82–120 €. Huebenweg 4, Dorf, ☎ 0473/448481, www.garni-ganthaler.it.

**** St. Kassian, Hotel und Residence in schöner Aussichtslage mit großem Garten, Pool und Liegewiese, die Ferienwohnungen in verschiedensten Größen und Zuschnitten, einige völlig neu errichtet mit getrennter Küche, Balkon, separatem WC. Sauna mit Aussicht. Brötchenservice. DZ/FR 190–290 €, Apt. für 2 Pers. 83–199 €. St.-Kassian-Weg 17, Dorf, ☎ 0473/448545, www.kassian.it.

*** Obermaratscherhof, ein Haus mit Ferienwohnungen, Gäste fühlen sich bald wie in die Besitzerfamilie aufgenommen – gutes Mobiliar, freundliche Details wie eine kleine Hausbibliothek, ein heller Frühstücksraum mit Dielenboden, auch sonst viel Holz. Draußen Liegewiese, Garten, Freibad, ringsum Weinreben, Obst. Von der Terrasse und den Balkonen der z. T. komplett neuen Apartments – schaut man auf das Meraner Becken und die Ifingergruppe. Apt. für 2 Pers. 76–114 €. Mitterplars 14, ☎ 0473/448570, www.obermaratscher.it.

Camping Via Claudia Augusta, 2008 wurde der Campingplatz inmitten von Obstwiesen und Weinreben eröffnet. Sehr gute sanitäre Anlagen, kostenloser Zugang zum nahen Freibad. Gespann und 2 Pers. 31–34 €. Marktgasse 14, ☎ 0473/223060, www.campalgund.com.

Essen & Trinken/Nachtleben

Gasthaus-Restaurant Gstör und Pizzeria Gstör, Alte Landstr. 40, das Gstör-Imperium umfasst auch eine Metzgerei, so weiß man, welche Ware in Gasthof und Pizzeria (2 Gebäude) auf den Tisch kommt. Man isst im Hauptrestaurant, im Kellerrestaurant (sehr zünftig), im Palmengarten (für Grillabende) oder in der Pizzeria. Bürgerliche Tiroler Küche mit italienischen Akzenten. Die Pizzeria schaut eher wie eine Tiroler Weinstube aus. Der zugehörige Töller-Keller hat sich zum Restaurant **Mexicos** gemausert (tgl. 17–24 Uhr, Tacos und das Übliche) und im Palmengarten des Hotels hat sich eine Cocktailbar eingenistet. Im Gasthaus 2 Gänge ab ca. 23 €. ☎ 0473/448555. Kein Ruhetag.

Ruster, St.-Kassian-Weg 1, das Restaurant mit Biergarten und Grill in Algund-Dorf baut auf die Atmosphäre des wohlhabenden historischen Anwesens. Speck am Brettl und Lammbraten am Knochen, Selchfleisch und Rehrücken, keine kulinarischen Höhenflüge. Am Mittwoch Live-Musik, am Sonntag musikalischer Frühschoppen (live), während der Törggelenzeit „Susser" und später der „Nuie" und „Köschtn", die gerösteten Kastanien. Kein Ruhetag. ☎ 0473/220202, www.ruster.com.

Bruthendler, Steinachstr. 9, Restaurant mit Tradition in frischem Gewand. Auch die Speisekarte hat sich gewandelt hin zu italienischer Küche mit Pastagerichten und Pizza. Heller Wintergarten. ☎ 0473/220933, www.bruthendler.bz.it.

Algund

Alter Hof mit Bauerngarten in Algund

Oberlechner, Vellau 7, empfehlenswertes Gasthaus mit bodenständiger Südtiroler Küche (13 Gault-Millau-Punkte 2017), dazu tolle Aussicht. Hervorragende Desserts samt den beliebten Topfen- und in der Saison auch Marillenknödeln. Hauptgang ab ca. 15 €, Mi Ruhetag. ✆ 0473/448350, www.gasthofoberlechner.com.

Überbacher, Kirchplatz 5a, die alteingesessene Café-Konditorei bietet eine große Auswahl an Kuchen und tendenziell etwas cremelastigen Torten sowie Kleingebäck. Auch eigenes Eis am neuen, zentralen Standort des Cafés und auf der Terrasse. Mo Ruhetag.

Leiter am Waal, Mitterplars 26, hübsches Gasthaus mit schöner Aussichtsterrasse direkt am Waalweg. Gehobene und verschlankte Tiroler Kost mit ein paar intelligenten italienischen Schlenkern, köstliche Knödel mit Käse oder Marillen. Hier ist das Wiener Schnitzel mal wirklich im Original: aus der Pfanne und nicht aus der Fritteuse, aus Kalb- und nicht aus Schweinefleisch. Eigene Weine. Der Gault-Millau vergab 2017 erneut 1 Haube. Mo abends und Di geschl.; am Wochenende besser reservieren. ✆ 0473/448716, www.leiteramwaal.com.

Braugarten, Vinschgauer Str. 9, Forst, Forster Brauereigarten, Bier nach bayerischem Vorbild samt Weißwust mit Brezn. Die Brauerei Forst kann besichtigt werden, zahlreiche Termine von April bis Okt., Anmeldung im Tourismusbüro. ✆ 0473/447727, www.braugartenforst.com.

Schnalshuberhof, Oberplars 2, gemütliche Buschenschank im denkmalgeschützten Bio-Bauernhof, interessante Weine (u. a. die lokaltypische Frauler oder der Chambourcin), aus der Küche die Spezialität Schlutzer und andere warme und kalte Tiroler Schmankerl, Hauptgericht ab ca. 10 €. Geöffnet Do–So ab 18 Uhr. ✆ 0473/447324. Reservierung erwünscht.

Sehenswertes/Ausflüge

Algunds Dörfer: Die Gemeinde Algund besteht aus mehreren allmählich zusammenwachsenden Dörfern mit dem alten *Dorf Algund* etwas oberhalb des heutigen Hauptorts *Mühlbach*. Die **alte Pfarrkirche** im Dorf zeigt ihre Bauperioden im Äußeren wie im Inneren: Romanik, Gotik, Barock. Die **neue Pfarrkirche** in Mühlbach, 1966 bis 1971 errichtet, ist ein gutes Beispiel moderner Kirchenarchitektur, ihr hyperspitzer

Turm überragt jedes andere Gebäude der Gemeinde. Mühlbach, heute meist Algund genannt, ist entlang seiner Hauptstraße (Alte Landstraße) recht dicht verbaut, nur wenig erinnert an ein altes Dorf. Am westlichen Dorfrand steht an der Steinachstraße das **Kloster Maria Steinach** mit frühgotischer Marienkirche und ruhigem Kreuzgang. Das Kloster wird heute von Dominikanerinnen geführt. *Plars*, das wiederum aus *Mitterplars* und *Oberplars* besteht, ist noch dörflicher, Obst und Wein sind noch der Maßstab zwischen den einzeln liegenden Pensionen. *Vellau*, auf der Straße oder mit dem Sessellift von Plars aus zu erreichen, liegt noch einmal eine Etage höher und bietet einen großartigen Ausblick.

Alte Pfarrkirche tgl. 7–19 Uhr. **Neue Pfarrkirche** tgl. 6.30–19.30 Uhr, Führungen Do 17 Uhr (im Sommer), Eintritt frei. **Kloster Maria Steinach** tgl. 7–19 Uhr.

Der Naturpark Texelgruppe

Die mit den Ötztaler Alpen nur durch einen schmalen Gebirgsstreifen am Eisjöchl verbundene Texelgruppe dominiert Meran, das Etschtal oberhalb von Bozen und den unteren Vinschgau. 3337 m hoch ist das *Roteck*, dieser und die anderen hohen Gipfel der Gruppe leuchten fast ganzjährig weiß über den grünen Wäldern und Talböden. 33.430 ha stehen als Naturpark Texelgruppe unter Schutz (kleine Teile der Ötztaler und Stubaier Alpen sind eingeschlossen), kein anderer Naturpark Südtirols ist größer. Vom Tal aus, etwa von Meran, wirken seine Flanken besonders abweisend, da sie fast ungebrochen aus dem Talbereich in große Höhen aufragen. Etwa 3 % des Parks gelten als vergletschert, tatsächlich dürfte sich die Gletscherfläche besonders nach den zunehmenden trockenen, heißen und langen Sommern deutlich verringert haben (unter www.gletscherarchiv.de finden sich eindrucksvolle bzw. eher schockierende Fotovergleiche von Gletscherrückgängen im Alpenraum). Größter Gletscher ist der *Similaungletscher* an der Grenze zu Nordtirol mit ca. 189 ha. Die Niederschläge sind abseits des Alpenhauptkammes gering: 500–600 mm im Vinschgau und Schnalstal, 1000–1200 mm im Passeier, 1600–1700 mm in der Gipfelregion und vor allem in der Nähe des Alpenhauptkamms. Von der Weinregion der tieferen Täler mit ihrer z. B. in Meran pseudomediterranen Vegetation bis zu den Gletschern sind alle Vegetationsstufen vertreten, was den Naturpark zu einem einzigartigen lebenden Museum alpiner Lebensräume macht.

Die *Spronser Seenplatte* oberhalb von Dorf Tirol, durch die Seilbahn zu den Muthöfen leicht zu erreichen, ist der am häufigsten besuchte Teil des Parks. Populär, aber noch nicht überlaufen, ist der berühmte *Meraner Höhenweg*, der in etwa 5–6 Tagen rund um die Texelgruppe führt (Berghütten und markierte Wege in einem Gelände, das für jeden rüstigen Bergsteiger zu bewältigen ist).

Vom Standpunkt der Natur ist vielleicht das *Pfossental*, ein Nebental des Schnalstals, das interessanteste Gebiet, dort befindet sich nämlich (neben anderen Wildtieren von der Gams bis zum Steinadler) die um 1970 durch Einwanderung entstandene und anschließend durch Aussetzen mehrerer Tiere lebensfähig gebliebene *Steinbockkolonie* der Texelgruppe.

Auskünfte bei den Tourismusvereinen und beim Amt für Naturparke, I-39100 Bozen, Landhaus 11, Rittner Str. 4, ✆ 0471/417770, http://naturparks.provinz.bz.it, sowie im Naturparkhaus Texelgruppe in Naturns → S. 380.

Aschbach: Zum Dorf mit seiner Seilbahn: → Partschins, S. 373.

Der Algunder Waalweg: Alle Ortsteile Algunds sind durch Wanderwege miteinander verbunden, wie man auch zum nahen Gratsch (Ortsteil von Meran) auf einem Wanderweg gelangen kann: er beginnt an der Rosengartenstraße bei den ersten Häusern von Mühlbach. Bei der schönen alten Kirche von Gratsch endet er an der Straße. Und ein paar Meter höher beginnt einer der berühmtesten Wege Südtirols: der Algunder Waalweg. In etwa 6 km wandert man an stattlichen Höfen vorbei, durch Obstwiesen und Laubwald nach Töll und überwindet dabei gut 200 Höhenmeter. Die Familienwanderung dauert 2 Std. und ist in der Saison (Frühjahr und Herbst) reichlich überlaufen – deshalb besser sehr früh losgehen.

Vellau: Auf über 900 m liegt der Kirchweiler, den man mit dem Sessellift von Plars aus leicht erreicht. Ein Korblift führt weiter auf die ganz auf Liftgäste ausgerichtete Leiteralm (1555 m), von der aus nach Westen eine schöne Familienwanderung zur Hochganghütte möglich ist, während der nach Osten führende Hans-Frieden-Felsenweg zu den *Muthöfen*, obwohl breit und harmlos wegen seiner Ausgesetztheit, nur von Schwindelfreien begangen werden sollte (Kinder ans kurze Seil). Beide Wege sind übrigens Teil des Meraner Höhenwegs.

Bergbahnen Sessellift Plars – Vellau, Mitte März bis Mitte Juni tgl. 9–12.30/13.40–17.15 Uhr, Mitte Juni bis Ende Okt. 8.30–12.30/13.40–18.15 Uhr; Berg/Tal 7,50 €, einfach 5,50 €. ✆ 331/2361052.

Korblift Vellau – Leiteralm, Ende März bis Anf. Nov. 8–12/13–17 Uhr (im Sommer bis 18 Uhr); Berg/Tal 9,50 €, einfach 7,50 €. ✆ 0473/448532.

Essen & Trinken Gasthof Gasteiger, Vellau 13, gutbürgerliche Küche, Kaffee und Kuchen, Fr Ruhetag. ✆ 0473/448532, www.gasteiger.it.

Dorf Tirol

Auf dem sanft geneigten, nach Süden und Osten blickenden Hang unter der Texelgruppe liegt das Dorf Tirol breit hingelagert zwischen Obstgärten, in die sich immer mehr Neubauten schleichen. Am Rand des steilen Abfalls hinunter zur Etsch drängen sich die Hotels und Restaurants.

Dorf Tirol hat einen großen Namen, heute ist es allerdings nicht viel mehr als einer der Orte rund um das nahe Meran, auf die nicht nur der Fremdenüberschuss Merans überschwappt – auch eine Vielzahl direkt anreisender Bustouristen schwärmt durch den Ort, belagert die zahlreichen Einkehrmöglichkeiten und schlängelt sich dann auf breitem Weg zur sicherlich größten Attraktion: dem **Schloss Tirol**.

Von einer Felskuppe unterhalb des Ortes schaut es tatsächlich recht majestätisch auf Meran, das Burggrafenamt und den unteren Vinschgau hinunter. Dorf und Schloss bedingen einander, ob das eine vom anderen den Namen genommen hat oder umgekehrt, ist nicht einmal klar. Das komplett restaurierte und als Denkmal seiner selbst ausgestattete Stammschloss der Grafen von Tirol, die wiederum dem ganzen Land den Namen gaben, als sie es unter Meinhard II. zu einer einzigen Herrschaft vereinigten, lohnt den Besuch auch von weither – eine Tagesreise ist es auf jeden Fall wert. Die restlichen Tage in Dorf Tirol hat man alle Hände voll zu tun mit weiteren Besichtigungen im nahen Meran und anderswo im Burggrafenamt und im nahen Vinschgau. Von den unerschöpflichen Wanderwegen in die Texelgruppe, die mit der Mutspitze gleich hinter dem Ort aufsteigt, in die Sarntaler Alpen und die Ortlergruppe ganz zu schweigen.

Basis-Infos

Information Tourismusverein Dorf Tirol, Unterkunftsverzeichnis, wenig kostenloses Infomaterial, Infos und Termine in der Broschüre „Dorf Tirol von A bis Z", brauchbarer Ortsplan. I-39019 Dorf Tirol/Tirolo, Hauptstr. 31, Mitte März bis Anf. Nov. Mo–Do 8.30–18 Uhr, Fr 9–17, Sa 9–17, So 9.30–12.30 Uhr, Rest des Jahres Mo–Fr 9–12.30/14–17 Uhr. ✆ 0473/923314, www.dorf-tirol.it.

Verbindungen Bustransfer aus Deutschland und der Schweiz → S. 43.

Bus: Gute Verbindungen mit Meran (Meraner Citybus 221) etwa alle 20–30 Min, aber nur bis ca. 20 Uhr), ein Sessellift (s. u.) führt von Meran in den unteren Ortsteil von Dorf Tirol; **Citybus** 222 vom Gasthaus Tiroler Kreuz über Seilbahn Mut, Tourismusverein bis Segenbühel/Tirolersteig, eine Minute von der Sesselbahn Meran – Dorf Tirol entfernt. Fahrten tgl. zwischen 8.40 und 18.40 Uhr, Fahrplan beim Tourismusverein.

Dorf Tirol, beliebtes Ausflugsziel

Sessellift Meran – Dorf Tirol, April bis Okt. tgl. 9–18 Uhr, Juli/Aug. bis 19 Uhr, Berg 4 €, Berg/Tal 5,50 €. ✆ 0473/923105, www.panoramalift.it.

Taxi: Somvi, ✆ 0473/923319, 923504, u. a.

Ärztliche Versorgung Gemeindearzt im Ambulatorium, Lingweg 14 (Altersheim), Mo–Fr 8–11 Uhr, ✆ 0473/923626.

Baden/Schwimmen Freibad Dorf Tirol „Am Wasserpark", Gnaidweg 2.

🌿 **Einkaufen** Honig, Äpfel und anderes Obst aus biologischem Anbau im Bachguterhof, Haslachstr. 35, www.bachguterhof.com. ▪

Schnitzereien, **Kunsthandwerk** (und Kitsch), Schlossgasse 1, die eher fantasievolle Reiterstatue Meinhards III. von Tirol macht darauf aufmerksam (Infos www.holzkunstwerke.it). **Glasmalereien** im Glasgeschäft, Lingweg 8.

Sportkleidung in der Sportboutique Tirol Sport, Hauptstr. 8. **Sport- und Trachtenmode** bei Ladurner, Hauptstr. 49.

Internet Gratis-WLAN auf der Festwiese, am Schlossweg und am Buswendeplatz.

Paragliding Tirolfly veranstaltet Tandemflüge z. B. von Hochmut und Hirzer. ✆ 335/6766891, www.tirolfly.com.

Radfahren/Mountainbiken Fahrradverleih bei Tirol Bike im Hotel Alpenhof, Hauptstr. 50. Verleih von E-Bikes aller Art, auch für Kinder. ✆ 0473/926007, www.tirol-bike.com.

Veranstaltungen Wöchentliche Veranstaltungen des Tourismusvereins sind geführte Wanderungen, kunsthistorische Führungen, Apfel- oder Weinberglehrgang, am Sa Wiesenfeste, am So Blasmusikkonzerte.

Ende Juni bis Ende Juli musikalische Soireen auf Schloss Tirol mit **mittelalterlicher Musik**, jeweils Do.

Ende Juli **Sommernachtsparty**, Mitte Sept. **Herbstfest** mit Umzug (alle 2 Jahre in ungeraden Jahren).

Wandern/Bergsteigen/Klettern Dorf Tirol ist ein guter Standort für Wanderungen und Bergtouren im gesamten Meraner Raum, insbesondere aber in der Texelgruppe, die unmittelbar im Rücken des Ortes aufragt.

Dorf Tirol

Übernachten

Die Hotels und Pensionen in Dorf Tirol (das Dorf verfügt über den dicksten Unterkunftskatalog Südtirols) sind fast ohne Ausnahmen nur von April bzw. eine Woche vor Ostern bis Ende Okt. geöffnet.

***** **Castel**, zwar kein Kastell, sondern – wie so häufig – ein als Tirolerhaus verkleidetes Gebäude, dessen Hallenbad- und Wellnessbereich, Restaurants und Terrassen sich fächerförmig in Richtung Garten erstrecken – mit tollem Panorama. In einer tieferen Etage der Garten samt Küchengarten und das großzügige Freischwimmbad. Zimmer und Suiten ohne Makel. Feine Küche in der „Trenkerstube" (→ Essen & Trinken). DZ/HP 356–784 € (der Höchstpreis für die Weinberg Panorama Suite). Keschtngasse 18, ✆ 0473/923693, www.hotel-castel.com.

**** S **Patrizia**, das breite Gebäude des frisch duftenden Hotels mit großem beheiztem Pool, kühl-sportivem Hallenbad, Garten und Liegewiese vor der Tür liegt am Hang umringt von Obstgärten. Da macht's Spaß, vom Balkon der Zimmers hinunterzuschauen. Zimmer und Suiten mit Balkon, die größeren (und teureren) mit Kachelofen, teilweise Stilmöbel. Fast ein Muss: die Tirolerstube neben dem Restaurant mit großer Terrasse, auf der bei warmem Wetter auch das Frühstücksbuffet aufgebaut wird. DZ/HP 240–480 €. Haslachstr. 62, ✆ 0473/923485, www.hotel-patrizia.it.

*** **Paradies**, prachtvoll gelegenes Hotel, die Falknerpromenade vor der Tür, im Garten mediterrane Pflanzen, die nicht nur blühen, sondern auch essbare Früchte tragen (Erdbeerbaum). Man blickt auf das Burggrafenamt, auf den Vinschgau, ist es komplett ruhig, das Terrassencafé (→ „Essen & Trinken") lädt ein, und die freundlichen Balkonzimmer mit ihren hübschen Möbeln ebenso. DZ/HP 144–190 €. Hauptstr. 27a, ✆ 0473/923654, www.paradies-tirol.it.

*** **Turmwies**, kleineres Hotel mit Freibad, Sauna und Whirlpool, hübsche Stube, Balkone zum Tal mit Aussicht auf die Ifingergruppe. Zimmer mit rustikalen Vollholzmöbeln, Balkon. DZ/HP 138–158 €. Lingweg 13, ✆ 0473/923470, www.turmwies.com.

*** **Panorama**, neueres Hotel an der Bergstation des Sessellifts von Meran (Hausgäste fahren kostenlos). Wirklich außergewöhnliche Panoramalage, die von den teilweise renovierten, großzügig geschnittenen Zimmern mit Balkon oder großer Terrasse am besten bewundert werden kann. Kleiner Pool, Saunen und hübsche, wenn auch kleine Liegewiese. Im Haus gutes Restaurant (→ „Essen & Trinken"). DZ/HP 128–212 €. Segenbühelweg 22, ✆ 0473/923105, www.panorama-tirol.com.

*** **Haselried**, Naturhotel, dessen Dachform noch an die Vergangenheit als Gasthof erinnert, allen anderen Kriterien nach ist der Haselried ein Hotel. Er liegt etwas abseits des Dorfes in den Obstgärten, die Zimmer sind teilweise mit Balkon, solide und nicht zu klein. Hallenbad und Liegewiese gibt es auch. Nach erfolgter Renovierung ist alles wie aus dem Ei gepellt. DZ/FR 70–140 €. Seminarstr. 28, ✆ 0473/923374, www.haselried.com.

*** **Mair am Ort**, Südtirols erstes „Hundehotel" bietet Entspannung für Gäste mit Hunden – war aber auch Zeit. Die Chefin als Hundenärrin machte es möglich. Kratzfeste Möbel, Hundebett im Zimmer, Hundespeisekarte. Angenehme Zimmer, DZ/HP 142–218 €, Waldi kostet noch mal 14 €. Es werden Seminare und Workshops rund um den Hund angeboten. Und die entsprechende App fürs Smartphone gibt es auch. Schlossweg 10, ✆ 0473/923315, www.mairamort.com.

*** S **Amelia**, „Hotel Garni Residence" ganz im Zeichen des Apfels, mit geschmackvoll eingerichteten Zimmern und modernen, freundlichen Apartments. Schwimmbad und Liegewiese, Sauna, Whirlpool und Terrassencafé. DZ/FR 106–150 €, Apt. (2–4 Pers.) 78–159 €. Lingweg 15a, ✆ 0473/923449, www.hotel-amelia.com.

Privatzimmer/Apartments *** **Ortswies**, noch ein Haus und man ist mitten in den Apfelgärten, wenn man im Gästehaus Ortswies wohnt. Schöner Garten, der in Obstgarten übergeht, nette Stube und immer wieder Hausmusik, Familie Schnitzer veranstaltet auch Grillabende und Hauswanderungen für ihre Gäste. DZ/FR 70–80 €, Apt. (2 Pers.) 64–72 €. Haslachstr. 37, ✆ 0473/923573, www.ortswies37.it.

Wohnmobilstellplatz Am Schneeburghof, Schotterplatz mit Sanitärbereich und Grillplatz, nebenan Wiese und Pool, ganzjährig geöffnet, 23 €. Segenbühelweg 26, www.schneeburghof.com.

Essen & Trinken

Trenkerstube, Keschtngasse 8, klingt nach bodenständig-rustikal, ist aber das Gourmetrestaurant des Hotels Castel und eines der besten Restaurants Südtirols (2 Michelin-Sterne, 3 Gault-Millau-Hauben/18 Punkte). Chef Gerhard Wieser gönnt dem Gast kulinarische Freuden wie „Gänseleber mit Polenta-Ravioli und Eierschwammerln"; gern jongliert er mit den – häufig lokalen – Zutaten und altösterreichischen, italienischen, nordspanisch-zeitgenössischen oder ostasiatischen Inspirationen mit der Eleganz des gewieften Seiltänzers. Siebengängiges Menü ab 158 €, Hauptgang um 50 €. So und Mo Ruhetag, ✆ 0473/923693.

Culinaria im Farmerkreuz, Restaurant in toller Lage, in dem die Gebrüder Kofler mediterrane Küche (Lamm, Kalb, Meeresfrüchte) in optisch ansprechender Form bieten, die mit 1 Michelin-Stern und 15 Gault-Millau-Punkten gewürdigt wird. Degustationsmenü ab 87 €, So abends und Mo geschl. Haslachstr. 105, ✆ 0473/923508, www.culinaria-im-farmerkreuz.it.

Mair am Ort, Schlossweg 10, Restaurant im gleichnamigen Hotel (s. o.) mit gedeckter Terrasse über der Falknerpromenade. Wer nach Schloss Tirol will, kommt hier vorbei – entsprechend gut besucht ist das Lokal. Traditionelle Tiroler Küche und ein internationaleres Angebot, Speckteller, Nocken, Schlutzer, Spatzlen. Ab ca. 20 €. ✆ 0473/923315, Do Ruhetag.

Tirolerhof, Hauptstr. 16, Hotelrestaurant und Terrassencafé mit herrlichem Ausblick, Südtiroler und italienische Küche, auch nachmittags warme Speisen. Ab ca. 22 €. ✆ 0473/923326, Do Ruhetag.

Panorama, Segenbühelweg 22, Terrassenrestaurant des gleichnamigen Hotels an der Bergstation des Lifts von Meran nach Dorf Tirol. Tirolerisches wie Speckknödelsuppe, aber auch feine Fischzubereitungen (Lachs-Steinbutt-Carpaccio, hausgemachte Lachsravioli), im Herbst Wild. 2 Gänge ab ca. 25 €. ✆ 0473/923105; Mi Ruhetag, letzte Talfahrt für Gäste 20.30 Uhr.

Furggerhof, Schlossweg 5, in dieser Lage gibt es viel Laufkundschaft, die der gemütliche Furggerhof mit seiner schönen getäfelten Stube und der kompetenten, flotten Bedienung nicht nötig hätte. Knödel und Nudelgerichte zum Start, gekochtes Rindfleisch mit Beilagen, Schweinshaxe oder Rippchen mit Semmelknödel, Schlachtteller, anschließend z. B. Mohr im Hemd. Alles schmackhaft und so wie es sein soll, der Mohr im Hemd köstlich. Guter weißer Tischwein. Für komplettes Menü ab 25 €. ✆ 0473/923401, Di Ruhetag.

*** Schloss Thurnstein, Restaurant in einer am Hang liegenden Burg, Tische drinnen in

Auf schönem Fußweg zu erreichen: Schloss Thurnstein

gemütlicher Stube und draußen, Tiroler und mediterrane Gerichte, eigene Kuchen, Familienbetrieb. Do Ruhetag. Zufahrt über St. Peter oder von Gratsch (Meran). St. Peter 8, ✆ 0473/220255, www.thurnstein.it.

Paradies, Hauptstr. 27a (das Hotel liegt etwas unterhalb, das Café ist auf der Talseite). Tagescafé des gleichnamigen Hotels, man genießt ein traumhaftes Panorama und die Imbisse oder Kuchen des Hauses (Toast, Mozzarella mit Tomaten, Kaiserschmarrn). Mo Ruhetag.

Sandgruberhof, Schlossweg, Jausenstation, Café, Törggelenkeller – wie Sie's wünschen. Jeder Besucher von Schloss Tirol passiert die Gaststätte mit ihrem üppigen Blumenschmuck und den Weinpergeln vor dem Haus. Merenden und warme Imbisse, eigene Kuchen und Strudel, in der Saison Törggelen im alten Kellergewölbe. Mo Ruhetag. ✆ 0473/923513, www.sandgruberhof.com.

Bar Café Sunshine, Hauptstr. 23, Terrassencafé oberhalb der Hauptstraße gleich neben der Bushaltestelle: Milchmixspezialitäten und Buttermilchmixgetränke, Milchreis, Fruchtjoghurtmix, Eisbecher. Immer voll.

Tirol, Schlossweg 2, Eiscafé-Konditorei etwas oberhalb des Schlosswegs, große gedeckte Terrasse, plüschiger Innenraum, Do Ruhetag.

Schloss Tirol

Nach 5-jähriger Umbauzeit wurde die Dynastenburg der Grafen von Tirol, eine der wichtigsten historischen Stätten des Landes zwischen Kufstein und Salurn, im Jahr 2003 als „Südtiroler Landesmuseum für Kultur- und Landesgeschichte" (ganz) Tirols wieder eröffnet. Die enormen Kosten der Erneuerung und Restrukturierung des Baus sowie die Einrichtung des Museums haben sich gelohnt, das nunmehr für Besucher fast in allen Räumen zugängliche Schloss bildet zusammen mit dem integrierten Museum eine große Erlebniseinheit.

Die Grafen von Vinschgau besaßen ab ca. 1100 eine Burg über dem Becken von Meran mit einem nahen Dorf, beide namens Tirol. Die Grafen nannten sich bald – ab 1141 bezeugt – ebenfalls nach Tirol und ließen bis etwa 1160 eine neue, größere und aufwendigere Burg errichten, die man noch immer am Bergfried und an der Burgkapelle erkennen kann. Mit dem Aufstieg der Grafen stieg die Burg auf und wurde erweitert. Aber bereits 1360 verlegte man die Residenz nach Meran, und Tirol kam aufs Abstellgleis, verstärkt nach der Verlegung der Hauptstadt des Landes Tirol nach Innsbruck in der Mitte des 15. Jh. Ein Burgwart hatte sich nun um den Bau zu kümmern, aber die Gelder flossen zäh und schwach, und Burg Tirol begann zu verfallen. Im 17. Jh. riss man die Nordseite mit den Fürstenzimmern ab, da man fürchtete, die schwere Last könnte diese Flanke des Moränenhügels, auf dem die Burg steht, zum Einsturz bringen. Auch der Bergfried wurde damals teilweise abgetragen und das Material anderswo wiederverwendet. Tirol war bis 2003 eine Halbruine mit wenigen erhaltenen Räumen. Die Sanierung und der Wiederaufbau betrafen vor allem den kräftigen Bergfried, der 1903 wieder aufgebaut worden war, aber keine Funktion hatte. Heute ist er über eine rote Außentreppe zu betreten und enthält den Museumsbereich zur Zeitgeschichte Tirols (1900 bis 1992), die sehr gut aufbereitet ist, u. a. auch mit Filmen.

Besichtigung: Der Besuch der Burg (immer wieder Schloss genannt) beginnt in der *Vorburg*, die man durch das Burgtor betritt, und führt zuerst in den *Tempel* mit Darstellung der Baugeschichte und der Krypta. Dort wird an Hand von Fundstücken aus 6 Jahrhunderten die Frage gestellt „Was bleibt von der Geschichte?" – man ist im Anblick dieses scheinbar zusammenhanglosen Haufens geneigt, mit „nicht viel" zu antworten. Nebenan ist der *Palas*, der Wohntrakt der Grafenfamilie, mit Rittersaal, angrenzender doppelgeschossiger Burgkapelle und Kaisersaal (in dieser Reihenfolge). Den *Rittersaal* betritt man durch eine ganz südlich lichte, offene Loggia mit Freitreppe und wunderschönen romanischen Säulenkapitellen. vier Hörstationen illustrieren Episoden aus der mittelalterlichen Geschichte der Burg, u. a. die Hochzeit der Margarethe Maultasch mit Ludwig von Brandenburg, dem Sohn Kaiser Ludwigs des Bayern, und die Belagerung der Burg durch die Truppen König Karls IV. unter der gleichen Herrscherin. Die *Burgkapelle* ist einer der ältesten Teile des Baus und von romanischen Bauideen geprägt, was sich schon am Portal zeigt: Das typische Trichterportal ist mit Flechtmotiven dekoriert, die Kreuzigungsszene im Tympanon ist ein so naives wie faszinierendes Werk der lokalen Steinmetzkunst. Im *Kaisersaal* zeigen Vitrinen Objekte, die einzelne mittelalterliche Gesellschaftsschichten beleuchten sollen, Bauern, Bürger, Adel und geistlichen Stand. (Bei der enormen Breite dieses Themas ist dieser Teil wohl als der schwächste einzustufen.)

Im schmucklos-funktionalen *Ostpalas* (auf der anderen Seite der Burgkapelle) wird die Rechtsgeschichte Tirols beleuchtet, während das sog. *Mushaus* unter dem Bergfried mit Stubenkammer und Hochzeitszimmer zwei im 19. Jh. historisierend eingerichtete Räume beherbergt, in denen eben dieses Jahrhundert mit seinem erwachenden Nationalismus und der Entwicklung Merans zum Kurort dargestellt wird. Kurios sind die *Besucherbücher* von Schloss Tirol, die von 1832 bis 1974 erhalten und ausgestellt sind, die ca. 250.000 Eintragungen sind elektronisch erfasst und können von den Besuchern eingesehen werden – hat nicht Urgroßopas und -omas Hochzeitsreise nach Meran geführt, könnte doch sein, dass sie auch Schloss Tirol besucht haben? Den architektonisch interessant eingerichteten *Bergfried* mit seinem Rundgang zur Zeitgeschichte betritt man vom überdachten *Küchenhof*, in dem der Alltag auf Schloss Tirol im Mittelalter vorgestellt wird. Sehr instruktiv vor allem die vier Gemälde des Künstlers Jörg Müller zu diesem Thema!

Schloss Tirol Mitte März bis Anf. Dez. tgl. (außer Mo) 10–17 Uhr (Ostermontag allerdings geöffnet), im August 10–18 Uhr, im Winter geschl. Eintritt 7 €, Fam. 14 €. Führungen 10.15 Uhr und 14 Uhr (+ 2 €). www.schlosstirol.it.

Fußweg Schloss Tirol (Schlossweg 25) erreicht man zu Fuß von Dorf Tirol durch die

Trutzige Feste vor 3000er-Gipfeln: Schloss Tirol

Schlossgasse ab Ortsmitte, eine öffentliche Zufahrt gibt es nicht, da die Straße St. Peter – Dorf Tirol, die am Schloss vorbeiführt, auch von Meran herauf im oberen Teil gesperrt ist.

Essen & Trinken Gasthaus Schloss Tirol, Schlossweg 25, mit Terrasse, gutbürgerlich, im Herbst Törggelen, Mo Ruhetag. ✆ 0473/443125.

Weitere Sehenswürdigkeiten/Ausflüge

Pflegezentrum für Vogelfauna: Das Pflegezentrum im Schloss Tirol (Schlossweg 25) hat eigentlich die einzige Aufgabe, verletzte und erkrankte Greifvögel gesund zu pflegen und dann wieder in die freie Wildbahn zu entlassen. Aber warum dann nicht zugleich damit finanzieren, dass man der interessierten Öffentlichkeit zeigt, was so ein Greifvogel alles kann? So können Besucher an Flugvorführungen teilnehmen, und ein Lehrpfad informiert über den Lebensraum alpiner Greifvögel vom Uhu bis zum Adler. Nicht versäumen.
April bis Mitte Nov. tgl. (außer Mo, jedoch nicht im Aug.) 10.30–17 Uhr, Flugvorführungen 11.15 Uhr und 15.15 Uhr; Eintritt 10 €, Kinder 8 €. ✆ 0473/221500, www.gufyland.com.

Auf der Falknerpromenade: Die erst 1972/73 entstandene aussichtsreiche Promenade wurde nach dem edlen Spender Hans Norman Falkner benannt, einem eingebürgerten Nordtiroler, der zur Gänze für die Kosten aufkam. Sie beginnt im unteren Ortsbereich an der Straße in Richtung Meran, ein Bogen mit dem Namenszug macht es unmöglich, den Beginn zu übersehen. Die Aussicht ist unvergleichlich schön, denn kein Gebäude liegt auf der Talseite der direkt an der obersten Hangkante oberhalb Merans verlaufenden Promenade. Sie mündet in die Schlossgasse, der man auf ebenfalls Pkw-freiem Sträßchen bis Schloss Tirol folgen kann.

Landwirtschaftsmuseum in der Brunnenburg: Die Brunnenburg wurde um 1250 für Wilhelm Tarant, einen Ministerialen der Grafen von Tirol, errichtet. Der relativ kleine Bau mit zentralem Bergfried ging durch die verschiedensten Hände, bis er etwa ab 1500 verfiel. 1705 richtete sich ein Bauer drinnen ein, die Initialen des Gregor Hofer und die Jahreszahl 1711 sind heute noch am Giebel des damals errichteten Hauses zu lesen. Leben am Steilhang ist das Hauptthema des heute hier eingerichteten Museums, es gibt aber auch einen Rittersaal und eine Gedächtnisstätte für den Dichter *Ezra Pound*, der eng mit Dorf Tirol verbunden war.
April bis 1.Nov. So–Do 10–17 Uhr; Eintritt 6 €, Kinder 2,50 €. Ezra Pound Str. 3, ✆ 0473/923533, www.brunnenburg.net.

Die Muthöfe: Auf dem steilen Südosthang der Texelgruppe liegen einige Bergbauernhöfe, die mit der Kabinenbahn vom obersten Ortsteil bequem erreicht werden können (es gibt auch Wanderwege). An der Bergstation der Seilbahn beginnen sehr populäre Wanderwege, wie jene zur *Spronser Seenplatte*, auf dem *Vellauer Felsenweg* nach Vellau und über den *Hans-Frieden-Felsenweg* zur

Leiteralm, die beiden letzteren führen durch außerordentlich steiles Gelände, die Wege sind jedoch so breit, dass sie eventuell auch von nicht schwindelfreien Wanderern begangen werden können.

Bergbahn Seilbahn Dorf Tirol – Hochmuth Mitte März bis Mitte Nov. 7.30–18 Uhr zur halben Stunde, Juni bis Sept. 7.30–19 Uhr; im Winter seltener; Berg/Talfahrt 11 €, einfach 8 €, Kombiticket mit Panoramalift ab Meran 11 €. ℡ 0473/923480, www.seilbahn-hochmuth.it.

Essen & Trinken Etwas oberhalb der Bergstation gemütlicher **Gasthof Steinegg**, Muthöfeweg 10, Mitte März bis Mitte Nov. Sonnenterrasse mit Superausblick, Küche verwendet Produkte vom eigenen Bauernhof, man probiere die Ultner Rindssuppe mit Rindfleischstreifen oder das Knödel-Tris. Kein Ruhetag. ℡ 0473/229940, www.steinegg.it.

Gasthaus Mutkopf, Muthöfeweg 15, gut besuchter, komplett renovierter Berggasthof auf 1684 m, mit toller Aussichtsterrasse, Tiroler Hausmannskost, Anf. April bis Anf. Nov. ℡ 0473/229941, www.talbauer.it.

Der Meraner Höhenweg: Der *Hans-Frieden-Felsenweg* ist ein Teil des Meraner Höhenwegs, der in 4–6 Etappen rund um die Texelgruppe führt. Entlang des Wegs gibt es ausreichend Verpflegungs- und Übernachtungsmöglichkeiten. Der höchste erreichte Punkt ist das *Eisjöchl* zwischen Schnalstal und Pfelderer Tal (Passeiertal) auf 2998 m mit der *Stettiner Hütte* (2975 m). Alpine Ausrüstung und Bergerfahrung sind genauso wichtig wie gute Karten und eine Schönwetterperiode, wenn man diesen wegen seines hochalpinen Charakters und einiger recht ausgesetzter Passagen sowie wegen der Länge der Etappen anspruchsvollen, aber technisch nur mäßig schwierigen Weg begehen will.

Einen kostenlosen Folder mit Angaben zu Hütten und Gehzeiten gibt es bei den Tourismusbüros der Region.

Tour 10: Wanderung von den Muthöfen über die Spronser Seenplatte hinunter zum Longfallhof

Tour-Info: Zu Recht beliebter und bis zu den Spronser Seen viel begangener Wanderweg, die meisten Besucher gehen jedoch zur Seilbahn zurück. Gute Steige, wegen der Dauer etwas anstrengend, im Abstieg endet die Tour bei der Jausenstation Longfallhof, wo man sich, falls man dort zu Abend isst, nach Dorf Tirol bringen lassen kann, ansonsten nimmt man den Güterweg. Länge 12,3 km; Dauer 4 Std., bis Dorf Tirol 5 Std., von der Talstation zur Bergstation ca. 1:30 Std.; Höhenunterschied ↑ 770 m, ↓1050 m. Karten: Tabacco (1:25.000) Blatt 11; Kompass (1:50.000) Blatt 53.

Von der Terrasse der Seilbahnbergstation **A** wenden wir uns rechts und über die Stiegen aufwärts zum Gasthof Steinegg, wo sich etwas unterhalb die Wege gabeln **B**, wir gehen rechts und in Richtung Mutkopf. Die folgende Strecke führt durch steilen Wald (kein Satellitenempfang, aber auch keinerlei Abzweigung!) und endet nach einiger Steigung bei der ungemein aussichtsreichen Terrasse des Gasthauses Mutkopf **C**. Scharf nach links und weiter auf dem Weg, höher oben Gabelung **D**, wir gehen dieses Mal rechts in Richtung Spronser Seen (links auf den Mutkopf).

Der Weg verläuft nun in der Nordwestflanke des Mutkopfes, und man hat schöne Blicke auf das Spronser Tal, ahnt auch schon, wo die Alm und die Seen liegen. Eine Abzweigung nach rechts **E** hinunter zur Bockerhütte bleibt unbeachtet. Der Weg bekommt Steigcharakter, man muss schon aufpassen, wohin man tritt. Nach der Abzweigung des Wegs zur Mutspitze **F** muss eine kleine Steilstufe bewältigt werden, bevor man das Joch erreicht hat **G**, von dem aus man zum ersten Mal die Seen auf dem Höhenniveau der Spronser Seenplatte, die Pfitscher Lacke und die Kaser Lacke sieht. Jenseits der Kaser Lacke liegt unser kulinarisches Ziel, der Oberkaser **H**.

Der Abstieg führt nur bis zum Bächlein, das aus der Kaser Lacke austritt, wo sich die Wege gabeln **I**. Wir folgen nicht unserem Anstiegsweg, sondern wenden uns links hinunter auf den alten Hüttenzugangsweg. Er ist gut in Schuss, man kommt flott hinunter zum Unterkaser mit der Bockerhütte **J**. Wenig tiefer liegt die Spronser Alm mit ihrem winzigen Kapellchen **K**. 150 m tiefer liegt die Longfallalm **L**, unterhalb von ihr tritt man in den Wald ein. Bei einem Kruzifix mit Bank **M** sieht man erstmals hinunter auf den Longfallhof. Erst kurz vor dem Talboden geht der Weg in ein Forststräßchen über, wo dieses den Talboden erreicht, wendet man sich mit dem Schild „Longfallhof" nach links und erreicht den Hof nach einer Wiesenquerung in wenigen Minuten **N**.

Rückweg nach Dorf Tirol auf der Zufahrtsstraße zum Longfallhof (deren letztes Stück wir gerade in umgekehrter Richtung gingen) oder man lässt sich von den Leuten vom Longfallhof kostenlos hinbringen, nachdem man dort gegessen hat. Die Straße ist bis zum Tiroler Kreuz (Restaurant) am Ortsende von Dorf Tirol nicht asphaltiert, Strecke bis zur Kirche in Dorf Tirol 5 km, also ca. 1 Stunde Gehzeit.

Essen & Trinken Oberkaser Alm, wie der Name sagt eine Käsealm, mit großer

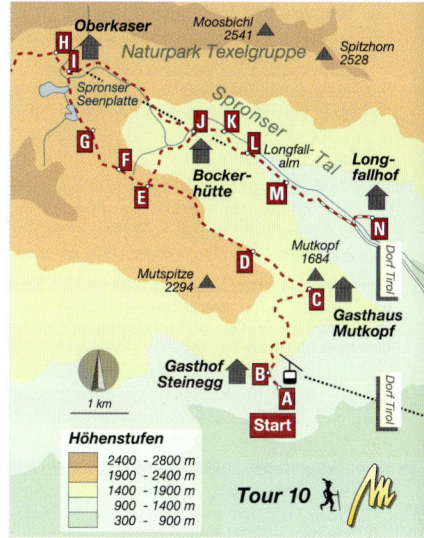

Aussichtsterrasse. Deftige Kost: Hauswurst mit schmackhaften und krossen Röstkartoffeln, Bockbraten, Specknödel, Kaiserschmarrn, Käsknödelsuppe, Speck am Brettl. Es gibt auch Zimmer. Juni bis Okt., kein Ruhetag. DZ/FR 50 €. ☏ 0473/923488.

Bockerhütte, 1700 m, Gasthaus mit warmer Küche, einfache Zimmer und Lager; geöffnet Ostern bis Ende Okt., kein Ruhetag. Ü/FR 24 €. ☏ 0143424030, www.bockerhuette.com.

Gasthof Longfall (hin/zurück 15-Min.-Abstecher), Spronserweg 1, warme und kalte Speisen, hausgemachter Apfelstrudel. ☏ 0473/923674.

Kuens und Riffian

Die beiden Orte am Ausgang des Passeiertals sind unmittelbare Nachbarn Merans, gewachsene Dörfer mit alten Bauernhöfen und Kirchen. Dazu gehören Bergbauernhöfe in Einödlage hoch oben unter dem Waldgürtel und der Obstbau unterhalb der Dörfer, wo es steil zur Passer hinab geht. Nach Meran ist es ein Katzensprung, die Busverbindungen sind nicht schlecht, man wohnt sehr angenehm und ruhig in den beiden Orten und hat doch alle Annehmlichkeiten der nahen Kurstadt.

Zwischen Kuens und Riffian verläuft steil eingeschnitten der *Finelegraben* mit auffälligen Erdpyramiden. Wie auch anderswo in diesem Raum weisen die *Erdpyramiden* auf lockeren Moränenschutt hin, der vom Abtragen nur durch eingeschichtete größere Steinbrocken und Felsen bewahrt wird. Neu aufgerissene Muren entlang der Terrassen, auf denen Kuens, Riffian und Dörfer des Passeiertals liegen, zeigen den gleichen Untergrund und die gleiche Gefahr rascher Abtragung. Den Urlauber ficht das nicht sonderlich an – bis zur Abreise wird's wohl halten.

Information Tourismusverein Riffian-Kuens, das Büro liegt im Gemeindeamt an der Jaufenstraße zwischen den beiden Orten. I-39010 Riffian, Jaufenstr. 50, ✆ 0473/241076, www.passeiertal.it.

Verbindungen/Ausflüge Meraner **City-bus 224** zwischen Riffian und Kuens, nach Dorf Tirol und Vernuer, nach Meran und ins Passeiertal auch **Regionalbus 240**.

Übernachten/Essen in Kuens **** **Sonnenhof**, ruhig und aussichtsreich – noch oberhalb der Ortskirche – liegt das familiengeführte Hotel im Grünen. Frisch renovierte Zimmer, Hallenbad, Sauna, Garten und Kräutergarten, reichhaltiges Frühstücksbuffet, DZ/HP 162–238 €. Kuenserstr. 43, ✆ 0473/241160, www.hotel-sonnenhof.com.

Hilber Keller, Kuenserstr. 23, beliebte Jausenstation und Törggelenkeller mit großem Garten in Panoramalage im Dorf, hervorgegangen aus dem an- und z. T. umgebauten Hilberhof, einem typischen Paarhof. Auf den Tisch kommt deftige Kost vom Speck am Brettl über Käse, Topfen, Kaminwurzen bis zu Gegrilltem. März bis Nov. 11–24 Uhr, Di Ruhetag. ✆ 0473/240051, www.hilberkeller.eu.

Übernachten/Essen in Riffian ***S **Zirmer Hof**, die etwas biedere breite Balkonfront des Hotels steht für die solide bürgerliche Atmosphäre, die drinnen herrscht. Familienbetrieb mit kulinarischen und Eleganz-Ambitionen, die Gäste kommen, weil's gemütlich ist, wegen Hallenbad, Freibad, Wellnessbereich, kleinem Kinderspielplatz, Wandermöglichkeiten in der Umgebung und der ungestörten Nachtruhe. DZ/HP 166–240 €, Apt. (2 Pers.) 77–111 €. Hohlgasse 40, ✆ 0473/241177, www.hotel-zirmerhof.com.

**** **Hofbrunn**, Hotel und zugehörige Pension Tschaupphof mit Tradition, solide ausgestattet, Zimmer mit Südbalkon und Sitzgarnitur, sehr großer Garten mit Freibad, Hallenbad, Whirlpool, Tennisplatz, ruhige Lage. DZ/HP 160–220 €. Jaufenstr. 14, ✆ 0473/241027, www.hotel-hofbrunn.it.

*** **Mignon**, modernes Apartmenthaus mit etwas älterer Dependance, Hallenbad und großem Garten, etwas oberhalb der Durchgangsstraße und nahe den Riffian umgebenden Obstanlagen. Helle Wohnungen. Apt. (2 Pers.) 67–102 €. Hohlgasse 38, ✆ 0473/241110, www.residence-mignon.com.

** **Thalerhof**, die Pension bietet eine ganze Menge Komfort für ihre 2 Sterne: Hallenbad und Liegewiese, sämtliche Zimmer mit Balkon, allerdings nicht sehr groß. DZ/FR 70–74 €. Jaufenstr. 124, ✆ 0473/241195, www.thalerhof.com.

Lufer Keller, Lufer Weg 1. Um dieses Grilllokal und Restaurant mit urigem Keller kommt man in Riffian nicht herum. Die Ripperl, Hendl und Haxen vom Grill sind aber auch wirklich schmackhaft, die Salate knackig, und die Kleinen sind mit ihrem Eis sicht- und hörbar zufrieden. Bis 23 Uhr geöffnet; Mo Ruhetag. ✆ 0473/241071, www.luferkeller.it.

Unterweger, Jaufenstr. 34, Pizzeria, Eisdiele (eigenes Eis) und Café-Konditorei an der Hauptstraße, Mo Ruhetag.

Sehenswertes/Ausflüge

Riffian: Die **Wallfahrtskirche zu den sieben Schmerzen Mariens** am oberen Ortsende ist eine barocke Kirche von etwa 1749, in der eine komplette gotische Kirche (von vor 1310) steckt – das ist heute nur noch ganz klar an einem Apsisgewölbe nachzuvollziehen. Im Inneren eindrucksvoller barocker Hochaltar von *Bartlmä Grätl* und Pietà (Gnadenbild) von ca. 1400. In der *Friedhofskapelle*, der ehemaligen Gnadenkapelle (hier befand sich ursprünglich das verehrte Gnadenbild) bedeutende Fresken des höfischen Stils im Einfluss der „internationalen Gotik" (um 1415) von Meister Wenzeslaus.
Wallfahrtskirche: tgl. 8–19 Uhr.

Auf dem Wanderweg nach Vernuer und Gfeis: Die Höhensiedlungen Vernuer und Gfeis sind wahre Aussichtsbalkone über dem Passeiertal. Man sieht hinunter in Richtung Dorf Tirol und Meran, das aber zum Großteil verborgen bleibt, und über das Passeiertal hinweg auf die Sarntaler Alpen. Von Riffian (502 m) geht man den Kirchweg bergauf, das Sträßchen führt unter der Wallfahrtskirche vorbei. Weggabelung am Hammelkreuz, dort scharf links und zunächst steil, dann flacher mit Weg 5 durch Wald nach *Vernuer,* wo man am unteren Ende des Wiesenbereichs ankommt, der *Gasthof Brunner* liegt noch etwas höher (1095 m). Auf der Zufahrtstraße kurz nach links bis zur *Kapelle,* dort wieder recht steil mit Weg 5 hinauf zum *Oberöbersthof* (1387 m). Direkt vom Gasthaus weiter auf Weg 24 a (der rechte der sich dort gabelnden Wege) und durch Wald zur Hofgruppe *Gfeis* (1381 m; mit Gasthaus auf 1296 m). Hinunter zum Meraner Höhenweg und nach links zur *Jausenstation Bergrast* (1187 m). Dort im spitzen Winkel nach rechts und auf Weg 21 a, der hinunterführt nach Riffian.

Oberöberst, Vernuer 32, Gasthaus in Traumlage auf fast 1400 m, seitlich große Sonnenterrasse, die's einem schwer macht, sich wieder zu erheben und die Wanderung fortzusetzen – besonders wenn man sich zum Speck am Brettl einen Roten gegönnt hat. Sa Ruhetag.

Schenna

Von Schenna schaut man mitleidig auf Meran hinunter – was die dort im städtischen Lärm und Gestank durchzustehen haben! Dagegen wohnt man hier oben so komfortabel wie ruhig und hat auch noch die kürzeren Anfahrtswege zu den beliebtesten Bergzielen der Sarntaler, vor allem zum Hirzer. Und wenn einen doch der Wunsch packt, Meran zu verunsichern, dann kann man ganz bequem mit dem Stadtbus hinunterfahren. Dass man mindestens genauso tirolerisch ist wie Dorf Tirol auf der Terrasse gegenüber (und jenseits der Passer), beweist ja wohl zur Genüge das Grabmonument des Erzherzogs Johann, eines der berühmtesten Freunde Tirols, das dieser am Ort errichten ließ.

Wanderungen und Spaziergänge, Mountainbiketouren und Paragleiterflüge, Nervenkitzel im **Hochseilgarten** und Kultur in **Schloss Schenna**, Pop auf der **Gompm-Alm** und Klassik in der Pfarrkirche – ein Urlaub in Schenna lässt kaum Wünsche

Schloss Schenna

Nördlich von Meran

offen, zumal die Hotellerie alle Kategorien bedient, wenn auch mit deutlichem Trend zum Feinen, Teuren und zur Wellness. Aber das ist auch anderswo so in Südtirol.

Basis-Infos

Information Tourismusverein (auch für Verdins), zentral gelegen im alten Ort. Mitte März bis Mitte Nov. Mo–Fr 8–19, Sa 8–18, So 9–11.30 Uhr, den Rest des Jahres Mo–Fr 8–12/14–18, Sa 8.30–12 Uhr. I-39017 Schenna, Erzherzog-Johann-Platz 1/D, ☎ 0473/945669, www.schenna.com.

Verbindungen Meraner Citybus von Schenna nach Verdins (231), zum Botanischen Garten Trauttmansdorff (232), zur Seilbahn Taser und nach St. Georgen (beide 233), in der Winterhochsaison Skibus Verdins – Schenna – Talstation Seilbahn Meran 2000; Fahrpläne in der Touristeninformation.

Taxi: z. B. Burggräfler ☎ 335/8155300; Haller ☎ 347/1650483.

Feste & Veranstaltungen Prozession zur Kirche St. Oswald auf 2185 m unter dem Großen Ifinger am 5. August, Bittgang der Bauern aus Schenna, Hafling und dem Sarntal um gutes Wetter.

Die Gompm-Alm unterhalb von Klammeben, der Bergstation der Hirzer-Seilbahn, hat sich in den letzten Jahren zu einer echten Musikalm gemausert, 2017 war u. a. Herbert Pixner zu Gast. ☎ 0473/949544, www.gompmalm.it.

Kirchenkonzerte auf der ausgezeichneten Orgel der Pfarrkirche, Programm beim Tourismusverein.

Tallner Sunntig, „Schmankerlsonntage" der Wirte um Hirzer, Verdinser Seilbahn, Obertall, Videgg etc., zwischen Mai und Okt., jeweils am 1. Sonntag des Monats, Preisnachlässe bei den Seilbahnen, www.tallnersunntig.it.

Internet WLAN-Hotspot WiFree im Bereich um das Gemeindehaus.

Sport Paragliding: Tandemclub Ifinger, Flüge ab Hirzer, Vigiljoch, Meran 2000, ☎ 339/7631715, www.tandemclub.it.

Hochseilgarten Schenna-Taser, große Seilkletteranlage (→ „Sehenswertes/Ausflüge").

Radfahren: Verleih von E-Bikes und MTBs (und einem Elektro-Twizy!) bei E-Bike Schenna, Schennastr. 31, ☎ 0473/945617, www.schenna-bike.com.

Architektonisch interessantes modernes Freibad mit frei tragendem Aussichtssteg und Rutsche, Restaurant und Bowling, www.lidoschenna.com.

Übernachten

In Schenna ****S Hohenwart, gute Lage über Dorf Schenna, entsprechende Ausblicke auf die Texelgruppe, sehr schöner Beauty/Wellness-Bereich, viel und gutes Essen, diverse Sportangebote samt Trainer und neuer Fitnessanlage, in allen Zimmern und Suiten ausreichend Raum und komfortable Einrichtung, sämtlich mit Sitzecke und Internetanschluss. Kinderbetreuung, Spielzimmer, Kinderspielplatz. Das Haus geht auf den ältesten Hotelbetrieb des Ortes (ab 1957) zurück. DZ/HP 208–466 €. Verdinser Str. 5, ☎ 0473/944400, www.hohenwart.com.

****S Resmairhof, ein Steinwurf vom Ortszentrum, trotzdem ruhig mit tollem Talblick, schönem Grün vor den Fenstern, üppigem Blumenschmuck auf den Balkonen, individuell ausgestatteten, komfortablen Zimmern und guten Restaurantleistungen. Frei- und Hallenbad mit großer Liegewiese. DZ/HP 198–400 €. Schennastr. 11, ☎ 0473/945650, www.resmairhof.it.

**** Erzherzog Johann, ideal und ruhig gelegen beim Schloss Schenna. Das Hotel bietet den Komfort seiner Kategorie, schönes Freibad mit Liegewiese, Tennisplatz, Hallenbad, Sauna. Nebenan in neuer Dependance moderne, luxuriöse Chalets, 170–300 €/2 Pers. DZ/HP 172–260 €. Schlossweg 17–19, ☎ 0473/945641, www.hotel-erzherzogjohann.com, www.chalet-anna.com.

***S Bergland, Hotel garni mit „mediterranem Ambiente in den Bergen Südtirols". Stil- und echte alte Möbel in komfortablen, hellen Zimmern, attraktive Saunalandschaft. DZ/FR 114–170 €. Ifingerstr. 35, ☎ 0473/945959, www.bergland.net.

**** Gutenberg, das angenehme Haus ist ein Familienhotel in prachtvoller Lage mit neuem Bade- und Wellnessbereich mit Luxusausblick, Saunen, Whirlpool, Solarium, Vitaminbar, sonniger Liegewiese und abwechslungsreicher Küche sowie reichlichem Frühstücksbuffet. Zimmer hell mit viel Holz, auf dem Balkon kann man einen tollen Sonnenuntergang erleben. Zwei vom Haus veranstaltete Wanderungen pro Woche. Kinder können in drei Spielzimmern, auf dem Spielplatz und am Kinderpool toben. Kinderbetreuung. DZ/HP 148–300 €, Apt. (2–4 Pers.) 80–223 €. Ifingerstr. 14, ✆ 0473/945950, www.gutenberg.schenna.com.

S/* Der Fink von Schenna, unter diesem Namen firmieren zwei Hotels unter gemeinsamem Management, einmal das „Verwöhnhotel Finkenhof", ein Wellnesshotel mit Zimmern, sowie in 400 m Entfernung das etwas modernere „Finkennest" mit Familienzimmern. Alle Zimmer mit Balkon, üppiges Frühstücksbuffet, bei HP Menüwahl mit einem vegetarischen Menü, neuer Pool, Hallenbad mit Jetstream, Saunen. Kinderbetreuung. Alle Einrichtungen des Finkenhofs sind auch vom Finkennest nutzbar. DZ/HP 146–208 € bzw. DZ/¾P 202–332 €. Verdinser Str. 9b und Schlossweg 16, ✆ 0473/945848, www.hotel-fink.com.

*** Petaunerhof, Pension und Apartments ruhig und ohne direkte Nachbarn in den Weinbergen, Zimmer modernisiert, beheiztes Schwimmbad und Liegewiese, regelmäßig Grillabende im wirklich „urigen" Keller. DZ/HP 102–112 €, Apt. für 2–4 Pers. 71–98 €. Rothalerweg 8, ✆ 0473/946011, www.petaunerhof.com.

*** Wunderlehof, Garni in Pracht-Aussichtslage ohne jeden Durchgangsverkehr (sieht man von den Wanderern auf dem unweit vorbeiführenden alten Weg nach Schenna ab), gemütlich und sehr persönlich geführt. Pool, Liegewiese, Zimmer mit Balkon, z. T. mit Sitznische. Honig aus eigener Imkerei. DZ/FR 80–90 €, Apt. (2 Pers.) 90–98 €. Stickles Gassl 3, ✆ 0473/233213, www.wunderlehof.com.

In Verdins **** Fürstenhof, Hotel mit gehobenem Komfort in Zimmern und Gemeinschaftsräumen, recht großes Hallenbad, Freibad und Liegewiese sind eher kleiner geraten, im Haus Beauty- und Wellnessbereich. Kinderbetreuung. DZ/¾P 184–290 €, Apt. (2 Pers.) 118–138 €. Verdins 48, ✆ 0473/949451, www.fuerstenhof.net.

***S Gruberhof, Garni und Apartments in den Wiesen oberhalb der Kirche mit fantastischer Aussicht. Moderne, helle Zimmer mit Balkon, schöne Apartments, kleiner Kinderspielplatz, beheiztes Schleusen-Schwimmbad. DZ/HP 142–230 €, Apt. (2 Pers.) 86–158 €. Oberverdins 2, ✆ 0473/949465, www.gruberhof-schenna.com.

Essen & Trinken

In Schenna Thurnerhof, Verdinser Str. 26. Wirtshaus ist dieser behäbige alte Bauernhof erst seit 1996, was ihm vielleicht an Gastro-Tradition mangelt, wiegt er durch Ambiente spielend auf. Die alte Stube, weitere zu Speiseräumen veränderte Zimmer, die zur Weinstube verwandelte alte Selchkuchl, alte Pflasterung und alte Dielen, draußen Walnuss- und Esskastanienbäume – das geht mit dem Essen bäuerlicher Tiroler Herkunft eine genussreiche Verbindung ein. Mo Ruhetag. ✆ 0473/945702, www.thurnerhof-schenna.com.

Köstenthaler Hof, Hofweg 3, der alte Keller des Hofs in der Nähe der Seilbahn Taser bietet eine komplette Restaurantkarte, während der Törggelezeit auch Kastanien, Krapfen und Suser (Sauser, gemeint ist der gärende Süßmost), der Wein kommt aus eigenem Anbau. Donnerstag Live-Musik und Grillabend, Mi Ruhetag. ✆ 0473/945831, www.koestenthaler.com.

Petermann, Verdinserstr. 15, Schennas beste Pizza, selbstverständlich aus dem Holzofen. Mo Live-Musik, Mittwoch Ruhetag. www.pizzeria-petermann.com.

In Richtung Verdins Hasenegg, Hofweg 29, Gasthof oberhalb Verdins an der Straße zum Taser, vorbildliche „Knödelparade", die u. a. Buchweizen-, Ronen-, Spinat- und Apfelknödel, Schlutzkrapfen und Kasnocken umfasst, auch als Tris zu haben für wählerische Knödelfans. Fleisch- und Fischgerichte ab ca. 13 €, zum Nachtisch gibt's Krapfen. Mi Ruhetag. ✆ 0473/949419, www.gasthof-hasenegg.com.

Zmailer Hof, Bergerweg 17, traditionelle Bauernküche im historischen Hof mit Stube und Terrasse: Brennnesselknödel, Löwenzahnsalat und Bauernkrapfen als Highlights, Fleischgerichte vorwiegend auf Bestellung. ✆ 0473/945881. April bis Nov. tgl. mittags, Juli/Aug Fr Ruhetag, abends auf Vorbestellung.

Zwischen Wein- und Obstgärten liegt Schenna

Sehenswertes/Ausflüge

Die Pfarrkirchen und das Mausoleum für Erzherzog Johann: In der *neuen Pfarrkirche* steht eine hervorragende Orgel von Franz Zanin (1993), es gibt immer wieder Orgel- und andere Kirchenkonzerte (Musik aus der Kirche auf CD erhältlich im Tourismusverein). Neben der Pfarrkirche steht das neugotische Mausoleum des habsburgischen *Erzherzogs Johann* und seiner Gemahlin, errichtet 1860–1869. Der Bau gilt als der schönste neugotische Bau Tirols, ist sicher der schönste Südtirols und einer der ersten der Neugotik in Mitteleuropa überhaupt. In der Gruft steht der Sarkophag aus rotem Veroneser Marmor. Die Fresken der *alten Pfarrkirche* sind 16. Jh., jene der *Johanneskapelle* entstanden um 1400 im höfischen Stil.

Mausoleum: von der Karwoche bis Allerheiligen, Mo–Sa 10–11.30/15–16.30 Uhr; Eintritt 2 €, Kind bis 10 Jahre frei. Kirchweg, ✆ 0473/945630.

Schloss Schenna: Die mittelalterliche Burg der Herren von Schenna wurde nach ihrer Erbauung 1350 ein paar Mal umgebaut, bevor sie die heutige Form bekam: den wuchtigen Bau an der Talseite mit Zinnenbekrönung, den Renaissancetrakt und die Zutaten der Gründerzeit. Die Letzteren wurden der Burg hinzugefügt, um sie für *Erzherzog Johann*, den Tirol liebenden, aber mit der Steiermark behafteten Habsburger, zum Schloss und gelegentlichen Aufenthaltsort zu machen. Seine Nachkommen, die *Grafen von Meran*, besitzen es heute noch. Der Titel wurde erst damals geschaffen, da der Erzherzog eine Bürgerliche geheiratet hatte – die Postmeisterstochter Anna Plochl aus Aussee. Die Söhne des Erzherzogs waren zwar nicht nachfolgeberechtigt, bekamen aber immerhin diesen Adelstitel und eine nette Finanzspritze. Man besucht die eindrucksvolle Waffensammlung und den Renaissancesaal mit seinem barocken Ofen aus wertvoller Majolika, den Salon und den Speisesaal mit der Gemäldegalerie.

Karwoche bis vor Allerheiligen, Di–Fr, Führungen (ab 4 Pers.) 10.30, 11.30, 14 und 15 Uhr, Mo 21 Uhr Abendführung. Eintritt 9 €, Kinder 3 €, Kombikarte mit Mausoleum 10 €. Schlossweg 14, ✆ 0473/945630, www.schloss-schenna.com.

Schenna 317

Kirche St. Georg: Die romanische Rundkirche im Weiler St. Georgen im *Oberdorf* von Schenna mit ihren zentralen Tragsäulen hat noch einige romanische und gotische Fresken und einen schönen spätgotischen Flügelaltar (frühes 16. Jh.), der leider nicht komplett erhalten ist. Interessant die Wand über dem Flügelaltar mit einem Jüngsten Gericht innerhalb ausufernder Scheinarchitektur. Auf den anderen Wänden sind von einem anderen Maler Szenen des Martyriums des hl. Georgs dargestellt.
Ende März bis Allerheiligen Mo, Mi, Fr 10.15–12/14.45–16.30 Uhr, freiwillige Spende.

Auf der Alm Taser: Auf die Taser startet ganz bequem eine Seilbahn etwas oberhalb von Schenna, wer unbedingt will, kann auch mit dem Auto hinauffahren. Da aber eines der Vergnügen des durch Lifte gut erschlossenen Schennabergs darin besteht, an einer Stelle hinaufzufahren und an einer ganz anderen wieder runterzukommen (und zurück den Gästebus oder SAD-Bus zu nehmen), löst man besser eine Berg-Fahrkarte und lässt das Auto im Ort stehen. Ab Taser lockt vor allem der **Ifinger**, der sich über den Almböden und dem Wald darüber türmt (nur für Klettersteiggeher; zur Ifinger Scharte rechts unterhalb auch als normaler Bergsteiger). Und auf dem Weg dorthin, als eigenes Ziel, die bereits im alpinen Bereich liegende *Ifinger Hütte* (1815 m). Oder man wandert geruhsam hinüber zur *Jausenstation Egger*, dann weiter zum *Gsteirer* und fährt dann von der Mittelstation der Bahn von Obermais nach Meran 2000 runter. Oder zur Streitweider Alm, nach Videgg und zur Bergstation der Seilbahn von Verdins. Oder locker runter nach Schenna …

Die **„Familienalm" Taser** bemüht sich um die Kinder, und mit Spielplatz, Streichelzoo, Ententeich und dem nahen Hochseilgarten ist sie für diese auch durchaus anziehend.

Anfahrt/Bergbahn Man erreicht Taser und den Hochseilgarten über die Asphaltstraße von Schenna nach Taser oder mit dem **Citybus** ab Schenna zur Talstation und weiter mit der **Seilbahn Taser** (April bis So nach Allerheiligen tgl. 8.30–12/13–18 Uhr, Juni bis Mitte Sept. So/Fei auch bis 19 Uhr, in der Weihnachtszeit 9–12/13–17 Uhr, jeweils im Halbstundentakt, Berg 7,90 €, Berg/Tal 10,20 €, Kombikarte Taser (Bergfahrt) und Verdins (Talfahrt) 13 €. ✆ 0473/945615.

Hochseilgarten 1500 m Stahlseile und 200 m Kunststoffseile, 22 Plattformen und u. a. eine 4 m lange Hängebrücke erlauben auch Plattfüßlern atemberaubende Seilerlebnisse, die für Mutige mit dem Flying Fox enden, einem raschen Trip an der Rolle von der Plattform zum Boden. Die Sicherheitsausrüstung wird gestellt und ist obligat, Erw. 42 €, Kinder 32 €, mit GuestCard etwas günstiger. Anmeldung ✆ 0473/945615, www.taseralm.com.

Essen & Trinken Pichler, 50 m von der Talstation der Seilbahn, deftig bis fein: Forellenfilet auf Salat, Salat mit Putenstreifen, Tiroler Gröstl, diverse Fleischgerichte, nicht nur dem Wanderer schmeckt die Speckknödelsuppe; Di Ruhetag. Pichlerstr. 32, ✆ 0473/945614, www.hotelpichler.com.

Bergstation und (Familien-)Alm Taser, April bis So nach Allerheiligen und in den Weihnachtsferien, „Alm"-Hoteldorf mit mehreren Gebäuden, diverse Zimmertypen, Ferienwohnungen und komfortable Chalets sowie ein Restaurant, kein Ruhetag. DZ/HP 172–222 €, Chalet für 3–5 Pers. 219–422 €. ✆ 0473/945615, www.taseralm.com.

Schnugger, 1353 m, Gasthaus 15 Min. vom Hochseilgarten Taser, rustikal, freundlich, April bis Anf. Nov. tgl. ✆ 0473/945859.

Ifinger Hütte, 1815 m, Mitte April bis Allerheiligen.

Die Almen unter dem Hirzer: Tallner Alm, Stafellalm, Gompm-Alm, Reasegger Alm – die Almen unter der wilden Berggestalt des Hirzer kann man von der Bergstation der von Saltaus startenden Seilbahn bequem erreichen. Entsprechend gut besucht sind sie, das heißt aber auch, dass man auf der Speisekarte eine große Auswahl hat. Echte Genussspechte gehen nicht weit, warum in die Ferne schweifen, wenn man gleich bei der nächsten Alm eine Brettlmerende, ein Viertel Roten und

Votivkapelle in Schenna

einen Liegestuhl bekomnt? Zumindest bis zur Mittelstation sollte man wandern (wie unten in Tour 17 beschrieben). Oder doch zum Hirzer und/oder hinüber zum Kratzberger See und nach Meran 2000? Ja, wenn man halt mit dem Bus gekommen wäre und nicht das Auto unten stünde ...

Anfahrt/Bergbahn Um die Almen unter dem Hirzer zu erreichen, hat man die Pkw-Option, allerdings nur bis auf ca. 1500 m (Obertall) und – viel gemütlicher – gleich zwei Bergbahnen. Man kann von Verdins mit der Seilbahn nach Tall schweben und weiter mit dem anschließenden Sessellift von Oberkirn bis Grube. Oder man erreicht das Gebiet über die Hirzer-Seilbahn, die in Saltaus in Passeier ihre Talstation hat (Bushaltestelle der Linien von Meran ins Passeier.

Seilbahn Saltaus – Prenn – Klammeben: April bis So nach Allerheiligen, tgl. 8.30–17.30 Uhr im Halbstundentakt, im Sommer bis 18.30 Uhr, Berg 12,50 €, Berg/Tal 18 €, Kinder 6,50/9 €. www.hirzer.info.

Seilbahn Verdins – Tall, April bis So nach Allerheiligen, tgl. 8.30–12.15/13.15–17 Uhr im Halbstundentakt, im Sommer bis 18 Uhr, in den Weihnachtsferien 10–12/14–16.30 Uhr; Berg 8,20 €, Berg/Tal 10,90 €, Kombikarte mit Taser 13 €. www.verdins.it.

Sessellift Oberkirn – Grube, April bis So nach Allerheiligen.

> Von April bis Aug. gewährt die Seilbahn am letzten (oder einem anderen) Sonntag des Monats zum **Tallner Sunntig** einen ordentlichen Preisnachlass: An diesen Sonntagen bieten alle Hütten des Wandergebiets Hirzer spezielle Gerichte an.

Sport Paraglider-Tandemflüge durch Tandem Club Ifinger, Flüge ab Hirzer-Mittelstation. Anmeldung: www.tandemclub.it.

Essen/Hütten Restaurant Klammeben, 1840 m, geöffnet Ende März bis So nach Allerheiligen. ✆ 0473/949422.

Gompm-Alm, 1808 m, nicht nur Musik, sondern auch gutes Essen und am Wochenende hausgebackenes Brot (Zuschauen beim Backen erwünscht), E-Bike-Ladestation. Mai bis Nov. ✆ 0473/949544, www.gompmalm.it.

Stafellhütte, 1940 m, Mai bis Okt., ✆ 0473/949413.

Gasthof Grube, 1808 m, April bis So nach Allerheiligen. ✆ 0473/949404, www.gasthofgrube.com.

Tour 11: Wanderung unter dem Hirzer

Tour-Info: Einfache Wanderung, zunächst eben und dann bergab von der Bergstation zur Mittelstation der Hirzer-Seilbahn. Dauer 1:30 Std.; Länge 4,3 km; Höhenunterschied ↓600 m. Karten: Tabacco (1:25.000) Blatt 11, Kompass (1:50.000) Blatt 53. Der auf

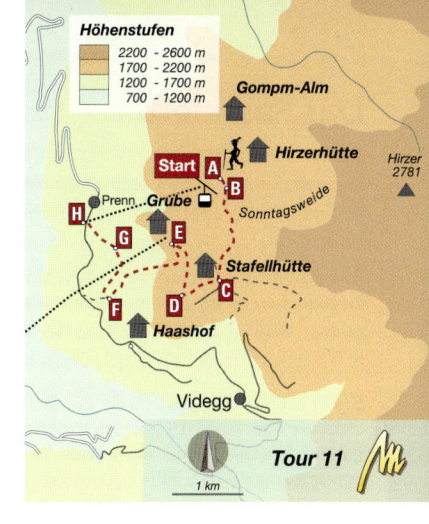

manchen Karten noch eingetragene direkte Weg von der Grube zu den Wahlguthöfen existiert nicht mehr!

An der Bergstation der Hirzer-Seilbahn hat man die Almregion der Sonntagsweide erreicht, die sich bis zu den Felswänden erstreckt, mit denen der Hirzer (2781 m) nach Westen abbricht. Man wendet sich vor dem Gebäude der Seilbahn **A** halbrechts, dorthin, wo etwas oberhalb die Wege beginnen **B** (Schilder), dort rechts auf dem mit „Stafellhütte" angegebenen Weg. Der entpuppt sich als atemberaubender Panoramaweg, man hat die ganze Texelgruppe, das Becken von Meran und einen Teil der Berge des unteren Vinschgaus zur Rechten und muss nur aufpassen, dass man bei dem hier oben bis zur nächsten Hütte (aber nicht weiter) herrschenden starken Wandererverkehr niemanden rammt, während man in das Panorama versunken weiterstolpert. Bei der Stafellhütte und (rechts) Stafellalm **C** (beide bewirtschaftet) sind die Liegestühle für Sonnenanbeter ohne Hautkrebsangst voll besetzt. Geht man runter zu den beiden Almen, muss man entlang eines Gartenzauns wieder nach rechts auf die etwas höhere Anhöhe gehen, geht man nicht zu den Almen, wendet

man sich direkt bei der Weggabelung oberhalb nach rechts auf den mit „Grube" angegebenen Weg. Es geht ein Stückchen einen Rücken hinunter, dann aber – aufgepasst! – nicht auf den deutlichen Wegspuren weiter, sondern im scharfen Knick **D** (Schild „Grube Sessellift") nach rechts und in den Wald hinein.

Knapp vor der „Grube" mit ihrem Sessellift, die etwas höher bereits zu erkennen ist, geht man in einer Senke **E** nach links und in den Wald auf schmalem Steig. Bei einer Weggabelung noch im Wald **F** scharf nach rechts, und nach Erreichen einer Wiese steht man vor einer Staubstraße **G**, der man zu einer Hofgruppe (Wahlguthöfe) folgt. Dort nach dem ersten Haus links hinunter auf einen alten Fuhrweg durch Wiesen und Weiden, noch eine längere Waldpassage und wir stehen oberhalb der Mittelstation der Hirzer-Seilbahn. Weiter runter bis zur Straße und ein paar Meter nach links und wir sind an der Seilbahnstation angelangt **H**.

Essen & Trinken Gaststätten an der Bergstation Klammeben und an der Mittelstation Stafellhütte sowie Gasthaus Grube.

Das Passeiertal

Zu den Tälern, die sich ins Bewusstsein schieben, wenn man an den Tiroler Freiheitskampf gegen Napoleon denkt und an das Selbstbewusstsein der seit dem Mittelalter Waffen tragenden, freien Bauern, gehört in erster Reihe das Passeiertal.

Das hängt zum einen mit seinen *Schildhöfen* zusammen, Bauernhöfen, deren Besitzer bereits im Hochmittelalter dadurch ausgezeichnet wurden, dass sie wie Adelige mit Pferd und in Rüstung für den Landesherrn Kriegsdienst taten, zum anderen mit der Person *Andreas Hofers*. Der Sohn des Sandwirts aus St. Leonhard ist der mit Abstand berühmteste Passeirer, er ist die Symbolfigur für die Deutschtiroler schlechthin, egal ob sie nördlich oder südlich des Brenners leben, und seit 1848 ist das Lied, das sich mit seinem Heldentod beschäftigt („Zu Mantua in Banden der treue Hofer lag ...") die Tiroler Landeshymne. Die Passeirer sind stolz auf ihre erworbene und erhaltene Freiheit, stolz auf Andreas Hofer, und sie tragen den Kopf hoch und die alte Tracht, die Männer mit dem berühmten breitkrempigen Hut. So schnell wird man sie nicht unterkriegen können.

Das bei Meran mündende Tal der Passer besteht aus zwei gänzlich unterschiedlichen Zonen. In einem scharf V-förmig eingeschnittenen Tal fließt die *Passer,* ein Radweg begleitet sie von Meran bis St. Leonhard in Passeier. Der Fluss hat sich in ein älteres, flaches Tal eingeschnitten, das heute noch als Terrasse zu beiden Seiten erhalten ist. Auf ihr liegen die Orte, alte Streusiedlungen mit Kirchen in ihrer Mitte, um die sich heute Dörfer mit Hotels und Pensionen geschart haben. Nur **St. Martin** und **St. Leonhard** sind auch früher bereits echte Dörfer mit einem Ortskern gewesen, ganz deutlich in St. Martin mit seiner hübschen Dorfstraße zu sehen. Zwei wichtige Pässe führen vom Passeier über die Alpen: das nur mehr touristisch bedeutende *Timmelsjoch* hinüber ins Ötztal und der bereits in römischer Zeit als Straße ausgebaute *Jaufenpass* nach Sterzing, die älteste Verbindung von Bozen über den Brenner nach Norden. Das oberste Passeiertal, das **Hinterpasseier**, führt zwischen Ötztaler Alpen und Texelgruppe hoch hinauf ins Gebirge und über das *Eisjöchl* auf Wanderwegen hinüber ins zweite große Seitental des Etschtals, das **Schnalstal**.

Basis-Infos

Information Tourismusverein Passeier (für das gesamte Tal samt Riffian-Kuens, jedoch ohne Schenna), I-39010 St. Leonhard, Passeirstr. 40 (im Busbahnhof), ✆ 0473/656188, www.passeier.it; Zweigstelle in I-39010 St. Martin, Jaufenstr. 7, ✆ 0473/641210; Zweigstelle **Tourismusbüro Hinterpasseier**, I-39013 Moos in Passeier/Moso in Passiria, Dorf 78, ✆ 0473/643558, für Pfelders auch ✆ 0473/646792 (in Pfelders an der Bushaltestelle, nur im Sommer geöffnet), www.pfelders.info.

Seit 2007 ist Pfelders (fast) **autofrei**. Hinter dem Slogan „Pfelders – sanft mobil" verbirgt sich, dass ab dem Ortseingang das Befahren der Straßen nur mehr der einheimischen Bevölkerung und Gästen der Beherbungsbetriebe gestattet ist. Für alle anderen stehen der „Dorfexpress" und ein Citybus zur Verfügung. Die Gemeinde Moos in Passeier, zu der Pfelders gehört, ist zudem eine „Alpine Pearl" und arbeitet auch in diesem Kontext am Konzept des sanften Tourismus (www.alpine-pearls.com).

Das Passeiertal

Verbindungen Pkw: Jaufenpass und Timmelsjoch werden durch das Passeiertal erreicht, beide sind im Winter gesperrt. In der Mautgebühr über das Timmelsjoch (Pkw einfach 16 €, hin/zurück 21 €, www.timmelsjoch.com) sind Tiroler und Südtiroler Anteile enthalten.

Gute **Busverbindungen** nach Meran, dagegen nach Moos und Pfelders gerade eben ausreichend, letzter Bus ab Pfelders 19.04 Uhr.

Baden/Schwimmen Freibäder in St. Martin und St. Leonhard.

Einkaufen Heukäse und andere Käsespezialitäten gibt es in der **Psairer Bio Bergkäserei**, in der 19 Biobauern zusammenarbeiten. Direktverkauf in der Handwerkerzone, Lahne 7/1, St. Martin, www.psairerbergkaeserei.com. Hausgemachte Produkte aus der hofeigenen Metzgerei, dazu Brot und Schnäpse gibt es in **Martin's Hofladen** und Hofschank, www.zeppichlbauernguet.com, Bergkäse in der Käserei **Seppnerhof**, www.kaeserei-pfelders.com, beide in Pfelders beim Gasthof Zeppichl. ■

Feste & Veranstaltungen Pfelderer Kirchtag am 15. August (Maria Himmelfahrt). An diesem Tag und zu Fronleichnam sieht man überall im Tal zum Kirchgang und beim Umzug besonders viele Trachten.

》》》 Mein Tipp: Almabtrieb Mitte September findet hier einer der schönsten Almabtriebe Südtirols statt. Die mit schwerem Kopfschmuck versehenen Kühe kommen den Bergweg hinab, dazwischen einzelne Senner auf Pferden oder Kutschen, ein paar Ziegen sind auch dabei. Unten im Dorf dürfen die Tiere auf einer eingezäunten Weide fressen und sich etwas beruhigen. Dabei besteht ausführlich Gelegenheit, die prächtigen Kopfbedeckungen (die von den Tieren allerdings überwiegend als störend empfunden werden, vor allem beim Fressen) zu betrachten. Eingerahmt wird das Ganze von Musik und, wie sollte es anders sein, etwas Gutem zum Essen. **《《《**

Bauernkuchl im Hinterpasseier, Ende September bis Mitte Oktober laden die Gastwirte zu einem kulinarischen Streifzug durch die traditionelle Küche ein.

Golfen Golfclub Passeier.Meran, St. Leonhard, 18-Loch-Anlage (Par 71, 5755 m), geöffnet März bis Nov. ✆ 0473/641488, www.golfclubpasseier.com.

Radfahren/Mountainbiken Der Passer-Radweg zwischen Meran und St. Leonhard ist ein gut ausgebauter, im mittleren Teil allerdings nicht asphaltierter **Familienradweg**. Radverleih im Bikeshop in der Handwerkerzone Lahne, St. Martin.

St. Leonhard in Passeier mit Jaufenburg

In St. Martin

Sport in Pfelders (Hinterpasseier)
Freibad in der SportArena Passeier, auch Tennisplätze, Kletterwand, Kegeln und ein Beachvolleyball-Feld, St. Leonhard, Gänsboden 14, www.sportarena.it.

Reitstall Steinerhof: Koppel, Ausritte, Ponys, Kutschenfahrten, im Winter Schlittenfahrten, auch Mondscheinfahrten. ✆ 0473/646741, www.steinerhof.eu.

Wintersport: Skigebiet mit Sessellift zur Grünbodenalm, von dort neuer Sessellift zu den Oberen Böden (Karjoch), außerdem Schlepplift im Ort. Die Pfelderer Skilifte gehören mit zum Verbund *Ortler Skiarena* (→ S. 438), Skilift Pfelders, ✆ 0473/646721. **Skischule Pfelders**, komplettes Kursangebot für Alpinski, Snowboard und Langlauf, auch Carving-Intensivkurse, ✆ 0473/646797, www.pfelders.info. **Skiverleih Gufler**, Pfelders 31, ✆ 0473/646768, große Auswahl. 1x wöchentlich geführte **Schneeschuhwanderungen** im Hinterpasseier durch den Tourismusverein, Verleih von Schneeschuhen bei Gufler oder Günthers Rentasport, Pfelders 54, ✆ 0473/646752.

Wandern/Bergsteigen/Klettern Die Bergführervereinigung Passeier-Schnals führt Tages- und Wochentouren durch, auch Kletterfahrten und Skitouren, Infos bei den Tourismusbüros und auf www.bergfuehrer-passeier-schnals.com.

Mehrere **Klettergärten** im Tal, die besten sind in der Gratisbroschüre „Klettern im Passeiertal" zusammengestellt. **Kletterhalle** in St. Leonhard, www.sportarena.it.

🌿 **Höfewanderungen**: Meist an Donnerstagen und Freitagen von Anfang Juni bis Anfang Okt. führen die Fremdenverkehrsämter des Tales Wanderungen zu Bergbauernhöfen durch. Hof- und Stallbesichtigung, Informationen über das Bauernleben mit Erzählungen der Bauern, Bauernkost und die Fußwanderung zum Hof gehören dazu. Infos und Anmeldung bei den Fremdenverkehrsbüros des Tales. ∎

Wassersport Rafting, Kayak, Canyoning organisiert Acquaterra im Sporthotel Quellenhof in St. Martin. Infos unter ✆ 0473/720042, www.acqaterra.com.

Übernachten/Essen & Trinken

In Saltaus ****** Schildhof Saltauser Hof**, der historische Schildhof in Saltaus mit seinem weiß getünchten Äußeren mit den kontrastierend farbigen Fensterflügeln und den pittoresken Stufengiebeln hat im Inneren sowohl die Erinnerungsstücke an eine bäuerliche Passeier Vergangenheit erhalten als auch den Komfort der Gegenwart integriert: Hallenbad und Freibad, Sauna, Fitnessraum, Tennisplätze, Kinderspielplatz und -spielraum, Radverleih. Eindrucksvolle getäfelte Bauernstube als Restaurant, uriger Marendkeller, im Herbst auch Törggelen. Zimmer mit recht viel Platz. DZ/HP 154–274 €. Passeirerstr. 6, ✆ 0473/645403, www.saltauserhof.com.

**** Quellenhof Resort, ein ganzes Resortdorf im Grünen mit Wald, Wiesen, Golf, Reithalle, Tennisanlage und 6 verschieden gestalteten, doch immer komfortablen Hoteleinheiten. Besonders luxuriös die neue „Vitalresidenz" mit „Luxusbetten" in den Suiten, kindergerecht der „Forellenhof", schön die großen, hellen, holzbetonten Zimmer im Alpenschlössl. DZ/HP im Alpenschlössl oder in der Vitalresidenz ab 370 €.

Passeirerstr. 47, St. Martin, ☏ 0473/645474, www.quellenhof.it.

*** **Sonnegg**, kinderfreundliche Pension mit gut ausgestatteten Zimmern und reichhaltigem Frühstücksbuffet, kleines beheiztes Freibad, gratis Fahrradverleih, Wanderungen. DZ/HP 118–156 €. Saltnerweg 1, ☏ 0473/645478, www.pension-sonnegg.com.

》》》 **Mein Tipp: Torgglerhof**, traumhaft inmitten von Apfelplantagen direkt am Passerradweg gelegen, ein architektonisches Prunkstück (Finalist beim European Design Award 2016 u. a. für die Apfelsauna), mit großer Wiese und Terrasse. Alles dreht sich beim ersten Apfelhotel Südtirols (kreativ muss man sein …) um die runde Vorzeigefrucht, darüber hinaus ist der Service ausgesucht freundlich, die Küche hochwertig und es gibt jedes Jahr was Neues, ab 2018 z. B. einen Whirlpool mit Apfelblick. DZ/HP 160–360 €. Torgglerhof 19, ☏ 0473/645433, www.apfelhotel.com. 《《《

Camping Passeier/Meran, relativ neuer Campingplatz unweit von Meran im unteren Passeiertal (beim Untersaltaushof). Zwar zwischen Straße und Fluss, aber recht ruhig, Pool und Sauna (und Heubad), Massagen, sanitäre Ausstattung komfortabel und modern. Geöffnet Ende März bis Allerheiligen. Gespann und 2 Pers. 23–28 €. Auch schöne Apts. (2 Pers.) für 49–72 €. Passeirerstr. 10, ☏ 0473/645454, www.campingpasseiermeran.com.

In St. Martin ***S **Jager Hans**, solides Haus mit angenehmen, geräumigen Zimmern, großes Hallenbad, Whirlpool, Kneippbecken, Saunen und „Kräuterkuchl", Fitnessraum. Die Restaurant-Pizzeria bietet verschiedene Schnitzel und Zwiebelrostbraten, Marendteller mit Speck und ein preiswertes Menü. Di Ruhetag. DZ/FR 120–182 €. Dorfstr. 3, ☏ 0473/641253, www.jagerhans.com.

Lamm, historischer Gasthof in der Ortsmitte, in dem schon Andreas Hofer speiste, „Mitterwirt", klassische Südtiroler Küche ohne Schnickschnack aus besten lokalen und regionalen Zutaten (1 Gault-Millau-Haube 2017). Schmackhaftes Essen: Bratl von der Passeirer Bergziege, Speck am Brettl, Knödel und Nocken mit Kräutern, Gemütliche Tiroler Stube. 2 Gänge ab ca. 25 €. So Abend und Mo Ruhetag, ☏ 0473/641240, www.gasthaus-lamm.it.

Unterwirt, Gruppenhotel und Weinbar, essen kann dort nur, wer auch nächtigt, gleich ums Eck liegt n[...] ge Brauhotel. Dem A[...] Atmosphäre in der [...] man sitzt draußen di[...] der man beispielswei[...] laris genießen kann. [...] sen nur 100 m hinter [...] bäudes, quasi mitten im Ort. Jaufenstr. [...], ☏ 0473/641226, www.martinerhof.it.

Bar Evi beim Giatl (Do Ruhetag), **Dorfcafé** mit Eisdiele, daneben **Bäckerei Kofler** mit gutem Brot, alle am Dorfplatz.

In St. Leonhard **** **Stroblhof**, Wellnesshotel und Sportresort, Wasserwelt mit großzügigem Frei- und Hallenbad samt Rutsche und Liegewiese sowie neuem Sauna- und Wellnessbereich. Schicke Bar & Lounge in trendigem Design. Umfassende Angebote für Kinder, Kinderbetreuung. Mehrere Zimmertypen, neue komfortable Suiten, alle hervorragend ausgestattet. DZ/¾-P 242–300 €, Suiten und Familienapartments teurer. Passeierstr. 28/29, ☏ 0473/010500, www.stroblhof.com.

**** **Bad Fallenbach**, Residence-Hotel an der Jaufenstraße etwas über dem Ort mit prächtiger Aussicht und Zugang zu Südtirols kräftigstem Heilquellwasser. Schöne Apartments mit Terrasse, in den Küchen komplette Ausstattung samt Spülmaschine und Mikrowelle. Im Haus Panorama-Hallenbad und Sauna. Apt. (2 Pers.) 96–188 €. Jaufenstr. 23, ☏ 0473/657700, www.badfallenbach.com.

*** **Tirolerhof**, Hotel in zentraler Lage, Familienbetrieb, rustikal und recht freundlich, Sauna, Whirlpool, Dampfbad, individuell eingerichtete Zimmer mit Balkon. Gemütliche Stuben. DZ/FR 74–84 €, Apt. für 2 Pers. 60–74 €. Kohlstatt 7/11, ☏ 0473/656117, www.hoteltirolerhof.it.

Camping Zögghof, neuer 4-Sterne- Campingplatz mit steiler Terrassierung und ansprechenden Bungalows in der obersten Reihe sowie kleiner Bar und Shop mit Verkauf hofeigener Produkte. Stellplatz für 2 Pers. 22–46 €, Bungalows 50–90 € (Endreinigung 30 €), Mooserstr. 31a, ☏ 335/1050440, www.camping-zoegghof.com.

Brückenwirt, Gasthaus-Pizzeria mit Mini-Schaubrauerei. Das Hausbraubier des Brückenwirts darf 4–6 Tage gären und ebenso viele Wochen reifen, bevor es ausgeschenkt wird. Toller Ausblick auf Passer und Ort von der Terrasse. Leckere Pizza. Motorradtreff. Ab 11 Uhr geöffnet,

...etag. Breitebnerstr. 2, ☎ 0473/...

...hwirt, Kirchweg 31, altes Gasthaus oben ...m Ort etwas unterhalb der Kirche, einfache Küche, Tagesgericht unter 10 €. Mo Ruhetag.

In Stuls *** **Kronhof**, die sonnige Panoramalage hat dem Weiler Stuls drei 3-Sterne-Hotels beschert. Schönes Hallenbad, Saunen, Fitnessraum, Liegewiese und bequeme Zimmer mit Balkon. DZ/HP 120–150 €. Stuls 7c, ☎ 0473/649566, www.kronhof.com.

In Moos ** **Maria**, Privatpension mit Café an der Bushaltestelle unter dem Tourismusbüro, kleines Angebot. Zimmer mit Balkon. Mi Ruhetag. DZ/FR 56–62 €, Apt. für 2 Pers. 55–65 €. ☎ 0473/643563, www.cafemaria.it.

In Platt ** **Tannenhof**, Pension im Dorf mit Café-Restaurant und rustikal-schmackhafter Küche, Kartoffelravioli mit Pfifferlingen, Apfelschmarrn mit Preiselbeeren. Pensionsbetrieb familiär und kinderfreundlich, einfache Zimmer mit Balkon. DZ/FR 80–90 €. ☎ 0473/649088, www.tannenhof.bz.it.

In Pfelders ** **Enzian**, Gasthof-Pension und Restaurant-Café. Guter Tischwein (Teroldego), da schmeckt das Essen gleich doppelt so gut: Käsknödel mit Salbeibutter und Parmesan, Hirschkotelett in Wacholderrahm, herbstlich die Polenta vom Grill mit frischen Pfifferlingen. Im Haus Sauna, Fitnessraum, Whirlpool und Hallenbad im Nebenhaus können benutzt werden. Zimmer mit Balkon. DZ/FR 70–82 €. Pfelders 25, ☎ 0473/646708, www.enzian-pfelders.com.

Steinerhof, der Reiterhof mit Haflingern bietet auch 3 Apartments an, in denen nicht nur Reiter wohnen dürfen, der bäuerliche Betrieb heißt auch Kinder besonders willkommen (Spielplatz, Haustiere). Apt. für 2 Pers. 70–94 €. Pfelders 10d, ☎ 0473/646741, www.steinerhof.eu.

** **Bergland**, Pension mit recht großen Zimmern mit Balkon, Wiese mit Spielplatz beim Haus, freundlicher Frühstücks- und Speiseraum. DZ/FR 80–92 €. Pfelders 27, ☎ 0473/646716, www.pension-bergland.it.

Sehenswertes/Ausflüge

Auf den Hirzer (2781 m): Zu den vielen Wandermöglichkeiten, die man von der in Saltaus beginnenden Hirzer-Seilbahn hat (Mittel- und Bergstation); → Schenna.

St. Martin in Passeier: Wer unterhalb von St. Martin auf der Staatsstraße 44 durchdonnert, ist selber schuld. Der Ort ist nämlich trotz Tourismus und einiger Neubauten ein sehr traditionelles Dorf, an dessen enger Dorfstraße sich eine Anzahl alter und schöner Häuser aufreihen. Also: Wagen abstellen und hinauf ins Dorf. Oder gleich buchen und hier bleiben. Wanderwege ringsum, die Hirzer-Seilbahn (s. o.) ist um die Ecke.

Ein sehenswertes architektonisches Juwel ist das 2015 für 4,3 Mio. Euro fertiggestellte **Dorfhaus** in der Ortsmitte, ein genial konstruierter Bau aus Bruchsteinen und Holz, von dem nur ein Fünftel aus dem Boden ragt – der Rest ist unterirdisch. Über der Erde befindet sich im Wesentlichen eine riesige Bühne für Open-Air-Aktivitäten. Was man nicht auf den ersten Blick sieht: Sie kann durch ein hochfahrendes Tor verschlossen werden, sodass der Raum innen als Multifunktionssaal genutzt werden kann.

In St. Martin und im engeren Umkreis gibt es eine ganze Reihe von **Schildhöfen**. Sie heißen Kalm, Turm, Haupold, Weingarten, Obergereuth, Untergereuth oder Saltaus. Der Schildhof Steinhaus, der auf einem Hügel oberhalb der Pfarrkirche liegt, fällt durch seine wehrhafte Erscheinung mit Spitzbogentürmen und Erkern auf.

Beim Dorfbummel besucht man die *gotische Pfarrkirche zum hl. Martin* mit ihrem reizvollen Sterngewölbe im Chor (15. Jh.) und dem barockisierten Langhaus. Sie hat einen prächtigen Hochaltar (1765) und schöne, ebenfalls spätbarocke Seitenaltäre. Besonders reizvoll ist die gleichzeitig entstandene Kanzel mit dem üppig dekorierten Schalldeckel mit Engel, der fleißig und immerwährend Posaune bläst. Am Friedhof die spätgotische, doppelgeschossige *St.-Michaels-Kapelle* mit Nikolausfresko neben dem Eingang und hübschem Renaissancealtar im oberen Stockwerk.

Noch westlich oberhalb der Kirche (nicht an der Dorfstraße) steht ein Haus, groß wie ein adeliger Ansitz, mit Außenfresken: an der oberen Hauswand ganz groß mit Gottesmutter, Heiligen und dem Stifter, dazu links und rechts mit Medaillons, rechts ist der hl. Martin zu sehen, der Patron des Dorfs. Das Haus wird *Malerhaus* genannt. Seine Fresken entstammen der „Passeirer Malerschule", die etwa zwischen 1719 und 1845 viele Fresken, aber auch Bilder in Kirchen und Kapellen hervorbrachte und die ihr Zentrum in St. Martin hatte. Nördlich der Kirche, in der Schmiedgasse, befinden sich mehrere beachtenswerte Gebäude. Gleich nach der Friedhofskapelle *St. Michael* findet man auf der linken Straßenseite ein auffälliges *Turmhaus* mit freskiertem Erker und freskierten Rundmedaillons, etwas versetzt dahinter das mächtige *Haus der Jugend*, ein Wohnturm aus dem 14. Jh. mit freigelegten historischen Putzoberflächen. Etwas dahinter (westlich) liegt das massiv gemauerte *Pfarrwidum*, das in seinen Ursprüngen sogar aus dem 12. Jh. stammt. Weiter nördlich und auf der rechten Straßenseite der Schmiedgasse befindet sich das *Hohe Haus* von 1791, so benannt, weil es zu seiner Erbauungszeit alle anderen Häuser überragte. Es ist mit spätbarocken Wandmalereien von 1794 versehen. Südlich der Pfarrkirche liegen noch die *alte Bäckerei* von 1694, früher Zollhaus, das *Fischerhaus* mit historischem Holzbalkon und das *Steckholzgütl* aus dem 17. Jh. mit gemauertem Erdgeschoss samt Erker und flachem Satteldach.

Oberhalb des Dorfs St. Martin steht der eindrucksvolle *Schildhof Steinhaus*, der 1285 erstmals urkundlich bezeugt ist und im Besitz mehrerer Tiroler Adelsfamilien war, dann zum Kloster Marienberg kam und seit dem frühen 19. Jh. in den Händen von Bauernfamilien ist. Erker, Türmchen und Spitzbögen sowie Maßwerkfenster (um 1500) erinnern eher an einen adeligen Ansitz als an einen Bauernhof. Auch das Wirtschaftsgebäude setzt sich von anderen Höfen durch seine massiven Steinportale ab.

St. Leonhard in Passeier: Der Geburtsort von *Andreas Hofer* liegt zu beiden Seiten des rasch fließenden Waltenbachs. Die Straße zum Jaufenpass umgeht den Ortskern, wo neben der Autobrücke der alten Jaufenstraße eine zweite, für Fußgänger reservierte Brücke über die Passer führt. Dort konzentriert sich sehr dicht der Gastrobezirk des Orts, was man ganz anschaulich am späteren Nachmittag nachprüfen kann, wenn sämtliche Terrassen sämtlicher Cafés und Gaststätten mit Eis schlürfenden und Torten verschlingen ... – pardon, genießenden Gästen besetzt sind. Die alten *Schildhöfe Happerg, Gomion, Ebion* und *Buchegg* in der weiteren Umgebung zeugen von der Bedeutung des Orts bereits im Mittelalter.

Seit 1883 hat St. Leonhard das Recht, sich „Kurort" zu nennen. Das hat es der Heilquelle „Zegg-Bad" zu verdanken, heute Bad Fallenbach, die bereits seit dem 18. Jh. bekannt war, ab 1830 erstmals analysiert und später gefasst wurde. Passeirer wie ihre Gäste nutzten das Bad, das wie so viele andere „Bauernbadl" nach 1918 aus der Mode kam. Im Garten des Hotels Bad Fallenbach (→ „Übernachten") können Sie es kostenlos vom Brunnen trinken. Das Wasser entspringt mit 12 °C und enthält Eisen, Jod und Fluor sowie Spuren von Arsen, Brom, Selen, Zink und vielen anderen Elementen. Typisch sind die rostfarbenen Ablagerungen, die das fließende Wasser an der eigentlichen Kluftquelle hinterlässt. Es gilt als das reichhaltigste Mineralwasser Südtirols.

Die Schildhöfe des Passeiertals

Das Passeiertal hat eine Reihe von Bauernhöfen, die schon durch ihre baulichen Besonderheiten wie einen festen Turm, Zinnen und besonders kräftiges Mauerwerk anzeigen, dass sie etwas Besonderes sind. Es sind sog. Schildhöfe, die Höfe freier Bauern, die eine militärische Dienstverpflichtung an die Grafen von Tirol abgelegt hatten und ihnen mit Pferd, Schild und Speer Waffendienst leisteten. Für die Heerfolge, die seit dem 13. Jh., vielleicht sogar schon aus dem 12. oder gar 11. Jh. datiert, erhielten sie Privilegien. Das wichtigste Privileg war Steuerfreiheit (1311 waren es 11 Personen, die von der landesfürstlichen Steuer befreit waren, darunter die Besitzer der Höfe Gormion, Haupold, Saltaus, Erbion und Buchenegg). Die „Schildleute", wie sie auch genannt wurden, stuften sich in der mittelalterlichen Hierarchie gleich nach den Rittern ein und nahmen (bis 1790) in der Gruppe (Kurie) der Ritter am Landtag teil. Dass sie nicht selbst in den Adel aufrückten, ist verwunderlich und letztlich ungeklärt. Sie blieben Bauern, die ihrem Landesfürsten zu Pferd und in Rüstung Heerfolge leisteten und – eine wichtige Aufgabe – die Straße über den Jaufenpass sicherten. Ihre Stellung als landesfürstlich Privilegierte und besonders angesehene Bürger Tirols erlaubte es ihnen jedoch auch, Verwaltungsämter auszuüben, insbesondere das lukrative Richteramt. Selbst die Burggrafen auf Tirol (Verwalter für die Burg) waren zweimal Schildherren aus dem Passeier. Neue Titel und Einkommen außerhalb der Landwirtschaft erlaubten es den Schildherren, ihren Besitz auszuweiten, Wasserrechte und Grundstücke zu kaufen und eigene Verwalter und Gesinde einzustellen. Dazu waren oft Zu- und Anbauten, ja neue Häuser nötig – die Schildhofstelle Saltaus entwickelte sich zu einem Dorf.

Nach der Verlegung der Tiroler Landeshauptstadt von Meran nach Innsbruck (1420) verloren der Jaufenpass und damit auch die Schildhöfe ihre große Bedeutung in Lande. Sie blieben jedoch bestehen und behielten auch bis 1918 formell ihre Heerfolgpflicht und das – ebenfalls militärische – Paraderecht, das sie, in Form von Aufzügen bei Prozessionen, bis heute ausüben. Die Schildhöfe selbst sind in den meisten Fällen nicht mehr die alten Gebäude, die längst durch Neubauten ersetzt wurden oder bis zu Unkenntlichkeit verändert wurden. Nur wenige haben in ihrer alten Form überlebt wie der Hof Steinhaus über St. Martin.

Die Jaufenburg: Die Ruine der Jaufenburg, die praktisch nur noch aus dem Bergfried besteht, ist von St. Leonhard aus gut zu sehen, sie bewachte schließlich den Aufstieg zum Jaufen und musste einen guten Ausblick auf die Straße darunter haben, an der St. Leonhard liegt. Im sanierten Bergfried erklären Schautafeln in den unteren drei Stockwerken die Geschichte der Burg und des Gerichts Passeier samt der jeweiligen regierenden Herrschaften (z. B. die Grafen Fuchs), interessant v. a. die Erklärungen zum Phänomen der Schildhöfe. Im vierten Stockwerk Fresken von *Dill Riemenschneider* (1538), im fünften tolle Aussicht und Hörstation zu den Sagen des Passeier.

Mai bis Mitte Okt. Mo 10–13 Uhr; Eintritt 2 €, Kinder 1 €. Die Jaufenburg wird vom Museum Passeier betreut (s. u.). Mit Pkw über Schlossweg (ab Jaufenstraße), zu Fuß z. B. „Sonnenrundgang" (ebenfalls ab Schlossweg) in ca. 20 Min.

St. Leonhard in Passeier

Museum Passeier mit Andreas-Hofer-Geburtshaus: Außerhalb von St. Leonhard und etwas talabwärts liegt an der Jaufenstraße der alte *Sandhof*. Wegen seiner Lage an der stark frequentierten Jaufenstraße war er schon lange Wirtshaus, als dort 1767 Andreas Hofer geboren wurde. Andreas Hofer (1767–1810), der vielleicht berühmteste Tiroler, war Gastwirt in diesem Haus, bevor er den Widerstand Tirols gegen die Besatzung der Franzosen zu organisieren begann, zuerst unterstützt und dann allein gelassen durch die kaiserliche Regierung in Wien, Sieger zuerst und dann Verlierer, verfolgt, gefangen und hingerichtet in Mantua (→ „Geschichte").

Neben dem Gasthaus wurde der ehemalige Stall (heute lässt man den Wagen auf dem riesigen Parkplatz gegenüber dem Haus stehen) zum interaktiven Ausstellungsbereich (mit Film- und Tondokumenten) zum Leben und Wirken des Andreas Hofer unter dem Motto „Helden und Hofer" eingerichtet. Zu sehen sind u. a. auch seine Kleider, der Hut, sein Rosenkranz, Waffen, Schützenfahnen, diverse Dokumente und Andreas-Hofer-Kitsch. Es wird dargestellt und aufgearbeitet, wie der Rebell für nationalistische und faschistische Zwecke instrumentalisiert wurde. Im Dachstuhl des Gebäudes befasst sich die modern gestaltete Ausstellung „Helden und Wir" mit der Frage, wozu es eigentlich Helden braucht.

Sehenswert ist auch der Außenbereich, den man von der Straße aus teilweise einsehen kann. Ein kompletter Passeirer Haufenhof wurde abgetragen und hinter dem Sandhof wieder aufgebaut, er zeigt die Hofschmiede und die Wassermühle, den Getreidekasten und den – fast überall wegen der Brandgefahr frei stehenden – Backofen, das Wohnhaus und das Wirtschaftsgebäude. Daneben sind eine Herz-Jesu-Kapelle von 1899 und das interessante Heilig-Grab-Kirchlein von 1691 von Interesse. Weiterhin sind eine Lodenwalke mit Gerstenstampfe, die bis 1950 im Hinterpasseier in Betrieb war, eine Kegelbahn von 1920 und ein alter Bienenstand zu sehen. Und in einem der alten Gebäude vermittelt die Ausstellung „Mir Psairer" einen augenzwinkernden Blick auf Kultur, Tradition und insbesondere Sprache der ansässigen Bevölkerung. Haben Sie eine Idee, was „s Manniz" bedeutet? Sind Sie ein männlicher Leser, dürfen Sie sich angesprochen fühlen als „männliche Person". „S Singaisn"? Versuchen wir es wörtlich auf Hochdeutsch: „das Singeisen". Gemeint ist die Kuhglocke. Es lassen sich viele weitere heitere Erkenntnisse beim Besuch des Museums gewinnen. Die Verantwortlichen haben ständig Neues vor: Für 2019 ist eine Ausstellung über die Passeirer Malerschule geplant.

Mitte März bis Allerheiligen Di–So, im Juli/Aug. tgl. 10–18 Uhr, Di 10 und 13 Uhr Familienführung (Dauer 1 Std.) ohne Anmeldung und Aufpreis, Eintritt 8 €, Kinder 4 €, Fam. 18 €. St. Leonhard in Passeier, Passeirerstr. 72, ✆ 0473/659086, www.museum.passeier.it.

Wanderweg durch die Passerschlucht: Nach drei Jahren Bauzeit wurde 2016 der spektakuläre Passeirer Schluchtenweg eröffnet. Auf 6,5 km Länge führt er über 320 Höhenmeter durch die enge Felsklamm, die die Passer im Lauf der Zeit herausgefräst hat. Atemberaubend angelegte (aber absolut familiengeeignete) Gitterstege ermöglichen es, quasi über dem Abgrund zu wandeln. Wer mag, kann dem beschilderten Weg entlang des Flusses ab dem Parkplatz beim Museum folgen, bis man nach etwa einer halben Stunde zum eigentlichen Beginn des Schluchtenweges am Ende der Sportzone Passeier kommt. Nach gemächlichem Beginn quert man auf einer Brücke (0:15 Std.) den rauschenden Bach und folgt seinem Verlauf flussaufwärts am linken Ufer. Nach ersten Gitterstegpassagen und dem alten Gomioner Kraftwerk (0:30 Std.) geht es über steile Serpentinen bergan. Zur Rechten stürzt über die Stulser Wände der dritthöchste Wasserfall Europas herab (200 m hoch). In der Folge führt der Weg über mehrere besonders eindrucksvolle Gitterstege durch

Nördlich von Meran

Wilde Passerschlucht

senkrechte Felswände hoch über dem Flussbett. Schließlich senkt sich der Weg wieder zum Talgrund ab und mündet am Ende der Schlucht in die Brücke (0:50 Std.), die den großen Rückhaltedamm überquert. Ab hier kann man direkt nach Moos (rechts) oder den 40-minütigen Umweg nach links über den wild schäumenden Stieber-Wasserfall (37 m hoch) und das Café Bad Sand wählen. Wer nicht den gleichen Weg retour gehen will, nimmt in Moos den Bus (Haltestelle gegenüber der Pension Café Maria, Abfahrt immer 5 Min. vor der vollen Stunde).

Die Straße über den Jaufen: Die uralte Jaufenpassverbindung von St. Leonhard in Passeier nach Sterzing bzw. von Bozen und Meran zum Brenner und nach Innsbruck wurde 1912 zu einer modernen Straße ausgebaut. Zwischen St. Leonhard und dem Pass auf 2094 m müssen zwei steile Hänge in Serpentinen bewältigt werden, dazwischen liegt idyllisch der Bergweiler *Walten* mit Kirchlein auf dem Hügel Glaiten. Das Kirchlein sieht man schon vom Tal aus, entsprechend lohnend ist der Blick von dort oben auf Passeiertal, Texelgruppe, Ötztaler und Sarntaler Alpen. Zum Jaufenpass → S. 129.

Wanderung auf die Jaufenspitze: → „Das Ridnauntal/Ausflüge", S. 125.

Die Timmelsjochstraße: Die Bergstraße erreicht auf dem Timmelsjoch eine Scheitelhöhe von 2491 m, damit ist sie nach Stilfserjoch- und Großglockner-Hochalpenstraße die dritthöchste Straßenverbindung über die Ostalpen. Der Weg über das Timmelsjoch ist eine alte Verbindung. Mindestens seit dem Frühmittelalter, als Bauern aus dem Passeier das obere Ötztal zu roden und besiedeln begannen, ist ein ununterbrochener Verkehr über das Joch anzunehmen. Die heutige Straße ist modern ausgebaut, sie hat fast ausschließlich touristische Bedeutung (Oktober bis Juni gesperrt!).

An einem Sonntag Anfang September **Jochfest auf dem Timmelsjoch** nach alter Tradition, denn am Wochenende nach Jakobi wurden die Schafe ins Tal getrieben. Das Fest findet entlang der Straße statt, Musik aus dem Passeiertal und dem Ötztal, Stände, Essen und Trinken.

Maut: Für die Benutzung der Timmelsjochstraße wird eine Maut verlangt, sie beträgt für Pkw einfach 16 €, hin/zurück 21 € für den italienischen und den österreichischen Teil, www.timmelsjoch.com.

Top Mountain Crosspoint Tirol, der futuristisch anmutende Gebäudekomplex aus viel Holz und Glas beherbergt nicht nur die neue Mautstation, sondern auch ein großzügig gestaltetes Restaurant (auch Bar) und Europas höchstgelegenes Motorradmuseum

Timmelsjoch/Schneeberg

mit 230 Exemplaren von 100 Herstellern. Zudem ist die neue Kirchenkar-Kabinenbahn-Talstation integriert. Hangseitig ragt ein wuchtiger Steg (erste Station der „Timmelsjoch-Erfahrung", s. Kasten) über den Abgrund, von dem man einen fantastischen Blick auf Obergurgl hat. Museum im Sommer tgl. 9–17 Uhr, Eintritt 10 €. ℘ 05256/6265910, www.crosspoint.tirol.

Museum Timmel Transit, im Sept. 2018 soll zur 50jährigen Jubiläumsfeier der Fertigstellung der Passstraße in einer umgestalteten ehemaligen Grenzsoldatenkaserne von 1930 ein neues Museum eröffnen. Es wird die Themen Baugeschichte, Transit, prähistorische Funde und den Schmuggel miteinander verknüpfen und durch einen Rundweg mit dem Passmuseum verbinden.

* **Gasthof Hochfirst**, auf 1860 m an der Timmelsjochstraße, Ausgangspunkt für viele Wanderungen, z. B. auf den Schneeberg (2:30 Std.). Mai bis Okt. 18 Betten in Zimmern mit Du/WC und Balkon, außerdem Matratzenlager und Gaststätte mit Terrasse zum Tal. DZ/FR 72 €. Timmelsjochstr. 56, ℘ 0473/647040, www.hochfirst.it.

Die Timmelsjoch-Erfahrung

Die Timmelsjoch-Erfahrung ist ein kunsthistorisches Projekt, das fünf Elemente umfasst, denen man auf der Fahrt von Obergurgl bis Moos begegnen kann. Gerade auch für Familien lohnt es den mehrfachen Stopp. Das erste Element ist der Steg, ein wuchtig gestalteter Aussichtspunkt an der Nordtiroler Mautstation. Das zweite ist ein begehbarer Würfel hinter der Timmelsbachbrücke mit dem Titel „Schmuggler". Dort erfährt man etwas über das harte und gefährliche Leben derjenigen, die früher alle möglichen Waren über die Passgrenze schmuggelten. Das Passmuseum, am höchsten Punkt der Straße gelegen, erzählt die Geschichte ihrer Erbauung. Auf der Abfahrt, an einem Platz unter dem Scheibkopf, ermöglicht das „Fernrohr" einen tollen Blick auf das Passeiertal und die Gipfel der Texelgruppe. Der „Granat" bei Stuls ist ein Schauraum, in dem man Wissenswertes über Mussolinis Alpenwall und die Stulser Wasserfälle erfährt. Er ist die letzte Station der Timmelsjoch-Erfahrung.

Erlebnisbergwerk und Schutzhütte Schneeberg: Das wohl höchstgelegene Bergwerk Europas baute Feinsilber, Zinkblende und weitere Erze ab, die in Gängen zwischen 2000 m und 2500 m vorkommen. Die Gänge ziehen sich zwischen Ridnauntal (→ Südtiroler Bergbaumuseum Ridnaun-Schneeberg, S. 505) und dem Passeier über mehrere Kilometer. Seit dem frühen Mittelalter wird abgebaut. Die Tiroler Grafen ließen aus dem *Silber* Münzen prägen. Die Fugger verstärkten den Abbau und sorgten wie auch anderswo in ihrem Sterzinger Besitz (Gossensass) für bessere Abbaumethoden, aber mit dem Vordringen des Silbers aus den Habsburgerkolonien in Amerika verlor der Abbau an Bedeutung. 1871 begann man dann mit dem Abbau der bis dahin wirtschaftlich uninteressanten Zinkblende. Dafür musste das Bergwerk ausgebaut, Zufahrtswege und Abbau- sowie Aufbereitungsanlagen errichtet und eine Reihe neuer Stollen gebohrt werden. Die 1871 errichtete Erz-Übertage-Förderanlage auf Schienen war die größte ihrer Zeit und ist in Teilen gut erhalten. 1925 wurde eine große Materialseilbahn errichtet, wodurch es möglich war, die Erzaufbereitung komplett ins Tal zu verlagern und die alte Bergwerkssiedlung St. Martin am Schneeberg weitgehend aufzugeben (die vorhandenen Bauten wurden jedoch nicht abgetragen). Die Knappensiedlung auf 2355 m war vorher jahrhundertelang ganzjährig bewohnt gewesen. Für die dort untergebrachten Knappen war der Hochwinter die schlimmste Zeit des Jahres. Sie mussten sich oft

Nördlich von Meran

durch 8 m hohen Schnee wühlen, bevor sie den Stolleneingang erreichten. Da der Abbau erst vor relativ kurzer Zeit eingestellt wurde, sieht man bei der Besichtigung von Schneeberg Knappenhaus und Stollen, Förderlinien und Aufarbeitungsanlagen eines zwar historischen, aber noch bedeutungsmäßig bis in unsere Gegenwart hereinragenden Betriebes.

Die **Schutzhütte Schneeberg**, errichtet im alten Knappenhaus von *St. Martin am Schneeberg*, ist Zentrum für die Besichtigung. Man erreicht sie vom Passeiertal aus z. B. von der Timmelsjochstraße. 2:30 Std. geht man auf einer Forststraße von km 18,6 an der Straße (hinter dem Gasthaus Schönau auf 1700 m). Man erreicht zuerst das Abbaugebiet Seemoos auf 2187 m und dann nach recht steilem Aufstieg die Knappensiedlung St. Martin am Schneeberg.

Die Schutzhütte Schneeberg (2355 m), ein ehemaliges Herrenhaus und Knappenwirtshaus, ist zwar ein historischer Standort, aber wie jede andere alpine Schutzhütte für jeden Wanderer offen (Juni bis Oktober): einfache 3- bis 6-Bett-Zimmer und Matratzenlager, mit FR 35–40 € pro Pers.; ✆ 0473/647045, www.schneeberg.org. Der Museumsbesuch umfasst einen Schauraum (gratis) und das Erlebnisbergwerk.

Die kleine Führung „Himmelreich" (ca. 1:30–2 Std., mind. 6 Pers., 9 €, erm. 4 €) findet tgl. außer montags um 13 Uhr statt, sie startet am Schneeberg und umfasst Schauraum, Knappensiedlung, Stollenbegehung, Erzsuche. Voranmeldung nötig.

Die große Führung „Schneeberg total" (nur Sa, 8.30 Uhr, Dauer ca. 10 Std., ebenfalls Mindestteilnehmerzahl 6 Pers. und Anmeldung mind. 2 Tage vorher, 26 €, erm. 12 €) zeigt den gesamten Bereich des Abbaus inkl. 3,5 km Grubenbahn im Poschhausstollen. Ausrüstung wird gestellt, Regen- und Kälteschutz sowie Essen und Trinken selbst mitnehmen!

Anmeldung online, in den Tourismusbüros der Region oder am Schneeberg.

Kontakt Erlebnisbergwerk: Südtiroler Bergbaumuseum Schneeberg Passeier, Moos in Passeier, Rabenstein 52/53, ✆ 0473/647045, www.bergbaumuseum.it.

Mooseum: Bunker-Mooseum nennt sich das neueste Museum im Passeiertal, das seit 2009 in Moos eröffnet ist. Es wurde in einem zweistöckigen Bunker eingerichtet, der Sperrgruppe „Moso", die das faschistische Italien gegen einen österreichischen (oder deutschen) Angriff vom Timmelsjoch her verteidigen sollte – die Kampfstellungen für Maschinengewehre sind erhalten. Das Museum beschäftigt sich in den beiden in den Berg getriebenen Stollen mit den wichtigsten Phasen der Entwicklung des Hinterpasseier und besitzt als besondere Attraktion ein großes Steinbockgehege. Markant der Eingangsbau, eine Stahl- und Glaskonstruktion, am besten von der Brücke unterhalb aus zu bewundern.
Mitte April bis Okt. Di–So 10–18 Uhr, Eintritt 6 €, erm. 3,50 €, www.museum.hinterpasseier.it.

Spaziergang zum Stieber-Wasserfall (→ s. auch Passerschlucht): Von Moos nimmt man die Pfelderer Straße und erreicht nach ca. 600 m noch vor Platt den Parkplatz, an dem der Fußweg zum „Stieber" abgeht. Eine Viertelstunde Weg, dann oft etwas feuchter Anblick des eindrucksvollen Wasserfalls von der Holzbrücke über den Pfelderer Bach, dessen stiebende Wassermassen seinem Namen alle Ehre machen. Wer zu Fuß hierher kam, geht über die Brücke weiter und erreicht in *Gilf* die alte Pfelderer Straße und den Rückweg nach Moos. Wer zum Pkw zurückgeht, kann sich noch beim „Platterwirt" stärken.

Auf dem Panoramaweg von der Grünbodenalm nach Lazins: Vom Großparkplatz am Ortsanfang von Pfelders führt der Gründbodenlift in die Almregion der Texelgruppe. Ein wirklich aussichtsreicher, leicht zu gehender Weg führt in 2:30–3 Std. von der Bergstation mit Hütte (2000 m) über die **Faltschnalalm** (1872 m) nach Lazins (1782 m), von wo aus man auf dem schönen Talweg 24 nach Pfelders zurückkehrt. Herrliche Blicke auf den Gurgler Kamm, den Grenzkamm der Ötztaler Alpen gegenüber und in den Talschluss mit der Hochwilde (3482 m). Der relativ neue (2010/2011) Lift aufs Karjoch in 2502 m Höhe (Viererssessellift mit geheizten Sitzflächen und Überdachung) verkehrt nur in der Wintersaison.

Bergbahn **Grünboden Express**, moderne Kabinenbahn, Ende Juni bis 1. Okt. und in der Wintersaison, tgl. 9–12.15/13.30–16.30 Uhr, So durchgängig; Berg/Tal 11 €, nur Berg 9 €; ✆ 0473/646721. **Bergstation**, **Faltschnalalm** und **Lazins** sind bewirtschaftet.

Auf dem Meraner Höhenweg ins hinterste Pfelderer Tal und zur Stettiner Hütte: Gemütlich geht es von Pfelders bis zur Laziner Alm, das ist ein Familienausflug. Anschließend wird's haariger, wenn auch technisch unproblematisch, aber man muss eben 1000 Höhenmeter überwinden, um zur Stettiner Hütte (oder Eisjöchlhütte) auf dem Eisjöchl zu gelangen. Das siebt die Spaziergänger unter den Wanderern aus. Wer sich den einfachen, aber langen Aufstieg mit nicht enden wollenden Serpentinen zumutet, bekommt den Blick ins jenseitige Pfossental (Schnalstal-Nebental) und auf die Südkante der Hochwilde im Grenzkamm kostenlos dazu. Gesamtgehzeit ab Pfelders etwa 6 Std., technisch leicht.

Man passiert den **Gasthof Zeppichl** mit gemütlichen Mehrbettzimmern und Außensauna. Restaurant mit traditioneller und italienischer Küche, aber auch Brotzeit und Kuchen. Fleisch und Wurst stammen vom eigenen Hof. DZ/FR 72–80 €. ✆ 0473/646762, www.zeppichl.com. Außerdem den bewirtschafteten Hof **Lazins** und die ebenfalls bewirtschaftete **Lazinser Alm** in wunderschöner Lage, gute Almküche: Kaiserschmarrn mit Heidelbeeren.

Stettiner Hütte, 2875 m, Juli bis Mitte Sept.; die Hütte wurde 2013/14 teilweise durch eine Lawine zerstört, ein spektakulärer Neubau ist in Planung, aber bisher nicht umgesetzt worden. Zumindest können Tagesgäste versorgt werden und seit Sommer 2017 sind sogar Übernachtungen wieder möglich. ✆ 0473/424244.

Mooseum in Moos, rechts der moderne Eingangsbau

Krokusblüte in Mölten

Südlich von Meran

Burggrafenamt ist der alte Name des Tals südlich von Meran und der angrenzenden Berge, denn hier lagen die ersten Besitzungen der Burggrafen von Tirol. Es ist reiches Land mit Weinbergen wie in Lana und armes Bergbauernland wie im Ultental.

Im unmittelbaren Umfeld von Meran ist *Marling* fast so etwas wie ein Vorort der Stadt geworden, wogegen *Lana* genügend historisches Eigengewicht hat, um sich gegenüber der großen Nachbarin zu behaupten. Man passiert den ausgedehnten Ort, wenn man ins *Ultental* fährt, in ein Bergbauerntal, dessen markierte Wanderwege auch in mehreren Urlauben nicht abzuwandern sind, zumal man für die höchsten, im *Nationalpark Stilfserjoch*, Pickel und Steigeisen braucht. Schon ins Trentino blicken die Orte des *Deutschnonsbergs* im obersten Val di Non. Freundliche Ferien-, Wein- und Apfelorte liegen im Etschtal zwischen Meran und Bozen: *Tisens, Prissian, Nals, Terlan, Andrian*. Wer die Höhenstraße über *Tschögglberg* und *Salten* nimmt, bekommt auch die Bergdörfer mit, bekannte und unbekannte wie *Hafling, Vöran, Mölten* und das winzige *Flaas*.

Marling

Der nach dem Ort benannte, lange **Marlinger Waalweg** zwischen Töll und Tscherms (und weiter als Tschermser Waalweg nach Lana) ist fast jedem Besucher der Gegend um Meran bekannt. Er ist Marlings große Attraktion und das Ziel vieler Wanderer aus der ganzen Region, die gemütlich ein paar Stunden auf einem praktisch ebenen Weg wandern und die Gegend genießen wollen ebenso wie die

Ausblicke, das Plätschern des Wassers, den Duft der Apfelblüten im Frühjahr und dann im Herbst den der am Boden liegenden Falläpfel.

Es wohnt sich angenehm in Marling, der Ort ist übersichtlich, wandern kann man fast von jeder Pension aus, Meran ist nah (von vielen Balkonen aus sieht man Meran, Dorf Tirol, die Texelgruppe, den Ifinger). *Franz Liszt* fand den Ort inspirierend. Das Geläut der Pfarrkirche soll ihn zu einer Komposition angeregt haben – dem Schöpfer thematischer Tongemälde ist das ohne Weiteres zuzutrauen.

Basis-Infos

Information Tourismusverein, vor dem Gebäude Tafel mit den Beherbergungsbetrieben. Mo–Fr 8.30–12.30/14–18 Uhr, im Winter bis 17, Sa nur Sommer 8.30–12.30 Uhr. I-39020 Marling, Kirchplatz 5, ✆ 04737/447147, www.marling.info. Die **GuestCard Meraner Land** – vom Gastgeber – bietet zahlreiche Ermäßigungen. www.meranerland.com.

Verbindungen Bus nach/von Meran jeweils etwa 6.30–21 Uhr mindestens stündl. Bus nach Lana und Algund werktags alle 20 Min., So alle 30 Min.

Taxi: R. Holzer ✆ 0473/446268.

Ärztliche Versorgung Apotheke und Ambulatorium am Kirchplatz 1.

Märkte Bauernmarkt Jeden zweiten Mi (April bis Okt.) auf dem Kirchplatz.

Radfahren Radverleih im Tourismusbüro.

Wein & Destillate Weingut Popphof, Mitterterzer Str. 5, Hofladen, Kellerführung mit Verkostung April bis Sept. nach telefonischer Vereinbarung (ab 10 Pers.), ✆ 0473/447180, www.popphof.com.

Kellerei Meran Burggräfler, Kellereistr. 9, Verkaufsladen, geführte Weinverkostungen April bis Okt. Mo–Fr um 15 Uhr. www.kellereimeran.it.

Privatbrennerei Unterthurner, A.-Pattis-Str. 14, große Auswahl, über 40 Destillate und Liköre (Erdbeer, Nuss, Waldhimbeere, Marille), Enothek und Laden mit Verkostung, Führungen über den Tourismusverein. ✆ 0473/447186, www.unterthurner.it.

Bauernbrennerei Lahnerhof, Brugger Weg 2, Obstbrände (Apfel, Birne) und Grappas, Führungen und Verkostungen nach telefonischer Vereinbarung (ab 6 Pers.), ✆ 335/7043583, www.lahnerhof.com.

Übernachten/Essen & Trinken/Nachtleben

Die Hotels in Marling bieten in ihren Restaurants den für Südtirol üblichen Mix aus Tiroler und italienischer Küche. Dazu kommen die Jausenstationen, Gasthäuser und Buschenschanken, v. a. jene am Marlinger Waalweg und Marlinger Höhenweg.

Übernachten ****S Giardino Marling, gediegenes Luxushotel in ruhiger Lage am oberen Ortsrand von Marling mit tollem Blick auf Meran und Umgebung, funktional-modernes Ambiente im großen Speisesaal mit Terrasse, komfortable, geräumige Zimmer, moderner Wellnessbereich mit Biosauna, finnischer Sauna, Dampfbad und Whirlpool im Garten. Der Clou ist der im Dunklen beleuchtete Dachterrassenpool, von dem aus man bei 28 °C warmem Wasser die Lichter von Meran (und die Sterne am Himmel) anschmachten kann. Das Frühstücksbuffet ist vom Feinsten, das Essen ebenfalls hochwertig. DZ/HP 248–400 €, Suiten bis 480 €. St.-Felix-Weg 18, ✆ 0473/447177, www.giardino-marling.com.

**** Kristall, Landhaushotel, gediegene Zimmer, Suiten und Apartments in einem mit nicht allzu viel Holztäfelung und Rustikalmöbeln eingerichteten Haus, die Zimmer zum Hang blicken ins Grüne, die zum Tal zum Ifinger, und wer im neueren Trakt auf der Seite wohnt, bekommt Terrasse, Pool und Liegewiese in den Blick. Aufwendige Saunalandschaft, Fitnessraum, Restaurants („Stuben"), Kaminhalle. DZ/HP 170–274 €, Apt. für 2 Pers./HP 220–260 €. St.-Felix-Weg 16, ✆ 0473/447262, www.hotelkristall.bz.it.

**** Pazeider, großer Hotelkomplex mit neuem Anbau. Angenehm puristisch gestaltete

Zimmer und stylische Suiten, ringsum das Grün der Apfelplantagen, Hallenbad mit Gegenstromanlage, Sauna, Fitnessraum, beheiztes Freibad und Liegewiese mit Bäumen, man kann auch draußen frühstücken und zu Abend essen. Balkone zum Tal, da hat schon mancher Gast mit Blick auf Meran ein abendliches Fläschchen Burggräfler geleert. DZ/¾-P 168–240 €, Suiten teurer. Nörderstr. 32, ℡ 0473/448740, www.pazeider.com.

*** **Marlinger Hof**, das „Piccolo Hotel" ist so klein nun auch wieder nicht (65 Betten), hat aber familiäre Atmosphäre, Freibad, Liegewiese, Kinderspielplatz und liegt verkehrsgünstig an der Marlinger Brücke und daher nicht ganz ruhig. Im älteren wie neueren Trakt angenehme Zimmer mit Balkon. DZ/FR 98–154 €. Gampenstr. 6, ℡ 0473/447157, www.hotel-marlingerhof.it.

** **Panorama**, Pension in sonniger Panoramalage mit Pool, Garten und Liegewiese unterhalb der Terrasse, Zimmer mit Balkon. DZ/FR 64–80 € inkl. Eintritt ins Hallenbad des nahen Hotels Traubenwirt. F.-Innerhofer-Str. 14, ℡ 0473/447216, www.panorama-pension.it.

** **Popphof**, ruhig, obwohl zentrumsnah gelegenes, sehr angenehmes Haus im Grünen mit altem Weinkeller und eigenen Weinen, schöner alter getäfelter Stube, mit Freischwimmbad und Liegewiese mit Ausblick und freundlichen Zimmern. DZ/FR 84 €. Mitterterzer Str. 5, ℡ 0473/447180, www.popphof.com.

** **Rosemarie**, Gasthof-Pension, Pool und Liegewiese, Fernsehraum, Familienbetrieb mit Sinn für Kinder. DZ/FR 72–80 €, Apt. (2 Pers.) 60 €. Gampenstr. 57, ℡ 0473/447200, www.pension-rosemarie.it.

Urlaub auf dem Bauernhof Rochelehof, gut ausgestattete Ferienwohnungen, Schlaf- und Wohnraum getrennt, Brötchenservice, auf Wunsch auch Frühstück. Garten und Liegewiese, Weinlaube mit Terrasse, kleines Kellermuseum. Apt. für 2–4 Pers. 52–87 €. Anselm-Pattis-Str. 23, ℡ 0473/222446, www.rochelehof.it.

Essen & Trinken Oberwirt, St.-Felix-Weg 2, das Gourmetrestaurant des 4-Sterne-Hotels Oberwirt ist für seine gehobene Küchenqualität bekannt (14 Gault-Millau-Punkte). Gemütliche Stuben und Speisesäle. Regionale und mediterrane Gerichte wie Schlutzkrapfen oder Wolfsbarsch in Salzkruste. Hauptgericht ab 20 €. ℡ 0473/222020, www.oberwirt.com.

Tschigg, Bergerstr. 22, jede Menge S-Kurven führen hinauf zum Tschigg, da hat man als Mountainbiker schon einige Kalorien verbraucht und sich eine Erfrischung verdient. Auf der Terrasse des ca. 600 m über Marling liegenden Gasthofs hat man einen Prachtblick auf die Meraner Bucht und ein Essen vor sich, das der Tradition entspricht und zum Gutteil aus eigenen landwirtschaftlichen Erzeugnissen hergestellt wurde. Auch der Wein ist Eigenbau und der Kuchen hausgemacht. Fr Ruhetag, abends nur auf Vorbestellung. ℡ 0473/448338, www.tschigg.info.

Nachtleben Tonzstodl, Neuwiesenweg 14. Der ehemalige Musikantenstadl, 2016 wiedereröffnet an neuem Standort, ist sicher kein Jugendtreff. Hier wird getanzt, was das Zeug hält (von 20.30 bis 3 Uhr morgens). Nur montags herrscht Ruhe, Tischreservierung unter ℡ 0473/424040.

Ausflug auf dem Marlinger Waalweg

Hier ein paar Daten zu diesem vielleicht berühmtesten aller Waalwege: 13 km lang, 1737–1756 gebaut, 300 l Wasser pro Sekunde, Bewässerung von 300 ha Kulturland. Errichtet wurde er auf Initiative der Kartäusermönche im Schnalstal (heute Karthaus), die den Goyenhof in Marling besaßen und den Waal für seine Bewässerung benötigten. Gesamtkosten anfangs geschätzt 12.000 Gulden, Endpreis 100.000 Gulden (erinnert an heutige Kostenexplosionen im Bauwesen, besonders bei öffentlichen Großprojekten). Heute zum Großteil betoniert, aber immerhin erhalten. So viel zu den Fakten. Ein Teil des Waalwegs wurde vom Forstinspektorat als *Walderlebnispfad* eingerichtet und mit „Erlebnisstationen" versehen (neben „Besinnungswegen" die große Mode, ähnlich wie vor 30 Jahren die Trimmdichpfade, die heute allmählich in ihre Bestandteile zerfallen).

Gereimte Bedienungsanleitung für Waalschellen

Der Marlinger Waalweg beginnt am Parkplatz an der Etschschleuse in **Töll** an der Vinschgauer Straße, nach 0,5 km erreicht man den eigentlichen Marlinger Waalweg (generell sehr gute Beschilderung). Man passiert ein Waldgebiet, der Waal ist leider wie im größten Teil des Wanderweges verrohrt. Beim „Gasthaus Schönblick" kommt Meran in den Blick (sehr kundenfördernd ist die gute Lage des Wirtshauses!), beim „Gasthaus Enzian" Marling. Weiter geht es nach **Tscherms**, wo man auf halber Höhe zwischen Basling und Schloss Lebenberg wandert, mittlerweile auf dem **Tschermser Waalweg**, der aber allgemein mit dem Marlinger Waalweg als Einheit gesehen wird. Der Waal und der Weg enden in **Oberlana** am Raffeinweg, folgt man ihm in den Ort und zum Busbahnhof kommt man per Bus zum Ausgangspunkt zurück (Umsteigen in Meran).

Wer höher hinaus will, kann den ebenfalls in Töll beginnenden **Marlinger Höhenweg** nehmen, der gleichfalls nach Tscherms führt, wo er in den Marlinger Waalweg mündet. Auch als Rückweg sehr empfehlenswert, aber nur für gute Geher! Gehzeit 3–4:30 Std., mit Rückweg das Doppelte.

Lana

Lana liegt am Südrand des Etschtals auf einem riesigen Schwemmkegel, den der Falschauer Bach seit der letzten Eiszeit vor ca. 14.000 Jahren aufgeschüttet hat. Die Lage für Ausflüge ist hervorragend, Hotellerie und Gastronomie sind breit gefächert mit hohem Standard.

Lana ist ein wunderbarer Urlaubsort, doch besonders in den Übergangsjahreszeiten und im Winter ist es nicht ganz so sonnig wie das nach Süden schauende Meran. In Lana, das aus drei Kernen zusammenwuchs *(Ober-, Mitter-* und *Niederlana),* und in den Ortsteilen *Tscherms, Burgstall* und *Gargazon* gibt es genug zu sehen und zu unternehmen für mehr als einen Urlaub.

Freundlich ist die verkehrsberuhigte Hauptstraße in Oberlana und das Platzl am Beginn der alten Gampenstraße, der Griesplatz mit seinen beiden Cafés. Ein prachtvoller spätgotischer Flügelaltar in Niederlana, Museen, die Wanderung auf dem nahen Marlinger Waalweg, eine Mountainbiketour vom Vigiljoch hoch oberhalb der Stadt ins Ultental, im Frühjahr Spaziergänge durch die blühenden Apfelgärten und im Herbst durch Kastanienhaine, eine Spritztour ins nahe Meran – da ist der Urlaub um, kaum dass er begonnen hat.

Über Lana liegt **Völlan**, eingemeindetes Dorf, Luftkurort, auch hier Apfelplantagen und gute Hotellerie wie Gastronomie, in den Wäldern über dem Ort dominieren die Edelkastanien. Die Superaussicht hat man vom Vigiljoch, Seilbahn und Sessellift führen ganz bequem hinauf.

Die Orientierung ist nicht immer ganz einfach in Lana. Aber wenn man die Hauptachse, die von der Falschauer Brücke in Oberlana (mit Kirche Mariahilf) über Mitterlana zum Bahnhof und nach Burgstall führt, erst mal im Kopf hat, wird's leichter. Die Achse hat drei Namen. Ganz oben heißt sie Mariahilfstraße (teilweise Fußgängerzone), dann in Mitterlana Andreas-Hofer-Straße und schließlich Bozner Straße. Die wie eine frühchristliche Basilika gebaute, große Kirche Hl. Kreuz (1938–1950) bildet einen wichtigen Orientierungspunkt und der Tribusplatz, bereits in Mitterlana, ebenfalls. Beim Tribusplatz zweigt (talabwärts gesehen) rechts die Treibgasse ab, sie führt nach Niederlana mit der Pfarrkirche und setzt sich als Weinstraße, die Obstplantagen des Etschtals durchquerend, in Richtung Andrian und Überetsch fort. Von der Falschauer Brücke andererseits führen zwei Straßen ab, nach links geht es auf der Ultner Straße in Richtung Ultental, nach rechts über die Meraner Straße nach Tscherms, Marling und Meran (und am Falschauer Bach entlang hinunter zum Biotop an der Mündung in die Etsch und zur Bushaltestelle Sinich). Wer auf den Gampenpass, nach Unsere Liebe Frau im Walde im Deutschnonsberg, Fondo und ins Nonstal will, der nimmt die Gampenstraße, die gegenüber der Kirche Mariahilf an der Falschauer Brücke abzweigt. Dazu ein Tipp: Die 140 km lange Rundfahrt mit dem eigenen Pkw (für Cracks auch mit dem Rennrad) über den Gampenpass und hinunter ins Nonstal (mit Blicken auf die Brentagruppe) nach Mezzocorona und auf der Südtiroler Weinstraße über Unterland, Kalterer See und Überetsch zurück nach Lana ist eine ausgesprochen anregende Tagestour!

Basis-Infos

Information Tourismusverein **Lana und Umgebung**, großzügig eingerichtete Infostelle, sehr hilfreiches Personal, schöner Ortsplan, Hotelliste, Veranstaltungsheft etc. Mo–Fr 9–18.30, Sa 9–12.30 Uhr, Ende Juli bis Ende Okt. auch Sa 15–17.30 Uhr, Nov. bis Ende März Mo–Fr 9–12.30 Uhr. I-39011 Lana, A.-Hofer-Str. 9/1, ✆ 0473/561770, www.lana.info.

Nebenstellen in **Völlan** (Mayenburgstr., April bis Ende Okt. Mo–Fr 14.30–17.30 Uhr), **Tscherms** (Gampenstr., April bis Nov. Mo–Fr 9–12.30, Mi erst ab 9.30, Sa 9–12 Uhr) und **Burgstall** (Romstr., April bis Okt. Mo–Fr 9–12 Uhr).

Verbindungen Bus: Linie 11 (Burgstall – Lana – Meran – Algund) an Wochentagen häufige Verbindungen (bis 5x pro Std.), am So alle 30 Min.; Linie Völlan – Lana – Burgstall (Bahnhof, Ort und Seilbahn) etwa alle 2 Std.

Bustransfer München – Lana und zurück → S. 43; **Taxi**: Fa. Terzer, ✆ 0473/562556. In Völlan: Fa. Holzner, ✆ 0473/568065.

Ärztliche Versorgung Mehrere **Apotheken**, z. B. am Tribusplatz 2.

Badekuren Bietet das Gasthaus Völlaner Badl im alten **Bauernbadl** im Lahnbachtal zwischen Völlan und Tisens. Das Wannenbad (Sulfate, Eisen etc., leicht radioaktiv – Strontium –, gut gegen Immunerkrankungen, Leber- und Nierenleiden). Fr Ruhetag. Infos/Anmeldung unter ✆ 0473/568059, www.voellanerbadl.it.

Eine von vielen Kirchen in Lana: St. Johann an der Falschauer Brücke

Baden/Schwimmen Schwimmbad Lido Lana, Bozner Straße 67, Juni bis Mitte Sept., tgl. 10–19 Uhr, im Sommer 9–20 Uhr, www.lido-lana.com. Sehr schön das **Naturbad in Gargazon**, das gänzlich auf Chemie verzichtet und die Duschen mit Sonnenkollektoren heizt. www.naturbad-gargazon.it.

Einkaufen Markt: jeden Fr im Lorenzerpark. Ostern und Allerheiligen Jahrmärkte. Supermarkt: Meraner Str. 9 (nahe Falschauer Brücke).

Delikatessen: Weine, Destillate, feines Olivenöl, Südtiroler Speck und Käse im neuen Verkaufsladen des **Gourmet-Ladele**, Verkostungen, schöne Sitzgelegenheiten drinnen und draußen. Gampenstr. 6, www.gourmetladele.com.

Landwirtschaftliche Produkte der Erzeugergenossenschaft Deutschnonsberg und Ultental im neuen Geschäft in der Maria-Hilf-Str. 24, saisonales Obst und Gemüse, Milch, Eier, Käse, Fleisch, Säfte, Sirup, Tees, Kräuter. www.deleg.it.

Pur Südtirol, gut sortierter Ableger der Ökokette mit regionalen und biologischen Produkten, Industriezone 8, Sa nachmittag und So geschl. www.pursuedtirol.com.

Feste & Veranstaltungen Keschtnriggl – Kastanientage in Völlan, Tisens, Prissian und Lana in der zweiten Oktoberhälfte. Der Keschtnriggl ist ein aus Kastanienholz und Haselnussstaude geflochtener geschlossener Korb mit einer kleinen Öffnung, den man in dieser Gegend seit Jahrhunderten zum Schälen der gebratenen Kastanien verwendet. Das Programm und eine Liste der teilnehmenden Restaurants und Buschenschanken gibt's unter www.keschtnriggl.it.

Speziell für Kinder

Kinder-Sommerprogramm des Tourismusvereins mit Angebot vom Lama-Trekking bis zum Kinder-Rafting (Anmeldung nötig). **Spielplätze** gibt es z. B. in Gargazon: Dort befindet sich mit 5000 m² Fläche und zahlreichen Spielgeräten einer der größten Spielplätze Südtirols. Gut mit Kindern zu gehen sind die **Promenaden am Falschauer Bach** sowie die **Gaulschlucht** (→ S. 342) und der **Brandiswaalweg**. Minigolf gibt es in der Bozner Straße 15 beim Gasthof Tennis, Ponyreiten im Reitpark Lana und in Schloss Baslan in Tscherms, zum **Radfahren** bieten sich der Radweg nach Bozen (Rückfahrt mit dem Zug) und die Weinstraße an. **Schwimmen** im Lido Lana und **Skaten** in der Sportzone Gargazon. Eine tolle Attraktion sind die „7 Gärten" mit **Labyrinth** im Weingut Kränzel in Tscherms.

Blütenfesttage im April während der Obstblüte mit bäuerlicher Genussmeile, geführten Wanderungen und dem Blütenhöfefest am letzten Tag. Infos beim Tourismusverein.

Golf Golfclub Lana-Meran, Brandisweg 13, 9 Löcher auf 20 ha (Par 35, 2739 m), mitten im Obstbaugebiet, ganzjährig bespielbar (mit ein paar Tagen Ausnahme, etwa nach den seltenen Schneefall). ℡ 0473/564696, www.golfclublana.it.

Internet Bibliothek Lana, Hofmannareal.

Paragliding Beliebter **Startplatz** ist die Bergstation des Vigiljoch-Sessellifts, Tandemflüge über Tandemclub Ifinger, www.tandemclub.it.

Radfahren/Mountainbiken Radverleih bei Rent-a-Bike Lana, Hofmannplatz 4, Mountain- und E-Bikes. ℡ 0473/561336, www.lanabike.com.

Reiten Reitpark Lana, Industriezone 1 zwischen Lana und der MeBo-Auffahrt an der Max-Valier-Straße. Mit Reithalle, Trabbahn, Dressurplatz etc. ℡ 333/2114800.

Wein Weingut Kränzelhof, mit angeschlossenen „7 Gärten" (→ S. 345), Gampenstr. 1, Tscherms. Schöner Ansitz mit mittelalterlichen Wurzeln und Gebäudeteilen, eindrucksvolle Kellergewölbe, alte Weinpresse. Verschiedene Führungen April bis Anf. Nov., teilweise mit Weinverkostung und/oder Gartenbesichtigung. Mo und Mi 16 Uhr, 15 €. Verkauf tgl. 9.30–19 Uhr. ℡ 0473/564549, www.kraenzelhof.it.

Übernachten

In Lana Das Vorzeigehotel des Ortes liegt nicht in der Stadt selbst, sondern hoch oben über dem Ultental unter dem Vigiljoch: Vigilius Mountain Resort (→ S. 344).

***S Braunsbergerhof**, auf dem Weg ins Ultental wird der Ausblick weiter und die Sonne scheint ein wenig länger – das macht sich das Hotel zunutze. Terrasse, auf der auch gefrühstückt wird, Balkone, Naturbadeteich und Liegewiese sind zum Tal orientiert, zum Ausblick auf den Ifinger jenseits des Etschtales. Freundliche Zimmer mit kleiner Sitzecke, überwiegend mit Balkonen, Radverleih. DZ/HP 140–182 €. Ultner Str. 9a, ℡ 0473/561698, www.braunsbergerhof.com.

**** Tiefenbrunn**, Hotel Residence mit Freibad, Naturteich, Hallenbad, Whirlpool, Sauna, Dampfbad. Schöne Zimmer, modern und elegant, die Apartments komplett und überaus stilvoll eingerichtet. DZ/HP 140–220 €, Apt. für 2–4 Pers. 90–200 €. E-Bike-Verleih. St.-Agatha-Weg 14, ℡ 0473/561485, www.hoteltiefenbrunn.com.

**** Vigilhof**, bis zur 4. Kehre der Ultner Straße müssen Sie hinauffahren, ehe Sie den Aussichtsbalkon des Garni-Hotels Vigilhof erreichen. Prächtig gelegen über dem eigenen Weinberg. Das kleine Freibad mit Liegewiese, das allein schon den Aufenthalt lohnen würde, erreicht man zwischen Pergeln und Wald. Gute Zimmer, der Aufenthaltsraum lebt von der Holzkonstruktion und vom offenen Kamin. DZ/FR 80–100 €. Ultner Str. 16/A, ℡ 0473/562432, www.vigilhof.it.

***S Kröllnerhof**, optisch von außen keine Sensation, die Zimmer jedoch lebendig und komfortabel mit südländischen Stilmöbeln, die Anlage mit Außenaufzug über alle Stockwerke, Frei- und Hallenbad, großzügige Gartenlandschaft, die den „mediterranen" Aspekt des Hauses betont. DZ/HP 142–260 €. Ultner Str. 1, ℡ 0473/561209, www.kroellnerhof.com.

**** Pfeiss**, das 2016 neu gestaltete Hotel liegt am Dorfrand von Niederlana, mit Obstgärten ringsum. Sämtliche Zimmer wurde zeitgemäß renoviert und auf 4-Sterne-Niveau angehoben, Suiten mit netten Details wie Whirlpool auf der Dachterrasse ausgestattet. Schöne Apartments. Die neue Saunawelt mit Kneippbecken darf natürlich nicht fehlen. Große Liegewiese mit lockerem Obstbaumbestand, beheiztes Freibad und Whirlpool, Kinderspielplatz. Radverleih. DZ/FR 140–260 €, Apt./FR (2 Pers.) 178–188 €. Feldgatterweg 6, ℡ 0473/561395, www.pfeiss.com.

**** Sonnenhof**, Familienurlaub in Pension mitten im Obstbaugebiet am unteren Ortsrand von Lana, großer Pool mit Terrasse, Liegewiese und Spielgeräten, gute, moderne Zimmer mit Balkon, DZ/FR 100–110 €. Angerweg 21, ℡ 0473/561338, www.pensionsonnenhof.com.

Kammerhof, besonders familien- und kinderfreundlicher Bauernhof mit Streichelzoo, Kinderspielplatz und -zimmer, hofeigenes Gemüse und Obst. Apt. (2–4 Pers.) 56–96 €.

Feldgatterweg 19/1, ☎ 333/4660394, www.kammerhof.it.

Ketterlerhof, Urlaub auf dem Bauernhof in nicht sehr ländlicher Umgebung am unteren Ortsrand von Lana, der durch den umgebenden Obstgarten sein privates bäuerliches Umfeld schafft. Schöne Ferienwohnungen. Apt. (2–4 Pers.) 58–90 €. Laurinweg 5, ☎ 0473/562717, www.ketterlerhof.it.

**** Camping Arquin, teilweise angenehm schattiger Platz inmitten von Obstplantagen. Schwimmbad, Restaurant und kleiner Shop, gute sanitäre Anlagen. Anfang März bis Mitte Nov. und in der Weihnachtszeit geöffnet. Gespann und 2 Pers. ca. 36–40 €. Feldgatterweg 25, ☎ 0473/561187, www.camping-arquin.it.

****S Camping Schlosshof, Einfahrt Feldgatterweg, der große Platz des Hotels Schlosshof bietet gehobenen Komfort: Einzelwaschkabinen, Privatbäder, Frei- und Hallenbad, sehr gute Sanitärausstattung. Spa-Bereich des Hotels gegen Gebühr. Der Platz ist März bis Anfang Nov. geöffnet. Gespann und 2 Pers. 39–54 €. Jaufenstr. 10, ☎ 0473/561469, www.schlosshof.it.

In Völlan ******S Der Waldhof**, isoliert und ruhig zwischen Wiesen und Waldrand gelegenes Hotel der Oberklasse mit schönem Pool und Liegewiese, Wellness- und Beautybereich, ein perfektes Hideaway inmitten eines 3 ha großen Parks. Neue Zimmer im angesagten Alpin-Stil mit Komfort und Ausblick sowie passendem Service. DZ/¾-P 252–342 €. Mayenburgstr. 32, ☎ 0473/568081, www.derwaldhof.com.

Camping Völlan, kleinerer, überschaubarer Platz zwischen Obstkulturen, das kleine Freibecken reicht völlig für die nur 55 Einheiten, ebenso die sanitären Anlagen. Geöffnet Ende März bis Anf. Nov. Stellplatz mit Zelt/Pkw oder Camper/Wohnwagen und 2 Pers. 28–35 €. Zehentweg 6, ☎ 0473/568056, www.camping-voellan.com.

Alpin Fitness Waldcamping Völlan, freundlicher kleiner Platz in hübscher und ruhiger Lage, Schwimmbad, Kinderspielraum, Waldspielplatz, teilweise schattig. Geöffnet April bis Anfang Nov. Stellplatz und 2 Pers. 27–31 €. Feldweg 12, ☎ 0473/568138, www.alpinfitness-waldcamping.it.

In Tscherms ***** Törggelehof**, die Apfelplantagen zwischen Tscherms und Lana umgeben Hotel und Swimmingpool samt Liegewiese, von der Terrasse blickt man auf Etschtal, Sarntaler Berge und Texelgruppe. Gepflegte Ausstattung in hellen Tönen, persönliche Atmosphäre. Neue, schicke Suiten und die inzwischen wohl obligatorische Dachterrassen-Sauna kamen kürzlich hinzu. DZ/FR 84–120 €, Apt. (2–4 Pers.) 97–120 €. Raffeinweg 15, ☎ 0473/562518, www.toerggelehof.it.

Verspielte Architektur im Zentrum von Lana

Südlich von Meran

****S Das Grafenstein**, Familienhotel mit Apartments in verschiedenen Größen in grüner Umgebung mit kleinem Park und Obstanlagen. Hallenbad, Freibad mit Kinderbecken in Panoramalage, Saunen, Liegewiese, Kinderspielplatz und Spielzimmer. Kinderprogramm und Betreuung. Innenarchitektonisch interessante Ferienwohnungen mit ausgezeichneter Ausstattung. Apt. für 2–3 Pers. 116–194 €, für 4–8 Pers. 345–696 €. Raffeinweg 30a, ℡ 0473/563853, www.grafenstein.it.

** **Georgenhof**, solide Pension, Pool und Liegewiese, rustikaler Frühstücksraum, alle Zimmer mit Balkon. DZ/FR 64–92 €, 1 Apt. für 2–4 Pers., 52–95 €. Dr.-J.-Garber-Str. 24, ℡ 0473/562733, www.georgenhof.it.

Obersteinhof, Urlaub auf dem Bauernhof, angenehme Zimmer in schön gelegenem Hof mit Freischwimmbad und Liegewiese, Frühstücksbuffet. DZ/FR 56–60 €. Leitenweg 6, ℡ 0473/562389.

In Burgstall ****S Muchele**, großer Hotelkomplex am Waldrand, vor dem Haus Terrasse, Freischwimmbad mit Kinderbecken, Tennisplätze, Weingärten, im Haus Wellnessbereich mit Saunen, nur 40 Suiten, reichhaltiges Frühstücksbuffet. DZ/HP 174–314 €. Maiergasse 1, ℡ 0473/291135, www.muchele.com.

***S Förstlerhof**, Alt und Neu verbindet sich nicht nur architektonisch recht harmonisch im Hotel am nördlichen Ortsrand von Burgstall. Die neuen Zimmer sind geräumig, hell und gemütlich. Hallenbad und ein Pool im ruhigen Garten laden Sonnen- und Wasserfreaks ein. Neue Wellnesslandschaft. Restaurant in 2 traditionellen Stuben, gutes Frühstücksbuffet. DZ/FR 104–136 €. Romstr. 1, ℡ 0473/292288, www.foerstlerhof.it.

Essen & Trinken/Nachtleben

In Lana ›› Mein Tipp: **Stadele**, Aichweg 2. Behutsam restauriertes altes Gebäude mit historischem Mauerwerk und viel Holz, Tische auf zwei Etagen, besonders schön ist es unter dem mächtigen Dachstuhl. 5-Gänge-Traditionsmenü mit Rehrücken, Topinambur-Cremesuppe, Schlutzern mit Forelle, Zander mit Blutwurst und „Brotkiachl" 57 € (14 Gault-Millau-Punkte). Mittags und abends geöffnet, unbedingt reservieren, Mi und Do Ruhetag. ℡ 338/2702860, www.stadele.eu. ‹‹‹

Alpen, Bozner Str. 29, Pizzeria und Restaurant, Holzofenpizza auch mittags, Nudel- und Knödelgerichte mit jahreszeitlichen Soßen (Schlutzer, Knödel, Nudeln mit Pfifferlingen) und gute Fleischspeisen, auch vegetarisch wie Dinkelteigtaschen mit Gemüseratatouille – alles schmackhaft und ehrlich. Der Hauptbau ist von einem Garten mit Tischen umgeben, das schafft intime Atmosphäre. Kein Ruhetag. ℡ 0473/563002.

Forsterbräu, Mariahilf-Str. 17, bei Einheimischen wie Gästen beliebte Brauereigaststätte der Brauerei Forst mit rustikalem Ambiente und ebensolcher Karte (Bauernschmaus mit Knödeln und Kraut, Haxe), aber auch Pizza; schöner schattiger Garten mit großen Rosskastanien und rustikale Stube (beides gehört einfach dazu). ℡ 0473/561257, Di Ruhetag.

Schwimmbad-Lido Lana, Bozner Str. 67, Restaurant-Pizzeria, Pizza und verschiedene Nudelgerichte, Schlutzer und Ravioli, Fisch und Fleisch, Salatteller und sehr gute hausgemachte Desserts. ℡ 0473/564288, www.lido-lana.com.

Café am Kulturhaus, Andreas-Hofer-Str. 7b, Imbiss und Kuchen, Eis und Cappuccino, Wein und Cocktails in frisch-jugendlichem Ambiente zum Kulturhaus, frühstücksgerecht ab 7.30 Uhr und für das Glas Wein nach dem Abendessen bis 23 Uhr geöffnet. ℡ 0473/563500, Mo Ruhetag.

Pfefferlechner, St. Martinsweg 4, Buschenschank und Hausbrauerei mit schattigem Biergarten und Kinderspielplatz im Zentrum von Oberlana. Urig-rustikales Ambiente, überdachter Innenhof, Blick in den Stall mit Pferden und Ziegen. Beliebter Treffpunkt und Törggelenkeller, besser reservieren. Mi Ruhetag. ℡ 0473/562521, www.pfefferlechner.it.

Inge, Brandiswaalweg 2a, Café und Eisdiele nahe dem Obstbaumuseum, Kuchen und Eis aus eigener Produktion, Di Ruhetag.

Bars am Griesplatz, kleiner Platz am Beginn der alten Gampenstraße, drei (Bistro-)Bars, ein paar Tische und Stühle draußen am modernen Brunnen, kein Verkehr, Cappuccino oder Campari, kleines Bier oder großes Weizen – so könnte man den Urlaub genussvoll vertrödeln …

In Völlan Kirchsteiger, Propst-Wieser-Weg 5, sehr gutes Restaurant mit Terrasse, auch Vollwertküche, als Spezialität gilt geschmortes Kalbswangerl in Lagrein dunkel auf Navetten (kleine weiße Rüben), Babykarotten und Sellerie (15 Gault-Millau-Punkte), ab ca. 30 €. Do Ruhetag. ✆ 0473/568044, www.kirchsteiger.com.

Völlaner Badl, Gasthaus mit Badebetrieb (→ „Badekuren"), neben traditionellen Speisen, auch auf der Sonnenterrasse, sorgen Naturkegelbahn, Kinderspielplatz und eben die Möglichkeit eines Wannenbads für Abwechslung. Autostraße oder von Völlan 40 Min. zu Fuß. ✆ 0473/568059, Fr Ruhetag.

In Tscherms Elisabeth, Gampenstr. 43a, feine, optisch und geschmacklich ziemlich aufgemöbelte Küche in urigem Ambiente, der letzte Umbau tut der Gemütlichkeit keinen Abbruch. Traditionelle regionale Küche mit Schlutzkrapfen und Knödel, klassische italienische Gerichte, Pizza. Das Fleischfondue am Tisch ist Hausspezialität; Anf. Nov. bis Ende März, ab 16 Uhr, So ab 11 Uhr, Mo und Di Ruhetag, ab 16 Uhr. ✆ 0473/560778, www.elisabethkeller.it.

Löwenwirt, Raffeinweg 2. Unter der großen und schattigen Weinlaube isst man hier vielleicht am schönsten, der Gartengrill liefert die geeigneten Speisen, aus dem im Spätherbst besonders beliebten Keller kommt ein guter Wein. Kalte Speisen, aber auch Nudelgerichte inkl. Schlutzkrapfen, Wildhase mit Polenta und Salat, Tiroler Gröstl mit Speckkraut. Die Grillgerichte kommen vom mit Buchenholz befeuerten Holzkohlengrill. Der Löwenwirt steht exakt dort, wo viele Leute zum Marlinger Waalweg starten, das belebt das Geschäft. ✆ 0473/561420, Di Ruhetag.

»› Mein Tipp: Miil, Gampenstr. 1. Die ungewöhnliche und luftig wirkende Holzkonstruktion und der außen vorbei fließende Waal geben dem hervorragenden Restaurant im alten Mühlengebäude (Miil = Mühle) beim Kränzelhof (→ „Wein") ein überaus heimeliges Ambiente. Leichte mediterrane Küche, z. B. Tropeazwiebel-Rotwein-Risotto mit marinierter Mittelmeer-Sardine und Schwertfisch mit Teriyaki-Sauce, aber auch Südtiroler Küche mit Kartoffelteigtaschen und Lammrücken (1 Gault-Millau-Haube). Hauptgang ab 20 €, Menü um 60 €. Im Garten am Bach dreht sich wie früher munter plätschernd das Mühlrad. Nebenan die „7 Gärten" (→ S. 345). Ab Mittag durchgehend geöffnet: Mittagskarte, kleine Mittagskarte, Aperitif, Abendkarte – alles zu seiner Zeit. So und Mo Ruhetag. ✆ 0473/563733, www.miil.info. **‹‹‹**

Eggbauer, Leitenweg 1, Gasthaus und Café mit gutbürgerlicher Küche, im Sommer abends Grill, eigene Kuchen und gutes Eis, April bis Okt. 10–18 Uhr, Juni bis Aug. bis 22 Uhr geöffnet, kinderfreundlich (Spielplatz mit Spielhaus), schöne Aussicht, am Waalweg. So Ruhetag, www.eggbauer.it.

In Burgstall Hidalgo, Romstr. 7, vom einfachen Steakhouse hat sich das Hidalgo zu einem gehobenen Lokal entwickelt (14 Gault-Millau-Punkte). Die Küche ist mediterran (bzw. erinnert an den kalifornischen „mediterranen" Cross-over-Stil) und leicht, der Koch versteht nicht nur sein Handwerk, sondern die Kochkunst, die Produkte sind aus frischen Zutaten zubereitet. Tiroler Küche ist hier nicht Thema, sondern Anregung. Vorzügliches am Tisch bereitetes Tartar. Die Steaks (beste Südtiroler, argentinische und US-amerikanische Black-Angus-Qualität) werden nach einem neuen Verfahren zubereitet. Auf der Karte aber auch eine zunehmende Auswahl an vegetarischen und veganen Gerichten. Neu ist das Hildalgo Beef Tasting, die exklusive Verkostung von originalem Kobe Beef, japanischem Wagyü und Wagyü Südtirol. Bemerkenswert der Weinkeller mit mehr als 600 Kreszenzen bzw. 20.000 Flaschen. Zur Straße helle verglaste Veranda, Innenhof (dort sind die bevorzugten Tische). Degustationsmenü ab 50 €, Hauptgang ab 20 €. Kein Ruhetag. ✆ 0473/292292, www.restaurant-hidalgo.it.

Jausenstation/Gasthof Hecherhof → Tour 9, S. 296.

Sehenswertes/Ausflüge

In den Ortsteilen und Tschermser Waalweg: Lana besteht aus den drei Dörfern **Oberlana**, **Mitterlana** und **Niederlana**, die allmählich immer enger zusammenwachsen. Der wichtigste Ort war einmal Niederlana, wo heute noch die Pfarrkirche steht, das Zentrum rutschte immer weiter hinauf und ist heute ganz ohne Zweifel Oberlana. In allen drei Teilen gibt es noch dörfliche Ecken, jede hat ihre Kirche, neben der *Pfarrkirche in Niederlana* (s. u.) sind die gotische Kirche *St. Peter in Mitterlana*, die romanische Kirche *St. Margarethen* zwischen Mitter- und Niederlana und die gotische Kirche *St. Agatha auf der Wiese* draußen auf der Wiese bei Mitterlana sehenswert. Oberhalb des Orts steht die Kapelle *St. Magnus in Gagers* (man erreicht sie über die Straße ins Ultental), und ein ganzer Reigen weiterer Kapellen und Bildstöcke ist zu entdecken.

Auch Schlösser hat Lana zu bieten: *Schloss Braunsberg* mit mittelalterlichem Kern, Privatbesitz und nicht zu besichtigen, aber kaum jemand wird die Sonnenuhr am Treppengiebel und die Zypressen davor übersehen, wenn er ins Ultental fährt und die erste große Rechtskurve der Straße passiert. *Burg Brandis* beim Golfplatz ist eine Ruine, auch sie ist Privatbesitz (der Grafen Brandis, die unterhalb sehr herrschaftlich wohnen) und nicht zu besichtigen. Und das trifft auch auf *Schloss Leonburg* zu, das man auf dem Kreuzweg nach Tisens passiert – die Grafen Brandis besitzen die Burg seit 800 Jahren und behalten sie für sich. Schade. Um noch eins drauf zu setzen: Auch die *Mayenburg* über Völlan, bereits 1241 erwähnt als Besitz der Grafen von Eppan, ist hochinteressant (Reste spätmittelalterlicher Fresken), aber in Privatbesitz und für uns leider off limits.

Die Kirchen **St. Peter,** und **St. Agatha auf der Wiese** sind tgl. geöffnet. **St. Margarethen** ist nur im Rahmen der kulturgeschichtlichen Exkursion des Tourismusvereins zu besichtigen (Infos beim Tourismusverein). Der Schlüssel für **St. Magnus in Gagers** wird nebenan im Gagerser Hof verwahrt.

Die Gaulschlucht: Direkt an der Teissbrücke über die Falschauer, den aus dem Ultental herunter kommenden Bach, beginnt der Wanderweg in die schattige, kühle Gaulschlucht, meist nur „die Gaul" genannt. Vom starken Verkehr auf dieser Brücke, die Oberlana mit Tscherms und dem Ultental verbindet, hört man bald nichts mehr. Bis zu einer Wiese am Fuß von Schloss Braunsberg ist der Weg noch breit, dann schlängelt sich nur noch ein gesicherter Pfad weiter am Bach entlang, ein Wasserfall wird passiert, dann endet er – die gewaltige Schlucht zwischen St. Pankraz und Lana ist nicht passierbar.

Pfarrkirche Niederlana mit Schnatterpeck-Altar: Schon die prächtige spätgotische Pfarrkirche von 1492 in Niederlana mit wunderschönem Steinmaßwerk und Netzgewölbe ist für Kunstbegeisterte einen großen Umweg wert. Darüber hinaus beherbergt sie einen der größten Kunstschätze (Süd-)Tirols, den spätgotischen Flügelaltar von *Hans Schnatterpeck* aus Landsberg am Lech. Schon die Maße sind umwerfend: Der Altar ist samt dem Spitzengesprenge, das ihn krönt, wahrhaft 14,1 m hoch, er füllt den Chor, für den er von Anfang an bestimmt war, völlig aus! Figurenreiche geschnitzte Flügelaltäre waren in Südtirol etwa zwischen 1420 und 1530 die große Mode. Der Schnatterpeck-Altar, der von 1503 bis 1511 als Auftragswerk entstand, markiert den künstlerischen Höhepunkt dieser Phase. Der zentrale Schrein zeigt die Dreieinigkeit – Gottvater trägt den Gekreuzigten auf dem Schoß, über seinem Haupt fliegt der Heilige Geist als Taube. Links und rechts Petrus und Paulus, alle detail-, die Gewänder faltenreich, die Gesichter der Apostel echte Portraits. Zierliche Fialen-Baldachine krönen diese drei unteren Nischen des Schreins. Darüber die Marienkrönung, links und rechts die Heiligen Anna und Katharina, kleiner diese Gruppe, aber kaum weniger detailliert und mit wie lebendig wirkenden geschnitzten und vergoldeten spiraligen Rosenbaldachinen überdeckt. Das ist noch nicht alles: Die Flügel zeigen jeweils zwei große, ebenfalls mit üppigem

Dekor bedeckte Reliefszenen, Maria Verkündigung (oben links), Beschneidung (unten links), Geburt Christi (oben rechts) und Anbetung der Hl. Drei Könige (unten rechts). Die Außenseiten der Flügel waren während der Fastenzeit, wenn der Altar geschlossen wurde, das Einzige, was man sah. Sie stellen in Gemälden des Dürer-Schülers *Hans Leonhard Schäufelein* Szenen der Passion dar (1507/08 entstanden).
 Besichtigung nur mit Führung, Palmsonntag bis Ende Okt. Mo–Sa um 11 und 15 Uhr, Eintritt 2 €, Kinder 1 €.

Südtiroler Obstbaumuseum im Ansitz Larchgut: Ein besserer Platz für das Museum konnte kaum gefunden werden. Das Südtiroler Obstbaumuseum wurde in einem schon für sich allein sehenswerten mittelalterlichen Ansitz mitten im Obstplantagengebiet von Lana eingerichtet. Eine Stube mit Herrgottswinkel, altes Mobiliar und traditionelle Kleidung informieren über das Leben der Weinbauern, aber besonders interessant sind natürlich die Weinpresse (von 1570), alte Arbeitsgeräte, Instrumente zur Schädlingsbekämpfung, Öfen gegen Nachtfröste, alte Korntruhen und Transportwagen sowie die erste Sortiermaschine für Obst. Die Obstsorten lernt man so nebenbei ebenfalls kennen, damit man in Zukunft weiß, was man verzehrt.

Museum/Wanderung Südtiroler Obstbaumuseum, Ende März bis Ende Okt. Mo–Sa 10–17 Uhr, Eintritt 4 €, Kinder 2 €, Familien 10 €. Führungen tgl. um 10.30 Uhr, 3,50 €, erm. 1,50 €. Das Museum steht in Lana, Brandiswaalweg 4 (nahe Pfarrkirche Niederlana), www.obstbaumuseum.it. Empfehlenswert ist die Kombination mit einer Wanderung von Lana über den **Brandiswaalweg** hinaus zum Museum. Man nimmt zunächst ab Oberlana die Gampenpassstraße, der Waalweg zweigt links ab (Schild). Dauer der Wanderung etwa 40 Minuten. Man kehrt auf demselben Weg zurück oder nimmt den Bus.

Essen & Trinken Waalrast, Restaurant am Brandiswaalweg, große Terrasse, deftige Tiroler Küche, Grillgerichte, Eis und Kuchen, Mo Ruhetag, ☏ 0473/561270, www.waalrast.com.

Auf dem Skulpturenwanderweg: Der Skulpturenwanderweg beginnt am Ausgang der Gaulschlucht oberhalb von Lana, führt den Falschauer Bach entlang und endet an seiner Mündung in die Etsch. 13 Künstler und Künstlerinnen gestalteten mittlerweile 33 Objekte an diesem Weg (erst kürzlich kamen neue hinzu), von „I am angry", der wie ein gedrehtes Vogelnest wirkenden Skulptur aus Naturmaterialien des Koreaners *Moon Byoung-Tak*, bis „Im Laufe der Zeit", einer Spirale aus 100 Pyramidenpappeln von *Maria Burger* und *Thomas Hansen*. Man geht etwa 2:30 Std. meist den Bach entlang, zuletzt quert man ihn auf einem Steg. Der Wanderweg soll anregen, Beziehungen zwischen Naturerlebnis und Kunst anreißen, das Gehen selbst ist Teil des Kunstwerks, als das sich der Weg versteht. Folgerichtig wurde er zur Eröffnung durch die Performancekünstler *Doris Plankl* und *Remo Rostagno* abgegangen. Jeder Wanderer auf diesem Weg – so ist es wohl gemeint – schafft sich seinen eigenen, sehr persönlichen Weg zwischen den Objekten der Natur und Kunst.
 Tour-Info: Ein Faltblatt zum Skulpturenwanderweg ist im Tourismusbüro zu bekommen, www.lana-art.it.

Auf dem Marlinger Waalweg und dem Tschermser Waalweg: Der viel begangene Marlinger Waalweg führt von Töll (zwischen Algund und Plars) oberhalb der Steilstufe am Beginn des Vinschgaus über Marling nach Tscherms und in der Verlängerung als Tschermser Waalweg bis Oberlana. Von Lana aus nimmt man von der Talstation der Vigiljochbahn den Villener Weg und dann den Raffeinweg, um zum Anfang des Waalwegs zu kommen.
 Zum Tschermser Waalweg → S. 345, zum Marlinger Waalweg → S. 334.

Bauernmuseum in Völlan: Wollen Sie wissen, wie das Leben der Menschen in der Region noch vor zwei Generationen verlief? Die Geräte und Einrichtungsgegenstände

sprechen für sich: alte Stube mit Herrgottswinkel, Mühlenraum, Spinnstube, Werkzeugraum, ein Raum für die Hausarbeit mit Butterkübel, Kohlenkorb, Wurst- und Nudelpresse, Keschtnriggl und Gerät zum Brotbacken.
Geöffnet Mitte April bis Okt. Di und Fr 14–17, So 15–17 Uhr, Spende, ✆ 0473/568078, Badlweg 2, Völlan.

Auf das Vigiljoch: Der schroffe Bergkamm auf der Nordseite des Ultentals endet über Lana und dem Burggrafenamt mit ganz untypisch weichen Formen. Bis über 1700 m reichte hier früher die ganzjährige Besiedlung (heute ca. 1420 m), das *Kirchlein St. Vigilius* liegt auf 1793 m direkt oben auf dem Joch, es markierte möglicherweise die Grenze zwischen den Bistümern Trient (wie der hier verehrte heilige Vigilius, der Patron von Trient, verrät) und Chur auf der Nordseite des Gebirgszugs. Die Aussicht ist spektakulär. Bequeme nutzen für den Aufstieg die Kabinenbahn von Lana, übrigens eine der ältesten der Welt (von 1912 – nicht mehr die heutige Anlage) und nehmen den anschließenden Sessellift hinauf zum Vigiljoch, einer Passlandschaft mit Wald, Weiden, einem kleinen See und dem namengebenden Kirchlein. Alternativ steigt man etwa 45 Min. bergan durch Lärchenwald zunächst unterhalb des Sessellifts und dann westlich oberhalb des Mitterterz, bis sich der Wald lichtet. Hier kann man in der neu eröffneten *Gampl-Alm* (s. u.) einkehren, dann sind es noch 15 Min. bis zum Joch. Dort gibt es weitere Wandermöglichkeiten – einen kleinen Plan finden Sie im Prospekt des Seilbahnunternehmens –, vom kleinen Rundgang bis zur Bergtour (s. u.). Radfreaks erreichen das Vigiljoch über Tscherms und Basling (durchgehend Straße, für MTB, aber auch Trekkingbikes), bei ca. 1500 m Höhenunterschied nichts für Gelegenheitsradler.

Bergbahn Seilbahn Vigiljoch, Juni bis Sept. tgl. halbstündlich 8–19 Uhr, Mai/Okt. 8.30–18 Uhr, Nov. bis April 9–17 Uhr werktags mit Mittagspause, Berg/Tal 14 €, einfach 9,50 €. Im Anschluss Sessellift Berg/Tal 5,50 €, einfach 4,50 €, Kombiticket 16,50/12 €. www.vigilio.com.

Rundgang Von der Bergstation des Sessellifts nach links auf Weg 4 zum Vigiliuskircherl, dann 9 (Fahrweg) zu den Gasthöfen „Seehof" und „Seespitz" – letzterer am Seelein Schwarze Lacke – und auf dem Weg 7/8 zurück zur Bergstation. Der Rundweg dauert ca. 1 Std.

Bergtour Auf den Hochwart (2608 m), Superaussicht auf Texelgruppe und Dolomiten, Weg 9 mit kurzem Abstecher zum Gipfel (hin/zurück ca. 6 Std.).

Übernachten/Essen ***** Vigilius Mountain Resort, keine Straße führt hinauf zum Hotel der Luxusklasse, die Gäste kommen mit der Seilbahn auf 1500 m. Elemente der Holzarchitektur Tirols und Holzbearbeitung nach skandinavischem Vorbild in klaren Linien. Viel Glas und helle Töne zeichnen das Resort, der Bau stammt vom renommierten Architekten Matteo Thun. Hallenbad, Infinity Pool und Sauna, dazu Beauty-Anwendungen und Fitness. Kühles Zimmerdesign. Zwei ausgezeichnete Restaurants. DZ/FR 310–470 €, Suiten teurer. Vigiljoch, Pawigl 37, ✆ 0473/55660, www.vigilius.it.

Das Restaurant **1500** spielt wie das Hotel mit lokalen Architekturformeln mit dem Kontrast von blendendem Weiß und hellen Holztönen und einer an der gehobenen Gastronomie geschulten Küche mit italienischem Akzent (15 Gault-Millau-Punkte). 3-Gänge-Menü ab 53 €. Eine traditionelle Stube ist das Restaurant *Ida*, Hauptspeisen ab 22 €. Restaurant 1500 tgl. abends, Ida tgl. von Juni bis Nov. geöffnet.

》》 **Mein Tipp:** Gampl-Alm, 2017 neueröffnete Familienalm mit großer Aussichtsterasse, Kinderspielplatz mit Trampolin und Ziegengehege. Klassische Südtiroler Küche (saisonal fantastische Kürbisravioli!), riesige Portionen, ganzjährig geöffnet (wenn der Sessellift nicht fährt, auf der o. g. Route kindergerecht zu Fuß erreichbar), Vigiljoch, Pawigl 15, ✆ 0473/562014, www.gampl.bz.it. 《《

Gasthaus Sessellift an der Bergstation des Sessellifts (1850 m), nur über Mittag warme Küche (bis 16 Uhr), von der Seilbahn ca. 1 Std. Gehzeit.

Dorf Tscherms, 7 Gärten und Spaziergang auf dem Tschermser Waalweg: Das lang gestreckte Dorf leidet etwas durch den starken Verkehr, der zwischen Ultental, Gampenpass, Lana und Marling bzw. Meran durchbraust. Oberhalb im Weiler Basling und am Tschermser Waalweg ist es dagegen ruhig und idyllisch. In Basling dominiert das *Schloss* mit seinem großen Reitstall, die barocke *Kirche St. Anna* z. T. mit Originaleinrichtung (Hochaltar!) sollte man daneben nicht übersehen.

Nicht nur Kindern gefällt eine neue Sehenswürdigkeit, die beim Weingut Kränzel (Restaurant Miil → „Essen & Trinken") entstanden ist, die **„7 Gärten"**. Auf 2 ha erstreckt sich ein Park, dessen Herzstück ein Rebenlabyrinth ist (von den Trauben darf man naschen!). Drumherum gruppieren sich Gärten mit unterschiedlichster Vegetation von mediterran bis alpin. Zahlreiche Künstler haben Skulpturen hineingestellt. So lässt sich hinter jeder Kurve, an jeder Ecke Neues entdecken. Dieses Gartenkunstwerk hat zu jeder Jahreszeit seinen Reiz und ist auf jeden Fall einen Besuch (und auch den Eintritt) wert.

7 Gärten Ende März bis nach Allerheiligen tgl. 9.30–19 Uhr, Eintritt 8 €, Kinder 4,90 €. Gampenstr. 3, ✆ 0473/564549, www.kraenzelhof.it.

Der **Tschermser Waalweg**, oft nur als Teil des Marlinger Waalwegs gesehen (was er eigentlich auch ist, denn er verlängert den Marlinger Waal nur, hat keine eigene Wasserzufuhr), ist ideal für einen gemütlichen Familienspaziergang. Man lässt den Wagen am besten am Parkplatz in der Gampenstraße (Ortsmitte) stehen oder, besser, kommt mit dem Bus (Haltestelle Raffeinweg). Etwas steil geht es den beim „Gasthaus Löwenwirt" beginnenden Raffeinweg hinauf, bis ein Schild auf den Tschermser Waalweg aufmerksam macht (ab dort Fahrverbot, auch für Fahrräder – als Radler setzt man sich besser nicht darüber hinweg, der Pfad entlang des Waals ist zu schmal für Fußgänger und Radfahrer). Der Waal leitet unter Schloss Lebenberg hindurch und erreicht die Lebenbergerstraße, die man nach Verlassen des Waalwegs (der sich als Marlinger Waalweg weiter fortsetzt) abwärts verfolgt. Man

Am Ortsrand von Tscherms

passiert Schloss Baslan und geht rechts abbiegend über St.-Anna-Weg (Kirche!) und Gruberstraße hinunter zur Gampenstraße und zurück zum Ausgangspunkt.
Glöggl-Keller, Raffeingasse 8, alter Weinhof (heute auch Obst) mit Buschenschank am Waalweg, eigene Weine und Säfte, Speck und Merenden, auch mit Kartoffeln in der Schale. Ab 17 Uhr geöffnet, Mo Ruhetag. ✆ 0473/561785, www.gloegglkeller.com.

Schloss (Castel) Lebenberg: Die über Tscherms wachende Burg der früheren Herren von Marling ist eine der wenigen, die nach wie vor ganzjährig bewohnt werden. Das große, eindrucksvolle Anwesen mit dem massiven Bergfried und der hübschen Burgkapelle birgt zahlreiche kunst- wie kulturhistorische Kleinodien. Besonders interessant: der Stammbaum der Familie Fuchs mit 264 Figuren auf Leinwand samt Wappen und erklärenden Schriftzügen. Und: Waffenkammer, romanische Muttergottes mit Kind, gotische Kapelle (14. Jh., dreigeschossig!) mit barockem Altar, ein Fresko mit der Steinigung des Erzmärtyrers, barocke und rustikal-traditionelle Wohnräume, Rokoko-Spiegelsaal, schöne Kachelöfen und – gruselig – die Geschichte von den Gebeinen, die man vor 100 Jahren hinter einem Wandkreuz fand.
Führungen Ostern bis Ende Oktober Mo–Sa 10.30–12.30/14–16.30 Uhr, Eintritt 8 €, Kinder 2,50 €, Information unter ✆ 320/4018511.

Burgstall: Der Ort liegt gegenüber von Niederlana auf der anderen Seite des Etschtals, gehört aber zur Gemeinde Lana. Das lang gestreckte Dorf besitzt eine Kabinenbahn, mit der man bequem nach Vöran und auf den Tschögglberg hinauffahren kann, oben bieten sich dann mehrere Wanderwege an. Das **Museum für heimisches Wild** in Burgstall ist das einzige Tiermuseum Südtirols, es ist einer privaten Initiative zu verdanken. In ca. 300 Dioramen werden an die 500 Tiere und ihre Lebensräume in Südtirol gezeigt.

Seilbahn Burgstall – Vöran: Werktags 7–19.40 Uhr, So/Fei 8.20–19.20 Uhr, im Sommer bis 20 Uhr, meist im 20-Min.-Takt. Werktags 8–10 Uhr und So/Fei 12–13 Uhr nur stündl., einfach 4 €, hin/zurück 7 €. Die 1958 erbaute Seilbahn wurde komplett erneuert und ist seit Okt. 2017 wieder in Betrieb. Verglaste Kabinen, verdreifachte Förderleistung, nur noch eine statt 5 Stützen. Auch Parkplatz und Gebäude wurden modernen Standards angepasst, eine Parkgarage, Bar und Bistro sind in Planung und an der Bergstation gibt es künftig Duschen für verschwitze Mountainbiker.

Mit dem Rad von Meran über die Buschenschank Hecherhof nach Burgstall: → Tour 9, S. 296.

Das Ultental

Nur 35 km sind es von Lana bis zum Weißbrunner Stausee am Ende des Ultentals. Im stark vergletscherten Talschluss, Teil des Nationalparks Stilfserjoch, erreicht die Hintere Eggenspitze 3443 m. Ein Wanderparadies mit dichtem Wegenetz und vielen bewirtschafteten Almen.

Die Höfe des Tals, einige stammen noch aus dem Mittelalter, sind meist Paarhöfe und haben ein unteres Steinstockwerk und zwei bis drei Holzstockwerke, Balkone sind bei den älteren Häusern nicht bekannt, aber durch leichte Holzwände teilweise abgeschirmte offene Veranden, auf denen man die Ernte regengeschützt trocknen konnte. Die großen Wirtschaftsbauten haben im ersten Stock eine umlaufende Galerie. Im Tal konnten sich wahrscheinlich deshalb so viele alte Bauernhöfe halten, weil die Talstraße erst 1907 entstand. In der Landwirtschaft dominiert die Viehwirtschaft mit Hochalmen, dazu gibt es Schafe, 1000 etwa sollen es sein, man trifft sie immer wieder auf den hochgelegenen Steigen, oft unmittelbar am Gletscher-

Das Ultental

rand (aber auch auf den Speisekarten der Gaststätten des Tals – Ultner Lamm ist eine Delikatesse!). Das Ultental ist vorbildlich, was die Verwendung von Biomasse für Heizungen betrifft: Im Jahr 2008 wurde ein hochmodernes Biomasse-Fernheizwerk in Betrieb genommen.

Der Klapperstorch im Ultental - eine naturkundliche Sensation?

Seit etwa 15 Jahren ist immer häufiger der Klapperstorch im Ultental zu Gast. Er thront an Straßen- oder Hofabzweigungen, meist so, dass er einen guten Blick zur Straße hin hat. Nicht nur das – er ist noch dazu bunt und kreativ verziert, und kein Exemplar gleicht dem anderen. Zu sehen ist er für aufmerksame Beobachter auch gut an der Straße vom Ultental nach Deutschnonsberg. Dort oben fühlen sich offenbar besonders viele Exemplare heimisch. Wie kann das sein?

Die Auflösung: Irgendjemand hat damit angefangen, nach der Geburt seines Kindes einen hölzernen Storch zu basteln, ihn auf einer Stange zu befestigen und vor dem Hof zu platzieren. Das fanden andere gut, und inzwischen machen das ganz viele Bewohner. Scheint so, als gäbe es im Ultental keinerlei Nachwuchssorgen.

Basis-Infos

Information Tourismusverein Ulten-Proveis, der Pavillon in der Ortsmitte von St. Walburg direkt neben der Straße ist kaum zu übersehen, das Personal ist sehr hilfsbereit. Mo–Fr 8.30–12/15–18.30 Uhr, Sa 8.30–12 Uhr, im Winter Mo–Sa 9–12 Uhr. I-39016 **St. Walburg/Ulten**, Hauptstr. 154, ℡ 0473/795387, www.ultental-deutschnonsberg.info.

Büro auch in **St. Pankraz**, nur im Sommer Mo–Fr 8.30–12 Uhr.

Verbindungen Gut ausgebaute Autostraße bis zum Talende. Die längeren Straßentunnel sind sehr gut beleuchtet, kein Problem für Radler. **Busse** ab Meran etwa stündl. 7–20 Uhr (So 7x). **Taxi**: ℡ 0473/795211, auch Ausflüge.

Gästekarte Die neue UltentalCard beinhaltet die freie Nutzung der öffentlichen Verkehrsmittel, Eintritt in Museen und die kostenlose Fahrt mit der Kabinenbahn Schwemmalm.

Baden/Schwimmen Freischwimmbad in St. Walburg oder im **Felixer Weiher** bei St. Felix.

Einkaufen Bioprodukte vertreibt Familie Gamper, Ludlhof 117 in St. Walburg. Unter anderem in Salz eingelegte und getrocknete, aber auch frische Öko-Kräuter, regelmäßiger Stand am Sa auf dem Meraner Bauernmarkt in der Galileistraße, ℡ 0473/795134.

Hofladen im Biohof Unterschweig (→ „Übernachten"), Käse, Joghurt, Speck, geöffnet Mo.–Sa. ℡ 333/1899810.

Ziegenkäse vom Ziegenhof Baschtele. Ediths Hofladen befindet sich am Ultner Höfeweg in St. Nikolaus. Besonders gut ist der in Kräuter eingelegte Frischkäse. Die leckeren Produkte können auch bei Pur Südtirol und im Vinschger Bauernladen erworben werden. Mittergraben 63, ℡ 0473/790242.

Ultner Brot in St. Walburg in der Biobäckerei am Dorfplatz; **Ultner Speck** z. B. bei Heinrich Pöder, Außererhof, St. Pankraz, ℡ 0473/787147 (oder in Meran auf dem Bauernmarkt).

Kräuterteemischungen, Gewürze und Naturkosmetik beim Oberen Hof in Kuppelwies, gleich am Beginn des Ultner Höfewegs in Kuppelwies, www.kraeutertee.it.

Biokräuter im **Kräuterreich Weglelt** im Hofneubau (der alte liegt unter dem Spiegel des Stausees), Di, Do und Sa 16–18 Uhr. Hofführungen Mai bis Okt. Di um 9.45 Uhr. Die angeschlossene Naturlebensschule

Südlich von Meran

Ulten bietet Kurse u. a. zu Wollverarbeitung, Korbflechten, Papierschöpfen, alles auf der Basis eines bewussten, nachhaltigen Umgangs mit der Natur. St. Walburg, ✆ 0473/795386, www.kraeuterreich.com. ■

Feste & Veranstaltungen Ultner Lammwochen: In der 2. Septemberhälfte bis Anfang Okt. ist das Ultental mit seinen rund 1000 Schafen zehn Tage lang ganz auf Schafe eingestellt. Almabtrieb, Schafmarkt in Kuppelwies, Kaufleute zeigen die Schaf- und Schafwollprodukte des Tals, und in den Gaststätten hat Lamm Hochkonjunktur. Das Infobüro organisiert weitere Programmpunkte wie eine Mühlenwanderung, die Wanderung zu einer Schafalm, ein Kindergrillfest und den Ball des Almbrauchtumspflegevereins.

Schafmarkt in Kuppelwies während der Ultner Lammwochen (s. o.), die große Koppel des Markts liegt unübersehbar direkt neben der Straße. Der Termin ist wie bei den Lammwochen über die Information zu erfragen.

Wolle spinnen, Färben, Gestalten mit Wolle: Während der Ultner Lammwochen veranstaltet die Landesberufsschule Meran in der Mittelschule Ulten in St. Walburg und in Ultner Spinnstuben auf den entsprechenden Höfen öffentliche Kurse. Falls sie – wie zu hoffen – eine ständige Einrichtung bleiben, hilft die Touristeninformation weiter.

Wandern/Bergsteigen Sonn- und Schattenseite des Tales haben ihren eigenen Charakter, Weitwanderungen sind im Norden Höfewanderungen, im Süden Almwanderungen. Aufstiegshilfen: Vigiljochbahn (→ Lana) und Schwemmalm (s. u.). Eine Wanderkarte „Ultental Deutschnonsberg 1:25.000" ist bei den Fremdenverkehrsämtern erhältlich.

Wintersport Skigebiet Schwemmalm im Verband Ortler Skiarena, 11 Pisten (3 blau, 8 rot), eine moderne Kabinenbahn, 4 Sessellifte, 25 km Piste, www.schwemmalm.com. Gratis-Skibus ab Bahnhof Meran; **Skischule Ultental**, ✆ 0473/795099, www.skischule-ultental.com. **Naturrodelbahn** „Moscha", Ausgangspunkt ist der Parkplatz „Alpinlounge W", 500 m Länge, eher Rennstrecke mit 22,58 % Gefälle und nur mit Helm befahrbar.

Übernachten/Essen & Trinken

In St. Pankraz *** Zur Post, der frühere „Innerwirt" ist zu einem Garni-Hotel mit Apartments gewuchert. 1307 sei er erstmals erwähnt worden, heißt es, was man den komplett renovierten oder neuen Zimmern nicht ansieht – nur nach vorne zur Dorfstraße präsentiert sich noch der alte Gasthof mit Café, zur Kirche gar mit einem Eingang mit gotischem Spitzbogen. Gute, helle, nicht zu holzbetonte Zimmer, kleiner Pool im Garten nach hinten/unten, dazu schöne Liegewiese. DZ/FR 90–110 €, Apt. für 2–5 Pers. 49–135 €. Dörfl 39/41, ✆ 0473/787055, www.zur-post.it.

Pfrollnhof, traditionelles Anwesen mit ebenso traditioneller Küche (Speckknödel, Schweinswürste, Ultner Mohnkrapfen), eigenes Brot, eigene Säfte, im Herbst Wildgerichte. Nörderberg 6, St. Pankraz (ab St. Pankraz Straße nach Buchen, der Hof liegt nach 13 km an der Straße), Mai bis Nov., Do Ruhetag, ✆ 0473/787315.

In St. Walburg ▶Mein Tipp: ***S Pöder, das Ehepaar Melli und Gerd betreibt diese in mancherlei Hinsicht ungewöhnliche Pension. Da ist zum einen das Frühstück, für dessen Zubereitung die Gastgeberin täglich um 4 Uhr aufsteht und das eigene Frischkäsekreationen, selbst gebackenes Biobrot und selbst zubereiteten Kräutersaft beinhaltet – mehr Liebe kann in einem Frühstück nicht stecken! Der im Gegensatz zu seiner quirligen Frau eher zurückhaltende Hausherr ist passionierter Fotograf und bietet auf Anfrage Sonnenaufgangstouren an. Im Keller gibt es eine Sauna, Fitnessgeräte und ein Heubad. DZ/FR 98–130 €. St. Walburg 152, ✆ 0473/796003, www.poeder.com.

*** **Eggwirt**, setzen Sie sich in die alte Bauernstube (1611) des Gasthofs und lassen Sie die Atmosphäre auf sich wirken, Speck am Brettl, ein Vinschgerl und ein Glas Roter können dabei helfen. Der Eggwirt hat auch in seinen anderen Räumen z. T. noch die alte Täfelung und Einrichtung (meist 19. Jh.), in einigen hat das 20. brachial (aber mit Holz) zugeschlagen. Die Zimmer haben unterschiedlichen Standard, nach den renovierten Räumen fragen. Vor der Tür große Terrasse für Café und Biergarten. Über die Küche gibt es unterschiedliche Ansichten, bei der eingangs erwähnten Brotzeit kann man aber nicht viel falsch machen. Restaurant Di Ruhetag. DZ/FR 74–94 €. St. Walburg 112, ✆ 0473/795319, www.eggwirt.it.

In Kuppelwies **** **Arosea**, die aufwendige Konstruktion dieses modernen Hotels integriert einen ganzen Wald aus biologisch sinnvoll behandeltem Holz und ähnelt weniger einem Tiroler Berghotel als einer Lodge im Nordwesten Kanadas. Sehr schön die Tiroler Stuben nachempfundenen Räume. Hallenbad, Wellness & Fitness, Heubad und Beauty-Anwendungen. Großzügig geschnittene Zimmer, auch sie mit viel Holz. DZ/HP 290–410 €, Suiten teurer. Kuppelwies am See 355, St. Walburg, ✆ 0473/785051, www.arosea.it.

Kuppelwies, Restaurant-Pizzeria, ganz traditionelle tirolisch-österreichische Küche, allerdings auch Pizza. Während der Lammwochen z. B. Bauernlammbratl mit Röstkartoffeln und Krautsalat, Hauptspeisen ab 13 €. Das Wirtschaftsgebäude ist noch ganz traditionell gedeckt, das verträgt sich mit dem solid-bodenständigen Eindruck dieses Gasthofs, Do Ruhetag. ✆ 0473/799040, www.kuppelwies.bz.

In St. Nikolaus **** **Erlebnishotel Waltershof**, sympathisches Hotel im übersichtlichen St. Nikolaus, nicht nur für Wanderer, aber für diese ideal, da viele Touren vom Hotel veranstaltet werden und Wanderwege vor der Tür beginnen. Neu gestalteter, mit viel Holz stylisch aufgepeppter Eingangsbereich mit Bar. Wellness regiert in Hallenbad, Saunen, Kräuterbad, Naturteich, es gibt Massagen und Beauty-Anwendungen, die Küche serviert u. a. Vollwertkost und vegetarische Gerichte. Wer will, kann ein Zimmer mit Wasserbett buchen. DZ/HP 224–334 €, die neuen komfortablen Suiten (bis zu 125 m²) sind erheblich teurer. St. Nikolaus Dorf 59, ✆ 0473/790144, www.waltershof.it.

Biohof Unterschweig, auf fast 1700 m gelegener Bergbauernhof in Steillage, einer der höchsten Südtirols. Die alten Hofgebäude, wie auch anderswo im Tal übereinander gestaffelt, werden durch ein Gästehaus im alten Stil ergänzt. Tolle Aussicht, hofeigene Produkte wie Butter, Käse, Speck, Gemüse und Brot, beim Backen kann man zusehen. 4 schöne Ferienwohnungen mit viel Holz, Apt. (2–4 Pers.) 70–110 €. Unterschweighof 267, ✆ 0473/790252, www.bauernhof-ultental.it.

In St. Gertraud *** **Gasthof Ultner Hof**, das ganze Dorf trifft sich im Ultner Hof, es gibt keine Konkurrenz und die Gaststube ist ganz gemütlich – am Sonntagmorgen können die Damen hinter dem Tresen kaum die Forderungen nach Bier und Espresso bewältigen. Modern renovierte Zimmer mit Balkon, attraktive Saunalandschaft, gutes Frühstück. DZ/HP 116–182 €. St. Gertraud 114, ✆ 0473/798117, www.ultnerhof.com.

Sehenswertes/Ausflüge

Pawigl und das Vigiljoch: Ein sehr beliebtes Wandergebiet sind die Bergbauernhöfe im äußersten Ultental zwischen Vigiljoch und Pawigl. Rein administrativ gehört Pawigl zwar zu Lana, nur die Höfe auf dem Guggenberg gehören zum Ultental, das Streusiedelgebiet Pawigl ist aber nach allen Kriterien eine typische Ultner Bergbauernsiedlung. Dass zwischen Vigiljoch und Pawigl eine Menge Leute unterwegs sind, hängt natürlich mit der Bergbahn zusammen, auf das Vigiljoch geht von Lana die Kabinenbahn. Ein eigenes Erlebnis ist die Fahrt mit der urigen Pawigl-Bahn, deren Talstation an der Straße ins Ultental liegt (einige hundert Meter vor der Fahrstraße nach Pawigl rechts ab, beschildert) und die max. 4 Personen befördern kann.

Buschenschank Außerhof, Sträßchen von der Ultner Talstraße, hier gibt es noch Wein (auf ca. 670 m), 5 Min. später beim Lift zum Pawigl nur noch Äpfel. Das ist aber immer noch nicht der höchste Weinstandort, der liegt in St. Pankraz, www.ausserhof.com. In Pawigl traditionelle Kost in der Jausenstation **Greitwies**, Pawigl 3, Di Ruhetag, ✆ 0473/563376, www.greitwies.it.

St. Pankraz: Das Dörfchen ist der erste Ort, den man im Ultental erreicht, viel größer sind auch die anderen Dörfer nicht, die sich ausnahmslos auf sonnigen Hangterrassen über dem Talboden des Falschauer Bachs (so heißt der Bach, der das Ultental entwässert) befinden. Eine Kuriosum ist das unterhalb und auf der anderen Seite des Bachs gelegene *Häusl am Stoa*, von dem man den Eindruck hat, es

Malerische Lage: St. Pankraz im Ultental

wäre mithilfe von Stelzen auf einem in der Wiese liegenden Felsblock errichtet worden. Tatsächlich wurde es ganz schlicht auf einer Wiese errichtet, die Basis stützte sich auf Felsboden, der darunter lag. Bei einem schweren Hochwasser im Jahr 1882 wurden mehrere Häuser weggerissen, nur dieses nicht. Es stellte sich heraus, dass der Felsboden tatsächlich ein isolierter Felsblock gewesen war, der heute in der Wiese liegt wie bestellt und nicht abgeholt. Glück muss man haben.

St. Walburg: Walburg sagen die Einheimischen, wie sie statt St. Gertraud nur Gertraud sagen. Die *Kirche* des Hauptorts des Tals (mit Rathaus und Touristeninformation in sechseckigem Bau direkt an der Straße) steht auf einem vorgeschichtlichen Standort, einem alten Siedlungshügel. Ursprünglich war sie romanisch, wurde dann gotisiert, im 19. Jh. wurde das Schiff verlängert und der Turm erhöht. Drinnen skurriler Stilmix mit Biedermeierhochaltar (frühes Neobarock). Der *Einkehrgasthof „Eggwirt"* an der Straße (→ „Übernachten/Essen & Trinken") ist vor allem innen einen Blick wert!

Etwas oberhalb liegt der große **Zoggler Stausee**, der größte der Stauseen des Tals (im Talschluss mehrere kleinere Stauseen). Im Wasser dieses Sees ist ein wesentlicher Teil der bäuerlichen Tradition des Tals buchstäblich untergegangen, da sich fast nur dort größere Bauernhöfe in Tallage befanden.

Die Schwemmalm: Eine moderne Kabinenbahn hat aus der Schwemmalm ein leicht zu erreichendes Sommerwandergebiet gemacht, auch die Wintersaison hat von der neuen Bahn profitiert. Von 1150 auf 2150 m ist man nur wenige Minuten unterwegs, Wanderungen führen auf die Gipfel (auch auf über 3000 m) und auf Höhenwegen bis in den Talschluss. Trotzdem ist man – wie so oft – eine halbe Stunde von der Bergstation entfernt ziemlich allein.

Der Ultner Höhenweg: Der Ultner Höhenweg verläuft von der Bergstation der Schwemmalm auf etwa 2000 m immer knapp oberhalb der Baumgrenze hinein ins

Ultner Tal und beschert dem Wanderer herrliche Ausblicke talauswärts Richtung Ritten und Sarntaler Alpen und taleinwärts auf die mächtigen, auch im Sommer oft mit einer Schneehaube versehenen Dreitausender am Talende. Etwa 2:30 Std. nach dem Start erreicht man die urige Schusterhütte, dort lohnt unbedingt eine Einkehr. Im weiteren Wegverlauf trifft man nach einer weiteren Stunde auf die Innere Flatschbergalm. Ab hier entweder durch das Flatschbergtal auf langem Ziehweg und später den Weg Nr. 147 an Höfen vorbei und steil hinab durch den Wald zur Bushaltestelle an der Lahnersäge (90 Min. ab Flatschbergalm) oder, wenn die Zeit reicht, unterhalb der Alm durch den Wald weiter bis zum Weißbrunnsee (75 Min.) und von dort mit dem Wanderbus zur Lahnersäge.

Die Wanderung ist zu jeder Jahreszeit schön. Wenn sich im Oktober die Lärchen gelb färben, ist sie aber ein Spektakel.

Die Schusterhütte – das Original unter den Südtiroler Hütten

Mit ihren zwei kleinen Dachgiebeln und dem üppigem Blumendekor an der Wand schaut die Schusterhütte eigentlich eher wie ein Gartenhäuschen aus. In einer winzigen Küche bereitet Bertha am Bullerofen leckere Omelettes. Ihr Mann Konrad, Typ Alm-Öhi, bespaßt derweil auf der Holzterrasse vor allem die weiblichen Gäste mit launigen Sprüchen. Es gibt selbstgemachte Schnäpse (Wacholder, Schwarzbeere) und ein einmaliges Plumpsklo mit grandiosem Fernblick. Wenn's regnet, gilt es zusammenzurücken, denn unterm Dach gibt's nur einen Tisch, an den normalerweise vier Gäste passen. Da kein Lagerplatz vorhanden ist, müssen Speisen und Getränke täglich ein Stück weit heraufgeschleppt werden, und das wird dem Konrad eigentlich zu viel, deswegen denkt er jedes Jahr ans Aufhören. Mittlerweile packt Sohn Thomas kräftig mit an, und so bleibt zu hoffen, dass die Hütte, die nach über 30 Jahren unter Einheimischen Kultstatus genießt, ihren Gästen auch weiterhin erhalten bleibt und der Konrad nach dem Essen sein „Mogsch a Schnapserl?" in die klare Bergluft rufen kann.
Geöffnet Anfang Juni bis Mitte Nov. (wenn das Wetter passt).

Der Ultner Höfeweg: Der Ultner Höfeweg beginnt am großen Parkplatz in Kuppelwies bei der Talstation der Schwemmalmbahn. Er führt an der südöstlichen Talseite bis zur Lahnersäge kurz vor St. Gertraud und liegt bereits am Morgen in der Sonne. Zahlreiche, teils mittelalterliche Höfe liegen am Weg. Es geht in gemütlichem Tempo vorbei an Bauerngärten, gackernden Hühnern und mehreren Hofläden (s. Einkaufen). Die Strecke dauert einfach 2:30 Std. Der Rückweg verläuft schattenseitig auf der gegenüberliegenden Talseite. Von der Lahner Säge lohnt noch der Abstecher zu den Urlärchen (s. u.) – anschließend kann man auch gut mit dem Bus (Haltestelle an der Lahnersäge) zurück zum Ausgangspunkt fahren.

Schwemmalmbahn, Dorf 154, St. Walburg, ✆ 0473/795390, www.schwemmalm.com. Mai bis Okt. Mo–Sa 9–17, So/Fei 9–18 Uhr; einfach 11 €, Berg/Tal 15,50 €, Kind 6,50/8,50 €. Das **Bergrestaurant Außerschwemmalm** ist nur zu Bergbahnzeiten geöffnet, ✆ 347/2481559.

sea.wies, an der Talstation der Seilbahn befindet sich eine stylische Einkehrmöglichkeit mit integriertem Bauernladen, der regionale Produkte und Mitbringsel anbietet. Perfekt für einen Aperitif nach der Wanderung oder dem Skitag, erhältlich sind auch kleine Snacks, tgl. 8–19 Uhr.

M 13, gleich ums Eck, am Rande des riesigen Parkplatzes, lockt ein flacher Holzbau tagsüber als Snackbar und abends die Partylöwen und Sportfans: Live-Musik, DJs und Sportübertragungen. Di–So 13–1 Uhr, Sa bis 3 Uhr. ✆ 0473/799636.

St. Nikolaus: Die **Villa Hartungen** wurde vom Kurarzt Dr. Christoph Hartung von Hartungen für die Gäste seines „Mitterbades" 1903 bis 1906 errichtet, das Bad ist heute verfallen. Vor 1914 besuchten Bad und Villa u. a. Sigmund Freud, Rudolf Steiner und Peter Rosegger, Thomas Mann war schon vor Errichtung der Villa hier zur Kur. Erinnerungstafel an der Villa.

Das **Ultner Talmuseum** zeigt die bäuerliche Kulturlandschaft, wie sie leider zu einem großen Teil in den Stauseen untergegangen ist. Sieben Räume mit bäuerlichem Gerät und Objekten zu Alltag und Festen.

Ultner Talmuseum Mai bis Okt. Di und Fr 11–12/15–17 Uhr, So 10–12/15–17 Uhr. März/April So 10–12/15–17 Uhr; ✆ 0473/790347; freiwillige Spende; Museumsführer im Tourismusbüro.

Die Ultner Urlärchen: Lärchen und Zirben sind der große Schatz der Wälder des Ultentals. Die meisten Wälder liegen heute in Steillagen in großen Höhen, denn wo sie leicht erreichbar waren, sind sie der Nachfrage nach Lärchen- und Zirbenholz zum Opfer gefallen. Viele der erhaltenen Lärchen sind alt, aber wenige so alt wie die Ultner Urlärchen: In einem Bannwald in der Nähe von St. Gertraud stehen auf 1430 m Höhe drei Exemplare, die Forschungen zufolge wahrscheinlich um die 850 Jahre alt sind. Bei einer schon vor längerer Zeit umgestürzten Urlärche fand man angeblich mehr als 2000 Jahresringe. 36,5 m hoch ist die höchste Lärche, 8,34 m ist der größte Stammumfang.

Mächtige Urlärchen

Fußweg Die Ultner Urlärchen erreicht man z. B. zu Fuß oder mit dem Pkw ab dem Parkplatz unterhalb von St. Gertraud, der Weg ist deutlich mit „Ultner Höfeweg" und „Urlärchen" markiert (45 Min. hin/zurück).

🌿 **Essen & Trinken** 5 Min. geht man von den Urlärchen zur **Hofschänke Falschauerhof**, St. Gertraud 14a, die auf Produkte mit Ziegenmilch und -fleisch spezialisiert ist, aber ein wesentlich größeres Angebot bereithält. Klassische Ultner Bauernküche in der Bauernstube. Nur auf Vorbestellung, Mi und Do sowie im Januar geschlossen. ✆ 0473/790191. ∎

》 **Mein Tipp:** **Lärchengarten**, Ausserlahn 18, Café, Pizzeria und Jausenstation nur wenige Meter unterhalb der Urlärchen. Schöne Aussichtsterrasse, fantastische Brennnesselnocken und luftige Kartoffelteigtaschen mit Wildem Spinat, je 10 € – große Küche zum kleinen Preis, ganz ohne Haube oder Stern. Im Sommer ab 11.30 Uhr warme Küche, Di Ruhetag, ✆ 0473/798011. 《

St. Gertraud und Nationalparkhaus: Das höchstgelegene Dorf des Tals ist eigentlich nur eine Kirche mit Gasthof und ein paar Bauernhöfen, ein Weiler. Aber eine Kirche macht aus einem Weiler ein Kirchdorf, zumindest am Sonntagvormittag, wenn sich die Bauern der Umgebung zuerst in der Kirche und dann beim

Kirchenwirt treffen. Heute gibt es auch etwas tiefer am eigentlichen Talende (St. Gertraud liegt auf einem Hügel) Siedlungsansätze, dort endet auch die Buslinie. St. Gertraud ist Ausgangspunkt für zahlreiche Wanderungen in den Talschluss, der zum Nationalpark Stilfserjoch gehört, so auch für die hochalpinen Überschreitungen in Martelltal und ins Tal von Rabbi (Trentino). Am beliebtesten sind Touren, die vom *Weißbrunn-Stausee* ausgehen, den man auf einer guten Autostraße bequem erreichen kann. Die schönste dieser Touren ist unten beschrieben.

Das Ultental hat in St. Gertraud ein eigenes *Nationalparkhaus*, das mittlerweile vierte des Nationalparks Stilfserjoch. Für das Besucher-Informationszentrum hat man die alte *Lahner Säge* sehr geschickt um- und angebaut und wieder funktionstüchtig gemacht – eine gute Idee, denn das Ultental war immer ein Zentrum der Holzverarbeitung, und um den Wald und das Holz geht es auch im Nationalparkhaus. Interessante Schauräume im Erdgeschoss, sicher am interessantesten der Raum zum „Mythos Wald" im Obergeschoss.

Anfang Mai bis Ende Okt. Di–Sa 9–12.30/14.30–17.30 Uhr, Ende Dez. bis Ende März Di–Sa 9–12.30/14.30–17.30, Juli bis Okt. auch So/Fei 14.30–17.30 Uhr. Eintritt 3 €. ✆ 0473/798123, www.lahnersaege.com.

Abstecher auf den Deutschnonsberg

„Deutschgegend" nannte man sie früher, die vier Orte Unsere Liebe Frau im Walde, St. Felix, Laurein und Proveis. Sie liegen jenseits des Gebirgskamms, der das Ultental von Trentino und dem Nonstal (Val di Non) trennt, deutsche Sprachinseln hoch über dem italienisch- und ladinischsprachigen Tal darunter. 1800 Menschen leben dort überwiegend von Handwerk, Tourismus und Landwirtschaft.

Früher führten die Verkehrsverbindungen im Winter ausschließlich nach Süden und ins Trentino, zu dem die Orte auch bis 1949 gehörten: Proveis ist zwar über die Hofmahd (1783 m) mit dem Ultental auf einem Fußweg verbunden, war aber früher monatelang durch hohen Schnee auf sich allein gestellt. Heute führt vom Ultental eine Straße mit langem Tunnel hinauf zum Deutschnonsberg (ihr Bau hatte zur Folge, dass die stete Abwanderung aus Laurein und Proveis zumindest abflachte), eine zweite, frequentiertere Straße führt von Lana über den Gampenpass nach Unsere Liebe Frau im Walde und weiter nach Fondo und ins Nonstal, wo man über Castelfondo und Laurein wieder nach Proveis gelangt. Somit lässt sich der Ausflug zu einer schönen Rundtour mit einem kleinen Abstecher auf Trentiner Gebiet kombinieren – ob man dabei vom Ultental oder von Lana aus startet, spielt eigentlich keine Rolle und hängt ausschließlich vom Standort ab.

Information Tourismusverein Deutschnonsberg, I-39040 Laurein/Lauregno, Dorf Nr. 2, ✆ 0463/530088, www.ultental-deutschnonsberg.info, Mo–Fr 8–12 Uhr. Der **Tourismusverein Ultental-Proveis** (→ S. 374) ist für I-39040 Proveis/Proves zuständig.

Verbindungen Pkw: Straßen nach Unsere Liebe Frau im Walde über den Gampenpass und aus dem Ultental nach Proveis, beide von Lana ausgehend. Über Fondo und Castelfondo im Nonstal lässt sich eine Rundfahrt aus der Tour machen.

Bus: ab Meran über beide Strecken, die Gampenpassroute führt weiter nach Fondo im Val di Non. Nach Proveis/Laurein tgl. 4x, So 2x (jeweils mit Umsteigen in Pumbach vom 245 auf den 244); nach Unsere Liebe Frau im Walde/St. Felix mit dem Bus 246 tgl. 7x (So 3x).

Einkaufen Speck aus eigener Herstellung und andere regionale Produkte wie Kräutertee, Wein und Destillate bietet das Feinkostgeschäft **Kofler** in Unsere Liebe Frau im Walde, Malgasott 2, www.kofler-delikatessen.it, man kann auch Sa/So einkaufen. Biokäse, Brot und Mehl beim **Roatnocker** im gleichen Ort. Obere-Innere 12, www.roatnocker.it. ∎

Proveiser Bergspeck, lokale Würste und Berghonig vom Deutschnonsberg werden vom **Bergladele** angeboten, im Sommer auch Almkäse. Proveis, Kirchbichl 35, www.bergspeck-proveis.com. ∎

DELEG, Gewerbezone 1, Proveis. Die Landwirtschaftliche Erzeugergenossenschaft der Region vertreibt in ihrem Geschäft Käse, Fleisch, Gemüse und Obst ihrer Mitglieder; eigener Stand am neuen Meraner Markt und seit 2015 ein Geschäft in Lana, Maria-Hilf-Str. 24, www.deleg.it.

Übernachten/Essen

*** Zum Hirschen, das historische Hospiz für Wallfahrer, Pilger und Reisende hat sich nach einem Komplettumbau 2017 zu einem Gasthof mit beschaulicher Atmosphäre entwickelt. Man will sich wieder als „Ort der Besinnung und Kontemplation" zeigen. Dafür sorgen betont schlichte, authentische Zimmer mit viel Naturmaterial. Die Küche des ebenfalls neu gestalteten Restaurants Cervo verarbeitet die Produkte des eigenen Bauernhofs. Interessant sind die Löwenzahn- und Radicchiospezialitäten; das Bistro mit seiner schönen Terrasse bietet leichte Mittagsgerichte. DZ/FR 80–140 €. Unsere Liebe Frau im Walde, Malgasott 2, ✆ 0463/886105, www.zumhirschen.com.

** Greti, Restaurant-Pension, freundliche Pension mit guter Küche, beworben werden die Wiener Schnitzel, Löwenzahnspeisen, Knödel-Tris und – auf Bestellung – Gerstlsuppe und „Torta di patate". Auch Pizza. Di Ruhetag. Gute Zimmer, DZ/FR 70–76 €. St. Felix, Gampenstr. 39, ✆ 0463/886226, www.pension-greti.com.

Jägerstube am Hofschank Reinhof, gemütlicher Gasthof in Blockhausbauweise mit fantastischem Ausblick aufs Nonstal, großer Terrasse und deftigen Gerichten, leckere Schlutzer. Gampenstr. 2, St. Felix, ✆ 0463/886301.

Bachwiesl, der Hofschank mit Gastgarten und schöner Aussicht liegt an der Straße vom Ultental ins Nonstal kurz hinter Proveis und ist ein beliebter Stopp bei Motorrad- und Autofahrern. Tiroler Küche mit Knödelgerichten und Kaiserschmarrn. Bachwiese 1, ✆ 0463/530355, www.bachwiesl.com.

Und was halten Sie von Löwenzahn und Radicchio? Wer deren Verwendung in der (Südtiroler) Küche kennenlernen will, sollte auf dem Deutschnonsberg die Gerichte mit diesem an Ort und Stelle gezogenen Gemüse probieren. Manche Lokale haben spezielle Löwenzahnwochen (April/Mai) und Radicchiotage (Sept./Okt.), eine Liste der teilnehmenden Gaststätten ist in einer eigenen Bröschüre erhältlich oder unter www.loewenzahnwochen.it. ∎

Gampen Bunker: Mit dem Bau der ausgedehnten Bunkeranlage (1,5 km Länge) wurde 1940 begonnen, um einen zusätzlichen Abwehrwall gegen das Deutsche Reich zu schaffen, da Mussolini Hitler trotz des geschlossenen Paktes nicht traute. Nach einem knappen Jahr wurde die Arbeit eingestellt und die niemals in Betrieb gegangene Stellung wurde im Lauf der Jahrzehnte von Gestrüpp und Bäumen überwuchert und fast vergessen. 2010 eröffnete man unter Mitwirkung des unermüdlichen Reinhold Messner eine Galerie, in der zunächst Exponate aus der Privatsammlung des Bergsteigers ausgestellt wurden. In den Folgejahren wurden weitere Teile der Anlage hergerichtet und ab 2014 der Öffentlichkeit zugänglich gemacht. Im Zugangsbereich ist nunmehr die Baugeschichte von Gampenpassstraße und Bunkeranlage visuell dargestellt. In den kalten, düsteren Gängen dahinter wird die einzigartige Mineraliensammlung von Toni Kiem präsentiert, die aus 2500 Stücken besteht. Beeindruckend, aber auch bedrückend – wenn sich am Ausgang wieder Tageslicht zeigt, ist man irgendwie erleichtert.

Geöffnet Mai bis Okt., Juli/Aug. tgl. außer Fr 10–17 Uhr, Mai/Okt. Sa/So 10–17 Uhr, Juni/Sept. Sa–Mo 10–17 Uhr, Eintritt 4,50 €, erm. 2,50 €, mit Führung 9/5 €; bei konstanten 6–8 ºC und 90% Luftfeuchtigkeit ist auch im Sommer eine Jacke angesagt, Gampenpass, ✆ 0463/886321, www.gampengallery.it.

Unsere Liebe Frau im Walde: Der populäre Wahlfahrtsort geht mindestens auf das Jahr 1184 zurück, als ein Kloster der Brüdergemeinschaft „Hospitalier" mit einem kleinen angeschlossenen Hospiz für Reisende urkundlich erwähnt wurde. Heute gehört die Kirche zum Benediktinerstift Muri-Gries. Der Turm stammt aus romanischer Zeit, das Kirchenschiff wurde im 15. Jh. im gotischen Stil neu erbaut. Die Kirche enthält mehrere sehenswerte geschnitzte Barockaltäre. Im hinteren Teil finden sich unzählige Votivtafeln und -bilder. Der Platz vor der Kirche mit seinen ihn umgebenden mittelalterlichen Gebäuden (in einem ist ein Geschäft) und dem mächtigen ehemaligen Hospiz im Hintergrund (heute „Zum Hirschen") vermittelt ein gutes Gefühl dafür, wie sich hier vor Hunderten von Jahren Mönche, Pilger, Reisende trafen, um einzukaufen, einzukehren, zu übernachten und zu beten. Die Kirche liegt am Schnittpunkt zweier Pilgerwege: Der Romediusweg führt von Thaur bei Innsbruck auf den Spuren des hl. Romedius nach San Romedio im Nonstal und der Santiago-Anaunia-Pilgerweg folgt dem Pfarrer Zanebello aus Cles im Nonstal (römisch: Anaunia) auf seiner Wallfahrt, die ihn im Jahre 1208 nach Santiago de Compostela führte.

Kirche tgl. 8–19 Uhr, Pilgerwege: www.romedius-pilgerweg.at und www.santiagoanaunia.it.

Ausflug von St. Felix zum Tretsee: Weg 9 führt meist abseits des Fahrsträßchens von St. Felix hinauf zur Felixer Alm, ein paar Minuten vom Felixer Weiher oder Tretsee (Lago di S. Maria) mit dem „Gasthaus Waldruhe". Tretsee heißt er nach der Ortschaft Tret, die man talabwärts in Richtung Fondo erreicht, sie ist bereits rein italienischsprachig. Hübscher Rundweg um den See, wer noch Energie hat, findet einige von hier abgehende Waldwege. Besonders schön ist ein Weg, der herrliche Blicke ins Tal erlaubt: Man nimmt von der Alm (nicht vom See) den mit T und 50 gekennzeichneten Fahrweg, nach ca. 1,5 km führt er als Weg weiter, erreicht den Bergkamm, dem man bis zum Schönegg (1773 m) folgt. Rückkehr auf demselben Weg.

Felixer Alm, Speck und Käse aus eigener Produktion, Knödel, Polenta und Pilze, Brennnesselnocken mit Käsesoße; Mai bis Okt., kein Ruhetag.

Gasthaus Waldruhe, nahe Tretsee, schöne Terrasse, bürgerliche Küche und gerühmt für seinen Kaiserschmarrn, Mai bis Okt.

Laurein und Proveis: Das beschaulich zwischen Bergwiesen liegende Laurein besitzt eine spätgotische Pfarrkirche, deren hoher, schlanker Turm von Weitem ins Auge sticht. Der kleine, abseits des Touristenrummels gelegene Ort lädt zu Spaziergängen in der Umgebung ein. Seine Blütezeit hatte er, ähnlich wie das nahegelegene Proveis, im Mittelalter, als aus diversen Bergwerken Kupfer abgebaut und verhüttet wurde. Proveis, das oberhalb der Hauptstraße liegt, bietet einen fantastischen Rundblick über die teils üppig bewaldete, sanft wirkende Landschaft des Deutschnonsberg. Zahlreiche verstreut liegende Höfe, von denen mindestens zehn nachweislich schon im 16. Jh. bestanden (der älteste noch bestehende ist der Unterweghof der Familie Perger, der sich seit 1332 in Familienbesitz befindet), liegen als Farbtupfer inmitten der Wiesen. In der Umgebung von Proveis findet sich ein gutes Dutzend kleiner Kapellen an den Wegesrändern. Ein beschilderter Erlebnisweg, der hinter dem Gasthaus zur Lärche beginnt, führt auf etwa 6 km Länge zum Hochmahdjoch, einem Übergang ins Ultental. Schautafeln am Wegesrand informieren über Flora, Fauna und den historischen Bergbau (3 Std. hin und zurück). Am Start des Weges befindet sich eine Infotafel mit netten Kindergedichten in Mundart der Grundschüler aus Proveis, darunter eine Hymne auf den Touristen: *„i hon di kemma gsechn/ amerscht an schwarzn Fleck/ nor di selber-du wilkemmener Turist!/ untr dr selb Olb/ af dr Bank/ hoschta an gmiatlichen platz/ fir di und deina Familia.*

Tour 12: Wanderung über die Ultner Stauseen zur Höchster Hütte und den Weißbrunnalmen

Tour-Info: Diese Tour im hintersten Ultental führt von den Stauseen Weißbrunnsee zum Grünsee und zur beliebten Höchster Hütte. Obwohl der Rückweg über das ausgedehnte Kar der Weißbrunnalmen kaum länger ist als der Anstieg und auf jeden Fall abwechslungsreicher, gehen ihn doch nur wenige Menschen. Dauer 3–3:30 Std.; Länge 10,2 km; Höhenunterschied ↑↓ 570 m. Karte: Tabacco (1:25.000) Blatt 42.

Vom Straßenende am Weißbrunnsee mit Parkplatz geht man noch ein paar Meter bis zum Ende der öffentlichen Straße, wo bei der Unteren Weißbrunnalm die Wanderwege beginnen. Etwas oberhalb des Straßenendes steht der

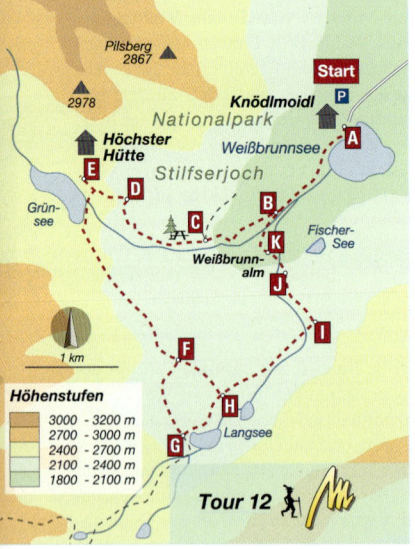

Holzbau des Restaurants Knödlmoidl, wir beginnen den Aufstieg darunter **A**. Man geht durch Wald das Tal des Grünseebachs bergan, eine Brücke über den Bach **B** bleibt links. Allmählich wird der Wald lichter, und auf einer Verflachung mit Picknicktisch **C** und Wegabzweigung nach rechts (die wir nicht beachten) ist er fast vollständig durch Krummholz ersetzt worden. Weiter über einen stellenweise etwas holprigen und stark ausgetretenen Weg, auf ca. 2250 m verlässt er das Bachtal und steigt nach rechts kurvenreich zum Grünsee hinauf, dessen Staumauer man bereits erkennt. Hat man die Höhe der Dammkrone erreicht, geht es noch ein Stück flach weiter, dann folgt die Abzweigung eines Weges nach links **D** (Weg 12), den wir nach dem Besuch der Hütte gehen wollen. An der Hütte **E** schöner Blick auf den Stausee, Hintere Eggenspitze (3443 m) und Weißbrunnferner.

Nach der Stärkung geht es weiter in den Talschluss der Weißbrunnalmen, den man im Aufstieg links von sich gesehen hat, überragt von der wenig auffälligen, unvergletscherten Pyramide des Gleck (2957 m). Man muss nicht bis zum im Anstieg passierten, offiziellen Beginn von Weg 12 zurückgehen, sondern kann eine mehr oder weniger offizielle Abkürzung hinunter zur Krone des Staudamms nehmen, die den ersten Abschnitt dieses Wegs bildet. Es folgt Grobschutt und Bergsturzmaterial, aufmerksam zu begehen, dann ein Wiesenrücken, der für eine kurze Rast wie geschaffen ist. Hier Weggabelung mit Hinweisschild **F** links direkt hinunter zu den Weißbrunnalmen, zunächst undeutlicher Weg, rechts weiter in den Talschluss (und über zwei Joche zu den Haselgruber Seen mit gleichnamiger Hütte), wegen des Langsees, an den man so näher herankommt, unbedingt vorzuziehen.

Im Talschluss Wegstern **G**, wir schwenken scharf nach links auf den abwärts führenden Weg 107 ein, der sich oberhalb des Langsees durch Hochalmgelände zieht. Die Einmündung des direkten Wegs (von Punkt F herunter) wird passiert **H**, weiterhin gemütlicher Almenbummel, Seelein in einiger Entfernung links und rechts. Dann kommt man zur Oberen Weißbrunnalm I, ab der es an den eigentlichen Abstieg geht. Noch einmal erreichen wir einen flacheren Almboden mit der Hütte der Mittleren Weißbrunnalm J, dann etwas tiefer ein ausgetrocknetes Seebett. Jenseits steigt man nach einem Steg zu einer weiteren Almhütte hoch, einer alten Blockhütte K. Weg 107 weist hier nach rechts und zum Fischersee, wir jedoch steigen nunmehr mit Weg 103 durch Wald ab ins Grünseebachtal. Bei der uns vom Aufstieg bekannten Brücke B biegen wir nach rechts in den Aufstiegsweg ein und gehen hinunter zur Unteren Weißbrunnalm, wobei wir dieses Mal auf dem Weg oberhalb der „Knödlmoidl" bleiben, und dann den Parkplatz und den Ausgangspunkt unserer Tour erreichen.

Essen & Trinken Höchster Hütte (Grünseehütte/Rif. Canziani – CAI Milano), 2560 m, St. Gertraud, Juni bis Okt. geöffnet. ✆ 0473/798120, www.rifugiocanziani.it.

Am Straßenende **Berggasthaus Knödlmoidl**, bekannt für seine – natürlich – Knödelvariationen, aber auch Apfelstrudel und Co, www.weissbrunn.eu.

Tisens und Prissian

Tisens und Prissian liegen auf einem sanft gewellten Plateau 300–350 m über dem Etschtal, aber Aussicht ist nicht: Ein niedriger Bergzug („Vorbichl") versperrt fast überall den direkten Blick hinunter ins Tal. Man muss etwas höher steigen, nach *Bad Gfrill* oder in den *Prissianer Hochwald,* um den Blick auf Sarntaler Alpen und Texelgruppe genießen zu können. Dafür sieht man von der Straße zwischen Prissian und Nals hinüber in die Dolomiten, was ja auch nicht zu verachten ist. Das Plateau ist eine Welt für sich, ein Miniatur-Südtirol, wie es die Zeitschrift „Bell'Italia" einmal ausdrückte, reicht das Gemeindegebiet doch vom Weinanbaugebiet (Gewürztraminer, Lagrein u. a.) über Weiden, Wiesen und Wald zu den Almen und hinauf ins Hochgebirge auf 2433 m (Laugenspitze). Und dazu Burgen, alte Kirchen, mittelalterliche Fresken, Bauernbadl, Speck, Vinschgerl und Kastanien und eine Hotellerie der gehobenen Mittelklasse – Miniatur-Südtirol eben.

Basis-Infos

Information Tourismusverein Tisens-Prissian, I-39010 Tisens-Prissian/Tésimo-Prissiano, Bäcknhausstr. 54, Prissian, ✆ 0473/920822, www.tisensprissian.com. Büros in Tisens, ✆ 0473/920888, Mo–Sa 9–12 und Prissian, Mo–Fr 9–12/15–17 Uhr, Mi nur nachmittags – jeweils in der Ortsmitte.

Verbindungen Gute Straße von Lana, Busse 7–19 Uhr stündl. (Linie 248).

Tisner Shuttle nennt sich ein Busdienst (auch) für Touristen, ✆ 335/7733075.

Feste & Veranstaltungen Prissianer **Gasslfest**, von den örtlichen Vereinen gestaltetes Ortsfest im Aug., Festzug, Stände (z. B. Spinnrunde Prissian mit Produkten aus Schafwolle; Kinder können selbst Filzobjekte herstellen), Musik von DJ-Pop bis „Tanzlmusi".

Keschtnriggl: Kastanientage in der 2. Oktoberhälfte in **Tisens**, Prissian und Völlan (→ Lana) mit Kastanienwanderungen bzw. -führungen, einem Törggelenfest auf dem Rathausplatz in Tisens, wie Törggelen eben sein soll, mit Eigenbauwein und alles aus Kastanien, z. B. Keschtnkrapfen, www.keschtnriggl.it.

Prissianer Schlosskonzerte, Konzerte im Sommer in den Burgen und Schlössern der Gemeinde.

Kinder **Erlebnispfad Vorbichl** in Prissian, Wanderweg mit verschiedenen Stationen wie Holzrutschen, Klangkörpern, Kletternetzen und Schautafeln.

Wellness & Sport Sehr schöne **Kneippanlage** mitten im Ort Prissian. **Freischwimmbad** im Natur Caravanpark Tisens (s. u.).

Übernachten/Essen & Trinken

Übernachten *** **Schloss Wehrburg**, dieses Hotel nennt sich nicht nur so, es ist ein echtes Schloss oder eigentlich eine Burg. Eine echte Ritterburg mit altem Mobiliar, Himmelbetten, Turmzimmern in den beiden Türmen der Anlage, knarrenden Dielen und Fernblick bis zu den Dolomiten. Da nimmt man gerne in Kauf, dass es in den Zimmern kein TV gibt. Grün ringsum, Wald, Wiesen, für Wasserratten ein kleines Freibad. DZ/HP 120–190 €. Prissian 7, ✆ 0473/920934, www.wehrburg.com.

*** **Grissianer Hof**, einfache, teils auch ansprechend renovierte Zimmer, Menüwahl und Salatbuffet, Produkte vom eigenen Bauernhof. Wellnessbereich mit Sauna, Whirlpool und Kneippanlage. DZ/HP 118–162 €. Grissian 6a, ✆ 0473/920823, www.grissianerhof.com.

** **Liesy**, Residence in drei Gebäuden im Grünen, helle Wohnungen, Pool, Terrasse. Kinderspielplatz und Tiere. Apartments für 2–6 Pers. im Haupthaus, Neubau und Bauernhof. Apt. (2 Pers.) 56–125 €. Dorf 11a, Tisens, ✆ 0473/920918, www.residence-liesy.it.

Natur Caravanpark Tisens, ganzjährig geöffneter Caravanpark in großzügiger Anlage mit Schwimmbad und Liegewiese, schönem Restaurant, großen Stellplätzen und allen Anschlüssen inkl. Sat-TV. Stellplatz und 2 Pers. 33–42 €. Tisens, Schwimmbadstr. 39, ✆ 0473/562073, www.naturcaravanpark-tisens.com.

Essen & Trinken **Zum Löwen**, Hauptstr. 72, Tisens, nicht der übliche Dorfgasthof: kreative Jahreszeitenküche mit italienischen und Tiroler Akzenten auf höchstem Niveau (1 Michelin-Stern, 16 Gault-Millau-Punkte). Die Frau am Herd und Besitzerin heißt Anna Matscher, ist Koch-Autodidaktin und weit über Südtirol hinaus für ihre intelligenten Kreationen bekannt. Stilvolles Ambiente im alten Gebäude, das schon seit Generationen ein Gasthof war, das Restaurant jetzt im früheren Innenhof mit rustikal-modernem Ambiente. Ab 90 € für 5 Gänge. Mo und Di geschl. ✆ 0473/920927, www.zumloewen.it.

Bad Gfrill, Gampenstr. 48, Tisens, Café-Restaurant im alten Badl oberhalb von Tisens, Kuchen und Eisbecher und diverse kalte und warme Speisen, schöne Aussichtsterrasse. Mo abends und Di Ruhetag, etwas oberhalb liegt der Rainguthof mit seinen Bauernhoftieren, toll für Kinder. ✆ 0473/921018, www.gfrillerhof.com.

Grissianer Hof, Tisens-Grissian, Grissian 6a, Gasthaus (→ „Übernachten") auch mit Kaffee und Kuchen für Familien und Ausflügler, Spezialität sind die Lammgerichte (aus eigener Haltung). Mo geschl.

Sehenswertes/Ausflüge

Pfarrkirche Maria Himmelfahrt in Tisens: Das Dorf Tisens besitzt eine schöne spätgotische Pfarrkirche. Besondere Aufmerksamkeit verdient vor allem das wunderschöne Netzgewölbe mit den Wappenschlusssteinen (Fernglas hilft). Im Chor befinden sich auch – eine Seltenheit in Südtirol – spätgotische Glasfenster (Augsburger Schule, spätes 15. Jh.).

Prissian: An Burgen hat das hübsche Dorf Prissian keinen Mangel, alle fünf haben jedoch den Nachteil, dass man sie nicht oder nur in kleinsten Teilen besichtigen kann. **Schloss Katzenzungen** hat einen besonders reizvollen Kirchturm. Auf einem romanischen Turmbau mit dekorativen Blendarkaden, die farblich geschickt hervorgehoben wurden, thront ein kleines achteckiges Geschoss mit barockem Helm. Das Schloss ist für Veranstaltungen und Events wie Hochzeiten geöffnet, sonst ist es nicht zugänglich (www.castel.katzenzungen.com). Am Hang unterhalb wächst die wohl größte und eine der ältesten Reben Europas, der mind. 350 Jahre alte **Versoaln-Weinstock**, so benannt nach der heute fast ausgestorbenen, alten einheimischen Rebsorte Versoaln. Die Pflanze deckt heute 350 m^2 mit ihrem Laubwerk zu. Die *Wehrburg* ist ein Hotel, die *Fahlburg* ein Restaurant (zu beiden s. o.), die *Zwingenburg* und *Schloss Holt* sind nicht zu besichtigen.

Kirche St. Jakob in Grissian: Das Kirchlein enthält einen der ältesten Freskenzyklen Südtirols, höchstwahrscheinlich das Ergebnis einer Kooperation zwischen byzantinischen und lokalen Meistern aus der Zeit der Spätromanik (frühes 13. Jh.). Während das Bildschema eher an Byzanz denken lässt, deutet die Ausführung im Detail eher auf lokale Maler hin. So beim Christus in der Mandorla in der Apsis, der mit den vier Evangelistensymbolen ganz streng byzantinisch wirkt, während die Darstellungen Abrahams und Isaaks sowie Kains und Abels viel lockerer sind und byzantinische Schemata, etwa in der Kleidung, mit neuen Interpretationen und Improvisationen verbinden. Beachten Sie die schnee- und eisbedeckten Berge im linken Bild und den Eselstreiber, der sein Tier auf den Architekturbogen des Kirchenschiffs hinauf treibt. Die Kirche ist tagsüber frei zugänglich; Spaziergang (Fahrweg) ab Schmiedlhof.

Schmiedlhof, Brot, Speck, eigener Apfelsaft, Holztische unter den alten Obstbäumen. Der Hof aus dem Mittelalter ist einer der wenigen erhaltenen des Burggrafenamts, er hat einen soliden quadratischen Grundriss, 2 Stein- und ein schräges hölzernes Dachstockwerk, die Gaststube ist die alte Wohnstube, sie stammt noch aus dem 14. Jh. ✆ 0473/920993.

Naraun: Der besonders in Richtung Norden, Meraner Bucht und Texelgruppe unvergleichlich aussichtsreiche Kirchhügel nahe Naraun bei Tisens war schon in vorgeschichtlicher Zeit besiedelt. Die kleine *Kirche des hl. Hippolyt* steht vielleicht auf keltischen Kultvorgängern. Fahrsträßchen und Wanderweg (Nr. 5) ab Naraun.

In Naraun gibt es mehrere Jausenstationen und Buschenschanken, die sich besonders zum herbstlichen Törggelen eignen: **Gruberkeller** (Di Ruhetag), **Hofstätterhof** (Di Ruhetag), www.hofstaetterhof.it und **Obertalmühle** (Mo Ruhetag), www.obertalmuehle.com.

Nals

Entlang der Straße von Lana nach Andrian dehnt sich Nals über einen guten Kilometer aus. Die älteren Ortsteile liegen aber nicht an der Straße, sondern darüber: die *Pfarrkirche* und *Schloss Schwanburg* in Richtung Andrian, *Ansitz Stachelburg* und die älteren Häuser an Goldgasse und Mühlgasse am Ausgang des Grissianer Tals in Richtung Tisens. Noch höher liegen die *Burgruine Payrsberg* und *Schloss Schwanburg,* die auf den Ort und seine Weingärten und Apfelplantagen herunterblicken.

Nals ist nicht überlaufen, sondern ruhig (sieht man von den gelegentlichen Motorradfahrern ab, die sich, statt auf der MeBo zu bleiben, auf die Weinstraße verirren). Dennoch: 900 Fremdenbetten auf 1500 Einwohner – da haben die Nalser ganz schön zu schaffen, um ihre Gäste bei Laune zu halten. Zu Nals gehört auch **(Unter-) Sirmian** auf aussichtsreicher Terrasse, noch höher liegt **Obersirmian**, das aus dem romanischen *Kirchlein St. Apollonia* und einer Handvoll Häuser besteht.

Information Tourismusverein Nals, I-39010 Nals, Rathausplatz 1a, ✆ 0471/678619, www.nals.info, Mo–Fr 9–12/14–17, Sa 8–12 Uhr.

Sport Sportzone an der Schwimmbadstraße (Straße in Richtung Lana) mit Freibad, 4 Sand-Tennisplätze mit Flutlicht, Kinderspielplatz, Minigolf u. a.

Wein Die Weine der **Genossenschaftskellerei Nals** gehören zu den besten Südtirols.

Übernachten/Essen *** Stadlerhof, Haus an der Nalser Dorfstraße, aber keine Angst, ruhig und gemütlich. Die im Prospekt angesprochene familiäre Atmosphäre trifft zu. Schöner beheizter Pool und Sauna, Kinderspielplatz, gutes Frühstücksbuffet. Wer's auf der gedeckten Veranda einnimmt, hat Blick auf den Pool und jede Menge Grün. Zimmer mit Balkon. DZ/FR 78–90 €. A.-Hofer-Str. 32, ✆ 0471/678603, www.stadlerhof.com.

*** Krösshof, Frühstückspension mit schlichten Zimmern und Balkon, mit Pool, Liegewiese, kleinem Kinderspielplatz. Außerdem einfache Ferienwohnungen mit separater Küche, komplett ausgestattet. DZ/FR 66–98 €, Apt. für 2 Pers. 65–99 €. Vilpianer Str. 31, ☎ 0471/678863, www.kroesshof.com.

Camping Zum Guten Tropfen, kleiner (15 Einheiten), familiengeführter Platz nahe der Ortsmitte, geöffnet Mitte März bis Okt. Stellplatz mit 2 Pers. 26 €. Mühlgasse 14, ☎ 0471/678516, www.camping-nals.com.

Stachelburg Keller, Prissianer Str. 2. Im Keller und in der schattigen Gartenlaube des Lokals in der historischen Stachelburg mit Fresken aus der Zeit der Frührenaissance wird deftige Tiroler Kost samt Brettljausen zu eigenen Weinen angeboten. 17–24 Uhr, Mi Ruhetag, im Winter geschl. ☎ 0471/678558, www.stachelburgkeller.it.

Nalserbacher Keller, Prissianer Str. 1, Buschenschank mit großer Auswahl, April bis Mitte Dez., Di und Mi Ruhetag. ☎ 0471/678661.

Passler, Andreas-Hofer-Str. 6, Restaurant, Grillstube, Nudeln wie z. B. Dinkelteigtaschen mit Steinpilzfüllung, auch gute Fleischgerichte. Nachmittags Café, u. a. sehr gute Kastanientorte. Behindertengerecht eingerichtet, Terrasse. Ab ca. 18 €. Mo Ruhetag, ☎ 0471/678631.

Figl, Mühlgasse 9, Restaurant-Pizzeria, großes Lokal mit Stube, Saal, gedeckter Terrasse, in dem es neben Pizza und Spargel aus eigenem Anbau täglich frischen Fisch und Meeresfrüchte und spanische Paella wie auch indonesisches Nasi Goreng gibt. Mi Ruhetag, ☎ 0471/678941, www.figl.it.

Der Tschögglberg

Zwischen Meran und Bozen, zwischen dem Etschtal und dem Sarntal liegt ein welliges Hochplateau mit mehreren Dörfern, der Tschögglberg, im Osten Salten genannt. Seine Landschaft charakterisieren weite Almwiesen, weiche Oberflächenformen, Lärchen und natürlich die Haflingerpferde auf den Koppeln. Einige dieser Dörfer, wie *Hafling*, schauen auf Meran herunter, *Mölten* blickt ins Etschtal bei Nals. Bis auf das sehr stark erschlossene und im Sommer wie im Winter stark belebte Gebiet von *Meran 2000* oberhalb von Hafling ist der Tschögglberg eine idyllische **Wanderlandschaft**, in der man nie viel Konkurrenz auf den Wegen hat, sieht man einmal von der unmittelbaren Umgebung der populäreren Einkehrziele ab. Und natürlich von gewissen Tagen wie dem *Flaaser Kirtag*, wenn von allen Seiten ganz Südtirol zum Festzelt zwischen Mölten und Flaas eilt, am Pass unterhalb von Langfenn auf dem Salten. Früher waren alle Scheunen und Wirtschaftsgebäude mit Stroh gedeckt, das ist heute nur noch Geschichte. Letzte *Strohdächer* gibt es noch am Spitzeggerhof, Törnmoarhof, Langtratterhof und Gfrarhof (Völlan).

In Bezug auf die zuständigen Tourismusverbände ist der Tschögglberg dreigeteilt, eine gemeinsame Information gibt es nicht (unter www.tschoegglberg.it sind die Zuständigkeiten zumindest im Internet zusammengeführt). Hier wird er, bis auf den Ostteil, dem Salten und dem Ort Jenesien, die bei Bozen besprochen werden, zusammengefasst (→ S. 197).

Hafling und Meran 2000

Das Bergdorf **Hafling** führt ein Pferd im Wappen, genau gesagt, einen Haflinger. Passender geht es nicht, zumal der Haflinger auf dem Wappen auch noch auf grüner Wiese vor einem Nadelbaum steht. Das auf ca. 1250 m gelegene Dorf über Meran bringt es auf mehr Sonnenstunden als der Kurort. Weder gibt es hier oben die häufigen Herbstnebel, noch bricht der Abend, besonders im Winter, früh an, weil sich, wie in Meran, die Sonne bald hinter Bergen verbirgt. Ideal also für Sommerfrische, Wandern im Frühling und Herbst und für den Wintersport: Das Kunstdorf **Meran 2000** oberhalb Hafling – von Meran wie von Hafling bequem zu erreichen –

ist ein echtes Skisportparadies auf 27 km² und schneesicher von Anfang Dezember bis Anfang Mai. Im Sommer trifft sich die muntere Wanderschar bei der Bergstation der Seilbahn von Falzeben und startet in Richtung des braven Mittager (2422 m) oder des nicht so braven Ifinger (2581 m) bzw. der Plattenspitzen (2680 m). Wandern und Bergsteigen auf markierten Wegen sind im Bereich dieser Spitzen okay, das Klettern sollte man denen überlassen, die im brüchigen, unfallträchtigen Fels zu Hause sind.

Information Tourismusverein Hafling-Vöran-Meran 2000, Mo–Fr 8.30–12.30 und 13.30–17.30 Uhr, Sa 8.30–12.30 Uhr. I-39010 Hafling, St.-Kathrein-Str. 2b, ✆ 0473/279457, www.hafling-meran2000.eu.

Verbindungen Pkw/Bus: Gute Straße von Meran, Parkplatz unterhalb der Dorfkirche. Gute Busverbindung mit Meran, Linie 156 von Jenesien (Bozen) über Mölten und Vöran nach Hafling 4x tgl., außerdem Wanderbuslinie "Tschöggelberg" je nach Jahreszeit 3–4x tgl. von Jenesien nach Falzeben. Die Nutzung der Seilbahn Burgstall – Vöran ist in der Mobilcard Südtirol inbegriffen!

Reiten Sulfnerhof, St.-Kathrein-Str. 4, Haflingeraufzucht, Deckstation für Hafling und Umgebung, im Sommer So geschl. ✆ 0473/279424, www.hotel-sulfner.com.

Innergruberhof, Ausritte mit Haflinger-Pferden. ✆ 0473/279331, www.innergruber.it (→ „Urlaub auf dem Bauernhof").

Eine **Trabrennbahn** im Ortsteil Viktoria wird im Sommer wie im Winter vom Haflinger Pferdezuchtverein genutzt. Besonders interessant sind die **Skijöringwettbewerbe** im Winter.

Wintersport Zu **Meran 2000** → S. 283, kostenloser Skibus von Hafling zur Talstation Falzeben.

Übernachten/Essen ****S Hirzer 2781, für seine 4 Sterne eher ein kleineres Klassehotel in Hafling-Oberdorf, das mit Hallenbad und Saunen/Wellnessbereich samt Beautyabteilung und der edlen Ausstattung in den renovierten Zimmern mit Balkon und Ausblick über die große Liegewiese auf das Tal keinen Vergleich zu scheuen braucht. DZ/¾P 220–370 €. Falzebener Str. 66, ✆ 0473/279306, www.hotel-hirzer.com.

**** **Falzeben**, der übliche „Tiroler" Hotelbau mit Holzbalkonfront, hier mit 2 Giebeln, rundum viel Grün (samt Kinderspielplatz) und Seilbahntalstation Falzeben vor der Tür. Attraktiver neuer Wellnessbereich mit Saunen, Fitnessraum, Massagemöglichkeit. Neue komfortable und schicke Zimmer mit Balkon zum Tal. DZ/HP 176–282 €. Falzebener Str. 214, ✆ 0473/279423, www.falzeben.com.

******Miramonti**, Edelhotel hoch über Meran, dessen Ursprünge bis ins Jahr 1932 zurückreichen. 1977 wurden hier Szenen des James-Bond-Klassikers „Der Spion, der mich liebte" gedreht. Zimmer mit minimalistischem Design, viel Holz und Glas, DZ/HP 192–362 €, Suiten teurer. Das kulinarische Angebot von Panoramarestaurant, Stube und Klassik-Restaurant wird von Koch Massimo Geromel innovativ aufeinander abgestimmt, er zelebriert eine internationale Küche mit Südtiroler Anklängen (Panoramarestaurant 2 Gault-Millau-Hauben). St. Kathreinstr. 14, www.hotel-miramonti.com.

Urlaub auf dem Bauernhof *** Innergruberhof, Ferienwohnungen und Haflingerreitpferde am Bauernhof, das ist eine tolle Mischung. Die 2 Wohnungen für 2–6 Personen sind komplett ausgestattet. Apt. für 2 Pers. 60–75 €. Falzebener Str. 40, ✆ 0473/279331, www.innergruber.it.

Sehenswertes/Ausflüge

Ortsteil St. Kathrein: Die moderne Straße von Meran-Obermais herauf erreicht Haflinger Gemeindegebiet im Ortsteil St. Kathrein, dessen Kirchlein man aus der Meraner Gegend sehen kann. Das gotische *St.-Kathrein-Kirchlein* (13. Jh.), dessen Innenraum man durch eine Öffnung im Portal sehen kann, besitzt einen spätgotischen Flügelaltar (wie an vielen anderen Orten Südtirols ist die Kirche geschlossen, seit in den 50ern die Welle der Kunsträuber begann). Eine heute noch größere Sehenswürdigkeit ist die Haflingeraufzucht beim *Sulfnerhof,* dessen Stall besichtigt werden kann (→ „Reiten").

Der Haflinger

Die Vorfahren der kräftigen blonden Pferde mit der geringen Größe – 140 cm Widerristhöhe gilt unter Haflingern als normal – wurden schon lange von den Bauern des Sarntals, des Tschögglbergs und eben auch in Hafling gehalten. Aber der moderne Haflinger entstand erst, als 1874 in Schluderns ein Hengstfohlen geboren wurde, das nicht einen Haflinger, sondern einen Rasse-Araber als Vater hatte. Das Fohlen mit dem Namen *249 Folie* wurde Stammvater der gesamten Haflingerzucht, die wahrscheinlich deshalb so viel Erfolg hatte, weil sie sehr bald vom k. u. k. Ackerbauministerium unterstützt wurde. Ab 1897 wurden auf dem Tschögglberg und im Vinschgau insgesamt 220 Stuten erfasst, die für die weitere Züchtung des Haflingers herangezogen wurden. 1908 wurde die heute besonders wichtige *Pferdezuchtgenossenschaft Sarntal* gegründet, dort entstand erst das heutige Markenzeichen des Haflingers, die blonde Mähne.

Populär und bildhübsch

Die Jahre nach 1918 – Südtirol war Teil Italiens geworden, das zunächst keinerlei Interesse an der Haflingerzucht hatte – waren schwer, zumal sich nun ein Teil der Zuchtstuten im Ausland, nämlich in Österreich, befanden. Erst nach dem Zweiten Weltkrieg ging es wieder bergauf, vor allem ab 1953, als der *Südtiroler Haflinger Pferdezuchtverband* die Arbeit aufnahm. Heute ist der Haflinger ein populäres Pferd, der Aufstieg des Hobbyreitens hat zu seiner Erhaltung ganz wesentlich beigetragen, aber immer noch werden Haflinger auch als Arbeitstiere eingesetzt. Derzeit sind in Südtirol 3300 Pferde in die Bücher des Zuchtverbands eingetragen.

Information: Südtiroler Haflinger Pferdezuchtverband, Bozen, Galvanistr. 38, ✆ 0471/063970, www.haflinger.eu.

Wanderungen auf Meran 2000: Die Wandermöglichkeiten von Meran 2000 aus auch nur annähernd erschöpfend zu beschreiben, würde den Umfang eines Wanderbuchs annehmen. Das großzügig wellige Gelände mit seinen vielen Almen und Hütten bietet sich förmlich für die Erschließung mit Wanderwegen an und daran ist unter dem Ifinger und den Plattenspitzen, die nach Norden aufragen, kein Mangel. Da lockt der Gebirgsjägersteig zum *Kratzberger See*, und weiter (für sehr Ausdauernde und Schwindelfreie) geht es über die *Obere Scharte* zur Bergstation der Hirzer-Seilbahn. Oder der *Große Mittager* im Osten, der von Norden so ausschaut, als ob er eventuell nicht ganz leicht wäre und dann doch ein Kinderspiel ist. Der *Ifinger* selbst ist erfahrenen Bergsteigern vorbehalten. Und dann wäre da noch der *Hönig*, der kleine Bruder des Ifinger. Er ist halt nicht ganz so hoch, aber beim Rundblick, da fehlt nichts.

Zu Meran 2000 → Meran, S. 283

Wanderungen Ungefähre Gehzeiten auf Meran 2000: Piffing (Bergstation Ifinger-Seilbahn und Falzeben-Seilbahn) bis Kirchsteiger Alm 1 Std., weiter bis Meraner Hütte 1 Std. und weiter bis Kratzberger See 1:45 Std. Piffing bis zum Großen Mittager 2:15 Std.; Piffing bis zum Kleinen Ifinger 2:30 Std., weiter bis zum Großen Ifinger 4 Std. (gesicherter Steig, Trittsicherheit und Schwindelfreiheit bereits auf dem Zugangsweg zur Ifinger Scharte erforderlich).

Bergbahnen/Busanfahrt Bergbahn Meran 2000 und Umlaufbahn Falzeben, April bis Allerheiligen 9–17 Uhr (Juli/Aug. 9–18, Fr bis 21 Uhr); Meran 2000 Berg/Tal Erw. 18,50 €, Kind 12,50 €, einfach 13,50 bzw. 9,50 €, Falzeben Erw. 15/10 €, Kind 11/7,50 €; www.meran2000.com.

Sessellift Mittager, Mitte Juni bis Mitte Okt. tgl. 10–16 Uhr, Erw. 6,50/4 €, Kind 4/2,50 €.

Hütten/Essen Meraner Hütte, 1960 m, Meran 2000, Schutzhütte des AVS (Sektion Meran) mit großem Restaurant und Aussichtsterrasse, 2-, 3- und 4-Bett-Zimmer, 25 Lagerplätze. Geschl. im April und Nov. Seit Kurzem gibt es eine E-Bike Ladestation von bikeenergy. ✆ 0473/279405, www.meranerhuette.it.

Mittager-Hütte (2260 m), große, windgeschützte Panoramaterrasse, regionale Küche, ✆ 0473/279609.

Kirchsteiger Alm, hübscher, als Almhütte verkleideter Almgasthof, gute Gerichte, auch vom Grill. Mai bis Nov. und in der Wintersaison, ✆ 0473/279609.

Kuhleitenhütte, am Weg zur Oswaldscharte auf 2361 m in spektakulärer Aussichtsposition, große Sonnenterrasse. Tgl. geöffnet Juli bis Okt. und in den Weihnachtsferien, bis Ende März nur Do–So, ✆ 347/7143277, www.kuhleiten.it.

Mölten und Vöran

Das Bergdorf *Mölten* schmiegt sich in eine sonnige Mulde des Tschögglbergs. Wanderwege führen sternförmig zu alten Höfen, Almen, bewirtschafteten Hütten, auf denen man eine Marende bekommt, zu Wiesen, Aussichtspunkten, vorbei an vielen Kapellen und Bildstöcken, die von den Bauern errichtet wurden und werden. Gemütlich klingt das und nach Sommerfrische. Was nicht genau zutrifft: Der Herbst ist in Mölten vielleicht noch schöner als der Sommer, wenn die lichten Lärchenwiesen gelb aufleuchten und der Blick so weit geht, dass man meint, Langkofel, Schlern, Rosengarten und Latemar mit Händen greifen zu können.

Auf der Sonnenterrasse, die das Dorf *Vöran* einnimmt, hatten wahrscheinlich bereits die Römer Wiesen und Felder: Der Name Vöran wird als *varianum predium* gedeutet, als Landgut des Varius. Kein Wunder, bei der Aussicht, den Sonnentagen und Sonnenstunden. Das Getreide, das hier wohl schon vor Jahrtausenden angebaut wurde und hervorragend gedieh, sieht man allerdings nur noch an wenigen Ecken des Hochplateaus, die Viehwirtschaft hat den Getreidebau verdrängt. Meran ist nah, wer Lust auf städtischen Trubel hat, kann ja immer mal einen Regentag dort verbringen oder im ebenfalls nahen Bozen. Ansonsten ist Vöran vor allem durch sein „Knottnkino" bekannt geworden (was das ist, steht weiter unten!), Insider aber waren schon immer von den Wiesen und Almen des Tschögglberg begeistert, aus denen das Wandergebiet rund um den Ort besteht.

Basis-Infos

Information Tourismusverein, Mo–Do 8–15.30, Fr/Sa 8.30–12.30 Uhr. I-39010 Mölten/Méltina, Möltnerstr. 1, ✆ 0471/668282, www.moelten.net.

Verbindungen Pkw: breite Straße von Meran über Hafling und Vöran sowie von Terlan. Die schmalere Straße über den Langfennsattel und Flaas führt nach Jenesien und Bozen. Parkplatz Kirchoben oberhalb des Dorfzentrums von Mölten.

Busverbindung mit Terlan und Bozen über Jenesien bis 4x tgl., außerdem Bus der

Südlich von Meran

Wanderbuslinie „Tschögglberg" je nach Jahreszeit 3–4x tgl. von Jenesien nach Falzeben.

Seilbahn: Vilpian – Mölten, Ostern bis Allerheiligen werktags 7–19 Uhr, So/Fei 8–19 Uhr, im Winter gleicher Zeitrahmen, aber einige Fahrten weniger (So erst ab 9 Uhr), etwa halbstündlich und mit Pausen (Fahrplan: www.moelten.net). Einfach 4 €, Berg/Tal 6 €, ✆ 0471/668053. **Seilbahn Burgstall – Vöran** → Burgstall S. 346.

Einkaufen Sektkellerei Arunda, Prof.-J.-Schwarz Str. 18, renommierte Sektkellerei, die „höchst gelegene Europas", Flaschenlagerzeit 2 Jahre. Besichtigung mit Sektverkostung von April bis Nov. Mi 10 und Do 11 Uhr, 5 €. Infos/Anmeldung beim Tourismusverein. Verwendet werden Südtiroler Chardonnay-, Weiß- und Blauburgundertrauben. ✆ 0473/668033, www.arundavivaldi.it.

Tschögglberger Speck bei Lintner, Verschneid 19.

Feste & Veranstaltungen Verschneider Ritt, Wochenende in der ersten Maihälfte.

Möltner Knödelbuffet, Anfang August, leckere Knödelgerichte und Musik.

Radfahren Verleih beim Tourismusbü–ro.

Reiten Schnupperkurse, Ausritte und Kutschenfahrten über den Tourismusverein.

Zucht- und Pferdehof Bacher, Aschlerbach 37, Haflinger, Isländer, Ponys u. a., Ausflüge und Pferde-Trekking. ✆ 0471/667003, www.reiterhof-bacher.com.

Übernachten/Essen & Trinken

In Mölten *** **Zum Löwen**, moderner Gasthof im Dorf, freundliche Zimmer (nicht alle mit Balkon) und gemütliches Restaurant Mo Ruhetag. DZ/HP 112–126 €, Krumergass 8, ✆ 0471/668010, www.zumloewen.com.

Friedheim, Café und Pizzeria in Dorfmitte, warme und kalte Imbisse, Merenden und Pizza, hausgemachte Kuchen und Eis auf der Terrasse, ✆ 0471/668048, Mo abends und Di Ruhetag.

Lingerhof, moderner Hof etwas oberhalb des Ortskerns, große Liegewiese und Kinderspielplatz, 4 Ferienwohnungen für 2 bis 8 Personen. Vom Hof gibt es Speck, Käse, Milch und Eier, Obst und Gemüse, eigenes Brot. Apt. (2 Pers.) 55–60 €. Schlaneidstr. 8, ✆ 0471/668097, www.lingerhof.com.

≫≫ Mein Tipp: Sattlerhütte, 1604 m, gemütliche Einkehr mit Terrasse und Kachelofen in der Stube. Leckerer Apfelstrudel und Tiroler Küche. Hühner und Gänse als Wachhunde (man wird entsprechend aufgeregt empfangen) sowie Ziegen, die um die Alm herum grasen. 1. April bis Mitte Nov. tgl. geöffnet, im Winter nur am Wochenende. Ab Schermoos (dort Parkplatz 3 und Bushaltestelle 156) in 50 Min. erreichbar oder ab Klieneben (Parkplatz) in 1:30 Std.

Mitte April spektakuläre Krokusblüte auf den umliegenden lärchenbestandenen Weiden, im Oktober prächtige Lärchenfärbung. Im Sommer grasen 250 Kühe der Möltner Bauern auf der Weide. ✆ 339/1109550.

In Schlaneid ** **Etschblick**, Gasthof-Pension an der Bergstation der Möltener Seilbahn mit Café-Restaurant, einfache Zimmer, teilweise mit Balkon (um den Etschblick so richtig genießen zu können). Gutes Frühstücksbuffet, Liegewiese. Gaststätte Mo Ruhetag. DZ/FR 94–114 €. Schlaneid 58, ✆ 0471/668058, www.etschblick.it.

In Verschneid Gasthof Tschaufen („Tschaufenhaus"), Tschaufen 4, wunderschön auf einer großen Wiese im Wald gelegener Gasthof mit gutbürgerlicher Küche und bekannt guten Mehlspeisen. Vor dem Haus Tische und Bänke, Reiten für Kinder, Ausritte mit Begleitung für die Erwachsenen. Ganzjährig geöffnet, im Winter an einzelnen Tagen geschl. ✆ 0471/668235, www.tschaufen.it.

Sehenswertes/Ausflüge

Fossilienmuseum in Mölten: Unterhalb des Tourismusvereins (Dorf 16) befindet sich das Freiluftgeologiemuseum, das die Gesteine und Mineralien der Umgebung zeigt und erklärt (offen, jederzeit zugänglich). „270 Millionen Jahre Erdgeschichte in Mölten" heißt es auf einem Stein vor dem Gebäude und ein Tyrannosaurus Rex ist zu sehen vor einer Palme. Wenn das nicht zieht, was dann?
Kleiner Museumsführer im Tourismusverein.

Knottnkino

Wanderung zum Kircherl St. Ulrich: Die winzige Kirche liegt auf einem aussichtreichen Hügel über dem Etschtal zwischen Mölten und Vöran. Man erreicht es von der Tschögglbergstraße aus auf einem kurzen Zubringer (Hinweisschild „Gasthof St. Ulrich"). Wer zum Höhenkirchlein wandert (Aufstieg ca. 1:15 Std., Abstieg ca. 0:45 Std.), nimmt in Mölten die oberhalb der Kirche beginnende Straße nach Schlaneid und biegt auf den ersten Wanderweg nach links ab. Wo dieser nach ebenem Wegstück wieder die Straße erreicht, führt jenseits ein mit „U" bezeichneter Weg weiter zur Hofgruppe Schleirer. Dort weiter mit „U" auf Fahrweg, und dann auf dem Weg über den Plunerhof hinauf zum Kirchlein und Gasthof. Hinunter auf der Tschögglbergstraße, auf markiertem Weg (13) nach rechts zur Schlaneider Straße abkürzend.

Gasthof St. Ulrich, Familienbetrieb mit eigener Landwirtschaft, eigenem Speck und Käse, schottische Hochlandrinder; ganzjährig geöffnet, Mo Ruhetag. ✆ 0471/668056, www.sankt ulrich.com.

Wanderung nach Langfenn: Vom ausgeschilderten Wanderparkplatz Schermoos zwischen Mölten und Flaas führt eine gut einstündige Rundwanderung (beschilderter Rundweg Langfenn) zum höchsten Punkt des Salten, der gotischen Kirche St. Jakob von Langfenn und der gleichnamigen Einkehr. Faule erreichen sie direkt in etwa 15 Min. vom Parkplatz aus. Viel schöner ist es aber, zunächst durch schattigen Nadelwald nach Süden und nach etwa 20 Min. über die teils sumpfigen Langfennwiesen durch herrlichen Lärchenbestand bergauf zu wandern (ein *Must* im Oktober/November, wenn sich die Blätter der Bäume färben). Unterwegs genießt man grandiose Ausblicke vom Schlern über die Seiser Alm bis hin zum Rosengarten. In Kirche und Gasthof angelangt, wird man dann noch mit einer Panoramaaussicht auf die Texelgruppe belohnt.

Gasthof Langfenn, ganzjährig geöffneter Familienbetrieb mit rustikaler Küche, auch Übernachtungsmöglichkeit in DZ oder Bettenlager, im Sommer Reitmöglichkeit. ✆ 0471/668218, www.langfenn.it.

Kirche St. Jakob, eine auf heidnischer Kultstätte erbaute, außen romanische Höhenkirche aus dem 12. Jh., schlichtes Inneres mit gotischem Kreuzgewölbe in der Apsis, durch das Türfenster kann man einen Blick ins Innere werfen.

Die „Stoanernen Mandln": Was anderswo erst in letzter Zeit zur Mode wurde, nämlich Steinmänner aufzustellen (und an einigen Stellen bereits zur Landplage wird), ist bei den Stoanernen Mandln am Sarntaler Bergkamm oberhalb von Mölten und Vöran schon seit alters her der Brauch. Wie lange, weiß niemand. Sie standen schon immer da, die steinernen Männchen. Man erreicht sie ganz leicht von Mölten, wenn man die steile Straße in Richtung Flaas und Salten nimmt und auf dem Sattel nach Norden abbiegt. Hier quert der *Europäische Fernwanderweg 5* die Straße, mit ihm erreichen wir auf gutem Weg die Alm **Möltner Kaser**. Von dort führt ein gut beschilderter Weg noch einmal höher, die Stoanernen Mandln liegen 2003 m hoch und haben einen traumhaften Rundblick. Zurück geht man auf dem gleichen Weg oder man nimmt den Fahrweg ab der Alm und ab *Kampidell* (Stichstraße nach rechts) den Wanderweg 8, der wieder zum Pass führt.

Möltner Kaser, bewirtschaftete Alm (Mai bis nach Allerheiligen und Weihnachtsferien tgl. und Jan/Febr. auch am Wochenende) mit Gasthausbetrieb. ✆ 349/1243720, www.moeltnerkaser.com.

Vöran und das „Knottnkino": Die Wanderwege und die für Fahrräder geeigneten Forststraßen rund um Vöran bieten, ebenso wie die sanft gewellten Almen auf dem Tschöggelberg mit ihren alten Höfen, die zum Teil noch strohgedeckte Wirtschaftsgebäude haben, Almhütten und Jausenstationen ein fast unerschöpfliches Reservoir von Halb- und Ganztagestouren.

Besonders schön ist der Blick vom Rotsteinkogel, der seinen Namen vom rötlichen vulkanischen Gestein hat. Auf 30 ungepolsterten Kinosesseln (aus Stahl und Holz) kann man im **Knottnkino** Platz nehmen und das Panorama bewundern: den Schwemmkegel von Lana und die Ultner Berge.

Terlan

Terlan ist ein altes Weindorf, der spitze Turm der gotischen Pfarrkirche gehört zu den höchsten Südtirols. Auf einem Porphyrfelsen steht etwas oberhalb die Ruine Maultasch. Nicht nur wegen des hervorragenden Weins und des Spargels ein besuchenswerter Ort, was bisher noch relativ wenige Urlauber erkannt haben. „Terlaner" ist in Südtirol ganz eindeutig ein Wein, wer vom „Terlaner" spricht, meint den Wein aus der Umgebung des Orts, vor allem den in der Region kaum übertroffenen Weißburgunder. Den behäbigen Häusern des Dorfs, das durch den Bau der MeBo nicht mehr an der Durchgangsstraße liegt, sieht man an, dass man mit Weinbau wohlhabend werden kann. Die Pfarrkirche vermittelt mit ihrem besonders hohen, sämtliche Kirchen der Nachbardörfer überragenden Turm und der sicher auch zur Entstehungszeit keineswegs billigen mittelalterlichen Ausmalung dieselbe Botschaft. An den Sträßchen, die in die Weinberge hinter dem Ort hinaufziehen, stehen komfortable Einfamilienhäuser mit großen Gärten – auch heute verdient man gut in Terlan, wie man sieht. Gästezimmer gibt es wenige, die Auswahl ist größer im nahen Vilpian, das wie Siebeneich, etwas weiter in Richtung Bozen, zur selben Gemeinde gehört.

Basis-Infos

Information Terlan und Andrian (s. u.) werben im Gegensatz zu ihren Nachbarn, die im Tourismusverband „Meraner Land" zusammengefasst sind, mit dem **Tourismusverband Südtirols Süden**, an dem man sich wegen allgemeiner Informationen wendet (Pillhofstr. 1, I-39010 Frangart, ✆ 0471/633488, www.suedtirols-sueden.info).

Detailinfos bekommt man jedoch von den Tourismusvereinen vor Ort: **Tourismusverein Terlan-Raiffeisen**, I-39018 Terlan/Terlano, Dr.-Weiser-Platz 2, ✆ 0471/257165, www.terlan.info. Mo–Fr 9–12/15–18, April bis Sept. auch Sa 9–13 Uhr.

Verbindungen Gute Busverbindung mit Meran und Bozen, MeBo in beide Richtungen, Bahnstation.

Taxi: Fa. Bertolini, ✆ 0471/257517, Fa. Schwarz, ✆ 0471/257142.

Ärztliche Versorgung Apotheke, Kirchgasse 2; **Arzt** ebenfalls in der Kirchgasse.

Baden/Schwimmen Freibad in der Silberleitengasse, Ende Mai bis Anf. Sept. tgl. 9–19 Uhr.

Bogenschießen 3D-Bogenparcour beim Hochseilgarten, für Jugendliche und Erwachsene, 12–15 €. www.xsund.it.

Internet WLAN-Hotspot am Dr.-Weiser-Platz im Zentrum.

Einkaufen/Wein Markt in Terlan am Montag auf dem Hauptplatz.

Spargel: Mitte April bis mind. Mitte Mai ist Spargelzeit in Terlan, Sie bekommen ihn im Einzelhandel und natürlich in den Gaststätten.

Kellerei Terlan, Silberleitenweg 7, Traditionsbetrieb für den sehr gefragten „Terlaner" mit großem Angebot vom Terlaner Weißburgunder über Lagenweine wie den Terlaner Chardonnay Kreuth bis zu verschiedenen anderen Südtiroler Traditionsweinen wie einem Südtiroler Malvasier. Anmeldungen für die Verkostungen (Sommer und Herbst nur Do 16.30 Uhr, 10 €) im Tourismusbüro. ✆ 0471/257135, www.kellerei-terlan.com.

🌿 **Bäckerei Patauner**, Bahnhofstr. 1, Siebeneich, Südtirols erster Biolandbäcker. Das Vorschussbrot (Vorschuss nennt sich im altösterreichischen Raum das erste

Terlan

Mehl eines Mahlgangs) ist traumhaft, und wenn Sie gerade im Herbst dort sind und ein Apfelbrot bekommen, dann zelebrieren Sie es mit einem Glas Wein. Wer weiß, wann man wieder mal so was Schlichtes und Gutes bekommt. ✆ 0473/918366, Café mit Verkaufsladen auch am Dr.-Weiser-Platz 7 im Zentrum. ∎

Hochseilgarten Xsund, Hauptstr. 4. Unter der Ruine Maultasch spannen sich die Seile zwischen den Bäumen 10 m über dem Boden, ein Hindernisparcours fordert zur – gesicherten – Mutprobe auf, Kletterwand und Seilschlingenbrücken zur Übung der Geschicklichkeit. Erw. 28 €, Kinder und Jugendliche 9–19 €, Familienrabatte. März bis Nov. 10–18 Uhr, im Sommer und an Wochenenden auch bis 19.30 Uhr, ✆ 0471/257944, www.xsund.it.

Post In Terlan im Rathaus und in Vilpian an der Dorfstraße.

Veranstaltungen Während der Spargelzeit (April bis Mitte Mai) veranstaltet das Tourismusbüro kulinarische **Spargelwanderungen**, 85 €. Infos unter www.spargelwirte.it.

Übernachten

In Terlan ***S Weingarten**, Hotel im Ortskern mit eigenem Wein und Obst, Liegewiese und Garten mit Freibad, Restaurant mit 2 Stuben und Terrasse, komfortable Zimmer. DZ/FR 120–216 €. Hauptstr. 42, ✆ 0471/257888, www.hotel-weingarten.com.

*** **Runer**, Pension, die schon von außen mit ihrer überbordenden Blumenpracht an Balkonen, Brüstungen, an Mauern und in Beeten ein freundliches Inneres signalisiert. Die Hauptstraße ist weit genug entfernt, um auf der erhöhten Sonnenterrasse nicht mehr störend zu wirken. Zimmer mit Balkon, schöne Stube, Pool und Liegewiese und herzliche Wirtsleute. DZ/FR 84–130 €, Apt. 80–120 € (2 Pers.). Silberleitenweg 3, ✆ 0471/257163, www.pensionruner.com.

** **Wieterer**, Haus am sanften Weinhang oberhalb der Ortsmitte mit Café. Freibad mit Liegewiese am Weingarten. Einfache Zimmer mit Balkon. DZ/FR 70–80 €. Kirchgasse 17, ✆ 0471/257474, www.wieterer.com.

In Vilpian ***S Neuhausmühle**, ruhig in den Obstgärten am Dorfrand gelegener Baukomplex mit Liegewiese und schönem Freischwimmbad, daneben Kinderspielplatz mit Tischtennis. Speisesaal und großer, im Halbrund verglaster Wintergarten mit Blick auf die Obstgärten. Saunen, Kneippanlage, Ruheraum, Gratis-Radverleih. Zimmer mit Balkon oder Terrasse, hell und geschmackvoll eingerichtet, jene unterm Dach mit reizvoller Dachholzkonstruktion. DZ/HP 150–168 €. Brauereistr. 8, ✆ 0471/678882, www.neuhausmuehle.com.

*** **Sparerhof**, Bilder-Hotel: Galerie im Haus und Originaldrucke an den Wänden, ästhetisch ansprechende Ausstattung, Pool, MTB-Verleih. DZ/FR 100–130 €. Nalser Str. 2, ✆ 0471/678671, www.sparerhof.it.

Haus Winkler, Haus mitten in den Obstgärten mit beheiztem Pool und Liegewiese in ruhiger Lage. Sonnenterrasse und heller Wintergarten fürs Frühstücksbuffet. Gemütliche Zimmer und Apartments mit viel Holz. DZ/FR 68–84 €, Apt. (2–6 Pers.) 75–160 €. Winkelweg 4, ✆ 0471/678768, www.hauswinkler.it.

Ganderhof, Urlaub auf dem Bauernhof, der mit dem Umweltsiegel Südtirol für biologisches Bauen ausgezeichnet wurde. Auf einer Seite Obstgärten, auf der anderen Wald. 2 Ferienwohnungen, Wohn- und Schlafbereich getrennt, komplett ausgestattet. Im Garten Grillplatz, Spielbereich. Apt. für 2 Pers. 61–68 €. Meraner Str. 30 (in Richtung Terlan fahren und nach dem Erholungsgebiet Bachau die Zweite links abbiegen), ✆ 0471/678538, www.ganderhof.com.

Camping Ganthaler, angenehmer, straßennaher kleiner Platz (30 Einheiten) mit Schwimmbad, Tennis, Spielplatz, Pizzeria. Geöffnet Mitte März bis Anf. Nov. Stellplatz und 2 Pers. 31–36 €. Meraner Str. 50, ✆ 0471/678716, www.campingganthaler.com.

In Siebeneich *** **Greifenstein**, Hotel mit dekorativem Terrassencafé, etwas von der Bozner Straße abgesetzt, mit großer Liegewiese und Freischwimmbad zwischen den Obstgärten hinter dem Haus. Gute Zimmer mit etwas verspielten Möbeln in guter Verarbeitung, alle mit Südbalkon. Kinderspielzimmer, Gratis-Radverleih. DZ/FR 94–102 €. Bozner Str. 2, ✆ 0471/918451, www.greifenstein.it.

Essen & Trinken

In Terlan Gaudi, Hauptstr. 4, Pizzeria in saalartigem Ambiente mit Rundbögen an der Ecke, leckere große Pizza mit Kamutmehl zu fairen Preisen, Mo Ruhetag. ✆ 0471/257305, www.gaudi.bz.

Schützenwirt, Restaurant-Pizzeria an der Hauptstraße, gutbürgerliche bis gehobene Tiroler Küche (Tagliatelle mit Pfifferlingen, Kartoffelgnocchi mit Tomaten), Fisch- und Fleischgerichte, Salatteller, Pizza. Di abends geschl. ✆ 0471/257146, www.schuetzenwirt.it.

Café Wieterer, Kirchgasse 17, mit Sonnenterrasse, große Auswahl an Torten und Kuchen, Eisdiele. Mi Ruhetag, www.wieterer.com.

Oberhauser, Dr. Weiser Platz 1. Restaurant und Pizzeria mit großem, klassischem Gastgarten unter Rosskastanie und Ahorn. Drinnen sitzt man in schönen Speisesaal oder im hellen Wintergarten. Serviert wird klassische Südtiroler Küche mit Schlutzern, im Herbst Pilz- und Wildgerichte, aber auch Fischgerichte stehen auf der Karte. Abends Pizza. Mo abends geschl. ✆ 0471/257121, www.oberhauser.bz.

In Vilpian Waldinger, Dorfstr. 5, Fischrestaurant mit Gartenterrasse, wird von einem ehemaligen Schiffskoch geführt. Durchweg italienische Küche von Antipasti bis zum Dessert. Ab ca. 25 €. ✆ 0471/678956, Mo Ruhetag.

In Richtung Mölten Oberlegar, Möltnerstr. 2, Bauernhof mit eigenem Weinberg (besonders gut der Sauvignon Blanc) und deftiger Küche von Kitz und Lamm zu Schlutzer und Kasnocken. Hauptgang ab ca. 12 €. Geöffnet Mitte März bis Mai und Mitte Sept. bis Anf. Dez. ab 16 Uhr, So/Fei ab 12 Uhr. Di Ruhetag. Unbedingt vorbestellen: ✆ 0471/678126.

In Siebeneich Patauner, Bozner Str. 6, traditionsreicher Gasthof mit schönem Gastgarten, in der Spargelzeit wird der Spargel aus eigenem Anbau serviert. Juli bis Ende Sept. So Ruhetag, sonst Do Ruhetag. ✆ 0471/918502, www.restaurant-patauner.net.

Sehenswertes/Ausflüge

Pfarrkirche Mariä Himmelfahrt in Terlan: Der spitze, hohe Turm der Pfarrkirche ist das weitum zu erkennende Logo von Terlan. Die Kirche übertrifft andere Landkirchen Tirols bei Weitem, ihre Größe und prächtige Ausstattung ist nur dann zu verstehen, wenn man weiß, dass Terlan im Hochmittelalter aus dem Silberbergbau erheblich verdiente. Der rein gotische Bau besitzt im Inneren einen überwältigenden Schatz an Fresken, die ein wahres Kompendium der mittelalterlichen (hochgotischen) Bilderwelt darstellen. Sie wurden wahrscheinlich 1399–1407 vom Bozner Meister *Hans Stockinger* geschaffen. Diejenigen im Chor sind die ältesten und hervorragendes Beispiel der Bozner Schule, die die deutsche mittelalterliche Tradition mit Anregungen der italienischen Frührenaissance verband. Seit 1995 werden die Fresken einer umfassenden Restaurierung unterzogen, die noch nicht abgeschlossen ist. Auffallend an der Kirche ist neben dem 75 m hohen Turm die *Dachbedeckung* mit bunten Ziegeln. Im *Friedhof* sollte man sich die vielen schönen alten Grabmäler anschauen, die ältesten stammen noch aus dem 15. Jh.

Die Kirche ist tgl. 8–19 Uhr geöffnet.

Auf die Ruine Maultasch (Burg Neuhaus): Von Terlan geht man nur eine Dreiviertelstunde zur Burgruine auf dem Felsen über dem Ort. Um 1206 errichtet, zweimal zerstört, 1320 zuletzt wieder aufgebaut und vor Kurzem mustergültig saniert. *Margarethe Maultasch*, die letzte Herzogin von Tirol vor der Machtübernahme der Habsburger (denen sie Tirol aus freien Stücken vermachte, um dann einen friedlichen Lebensabend im Luxus zu verbringen), soll hier immer wieder residiert haben. Die ihr zugeschriebene Verschwendungssucht sowie die Missbildung ihrer Lippe („Maultasch"!) waren, wie man heute annimmt, nichts als politische Propaganda ihrer

Gegner. Tatsächlich bekam die Burg ihren Namen aus der vulgärlateinischen Bezeichnung *malatasca*, Mausefalle, für eine Straßensperre.

Wanderung zur Burg Greifenstein (Sauschloss): Die Burg ist auf einem guten Steig (11/11 a, ab Kapelle 11) zu erreichen, der an der Straße zwischen Siebeneich und Moritzing (Bozen) beginnt. Er führt an der *Kapelle St. Kosmas und Damian* vorbei, die Ruine erreicht man nach ca. 1:40 Std. Besonders lohnend ist der weitere Weg über den „Gasthof Noafer" (Di Ruhetag), der durch Esskastanienwald führt. Vom Noafer in Unterglanig kann man auf Weg 9 (meist an der Straße) über weitere Gasthöfe und Jausenstationen und von Glanig – weiter auf Weg 9 – hinunter zur Guntschnapromenade (→ Bozen/Ausflüge) und nach Gries, von wo aus man mit dem Bus zurückkehrt. Gesamtgehzeit ca. 3 Std.

Die Burg oberhalb von Siebeneich stand schon im Frühmittelalter auf ihrem Felsen über dem Ort, wurde zerstört und wieder aufgebaut und brannte nieder, wurde wieder aufgebaut (Schluss jetzt mit diesen Wiederholungen). Ihr endgültiges Schicksal als Ruine wurde 1420 besiegelt, als sich der Tiroler Adel – darunter der uns heute eher als Minnesänger bekannte *Oswald von Wolkenstein* – gegen den Landesfürsten, einen Habsburger, erhob und dessen Truppen die Burg belagerten. Die Übermacht war so klar, dass der Burgkommandant flüchtete und die Verteidiger aufgaben. Sauschloss heißt die Ruine nach einer Anekdote aus dieser Zeit: Um die Belagerer zu täuschen, warfen die Verteidiger ihr letztes Schwein in den Burggraben. Die Gegner sollten sehen, dass man da oben eine lange Belagerung aushalten würde. Wahrscheinlich ist die Geschichte erstunken und erlogen, aber nett (armes Schwein).

Andrian

Gegenüber von Terlan liegt auf der anderen Seite des Etschtals am Rande eines Murkegels das ausgedehnte Dorf Andrian, das aus dem eigentlichen Dorf mit der Pfarrkirche (und Touristeninformation) und dem Oberdorf besteht. Über den Felswänden des Schlossbergs oberhalb von Andrian liegt auf scheinbar unzugänglichem – aber auf Weg 15 b leicht erreichbarem – Aussichtsfelsen die **Burgruine Festenstein**. Koflerhof, Gaid (Jausenstation) und andere Höfe liegen auf der schmalen Terrasse darüber, die im Hintergrund in steilen Wald und noch steilere Felsen übergeht.

Information Andrian ist wie Terlan im **Tourismusverband Südtirols Süden** organisiert (→ „Terlan/Information"). Vor Ort hilft der **Tourismusverein**, I-39010 Andrian/Andriano, Wehrburgstr. 1a, Mo–Sa 8–12 Uhr, Juli/August auch Mo, Mi, Fr 14–17 Uhr, im Winter Mo, Mi, Fr 8.30–12 Uhr. ✆ 0471/510100, www.andrian.info.

Verbindungen Mo–Sa stündl. **Busse** der Linie 202 nach Bozen.

Einkaufen/Wein **Andrianer Kellerei**, landesweit für ihren Gewürztraminer (und nicht nur den) gelobte Kellerei, fusioniert mit Kellerei Terlan; Silberleitenweg 7, ✆ 0471/257156, www.kellerei-andrian.com.

Übernachten/Essen *** **Andrianer Hof**, das Hotel garni ist das letzte Haus an der direkten Straße nach Nals, entsprechend ruhig liegt es mitten im Weinberg. Ansprechend renovierte Zimmer mit Balkon. Hallenbad, Sauna und Liegewiese und, nicht zu vergessen, sehr angenehmes und freundliches Personal. Fahrradverleih. DZ/FR 94–98 €. Gisshübelweg 2, ✆ 0471/510087, www.andrianerhof.com.

*** **Schwarzer Adler**, Gasthaus und Weinstube im Ansitz Sichelburg, nach hinten schöner Garten, hervorragende Vorspeisen mit Nudeln, auch mit Steinpilzen (zu Saisonpreisen), und Tiroler Gerichte (Rindsgulasch, saures Rindfleisch), im Herbst delikate Kürbiscremesuppe und Kastanienmousse. 3 Gänge ab 28 €. Auch recht komfortable Zimmer. DZ/FR 88–98 €. Restaurant Mo Ruhetag. St.-Urban-Platz 4, ✆ 0471/510288, www.schwarzeradler-andrian.net.

Laatsch im Vinschgau, dahinter die verschneite Ortlergruppe

Der Vinschgau

Vinschgau nennt sich das 75 km lange Etschtal zwischen dem Reschenpass und der Talstufe der Töll unweit von Meran. Nebentäler stoßen bis in vergletscherte Hochgebirge vor, so das Schnalstal, Fundort der Gletschermumie „Ötzi". Nur im flachen Talboden gibt es größere Siedlungen wie Latsch, Schlanders und Mals, der Rest ist karges Bergbauernland.

Der Vinschgau ist ein sehr kontrastreicher Gau: Auf den Schwemmkegeln der Bäche, die den Talgrund sehr unruhig gestalten, dominieren riesige Apfelplantagen (12 Mio. Apfelbäume gibt es im Vinschgau), an den steilen Talflanken hängen an oft schwindelerregenden Stellen alte Bergbauernhöfe. Über der intensiv genutzten Almregion thront auf der Südseite die stark vergletscherte **Ortler-Gebirgsgruppe** mit ihrem über drei Provinzen (Südtirol, Trentino und das lombardische Veltlin) ausgedehnten **Nationalpark**. Auf der Nordseite ragt nicht minder steil, aber nicht ganz so hoch die Hauptkette der **Ötztaler Alpen** mit weit nach Süden ausgreifenden Kämmen wie dem Salurnkamm, der sich zwischen Schnalstal und Matscher Tal von der Weißkugel bis an die Steilhänge über dem eigentlichen Tal herunterzieht. Das Klima ist äußerst trocken, es gibt kaum 500 mm Niederschlag, da die hohen Gebirgsgruppen zu beiden Seiten den Regen aus dem Nord- und Südwesten abhalten, während der Wind im Reschenpassgebiet wie durch ein Ventil verstärkt wird und zur Austrocknung beiträgt. Das genügt nicht für die Landwirtschaft, sodass die Bauern des Tals, die früher auf Getreideanbau spezialisiert waren (heute unvorstellbar), auf die Idee kamen, das Wasser aus höheren Bereichen, wo mehr Niederschläge fallen, in Kanälen, die hier *Waale* genannt werden, zu den (früheren) Äckern und Wiesen zu leiten. Manche dieser Waale beginnen in hochalpinen Gebieten, wo sie Gletscherwasser einfangen, das ja während der sommerlichen Trockenperiode besonders reichlich fließt.

Der Vinschgau galt früher als Armenhaus Tirols, wo kinderreiche Familien ums Überleben kämpfen mussten, von Jahr zu Jahr um die karge Ernte bangend. Früher

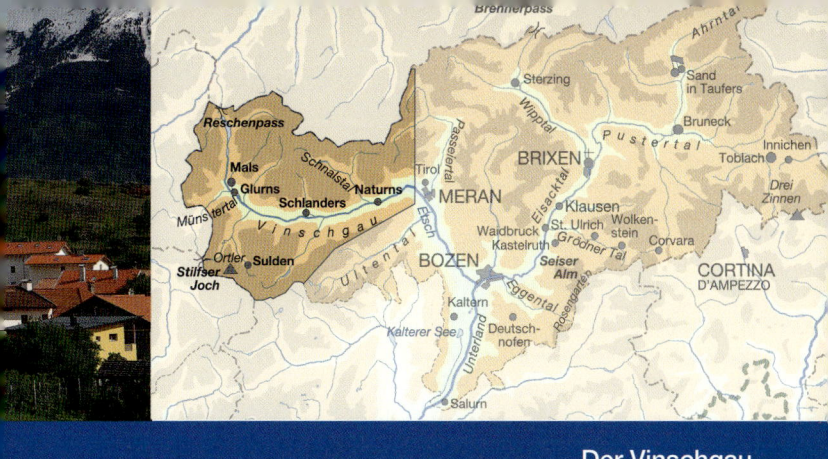

Der Vinschgau

und zwar vor allem im 19. Jh. schickte man von vielen Höfen einen Teil der bereits arbeitsfähigen Kinder – also ab 6 Jahren – im Sommer zu den reichen Bauern in Bayern und Württemberg, wo sie für ihre Hilfsdienste Kost und Quartier und vielleicht einen sehr kargen Lohn erhielten. Nach ihrem meist im alemannischen Teil Süddeutschlands angesiedelten Ziel nannte man sie „Schwabenkinder".

Die historische Verkehrsachse vom Inn bei Landeck über den Reschenpass nach Bozen wurde spätestens durch die römische Heeresstraße *Via Claudia Augusta* zur befahrbaren Straßenverbindung. Der römische Meilenstein von Rabland, 1552 gefunden, ist einer von vielen, die einmal aufgestellt waren. Von den sonstigen Einrichtungen wie Pferdewechselstationen und Schenken sowie wahrscheinlich einem Passtempel auf dem ReschenS hat sich nichts erhalten. 2000 Jahre später ist der Straßenverkehr immer noch dominant, aber auch der Bahnverkehr macht wieder von sich reden: Die 2005 wieder eröffnete *Vinschgerbahn* von Meran nach Mals leistet einen wesentlichen Beitrag zur Entlastung der stark genutzten Vinschgauer Staatsstraße. Leider sind die Züge während der Urlaubszeit völlig überfüllt, und das obwohl die Fahrräder mittlerweile auf der Straße befördert werden. An die schicken modernen Garnituren kann man nämlich keinen Radcontainer anhängen, geschweige denn eine zweite Garnitur, dafür sind die neuen Bahnsteige nicht konzipiert. Doch weiterhin wird ungehemmt für die Radtour in den Vinschgau unter Nutzung der Vinschgerbahn geworben.

Wie in den Dolomiten war auch der obere Vinschgau lange Zeit ein Rückzugsgebiet des *Rätoromanischen,* wie es heute noch im benachbarten Münstertal in Graubünden gesprochen wird. Die Nachfolger der Alpenromanen sprachen noch bis ins 17. Jh. im Vinschgau das Romanische, inzwischen ist es gänzlich verschwunden. Typische Ortsnamen wie jene auf „-tsch", also Latsch und Laatsch, Matsch und Tartsch, weisen heute noch auf die rätoromanische Bevölkerung hin. Und sie ist ja nicht verschwunden: Vielleicht fallen Ihnen ja auch die schwarzen Haare und die typischen Gesichter der Menschen im oberen Vinschgau auf.

Der Vinschgau

Information

Der unterste Vinschgau zwischen der Töll und dem Schnalstal gehört zum Tourismusverband Meraner Land, von Kastelbell bis zum Reschen ist dann der Tourismusverband Vinschgau zuständig. In diesem Kapitel wird mit Partschins, Naturns und dem Schnalstal der **unterste Vinschgau** behandelt, die folgenden Kapitel stellen den eigentlichen Vinschgau vor. Das **Kapitel „Der untere Vinschgau"** ab S. 400 befasst sich mit dem Gebiet zwischen Kastelbell und Schlanders-Laas, das **Kapitel „Der obere Vinschgau"** ab S. 427 mit den Gebieten bis zum Reschenpass, zum Stilfser Joch und zur Schweizer Grenze im Münstertal.

Tourismusverband Meraner Land, Gampenstr. 95, I-39012 Meran/Merano, ✆ 0473/200443, www.meranerland.com.

Tourismusverband Ferienregion Vinschgau, I-39028 Schlanders/Silandro, Kapuzinerstr. 10, ✆ 0473/620480, www.vinschgau.net.

>>> Mein Tipp: Unter http://maps.vinschgau.net findet sich eine interaktive Karte, auf der unzählige Informationen zu Radtouren, Wanderungen, Klettern, Unterkünften, Gastronomie abgefragt werden können. <<<

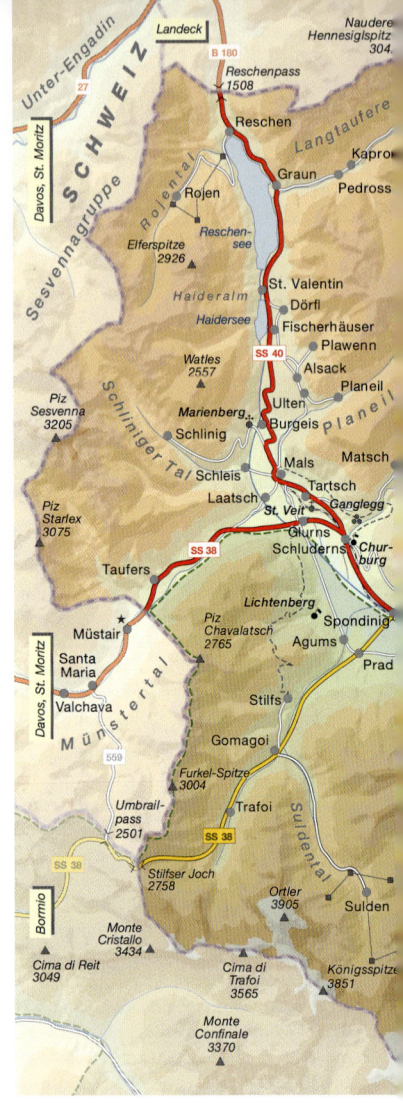

Unterwegs im Vinschgau

Vinschgerbahn und Busse Die Bahn zwischen Meran und Mals, lange Zeit stillgelegt und praktisch aufgegeben, wurde im Jahr 2005 wieder in Betrieb genommen. Während das Land Südtirol für Einrichtungen wie Wartesäle, Fahrkartenautomaten und Toiletten etc. zuständig ist, tragen die Gemeinden die restliche Gestaltung der Bahnhöfe. Derzeit fährt die Bahn im Sommer im Stundentakt, eine Direktverbindung Bozen – Mals besteht alle zwei Stunden. Das Busnetz ist nicht ganz an den Bahnfahrplan angepasst, die parallele Erschließung des Vinschgaus durch Bus und Bahn wird auf jeden Fall erhalten bleiben. Allerdings wird die Bahn allmählich zum Opfer ihrer eigenen Beliebtheit: Über 2 Mio. Menschen nutzen sie jährlich. Ende 2014 beschloss die Südtiroler Landesregierung daher die Elektrifizierung – ein Großvorhaben, das mit Umbaumaßnahmen an Bahnhöfen (Verlängerung aller Bahnsteige) und der Veränderung kleinerer Streckenabschnitte einhergeht und bis ins Jahr 2020 abgeschlossen sein soll. Näheres unter www.vinschgauerbahn.it.

Fahrradkarte/Entwerten Zum Transport von Fahrrad/MTB wird ein eigenes Ticket benötigt (am Automaten). Im Gegensatz zum sonst in Italien üblichen Vorgehen wird die Fahrkarte im Zug entwertet.

Fahrradtransport auf der Vinschgerbahn: Von fast allen Punkten des Vinschger Radwegs (s. u.) ist die Bahnlinie durch den Vinschgau auf kurzen Wegen zu erreichen. Die Bike-Mobilcard (→ S. 48) erlaubt alles was die Mobilcard bietet sowie an einem Tag ein Leihrad (erhältlich an Bahnhöfen, bei SüdtirolRad und PapinSport). Die Züge nehmen maximal 15 Fahrräder mit, Enge und Abweisung sind da leider vorprogrammiert, zumal es keine platzsparende Radaufhängung gibt (wie sonst in Italien), sondern die Räder einfach an die Sitze gestellt werden (wenn die denn frei sind). Vormittags erfolgt der Radtransport mit Bus und speziellen Radanhängern (ohne Aufpreis zur Fahrradkarte à 4 €), in Schlanders oder am Endbahnhof in Mals steht dann schon der Radtransporter wenn man aussteigt!

Vinschgau Bikeshuttle bietet Fahrrad- und Personenrücktransport für diejenigen, die nicht die Bahn nutzen wollen und nicht abgeholt werden, Anmeldung unter der Hotline ✆ 328/5624345, www.bikeshuttle.it.

Von Meran in den Vinschgau

Die Talstufe der Töll zwischen Algund und Partschins trennt das Becken von Meran vom Vinschgau, der 200 m höher mit einem flachen Talabschnitt beginnt. Der erste größere Ort ist Partschins, das auf dem Schwemmkegel des Zielbachs liegt, der in der Texelgruppe entspringt.

Die **Gemeinden Partschins, Plaus** und **Naturns** bilden eine Art Übergangsbereich, der bis zur Mündung des Schnalstals reicht. Dieser Talbereich war immer stark nach Meran orientiert und ist auch heute in mancher Beziehung Einflussbereich von Meran, mit dem die an der sonnigen Seite des Tals liegenden Orte noch einige Klimacharakteristika teilen: In Naturns und Partschins ist es wesentlich milder als im Rest des Vinschgaus, die Temperaturgegensätze sind nicht so ausgeprägt, bis Naturns (und sogar weiter bis Kastelbell) zieht sich auch noch ein allmählich schmäler werdender Streifen von Weinreben an den sonnigen Hängen entlang.

Das **Schnalstal**, dieses längste der vom Zentralalpenkamm zur Etsch herabziehenden Täler, ist eine Welt für sich, ein bis vor ein, zwei Generationen selbstgenügsames Tal mit grünen Wiesen und Bergbauernhöfen, langen Seitentälern mit Almen und im Hintergrund den Gletschern der Ötztaler Alpen. Die Übergänge nach Nordtirol sind hoch, aber sie werden seit Jahrtausenden begangen. *Ötzi*, die Mumie des ersten uns näher bekannten Schnalstalers, wurde am *Tisenjoch* (3210 m) gefunden. Jedes Jahr wechseln Schafherden mit ihren Hirten von Süd- nach Nordtirol und zurück über das wenig tiefer gelegene Niederjoch (3019 m). Heutzutage kann man sich ganz bequem in diese Höhen katapultieren lassen, die Grawandbahn von Kurzras im hintersten Schnalstal bringt Sie in ein paar Minuten auf 3200 m.

Verbindungen Pkw: Die Vinschgaustrecke ist generell extrem überlastet und in der Saison sind abschnittsweise Staus zwischen Meran und Naturns eher die Regel als die Ausnahme.

Bus/Bahn: Zum Bustransfer aus Deutschland und der Schweiz → S. 43. Gute Verbindungen per Bus zwischen Meran und Mals sowie über den Reschenpass. Vinschgerbahn von Meran nach Mals im Stundentakt, Fahrradmitnahme (4 €), www.vinschgauerbahn.it.

Ein **Gästebus** verbindet tgl. (außer Sa) von Mitte März bis Allerheiligen Naturns und seine Ortsteile Kompatsch, Staben, Tabland und Tschirland mit Partschins, auf dem Weg werden Plaus, Rabland und die Töll berührt. Ein weiterer Bus verbindet Partschins von Mai bis Allerheiligen mit dem Partschinser Wasserfall. Der Fahrplan ist in allen Informationen und in vielen Hotels und Pensionen erhältlich. Die Benutzung mit der **Touristcard** (beim Vermieter) ist kostenlos, doch ohne Gästepass auch kein Transport (außer Wasserfalllinie).

Der Vinschger Radweg

Zwischen Meran und dem Reschenpass an der Grenze mit Nordtirol zieht sich nicht nur die italienische Staatsstraße 40, sondern auch der etwa 80 km lange Vinschger Radweg (auch wenn das eigentliche Vinschgau erst bei Partschins beginnt). Dieser Weg ist zwischen Meran und Glurns bzw. dem Bahnhof Mals leicht

Auf dem Vinschger Radweg

zu fahren, ein ausgesprochener Familienradwanderweg. Nur zwischen Algund und Töll, Kastelbell und Latsch sowie zwischen Schlanders und Laas muss man, wenn man in Richtung Reschen unterwegs ist, steilere Passagen bewältigen. Ab Glurns, und besonders kurz vor Burgeis, wird es dann steiler, bis zum Reschenpass müssen ab Glurns auf 25 km immerhin mehr als 500 Höhenmeter bewältigt werden. Für den Radweg wurde keineswegs eine eigene Trasse eingerichtet, sondern er wurde über lange Strecken auf Güterwegen und gemeinsam mit dem Fußgängerweg angelegt, weswegen besonders aufmerksames Fahren geboten ist. Dennoch – dass ein durchgehender Weg abseits der Staatsstraße ausgewiesen wurde, ist eine große Sache und man darf als Radfahrer dankbar dafür sein. Der Weg ist einheitlich beschildert und dermaßen viel befahren, dass man keine Probleme haben dürfte, sich zu orientieren. Entlang des Radwegs gibt es eine Anzahl von Plätzen, an denen man sich verpflegen und ein Päuschen einlegen kann.

Radbar, gegenüber vom Eingang zum Schnalstal gelegene Jausenstation mit Kinderspielplatz, Liegestühlen und kleinem Weiher, tgl. 10–19 Uhr, www.radbar.it.

Radtreff Brugg am Fischteich, zwischen Kortsch und Laas, eine vollwertige Gaststätte mit warmen Mittagsgerichten, Spielfläche und Fischteich. Was wie ein steinerner Kamin ausschaut, gehörte zum Aquädukt des Kortscher Etschwaals, das 1855 bei einer schweren Überschwemmung zerstört wurde, tgl. 9–19 Uhr, www.radtreff-brugg.com.

Self-Service-Stand vom Ortlerhof, etwa auf der Höhe von Kortsch findet sich ein Kiosk, an dem man frischen Apfelsaft zapfen und Marmelade und Äpfel vom Ortlerhof kaufen kann, das Geld wirft man einfach in die Kasse.

Partschins

Man kann davon ausgehen, dass Partschins in günstiger Sonnenlage auf dem Schwemmkegel des Zielbachs einen römischen Vorgänger hatte. Warum hätten die Römer unten in der feuchten Aue siedeln sollen und nicht oben in der Sonne?

Die römische Heeresstraße *Via Claudia Augusta*, die unterhalb von Partschins durch den Vinschgau führte, hat sich in einem in Rabland gefundenen Meilenstein verewigt. Allerdings werden Sie in Partschins sonst nichts finden, was älter als hochmittelalterlich ist, denn der Zielbach hat alles Ältere mit seinen häufigen Überschwemmungen zugedeckt. Wer zum **Partschinser Wasserfall** hinaufpilgert (auch der Gästebus bringt uns hin), kann dort selbst feststellen, welche Kraft und Wassermenge dieser Bach sogar bei normalem Wasserstand aufbringt.

Der Wasserfall ist natürlich die Nummer eins der Ausflugsziele ab Partschins, ganz knapp gefolgt vom **Partschinser Waalweg**. Wer höher hinauf will, hat auf dem Sonnenhang über dem Dorf eine gute Handvoll Jausenstationen und bewirtschaftete Berghütten zu entdecken, einige davon mit kleinen privaten, aber dem Gast zur Verfügung stehenden Kabinenbahnen ausgerüstet. Noch mehr bietet der **Meraner Höhenweg**, der die höheren Hütten verbindet. Und Bergsteiger lassen sich die Überschreitung der *Texelgruppe* nicht nehmen und die Besteigung der höchsten Gipfel wie *Tschigat, Lodner* und *Hohe Weiße*.

Basis-Infos

Information Tourismusverein Partschins – Rabland – Töll, zentral nahe dem Kirchplatz in Partschins. Mo–Fr 9–12/13–18, Sa 10–12 Uhr, Ostern, Pfingsten und Hochsommer auch Sa 15–18 Uhr, Winter nur Mo–Fr 9–12 und 14–18 Uhr. I-39020 Partschins, Spaureggstr. 10, ☎ 0473/967157, www.partschins.com.

Außenstelle in Rabland Mo–Fr 9–12/15–18, Sa 10–12/15–18 Uhr, Winter nur Mo–Fr 9–12 und 14–18 Uhr. ☎ 0473/967168.

Verbindungen Zum **Bustransfer** aus Deutschland und der Schweiz → S. 43.

Pkw: Stichstraße von der Vinschgauer Straße.

Bus: Die meisten Busse halten nur unten, 1 km vom Ortszentrum.

Sammeltaxi (Gästebus): nach Naturns, Rabland und zum Partschinser Wasserfall, tgl. (außer Sa), Infos beim Tourismusverein, Einzelfahrt 7 €. Taxi: Lido ☎ 347/7504876.

Baden/Schwimmen Freibad Partschins, Zehentstr., tgl. 10–20 Uhr.

Einkaufen Traditionell geselchten **Bauernspeck** aus eigener Produktion bietet die Metzgerei Gamper, Kirchplatz 2 (auch in Rabland, Lahnstr. 7).

Paragliding Die **Texelflieger** bieten Mo Tandemflüge am Giggelberg an, Treffpunkt Bergstation der Texelbahn. ☎ 335/8280880.

Radfahren/Mountainbiken Verleih bei Etzi's Bikeshop, Rabland, Peter-Anich-Str. 1, ☎ 0473/967697, www.etzisbikeshop.com.

Rafting Jeden Mittwoch Familienrafting auf der Etsch mit dem **Acquaterra Adventure Club**. Infos und Anmeldung beim Tourismusverein oder unter ☎ 0473/720042, www.acquaterra.it.

Wandern/Bergsteigen/Klettern Programm geführter Wanderungen und Bergtouren beim Tourismusverein.

Klettergarten Burgstallknott oberhalb der Talstation der Greiter Seilbahn, vom Parkplatz 10 Min., ca. 25 südexponierte Routen bis 6b+, auch für Anfänger geeignet. Der neue Klettergarten **Huafwond** ist eher für erfahrene Kletterer, unterhalb der Bergstation Texelbahn, 27 Routen bis 7b+. Außerdem **Klettertour am Partschinser Wasserfall**, geführte Tour oder Abseilen auf Anfrage beim Tourismusbüro.

Wein Das **Schlossweingut Stachlburg**, Peter-Mitterhofer-Str. 2, bietet an jedem Do um 17 Uhr eine Kellereibesichtigung mit Weinverkostung, 10 €. Der Schloss- und Gutsbesitzer Baron von Kripp führt selbst durch seinen Betrieb. Anmeldung im Tourismusbüro, ☎ 0473/968014, www.stachlburg.com.

Veranstaltungen Partschins hat ein recht vielgestaltiges **Kinderprogramm** zu bieten: Bauernhofbesuch mit Würstelgrillen und Reiten auf einem Haflinger, Mini-Kletterkurs, großes Kinderfest, Schlauchbootfahrt, Museumsbesuch mit Quiz, Pizzabacken und mehr – Infos beim Tourismusbüro. **Kinderspielplätze** am Festplatz Zehentstraße und im Sportzentrum Zielstraße.

Übernachten

Die meisten Betriebe in Partschins sind in der Zeit nach Allerheiligen bis zum Samstag vor der Karwoche geschlossen. Hauptsaison ist Ostern und der Zeitraum von der letzten Juliwoche bis Mitte Oktober.

In Partschins ***S An der Stachelburg**, gleich hinter der mittelalterlichen Stachelburg steht das äußerlich alpine, innen elegante, sehr komfortable, kompetent und freundlich geführte Hotel gleichen Namens. Gut ausgestattete Zimmer und für die Kategorie bemerkenswert gute Einrichtungen wie Hallenbad mit Glaswand zum Garten, Liegewiese, Sauna, „Wanderclub" mit geführten Wanderungen und kleine Bibliothek. DZ/HP 142–236 €. Wasserfallweg 7, ✆ 0473/967310, www.hotel-stachelburg.com.

***S Sonne**, gleich unterhalb der Kirche steht das Hotel, das sich nun nach Um- und Anbau „Alpin & Stylehotel die Sonne" nennt. Schickes Interieur in gedeckten Farben im Neubau, die Zimmer im Haupthaus wirken dagegen fast banal. Sauna und Dampfbad mit Aussicht und der obligatorische Whirlpool auf dem Dach gehören natürlich dazu. Gemütliche Atmosphäre im Restaurant im Gewölbesaal, eher puristisch in der neuen Tagesbar. Gute Küche. DZ/HP 128–230 €. Peter-Mitterhofer-Platz 8, ✆ 0473/967108, www.hotel-sonne.it.

** **Schönaussicht**, einfache Frühstückspension im obersten Ortsteil mit schönem Ausblick, große Liegewiese, verglaste Veranda, Frühstücksbuffet, zweckmäßige Zimmer, z. T. mit Balkon. DZ/FR 62–90 €. Wasserfallweg 18, ✆ 0473/967225, www.schoenaussicht.eu.

*** **Kronenwirt**, großzügig geschnittene Ferienwohnungen mit Schlafzimmer, Wohnraum und Küche getrennt, komplett ausgestattet, modern und hell. Im Haus auch Sauna, Fitnessraum, Sonnenterrasse und das Restaurant Kronenwirts-Stub'n (im Keller). Apt. für 2 Pers. 77–99 €. Stachelburgweg 3, ✆ 0473/967112, www.kronenwirt.com.

*** **Landhaus Götsch**, Ferienwohnungen mit gehobener Ausstattung, Freibad und Liegewiese, in einem funktionalen, von Obstgärten umgebenen Neubau oberhalb von Partschins. Apt. für 2 Pers. 62–67 €, auch mit FR oder HP möglich. Sonnenbergweg 52, ✆ 0473/968300, www.stiegenwirt.net.

In Rabland **** Tyrol**, Designhotel nennt sich das Haus nach Renovierung und Umbau. Es gehört nun zu den Vitalpina-Hotels. Hallen- und solarbeheiztes – als Landschaft gestaltetes – Freibad samt Whirlpool, Gartensauna und Liegewiese, schöner Wellnessbereich mit Kosmetik und Massage. Geführte Wanderungen und Biketouren, Fahrradverleih. DZ/HP 206–408 €, große Suiten teurer. Hans-Guet-Str. 40, ✆ 0473/967654, www.tyrol-hotel.it.

***S Weiss**, kleineres, sportbetontes Hotel, Saunen, Kneippbad, freundliche, teils renovierte Zimmer, Radverleih, Kinderspielbereich samt Betreuung, Freizeitanlage mit Freibad und Kinderbecken, Liegewiese, Minigolf. DZ/HP 127–180 €. Vinschgauer Str. 38, ✆ 0473/967067, www.hotelweiss.it.

** **Sonja**, Frühstückspension mit rustikalem Mobiliar, einfache Zimmer mit Balkon, gutes Frühstücksbuffet, verglaste Terrasse. DZ/FR 60–70 €, 2 Apts. (2 Pers.) 45–60 €. Lahnstr. 22, ✆ 0473/965227, www.pension-sonja.it.

Ausflugsziel Nummer eins: der Partschinser Wasserfall

Essen & Trinken/Nachtleben

Stiegenwirt, Wasserfallweg 2, Pizzeria-Restaurant im alten Gasthof, Südtiroler und internationale Küche, Pizza, diverse italienische Nudel- und Fleischgerichte. Sehr löblich: eigene und gute bis sehr gute oberitalienische Weine, auch glasweise. 2 Gänge ab ca. 18 €. Schöne windgeschützte Terrasse, leider kein Gastgarten, ✆ 0473/967139. Mo Ruhetag.

Formerkeller, Graf-Johann-Weg 15, neben dem Hotel Farmerhof, Marende von Speck bis Kaminwurzen im urigen Keller, Mi Ruhetag. ✆ 0473/967353, www.farmerhof.com.

Onkel Taa und **K. u. K. Museum Bad Egart**, Bahnhofstr. 17, das historische Gasthaus am zu neuem Leben erwachten Bahnhof Töll (jenseits der Etsch) soll seit 1430 bestehen. Die vielen Bilder in Speisesaal und Stube sind allerdings überwiegend gründerzeitlich (also ca. 1848 bis 1918 – der österreichische Kaiser und ungarische König Franz Joseph und seine Ehefrau Elisabeth, besser als Sissi bekannt, halten einen Ehrenplatz). Schnecken, Brennnesseln, Flusskrebse – mögen Sie nicht? Hausgemachtes Schrotbrot, Biogemüse, Gegrilltes – schon besser? Mo Ruhetag. ✆ 0473/967342, www.onkeltaa.com.

Prünster, Tabland 6, der Hof hat in aller Enge eine komplette Gasthausküche anzubieten, da bleiben viele Gäste, die den wenig anstrengenden Steig vom Wasserfall hier herauf hinter sich gebracht haben, gleich sitzen. Eier mit Speck, Rahmschnitzel, Speck am Brettl, aber auch schlichte (Vintschger) Brotsuppe. ✆ 0473/967454. Fr Ruhetag.

Rudi, Kleinkarlbacherstr. 10, Eiscafé mit großer Terrasse, mit eigenen Kuchen und sehr gutem, hausgemachten Eis, auch kalorienarmes Diätes. Bis 23 Uhr geöffnet, Di Ruhetag.

Taufenbrunn, Taufnergasse 2, Café-Eisdiele, Eisbecher, kleine Imbisse (Toasts, Bruschette) und Brettlmarenden (ab ca. 8 €), Mi Ruhetag außer im Sommer.

Peter Mitterhofer, Erfinder ohne Erfolg

Er muss schon ein wenig seltsam gewesen sein, dieser Peter Mitterhofer (1822–1893) aus Partschins, der die Schreibmaschine erfand, aber eher Anklang fand als Zimmermann und gelegentlicher Bauchredner und Musikant mit der selbst gebauten Gitarre und anderen Instrumenten aus eigener Herstellung. Der begnadete Tüftler baute für seine kranke Frau in späteren Jahren eine Waschmaschine und setzte es sich um 1860 in den Kopf, eine Schreibmaschine zu erfinden, er baute insgesamt fünf Prototypen. Einen davon, er war aus Holz, trug er 1866 auf dem Rücken und zu Fuß nach Wien, wo er auf Anerkennung hoffte, aber nur 200 Gulden als einmalige Zuwendung sowie etwas gnädige Herablassung vom Kaiser bekam (dieses Modell, das dritte, existiert nicht mehr. Sein Vorgänger, das zweite, befindet sich heute in den Technischen Sammlungen Dresden). Dass die Zeit nicht reif gewesen wäre, kann man nicht behaupten, denn die amerikanische Firma Remington ließ sich 1867 eine Schreibmaschine patentieren und brachte 1873 serienmäßig ein Modell heraus – mit Mitterhofers Wiener Schreibmaschine besitzt sie auffallende Ähnlichkeit (ob das Zufall ist oder nicht, das ist umstritten). Aber im saturierten Wien der späten Gründerzeit hatte man mit einem halb zerlumpten Zimmermann aus Tirol nichts am Hut, auch als er 1869 ein zweites Mal nach Wien kam, diesmal mit seinem fünften Modell. Das Polytechnische Institut kaufte es für läppische 150 Gulden, heute ist es der Stolz der Sammlung des Wiener Technischen Museums.

Mitterhofer bekam zu Lebzeiten keinerlei Anerkennung, er starb in bitterster Armut in seinem Heimatort. Sein Grabstein steht nahe dem Nordportal der Pfarrkirche St. Peter und Paul.

Sehenswertes/Ausflüge

Partschins: Die *Pfarrkirche St. Peter und Paul* ist wie so oft in Südtirol ein spätgotischer Bau mit Netzgewölbe. Die *Stachelburg* ist eine mittelalterliche Burg mitten im Ort, sie ist von der Straße aus schlecht zu sehen und nicht zu besichtigen (Privatbesitz, Schlossweingut Stachlburg → „Wein"). Dasselbe gilt für den *Ansitz Sauregg*, wo man immerhin den Garten (mit riesiger Wellingtonia, 45 m hoch!) betreten darf.

Schreibmaschinenmuseum Peter Mitterhofer: Es war ein Partschinser Bürger, der die Schreibmaschine erfand. Im eindrucksvollen modernen Bau des Schreibmaschinenmuseums von Partschins (Kirchplatz 10) sind mehr als 1400 Exponate zu bewundern, darunter auch Schreibmaschinenmodelle von Peter Mitterhofer. Nicht nur Schreibmaschinen gibt es zu sehen, auch lebensechte Dioramen, Fotos und Werbeposter, die die Geschichte der Schreibmaschine illustrieren.

April bis Okt. Mo 14–18 Uhr, Di–Fr 10–12/14–18 Uhr, Sa 10–12 Uhr, Nov. bis März Di 10–12 Uhr, Eintritt 7 €, erm. 2 €, Audioguide 1 €. ☏ 0473/967581, www.schreibmaschinenmuseum.com.

Wanderung auf dem Partschinser Waalweg: Beliebter und einfach zu gehender Waalweg im untersten Teil des Sonnenhangs. Ab Partschins mit Gästebus (Wasserfall) bis zum Großen Saltenstein (nach „Gasthof Salten"). Oder über den Sonnenbergweg (zweigt oberhalb der Kirche vom Graf-Johann-Weg ab) und die Hängebrücke über den Zielbach zum „Gasthof Winkler", noch vor Erreichen rechts und etwas aufwärts bis zur Brücke (rechts) über den Zielbach, wo man jenseits auf den „Gasthof Salten" trifft, kurz der Straße links nach oben folgen bis zum Großen Saltenstein. Hier beginnt der Partschinser Waalweg, der knapp vor der Jausenstation/Gasthof „Grasweger Keller" endet. Den Rückweg nach Partschins macht man am besten über Weg 7 a, dafür geht man etwa 400 m auf dem Zugangsweg zurück und wendet sich dann links abwärts, man erreicht Partschins bei der Talstation der Kleinseilbahn zum Greiterhof (Gehzeit 1:30–2 Std.).

Grasweger Keller, Vertigenstr. 15, Grillgerichte, Marenden, Törggelen, hübsche Laube. Di Ruhetag, ☏ 347/4096311, www.graswegerkeller.it.

Zum Partschinser Wasserfall: 97 m hoch ist die Felswand, über die der Zielbach als Partschinser Wasserfall herunterstürzt. Das sieht von unten wie von oben und sogar aus dem Etschtal unterhalb von Rabland spektakulär aus. Das Spektakel erreicht man mit dem Gästebus ab Partschins oder auf eigene Faust auf dem Sträßchen, das der Bus nimmt, und das an mehreren Stellen durch gut gekennzeichnete Wegabschnitte für den Fußgänger abgekürzt wird. Am besten nimmt man ab Partschins Weg 39 (Sonnenbergweg) und folgt nach der Hängebrücke dem Weg 1 mit bester Beschilderung dem Weg über den „Winkler" zum Wasserfall. Vom oberhalb liegenden „Gasthaus Wasserfall" (mit eingeschränkter Aussicht) führt ein gut gesicherter Steig noch höher hinauf zu einer Aussichtskanzel, von der aus man das Naturschauspiel wirklich hautnah bewundern kann. Wer im Mai und Juni kommt, sieht einen besonders eindrucksvollen Wasserfall. Während der Schneeschmelze in den Bergen stürzen pro Sekunde bis zu 10.000 l Wasser über die Wand.

Verbindungen Bus der Linie 265 von April bis Nov. tgl. mind. alle 30 Min. von Partschins bis zum Gasthof Wasserfall.

Essen & Trinken Gasthaus Wasserfall, obwohl man den namengebenden Wasserfall vom Gasthaus aus nur sehr eingeschränkt sieht, lohnt sich doch der kurze Weg dorthin (oder man ist sowieso mit dem Gästebus hier angekommen). Umfangreiche Speisekarte von bürgerlich über Tiroler Küche bis Italienisches. Streichelzoo und Spielplatz. Sa Ruhetag. ☏ 0473/967274, www.partschins-wasserfall.com.

Mit der Texelbahn zum Meraner Höhenweg: Die neue Texel-Kabinenbahn führt vom westlichen Ortsrand in Partschins hinauf zum Meraner Höhenweg auf 1544 m Höhe. Von dort aus sind sowohl nach Westen als nach Osten Wanderziele leichter erreichbar geworden: nach Westen, wo man nach ca. 3:30 Std. die Seilbahn Unterstell und damit Naturns erreicht (im Mittelteil nicht leicht und in der Tausendstufenschlucht anstrengend), nach Osten über Nassereith (neu erbaute Hütte Nasereit, www.nasereit.com) und Hochganghaus (www.hochganghaus.it) zur Seilbahn Leiteralm, mit der man nach Algund hinunter kommt. Auch diese Tour ist nicht ganz leicht, sie dauert etwa 4 Std.

Bergbahn/Essen Texelbahn Partschins, Mitte März bis Mai, Okt., Nov. tgl. 8–18 Uhr alle 30 Min., Juni bis Sept. 8–19 Uhr, Do und So erste Fahrt 7 Uhr; Berg 9 €, Berg/Tal 13,50 €, Kinder 3,80/5 €, Combicard mit Seilbahn Unterstell (Naturns) oder Seilbahn Hochmuth (Dorf Tirol), Zielstr. 11, Partschins, ✆ 0473/968295, www.texelbahn.com.

Gasthaus Giggelberg, an der Bergstation mit Aussichtsterrasse und Südtiroler Küche.

Nach Aschbach und auf den „Nörderberg": Der Weiler auf 1360 m, der zur Gemeinde Algund gehört, ist dank seiner kürzlich modernisierten Seilbahn aus dem Dornröschenschlaf gerissen und in die Freizeitwelt rund um Meran katapultiert worden. Das heißt hier vor allem Wandertouren und Mountainbiketouren auf dem Nörderberg – wie sich der schattige, nach Norden blickende Hang südlich der Etsch nennt – in Richtung Vigiljoch (bis Vigiljoch Gehzeit 1:30 Std., 430 m Steigung), Naturnser Alm (2 Std., 630 m Steigung) und über Pirchberg (1 Std., 250 m Abstieg) evtl. hinunter nach Plaus. Es heißt aber auch ganz schlicht Bummel im Umkreis der Seilbahn und dann verlängerte Brotzeit mit Aussicht. Mahlzeit!

Bergbahn Seilbahn Aschbach, neue Panorama-Kabinenbahn, Mai bis Mitte Okt. halbstündl. 8–19 Uhr, im April Mittagspause 12–13 Uhr, Nov. bis März 8–12/13–18.30 Uhr. Einfach 7 €, Berg/Tal 9,50 €, Kinder 2,50/ 3,50 €, Bike 4/5 €, www.aschbach.it.

Essen & Trinken Gasthaus Aschbacher Hof, das Ganze eine einzige Aussichtsterrasse mit der Texelgruppe als Blickfang. Das Essen gutbürgerlich. Von Ostern bis Nov., DZ/FR 62–70 €. Aschbach 24, ✆ 0473/967250, www.aschbacherhof.it.

Naturnser Alm, 1922 m, warme Küche, Mai bis Okt. ✆ 340/522769, kein Ruhetag.

Naturns

315 Sonnentage pro Jahr – das macht sich gut in der Werbung, und da es auch zutrifft, Jahr um Jahr, hat Naturns eine begeisterte Stammkundschaft von Urlaubern, die dem Ort Hochsaison bescheren, wenn anderswo längst Kehraus war.

Ganz besonders beliebt ist der Herbst, denn dann hat die Sonne ihre Gewalt im Zaum und man kann bei milden Temperaturen spazieren gehen und wandern, bis weit in den November hinein auf den Terrassen der Gaststätten sitzen und ein – oder mehr – Glas Wein genießen, bei einigen Lokalitäten auch den „Nuien", den neuen Wein, den man am besten beim beliebten Törggelen kostet. Höher oben mag der Winter eingezogen sein, unten in Naturns kümmert man sich nicht darum und lässt den späten Sommer leben. In jüngster Zeit hat sich Naturns allerdings – dank seines reichhaltigen Wellnessangebots – auch als zertifizierter „Alpine Wellness Ferienort" einen Namen gemacht.

Naturns ist auch für die Fresken in der kleinen **Kirche St. Prokulus** bekannt. Kunstinteressierte werden auch eine ganze Reihe anderer Kunstschätze entdecken. Aber der wirkliche Schatz von Naturns ist seine Lage unter dem heißen, trockenen Sonnenhang am Südabfall der Texelgruppe. Wie dort oben die Bergbauernhöfe an den Hängen kleben, das muss man erlebt haben. Am besten zu Fuß, und das wissen die meisten der Gäste in Naturns und reisen gleich mit Hut und Wanderstöcken an.

Basis-Infos

Information Tourismusverein Naturns-Plaus (mit Plaus, Kompatsch, Staben, Tabland und Tschirland), im neuen Rathaus, einen Katzensprung von der Hauptstraße und der zentralen Bushaltestelle entfernt. Mo–Fr 8–12/14.30–18.30, Sa 9–12 und 14–17 Uhr, im Winter Mo–Fr 8–12/14–18 Uhr. I-39025 Naturns, Rathausstr. 1, ☎ 0473/666077, www.naturns.it.

Kostenlose **Guestcard** mit vielen Vergünstigungen und Gratis-Eintritten, beim Vermieter erhältlich. Geführte Wanderungen, Alm-, Bauern- und Winzerbesuche, Freizeitsport (Reiten bis Rafting) und „Erlebnisprogramme" werden vom Tourismusverein veranstaltet.

Verbindungen Zum **Bustransfer** aus Deutschland und der Schweiz → S. 43. Infos/Anmeldung beim Tourismusverein oder bei Martin Reisen, ☎ 0473/563071, www.martinreisen.com.

Busse im Nahverkehr: gute Verbindungen mit Meran, Mals und dem Vinschgau, akzeptable mit dem Schnalstal. **Bahnverbindung** mit Meran und Mals.

Gruppentaxi/Gästebus nach Staben, Tabland, Plaus, Partschins und (mit Umsteigen) Partschinser Wasserfall; Fahrplan/Infos beim Tourismusverein, Fahrschein (Touristcard) bei der Unterkunft. **Taxi**: Taxistand an der Bushaltestelle Naturns Mitte (beim Tourismusverein); Fa. Pircher, ☎ 348/4984756.

Baden/Schwimmen Erlebnisbad Naturns, Feldgasse 5, Wasseroper im großen Stil: Freibad mit 75-m-Rutsche, Hallenbad mit 51-m-Rutsche, Strömungskanal und „Saunalandschaft" – Palmen und andere Indoor-Gewächse gaukeln tropische Verhältnisse vor. Freibad Juni bis Anfang Sept. geöffnet, Hallenbad im Mai und Sept. jeweils etwa 10 Tage geschlossen. ☎ 0473/668036, www.erlebnisbad.it.

Einkaufen/Wein Weine in der Naturnser Vinothek, Hauptstr. 51; außerdem bei Weingut Falkenstein, Schlossweg 19, auch Führungen etwa jeden zweiten Do 15.30 Uhr (Anmeldung beim Tourismusbüro), ☎ 0473/666054, www.falkenstein.bz.

Historischer Hofschank bei Naturns

Bauernspeck aus eigener Produktion bei Christianell, Hauptstr. 49. ■

Markttag ist Samstag, Krämermarkt und landwirtschaftliche Produkte am Rathausplatz. **Brot** in der Biobäckerei Brenner, Hauptstr. 6.

Internet In der Touristeninformation (10 Min. kostenlos), WLAN-Hotspot WiFree auf dem Rathausplatz.

Minigolf Am Sportplatz, Bahnhofstraße 67 (am Etschdamm).

Paragliding Fly2Meran bietet Tandemflüge am Sonnenberg, Tandemflug 80–170 €, ✆ 333/5438555, www.fly2meran.info.

Radfahren/Mountainbiken Fahrradservice Zischg, Bahnhofstr. 47, MTB 20–25 € pro Tag, ✆ 0473/667811.

Fahrradverleih Höllrigl, Etschangerstr. 27/b, MTB 30 €, Trekkingbike ca. 17 €.

Ötzi Bike Academy, Hauptstr. 25, geführte Touren und Kurse, neues E-MTB-Testcenter, MTB- und E-Bike-Verleih, 20–40 € pro Tag, ✆ 347/1300926, www.oetzi-bike-academy.com.

Skaten Funpark an der Industriestraße beim Jugendzentrum, endlich ein Skatepark für die Jugendlichen weitum.

Veranstaltungen Naturns liegt an der Höhengrenze des Weinbaus, wo sich vor allem noch Weißweine wohlfühlen, im besonderen Fall der Riesling. Die **Rieslingtage** des Ortes im Okt./Nov. sind denn auch die bedeutendste Veranstaltung von Naturns. Weinführungen, Riesling-Verkostungen, Kellerführungen, Vorträge zum Thema Wein und Waal, nicht nur über Naturnser, auch über andere Südtiroler (Weiß-)Weine.

Der Fremdenverkehrsverein Naturns veranstaltet **Sportkurse**, u. a. Einführungs- und Aktivkurse für Klettern, Tennis, alpinen Skilauf, Mountainbikefahren – Auskunft beim Fremdenverkehrsverein.

Kraxeln Der fantasievoll angelegte Übungs- und Familienklettersteig „Knott" beginnt und endet an der neuen Aussichtsplattform der Bergstation Unterstell, vier unterschiedlich schwere Routen, eine Seilbrücke und Leitern. Benutzung nur mit kompletter Ausrüstung erlaubt, ganzjährig begehbar. Infos und Routenkarte unter www.unterstell.it.

Speziell für Kinder

Naturns gibt sich kinderfreundlich und hat ein spezielles Kinderprogramm parat. Großer **Spielplatz** am Sportplatz Bahnhofstraße (beim Etschdamm) mit Picknickplatz, Beachvolleyball, Tischtennis, Minigolf – und gut besuchter Eisdiele. Eine besondere Attraktion ist der **Erlebnisbahnhof Naturns** im alten Bahnhof in Staben: Auf einem über 500 m langen stillgelegten Bahngleis kann man eine Draisinenfahrt unternehmen, und mit einer Garteneisenbahn können die Kleinen auf 800 m Gleislänge durch eine künstlich angelegte Steinlandschaft tuckern; geöffnet jeden So 14–18 Uhr, zwei Postwaggons der Rhätischen Bahn (aus der Schweiz) dienen als Bistro-Café.

Übernachten

Naturns ist trotz seiner zahlreichen Hotels, Pensionen, Apartments und Privatzimmer nach Allerheiligen und bis vor Ostern kein guter Platz, um mal eben spontan ein Zimmer zu mieten. Der Ort ist eher auf die Monate März bis Oktober inkl. Allerheiligen eingeschworen. Wintersaison gibt es keine, sieht man von der Osterzeit ab, wenn der Skibus die Gäste kostenlos ins Schnalstal befördert.

In Naturns ****S **Feldhof**, familienfreundliches Dolce-Vita-Hotel, das komplett renoviert wurde. Zum auch vorher schon großzügigen Wellnessbereich mit Hallen- und Freibad gesellt sich nun auf dem Dach das „Sky-Spa" und seit März 2018 die neugestaltete 2000 m2 umfassende Spa-Landschaft. Geräumige und geschmackvoll eingerichtete Zimmer und Suiten. Mediterrane Küche mit Vitalkost im Speisesaal. Viele Sport- und Freizeitangebote wie geführte Bike- und Wandertouren. Für Kinder und Jugendliche gibt's ein umfangreiches Programm und Wellness nur für Kids. DZ/¾-P 280–

350 €, Suiten teurer. Rathausstr. 4, ✆ 0473/666366, www.feldhof.com.

****S Lindenhof, ein DolceVita-Hotel wie der Feldhof. Prachtlage am Rand des eigentlichen Dorfs nahe St. Zeno. Das Haus ist großflächig umgebaut worden und erstrahlt 2018 in neuem Glanz als „Erlebnis Genuss und Wellness Resort" mit 5000 m2 großem Spa auf mehreren Etagen, 8 Pools, 7 Saunen, Wellnessgarten, modernes Design und Naturmaterialien in den Zimmern und Suiten sowie ein Familienhaus mit Turnhalle, Kino, Planschbecken, Riesenwasserrutsche. Im neuen Restaurant bereiten Küchenchef Andreas Pircher und sein Team kulinarische Höhepunkte aus Südtiroler Produkten in allen Variationen. Es gibt Kinderbetreuung und Programm. DZ/¾-P 260–410 €, Suiten teurer. Kirchweg 2, ✆ 0473/666242, www.lindenhof.it.

*** Kreuzwirt, Kleinkunsthotel nennt sich das neue Haus im Ortszentrum. Kunstobjekte finden sich im ganzen Haus, es gibt Theater- und Kabarettaufführungen, auch das jährliche Humorfestival „Naturns lacht!" findet hier statt. Angenehm eingerichtete Zimmer mit Balkon. Schöne holzgetäfelte Stube und neu gestaltetes Restaurant. DZ/HP 134–198 €. Hauptstr. 47, ✆ 0473/667110, www.kreuzwirt.net.

*** Astoria, zentral gelegene Pension mit kleinem Hallenbad, Liegewiese und Sauna, Whirlpool auf dem Dach, einfache Zimmer. DZ/FR 92–100 €. Gerberweg 14, ✆ 0473/666190, www.pensionastoria.it.

*** Sylvanerhof, gut eingerichtetes Hotel garni, Zimmer mit Balkon, Freibad, Liegewiese, schöne Terrasse, großzügiges Frühstücksbuffet, ruhige Lage in den Obstgärten Richtung Kompatsch. DZ/FR 94–110 €. Kugelgasse 4, ✆ 0473/667283, www.sylvanerhof.it.

** Bergblick, Garni im oberen Ortsteil, einfache Ausstattung, Zimmer mit Balkon. Liegewiese, Freibad, gutes Frühstücksbuffet. Man ist stolz auf die eigenen Produkte, die auf den Tisch kommen. Freier Eintritt ins Erlebnisbad. DZ/FR 60–70 €. Feldgasse 7, ✆ 0473/667193, www.bergblick-naturns.com.

** Nischlhof, Familie Gapp bietet rund ums Jahr 9 Ferienwohnungen an, Schlaf- und Wohnraum getrennt, komplett ausgestattet, Brötchenservice, Tennisplatz, freier Eintritt ins Erlebnisbad. Apt. für 2–4 Pers. 44–

St. Prokulus in Naturns

97 €. Schlossweg 26, ✆ 0473/667350, www.nischlhof.it.

**** Camping Adler, der Platz geht als „Wellness Camping" neue Wege und richtet sein Angebot speziell an Ruhe suchende Erwachsene – ohne Kinder. Neben den üblichen Stellplätzen komplett eingerichtete Selbstversorger-Bungalows für 2–4 Pers., teilweise neu und ziemlich luxuriös, dazu bietet der Platz ein neues Hallenbad, Sauna, Dampfbad, kleinen Shop, Fahrradverleih und Internetpoint. Offen von März bis Mitte Nov. Stellplatz und 2 Pers. 37–50 €. Lidostr. 14, ✆ 0473/667242, www.campingadler.com.

In Plaus *** Stefanshof, das „Genusshotel" ist schon rein äußerlich eine wahre Erholung: nichts Tirolerisches, der verglaste

Mitteltrakt erinnert an Bauhaus und manche Bauten der späten Gründerzeit. Auch drinnen wohltuende Schnörkellosigkeit, gute Zimmer im Landhausstil, die renovierten Zimmer im modernen Alpinstil. Gutes Essen, Sauna, Liegewiese, freier Eintritt ins Erlebnisbad, Fahrradverleih. DZ/HP 126–164 €. Dorf 7, ✆ 0473/660085, www.stefanshof.com.

*** Parkhotel Plauserhof, das Hotel hat schöne und helle Zimmer. Es gibt auch Familienzimmer und kleine Mansardenzimmer. Die Küche ist gut, was sich sowohl beim Frühstücksbuffet als auch beim ausgesprochen opulenten Abendessen zeigt, ein Freibad gibt's ebenfalls. DZ/HP 120–140 €. Bahnhofstr. 11, ✆ 0473/660123, www.plauserhof.info.

In Staben *** Quellenhof, ruhig gelegene, gut ausgestattete Pension mit einfachen Zimmern, Freibad, Liegewiese und Tennisplatz, Fahrradverleih. DZ/HP 114–146 €. Staben 65, ✆ 0473/664039, www.pension-quellenhof.com.

In Tschirland Waldcamping, der geräumige Platz (2,3 ha) ist nur teilweise schattig – die Bäumchen müssen noch wachsen; er liegt mitten in den Apfelplantagen von Tschirland und ist gut ausgestattet mit Hallenbad, sauberen Sanitäranlagen, Bolzplatz und Jugendraum, Minigolf, Restaurant, Waschmaschinen; offen von Mitte März bis Anf. Nov. Stellplatz und 2 Pers. 39 € – keine Motorradgruppen. Dornsbergweg 8, ✆ 0473/667298, www.waldcamping.com.

In Tabland ** Gletscherblick, hübsche Balkonzimmer und eine neue Ferienwohnung in angenehmer Pension, sehr ruhig, sonnig und mit guter Küche. Freier Eintritt ins Erlebnisbad. DZ/FR 74–82 €, Apt. (2 Pers.) 68–80 €. Tabland 15, ✆ 0473/660514, www.gletscherblick.it.

Essen & Trinken/Nachtleben

Zum Adler, Hauptstr. 45, Restaurant und verglastes Café zur Straße, Nudeln, Pizza, Schnitzel, Grillfleisch, Steaks; sehr gute Nachspeisen: Palatschinken mit Eis, Topfen-Marillenknödel und – sehr schmackhaft, selten zu bekommen und nicht ganz leicht zu verdauen – warme Bauernkrapfen. Fr Ruhetag, ✆ 0473/668288, www.zumadler.eu.

Hofer, Am Graben 8, die von einer Südtiroler Familie geführte Pizzeria am westlichen Ortsende ist von der Straße aus nicht zu sehen, was ihrer Popularität keinen Abbruch tut. Zu Recht: In dem großen Saalbau aus Holz und Glas gibt es eine große Pizzaauswahl, Nudel- und Fischgerichte. Mi Ruhetag, ✆ 0473/667097, www.pizzeria-hofer.com.

Wiedenplatzer Keller, St.-Prokulus-Str. 59, Deftiges und ausgesuchte Weine drinnen im Keller mit rustikaler Bar oder an den Tischen im Freien. Di Ruhetag, ✆ 0473/673280, www.restaurant-naturns.com.

Oberleiter, Konditorei-Café, Kompatscher Str. 1, gute und preiswerte Konditoreiwaren und Getränke an der westlichen Ortsausfahrt Richtung Kompatsch, besonders köstlich ist die üppige und doch noch einigermaßen leichte Schwarzwälder Kirschtorte; Mo Ruhetag.

>>> Mein Tipp: San Zeno, hippe Bar, die mit einer guten Geschichte aufwarten kann. Hier wurde vor etlichen Jahren der Hugo erfunden: Roland Gruber, der selbst keinen Hugo trinkt, saß in abendlicher Runde mit seinem Team beieinander. Man hatte neue Mischungen probiert. Ein Cocktail aus Prosecco, Holunderblütensirup, Minze, einem Schuss Mineralwasser und einer Limette schien der perfekte Frauentrunk zu sein. Aber wie sollte er heißen? In der Endauswahl waren – das ist verbürgt – Detlev, Hugo, Luis und Otto. Detlev, äh, na ja. Luis können Italiener nicht gescheit aussprechen, Otto, zu banal, blieb also: Hugo. Roland Gruber ist längst weitergezogen, und weil er seine Erfindung nicht als Fertigmischung anbieten wollte, konnte er sie nicht patentieren lassen, das haben andere getan, deshalb gibt's jetzt auch Hugo im Supermarkt in der Sektflasche. Aber der Ur-Hugo, der einzig wahre Hugo, den gibt's hier, in der Bar San Zeno – und der schmeckt auch Männern. Bahnhofstr. 20. **<<<**

Gleis 2, Bistro und Bäckerei direkt am Naturnser Bahnhof, beliebter Treff für Einheimische und Reisende, Radfahrer und Wanderer, tgl. ganztags geöffnet, www.baeckerei-psenner.com.

Sehenswertes/Ausflüge

Kirche St. Prokulus und ihre Fresken, Prokulus-Museum: Der „Schaukler" des winzigen Kirchleins St. Prokulus ist wohl eines der bekanntesten Bilder Südtirols, sieht man mal von den Drei Zinnen ab. Es handelt sich um einen anscheinend naiv gezeichneten Mann mit Heiligenschein, der auf einer Schaukel sitzt, oder auf dieser Schaukel von einer Brüstung heruntergelassen wird. Seine Kleidung ist mit schematischen Falten und ganz unwahrscheinlichen konzentrischen Kreisen an den Knien wiedergegeben, und wer genau schaut, der erkennt, dass der Schaukler die Seile nicht ergreift – der Maler hat die Seile hinter der geschlossenen Hand durchgeführt.

Ein Heiliger auf der Schaukel?

Es handelt sich natürlich um keinen Schaukler und auch nicht um den hl. Paulus, der bei seiner Flucht aus Damaskus vom Stadttor heruntergelassen wird, sondern um den hl. Prokulus, Patron des kleinen Kirchenbaus, der bei der Flucht aus Verona von der Stadtmauer heruntergelassen wird. Das Werk ist zusammen mit größeren Freskenbereichen, die vom selben Maler stammen (es gibt auch, besonders im oberen Wandteil, jüngere Fresken), wohl noch im 7. Jh. entstanden. Das heißt also, die um 650 erbaute Kirche und die wenig späteren Fresken entstanden während der bayerischen Zeit des Vinschgaus (von 591 bis zur fränkischen Eroberung im späten 8. Jh. – der Vinschgau war nie langobardisch), und damit Generationen vor den karolingischen Fresken in Taufers oder in Müstair. Tatsächlich sind die Fresken zwar datierbar, aber kunsthistorisch nicht abzuleiten oder einzuordnen, es gibt nichts Vergleichbares. Die Szene mit der Flucht des Heiligen und den Zuschauern zu beiden Seiten, eine Gruppe von Heiligen, die zarten Sgraffiti im Triumphbogen, die Engel darstellen, der Zug der Rinder mit Herdenbesitzer, Hirte und Hund – sie sind Zeugen für eine Welt, die wir kaum noch interpretieren können. Wie einfach es dagegen ist, die Vorbilder der gotischen Fresken in der Kirche und an der Außenwand zu benennen!

Seit 2006 öffnet sich gegenüber vom Eingang zum Kirchenvorplatz eine bescheidene Pforte mit dem Schild „**Prokulus-Museum**". Dann geht's eine Stiege hinunter in den eigentlichen Museumssaal, wo ein Rundgang über Geschichte und Bedeutung der Kirche informiert. Das Gebäude wurde so in den Hang gebaut, das es völlig unauffällig ist, es soll schließlich nicht mit der bescheidenen Architektur des Kirchleins konkurrieren. Und nach Aussage der Museumsleitung sollte damit bewusst auch den christlichen und vorchristlichen Gräberfunden unter dem heutigen Friedhof ein angemessener Raum im Museum gegeben werden. Der Rundgang informiert über Spätantike und frühe Kirchenbauten südlich der Alpen, sehr anschaulich auch für Kinder und Jugendliche. Beeindruckend sind die mit modernster Technik abgenommenen wunderbar erhaltenen gotischen Fresken, aber auch die archäologischen Funde. Sehr gut gemachte Filme runden den positiven Gesamteindruck ab.

Kirche Ostern bis nach Allerheiligen Di–So und an Feiertagen 9.30–12/14.30–17.30 Uhr, ab Mitte Okt. 9.30–12/14–17 Uhr, das Museum öffnet um 10 Uhr. Eintritt Kirche frei, Museum 4,50 €, Führungen durch die Kirche um 10 und 15 Uhr, ✆ 0473/667312 (Kirche), ✆ 0473/673139 (Museum), www.prokulus.org.

Naturparkhaus Texelgruppe: Eine Menge zu lernen gibt es im Naturparkhaus, das trifft ganz besonders für Kinder zu, auf die auch ein Großteil der Informationsangebote des Hauses gemünzt ist. Nachdem man die Dachbegrünung bewundert hat (Trockenrasenpflanzen des Sonnenhangs der Texelgruppe!) wird man im Inneren vor allem mit dem Naturraum Texelgruppe (Gesteine, Wasser, Pflanzen, Tiere), aber auch mit den Waalen, den alten Bewässerungskanälen, bekannt gemacht. Tast-, Riech-, Hör- und Schauerlebnisse nicht nur für Kinder, Dioramen und Filme, ein interessantes Frischwasseraquarium, das die Bachlebewesen zeigt – man geht raus mit dem Gefühl, ganz leicht was gelernt zu haben.

Mitte April bis Ende Okt. Di–Sa 9.30–12.30/14.30–18.30 Uhr, im Winter Di–Sa 9–12/14–18 Uhr. Eintritt frei; ✆ 0473/668201, Feldgasse 3.

Naturpark Texelgruppe: → „Nördlich von Meran/Algund", S.298.

Pfarrkirche St. Zeno: Sie stand früher völlig isoliert vom Ort jenseits des zu Hochwasser neigenden Kircherbachs, heute ist sie immer noch ein Fremdkörper in einem Ort, der im Wesentlichen hinunter zu seiner Hauptstraße schaut oder hinauf zur Burg Hochnaturns. Sie ist dem hl. Zeno geweiht, einst Bischof von Verona. Der heutige Bau ist eine spätgotische Hallenkirche (1474/75) mit wunderschönem, stark verzweigtem Rippengewölbe, für das allein es sich schon lohnt, die Kirche zu betreten. Der barockisierte Chor mit Stuckmarmor der Wessobrunner Schule ist in diesem Raum ein Fremdkörper, für sich genommen jedoch sehr attraktiv, reich gegliedert und mit schönen Skulpturen (Georg Forcher, 1750).

Auf dem Wallburgweg zum Aussichtspunkt über dem Schnalstal: Der Wallburgweg gehört zu den Standardausflügen von Naturns (Schlossweg ab Hauptstraße, dann gut beschildert). Landschaftlich interessant, da er hoch über dem Tal herrliche Ausblicke gestattet, führt er durch eine nicht nur für Pflanzenfreaks interessante Trockenvegetation. Am Ende und Umkehrpunkt steht man unmittelbar über der Mündung des Schnalstals in den Vinschgau, aber die Wand, über der man steht, bricht so steil ab, dass man den Boden des Schnalstals nicht erkennen kann. Gegenüber liegt auf hohem Sporn eine Burg in ehemals strategisch bedeutender Lage, es handelt sich um Juval (s. u.), heute in Besitz von Reinhold Messner.

Schwalbennest, Pichlweg 5, Jausenstation am Wallburgweg, mitten im Wald mit Traumaussicht auf das Tal und die jenseitigen Berge. Marendbrettl und hausgebackener Apfelstrudel sowie diverse exzellente hausgemachte Säfte. Do Ruhetag.

Wanderung auf dem Panoramaweg nach Partschins (Wege 39 und 91): Der Sonnenhang zwischen Naturns und Partschins ist steil und von vielen trockenen Tobeln, engen bewaldeten Schluchten, durchfurcht. Zwei Wege durchziehen ihn, der Wanderweg 39, der nahe Naturns im tieferen Bereich bleibt und dann zum Gruberhof aufsteigt, um dann wieder nach Partschins abzusteigen, und der tiefer bleibende Sonnenberger Panoramaweg mit der Nummer 91. Eine Kombination aus beiden bringt ein großartiges Landschaftserlebnis und einen kaum zu überbietenden Einblick in die Trockenvegetation dieses Hangs.

In Naturns nimmt man von der Hauptstraße aus die Rathausstraße (links die Touristeninformation) und biegt dann rechts in die Feldgasse ein. Bei der Abzweigung des St.-Prokulus-Wegs nach links geht man auf diesem weiter. Weiter oben biegt rechts ein Sträßchen mit den Markierungen 39 und 39 a ab und dem Schild „Sonnenberger Panoramaweg". Die beiden Wege trennen sich spätestens beim Hof Pignol, im Zweifelsfall immer der Markierung 91 und „Sonnenberger Panoramaweg" folgen! Eine etwas unangenehme Tobel-Querung ist gut versichert und auch für Nicht-Schwindelfreie zu bewältigen.

Naturnser Sonnenberg 387

Man kommt in Partschins entweder beim „Gasthaus Happichl" herunter oder beim „Winkler", der Letztere ist vorzuziehen, da man dann nur einen kurzen Straßenweg nach Partschins hat, der Erstere, wenn man über Rabland zum Bus möchte. Alle relevanten Abzweigungen sind deutlich beschildert.

Die Höfe des Sonnenbergs: Bis zu 1000 m hoch über Naturns liegen in Höhen zwischen 1221 m (Höfl) und 1535 m (Schnatz) die Höfe des Naturnser Sonnenbergs (→ Literaturtipp S. 80), des trockenen, nach Süden gewandten Steilabfalls der Texelgruppe. Wie Bauernfamilien hier oben auf den kleinen, sehr steilen bebaubaren Flächen überleben können, erklärt sich nur teilweise, wenn man weiß, dass die kleinen Steinmauern, die schräge Wiesenterrassen stützen, früher Feldterrassen mit Getreide trugen, und dass das durch den Regen herab geschwemmte Erdreich auf dem Buckel wieder an die Oberkante der Felder getragen wurde. Seilwinden gab es nicht, man trug das Stroh und Heu genauso auf dem Rücken. Die Trockenheit des Südhangs mit seinen kargen Niederschlägen konnte nur durch künstliche Bewässerung asgeglichen werden, dafür mussten Bergwaale angelegt und gewartet werden. Heute haben Wasserleitungen, Seilwinden, Lastenaufzüge und moderne Straßenzufahrten zumindest in dieser Hinsicht Erleichterung gebracht – Strom und elektrisches Licht haben die meisten Höfe übrigens erst nach 1979 erhalten! Auf dem Naturnser Sonnenberg befindet sich übrigens die Ruine der höchsten Dauersiedlung, die je in den Ostalpen (östlich der Schweizer Grenze) bestanden hat, auf dem Gamplhof lebte auf 2130 m Höhe um das Jahr 1500 eine Familie von zehn Personen.

Die moderne Straße, die sich von Naturns bis auf 1500 m hochwindet (ein Ast zum Oberbichl, der andere zum Schnatz) hat Fremde gebracht und Einnahmen aus dem Tourismus, die dringend gebraucht werden. Die moderne *Kabinenbahn* zum Unterstellhof (über Kompatsch auf 1282 m) spuckt in den wärmeren Monaten zusätzlich zahllose Tagesgäste aus. Neue, 16 m lange, spektakuläre Aussichtsplattform, nur 10 Min. von der Bergstation entfernt. Den Jausenstationen, die ein Großteil der Bergbauernhöfe für hungrige und durstige Wanderer während der warmen Saison unterhalten, gibt das mit Sicherheit einigen Auftrieb. Wenn die Bahn 50.000 Personen pro Jahr auf den Sonnenberg hinauftransportiert, kann es an manchen Tagen sogar etwas eng werden.

Essen & Trinken Fast jeder Hof bewirtet Wanderer, selbst wenn er nicht als Jausenstation ausgewiesen ist (Kärtchen mit den Höfen auf dem Prospekt der Seilbahn). Jausenstationen sind z. B. Folgende:

Patleidhof, 1386 m, 20 Min. von der Bergstation, Bergbauernhof am steilen Hang, Neubau mit großer Terrasse, auch 3 einfache Zimmer. Mo Ruhetag, Sonntagabend besser reservieren, ☏ 0473/667767, www.patleidhof.it.

Schnatzhof, 1535 m, 1:30 Std. von der Bergstation, traditionelle Hofgruppe (Bauten 19./20. Jh.), alte Stube, 2 gemütliche Zimmer und 3 Apt. für 2–6 Pers., DZ/FR 46–52 €, Apt. (2 Pers.) 50–58 €. ☏ 0473/667744, www.schnatzhof.it.

Hofschänke Pirchhof, 1445 m, Bergbauernhof, typisch eng aus mehreren Häusern zusammengebaut, am steilen Hang, die Dächer alt und mit Steinen beschwert. Es gibt Hausmannskost, Ziegenfleisch, eigene Gemüse, die typischen Mohn- und Kastanienkrapfen. Im alten Hofgebäude (13. Jh.) auch Zimmer und 1 Apt. Geöffnet tgl. April bis Nov., abends reservieren, ☏ 0473/667812, www.pirchhof.it.

Bergbahn Seilbahn Unterstell, bis zu 25 Pers., 5 Min. Fahrzeit, Ende März bis Nov. tgl. 8–19 Uhr halbstündl., im Winter Mo–Sa 8–17 Uhr stündl., So halbstündl. bis 19 Uhr, im Sommer Mi Abendfahrten um 19, 20 und 21 Uhr. Einfach 9 €, Berg/Tal 13,50 €, Kinder 3,80/5 €. Kombikarte mit Texelbahn. Talstation in Naturns-Kompatsch, Sonnenbergweg 46, ☏ 0473/668418, www.unterstell.it.

Plaus: Das kleine, aber selbstständige Dorf (unter 600 Einwohner) hat vor der Etschregulierung stark unter Hochwasser gelitten. So heißt es, dass von manchen

Überschwemmungsoasen die Schüler mit Nachen zur Schule gebracht wurden. Heute hat Plaus vor allem Ruhe anzubieten und eine für Freizeitsport vom Radeln zum Wandern ideale Umgebung. Die *Pfarrkirche zum hl. Ulrich* hat noch den romanischen Turm der ersten Kirche. Nach einem Brand wurde das Schiff im gotischen Stil neu errichtet und 1403 geweiht.

Tschirland und Tabland: Auf dem riesigen Tablander Schwemmkegel, den der Medulbach in Richtung Naturnser Sonnenhang und Schnalstalmündung aufgeschüttet hat (gut zu sehen vom Wallburgweg!), liegen die beiden Dörfer Tschirland und Tabland. Beide sind heute von Obst-, vor allem Apfelplantagen umgeben, die künstlich bewässert werden (und die Fußgänger und Radfahrer auch gleich mit). Früher wurde auf dem Schwemmkegel in kleinen Feldern Getreide angebaut. In Tschirland liegt am westlichen Ortsrand die kleine *Kirche St. Oswald*. Sie ist dem heiligen König von Northumberland (Nordengland) geweiht, der zur Zeit der iroschottischen Mission lebte (7. Jh.), als deren Mönche den Germanen – z. B. den Baiern, die damals den Vinschgau in ihrer Hand hatten – das Christentum brachten. Ein älterer Bau wurde abgerissen, spätgotisch neu errichtet, barockisiert (1669) und prächtig ausgestattet. Ein Rest der gotischen Bemalung wurde bei Restaurierungsarbeiten gefunden. Auch *St. Nikolaus in Tabland* verdient den Besuch, die Kirche des Patrons des Wassers und der Reisenden (weil sein Leichnam über Wasser von Kappadokien nach Bari gebracht wurde …). Spätgotisch mit neubarocken Veränderungen, der Schnitzaltar vielleicht von *Hans Schnatterpeck* (→ S. 342). Außen ist der hl. Christophorus (als spätgotisches Fresko) gleich zweimal vertreten.

Schloss Juval: Seine Lage am Eingang zum Schnalstal ist schon in vorgeschichtlichen Zeiten wichtig gewesen, als der Urweg vom Vinschgau in das Schnalstal und über die Ötztaler Alpen ins Inntal noch auf den Höhen der Hänge verlief. Seit dem Ötzi-Fund auf dem Hauptkamm der Ötztaler Alpen, der mit großer Deutlichkeit die Beziehungen zwischen Oberitalien und den Zentralalpen bereits in der ausgehenden Steinzeit unterstrich, weiß man, dass Juval auf einer bedeutenden Route lag. Die heutige Burg, vom Tal her kaum auszumachen, entstand um 1278, ihren Zenit hatte sie wohl überschritten, als die Habsburger ganz Tirol in ihren Besitz gebracht hatten und auf Innertiroler Festungen verzichten konnten (und die Familien, die mit der Erhaltung dieser Festungen betraut waren, nicht mehr besonders unterstützten). 1813 kam die schon lange vernachlässigte Burg an einen Bauern, dann 1913 an einen ortsfremden Bauherrn, der sie sorgfältig (und kostspielig) sanieren ließ, 1983 wurde sie Wohnsitz des Südtiroler Alpinisten *Reinhold Messner*.

Die **Kunstsammlungen** Reinhold Messners sind zu besichtigen, Tibetika vor allem, eine Maskensammlung und Bergbilder (ein spezielles Hobby Messners, der auch im Bellunese in Cibiana, in Sulden und Firmian seine Bergbildersammlung ausstellt).

Museum Museum Juval (MMM), vor allem tibetische bzw. zentralasiatische Kunst und Kunsthandwerk, vom 4. So im März bis Ende Juni und vom 1. Sept. bis zum 1. So im November tgl. 10–16 Uhr, Mi Ruhetag. Besichtigung nur mit Führung. Infos unter ✆ 0471/631264. Eintritt 9 €, Kinder 4 €, Familien 20 €. Kein Parkplatz am Schloss, kostenloser Parkplatz Juval an der Staatsstraße. Tagsüber (außer Mi) Pendelbus bis zum Schlosswirt, ab da noch 15 Min. Fußweg, einfach 3 €, hin/zurück 5 € (Fa. Schupfer Tours, ✆ 0473/668058), www.messner-mountain-museum.it.

Einkaufen Vinschger Bauernladen, 2005 gegründete Genossenschaft, die mit Unterstützung von Reinhold Messner regionale Produkte vermarktet: Obst, Säfte, Marmeladen, Wein, Käse, Wurst, Grappas und Liköre, moderner Laden mit Café direkt beim Parkplatz Juval, www.bauernladen.it.

Übernachten/Essen Buschenschank **Schlosswirt Juval**, schöne alte Stube, an

Steiler Weg zum Schloss Juval

den Wänden des Saals zentralasiatische Yao-Gemälde, großer aussichtsreicher Garten, verschiedenste Knödel und Nockerl, klassische Fleischspeisen, sehr gute Mehlspeisen, Weine aus den Reben vom Hof Unterortl (Weißburgunder, sehr guter Riesling, www.unterortl.it). Vor- und Hauptspeise ab ca. 25 €, Mi Ruhetag. Es werden auch gemütliche Ferienwohnungen für 2–7 Personen vermietet, Apt. (2 Pers.) 60–80 €. ✆ 0473/668056, www.schlosswirtjuval.it.

Der Schnalswaal zwischen Altrateis im Schnalstal, Juval und Tschars: Besonders im Spätsommer, wenn die Vegetation bereits ausgetrocknet ist, sieht man gut, dass der trockene Sonnenhang unterhalb von Juval von zwei Waalen durchzogen wird: Die Zone direkt an und etwas unterhalb der Waale wird durch Sickerwasser grün gehalten. Der untere der beiden Waale ist der Stabener Schnalswaal (5 km, 1842 erbaut), der obere der 11 km lange Tscharser Schnalswaal, der 1517 nach 13 Baujahren fertiggestellt wurde. Letzterer gehört zu den interessantesten und reizvollsten Waalwegen Südtirols, sowohl wegen seiner Länge als auch wegen seines Erhaltungszustands (mit einer Waalschelle) und der Prachtausblicke.

Auf die Naturnser Alm: Auf dem Höhenkamm südlich von Naturns liegt auf 1922 m die Naturnser Alm. Die Berge darüber sind die letzten Ausläufer der Ortlergruppe im Osten, bevor diese beim Larchbühel über dem Vigiljoch abrupt zum Becken von Meran abbricht. Von Naturns führt eine Straße zu den Höfen des Schatthangs, ein im unteren Teil öffentlicher Güterweg führt weiter in Richtung Naturnser Alm (gute Beschilderung), man muss nur die letzten 300 Höhenmeter zu Fuß gehen (z. T. auf dem Güterweg). Prachtvoll ist vor allem die Aussicht auf den unteren Vinschgau, die Texelgruppe und das Schnalstal bzw. die Berge im Westen des Schnalstals, den Salurnkamm.

Auf die Naturnser Alm führt eine beliebte **Mountainbiketour** (bis zur Alm komplett auf der Straße und dann über das Vigiljoch hinüber auf anderem Weg nach Aschbach und auf der dortigen Straße ins Tal). Fast 1400 Höhenmeter sind auf und ab zu überwinden, die ganze Tour ist ca. 45 km lang, entsprechend anstrengend, aber technisch leicht.

Naturnser Alm, 1922 m, warme Küche, Mai bis Okt. ✆ 340/522769, kein Ruhetag.

Blick vom Schnalstal auf den Alpenhauptkamm

Das Schnalstal

Nichts geht mehr ohne Ötzi im Schnalstal. Dass der Mann im obersten Schnalstal seinen Tod gefunden hat, um 5300 Jahre später aus dem schmelzenden Gletscher gezogen zu werden, war für das Tal ein wirtschaftlicher Segen.

Keine Werbung ohne Ötzi. Das ganze Tal wirbt als „Ötzi's World". Im **Archeoparc** wird das Leben der Zeit, in der Ötzi lebte, nachgestellt (→ S. 395). Auf dem Schnalstaler Gletscher schaut man sich zuerst ein paar Ötzi-Utensilien in der „Ötzi show gallery" an, bevor man auf die Piste geht oder mit dem „Ötzi Express" (einer Gletscherraupe) aufs Eis fährt. Das Berghotel Grawand wirbt mit „Gipfelferien auf 3200 m in der Schneewelt des Eismannes „Ötzi". Der Schafabtrieb musste letzthin auch verötzit werden und wurde als „Ötzi-Erlebnis-Festwoche mit einmaligem Schafabtrieb" in den Gazetten annonciert (kein Schmäh). Eine Ötzi-Puppe gibt es auch schon. Fehlt nur Ötzi-Eis aus 5300 Jahre altem Gletschereis.

So viel zu Ötzi. Das lang gestreckte Tal, das tatsächlich von den Reben bis zum Gletschereis reicht (Klischees müssen schließlich irgendwie auf der Realität basieren), besitzt einige der höchstgelegenen *Bergbauernhöfe* der Ostalpen. Es sind große Höfe mit großem Grundbesitz für immer noch große Familien. Nur wegen der traditionellen Unteilbarkeit der Erbhöfe blieben Hofstellen erhalten, die früher das Überleben sicherten. Die Abwanderung setzte dennoch im 19. Jh. ein, betraf aber nur die allerhöchsten Höfe. Das Tal war immer auf sich selbst gestellt gewesen, erst die ab 1880 errichtete Straße brachte eine damals einigermaßen moderne Verbindung mit der Außenwelt. Das im Hochmittelalter errichtete *Kartäuserkloster*, Vorgänger des Orts **Karthaus**, existierte damals schon nicht mehr, sonst hätten die Mönche sich ganz sicher geweigert, ihre Isolation aufzugeben.

Das Schnalstal

Das ist alles eine Weile her. Nach dem Zweiten Weltkrieg wurde im mittleren Tal der **Vernagt-Staudamm** errichtet, ein See deckt heute ehemalige Bauernhöfe zu. Die Straße wurde verbessert. Das **Sommerskigebiet Grawand** mit dem aus dem Boden gestampften Sportort **Kurzras** zog eine Menge Aktivurlauber an. Auch die Engstellen am Ausgang des Schnalstals sind mittlerweile Geschichte, man kann vom Eingang im Vinschgau bei Naturns durch zwei neue Tunnel jetzt ganz bequem ins Tal einfahren, die Zitterpartie auf der engen und kurvenreichen Straße in diesem Abschnitt hat ihr Ende gefunden. Die alte Straße existiert noch, hoffentlich macht man einen Radweg daraus (sie gehört jetzt den Gemeinden Naturns und Schnalstal, ihre Verwendung ist noch nicht festgelegt).

Basis-Infos

Information Tourismusverein Schnalstal, I-39020 Schnalstal, Karthaus 42, Mo–Fr 8.30–12/14–18, Sa 8.30–12 Uhr, ✆ 0473/679148, www.schnalstal.it. Büro in Kurzras, ✆ 0473/662177.

Verbindungen Gut ausgebaute Straße vom Vinschgau bis Kurzras, **Bus** der Linie 261 ab Naturns Mo–Sa stündl., So 6x.

Baden/Schwimmen Hallenbad Kurzras, olympische Maße, Sauna, Whirlpool, Fitnessraum.

Feste & Veranstaltungen Almabtrieb vom Ötztal nach Vernagt und Kurzras, spektakuläres Ereignis an zwei aufeinanderfolgenden Tagen Mitte Sept. mit abschließendem Fest, Musik, Speis und Trank am Stausee Vernagt bzw. in Kurzras. Empfehlenswert die Übernachtung auf der Schönen Aussicht in der Nacht zuvor (frühzeitig reservieren und auf schlaflose Stunden vorbereiten, da wird kräftig gevorfeiert), weil dort beim Abtrieb ein Teil der Schafe vorbeikommt. Verschiedene Hotels bieten zum Ereignis Komplettpakete mit Übernachtung, Gondelticket und/oder Bustransfer zum Fest an, trotz der Kommerzialisierung eine Schau (→ Kasten S. 398).

Ötzi Alpin Marathon, extremer Triathlon Ende April, 2018 bereits zum 18. Mal: 24,2 km Mountainbiken, 11,3 km Laufen und zum Schluss 6,7 km mit Tourenskiern von Naturns auf den Schnalstaler Gletscher.

Hochseilgarten Ötzi Rope Park, am Ende des Stausees Vernagt, 9 Parcours, Flying Fox, Riesenschaukel, geöffnet Ende April bis Ende Okt. tgl. 10–16 Uhr, im Sommer 9.30–16.30 Uhr, Erw. 28 €, Kinder und Jugendliche 13–23 €, Schaukel extra, www.hochseilgarten.bz.

Wandern/Bergsteigen Jedes Seitental bietet den Weg auf eine Alm, von den Almen führen hohe Übergänge ins österreichische Ötztal und in den Vinschgau. In Kurzras auch Aufstiegshilfen: Die Schnalstaler Gletscherbahnen haben im Sommer die Gletscherbahn (die allerdings für Wanderer nichts bringt) und den Sessellift von Kurzras zur Lazaunhütte in Betrieb. Preise → Kurzras.

Wintersport Hochsaison in Kurzras im hintersten Schnalstal ist Weihnachten und Neujahr und in der Osterwoche, Saison von Februar bis zur Osterwoche, die niedrigsten Preise gibt es im Januar und nach Ostern bis zum Saisonschluss Ende der 1. Maiwoche.

Insgesamt **12 Aufstiegshilfen** von der Gletscherbahn (Kabinenbahn) von Kurzras zum Hotel Grawand über die neue Lazaun Umlaufbahn bis hin zu 6 Sessel- und 4 Schleppliften. Im Sommer stehen für den Skisport auf dem Gletscher 3 Sessellifte und 2 Schlepplifte zur Verfügung.

Ski- & Snowboardschule Schnalstal, Kurzras 10, Ski- und Snowboardkurse, Kinderschule „Ötzilino" mit Kinderbetreuung, Gruppen- und Einzelunterricht, ✆ 0473/662170, www.skischuleschnalstal.com.

Übernachten/Essen & Trinken

In Karthaus **** **Zur Goldenen Rose**, Hotel mit breiter Front, die geschickt aus Alt und Neu kombiniert wurde, schöne Stube, stilvolle Zimmer, aus einheimischem Naturstein gestalteter Wellness- und Spabereich, So Sekt- und Lachsfrühstück. Für Hausgäste mittags Sonderkonditionen im Schutzhaus Schöne Aussicht (Kurzras). Zum Hotel gehört auch die nahe Residence Weisskugel mit komfortablen Apartments, auch mit FR oder HP buchbar. DZ/HP 210–266 €, Apt. (2 Pers.) 115–160 €. Karthaus 29 und 105, ✆ 0473/679130, www.goldenerose.it.

Zutraulich: Almabtrieb im Schnalstal

Grüner, Café-Restaurant, Karthaus 24, der Grüner – schauen Sie sich seine Lage genau an – ist vor die Kirche der ehemaligen Kartause gebaut. Neben der üblichen Gasthausküche verschiedene Salatteller, z. B. kalifornisch mit panierten Geflügelstücken, im Café eigene Kuchen und Torten. Vermittlung von Privatzimmern im Ort. Do Ruhetag. ✆ 0473/679104, www.restaurant-gruener.com.

In Unser Frau **** **Tonzhaus**, neuer Name, neue Zimmer, neues Alpin Spa. Der Name geht zurück zu den Ursprüngen des Gasthauses im 16. Jh. Die Zimmer sind gemütlich mit Naturholz eingerichtet. Wellness mit Infinity Pool, Sauna und Dampfbad. Weiterhin sehr gute Küche, das Restaurant bietet z. B. Schnalstaler Brotsuppe, Ravioli mit Löwenzahn und Nüssen, Lamm im Tontopf, Fichtennadel-Creme – 2 Gänge ab ca. 30 €, auch Pizza. Mi Ruhetag. DZ/¾-P 160–258 €. Unser Frau 27, ✆ 0473/669688, www.tonzhaus.com.

*** **Oberraindlhof**, etwas abseits der Straße gelegener Gasthof unterhalb des eigentlichen Orts, traditioneller Holzbau auf Steinfundament, Restaurant mit gehobener Südtiroler Küche (13 Gault-Millau-Punkte) in komplett getäfelter Bauernstube und Wintergarten. Ronenknödel und Schlutzer, Lamm- und Wildgerichte, verwendet werden hauptsächlich regionale Produkte (6-Gänge Menü ab 55 €). Im Anbau und Dachgeschoss so freundliche wie schlichte Zimmer, sehr schön die historischen Bauernzimmer im Haupthaus. Mo Ruhetag. DZ/HP 134–216 €. Unser Frau 49, ✆ 0473/679131, www.oberraindlhof.com.

Gurschlhof, der traditionell bewirtschaftete Hof der Familie Götsch mit seinen ebenso traditionellen Bauten bietet ein ganzes Ferienhaus (163 m²) für 10 Personen an sowie eine Ferienwohnung für 5–8 Personen. Weil es zum nächsten Bäcker etwas weit ist (nach Unser Frau 6 km), gibt es einen Brötchenservice, da die Bäuerin selbst Brot bäckt, kann man sich auch so versorgen. Tiere jeder Art vom Pony bis zur Katz und vom Schaf bis zum Schwein. Wer bei der Hof- und Stallarbeit mitmachen will, ist dazu eingeladen. Traumlage auf fast 1700 Höhenmeter, absolute Ruhe. Apt. 75–80 €, Ferienhaus 155–160 €. Unser Frau 46, ✆ 0473/679172, www.gurschlhof.it.

In Vernagt **** **Vernagt**, „Mountain Lake" Hotel über dem See (und der Straße), Zimmer komfortabel und individuell eingerichtet. Restaurant-Café mit großer Aussichtsterrasse zum See, Hallenbad und Saunalandschaft auf 300 m². DZ/HP 160–208 €. Vernagt 79, ✆ 0473/676063, www.hotel-vernagt.it.

*** **Gerstgras**, Hotel mit Restaurant zwischen Vernagt und Kurzras, gutes Essen wie Polenta vom Grill mit Pfifferlingen, Forellen, diverse Fleischgerichte (ca. 10–16 €). Teils neu renovierte Zimmer und Apartments. Kleiner Wellnessbereich mit Hallenbad und Sauna. DZ/HP 130–232 €, Apt. (2 Pers.) 70–85 €. Kurzras 7, ✆ 0473/662211, www.hotelgerstgras.com.

In Kurzras *** **Zirm**, italienisch geführtes Clubhotel, das Innere in kühlen Formen und Farben, sportbetont mit Hallenbad, Sauna, Fitnessraum, Massage, Skilift gleich nebenan, Wanderziele dito. Kinderbetreuung. Ein zweiter, weniger auffälliger Bau (Zimmertrakt) nebenan. DZ/all-incl. (Sommer) ab ca. 110 €, HP in anderen Jahreszeiten ab ca. 90 €. Kurzras 115, ✆ 0473/662188, www.blu hotelssenales.it.

*** **Berghotel Grawand**, das Hotel an der Bergstation auf 3200 m Höhe bietet die seltene Möglichkeit, in Höhe alpiner Gletscher zu nächtigen. Komfortable, teils renovierte DZ, 3- und 4-Bett-Zimmer, Loggia mit Ausblick, funktional-kühle Einrichtung, im Haus Sauna und Fitnessraum. Wer hier wohnt, kommt zum Skifahren. Oder bucht die Ötzi Glacier Tour zur Fundstelle von Ötzi. Höchstgelegenes Hotel der Alpen! DZ/HP ab ca. 120 €. Kurzras 111, ✆ 0473/662118, www.grawand.com.

Marchegghof, einer der ältesten Erbhöfe Südtirols aus dem 15. Jh. thront auf 1800 m Höhe inmitten von Almwiesen. Mit einer original erhaltenen Kornkammer von 1507 und 3 zirbenholzgetäfelten Zimmern, DZ/FR ab 46 €, tagsüber Einkehrmöglichkeit für Wanderer. Kurzras 6, ✆ 0473/662163, www.marcegghof.com.

Caravanpark Schnals, der neue Caravanpark am Ortseingang von Kurzras ist ein idealer Standort für Wohnmobile und Campingbusse und verfügt über moderne Sanitäreinrichtungen. Ganzjährig geöffnet, 25–31 € pro Tag, Reservierung in den Weihnachtsferien und im Aug. ratsam. ✆ 0473/662171, www.caravanpark-schnals.com.

Das finstere Tal

Im Jahr 2013 wurde der Alpenroman „Das finstere Tal" von Thomas Willmann um einen Heimkehrer, der sich an bösen Buben rächen will, verfilmt und im Marchegghof abgedreht. Bekannte Schauspieler wie Tobias Moretti und Michael Rehberg wirkten mit, und ein Großteil der eigens erbauten Kulissen (u. a. ein Heuschuppen, ein Glockenturm und ein Friedhof) blieben bislang erhalten – obwohl die Familie dafür einen aberwitzig anmutenden Streit mit den Behörden austragen muss. Denn aus deren Sicht gefährden die Kulissen den originalen historischen Charakter des Hofensembles. Die Familie wiederum ist der Ansicht, dass durch die zusätzlichen Gäste, die aufgrund des Films den Weg herauf finden, letztlich alle Seiten profitieren. Zudem seien die als Kulisse aufgebauten Gebäude mit Infotafeln als solche gekennzeichnet, sodass klar erkennbar sei, welche Gebäude historisch und welche neu seien.

Sehenswertes/Ausflüge

Katharinaberg mit Wanderung: Auf seiner Aussichtskanzel schart sich der Ort recht eng um die namengebende *Kirche*. Wer hier den Urlaub verbringt, der wandert. Viele Tagesbesucher kommen mit dem Auto oder (viel praktischer, weil man anderswo absteigen kann) mit dem Bus von Naturns und legen ein Stück des *Meraner Höhenwegs* zurück, zum Beispiel und am schönsten talauswärts bis Unterstell, von wo man gemütlich mit der Kleinseilbahn ins Tal (Kompatsch/Naturns) zockeln kann. Nur je ca. 250 Höhenmeter An- und Abstieg, guter Weg, bessere Ausblicke, Verpflegung am Hof Kopfron auf halbem Weg, knapp vor dem Ziel beim Lint und am Ziel im Hof Unterstell.

Das Pfossental mit Wanderung: Von Karthaus führt eine Straße ins Pfossental bis zum Vorderkaser, wo sie als Almerschließungssträßchen weitergeht bis zum Eishof auf 2071 m. Noch höher führt der Wanderweg auf das Eisjöchl (2895 m) und zur wenig tiefer gelegenen **Stettiner Hütte** (2875 m) schon im alleroberstenn Pfelderer Tal. Dieses lang gestreckte, zuerst von Süd nach Nord, dann von West nach Ost verlaufende Tal gehört zum *Naturpark Texelgruppe* und ist landschaftlich und in

Bezug auf Pflanzen und Tiere eines der schönsten und interessantesten des Parks. Der Alpenhauptkamm mit den Südwänden zwischen Hinterer Schwärze (3624 m) und der Hochwilden (3480 m) dominiert die rechte (nördliche) Talseite, im Süden erhebt sich die Texelgruppe mit der einsamen Texelspitze (3318 m), auf die kein Wanderweg führt, nur alpine Routen über Fels und Eis. Unter den Tieren sind die 1970 wieder eingeführten Steinböcke, die Steinadler, Kolkraben, Auer- und Birkhähne, die Gämsen, Schneehasen und Murmeltiere zu erwähnen, die meisten wird man allerdings selten zu Gesicht bekommen. Nur Gämsen und Murmeltiere sieht man häufig. Gerade auf dem Weg zum Eisjöchl kann man Murmeltiere eigentlich im Sommer fast immer pfeifen hören, wenn man sie schon nicht sieht, weil sie zu flink im Bau sind, wenn ein Mensch erscheint.

2076 m hoch liegt der **Eishof**. Bis 1897 war er ganzjährig bewohnt und damit die höchstgelegene Dauersiedlung der Ostalpen. Heute wird er als Alm genutzt (Neubau nach Brand mit eigener Hofkäserei – was man ihm erst auf den zweiten Blick ansieht), als Jausenstation und Übernachtungsmöglichkeit. Auch das hat Tradition, bereits 1896 wurde für die Fremden ein Zimmer eingerichtet. Der Eishof nimmt sie immer noch gerne auf. Vom Vorderkaser geht man auf einem Güterweg über die **Rableidalm** bis zum Eishof etwa 1:30 Std. Das sollte doch zu schaffen sein?

Essen/Hütten Rableid Alm, 2004 m, klassischer Bau der Region, Almkost und Käse aus der eigenen Käserei, 18 Lager, ÜF 22 €. ☏ 0473/420631, www.rableidalm.com.

Eishof, 2076 m, Pfossental, Mai bis Ende Okt., Übernachtungsmöglichkeit in Mehrbettzimmern, ÜF 27 €. ☏ 333/6521974, im Sommer ☏ 0473/420524, www.eishof.com.

Gasthaus Jägerrast, 1694 m, auch Vorderkas genannt, Ostern bis Allerheiligen, regionale Küche, hofeigene Käserei, einfache Zimmer, DZ/FR 72–80 €, gebührenpflichtiger Parkplatz (3 €). ☏ 0473/679230, www.jaegerrast.com.

Stettiner Hütte, 2875 m, Juli bis Sept., 2014 hat eine Lawine die Hütte teilweise zerstört, ein Provisorium wurde errichtet, um Tagesgäste zu versorgen, seit Kurzem sind im Holzbau wieder Übernachtungen möglich. Ein spektakulärer Neubau ist in Planung und wird – vielleicht – 2018 umgesetzt. ☏ 0473/424244, www.13h.de.

Karthaus: Der Name verrät's – hier stand einmal eine **Kartause**, ein Kloster von Kartäusermönchen (Sie wissen schon, diejenigen, die zu immerwährendem Schweigen verpflichtet waren und so gute Kräuterschnäpse produzieren). Wo? Wenn man den Ort erreicht, auf kurzer Zufahrtstraße aus dem Tal, sucht man das Kloster zunächst vergebens. Bis man bemerkt, dass zwei, drei Häuser mit einer einzigen Rückwand verbunden sind (undenkbar sonst in einem Deutschtiroler Dorf), dass schmale Gässchen, Durchgänge, mittelalterliche Mauerzüge das rechteckige Dorf umschließen. Das Dorf ist ins Kloster hineingebaut, hat es erfüllt mit seinem Leben, nachdem die Klostergemeinschaft unter Josef II. aufgelöst wurde. Selbst im riesigen Backofen hat sich jemand wohnlich eingerichtet und die Rückwand des „Gasthofs Grüner" (→ „Essen & Trinken") ist teilweise identisch mit der Front der Klosterkirche. Auch ein Teil des Kreuzgangs hat sich erhalten, nämlich der gesamte südliche Trakt.

Wanderung auf die Klosteralm: Von Karthaus führt eine schöne Wanderung auf die Klosteralm (2152 m), die etwa von Ende der ersten Juniwoche bis Ende September bewirtschaftet ist. Man nimmt den am großen Parkplatz linker Hand beginnenden Wanderweg 20/23 (die Klosteralm ist ausgeschildert) und erreicht durch Wald (im oberen Teil lichter Lärchenwald) in etwa 2–2:30 St. die Alm. Alternativ kann man die Forststraße nehmen (vom Parkplatz rechts, bei Gabelung am Beginn des für Pkw gesperrten Abschnitts links), was für Mountainbiker amüsant, für Wanderer allerdings lange nicht so schön ist wie der Wanderweg. Von der Klosteralpe erreichen gut ausgerüstete Bergwanderer auf leichtem, doch streckenweise steilem Steig den einsamen *Saxalbersee* (2460 m, Fortsetzung Weg 23, ab Klosteralm ca. 2 Std. hin/zurück).

Klosteralm, 2152 m, kürzlich schön und mit viel hellem Holz renoviert, kalte und warme Speisen, Übernachtungsmöglichkeit in 2 Vierbettzimmern und Lager (11 Plätze), Anfang Juni bis Ende Okt., ☏ 347/7379345, www.klosteralm.com.

Wallfahrtskirche Unser Frau

Wanderung auf die Penauder Alm, das Niederjöchl und die Vermoispitze: Auf die Penauder Alm im hinteren Penaudtal führt den Wanderer ein fahrbarer Almerschließungsweg, der aber sowohl für den Privatverkehr gesperrt als auch streckenweise so steil ist, dass man ihn wirklich nicht fahren sollte. Der Penaudbach ist im unteren Teil nur ein Rinnsal, sein Wasser wird in den Vernagt-Stausee geleitet. Die Alm bietet an den Tischen darunter typische Verpflegung für hungrige Wanderer, es gibt evtl. auch die Möglichkeit zu übernachten.

Geht man von der Penauder Alm auf Weg 20 höher hinauf in Richtung Gebirgskamm, erreicht man zuerst ein idyllisches Kar mit kleinen und kleinsten Seelein in verschiedenen Höhenlagen. Bei der Gabelung nimmt man den rechten Weg (20) zum Niederjöchl, der auf eine weitere, um die 2600 m gelegene Verflachung führt, auf der es nochmals einen See gibt. Beim Niederjöchl (2662 m, ab Penaudalm hin/zurück ca. 1:30 Std.) dann plötzlich – hoffentlich nur im übertragenen Sinne – umwerfender Tiefblick in den Vinschgau und die Entdeckung, dass hier oben in dieser Steinwüste Reste eines Waals zu finden sind. Sie gehören zum stillgelegten *Goldrainer Jochwaal*, der durch die äußerst steilen Abstürze unter uns führte, um dem trockenen Tal Wasser zuzuführen. Wer gut zu Fuß ist, kann von der Penauder Alm auch die noch aussichtsreichere Vermoispitze (2929 m) auf einem wirklich leichten Steig erklimmen, muss aber für hin und zurück nochmals mit 3–4 Std. rechnen. Die Vermoispitze ist übrigens auch ein toller Skitourenberg: Nach 5–6 Std. Aufstieg ist man zwar ziemlich geschlaucht, aber der Ausblick und die 1571 m Abfahrt entschädigen allemal für die Mühen.

Penauder Alm, 2319 m, von Karthaus hin/zurück 5–6 Std., Anfang Juni bis Mitte Sept., ☏ 340/4125375; die viehreiche Alm (800 Schafe, Kühe und Pferde) treibt an einem Sonntag Mitte Sept. nach Karthaus ab, der **Almabtriebstag** wird festlich begangen!

Unsere Frau (Unser Frau) in Schnals: Die barocke Wallfahrtskirche ist von einem sehenswerten Friedhof umgeben. Man sieht viele kunstvoll geschmiedete Grabkreuze aus Eisen, Kupfer und Bronze, auch schöne Stücke der jüngsten Zeit. Seit 700 Jahren (1304 ist bezeugt als erstes Jahr) pilgern Gläubige zur 13 cm hohen Statue der Maria mit Kind, die heute in einer kostbaren Monstranz im barocken Hochaltar aufbewahrt wird.

Der Archeoparc Schnals: Wo das Archäologiemuseum in Bozen auf harte wissenschaftliche Tatsachen setzt, was Informationen zu Ötzi und seiner Umwelt betrifft, setzt das 2001 eröffnete Freilichtmuseum Archeoparc auf die – vielfach hypothetische –

Rekonstruktion von Lebensweise und spätneolithischer Alltagskultur, wenn möglich unter Einbeziehung der Besucher. Da wird Brot gebacken, und Feuersteinknollen werden zu Pfeilspitzen und Messern verarbeitet, Ton wird zu Gefäßen geformt und Wolle gesponnen, gefilzt, gefärbt, zugeschnitten, zu Kleidung verarbeitet. Viel zu lernen, sehr interessant gerade auch für Kinder, aber nicht unbedingt nachprüfbar – ob's wirklich so zuging in Ötziland, ist fraglich. Trotzdem: Man kann einen Nachmittag weniger anregend verbringen als im Archeoparc.

Ostern bis Allerheiligen tgl. 10–17 Uhr, Vorführungen und Angebote zum Mitmachen 10.30–16.30 Uhr; Eintritt ohne Extras 5 €, erm. 4 €, Familien 14/18 €, Eintritt mit allen Hausgruppen und Mitmachhaus 12/10 €, Familien 34/38 €. Unser Frau 163, ✆ 0473/676020, www.archeoparc.it.

Der Vernagt-Stausee: Man hat sich daran gewöhnt, aber als der Damm zwischen 1948 und 1964 errichtet und der See aufgestaut wurde, als das Dorf Vernagt mit Kirche und acht alten Höfen in seinen Wassern versank, da trauerten diejenigen, die dieses Tal noch gekannt hatten, als es unberührtes Bauernland war. Heute führt ein Wanderweg (streckenweise Straße) rund um den See (Seespiegel auf 1690 m), die auf 1952 m liegenden Finailhöfe machen ein gutes Geschäft mit Wanderern, die zur Jause den Blick hinunter auf den See genießen wollen, und in Neu-Vernagt, das sich Vernagt am See nennt, stellt der Stausee Anreiz dar, hier den Urlaub zu verbringen.

Wanderung um den Vernagt-Stausee: Am besten ab Vernagt im Uhrzeigersinn mit den Finailhöfen und Raffein als Schluss- und Höhepunkt: über die Staumauer, dann Weg 138 am See entlang bis Gerstgras, dann ein Stück Straße talabwärts bis knapp vor dem Sträßchen zu den Finailhöfen, wo links Weg 9 alternativ hinaufführt. Von den Finailhöfen auf Weg 9 weiter zum Hof Raffein und Tisenhof (Jausenstation) und hinunter nach Vernagt. Um die 2:30 Std.

Finailhof, 1973 m, in einer der ehrwürdigen Hofbauten befindet sich heute eine Jausenstation mit Gerichten aus der Südtiroler Bauernküche wie Schöpsernes, Braten, Kaiserschmarrn und die leckere regionaltypische Schneemilch. Ganzjährig geöffnet, kein Ruhetag. Der Ausblick ist kostenlos. ✆ 0473/669644, www.finailhof.com.

Wanderung von Vernagt auf die Similaunhütte und zur Ötzi-Fundstelle: Die Similaunhütte auf 3019 m im Niederjöchl an der österreichisch-italienischen Grenze ist eine der bekanntesten Hütten der Alpen und auf jeden Fall die bekannteste der Ötztaler Alpen – der „Mann von Similaun", später familiär Ötzi genannt, ist unweit der Hütte am *Tisenjoch* (früher wurde meist das nahe Hauslabjoch genannt) entdeckt worden. Und zwar nur ein paar Dutzend Meter diesseits der Grenze, die man im Gelände selbst nicht erkennt, sodass es zunächst hieß, er sei auf österreichischem Boden gefunden worden. Das war aber nicht so, was die Mumie nach einem Aufenthalt in Innsbruck nach Bozen brachte und zwar endgültig.

Die Hütte kann jeder Wanderer besuchen, der mit 1400 m Anstieg durch das Tisental keine Probleme hat (man muss ja nicht am selben Tag zurück; Aufstieg ca. 3:30, Abstieg 2:30 Std.). Das Tisenjoch und die Fundstelle bleiben Gletschergehern vorbehalten. Man nimmt von Vernagt die Straße in Richtung Kurzras und biegt bei der ersten Kurve nach rechts zum Tisenhof ab (guter Fahrweg). Weiter auf Fuhr- und Wanderweg durch das Tisental, streckenweise an einem Waal entlang, zuletzt in Kehren zum Niederjoch und der Similaunhütte, die man erst im letzten Moment sieht.

Zur Fundstelle der Ötzi-Mumie wird ab Kurzras die **Ötzi Glacier Tour** angeboten, Kosten 100 € pro Pers. bei 4 Teilnehmern, im Sommer Wanderung, im Winter Skitour, Infos und Anmeldung bei den Tourismusbüros und unter ✆ 0473/679148. **Similaunhütte**, 3019 m, Mitte Juni bis Ende Sept. und Mitte März bis Ende April, schöne Gaststuben und Wintergarten mit Panoramafenstern, neue Aussichtsterrasse, 30 Betten in gemütlichen Mehrbettzimmern, 40 Lagerplätze, Ü/HP 55–60 €. ✆ 0473/669711, www.similaunhuette.com.

Skiort Kurzras

Eine Hotelkolonie, kein Gletscherblick, Supermarkt ohne Mittagspause, Parkplätze, zwei Lifte, einer davon auf die Grawand im ewigen Eis. Ein typisches alpines Hoteldorf mit starker Wintersaison und bedeutender Sommersaison, die nicht nur Wanderer bringt, sondern auch Skiläufer: Der Schnalstaler Gletscher, wie hier der Hochjochferner auf der anderen Seite der Grawand genannt wird, ist ein Sommerskigebiet. Beliebtestes Ziel bei den meisten Sommerbesuchern ist die sanft gewellte Lazaunalpe mit ihren schönen Ausblicken. Eine neue Kabinenbahn führt hinauf, viele Besucher benutzen sie und gehen dann hinunter.

Wanderung auf der Lazaunalpe: Eine kleine, aber feine Wanderung abseits von jeglichem Trubel führt von der Bergstation der Bahn nach Südwesten rund um die sumpfige Lazaunalpe. Man folgt dabei unmarkierten Pfaden und Steigen. Zunächst geht's an einem malerischen kleinen See vorbei, in dem sich bei Windstille die schneebedeckten Gipfel der 3000er spiegeln. Einem plätschernden Bach folgend, erreicht man nach etwa 15 Min. das südöstliche Ende der kleinen Hochfläche unter der 3433 m hohen Saldurspitze. Hier lässt sich auf Felsen am Bach prima ausspannen. In der Folge immer am äußeren Rand der sumpfigen Almfläche nach Westen und dann Nordosten, Wegspuren helfen dabei. Nach etwa einer halben Stunde trifft man an einem Steg auf den Wanderweg 114 und kann von dort den Abstieg nach Kurzras in Angriff nehmen.

Unternehmungslustigere wenden sich gleich von Kurzras auf den Weg Nr. 3 (den kommen auch die Schafe beim Abtrieb herunter, es gibt auch einen steilen Fahrweg, der der Piste folgt, aber eher für MTB geeignet ist) zur **Berghütte Schöne Aussicht**, die ihren Namen voll verdient, liegt sie doch auf der Wasserscheide nahe dem Hochjoch (2860 m) zwischen Grawand (3205 m) und Im Hintern Eis (3269 m). (Die Staatsgrenze folgt in diesem Bereich nicht wie sonst der Wasserscheide, sondern ist zugunsten Italiens etwas nach Norden verschoben.) Man benötigt hin und zurück etwa 4 Std., kein Aufwand für eine für jeden Wanderer zu schaffende Tour in die Eiswelt der Ötztaler Alpen.

Im Skigebiet gibt es auch einen „Nitro-Snowpark" für Boarder (Mitte Dez. bis Febr. auf 2000 m, sonst auf 3000 m). Wir wollen nicht versäumen, die dort im Jahr 2011 neu entstandenen Einrichtungen zu erwähnen (Ausschnitt aus dem deutschen Text): *Proline Drop in Downrail + 3 jumps.* (und aus dem italienischen Text): *1 Easy Railline con Straightbox, Rainbowbox, Picknicktable, Kinkbox con Step.* Alles klar?

Die Wanderwege ab Kurzras sind für Mountainbiker gesperrt bis auf die extra ausgewiesenen Forststraßen und – für den, der sich's zutraut – den Weg zur „Schönen Aussicht".

Bergbahnen Schnalstaler Gletscherbahn, Kurzras, tgl. 9–16.30 Uhr, für Wanderer einfach 18 €, Berg/Tal 25 €, Kinder 8/12 €, Kombikarte Gletscherbahn und Sessellift Grawand einfach 23 €. Sommerskifahren Mitte Juni bis Mitte Juli, Tageskarte ca. 25–40 €. Spezielle Gletscher-Erlebnis-Karten für Sommer- und Winterwanderer ca. 30 €, ✆ 0473/662171, www.schnalstal.com.

Seilbahn Lazaun, Dez. bis Anfang Mai und Ende Juni bis Mitte Sept., neuerdings wurde der Sessellift durch eine moderne Umlaufbahn ersetzt. Im Winter 9–16 Uhr, hin und zurück 12 €, Sommerpreise und Zeiten standen zum Zeitpunkt der Recherche noch nicht fest, Infos unter www.schnalstal.com.

Sehenswertes/Touren Ötzi Show Gallerie, wer sich im Archäologiemuseum in Bozen und/oder im Archeoparc im Schnalstal noch nicht ausreichend zu Ötzi informiert hat, kann hier noch eins draufsetzen. Direkt an der Bergstation, Eintritt frei.

Der Vinschgau

Sei brav, du Kuh!

Ötzi Glacier Tour, geführte Ganztageswanderung (Juni–Okt.), bzw. -skitour (Okt.–April) zu Ötzis Fundstelle, Mindestalter 12 J., gute Kondition erforderlich, Kosten pro Pers. 100 € bei 4 Pers., 120 € bei 3 Pers. Anmeldung im Tourismusbüro unter ✆ 0473/679148, www.schnalstal.com.

Essen/Hütten Lazaunhütte, 2430 m, Juni bis Ende Sept. und in der Wintersaison. Pasta und tolle Aussichtsterrasse.

Ötzi Biwak, 3013 m, urige Hütte vom Hotel Grawand, erreichbar mit dem Grawand-Sessellift, schöne, windgeschützte Sonnenterrasse, Juli bis Anf. Mai geöffnet.

Schutzhaus Schöne Aussicht, 2845 m, Schutzhütte mit traditionellen Stuben in Kurzras. Doppel- und Mehrbettzimmer, 20 Lagerplätze, auch im nahen Zollhaus lässt es sich einfach, aber urig nächtigen. Für ganz Unverfrorene: Im Dezember kann man eine Nacht im Iglu verbringen, auf Schafffellen und im Expeditionsschlafsack. Saunahaus, Pool und Holzzuber, Gepäcktransport ab Kurzras. Dass man hier in der Wintersaison morgens keine Anfahrt hat und keine Seilbahn benötigt, weil man mit den Skiern ins Tal zu den Liften abfährt, trägt zum Reiz des Gesamtangebotes bei. DZ/HP 128–164 €, im Lager Ü/HP ab 54 €, Zollhaus (2 Pers.) 120–160 €, Iglu/HP (2 Pers.) 238–298 €. ✆ 0473/662140, www.schoeneaussicht.it.

Was haben Sie entdeckt?

Haben Sie einen schönen Wanderweg, ein freundliches Gasthaus oder eine idyllische Herberge entdeckt? Wenn Sie Empfehlungen aussprechen möchten oder Ihnen Ungenauigkeiten aufgefallen sind, die sich trotz gründlicher Recherche immer wieder einschleichen können, lassen Sie es uns bitte wissen. Ihr Tipp kommt der nächsten Auflage zugute.

Schreiben Sie an: Florian Fritz, Stichwort „Südtirol"
c/o Michael Müller Verlag GmbH | Gerberei 19, D – 91054 Erlangen
florian.fritz@michael-mueller-verlag.de

Mit Geblöke und Gebimmel – der Schafabtrieb im Schnalstal

29 Schnalstaler Höfe haben heute noch Weiderechte im obersten (österreichischen) Ötztal, ihre Schafe weiden hier von Mitte Juni bis Mitte September. Die Rechte gehen auf das frühe Mittelalter zurück und wurden 1415 schriftlich festgehalten. Der Almabtrieb führt wie der Auftrieb über den Niederjochferner und das 3016 m hohe Niederjoch. Mehr als 2000 Schafe mit etwa 25 Treibern bewältigen den schweren Weg zwischen der Martin-Busch-Hütte (2470 m) über Eis und Schnee hinauf zum Joch und dann hinunter nach Vernagt (1700 m) in nur 9 Std.

Die Ankunft am Vernagt-Stausee (immer an einem Samstag) ist ein Spektakel für Einheimische und Touristen. Schon Stunden vorher stehen Hunderte erwartungsvoll am Hang, und wenn die ersten Schafe in schmaler Reihe aus dem Wald auftauchen und alsbald im wilden Galopp das letzte Stück über Wiesen zum Pferch hinabgetrieben werden, ist das Hallo groß. Mehrere Hirten tragen die jungen Lämmer im Arm, ein rührender Anblick. Im Laufe des Nachmittags, nachdem ausgiebig gefeiert wurde, müssen die Besitzer aus den Hunderten drängelnden Schafen im Pferch die Richtigen herausfinden und -holen (dabei helfen die zahlreichen blauen, roten, schwarzen Farbmarkierungen auf dem Fell). Dabei geht's nicht zimperlich zur Sache, es wird gezogen, gestoßen, geknufft. Bis am Ende jedes Tier seinem Besitzer zugeordnet ist, zieht der Abend herein.

Am Sonntag dann der Schafabtrieb über das Hochjoch bei der Schutzhütte „Schöne Aussicht" (2845 m) nach Kurzras (2011 m). Wer auf der Hütte übernachtet (frühzeitig reservieren!), kann den Tieren durch eine urzeitlich wirkende Landschaft aus Geröll, Gletscherzungen und Felsgipfeln entgegenwandern. Wenn die Herde zum ersten Mal im Trogtal auftaucht – zunächst nur kleine weiße Punkte in der weiten grauen Gesteinsfläche – ist das ein erhebender Anblick. Die letzte halbe Stunde inmitten von Hirten, Schafen und anderen Bergwanderern zurück zur Schönen Aussicht zu stiefeln, ist eines der beeindruckendsten Erlebnisse, das man in Südtirol haben kann. An der Hütte legen Schafe und Hirten eine Rast ein. Die kleinen Lämmer dürfen sich bei ihren Müttern stärken. Anschließend geht es einen spektakulären steilen Gebirgspfad durch Geröllhänge und Felswände hinab Richtung Kurzras. Die Schafe drängeln und schubsen, immer geführt und getrieben von den laut rufenden Hirten mit ihren langen Stöcken. Sobald alle Schafe auf dem Weg sind, können die Wanderer folgen. Im unteren Bereich des Weges führen breite Weideflächen dazu, dass sich die Reihe der Schafe auflöst. Gemächlich fressend und dann wieder zum Abstieg getrieben, erreicht die Herde schließlich gemeinsam mit den Schaulustigen nach etwa 2 Std. Kurzras.

Vinschgauer Apfelland bei Latsch

Der untere Vinschgau

Von Kastelbell bis Schlanders drängen sich die Siedlungen am Fuß des Sonnenhangs, nur wenige, wie Latsch, liegen auf dem früher häufig vermurten Talgrund. Die steilen Sonnenhänge über ihnen sind extrem trocken, nur künstliche Bewässerung macht sie fruchtbar.

Der untere Vinschgau ist *Apfelland*, daran geht kein Weg vorbei – im wahrsten Sinne des Wortes, wie Wanderer und Radfahrer erfahren, wenn sie in der wärmeren Jahreshälfte in der Talsohle unterwegs sind. Wasserschauer um Wasserschauer geht dann über den Passanten nieder (Regenschirme sind für Wanderer eine gute Idee, aber was macht der Radler auf dem Vinschger Radweg?). Da merkt man, dass man nur Einnahmequelle Nr. 2 ist, der Vinschgauer Apfel belegt unangefochten den 1. Platz. Das Wasser kommt nicht mehr aus den *Waalen*, die aber an einigen Stellen noch existieren und herrliche schattige Spaziergänge und Wanderungen erlauben. Das viele Wasser, das heutzutage über die Äpfel verspritzt wird, kommt aus der Leitung, und die kommt wie der Strom, den man für die beweglichen Wasserwerfer benötigt, von Speichern und Kraftwerken im Hochgebirge (dem Martelltal, Schnalstal, Reschenstausee im oberen Vinschgau). Wer höher hinauf geht, um der Apfelbewässerung zu entgehen, muss feststellen, dass die Bergwiesen vieler Bergbauern ebenfalls auf diese moderne Art und Weise bewässert werden und man auch dort gelegentlichen Schauern nicht entgeht. Die Bauern sind äußerst dankbar für diese Dinger, die ihnen die extrem arbeitsaufwendigen und im Vergleich dazu ineffektiven Waale ersparen. Ohne Bewässerung läuft nämlich nichts im unteren Vinschgau, hier ist es so trocken wie sonst nur in Steppengebieten. Was noch keinen Urlaubsgast gestört hat, der ja wegen des schönen Wetters kommt und nicht wegen hoher Wassermengen. Die hat er zu Hause in Hamburg, Salzburg, München, Bern oder Rostock schließlich zur Genüge.

Information Tourismusverband Vinschgau, I-39028 Schlanders/Silandro, Kapuzinerstr. 10, ✆ 0473/730155, www.vinschgau.net, siehe auch S. 418. Auf der Webseite findet sich eine hilfreiche interaktive Karte, auf der man sich übersichtlich durch ortsbezogene Angebote aller Art klicken kann. Der Tourismusverband Vinschgau ist auch für den oberen Vinschgau zuständig, in einigen Fällen sind auch Angebote der Tourismusvereine Naturns, Partschins und Schnalstal eingebunden.

Verbindungen Pkw: Die Vinschgaustraße umgeht die meisten Orte, keiner hat Parkplatzprobleme (in Schlanders ausreichend Parkplätze und Parkhaus).

Bahn und Bus: gute Verbindungen mit Mals bzw. Reschen und Meran sowie über Taufers in die Schweiz.

Gästekarte Die VinschgauCard beinhaltet die kostenfreie Benutzung der öffentlichen Verkehrsmittel, Ermäßigungen beim Eintritt in Museen und bei Seilbahnen, vergünstigte Teilnahme an diversen Veranstaltungen, Infos unter www.vinschgaucard.net.

Gästeprogramm Reichhaltiges Programm, beispielsweise Hofbesuche, Dorfführungen, Almwanderungen, Brennereibesuch, Einführung ins bäuerliche Leben, Brotbacken, Apfelwirtschaft – alle Angebote sind im Heft „SommerZeit" zusammengefasst, außerdem im „Urlaubsbegleiter" für Sommer und Winter.

Kinder Zuschauen bei der Käse- und Butterherstellung, z. B. auf der Soyalm im Martelltal; Kletter-Schnupperkurs und Schlauchbootfahrt in Kastelbell; Erleben, wie eine Getreidemühle funktioniert in der Moarmühle in Galsaun bei Kastelbell; Wanderung im Murmeltiergebiet; Erlebnistag auf dem Bauernhof, Piratentag, Lama-Trekking, Ponyreiten, Streichelzoo.

Kastelbell

Niemand, der auf der hier engen und etwas unübersichtlichen Vinschgau-Staatsstraße durch den Ort fährt, wird den Anblick der direkt über der Straße thronenden Burg vergessen. So und nicht anders müssen Burgen liegen. Ob der Name der Burg und des Ortes Kastelbell nun vom lateinischen castel bellum kommt und „schöne Burg" bedeutet (was man vor Ort vorzieht) oder mit dem keltischen bel zu tun hat, was „Burg auf dem Felsen" bedeutet, lässt uns eigentlich kalt, zumal beides zutrifft.

Zur Doppelgemeinde Kastelbell-Tschars gehören auch *Galsaun, Latschinig* und vor allem **Tschars** und die Streusiedlung der Bergbauernhöfe des *Trumsbergs* auf dem Sonnenhang 700 m über der Talsohle. Dadurch hat Kastelbell fast alles an Lebensmitteln zu bieten, was der Vinschgau hervorbringt: den besten Wein des Tals, Marillen, Palabirn und Äpfel, den Speck und die Würste aus Hausschlachtung, wie sie gerade in den Bergbauernhöfen noch üblich ist, sowie Milch, Butter und Käse von den Almen. Und für einen aktiven Urlaub jede Menge Wanderwege, darunter einige der schönsten Waalwege Südtirols.

Information Tourismusverein Kastelbell/Tschars, I-39020 Kastelbell/Castelbello, Mo-Fr 9–12 und 15–18 Uhr, im Winter Mo, Mi, Fr 9–12 Uhr, Staatsstr. 5, ✆ 0473/624193, www.kastelbell-tschars.com.

Einkaufen/Wein Markt in Kastelbell am Montag.

Die Rebhänge über Kastelbell und Galsaun bringen hervorragende Blauburgunder und Vernatsch hervor. Weinverkostungen im **Weingut Köfelgut** in Kastelbell, dort auch eigene Grappe und Edelbrände, Zwetschge, Jonagold, Muskatellerbirne und – unbedingt probieren – Vinschger Marille aus eigenem Anbau, ✆ 0473/624634, www.fws.it (Vereinigung Freier Weinbauern, wo das Gut Mitglied ist). Außerdem Weinverkauf im **Rebhof**, Römerstr. 23 in Galsaun, Weinverkostung Mi 15.30 Uhr, 12 €; Weißburgunder und Chardonnay. ✆ 0473/624692, www.rebhof-vinschgau.com.

Rafting Acquaterra bietet Outdoor Aktivitäten wie Rafting, Hydrospeed, Canyoning. Infos/Anmeldung unter ✆ 0473/720042, www.acquaterra.it.

Übernachten/Essen in Kastelbell Kuppelrain, von allen Gastroführern ausgezeichnetes Gasthaus mit exquisitem Restaurant

(1 Michelin-Stern seit 2001, 17 Gault-Millau-Punkte) gegenüber von Schloss Kastelbell jenseits der Etsch. Gemütliche Räume, schöner alter Keller, die Küche des Vinschgauers Jörg Trafoier und Sohn Kevin nimmt verschiedenste Anregungen auf. Eigenes Brot, eigenes Gemüse, Früchte und Säfte, Südtiroler Käse, feine Desserts. Menü ab 80 €, nur abends ab 19 Uhr. So und Mo Ruhetag. Tagsüber moderne Küche im Bistro von Tochter Natalie, 5-gängiges Bistro-Menü 70 €. 3 schöne moderne und freundliche Zimmer mit Balkon. DZ/FR 140–160 €. Bahnhofstr. 16, ✆ 0473/624103, www.kuppelrain.com.

*** **Gstirnerhof**, der traditionelle Gasthof mit Restaurant (schöne Stube) und rustikalem „Törggelekeller" liegt direkt am Vinschgauer Radweg, dem er seine historische Seite zuwendet, zur anderen Seite liegt ein moderner Trakt. Große Liegewiese mit beheiztem Freibad unter Obstbäumen, Blick auf den unteren Vinschgau. Reichhaltiges Frühstücksbuffet. Mi Ruhetag. DZ/FR 80–90 €, Apt. (2–4 Pers.) 55–95 €. Spineidweg 5, ✆ 0473/624032, www.gstirnerhof.eu.

Übernachten/Essen in Tschars ****S
Sand, familiengeführtes Landhotel mit wirklich jedem Komfort, 10.000 m² Park mit Badeteich, Freibad, Hallenbad, Wellnessbereich, Radverleih. Gute Zimmer, teils modern renoviert. Im Grünen unterhalb von Tschars gelegen, Restaurant mit Wintergarten, vorwiegend Tiroler Küche mit italienischem Einschlag. DZ/HP 186–236 €, Suiten teurer. Mühlweg 2, ✆ 0473/624130, www.hotel-sand.com.

🌿 **Niedermair**, Trumsberg 4, Hof hoch über Kastelbell. Eigenprodukte bis hin zum Brot, Schöpsernes, Knödel, Krapfen, Apfelstrudel, eigene Obstsäfte und Traumausblick. Der Hof wurde als „Bäuerlicher Schankbetrieb des Jahres 2011" ausgezeichnet. April bis 20. Dez. geöffnet, Do Ruhetag, im Hochsommer auch So. ✆ 0473/624091. Zufahrtsstraße von Kastelbell, zu Fuß auf Weg 2 oder 8 nach Trumsberg (ca. 1:30 Std.). ■

Sehenswertes/Ausflüge

Schloss Kastelbell: Die mittelalterliche Burg der Herren von Montalban wechselte häufig den Besitzer, bis sie 1531 an die (späteren Grafen) Hendl kam, die sie bis 1956 besaßen. Die Burg brannte 1825 ab, die Ruine interessierte niemanden, und die letzten Generationen der Hendl hatten kein Geld für Renovierungen und hausten nur noch (bis 1998) in einem kleinen Wohntrakt. Erst in den letzten Jahren wurde restauriert und renoviert (von einem halbprivaten Konsortium), die Burgkapelle wurde auf den alten Glanz des Spätmittelalters gebracht und Burgküche wie Palas wiederhergestellt. Apropos *Burgkapelle:* romanische Apsis mit Fresken des 14. Jh., Schiff der späten Spätgotik mit Fresken des 16. Jh. – klein, aber äußerst eindrucksvoll. Eine Dauerausstellung informiert über die „Via Claudia Augusta", die wichtige Römerstraße durch den Vinschgau. Den besten Blick auf die Burg (und den einzigen fotografierwürdigen) hat man vom Bahnhof auf dem anderen Ufer der Etsch (nach der Brücke rechts).

Schloss Mitte April bis Ende Okt., Führungen Mitte Juni bis Mitte Sept. Di–So 11, 14, 15 und 16 Uhr, Eintritt und Führung jeweils 6 €, erm. 5 €. Infos beim Kuratorium Schloss Kastelbell, Schlossweg 1, www.schloss-kastelbell.com.

Wanderung am Latschanderwaalweg zwischen Kastelbell und Galsaun: Der Waalweg entlang dem Latschanderwaal ist nicht nur an heißen Tagen ein wunderschöner Spaziergang. Im Hochsommer ist der Waalweg eigentlich der einzige Weg, den man zwischen den beiden Dörfern verwenden kann, unter seiner üppigen Vegetation ist es immer schattig, während die Straßen und Wege abseits des Waals in kochender Hitze liegen. Sie nehmen den Weg Nr. 3 ab Kastelbell: von der straßenabgewandten Seite des Schlosses auf dem Montalbanerweg (Markierung 8) bis zur Einmündung in den Latschanderwaalweg, auf diesem nach rechts bis *Schloss Kasten* oberhalb von Galsaun. Die *Ruine Hochgalsaun*, unter der man vorbeigekommen ist, kann man auf dem von Weg 3 abzweigenden, recht steilen Weg H erreichen.

Schloss Kastelbell inmitten von Apfelplantagen

Galsaun ist ein ruhiges und traditionelles Dorf. Besuchenswert die Moarmühle, eine der wenigen Getreidemühlen, die aus der großen Zeit des Vinschgaus als Kornkammer Tirols (bis ins 20. Jh.) übrig geblieben sind. Eine weitere Mühle, die **Baumandlmühle**, befindet sich im Kastelbeller Ortsteil Marein.

Tschars: Das Dorf hat noch einige schöne alte Häuser und eine gotische Pfarrkirche mit barockem Zwiebelturm und liegt sehr hübsch inmitten seiner Obstgärten. Idyllische Waalwege führen hinüber nach Galsaun und in der anderen Richtung nach Juval und ins Schnalstal. Die *Plattermühle* ist eine restaurierte, noch vor zwei Generationen zum Getreidemahlen verwendete Mühle. Sie kann im Rahmen von Führungen besichtigt werden (Infos beim Tourismusbüro in Latsch).

Via Vinum Venostis: Neu eröffneter, lehrreicher Themenweg entlang des Wanderwegs Nr. 3 zwischen Latsch und Kastelbell. Auf Tafeln werden Rebsorten und Culinaria vorgestellt und beschrieben. Wegverlauf durch Kastelbell, oberhalb Galsaun vorbei, durch Tschars und abschließend geht es hinauf zur Burg Juval. 2:30 Std., 300 Höhenmeter, 9 km. Zurück mit dem Shuttle ins Tal und dann mit dem Linienbus.

Wanderung am Schnalswaalweg von Tschars zum Schloss Juval: Der Schnalswaalweg bildet die sicher interessanteste Möglichkeit, den Sonnenhang über Tschars zu queren und so nebenbei auch noch Schloss Juval zu besichtigen. Man steigt von der Kirche das Sträßchen in Richtung Schöneggshöfe hinauf (nach der Kirche rechts, dann links Weg 1 a) und biegt in der ersten Linkskurve auf Weg 3 ab, das ist bereits der nach Juval (und weiter) führende Schnalswaalweg. Wer die mitten im Sommer und vielleicht noch in den Mittagsstunden gemacht hat, ist für eine längere Pause reif, für die der Schlosswirt von Juval ideal ist. Abstieg evtl. auf Weg 1, dem „Urweg" zwischen Vinschgau und Passeier, oder mit dem Zubringerbus nach Staben. Von dort aus mit Bus zurück nach Tschars.

Gesamtbeschreibung → S. 389, dort auch Hinweise zu Juval und zum Schlosswirt Juval. Höhenunterschied ca. 370 m im Auf- und Abstieg, Dauer ca. 3:30 Std., ganzjährig begehbar.

„Rotes Schloss" in Latsch

Latsch

Latsch ist ein alter Ort, das sieht man selbst als Durchreisender, mit Kirche und einer Burg direkt neben der Straße. Wer genauer schaut, entdeckt in der *Spitalkirche* einen der berühmtesten spätgotischen Flügelaltäre Südtirols und im nahen **Tarsch** den romanischen Turm der alten Kirche mit dem seltsam klingenden Heiligennamen *St. Karpophorus*. Und *St. Medardus* natürlich, das Kirchlein an der Spitze des Murkegels, der sich hinunter in den Vinschgau ergießt und an dessen Rand Latsch liegt. Eine moderne Seilbahn führt direkt vom Ort hinauf nach **St. Martin im Kofel** mit seinen Bergbauernhöfen, die man noch vor einer Generation nur auf abenteuerlichen Steigen erreichen konnte, und die heute mit (nicht unbedingt den besten) Straßen erschlossen sind.

Basis-Infos

Information Tourismusverein Latsch-Martell (für Latsch, Goldrain, Morter, Tarsch und das Martelltal), der Tourismusverein veranstaltet eine Anzahl von interessanten Rundgängen und Besichtigungen (z. B. zur Honiggewinnung, Marmeladenherstellung und zum Buttern). Mo–Fr 8.30–12/15–18 Uhr. I-39021 Latsch, Hauptstr. 38/A, ✆ 0473/623109, www.latsch-martell.it.

Verbindungen Pkw: Latsch wird von der Staatsstraße links der Etsch umgangen, die **Busse** fahren durch den Ort. Station der Vinschgerbahn.

Baden/Schwimmen AquaForum Latsch, „Erlebnisbad" mit Rutsche, Liegewiese, Whirlpool, neue 1000 m² große Sauna, Außenanlage mit Erd-Sauna, Kneippanlage und Sauna-Events. Im Sommer tgl. 10–19 Uhr, im Winter sehr unterschiedliche Öffnungszeiten s. Website, Tageskarte Sauna und Bad ab 20 €. Marktstr. 48, www.aquaforum.it.

Einkaufen Märkte: Fr am Hauptplatz Krämer- und Bauernmarkt; großer bäuerlicher Ostermarkt (März/April), Rosenkranzmarkt im Juni und Okt.; Seelenmarkt nach Allerheiligen – genaue Termine beim Tourismusverein.

Käse aus der Käserei der Soyalm (gehört der Gemeinde Goldrain).

Latsch

Radfahren/Mountainbiken Verleih, auch von E-MTBs, bei Maxx Bike Eldorado, Hauptstr. 65a, ✆ 0473/720077, www.maxx-bike-eldorado.com.

Sessellift/Wandern Sessellift Tarscher Alm, Mitte Mai bis Okt. tgl. 9–12.30/14–18, Fr bis 20 Uhr, einfach 10 €, Berg/Tal 14 €. Infos unter www.bergbahnen-latsch.com. Die Alm ist Ausgangspunkt für zahlreiche Wanderungen und Bergtouren, u. a. auf das Hasenöhrl (3256 m), das als einer der „leichten Dreitausender" gilt und in etwa 4 Std. zu besteigen ist.

Wintersport Das seit 2014 neu gestaltete Gebiet „**Latsch Pure Nature Ski**" umfasst 6 Pisten bis 2250 m Höhe und spricht hauptsächlich Familien und Genussfahrer an. Um den typischen Skitrubel zu vermeiden, wird die Anzahl der Besucher auf 800 pro Tag begrenzt. Im Tal **Langlaufloipe** (Tageskarte 6 €) und modernes **Eisstadion** „IceForum - geöffnet Sa/So/Fei und Ferien 13.30–17 Uhr, Eintritt 3,80 €, Valtneidweg 1/A, ✆ 0473/622171, www.iceforum.it. In Tarsch **Naturrodelbahn**, 1 km Länge.

Übernachten

In Latsch ****S Matillhof, Beauty heißt hier die Devise: Morgens, mittags, abends ist die „Beauty & Vitaloase Mona Lisa" (sie heißt wirklich so, und das Hotel hat den Beinamen „Healthness Hotel") gut belegt, Hallen- und damit verbundenes Freibad, Saunen, Heudampfbad, Aromagrotte, diverse Duschen und kosmetische Anwendungen. Qualitätsküche, gut eingerichtete Zimmer, historische Suiten im angrenzenden Schlössl. Fahrradverleih. DZ/¾-P 220–320 €, Suiten teurer. H.-Pegger-Str. 6a, ✆ 0473/623444, www.hotelmatillhof.com.

****S Jagdhof, ein DolceVita-Hotel mit 1000 m² Beauty- und Wellnessbereich, Hallen- und Freibad. Geführte Biketouren und E-Bike-Verleih. Alle Zimmer mit Balkon, gepflegt und komfortabel, teilweise neu im modernen Alpinstil renovierte Zimmer und Suiten. DZ/¾P 266–358 €, Suiten teurer. Herrengasse 15b, ✆ 0473/622299, www.jagdhof.com.

***S Latscher Hof, sehr ruhige Lage beim Eisstadion am Waldrand, in den Übergangsjahreszeiten jedoch lange im Schatten. Dafür viel Komfort mit großzügig geschnittenen Zimmern, beheiztes Freibad mit Liegewiese, Sauna. DZ/FR 130–136 €. Valtneidweg 1, ✆ 0473/623152, www.latscherhof.com.

*** Tanja-Sonnenhof, apartes Hotel mit schickem Eingangsbereich, große Zimmer und attraktives Frühstücksbuffet. Das Haus liegt im Ortszentrum lärmgeschützt in 2. Reihe neben der Hauptstraße. Kostenloser Eintritt ins AquaForum, Radverleih. DZ/FR 106–166 €. Kugelgasse 84, ✆ 0473/623336, www.hoteltanja.com.

** Sattlerenglhof, am oberen Ortsrand in Richtung Tarsch liegt diese populäre – weil herzlich geführte – Familienpension. Zimmer mit Balkon, Pool und Liegewiese, gutes Frühstücksbuffet, kleine verglaste Terrasse für die nicht so sonnigen Tage. Freier Eintritt ins AquaForum, Radverleih. DZ/FR 80–84 €, Herrengasse 13, ✆ 0473/623030, www.sattlerenglhof.com.

**** Camping Latsch, direkt an der Etsch gelegener, nur teilweise schattiger Platz. Gute Sanitäranlagen, Minimarket, Restaurant im Hotel Vermoi, Hallen- und Freibad. Großzügige Mobilheime. Stellplatz und 2 Pers. 32–36 €. Reichstr. 4, ✆ 0473/623217, www.camping-latsch.com.

In Tarsch ** Sachsalber, traditionelle Pension, kinderfreundlich, Einrichtung konservativ und einfach, aber okay. Freier Eintritt ins AquaForum. DZ/FR 88–92 €. Obermühlweg 20, ✆ 0473/623103, www.pension-sachsalber.com.

Siglgut, Bauern- und Reiterhof, ein 600 Jahre alter Hof neben einem Neubau mit 4 gemütlichen Ferienwohnungen für 2–7 Personen. Liegewiese, Obstfelder und viel Grün. Frühstück mit hofeigenen Produkten. Apt. (2 Pers.) 64–84 €. Brunnenweg 20, ✆ 347/6082777, www.siglgut.it.

Essen & Trinken

In Latsch Jolly, Marktstr. 1, Pizzeria-Café 100 m vom Zentrum an der Straße nach Tarsch, auf der kleinen Terrasse Kuchen, Torten, Apfelstrudel und Eis, in der Pizzeria (17–24 Uhr) gute Pizza-Auswahl; Di Ruhetag außer Juli/Aug.

Helene, Marktstr. 20/c, Konditorei-Eiscafé mit hausgemachtem Eis – zu Recht populär. Mo geschl. (nicht Juli bis Sept.).

Latscher Bierkeller, Valtneidweg 2, außerhalb und näher an Morter als an Latsch liegt der Bierkeller, eigentlich eine Jausenstation mit Bierausschank, Biergarten und Holzscheune für diejenigen, die drinnen essen wollen und für kühle Tage – da macht's auch Spaß zuzusehen, wie sich der Grill über der Flamme dreht. März bis Nov., Mo geschl. ✆ 0473/623208, www.bierkeller-latsch.com.

In Tarsch Knofelkeller, Medardusstr. 34, nicht nur Gerichte mit Knofel im gemütlichen Kellerlokal, sondern auch saisonale Gerichte, z. B. im Herbst mit Pfifferlingen und Kürbis, Nudelgerichte und Salate und natürlich auch das beliebte Knoblauchbrot. Törggelen im Herbst, ✆ 0473/623329, Mi Ruhetag.

Sehenswertes/Ausflüge

Pfarrkirche hl. Petrus und Paulus: Mit ihrem spitzen Turm winkt die Pfarrkirche schon von Weitem. Mehrere Bauphasen von der Romanik bis zur Neugotik (Einrichtung des Innenraums), besonders schön das Hauptportal von 1524 aus weißem Marmor und die interessanten Marmorgrabsteine, die in die Außenwände eingelassen wurden. Der Zinnenturm im Bau neben der Kirche gehört zur Burg Latsch (nicht zu besichtigen).
Die Pfarrkirche ist tgl. 7–19 Uhr offen.

Spitalkirche zum hl. Geist: Südtirol ist nicht gerade arm an spätgotischen Flügelaltären. Der Altar des Jörg Lederer von 1524 in der Spitalkirche Latsch (1470–1520), einen Steinwurf nach der Pfarrkirche in Richtung Kastelbell, gehört zu den besten und ist sicher einer der prächtigsten. Die Kirche geht auf eine Stiftung der Annenberger von 1337 zurück, deren Burg über Goldrain thront. Ihre Gruft hat man 1970 im nördlichen Seitenschiff der Pfarrkirche entdeckt. 1470 wurde der bereits bestehende Bau komplett in gotische Form gebracht, der Hauptaltar entstand erst später und wurde 1524 aufgestellt. Er ist figurenreich mit feinsten gotischen Spitzen im Gesprenge und mit Goldüberzug so reich geschmückt, dass dem Betrachter die Spucke wegbleibt. Der dreiteilige Schrein zeigt in der Mitte einen Gnadenstuhl (Gottvater mit dem toten Christus auf dem Schoß), daneben der hl. Wolfgang und Johannes der Täufer. Mehrere Figuren und vier Reliefs ergänzen den geschnitzten Teil des Altars. Auch die Malereien der Rückseite sind bemerkenswerte Meisterwerke, sie stammen von Hans Leonhard Schäufelein, einem Dürer-Schüler, der auch von den Gemälden des Schnatterpeck-Altars in Lana bekannt ist.
April bis Nov. Mo–Sa 9–18 Uhr.

Nikolauskirche: Die sehr späte romanische Kirche (14. Jh.) an der Hauptstraße ist ein auffälliger Bau mit einigen Freskenresten an der Straßenseite. Sie kann im Rahmen der Dorfführung (s. u.) besichtigt werden und beherbergt seit 2017 den marmornen Figurenmenhir aus der Kirche Unserer Lieben Frau.

Kirche Unsere Liebe Frau auf dem Bichl: In dem Kirchlein auf dem „Bichl" (= Bühel) am Ortsausgang in Richtung Kastelbell wurde 1992 ein ca. 5000 Jahre alter *Menhir* mit schwer zu deutenden eingeritzten Symbolen gefunden. Er befindet sich seit 2017 in St. Nikolaus (s. o.). Wie Ötzi stammt er aus der Übergangsepoche zwischen Steinzeit und Bronzezeit. Die sehenswerte Kirche bildet eine wahre Musterkarte aller Baustile von der Romanik bis zum Zopfstil.
Besichtigung beider Kirchen nur im Rahmen einer Führung, Mai bis Ende Okt. jeden Mo 10 Uhr, Treffpunkt beim Tourismusbüro Latsch, Eintritt 5 €.

Wanderung auf dem Latschanderwaalweg nach Kastelbell und Galsaun: Der 8 km lange und schattige (auch Esskastanien!) Latschanderwaalweg führt von Galsaun über Kastelbell nach Latsch, er ist mit der „3" markiert. Die Wasserführung umfasst normalerweise die Monate von März bis September bzw. vom Beginn bis zum Ende der Vegetations- und damit Bewässerungsperiode.
Zum Teilstück Kastelbell – Galsaun → S. 402.

Kirche St. Medardus in Tarsch: Das Kirchlein des hl. Medardus, vor Ort „Sammedárn" ausgesprochen, liegt hoch oberhalb des Etschtals auf 950 m an der Spitze des Schwemmkegels, der sich in Richtung Latsch und Kastelbell erstreckt (Sträßchen über Tarsch). Der Bau stammt aus romanischer Zeit, was man dem Kirchturm unschwer ansieht. Er wurde als Hospizkirche des Malteserordens über einer Quelle errichtet, wahrscheinlich als Nachfolger wesentlich älterer Bauten, Quellheiligtümer kannten schließlich schon die Römer und vor ihnen die Kelten. Früher lief das Quellwasser vom Altar her unterirdisch durch das Kirchenschiff, eine lose Steinplatte öffnete den Blick auf den Wasserlauf. Als man für den Zufrittstausee im Martelltal Stollen in den Berg trieb, versiegte das Wasser. Wer heute kommt, sieht die romanische Architektur, Reste einer romanischen Kreuzigungsgruppe – die Aura eines Quellheiligtums ist verschwunden. Die Kirche ist in Privatbesitz und kann derzeit nicht besichtigt werden.

Spaziergang am Latschanderwaal

Noch ein romanischer Kirchturm gefällig (man sieht ihn, wenn man Tarsch auf dem Weg nach St. Medardus quert): **St. Karpophorus in Tarsch** hat einen der schönsten romanischen Kirchtürme des Vinschgaus, wenn nicht Südtirols.
St. Karpophorus, Anfang April bis Mitte Sept. Do 13.30–14.30 Uhr, Anmeldung bei Ernst Pohl, ✆ 333/5927391.

Wanderung auf der Tarscher Alm mit Tarscher See und Tarscher Jochwaal: Der kleine, von Lärchen umstandene Tarscher See (1828 m) erfreut sich dank seiner relativen Nähe zur Bergstation des Sessellifts auf die Tarscher Alm ziemlicher Popularität – bei 2:30 Std. Fußmarsch (hin/zurück, Weg 9). Aber nicht nur der Tarscher See lockt im Sommer auf die Alm. Besonders eindrucksvoll ist der Anstieg zur *Jausenstation Zimruan* (2241 m) und weiter (auf Weg 1, ab Gabelung auf 2 A) zum Tarscher Jochwaal, einem der höchsten Waale Südtirols, die höchste Stelle liegt auf 2659 m. Besonders eindrucksvoll die Brückenkonstruktionen, mittels derer der Waal über Mulden geführt wird. (2–3 Std. Aufstieg, Abstieg ca. 1:30–2 Std.)
Sessellift Tarscher Alm, Mitte Mai bis Okt. tgl. 9–12.30/14–18, Fr bis 20 Uhr. Einfach 10 €, Berg/Tal 14 €, erm. 8/10 €, www.bergbahnen-latsch.com.

Wanderung auf die Latscher Alm: Die 2015 neu erbaute Almhütte (1715 m) lädt heute müde Wanderer zur Brettljause ein mit einem Glas Roten oder was sie sonst wollen – eigene Produkte wie Käse, Joghurt und Topfen sind besonders empfehlenswert.

Der Bau besteht aus einem Untergeschoss aus massiven Bruchsteinen und einem aus Holzbalken errichteten – niedrigeren – Obergeschoss mit Pultdach. Man kann auch zuschauen, wie Käse gemacht wird.

Sie erreichen die Latscher Alm vom Tal auf Weg 2 (hervorragend für Mountainbiker geeignet, für Wanderer eher ermüdend, da fast durchgehend Almzufahrtssträßchen).
Latscher Alm, traditionelle und regionale Almkost, Mai bis Okt., kein Ruhetag.

Latschiniger Albl: Während Latscher Alm und Tarscher Alm gut besucht sind, hat der Senn auf dem Latschiniger Albl in 1936 m Höhe oft wenig zu tun. „Die Leut' wandern nicht mehr wie früher, auch die Einheimischen nicht", sagt er. Dass man die Hütte mit dem Mountainbike nicht erreichen kann (es sei denn, man trägt es), ist ihm bewusst, und dass damit eine wachsende Anzahl von potenziellen Gästen ausfällt. „Dafür ist es ruhig hier", meint er. Unten würde er's sowieso nicht aushalten, viel zu laut, zu hektisch.
Latschiniger Alm, Anfang Juni bis Ende Okt., einfache Südtiroler Kost und ein paar Getränke wie selbstgemachte Säfte in reizvoller Umgebung.

Tour 13: Wanderung vom Latschiniger Albl nach Tarsch

Tour-Info: Ein Abstiegsweg von der Alm – die Angaben dienen natürlich auch dem aufsteigenden Wanderer. Als Abstieg kommt der Weg vor allem für diejenigen in Frage, die mit dem Sessellift auf die Tarscher Alm gefahren und dann in Richtung Zimruanhütte gegangen sind. Wer nicht wieder abfahren, sondern wandern will, nimmt Weg 15/3 über die Kofelrastseen zum Latschiniger Albl (ca. 3–3:30 Std.). Dauer als Abstieg 2:30–3 Std., als Aufstieg 4–5 Std.; Länge einfach 8,4 km; Höhenunterschied: 1100 m. Karten: Tabacco (1:25.000) Blatt 42, Kompass (1:50.000) Blatt 52. Essen & Trinken auf der Alm s. o.

Am Latschiniger Albl **A** nimmt man den die feuchte Wiese querenden Weg 3, der bald durch Wald rechts steil und ziemlich holprig (Lockersteine) abwärts führt. Ein Querweg **B** verweist auf die Wege zur Freiberger Mahd und zur Marzoner Alm (beide bewirtschaftet), wir gehen weiter geradeaus bergab. Wo der steile Weg endet, wird ein Forstweg erreicht **C**, hier links und vorbei am Parkplatz (bis hierher öffentliche Straße!) und der „Freiberger Sog", der dortigen alten Sägemühle **D**. Auf dieser Straße (Staubstraße) weiter, Abkürzungen (**E** Beginn, **F** Ende, eine weitere Abkürzung folgt gleich darauf) erleichtern uns Wanderern den Abstieg. Man tritt aus dem Wald hinaus auf die Wiesen der Höfe von Freiberg, ab hier Asphalt **G**, schöne Ausblicke. Bei einer scharfen Rechtskurve der Asphaltstraße **H** geradeaus weiter auf einen Fahrweg („Tarsch 1 Std." und Markierung 3) und bei einer Rechtskurve **I**, wo von links eine Staubstraße einmündet kurz nach rechts. Einen Steinwurf weiter auf nicht markiertem Wanderweg nach links hinunter **J**, er endet an einem quer über den Weg gezogenen Zaun, hier wenige Meter zurück und hinunter zur Staubstraße **K**, wo wir links weitergehen. Ein Hof (Tasenplon) wird etwas unterhalb passiert **L** und das Staubsträßchen, auf dem wir uns befinden, steigt hinunter auf den großen Schwemmkegel von Tarsch, wo wir etwas unterhalb von St. Medardus ankommen **M**, dessen Kirchturm wir oberhalb erkennen konnten. Hier beginnen die Apfelplantagen, die wir auf der Fortsetzung des Sträßchens queren, wir erreichen die zur Seilbahn Tarscher Alm führende Straße **N** und gehen auf ihr in den Ort Tarsch zur Pfarrkirche **O**.

Beim Aufstieg: Verwendet man diese Wegbeschreibung für den Aufstieg, ist zu beachten, dass die Abkürzung nach dem Hof Tasenplon nichts bringt, da sie nur den Rhythmus durcheinanderbringt,

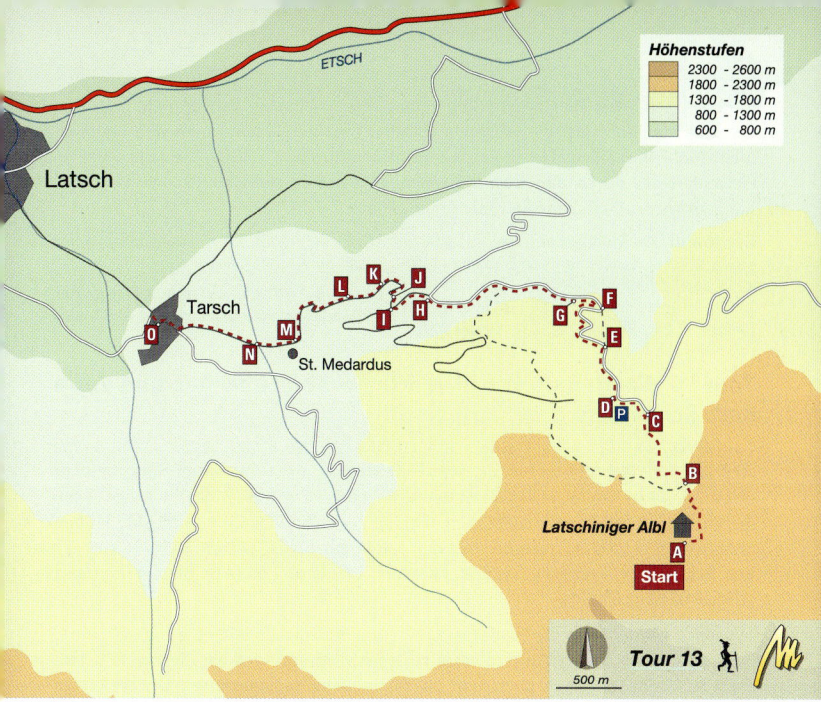

man bleibt besser auf der Straße. Dasselbe gilt evtl. für die beiden Abkürzungen höher oben! Wer mit dem Auto bis zum Parkplatz „Freiberger Sog" fährt, hat nur einen Aufstieg über 460 Höhenmeter oder hin/zurück 2:30 Std. vor sich.

St. Martin im Kofel: Hoch über Latsch und gut von unten zu erkennen liegt auf dem Sonnenberg die kleine Siedlung St. Martin im Kofel auf 1736 m und höher. Eine moderne Kabinenbahn führt von Latsch (östlicher Ortsrand) hinauf, eine Straße (nur für die Bewohner der Höfe von St. Martin) und natürlich eine Reihe alter Wege, steil, trocken und oft ein wenig ausgesetzt. Die Wiesen hier oben über dem steilen Fels-, und Buschhang sind zwar nicht ganz so exponiert wie dieser aber immer noch steil genug, bei den Einzelhöfen Vorra und Egg extrem steil. Man mähte sie von unten nach oben, da die Gefahr eines schweren, vielleicht tödlichen Sturzes sonst zu groß gewesen wäre.

Die Bezeichnung St. Martin im Kofel, also im Berg, kommt nicht von ungefähr: Das kleine Kircherl rechts der Seilbahnbergstation wurde über einer natürlichen Höhle im Felsen erbaut. Die Statue des hl. Martin wurde ursprünglich unter freiem Himmel verehrt, die Kirche entstand erst im 16. Jh. – es handelt sich also um ein uraltes, sicher vorchristliches Höhlenheiligtum. Der hl. Martin kümmert sich traditionell um das Vieh der Bauern, folgerichtig war hier oben einer der bedeutendsten **Wallfahrtsorte** ganz Tirols. Im 19. Jh. kamen noch Barfußwallfahrer aus dem Passeiertal hierher.

Unbedingt besuchen sollte man von St. Martin aus die *Einzelhöfe Egg* und *Vorra* (Sträßchen), die bis vor Kurzem nur durch einen Saumweg mit den anderen Höfen verbunden waren. Die Lage dieser Bergbauernhöfe ist extrem ausgesetzt, einzigartig in den Alpen. Dass sie einmal völlig autark waren – bis auf Salz und ein paar Bänder und Metallobjekte, die fahrende Händler brachten – kann man sich heute gar nicht mehr vorstellen. Die Steinmauern, die verhindern sollten, dass die winzigen Getreidefelder durch den Regen abgetragen wurden, sieht man heute noch, seit Langem wird jedoch kein Getreide mehr gebaut.

Bergbahn Kabinenseilbahn nach St. Martin im Kofel ab Latsch (eigene Bushaltestelle an der Talstation) jeweils 7, 7.30–12.30/14–18 Uhr stündl., im Sommer bis 18.30 Uhr. Einfach 9,50 €, Berg/Tal 12,50 €, Kinder 4,50/ 5,50 €, Fahrräder 5,50 €, www.bergbahnen-latsch.com.

Essen & Trinken Gasthaus Bergstation St. Martin mit Panoramaterrasse, Di Ruhetag.

Tour 14: Wanderung von St. Martin im Kofel über Egg und Vorra nach Schlanders

Tour-Info: Wanderung auf einem alten Höfeweg, der einige schier unvorstellbar steil liegende Gehöfte verbindet. Schwindelfreiheit nicht unbedingt nötig (eine etwas ausgesetzte Stelle), aber wegen der streckenweise extremen Steilheit des Geländes vorteilhaft. Nichts für nicht ganz trittsichere Geher! Dauer 3–3:30 Std.; Höhenunterschied ↓1000 m. Anfahrt mit der Kabinenbahn ab Latsch, zurück mit dem Bus Schlanders – Latsch (stündl.). Karten: Tabacco (1:25.000) Blatt 4, Kompass (1:50.000) Blatt 52.

In Latsch nimmt man die moderne Kabinenbahn nach St. Martin und vergisst nach Ankunft dort oben über dem Luxuspanorama nicht die Besichtigung der Kirche im Kofel. Dann zurück zur Bergstation und auf Straße weiter in den Talbereich einiger Höfe, deren steile Lage bald deutlich zu erkennen ist. Das Sträßchen passiert einen ziemlich unangenehmen steilen Tobel und erreicht den freundlichen Hof Egg mit Jausenstation samt aussichtsreicher Terrasse. Weiter geht es etwas oberhalb nach Vorra, einer unübersichtlichen Gebäudegruppe. Steiler und ausgesetzter kann ein Hof nicht liegen, dass er wieder bewohnt ist, grenzt an ein Wunder. Rechts oberhalb weiter mit Weg, der in ausreichender Breite sehr steiles, an einer Stelle etwas ausgesetztes Wiesengelände durchquert. Dass es beim Mähen dieser Wiesen immer wieder tödliche Unfälle gab, kann man sich lebhaft vorstellen und geht dann ganz vorsichtig weiter.

Man erreicht die Hofruine Laggar, die Steilheit der Wiesen lässt etwas nach, dann folgt Lärchenwald. Wenn man schon fast im Bachtal angelangt ist, öffnet sich eine Lichtung mit einer weiteren Hofruine, sie liegt malerisch auf einem vorspringenden Felsen (Zuckbühel). Die Bachquerung etwas weiter unten kann evtl. nach Regenfällen unangenehm sein.

Nach dieser Passage sind die Schwierigkeiten vorbei, man geht auf schönem Wanderweg durch Wald, erreicht bei einem nur noch als Sommerhaus verwendeten Hof (Patsch, die Dachkonstruktion der Halbruine ist gut zu sehen) eine Güterstraße. Bevor man ihr weiter abwärts folgt, sollte man sich in aller Ruhe auf die dortige Bank setzen und das Panorama betrachten: Es reicht von den Bergen über Naturns und Meran bis zur Sesvennagruppe.

Nach einer scharfen Linkskurve geht man noch ein Stück weiter und findet dann die Fortsetzung des Wanderwegs, die zur Burg Schlandersberg hinunterführt. Steil abwärts durch verbuschten Hang, dann Wald, unten an der Burg links vorbei (evtl. vorher rechts zur Jausenstation Fisolgut) und steil hinunter zum Ort Schlanders, an einer Stelle tatsächlich auf versichertem Felsensteig! Nach einem Fischteich erreicht man eine

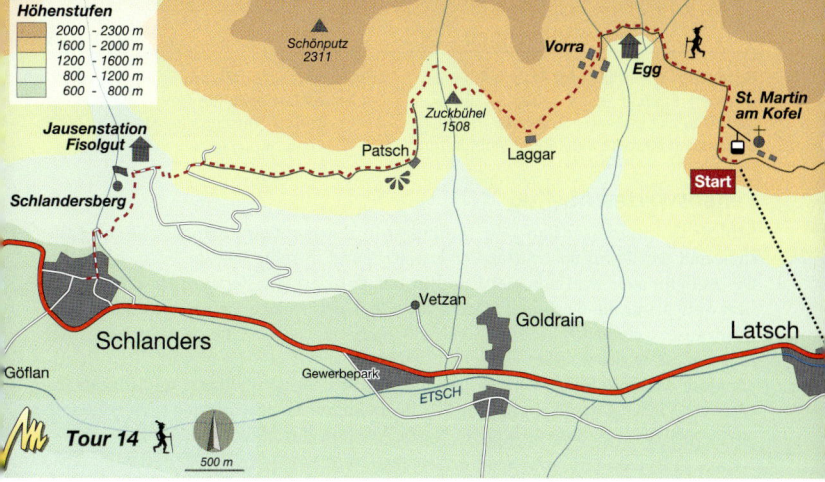

Straße, der man nur wenige Meter folgt, dann quert man eine Brücke und gelangt auf der anderen Seite weiter unten ins Zentrum von Schlanders.

Essen & Trinken Fisolgut in Schlandersberg, zum Zeitpunkt der Recherche geschlossen wegen Umbauten, www.fisolgut.com.

Jausenstation Egg, Bergbauernhof und Jausenstation mit sehr aussichtsreicher Terrasse, recht umfangreiche rustikale Karte (Braten/Hammel mit Knödel, Knödel mit Salat, Knödelsuppe, Speck am Brettl, Kaiserschmarrn, hausgemachte Kuchen), alles sehr preiswert. Ostern bis Nov., Mo Ruhetag, ✆ 0473/623628.

Goldrain

Schloss Goldrain dominiert das kleine Dorf, das sich oberhalb der Vinschgaustraße am Sonnenhang zusammendrängt. Vor nicht sehr langer Zeit überschritt die Bautätigkeit die Etsch, heute liegen die meisten Gebäude des Orts im nur sanft geneigten Etschtal. Hier steht am Rand der steilen Schlucht das *Schloss Annaberg*, das Goldrain vom Latscher Sonnenberg trennt. Die quadratische Außenanlage mit vier Türmen und der dicht gebaute innere Schlossbereich vermitteln immer noch eine Menge Sicherheit (keine Besichtigung, Privatbesitz).

Einkaufen Jahresmarkt „Londsproch" Mitte März, exakter Termin beim Tourismusverein.

Kräutergarten und Hofladen **Kräuterschlössl**, Küchenkräuter, Duftkräuter, Liköre, Cremes und Parfums nach Bioregeln. Tgl. geöffnet, Hofführungen Mi 10.15 Uhr, nur im Sommer und ab 10 Pers., 5 €, Schanzenstr. 50, www.kraeuterschloessl.it. ■

Übernachten/Essen Goldrain ist eher auf Ferienwohnungen spezialisiert als auf Hotels oder Garnis.

*** **Goldrainer Hof**, Hotel mit Restaurant/Pizzeria, 30 Pizzasorten aus dem Holzofen, bestellen kann man auch eine überdimensionierte Familienpizza. Im Haus Hallenbad und Sauna, gute Zimmer in Haupt- und Nebenhaus. DZ/FR 106–130 €. Vinschgauerstr. 4, ✆ 0473/742042, www.goldrainerhof.it.

*** **Obermühle**, die „Residence Obermühle zu Schanzen" ist eine kinderfreundliche Ferienanlage mit ordentlichen, teils neu eingerichteten Apartments. Hallenbad, Sauna, Dampfbad, große Liegewiese und Garten, Spielplatz, auch Kinder- und Baby-Ausstattung wie Wickeltisch und Babyfon. Apt. (2 Pers.) 61–108 €, Frühstück auf Anfrage. Schanzenstr. 31, ✆ 0473/742057, www.obermuehle.it.

** **Marlene**, „Residence" mit angenehmen Zimmern und Apartments inmitten schöner Obstgärten, ruhig gelegen, Pool mit Liegewiese. DZ/FR 64 €, Apt. (2 Pers.) 52 €. Schanzenstr. 39, ✆ 0473/742387, www.residence-marlene.com.

Camping Cevedale, der Platz mit seinem schönen Freibad ist von der Straße aus leicht zu übersehen. Teilweise schattig, schöne und saubere sanitäre Einrichtungen, Minimarket, kleine Bar, ruhige Lage. Geöffnet Mitte März bis Mitte Nov. Stellplatz und 2 Pers. 25–32 €. Vinschgauer Str. 59, ✆ 0473/742132, www.camping-cevedale.com.

Sehenswertes/Ausflug

Schloss Goldrain: Der Bau geht zumindest in Teilen auf eine romanische Burg zurück und wurde im Spätmittelalter erweitert und in seine heutige Form gebracht. Die Außenmauer wird von vier Rundtürmen flankiert, ein Renaissance-Eingang zitiert venezianische Vorbilder. Der älteste Teil der Anlage ist wahrscheinlich der quadratische *Wehrturm*, der sie heute noch überragt. Viele Stile sind vertreten, viel Marmor ist in das Schloss eingebaut, was man selbst bei einem schlichten Rundgang um das eigentliche Schloss erkennt. Das Schloss ist Bildungs- und Kulturzentrum des Vinschgau und einmal pro Woche im Rahmen einer Führung zu besichtigen.
Führungen Anf. Juli bis Ende Aug. Do 16 Uhr, Anmeldung ✆ 0473/742433.

Vinschgauer Äpfel

Mehr als 200 Sonnentage pro Jahr und wenig über 500 mm Niederschlag bei großen Temperaturschwankungen zwischen Sommer und Winter sowie Tag und Nacht – das ist das Klima im unteren Vinschgau, und das ist das Klima, das Äpfel mögen. Der Vinschgau ist eines der bedeutendsten Apfelanbaugebiete Italiens, auf 4700 ha Apfelplantagen stehen 12 Mio. Apfelbäume auf Lagen zwischen 500 und 1100 m. 2000 Bauern in neun Obstgenossenschaften produzieren die begehrte Frucht. Und der Weizen? Vergessen! – Kaum zu glauben, dass der Vinschgau einmal Getreideland war. Heute ist alles dem Apfel untergeordnet, der Arbeitsrhythmus, die technische Ausstattung der Höfe, die Erschließungswege.

Der wegen der Höhenlage und durch den natürlichen Kühlhauseffekt besonders knackige Vinschgauer Apfel war bisher vorwiegend ein Golden Delicious, eine Sorte, die es seit 1890 gibt. Andere sind Gala, Red Delicious, Braeburn, Elstar und neuerdings mit stark steigenden Quoten Pinova. Dieser Apfel hat eine leuchtend rote Farbe, unter der ein grün-gelblicher Grund noch durchscheint. Warum diese neue Apfelsorte? Ein Zugeständnis an den Publikumsgeschmack? Von wegen: Der Pinova wird spät geerntet und hält sich bis in den nächsten Sommer, damit verlängert er die Apfelsaison für die Bauern des Vinschgaus. Doch damit nicht genug: In Zusammenarbeit mit der Fachhochschule Weihenstephan züchtete der Kandlwaalhof in Luggin die Sorte „Weirouge". Ihr Fleisch ist rot und sehr säurehaltig und bringt einen schmackhaften, leuchtend roten Apfelsaft hervor, den man probieren sollte.

„Südtiroler Äpfel" sind nicht irgendwelche Äpfel, elf Sorten sind seit 2005 unter diesem Namen geschützt, ein nicht unbeträchtlicher Teil von ihnen kommt aus dem Vinschgau. Die Ernte in Südtirol beträgt im Schnitt mehr als 1 Mio. Tonnen und macht damit etwa 10 % der europäischen Gesamternte aus; bei Bioäpfeln werden etwa 42.000 Tonnen geerntet, das sind rund 40 % der europäischen Produktion, aber nur 4 % der gesamten Südtiroler Apfelmenge – da gibt es also noch Luft nach oben.

Südtiroler Apfelkonsortium, Jakobistr. 1/A, Terlan, www.suedtirolerapfel.com.

Goldrainer See: Der kleine See liegt etschabwärts zwischen Etschtalbahn und Etschfluss, eine Liegewiese umgibt ihn und an schönen Sommertagen eine Hundertschaft von Faulenzern. Der See ist ein sauberes Fischgewässer, Baden ist nicht erlaubt.

Jausenstation Goldrainer See, kalter und warmer Imbiss, Biergarten und Eis, Sa/So sehr beliebt der Frühschoppen mit Weißwürsten. Kein Ruhetag. **Angelkarten** gibt's hier ebenfalls.

Morter

Morter ist ein locker gebautes Dorf am Austritt des Martelltals in den Vinschgau. Zwei Burgen bewachen den Eingang ins Martelltal, das sind die heutige *Ruine Untermontani* und *Burg Obermontani*. Im Dorf steht recht unbeachtet, und nur über einen Stichweg zwischen privaten Obstgärten zu erreichen, die kleine *Kirche St. Vigilius*. Kaum einer der Radfahrer, die auf dem Vinschger Radweg den Ort passieren, macht den Abstecher (zu Fuß). Von den Autofahrern gar nicht zu reden. Dabei ist das Kircherl fast 1000 Jahre alt, älter als jedes andere Gebäude im Ort.

*** **Montani**, das familienfreundliche Hotel bietet gute, teils frisch renovierte Zimmer mit Balkon, schöner Wintergarten und netter Garten mit beheiztem Freibad, Hallenbad, Saunen, Wellnessbereich – angenehme Atmosphäre. DZ/HP 118–150 €. Hofergasse 7, ✆ 0473/742155, www.hotelmontani.it.

Sehenswertes/Ausflüge

Kirche St. Vigilius: Der heilige Vigil ist der Titularheilige des Bistums Trient, ihm wurden in Südtirol, das in seinem Südteil zumindest kirchlich lange zu Trient gehörte, die eine oder andere Kirche geweiht (wer am Gardasee war, kennt vielleicht die Punta San Vigilio bei Garda, wo man seine Einsiedelei zeigt). Im 11. Jh. entstand der Bau, einsam heute in den Obstgärten, 1080 wurde er geweiht (Inschrift). Eindrucksvoll die romanische Apsis.

Schlüssel im Hotel bei Martin's, Hofergasse 4, ✆ 0473/742049.

Nur für Angler! Goldrainer See am Vinschger Radweg

Burg Obermontani: Wuchtig und unangreifbar schaut Obermontani auf den Vinschgau hinunter und erinnert an die Zeiten, als es noch eine Funktion gab für die 1837 aufgegebene Burg, nämlich den Eingang ins Martelltal zu schützen. Die Burgbibliothek barg einen nicht nur für Germanisten bedeutenden Schatz, eine Originalhandschrift des Nibelungenlieds (heute in Berlin). Die isoliert stehende **Burgkapelle St. Stephan** ist der Schatz der Anlage. Kaum zu glauben, aber in dieser Kirche ist wirklich jeder Quadratzentimeter mit Fresken zugedeckt – auf keinen Fall versäumen. Alles über das Martyrium des hl. Stephan wird an der Nordwand erzählt, die Südwand zeigt den hl. Hubertus und die zu ihm gehörigen Jagdszenen, die Ostwand zeigt die hl. Ursula mit ihren Jungfrauen und – wie traditionell üblich – über der Westwand wird gerade das Jüngste Gericht gehalten. Interessant auch für Kinder: Die Bilderflut macht neugierig, sie wollen wissen, was da und warum es geschieht. Da kann man schon mal bei den Erklärungen ein bisschen Bildung einfließen lassen und von der Rheinreise der hl. Ursula und ihren angeblich 11.000 Jungfrauen berichten (tatsächlich waren es aber wohl nur elf, die hohe Zahl beruhte auf einem Lesefehler).

Besichtigung Anfang April bis nach Allerheiligen, Fr/Sa 14.30–17.30 Uhr, Infos beim Tourismusbüro Latsch oder unter ✆ 0473/220221; Eintritt 3 €. Zufahrtssträßchen von der Straße ins Martelltal.

Ruine Untermontani: Von der Burg mit ihrer Zugbrücke ist nicht mehr viel erhalten. Brückenanlage, Mauerverlauf, Hof und Palas sind jedoch noch gut zu erkennen. Zu erreichen zu Fuß von Obermontani.

Das Martelltal

Dass sich ein hochalpines Tal mit Früchten hervortut, ist ungewöhnlich. Man staunt bereits in der ersten Kurve der Straße hinauf ins Martelltal, dass an den unteren Hängen nicht etwa Kühe weiden, sondern Erdbeeren wachsen.

Angefangen hat es bescheiden in den 60er-Jahren, mittlerweile haben die Erdbeeren zwischen 800 m und 1700 m ganz schön um sich gegriffen (40 ha Anbaufläche, das entspricht immerhin 60 Fußballfeldern). Aber es gibt nicht nur Erdbeeren in

Größter Erdbeerkuchen der Welt in Martell

Das Martelltal

diesem zum **Nationalpark Stilfserjoch** gehörenden Tal. Ein von Gletschern leuchtender Talschluss, der im gewaltigen Cevedale (3769 m) gipfelt – man sieht jedoch „nur" die etwas vorgelagerten Zufallspitzen (nördliche, 3700 m und südliche, 3757 m) – und der Suldenspitze (3376 m) des Ortlermassivs. Fast unberührte Gebirgszüge im Norden und Süden, die bis 3461 m (Schildspitze im Norden) bzw. 3438 m (Zufrittspitze im Süden) reichen, bäuerliches Siedlungsgebiet mit alten Höfen am Sonnenhang um Martell-Dorf, Wälder, Almböden, winzige alpine Seelein (und den Zufritt-Stausee) und ein ungebrochenes Traditionsbewusstsein, das nicht nur auf Touristenfesten zu beobachten ist. Ein Tal des Individualtourismus und des naturnahen Urlaubs. Hier kann man in den Bergen Gämsen, Rehen, Rothirschen oder Murmeltieren begegnen oder mit Glück und Geschick den Bartgeier (in den Jahren 2000 und 2002 nach eineinhalb Jahrhunderten der Ausrottung wieder angesiedelt, seit 2015 brüten die Geier wieder erfolgreich) beobachten, wie er lautlos durch die Lüfte segelt. Und im Winter, wenn anderswo sich die Skitouristen auf der Piste über den Haufen carven, lässt sich in der verschneiten Landschaft um die Zufallhütte oder hinauf zur Lyfialm prima Schneeschuhwandern.

Basis-Infos

Information Tourismusverein Latsch-Martell, die Touristeninformation befindet sich im Nationalparkhaus Culturamartell. Anf. Mai bis Ende Okt. Mo–Fr 8.30–12.30 Uhr, So 14–18 Uhr. I-39020 Martell/Martello, Trattla 246, ☏ 0473/745027, www.latsch-martell.it.

Verbindungen Pkw: Die Talstraße ist zügig ausgebaut, in Martell-Dorf Parkprobleme. Bus: Linie 262 von Schlanders nach Martell-Dorf tgl. 9x (So 5x), im Sommer ab Martell auch zum Gasthof Enzian 3x.

Einkaufen Erdbeeren! Sie werden hier spät im Jahr reif, Ende Juni bis Aug., auf den höchsten Flächen sogar erst im Sept., und sie sind besonders schmackhaft. Man bekommt die Marteller Erdbeeren (u. a. regionale Produkte) in der 2013 neu eröffneten **Südtiroler Erdbeerwelt** der MEG direkt neben dem Naturparkhaus. Auch Himbeeren (Juli bis Mitte Okt.) und Johannisbeeren (Juni bis Aug.) gedeihen prächtig. Infos unter www.vip.coop.

Ein schmackhaftes Mitbringsel sind die **Marteller Almkäse**.

Feste & Veranstaltungen Ende Juni findet im Martelltal zur Erdbeerenernte das **Erdbeerfest** statt, Standort ist beim Naturparkhaus, genauer Termin bei der Touristeninfo oder unter www.erdbeerfest.it. Schleckermäuler kommen wegen der Erdbeeren und der Riesen-Erdbeertorte (2001 angeblich in Weltrekordgröße), die zu Beginn festlich angeschnitten wird; Musik, Zeltfest, Kutschfahrten, spezielles Kinderprogramm etc. sind weitere Attraktionen.

Marteller Michaelimarkt Ende Sept. (Michaeli), ursprünglich ein Viehmarkt, heute ein recht populärer Krämermarkt, der nahe dem Naturparkhaus an der Talstraße stattfindet.

Sport Die **Freizeitanlage Trattla** an der Talstraße umfasst neben dem Nationalparkhaus Culturamartell Tennisplätze, Eislaufplatz, Schießsportanlage, Bowling- und Naturkegelbahn, Minigolf, einen Kinderspielplatz und eine Kletterhalle. Das **Biathlonzentrum**, Maiern 96, bietet einen Parcours und ein ebenso großes Stadion, www.biathlon-martell.com.

Übernachten/Essen & Trinken

*** Burgauner Hof, typisches Tiroler Hotel mit viel Holz innen und außen. Komfortable, teils renovierte Zimmer mit Balkon, im Haus kleines Hallenbad, Whirlpool, Sauna. DZ/HP 136–184 €. Ennewasser 196, ☏ 0473/744530, www.burgaunerhof.com.

***S Zum See, freundliches, helles Haus mit angeblich „dem größten Erdbeerbecher des Martelltals" (Eigenwerbung), im Mai und Juni kann man an einer geführten Beobachtungstour zum Bartgeier teilnehmen. DZ/FR 144–170 €, März bis Ende Okt. und in den Weihnachtsferien. Hintermartell 207, ✆ 0473/744668, www.hotelzumsee.com.

***S Bergfrieden**, Hallenbad, finnische und Dampfsauna, Whirlpool – was für ein Genuss nach einer anstrengenden Wanderung! Das recht große „Beerenhotel" (und Familienhotel und Wanderhotel …) hat helle Zimmer mit naturbelassenem Holz und Namen wie „Zimmer Himbeere", alle mit Balkon und Sitzecke. DZ/HP 116–172 €. Meiern 84, ✆ 0473/744516, www.bergfrieden.com.

*** **Waldheim**, Gasthof und heute Familienhotel an der Talstraße bei der kleinen Wallfahrtskirche Maria in der Schmelz, die große Terrasse lockt mit Kuchen und Eis, draußen und drinnen gibt's Deftiges von Bandnudeln mit diversen Saucen, Speck und Forellen über Pilzgerichte bis zu Wild. Zimmer mit Balkon, große Liegewiese, Kinderspielplatz. Neuer Saunabereich. Mi Ruhetag (nicht Juli bis Mitte Okt.). DZ/FR 90–110 €. St. Maria in der Schmelz 16, ✆ 0473/744545, www.waldheim.info.

Stallwies, Jausenstation/Gasthaus auf 1950 m Höhe mit Luxus-Aussicht, höchstgelegener bewirtschafteter Bergbauernhof des Martelltals („höchster Kornhof Europas"), kleiner Streichelzoo, Wassermühle, rustikale Tiroler Gerichte, auch 5 helle, modern eingerichtete Zimmer. Ganzjährig geöffnet, Do außerhalb der Saison Ruhetag. DZ/FR 90 €. Waldberg 1, ✆ 0473/744552, www.stallwies.com.

Sehenswertes/Ausflüge

Nationalparkhaus Culturamartell: Wasser in Prad, Leben an der Grenze in Trafoi, Kultur in den Bergen am Beispiel der Bewohner des Martelltals – das ist das Programm der drei Nationalparkhäuser im **Nationalpark Stilfserjoch**. Vor Ort geht es hier um die Kulturlandschaft, die einer unwirtlichen Natur in oft extremen Situationen abgerungen wurde, um das Bauernleben ohne Idyll mit (Ton-)Originaldokumenten und die Stube als Zentrum des Bauernlebens und nicht als dekoratives Ambiente für schicke Restaurants. Etwas gewöhnungsbedürftig, weil nicht dem kolportierten Klischee vom bäuerlichen Idyll entsprechend und deshalb äußerst anregend. Auch für Kinder, denen allerhand geboten wird.

Anfang Mai bis Ende Okt. Di–Sa 9.30–12.30/14.30–18 Uhr, Juli/Aug. auch So, Eintritt 3 €, Kombikarte mit Aquaprad 8 €, Familie 7/16 €. Trattla 246, Martell, ✆ 0473/745027, www.stelviopark.bz.it.

Martell-Dorf: Der Sonnenhang im mittleren Tal, auf dem Martell-Dorf liegt, war immer die bevorzugte Siedlungslage. Ein Dorf gab es nicht, die Höfe standen verstreut auf den steilen Hängen zwischen ihren Feldern und Wiesen (die Felder sind verschwunden, sieht man von ein paar Erdbeerfeldern ab, die es selbst hier gibt). Erst der Tourismus der letzten drei Generationen hat eine dorfähnlich bauliche Verdichtung bewirkt. Immer noch sieht man, selbst in Martell-Dorf, die alten Gehöfte mit ihren nur mäßig geneigten Dächern, die mit Schindeln gedeckt sind, über die Holzstreifen gelegt sind, die die zur Beschwerung draufgelegten Steinen am Abrutschen hindern sollen. Heute sind alle Höfe durch Straßen erschlossen, aber es gibt noch einige der alten Verbindungswege, die als Wanderwege gepflegt werden – leider fallen dem Straßenbau jedes Jahr neue Teilstücke des alten Wegenetzes zum Opfer. Die *Pfarrkirche zur hl. Walburga*, ein Barockbau mit gotischem Chor (das Schiff der früheren Kirche) enthält wertvolle Deckengemälde von *Adam Mölk* (1759).

Wanderung auf die Soyalm: Die mit einem Käsereigebäude versehene Soyalm (2072 m) ist ein schönes Ausflugsziel. Ihre Lage in einem ausgedehnten Almwiesenbereich, in dem man das Vieh beobachten und alles mögliche entdecken kann, der relativ einfache Aufstieg und die Möglichkeit, mal beim Buttern und Käsen zuzuschauen, machen sie auch für Kinder interessant. Man steigt von der Jausenstation „Hölderle" auf gutem Almsaumweg (keine Straße, nur Materialseilbahn!)

durch den Schatthang auf – das kann in den Übergangsjahreszeiten ganz schön kühl werden. Umso mehr freut man sich über den herrlichen Almboden, auf dem die Soyalm liegt, und die Traumblicke in die Berge ums Martelltal (Zufrittspitze). Aufstieg ab „Hölderle" (ca. 1460 m) auf Weg 4 etwa 2 Std., Abstieg 1:30 Std.

Die **Soyalm** ist einfach bewirtschaftet, Käse und Butter zum Verkauf, nur im Sommer, kein Ruhetag.

Wanderung auf die Lyfialm: Neben der Soyalm ist diese Alm (2165 m) die zweite im Martelltal, die heute noch Milchwirtschaft betreibt. 45.000 Liter Milch werden dort jährlich in Handarbeit zu Käse und Butter verarbeitet. Man erreicht die Almhütte ab dem Talschluss in etwa einer Stunde auf Weg 6/8 und wandert dabei hauptsächlich durch Kiefern- und Latschenwald.

Die **Lyfialm** ist auch ein schönes Schneeschuhwanderziel, eigene Käserei. Ganzjährig Do–So, ✆ 333/2770100, www.lyfialm.it.

Zum Zufritt-Stausee und zum Talschluss: Zu den ganz großen Bildern der Südtiroler Berge gehört der Blick von etwas oberhalb des Zufritt-Stausees auf den Talschluss des Martelltals. Die Eispyramide des *Cevedale* dominiert ihn, thront über ihm mit vereisten Flanken, die trotz des allgemeinen Gletscherschwunds den Eindruck von Ewigkeit vermitteln (wer sich den Gletschern nähert, etwa auf der unten beschriebenen Wanderung, erkennt den starken Rückgang). Der Stausee besitzt an seiner Ostseite einen schönen, breiten Spazierweg, der beim „Gasthaus zum See" beginnt und sogar von Rollstuhlfahrern zu bewältigen ist. Wegen der großartigen Ausblicke, die man über die grüne Wasserfläche des Sees hinweg auf den vergletscherten Talschluss hat, sollten ihn auch diejenigen machen, die sonst über Spaziergänge die Nase rümpfen und lieber Touren gehen. Auf der Westseite gibt es keinen Weg, man muss also denselben Weg zurückgehen oder den Bus benutzen.

Eine recht kurvige und enge Straße führt oberhalb des Stausees in den Talschluss, wo am Straßenende drei Berggaststätten („Borromeohütte" am Beginn der letzten Kehren, „Gasthof Enzian", „Gasthof Schönblick") auf Gäste warten. Das ehemalige „Hotel Paradiso del Cevedale", ein Vorzeigebau der neuen italienischen Funktionalität der 30er-Jahre – Architekt war der Erbauer des Pirelli-Hochhauses in Mailand – verkommt vor sich hin.

Wanderung rund um die Plima-Schlucht: Ein 2017 eröffneter, für Kinder sehr attraktiver Rundweg führt am östlichen Rand der spektakulären Plima-Schlucht entlang in etwa 50 Min. zur Zufallhütte. An vier beeindruckenden stählernen Aussichtspunkten kann man einen Blick in den Abgrund und die tosenden Wasser werfen und erfährt nebenbei an Infotafeln einiges über Amphibien, Flechten, den Tannenhäher und über das Leben mit Naturgefahren. Nach der *Kelle in der Klamm*, der *Panoramasichel* und der *Aussichtskanzel* folgt kurz vor der Zufallhütte der architektonische Höhepunkt, die *Hängebrücke*: Auf rostbraunen Bodenplatten schwebt man über die Schlucht, zu beiden Seiten geschützt von einer luftigen Konstruktion aus Seilen, Drahtgeflecht und silbern glänzenden Stahlelementen. Nach der Rast in der Hütte bietet sich beim entspannten Rückweg (35 Min.) auf dem breiten Weg Nr. 150 ein Abstecher zum Julius von Payer-Stadel an, der etwas unterhalb des Weges inmitten sanft gewellter Almwiesen liegt. Der im 19. Jh. lebende Kartograph und Polarforscher bestieg zu Vermessungszwecken mehr als 70 Gipfel der Ortlergruppe und hielt sich 1868 einige Tage in dieser schlichten, schön renovierten Hütte auf. Einige Infotafeln an der Innenwand erzählen seine Geschichte (Abstecher insges. 15 Min.).

Wer es länger mag und kann, den belohnt der Weg hinauf zur *Marteller Hütte* mit den wesentlich eindrucksvolleren Ausblicken, die man von ca. 2600 m Höhe hat. Und warum nicht (Trittsicherheit, Schwindelfreiheit und alpine Erfahrung samt der entsprechenden Ausrüstung vorausgesetzt) auf einen wirklich „leichten" Dreitausender wie die *Vordere Rötspitze*?

Verbindungen Zu den Gasthöfen Enzian und Schönblick führt die **Talstraße**, die auch von den **Bussen** des SAD befahren wird (im Sommer 3x tgl.). Gebührenpflichtiger Parkplatz am Ende der Straße.

Übernachten/Essen ** Gasthof Enzian, 2051 m, gute Zimmer mit Balkon. Ganzjährig geöffnet, Gaststätte Fr Ruhetag. DZ/FR 78–80 €. Hintermartell 200, ✆ 0473/744755, www.gasthof-enzian.it.

** **Gasthof Schönblick**, 2100 m, Zimmer mit Balkon, Wanderinfos und Schneeschuhverleih. Geöffnet März bis Sept., DZ/FR 74–76 €. Hintermartell 199, ✆ 0473/744776, www.gasthof-schoenblick.it.

Schlanders

Schlanders mit seinem überspitzen Pfarrkirchturm – an die 96 m hoch soll seine Spitze sein – ist der wichtigste Ort des Vinschgaus. Fast städtisch mutet seine Hauptstraße an, aber kaum ist man aus dem Weichbild von Schlanders hinaus, befindet man sich auf dem Lande.

Schlanders besitzt ein Krankenhaus, ist der Sitz der Talgemeinschaft und wichtigster Einkaufsort (was auch beworben wird) sowie zentraler Verkehrsknotenpunkt – auf diese Bedeutung nimmt auch die wiedereröffnete *Vinschgerbahn* Rücksicht.

Ein paar Daten zur Geschichte gefällig? Schlanders erscheint erstmals 1235 in einer Schenkung als Pfarre Schlanders an den Deutschen Orden durch Kaiser Friedrich I. (Barbarossa), damals gab es also bereits einen Pfarrort (über die Zeit davor ist nichts bekannt). Um 1260 bauten dann die Herren von Montalban oberhalb von Schlanders eine Burg, sie wurden nach ihr als Herren von Schlandersberg bekannt (1755 in männlicher Linie ausgestorben). Auch im Ort selbst gab es eine Burg. Die Schlandersburg wurde aber von einem anderen Adelsgeschlecht errichtet, den Herren von Hendl. Die behäbigen Bürgerhäuser des Marktorts täuschen eine friedliche Geschichte vor, die Schlanders nicht hatte. Pest 1348, Bündner Truppen während des Engadiner Kriegs 1499, die den Ort komplett niederbrennen (auch die Kirchen), Bauernaufstand 1525, Pest 1635 und 1636 mit 1000 Todesopfern, Flutkatastrophe 1731 mit 30 weggerissenen Häusern, 1799 napoleonische Truppen (das Schützengelöbnis, das heute noch mit Prozession gefeiert wird, nützte nichts), Blutopfer im Befreiungskrieg 1809 und im Ersten Weltkrieg, italienische Besetzung 1918/19, Option und Auswanderung im Zweiten Weltkrieg – erst nach 1945 konnte man sich's so einigermaßen gemütlich einrichten.

Basis-Infos

Information Tourismusverein Schlanders-Laas, Mo–Fr 8.30–12.30/14–18 Uhr, April bis Okt. auch Sa 8.30–12.30 Uhr. I-39028 Schlanders/Silandro, Kapuzinerstr.10, ✆ 0473/730155, www.schlanders-laas.it.

Verbindungen Pkw/Parken: Schlanders hat eine verkehrsberuhigte Hauptstraße und wird von der Staatsstraße SS 38 relativ eng umfahren. Im Ort gibt es jede Menge Parkplätze, darunter 4 Tiefgaragen (gebührenpflichtig wie 2 weitere Parkplätze). Wer

Schlanders

Im verkehrsberuhigten Ortskern von Schlanders

in Schlanders urlaubt und dort parken will, sollte sich in der nächsten Tabaktrafik oder Bank die elektronische Parkkarte der Gemeinde besorgen. Alle Parkplätze und Tiefgaragen sind in Fußentfernung vom Ortszentrum. Sind alle Parkplätze überlaufen und die Tiefgaragen besetzt, bietet sich der riesige Parkplatz an der Sportzone im Osten des Orts an (gebührenfrei, dort auch Parkmöglichkeit für Camper).

Bus: Verbindungen mit Ober- und Untervinschgau, Meran und Martelltal. **Vinschgerbahn** ab und nach Meran und Mals.

Ärztliche Versorgung Krankenhaus Schlanders, Krankenhausstr. 3, ✆ 0473/738111, zuständig für den gesamten Vinschgau, auch Notdienst.

Baden/Schwimmen Sportzone, Schwimmbadstr. 12, mit Freibad, Tennisplätzen etc. Das Freibad ist beheizt, große Liegewiese, Mitte Juni bis Saisonende tgl. 10–20 Uhr.

Einkaufen Schlanders verkauft sich als Einkaufsparadies, und tatsächlich hat die verkehrsberuhigte Innenstadt eine ganze Reihe guter Geschäfte – vom Juwelier über den Buchladen bis zum Kindermodengeschäft. Stärkste Konzentration in der Göflaner Straße ab dem Platz vor dem Kulturhaus Karl Schönherr und die anschließende, platzartig erweiterte Hauptstraße bis zum Dammlplatz mit schickem Benetton-Haus.

Gutes **Brot** in der Bäckerei Preiss, u. a. die „Feigenstriezen", Hauptstr. 125.

Tee- und Kaffeespezialitäten im Tea Shop, Hauptstr. 37.

An der Vinschgau-Staatsstraße in Richtung Meran rechts großer **Supermarkt** (Eurospar) mit reichlich Parkplätzen.

Der Bio-Reiterhof Vill, einen Steinwurf vom Stadtzentrum entfernt, ist ein **Demeter-Biohof**, der auf Biogemüse und Vieh spezialisiert ist. Seit 1989 wird biologisch gewirtschaftet, zur Rechten des Hofs ein beispielhafter Bauerngarten mit Gemüse, Salaten, Beeren, Obst und Blumen in bunter Mischung: Reiterhof Vill, Mühlgasse 13, ✆ 0473/621267, www.vill.it. ∎

Bioladen Holzer, Hauptstr. 18.

Markt ist jeden Do, Krämermarkt und landwirtschaftliche Produkte, am Parkplatz Stainer.

Feste & Veranstaltungen Kulturhaus Karl Schönherr, die Stadt leistet sich ein modernes Kulturhaus für Konzerte, Theater- und

Kinoaufführungen (Letztere nur Sa/So), Göflanerstr. 27b, ✆ 0473/732052, www.kulturhaus.it.

Prozession der Schlanderer Schützen zum Fest Maria Namen zur Erinnerung an ein Gelöbnis von 1799. Die Prozession findet am 2. Wochenende im September statt.

Internet Bar-Café Cremona, Hauptstr. 48 (Fußgängerzone).

Radfahren Der Tourismusverein organisiert diverse Radtouren. **Radverleih** Bikeman, Dr.-H.-Vögelestr. 7, ✆ 0473/732387, www.bikeman.it.

Reiten Bio-Reiterhof Vill (s. o.).

Wintersport → s. Latsch S. 404.

Übernachten

In Schlanders ****S Vier Jahreszeiten, das First-Class-Hotel wurde 2014/15 komplett umgebaut und renoviert. Neue Zimmer, Suiten und Speisesäle, Spa, Hallenbad, Sauna, erweiterte Badelandschaft im Freien (270 m²) mit Tropendusche und weißem Marmorstrand, 1100 m² Parklandschaft. Das Küchenteam kreiert mediterran angehauchte Gourmetgerichte unter Verwendung regionaler Zutaten. DZ/HP 220–310 €, Suiten teurer. A.-Hofer-Str. 8, ✆ 0473/621400, www.vierjahreszeiten.it.

**** **Zur Linde**, das Parkhotel zur Linde gibt sich locker, bunt, modern und ohne Schnörkel – wohltuend unplüschig. Dennoch ist es komfortabel mit Hallenbad und Saunen, Außenpool, großem Garten, freundlichen Zimmern mit Balkon. Das Tirolerische fehlt auch nicht, man trifft es in der Bauernstube mit ihrem Kachelofen und auf der Speisekarte. Restaurant So Ruhetag. DZ/HP 154–180 €. Göflaner Str. 35, ✆ 0473/730060, www.parkhotel-linde.com.

***S **Maria Theresia**, komfortables Hotel mit schönem Wasser- und Wellnessbereich mit Hallenbad, Saunen, Whirlpool, Fitnessraum, gediegene Zimmer mit Balkon, Nachteil ist die Lage an der Vinschgau-Staatsstraße. Restaurant Mi abends geschl. DZ/¾-P 142–172 €. Staatsstr. 15, ✆ 0473/730209, www.hotel-maria-theresia.it.

*** **Goldener Löwe/Schupferwirt**, ehrwürdiger, vorbildlich sanierter Gasthof im Zentrum und doch ruhig. Auch die Zimmer sind modernisiert und ansprechend gestaltet. Gutes Restaurant im Haus, Hallenbad, Sauna, schöner Innenhof mit Garten/Liegewiese; Restaurant Mo Ruhetag. DZ/FR 98–140 €. Dantestr. 6, ✆ 0473/730188, www.goldener-loewe.it.

** **Pernthaler**, einfache Pension im Zentrum mit wirklich großer, ruhiger Liegewiese und kleinem Kinderspielplatz, Zimmer mit Balkon, gutes Frühstücksbuffet. DZ/FR 78–88 €. Andreas-Hofer-Str. 18, ✆ 0473/730035, www.pension-pernthaler.it.

In Kortsch *** **Sonne**, ein Gasthof im Ortszentrum, der zwar an- und zugebaut hat, aber den alten Wirtshaustrakt noch nicht von Tiroler Schnörkeln überwuchern ließ. Mit Hallenbad, Sauna, Wellnessbereich. Restaurant Di Ruhetag. DZ/FR 82–92 €. Schmiedgasse 12, ✆ 0473/730100, www.gasthof-sonne.info.

*** **Kortscherhof**, moderner Hof, insbesondere die 2 Dependance-Apt. sind spektakulär mit viel Glas und Holz und tollem Ausblick vom Balkon, Apt. (2 Pers.) 59–99 €. Maneidweg 4, ✆ 0473/730519, www.kortschhof.com.

In Vetzan **** **Vetzan**, das Sporthotel Vetzan gibt sich, was den Sport betrifft, wirklich Mühe: 2 Tennisplätze, Hallenbad, Whirlpool, Fitnessraum, City- und Mountainbikes, man ist Partner des Golfclubs Lana. Kein Gegenüber, wenn man draußen frühstückt, aber Bergblick. DZ/HP 168–240 €. Dorfstr. 14, ✆ 0473/742525, www.sporthotel-vetzan.com.

***S **Vinschgerhof**, das Wanderhotel liegt nicht im Ort Vetzan, sondern unten im Etschtal an der Straße nach Latsch. Hallenbad und Saunen, die kürzlich renovierten Zimmer und Suiten sind modern, gemütlich und hell. Geführte Wander- und Biketouren. Restaurant Mo Ruhetag. DZ/HP 98–254 €. Alte Vinschger Straße 1, ✆ 0473/742113, www.vinschgerhof.com.

** **Sonnenberg**, familiäre Pension auf dem Sonnenberg, Pool und Liegewiese, blumengeschmückte Balkone, farbenfrohe Zimmer, Frühstücksbuffet, hinterm Haus geht's rauf in den steilen Trockenhang der Vinschgauer Sonnenseite. DZ/FR 60–72 €. Dorfstr. 58, ✆ 0473/742068, www.pension-sonnenberg.it.

Essen & Trinken

Schupferwirt/Goldener Löwe, Dantestr. 6, Restaurant/Pizzeria des gleichnamigen Hotels, nicht nur schlicht Nudeln und Pizza, sondern auch Gehobenes. Der andere Eingang des Gasthofs führt in die sehr populäre Bar, da zischt das Bier wirklich frisch. Mo Ruhetag.

Schwarzer Adler, Hauptstr. 38, alter Einkehrgasthof in der Dorfmitte. Traditioneller Gastraum und Stube, gute Küche nach Tiroler Tradition (Nockerl-Tris mit *vier* Arten von Nocken) und sehr zivile Preise (Menü 2 Gänge unter 15 €), Sa Ruhetag. ☎ 0473/730222, www.gasthof-schlanders.com.

Schuster, Hauptstr. 60, Café-Konditorei, nicht nur üppige Eisbecher, sondern auch Käse-Sahne-, Sacher- und Fruchttorte, Sacherkrapferl, gute Brioches, Trockengebäck und ein vorzüglicher Cappuccino. So Ruhetag.

Cremona, Hauptstr. 48, Bar-Café mit Toto/Lotto, Spielautomaten, Stempel- und Telefonwertmarken, Internet – pur italienisches Ambiente (Südtirol bleibt vor der Tür). Mo Ruhetag.

Prax, P.-M.-Tumler-Str. 5, Pizzeria in Göfflan mit schöner Terrasse, die Pizza kommt aus dem Holzofen. Mo Ruhetag.

Sehenswertes/Ausflüge

Pfarrkirche Maria Himmelfahrt und Spitalkirche: Der weithin sichtbare Turm der Pfarrkirche mit seinem spitzen Helm ist das Wahrzeichen von Schlanders, er ist mit dem Turm der Traminer Pfarrkirche einer der höchsten im Lande. Die Pfarrkirche war ursprünglich gotisch, wurde aber 1758/59 barockisiert, die eindrucksvolle Ausmalung ist von *Adam Mölk*. Den besten Blick auf den Innenraum hat man von der Empore.

Avimundus: In der Fußgängerzone mitten im Ort gibt es eine Ausstellung zu den Vögeln des Nationalparks Stilfserjoch. Avimundus, also Vogelwelt, nennt sie sich. Ihr Kern ist die Vogelsammlung eines Privatmannes, der sich den Brutvögeln des Alpenhauptkammes südlich von Schlanders widmete.

Infopunkt Avimundus, Kapuzinergasse 2, Ende Mai bis Okt. Di-Sa 9.30–12.30/14.30–18.30 Uhr, ☎ 0473/730156, www.stelviopark.bz.it.

Die Schlandersburg: Die Burg der Herren von Hendl wurde in der Renaissance errichtet. Ihr schönster Teil, der zweistöckige Arkadenhof, ist öffentlich zugänglich (im Gebäude heute Stadtbibliothek und Ämter). Schöne Säulen, Portale, Wappen und Fenstergitter.

Wanderung zum Schloss Schlandersberg: Der trutzig-schlichte Bau hoch über Schlanders wurde ebenfalls in der Renaissance errichtet. Er war der Stammsitz der Herren von Schlanders, nach deren Aussterben die Burg an Bauern der Umgebung verkauft wurde. Man kann hinauffahren (Straße ab Vetzan), viel schöner ist eine Wanderung, die aber nur von guten Gehern in Bergschuhen unternommen werden sollte, denn im Mittelteil handelt es sich um einen recht holprigen, teilweise sogar etwas ausgesetzten Felsensteig. Das Schloss ist in Privatbesitz und kann nicht besichtigt werden.

Jausenstation Fisolgut, Schlandersberg 32, ein Bauernhof direkt hinter dem Schloss Schlandersberg. Obstbäume, unter denen man gemütlich sitzen kann, wenn man nicht die schöne Stube vorzieht. Hausgegartes und -gebackenes. 2017 war der Hof wegen Umbauarbeiten geschlossen, aktuelle Infos auf der Webseite. ☎ 0473/621176, www.fisolgut.com.

Kortsch: Das Bauerndorf hat ein paar schöne alte Höfe, eine spätgotische Pfarrkirche mit Flügelaltar aus der Entstehungszeit (16. Jh.) und einige Kapellchen in der

Umgebung. Besonders **St. Ägidius am Schatzknott** ist interessant, dort hat man frühmittelalterliche Fresken freigelegt, und am ersten Fastensonntag findet dort das Scheibenschlagen statt, bei dem junge Burschen ihre Geschicklichkeit beweisen. Früher vergab man an diesem Termin den verantwortungsvollen Posten des *Waalers* für das folgende Bauernjahr. Was das Abschlagen von brennenden Rädern ins Tal damit zu tun hat und warum es anderswo (Vetzan) auf das Fest Herz Jesu überging, weiß man nicht. Am kurzen **Zaalwaal** oberhalb des Orts gibt es übrigens noch eine der heute sehr selten gewordenen Waalschellen. Man erreicht den Waal vom Ägidiuskirchlein auf dem mit „Sonnenberg" bezeichneten Weg.

Vetzan: Hier liegt die Obergrenze des Weinbaus im Vinschgau, und der Ort ist gleichzeitig der älteste Weinbauort des Tals (1170; Erwähnung durch das Kloster Marienberg, zu dem er gehörte). Auch die Esskastanie hat hier ihr so ziemlich höchstes Vorkommen im Tal. Immer wieder gab es katastrophale Hochwasser des Fallerbachs (wer oben zwischen den aufgelassenen Höfen Zuckbichl und Patsch das Tal quert, sieht besonders gut die zerstörerische Gewalt dieses Wildbachs) – 1840 wurde das gesamte Dorf zerstört, seit der Bach verbaut wurde, kann man hoffen, dass eine Katastrophe dieses Ausmaßes nicht mehr auftritt.

Göflan und Umgebung: Der Ort liegt Schlanders gegenüber am Fuß des **Nörderbergs**, wie sich hier der Schatthang des Vinschgaus nennt. Im Ort zwei bedeutende Kirchen, St. Martin mit spätgotischen Flügelaltären sowie St. Walburga. Nicht genug, dass *St. Martin* gleich drei gotische Flügelaltäre besitzt, einer davon ist auch noch von *Jörg Lederer* (linker Seitenaltar), dessen Altar in der Spitalskirche in Latsch jedoch bekannter ist. Figuren wie die Maria mit Kind und zwei weiblichen Heiligen in der Mitte und die Reliefs gehören zu den Meisterwerken des Jörg Lederer. Das kleine Kircherl *St. Walpurgis* hat ein wunderschönes spätgotisches Inneres mit aufwendig verziertem Netzgewölbe und vielen Wappen herrschender Geschlechter. Von Göflan, das vom Etschtalradweg gequert wird, der hier die Talseite wechselt, gehen Wanderwege und Sträßchen zu den Höfen des Nörderbergs, die auch für Mountainbiker interessant sind.

Kirchen Besichtigung der beiden Kirchen nach Vereinbarung, Fam. Pircher ✆ 0473/730468.

Wein Das **Weingut Befehlhof**, Torgglweg 2 in Vetzan (✆ 0473/742197, www.fws.it), bietet Führungen durch den Betrieb samt anschließender Wein- und Sektverkostung. Infos und Anmeldung beim Tourismusverein.

Laas

Laas ist das Marmordorf Südtirols. Im südlich verlaufenden Laaser Tal und in großer Höhe über dem Ort befindet sich auf der Nordseite des Ortlermassivs ein riesiges Marmorvorkommen, dessen schneeweiße Qualität schon die Römer hierher führte. Im Ort wurde die romanische Apsis der **Pfarrkirche** aus diesem schönen Stein gebaut. In der Neuzeit hat sich der Abbau im 19. Jh. stark verstärkt, so sind z. B. die Löwen vor der Feldherrnhalle in München und das Moltkedenkmal in Berlin aus Laaser Marmor. Vor allem aber Wiener Bauten leuchten dank Laaser Marmor: so die Treppenhäuser der Neuen Hofburg und der beiden großen Museen am Ring, außerdem die Skulpturen im und auf das Parlament (damals Reichstagsgebäude) samt Karyatiden im Sitzungssaal und Pallas Athene auf der Giebelspitze. Auch die Büste Kaiser Franz Josefs mit ihrem üppigen Piedestal, die in Laas etwas verloren zwischen Bank und Rathaus steht (Raiffeisenplatz), ist aus Laaser Marmor. 1910 wurde sie bestellt, aber – 1918 war's aus mit dem Kaiserreich – niemals abgeholt. Das neueste Großprojekt ist der 2016 eröffnete U-Bahnhof am Ground Zero in New York, den der Stararchitekt Santiago Calatrava entworfen hat. Eine über 50 m hohe, strahlend weiße Halle aus Marmor bildet sein Zentrum. Das Projekt hat unfassbare 4 Mrd. Euro gekostet. Die neue *Fachschule für Steinbearbeitung* im Ort soll und wird die Tradition der Marmorbearbeitung (des „Weißen Goldes", wie man in Laas gerne sagt) aufrechterhalten.

Information Tourismusbüro, April bis Okt. Mo–Fr 14–18 Uhr, ab Juni auch Sa 10–12.30 Uhr. I-39023 Laas, Bahnfofstr. 3, ✆ 0473/626613, www.schlanders-laas.it.

Einkaufen Der **Kandlwaalhof**, Unterwaalweg 10, bietet Produkte aus eigenen Früchten. Verkauft werden ab dem Biohof z. B. in heimischen Holzfässern gelagerte Apfel- und andere Essige, getrocknete Äpfel, Vinschger Marillen (Aprikosen) und Palabirn, die weichen Vinschgauer Birnen, die als erste reif werden und leider kaum transportierbar sind; die rotfleischige Apfelsorte Weirouge, aus der ein roter, leckerer Saft gewonnen wird, entstand in Kooperation mit der FH Weihenstephan. ✆ 0473/626627, www.luggin.net. ∎

Venustis, Vinschgaustr. 10, köstliche Kreationen aus Schokolade, z. B. Fruchtschokoladen, Bergpralinen oder Laaser Marmorwürfel und allerlei Nettes aus Holz und Glas. ✆ 0473/626585, www.venustis.it.

Feste & Veranstaltungen **Marmor und Marillen**, Ende Juli/Anfang Aug., ein sehenswertes Festival in Laas, das buntes Markttreiben, Musik und Kunsthandwerk mit einer Marmorwerkstatt kombiniert. Bekannte Bildhauer bohren, feilen und schleifen an Marmorblöcken auf einem Gelände direkt am Bahnhof, dass es eine Freude ist. Dazu gibt es geführte Besichtigungen des Marmorwerks, Filmvorführungen und einen Besuch der Fachhochschule für Steinbearbeitung – und natürlich, wie der Name schon sagt, kistenweise orangefarbene, saftige Marillen. Unbedingt mit dem Zug anreisen, dann ist man gleich mitten im Geschehen, Parkplätze sind während des Festivals absolute Mangelware. Infos und Programm unter www.laas.info.

Kunstschaffender

Hochseilgarten Waldseilgarten in Allitz, 7 Parcours in Bodennähe oder in bis zu 25 m Höhe. Geöffnet Mai bis Okt., komplizierte Öffnungszeiten, besser vorher im Internet checken. Erw. 26 €, Kinder und Jugendliche 15–18 €. Infos unter ✆ 380/4206729, www.bergerlebnisse.com.

Übernachten/Essen in Laas **Schwarzer Adler**, flankiert von Bäcker, Metzger und Lebensmittelladen ist der Schwarze Adler ein Teil der Grundausstattung des Orts, solide mit dem Dorfleben verwachsen (nach dem Kirchgang findet hier der Frühschoppen der Männer statt, während die Frauen nach dem Essen schauen). Speisesaal mit überdachter Terrasse zum Garten, Do Ruhetag. Vinschgaustr. 53, ✆ 0473/626140.

424   Der untere Vinschgau

Camping Badlerhof, kleiner Platz (35 Stellplätze) in Dorfnähe, ausreichende sanitäre Einrichtungen, markanter Rundbau „Wellnessoase", nettes Café und gemütlicher Aufenthaltsraum. Gespann und 2 Pers. ab 28 €. Kugelgasse 4, ✆ 0473/628011, www.camping-badlerhof.it.

Zur Krone, vor dem Gasthof an der Hauptstraße wächst eine junge Linde, die dem kleinen Platzl etwas Schatten gibt, was vor allem die Radler lockt, die vom nahen Vinschger Radweg in den Ort hineinfahren. Leichte regionale und italienische Küche. ✆ 0473/626117, www.krone-laas.it.

Greta, Vinschgaustr. 65, populäres Konditorei-Café im Zentrum des Ortes, eigene Produkte vom Obstkuchen über die Torte bis zum Eisbecher. Mo Ruhetag.

Übernachten/Essen außerhalb Untertröghof, 4 Ferienwohnungen auf dem Bergbauernhof in Prachtlage am Vinschgauer Sonnenberg mit eigener Kapelle (von 1752). Die Apartments (für 2–4 Pers.) sind komplett eingerichtet und haben Balkon oder Terrasse. Apt. für 2 Pers. 55–63 €. Allitz 33, ✆ 0473/626170, www.untertroeghof.it.

Gasthaus Sonneck, Allitz 11, gutbürgerliche und italienische Jahreszeitenküche, sehr gut sortierte Wein- und Cocktailbar. Vor allem aber im Sommer zumindest 1x im Monat ein „Vollmondfeschtl", ein langer musikalischer Abend mit Live-Bands jeder Richtung zwischen Rock, Folk und Blues samt Dance-Performances. Infos und Tischreservierung direkt beim Wirt Herbert Thanei, Di Ruhetag. ✆ 0473/626589, www.gasthaus-sonneck.it.

* **Paflur**, Gasthof und Jausenstation etwas oberhalb des Dorfs Tanas an der Straße hinüber nach Schluderns, tagsüber gut besucht von Auto-Wanderern, die an den Tischen vor dem Haus mit rustikalen Speisen (Speck am Brettl ist der Favorit, es gibt auch warme Tiroler Küche) und Bier ihren Hunger und Durst stillen. Ruhig schläft, wer bleibt. Zimmer mit Balkon, wer eins nach Westen hat, sieht in den Sonnenuntergang im oberen Vinschgau. Mo Ruhetag. DZ/FR 56–60 €. Tanas 31, ✆ 0473/739977, www.paflur.com.

🌿 **Hofschank Schgumser Stübele**, Außerschgumshof, Gutes vom Bauernhof wie Brettlmarenden mit eigenen Produkten, auch Lammgerichte und Geselchtes mit Kraut. Mai bis Okt. geöffnet, Mo–Mi geschl., ✆ 0473/626021. ∎

Sehenswertes/Ausflüge

Marmor in Laas: Die Apsis der *Pfarrkirche* aus Laaser Marmor, ein wunderschönes (wenn auch rekonstruiertes) Werk der Romanik, ist sicher das älteste Beispiel dafür, dass man in Laas selbst den Marmor verwendet hat (die Kirche selbst ist jünger und nicht interessant). Auf dem *Friedhof* (der sich entlang der Hauptstraße erstreckt und hinter einer hässlichen Mauer verbirgt) dominiert der weiße Marmor, dass man die Augen schließen muss, wenn die Sonne darauf scheint. Moderne Marmorobjekt befinden sich auf der anderen Straßenseite, dort steht auch in einem Winkel die erwähnte *Büste Kaiser Franz Josefs.* Vor dem Rathaus ein überlebensgroßer moderner *Torso* à la römischer Imperator. Wer die Brücke über die Etsch nimmt, findet sich von einem schönen *Brunnen* in modernen Formen mit einer auf den Marmor von Laas bezogenen Inschrift.

Ein hervorragender, üppig bebilderter **Bildband** zum Laaser Marmor ist 2008 erschienen: Franz Waldner, Laaser Marmor, Bozen (Athesiaverlag, nur noch antiquarisch erhältlich).

Marmorsteinbruch im Laaser Tal: Gigantische Maschinen werden eingesetzt, um Tausende Tonnen schwere Gesteinsblöcke zu brechen. Eine Transportseilbahn bringt die Blöcke vom Steinbruch *Weißwasserbruch* (auf ca. 1567 m) auf die andere Seite des Laaser Tals, die für die Anlage der komplizierten Fördereinrichtungen besser geeignet war als die Talseite, auf der sich der Steinbruch befindet. Drüben werden sie auf eine talauswärts führende Bahnstrecke geladen und von einer Diesellok zum sog. Bremsberg gezogen. Dieser nach Laas hinunterführende Bremsberg mit einer Höhendifferenz von ca. 450 m wurde in den 30er-Jahren des 20. Jh. angelegt, seine Hauptaufgabe ist – der Name sagt es – das Ausbremsen der enormen Lasten beim Transport ins Tal. Eine gewaltige Schrägseilwinde transportiert die Blöcke über den steilen Bremsberg hinunter zur Talstation (westlich von Laas), wo eine weitere Diesellok den Marmor zum Lager bringt (Firma Lasa Marmo).

Wer mehr wissen will, kann von Ostern bis Mitte Nov. an einer **Marmorführung** teilnehmen, die u. a. eine Filmpräsentation und den Besuch des Marmorwerks beinhaltet. Die Führung beginnt jeweils Mo, Mi, Fr um 13.45 Uhr sowie Di, Do um 10.30 Uhr am Bahnhof Laas, Anmeldung ist nicht erforderlich, www.marmorplus.it. Alternativ bietet Buchautor Franz Waldner Führungen mit Diavortrag, Besichtigung von Marmorwerk und Fachhochschule für Steinbearbeitung von April bis Okt. jeweils Di und Do um 13.30 sowie Mi um 9.30 Uhr, Treffpunkt vor dem Kulturhaus in der Josefstraße (www.marmorfuehrung.com). Beide Führungen dauern etwa 2 Std. und kosten 8 €.

Tour 15: Rundtour mit dem Rad von Laas über Tannas, Schluderns und Prad

Tour-Info: Im ersten Teil sehr aussichtsreiche Rundtour hoch über dem Vinschgau auf wenig befahrener Asphaltstraße, im zweiten Teil Vinschger Radweg mit Passagen auf Asphalt, auf Güterweg und auf Staubstraße. Länge ca. 28 km; Dauer 2 Std.; Höhenunterschied ↑↓650 m. Karten: Tabacco (1:25.000) Blatt 44; Kompass (1:50.000) Blatt 52. Essen und Trinken im Gasthof Paflur in Tannas, außerdem Gaststätten in Laas, Allitz, Schluderns und Prad.

In Laas (870 m) nimmt man vom Dorfplatz die in Richtung Schlanders führende Straße und biegt am Ortsrand nach links in die Straße nach Allitz und Tannas ab. Am oberen Ende des Schuttkegels liegt rechts Allitz, das man über eine Brücke erreicht (ca. 1100 m), die Straße nach Tannas geht jedoch links und in steilen Kurven weiter. Mehrere Höfe der „Laaser Leiten", wie dieses Gebiet heißt, werden passiert, dann wird die Straße wieder flacher und die Blicke in die Ortler- und die Sesvennagruppe werden immer eindrucksvoller. Tannas, das man nach einer ebenen Passage erreicht, bleibt links, man fährt bei der Gabelung vor dem Ort (1480 m) rechts und in Richtung Schluderns weiter.

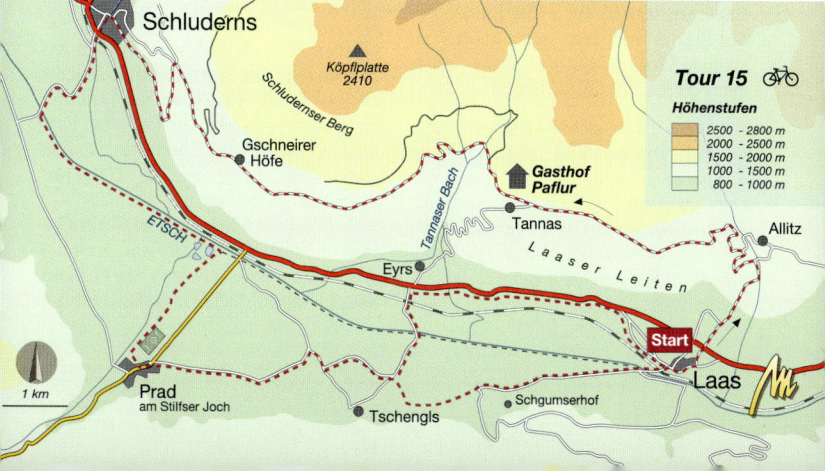

Vorbei an der Zufahrt zum Gasthof Paflur, der etwas rechts darüber thront, man in das von Nebenbächen zerfranste Tal des Tannaser Bachs, die Höhe bleibt um die 1500 m. Nach einer längeren Passage über dem Sonnenberg von Spondinig, während der man herrliche Ausblicke auf das Stilfser Tal und die Ortlergruppe hat, geht es ab den Gschneirer Höfen auf weiterhin guter Straße (und weiterhin mit Radwegschildern) hinunter nach Schluderns (920 m; die Churburg bleibt rechts oben, wer sie besuchen will, muss bei der ersten scharfen Linkskurve der Straße ab Gschneirer geradeaus weiterfahren. Von der Churburg geht es sehr steil ins Dorf).

In Schluderns fährt man über die Fußgängerbrücke zum Dorfplatz, an dessen linkem unteren Ende man nach links in die Kugelgasse einbiegt, um bei der folgenden Gabelung die linke Trasse unter der Staatsstraße hindurch zu wählen. Nach einer zweiten Unterführung links und bei der folgenden Gabelung rechts auf die durch Wiesen in Richtung Prad führende weiterhin asphaltierte Straße. Diese macht einen Doppelknick und quert dann einen Bach und die Etsch. Auf der anderen Seite sofort nach links auf den Vinschger Radweg, dem wir nun entlang der Etsch folgen. Nach 2 km abrupt im rechten Winkel nach rechts (Schilder beachten! Wer geradeaus fährt, landet – wie der Autor – in der Prärie) und nach einer querenden Staubstraße (jenseits der Brücke über die „Alte Etsch") links weiter.

Die Weiterfahrt nach Prad führt an den Fischweihern von Spondinig vorbei, um die herumgefahren werden muss, der erste Rechtsknick lässt also auch die Fischweiher rechts. Bei folgender Gabelung im schotterigen Aufschüttungsgebiet des Suldenbachs, „Prader Sand" genannt, rechts halten! Der Radweg (Abzweig vom Vinschger Radweg!) führt dann im rechten Winkel von der Etsch weg in Richtung Prad, man kommt bei den Sportanlagen an den Ort heran, quert gleich dort nach links auf eine Fußgängerbrücke und fährt geradeaus und dann halbrechts ins Zentrum (907 m), man erreicht es gegenüber der Touristeninformation. Hier über die Straße und halblinks weiter, Radwegzeichen und Hinweisschild auf den Campingplatz, den man kurz darauf zur Rechten hat. 2,5 km recht flache Strecke (Güterweg) durch Bauernland, dann Einmündung in eine öffentliche Straße, der man ca. 400 m nach rechts in Richtung Tschengls folgt, um dann einen nach links abzweigenden Güterweg zu nehmen (am Beginn der Steigung). Durch ein Wäldchen fährt man hinüber zur Straße zwischen Tschengls und Eyrs und dann je nach Geschmack links oder rechts weiter. Hier nach links zu fahren ist einfacher (und als Radweg ausgewiesen): bis zur Etsch, unmittelbar vor der Brücke auf Güterweg nach rechts, der bis knapp vor Laas führt, wo man der Straße nach rechts in den Ort folgt. Nach rechts zu fahren ist jedoch interessanter, wenn auch eventuell tiefgründiger (nach Regen eine gute Möglichkeit, um sich und sein Rad wirklich voll zu verdrecken): Straße queren und den linken der beiden dort abgehenden Güterwege nehmen, den Schgumser Weg. Abzweigungen nach links in die Obstgärten nicht beachten, ganz rechts bleiben (ein Kanal verläuft links, rechts eine verdeckte Wasserleitung). Wald mit einigen tiefgründigen Stellen, dann weiter am Hangfuß auf Güterweg, der sich allmählich etwas bessert. Der Hof Schgums bleibt rechts, ebenfalls die Schwefelquelle 5 Min. später. Guter Güterweg nach Laas, auf der am Ortsrand erreichten Straße rechts in den Ort und über die Etschbrücke in die Dorfmitte.

König Ortler

Der obere Vinschgau

Der obere Vinschgau ist eine echte Passlandschaft – die Schweiz, Österreich und die Lombardei sind im Handumdrehen zu erreichen. Burgen und Schlösser zeugen in Schluderns, Glurns, Mals und Burgeis von den Kämpfen um diese kleine Region. Zum Alpenhauptkamm und in die Ortlergruppe führen kurze, steile Täler mit nur wenigen, lange isolierten Dörfern.

Der Kontrast der beiden Talflanken dieses typisch inneralpinen trockenen Tales könnte nicht größer sein. Noch deutlicher als im unteren Vinschgau erkennt man, dass die Südhänge wegen der enormen Trockenheit fast versteppt sind, Heidelandschaft wie die Malser Haide im obersten Vinschgau. Dagegen sind die Nordhänge bewaldet und bekommen als Schatthänge vom Wolkenstau der Ortlerkette einigen Niederschlag ab. Bei Schluderns und Mals macht der Vinschgau einen Richtungswechsel, die windige *Malser Haide* steigt steil zum *Reschenstausee* und zum *Reschenpass (1508 m)* auf. Der ist, wie im Pustertal die Wasserscheide zwischen Toblach und Innichen, viel mehr Verbindung als Trennung, sodass sich der historische Vinschgau über die heutige Staatsgrenze nach Nordtirol und Nauders zog.

Kunst- und kulturhistorisch bedeutende Bauten sprenkeln förmlich diese kleine Passregion. Das präromanische und oftmals erneuerte *Stift Marienberg*, die *Renaissance-Churburg*, *Glurns* mit seinem kompletten Stadtmauerkranz, die karolingischen und romanischen Kirchen in vielen Orten wie *Taufers, Mals* oder *Prad*, sie sind Indizien für eine Bedeutung, die der obere Vinschgau nicht mehr hat. Schon die Gotik betraf die Region nur noch am Rande, die Renaissance wirkte nur punktuell, und dann war Schluss. Barockkirchen? Fehlanzeige. Gründerzeitliche Stadterweiterung? Welche Stadt hätte man erweitern sollen. Die Ferne zu den Entwicklungszentren und die Abgeschiedenheit haben uns eine intakte bäuerliche Kulturlandschaft und Natur übermittelt, die von der Industrialisierung nie berührt wurde. Ein Glück für uns Nachgeborene, die hier Erholung suchen und finden.

Information Tourismusverband Vinschgau, I-39038 Schlanders/Silandro, Kapuzinerstr. 10, ✆ 0473/620480, www.vinschgau.net. Umfassende Infos zu den Ferienregionen Reschenpass, Obervinschgau, Taufers, Ortler, Prad, Schlanders-Laas, Latsch-Martelltal, Kastelbell-Tschars. Es erscheinen ein gemeinsamer Hotel- und ein gesonderter Campingkatalog, 2x jährlich der „Urlaubsbegleiter", eine Winter- und eine Sommerkarte und kleinere gemeinsame Prospekte (z. B. zum Wandern) sowie das Gästemagazin „venusta". Die Kataloge der einzelnen Ferienregionen können von der Website heruntergeladen werden.

VinschgauCard, Vinschgau-Urlauber erhalten die Karte kostenlos vom Gastgeber (Mobil ist inkl.). Damit gibt's neben der kostenlosen Benutzung der öffentlichen Verkehrsmittel Ermäßigungen bei Sport- und Freizeitanlagen, Kinderprogrammen, Eintritten in Kirchen, Klöster, Nationalparkhäuser, bei Seilbahnen und Sesselliften. Gültig im gesamten Vinschgau.

Verbindungen Die **Vinschgerbahn** verbindet Meran und Mals mit modernen Garnituren, der Fahrplan ist dicht und erlaubt Tagesausflüge ab Meran in den gesamten Vinschgau und umgekehrt. Räder werden, wenn Platz ist, ebenfalls mitgenommen (vormittags in Richtung Mals häufig überfüllt).

Wandertaxi: ab Burgeis/Mals mit Zielorten Schlinig, Watles, Planeil, Matsch, Gschneirerhöfe. Den Fahrplan gibt es in den Infobüros.

Wandern/Führungen Die Tourismusbüros der Ferienregion Obervinschgau veranstalten in der Sommersaison zahlreiche **geführte Wanderungen** im ganzen Vinschgau, aber auch im benachbarten Engadin (z. B. durch die spektakuläre Uina-Schlucht). Prospekt mit genauen Angaben bei den Büros. Feriengäste zahlen einen Beitrag von 8 € je geführte Wanderung.

Besonders interessant sind die **Nacht-Stadtführung** und die speziell für Kinder gedachte Stadtführung **Schatzsuche in Glurns**.

Von Prad zum Ortler

Von Spondinig führt ein Abstecher nach Prad am Ausgang des Stilfser Tals, durch das eine der ältesten modernen Bergstraßen der Welt auf das Stilfser Joch und hinüber nach Bormio ins Veltlin führt, der höchsten Region der Lombardei. Das gesamte Gebiet ist Teil des Nationalparks Stilfserjoch. Die äußerst kurvenreiche Straße ist ein Dorado für Motorradfahrer und Radsportler und wird in jedem Jahr von Hunderttausenden befahren. Ganz nebenbei hat man in **Trafoi** an der Stilfserjochstraße und von noch weiter oben einen traumhaften Blick auf den König der Ostalpen, den 3905 m hohen **Ortler**. Ein Nebental führt nach **Sulden** mit möglicherweise noch spektakuläreren Blicken auf die Ortlergruppe und einem großartigen Sommerwandergebiet und beliebtem Wintersportgebiet (mit einer der neuesten und modernsten Kabinenbahnen der Alpen). Rund um diesen höchsten Berg der Ostalpen (außerhalb der Schweiz) und Fast-Viertausender strecken sich Eisfelder in die obersten Talschlüsse wie bei Trafoi unter der *Trafoier Eiswand* und über Sulden im *Suldenferner*. Bewirtschaftete Hochalmen bieten Bergwanderern Verpflegung, bei der großen Höhe der Gipfelzone liegen die Schutzhütten meist für Wanderer etwas zu hoch und sind oft nur mittels Gletscherquerung zu erreichen. Ein faszinierendes Naturschauspiel sind die Wasserfälle, wenn die Gletscherbäche aus den Hochkaren über Steilwände in die obersten Talschlüsse hinunterstürzen wie in jenem von *Hl. Drei Brunnen* bei Trafoi. Man sollte die Angebote der Nationalparkverwaltung wahrnehmen und geführte Touren mitmachen, um mehr über die Natur dieses faszinierenden Berggebiets zu erfahren.

Information Ferienregion Ortlergebiet im Nationalpark Stilfserjoch, Büros in I-39029 Sulden am Ortler/Solda, Hauptstr. 72, ✆ 0473/613015, und in I-39026 Prad am Stilfser Joch/Prato allo Stelvio, Kreuzweg 4c (im Aquaprad-Gebäude), ✆ 0473/616034, www.ortlergebiet.it.

Verbindungen Die **Busverbindungen** von Mals über Spondinig (dort Bahnanschluss) und Prad nach Sulden sind im Sommer während der Woche gerade noch ausreichend – der erste Bus der Linie 271 von Mals nach Sulden kommt dort um ca. 8.30 Uhr an, letzter Bus ab Sulden ca. 18.30 Uhr. Während des Tages fährt alle 2 Stunden ein Bus von Mals über Prad nach Stilfs. Wer aufs Stilfser Joch will, hat praktisch nur eine Möglichkeit: Zug ab Mals nach Spondinig ab ca. 7.30 Uhr, Umsteigen in den Bus in Spondinig, Ankunft oben auf dem Stilfser Joch ca. 9 Uhr, Rückfahrt ca. 17 Uhr und an in Mals ca. 19 Uhr, die anderen Buspaare sind für Touristen uninteressant. Im Winter gibt es an Sonn- und Feiertagen nach Stilfs wenige, nach Sulden überhaupt keine Busse.

Der Nationalpark Stilfserjoch

134.620 ha Fläche umfasst Südtirols einziger Nationalpark, den das Land sich mit der Lombardei und dem Trentino teilt. Sämtliche Täler rund um den Ortler, eine gesamte riesige vergletscherte Gebirgsgruppe, noch dazu die höchste der Ostalpen (der Ortler ist 3905 m hoch) wurde 1935 (erweitert 1977) unter ständigen Schutz gestellt. Vom ewigen Eis in der Gipfelregion bis zu den Obstgärten (Apfel, Marille) der Täler, vor allem des Vinschgaus, ergibt sich eine faszinierende Abfolge von Natur- und Kulturlandschaften. Zwar sind auch stark touristisch erschlossene Gebiete im Nationalpark integriert (z. B. die Region Sulden, das Stilfser Joch) und die Wasserkraftgewinnung hat ihre unübersehbaren Spuren hinterlassen (Marteltal und Ultental), aber der Großteil des Nationalparks ist wenig oder kaum von Menschen berührtes Naturland, Lebensraum für alpine Pflanzen wie Lärche und Zirbe, Legföhre und Alpenrose und Wildtiere wie Steinbock, Gämse, Murmeltier. In den drei Nationalparkhäusern in Trafoi, Prad und Martell bekommt man einen Überblick der Vielfalt dieses großartigen Nationalparks. Das vierte Nationalparkhaus (im Ultental in St. Gertraud) wurde 2004 eröffnet.
Information: Konsortium Nationalpark Stilfserjoch/Südtirol, Außenamt Glurns, Rathausplatz 1, ✆ 0473/830430, www.stelviopark.bz.it; außerdem über die Tourismusvereine der Ferienregion Ortlergebiet (s. o.), des Marteltals und des Ultentals.

Prad am Stilfser Joch

Die Wachtposition am Eingang zur Tal des Suldenbachs hat Prad offensichtlich schon seit dem frühen Mittelalter, will man das heute etwas verloren liegende **Kirchlein St. Johann** als Beweis nehmen. Auch **Lichtenberg** und **Agums**, zur Gemeinde Prad gehörende Dörfer, weisen mit ihren Kirchen auf alte Besiedlung hin. Prad hat eine kontrastreiche Lage, vor sich hat man den nur leicht geneigten Schuttfächer des Suldenbachs mit Resten der einstigen Etschauen, im Rücken steigt der bewaldete *Nörderberg* steil an, mit ein paar wenigen Einödhöfen gesprenkelt. Wie Prad liegen auch Agums und Lichtenberg am unmittelbaren Hangfuß, nur dort ist genug Platz für eine Siedlung. Man sollte sich diese drei Orte genauer anschauen, besonders Prad hat eine ganze Reihe älterer und mittelalterlicher Häuser. Unter der Überschrift „Historische Dorfpunkte Prad am Stilfserjoch" hat die Gemeinde 2015 einen interessanten Rundgang zu 21 Punkten zusammengestellt,

Der obere Vinschgau

wozu u. a. das Ganderegg-Haus in der Silbergasssse 59 (Startpunkt des Zussl-Umzugs) und der im 14. Jh. künstlich geschaffene Mühlbach gehören. Die einzelnen Stationen sind mit Infotafeln mit QR-Code versehen, so dass man sich vor Ort weiter einlesen kann.

Basis-Infos

Information Tourismusverein, Mo–Fr 9–12.30/15–18.30 Uhr, Sa 9–12 Uhr, im Juli und August auch 15–18 Uhr. I-39026 Prad am Stilfser Joch/Prato allo Stelvio, Kreuzweg 4c (im Aquaprad-Gebäude), ☎ 0473/616034, www.prad.it.

Einkaufen Markt am Dienstag.

Dorfsennerei Prad, Silberstr. 16, 5 Käsesorten und frische Butter von den örtlichen Sennern gibt's im neuen Sennereigebäude im Dorfzentrum zu kaufen.

Hofladen in Lichtenberg, Hof am Schloss, Schlossweg 11, u. a. Marillenaufstrich aus echten Vinschger Marillen, Himbeer-Weingelee, aber auch Almkäse, Honig, Bündner Fleisch, Speck, Frischfleisch. ☎ 0473/617123, www.hof-am-schloss.com. ■

Feste & Veranstaltungen Am „Unsinnigen Donnerstag" (Do vor Faschingsende) findet das **Zusslrennen** statt. In weiße, mit bunten Bändern und Applikationen gekleidete „Zussln" (Masken) lärmen stundenlang mit ihren schweren Schellen und vertreiben so die bösen Geister des Winters und – früher ganz wichtig, als der Vinschgau noch die Kornkammer Tirols war – wecken die Getreidesaat auf.

Kinder Der **Gumperle-Weg** zeigt an 13 Spielstationen, wie Waldtiere leben. Ausgangspunkt ist die Kirche St. Georg in Agums, der Weg ist 2 km lang, www.gumperle.it.

Auf dem **Naturerlebnispfad Prad** lernen Kinder an 18 interaktiven Stationen Interessantes über die Lebensräume Wald, Wildfluss und Trockenbau, 3 unterschiedlich lange Routen.

Sport Erlebnisfreibad Prad, Kiefernhainweg 37, zwei Becken, Wasserrutschen, Kinderplanschbecken, kleine Bar, Juni bis Aug.

Fahrräder: Werkstätte und Verleih Baldi Sport, Reutweg 19, ☎ 0473/617071, www.baldisport.it; Verleih in Spondinig am Bahnhof, www.suedtirol-rad.com.

Kneippanlage am Nickbach zwischen Prad und Tschengls.

Übernachten/Essen & Trinken

In Prad **** **Zentral**, Prads Traditionshotel hat neben seiner namengebenden Lage recht geräumige, teils neu und modern eingerichtete Zimmer und Suiten anzubieten. Guter Wellnessbereich mit Hallenbad, Whirlpool und Sauna. Ruhiger Garten. Sehr kinderfreundlich: neues Spielzimmer, Kinderplanschbecken, Spielplatz, Verleih von Baby- und Kinderutensilien. DZ/HP 122–198 €. Zentrum 48, ☎ 0473/616008, www.zentral.it.

** **Astoria**, einfache Pension mit geräumigen Zimmern, kleine Bäder, meist Balkon, günstige Lage, das Ehepaar Rungg ist engagiert und gibt gerne Wander- und sonstige Tipps. DZ/FR 60–66 €, viel günstiger geht's nicht. Schmiedgasse 1, ☎ 0473/616338, www.pension-astoria.it.

** **Stern**, Gasthof mit populärer Pizzeria (Mo Ruhetag), große Auswahl an leckeren Pizzen, gemütliche Terrasse. Einfache Zimmer, meist mit Balkon, auch Familienzimmer, ruhig. DZ/FR 64–88 €. Silbergasse 1, ☎ 0473/616123, www.gasthof-stern.it.

*** **Haus Tschenett**, Garni-Residence in ruhiger Lage mit viel Grün, schöne Ferienwohnungen mit Balkon für 2–6 Pers., freundliche Atmosphäre. DZ/FR 60–90 €, Apt. 50–120 €. Kiefernhainweg 14, ☎ 0473/616175, www.haustschenett.com.

*** **Kiefernhain**, Campingplatz neben dem Freibad (freier Eintritt), neue Sanitäranlagen, kleine Bar, Kinderbetreuung, Brötchenservice. Mai bis Okt. Gespann und 2 Pers. ca. 29–42 €. Kiefernhainweg 37, ☎ 0473/616422, www.camping-kiefernhain.it.

**** **Sägemühle**, Luxuscamping mit großem Hallenbad und Sauna, sehr gut ausgestatteten Sanitäranlagen, Minimarket, Bar,

Pizzeria und Restaurant. Spielplätze und Kinderanimation im Sommer. Ganzjährig geöffnet. Gespann und 2 Pers. 36–50 €. Der Platz bietet auch Bungalows und neue Chalets an, 2 Pers. 90–130 €. Dornweg 12, ✆ 0473/616078, www.saegemuehle.it.

Café am Platzl, Hauptplatz, Café-Konditorei und Eisdiele, etwas zurückgesetzt am Dorfplatz mit Terrasse. Konditoreiwaren und gutes Eis, eigene Kaffeerösterei. Do Ruhetag.

Alpen, Reutweg 22, ein paar Tische auf der Terrasse unter großem Zeltdach, hervorragende Brioches mit Schoko und ein sehr guter Cappuccino. So Ruhetag.

In Tschengls Tschenglsburg, Restaurant-Café in den Kellerräumen der Burg, traditionelle Tiroler Küche, gute Auswahl an Südtiroler Weinen, auch Grillen und Törggelen im Schlosshof möglich. Einen Stock höher befindet sich ein Holzfigurenkabinett. Do Ruhetag, ✆ 0473/739797.

Sehenswertes/Ausflüge

Kirche St. Johann: Ein schmaler Fußweg führt zwischen Privatgrundstücken zum Kirchlein St. Johann etwas abseits des Sträßchens (und Radwegs) in Richtung Agums und Glurns. Noch vor einer Generation lag es einsam in der Flur, heute ist es von ein paar Neubauten umringt. Die Kirche muss schon vor 1186, als sie zum ersten Mal urkundlich erwähnt wird, existiert haben. Ob sie zu einem Pilgerhospiz gehörte, wie der Namensheilige nahe legt (St. Johann in Taufers ist nicht weit entfernt, und die Johanniter könnten sich hier durchaus niedergelassen haben) ist nicht geklärt. Über die spätere Verwendung ist man besser informiert: St. Johann war bis 1421 die Grablege der Herren von Tschengls und später der Lichtenberger. Dass der Bau romanisch ist, sieht man auf den ersten Blick, vor allem die schöne Rundapsis und die Rundbogenfenster sowie der Turm machen es deutlich. Im Inneren hat man romanische Freskenreste aufgedeckt, die besser erhaltenen Fresken entstanden um 1400 in gotischem Stil.
Führungen von Mitte Mai bis Ende Sept. jeden Dienstag um 10 Uhr, 4 €, keine Anmeldung erforderlich.

Nationalparkhaus Aquaprad: Das 2003 eröffnete dritte Nationalparkhaus auf Südtiroler Boden (das vierte ist die Lahner Säge im Ultental → S. 353, ein weiteres Nationalparkhaus befindet sich im Veltlin) ist dem Wasser gewidmet (2003 war das Internationale Jahr des Wassers, das traf sich also gut). In einem ästhetisch ansprechend schlichten Bau befinden sich zwölf Aquarien, die mit der Welt des Wassers in den Bergen des Vinschgaus bekannt machen, daneben gibt es einen Freilandteich und ein – bei Kindern sehr beliebtes – Streichelaquarium. Größte Attraktion: das 15 m lange, leicht abfallende Bach-Aquarium mit Saibling und Bachforelle. Im Seeaquarium mit 150.000 l Wasser befinden sich zehn verschiedene Fischarten dieser Lebensgemeinschaft. Diese und andere Fische aus den heimischen Seen und Bächen sowie die Biotopgruppen Moor und Auwald sind einige Themen, die im Obergeschoss noch detaillierter in der Ausstellung „Natur formt Mensch – Mensch formt Natur" vorgestellt werden.
Ganzjährig Di–Fr 9.30–12.30/14.30–18 Uhr, Sa/So/Fei 14.30–18 Uhr, Eintritt 6 €, erm. 4 €. Kreuzweg 4c, ✆ 0473/618212, www.aquaprad.com.

Agums: Die *St.-Georgs-Kirche* im nahen Dorf Agums ist ein spätgotischer, um 1700 barockisierter Bau. Ein gotisches Kreuz, der „Große Herrgott", hat zahlreiche Wunder bewirkt, sodass die (1971 durch einen Brand beschädigte und komplett renovierte) Kirche zur Wallfahrtskirche wurde. Die eingemauerten Steinskulpturen eines Greifs und eines Wolfes zeigen, dass vor dem gotischen bereits ein romanischer Bau existierte.
St. Georg: im Sommer Mo–Fr 16–18, Sa/So 15–18 Uhr.

In Prad am Stilfser Loch

Burgruine Lichtenberg: Oberhalb des Weilers Lichtenberg thront auf einem bereits prähistorisch besiedelten Hügel die gleichnamige, sehr eindrucksvolle Burgruine. Wuchtig und gut erhalten der runde, 20 m hohe Verteidigungsturm neben dem Eingang, er entsprach im Baujahr 1520 modernster Kriegstechnik, da er Vorfeld, Eingang und Hauptfront überblicken und durch Gewehrfeuer verteidigen konnte. Im Torbereich die *Johanneskapelle* von 1575, geweiht durch den Burgherrn Johann Jakob Khuen, damals Erzbischof von Salzburg. Die anderen Teile der Burg sind Ruine, ein Bergfried wurde (noch) nicht identifiziert. Wer sich den seltenen profanen *mittelalterlichen Freskenzyklus* aus der Burg ansehen will, muss das Ferdinandeum in Innsbruck besuchen, wohin er 1912 nach seiner Ablösung gebracht wurde.

Stilfs

Ein Bergdorf wie aus dem Bilderbuch, heute mit guter Zufahrtsstraße, die sich aber, wo sie den Ort erreicht, zur Dorfstraße verwandelt, um noch vor der Kirche als Fuhrweg zu versickern. Dass sich hier alte Bräuche wie der sicher heidnische Fruchtbarkeitskult der „Zussln" im Fasching und der Umzug der „Klosn" am Nikolaustag erhalten haben, wundert nicht. Was heute so abgeschieden wirkt und nur durch die Stichstraße erschlossen ist, lag früher am Wege: Stilfs lag an einem hoch über dem unteren Suldenbachtal verlaufenden *prähistorischen Saumweg*. Über den Ort liefen die ältesten Verbindungen aus dem Vinschgau in die Berge, zum Stilfser Joch und ins Veltlin, also in die Lombardei. Aber das ist lang her, denn 1820 bis 1825 entstand die Stilfserjochstraße, die Stilfs schnöde auf seinem steilen Berghang hängen lässt und tief unten im Tal verläuft. Stilfs hatte im Mittelalter einige Einnahmen aus Silber- und Bleiglanz-Bergbau, in der Neuzeit war es ein armes Dorf, das wie so viele andere Gemeinden „Schwabenkinder" zur Sommerarbeit nach Süddeutschland schicken musste, damit die Familien überleben konnten. Heute hat der Tourismus die Einnahmen gebracht, die es ermöglichen, hier oben zu überleben.

Rotwild und Rehe gibt es in einem ausgedehnten **Wildgehege** zu beobachten – toll vor allem für Kinder (zu erreichen über das von der Zufahrtstraße nach Stilfs abzweigende Sträßchen nach Platz, von dort aus die geradeaus weiter führende Verbindung ins Platztal nach Fragges).

Information Tourismusbüro → Sulden, S. 436, www.sulden.com.

Feste & Veranstaltungen Stilfs hat einen weithin bekannten Nikolaus-Umzug (um den 6. Dez.), genannt „**Klosn**" (das Wort kommt wahrscheinlich von Nikolaus). In bunte Fetzen bekleidete und mit Tiermasken vermummte Burschen, die um die Hüften riesige, schwere Glocken gebunden haben, ziehen, von „Eseln", Krampussen und Teufeln begleitet, durch den Ort. Wie auch im süddeutsch-österreichischen Raum sind die Krampusse – insbesondere die Teufel („Tuifl") – nicht ganz angenehm. Sie versetzen schmerzhafte Hiebe mit ihren Ruten, kneifen und zwicken gern. Daher machen sich Kinder und Jugendliche einen Spaß daraus, den Tuifl zu jagen und zu ärgern – insgesamt ein dynamischer und derber Spaß. Der Umzug startet an verschiedenen Punkten oberhalb von Stilfs und kommt an der Hauptstraße zusammen, wo er dann als ein langer Zug bergabwärts zieht, bis sich am Ortsende alles auflöst und schwitzende junge Männer nach Abnahme ihrer Masken erst mal erschöpft ein Bier zischen.

Wie in Prad (s. o.) finden auch in Stilfs am „**Unsinnigen Donnerstag**" im Fasching die Zussl-Rennen statt, die sich auf heidnische Fruchtbarkeitskulte zurückführen lassen, die dem Aufwecken der Wintersaat dienten.

Übernachten/Essen *** **Traube**, in Stilfs gibt es wenige Gastbetriebe, wer übernachtet, wird wohl im Hotel-Restaurant Traube landen. Unauffälliger, für den deutschsprachigen alpinen Raum typischer Hotelbau in der Ortsmitte, Doppel-, 3- und 4-Bett-Zimmer. Im Winter hat Stilfs Skibusanschluss nach Sulden und Trafoi, dann ist die Traube auch eine gute Adresse für Wintersportler. Die Küche bietet das regionsübliche tirolisch-italienische Programm. DZ/FR 100–120 €. Dorf 1, ☎ 0473/611751, www.hoteltraube.it.

Ausflug auf die Stilfser Almen: Die wohl schönste Wanderung ab Stilfs führt auf die Stilfser Almen, die bewirtschaftet sind. Man nimmt im äußeren Dorf den Kirchweg (Weg 6), der nach Valatsches hinaufführt, einem Weiler im Tramentantal (bis hierher auch Fahrstraße, jedoch ab Platz für Ortsfremde gesperrt). Etwas höher zum Fahrweg (mit Nr. 4), der auf derselben Talseite weiter bergan führt. Wo er in einen querenden Güterweg einmündet, auf diesem nach rechts und zur **Unteren Stilfser Alm**, die **Obere Stilfser Alm** liegt in Steinwurfentfernung etwas höher. Zurück auf demselben Weg oder ca. 1 km auf dem Güterweg zurück und dann rechts fast eben weiter mit Weg 2 zum *Tiergehege Fragges,* von wo aus ein Sträßchen mit beschilderten Fußwegen (Nr. 7 über Platz und Pascht hat die längeren Fußwegstrecken) nach Stilfs hinunterführt.

Obere Stilfser Alm, 2077 m, Jausenstation, Verkauf von Almbutter und -käse, Juni bis Okt.

Trafoi

So klein Trafoi ist, so vielseitig ist es: Der Ort liegt in einem wiesengrünen flacheren Abschnitt des vom Suldental abzweigenden Trafoitals, überragt vom Ortler, der Trafoier Eiswand, den Madatschspitzen. Das nahe Wallfahrtskirchlein bei den Heiligen Drei Brunnen wirkt winzig unter den Wasserfällen, die über die Felswände vom Madatschferner, Trafoier Ferner und Nasenhornferner herunterstürzen. Frauenschuh wächst im lichten Bergwald, der den Ort umgibt. Ganz einsam steht Trafois neugotische Kirche in den Wiesen oberhalb der Siedlung.

Trafoi verbindet sich für viele Zeitgenossen mit dem Namen *Gustav Thöni,* dem aus dem Ort stammenden Skifahrer und mehrfachen Olympia- und Weltmeisterschaftsgewinner. Für Wintersportler in der Region verbindet sich sein Name konkret mit der hiesigen Skischule: *Skischule Trafoi Gustav Thöni.*

Taxi Fa. Angerer, ℅ 0473/611548.

Feste & Veranstaltungen Die **Heilige-Drei-Brunnen-Prozession** findet am Pfingstmontag statt. Eine Gruppe lediger Burschen trägt dabei das Gnadenbild von der Kirche in Trafoi zur Wallfahrtskapelle Drei Brunnen. Ende Sept. kehrt die verehrte Gottesmutter dann wieder in die Kirche von Trafoi zurück.

Wintersport Trafoi ist eines der 11 Skigebiete der **Ortler Skiarena** (→ S. 74). 1 Sessellift, 3 Skilifte, 15 km Pisten, 6 km Langlaufloipe, Infos über Tourismusverein oder Ortler Skiarena sowie Furkelhütte, ℅ 0473/611577, www.trafoi.com. **Skischule Trafoi**, ℅ 329/8619130, www.skischule-trafoi.com. Skiverleih bei Sport Express, Hauptstr. 54.

Übernachten/Essen **** Hotel Madatsch, Hotel mit viel Atmosphäre und langer Tradition, komfortabel und gemütlich eingerichtet: Hallenbad, Wellnessbereich, schöne Zimmer, bestens ausgestattet mit neuen Bädern. Skiverleih. DZ/HP 132–220 €. Stilfserjochstr. 31, ℅ 0473/611767, www.hotel madatsch.it.

*** **Franzenshöhe**, Hotel in 2188 m Seehöhe auf halbem Weg zwischen Trafoi und Pass, etwas abseits der Straße, Ende Mai bis Okt. geöffnet, sympathisch-altmodisch, mit Hallenbad und Sauna, auf der Terrasse rasten Radler und Motorradfahrer, schlichte Zimmer. DZ/FR 80–112 €. Stilfserjochstr. 38, ℅ 0473/611768, www.franzenshoehe.com.

*** **Bellavista**, das „Familienhotel", ein traditionelles Haus, von Familie Gustav Thöni geleitet, wurde kürzlich geschmackvoll renoviert. Gemütliche, moderne Zimmer, Saunen und Freiluft-Whirlpool, schöner Speisesaal. Tolles Kinderprogramm. Der Ausblick auf die Ortlergruppe ist unübertroffen. Stilfserjochstr. 17, DZ/HP 146–204 €. ℅ 0473/611716, www.bella-vista.it.

Camping Trafoi, liegt zwischen Trafoi-Ort und Hl. Drei Brunnen, grün und teilweise schattig, auf jeden Fall idyllisch. Juni bis Sept. Stellplatz und 2 Pers. ab 25 €. ℅ 0473/611533, www.camping-trafoi.com.

Nachtleben Stimmungsstübele im Hotel Madatsch (s. o.), Après-Ski am Nachmittag. Musik und Tanz am Abend.

Sehenswertes/Ausflüge

Nationalparkhaus Naturatrafoi: Der moderne Bau in Trafoi sieht auf den ersten (und auf den zweiten) Blick wie eine Liftstation aus. Drinnen erkennt man bald, dass hier was anderes geboten wird als eine Aufstiegshilfe: „Leben an der Grenze" heißt das Thema des Hauses. Mit „Grenze" ist sowohl die Lebensgrenze im Hochgebirge gemeint als auch die Lage des Nationalparks an der Dreiländergrenze von Südtirol, der Schweiz und der Lombardei. Im Erdgeschoss (freier Eintritt) wird die Kampfzone des Lebens in den Bergen thematisiert, der Höhenstreifen zwischen der oberen Waldgrenze und dem Eis der Gletscherregion. Im ersten Stock wird das Thema vertieft, u. a. durch Filme und Videos. Auch für Kinder attraktiv, viele Exponate können und sollen berührt werden. Die Bibliothek ist wie die PCs mit Internetanschluss frei zugänglich.

Von Weihnachten bis Ende März Di–Sa 9.30–12.30 und 14.30–17.30 Uhr, von Mitte Mai bis Ende Okt. Di–Sa 9.30–12.30 und 14.30–18 Uhr, Juli/Aug. auch So 14.30–18 Uhr, Erw. 3 €, Kinder 2 €, Familie 7 €, Kombiticket mit Aquaprad 8/16 €. Trafoi 57, ℅ 0473/612031, www.natur atrafoi.com.

Auf die Furkelhütte: Wenige Besucher von Trafoi können der Anziehungskraft des Sessellifts auf die Furkelhütte widerstehen, der sie aus dem oberen Ortsteil und 1500 m Höhe auf 2153 m Höhe schweben lässt. Und in eine Panoramalage, in der man den Ortler unmittelbar vor sich hat.

Von der Hütte lassen sich nicht allzu viele Wanderungen machen, aber diese sind wegen ihrer Ausblicke sehr eindrucksvoll. Ganz einfach ist der Spaziergang hinüber zur fast gleich hoch gelegenen **Prader Alm**, wo man einkehren und auf dem Wirtschaftsweg gemütlich zurückbummeln kann. Ein technisch anspruchsloser alpiner Pfad führt über das Schafseck auf den **Schafberg/Piz Minschuns** (2935 m) auf dem italienisch-schweizerischen Grenzkamm (Weg 24, hin/zurück ca. 3:30 Std.). Wesentlich anspruchsvoller und mit ständig wechselnden Ausblicken auf die Ortlergruppe gesegnet ist der Weg hinüber zum **Stilfser Joch** (Weg 20, Goldseeweg und Wormisionsteig, ca. 4 Std.), von wo man mit dem Bus zurück nach Trafoi fährt.

Bergbahn Sessellift **Trafoi** von Trafoi zur Fukelhütte, Juni bis Anf. Okt. tgl. 8.30–12.20/ 13.30–17 Uhr, Berg/Tal 14.50 €, Kinder 9 €, nur Berg 11/7 €.

Hütten Furkelhütte, 2153 m, geöffnet Juni bis Mitte Okt. und in der Wintersaison, ✆ 0473/613047; von Trafoi (Hotel Madatsch) auf Weg 17 über die bewirtschaftete **Prader Alm** in ca. 1:30 Std.

Zu den Hl. Drei Brunnen und zur Berghütte: Idyllisch liegt am Waldrand auf einer großen Wiese das Kirchlein Hl. Drei Brunnen, von dem der Ort Trafoi seinen Namen hat: *tra foi* sind auf Romantsch drei Quellen oder Brunnen. Der Talschluss ist nahe, Wasserfälle stürzen von den Gletscherzungen herunter, Eis blitzt vom Ortler (3905 m), von der Trafoier Eiswand (3563 m) und der Hinteren Madatschspitze (3432 m) herunter. Im Jahr 1229 sah ein frommer Hirt namens Moritz aus dem Fels drei Quellen entspringen, jede führte ein Holzkreuz mit sich. Zwei fing der Hirte auf, das dritte wurde fortgeschwemmt. Das Wunder führte zu einem Kapellchen, einer Einsiedelei, dann einer Wallfahrtskirche (1701). Im benachbarten Kapellchen bricht immer noch Wasser aus dem Felsen, es ist jedoch nur eine einzige Quelle, die in drei Strahlen geteilt wird. Viele Wunder haben sich hier ereignet, die Votivbilder, vor allem aber die zurückgelassenen Krücken und die Wachs- und Holzvotivgaben von Gliedmaßen zeugen davon (im Inneren der kleinen Wallfahrtskirche, die sonst wenig Interessantes zu bieten hat).

Lust auf mehr? Nur 1:30 Std. höher liegt die kleine **Berghütte**, wo man sich gepflegt stärken kann – bei einmaliger Aussicht!

Kurvenpanorama: Straße zum Stilfser Joch

Anfahrt/Fußweg Ein Sträßchen führt von Trafoi bis zum Steg über den Trafoier Bach, alternativ nimmt man ab Trafoi den Weg zum Campingplatz und erreicht dort die Straße (großer Parkplatz am Straßenende). Schön ist ein Rundweg: Man quert nicht über den Steg zur Kirche, sondern bleibt auf der ab hier gesperrten Straße und nimmt von deren Ende den Wanderweg, der unterhalb der Wasserfälle im Bogen zurück zum Kirchlein führt.

Hütte Berglhütte, 2188 m, Juni bis Okt., 16 Betten, 14 Lager, Ü/HP 70 €, erm. 50 €. Guter Wanderweg Nr. 15, unmittelbar ab der Wallfahrtskirche Hl. Drei Brunnen, ca. 1:30 Std. ☏ 338/3877344, www.berglhuette.it.

Stilfserjochstraße: Zwar beginnt sie in Prad (oder gar in Spondinig), aber erst ab Trafoi wird sie zu der kühnen kurvenreichen Bergstraße, die immer wieder Etappenziel eines *„Giro d'Italia"* ist. Die zwischen 1820 und 1825 von österreichischen Militäringenieuren trassierte und vom österreichisch-ungarischen Heer errichtete Stilfserjochstraße entstand aus rein strategischen Gründen: Sie bot eine neue und direkte Verbindung zwischen Tirol und damit Altösterreich und der wieder gewonnenen und (damals) neuerdings aufmüpfigen Lombardei. Die höchste öffentliche Passstraße Europas weist 48 Kehren auf, sie überwindet fast 1800 Höhenmeter von Spondinig im Etschtal bis zur Passhöhe auf 2758 m. Allen, die sie benützen, sei gesagt, dass sie ein äußerst gefährliches Pflaster ist: Die Stilfserjochstraße laut Italienischem Automobilclubs ACI-Istat an der Spitze der Unfallhäufigkeit auf italienischen Straßen. Gründe dafür sind die überaus kurvenreiche und streckenweise enge Trasse und die Unwilligkeit oder Unfähigkeit ihrer motorisierten Benutzer – vor allem vieler Motorradfahrer –, sich diesen Bedingungen anzupassen.

Der Mord am Stilfser Joch

Gefährlich war's am Stilfser Joch auch früher – wie folgende Geschichte belegt: Der französische Heiratsschwindler Henry Perreau nutzte hier am 16. Juli 1876 eine Kutschfahrt, um sich kaltblütig seiner vermögenden Frau Madeleine zu entledigen, die er in einer Kehre in den Abgrund stieß. Da sie wohl nicht sofort tot war, half er noch mit einem Steinbrocken nach. Zunächst versuchte er, das Geschehen als Unglück darzustellen, verstrickte sich aber in Widersprüche und wurde zudem durch Zeugenaussagen belastet. In einem aufsehenerregenden Prozess wurde er am 2. Juli 1877 in Bozen zum Tod durch den Strang verurteilt. Jahre zuvor hatte der Übeltäter bereits seine damalige Frau und deren Mutter beseitigt, um sich das Erbe zu sichern. Da sein jetziges Opfer eine gebürtige Engländerin war und der Prozess in ganz Europa verfolgt wurde, profitierte der Stilfser Tourismus von der Untat: In den Jahren nach dem Prozess stieg die Zahl englischer Urlauberinnen signifikant an. Heute erinnert eine Marmortafel am Wegesrand zwischen den Kehren 32 und 33 an die grausige Tat.

Straßenmaut: Eigentlich sollte es eine Maut für die Stilfserjochstraße geben, so wurde es von der Landesregierung 2011 beschlossen. Das gefällt den Schweizern gar nicht, denn der Umbrailpass (Wormser Joch) bleibt mautfrei, und das Münstertal muss sich auf starken Ausweichverkehr einstellen. Von der Seite der Lombardei bleibt die Straße ebenfalls mautfrei. Schildbürgerstreich? Die Einführung wurde mehrfach verschoben, der mögliche Start einer sog. „Eintrittsgebühr" ist jetzt 2019 und soll mit einer Reihe von Maßnahmen gekoppelt werden, die das Stilfserjoch touristisch attraktiver machen. Da es sich um den x-ten Versuch handelt, hier eine einvernehmliche Lösung zu finden und alle anderen bislang gescheitert sind, bleibt das Ergebnis abzuwarten.

Radtour auf das Stilfser Joch: Die Rundtour von Prad über Stilfser Joch und Wormser Joch gehört zu den unverzichtbaren Radtouren in Südtirol. Die ca. 60 km und 2000 Höhenmeter im Auf- und Abstieg schafft man als einigermaßen trainierter Radler in 5–6 Std. Einmal im Jahr gehört die Stilfserjochstraße ganz den Radlern, nämlich an einem Samstag Ende August/Anfang September. Der **autofreie Radtag** lockt alljährlich Tausende Radfahrer auf den Pass (2017 waren es bei miserablen Wetterbedingungen nur 1090), oben gibt es dann zum Abschluss ein großes „Radlerfest". Eine Anmeldung ist nicht nötig, Limits unbekannt!
Information: Über Tourismusvereine und auf www.stelviobike.com.

Marathon auf das Stilfser Joch: Kein Scherz, auch das gibt es mittlerweile. 2017 fand die erste Ausgabe statt, im Juni 2018 ist der zweite Lauf geplant. Die Strecke führt von Prad über Glurns und zurück nach Prad über den Fischweiher und anschließend die Passstraße hoch (nur so kommt man auf die 42,195 km) und man bewältigt dabei 2350 Höhenmeter. Wer es lieber direkt mag, kann auch auf der 26-km-Variante starten, da geht es gleich nach oben. 2017 gewann übrigens der Deutsche Jochen Uhrig in 3:45.30 Std., damit war er schneller als viele Radler es sind (s. o.).
Information: Infos und Anmeldung auf www.stelviomarathon.it.

Das Stilfser Joch: Zum Trubel der Bergstraßenfreaks und Ausflügler kommt auf dem Stilfser Joch noch der **Sommerskilauf**, der von Ende Mai bis Anfang November möglich ist. Das Skigebiet (die Lifte starten um 7 Uhr) ist daher ein bevorzugtes Sommer-Trainingsrevier der Weltcup-Asse, was die örtliche Hotellerie mit speziellen Fitness- und Seminarräumen goutiert. Die Pisten reichen von 2758 m auf der Passhöhe bis knapp 3400 m am „Trincerone" (benannt nach dem italienischen Wort für Laufgraben – eine Stellung aus dem Ersten Weltkrieg). Dennoch befindet sich der Sommerskilauf auf dem absteigenden Ast, verschiedene Lifte gehen gar nicht mehr, Kunststoffbahnen schützen Teile des Gletschers vor der Sonneneinstrahlung, und für den Normalbürger ist dieser Sport schon wegen des Klimawandels aus der Zeit gefallen. Wer das Stilfser Joch als **Wanderer** besucht, vielleicht von Trafoi mit dem Bus heraufgekommen ist, kann von hier aus eine schöne Tour machen, die ihn in wenigen Stunden auf gutem Weg (Nr. 20, ca. 4 Std.) zur *Furkelhütte* (s. o.) bringt. Von dort aus fährt man mit dem Sessellift Kleinboden wieder nach Trafoi hinunter.
Seilbahn Stilfser Joch – Trincerone, Ende Mai bis Anf. Nov. tgl. ca. 8–17 Uhr, Information ✆ 342/903030.

Das Suldental

Sulden nennt sich der von den Eisriesen Ortler, Zebrú, Königspitze und Suldenspitze überragte Talschluss des Suldenbachs und der dort entstandene Ort. Ehemals stand hier eine Handvoll Bauernhöfe, vom Mittelalter bis 1775 wurden Eisenerz und Kupferkies abgebaut. Ein hartes Leben: Kälte, Lawinen, im frühen 19. Jh. der vorrückende Gletscher, der zur Aufgabe der höchsten Höfe zwang (Gampenhöfe, 1818). Das ist nur noch fast vergessene Geschichte: Als der neue Ortskurat Johann Eller 1863 nach Sulden kam, betrieb er Hotel- und Straßenbau, und die Fremden kamen, angelockt von der Strahlkraft des Namens Ortler, des höchsten Bergs der Donaumonarchie (Kaiserin Sissi war schließlich hier). Hütten entstanden und Hotels, und die Anstiege auf den Ortler und die anderen Gipfel in der Runde wurden Modewege. Später folgte der Skilauf, die 1975 errichtete Gletscherseilbahn zur Schaubachhütte setzte den vorläufigen Schlusspunkt. Sulden ist heute ein weltweit bekannter Skizirkus der ersten Kategorie, vor allem besucht von oberitalienischen Skifahrern, aber auch von zahlreichen Deutschen, Österreichern und Schweizern. Der Ortler, höchster Berg der Ostalpen mit 3905 m, und die anderen Eisgipfel locken im Sommer Bergsteiger aus aller Welt an; eine ausufernde Hotellerie garantiert Wohlstand für die Bevölkerung und Komfort für die Kunden. Sulden ist nichts für Spaziergänger und nicht unbedingt ein Wanderer-Dorado, es dominieren Steige und alpine Anstiege.

Basis-Infos

Information Tourismusverein, Mo–Sa 9–12/15–18 Uhr. I-39029 Sulden am Ortler/Solda, Hauptstr. 72, ✆ 0473/613015, www.sulden.com.

Bergbahnen Sulden hat 3 Seilbahnen: Alle gehen direkt vom Ort aus und haben Bergrestaurants, im Sommer Wanderwege und im Winter 6 Sessellifte und 1 Schlepplift. Infos über Seilbahnen unter ✆ 0473/613047, www.seilbahnensulden.it.

Seilbahn Sulden (Schaubachhütte): 2 Sektionen. Juni bis Anf. Okt. tgl. 8.30–12.45/14–17 Uhr, Sa auch um 7 Uhr; einfach 15 €, Berg/Tal 19 €, Kinder 7,50/9,50 €, Mittelstation (Schaubachhütte) 11/13,50 € bzw. 5,50/6,50 €.

Kanzellift, Langensteinlift: Juni bis Anf. Okt., tgl. 8.30–12.20/13.30–17 Uhr, im Sommer bis 17.50 Uhr, in der NS abwechselnd geöffnet, einfach 11 €, Berg/Tal 14,50 €, Kinder 5,50/8 €.

Kombiticket aus Seilbahn und Langenstein Erw. 16,50 €, Kinder 9 €.

Taxi Fa. Volgger, ✆ 0473/613106.

Wandern/Bergsteigen/Klettern Alpinschule Ortler im Haus der Berge bei der (neuen) Pfarrkirche, Hochtouren für Anfänger und Fortgeschrittene, Kletter- und Klettersteigtouren, Schnupperklettern für Kinder. ✆ 0473/613004, www.alpinschule-ortler.com.

Wintersport Sulden hat im Rahmen der Ortler Skiarena (→ S. 74) einen eigenen Skipass. 40 km Pisten, höchster mit Lift erreichbarer Punkt auf 3250 m (Schöntauf II). Eigentlich sind es 3 Reviere rund um Sulden, die Gebiete Schaubach-/Madritschhütte (mit Seilbahn), Langenstein sowie Kanzel und Rosim sind allerdings nicht miteinander verbunden, lediglich zwischen der Kanzelabfahrt und der Talstation der Kabinenbahn Schaubach gibt es jetzt eine Verbindungspiste, dafür heißt es jetzt auch „Ortler Ronda".

Skiverleih z. B. bei Sport Thöni, Hauptstr. 50, ✆ 0473/613080, www.sport-thoeni.com.

Sulden ist auch für **Snowboarder** geeignet, Halfpipe bei der Madritschhütte. Für Langläufer **Loipen** im Talbereich (7,5 km).

Skischule Sulden, Büro im Tourismusbüro, ✆ 0473/613100, www.skischule-sulden.com.

Alpinschule Ortler, bietet Skitouren, Eisklettern und Schneeschuhwandern, s. o.

Übernachten/Essen & Trinken

Übernachten ****S Post, „Belvita Hotel" in ganz zentraler Lage, das Äußere will ein überdimensioniertes Gasthaus darstellen, während drinnen 4-Sterne-Komfort herrscht. Hallenbad und großer Wellnessbereich, geräumige Zimmer und Suiten. Kinderbetreuung und Wellness für Kids. DZ/¾-P 210–350 €, Suiten teurer. Seit Kurzem gehört auch das Garni „Die kleine Post" zur Familie, rustikale Zimmer, DZ/FR 90–118 €. Hauptstr. 24, ✆ 0473/613024, www.hotelpost.it.

**** **Paradies**, Sporthotel in guter Lage, von hier aus sieht man bis hinein in den Talschluss und auf den Gletscher, das bietet kein Hotel näher zum Ortskern. Großes Hallenbad mit Kinderbecken, Saunalandschaft, moderne Zimmer und neu renovierte Suiten. Spielzimmer und Bastelraum für Kinder. DZ/HP 130–288 €. Hauptstr. 87, ✆ 0473/613043, www.sporthotel-paradies.it.

***S **Alpina**, vom Tirolerstil ist nur die äußere Anlage mit schrägem Pultdach geblieben, dazu ein paar Zitate wie die Deckenlösung des Speisesaals, der Rest ist modern. Hallenbad, Sauna, Fitnessraum, anständige Zimmer, auch Ferienwohnungen. DZ/FR 98–130 €, Apt. (2–6 Pers.) 70–170 €. Forststr. 111, ✆ 0473/613104, www.hotelalpina.it.

** **Ortlerhof**, am Rand von Sulden liegt diese preiswerte klassische Pension, Neubau mit angenehmen Zimmern, meist mit Balkon, gutes Frühstück, nur Sommer. DZ/FR 56–66 €. Hauptstr. 12, ✆ 0473/613052, www.ortlerhof-sulden.com.

Chalet Emma, bevor man auf der Talstraße nach Sulden hineinkommt, passiert man das etwas von der Straße abgesetzte, attraktive Haus mit seinen 5 Ferienwohnungen für 2–6 Pers., komplette Einrichtung, Brötchenservice. Apt. (2–3 Pers.) 50–82 €. Sulden 14, ✆ 0473/613108, www.chalet-emma.com.

Essen & Trinken Hartmanns Weinstube im Parc Hotel, Kirchweg 130, ausgezeichnete Italo-Tiroler Küche, ab 35 €. Kein Ruhetag, ✆ 0473/613133, www.parc-hotel.it.

Tony's Bärenhöhle, Bärenhöhle 115, Pizzeria und Bikertreff, Après-Ski im Winter. www.baerenhoehle.it.

Sehenswertes/Ausflüge

MMM Ortles (Messner Mountain Museum Ortles), „Eismuseum": Nochmals *Reinhold Messner*, das 2005 eröffnete Museum seines auf insgesamt sechs Standorte verteilten Bergmuseums zeigt zumeist in Gemälden die Gletscherwelt am Beispiel der Ortlergruppe und die Geschichte der Erstbesteigung der Ortlerspitze vor nunmehr 200 Jahren. Eindrucksvoll die Bilder des Alpengemälde-Pioniers *Edward H. Compton*, vor allem die „Payerhütte mit Ortler", aber auch die Gemälde, die von *Julius Payer* und A. Zimmermann nach der österreichischen Franz-Josef-Land-Expedition angefertigt wurden, etwa dasjenige der Eisbären jagenden Schiffsbesatzung im Polareis oder „Cap Tegethoff" von 1898 mit dem vom Eis umschlossenen Forschungsschiff Tegethoff. Unbedingt sollte man einen Stich von 1818 betrachten, der den Suldner Gletscher zeigt – damals stieß er mit mächtiger Front bis über den Rand der heutigen Siedlung vor.

Der von einer Wiese mit weidenden Lamas bedeckte unterirdische Betonbau des Museums soll mit seiner Kühle und bläulichen Beleuchtung an ein Gletscherinneres erinnern.

Vierter So im Mai und bis zweiter So im Okt. und zweiter So im Dez. bis 1. Mai tgl. 14–18 Uhr, im Juli/Aug. 13–18 Uhr, Di Ruhetag; Eintritt Erw. 8 €, Kinder 5 €, MMM-Tour-Ticket für alle sechs Museen (1 Jahr gültig) 40/15 €. ✆ 0473/613577, www.messner-mountain-museum.it.

Wandern im Suldener Talschluss: Der Suldener Talschluss ist – diese Warnung vorab – kein ideales Wandergebiet. Es gibt wegen der tief herabreichenden Gletscher und Felswände keinen Rundweg und die einzige hochalpine Tour, die Nicht-Gletschergeher auf markierten Wegen machen können, der „Suldener Höhenweg" (s. u.), kann nur von Schwindelfreien und Trittsicheren begangen werden. Also kein Familienparadies, was sich aber im Winter völlig ändert, denn dann erwachen Schlepplifte zum Leben, die in Bereiche führen, die im Sommer kaum erreichbar sind.

Ein hübscher Weg führt von der Bergstation der Bahn auf die *Schaubachhütte* zur *Madritschhütte* (2818 m), von dort führt nur ein einziger markierter Weg weiter, der zum *Madritschjoch* führt (und hinüber ins Martelltal zur Zufallhütte). Vom Joch führt ein Plattenweg zur *Hinteren Schöntaufspitze* (3325 m), die als „leichter Dreitausender" gilt, was immer noch bedeutet, dass sie nur von gut ausgerüsteten und trittsicheren Bergsteigern unternommen werden sollte (bis zum Gipfel ca. 4:30 Std. von/zur Schaubachhütte, Abstieg vom Joch zur Zufallhütte 3 Std.).

Der **Suldner Höhenweg** ist ein etwa 5 Gehstunden erfordernder Weg, der von der Bergstation des Langenstein-Sessellifts (K2-Hütte, 2330 m) zur *Hintergrathütte* (2661 m) führt und von dort ins Tal zurück nach Sulden. Ausgesetzte Stellen, zwar versichert, aber dennoch Schwindelfreiheit und Trittsicherheit nötig!

Vielleicht der schönste Weg führt nicht in den eigentlichen Talschluss, sondern in die Berge östlich von Sulden, wo unter der Vertainspitze die idyllisch in der Nähe kleiner Seelein gelegene *Düsseldorfer Hütte* (2721 m) einlädt. Man kann sie direkt von Sulden aus auf Weg 5 erreichen oder aus dem Talschluss auf Weg 11/12 (jeweils hin/zurück ca. 5 Std.). Wer mit der Seilbahn zur Kanzel auffährt, verkürzt die Gehzeit bei Abstieg nach Sulden auf 4 Std., kehrt er zur Seilbahn zurück, dann auf ca. 3 Std.

Unter der eindrucksvollen *Tabarettaspitze* (3128 m) mit der *Payerhütte* am Nordgrat (für Bergwanderer tabu) liegt die *Tabarettahütte* (2556 m) in prachtvoller Panoramaposition. Von Sulden ca. 4 Std. hin und zurück auf Weg 4.

Essen/Hütten Hintergrathütte, 2661 m, Mitte Juni bis Anf. Okt., Mehrbettzimmer und Lager, Ü/FR ab 30 €. Gehört dem Suldner Bergführerverband. ✆ 0473/613188, www.hintergrathuette.com.

Tabarettahütte, 2556 m, Mitte Juni bis Mitte Okt., gutes deftiges Essen, hausgemachte Kuchen, große Sonnenterrasse, Mehrbettzimmer und Lager, Ü/FR ab 28 €, ✆ 0473/613187, www.tabaretta.com. Erreichbar über Weg 4 von Sulden Dorf oder über Weg 10/4 von der Bergstation des Langensteinlifts.

Bergrestaurant K2, 2330 m, architektonisch ungewöhnlicher Bau an der Bergstation des Langensteinlifts, italienische und Tiroler Küche, ✆ 0473/615249.

Düsseldorfer Hütte (Zaytalhütte), 2721 m, Mitte Juni bis Mitte Okt., Mehrbettzimmer und Lager, Südtiroler Küche, ✆ 0473/613115, www.duesseldorferhuette.com.

Die Yakherde auf der Schaubachhütte: *Reinhold Messner* sieht sich in vielen Rollen und füllt sie meist gut aus. Als Treiber einer Herde kann man ihn erleben, wenn seine Yaks im Frühsommer auf die Alm getrieben werden (erstmals 1985 ins Zaytal). Schaulustige flankieren die kleine Herde, die zwischen Madritschhütte und Schaubachhütte den Sommer verbringen wird. Zeitpunkt des Auftriebs ist ein Sonntag Anfang Juli, Abtrieb mit den anderen Herden in Sulden Mitte September.

Hütten Schaubachhütte, 2581 m, Ende Juni bis Mitte Sept. und Dez. bis April, Ü/FR pro Pers. 30–34 €. ✆ 0473/613024, www.schaubachhuette.it.

Madritschhütte, 2818 m, Juni bis Mitte Okt. und in der Wintersaison, am Rand der Sonnenterrasse das angeblich höchstgelegene „Iglu" Europas, Restaurant und Disco/Bar. ✆ 0473/613047, www.seilbahnensulden.it.

Schluderns

Von der anderen Talseite kann man die Lage von Schluderns am besten bewundern: Am Ausgang des schmalen und im Unterlauf unbesiedelten Matscher Tals liegt es in windgeschützter Lage – die Reschenwinde pfeifen unterhalb vorbei und nerven stattdessen die Glurnser.

Rechts oberhalb liegt die Burg *Churburg,* die aussieht, wie eine Burg eben aussehen soll. Die Hänge über der Burg sind von ein paar Einzelhöfen gesprenkelt, im Hochsommer farblich getrennt in gelbliche, trockene und grüne, von Waalen bewässerte Zonen. Hier hat es auch schon unseren vorgeschichtlichen Vorfahren gefallen, die am *Ganglegg,* links oben gegenüber der Burg und heute im Wald versteckt, eine Siedlung bewohnten.

Kommt man näher, zeigt sich Schluderns als ein freundlicher Ort mit vielen alten Häusern und mehreren Kernen, einem um die Kirche, einem um den Dorfplatz, einen unter der Churburg, als ob da versehentlich ein einziger Ort aus mehreren zusammengeschmolzen wäre. Auch im Detail ist der Ort abwechslungsreich, das

Schluderns

Vintschger Museum, die Renaissance-Innenausstattung der **Churburg**, die gut erhaltenen **Waale**, die am Ortsrand mit einer Waalschelle aufwarten können. Das alles zusammen bildet ein stimmiges und stimmungsvolles Ganzes. Auch für uns Gäste, denen Schluderns mit einer modernen Hotellerie und Gastronomie entgegenkommt, die Extreme scheut und auf Bewährtes setzt.

Basis-Infos

Information Tourismusverein Schluderns, Büro neben dem Museum, die üblichen Prospekte. Im Sommer Di–So 10–12.30/14–18 Uhr, Juli/August 10–18 Uhr, im Winter Di–So 14–18 Uhr. Meraner Str. 1, I-39020 Schluderns/Sluderno, ✆ 0473/615590, www.vinschgau.net.

Verbindungen Bus: SAD-Busse tagsüber praktisch stündl. sowohl in Richtung Meran als auch Mals und Reschen, seltener nach Glurns und Taufers sowie ins Suldental und zum Stilfser Joch.

Wandertaxi im Sommer zu den Ausgangspunkten beliebter Wanderungen, z. B. zum Gschneirer und der Wanderung entlang dem Gschneirer Waal, Information beim Tourismusverein.

Wandern/Kinder Das Tal des Saldurbachs oberhalb der Brücke beim Museum ist mit seinen grünen Wiesen, dem Bach und dem verschlungenen Weg entlang dem Quairwaal (samt Waalschelle) ein richtiger Kinderspielpark. Die in Tour 16 beschriebene Wanderung auf den Waalwegen oberhalb des Orts ist – bei Abstieg über das Ganglegg – für Kinder jeden Alters ein Abenteuer, dem man mit einem nachfolgenden Besuch im Vintschger Museum die Krone aufsetzt.

Übernachten/Essen & Trinken

Übernachten **** **Alte Mühle**, Alt und Neu nebeneinander, in ähnlichem Stil, aber mit ganz anderen Einzelelementen – die Integration des Neubaus in den alten Wirtshausbau ist der Wirtsfamilie Pali-Gunsch gut gelungen. Die Zimmer sind luftig, hell und funktional mit gemütlichen Sitzecken und Balkon. Saunen und Whirlpool im Haus und – dem modern-funktionalen Stil des Neubaus entsprechend – eine Restaurant-Pizzeria (→ „Essen & Trinken") mit schöner Terrasse, Mühlrad und Mahlstein. DZ/FR 112–132 €. Matscher Winkel 24. ✆ 0473/615238, www.hotel-alte-muehle.com.

Schluderns und die Churburg

***Burggasthof Zum Weißen Rössl**, der Name verrät's wie die Adresse: Das „Weiße Rössl" im Zentrum von Schluderns war ein Einkehrgasthof direkt an der alten Straße durch den Vinschgau. Zimmer hübsch, teilweise Ohrensessel, einige renoviert und mit Balkon. DZ/FR 90–120 €. Meraner Str. 3, ✆ 0473/615300, www.burggasthof.com.

Ortlerblick, Pension am Sonnenhang ohne Durchgangsverkehr, mit – in den meisten Zimmern – schöner Aussicht sowie kleinem Hallenbad. Beliebt als Ziel kleiner Spaziergänge und Wanderungen ab Schluderns. DZ/FR 58–93 €, auch Apts. Großfeldweg 18, ✆ 0473/615286, www.ortlerblick.com.

Birkenhof, Urlaub auf dem Bauernhof: Bergbauernhof oberhalb von Schluderns, moderner Bau in traditioneller Einrichtung mit schön renovierten Zimmern und gut ausgestatteten Apartments. DZ/FR 60–70 €, Apt. (2–4 Pers.) 48–80 €. Birkenhof 20, ✆ 0473/615421, www.birken-hof.com.

Essen & Trinken Alte Mühle, Matscher Winkel 24, Gasthof und Pizzeria des gleichnamigen Hotels, schöne Auswahl mit viel Bodenständigem an Knödeln und Nudeln, zahlreiche Tellergerichte. Gute Pizza. Tischwein ist Terlaner (weiß und rot). Mo Ruhetag, www.hotel-alte-muehle.com.

Burggasthof Zum Weißen Rössl, Meraner Str. 3, das Restaurant des gleichnamigen Hotels serviert bürgerliche Küche (Spinat- und Käsknödel, Schnitzel, Salatteller mit geräuchertem Forellenfilet) mit spärlichen italienischen Anklängen. Ab ca. 16 €. Nachmittags Kuchenbuffet auf der Terrasse. Mo Ruhetag, www.burggasthof.com.

Birkenhof, bäuerliche Jausenstation und Buschenschank mit Hofladen über dem Ort, hofeigene Produkte wie Säfte und Fruchtaufstriche. Empfehlenswerte Südtiroler Küche. Kein Ruhetag.

Sehenswertes/Ausflüge

Vintschger Museum: In einem alten Gebäude an der Brücke der alten Meraner Straße über den Saldurbach befindet sich das Museum für die Kulturlandschaft des Vinschgaus. Eine Ausstellung zur Vorgeschichte erklärt das Leben der rätischen Bauern vor der Römerzeit. Die wichtigsten Exponate sind die Funde vom Ganglegg oberhalb Schluderns. Vielleicht noch interessanter ist der Bereich *„WasserWosser"* (= Bewässerungswasser), der sich mit den **Waalen** befasst, dem typischen künstlichen Bewässerungssystem im trockenen Vinschgau. Ein weiterer Museumsbereich ist den Themen Kunst und Mythos gewidmet.

Mitte März bis Ende Okt. Di–So 10–12.30/14–18 Uhr, Juli/Aug. 10–18 Uhr, Eintritt 5 €, Kinder 2 €, Familie 12 €. Führungen zum Ganglegg und zum Quairwaal nach Voranmeldung. Meraner Str. 1, ✆ 0473/615590, www.vintschgermuseum.com.

Die Churburg. Gut haben's die *Grafen Trapp* auf ihrer weithin sichtbaren Burg oberhalb von Schluderns, auf der sie seit einem halben Jahrtausend hausen (seit 1504; Grafen dürfen sie sich „erst" seit 1655 nennen). Reichlich Räume, Renaissanceloggien im Innenhof, ein Ausblick zum Genießen und, nachdem die vielen zahlenden Besucher gegangen sind, eine himmlische Ruhe. Das Hinaufkommen ist beschwerlich, vom Gasthof Weißes Rössl in Schluderns plagt sich der Fußgänger und Mountainbiker das immer steiler werdende Kopfsteinpflaster hinauf, und selbst Autofahrer haben ihre liebe Not, besonders wenn es geregnet hat.

Faszinierend die prachtvollen *Renaissanceloggien* des Arkadenhofes. Vor allem das erste der drei Stockwerke ist über und über dekoriert, am ehesten wird das Fresko mit dem ausgedehnten Stammbaum der Familie Trapp in Erinnerung bleiben. In der *Nikolauskapelle* sollte man das Diptychon mit Passionsszenen (böhmisch, 1415) und eine Madonna mit Kind (Holz, um 1270) nicht übersehen. Umwerfend vor allem die *Rüstkammer*, die größte private Sammlung Europas mit Stücken, die noch auf das 14. Jh. zurückgehen. Rüstungen in Stahl mit Silber- und Bronzeverzierungen in allen Größen, die ganz kleinen sind Paraderüstungen für den adeligen

Schluderns 443

Nachwuchs, in der Schlacht trug man Praktischeres. Auch und besonders für Kinder sehr interessant.

Ende März bis Ende Okt. tgl. (außer Mo, jedoch an Fei) Führungen 10–12/14–16.30 Uhr. Eintritt 10 €, Familien 22 €. ✆ 0473/615241, www.churburg.com.

Archäologischer Park Ganglegg: Vom Vintschger Museum führen Wanderwege auf das Ganglegg, einen Hügel oberhalb des Orts in Richtung Mals. Dort befand sich in der Bronze- und Eisenzeit eine befestigte Siedlung, die erst während der Römerzeit aufgegeben wurde. Reste dicker Befestigungsmauern und Gebäudeüberreste erinnern daran. Abseits auf einer Kuppe lag ein Brandopferplatz, auf dem in vorrömischer Zeit Tiere geopfert wurden. Man hat Knochen von Rindern, Schafen, Ziegen und Schweinen identifizieren können. Das **Archäologische Freiluftmuseum Ganglegg** wurde nach Abschluss der Grabungen im Jahr 2003 eröffnet.

Fußweg/Führungen: Das Freilichtmuseum Ganglegg ereicht man am einfachsten über einen Steig von der Talsperre des Saldurbachs oberhalb von Schluderns. Dorthin gelangt man auf dem für den öffentlichen Verkehr gesperrten Sträßchen, das an der Brücke beim Museum beginnt (Schilder, 45 Min. zu Fuß). Der Zugang ist frei, Schautafeln erklären die archäologischen Funde, Führungen durch Fachkräfte des Vintschger Museums müssen dort angemeldet werden (s. o.).

Der Quairwaal und der Bergwaal: Lehrpfad am Quairwaal, der u. a. die hier noch funktionierende Waalschelle erklärt. Man erreicht ihn bequem vom Sträßchen entlang dem Saldurbach. Der oberhalb im Wald verlaufende Bergwaal ist ca. 3 km lang und führt normalerweise von April bis Oktober Wasser. Nur noch selten zu sehen sind die Kandeln (ausgehöhlte Baumstämme), in denen der Waal geführt wird. Und noch seltener: Die Fassung im oberen Saldurtal speist gleich zwei Waale, den Bergwaal und den Leitenwaal.

Tour 16: Wanderung an den Waalen oberhalb Schluderns: von Schluderns nach Mals

Tour-Info: Abwechslungsreiche Waalwanderung, die von Schluderns zuerst durch die waldreiche Schlucht des untersten Matscher Tals, dann durch sonnigen Trockenhang oberhalb Tartsch nach Mals führt. Kann beim Freiluftmuseum Ganglegg abgebrochen werden, um daraus einen **Rundweg ab Schluderns** zu machen. Dauer 3:30 Std., als Rundweg über Schluderns 2:15–2:30 Std.; Höhenunterschied ↑ 400 m, ↓270 m; Rückfahrt mit dem Bus oder Zug von Mals nach Schlanders. Karten: Tabacco (1:25.000) Blatt 44, Kompass (1:50.000) Blatt 52. Keine Einkehrmöglichkeit.

Von der Touristeninformation in Schluderns (ca. 920 m) aus quert man die Brücke über den Saldurbach und geht unmittelbar danach nach rechts auf ein Sträßchen (Haflinger Straße), bei erster Gabelung links (am Bach bleiben). Ein Waal (Quairwaal) wird gequert, Schilder erklären das System der Waale, folgt man dem Waal links aufwärts, kommt man zu einer funktionierenden Waalschelle. Zurück zum Sträßchen – kein motorisierter Verkehr – über eine Brücke nach links und auf einem getreppten Steig steil hinauf über die Krone einer Talsperre. Weg am Bach entlang, gut gesichert (an ein paar Stellen recht steil über dem Bach), rechts folgt ein alter Waaleinlass, der aber modernisiert und teilweise betoniert wurde (25 Min.).

Der Weg wird schmaler, wird zum Steig. Man erreicht einen Steg über den Saldurbach, auf der anderen Seite führt der gute, in Serpentinen angelegte Edelweißsteig den steilen Hang hinauf. Man erreicht einen Querweg, der sich als der Waalweg des Bergwaals entpuppt (1145 m, 0:45 Std., Weg Nr. 17). Geht

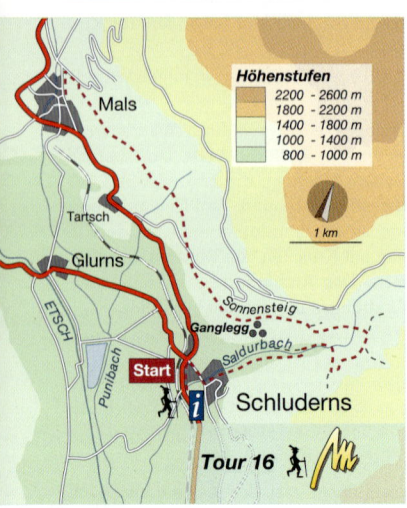

besonders an den steileren, wo er kräftig plätschernd neben dem Weg herunterstürzt. Weg 18 nach Matsch bleibt rechts, es folgt ein Abzweig nach Schluderns hinunter und ein weiterer (1:45 Std.), wo wir uns nahe dem Ganglegg befinden, einem frei zugänglichen Ausgrabungsgebiet (hier Möglichkeit zur Rückkehr nach Schluderns, ca. 0:30 Std. Gehzeit). An dieser Stelle zweigt auch rechts ein Weg ab, er führt auf die Spitzige Lun. Doch geradeaus weiter und in Richtung Mals!

Die Landschaft ändert sich nun komplett, statt durch Wald gehen wir durch Trockenvegetation, die nur links von uns, wo der Waal ober- oder unterirdisch fließt, durch Bäume und Grün unterbrochen wird. Karge Büsche, viele Berberitzen, sprenkeln das von Felsen durchsetzte Trockenrasengebiet. Eindrucksvoll ist der Kontrast zwischen dem Hang ober- und unterhalb des Waals vor allem im Hochsommer, wenn darüber bereits gelbe Töne vorherrschen und darunter alles noch in saftigem Grün steht.

man rechts weiter, gelangt man zum Vernalhof (und zurück nach Schluderns), geht man – wie wir – links weiter, folgt man dem Waal bis zu seinem Einlass. Er ist teilweise nicht verrohrt, führt komplett durch Wald und ist vor allem an heißen Hochsommertagen ein wahres Labsal. Die Abzweigung nach Matsch (Weg 20) bleibt rechts, eine zweite (Weg 17, Schlosshof Matsch) ebenfalls. Dann erreicht man, obwohl man praktisch eben gegangen ist, den Bachgrund und den Einlass des Bergwaals (1:15 Std., man kann auf unmarkiertem und nicht ganz ungefährlichem Steig hingehen). Das interessante ist, dass an dieser Stelle der Saldurbach gleich in zwei Waalen abgeleitet wird, im Bergwaal, den wir gerade begleitet haben, und im Leitenwaal, der über eine Rohrbrücke auf die andere Talseite geführt wird. Um zu ihm zu gelangen, gehen wir hinunter zum Bach, ein Steg führt uns hinüber, und steigen auf der anderen Seite zum Waal auf, dem wir nun talauswärts folgen, wieder mit Markierung 17.

Der Leitenwaal ist großenteils verrohrt, aber an einigen Stellen doch noch frei,

Etwas später wird ein Kiefernwald gequert (Naturschutzgebiet), der Waal fließt unterhalb und ist komplett abgedeckt. 10 Min. später ist die Straße nach Matsch zu queren, der Weg führt drüben leicht rechts versetzt weiter (2:20 Std.). Es folgt ein Serpentinenanstieg durch einen Trockenhang, an seinem Ende gelangt man auf einen Fuhrweg, dem man links weiter folgt. Bei einer Gabelung (3 Std.) rechts auf gesperrtem Fahrweg mit Fitnessparcours. Eine Viertelstunde später mündet er in die Straße Tartsch – Malettes, wir gehen links weiter. Kurz darauf führt ein Steig nach links praktisch in der Falllinie bergab, wir folgen ihm, bis er an einer Forststraße endet, die wir dann nach rechts nehmen, wo sie in die Zufahrtsstraße von der SS 40 nach Mals mündet. Links auf ihr hinunter und in den Ort (3:30 Std.).

Wanderung am Gschneirerwaal: Vom Gasthaus Ortlerblick bzw. vom etwas höher gelegenen Gschneirerhof verläuft einer der beliebtesten Wanderwege von Schluderns taleinwärts ins Tal des Saldurbachs (Matscher Tal). Der Gschneirerwaal ist 8 km lang und führt normalerweise von Mai bis Oktober Wasser. Die Wanderung auf dem alten Waalweg führt meist nur bis zum Greinhof, von wo man auf Zufahrtssträßchen und recht steilem Fußweg, immer von Schildern „Schluderns" begleitet, über die Churburg nach Schluderns absteigt (Ab Ortlerblick ca. 3 Std.).
Gasthaus Ortlerblick → „Übernachten", S. 441.

Das Matscher Tal: → „Mals/Ausflüge", S. 453.

Glurns

Nach städtischen Maßstäben ein echter Zwerg: Gerade mal 900 Einwohner zählt Glurns am Eingang zum Münstertal. Während andere Orte seit dem Mittelalter die eine oder andere Wandlung mitgemacht haben, ist Glurns irgendwann noch vor der Renaissance in Schlaf versunken und – täuscht der Eindruck? – bis heute nicht aufgewacht. Noch immer findet man die komplette Stadtbefestigung mit Mauern und zehn Türmen, mit „städtischen" Bauernhäusern, Einkehrgasthöfen und Gärten noch innerhalb des Mauerrechtecks (man musste schließlich Gärten haben, um sich ernähren zu können, wenn es gerade wieder eine Belagerung gab).

Gründer der Stadt war der auch sonst rührige *Meinhard II.* von Tirol, während dessen Regierung Tirol von 1271 bis 1295 seine größte Ausdehnung hatte. (Es reichte von Istrien im heutigen Kroatien bis ins Münstertal in der heutigen Schweiz und von heute deutschen (bayerischen) Gebieten bis an die Pforten von Trient. Über das Trentino, Gebiet des Bistums Trento, gab es eine Schutzherrschaft.) Glurns entstand als Handelsort für das Münstertal und das östliche Graubünden – Meinhard verlegte den stark besuchten Bartholomäusmarkt von Münster hierher – und als Befestigung gegen die damals schon aufmüpfigen Eidgenossen. Spätestens ab 1499 (sog. Schlacht an der Calwenbrücke gegen die Eidgenossen, die von den Tirolern blutig und spektakulär verloren wurde) war Glurns nur noch ein Provinznest, denn die Grenze war plötzlich nur noch ein paar Meilen vom Ort entfernt. Und es war eine dichte Grenze – die Eidgenossen wollten mit den Habsburgern, die nun Tirol besaßen, nicht viel zu tun haben. Dornröschenschlaf also. Die heutige Ortsanlage und vor allem die aufwendigen Befestigungen sind erst nach 1499 entstanden, die Eidgenossen hatten in jenem Jahr alles, was brennbar war, in Flammen aufgehen lassen. Wenn wir durch die „kleinste Stadt Südtirols" schlendern, können wir uns also in die Zeit knapp nach 1499 versetzen.

Information Infobüro Glurns, nur im Sommer, Mo–Sa 9–12.30/15–18 Uhr. Rathausplatz 1, I-39020 Glurns/Glorenza, ✆ 0473/831097, www.glurns.eu.

Einkaufen Puni, die erste **Whisky-Destillerie** Italiens ist schon wegen ihres Äußeren beeindruckend. Ein 13 m hoher Kubus aus roten Ziegeln beherbergt die original schottischen Vorrichtungen, die für die Whisky-Produktion nötig sind. Seit 2012 existiert das Familienunternehmen, 2015 kam der erste Single Malt auf den Markt und seither werden die mittlerweile vier Whiskysorten mit Preisen überhäuft (wobei „Best Italian Single Malt" ja nur bedingt aussagekräftig ist!). Es gibt auch Liköre und klare Destillate ohne Fassreife. Führung mit Verkostung Mi 15 und Fr 10 Uhr, im Sommer auch Di und Do 15 Uhr, 10 €. Am Mühlbach 2, ✆ 0473/835500, www.puni.com.

Feste & Veranstaltungen Das Tourismusbüro veranstaltet im Sommer **Tag- und Nachtführungen** (toll auch für Kinder) durch die Stadt.

Mächtige Glurnser Stadtmauer

Seelenmarkt (Sealamorkt) zu Allerseelen (2. Nov.), großer Jahrmarkt mit Viehmarkt und populärem Krämermarkt samt Vergnügungsständen; am 24. August bäuerlicher **Bartholomäusmarkt**.

Internet WiFree-Hotspot auf dem Stadtplatz.

Übernachten/Essen *** **Grüner Baum**, der schöne Gasthof des 17. Jh. mit seinem Treppengiebel ist unzählige Male fotografiert worden, präsentiert er sich doch nach außen als eindrucksvolles historisches Gebäude. Moderne, individuell eingerichtete Zimmer, leider keine Balkone (aus Stilgründen). Die Gänge werden als Kunstgalerie genutzt, es gibt eine Bibliothek, eine Bar-Café auf der Dachterrasse und ein exklusives Restaurant in den historistischen Stuben. Do Ruhetag. DZ/FR 118–142 €. Stadtplatz 7, ☎ 0473/831206, www.gasthofgruenerbaum.it.

*** **Belvenu**, neues Boutiquehotel (ehemaliges Hotel Krone) im historischen Gebäude direkt neben dem Grünen Baum, modernes, puristisches Design mit viel hellem Holz in den Zimmern, spektakuläre Sky Lounge mit Whirlpool und Blick auf die verschachtelte Glurnser Dachlandschaft, DZ/FR 100–170 €. Stadtplatz 1, ☎ 0473/831823, www.belvenu.com.

*** **Zur Post**, Gasthof in einem Haus des Spätmittelalters, seit dieser Zeit im Besitz der gleichen Gastwirtsfamilie. Der traditionelle bürgerliche Gasthof schlechthin. 4 verschiedene Stuben. Schön renovierte Zimmer, Garten mit Spielplatz. DZ/FR 100–108 €. Florastr. 15, ☎ 0473/831208, www.hotelpostglorenza.com.

*** **Glurnser Hof**, Garni außerhalb des historischen Orts, aber in Fußentfernung. Sehr ruhig, schlichte, aber gemütliche Zimmer, DZ alle mit Balkon. DZ/FR 100–138 €. B.-J.-Grasser-Str. 4, ☎ 0473/831607, www.glurnserhof.com.

Camping **** **Gloria Vallis**, die Anlage in den Wiesen und Obstanlagen unter dem Tartscher Bühel glänzt mit großem Angebot: 1,8 ha, große Stellplätze, moderne Sanitäranlagen mit Einzelwaschkabinen, Minimarket und gutes Restaurant, schön angelegter Badeteich; neue, sehr gut ausgestattete Mobilheime für 2–6 Pers. Stellplatz und 2 Pers. 39–46 €. Wiesenweg 5, ☎ 0473/835160, www.gloriavallis.it.

Stadtcamping Glurns, einfacher Platz in Gemeindebesitz an der Etsch. April bis Okt., ☎ 0473/424017, www.glurns.eu.

Sehenswertes/Ausflüge

Stadtbild und -befestigung: Die nach 1499 komplett befestigte Stadt ist ein Bilderbogen spätmittelalterlicher Architektur. Nicht nur was Mauern, Wehrgänge, Türme, Schießscharten und Pechnasen über den Ausfalltoren angeht, sondern auch in der Stadtanlage selbst: Lauben (gedeckte, zur Straße offene Gänge) mit Tonnengewölben, gotische Spitzbogeneingänge, spätgotische quadratische Fensterlaibungen, die schmalen Gässchen selbst. Lange braucht man nicht für die Besichtigung: Die drei Gassen des Orts erschließen lediglich ein Rechteck von ca. 400 x 150 m.

Der kräftige, weit aus der Stadtmauer herausragende **Kirchtorturm**, auch „Kirchporten" genannt (weil man durch dieses Tor zur außerhalb liegenden spätgotischen Pfarrkirche St. Pankratius mit ihrem romanischen Glockenturm kam) ist der eindrucksvollste der erhaltenen Befestigungstürme der Stadtmauer. Er sollte vor allem die Brücke über den Rambach verteidigen, über die der Weg ins Münstertal, nach Taufers und über den Ofenpass (Pass dal Fuorn) nach Chur verlief und heute noch verläuft. Im Inneren gibt es seit 2011 die *Paul-Flora-Dauerausstellung* zu sehen. Der Tiroler Künstler vermochte den Klischees seiner Heimat (und seines Geburtsortes Glurns) grafischen Ausdruck zu verleihen, ohne bei den hierzulande besonders unkonzilianten Brauchtumswärtern anzuecken – das kann kaum ein anderer.

In der Sommersaison tgl. 10–17, Mai, Juni und Okt. Di–So 11–16 Uhr, Eintritt 5 €, ✆ 0473/831097.

Schludernser Torturm: Der Turm beherbergt die Ausstellung „Stationen einer kleinen Stadt", in der die Entstehung und Entwicklung von Glurns dargestellt wird. Auch ein Teil der Stadtmauer kann in diesem Zusammenhang begangen werden.

April–Anf. Juni Mo–Sa 9–12.30, Juni bis Okt. auch 15–18 Uhr, Juli/ August durchgehend 9–18 Uhr, Eintritt 3 €, ✆ 0473/831097.

Kirche St. Jakob in Söles: Auf halber Strecke zwischen Glurns und Lichtenberg liegt ganz einsam das Kirchlein St. Jakob. Eines von vielen dachte man bis 1993, Südtirol ist reich an Minikirchlein und Kapellen im bäuerlichen oder adeligen Privatbesitz. Bis das Denkmalamt kam und das Innere untersuchte: Im Bau des 1220 erstmalig erwähnten, 1499 und 1799 niedergebrannten und dann jeweils wiederaufgebauten Kirchleins steckten Teile einer romanischen Vorgängerkirche samt – das war die Überraschung – romanischen Fresken aus dem 12./13. Jh. in gut erhaltenen Farben.

Ostern bis Allerheiligen Fr 16–17 Uhr geöffnet.

Tour 17: Mit dem Rad von Glurns über die Schartalm nach Stilfs

Tour-Info: Abwechslungsreiche Tour, die durch Bergbauernland, Wald und Almengebiet führt und bei der Abfahrt nach Stilfs herrliche Ausblicke auf die Ortlergruppe erlaubt. Überwiegend Forstwege und nicht asphaltierte Güterstraßen. Rückfahrt über Gomagoi und Prad auf der Straße zurück nach Glurns. Länge 21,2 km; Dauer 3:30 Std.; Höhenunterschied ↑940 m, ↓ 540 m. Karte: Tabacco (1:25.000) Blatt 44. Keine Einkehrmöglichkeit.

In Glurns am Stadtplatz mit dem Brunnen **A** nimmt man die Straße durch das Tauferer Tor. Nach der Brücke hält man sich rechts und biegt bei der folgenden Gabelung nach links in die Straße nach Prad ein. Auf der rechten Seite folgt eine Straßenabzweigung **B** mit Schildern zur Glurnser Alm und nach St. Martin, der wir bergan folgen. Wo die Straße nach St. Martin bereits im Wald einen Rechtsknick macht **C**, geht geradeaus ein Fahrweg weiter (links Wanderweg nach Lichtenberg), der uns ansteigend in den Wald hineinführt. Nachdem es wieder flach geworden ist, erreicht man eine Wiese mit Waldparkplatz und Schranke **D**. Ab hier gesperrter Forstweg bis zum Erreichen einer geschotterten Straße in einer engen Kurve **E**. Wir folgen der Straße links abwärts, sie mündet in eine geteerte Straße **F**, der wir nur kurz folgen, bis sie in eine Asphaltstraße mündet **G**. Mit dieser nun aufwärts durch das Gebiet der Lichtenberger Höfe, mehrere Kurven, die trockenen Wiesen werden beregnet (wer in der richtigen Zeit durchfährt, bekommt wie in den Apfelplantagen des Talgrunds kostenlose Dusche).

Nach dem Gandlinhof **H** gabelt sich die Straße, man bleibt links und fährt durch den letzten Hof **I** durch bis zur Abzweigung „Höfeweg". Dann geht es auf einem Fuhrweg nach links, am Waldrand nach Bachquerung steiles Stück, dann wieder flacher. Wald, die Forststraße wird allmählich besser. Kurz vor einer Talquerung (Almtal) bietet eine gefasste Quelle mit Brunnentrog **J** Erfrischung. Etwas höher oben im Wald quert ein Wanderweg **K**, rechts Weg 12 „Höfeweg", der Autor nahm ihn, kurze steile Schiebestrecke (bleibt man auf der Straße, ist es wahrscheinlich wesentlich leichter). Wenig höher querender Wanderweg **L**, hier links weiter, es wird etwas flacher, Ruhebank **M**.

Wo man die Forststraße wieder erreicht **N**, geht es rechts weiter, bei der folgenden Straßengabelung **O** nach links. Und in wenigen Minuten ist man auf dem Sattel angelangt, nachdem man sich kurz vorher bei einer Gabelung für rechts entschieden und ein Gatter gequert hat **P**. Die Alm rechts (Schartalm) ist leider ohne Bewirtschaftung. Dafür geht es jetzt aber auch zügig runter, allerdings nicht ganz so zügig, wie man es sich wünschen würde, da die Wasserabzugsrinnen der Almzufahrtsstraße, sehr schräg angebracht und damit nicht ungefährlich sind (besser nicht zu schräg anschneiden, auch wenn das das Tempo verringert). Erst nach einem mehr als 2 km langen Abfahrtsstück hat man Ausblicke auf die Ortlergruppe, dann aber bei einer Wiese mit Bank **Q** gleich richtig üppig. Dennoch muss man weiter, Waldfahrt, dann Beginn des Asphalts **R** und Einmündung in eine größere Asphaltstraße **S**, der wir links abwärts folgen. Wenig später hat man die Zufahrtstraße nach Stilfs erreicht **T** und 5 Min. später das Dorf Stilfs mit der Dorfkirche **U**.

Mals

Alte Häuser wenden ihre im Spätmittelalter und in der Renaissancezeit geschmückten Fassaden zur Straße, schmale Gassen, meist blind endend, führen nach beiden Seiten, Waalwasser rauscht ober- und unterhalb des Orts und abgedeckt unter ihm durch.

Mals ist eine jener typischen, eng gebauten und aus mehreren Kernen zusammengewachsenen Südtiroler Siedlungen. Die alte Reschenstraße führt durch den lang gezogenen Ort vom erhaltenen oberen Tor bis zum unteren Ortsausgang, wo sie in die heutige Umgehungsstraße mündet. Hinter hohen Mauern erahnt oder riecht man im Sommerwind Hausgärten. Fünf Türme überragen den Ort, wer von Burgeis die alte Straße herunterfährt oder -wandert, wird die von ihnen geprägte Silhouette des Ortes nie vergessen.

> ### Der Apfelkrieg – oder „Das Wunder von Mals"
> Am Ende war das Ergebnis sogar deutlicher als von den Befürwortern selbst erhofft: Im Sommer 2014 sprachen sich die Malser mit 75,68 % in einer Volksabstimmung dafür aus, künftig ganz auf den Einsatz von Pestiziden auf ihrem Gemeindegebiet zu verzichten. Die relativ hohe Wahlbeteiligung von knapp 70 % zeigte, dass das Thema die Gemüter erhitzt und auch gespalten hat. Den Malsern gebührt das Verdienst, mit diesem Votum den – in der Südtiroler Tourismuswerbung natürlich nicht vorkommenden – intensiven Pestizideinsatz mitsamt seinem über die Feldergrenzen reichenden Sprühnebel (fährt man nicht ununterbrochen durch endlose Apfelplantagen, und was ist mit den Marillen und Erdbeeren?) zum Thema gemacht zu haben, trotz vielfacher Anfeindungen auch vonseiten der Landespolitik, die das Ergebnis als nicht bindend ansah. Wie brisant das Thema ist und bleibt, zeigt eine Posse im Sommer 2017: Das Münchner Umweltinstitut plakatierte im Rahmen einer Kampagne gegen Pestizideinsatz ein Motiv, das das vorgebliche Apfelidyll in Südtirol in ironischer Form kritisierte. Die Südtiroler Landesregierung reagierte sofort und nach wenigen Tagen hängte die Firma, der die Werbeflächen gehören, das Plakat wieder ab. Landeshauptmann Arno Kompatscher kündigte eine Anzeige gegen den Filmemacher Alexander Schiebel an, der mit dem Münchner Institut zusammenarbeitet und einen Film und ein Buch über das „Wunder von Mals" produziert hat (die allerdings stark polarisierten, weil sie nur den Blickwinkel der Pestizid-Gegner verteidigen, ohne sich mit den Argumenten der Obstbauern auseinanderzusetzen). Mittlerweile hat der Südtiroler Landesrat Arnold Schuler Strafanzeige wegen übler Nachrede und Verbreitung von Falschmeldungen gegen das Institut und den Autor gestellt. Der Streit geht weiter ... Unabhängig davon, wo man nun persönlich mit seiner Meinung stehen mag (es gibt durchaus Argumente für und gegen den Einsatz von Pestiziden), zeigt die aufgeregte Reaktion der Südtiroler Politik, wie viel Geld und Image hier auf dem Spiel stehen. Immerhin hat nicht zuletzt das „Wunder von Mals" eine Diskussion um den großflächigen Pestizideinsatz angefacht, aber von einer offenen, ehrlichen, selbstkritischen Auseinandersetzung zu diesem Thema ist man noch weit entfernt.
> Alexander Schiebel: Das Wunder von Mals, Oekom Verlag, 2017.

Der Vinschgau → Karte S. 372/373

Der obere Vinschgau

Man schaut ins Münstertal von Mals aus, aber der Ort liegt an der Reschenstraße, und diese Lage war schon in der Vorgeschichte günstig. Bedeutend wurde sie als das rein rätoromanische Gebiet erstmals unter fränkische Oberhoheit kam und ein günstiger Standort für Verwaltung und Kirche benötigt wurde. Vom Verwaltungsstandort hat sich nichts erhalten, sieht man vom später entstandenen Fröhlichsturm der (verschwundenen) Burg der Herren von Lichtenberg ab, aber die kleine **Benediktkirche** zeigt uns heute noch die Portraits der damaligen Herren, eines weltlichen und eines geistlichen Stifters, der eine in karolingischer Hoftracht, der andere im Bischofsornat. Das war vor 1150 oder 1200 Jahren.

Mals ist ein ausgezeichneter Standort für Entdeckungsfahrten, denn Reschenpass, Münstertal, Stilfser Joch und natürlich der Untervinschgau sind mit wenig Aufwand zu erreichen. Auch für den, der mit öffentlichen Verkehrsmitteln unterwegs ist, denn Mals ist ein wichtiger Bus-Knotenpunkt und Zielbahnhof der Vinschgerbahn. Als Ausgangspunkt für Wanderungen ist Mals aus den gleichen Gründen ein guter Standort, zumal die Hotellerie keinen Wunsch offen lässt. Zu bedenken ist, dass Mals auf 1050 m Höhe auch im Sommer mal kalte Nächte hat und dass der Herbst früher eintrifft als im Unterland. Dafür hat es im Hochsommer erträgliche Temperaturen und meist ideales Wanderwetter.

Basis-Infos

Information Büro Tourismusverein Mals, Mo–Sa 8.30–12/15–18 Uhr, außerhalb der Hauptsaison Sa Nachmittag geschl., I-39024 Mals/Malles, St.-Benedikt-Str. 1, ☏ 0473/831190, www.vinschgau.net.

SportWell Card, eine Art Gästekarte, die von teilnehmenden Unterkunftsbetrieben gratis ausgegeben wird für teils kostenlosen, teils ermäßigten Eintritt in Hallen- und Freibad, Sauna, Tennisanlagen und Kegelbahn. Liste der Betriebe unter www.watles.net.

Verbindungen Vinschgerbahn von/nach Meran. Busse nach Reschen, Meran, Taufers, ins Suldental und Matscher Tal.

Taxi und Bike-Shuttle: Vinschger Taxi & Busdienst, auch Bike-Shuttle ☏ 335/6219900, www.vinschger-taxi.com.

Wandertaxi Mals – Burgeis – Schlinig ("Citybus Schlinig", → Burgeis/Ausflüge), während der Saison 1x tgl. von Schluderns über Glurns, Mals, Burgeis und zurück; Fahrplan in der Touristeninformation.

Einkaufen Edle Fruchtdestillate in Bioqualität bei der **Bio-Brennerei Steiner** des Hotels Panorama. Mo ab 21 Uhr Verkostung, Infos beim Hotel (s. u.).

Bauernladen Pobitzer, direkt an der Hauptstraße, in einem großen Gebäude werden Säfte, Obst, Kräuter, Honig, Käse, Marmeladen, Speck und Lederwaren angeboten, www.pobitzer.org.

Hofkäserei **Englhorn**, Hofladen Mo–Sa 8–12.30 Uhr, nach Voranmeldung auch Hofführung mit Verkostung von Käse, Brot, Säften (mind. 8 Pers., 8 €). Der Käsereibau wurde mittels Crowdfunding finanziert, für 500 € kann man die Patenschaft für eine Kuh übernehmen und sie dann auch mal auf der Alm besuchen ... Schleis 8, ☏ 0473/835393, www.englhorn.com.

Märkte/Veranstaltungen Markt am Mittwoch.

Mitte Okt. zum Fest des hl. Gallus (16.10.) traditioneller „Gollimarkt" (Gallusmarkt) in der General-Verdross-Straße mit Handwerk, Kunsthandwerk, Bauernobst und -gemüse, aber auch klassischen Wochenmarktwaren. Nachahmenswert: Ein Kinderplatz, auf dem Kinder ihre Waren anbieten können.

Nacht-Dorfführungen im Juli und Aug., Infos im Tourismusbüro.

Sport/Kinder Sport- und Freizeitanlage **Sport Well**, Glurnser Str. 7, schönes, großes Hallenbad mit geschwungenem Holzdach, daneben Freibadbereich mit mehreren Becken und Liegewiese. Saunalandschaft, Wellnessbereich. Sauna Mi–So unterschiedliche Öffnungszeiten, Hallenbad Di–So ab 14 Uhr; Tageskarte für Hallenbad und Sauna 14,50 €, Kinder 6 €. Tennisplatz auf dem benachbarten Grundstück; 4 automatische Kegelbahnen, Pizzeria. ✆ 0473/831590, www.sportwell.it.

Etwas oberhalb großer **Kinderspielplatz** in ausgedehnter Wiese.

Radverleih in der Sport-Tenne, Bahnhofstr. 6, ✆ 0473/830560, www.sporttenne.com, sowie Südtirolbike am Bahnhof, www.suedtirolbike.info.

Übernachten/Essen & Trinken

Übernachten ****S Garberhof, das einzige 4-Sterne-Hotel in Mals liegt etwas außerhalb des Zentrums an der Umgehungsstraße und hat sich 2017 in Schale geschmissen, rein äußerlich mit interessanter Holzkonstruktion, aber auch mit neuen Suiten und einem 2200 m² großem Spa-Bereich mit Panoramasauna und Infinity Pool. Elegant eingerichtete Zimmer, Speisesaal, Weinstube und Panoramaterrasse. DZ/HP ab 298 €, Suiten und Chalets teurer. Staatsstr. 25, ✆ 0473/831399, www.garberhof.com.

*** Biohotel Panorama, nicht das übliche Hotel, äußerlich karge Front des neuen Trakts in ökologisch sinnvoller Ständerbauweise. Räume von diskretem, etwas unterkühltem Schick, farblich gut abgestimmt, schöne Zimmer mit Massivholzmöbeln. Saunakomplex „Acquaviva". Sehr gutes Restaurant (→ „Essen & Trinken") u. a. mit Produkten aus der eigenen Biolandwirtschaft, was man gerade beim Frühstücksbuffet zu schätzen lernt. Das Hotel wurde 2001 als erstes Südtiroler Hotel offiziell als Biohotel anerkannt. DZ/HP 156–296 €. Staatsstr. 5, ✆ 0473/831186, www.biohotel-panorama.it. ∎

*** **Greif**, repräsentatives Hotel im Zentrum, das noch ein wenig die Atmosphäre eines Einkehrgasthofs bewahrt hat, was man am ehesten im Restaurant (→ „Essen & Trinken") mit seiner diskret-eleganten Möblierung spürt. Gekonnt schlicht mit naturbelassenem Holz möblierte Zimmer. Der Betrieb wurde mit dem Umweltsiegel ausgezeichnet. DZ/HP 142–162 €. General-Verdross-Str. 40a, ✆ 0473/831189, www.hotelgreif.com.

*** **Zum Hirschen**, das zentral gelegene B&B ist perfekt für Radfahrer. Hier gibt es alles, was man halt als Radler so braucht: „Power-Frühstück" mit sportgerechtem Angebot (frische Säfte, Frischmilch, Müsli …), Wäscheservice für die verschwitzten Trikots, kleine Radwerkstatt, Gratis-Radverleih, SportWell Card. Auch Nicht-Radler sind willkommen. DZ/FR 86–102 €, Apt. für 2 Pers. ab 60 €. Bahnhofstr. 2, ✆ 0473/831149, www.hotel-hirschen.it.

***S Tyrol, das „Erlebnishotel" im Zentrum von Mals ist ein kleineres Familienhotel mit Sauna, Dampfbad, Aromabad und modern im Alpinstil eingerichteten Zimmern. DZ/FR 148–158 €. Fröhlichgasse 4, ✆ 0473/831160, www.hotel-tyrol.it.

Camping Mals, ruhiger, grüner Platz mit jungen Bäumen, moderner Sanitärbereich mit Einzelwaschkabinen. Kinderspielplatz. Sport Well Card für das Erlebnisbad Sport Well gleich nebenan. Stellplatz und 2 Pers. 33–45 €. Bahnhofstr. 51, ✆ 0473/835179, www.campingmals.it.

Essen & Trinken Lampl, ebenfalls früher ein traditionelles Dorfwirtshaus, das in den historischen Räumen auf mehreren Ebenen typische Tiroler Kost, aber auch italienische Nudelgerichte und vor allem Pizza serviert; ✆ 0473/831085, Do geschl.

Hallenbad, Pizzeria im Sport Well, die schon mal mit Exotischem liebäugelt, nur abends, Mo geschl.

Pizzeria Remo, Hauptstr. 5 in Tartsch. Schönes rustikales Gasthaus in einem liebevoll gestalteten Bauernhof. Pizzen um 9 €, weitere Gerichte wie Wild, Knödel, Pasta und Suppen. Do Ruhetag, ✆ 0473/835210, www.pizzeriaremo.it.

Panorama, Restaurant des gleichnamigen Hotels (s. o.), hervorragende Küche mit Vollwert- und Vegetariergerichten, die ausschließlich aus eigener Bioware oder anderen Bioprodukten bestehen: Brennnessel-Erdbeerrisotto, Zucchinicarpaccio, Vollkornspätzle mit Steinpilzen, Gamsbraten mit Schupfnudeln, Kaiserschmarrn aus Bio-Eiern. Ab ca. 25 €. Sonntags Destillate-Gourmet-Menüs mit Verkostung eigener Destillate und Liköre. Di Ruhetag. ∎

Greif, Restaurant des gleichnamigen Hotels im 1. Stock des Hauses (s. o.), Bioküche, z. B. Salatbuffet mit Gemüse aus eigenem biologischen Anbau, Vegetarische und Vollwertküche, das hausgebackene Brot ist ein Vollkornbrot aus traditionellem Getreide, u. a. Dinkel und Buchweizen, außerdem Vinothek mit Bioweinen – einen Abstecher wert (ab 25 €). Di geschl. ∎

Sehenswertes/Ausflüge

Pfarrkirche und Burg: Einen Blick sind die Fresken wert, die der Schwazer Maler *Emanuel Raffeiner* kurz nach Ausbruch des Ersten Weltkriegs in der **Stadtpfarrkirche** geschaffen hat, sie sind zeittypisch purer (später) Jugendstil. Ein Fernglas hilft bei der Entschlüsselung der hoch im Gewölbe des Kirchenschiffs angebrachten Malereien, die u. a. sehr kriegscharakteristisch drei serbische Kriegsgefangene zeigen. Die Ruine der frühmittelalterlichen (12. Jh.) **Fröhlichsburg** nahe Mals besitzt einen 33,5 m hohen, auffallenden Bergfried. 1499 wurde die Burg von den Schweizern niedergebrannt, als sie nach der Schlacht an der Calwenbrücke den Obervinschgau verwüsteten (die heutigen Schweizer Gäste – Tendenz steigend, vor allem bei den Deutschschweizern – sind viel, viel ziviler). Die wieder aufgebaute Burg hatte in der Neuzeit keine echte Funktion mehr und verfiel, schon zu napoleonischen Zeiten war sie nur noch eine Ruine.

Turmbesteigung: Der runde Fröhlichsturm kann bestiegen werden (164 Holzstufen sind es im Inneren). Juli/Aug. Di und Mi 11 Uhr, Eintritt 3 €.

Kirche St. Benedikt: Das romanische Kirchlein in der St.-Benedikt-Straße stammt wie das Kloster Müstair noch aus dem 9. Jh., wohl noch aus der Zeit Karls des Großen, der Turm ist aus dem 12. Jh. Drinnen befinden sich Reste vorromanischer, höchstwahrscheinlich karolingischer Fresken zwischen mit Stucksäulchen umrahmten Fenstern der Altarwand. Engel, Tier- und Menschenköpfe in Rankenwerk, Stifterfiguren – einer ein Franke in Kriegstracht mit dem Schwert, der andere ein Geistlicher, beide ganz individuell erfasst, echte Portraits (nach damaliger Konvention bedeutete ein rechteckiger Nimbus um den Kopf, dass die dargestellte Person noch lebt) – Christus zwischen Cherubim, der hl. Gregor. Vieles in Fresken und Stuckornamentik erinnert an die Antike – nicht umsonst wird die offizielle Kunst des Frankenreichs „Karolingische Renaissance" genannt – ein Wiedererwecken von antiken Kunstidealen.

Besichtigung ab Ende März und im Okt. Di, Do und Sa 10–11.30 Uhr, ab Anf. Juli bis Ende Sept. Mo–Sa 10–11.30 und 15–16.30 Uhr, Nov. bis März geschl. Eintritt 1,80 €, Führungen März Juli–und Okt. Mo, Mi, Fr 14 Uhr, Juli–Sept. Mo–Fr 14 Uhr, Führung 3 €.

Die 5 Türme von Mals

Der Tartscher Bühel mit Kirche St. Veit: Uralter Siedlungsplatz ist der Tartscher Bühel nahe dem Dorf Tartsch, ein abrupt über der Ebene von Glurns und Schluderns aufragender Hügel am Fuß der Nordhänge des Etschtals. Eine hier aufgedeckte vorrömische Wallburg war sicher nicht die erste befestigte Siedlung. Vom Platz vor der romanischen Veitskirche hat man einen herrlichen Ausblick auf den oberen Vinschgau zwischen Schluderns, Glurns und Mals und die Ortlergruppe.

Führungen auf den Tartscher Bühel mit Ausgrabungsbereich und Kirche St. Veit im Juli und Aug. jeweils Do 17 Uhr, Treffpunkt an der Pfarrkirche Tartsch. Eintritt 3 €.

Das Matscher Tal: 9 km von Mals entfernt liegt **Matsch**, ein immer noch idyllisches eng gebautes Dorf in den stark geneigten Wiesen der Sonnenseite des Matscher Tals. Zwar gibt es auch von Schulderns herauf Wege, die das wilde Tal des Saldurbachs durchqueren (wie z. B. in der Tour 25 beschrieben!), aber eine bequeme Straße gibt es nur ab Mals. Das Tal war immer ein armes hochalpines Tal, daran hat sich nicht viel geändert, auch wenn der Ort sich nunmehr rühmen darf, erstes Südtiroler „Bergsteigerdorf" zu sein. Dieses Label wurde 2008 vom Österr. Alpenverein ins Leben gerufen und umfasst mittlerweile etwa 25 Orte in Österreich, Deutschland und jetzt – Südtirol. Was es bringt? Ein schönes Logo am Ortsschild und die Hoffnung, die 200 Gästebetten einmal vollzubekommen und vielleicht sogar auszuweiten, darüberhinaus eine gemeinsame Vermarktung auf einer übergreifenden Webseite (www.bergsteigerdoefer.at).

Oberhalb des **Glieshofs** (1807 m) regiert auf jeden Fall immer noch die Einsamkeit. Vom Glieshof geht man noch einmal etwa 1:30 Std. zur *Schludernser Alm* (2116 m), hier werden von Senn und Hirte Butter und Käse produziert. Weiter auf schmalem Steig über Almböden zur *Lacken*, einem kalten Seelein, das umrundet werden kann. Oberhalb des hintersten Talgrunds liegt die moderne **Oberetteshütte**, als Standort für die Besteigung der Weißkugel (3738 m) gedacht, aber auch beliebtes Ziel von Bergwanderern.

Verbindungen Der Bus zwischen Matsch und Mals orientiert sich eher an den Matscher Schülern als an Urlaubsgästen. Also: besser **eigener Pkw** oder **Wandertaxi**.

Übernachten/Essen ***S Glieshof, ganz am Ende des Matscher Tals liegt dieses moderne „Almhotel" im Tiroler Stil in sehr ruhiger Lage mitten im Wiesengrün. Große Saunalandschaft mit echt-falschen antiken Säulen, wirklich eindrucksvolles Frühstücksbuffet und gute, teils neu und schick eingerichtete Zimmer mit modernem Bad. DZ/HP 136–184 €. Matsch 69, ℡ 0473/842622, www.glieshof.it.

Oberetteshütte, 2677 m, AVS Matsch, Mitte Juni bis Anfang Okt. Deftige Südtiroler Küche und Marenden, das Fleisch stammt aus der eigenen Zucht Schottischer Hochlandrinder. Übernachtet wird in Mehrbettzimmern und Lager, Ü/HP 52–57 €. ℡ 0473/830280, www.oberettes.it.

Patzleidhof, Patzleidhof 95, Bauernkost auf dem 1600 m hoch gelegenen Biohof: Speck und Speckknödel, Gulasch und Kaiserschmarrn sowie eigene Säfte, darunter ein Schlüsselblumensaft, für warmes Essen vorbestellen. Ostern bis Okt. ℡ 0473/842631. ∎

Das Planeiltal: Das oberhalb von Mals in die Malser Haide mündende Planeiltal ist nur ein kurzes Stück auf öffentlicher Straße zugänglich, die endet nämlich im einzigen Ort des Tals, in **Planeil**. Wer sich dann nicht weiter ins Tal hineinbegibt, das seinen traditionellen Almtalcharakter noch nicht verloren hat, der ist selbst daran schuld, wenn er sich ein Erlebnis entgehen lässt. Am schönsten ist eine etwa 4 Std. in Anspruch nehmende **Rundwanderung zur Planeiler Alm** (2203 m). Man bleibt zunächst am Punibach (so heißt der das Planeiltal entwässernde Bach) bis zur Abzweigung des Fahrwegs zur Planeiler Alm (bei der Ruine des Petersettes-Hofs). Von der Planeiler Alm nimmt man den fast ohne Höhenverlust talauswärts führenden

Weg, der oberhalb von Planeil in den Pradimuns (das rätoromanische Pra bedeutet hier wie bei Prad Wiesen, Pradimuns heißt also wohl nichts anderes als Bergwiesen) nach unten und zurück nach Planeil abknickt (etwas steil).

Verbindungen Kein regulärer Busverkehr im Planeiltal!

Übernachten/Essen *** Gasthof Gemse, moderner, gemütlicher Gasthof im Ort Planeil, traditionelle Kost, Zimmer mit viel Holz, die DZ mit Balkon und Fernsicht. Mo Ruhetag. DZ/FR 100–110 €, auch 1 Apt. (2–6 Pers.), 60–150 €. Planeil 1, ☏ 0473/831148, www.gasthof-gemse.it.

Schleis: Das Dorf am Eingang des *Schliniger Tals* unterhalb von Burgeis besitzt einige schöne Häuser mit Außenfresken, etwa jene am Platz gegenüber dem Hirschenwirt („Herberge zum Hirschen" steht auf der Fassade) im Unterdorf und eine barock ausgestattete *Pfarrkirche* am Platz im Oberdorf, auf den auch die Fassade des eindrucksvollen „Gasthofs zum Goldenen Adler" blickt.

** **Zum Goldnen Adler**, imposanter alter Bau mit der regionaltypischen doppelten Außentreppe, die zum 1. Stock führt, in dem sich die Geräume befinden, 2 alte Tiroler Stuben. Bemerkenswerte Regionalküche, die mit 1 Gault-Millau-Haube ausgezeichnet wurde, gute Weinkarte. Knödel, Schlutzer, Lamm und Wild, Fruchtknödel (mit Marillen/Zwetschgen) u. a. traditionelle Desserts. Menü ab ca. 25 €. Do Ruhetag. Hübsche Zimmer und Apartments, DZ/FR 84–100 €. Schleis 46, ☏ 0473/831139, www.zum-goldnen-adler.com.

Laatsch: Zwischen Burgeis und Mals quert der Etschtal-Radweg das Dorf Laatsch mit seinen vier Kirchen. Der Turm der abgebrochenen Kirche *St. Luzius* steht am Ortsausgang Richtung Mals auf dem Friedhof, in der Dorfmitte liegt *St. Leonhard*. Die kleine, doch zweigeschossige Kirche mit dem schönen gotischen Maßwerkfenster im romanischen Turm ist gotisch ausgemalt (15. Jh.) und besitzt einen Flügelaltar vom Ende des 15. Jh., der vor allem wegen seiner interessanten Charakterköpfe sehenswert ist. Kunsträuber haben *St. Kosmas und Damian* sowie *St. Cäsarius* am westlichen Ortsausgang heimgesucht, was blieb, wurde sichergestellt und ist nicht zu besichtigen. Behäbige Häuser mit Erkern, Freitreppen und Wandmalereien bestimmen das Ortsbild. Das kleine *Heimatmuseum* in der Scheune der Pfarrkirche zeigt den bäuerlichen Alltag der gar nicht so fernen Vergangenheit.

Kirche/Museum St. Leonhard: Führungen auf Anfrage gegen Spende, ☏ 346/7441711.

Heimatmuseum: liebevoll eingerichtet, es wird die ganze bäuerliche Gerätschaft für Haus, Hof, Feld und Alm gezeigt; Juli bis Sept. Mi 16–18 Uhr sowie nach vorheriger Anfrage im Tourismusbüro, Spende erbeten.

Kinder Kinder finden einen sehr schönen Waldspielplatz (und die Eltern einen Grillplatz) zwischen Wald und Bach am Fuß-Radweg in Richtung Burgeis.

Burgeis

Burgeis ist einer der schönsten Orte des Vinschgaus, ein durch Neubauten nicht gestörtes Bauerndorf mit ansteigender Dorfstraße, ein Dorfplatz mit Brunnen in der Mitte, der hl. Michael hält Wacht, zwei Gasthäuser flankieren ihn.

Neubauten gibt es nur am Rand, und sie stören den Gesamteindruck nicht. Besonders schön ist der alte *Bauernhof* links neben dem Hotel Weißes Kreuz am Dorfplatz: asymmetrische Anlage, Steinbau mit Holzbalkon und Dachgeschoss aus Holz. Eine Anzahl von Hausfronten besitzt noch die alten Wandfresken, die ohne Ausnahme Heilige oder die Muttergottes mit Kind darstellen.

Radweg zwischen Burgeis und Glurns

Die Trassenführung zwischen Burgeis und Schleis ist problematisch: Steigungen bis um die 20 % bei schmalem und gewundenem Trassenverlauf und gleichzeitiger Verwendung als Fußgängerweg sowie für die Fahrzeuge der Anrainer – kommt ein Traktor mit Mäher entgegen, der die gesamte Breite beansprucht, schaut man bei diesem steilen Gefälle ganz schön dumm. Da heißt es: vorsichtig fahren und im Zweifelsfall lieber mal anhalten, statt im Höchsttempo talwärts zu brausen.

Am Ortsausgang in Richtung Laatsch und Glurns hält die **Fürstenburg** Wacht, ihr dunkler Turm sieht ernst aufs Dorf wie auf den Vinschgau unterhalb bis hinüber nach Mals. Und nochmals höher, wie eine eigentliche Fürstenburg über Dorf und Fürstenburg thronend, das in weißestem Weiß glänzende **Kloster Marienberg**. Die unnahbare Klosterburg, am Hang klebend wie ein tibetanisches Kloster, hat barocke Züge. Aber die Schätze, die es birgt sind älter: Die romanische Krypta mit ihren völlig frisch erhaltenen Fresken zählt zu den bedeutendsten Kunstdenkmälern Tirols.

Information Tourismusverein, I-39024 Burgeis/Burgusio, Mo–Fr 8.30–12 und 15–18, Sa 8.30–12 Uhr, Juli/ August auch Sa 15–18 Uhr. Dorfplatz 46, ℡ 0473/831422, www.vinschgau.net.

Veranstaltungen Nacht-Dorfführungen im Juli und Aug., Infos im Tourismusbüro.

Übernachten **** Weißes Kreuz, da hat sich ein fast 800 Jahre alter Dorfgasthof renovieren und erweitern lassen und generell neu eingekleidet und ist nun ein veritables 4-Sterne-Haus, das der Gruppe der Romantik Hotels angehört. Die hypermoderne, holz- und glasgeprägte Außenfassade und dennoch gelungene Reminiszenz an die eigene Geschichte ist ein typisches Südtiroler Ergebnis. Stylische Zimmer mit Balkon, schöne neue Suiten, plus 5 Luxussuiten im historischen Ansitz zum Löwen. 600 m² großer Wellnessbereich mit Hallenbad, Saunen, Außenpool, gutes Restaurant. DZ/HP 160–270 €, Suiten ab 206 €. Burgeis 82, ℡ 0473/831307, www.weisseskreuz.it.

***S Das **Moriggl**, sympathisches, frisch und hübsch aufgemöbeltes Aparthotel mit persönlicher Note. Große Zimmer und Apartments für 2–4 Pers. ohne die übliche Tiroltümelei, angenehm klare Formen, helles Holz. Kleiner Saunabereich. Apt. (2 Pers.) 60–102 €, DZ/FR 80–106 €. Burgeis 176, ℡ 0473/831550, www.das-moriggl.com.

***S **St. Michael**, das moderne „Sporthotel" am Ortsausgang in Richtung Mals hat sich jüngst Anbauten geleistet inkl. Hallenbad und Restaurantbereich mit Panoramasicht. Gute Zimmer mit Balkon. Wer nicht das Panorama zur Seite von Stift Marienberg hat, kann sich am Blick auf den Vinschger Sonnenhang erfreuen. DZ/HP 122–172 €. Burgeis 145, ℡ 0473/831121, www.burgeis.com.

**** **Zum Mohren & Plavina**, der Gasthof im Ortszentrum rühmt sich einer 365-jährigen Tradition, das Haus ist alt und behäbig, eine Stiege führt zum Eingang wie in vielen Bürgerhäusern der Region. Modern ausgestattete Suiten im neuen Wanderhotel Plavina, traditionelle Zimmer im Mohren. Wer eines nach vorne hat, kann nächtens dem Plätschern des Brunnens auf dem Dorfplatz lauschen. Ansprechend gestalteter Wellnessbereich. DZ/HP 164–182 €, Suiten teurer. Burgeis 81, ℡ 0473/831223, www.mohrenplavina.com.

*** **St. Stefan**, Aparthotel mit sehr persönlicher, freundlicher Atmosphäre, gutes Frühstück, farbenfrohe, moderne Zimmer und Apartments für 2–4 Pers., z. T. barrierefrei. Sauna, türkisches Bad, Fitnessraum. DZ/FR 80–96 €, Apt. (2 Pers.) 65–94 €. Burgeis 126, ℡ 0473/831410, www.st-stefan.com.

Essen & Trinken Weißes Kreuz, Burgeis 82, das Hotelrestaurant leistet mehr als hotelüblich. Für die Küche zeichnet der Sohn des Hauses verantwortlich, er pflegt eine abwechslungsreiche Cross-over-Küche, d. h. es gibt italienische Pasta ebenso wie französische Entenleber oder thailändisches Curry, die Zutaten sind, wo möglich, regional, zum Teil aus eigenem Anbau. Menü ab 40 €. Speisesaal und Terrasse haben Panoramablick.

Historisches Fresko an einem Wohnhaus in Burgeis

Zum Mohren, Burgeis 81, nicht nur schlafen, auch essen kann man im historischen Gemäuer. Der Umbau hat der Gaststätte ausgesprochen gut getan, neben dem „Genussrestaurant zum Mohren" gibt es jetzt eine neue Vinothek und Lounge, die Weinkarte ist fett geworden, aber bezahlbar geblieben und die Anzahl der offenen Weine auf 11 gestiegen. Gute regionale Küche mit italienischem Einschlag. Mi Ruhetag.

Schlossbar, kleines Restaurant mit freundlicher Atmosphäre, viel Holz. Gute Marenden und sehr gute Knödel (z. B. Fastenknödel), Nockerl und Wildgerichte, hausgeräucherte Forelle im Speisesaal und auf der Terrasse, 2 Gänge um die 20 €. Di Ruhetag. Burgeis 183, ✆ 0473/831559, www.schlossbar.com.

Sehenswertes/Ausflüge

Die Kirchen von Burgeis: Etwas oberhalb des Orts steht ganz einsam in der Wiesenflur die Kirche *St. Nikolaus an der Haide*. Wer die Staatstraße vom Reschen herunterbrettert, passiert sie in Sichtweite, eine Zufahrt gibt es jedoch nicht, nur ein Fußweg führt vom Ort hinauf. Spätgotische und barocke Außenfresken, die zweimal den hl. Nikolaus zeigen, zieren die Außenwände des romanischen Baus mit seiner gotischen Balkendecke. Auch die *Pfarrkirche Empfängnis Mariens* hat ein romanisches Rundbogenportal, innen ist sie gotisch und barock ausgestaltet. Eine Kostbarkeit ist die 1678 von *Eugenio Gasparini* (aus Görlitz!) gebaute Orgel, die aus der Stiftskirche Marienberg stammt.

St. Nikolaus, Führung April bis Ende Okt. Fr 14 Uhr, Eintritt 3 €.

Die Fürstenburg: Die eindrucksvolle Burg am Rand von Burgeis mit dem kräftigen Bergfried – man passiert sie auf dem Rad- und Fußweg nach Mals – wurde 1272 bis 1282 errichtet. Wenig wurde verändert, zumindest was ihre äußere Form betrifft. Fürstenburg heißt sie, weil sie den Fürstbischöfen von Chur gehörte, die sie aber nur verwendeten, wenn's im eigenen Haus zu brenzlig wurde, etwa während der unruhigen Reformations- und Bauernkriegszeit des 16. Jh. Die Burg beherbergt heute eine Landwirtschaftsschule.

Besichtigung nur im Rahmen einer Führung, üblicherweise Juli/Aug. Mo und Do 14 Uhr, Treffpunkt an der Burg, Eintritt ca. 3 €.

Kloster Marienberg: Der massive, blendend weiß gestrichene Bau des Klosters hoch über Burgeis ist die höchstgelegene Benediktinerabtei Europas und von Weitum zu sehen. Für den Bau des ausgedehnten Gebäudekomplexes (ab 1150) musste erst eine Plattform am Hang geschaffen werden, dennoch sind die zum Tal blickenden Bauteile um etwa drei Stockwerke höher als die hangseitigen. Heute leben noch 11 Mönche im Kloster, das mal sehr mächtig war und sehr wesentlich dazu beigetragen hat, dass die romanischen Bauern des Obervinschgaus allmählich das Deutsche annahmen und zu Deutsch-Tirolern wurden. Die barockisierte *Kirche* hat noch ein schönes romanisches Portal, aber das eigentliche Ziel der Kunst-Apassionati ist die *Krypta*: Die dortigen romanischen Fresken, ein komplett erhaltener Zyklus, stammen noch aus der Zeit der Stiftsgründung und gehören zum Bedeutendsten, was uns die Romanik in den Alpen hinterlassen hat: leuchtende Farben, elegante Figuren (Engel, segnender Christus in der Mandorla), stark byzantinische Züge. Der Meister dieser an der Kunst Südwestdeutschlands geschulten Fresken ist nicht bekannt, man nennt ihn mangels eines Namens den *Meister von Marienberg*. Dass die Fresken sich so gut erhalten haben ist einer frühen Übertünchung zu verdanken, die erst 1889 teilweise, komplett jedoch erst 1980 entfernt wurde. Seit 2007 wird im Klostermuseum „Ora et Labora" die über 900-jährige Geschichte dargestellt und anschaulich mit dem Klosteralltag verknüpft.

Kirche Mo–Sa ganztags geöffnet, **Museum** März bis Okt. 10–17 Uhr, Eintritt 5 €, erm. 2,50 €. **Krypta** im Mai im Rahmen einer Führung Mo–Sa 15 Uhr inkl. Eintritt ins Museum 10 €, Juni bis Okt. Besichtigung der Krypta zum Schutz der Fresken nur während der Vesper Mo–Sa 17.30 Uhr. ✆ 0473/843980, www.marienberg.it.

Schlinig und das Schliniger Tal: Das Dörfchen auf 1725 m Höhe hat eine gedrungene gotische Kirche mit barockem Zwiebelturm, ein paar behäbige Häuser und liegt ganz in der Nähe der Watles-Lifte, was ihm zu ein wenig Tourismus verholfen hat. Neben dem Watles (s. u.) bietet sich in Schlinig eine Exkursion an ins obere Schliniger Tal zur *Sesvennahütte* und weiter zur Schweizer Grenze. Dort beginnt die atemberaubend angelegte Steiganlage durch die spektakulär ins Gebirge eingeschnittene *Uinaschlucht*. Geführte Wanderungen zur Schlucht werden von allen Touristenbüros des oberen Vinschgaus veranstaltet (man kehrt auf dem gleichen Weg zurück). Hin/zurück 5–6 Std. bis zum Beginn der Schlucht.

Verbindungen Wandertaxi von den Orten des Obervinschgaus nach Schlinig am Mo, Fr, Sa und So – Citybus unter der Woche 4x tgl. von Mals von Ende Sept. bis Mitte Juni (nicht während der Sommerferien).

Übernachten/Essen Anigglhof, freundlicher Gasthof in sonniger Lage. Im Neubau nebenan mit schönem Holz ansprechend und hell gestaltete Räume, kleiner, neuer Saunabereich. Restaurant Mi Ruhetag. DZ/FR 124–140 €. Schlinig 20, ✆ 0473/831210, www.anigglhof.it.

Jausenstation Schliniger Alm, 1868 m, Alp Planbell im Rätoromanischen genannt, ca. 45 Min. ab Schlinig. Käse- und Butterherstellung, Alm- und Wildgerichte, kein Ruhetag. Neuerdings bietet die Wirtsfamilie 4 schöne Apartments in einem nach ökologischen Gesichtspunkten gebauten Holzhaus direkt neben dem Hof in Schlinig an. Apt. (2 Pers.) 65–85 €. Schlinig 27, ✆ 338/5379733, www.andrien.it.

Sesvennahütte, 2256 m, AVS-Schutzhütte, von Schlinig ca. 2 Std. Saisonale Küche mit regionalen Produkten, hauptsächlich aus Bio-Anbau. Gemütliche Räumlichkeiten, 30 Betten und 50 Lager, Ü/HP ab 50 €. Mitte Juni bis Okt. und Febr. bis April, ✆ 0473/830234, www.sesvenna.com.

> **Die Sesvennagruppe**
>
> Die Grenze zwischen Graubünden und Tirol verläuft zwischen dem Reschenpass und dem Münstertal über den Kamm Sesvennagruppe, die im *Piz Sesvenna* 3205 m erreicht. Sie ist auch eine Sprachgrenze, denn auf der italienischen Seite wird Deutsch gesprochen, auf der Schweizer Seite hingegen „Vallader" (die Unterengadiner Spielart des Rätoromanischen). Während der Gebirgskamm selbst einsam ist und kaum von Wegen erschlossen wird, bieten auf Südtiroler Seite zwei Bergbahnen und die beiden tief in die Gruppe hineinreichenden Täler **Rojental** und **Schliniger Tal** kurze Wege in den hier besonders ausgedehnten und weich geformten Almenbereich.
>
> Das Gebirge ist so außergewöhnlich reich an Schmetterlingen – mehr als 1000 von ca. 3000 Südtiroler Arten kommen hier vor –, dass die Vereinigung europäischer Schmetterlingsforscher (www.soceurlep.org) hier 2003 ihr erstes Forschungsgebiet einrichtete mit bedeutenden Institutionen als Träger wie u. a. der Internationale Alpenschutzkommission CIPRA, dem Zoologischen Museum der Universität Kopenhagen, dem Tiroler Landesmuseum Ferdinandeum und – natürlich – dem Naturmuseum Südtirol in Bozen.

Auf dem Watles (2557 m): Von *Prämajur*, das man auf der Straße von Burgeis nach Schlinig (über Marienberg) erreicht, führt ein Sessellift in die Almenzone unter dem Watles. Dieser etwas in den Vinschgau vorgeschobene Gipfel der Sesvennagruppe ist leicht zu erreichen. In Kombination mit dem Weg über die beiden *Pfaffenseen* eine lohnende Bergtour. Im Winter ist der Watles ein beliebtes Skigebiet, zwei Schlepplifte führen bis auf 2450 m, also knapp unter die Gipfelzone.

Bergbahnen Sessellift Juni bis Okt. tgl. 8.30–12.30/13.30–17 Uhr, im Sommer durchgängig, einfach 10,50 €, Berg/Tal 13,60 €, Kinder 7,40/9 €. www.watles.net.

Sport im Winter Neben den Abfahrten 15 km **Langlaufloipen** oberhalb von Schlinig. **Skischule Watles** ✆ 0473/830757. Große, 4 km lange **Naturrodelbahn** von der Bergzur Talstation! Kostenloser **Skibus** von allen Orten der Ferienregion Obervinschgau. www.watles.net.

Sport im Sommer Shuttledienst von Schlinig zur Talstation Watles (und zurück) im Sommer tgl. 16–18 Uhr, im 10-Min.-Takt.

Paragliding: Tandemflüge, Infos beim Hotel Watles in Präjamur, ✆ 0473/835411, www.watles.com.

Kinder Erlebnisberg Watles, an der Bergstation des Sessellifts, 1500 m² großer und nur 40 cm tiefer künstlich angelegter See mit Hängebrücke, Floß, Wasserfällen und Wasserrad, Streichelzoo, Diamantenmine am Sandstrand, Käseverkostung bei der Höferalm und Holzliegen für die Erwachsenen. Ende Mai bis Anf. Okt. 8.30–17 Uhr, die Nutzung ist kostenlos, nur Funballz, Bogenschießen und Mountaincarts gegen Gebühr.

Das Reschengebiet

Die Gegend um den Reschenpass im obersten Vinschgau ist eine windige Ecke, den Parasurfern auf dem Reschensee gefällt das. Im Stausee versank das alte Graun bis auf seinen Kirchturm. Zu beiden Seiten des Passes locken Wander- und Skiberge, darüber thront die 3738 m hohe Weißkugel.

Keine Gedränge – noch (sieht man mal vom Parkplatz in Melag ab, wenn an schönen Tagen Hundertschaften zur *Melager Alm* drängen). Ruhiger Urlaub, jede Menge

Das Reschengebiet

Sport, Naturnähe – damit wirbt die Ferienregion um den Reschenpass. Sehr zu Recht. Dass die Südtiroler Reschenpassregion mit dem österreichischen *Nauders* zusammenarbeitet, ist kein Zufall. Nauders, ein paar Kilometer jenseits des Reschenpasses, ist historisch gesehen ein Teil des heute fast komplett italienischen Vinschgaus. Dieselbe Geschichte, dieselbe Sprache, dieselbe Kultur – da kann man schon darüber hinwegsehen, dass man die Steuern an verschiedene Fiskusse zahlt.

Basis-Infos

Information Tourismusverein Reschenpass, Mo–Sa 9–12 und 14.30–18 Uhr, in der Nebensaison Sa nur vormittags, Hauptstr. 61, I-39027 Graun, ℡ 0473/633101, www.reschenpass.it. Büros auch in **St. Valentin auf der Haide** und **Reschen**. Der Tourismusverband arbeitet eng mit jenem des benachbarten österreichischen Nauders zusammen (www.nauders.com), insbesondere im Bereich Wintersport, der als „Reschenpass Skiparadies" grenzüberschreitend beworben wird.

Verbindungen Auch auf dem Verkehrssektor wird zusammengearbeitet: Die **Busse** des SAD fahren über die Grenze weiter bis Nauders, dafür transportieren die österreichische Post (bzw. Busse der Österreichischen Bundesbahnen) Fahrräder auf der wegen der Tunnel unangenehm zu fahrenden Strecke zwischen Landeck und Nauders in einem extra Radanhänger, Infos auf www.postbus.at und www.viaclaudia.org (→ S. 43 und 85).

Wandertaxi zur Grauner Alm (im Sommer Mo und Do 9.30 Uhr, Start am Gemeindeparkplatz, 7 €) und zur Reschner Alm (Di um 9 Uhr ab Infobüro St. Valentin, 7 €). ℡ 335/6588855.

Feste & Veranstaltungen Almabtriebswochen: In den 3 Wochen um die Septembermitte findet der Almabtrieb statt, dann geht es in den Gemeinden am Reschenpass hoch her, auf österreichischer wie auf Südtiroler Seite. Das bunt und oft aufwendig geschmückte Vieh wird von den Almen getrieben und für den Winter in die Ställe gebracht. Das ist wie überall im Ostalpenraum Grund zum Feiern. Heutzutage macht jeder Ort ein Fest aus dem Almabtrieb, wer wissen will, wann was los ist, besorgt sich die Daten beim Tourismusverein.

Radfahren Verleih bei Sport Folie, Hauptstr. 22, ℡ 0473/633155, www.sport-folie.com.

Reiten & Fahrten Kutschen- und (winterliche) Schlittenfahrten am Reschensee und Haidersee, aber auch in die seitlichen Täler sowie **Reitkurse** (u. a. mit Haflingern) veranstaltet Elmar Habicher, Waldweg 23 in St. Valentin auf der Haide, ℡ 0473/634570.

Wassersport Der **Reschensee** ist kein Badesee, aber ein sehr guter See für Surfer und – besonders beliebt – Parasurfer. Wenn diese flotten Surfer am Schlepptau ihres Gleitschirms am Ufer entlang rasen, bleibt kein Spaziergängerauge an den Bergen haften.

Wintersport Zwei-Länder Skiarena nennt sich der Skikartenverbund der Gebiete Nauders, Schöneben, Haider Alm, Watles, Trafoi und Sulden, der mit einer Karte (theoretisch) die Nutzung von 211 km Pisten ermöglicht, Minimum 2-Tageskarte bis hin zum Saisonabo. Infos (in Südtirol) beim Tourismusverein Reschenpass s. o., der Tourismusverein Nauders gibt detaillierte Auskünfte über den österreichischen Anteil: A-6543 Nauders, ℡ 0043/50225400, www.nauders.com. Verleih von Ausrüstung bei Sport Folie (s. o.).

Übernachten/Essen & Trinken

In Reschen *** Etschquelle, Hotel in sonniger Lage, im Haus Pizzeria/Restaurant „Da Luigi", Hallenbad, Sauna, Dampfbad. Zweckmäßige Zimmer. DZ/HP 92–148 €. Neudorf 43, ℡ 0473/633125, www.hotel-etschquelle.com.

In Graun *** Goldener Adler, der gemütlichen holzgetäfelten Stube dieser Hotelpension mit ihrem schönen Kachelofen sieht man nicht an, dass sie – wie der ganze Ort Graun – neueren Datums ist. Zeitgenössisch wirken dagegen die jüngst renovierten Zimmer sowie der Sauna- und Dampfbadbereich. Wermutstropfen: gut gelegen, aber besonders am Wochenende und bei den Zimmern nach vorne nicht ganz ruhig. DZ/HP 124–140 €. Claudia-Augusta-Str. 3, ℡ 0473/633130, www.goldener-adler.it.

In St. Valentin auf der Haide *** Mountain Living, Zimmer oder Apartment im Aparthotel, solides Mobiliar, nichts Überflüssiges, Sauna, kleines Hallenbad. Ortslage, aber z. T. schöner Ausblick. Im Haus Sportgeschäft mit Rad- und Skiverleih. DZ/FR 82–88 €, Apt. (2–4 Pers.) 62–119 €. Hauptstr. 27, ✆ 0473/634760, www.mountain-living.eu.

*** **Mall**, sympathisches kleines Hotel mit neuen Zimmern, Sauna und Dampfbad, schöne getäfelte Stube, Angebote für Radfahrer, die auf Wunsch an den Startort ihrer Tour gebracht und am Ziel abgeholt werden. DZ/HP 98–134 €. Landstr. 39, ✆ 0473/634633, www.hotel-mall.it.

Camping Thöni, (sehr) kleiner Campingplatz – nur 30 Stellplätze – bei St. Valentin, der erste, den man vom Reschenpass kommend auf Südtiroler Gebiet antrifft. Gute sanitäre Anlagen, Spielplatz. Ganzjährig geöffnet. Gespann und 2 Pers. 19–23 €. Landstr. 83, ✆ 0473/634020, www.camping-thoeni.it.

Sehenswertes/Ausflüge

Der Haidersee: Etwas tiefer als der Reschensee und noch unterhalb des Orts St. Valentin auf der Haide liegt der Haidersee. Sein meist klares Wasser und seine besonders am Etsch-Zufluss reiche Ufervegetation, die unter Naturschutz steht (Schilf, schwimmende Wiesen), erlauben einer reichen Fischfauna das Leben. Dass der Weiler etwas oberhalb sich **Fischerhäuser** nennt, ist also kein Zufall. Wer früher vom Fischfang lebte, scheint übrigens heute von der Vermietung von Ruderbooten zu leben, interpretiert man die Anzahl von Booten am Ufer unterhalb des Ortes richtig. Leider wird von den Betreibern des Kraftwerks immer wieder schmutziges und schlammiges Wasser in den See geleitet, sodass ein Überleben dieses Biotops gefährdet wird.

Vor einigen Jahren wurde im ökologisch empfindlichen Westteil des Sees ein Steg verlegt, sodass nun die Umrundung des Sees für Spaziergänger möglich ist, ohne dass das Feuchtbiotop dieses Abschnittes gestört wird.

Rudern auf dem Haidersee, Boote unterhalb der Ortschaft Fischerhäuser. Schöner **Spaziergang** entlang dem Seeufer auf gepflegtem, gänzlich flachem Weg, teilweise Steg, Umrundung des Sees möglich.

Auf der Haideralm: Die Umlaufbahn von St. Valentin auf der Haide auf die Haideralm erschließt das **Wandergebiet** unter der *Seebodenspitze* der Sesvennagruppe. Viele Wasserläufe, kleine Seen, ein Rundweg zur Spitze (2859 m, ca. 4–5 Std. ab Bergstation hin/zurück). Wer will, kann in 2 Std. auf gutem Weg (Markierungen 7/4) zur Bergstation der Watlesbahn hinüber laufen. Im Winter ist das Gebiet dank guter Erreichbarkeit und neuer Anbindung an das Skigebiet Schöneben, Nauders/Österreich, oft stark besucht.

Umlaufbahn von St. Valentin auf der Haide, Ende Juni bis Okt. und in der Wintersaison; im Sommer 8.45–17 Uhr, einfach 11 €, Berg/Tal 13 €, erm. 8/9,50 €, Kombination mit Schöneben (s. u.) möglich. www.haideralm.it.

Das Rojental: Vom Grenzkamm mit der Schweiz zieht sich das Rojental zum nördlichen Teil des Reschensees hinunter. Straßen führen von St. Valentin auf der Haide und von Reschen nach **Rojen**, der einzigen Siedlung des Tals auf fast 2000 m Höhe. Das gotische *Bergkirchlein St. Nikolaus* mit seinen Fresken aus der Bozner Malerschule erinnert daran, dass man früher wegen des tiefen Schnees und drohender Lawinen oft wochenlang nicht zur Messe in Reschen gehen konnte, da durften die Rojer ihr Sonntagsgebet in St. Nikolaus verrichten. Der Weiler ist die höchstgelegene Dauersiedlung der Ostalpen. Warum die Menschen hier und in anderen Höhensiedlungen Südtirols eisern am traditionellen Standort festhalten, während sie anderswo schon längst geflüchtet sind und den Weg in die Stadt oder wenigstens ins

Tal gewählt haben, konnte der Artikel so wenig erklären wie diejenigen, die diese Entscheidung bewusst oder unbewusst getroffen haben.

Der Reschensee: Wo sich heute der lang gestreckte größte See Südtirols befindet, waren bis 1949 Wiesen, Weiden, Felder, Bauernhöfe und das alte Dorf Graun. Die Bauern mussten ihre Höfe verlassen, für einige blieb nicht einmal mehr die Zeit für die Erntearbeiten. Im Sommer 1950 war der See komplett aufgestaut. Die Toten aus dem Grauner Friedhof wurden exhumiert und an höherer Stelle im neuen Friedhof beigesetzt. Nur der Turm der alten Pfarrkirche blieb unangetastet, dafür hatte das Landesdenkmalamt gesorgt. Was tun mit dem Turm? Er blieb stehen, sticht noch heute mit seinem romanischen Drillingsfenster im obersten Stockwerk und noch spitzerer Turmhaube aus dem Wasser des Sees hervor. Niemand fährt vorbei, ohne auszusteigen und dieses kuriose Bild zu betrachten. Bei der Grauner Bevölkerung, die seit der Umsiedlung um 70 % geschrumpft ist, weckt der Anblick freilich wehmütige Erinnerungen, denn mit dem Stausee, heute ein beliebtes Freizeitrevier für Touristen, endete eine seit Jahrhunderten bestehende Dorfgemeinschaft.

Kirchturm von Graun im Reschensee

Auf dem See tummeln sich Windsurfer und Kitesurfer. Das *Kitesurfen* ist der absolute Trendsport, der See eignet sich ganz besonders dafür, denn er liegt (wie der nördliche Teil des Gardasees) in einem Windkanal. Der Mix aus Wellenreiten und Windsurfen ist nicht ganz ungefährlich, eine Grundausbildung sollte man absolviert haben, bevor man sich auf den See stürzt. Wer sie noch nicht hat, kann sie am See nachholen (s. u.). Baden ist allerdings nicht drin, zu kalt, wir sind auf fast 1500 m über dem Meeresspiegel. Und zu windig: Im Windkanal unterhalb des Sees stürzen die Nordwestwinde ungehemmt vom Reschenpass hinunter in den Vinschgau. Dafür macht die kleine „MS Hubertus" ein gutes Geschäft mit Seerundfahrten. Im Winter ist der See ein riesiger Eislaufplatz. Schlittschuhe kann man sich direkt am See ausleihen. Neuster Trendsport ist das Snowkiten, alljährlich steigt im Januar der spektakuläre Weltcup *International Snowkite Open*.

Kitesurf-Grundausbildung am Reschensee, Infos beim Tourismusverband. Kiteschulen *Südtirol* (✆ 335/6026836) oder *Proboarder* bieten Schnupperkurse und Kurse für Anfänger und Fortgeschrittene, Letztere auch winterliche Snowkite-Kurse. Hauptstr. 4, ✆ 340/1858582, www.kiteboarding-reschen.eu.

Graun: Der aus dem Seespiegel hervorstechende „Graue Turm", der Kirchturm des im Stausee versunkenen alten Graun, ist das Symbol nicht nur des neuen Orts, sondern der ganzen Reschenregion. Wer Bilder vom alten Ort und der allmählichen

Überflutung des zerstörten Dorfs sehen will, besucht das **Museum,** das leider nur im Sommer für eine Stunde in der Woche geöffnet hat. Und nicht nur Kindern gefällt eine **Schifffahrt** auf dem See, der Landesteg ist gleich gegenüber vom Grauen Turm. Das neue Dorf sieht nett aus, hat aber keinerlei sehenswerte Elemente.

Museum Vinschgauer Oberland: im Alten Rathaus in Graun, Juli–Ende Aug. Mi 16–17 Uhr. Bildersammlung zum untergegangenen Dorf, Infos zur Aufstauung des Sees und zum Neubau des Dorfs, aber auch zur bäuerlichen Geschichte der Gegend.

Reschen-Schifffahrt Die **MS Hubertus Interregio** legt im Sommer von der Anlegestelle gegenüber dem Grauner Kirchturm zur Seefahrt ab. Ein Spaß, den es anderswo in Südtirol nicht gibt, und eine Möglichkeit, den berühmten Turm im See mal von einer anderen Seite zu fotografieren. Jacke mitnehmen, es kann ganz schön kühl werden, wir sind auf rund 1500 m Meereshöhe! Mitte Juli bis Mitte Okt. tgl. um 15 Uhr, Dauer ca. 1 Std., 9 €, Kinder 5 €, Treffpunkt beim Parkplatz am Turm.

Reschen: Ein echter Straßenort – hier werden die Durchreisenden umworben, vor allem die zahlreichen Motorradfahrer. „Café Biker" nennt sich eines der Straßencafés, das soll sie alle zu den paar Tischen am Straßenrand und zum zischenden Hefeweizen locken. Die Seilbahn vom Ort entführt ins **Almgebiet Schöneben** auf ca. 2100–2300 m in eine andere Welt, wo es im Sommer sehr ruhig, im Winter gelegentlich hektisch zugeht.

Seilbahn Reschen – Schöneben, Juni bis Okt. tgl. 9–16.30 Uhr, einfach 10 €, Berg/Tal 12 €, erm. 7,50/8,50 €, Kombination mit Haideralm (s. o.) möglich. www.schoeneben.it.

Im Langtauferer Tal

Das Langtauferer Tal beginnt bei Graun auf 1500 m, steigt über wenige Kilometer bis auf 2000 m an und geht dann in einen gewaltigen Talschluss über, über dem wilde Wände und Ehrfurcht gebietende Gletscher bis in eine Gipfelzone zwischen 3300 und fast 3800 m reichen. Die *Weißkugel* (3738 m) steht dramatisch über diesem Talschluss, sie ist wie der gesamte Kammbereich Staatsgrenze mit Österreich. Der größte Gletscher des Talschlusses, der *Gepatschferner*, liegt jedoch nur zum kleinsten Teil auf Südtiroler Gebiet, der größte Anteil wälzt sich als gewaltige Eismasse nach Norden ins Kaunertal.

Im Sommer ist das Langtauferer Tal ein attraktives, wenn auch nicht für jeden günstiges Wandergebiet, sind doch alle Touren mit steilen Anstiegen auf den ersten 500 Höhenmetern verbunden, bis man die etwas flachere Almenzone erreicht hat. Dazu kommt, dass die Almen des Tals bis auf jene im Talschluss und um den Sessellift ohne Ausnahme aufgelassen sind – die große Attraktion vieler Bergtouren, zünftig einkehren zu können, fällt also weg. Im Winter ist das Tal trotz seines alpinen Skigebiets ein Langlaufparadies – 35 km Loipen geringer Schwierigkeit durchziehen den Talboden!

Übernachten/Essen Gasthof Weißkugel in Melag, Nudelgerichte, Schnitzel und Zwiebelrostbraten, Apfelstrudel und Kaiserschmarrn.

Innerkapron, allergikergerechte Ferienwohnungen auf einem Bauernhof, der noch sein eigenes Brot bäckt. Apt. (2–6 Pers.) 50– 110 €, Kapron 8, ✆ 0473/633293, www.innerkapron.it.

Melaghof, 2 Ferienwohnungen für 2–5 Pers. auf einem Bauernhof im hintersten Langtauferer Tal. Apt. für 2 Pers. 61–65 €. Langtaufers 116, ✆ 0473/633569, www.melaghof.it.

Langtauferer Tal

Ausflüge

Melag und der Talschluss: Die eng gebaute, urwüchsige Hausgruppe von Melag ist die hinterste und höchste des Tals, 1915 m liegt sie hoch! Von hier führen alte Wege weiter zur **Melager Alm** auf gleicher Höhe, man muss zunächst sogar ein Stück absteigen, denn Melag liegt auf einer erhöhten Felsbarriere mit Blick nach unten wie oben. Ab der bewirtschafteten und stark besuchten Alm wird's steil, der serpentinenreiche Weg zur **Weißkugelhütte** ist jedoch von allen rüstigen Gehern zu schaffen. Bei der Hütte angekommen, genießt man ein Panorama, mit dem sich wenige der Ostalpen vergleichen können. Es wird vom (deutlich zurückgehenden) *Langtauferer Ferner* und vor allem von dem mit Gletschern umhüllten Gipfel der *Weißkugel* (3738 m) dominiert. Zum Gletscher führt ein problemloser Fußweg (Schild bei der Hütte), wer mehr plant, etwa die relativ leichte *Vordere Karlesspitze* (3231 m) oder gar die *Weißkugel*, eine mittelschwere Gletschertour, braucht alpine Erfahrung, die komplette Ausrüstung einer hochalpinen Bergtour und gutes Wetter.

Tour 18: Wanderung von Melag auf die Weißkugelhütte

Tour-Info: Reizvolle Hüttenwanderung mit Ausblicken auf die Weißkugel und Nahblicken auf den Langtauferer Ferner. Dauer 3:15–3:30 Std.; Höhenunterschied ↑↓670 m. Anfahrt mit dem Pkw bzw. mit dem Linienbus von der Reschenstraße durch das Langtauferer Tal bis Melag. Karten: Tabacco (1:25.000) Blatt 43; Kompass (1:50.000) Blatt 52.

Vom Parkplatz in Melag **A** nimmt man das für den öffentlichen Verkehr gesperrte Sträßchen zur Melager Alm, das zuerst ein kurzes Stück bergab und dann fast flach in Richtung Talschluss führt. Bei der ersten Brücke **B** wie bei der zweiten Brücke **C** geht man geradeaus weiter, ab der Letzteren auf einem markierten Trampelpfad, der aber kurz darauf wieder den guten Steig von der Alm zur Weißkugelhütte erreicht. Auf diesem bergan, Serpentinen, die Aussicht ist beschränkt, öffnet sich aber ganz plötzlich auf einer kleinen Verflachung in einer sanften Linkskurve **D** und zeigt uns nun die Weißkugel. Weiterhin kurvenreicher Aufstieg, bei einer Bank mit Kreuz **E** hat man dann Verschnaufmöglichkeit und die Gelegenheit, das inzwischen nochmals größer gewordene Panorama zu bewundern, das nun auch den Kamm zum Vernagl (links der Weißkugel) umfasst. An einer Gabelung **F** rechts bzw. in gleicher Richtung weiter, hier werden wir beim Abstieg abbiegen. Unter der Hütte links eine Lacke mit hübschen Spiegelungen,

dann sind wir bei der Weißkugelhütte angelangt **G** (2542 m, 2 Std.). Panorama der Sonderklasse, zum Langtauferer Ferner führt unmittelbar von der mit Bänken und Tischen förmlich gepflasterten Terrasse ein Steig hinüber.

Zurück bis zur vom Aufstieg schon bekannten Abzweigung **F** und dort nach rechts. Schöner Steig durch Almgelände,

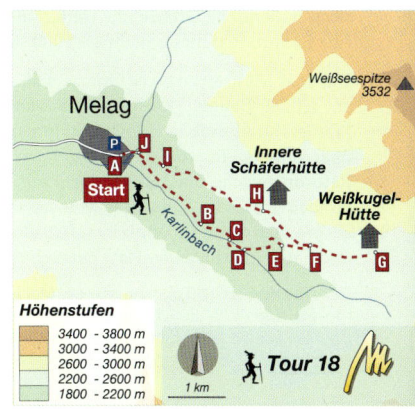

im Frühsommer blumenreich. Bei der Inneren Schäferhütte H besonders saftige Weiden in einer Mulde, nach rechts führen alpine Steige auf Nockspitze, Karlesspitzen und Weißseespitze, sämtlich 3000er (nur die Nockspitze ist für Normalgeher einigermaßen leicht). Weiter auf unserem Weg in sanftem Auf und Ab durch Almwiesen, die ganz plötzlich an einem Kreuz über einer Steilpassage I mit Blick auf Melag und das oberste Langtauferer Tal enden. Runter auf schlechtem, weil ausgetretenem Weg und über Wiesen zum Sträßchen J, das uns in wenigen Minuten hinauf und zurück nach Melag bringt K.

Essen/Hütten Melager Alm, 1970 m, echte Viehalm, auf der Butter und Käse produziert wird, Jausenstation, warmes Essen, geöffnet Mitte Juni bis Mitte Okt.

Weißkugelhütte, 2542 m, seit 2013 ist ein Neubau dieser zwar urigen, aber auch abbruchreifen Hütte genehmigt und geplant, die Umsetzung steht immer noch in den Sternen. Der bisherige Pächter ist ausgestiegen, eine Wiedereröffnung im Jahr 2018 noch fraglich.

Das Münstertal

Nur der kleinste Teil des Münstertals gehört zu Südtirol, der Großteil liegt in der Schweiz. Das schmale Tal zwischen Glurns und Taufers wird vor allem von Wald eingenommen, nur bei Taufers weitet es sich und erlaubt Platz für Dorf, Wiesen und Felder. Wer die Grenze nach Graubünden überschreitet, trifft im rätoromanischen Müstair auf den alten Hauptort des Tals.

Sieht man sich eine Übersichtskarte der Alpen an, erkennt man die verkehrsmäßige Bedeutung, die das Münstertal hat: Es verbindet über den 2149 m hohen Ofenpass den Vinschgau und ganz Südtirol mit dem Engadin sowie über Flüela- und Albulapass mit ganz Graubünden und damit der alten Bischofsstadt Chur. Der Bischof von Chur wurde 772 von Karl dem Großen zum Verwalter von Churrätien bestellt, einem riesigen Gebiet, das zum Teil noch gar nicht erobert war (erst 774 besiegte Karl endgültig das Langobardenreich) und zu dem auch der gesamte Vinschgau gehörte. Erst langsam wurde die Macht des Churer Oberhirten über den Vinschgau gebrochen, die Grafen von Tirol, dann die Habsburger hatten alle Hände voll damit zu tun. Die Grenze zwischen Chur (Graubünden) und Tirol, die heutige schweizerisch-italienische Grenze, die mitten durch das Münstertal verläuft, ist das vorläufige Endprodukt dieser mehr als 1000-jährigen Auseinandersetzung.

Dass das Münstertal nicht Grenze war, sondern Verbindungslandschaft, merkt man an seinen Bauten: Klostergründungen aus der Zeit Karls des Großen hüben (Taufers) und drüben (Kloster St. Johann in Müstair) und Festungen (zwei Ruinen über Taufers). Bis vor gar nicht so langer Zeit gab es eine gemeinsame Sprache, das Rätoromanische, das heute noch mit seinen verschiedenen Dialekten in Graubünden – hier im Schweizer Münstertal als Teil Graubündens ist es das „Jauer" – gesprochen wird; im Vinschgau ist die Sprache erst in der Neuzeit ausgestorben und hat dem Deutschen Platz gemacht hat.

Information Büro Tourismusverein Mals, Mo–Sa 8.30–12/15–18 Uhr, außerhalb der Hauptsaison Sa Nachmittag geschl. I-39024 Mals/Malles, St.-Benedikt-Str. 1, ✆ 0473/831190, www.vinschgau.net.

Für den Schweizer Teil: **Verkehrsverein Val Müstair**, CH-7537 Müstair, ✆ 0041/ (0)81/8618840, www.val-muestair.ch.

Verbindungen Pkw: durch das Münstertal gute Straße vom Vinschgau. Straße über den Umbrailpass nach Bormio bzw. über das Stilfser Joch in den oberen Vinschgau.

Bus/Radtransport: von Mals wochentags 6x per Bus nach Taufers und über die Grenze nach Müstair und Zernez, dort Bahnanschluss nach St. Moritz und Landquart. Fahrradmitnahme Bus/Zug nur gegen Voranmeldung unter ☎ 0041/(0)81/8641683, www.postauto.ch.

Taufers

Nahe der Schweizer Grenze liegt der alte Ort Taufers an einer sonnigen Stelle des Münstertals. Die Burgen auf dem Waldhang darüber bezeugen die frühere strategische Bedeutung als Grenzort, das Johanniterspital erinnert an die Lage an einem bereits im Mittelalter wichtigen Verkehrsweg.

Taufers gehört zwar wie das Münstertal zur Region Vinschgau, ist sich aber seiner gesonderten Stellung an der Schweizer Grenze, der eigenen, mit Müstair und dem Bistum Chur verbundenen Geschichte sehr bewusst. Dieser Lokalstolz greift sogar in den touristischen Bereich: Der hölzerne Kiosk neben dem Rathaus an der Hauptstraße ist nicht etwa ein lokales Info-Häuschen, sondern steht für den nur lose mit dem Vinschgauer Verband kooperierenden Tourismusverein mit eigenem Prospekt und eigener Hotelliste und einem schönen Übersichtsblatt (Luftaufnahme mit eingezeichneten Wanderwegen).

Einkaufen Speck und Wurstwaren in hoher Qualität erzeugt die Metzgerei Mair im Ortszentrum.

Übernachten/Essen **** **Lamm**, zur Straße: alter Einkehrgasthof mit mittelalterlichem Tor, zum Tal: moderner Anbau für Restaurant und Gästezimmer. Das „Natur- und Aktivhotel" Lamm hat ein Hallenbad, Saunen und Liegewiese, für Kinder Spielplatz, Spielzimmer, Streichelzoo und Pferde, gemütliche, teils renovierte Zimmer und ein Restaurant mit Bioprodukten aus Eigenbau. DZ/HP 140–198 €. St.-Johann-Str. 37, ☎ 0473/832168, www.hotel-lamm.com.

*** **Chavalatsch**, einfaches Hotel und Restaurant-Café (Spezialität Wild), mit luftig-rustikalem Speisesaal mit Holzdeckenkonstruktion, reichhaltiges Frühstücksbuffet, zweckmäßige Zimmer. DZ/FR 88–96 €. Restaurant Do Ruhetag. St.-Johann-Str. 31, ☎ 0473/832175, www.chavalatsch.com.

Sehenswertes/Ausflüge

Ortsbild: Taufers ist ein lang gezogenes Straßendorf mit schönen *Außenfresken* an einigen Häusern. Bemerkenswert sind vor allem die Fresken an Nr. 65 der Hauptstraße (St.-Johann-Straße) oder der gotische Spitzbogeneingang von Nr. 67.

Johanniterspital: Nähert man sich Taufers vom Vinschgau her, ist das erste Gebäude, das man zur Rechten passiert, ein seltsames Konglomerat romanischer und gotischer Elemente, Wohnhaus und Kirche, auf zwei unterschiedlichen Niveaus. Es handelt sich um das ehemalige Johanniterhospiz St. Johann (später von den Maltesern geführt) samt Kirche. Diese wurde 1222 in romanischen Formen errichtet. In der dreigeschossigen *Sakristei,* die man nur mit einer Führung besichtigen kann, wird eine *Ausstellung zur Romanik* gezeigt, die einen hervorragenden Überblick der romanischen Kunststätten des Vinschgaus gibt. Versäumen Sie nicht, sich die äußere Nordwand der Kirche anzusehen. Das *Fresko des hl. Christophorus* ist das älteste Südtirols, möglicherweise der gesamten Alpen, nicht romanisch, sondern stark byzantinisch beeinflusst, wie man an dem „Christuskind" sieht, das als Mini-Erwachsener mit Buch und Segenshand dargestellt ist. Warum das Fresko an die

Nordseite gemalt wurde, an der niemand vorbeikommt? Von wegen: Hier verlief die wichtige Straße Vinschgau – Chur, bevor die heutige Straße unterhalb gebaut wurde.

Kirche: Juni bis Okt. Mo–Sa 9.30–17 Uhr (Mi nur bis 16 Uhr), Führungen mit Sakristei Mi 16 Uhr und auf Anfrage; Eintritt 1 €, mit Führung 4 €.

Pfarrmuseum St. Michael: In der Michaelskirche neben der Pfarrkirche von Taufers werden einige Kunstwerke aus den acht Kirchen von Taufers gezeigt, darunter vor allem ein *spätgotischer Flügelaltar* (1520) aus der Martinskirche.

Besichtigung Mitte Juni bis Ende Okt. Mi 10–12 Uhr bei freiem Entritt. Auskunft bei der Pfarrei: ✆ 0473/832162 oder ✆ 347/8631315.

Zu den Ruinen Raichenberg und Rotund: Über Taufers lagen zwei schwer bewaffnete Burgen, die heute als Ruinen nur noch von den Zeiten träumen, als die Schweizer gefährliche Grenznachbarn waren. Wer die beiden besuchen will, muss das auf einer Wanderung machen (hin/zurück 1:40–2 Std.). Die lediglich zu Fuß erreichbare Ruine Raichenberg besteht fast nur noch aus einem Rundturm, die anderen Gebäude sind verfallen oder bescheidene – und nicht ungefährlich zu begehende – Mauerreste. Rotund (= Rund) hat noch das Geschützrondell seiner Entstehungszeit (16. Jh.), als man erstmals begann, militärische Anlagen systematisch anzulegen. Der runde Turm der Burg ist viel älter, entstand wohl schon im 12. Jh. Am Sockel haben seine Mauern 2,5 m Durchmesser!

Weg-Info: Sträßchen (Kirchgasse) ab Taufers zum Baustadlhof (ab Ortsmitte Schilder mit der 6), von dort Wanderweg 6 zum Schlosshof und der Ruine Rotund. Zurück zum Baustadlhof und halblinks auf Weg ohne Markierung zur Ruine Raichenberg und hinunter zum Hangfuß, wo man Weg 8 erreicht, der entlang dem Turnaunawaal verläuft. Nach links zurück nach Taufers. Rotund erreicht man auch auf der beim Johanniterhospiz beginnenden Zufahrtsstraße zu den Bergbauernhöfen Eckhof und Gand.

Müstair (Schweiz, Kanton Graubünden): Wenn Sie bei Taufers die Grenze überschreiten, haben Sie Müstair erreicht, das schweizerische „Münster" des hl. Johannes des Täufers, rätoromanisches Sprachgebiet und Territorium des Schweizer Frankens (niemand hat Probleme mit dem Euro, im Supermarkt gibt es zwei parallele Auszeichnungssysteme und Kassen).

Die **Klosterkirche St. Johann in Müstair** ist eines der ganz großen Ziele von Kunstfreunden. 1983 kam die Gründung der Bischöfe von Chur aus der Zeit Karls des Großen (770) auf die UNESCO-Liste der Weltkulturgüter. Benediktiner (wie in Burgeis-Marienberg) bauten das Kloster auf und machten das Land urbar, strategische Überlegungen spielten beim Bau wohl auch mit. Rechts über der Straße – kommt man von Taufers – liegt der stattliche Klosterbau (heute von Benediktinerinnen geführt), der von der wuchtigen romanischen Kirche mit drei halbrunden Apsiden, dem eher plumpen Glockenturm und einem weiteren wuchtigen Turm, dem Plantaturm aus der Zeit der Verteidigung gegen die Ungarn und Awaren, bestimmt wird.

Die eigentlichen Kostbarkeiten finden Sie innen: romanische und – das ist sehr ungewöhnlich und rar und war ausschlaggebend für die UNESCO-Liste – karolingische Fresken. Der riesige Bilderzyklus (ehemals 82 Szenen) verarbeitet in gedeckten Tönen spätantike, byzantinische und frühmittelalterliche Kunstströmungen in Darstellungen zum Alten (David) und Neuen (Passion) Testament. Die Stilunterschiede zwischen den karolingischen und romanischen Fresken sind frappant, eine Verwechslung der beiden Stile und Zeiten ist auch für Laien kaum möglich: Die präromanischen Darstellungen passen den Rahmen dem Bildinhalt an, die romanischen passen umgekehrt den Bildinhalt in den aus architektonischen Gründen vorgegebenen Rahmen an (wie die Rundung eines Tympanons). Und während etwa bei Gewändern die präromanischen Darstellungen den Faltenwurf naturalistisch wiederzugeben versuchen, sind die romanischen stark stilisiert, der optische Eindruck des Details wird dem ornamentalen Bild innerhalb der Umrisslinie unterworfen. Aufhellungen entlang von Kanten, die Lichteinfall und damit Dreidimensionalität vortäuschen sollen, sind in romanischen Darstellungen formalen hellen (später vergoldeten) Linien parallel zu Kanten und Randlinien gewichen. Nicht zu übersehen ist eine Statue am rechten Ende der Hauptapsis, sie stellt Karl den Großen in Kaiserpose und mit der alten Reichskrone dar. So schön es wäre, sich darunter ein Portrait vorzustellen, so wenig trifft das zu. Die Statue wurde erst 1165/66 geschaffen, nachdem Kaiser Friedrich Barbarossa die Heiligsprechung seines Vorgängers erzwungen hatte.

Ein erweitertes **Museum** entstand in den Räumen nördlich der Kirche, Führungen umfassen auch den Plantaturm und Klosterräume, Auskunft an der Pforte (mit Buchladen). Im Museum u. a. karolingische Reliefs und – noch viel ungewöhnlicher als die Fresken – karolingisches Buntglas.

Etwas abseits am Kirchweg steht ein weiteres karolingisches Kleinod mit prächtigen Wandbildern – die **Heiligkreuzkapelle**. Die Außenfassade erstrahlt seit dem Ende der Renovierung 2011 in neuem Glanz – innen wird noch renoviert. Führungen für Kunstinteressierte sind auf Anfrage aber möglich!

Verbindungen SAD-Busse ab Mals über Taufers nach Müstair bis zu 10x pro Tag, aus dem Engadin Bahn bis Zernez und Postauto über den Ofenpass nach Müstair.

Klosterkirche Tgl. außer 25. Dez. geöffnet, Mai bis Okt. 9–12/13.30–17 Uhr, im Winterhalbjahr 10–12/13.30–16.30 Uhr, So/Fei vormittags geschlossen (Museum und Kloster).

Museum Mai bis Okt. Mo–Sa 9–17 Uhr, im Winterhalbjahr 10–12/13.30–16.30 Uhr, So/Fei vormittags geschlossen, Eintritt mit und ohne Führung 12 Sfr, erm. 8 Sfr,

Führung Museum, Kirche, Plantaturm, im Sommer (Juni bis Okt.) vormittags bis 4x pro Woche, ✆ 0041/(0)81/8516228, www.muestair.ch.

Übernachten Gästehaus im Kloster St. Johann, Zimmer mit Dusche/WC (eines ohne) im Gästehaus des Klosters, Aufenthaltsraum mit Klavier, Biogarten-Küche, Möglichkeit, am klösterlichen Leben teilzunehmen. Zimmerpreise auf Anfrage. ✆ 0041/(0)81/8516223, www.muestair.ch.

Von Müstair über den Umbrailpass zur Stilfserjochstraße: Wie Müstair ist *Sta. Maria* ein lang gezogenes Straßendorf, das man, kaum, dass man es erreicht hat, nach links auf der recht schmalen und sehr kurvenreichen Straße zum Umbrailpass (2501 m) wieder verlässt. Die Straße ist bei Rad- und Motorradfahrern weniger beliebt als die über's Stilfser Joch, was nicht heißt, dass es nicht eng werden kann. Mit der Einführung der Maut auf der Stilfserjochstraße im Mai 2013 sogar sehr eng.

Radler-Tipp!
Die meisten Motorradfahrer machen den Rundtrip im Uhrzeigersinn, also Prad – Stilfser Joch – Umbrailpass – Müstair – Prad. Wer früh startet, erreicht die Passhöhe des Umbrailpasses noch bevor der Rummel – besonders an Sonntagen nervig – so richtig beginnt, und hat bei der Abfahrt auf der Stilfserjochstraße Motorräder vor allem im Gegenverkehr, was insgesamt weniger hinderlich ist als umgekehrt.

Luttach am Anfang des lang gezogenen Ahrntals

Pustertal und Nördliche Dolomiten

Von Brixen in Südtirol bis Lienz in Osttirol zieht das Pustertal eine Trennungslinie zwischen den Zentralalpen im Norden und den Dolomiten im Süden. Wer ins Pustertal fährt kann also recht bequem zwei ganz unterschiedliche Landschaften besuchen, je nachdem, ob er sich nach Norden oder Süden wendet. Massive Gebirgsketten aus dunklem Gestein, lange Täler wie das Ahrntal und das Antholzer Tal führen bis knapp an den Alpenhauptkamm im Norden, hoch über der Dreitausender-Höhenlinie. Die Nördlichen Dolomiten auf der Südseite hingegen, Pragser und Sextener Dolomiten, sind einzelne Gebirgsstöcke mit ausgedehnten (Alm-)Plateaus und hellen, verwitterten Dolomit-Zähnen wie den Drei Zinnen. Bruneck, Toblach und Innichen bieten kurze Wege in beide Landschaften und eine perfekte Hotellerie.

Das Unterpustertal

Von Franzensfeste bis knapp vor Bruneck ist das Tal des Flusses Rienz eng und schattig. Die meisten Besucher zieht es eher in die sonnigen Längstäler oder gleich nach Bruneck, dem wichtigsten Ort des gesamten Pustertals.

Das Unterpustertal selbst ist wenig ideal für Siedlungen und dementsprechend schwach besiedelt, sieht man von Markt- und Verwaltungsorten wie Mühlbach und Vintl ab. Die sonnigen Nebentäler Valser Tal und Pfunderer Tal ziehen von Norden zum Unterpustertal, beide mit hübschen Bauerndörfern und vielen behäbigen Tiroler Paarhöfen. Von hier aus lassen sich die eisbedeckten Gipfel der Zillertaler Alpen ersteigen, allen voran der Hochfeiler an der Grenze zu Österreich, aber auch die wunderschöne hochalpine Landschaft um den Eisbruggsee.

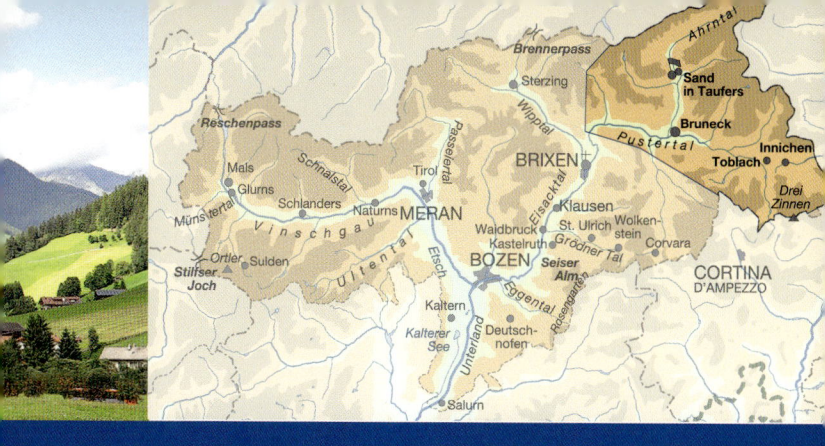

Pustertal und Nördliche Dolomiten

Auf der Sonnenterrasse zwischen Terenten und Pfalzen ist die Besiedelung besonders dicht, hier gedeiht mehr, die Tage mit Sonnenschein sind häufiger als im tiefen Tal darunter oder in den Seitentälern. Sportlich lässt man es hier eher gemütlich angehen mit Spaziergängen und kleinen Wanderungen. In einem weiten Becken liegt Bruneck, der wichtigste Ort des gesamten Pustertals, mit gut erhaltener, sehenswerter Altstadt.

Information Im Westen: **Tourismusverband Eisacktal**, I-39042, Brixen, Großer Graben 26A, ✆ 0472/802232, www.eisacktal.com. In Bruneck: **Ferienregion Kronplatz**, Rathausplatz 7, I-39031 Bruneck, ✆ 0474/555722, Mo–Fr 9–12.30, Sa 9.30–12.30 Uhr, kronplatz.com. Informationen zur gesamten Region, die von Terenten im Westen bis Welsberg und Gsieser Tal im Osten und von St. Martin in Thurn (in Ladinien, → S. 562) im Süden bis Uttenheim und ins Antholzer Tal im Norden reicht. An der Autobahnauffahrt Brixen-Nord in Richtung Pustertal steht ein **Informationshäuschen**, das für den gesamten Bereich des Pustertals zuständig ist, vor allem aber über die nähere Umgebung (Brixen, Natz und Schabs) Auskunft geben kann.

》》 **Mein Tipp:** Lanz, Feinkost und Bar, ausgewählte Südtiroler Produkte (Wein, Käse, Obst, Speck, Marmeladen, Bücher) und Happen für zwischendurch, beliebt bei Einheimischen und Touristen gleichermaßen. Gehört eigentlich zur Gemeinde Schabs, aber geografisch zum Pustertal, für den Autor das, was früher der Brenner war: Nach dem Espresso beim Lanz ist man in Südtirol angekommen (und bei der Rückfahrt ist es der perfekte Ort, um Abschied zu nehmen und ggf. noch schnell ein paar Mitbringsel zu besorgen). Großer Parkplatz, Pustertaler Str., tgl. 6–22 Uhr, ✆ 0472/611890, www. lanz-suedtirol.it. 《《

Mühlbach und das Valser Tal

2 km oberhalb von Mühlbach verengt sich das Rienztal bei der **Mühlbacher Klause**, die Reste einer mittelalterlichen Verteidigungsmauer und Zollstelle sind noch direkt an der Straße zu sehen. Die 1269 errichteten Gebäude markierten bis ins Jahr 1500 die Grenze zwischen Brixner Besitz und dem zur *Grafschaft Görz-Tirol* gehörenden Pustertal. Mühlbach war der zuständige Verwaltungssitz, woran heute noch die **Kandelburg** im Zentrum erinnert. Ein vorgeschichtlicher Plattenweg, der **Lindenweg**,

Das Unterpustertal

führt hinauf nach Meransen auf sonniger Terrasse, alternativ gibt es die Kabinenbahn und eine Straße. Oben haben sich die alten Bauernhöfe in Apartmenthäuser und Hotels verwandelt, das hat der Skizirkus Gitschberg vor der Nase bewirkt. Dagegen ist das Valser Tal trotz eines kleinen Skigebiets recht ursprünglich geblieben, vor allem wenn man in den Talschluss hinauf wandert, wo auf der **Fane-Alm** eines der wenigen Almdörfer der Region zur Rast lädt.

Information Tourismusverein Mühlbach, I-39037 Mühlbach/Rio di Pusteria, Paese 18/a, ☎ 0472/653220, www.pustertal.org, www.pustertal.com, www.gitschberg-jochtal.com.

Gästekarte Für Gäste gibt es gratis die **Almencard** und die **AlmencardPLUS**. Die einfache Karte bietet freie Fahrt mit den Bergbahnen Gitschberg und Jochtal, Nutzung der Wanderbusse und Teilnahme an Veranstaltungen. Die Plus-Variante beinhaltet die Nutzung der öffentlichen Verkehrsmittel, Eintritt in Museen, Benutzung von 9 Bergbahnen.

Internet WiFree-Hotspot am Kirchplatz in Mühlbach.

Bergbahnen Kabinenseilbahn Gitschberg, Mitte Mai bis Anf. Nov. 8.30–16.30 Uhr und in der Wintersaison. Kabinenseilbahn Jochtal in Vals, Anf. Juni bis Anf. Nov. 8.30–16.30 Uhr und in der Wintersaison. Beide jeweils einfach 13 €, Berg/Tal 18 €, erm. 11/13 €. Das neuerbaute **Bergrestaurant** Jochtal aus Bruchsteinen mit modernem Holzinterieur liegt an der Bergstation auf 2006 m und wurde 2016 gleich zur schönsten Skihütte Südtirols gewählt (der Begriff „Hütte" wird da etwas weiter ausgelegt). Deftige Südtiroler Küche, zeitgemäß zubereitet. ☎ 0472/671345, www.jochtal.info.

Wintersport Skigebiet Gitschberg-Jochtal, großer Skizirkus (16 Aufstiegshilfen, 21 Pisten), Mitglied im Verbund Dolomiti Superski. Im Talboden von Vals hübsche **Rundloipe** (4,5 km). Snowpark für Kinder in Vals; Snow-Fun-Park in Jochtal. Neue Rodelbahn Gitschberg (6,5 km, ab Gitschhütte). www.gitschberg-jochtal.com.

Wintersport Skigebiet Gitschberg-Jochtal, großer Skizirkus (16 Aufstiegshilfen, 21 Pisten), Mitglied im Verbund Dolomiti Superski. Im Talboden von Vals hübsche

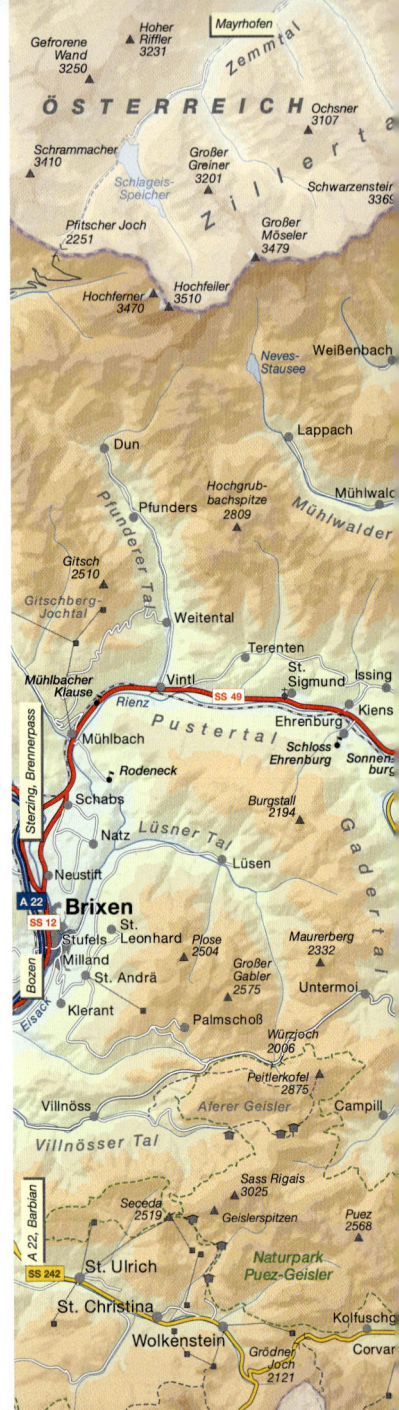

Rundloipe (4,5 km). Snowpark für Kinder in Vals; Snow-Fun-Park in Jochtal. Neue Rodelbahn Gitschberg (6,5 km, ab Gitschhütte). www.gitschberg-jochtal.com.

Die Skigebiete Gitschberg und Jochtal sind durch eine Kabinenbahn miteinander verbunden, so macht die Skiregion Gitschberg-Jochtal mit ihren 50 km präparierten Pisten dem bisher führenden Kronplatz ernste Konkurrenz.

Übernachten/Essen in Mühlbach

*** **Panoramik**, das Hotel mit Hallenbad, Sauna, Dampfbad und Massage hat moderne Zimmer ohne viel rustikale Schnörkel. DZ/FR 74–150 €. Sandbichl 17, ✆ 0472/849535, www.hotelpanoramik.com.

*** **Ansitz Kandelburg**, der historische Ansitz wurde in ein komfortables Hotel verwandelt, hinter den alten Erkern und Fensterstöcken verbirgt sich moderner Komfort. DZ/FR 90–120 €. Richtergasse 4, ✆ 0472/849 792, www.ansitz-kandelburg.com.

Übernachten/Essen im Valser Tal

**** **Huber**, kinderfreundliches Familienhotel, komfortable Zimmer mit Balkon, kleines Hallenbad und Infinity Pool, Sauna, auf jedem Stockwerk eine Gästeküche. Tgl. Kinderprogramm, Kinderwellness, Riesenrutsche, großer Indoorspielbereich. DZ/all-inclusive 206–410 €, Suiten teurer. Kirchdorfstr. 4, ✆ 0472/547186, www.hotelhuber.com.

**** **Valser Hof**, jeder Komfort dieser Klasse im Vitalpina-Hotel inkl. Hallenbad und Wellnessbereich, 66 Zimmer und neue Suiten. DZ/HP 176–280 €, Suiten teurer. Pichlstr. 24, ✆ 0472/547177, www.valserhof.com.

**** **Masl**, moderner Wellness-Bunker der exquisiten Sorte, 2000 m² Wellnessbereich mit Innen- und Außenpool, 5 Themensaunen, Beauty, Massagen, Fitnesscenter, helle Zimmer mit viel Holz. DZ/HP 192–414 €. Unterlände 21, ✆ 0472/547187, www.hotel-masl.com.

*** **Kaserhof**, neueres Hotel bei der Talstation der Jochtalbahn, angenehme Zimmer, Wellnessbereich mit Hallenbad und Liegewiese. DZ/HP 124–230 €. Jochtalstr.17, ✆ 0472/547101, www.hotel-kaserhof.com.

Übernachten/Essen in Rodeneck

**** **Schönblick**, in Rodeneck ist das Hotel eine Wellnessoase im Grünen, sehr zu empfehlen. Moderne, große Zimmer mit viel Holz, Hallenbad und Freibad, Whirlpool, Saunen, Blütendampfgrotte, Beauty- und Wellness-Anwendungen von Hydro- und Aromaöl-Massagen über Fangobäder bis Peeling, Aussicht auf das bewaldete unterste Rienztal von der Terrasse. DZ/HP 170–298 €. Gifen 143a, ✆ 0472/454141, www.schoenblick.com.

*** **Rodeneggerhof**, „Alpenland-Hotel" in prominenter Lage im Stil eines Südtiroler Ansitzes, Hallenbad samt Sauna, Dampfbad, und Kneippanlage (auch für Nicht-Hotelgäste, telefonische Anmeldung notwendig für Massagen und andere Anwendungen). DZ/HP 150–200 €. Vill 1a, ✆ 0472/454245, www.rodeneggerhof.com.

Sehenswertes/Ausflüge

Mühlbach: Mehrere alte Adelssitze bezeugen, dass Mühlbach früher ein wichtiger Ort war. 1269 übergab der kinderlose letzte Rodenecker seine Herrschaft samt Burg und umgebendem Landstrich an die Grafen von Görz-Tirol. Bedingung war die Errichtung eines *burgum*, also eines befestigten Orts. Das wurde Mühlbach, ein Ort mit festen Mauern, Gericht (1271–1850) und Marktrecht seit dem Hochmittelalter. Von der Mauer ist noch ein Rest am Tertiarenkloster erhalten. Erhalten haben sich auch der *Ansitz Strasshof*, wo sich ehemals der Pfleger des Bistums aufhielt, der oberste Verwaltungsbeamte für die Zollstelle, der *Ansitz Freienthurn*, heute Tertiarenkloster und Schule, sowie der *Ansitz Kandlburg*, Gerichtshaus und heute Schlosshotel. Die *Pfarrkirche* ist ein gotischer Bau mit schönen mittelalterlichen Fresken, die man sich unbedingt ansehen sollte. Gegenüber dem Haupteingang steht ein granitener Zahltisch aus dem 16. Jh., er stammt aus der Zolleinnahmestelle der Mühlbacher Klause (s. u.), von der Mühlbach sehr profitierte. In der spätgotischen *Florianikapelle* hat man zahlreiche römische Reste entdeckt.

Die Mühlbacher Klause: Die mittelalterliche Grenzfestung zwischen dem Fürstbistum Brixen und der Grafschaft Görz-Tirol fristete lange ein Schattendasein.

Wenige Passanten auf der nahen Pustertal-Staatsstraße nahmen die graue Ruine am Hang wahr. Zu besichtigen war mangels Restaurierung und Sicherung sowieso nichts. Das ist jetzt anders geworden, die großzügige Grenzsicherungsanlage und Zolleinnahmestelle ist restauriert, wenn auch immer noch Ruine (schließlich hatte sie Jahrhunderte lang keine Funktion mehr) und man kann sie besichtigen, Parkplatz vor dem Tor. Heute kann man sich wieder vorstellen, wie es war, als der gesamte Verkehr durch das Tor und den schmalen Gang (Gebäudefundamente z. T. in dunklerem Stein nachgezeichnet) ins eigentliche Zollhaus geleitet wurde. Der Radweg zwischen Vintl und Mühlbach führt direkt am Gebäude vorbei.

Besichtigung von Juni bis Sept. Do 9–12 und 14.30–18 Uhr. Führungen um 10 und 14.30 Uhr. Juli/Aug. auch Sa 9–12 Uhr und Führung Sa um 10 Uhr, Eintritt 5 €. www.muehlbacherklause.it.

Bildstock am Lindenweg

Ausflug auf dem Lindenweg (1:15–1:30 Std., Abstieg ↓ 600 m): Lindenweg nennt sich der uralte, wahrscheinlich vorgeschichtliche Meranser Plattenweg, der von Mühlbach nach Meransen hinaufführt. An einer flachen Passage mitten auf dem Weg kommt man unter einem Dach hindurch, das einen einfachen Altar und Gedenkstein mit drei Frauengestalten zeigt. Die Stelle nennt sich *Jungfernrast*. Es sind Darstellungen der heiligen drei Jungfrauen Aubet, Cubet und Cuere, der Sage nach Königstöchter, die vor den Hunnen flohen und irgendwann einmal entkräftet und halb verdurstet in den Bergen niedersanken. Als sie Gott um Hilfe baten, sprang eine Quelle aus dem Felsen und ein Kirschbaum mit Früchten schoss auf. Die Jungfrauen blieben eine Zeit lang in Meransen, dann zogen sie nach Köln weiter. Die Quelle fließt hier noch heute, die drei Jungfrauen werden immer noch verehrt.

Burg Rodenegg: Die meisten Besucher drehen dem **Dorf Rodeneck** gleich den Rücken und eilen zur Burg. Wie es sich für Burgen gehört, liegt Rodenegg auf einem Felsen am steilen Hang über dem Rienztal, „trutzig" lautet auch hier der passende Ausdruck. Die Lage ist toll, der lang gestreckte Bau mit Vorburg sehr eindrucksvoll. Im 13. Jh. hat ein ritterlicher Burgherr Fresken zu den 12 Abenteuern des Ritters Iwein malen lassen, einer der Ritter von König Artus' Tafelrunde und in Adelskreisen Vorbild ritterlich-höfischen Verhaltens. Die Fresken gehören zu den frühesten Beispielen profaner Malerei im Alpenraum, erst 1972 wurden sie durch Zufall unter dem Verputz entdeckt.

Burg/Information Mai bis Mitte Okt. **Führungen** tgl. (außer Sa) um 11.30 und 14.30 Uhr, Mitte Juli bis Aug. auch 15.30 Uhr, Eintritt 5 €, erm. 2 €. Information beim **Tourismusverein**, I-39030 Rodeneck, Vill 3a, ✆ 0472/454044, www.gemeinde.rodeneck.bz.it.

Essen & Trinken Blasbichler, Vill 4, Café und Eisdiele in grünem Garten, sehr angenehm. Auch kleine Imbisse. Mo Ruhetag.

Lucky Nugget Saloon, Bar im Westernstil beim Hotel Rodeneggerhof.

Zur Rodenecker Alm und dem Doloramaweg: Von Mühlbach führt eine kurvige, panoramareiche Straße über Nauders und den Ahnerberg zum Wanderparkplatz Zumis, der Ausgangspunkt für Touren auf die weite Hochfläche der Rodenecker Alm ist und auch von Lüsen aus erreicht werden kann (→ S. 196). Der 2016 neu angelegte Mehrtagesweg führt von Zumis über die Maurerberghütte (1. Tag) zur Schlüterhütte (2. Tag), dann weiter zur Raschötzhütte (3. Tag) und endet schließlich in Lajen. Auf einer Strecke von 61 km sind 2356 m Aufstieg zu bewältigen, reine Gehzeit etwa 20 Std.

Bus ungefähr 5x tgl. ab Bahnhof Mühlbach zum Wanderparkplatz Zumis. Von Lajen mit dem Bus nach Bozen, dann mit dem Zug oder Bus nach Brixen und dem Bus nach Mühlbach.

Auf der Alm Fane: Im obersten Valser Tal liegt auf einem sonnigen Wiesengrund in 1740 m Höhe die Alm mit ihren Hütten, den Stadeln und der Kapelle. Die Almhütten sind dicht aneinander gebaut, die Holzschindeldächer sind mit Balken und Steinreihen beschwert. Die Fane wirkt wie ein Dorf, es gibt auch die für eine Siedlung obligate Kapelle, obwohl die Häuser nur im Sommer bewohnt wurden und werden. Aber dann lebte eben das ganze Dorf hier oben und versorgte das Vieh und machte Butter und Käse. Heute gibt es immer noch Vieh, aber man kann die Fane auf einer Fahrstraße erreichen. Für die Wanderer ist gut gesorgt auf der Alm Fane, die Merende (oder Brettljause) wartet schon! Von der Alm Fane bieten sich vor allem zwei Touren an, die in hochalpines Gelände führen: zum Großen See und zur Wieserhütte, von wo aus man durch das Altfasstal nach Vals zurückkehren kann, und die Tour ganz hinauf ins wilde Valser Tal zur Brixner Hütte (auch eine tolle MTB-Tour, nur die letzten Meter auf engem Weg sollte man schieben) und evtl. weiter auf die Wilde Kreuzspitze (3132 m) mit ihrer fantastischen Aussicht oder in einem großartigen, aber anstrengenden Rundkurs über den Wilden See zurück zur Alm Fane.

Shuttle Bus, die Straße zur Fane Alm ist von Juli bis Sept. 9–17 Uhr für den Autoverkehr gesperrt. Ab Kreuzkofelhütte (großer Parkplatz) wird ein Shuttledienst angeboten, 2,50 €, Kinder 1,50 €, www.fane-alm.com. **Kuttnhütte**, hauseigener Käse „VallerGold", Mitte Mai bis Mitte Nov., ✆ 0472/547119. **Gattererhütte**, Jausenstation auf der Fane Alm, Mai bis Allerheiligen, ✆ 0472/547184, www.gattererhuette.it. **Wieserhütte**, Schutzhütte im Altfasstal, Almgerichte und eigene Käserei, ✆ 0472/520350. **Brixner Hütte**, 2282 m, tolle Lage im Talschluss mit Panoramablick, AVS, Mitte Juni bis Mitte Okt., 40 Lager, ✆ 0472/547131.

Meransen

Sonnenterrasse ist die richtige Bezeichnung für die Lage dieses Dorfs. Bis vor einer Generation war sie den Bauern vorbehalten, inzwischen dürfen sich immer mehr Urlauber daran erwärmen. Die alten Höfe existieren noch, und wenn am Sonntagvormittag der Kirchgang alle anderen Tätigkeiten zum Erliegen bringt, ist Meransen immer noch das alte Bauerndorf – trotz der lebhaften Wintersaison am gut erschlossenen Skigebiet Gitschberg-Jochtal.

Die Kirche von Meransen steht wunderschön auf dem Plateau des Dorfs. Der von einer Mauer umschlossene Friedhof ist still, man sieht weit ins Pustertal und in die Dolomiten hinein. Ein Fresko vor dem Eingang unter dem wuchtigen Turm stellt den hl. Christophorus dar. Nichts deutet darauf hin, dass sich drinnen einer der schönsten Rokokoräume Tirols befindet, ein prachtvoller, heller und mit Stuck, Fresken, Altargemälden und elfenbeinweißen Skulpturen (aus Holz!) geschmückter

Innenraum. Auf dem rechten Seitenaltar stehen die drei heiligen Jungfrauen, ihre Statuen stammen noch aus der Spätgotik, rechts daneben ist ein Kasten mit interessanten Votivgaben.

Information Tourismusverein Meransen, I-39037 Meransen, Seilbahnplatz 13, ✆ 0472/520197, www.meransen.com. Mo–Fr 8.30–12/14–17 Uhr, Sa (nur Hochsaison) 9–12 Uhr.

Anfahrt/Bergbahnen Straße ab Mühlbach oder Seilbahn Mühlbach – Meransen, ganzjährig Mo–Sa 6.50–8/9, 10–11.50/13.15–18.40 Uhr, So ab 8.30 Uhr, Berg/Tal 8,70 €.

Kabinenbahn Gitschberg und Jochtal, → S. 470. Infos unter www.gitschberg-jochtal.com.

Feste & Veranstaltungen Haflinger-Galopprennen: Am Pfingstsonntag traditionelles Galoppreiten der Haflingerpferde, vorher Festzug mit Schützenkompanien zwischen Seilbahnplatz und Rennwiese. Infos beim Tourismusverein.

Sport Mountainbike-, Ski- und Snowboardverleih: Rent a Sport Gitschberg (Meransen), an der Talstation der Gitschberg-Seilbahn. ✆ 0472/522045, www.rentasport-gitschberg.com. Außerdem geführte Mountainbiketouren, auch für Familien.

Schwimmen im Erlebnisbad mit Baby- und Kinderbecken und Sauna, tgl. geöffnet. ✆ 349/0676219, www.alpinpool.it.

Wintersport: Zum Skigebiet Gitschberg-Jochtal → S. 470; Ski-Pendelbus zwischen Vals und Meransen. Kunsteisbahn (150 m) neben der Tennishalle.

Übernachten/Essen *** Alpenfrieden, als Tirolerhof verkleidetes Mittelklassehotel bei der Kirche. Hallenbad, Sauna, Dampfbad, große Wiese, von den meisten Balkonen schöne Aussicht. Restaurant/Pizzeria im Haus. DZ/HP 128–204 €. Aussereckerstr. 8, ✆ 0472/520173, www.hotel-alpenfrieden.com.

Moserhof, Meransen 49, etwas außerhalb liegt diese freundliche Pension mit schöner verglaster Terrasse im oberen Stockwerk und 8 ordentlichen Zimmern. DZ/FR 50–74 €. ✆ 0472/520190, www.pension-moserhof.com.

S'Pfandl, Meransen 45b, ein bisserl von diesem und etwas von jenem, Nudeltris im Pfandl und Pizza – man hat ja ein internationales Publikum zu bewirten. Iglu-Bar fürs Après-Ski angeschlossen. Mo geschl.

Vintl und das Pfunderer Tal

Von Vintl im Rienztal zieht sich das Pfunderer Tal weit in die Berge hinein, der Weißzint (3264 m) ist nur durch einen kurzen Kamm vom Hochfeiler am Alpenhauptkamm getrennt. Da es im Tal selber keine Lifte gibt, ist die Wintersaison trotz des nahen Skizirkus Gitschberg-Jochtal ruhiger als die Sommersaison. Aber die hat's in sich, denn für Wanderer und Bergsteiger sowie konditionsstarke Mountainbiker ist das Pfunderer Tal ein Eldorado.

Seit Jahrhunderten wird im Tal der *Pfunderer Marmor* gebrochen, der eigentlich gar kein Marmor ist, sondern ein Serpentin von grünlicher bis hellgrauer Farbe. Das Grünsteinwerk liegt etwas oberhalb des alten Dorfs, am Eingang macht ein großes Grünsteindenkmal Werbung sowohl für die Firma als auch für Pfunders.

Vintl selbst mit seinen Ortsteilen Niedervintl und Obervintl ist seit einigen Jahren den lästigen Durchgangsverkehr los, da eine Umgehungsstraße den ununterbrochen fließenden Verkehr am Ort vorbeiführt – abgetrennt durch wuchtige Lärmschutzwände.

Information Tourismusverein Vintl/Pfunderer Tal, I-39030 Vintl/Vandoies, Staatsstr. 15, ✆ 0472/869100, www.vintl.net.

Mehrere **Loipen** (insgesamt 41 km).

Einkaufen Feinkäserei Capriz, ein unübersehbares, wuchtiges Gebäude am Straßenrand aus Glas und Beton (das Dach soll ein Stück Käse darstellen). Die Käserei produziert Ziegenkäse nur von Tieren aus der näheren Umgebung. Ein heller Shop mit leckeren Käsespezialitäten, Bistro und Vinothek und ein kleines Museum (Eintritt frei)

Lüftlmalerei schmückt ein Haus in Vintl

runden das Konzept ab. Tgl. 9–19 Uhr. Pustertaler Str. 1, www.capriz.bz.

Sport Jeden Mi geführte **Mountainbiketouren**, Anmeldung beim Tourismusverein.

Wintersport: von Januar bis März geführte Schneeschuhwanderungen und Skitouren, Infos und Anmeldungen beim Tourismusverein.

Skibus ab Pfunders und Vintl in die Skigebiete Jochtal und Gitschberg.

Übernachten/Essen **** **Wellnesshotel Lodenwirt**, Hotel, Restaurant, Shop, Loden-Museum und Lounge Bar direkt an der Hauptstraße, alles da für einen erfolgreichen Wellnessurlaub: vom Hallenbad über Sauna, Whirlpool, Beauty-Anwendungen. Gemütliche Zimmer mit sehr guter Ausstattung. DZ/FR 92–186 €. Pustertaler Str. 1a, ℡ 0472/867000, www.lodenwirt.com.

La Passion, Passion ist ein passender Name für dieses winzige Gourmetlokal mit seinen fünf Tischen in Obervintl, das mit Leidenschaft und auf höchstem Niveau geführt wird (1 Michelin-Stern, 2 Gault-Millau-Hauben). Gespeist wird in einer gemütlichen Bauernstube aus dem 16. Jh., eigens eingebaut aus dem Gadertal, die Küche italienisch mediterran, saisonal und regional. Reservierung essentiell! Hauptgang ab ca. 24 €. Mo Ruhetag. St-Nikolaus-Weg 5b, ℡ 0472/868595, www.lapassion.it.

Sehenswertes/Ausflüge

Niedervintl: Auf dem Kirchhügel von Niedervintl mit seinem Friedhof stehen zwei Kirchen, die alte und die *neue Pfarrkirche*. So neu ist die neue nun auch wieder nicht, immerhin ist sie ein echter Barockbau. Die Ausmalung stammt von *Josef Anton Zoller* (1763), nach dem auch eine Straße des Orts benannt ist. Dafür ist die kleine *alte Pfarrkirche* wirklich alt, schon als sie im 14. Jh. erstmals erwähnt wurde, war sie bereits alt, da sie noch im romanischen Stil begonnen wurde. Innen sind Fresken von *Leonhard von Brixen* zum Vorschein gekommen, die sind im Vergleich zur Kirche wirklich jung, erst 500 Jahre.

Obervintl: An der alten Pustertaler Straße hat ein Loden-Großproduzent nicht nur sein Hotel hingestellt (→ „Übernachten") und natürlich seinen Verkaufsraum, er hat ihn auch – sehr attraktiv – als „Erlebnismuseum" garniert. Kinder können sich besonders für das Freigehege mit Streichellämmern etc. erwärmen.

Lodenmuseum, Eintritt 5 €, erm. 4/2 €, Mo–Sa 9–17.30 Uhr, Juli/Aug. bis 18.30 Uhr.

Nach Pfunders und Dun: Pfunders liegt recht weit oben im Tal, von der Kirche mit ihrem spätmittelalterlichen Christophorusfresko hat man einen schönen Ausblick. Pfunders besteht aus kleinen Weilern und einzelnen Höfen, die sich locker über das Tal verteilen. Am höchsten liegt die Gruppe der *Kammerschienhöfe*, der obere liegt auf 1520 m! Eine Straße führt hinauf, aber noch vor gar nicht so langer Zeit gab es nur einen Fußweg, auf dem man 2 Std. nach oben wandern musste. Er nannte sich *Kirchweg*, denn selbstverständlich gingen die Bauernfamilien von den Kammerschienhöfen am Sonntag zur Messe – ein Halbtagesunternehmen.

Folgt man von Pfunders dem Pfunderer Tal weiter aufwärts, erreicht man die obersten Höfe in Dun (Daan). Nach der „Duner Heuschupfe" endet die öffentliche Straße (Parkplatz), als Privatstraße führt sie weiter zu den Höfen von Dun, die mit 1480 m an der Grenze der ständigen Besiedlung liegen. Von Dun aus gibt es mehrere beschilderte Wanderwege, auf die Edelrauthütte (2545 m) und durch die Duner Klamm zur Engberg- und zur Weitenbergalm (hin/zurück 5 Std., leicht/mittelschwer).

Anfahrt Straße nach Dun im Sommer nur Sa/So und sonst vor 8 bzw. nach 18 Uhr befahrbar.

Übernachten/Essen Duner Heuschupfe, ganzjährig bewirtschafteter Bauernhof mit Heubad, Bio-Sauna, Massagen, Bädern und was der Mensch sonst noch zur Wellness braucht. 2 schöne Ferienwohnungen für 2–6 Pers. 50–80 €. Duner Str. 12, ☏ 0472/549246, www.duner-heuschupfe.com.

Edelrauthütte, 2545 m, AVS, 2015 wurde die mehr als hundert Jahre alte Schutzhütte am Eisbruggjoch abgerissen und durch einen spektakulären, nicht unumstrittenen Neubau ersetzt. So manch ein Einheimischer hätte wohl eine traditionelle Bauweise bevorzugt. Doch die Kritik ist angesichts der wirklich gelungenen Architektur inzwischen verhallt. Die Hütte arbeitet seitdem energieautark. Übernachtet wird in gemütlichen Mehrbettzimmern, Ü/HP 58 €. Ganztägig warme Küche. Juni bis Okt. ☏ 0474/653230, www.edelrauthuette.it.

Terenten und Pfalzen

Hier haben es die Hoteliers und Gastwirte leicht mit den Slogans „sonnige Terrasse", „herrliche Aussicht auf die Dolomiten" und ähnlichen etwas abgenutzten, aber unverzichtbaren Beschreibungen. Sie stimmen einfach auf der Terrasse zwischen Terenten und Pfalzen. Neben diesen beiden Dörfern gibt es nur Weiler oder Einzelhöfe. Die Höfe und die großen Familien brauchten viel Platz, da siedelte man lieber in etwas Abstand voneinander. So gibt es ein dichtes Netz von Wegen, die alle diese Weiler, Hausgruppen und Einzelhöfe verbinden. Die wenigsten wurden als Straße ausgebaut und warten auf ihre Entdeckung mit Kind und Kegel oder mit dem Mountainbike, das auf der Sonnenterrasse das ideale Verkehrsmittel ist. Aber die Straßenkarte trügt, es ist keineswegs flach zwischen Terenten und Pfalzen, doch auch Gelegenheitsradler schaffen die meisten Steigungen.

Information Tourismusverein Terenten, I-39030 Terenten/Terento, St.-Georgs-Str. 1 ☏ 0472/546140, www.terenten.com, Mo–Fr 9–12.30/14.30–18, Sa 9–12.30 Uhr.

Einkaufen Bauernmarkt in Pfalzen beim Pavillon (nahe der Kirche), an vier Donnerstagabenden 19–21 Uhr Ende Juli/Aug. jeweils mit „Schlemmerschoppen".

Sport Baden/Schwimmen am Issinger Weiher, einem schönen Naturweiher mit Badeplatz, Liegewiese, Gaststätte und Moorbad. Eintritt 7 €, Kinder 5 €, www.issingerweiher.bz.it. Gleich daneben befindet sich Südtirols (angeblich) größter **Hochseilklettergarten „Kronaction"** mit 14 Parcours, der leichteste für Kinder ab zweieinhalb Jahren. Unterschiedliche Öffnungszeiten, besser im Internet checken. April bis Okt., Erw. 21 €, Kinder 10–16 €, zusätzliche Attraktionen kosten extra. ☏ 347/9848957, www.kronaction.com.

Veranstaltungen Terner Bauernkuchl mit bäuerlichen kulinarischen Spezialitäten im Okt.: Schwarzplentene Ribla mit Äpflmus, Ziarhkrapfn, Krischtakrapfn, Tirschtlan. www.schmelzpfandl.com. ■

Übernachten/Essen in Terenten
**** **Sonnenparadies**, sehr komfortables Falkensteiner-Hotel mit geräumigen Zimmern, Hallenbad, Saunen, Whirlpool, Abendunterhaltung und geführten Exkursionen (Wandern, MTB-Touren, Wildbeobachtung mit Jäger etc.). Die 4 Sterne verdient das Haus vor allem durch aufmerksamen Service. DZ/¾-P 150–330 €. St.-Georgs-Str. 26, ✆ 0472/546 266, www.sonnenparadies.falkensteiner.com.

Übernachten/Essen in Issing **** **Tanzer**, der wuchtige Bau im Zentrum ist nicht zu übersehen, die nach Umbauten entstandene ungewöhnliche Holzfassade fügt sich dennoch gut ins Ortsbild. Die Zimmer des Boutiquehotels sind angenehm schlicht im modernen Alpin-Stil eingerichtet, kleiner Saunabereich, Kneipp und Massagen. Im Restaurant traditionelle, vielfach ausgezeichnete (1 Gault-Millau-Haube) Südtiroler Küche mit Italo-Pfiff – vom Risotto Sauvignon-Rosmarin über Hirschpastete bis zum Zwetschgen-Scheiterhaufen (3 Gänge ab 50 €). Restaurant Di/Mi Ruhetag. DZ/HP 180–320 €. Dorfstr. 1, ✆ 0474/565366, www.tanzer.it.

Essen in Pfalzen **Schöneck**, dass man in Terenten und Pfalzen sehr gut essen kann, ist neben dem Tanzer vor allem dem Schöneck zu verdanken. Nichts rustikal Tirolerisches kommt auf den Tisch, die Tradition ist entschlackt und verfeinert, ohne an Charakter einzubüßen. Kostprobe gefällig? Nüsschen vom Villnösser Brillenlamm oder Wolfsbarsch in Kräutersalzkruste und zum Nachtisch weißes Schokoladen-Olivenöl-Mousse lassen einem das Wasser im Munde zusammenlaufen, 1 Michelin-Stern, 3 Gault-Millau-Hauben. Reizvolles Ambiente: drei wunderschöne Stuben und helle Veranda. 3 Gänge ab 48 €. Mo/Di Ruhetag. Schloss-Schöneck-Str. 1, Pfalzen. Unbedingt reservieren. ✆ 0473/565 550, www.schoeneck.it.

Pfalzener Dorfidylle

Sehenswertes/Ausflüge

Terenten: Dank dem Tourismus ist das Ortszentrum von Terenten (betont wird die erste Silbe) heute dicht verbaut, die „Pustertaler Sonnenstraße" wurde an den Rand verlegt und man kann ungestört die paar Meter Fußgängerzone rauf und runter spazieren. Rundum Streusiedlung, einige der Hügel, auf denen die Paarhöfe stehen, waren schon vor Jahrtausenden besiedelt. Die *Pfarrkirche* ist nur noch in Chor und Turm gotisch, der Rest ist 19. Jh. Der Friedhof ist ein typischer Tiroler Dorffriedhof.

Oberhalb von Terenten bilden sich im lockeren, von großen Steinen durchsetzten Moränenmaterial ständig neue *Erdpyramiden*. Der Bereich liegt im Ternertal, man erreicht ihn auf dem Mühlenlehrpfad in etwa einer halben Stunde.

Die bis zu 500 Jahre alten **Wassermühlen** zum Kornmahlen wurden sorgfältig restauriert und vermitteln ein originalgetreues Abbild mittelalterlicher Handwerkstätigkeit.

In **Issing** zwischen Terenten und Pfalzen befindet sich die rein biologische **Latschenölbrennerei Bergila**, die seit mehr als 90 Jahren Kräuteröle destilliert. Das Rohmaterial kommt z. T. aus dem eigenen Kräutergarten in der Nähe des Issinger Weihers. Besichtigungen Mai bis Ende Okt. Mo–Fr 8–12/13–18 Uhr, Mitte Juli bis Aug. auch Sa/So zu denselben Zeiten, Shop ganzjährig geöffnet (Mo–Sa). ✆ 0474/565373, www.bergila.it.

Pfalzen: Die Ansitze und die aufwendigen Fassaden von Pfalzen zeigen, dass man hier früher gut verdiente, als noch im nahen *Schloss Schöneck* oberhalb von Issing (privat, keine Besichtigung) Gericht gehalten wurde. Hübsch ist die barocke *Pfarrkirche*, aber kunsthistorisch wesentlich bedeutender ist das Innere der kleinen **Valentinskirche** in der Wiesenflur östlich von Pfalzen (oberhalb des Gasthofs auf der Straße nach rechts, Zufahrtssträßchen zur Kirche nach ca. 800 m rechts). Im gotischen Bau hat man erst 1979/80 einen kompletten *Freskenzyklus* an der Nordwand aufgedeckt, der von *Friedrich Pacher* 1487 geschaffen wurde.

Bruneck

Wo Sie auch in Südtirol Urlaub machen, Bruneck ist einen Ausflug wert. Fahren Sie mit der Seilbahn auf den Kronplatz, bevor Sie die Stadt erkunden. Von oben sieht man am besten die Kreuzung zweier wichtiger Talachsen. Wenn das kein Platz für eine Stadtgründung ist!

1250 wird zunächst die Burg gegründet, das politische Gewicht im mittleren Pustertal verlagert sich damit von St. Lorenzen, dem Nachfolger des römischen *Sebatum*, einige Kilometer nach Osten. Die Gründung von Bruneck verläuft nach einem vorgegebenen Stadtplan, der Bau von Mauern und Graben zieht sich bis 1336 hin. 1371 verleiht Kaiser Karl III. die Hochgerichtsbarkeit, Schlosshauptmann und Stadtrichter können nun ohne Rücksprache Todesurteile fällen und vollstrecken lassen. Im Sommer 1830 erhält Bruneck seine Kanalisation, zeitgleich wird der Stadtgraben aufgefüllt, an den heute nur noch der Straßenname Graben erinnert.

Das alte Bruneck ist ein mittelalterliches Städtchen, das man sich ansehen muss. Tore, alte Bürgerhäuser, eine Burg, Museen, Kirchen von der Gotik bis zum Barock, das faszinierende Volkskundemuseum im nahen Dietenheim, gute Gaststätten, Shopping, Theater – das bringt schon eine Menge Besucher in die Stadt. Abends ist die Spaziermeile außerhalb der alten Stadtmauern ein einziges Freiluftcafé. Das Bruneck der Gegenwart hat aber auch etwas zu bieten: Es gewann 2011 *die Champions League für erneuerbare Energien* in der Kategorie Kleinstädte bei einem europaweiten Wettbewerb. Der Mix aus drei kleinen Wasserkraftwerken, einer Fernwärme- und einer Biogasanlage plus diversen Solar- und Fotovoltaikanlagen (in der Summe 100 % Versorgung durch erneuerbare Energien – wie übrigens auch in 22 andere Gemeinden Südtirols) gab hier den Ausschlag.

Basis-Infos → Karte S. 482

Information Tourismusverein, I-39031 Bruneck/Brunico, Rathausplatz 7, ✆ 0474/555722, ✆ 555544, www.bruneck.com, Mo–Fr 9–12.30/15–18 Uhr, Sa 9.30–12.30 Uhr.

Verbindungen Pkw: ausreichend Parkplätze, altstadtnah an der Europastraße zwischen Busbahnhof und Graben (mit Parkhaus), die Altstadt ist Fußgängerzone.

Historisches Bruneck mit der schäumenden Rienz

Bahn: gute Verbindungen mit Brixen, Bozen, Hochpustertal.

Bus: Busbahnhof nahe Bhf., Verbindungen in alle Täler des östlichen Südtirols.

Taxi: Zentrale Südcab, ✆ 0474/530530.

Ärztliche Versorgung Krankenhaus: Spitalstr. (an der Straße nach Sand in Taufers), ✆ 0474/581111.

Busausflüge Fa. Taferner, Dantestr. 20, auch Fahrten zu kulturellen Ereignissen wie Opernaufführungen in der Arena di Verona. ✆ 0474/377000, www.taferner.it.

Gästekarte Holiday Pass Premium, erhältlich bei den teilnehmenden Gastbetrieben: kostenlose Nutzung der öffentlichen Verkehrsmittel, der Landesseilbahnen Meransen, Jenesien, Mendel und Ritten, Teilnahme am Wochenprogramm und diverse Ermäßigungen.

Feste & Veranstaltungen Locknfescht, nasses Spektakel am Ende der Wintersaison, wenn die „Lockn" (Lacke/Wasserloch) auf dem Kronplatz schon teilweise aufgetaut ist. Zur Gaudi Popmusik und alles Mögliche vom Standl.

Brunecker Sommerkonzerte (Klassik und Blasmusik) im Juli/Aug., Karten in der Buchhandlung Athesia.

Mitte Juli 4 Tage **Jazzfestival**.

1. Woche im Sept. **Straßentheaterfestival**.

Weihnachtsmarkt in der Altstadt mit „Christkindlswerkstatt", wo sich das heimische Kunsthandwerk präsentiert.

Internet WLAN-Hotspots am Rathaus und Gilmplatz, am Graben und im UFO.

Kultur Stadttheater **3** an der Ausfallstraße nach Osten, ✆ 0474/412102. Kino Odeon **20**, Waldheimweg 1, www.odeonkino.com.

Post Europastr. 22, schräg gegenüber vom Busbahnhof.

Einkaufen

Märkte Wochenmarkt jeden Mi 8–13.30 Uhr gegenüber Busbahnhof. **Monatsmarkt** von Mai bis Nov. 1x monatl. Großer **Jahrmarkt** in Stegen (26.–28. Okt.). Im Advent **Weihnachtsmarkt**.

Großer **Bauernmarkt** am Graben, Anf. Juni bis Ende Okt. jeden Fr 8–13 Uhr, sehr viele regionale Produkte, auch Bioware. Die wichtigsten Anbieter sind im Faltblatt *Brunecker Bauernmarkt* zusammengefasst (im Tourismusbüro). ∎

Bruneck

Medien Bücher, CDs etc. bei **Athesia**, Stadtgasse 4, auf 4 Stockwerken.

Textiles **Kunsthandweberei Franz**, gewebte Textilien der Alpen und besonders Südtirols, Michael-Pacher-Str. 9 und Graben, www.tessiturafranz.it.

Lodenkleidung Moessmer, Walther-v.-d.-Vogelweide-Str. 6, www.moessmer.it.

Alpstation, Tieltpromenade 4, Sportbekleidung der neuen Must-Have-Marke Montura, die mittlerweile in Südtirol jede/r Outdoorbegeisterte am Leibe trägt, www.alpstationline.it.

Wein & Feinkost K. **Bernardi**, Wein und Feinkost im Ladengeschäft in der Stadtgasse 36; **Enoteca Bertolani**, italienische Weine und Imbiss im Hotel Bologna (beide → „Essen & Trinken").

Acherer Patisserie Blumen, exquisite Schokokreationen inmitten bunter Blumengebinde – diese elegante Symbiose aus Konditorei und Blumengeschäft sollte man nicht verpassen. Stadtgasse 8b, www.acherer.com.

Pur Südtirol, Brunecker Ableger der Ökomarktkette, die es auch in Bozen, Meran und Lana gibt. Wein und Feinkost, Bio und regional. Herzog-Sigmund-Str. 4a, www.pursuedtirol.com. ∎

Sport

Baden/Schwimmen Badesee Gais, genannt „Baggalocke", günstig am Radweg gelegen, mit großer Liegewiese und Bar.

Städtisches **Freibad** mit Becken in Olympiamaßen, Juni bis Aug. tgl. 9.30–20 Uhr. Neurauthstr. 1.

Hallenbad und Wellness „Cron4" in der Sportzone Reischach, Hallenbad tgl. 10–22 Uhr, an bestimmten Tagen auch früher. Sauna und Wellness tgl. 12–22 Uhr, auch hier manchmal gesonderte Zeiten. Im Gelände 26, ✆ 0474/410473, www.cron4.it.

Boccia Bocciodrom, Alte Str. 6, mit 4 modernen Bahnen, Di–So 10–24 Uhr, Voranmeldung erwünscht unter ✆ 0474/410588.

Eislaufen Eisstadion Bruneck, Oberer Rienzdamm 3, Sept. bis März, www.hcpustertal.com; und **Eisschnelllaufring** in der Sportzone Reischach.

Golf 9-Loch-Anlage mit Driving Range neben der Sportzone Reischach, 18-Loch-Anlage geplant. Golfclub Pustertal, ✆ 0474/412192, www.golfpustertal.com.

Klettern Neue **Kletterhalle** des AVS, mit 1370 m² Indoor-Kletterfläche und 450 m² Outdoor-Fläche. Dazu Boulderhalle und Bar, all das eingepackt in einen architektonisch ungewöhnlichen Bau. Ganzjährig geöffnet tgl. ab 9 Uhr, ✆ 0474/055005, Josef-Ferrari Str. 36, www.kletterzentrum-bruneck.it.

Paragliding Startpunkt am Kronplatz. Anbieter von Tandemflügen sind Kronfly, www.kronfly.it, und Tandemflights, www.tandemflights-kronplatz.com.

Radfahren Internetseite zum Radsport in der Region Kronplatz: www.kronplatzbike.it.

Verleih: Größter Anbieter ist Papin Sport aus Innichen mit Filialen im ganzen Pustertal, Vorteil: Man kann das Rad gegen Gebühr in jeder Filiale wieder abgeben. In Bruneck am Bahnhof, ✆ 0474/4065468, www.papinsport.com.

Bike-Taxi → Olang S. 492.

Reiten Reitstall Huber in der Sportanlage Reischach, ✆ 0474/555258; **Lechnerhof**, Reischach, ✆ 0474/548263, www.lechner-hof.com.

Wandern Der Tourismusverein veranstaltet **geführte Wanderungen** aller Schwierigkeitsklassen.

Wintersport → Kronplatz.

Übernachten
→ Karte S 482

In und um die Altstadt **** Andreas Hofer ❶, gutes Hotel etwas abseits, neu gestaltete Zimmer meist mit Balkon. Sauna- und Fitnessbereich, Garten mit Pool und Liegewiese, DZ/FR 130–250 €. Tauferer Str. 1, ✆ 0474/551469, www.andreashofer.it.

**** **Corso** ❾, älterer Bau am Graben, durch Alleebäume gegen Verkehrslärm geschützt. Sauna, Fitness & Beauty, stilvolle Zimmer. DZ/FR 138–258 €. Am Graben 16, ✆ 0474/554434, www.hotelcorso.com.

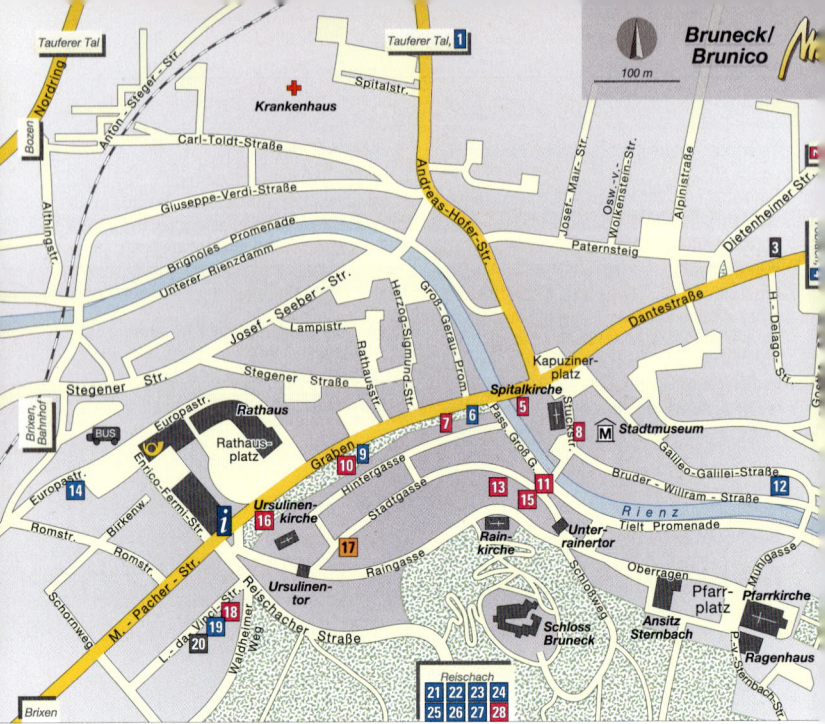

E ssen & Trinken

- 2 Niedermairhof
- 5 Testa Rossa Café
- 7 Café Roth
- 8 Weißes Lamm
- 10 Forst Bierstuben
- 11 Enoteca Bernardi
- Stadtcafé
- 15 Wörtz Bäck
- 16 Bar Café Lolita
- 18 Enoteca Bologna
- 19 Enoteca Bertolani
- 28 Kaminstube

N achtleben

- 15 Wörtz Bäck
- 17 Café Pub Caipi

Ü bernachten

- 1 Andreas Hofer
- 4 Camping Schießstand
- 6 Goldene Rose
- 9 Corso
- 12 Haus Ragen
- 14 Blitzburg
- 19 Bologna
- 21 Majestic
- 22 Royal Hinterhuber
- 23 Petrus
- 24 Messnerwirt
- 25 Heinz
- 26 Olympia
- 27 Edelweiß

S onstiges

- 3 Stadttheater
- 20 Kino Odeon

*** **Bologna** 19, italienisch geführtes Haus am Park. Sauna, Radverleih, Zimmer mit Balkon. Dazu gehört die Enoteca Bertolani (→ „Essen & Trinken"). DZ/FR 100–136 €, im Winter teurer und nur mit HP. L.-da-Vinci-Str. 1, ☏ 0474/555917, www.hotelbologna.it.

*** **Goldene Rose** 6, Hotel mit integriertem Stadtturm aus dem 15. Jh. Helle Zimmer, beste Innenstadtlage, Studios mit Balkon und Rienzblick. DZ/FR 110–190 €. Am Graben 36b, ☏ 0474/413000, www.hotelgoldenerose.com.

*** **Blitzburg** 14, gutbürgerlicher Gasthof am Busbahnhof, ruhig, Zimmer ohne Allüren, die zeitgenössische Erweiterung hat den attraktiven gründerzeitlichen Bau um einen neuen Trakt vergrößert. Kleiner Saunabereich im Haus. DZ/HP 126–204 €. Europastr. 10, ☏ 0474/555723, www.blitzburg.it.

*** **Haus Ragen** 12, familiengeführtes Haus in ruhigem Wohnviertel, Wohnungen mit Balkon. Apt. für 2 Pers. 64–84 €. Bruder-Willram-Str. 29, ☏ 0474/410972, www.hausragen.com.

In Reischach ****S **Majestic** 21, gediegenes Wellnesshotel, 1200 m² Wellnessbereich mit Hallenbad und Freibad, edle und großzügige Zimmer mit allem Komfort. DZ/¾-P 256–386 €. Im Gelände 20, ✆ 0474/410993, www.hotel-majestic.it.

**** Royal Hinterhuber 22, Hallenbad, Saunen, Fitness, Pools, Reiten. Zimmer mit viel Komfort, schöne Badezimmer. DZ/HP 196–410 €. Ried 1a, ✆ 0474/541000, www.royalhinterhuber.com.

****S Petrus 23, nach umfangreichen Umbaumaßnahmen erscheint das Luxushotel mit im Naturstil gehaltenen Zimmern und Suiten, teils mit eigener Sauna oder Whirlpool, und neuem Spa-Bereich. Schön die ruhige Waldrandlage. Auch das Restaurant spielt in den höchsten Ligen mit (→ Essen und Trinken). DZ/¾P 220–350 €, Suiten teurer. Reinthalstr. 11, ✆ 0474/548263, www.hotelpetrus.com.

***S Messnerwirt 24, intelligent renovierte Residence mit Sauna, Whirlpool, Fitnessraum. Apt. 73–189 €, DZ/FR 90–190 €. Prack-zu-Aschtr. 9, ✆ 0474/411259, www.residence-messnerwirt.com.

*** Heinz 25, nahe der Talstation Kronplatzbahn, großzügige Zimmer, in Schlaf- und Wohnbereich getrennt. DZ/HP 114–194 €. Seilbahnstr. 6, ✆ 0474/548216, www.hotelheinz.com.

***S Olympia 26, einige ältere sowie neu ausgestattete Zimmer, attraktive Gartenarchitektur, dazu Pool, Tennis, Reitstall. DZ/HP 140–240 €. In der Sandgrube 62, ✆ 0474/410924, www.hotelolympia.net.

Edelweiß 27, 5 kleine, neue Apartments für 2 bis 4 Personen. Zum Haus gehören eine Sauna und ein Garten. Apt. (2 Pers.) 60–105 €. Burgstr. 8, ✆ 0474/548208, www.apartment-edelweiss.it.

In Dietenheim Niedermairhof 2, jahrhundertealter Bauernhof, der mit hervorragender Behutsamkeit renoviert wurde und seit 2016 als B&B seinen Gästen offensteht. Geschmackvolle, individuelle Zimmer, die gekonnt die historische Bausubstanz mit modernen Elementen (Holz, Glas) verbinden. DZ/FR 155–238 €. Herzog-Diet-Str. 1, ✆ 348/2476761, www.nmhof.it.

Außerhalb Camping Camping Schießstand 4, teils schattiger Campingplatz, Mai bis Sept. Gespann und 2 Pers. 18–32 €. Toblacher Str. 4, ✆ 0474/401326, www.camping-bruneck.com.

Essen & Trinken/Nachtleben

Gutes Angebot an Gaststätten jeder Art. Am Samstagabend und Sonntag ist aber kaum eine Gaststätte geöffnet. Gegen den Hunger hilft dann nur Pizza al taglio, z. B. Am Graben 2a, und andere Schnellgerichte oder ein Würstel vom dortigen Würstelstand.

Weißes Lamm 8, Stuckstr. 5, alter Gasthof, Küche in Tiroler und italienischer Tradition, Restaurant im 1. Stock, appetitanregende Antipasti, Nudelgerichte und Risotti, Gulasch, Spareribs, Speckknödel und – unbedingt probieren – Erdäpfelplatterl. 2 Gänge ab 25 €. ✆ 0474/411350, www.weisseslamm.it.

Kaminstube 28, Restaurant des Hotel Petrus, das seit 2013 mit einer Gault-Millau-Haube geadelt ist, Südtiroler Küche mit mediterranen Anklängen, Hauptspeisen ab 20 €, unbedingt reservieren. ✆ 0474/548263.

Enoteca Bernardi 11, Stuckstr. 6, feines Weinlokal mit schöner Gartenterrasse zum Fluss, Ambiente mit minimalistischem Schick. Günstige Tagesgerichte (Gnocchi mit Oktopus, Carpaccio vom Roastbeef), Fleisch aus der eigenen Metzgerei; mit täglichem Menü. So Ruhetag. ✆ 0474/370186, www.bernardi-karl.it.

Enoteca Bertolani 19, L.-da-Vinci-Str. 1, im Hotel Bologna. Weinhandlung und Feinkost, auch Imbisse, Tramezzini, So/Mo Ruhetag.

Bar Café Lolita 16, Graben 2d, Bar und Eisdiele, meist wenige freie Tische, gute Mehlspeisen. So geschl.

Forst Bierstuben 10, Graben 14, gutbürgerliche Bierstuben. Interessante Speisekarte: Zu den Speisen sind die passenden Biere genannt. Guter Bauernschmaus, sehr gut die Buchweizencannelloni mit Pfifferlingen und andere Nudelgerichte. Sehr freundlicher Service. Do Ruhetag.

Café Roth 7, Graben 32a, sehr schön ins alte Gewölbe eingebaute Bar mit modernem Mobiliar. So Ruhetag.

Testa Rossa Café 5, Pub-Atmosphäre, lange Theke, dunkel gebeiztes Holz, Trubel am Tresen, Terrasse. So Ruhetag.

Wörtz Bäck 15, Stadtgasse 12, schick gestylte Café-Vinothek mit gut ausgewählten offenen Weinen. Mi, Do bis 1 Uhr, Fr bis 2 Uhr. So Ruhetag.

Stadtcafé 13, Stadtgasse 26a, Konditorei-Café, frische Säfte, Eis, sehr populär v. a. die Terrasse. So geschl.

Nachtleben Nicht sonderlich aufregend ist das nächtliche Bruneck, man trifft sich im **Wörtz Bäck** 15 oder im **Caipi** 17, Stadtgasse 68. Im Gewölbe des Caipi ist es laut, voll, aber urgemütlich – nichts für reservierte Naturen, für die gibt's die Terrasse. Imbiss (Toasts, Baguettes, Weißwürste), Cocktails, Alko-Mixgetränke und frisch gepresste Säfte.

Sehenswertes/Ausflüge

Bummel durch die Brunecker Altstadt: Die von Stadtmauern umgebene Altstadt betritt man durch das *Ursulinentor* neben der gotischen *Ursulinenkirche*. In der Längsachse der Altstadt, der Stadtgasse, ist die Reihe der alten Bürgerhäuser sehr eindrucksvoll. Oft besitzen sie einen falschen, kein Stockwerk abgrenzenden Treppengiebel. Einige der Gebäude haben noch die alten Aushängeschilder, die früher nicht nur den Gasthäusern vorbehalten waren, sondern von allen Gewerben verwendet wurden.

Durch das mit Fresken geschmückte *Unterrainertor* gelangt man auf den Platz Oberragen. Hier entstand außerhalb der mittelalterlichen Stadt die Vorstadt für Handwerker und Beamte. Barocke Mariensäule, am Platzende der *Ansitz Sternbach*, ein wuchtiges Stadthaus mit Erker und Turm von 1664. Die neuromanische *Pfarrkirche* von 1855 ist eine der ersten Kirchenbauten dieses Stils. In der Paul-von-Sternbach-Straße ist das *Ragenhaus* aus der Renaissance sehenswert (heute Musikschule).

Rainkirche: Die Kirche ist der hl. Katharina geweiht und besitzt einen auffallenden Turm mit doppelstöckiger barocker Zwiebelhaube, auch das Schiff ist barock. Im angrenzenden kleinen Park ist im Sommer unter freiem Himmel eine Bar untergebracht.

In Reih und Glied: Häuserzeile im Zentrum

Schloss Bruneck, Sitz eines Messner Mountain Museums

Schloss Bruneck, MMM „Ripa": Die gleichzeitig mit der Stadt 1250 gegründete Burg wurde aufwendig renoviert. Eindrucksvoller Burghof mit Wappen der Brixner Fürstbischöfe, Rundturm mit Wendeltreppe in die oberen Stockwerke. Säle aus Renaissance und Barock, besonders prächtig sind die Räume, die 1500 für Kaiser Maximilian eingerichtet wurden. Das von Reinhold Messner eröffnete MMM „Ripa" im Schloss ist dem Thema Bergvölker gewidmet. Ein Rundgang durch die fünf Kontinente der Erde zeigt die Entwicklungsstufen der Menschheit unter besonderer Berücksichtigung der Bergvölker. Veranstaltungen wie das Bergvölkerfest (2017 war Tibet vertreten mit Kulinarik, Musik und Diskussionsrunde) geben tiefere Einblicke in die Lebensweise der Bergvölker.

Geöffnet vom 2. So im Mai bis 1. Nov. und Ende Dez. bis Ende April Mi–Mo 10–18 Uhr (im Winter ab 12 Uhr), Eintritt 10 €, erm. 8,50 €, Kinder 4 €, ✆ 0474/410220, www.messner-mountain-museum.it.

Spitalkirche: Der barocke Bau (1761) hat eine attraktive Fassade und einen ansprechenden Innenraum. Ein Teil der Altäre besitzt noch die Originalausstattung mit dem damals so beliebten Stuckmarmor. Geht man vom Kapuzinerplatz vor der Kirche über die Dantestraße stadtauswärts, kommt man bei der nächsten Kreuzung zu einem alten *Bildstock*, dessen im unteren Teil abgebrochene Fresken durch ein Dach geschützt sind. Seine Fresken wurden von *Hans von Bruneck* zu Beginn des 15. Jh. geschaffen.

Stadtmuseum für Graphik: Alt und Neu ergänzen sich in dieser Galerie zu einem eigenständigen architektonischen Kunstwerk. Ausstellungsstücke von Michael und Friedrich Pacher, Albrecht Dürer, Simon und Veit von Taisten (Flügelaltar) und moderne Klassiker wie Oskar Kokoschka, Alfred Kubin, Paul Klee, Paul Flora, Alfred Hrdlicka und Kurt Moldovan.

Ganzjährig Di–Fr 15–18 Uhr, Sa/So 10–12 Uhr; Juli/Aug. Di–So 10–12/15–18 Uhr, Eintritt 3 €, erm. 2 €, ✆ 0474/553292, www.stadtmuseum-bruneck.it.

Stadtteil Reischach: Am Fuß des Kronplatzes liegt auf sonniger, aussichtsreicher Terrasse das Dorf Reischach, heute ein Teil Brunecks. Hier oben liegen die meisten Hotels, Pensionen und Residences. Außerdem gotische Kirche und der wuchtige *Ansitz Angerburg* (17. Jh.).

Percha und die Erdpyramiden: Oberhalb von Percha, dem Ort, den man auf der Staatsstraße durch das Pustertal in Richtung Innichen als ersten erreicht, befindet sich ein interessanter geomorphologischer Standort: Erdpyramiden. Wie auf dem Ritten (→ S. 199) wurden bei Oberwielenbach die lockeren Moränenmassen zuerst durch einen Wildbach angeschnitten und dann durch Regenfälle abgeräumt, aber eben nicht ganz, denn einzelne Decksteine hielten pyramidenförmige Reste vor der Witterung geschützt, und wir staunen wieder einmal, welche abstrakten Formen doch in der Natur zu finden sind. Einen einzigen Fehler hat dieser Erdpyramidenstandort: Er ist nicht mit dem Auto zu erreichen. Oder ist das ein Vorteil?

Fußweg Ab Weiler Platten (Parkplatz) auf roter Markierung (Nr. 6) ca. 1 Std., leicht.

Einkaufen Auf dem **Kräuterhof**, einem Bergbauernhof oberhalb von Percha, gibt es beim Hersteller Kräuterkosmetik, ätherische Öle sowie Kräuterschnäpse und -liköre zu kaufen. Ganzjährig geöffnet. Wielenberg 20, ☎ 0474/401092, www.kraeuterhof.it. ■

Südtiroler Volkskundemuseum in Dietenheim: Am Nordrand des Brunecker Beckens liegt das Dorf Dietenheim. Im *Ansitz Mair am Hof* (um 1690–1700) und im angrenzenden Freigelände ist auf 3 ha das Volkskundemuseum eingerichtet. Eigentlich würde schon der Ansitz selbst mit seinen Nebengebäuden für ein gut ausgestattetes Volkskundemuseum reichen. Dass es im Freigelände alte Bauernhöfe, Ställe, Mühlen usw. gibt, ist ein zusätzlicher Anreiz für den Besuch. Die Bauten wurden aus allen Teilen Südtirols hierher gebracht, zuerst Balken für Balken und Stein für Stein abgebaut, dann sorgfältig wieder aufgebaut. Besonders eindrucksvoll ist der Höferlehof aus Mühlwald, dreistöckig mit Pultdach, Stube und Schlafzimmer mit z. T. bemalter Holztäfelung. Komplett erhalten ist die Apotheke eines Lüsener Bauerndoktors aus dem 19. Jh., sehr interessant die Sammlung bäuerlicher Pfeifen und die Zithersammlung mit Beispielen dieses typischen Musikinstrumentes aus den Alpen, aus dem Balkangebiet, England und Nordamerika.
Ostermontag bis Ende Okt. Di–Sa 10–17 Uhr (im Aug. auch Mo), So/Fei 14–18 Uhr. Eintritt 7 €, Familien 14 €. Herzog-Diet-Str. 24, Dietenheim/Bruneck, ☎ 0474/552087, www.volkskundemuseum.it.

St. Georgen und Gießbach: Mitten im Tauferer Tal liegt in einer Schlinge des Ahrnbachs der alte Ort St. Georgen. Seine Entstehung verdankt er der Furt, über die heute eine Brücke ans andere Ufer nach Gießbach führt. Unter dem Fußboden der *gotischen Pfarrkirche* hat man romanische und vorromanische Reste entdeckt. Die Kreuzigungsgruppe an der Außenwand ist wahrscheinlich ein Werk des *Hans von Bruneck*. Besonders eindrucksvoll sind die Gebäude von Gießbach, zwei alte Ansitze mit Giebeln, einer davon *Schloss Gremsen,* mit kunstvollen Portalen und Wappen sowie eine ganze Reihe anderer schöner alter Häuser.

St. Lorenzen/Kloster Sonnenburg

Der Ort ist die älteste Siedlungsstelle des ganzen Beckens von Bruneck, das haben zahlreiche Ausgrabungen und die Reste von Wallburgen ringsum eindeutig geklärt. Selbst der Name deutet auf ein hohes Alter, denn der hl. Laurentius ist ein typischer Heiliger der Spätantike. Der Ort muss also schon vor der bajuwarischen Landnahme gegründet worden sein. Dass hier das römische *Sebatum* lag, der wich-

St. Lorenzen/Kloster Sonnenburg

tigste Ort des ganzen Pustertals, ist ebenfalls gesichert. Der römische Meilenstein an der Straße nach Sonnenburg spricht ebenfalls eine deutliche Sprache. Im Museum **Mansio Sebatum** kann man einen großen Teil der Funde bewundern, die von der mittleren Steinzeit über die römische Phase und die Völkerwanderungszeit bis ins Frühmittelalter reichen. In der didaktisch modern und multimedial aufbereiteten Ausstellung erfährt man viel über das Leben und Sterben in früherer Zeit – auch für Kinder ausgesprochen interessant! Und ein **archäologischer Panoramaweg** macht mit den wichtigsten historischen Stätten und der Ausgrabungsstätte Sebatum bekannt.

Mansio Sebatum in St. Lorenzen Mo–Fr 9–12/15–18, Sa 9–12 Uhr, Erw. 5 €, erm. 3 €, Führungen nach Vereinbarung: ✆ 0474/538196, www.mansio-sebatum.it.

Wenn man das freundliche Straßendorf von heute durchwandert, tut man sich schwer, an die einstige Bedeutung zu glauben. Im Mittelalter war St. Lorenzen Vorposten der Tiroler Landesfürsten, die auf der nahen Michelsburg Gericht hielten, während die Brixner Fürstbischöfe ihren Besitz von Bruneck und der dortigen Burg aus verwalteten. Wer von Bruneck nach St. Lorenzen ging, musste Zoll zahlen. Die „Traubenmadonna" auf dem Hochaltar der **Pfarrkirche** ist ein Werk von *Michael Pacher*.

Das „Schlosshotel Sonnenburg" wurde im ehemaligen **Nonnenkloster Sonnenburg** auf einem Hügel eingerichtet. Der Orden war autonom, die Regeln locker, die Äbtissinnen ließen sich von niemand etwas vorschreiben. Unter dem Brixner Fürstbischof Nikolaus von Kues, der längst fällige Reformen ausführen wollte, kam es zum Konflikt zwischen Sonnenburg und dem Bistum, der erst nach Einschaltung des Landesfürsten Sigismund von Tirol, nach Bannsprüchen und einigem Blutvergießen endete – und zwar unentschieden mit dem Auszug der Äbtissin und der Amtsniederlegung des Bischofs. Das Kloster war eine Halbruine, bis es ab 1975 teilweise zum Hotel umgebaut wurde, heute ist es wieder ein eindrucksvoller, gepflegter Bau. Besonders reizvoll ist der Kontrast zwischen dem wiederhergestellten und dem Ruine gebliebenen Teil. Während der Arbeiten entdeckte man die *Krypta der früheren Stiftskirche*. Die Sprengarbeiten am neuen Tunnel der Pustertaler Staatsstraße fanden direkt unter der Krypta statt – nachdem Schäden entdeckt wurden ging's dann (Ende 2010) auch ohne Sprengungen ...

Information Tourismusverein, I-39030 St. Lorenzen/San Lorenzo di Sebato, J.-Renzler-Str. 9, ✆ 0474/538196.

Übernachten/Essen ****** Schloss Sonnenburg**, im ehemaligen Nonnenkloster fühlen Sie sich als Schlossherrin (Männer sind auch zugelassen). Schöne alte Stuben, sehr gute bis sehr prächtige Zimmer z. T. mit gotischen Gewölben. Wellnessbereich in historischen Gemäuern. Restaurant Mo/Di Ruhetage. DZ/¾-P 260–386 €, Suiten teurer. Sonnenburg, ✆ 0474/479999, www.sonnenburg.com.

***S Saalerwirt, alter Gasthof mit historischer Gaststube. Südtiroler Küche von Fastenknödeln über Schlutzer bis zu Strauben und Torten. Das „kleine Hotel" hat angenehme Zimmer, gemütliche Suiten im neu erbauten Teil, Saunahaus in Holzbauweise am Naturbadeteich. DZ/HP 152–270 €. Saalen 4, ✆ 0474/403147, www.saalerwirt.com.

Zur alten Post, Gasthof gegenüber der Kirche in St. Lorenzen, große Karte: traditionell (Käsknödel), italienisch (Spaghetti carbonara), Pizza, 2 Gänge ab 20 €.

Camping Wildberg, recht ruhiger, ganzjährig geöffneter Platz in St. Lorenzen, neue Sanitäranlagen und Rezeption zentral im Ansitz. Freibad, Planschbecken, Sauna in der alten Ölmühle, Radverleih. Gespann und 2 Pers. ca. 18–35 €. Auch wunderschön gestaltete Ferienwohnung im alten Ansitz, ab 1000 €/Woche (4 Pers.). ✆ 0474/474080, www.campingwildberg.com.

Tour 19: Mit dem Rad von St. Lorenzen bei Bruneck nach Mühlbach auf dem Pustertal-Radweg

Tour-Info: Kurzer **Familienausflug** auf dem Pustertal-Radweg. Rückfahrt auf dem gleichen Weg, bzw. per Bus bis St. Lorenzen oder Bahn bis Bruneck. Dauer 1:15 Std.; Länge 18 km; Höhenunterschied ↓60 m. Karten: Tabacco (1:25.000) Blatt 33; Kompass (1:50.000) Blatt 56. Mehrere Gaststätten am Weg.

Von der Brücke, die bei St. Lorenzen über die Rienz nach Sonnenburg führt **A** (SS 244 ins Gadertal), fährt man 20 m unterhalb liegenden Fußgängerbrücke und dann links an ihr vorbei (Schild „Heldenfriedhof") auf dem Hochuferweg weiter (Mitte 2011 wurde an einer Radwegunterführung unter der Rienzbrücke gebaut!). Wo man wieder Häuser erreicht, geht es über einen Steg **B** nach rechts (mit Schild wie oben). Der Weg führt nun zwischen Fluss und Bahnlinie weiter. Vor einem Bahntunnel Gabelung **C** und nach links hinauf über den Tunneleingang hinweg auf einen Forstweg. Auf diesem weiter im lang gezogenen Linksbogen bis zu einer Asphaltstraße **D** (hier erreicht man den „offiziellen" Radweg), die gequert wird, denn gegenüber und ca. 50 m nach rechts versetzt führt der hier asphaltierte Pustertal-Radweg weiter (bis hierher war man *nicht* auf diesem Radweg!). Vorwiegend durch Wald nach Ehrenburg, wo man beim Hotel Lido Ehrenburgerhof **E** ankommt.

Geradeaus weiter und Querung der Straße zwischen Ehrenburg und Kiens **F**, leicht links versetzt geht der Radweg weiter. Man passiert die Kienser Brücke **G** (rechts). Bei der St. Sigmunder Brücke **H** lohnt sich ein Abstecher zur hübschen Wallfahrtskapelle Unsere Liebe Frau im Stöckl an der Straße in Richtung Vintl, wenn nicht überhaupt nach St. Sigmund mit seinem spätgotischen Flügelaltar in der Pfarrkirche.

Vom Abstecher zurück, quert man nach der Brücke die Bahnlinie (wer nicht den Abstecher macht, fährt bei der Brücke scharf links über die Bahn) und fährt rechts weiter auf dem Radweg, der durchgehend asphaltiert ist. Kurzes Waldstück, dann mündet der Weg nahe einem Bahnwärterhäuschen in eine querende Asphaltstraße **I**, der man rechts bis zur nahen Bahnüberführung folgt **J**, die man aber nicht benutzt, da man auf dem Radweg geradeaus weiterfährt. Tolle Wegführung über dem Fluss, durch Wald und ein paar Wiesenstücke, einsam (aber achten Sie auf die Traktoren, die den neuen Weg ebenfalls nutzen!). Die Brücke nach Niedervintl **K** bleibt rechts, noch ein kurzes Straßenstück und wieder am Wald entlang des Rienzflusses.

Bei einer gedeckten Holzbrücke heißt es, den Fluss zu überqueren, auf der anderen Seite **L** geht es unter der Straße durch, an einem Werk vorbei und neben der Pustertaler Straße zum östli-

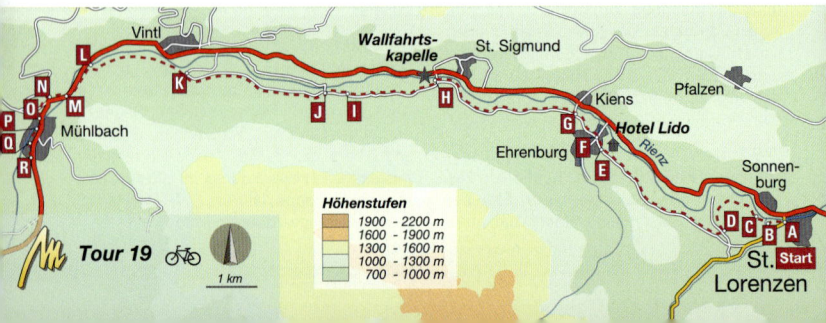

chen Eingangsbereich der Mühlbacher Klause **M** (Besichtigung nur nach Voranmeldung, → S. 472). Unterhalb an der Klause vorbei und nach rechts zum westlichen Eingangsbereich. Hier geht es oberhalb **N** auf dem Radweg weiter, der die Pustertaler Straße kurz vor Mühlbach tangiert **O**, um dann nach rechts mit dem Zubringer in den Ort zu führen. Den kurzen Radwegbereich (zwischen **P** und **Q** auf der linken Straßenseite!) kann man sich schenken und erreicht Minuten später die Ortsmitte von Mühlbach **R** (Bushaltestelle).

Kiens und Ehrenburg

Die Gemeinde Kiens umfasst die drei Orte *Kiens, Ehrenburg* und *St. Sigmund,* die alle wenig über dem Talboden des Pustertals liegen. Ehrenburg ist wegen seines gleichnamigen *Schlosses* bekannt, das man unbedingt besichtigen sollte. Ruhige Wanderlandschaft ringsum, und auf der Rienz kann man Kanu fahren. Sommerfrische eben!

Information Tourismusverein, an der Pustertaler Straße. Mo–Fr 8.30–12/14.30–18, Sa 8.30–12 Uhr. I-39030 Kiens/Chienes, ✆ 0474/565245, www.kiens.info.

Übernachten/Essen 🍃 **** **Tauber's Biovitalhotel,** neueres Hotel im Grünen, „Wanderhotel" unter sehr persönlicher Führung. Vollwertküche, vegetarische Küche, Heubäder, Naturkosmetik – das ganze Bauwerk wurde nach baubiologischen Grundsätzen errichtet. Plus: frische Luft, Grün, Ruhe, Hallenbad und beheiztes Freibad, Sauna, Wanderführer und Wanderbus. DZ/HP 176–270 €. Pustertaler Str. 7, St. Sigmund, ✆ 0474/569500, www.taubers-vitalhotel.com. ■

*** **Kronblick,** Hotel mit breiter Fassade nach Süden und eindrucksvoller 2-stöckiger Halle samt frei stehendem Kamin, komfortable Zimmer mit Balkon, neue, große Suiten im angesagten Alpin-Stil. Schöner Wellnessbereich mit Hallenbad, Saunen und Freibad. DZ/HP 168–314 €. Im Linda 15, ✆ 0474/565520, www.kronblick.com.

*** **Gassenwirt,** betritt man den alten Gasthof bei der Kirche oberhalb von Kiens, glaubt man sich nicht in einem Hotel mit Hallenbad, Whirlpool und Saunen, Restaurant und gemütlichen Zimmern. Auch die herzliche Art der Gastgeber ist eher gasthoftypisch und zwar im besten Sinne: Der Gast ist noch was wert. Schöne Stube, gutes Frühstücksbuffet, man schläft eher lange – kein Lärm, der einen weckt. 2 neue Apt. 80–160 €, DZ/HP 120–174 €. Dorfweg 42, ✆ 0474/565389, www.gassenwirt.it.

** **Siessl,** familiär-gemütliche Pension in der 2. Häuserreihe über der Pustertaler Straße. Kellerbar, Gartenlaube, einfache Zimmer, z. T. mit Balkon. DZ/FR 64–80 €. Im Linda 8, ✆ 0474/565217, www.pensionsiessl.it.

Camping Gisser, angeschlossen an das gleichnamige Hotel, 2-ha-Platz, viel Grün mit überdachtem Freibad und guten Sanitäranlagen, Mitte Mai bis Mitte Okt. Gespann und 2 Pers. ca. 22–28 €. Pustertaler Str. 26, St. Sigmund, ✆ 0474/569605, www.hotelgisser.it.

Obermair, Gasthof unter der Ehrenburg, die Stube deutet auf das Alter, und der Speisesaal auf die Effizienz des Betriebes. Gehobene Tiroler Kost mit italienischen Anklängen, Spezialitätenwochen (Nudel- und Vorspeisenwochen Okt./Nov.), Mi Ruhetag. DZ/FR 80–100 €. Ehrenburger Str. 38, ✆ 0474/656339, Restaurant-Reservierungen ✆ 0474/565339, www.gasthof-obermair.it.

Café-Pub Karo, Ehrenburger Str. 3, ein bei Jugendlichen beliebter Treff, der – Sensation hier – bis 23 Uhr geöffnet hat, Mi Ruhetag.

Sehenswertes

Schloss Ehrenburg: Die Burg der Brixner Fürstbischöfe oberhalb des Flusses Rienz, genau gegenüber von Kiens, bekam um 1500 ihren Schliff im Stil der Renaissance durch einen neu gebauten Trakt mit herrlichem, dreistöckigem Arkadenhof. Die alte romanische Burg mit Bergfried wurde dabei nicht angerührt. Das war den

Sehenswert, leider nur von außen: Schloss Ehrenburg

späteren Barockfürsten aus Brixen, Bischöfe, aber eben auch weltliche Landesherren, zu wenig. Fürstbischof Caspar Ignaz Künigl und sein Bruder ließen die Burg barockisieren. Es entstand ein prachtvolles Schloss, dessen üppige Innenausstattung sich vielfach erhalten hat, so im Bischofssaal und im aristokratischen Blauen Salon mit seinem kobaltblauen Kachelofen.

Das Schloss kann nach einem Besitzerwechsel leider nicht mehr von innen besichtigt werden.

St. Sigmund: Die *Pfarrkirche* von St. Sigmund besitzt einen gotischen Flügelaltar, er ist der älteste in Tirol, der sich noch dort befindet, wo er (1430) aufgestellt wurde und ist eines der ältesten erhaltenen Werke dieses Typs überhaupt. Der Schrein umfasst nur drei Figuren, eine Maria mit Kind, den Apostel Jakobus (an der Pilgermuschel, die er in der Hand hält, erkennbar) und den Ortsheiligen Sigmund, dargestellt als prächtig gekleideter Ritter mit Adelskrone. Die weich fließenden Gewänder und die Predellafiguren, eine Anbetung der Hl. Drei Könige, weisen auf das Vorbild des Bozner Altars des Hans von Judenburg (→ Bozen, S. 189, und Deutschnofen, S. 631). Prachtvoll auch die Fresken an den Außenwänden der Kirche mit einem wie üblich riesigen Christophorus.

Die sehr hübsche und nicht nur für Kunstfreaks besuchenswerte **Wallfahrtskapelle Unsere Liebe Frau im Stöckl**, einsam an der Straße in Richtung Vintl gelegen, ist ein Kuppelbau mit Türmchen von 1765/66. Im Inneren reizvolle Fresken des *Josef Anton Zoller* aus der Entstehungszeit (den Schlüssel erhält man nebenan).

Auf dem Kronplatz

Der viele Wind rund um Bruneck hat seine Vorteile: Schneereiche Wolken aus Norden laden ihre Last besonders gerne beim ersten Hindernis südlich des Alpenhauptkamms ab, auf der Plose (→ S. 154). Der schneesichere, oben abgeflachte

Kronplatz ist der Skiberg schlechthin und so erschlossen wie kaum ein anderer der Dolomiten. Und das bei unvergleichlicher Erreichbarkeit: 5 Min. Autofahrt ab Bruneck oder mit dem Stadtbus bis Reischach, von dort per Umlaufbahn zum Gipfel – zwei Seilbahnen nebeneinander! Mit 12 ha Grundfläche ist der Snowboarderbereich nicht eben bescheiden, es gibt so ziemlich alles was in dieser Sportart Tradition hat und/oder gerade auf den Markt gekommen ist (die ganz Jungen, denen man so den Hof macht, sind viel Geld ausgebende Stammgäste von morgen). Auch im Sommer lohnt sich die Fahrt hinauf, und trotz der Lifte, Zufahrtsstraßen, Hütten und sonstigen Verschandelungen der Sommerlandschaft gibt es schöne Wanderwege und noch schönere Mountainbiketouren (das Rad darf mit in die Seilbahn).

MMM Corones – die Vollendung von Reinhold Messners Werk?

Ein Ufo? Krieg der Sterne auf dem Kronplatz? Das von der berühmten, leider viel zu früh verstorbenen Stararchitektin Zaha Hadid gemeinsam mit Reinhold Messner konzipierte MMM-Museum Corones liegt großteils unter einem Hügel verborgen. Futuristische Betonhüllen fassen spiegelnde Panoramafenster ein, in denen sich das Gipfelpanorama und der Betrachter selbst wiederfinden. Innen werden in einer minimalistischen Betonumgebung großformatige Gemälde weltweiter Berge und eine Sammlung von Curiosa aus Reinhold Messners ereignisreichem Bergsteigerleben präsentiert. Von einem der Fenster geht der Blick auf den Peitlerkofel, einen von Messners Heimatbergen. Und das ist gewiss kein Zufall. Dieses sechste Messner Mountain Museum beschließt seinen Museenzyklus und stellt das Vermächtnis des großen Bergsteigers dar. Vor allem im Winter, wenn der Skizirkus tobt und der Rundblick aufgrund der schneebedeckten Zacken am Horizont besonders spektakulär daherkommt, fungiert das am Südrand des Kronplatz abseits gelegene Museum als besinnlicher Kontrapunkt zum bunten Trubel. Und das ist ganz im Sinne des Meisters.

Juni bis Okt. und Anf. Dez. bis April, entsprechend den Öffnungszeiten der Seilbahn, tgl. 10–16 Uhr. Eintritt 10 €, erm. 8,50 €, Familien 22 €, ☏ 0474/501350, www.messner-mountain-museum.it.

Bergbahnen Kabinenbahn Kronplatz 2000 Juni bis Anf. Okt. 9–17 Uhr, einfach 10,50 €, Berg/Tal 18 €, Kabinenbahnen Olang 1 und 2 Ende Juni bis Mitte Sept. 9–17 Uhr, einfach 12 €, Berg/Tal 18 €, Umlaufbahn Ruis Juni bis Okt. 9–17 Uhr, in der Nebensaison nur Sa/So, einfach 10 €, Berg/Tal 13 €, Umlaufbahn Piz de Plaies Anf. Juli bis Okt. 9–17 Uhr, einfach 10 €, Berg/Tal 13 €. www.kronplatz.com.

Wintersport Das **Skigebiet Kronplatz** (→ Dolomiti Superski, S. 73) im engeren Sinn umfasst mehrere Umlaufbahnen (Kronplatz I und II, Kronplatz 2000, Belvedere, Gipfelbahn u. a.) sowie diverse Sessel- und Schlepplifte – insgesamt 32 Aufstiegsanlagen. Neu für Internet-Junkies: freies WLAN in den Kabinenbahnen Alpen Connecting und Olang 1 und 2! Der Kronplatz umfasst außerdem die Lifte in St. Vigil in Enneberg, St. Martin in Thurn, Olang, Taisten, Antholz, Untermoi und Terenten und ist Teil des Skiverbunds **Dolomiti Superski**, es gibt einen Bustransfer zum Skigebiet Alta Badia und eine Zugverbindung zum Skigebiet 3 Zinnen Dolomiten. Infos unter www.dolomiti-superski.com bzw. www.kronplatz.com. Skischule Kronplatz, an der Talstation Kronplatz, ☏ 0474/548474, www.school-kronplatz.com.

Olang

Olang besteht aus vier Dörfern an der Ostseite des Kronplatzes, zu dem es zwei direkte Liftverbindungen hat: *Nieder-, Mitter-, Oberolang* und *Geiselsberg*. Die grüne Mulde des verstreuten Dorfes wird im Westen von den Waldhängen des Kronplatzes begrenzt, im Süden schauen die scharfen Grate der Dolomiten herunter, darunter Piz da Peres (2507 m) und Maurerkopf (2567 m). In Olang zu wohnen ist eine gute Idee, wenn man im Sommer wandern, aber doch nicht weit vom Schuss sein will (Bruneck ist um die Ecke) oder im Winter seine Ruhe haben will, obwohl man sich direkt am Skizirkus Kronplatz befindet. Olang kommt diesem Bedürfnis mit 28 Hotels nach. Zusätzliches Plus: In den Bergen oberhalb des Ortes gibt es mehr als ein Dutzend bewirtschafteter Almhütten und Jausenstationen, darunter die wunderschön gelegene *Oberegger Alm* (→ „Übernachten/Essen") in einem früheren Wohnhaus!

Mit dem Gesundheits-, Naturkraft- und Wellnessboom der Gegenwart haben auch alte Bauernbadl wieder eine Chance. *Bad Bergfall* ist nicht nur ein seit dem Spätmittelalter hoch geschätztes Schwefelbadl, sondern hat auch einen römischen Vorgänger. Man hat die Reste eines Beckens sowie der heilkundigen Götter und Nymphen gefunden und badet heute mit der Gewissheit, dass gut sein muss für Gicht und Ischias, Haut- und Lungenkrankheiten, was Kranken in 2000 Jahren Heilung oder doch Linderung gebracht hat.

Information Tourismusverein Olang, im Gemeindehaus Mitterolang, Florianiplatz 19, Olang, Mo–Fr 8–12/14–18, Sa 8.30–12 Uhr, im Juli/Aug. auch 15–18 Uhr. ✆ 0474/496277, www.olang.info.

Internet WiFree-Hotspot im Ortszentrum von Olang.

Kuren In Bad Bergfall (Hotelgasthof) kann man kuren, das **Schwefelbad** ist tgl. 9–12 und 15–19 Uhr geöffnet.

Sport Wandern, Klettern, Wintersport und Mountainbiken. Rent and go Kurt Ladstätter (Olang, Gassl 21, ✆ 0474/592111, www.sportrent.it) betreibt von Mai bis Okt. einen **Bike-Shuttle** in die Nebentäler des Pustertals oder an irgendeinen Punkt am Radweg, Radverleih im Sommer, im Winter Skiverleih; außerdem im Programm: Canyoning, Rafting, Paragliding. **Boulderhalle** am alten Bahnhof, tgl. 9–22 Uhr. **Freibad** beim Zugbahnhof.

Veranstaltungen Olanger Standlschmaus, 11 Gaststätten breiten ihr Angebot auf langen Tischen (Standln) aus, 4 Wochenenden im Sommer 18–23 Uhr.

Übernachten/Essen ***** Bärenhotel, aussichtsreich gelegenes, schönes Hotel, das bekunden die Zimmer und das Hallenbad. Bester Service in diesem komplett renovierten Familienhotel, Wellnessbereich mit Sauna und Massage. Die Zimmer mit Glastüren zum Balkon mit Ausblick sind optimal, die neuen Suiten mit eigener Sauna perfekt. Und der Name? Lassen sich's erzählen! DZ/¾-P 250–366 €. Furkelstr. 11, ✆ 0474/592001, www.baerenhotel.com.

** **Trattes**, einfacher Berggasthof und reiner Familienbetrieb zwischen Geiselsberg und dem Furkelpass, abseits der Straße. Nicht nur die Lage besticht, es lockt die absolut traditionelle Südtiroler Küche ohne Mätzchen von den Schlutzkrapfen über die Knödel und Käsnocken, Gulasch und Wildgerichte bis hin zum Apfelstrudel oder köstlichen Buchweizentorte. Reservieren sinnvoll, Preise für komplettes Menü ab ca. 20 €. Di Ruhetag. DZ/HP 94–118 €. Furkelstr. 24, ✆ 0474/592010, www.trattes.it.

Bad Bergfall, Gasthof mit einfachen Zimmern und Apartments, der die Tradition des Bauernbadls Schwefelbad Bad Bergfall weiterführt. Sehr anständige Zimmer, gute neue Apartments. Gaststätte Mi Ruhetag. DZ/FR 72–124 €, Apt. für 2 Pers. 44–80 €. Bad-Bergfall-Weg 5, ✆ 0474/592084, www.badbergfall.com.

Oberegger Alm, Zufahrtsstraße ab Geiselsberg oder zu Fuß (0:30 Std.), altes Haus mit Stube, Tiroler Küche. Juni bis Sept., Mo Ruhetag. ✆ 347/5220122, www.obereggeralm.com.

Maisfeld im Tauferer Tal und ein Bildstöckl

Das Tauferer Tal und das Ahrntal

Von Bruneck im Pustertal bis zum Alpenhauptkamm und der nördlichsten Stelle Italiens zieht sich die lange Achse von Tauferer Tal und Ahrntal. Hier und in den beiden Nebentälern Reintal und Mühlwalder Tal sind Wandern und Bergsteigen die hauptsächlichen Urlaubsvergnügen.

835 m hoch liegt Bruneck, auf 3478 m ragt der Große Möseler in den Zillertaler Alpen, 3436 m erreicht der Hochgall an der Grenze zu Osttirol. Dazwischen liegen jede Menge Natur, Wiesengrün, Almen, Wälder und hochalpine Weiden, Gletscher und ein paar hübsche alte Orte wie Sand in Taufers.

Keinesfalls sollten Sie Ihr Mountainbike vergessen, denn jede Alm und jeder Bergbauernhof lockt mit einem Zufahrtssträßchen, wogegen die Verbindungen zwischen den einzelnen hohen Höfen und Almen oft so steil und ausgesetzt sind, dass sie geübten Bergsteigern vorbehalten sind. Aber auch Burgen, alte Adelsansitze, ein Bergbaumuseum samt befahrbarem altem Bergbaustollen (Kinderspaß pur!), die rustikale Küche in oft noch rustikaleren Lokalen und das immer noch urwüchsige Leben auf den Bergbauernhöfen sorgen für Abwechslung und einen erfüllten Urlaub.

Information Tourismusverband Ferienregion Tauferer Ahrntal, Zimmernachweis, detaillierter Veranstaltungskalender, Reliefkarte mit Wandervorschlägen (auch in allen Orts-Informationen zu erhalten). I-39030 Steinhaus, Klausbergstr. 97, ✆ 0474/652198, www.pustertal.org.

Wandern „Durchs Toul" heißt ein 50 km langer Wanderweg, der von Bruneck bis Heilig Geist bei Kasern im obersten Ahrntal führt. Grünes Symbol und der Schriftzug „*durchs toul*", viele Infoschilder, die über Natur und Kultur am Weg aufklären. Der Weg lässt sich zum Großteil mit dem Rad bestreiten. Die gesamte Strecke von Bruneck nach Sand in Taufers hat auf 17 km keine nennenswerte Steigung zu verzeichnen. Die Wegbeschreibung und weitere

Wandertipps findet man in der Broschüre „Wandern ohne Auto" bei dem Tourismusbüros. Zwischen Uttenheim und Mühlen befindet sich ganz in der Nähe vom Toul-Weg (von dort beschildert und zu sehen) eine empfehlenswerte Rastmöglichkeit: die **Thara See Lounge**, an einem idyllischem Fischweiher gelegene, mit viel Glas und Holz erbaute Bistro-Bar mit großer Terrasse, E-Bike-Ladestation, Snacks und warmer Küche, tgl. 12–14 Uhr, ✆ 339/6947273, www.thara-seelounge.com.

Sand in Taufers

Wer über die Berge ins Salzburgische wollte, musste durch Sand in Taufers. Das war eine wirtschaftliche Notwendigkeit. Wein aus Bozen wurde über den Krimmler Tauern nach Norden gebracht, wo er als Messwein unverzichtbar war. Salz aus Hallein und anderen Salzorten wurde auf derselben Route nach Süden gebracht, wo man ebenso wenig darauf verzichten konnte. Sand profitierte von diesem Handel, und an der Stelle, wo das Ahrntal beginnt, stand schon früh eine Burg, die den Weg sicherte, das damals wie heute spektakuläre **Schloss Taufers**. Der Blick ist schon sehr eindrucksvoll und absolut unvergesslich: von den Wiesen bei Sand auf den *Ansitz Neumelans* mit seinem mächtigen Walmdach und den zierlichen Erkern, darüber mitten im Wald das Schloss Taufers und das alles gekrönt von den schnee- und eisbedeckten Gipfeln des Alpenhauptkamms.

Basis-Infos

Information Tourismusverein, I-39032 Sand in Taufers, Mo–Fr 8.30–12.30 und 15–18, Sa 8.30–12 Uhr, in der Hauptsaison durchgängig und Di bis 22 Uhr. Josef-Jungmann-Str. 8, ✆ 0474/678076, www.taufers.com.

Die Sonnenhänge des Tauferer Tals

Verbindungen Pkw: großer Parkplatz im Süden des Ortes, Parken meist unproblematisch. Auf der Straße ins Ahrntal Halteverbot.

Bus: bis zu 25x tgl. nach/von Bruneck und Kasern oder Prettau.

Taxi: Südcab, ✆ 0474/530530.

Bergbahnen Kabinenbahn Speikboden Anf. Juni bis Anf. Okt. 8.30–12/13–16.30 Uhr, im Aug. durchgängig, im Sommer Di schon ab 6 Uhr, einfach 13 €, Berg/Tal 17,50 €, erm. 9/10,50 €; **Sessellift Sonnklar**, Berg/Tal 5 €, www.kronplatz.com.

Wintersport Skiworld Ahrntal, 2 Skigebiete (Speikboden und Klausberg), 14 Lifte, 73 km Pisten, ein Skipass. Das **Skigebiet Speikboden** bietet davon 6 Lifte, 38 km Pisten und einen Snowpark für Anfänger und Könner, www.speikboden.net. Skigebiet Klausberg (→ S. 505). Infos zum gesamten Skigebiet unter www.skiworldahrntal.it.

Skischule Speikboden, Drittelsand 7, ✆ 0474/678526, www.skischule-speikboden.com.

Baden/Schwimmen Hallenbad „Cascade" in der Sportzone, neu und schick gestylt und einer Großstadt würdig, viel helles Glas, drei Ebenen mit 4 Indoor- und 2 Outdoorbecken sowie Panoramarestaurant „Regenbogen", www.cascade-suedtirol.com.

Canyoning/Rafting Rafting Club Activ, Ahrntaler Str. 22, ✆ 0474/678422, www.rafting-club-activ.com.

Einkaufen Bauernmarkt „Bauernpfinsta" ganzjährig Do 15–18.30 Uhr im Atrium des Tubriszentrums.

Tipp: Goasroscht, Ziegenkäserei mit neuem Hofladen. Milch und leckerer Käse, u. a. Frischkäse, Schnittkäse, Ricotta und Graukäse. Kematen 4a, www.goasroscht.com. Unmittelbar gegenüber gibt es ein kleines Schafwollmuseum.

Internet WiFree-Hotspot auf dem Rathausplatz.

Klettern/Bergsteigen Bergführerbüro Hans Kammerlander, Jungmannstr. 8, ✆ 0474/690012, www.kammerlander.com. Die Alpinschule wird vom international bekannten Kletterer Hans Kammerlander geleitet.

Paragliding Ideale Bedingungen am Speikboden.

Radfahren Radverleih bei Sport Tubris im Tubriszentrum, ✆ 0474/678290, www.sport-tubris.com.

Veranstaltungen Tauferer Straßenküche, Tiroler und andere kulinarische Angebote sowie handwerkliche Vorführungen unter freiem Himmel. Jeden Di 19–23 Uhr zwischen Mitte Juli und Mitte August, 2018 zum 25. Mal (also eine der ältesten Veranstaltungen dieses Typs in Südtirol).

Burg Taufers liegt oberhalb von Sand

Übernachten/Essen & Trinken

Sand hat jede Menge 3- und 4-Sterne-Hotels, an einfacheren und preisgünstigeren Quartieren mangelt es indes aber auch nicht. Gute Alternativen sind Apartments und Privatzimmer (Nachweis beim Fremdenverkehrsverein).

Übernachten ****** Drumlerhof**, sehr persönlich und sympathisch geführter Familienbetrieb mitten im Ort. Wanderhotel mit Hallenbad, Sauna, Fahrradverleih, ausgezeichnetes Frühstücksbuffet und sehr schöne Zimmer mit Naturholzmöbeln, z. T. mit Balkon, z. T. gemütlich unterm Dach. Großzügige Suiten. Glutenfreie Küche. DZ/HP 200–280 €, Suiten teurer. Rathausstr. 6, ✆ 0474/678068, www.drumlerhof.com.

**** Tubris, moderner Bau, etwas abseits des Zentrums, gutes Wellness- und Sportangebot mit Hallenbad, Sauna, Dampfbad, Massage, Radverleih, für die Kategorie anständige Zimmer. DZ/HP 140–240 €, Apt. (2 Pers.) ab 70 €. Hugo-v.-Taufers-Str. 9, ✆ 0474/678488, www.tubris.com.

***S Stocker, großer Hotelkomplex am Südrand des Orts, eine Art Riesen-Tiroler-Paarhof. Viel Wellness: Hallenbad, Sauna, Heubad, Moorbäder, Kosmetik, außerdem Mountainbikeverleih, große Liegewiese. DZ/HP 156–254 €. Wiesenhofstr. 41, ✆ 0474/678113, www.hotelstocker.com.

*** Garni Zimmerhofer, freundliche Pension mit gut ausgestatteten Zimmern mit Balkon, dazu Garten, Sauna, Rad- und Mountainbikeverleih, Spielzimmer, Kühlschrankbenutzung. DZ/FR 64–84 €. Dr.-Daimer-Str. 56, ✆ 0474/678271, www.garni-zimmerhofer.it.

*** Apparthotel Central, moderne Apartments in 7 verschiedenen Ausstattungen für 2 bis 6 Pers. Sauna und Dampfbad im Haus. Hauseigene Restaurant-Pizzeria „Rosmarin".

Apt. (2–4 Pers.) 45–170 €. Jungmannstr. 1, ℡ 047/4679062, www.apparthotel-central.com.

Essen & Trinken Drumlerhof, Rathausstr. 6, beliebtes Restaurant, im gleichnamigen Hotel, überdachte und verglaste Terrasse. Gehobene bürgerliche Küche ausgezeichnet mit 1 Gault-Millau-Haube. Verwendet werden saisonale und regionale Zutaten, bevorzugt in Bio-Qualität, auch glutenfreie und vegane Gerichte, gemütliche alte Wirtshausstube aus dem 18./19. Jh. Kein Ruhetag, ℡ 0474/678068, www.drumlerhof.com.

Zum Turm, Bayergasse 12, gehobenes Ambiente (Stube aus dem 19. Jh.) und gehobene Küchenleistung (2 Gault-Millau-Hauben), italienische und Südtiroler Küche, Bergsaibling und Tagliata vom Weiderind, beste frische Zutaten und leichte Zubereitungen. Hochgelobte und ungewöhnliche Pizzakreationen mit lokalem Bezug wie die Calzone Ahrntal mit Graukäse. Menü 35 €, Mo Ruhetag. ℡ 0474/678143, www.zumturm.org.

Spanglwirt, Ahrntalerstr. 23, rustikales Ambiente im stimmungsvollen Gewölbe, etwa im Weinkeller, Spezialitätenwochen vom Spargel bis zur Gans (z. B. Ahrntaler Weidegansl am Martinittag). Di Ruhetag, ℡ 0474/678144, www.spanglwirt.com.

Pizzeria Mausefalle, Wiesenhofstr. 64, Pizzeria, die neben Pizza auch klassische Gerichte und Salate anbietet. Am Ortsrand, weder überlaufen noch teuer. Mo Ruhetag. www.mausefalle.bz.

Bäckerei/Konditorei/Café Röck, Bayergasse 14, beliebte Konditorei am Park im Zentrum von Sand mit Wintergarten und Terrasse, üppige Eisbecher. www.roeck.it.

Sehenswertes/Ausflüge

Ortsbild: Der Ort ist zwar klein, lässt aber wenig zu wünschen übrig, schließlich ist er das „Einkaufszenrum" von mehreren Tälern. Die *Ahrntaler Straße* verläuft am westlichen Ortsrand, dort sind die meisten Geschäfte. Der alte Ort ist z. T. Fußgängerzone, das Zentrum liegt um die Josef-Jungmann-Straße, dort finden sich Rathaus, Post, Bank, Touristeninformation, Gemeindebücherei und das neue **Naturparkhaus Rieserferner-Ahrn** (im Tiefgeschoss, Eintritt frei) mit sehr gut gemachter multimedialer Präsentation des Naturparks (→ S. 500). Aus der Eingangshalle mit ihrer Projektion eines vom Hubschrauber aus gedrehten Filmes mag man

Mächtige Festung Burg Taufers

Burg Taufers 497

gar nicht mehr weggehen. Das **Pfarrmuseum** zeigt die sakrale Kunst der Kirchen und Kapellen rund um Sand. Viele Kunstwerke mussten während der Welle der Kirchendiebstähle in den 1960er- und 70er-Jahren sichergestellt werden und können nun hier bewundert werden. Südlich des Orts (in Richtung Bruneck) liegt der auffällige *Ansitz Neumelans*, ein mehrstöckiger Bau mit Walmdach, seitlichen Erkern und Park. Der Bau wurde unter dem Gerichtsherrn Hans Fieger 1582 begonnen und in nur 12 Monaten beendet. Hier unten war es wahrscheinlich doch etwas komfortabler als auf der zugigen Burg.

Naturparkhaus Rieserferner-Ahrn Mai bis Ende Okt. und Ende Dez. bis Ende März Di–Sa 9.30–12.30/14.30–18 Uhr, Juli/Aug auch So, zur Zeit der Straßenküche (→ „Veranstaltungen") Di bis 22 Uhr; ✆ 0474/677546.
Pfarrmuseum Mi–Sa 16–18, So 10–12 Uhr, Spende statt Eintritt. ✆ 0474/678543.

Die Familienfahrradtour von Bruneck nach Sand in Taufers

Die Fahrradtour zwischen Bruneck und Sand ist gut markiert und familienfreundlich dank geringer Steigung – sie verläuft in großen Teilen als breiter asphaltierter Radweg auf einem ehemaligen Bahnkörper, Ruhebänke laden zur Rast ein. Das einzige Orientierungsproblem gibt es beim Verlassen von Bruneck: Man nimmt zuerst die Hauptstraße ins Tauferer Tal, aber am Ortsbeginn von St. Georgen die erste nach rechts abzweigende Straße – Schild. Hübscher ist es, wenn man am Anfang die Landstraße nach Dietenheim nimmt und von dort die Straße nach Aufhofen und St. Georgen, diese wird beim Erreichen von St. Georgen vom Fahrradweg Sand – Bruneck gequert. Hin und zurück 2–3 Std., kein nennenswerter Höhenunterschied, nicht schwierig.

Und eine kleine Warnung: Vielköpfige italienische Großfamilien sind beim Radfahren oft so mit der Unterhaltung beschäftigt, dass sie kein Auge für eventuell auftauchende familienfremde Radler haben. Gruppen weiträumig umfahren ...

Burg Taufers: Fast 100 m ist die Höhendifferenz zwischen dem Ahrntal und dem Tauferer Tal in der Schlucht oberhalb von Sand, der Almbach bewältigt sie in Kaskaden. So eng ist die Schlucht, dass erst moderne Straßenbauer die heutige Straße in den Fels sprengen konnten. Der historische Weg durch die Schlucht führt direkt an der darüber wachenden Burg vorbei.

Die gewaltigen grauen Granitmauern und der hohe Bergfried machen noch heute einen wehrhaften Eindruck. Die adelige Familie Taufers hat sich ihre Stammburg wohl im 13. Jh. neu bauen lassen, dabei hat man einen frühmittelalterlichen Bau einbezogen. Die Taufers waren ein ziemlich bedeutendes Geschlecht, eine Zeit lang konnten sie sich mit den Grafen von Tirol und den Andechsern messen.

Bei der Besichtigung sieht man die **romanische Burgkapelle**, deren Fresken bei der Restaurierung gefunden wurden. Sie sind ein Meisterwerk *Michael Pachers*, majestätisch der ganz byzantinische Christus in der Mandorla. Der Speisesaal mit großem Kachelofen, der Gerichtssaal, die Waffenkammer mit mittelalterlichen und frühneuzeitlichen Waffen und Rüstungen, der Rittersaal mit Adelsporträts und die wunderschöne Bibliothek sind genauso zu besichtigen wie das Zimmer der Margarete von Taufers, eine schön getäfelte Renaissancestube. Man berichtet, ihr Gemahl sei am Hochzeitstag ermordet worden, und sie habe sich in dieser Stube eingeschlossen (die Geschichte ist aber nicht verbürgt). Burg Taufers hat 64 Räume, davon sind 24 dekoriert, viele getäfelt und mit romanischen und gotischen Kassettendecken versehen.

Ostern bis Ende Okt. tgl. 10–12 und 14–17 Uhr, Eintritt mit Führung 8–10 €, erm. 5–7/3–5 €. ✆ 0474/678053, www.burgeninstitut.com. **Ritterschänke** Burg Taufers, deftige Südtiroler Kost in historischem Gewölbe ✆ 342/5131540, www.ritterschaenke.com.

Taufers: Die *spätgotische Pfarrkirche* von Sand liegt nicht im Ort, sondern etwas südlich in Taufers, das nur aus wenigen Häusern besteht. Sie wurde 1527 vollendet, aus dieser Zeit ist noch die Kanzel erhalten. Zusammen mit der ebenfalls spätgotischen Friedhofskapelle und dem auf der anderen Seite des Platzes gelegenen Mesnerhof mit schönem Eingangstor und Erker bildet die Pfarrkirche ein eindrucksvolles Ensemble.

Lanebach: Die wenigen Höfe des hoch über dem Tal liegenden Bergbauernweilers Lanebach haben so ziemlich die steilsten Felder ganz Tirols. Einige der alten Höfe wie der spätmittelalterliche *Lercherhof* in Holzbauweise auf Steinfundament, sollten längst unter Denkmalschutz stehen. Dies sollte wenigstens schon bald für die *Zwergschule* des Weilers gelten, die zwar schon lange nicht mehr in Funktion ist, aber ein hervorragendes und vor allem bestens erhaltenes Beispiel dieser Bauweise darstellt. Die Einrichtung eines Bergbauernmuseums im Schulgebäude wird diskutiert.

Ein Besuch zwischen den Wänden

Ahornach nennt sich das Gebiet aus verstreuten Einzelhöfen auf der Sonnenseite über Sand. Die Höfe sind heute alle durch Straßen erschlossen, noch vor einer Generation erreichte man sie nur auf Wegen und Steigen. Besonders exponiert und völlig isoliert liegt der Hof „Kofler zwischen den Wänden" weit im Osten von Ahornach, bereits tief drinnen im Reintal. Auf dem Steig, der von unten zum Hof führt (heute kein offizieller Weg mehr), gelangt man nur über Leitern über die Felswände, die unter dem Hof abstürzen. Der einzige flachere Zugangsweg war noch äußerst schmal und gefährlich, der tödliche Absturz einer Magd ist belegt. Heute ist er erweitert und gesichert, es gibt sogar eine (für Touristen gesperrte) Zufahrt. Immer noch besticht die Lage des Hofs, der auf einer schmalen Wiesenterrasse zwischen steilen, felsdurchsetzten Hängen liegt. Die Familie bietet ein paar Zimmer und bäuerliches Essen an (Brettljause – Graukäse, Kaminwurzen). Man sitzt, isst, trinkt und staunt.

Hofschänke Kofler zwischen den Wänden, 1530 m, Ahornach 53, urige Hofschenke mit schöner Aussichtsterrasse, deftige Almküche; Apt. für 2–6 Pers., ab 44 €. Von Mitte Jan. bis Mitte Febr. geschl., Do (in NS) Ruhetag. ✆ 0474/691005, www.kofler-zd-waenden.com.

Fußweg: Einfacher Wanderweg 5 ab Ahornach 1 Std. (Straße bis Stocknerhof). Oder ebenfalls 5 ab Tobl (im Reintal an der Abzweigung der Straße nach Ahornach), steil, ca. 1:30 Std. Alternativ von Rein im Reintal auf Fahrweg 10 und Weg 65, gut beschildert, in ca. 2 Std.

Durch das Mühlwalder Tal: Von **Mühlen**, das seinen Namen von den vielen Mühlen hat, die hier einmal vom Bach betrieben wurden (u. a. die Lodenmühle, Vorgängerin der Firma Moessmer in Bruneck), erreicht man das Mühlwalder Tal, das bei

Wanderern und Bergsteigern einen guten Klang hat. Über *Mühlwald* mit seiner eindrucksvoll gelegenen Pfarrkirche gelangt man nach *Lappach,* dem höchsten Ort des Tals auf 1436 m. Von hier aus führt eine kostenpflichtige (Kassen an beiden Enden der Straße), stellenweise nur einspurige, per Ampelsystem regulierte Straße für private Pkw zum *Neves-Stausee.* Dieser wunderschön gelegene See ist Ausgangspunkt dreier interessanter **Bergtouren.** Nach Westen gelangt man zum Eisbruggjoch mit der Edelrauthütte und nach Pfunders (→ S. 477), nach Osten zum Nevesjoch mit der Chemnitzer Hütte (Nevesjochhütte) und hinunter nach Weißenbach, wo man die Straße ins Ahrntal erreicht oder in 5–6 Std. über den hochalpinen Kellerbauerweg zur Bergstation der Seilbahn Speikboden kommt. Von Mühlwald erreicht man in 2 Std. auf steilem Weg den idyllischen Wengersee, ein von Lärchen und Zirben umgebener, einsamer Karsee (keine Hütte).

Information Tourismusverein Mühlwald/**Lappach,** I-39030 Mühlwald, Dorf 18a, ☏ 0474/653220, www.pustertal.org, www.muehlwaldertal.it.

Gebühren Neves-Straße: Bei der Auffahrt erwirbt man vor der Schranke (Kassenautomat) ein Ticket und zahlt dann bei der Abfahrt wie bei einem Parkplatz (1 Std. 3 €, bis 4 Std. 5 €, darüber 7 €).

Museum Magie des Wassers, kleines, aber feines Museum im historischen Widum in Mühlwald, direkt an der Durchgangsstraße gelegen, zur Bedeutung des Wassers im Allgemeinen und der Geschichte der Wassernutzung im Mühlwalder Tal im Besonderen. Mitte Mai bis Mitte Sept. Di 10–13, Fr/So 14.30–17.45 Uhr, ☏ 339/6155370, www.muehlwaldertal.it.

Übernachten/Essen *** Am See, verglichen mit dem, was man in fashionablen Orten für Hotelzimmer mit – gutem – Frühstück in dieser Kategorie samt Seeblick zahlen muss, sind die Preise hier echte Schnäppchen. Schöne Zimmer mit Balkon, Sauna, Dampfbad und Whirlpool im Haus. Leider nicht ganz leise. DZ/FR 50–80 €. Hauptstr. 2a, Mühlwald, ☏ 0474/653166, www.hotel-am-see.it.

*** Apparthotel Sonnwies, freundliches, familiengeführtes Aparthotel, gemütliche Apartments mit Balkon und kompletter Küche. Im Haus Sauna, Dampfbad, Whirlpool, Kneippbad sowie das „Dorfcafé". Apt. für 2 Pers. 45–68 €, in der Nebensaison auch Zimmer mit Frühstück möglich. Schusterfeld 22, Mühlwald, ☏ 0474/653355, www.apparthotel-sonnwies.com.

** Schneider, im Café Schneider gibt es auch nette Zimmer mit Balkon. DZ/FR 50–60 €. Lappach 207a, ☏ 0474/685005, www.schneider-cafe.com.

Meggima, Pizzeria am kleinen Mühlwalder See. Innen rustikal, großzügig gestalteter Außenbereich mit riesiger Spielfläche für Kinder. 46 verschiedene Pizze (auch zum Mitnehmen) und Schlutzkrapfen. Hauptort 4, ☏ 0474/656013, www.meggima.eu.

Bauernbadl Bad Schüsslerhof, nahe der Kirche bietet Familie Auer-Hartmann Zimmer mit Frühstück sowie die Annehmlichkeiten eines Badls: Kneippbad, Sauna, Dampfbad und Massage, vor allem aber die regionaltypischen Heubäder! DZ/FR 54 €. Heu-, Milch- oder Algenbad 24 €. Lappach 214, ☏ 0474/685046, www.schuesslerhof.com. ■

Wanderung vom Neves-Stausee zur Edelrauthütte: Auf dem Eisbruggjoch steht in Panoramaposition die Edelrauthütte, die Rieserfernergruppe kann man von der Hütte aus perfekt studieren. Der Hochfeiler (3510 m) liegt nur wenige Stunden entfernt (hochalpine Eistour). Wanderer aus dem Pfunderer Gebiet treffen solche aus dem Mühlwalder Tal, denn der Aufstieg von Westen ist ein Teil des Pfunderer Höhenwegs. Vom Neves-Stausee (1860 m), den man mit dem eigenen Pkw oder im Sommer mit dem Bus erreicht, führt ab der Nevesalm (vorher schon Schranke und Wanderparkplatz) oberhalb des Nordufers der Hüttenweg Nr. 26 durch das Pfeifholder Tal zum Eisbruggjoch. 700 Höhenmeter sind zu bewältigen, zunächst noch im Wald und dann im immer karger begrünten Tal. Knapp unter der Hütte passiert man den stillen kleinen Eisbruggsee in seinem Hochkar (von der

Duner Heuschupfe aus zur Edelrauthütte → S. 477), zu erwandern (hin/zurück) in etwa 4–5 Std.

Das Reintal: Eine Nebenstraße führt von Sand ins Reintal. Zuerst passiert man die dreifach gestaffelten *Reinbachfälle,* ein gut ausgebauter Besinnungsweg („Franziskusweg") mit mehreren Stationen erschließt sie (Forststraße und Weg ab Winkel, das man über einen Abzweig kurz vor Mühlen auf eigener Straße erreicht, nicht über Straße ins Reintal, dort nur Wegzugang von oben). Etwas höher öffnet sich unerwartet und weit das Tal, und nach herrlichen Ausblicken auf die umragenden Dreitausender ist man in **Rein in Taufers**, dem Hauptort des Tals (auch „Rain" geschrieben). Das Dorf liegt auf 1595 m und ist keineswegs die höchste Siedlung des Tals, denn Bergbauernhöfe wie der Hirber (1674 m) und der Eppacher (1687 m) liegen noch höher. Bergwiesen, alte Wege und Steige, urtümliche Bauernhöfe, Almen und eine einsame Gebirgswelt sind das Kapital der Gegend. Der **Naturpark Rieserferner-Ahrn** umschließt die besiedelte und bewirtschaftete Fläche des Dorfes komplett, dieser Naturpark ist wahrscheinlich der ursprünglichste und einsamste ganz Südtirols. Ein einfacher, aber großartiger Anstieg führt auf die *Rieserfernerhütte* im Hauptkamm dieser Gebirgskette.

Übernachten/Essen *** **Bacher**, gediegenes Hotel im Grünen auf 1600 m, reichlich Holz innen und außen, Sauna, große Liegewiese, Kinderspielplatz und Spielzimmer. DZ/FR 100–106 €. Rein 41, ℡ 0474/672509, www.hotel-bacher.com.

** **Garni und Pizzeria Florian**, auf 1595 m gelegen. Pizza, Eis, Kaffee und Kuchen, Panoramablick. Zimmer mit Balkon. DZ/FR 52–54 €. Rein 55, ℡ 0474/672510, www.garni-florian.com.

Wasserfallbar, am Start des Besinnungswegs (Parkplatz im Sommer 3 €/Tag) liegt diese originelle Einkehrmöglichkeit ausgestattet mit Lärchenholzmobiliar (kann auch bestellt werden) und schönen Sitzplätzen im Freien. Mitte April bis Mitte Nov. tgl. geöffnet. Winkelweg 3, Kematen, www.wasserfallbar.com.

Wandern Wasserfallweg ab Toblhof (Gasthof) mit Parkplatz und Bushaltestelle, 160 m Höhenunterschied, hin/zurück ca. 1 Std.

Zur **Rieserfernerhütte**, 2798 m, AVS, Ende Juni bis Ende Sept., 60 Lager, ℡ 0474/492125; von Rein auf Weg 3 (nur Aufstieg) 3:30–4 Std.

Der Naturpark Rieserferner-Ahrn

Fast wäre es der Rieserfernergruppe geschehen wie so vielen anderen Gebirgsgruppen mit reichlich Wasser und starkem Gefälle. Man plante Stauseen und Steigleitungen, Kraftwerke und Fernleitungen, dazwischen den einen oder anderen Skilift. Das wurde von der Südtiroler Landesregierung gerade noch verhindert, und es entstand statt alldem ein Naturpark von nationaler und in seiner Ursprünglichkeit internationaler Bedeutung.

Urgestein und Schiefer, aus denen das Gebirge im Naturpark besteht, lassen das Regenwasser oberflächlich abrinnen, und da viel Regen fällt, gibt es reichlich Wasser in den Bächen. Gletscher der Eiszeit haben den gesamten Bereich abgeschliffen, haben steile Talflanken und darüber flache Terrassen geschaffen, auf denen sich heute die Almen befinden. Von diesen Terrassen mit kleinen Seelein stürzen die Bäche in rauschenden Wasserfällen ins Tal. Zwar sind auch hier die Gletscher in starkem Rückgang, aber wer zur *Dreiherrnspitze* (3498 m) oder zum *Hochgall* (3436 m) hinaufschaut, wird sie immer noch eindrucksvoll genug finden.

Frühlingserwachen im Ahrntal

Das Ahrntal

Wer die 30 Straßenkilometer des Ahrntals zwischen Sand in Taufers auf 870 m und Kasern auf 1600 m auf guter Straße abfährt, braucht nicht lange. Wer hier unten im Tal bleibt, ist meist enttäuscht, das Ferienglück liegt 1799 weiter oben.

Die Streusiedlungen *Luttach, St. Johann, St. Martin, Steinhaus, St. Jakob, Prettau* und *Klausberg* sind schnell passiert. Was der Autofahrer besonders im unteren Teil sieht, ist gesichtslose Verbauung. Wer aber das Tal mit dem Rad abfährt, sieht die kleinen Kapellen an Weggabelungen, sieht die Scheunen und alten Wirtschaftsbauten, die Bauerngärten und die Birnen an den Südwänden der alten Höfe. Nur Wanderer und Mountainbiker erleben die höheren Etagen: Über der Zone der Bergbauernhöfe erstreckt sich ein kaum unterbrochener Waldgürtel. Es ist kaum alter Wald dabei, denn der Bergbau im Tal, der erst vor Kurzem eingestellt wurde, benötigte viel Holz. Den Rest verheizten die Schmelzöfen, ein Schornstein steht noch als Halbruine an der Straße oberhalb von Prettau. Nochmals eine Etage höher liegen die Almen, auf denen die Bauern im Sommer ihre Rinder aufpäppeln und Heu schneiden, damit die Tiere und sie selbst den langen Winter überstehen. Ganz zuoberst weiden die Schafe und Ziegen, um die Seen in den Gebirgskaren, den *Grießbachsee*, den *Waldnersee*, den durch die Klausberg-Seilbahn erschlossenen (aber nicht überlaufenen) *Klaussee*. Darüber glänzen die Gipfel, viele von ihnen eisbedeckt. Ihre Ersteigung ist Privileg der erfahrenen Bergsteiger mit der entsprechenden Ausrüstung.

Basis-Infos

Information Tourismusverein Ahrntal, Ahrner Str. 22, I-39030 Luttach, ✆ 0474/671136, www.ahrntal.it.

Verbindungen Pkw: Straße bis Kasern, dort Großparkplatz, Weiterfahrt nicht erlaubt (Schranken).

Das Tauferer Tal und das Ahrntal

Im Sommer bis zu 15x tgl. per **Bus** von Bruneck über Sand ins oberste Ahrntal (Kasern), einige Busse nur bis Prettau.

Taxi: Südcab, ☎ 0474/530530.

Bergbahn Seilbahn Klausberg, Ende Mai bis Okt. 8.30–12.20/13–17.15 Uhr. Einfach 13 €, Berg/Tal 17,50 €, Kinder 9/10,50 €, www.klausberg.it. An der Bergstation große Liegewiese, Planschbecken, „Family Park" und Sommerrodelbahn „Klausberg Flitzer", → S. 505.

Hochseilgarten Enzwaldile an der Talstation Klausberg, 10 Parcours, von Mai bis Okt., unterschiedliche Öffnungszeiten, daher besser auf der Website checken. Erw. 20 €, Kinder und Jugendliche 15 €. ☎ 0474/771489, www.kreaktiv.it.

Internet Hotspots mit WiFree an mehreren öffentlichen Orten.

Radfahren Fahrradverleih und Touren bei Kreaktiv, Ottenthalweg 2, Sand in Taufers, www.kreaktiv.it.

Reiten Herbert's Reitstall, Pferdetrekking, Kutschen- und Schlittenfahrten, Weißenbachstr. 8, ☎ 335/5389099, www.pferdetrekking.it.

Wintersport Skiarena Klausberg, Teil des Skiverbunds Skiworld Ahrntal mit dem Skigebiet Speikboden, 8 Aufstiegshilfen, 32 km Pisten, Snowpark Funtaklaus. Skigebiet Speikboden → S. 503.

⌒Übernachten/Essen & Trinken

In Luttach ****S Schwarzenstein, straßenfern nahe der Kirche. Die zwei Flügel des Hotels sind durch einen Serviceblock mit Restaurant und Wellnessanlage verbunden. Hallenbad, Freibad, Sauna, Dampfbad, Whirlpool im Freien mit Naturteich, Beautyfarm und was man sonst noch zur Wellness braucht. DZ/all-incl. 240–540 €. Suiten teurer. Dorfstr. 11, ☎ 0474/674100, www.schwarzenstein.com.

***S Erlhof, Tirolerhaus am Rand des Grünen, viel Blumen auf den Balkonen, Liegewiese, Spielplatz, gute Zimmer und Apartments im Neubau, die schick renovierten Suiten und Apts. befinden sich im Haupthaus. Sauna und Whirlpool. DZ/FR 98–120 €, Apt. 64–104 €. Im Anger 7, ☎ 0474/671221, www.erlhof.com.

Camping Der Maurlechnhof stellt 16 Camperstellplätze zur Verfügung, die einzigen im ganzen Ahrntal (deshalb ist Reservierung empfehlenswert), Sanitäranlagen, Spielplatz, Café, Wellness gegen geringen Aufpreis nutzbar. Weißenbachstr.8, ☎ 348/338 9988, www.maurlechnhof.com.

In St. Johann **** Das Gallhaus, Beautyfarm, Hallenbad und Sauna, Pool, große Liegewiese, Balkonzimmer mit dem Komfort der Kategorie, ruhig. Zum Speisen 5 schöne Stuben. DZ/¾-P 188–380 €. St. Johann, Mühlegg 1, ☎ 0474/652151, www.hotelalpwell.info.

In Steinhaus ****S Alpenschlössl, aus der ehemaligen Pension „Linderhof" (1964) wurde im Lauf der Jahre ein modernes Sporthotel. Neu gestaltetes Wellnessresort mit 3000 m² Spa- und Wellnessbereich, 7 Pools, 7 Saunen, Massage, Beauty-Anwendungen, außerdem große Liegewiese. Kinderbetreuung, Mini- und Junior-Club, Wellness für Teens. Neue, luxuriöse Suiten und komfortable Zimmer. Mehrfach ausgezeichnetes Gourmetrestaurant. DZ/all-incl. 260–484 €, Suiten teurer. Steinhaus 123, ☎ 0474/651010, www.wellnessresort.it.

*** Bergland, gutes Hotel mit Hallenbad, Saunalandschaft „Bergquell", gediegenes Ambiente, auch modern renovierte Zimmer. DZ/HP 136–180 €. Steinhaus 56, ☎ 0474/65222, www.hotelbergland.com.

** Alpenresidence, einfaches Haus, angenehm renovierte, einfache Zimmer und Apartments, kostenlose Benutzung des öffentlichen Hallenbads. Der Hausherr ist Skilehrer, Skiwerkstatt im Haus. Apt. für 2–4 Pers. 47–137 €, DZ/FR 60–80 €. Steinhaus 55, ☎ 0474/652204, www.alpenresidence.com.

*** Steinhauswirt, das Gasthaus mit Restaurant-Pizzeria im Gebäude des Rathauses von Steinhaus hat attraktiv renovierte Räume, ansprechende Zimmer und kleine Apartments im neuen Anbau, eine Bar im Kellergewölbe und jede Menge Tradition. Pizza gibt es ab 17 Uhr, Mo Ruhetag. DZ/HP 104–160 €, Apt. für 2 Pers. 64–94 €. Steinhaus 97, ☎ 0474/652241, www.steinhauswirt.com.

In St. Jakob *** Bühelwirt, schöner als dieses Wanderhotel kann ein Hotel in den Alpen eigentlich gar nicht liegen, auf einem Bühel über der Talstraße, im Rücken die gotische Kirche, Grün ringsum mit wenigen Gebäuden, nach vorne das Gebirgspanorama. Ein Meisterwerk der Architektur und

Hingucker ist der schwarze, asymmetrische Neubau. 20 helle, klare, behagliche Zimmer, Wellnessbereich und ein Restaurant. DZ/HP 160–220 €. St. Jakob 53, ✆ 0474/650131, www.buehelwirt.com.

Pizzeria Gasthof Kreuzwirt, Ahrnerstraße 74, Gasthaus-Pizzeria an der Hauptstraße mit großem Parkplatz und mit ebenso großer Sonnenterrasse, gute Pizzaauswahl, auch Nudelgerichte und Tiroler Küche; Pizza auch zum Mitnehmen, ✆ 0474/652144. Mi Ruhetag.

In Prettau ** Pension Anna, 3-stöckiges Haus im klassischen Tirolerstil, neue Holzveranda und schöne Holzbalkone (der Bruder hat gegenüber eine Schnitzerwerkstatt), teils neue Zimmer und Apartments. DZ/FR 46–80 €. Neuhausergasse 47a, ✆ 0474/654336, www.pensionanna.it.

In Kasern *** Berghotel Kasern und Tauernrast, der Bau des Konditorei-Cafés Tauernrast mit seinen Balkonzimmern in den beiden oberen Stockwerken ist allen Besuchern von Kasern bekannt, auch wenn sie nur ein Stück Kuchen, einen Eisbecher oder ein Glas Wein in der Stube oder auf der Terrasse konsumiert haben. Die Familie führt nun auch das Berghotel in geringer Entfernung. Tagsüber ist es schon mal hektisch vor der Tür, aber abends und nachts herrscht himmlische Ruhe. Gemütliche Zimmer im Haupthaus, kleine Sauna. DZ/HP 108–186 €. Kasern 10 bzw. 5b, ✆ 0474/654185, www.tauernrast.it.

Ausflüge/Sehenswertes

Luttach: Das Skigebiet Speikboden vor der Tür und die typisch italienische Industrie- und Gewerbeansiedlung parallel zur Straße haben den alten Ort bis zur Unkenntlichkeit verändert. Daran kann auch das viele verbaute Holz nichts ändern. Im Ort schönes privates **Krippen- und Volkskunstmuseum** auf zwei Stockwerken (an der Straße nach Weißenbach, links). Paul Gartner, der Sammler und Leiter des Museums, beschränkt sich nicht auf Südtiroler Krippen, sondern zeigt Krippen aus allen Ländern und aus jedem Medium. Hübsch ist die spanische Panoramakrippe, faszinierend die aus England stammende Laserkrippe, die aus einem Glasblock besteht, in den mit Laserstrahlen eine Krippe eingebrannt wurde, ohne das Glas außen

Maskenschnitzer im Ahrntal

zu beschädigen. Dennoch bleibt die traditionelle Ahrntaler Krippe mit ihren 65 Figuren das Prunk- und umlagerte Hauptschaustück der Sammlung.

Information Tourismusverein Ahrntal, Ahrner Str. 22, I-39030 Luttach, ℅ 0474/671136, www.ahrntal.it.

Museum Krippen- und Volkskunstmuseum Maranatha, Holzschnitzerwerkstatt und privates Krippenmuseum, ganzjährig Mo–Sa 9–12/14–18 Uhr, So 14–17 Uhr, Eintritt 5 €, erm. 2 €, Familien 12 €; Weißenbachstr. 17, ℅ 0474/671682, www.krippenmuseum.com.

Auf dem Speikboden: Das Gebiet Speikboden, das man mit der Bergbahn von Luttach aus erreicht, ist im Sommer wie im Winter gut besucht. Im Sommer reizt vor allem der Gipfel (2523 m), den man von der Bergstation (1974 m) über alpine Matten mit Alpenrosen in ca. 1:30 Std. erreicht (hin/zurück 2:45 Std.). Der weitere Weg über den Kellerbauerweg zur Chemnitzer Hütte ist nur Geübten anzuraten und das auch nur bei gutem Wetter.

Zur Bergbahn → Sand in Taufers S. 494.

St. Martin (Ortsteil von St. Johann): Erst vor Kurzem wurde hier die gotische *Martinskirche* mit ihrer schönen Innenausstattung nach längerer Renovierung wiedereröffnet. Besonders beeindruckend ist ein Gedenkstein, den sich Pfarrer Hieronymus Schüssler 1580 im Inneren errichten ließ: Die Ecce-Homo-Darstellung mit Marterwerkzeugen und einer kleinen Figur des knienden Stifters in der Predella ist von einem naiven lokalen Meister geschaffen worden.

Im Ort wird der auch sonst im süddeutschen Raum begangene Tag des hl. Martin (11. November) mit einem Umzug und dem traditionellen *Martinimarkt* gefeiert. Gebratene Kastanien, Glühwein und Tee werden vom „Köschtn-Broter" angeboten, aber es gibt natürlich auch anderes Spätherbstlich-Voradventliches an den Ständen. Mit dem Martinstag ist ein Laternenumzug der Kinder verbunden. In allen Gasthäusern kommt die traditionelle Martinigans auf den Tisch: „Martini kimmp – die Ganslan san gimäschtit!".

St. Johann in Ahrn: Die alte Hauptstraße besitzt noch ein paar schöne Fassaden, dankenswerterweise gibt es eine Ortsumfahrung. Die *Pfarrkirche St. Johann*, die alle Gebäude weit überragt, hat schöne und gut erhaltene barocke Fresken, der Gesamteindruck ist bunt und heiter. Sie entstand 1783–1785 als Neubau an einer hochwassersicheren Stelle – das gesamte Ahrntal hatte immer wieder unter Überschwemmungen leiden müssen. Eine der schlimmsten ereignete sich im August 1878, bei der mehrere Höfe von den Flutwellen weggerissen wurden und am unteren Ortsrand von St. Johann tagelang ein mehrere Meter tiefer See entstand. Als der aus mitgerissenen Bäumen und Felsbrocken aufgehäufte Staudamm dieses Sees brach, bildete sich eine noch größere Flutwelle, die bis ins Tauferer Tal hinunter große Schäden verursachte und Sand in Taufers halb verwüstete.

Im **Mineralienmuseum** wird die Sammlung eines Privatmanns gezeigt, der aus dem Ahrntaler Bergbau kommt. Sie ist unbedingt sehenswert, gibt sie doch einen bemerkenswert vollständigen Einblick in die bunte Mineralienwelt des Tals. Angeschlossen ist ein Verkaufsraum mit lokalen, regionalen und internationalen Stufen (Objekte aus mehreren Kristallen auf Muttergestein).

Information Tourismusverein, Dorfstr. 158, I-39030 St. Johann, ℅ 0474/671257.

Museum Mineralienmuseum Kirchler, St. Johann, April bis Okt. tgl. 9.30–12/14–18.30 Uhr, Nov. bis März tgl. 9.30–12/15–18 Uhr. Eintritt 4 €, erm. 2,50 €. ℅ 0474/652145, www.mineralienmuseum.com.

Kunsthandwerk Schnitzerei Klaus Kirchler, Mühlegg 215, ℅ 0474/652304, www.schnitzereiklauskirchler.it.

Wanderung zur Bizathütte: Von den vielen Wanderwegen sei der Sonnseitenweg zur Bizathütte erwähnt, der mehrere alte Bergbauernhöfe berührt. Man beginnt ihn bei der Kirche in St. Johann, wo man jenseits der Straße den Weg 8 nimmt, der recht steil den Wiesen- und höher oben den Waldhang quert. Man erreicht eine Straße, der man nach rechts und ziemlich eben folgt, passiert die Jausenstation Platterhof und bleibt weiter auf dem Sträßchen, das bald zum Fahrweg wird, und vor einem steil eingeschnittenen Bachtal endet. Weiter mit Weg 18 das Bachtal aufwärts bis zur Bizathütte (1414 m), bis hier ca. 1:30 Std. Von der Hütte steigt man über Weg 6 ab, der bald zum Fahrweg wird, aber nach den Holzerhöfen als Fußweg zum Rieserhof führt, von wo er zuerst nach links zu den Golserhöfen leitet, bevor er durch Wald ziemlich steil nach Steinhaus führt. Abstieg etwa 1 Std., Bus zurück nach St. Johann.

Jausenstation/Berggasthof Platterhof, in der NS Mi Ruhetag, ✆ 0474/671255, www.platterhof.info. Bizathütte, Jausenstation in ehemaliger Alm, Mai bis Okt. und in der Wintersaison, ✆ 349/3622039.

Steinhaus: Dieser Ort ist wohl das einzige echte geschlossene Dorf des Tals. Hier befanden sich das Bergbaumagazin und die Verwaltung der Bergbauzone im *Ansitz Gassegg*. Die Häuser sind stattlich, nur fehlen Wirtschaftsbauten, da sie nicht als Bauernhöfe errichtet wurden. Im ehemaligen Bergbaumagazin, dem *Kornstadel*, ist das äußerst interessante **Bergbaumuseum** eingerichtet worden, eine von fünf Einrichtungen, die zusammen das Südtiroler Bergbaumuseum bilden (weitere sind das Schaubergwerk in Prettau und die Museen in Sterzing, St. Leonhard in Passeier und Ridnaun). Das Museum in seinem ehrwürdigen, hervorragend restaurierten Quartier zeigt eine bergbaukundliche Sammlung, verschiedene Modelle zum Bergbau, auch Multimedia (PCs mit sehr gutem Lern- und Nachschlagprogramm im Dachgeschoss). Deutlich werden vor allem das Leben und die harten Bedingungen bei der Arbeit und im Alltag der Knappen. Im Erdgeschoss Sonderausstellungen.

Information Tourismusverein Ahrntal, Klausbergstr. 97, I-39030 Steinhaus, ✆ 0474/652198.

Museum Südtiroler Bergbaumuseum im Kornkasten Steinhaus, April bis Ende Okt. Di-So 10–17 Uhr. Eintritt 4 €, Kinder 2,50 €, es gibt auch eine kombinierte Eintrittskarte mit dem Schaubergwerk Prettau: 10/4 €. ✆ 0474/651043, www.bergbaumuseum.it.

Wanderung auf dem Klausberg: Da die neue Kabinenseilbahn K-Express am Klausberg nur auf 1600 m führt, der *Klaussee* in seinem wilden Gebirgskar aber auf 2162 m liegt, hält sich der Ansturm dort oben in Grenzen. Zumal die Kinder sowieso sofort mit der Sommerrodelbahn „Klausberg Flitzer" zu Tal rasen möchten. Ein guter Weg führt vom Berggasthof Kristallalm an der Bergstation über die Moareggalm zur Speckalm, die 120 m höher liegt. Anschließend zieht sich der Weg Serpentine um Serpentine den steilen Hang zum Kar des Klaussees hinauf. Da bleibt manch einer dann doch lieber an der Speckalm im Liegestuhl hängen. Außerdem gibt es am See nichts zu essen und zu trinken. Also Brotzeit mitnehmen und trotz Seilbahnnähe Urwelt unter Dreitausendern genießen, die Gipfel selbst, wie das Durreck (3135 m), gehören bereits zum Naturpark Rieserferner-Ahrn (Bergstation – Klaussee und zurück auf Weg 33, Dauer 2:30–3 Std.).

Bergbahn Seilbahn K-Express, Mitte Mai bis Mitte Okt. tgl. 8.30–12.20/13–17.15 Uhr. einfach 13 €, Berg/Tal 17,50 €, Kinder 9/10,50 €.

Klausberg-Flitzer Alpine Coaster, 1,8 km lang, Erw. 4,50 €, Kinder 3,50 €. ✆ 0474/652155, www.klausberg.it.

Essen & Trinken Berggasthof Kristallalm, aufgebrezelte Erlebnisgastronomie mit Lounge, Seminarräumen, noblem Restaurant und schlichtem Self Service, deftige Tiroler Küche und mehr, ✆ 0474/651432, www.kristallalm.it.

St. Jakob in Ahrn und das Wollbachtal: Vom hübschen Weiler St. Jakob mit seiner erhöht über dem Talboden liegenden *Jakobuskirche* führt ein Wanderweg zur Wollbachalm im Wollbachtal, das im Unterlauf steil und unzugänglich ist, aber hier oben ab 1600 m sanfte Almwiesen trägt. Die *Wollbachalm* ist eine bewirtschaftete Jausenstation, der leicht zu gehende, wenn auch im unteren Bereich etwas steile Weg 5 nimmt hin und zurück ca. 2:30 Std. in Anspruch.

Prettau mit dem Schaubergwerk des Südtiroler Bergbaumuseums: Mit einem Straßentunnel (beleuchtet) und Galerien bewältigt man die Geländestufe zwischen Steinhaus und Prettau. Hier oben ist es deutlich kühler als im unteren Tal, Lärchen und Birken mischen sich unter die Bäume am Straßenrand. Das Bergwerk im alten Bergbauort Prettau ist ein Muss. (Kurze Nebenstraße von der Ahrntaler Straße nach rechts, auf den Parkplatz und ab in die Loren.)

Hier wurde schon vor 4000 Jahren geschürft, und zwar nach Kupfer, das bis ins 20. Jh., als der Bergbau eingestellt wurde. Das Prettauer Kupfer war gesucht und teuer. Der Bergbau war um 1450 gegen den Widerstand anderer Tiroler Bergbaugebiete (vor allem der Gewerke in Schwaz) in für damalige Verhältnisse großem Maßstab begonnen worden. Den Höhepunkt der Produktion erreichte man um 1525, aber bis ins späte 17. Jh. waren die Einnahmen bedeutend. Unternehmer waren um 1600 die Freiherren von Wolkenstein, die nicht nur den Bergbau, sondern auch die Weiterverarbeitung des Kupfers in Schmelzen und Messinghütten – alles hier an Ort und Stelle in Prettau – in der Hand hatten. Im 17. Jh. folgten ihnen dann die Brunecker Reichsfreiherren von Sternbach nach, die als bürgerliche Kaufmannsfamilie den Namen Wenzel getragen hatte.

Der **St.-Ignaz-Erbstollen**, einer von vielen, wird mit der Grubenbahn befahren (Schutzkleidung wird bereitgestellt), dann folgt ein Rundgang auf der Sohle, 6 m unter dem Stollenniveau. Auf der Sohle werden Arbeitstechniken anhand von Modellen, Maschinen und Schaufiguren erläutert. Bei 7–8 °C sollte man sich warm anziehen (v. a. warme Schuhe). Ein **bergbaulicher Lehrpfad**, der bis ins Hochgebirge hinaufführt, ist eine gute Ergänzung der Fahrt in den Stollen, aber nur guten Wanderern zuzumuten. Im „**Klimastollen**" des Schaubergwerks können Menschen mit Atemwegsproblemen in jeder Hinsicht aufatmen: Die Luft im Stollen ist frei von Pollen oder Staub. Die Luftfeuchtigkeit ist hoch, die Temperatur mit 9 °C konstant niedrig, was beides – bei richtiger Bekleidung – entspannend auf das gesamte Körpersystem wirkt.

Als der Bergbau am Ende des 19. Jh. in eine schwere Krise stürzte, wurde für viele Familien die Situation dramatisch. Ein Dorfpfarrer hatte die Idee, das **Klöppeln** als Nebenerwerb einzuführen. Die Frauen von Prettau lernten schnell und begeistert. Klöppelspitzen werden noch heute hergestellt. Im Sommer kann man zuschauen, wie die Frauen auf ihren Klöppelkissen arbeiten. Eine andere Einkommensquelle ist die *Maskenschnitzerei* der Männer, die älter ist, aber mit der des Grödner Tals nicht konkurrieren kann.

Museum/Schaubergwerk Landesbergbaumuseum Prettau mit Schaubergwerk, Hörmanngasse 38a, April bis Okt. Di–So 9.30–16.30 Uhr, im Aug. auch Mo geöffnet, unbedingt vorab reservieren. ✆ 0474/654298. Eintritt Erw. 10 €, Kinder 4 €, Familie 20 €.

Klimastollen Prettau, April bis Okt. Di–So Einfahrten 9–11/11.20–12.20/14–16 Uhr, weitere Einfahrten im Juli und Aug. zwischen 16.20 und 18.20 Uhr. Erw. 18 €, Kinder 15 €, medizinischer Service nur bei Anmeldung unter ✆ 0474/654523. Infos unter www.ich-atme.com.

Für Museum und Klimastollen findet man Infos auf www.bergbaumuseum.it.

Friedensweg In Kasern endet der „Friedensweg", der vom Krimmler Tal heraufführt. Eine Schautafel beim Naturparkhaus erinnert daran, dass im Sommer 1947 jüdische Auswanderer aus Osteuropa, die sich in Salzburg gesammelt hatten, mit Hilfe von Fluchthelfern den beschwerlichen Weg über den Krimmler Tauern nahmen, um via Italien und das Mittelmeer nach Israel zu gelangen. Etwa 5000 Menschen nahmen nach Schätzungen diesen Weg. 1997 wurde dieses Ereignis durch ein Symposium wieder ins Gedächtnis der Allgemeinheit gerufen. Seither fanden mehrere Gedächtnismärsche statt, an denen auch Zeitzeugen teilnahmen. www.alpinepeacecrossing.org.

Kunsthandwerk Masken und Klöppelspitzen im Ausstellungsraum „Haus Prettau", Infos beim Klöppelverein Prettau, Adelheid Bacher, ✆ 0474/654229; Vorführung von Klöppeln im Naturparkhaus in Kasern (s. u.).z

Kasern: Der Ort besteht nur aus einer Handvoll Häuser, dem Naturparkhaus des *Naturparks Rieserferner-Ahrn*, der Jausenstation und den drei Hotels. Das Naturparkhaus, erst kürzlich errichtet, informiert unterhaltsam über Natur und Kultur im Park. Großer Parkplatz; die ab hier gesperrte Fahrstraße endet an der *Kehreralm* auf 1842 m, sie ist ein beliebter Spazierweg auch für weniger Sportliche, da sie wenig Steigungen hat. Die spätgotische **Wallfahrtskirche zum Heiligen Geist** (ständig geöffnet) erreicht man 1 km nach Kasern von der Jausenstation Prastmann, sie liegt auf der anderen Bachseite und ist eine frühere Votivkapelle der Bergleute aus Prettau. Obwohl sie kaum noch von Einzelpilgern aufgesucht wird, gibt es doch immer noch Wallfahrten hierher in die Bergeinsamkeit (wie die Jugendwallfahrt des Dekanats Taufers).

Naturparkhaus Rieserferner-Ahrn Mai bis Ende Okt. und Ende Dez. bis Ende März Di–Sa 9.30–12.30/14.30–18 Uhr, Juli/Aug auch So, zur Zeit der Straßenküche (→ „Veranstaltungen") Di bis 22 Uhr; ✆ 0474/677546, www.sentres.com.

Alte Grenzen

Von Kasern gibt es mehrere Übergänge, die nicht erst heute ins benachbarte Ausland führen (nach Österreich): Während das Ahrntal zu Tirol gehörte, war das im Norden jenseits des Alpenhauptkamms gelegene Zillertal und das Krimmlertal salzburgisch (Salzburg war bis 1803 ein politisch völlig unabhängiges Fürsterzbistum), und das Umbaltal jenseits des Kamms zwischen Dreiherrnspitze und Rötspitze gehörte zu Görz-Tirol. Daher der Name für die Dreiherrnspitze im Talschluss, denn drei Herrschaften stießen hier aneinander. Ideal also für Schmuggler, die vom Krimmler Tauern, der vom Salzburgischen herüberleitet, illegal Salz transportierten, was dem Erzbischof gar nicht recht war, da ihm Steuern entgingen. Als der Hauptkamm 1919 Staatsgrenze zwischen Italien und Österreich wurde, waren die Schmuggler auch gleich wieder aktiv. Kasernen und hoch gelegene Schutzhütten der Alpini sowie die Sperrung des gesamten Grenzbereichs brachten den Schmuggel und den Grenzverkehr zum Erliegen. Seit 1971 ist die Grenze wieder offen und seit einigen Jahren nur noch formal Grenze – beide Staaten sind schließlich in der EU.

Wanderung auf den Krimmler Tauern: Der einfach zu gehende, wenn auch anstrengende Weg von Kasern zum Krimmler Tauern (Weg 14) ist mit dem alten **Tauernweg** identisch, der bereits im Mittelalter zu Handelszwecken ausgebaut wurde. Man sieht es ihm heute noch an, denn Platten der alten Pflasterung haben sich erhalten. Auf dem Tauern gibt es keine Schutzhütte, d. h. bei 5 Std. Gehzeit hin/zurück unbedingt Proviant mitnehmen. Der Weg wird heute zweimal im Jahr noch vom Vieh der Ahrntaler Bauern benutzt, die drüben im Krimmler Tauerntal Almen besitzen. Im Frühjahr heißt das dann meist, dass sie große Schneefelder queren müssen, der Pass liegt auf 2633 m.

Tour 20: Wanderung von Kasern auf die Birnlückenhütte

Tour-Infos: Dauer 5 Std., Höhenunterschied ↑↓ 900 m. An- und Rückfahrt mit Bus/Pkw bis Kasern. Karte: Tabacco (1:25.000) Blatt 35.

Am Parkplatz in Kasern (1580 m) endet die öffentliche Straße, aber eine gute Straße führt weiter taleinwärts. Vom Ende der Fahrstraße bei der Kehreralm (1842 m, 1:30 Std.) geht man nach rechts über den Bach auf Weg 13, der in Kehren den Hang zur Lahneralm hinaufführt (1986 m, 2 Std.). Der Almboden ist ganz eben, es handelt sich um einen ausgetrockneten See. Am Ende des ehemaligen Seebodens steigt der Weg wieder an. Zahlreiche Kehren führen hinauf zu einem höheren flachen Boden, auf dem die Birnlückenhütte in Panoramalage auf Gletscherhöhe wartet (2441 m, 3 Std.). Wenig oberhalb liegt die Birnlücke, meist von einem Schneefeld bedeckt. Großartig ist der Ausblick auf die von Gletschern verhüllte Dreiherrnspitze (3498 m). Der Rückweg nach Kasern erfolgt auf demselben Weg (5 Std.).

Hütten Lahneralm, 1986 m, privat, kleine Speisen, Mitte Juli bis Sept., ☎ 339/1611980.

Birnlückenhütte (Rif. Tridentina), 2441 m, privat, 45 Betten im Lager, Juni bis Anf. Okt., ☎ 0474/654140.

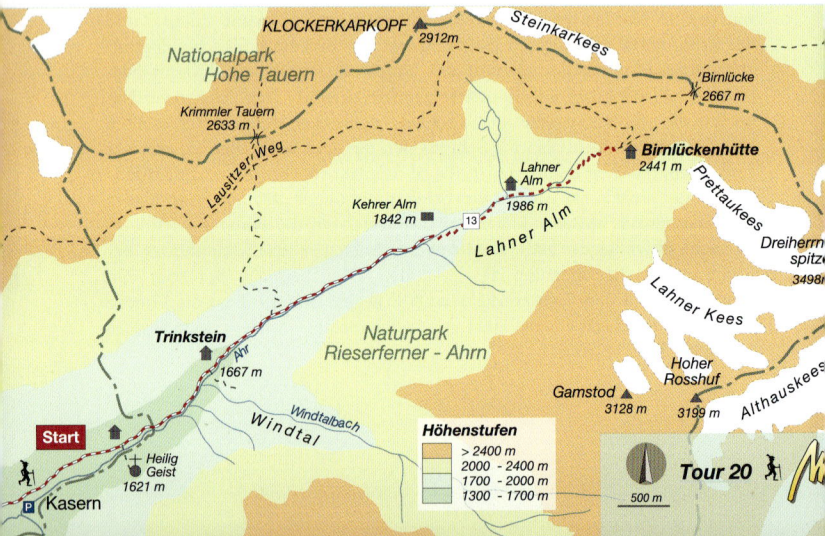

Das Antholzer Tal

Eines der weniger erschlossenen Täler im Osten Südtirols. Ideal für jeden, der ruhige Ferien verbringen, sich entspannen, etwas Sport, aber nicht unbedingt Extremsport treiben will, sich mit der bäuerlichen Kultur Südtirols vertraut machen und vielleicht beim Bauern wohnen will.

Von der Pustertaler Straße bei Niederrasen bis zum Stallersattel an der Staatsgrenze steigt das Antholzer Tal auf 23 Straßenkilometern um satte 1050 m. Das hört sich steiler an, als es ist. Die letzten 450 m Höhendifferenz zwischen dem Antholzer See und dem Stallersattel erfolgen auf nicht einmal 3 km Luftlinie (mit entsprechenden Serpentinen, 10 % Gefälle, Einbahnverkehr mit Wartezeiten bis zu 45 Min. und Fahrverbot für Gespanne). Eine ideale Gegend also für Spaziergänge und im Winter für Langlauf. Das Antholzer Tal ist das in Bezug auf **Langlauf** und **Biathlon** am besten erschlossene Tal der Dolomiten und Ziel der Pustertaler Marathonloipe (Start in Innichen). Dem Sommerhunger und -durst, den sich brave Wanderer auf langen und schweißtreibenden Touren im Naturpark Rieserferner-Ahrn oder in den Bergen um die Rote Wand im Süden erwerben, kommt eine ganze Reihe bewirtschafteter Almen und Berggasthäuser entgegen. Einige davon sind von keinem Modernisierungswunsch angekränkelt und so gemütlich, wie so eine Hütte halt sein kann. Nordic Walking? 275 ausgewiesene Kilometer warten. Empfehlenswert ist es, das Rad mitzunehmen. Auf der wenig befahrenen Straße kann man schön das Tal rauf und runter radeln, und es gibt jede Menge Forststraßen und Almzufahrtswege, die vom Talboden auf die Hänge leiten.

Basis-Infos

Information Tourismusverein Rasen, I-39030 Rasen im Antholzer Tal, Mo–Fr 8–12 und 14.30–17.30, Sa 9–12 Uhr, ☏ 0474/496269, www.rasen.it.

Tourismusverein Antholzer Tal, I-39030 Antholz-Mittertal, in der Ortsmitte, kostenlose Loipenpläne, Wandertipps, Mo–Fr 8–12 und 14.30–17.30, Sa 9–12 Uhr, ☏ 0474/496269, www.antholz.com.

Verbindungen Pkw: Der einspurige Stallersattel ist nur von Mitte Mai bis Ende Okt. von 5.30–22 Uhr geöffnet, ampelgeregelter Einbahnverkehr im 30-Min.-Takt, vom Antholzer See Richtung Pass jeweils von der 30. bis 45. Min., vom Sattel in Richtung Italien von der 1. bis 15. Min., nachts und für Gespanne generell gesperrt.

Bus: bis zu 18x (So nur 4x) zwischen Bruneck, Olang und Antholz-Mittertal, nach Obertal lediglich 5 bis 6x.

Taxi/Kleinbus: Holzer in Oberrasen, ☏ 348/7279509.

Ärztliche Versorgung Apotheke und Arzt in Niederrasen.

Einkaufen Bäckerei Moser, Niederrasen 23, beliefert u. a. Pur Südtirol; Bäckerei Seeber, Antholz-Mittertal (gegenüber der Kirche), Pusterer Brot und Biobrot. ■

Freizeitpark In Niederrasen mit Kneippanlage, Teich, Spielplatz, Boccia.

Radfahren Radverleih und Werkstatt bei Sport Bergfuchs in Niederrasen, ☏ 0474/498350; Radtransport zum Stallersattel mit Bike Taxi, ☏ 348/7279509.

Wintersport Für Alpinskifahrer 2 Schlepplifte: Riepenlift in Mittertal, Skischule und Skiverleih.

Skibus zum Kronplatz, für Gäste kostenlos.

Eislaufen auf dem Antholzer See. Skilanglauf optimal, dichtes Loipennetz in allen Schwierigkeitsgraden zwischen der Talmündung bei Olang und dem Antholzer See (60 km).

Langlauf- und Biathlonzentrum nahe dem Antholzer See, dort neben Schießplatz Stadion „Südtirol Arena" mit Biathlonbüro und Langlauf-Skischule, ☏ 0474/492446, www.langlauf-ntholz.it. IBU-Weltcup-Läufe, www.thlon-antholz.it.

Übernachten/Essen & Trinken

Die Unterkünfte und Gaststätten im Antholzer Tal sind im Folgenden vom Talausgang zum oberen Talende geordnet.

**** Alpenhof, relativ kleines, aber komfortables Familienhotel, gemütliche Zimmer, meist mit Balkon, Hallenbad, Sauna, Dampfbad, Heubad, Reitmöglichkeit. Kinderbetreuung, Radverleih. Eigene Produkte auf dem Frühstückstisch. DZ/all-incl. 210–410 €. Niederrasner Str. 27, ☎ 0474/496451, www.hotel-alpenhof.info.

Camping Residence Corones, sehr guter Platz mit sauberen Sanitäranlagen, mietbarem Privatbad, Schwimmbad, Sauna, Tennisplatz, nur z. T. schattig. Apartmentblock, Schlaffässer und 3 kanadische Holzblockhäuser für 2–6 Pers. Stellplatz und 2 Pers. 29–37 €, Schlaffass 52–60 €. Geöffnet Mai bis Okt. und in der Wintersaison. Gepaiden 13, ☎ 0474/496490, www.corones.com.

*** Ansitz Heufler, in einem der schönsten adeligen Ansitze Tirols wurde vor einigen Jahren ein Schlosshotel eingerichtet, das dem Gast wirklich das Gefühl gibt, Schlossherr zu sein. Das stuckierte und getäfelte Innere ist streng symmetrisch, die Zimmer sind relativ schlicht, sieht man von den Himmelbetten ab. Restaurant und Bierstube im Haus (Mo Ruhetag). DZ/FR 90–180 €. Oberrasen 37, ☎ 0474/496218, www.ansitz-heufler.it.

*** Ansitz Goller, Übernachtung und authentische Südtiroler Küche in einem Ansitz aus dem 16. åJh. mit toller Loggia, holzgetäfelter Stube und Gewölbedecken, DZ/HP 100–140 €. In der Linde 10, ☎ 0474/498431, www.ansitz-goller.it.

Huber im Feld, schöner und schön gelegener Bauernhof mit 4 Apartments, Sauna und – sehr angenehm – Heubad im Haus. Apt. für 2–3 Pers. 50–65 €. Wiesemannstr.3, ☎ 0474/492195.

*** Bad Salomonsbrunn, der alte Gasthof hat sich zu einem freundlichen, im Inneren mit Antiquitäten und Teppichen ausgestatteten Hotel gemausert, moderner Komfort und Ambiente verbinden sich auf angenehmste Weise. Schöne verglaste Veranda vor der großen Liegewiese, moderne Zimmer im neuen Anbau. Sauna, Dampfbad und Radonbad. DZ/HP 120–240 €. Antholzer Talstr. 1, ☎ 0474/492199, www.badsalomonsbrunn.com.

** Bruggerwirt, An das behäbige alte Gasthaus mit seinen dicken Mauern und der historischen Stube von 1835 mit altem Kamin wurde ein Trakt mit einfachen Balkon-

Blick aus dem Pustertal ins Antholzer Tal

Am Antholzer See, dahinter geht's zum Stallersattel

zimmern angebaut. DZ/HP 80–120 €. St. Georg Str. 18, ✆ 0474/492120, www.bruggerwirt.it.

Pizzeria-Restaurant Anger, St. Georg Str. 16a, beliebte Pizzeria, Pizza aus dem Holzofen, Tiroler Küche, ✆ 0474/492333, Di geschl.

Café Pub Egger, St. Georg Str. 19, einziger Pub des Tals, bis 1 Uhr geöffnet (Darts, große Bierauswahl), Paninoteca, kleine Speisen, Kuchen und Eis. ✆ 0474/492124, Mo Ruhetag.

Huberhof, kinderfreundlicher, moderner Hof in Prachtlage am Hang zwischen Obertal und dem Antholzer See, von den Balkonen sieht man bis zum Talausgang. Wenig oberhalb liegt einer der ältesten und am besten erhaltenen Paarhöfe des Tals. Ferien auf dem Bauernhof. DZ/FR 68–76 €, auch 2 Apt. für 2–4 Pers., 60–110 €. Huberhof 10, ✆ 0474/492188, www.huberhof.it.

Restaurant Platzl am See, Obertal 39, Restaurant direkt am See mit Sonnenterrasse, Liegewiese, Kinderspielplatz. Tiroler Küche, Spezialität sind frische Forellen, auch Kaffeehausbetrieb mit Kuchen und Eis. ✆ 0474/492 252. Kein Ruhetag. www.seerestaurant.it.

Camping Antholz, großer, ganzjährig geöffneter Campingplatz an einer der wenigen flachen Stellen des Tals zwischen Mittertal und Obertal, sehr komfortabel und sauber, kein Schatten. Rustikales Restaurant mit schlichter Speisekarte. Radverleih. Stellplatz und 2 Pers. 18–29 €. Obertaler Str. 10, ✆ 0474/492204, www.camping-antholz.it.

Sehenswertes/Ausflüge

Rasen: Am Talausgang zieht sich zwischen der Kapelle in **Niederrasen** und der Kirche von **Oberrasen** ein lockeres Band recht stattlicher Bauernhöfe. Oberrasen ist der wichtigere Ortsteil, hier wohnten – in der heutigen *Burgruine Neurasen* auf einem bewaldeten Felssporn über dem Ort – die örtlichen Herren.

Nahe der Straße steht ein auffälliger, burgartiger Bau mit Türmen und Erkern, der *Ansitz Heufler*. 1580 ließen die Herren Heufler zu Rasen, die hier schon mehrere Generationen ansässig waren, einen neuen Ansitz im Stil der damals modernen Renaissance errichten. Der Ansitz ist nicht der einzige seiner Art in Südtirol, aber er ist sicher einer der schönsten – man sieht ihn von der Durchgangsstraße aus zur Rechten liegen, wenn man vom Talausgang her nach Oberrasen kommt. Der dreigeschossige Bau ist quadratisch und völlig symmetrisch mit diagonal gestellten Ecktürmen und Fronterkern über dem leicht zur Achse verschobenen Portal. Repräsentative, stuckierte und getäfelte Decken im ersten Stock, besonders in der „Hearrnstube", die zu den prächtigsten Tirols zählt. Täfelungen und Kassettendecke sind meisterhaft gearbeitet, dazu kommt ein schöner dunkelgrüner Kachelofen. Der Ansitz ist heute ein Schlosshotel (→ „Übernachten").

Wanderung durch die Rasner Möser: Naturbegeisterte sollten diese Tour oberhalb von Oberrasen nicht versäumen. Auf einem Naturlehrpfad, der an der Straße durch das Tal etwa 3 km oberhalb von Oberrasen beginnt (alternativ Forststraße ab Oberrasen bis zu einem Wanderparkplatz im Süden des Moores), gewinnt man Einblicke in ein **Moorgebiet (Naturdenkmal)** wie es sich in dieser Größe in Südtirol nicht mehr findet. Typische Moorpflanzen wie der fleischfressende Sonnentau, Moosbeere und Scheidiges Wollgras sind zu sehen, typisch die krüppeligen Legföhren (Latschen), Kiefern und Birken. An Vögeln sind u. a. Zwergtaucher und Blässhühner, während der Zugvogelperiode auch Fischreiher, Störche und Bekassinen zu sehen. **Radtour von Rasen zum Antholzer See**: Eine vor allem im Frühling schöne Radtour (einfach 22 km, 600 Höhenmeter) führt von Rasen zum Antholzer See durch weite, blühende Talwiesen. Mit ein bisschen Geschick lässt sich dabei die Fahrt auf der Hauptstraße nahezu vollständig vermeiden, allerdings ist die Route nicht beschildert und eine Karte (z. B. Tabacco Antholzer Tal 1:25.000) daher hilfreich. In Rasen hält man sich zunächst an den Dorfrundweg. Ab Oberrasen geht es auf dem Biotopweg immer am Antholzer Bach entlang. Bei Niedertal muss man den Fluss überqueren und folgt der Dorfstraße nordwärts (bergan). An der Einmündung in die Hauptstraße überquert man diese und fährt am linken Straßenrand einen schmalen Schotterweg entlang bis zur nächsten Abzweigung nach links (Lorenz-Leitgeb-Straße). Auf dieser Straße kommt man durch Mittertal und in der Folge geht es panoramareich am westlichen Talrand entlang bis zu den Wiesenhöfen. Die Straße mündet bald nach den Höfen in die Hauptstraße zum See. Gut 2 km muss man nun etwas auf den Verkehr achten, und dann geht es kräftig bergan. Kurz nach dem Hof Dörfl (Bushaltestelle) zweigt nach links der Weg zum Kühlechner ab. Wir folgen ihm, überqueren alsbald den Antholzer Bach und fahren auf einem Forstweg immer auf der westlichen Bachseite entlang bis zum Biathlonzentrum am Antholzer See.

Mittertal: Noch vor einer Generation eine Streusiedlung plus Kirche, heute ein kompakter Ort mit Gasthäusern, Lebensmittelladen, Bäcker und Metzger. Über dem Dorf warten in Panoramalage *Grente Alm* und *Kumpfleralm,* beide auch aus kulinarischen Gründen besuchenswert. Von Niedertal oder Mittertal erreicht man auf einer reizvollen **Wanderung** die Grentealm mit zwei bewirtschafteten Hütten, Weg 6 führt ab dem Hof Huber im Feld (Schilder von der Hauptstraße, Heubad; → „Antholzer Tal/Übernachten") in vielen Serpentinen durch Wald bis auf 2002 m. Von dort Verbindung zur Kumpfleralm und nach Mittertal. Für Hin- und Rückweg zur aussichtsreichen Grentealm benötigt man 3:30–4 Std., beim Abstieg über die Kumpferalm 4–4:30 Std. Der Höhenunterschied ist bei beiden Varianten 750 m.
Bewirtschaftete Almhütte auf der **Grente Alm**, Ende Mai bis Anf. Okt., typische rustikale Almküche, den Graukäs (oder die Graukasnocken) probieren!

Bergwanderungen ab Obertal: Der gesamte westliche Talhang des Antholzer Tals ist Teil des **Naturparks Rieserferner-Ahrn**, das bezieht sich auch auf die oben genannten Almen. Während die zum Teil vergletscherte Kammzone fast weglos ist und gut ausgerüsteten, gletschererfahrenen Bergsteigern vorbehalten ist, gibt es

Rieserferner 513

doch zwei Wege, die auch normale Bergsteiger bis auf den Kamm leiten. Beide gehen von Antholz-Obertal aus. Der eine ist der Weg 4 auf die Antholzerscharte (2814 m), der zur **Hochgallhütte** (2276 m) hinüberführt, trotz des Wegs ist diese Tour ein bei jedem Wetter großes Unternehmen und nicht ohne Risiko.

Einfacher ist der Weg auf die **Rieserfernerhütte**, zumal man die Hütte am höchsten Punkt vorfindet und nicht wie beim ersten Weg noch tief absteigen muss. Der „Kornbrentesteig" mit der Nummer 10 beginnt beim Steinzgerhof, den man auf der Straße über den gewaltigen Schwemmkegel von Antholz-Obertal (das kein Dorfzentrum besitzt) erreicht. Ein nach links abzweigendes Sträßchen, das bei der auffallenden, allein stehenden Kapelle St. Josef beginnt, führt zum Hof. Nach einem kurzen Straßenstück weiter auf Weg 3 und in vielen Serpentinen hinauf bis zur Hütte (2792 m) auf dem Gemsbichljoch (2800 m). Hin/zurück ca. 6–8 Std., mittelschwer.

Rieserfernerhütte, 2792 m, AVS Sektion Bruneck, geräumige Hütte (60 Betten/Lager/Notlager, Winterraum), von Antholz 3 Std., von Rein 3:30 Std., geöffnet Ende Juni bis Ende Sept., ✆ 0474/492125, www.rieserfernerhuette.it.

Um den Antholzer See: Eigentlich hieß dieser See immer Untersee, denn jenseits des Stallersattels gibt es den Obersee, aber der liegt heute in Österreich. Während der Südteil des Antholzer Sees durch die nahe Straße auf den Stallersattel und Hotels wie Restaurants ziemlich beeinträchtigt ist, liegt der Nordteil im Naturpark und wirkt sehr ursprünglich. Es lohnt sich, die Umrundung des Sees zu machen (1–1:30 Std.). Am besten lässt man den Wagen beim großen Parkplatz an der Huberalm stehen (der Linienbus fährt bis zum nächsten, kleinen Parkplatz am See) und geht gegen den Uhrzeigersinn am See, sodass man den ursprünglichen Teil zuletzt erlebt. Die Straße, auf der man dabei zuerst läuft, ist wenig befahren, da die meisten Autos am großen Parkplatz bleiben. Herrliche Blicke auf und über den See, man sieht zuerst die gewaltigen Abstürze von *Hochgall* (3436 m) und *Wildgall* (3273 m) und im zweiten Teil die *Rote Wand* (2818 m).

> ### Mit dem Fahrrad rund um den Rieserferner
>
> 104,2 km, Gesamthöhenunterschied 4228 m, 6–9 Stunden Fahrzeit, gute Kondition erwünscht – die Runde um die Rieserfernergruppe ist nichts für Anfänger. Beginnt man sie in Antholz, führt sie über den Stallersattel ins Defreggental, das man über die Jagdhausalm (Almdorf!) und das Klammljoch gleich wieder verlässt – dieser letzte Teil des Aufstiegs bis zur Staatsgrenze auf einem Fahrweg ist der anspruchsvollste Teil der Runde. Hinunter ins Reintal und ab Sand in Taufers der Radwegbeschilderung folgend (flotter auf der Straße) nach Dietenheim, dann über Olang zurück ins Antholzer Tal.
>
> **Information und Karte**: kostenlose Begleitbroschüre mit Übersichtskarte bei denta Fremdenverkehrsämtern (auch in Österreich)!

Über den Stallersattel: Die Straße über den Stallersattel (Einbahnverkehr: hinauf jede 31. bis 45. Minute der Stunde, hinunter jede 1. bis 15. Minute) ist bei Motorisierten wie bei Radfahrern beliebt. Busverkehr ist wegen der Haarnadelkurven unmöglich, aber auf der Passhöhe wartet im Hochsommer der österreichische Linienbus, mit dem man nach Lienz fahren kann. Im Passbereich liegt auf österreichischer Seite der Obersee mit der Oberseehütte, noch auf italienischem Territorium beim großen Parkplatz auf dem Pass beginnt ein weiterer Weg zur *Neuen Barmerhütte* auf der österreichischen Seite der Rieserfernergruppe, der mit einer Gletscherquerung verbunden ist.

Neue Barmerhütte, 2610 m, A-9963 St. Jakob in Defreggen (Österreich), Anf. Juli bis Ende Sept., 34 Betten in Zimmern, 19 Betten im Lager, DAV-Sektionen Barmen und Wuppertal, ✆ 0043/664/9489413.

Welsberg und das Gsieser Tal

Von Welsberg im Pustertal zieht sich das idyllische Gsieser Tal bis an die Grenze zum Defreggental. Folgt man dem ländlich gebliebenen Tal, das außer Wanderern und Langläufern nur wenige Urlauber kennen, ist man auf der Route der Schmuggler.

Welsberg ist ein hübscher, geschlossener Ort, fast städtisch anmutend. Über der Talmündung des Piedingbachs, der aus dem Gsieser Tal kommt, liegt die hervorragend erhaltene *Burg Welsberg*. Das Gsieser Tal beginnt mit einem leichten Anstieg, oben liegt *Taisten*, ein Mekka für Kunstfreunde. Im weiteren Verlauf ist das Tal lang gezogen und sehr locker besiedelt, von Taisten her fährt man durch *Durnwald, Unterplanken, Pichl, Oberplanken, Preindl, St. Martin* und *St. Magdalena,* nur die beiden Letzteren haben Ortscharakter. Das Gsieser Tal setzt auf sanften Tourismus und hat sich in diesem Rahmen mit dem österreichischen Villgraten, das über das niedrige *Gsieser Törl* zu erreichen ist, zusammengetan. In Zukunft wollen beide Täler gemeinsam werben, ob man in Gsies oder in Villgraten auf den Knopf drückt, soll egal sein, die Information, die man erhält, sollen beide Täler umfassen. Eine gute Idee (und schließlich ist man hier wie dort in Tirol).

Basis-Infos

Information Tourismusverein Gsieser Tal – Welsberg – Taisten, I-39030 Gsieser Tal/Valle di Casies, St. Martin 10a, ✆ 0474/978436, www.gsieser-tal.com, www.welsberg.com, www.taisten.com. Büros in I-39030 **Welsberg/Monguelfo**, Mo–Sa 8–12 und 15–18 Uhr, Pustertaler Str. 16, ✆ 0474/944118; in **Taisten**, Mo–Fr 8–12 Uhr, Sonnenstr. 28, ✆ 0474/950000, und in **St. Martin/Gsies**, Mo–Fr 8–12 Uhr, St. Martin 10a, ✆ 0474/978436. Neben den üblichen Prospekten gibt es einen großen Übersichtsplan der Loipen und ein sehr hilfreiches „Wanderlexikon" mit vielen Tipps und Kurzbeschreibungen.

Verbindungen Pkw: Welsberg hat eine Ortsumfahrung, die enge Ortsdurchfahrt war eine der schlimmsten Verkehrsfallen des Pustertals mit kilometerlangen Schlangen.

Bus: Welsberg liegt an der Buslinie Bruneck – Innichen mit zahlreichen Fahrten; nach Gsies (St. Magdalena) ca. 15x tgl. ab Welsberg.

Bahn: Bhf. Welsberg.

Taxi: Fa. Seiwald, ✆ 0474/948023.

Einkaufen Bergbauernhof **Seppila**, Haspabergstr. 30, Verkauf von „Alpen High"-Bergschnäpsen und Edellikören, ✆ 348/190 5518, www.seppila.com. ∎

Regiohof, prächtiger Hofschank, Stube mit Talblick, große Terrasse, deftige Küche (Schlutzer, Knödel, Kaiserschmarrn) und Hofladen. Bereits seit über 15 Jahren werden hier u. a. Marmeladen, Chutneys, Senf und Berg-Elixiere produziert. Mo Ruhetag, P.-Haspingerstr. 22c, ✆ 0474/948562, www.regiohof.com.

Baden/Schwimmen Beheiztes **Freibad** Panorama in Welsberg mit großer Liegewiese, Kinderbecken und Spielplatz.

Feste & Veranstaltungen Gsieser Almhüttenfest, Mitte Sept. auf mehreren Almen des Gsieser Tals. Blasmusik und Alphornbläser, dann Wanderung von Almhütte

Welsberg und das Gsieser Tal

zu Almhütte (Gesamtgehzeit 1:30–2 Std.) mit Verkostung kulinarischer Spezialitäten, wobei in jeder Hütte ein spezielles Gericht serviert wird, dazu überall Musik.

Internationaler Gsieser-Tal-Lauf/Skimarathon, am 3. So im Febr., Volkslauf und Langlaufwettbewerb über 42/30 km, 2013 auch erstmals Lauf für die Europameisterschaften. Mehr auf www.valcasies.com, www.skimarathon.eu.

Paragliding Tandemflüge mit Para-Alpin Gsies, ✆ 0474/978454, www.paraalpin.info.

Radfahren WintecBikes & Service, Hauptstr. 1, Welsberg, ✆ 0474/944288.

Reiten Sunranch, Pichl, ✆ 0474/746835.

Wintersport 3 Schlepplifte, Skischule St. Magdalena, ✆ 0474/948142, www.skiliftgsies.com. Zug zum Skigebiet Kronplatz nach Olang. 42 km **Langlaufloipe**. Schöne **Schneeschuhwandertouren** möglich.

Eislaufen in der Sportzone Pichl (Schlittschuhverleih); **Rodeln** z. B. ab Taistner Alm, dort auch Rodelverleih.

Übernachten/Essen & Trinken

In Welsberg *** **Hell**, Traditionsgasthaus und Hotel in der Ortsmitte von Welsberg, familiär und sehr umsichtig geführt, Zimmer mit Balkon. Im Haus das Restaurant Hell mit kleiner Terrasse, gediegene Südtiroler Küche, wunderbar frisch zubereitete Speisen, das Fleisch kommt aus der eigenen Metzgerei nebenan. DZ/HP 98–196 €. Hauptplatz 3, ✆ 0474/944126, www.hotelhell.info.

* **Haus Gasser**, einfache Frühstückspension mit Apartments, ruhig. DZ/FR 54–64 €, Apt. für 2–4 Pers. 54–99 €. Paul-Troger-Str. 31, ✆ 0474/944055, www.haus-gasser.com.

In Taisten ** **Lienharterhof**, Familienpension in Tirolerhof (altes Wirtschaftsgebäude nebenan) über dem Ort, toller Ausblick, viel Grün, umfassend und umsichtig renovierte und modernisierte Zimmer. DZ/HP 90–120 €. Bergstr. 38, ✆ 0474/950258, www.lienharterhof.com.

Im Gsieser Tal ***** **Quelle**, mitten im Grünen zwischen eigener Liegewiese, Bauernwiesen und Wald, angenehmes und ruhiges Luxushotel. Wellnessbereich mit Saunen, Heubad, Bauernbad, Kneippanlage etc. Frühstücksbuffet mit Bio-, Bauernkost- und Früchteecke, Zimmer mit Balkon. DZ/¾P 280–398 €, Suiten teurer. Magdalenastr. 4, ✆ 0474/948111, www.hotel-quelle.com.

*** **Gsieserhof**, die gepflegte Hotelpension bietet rustikale Gemütlichkeit, Zimmer mit Balkon, kleiner Saunabereich, schöne Liegewiese, Auslauf für die Kinder. DZ/HP 96–160 €. Magdalenastr. 19, ✆ 0474/948035, www.gsieserhof.com.

Rainhof, aus dem 16. Jh. stammender Hof, der für seine mustergültige Renovierung mit Preisen bedacht wurde, Apt. für 2–4 Pers. 80–220 €. Magdalenastr. 29, ✆ 0474/948034, www.rainhof.bz.

Lanzberg, Pizzeria mit großer Anzahl großformatiger Pizze. Bergerstr. 1, ✆ 347/5913534.

Durnwald, Nikolaus-Amhof-Str. 33, Restaurant mit Südtiroler Spezialitäten, sehr gelobt für seine Pustertaler Küche. Mo Ruhetag, ✆ 0474/746920, www.restaurantdurnwald.it.

Sehenswertes/Ausflüge

Welsberg: Ein Bummel sollte zuerst zur *Pfarrkirche St. Magdalena* führen, sie besitzt Altarbilder des Barockmalers *Paul Troger* (1698–1762), der hier in Welsberg geboren wurde. Die Kirche ist ein barocker Neubau, die Troger-Bilder befinden sich auf dem Hauptaltar und den Nebenaltären. Ein großer *Bildstock* steht auf dem Platz nahe der Hauptstraße, seine Fresken stammen vom großen *Michael Pacher*, sie wurden leider bei einem Hochwasser 1882 fast völlig zerstört. Schöne Ansitze zeugen von der Bedeutung Welsbergs als Gerichtsort, so der *Ansitz Zellheim* an der Durchgangsstraße mit Erker, Doppelbogenfenster und prachtvoll geschmiedetem Gitter. Etwas außerhalb in Richtung Toblach und oberhalb auf einem Hügel liegt die *Rainkirche*, die heutige Friedhofskirche. Ein schönes Netzgewölbe im Chor und Fresken aus der Gotik zieren die ansonsten barock ausgeschmückte Kirche.

Infos zu Paul Troger: Der Gratis-Folder (Infostelle) „Auf den Spuren Paul Trogers" führt zu den Stätten in Welsberg, die mit dem bedeutendsten Sohn des Ortes verbunden sind. Infos auf www.paultroger.it.

Schloss Welsperg: Über die Schlossstraße gelangt man vom Ort zum Schloss Welsperg. Die älteste Burganlage des oberen Pustertals zwischen Bruneck und Lienz hat noch den alten, sehr hohen Bergfried (1126–1140). Damals war die Burg Sitz des Geschlechts der Herren von Welsberg (spätere Grafen und Reichsfürsten), die von hier aus einen großen Besitz verwalteten. Die später umgebaute und erweiterte Burg ist 1765 teilweise abgebrannt und wurde erst vor einigen Jahren restauriert.

Ende Juni bis Mitte Sept. Mo–Fr 10–17, So 15–18 Uhr; Mitte Sept. bis Ende Okt. Fr 13–17 Uhr; Eintritt 4 €, erm. 3 €; außerdem Öffnung während der Schlosskonzerte, www.schlosswelsperg.com.

Taisten: Zwei Kirchen, eine Kapelle und ein Bildstock geben eine Einführung in die Kunstgeschichte von der Romanik bis zum Barock: die ursprünglich romanische Georgskirche, die barocke Pfarrkirche, die Friedhofskapelle und der gotische Bildstock am Ortseingang. *Simon von Taisten* (um 1460–1530), ein bedeutender Künstler des Spätmittelalters, stammt aus dem Ort und hat hier Fresken in der **Jakobskapelle** am Friedhof hinterlassen. Die **barocke Pfarrkirche** wurde von *Franz Anton Zeiller* ausgemalt, der auch die Pfarrkirche in Toblach mit seinen Fresken verschönerte. Auch *Michael Pacher* ist vertreten mit der Madonna im Schlussstein des Gewölbes der an die Pfarrkirche angebauten, gotischen **Welsbergkapelle**. Die zweite Kirche, die **Georgskirche** mit dem großen Christophorusfresko und weiteren Fresken von *Simon von Taisten* und *Leonhard von Brixen*, liegt etwas abseits.

Im Gsieser Tal: Während die meisten *Almhütten* frühestens Ende Juni öffnen, passiert das im Gsieser Tal schon Mitte Mai – zur Freude aller Almwanderer und Liebhaber deftiger Almkost. Die jeweils geöffneten Almen sind den Tourismusvereinen bekannt. Ein anderer Pluspunkt des Tals wird im Winter deutlich. Mehr als üblich werden **Winterwanderwege** geräumt, sodass auch Wintergäste, die nicht Ski laufen wollen, sich in der Natur bewegen können. Und die Wege verbinden den Talboden mit einigen Almen, die zur Freude der Wanderer auch im Winter geöffnet sind (Adressen beim Tourismusverein).

Wanderung über das Gsieser Törl ins Defreggental nach Mariahilf: Lust auf eine grenzüberschreitende Tour? Mit Rückfahrt (Bus/Bahn/Bus) über Lienz? Oder nur auf einen Ausflug zum Grenzkamm und Rückkehr ins Gsieser Tal? Beides ist möglich. In St. Magdalena-Obertal lässt uns der Bus raus (1320 m), mit dem Pkw kann man noch weiter bis zur Talschlusshütte (1465 m) mit großem Wanderparkplatz fahren (Zeitangaben ab Bushaltestelle). Ein Sträßchen führt auf der bisherigen Bachseite weiter taleinwärts, am Waldbeginn zeigt ein Schild auf den Wanderweg, der zur Kradorfer Alm führt. Er quert den Bach und führt bald durch Wald und über Weiden bergan, bis man die bewirtschaftete Kradorfer Alm erreicht (1694 m, 1:30 Std.). Für den Weiterweg muss man zurück zum Sträßchen (nicht asphaltiert) und diesem rechts aufwärts folgen. Bei der Oberbergalm, links von uns, endet die Straße (1970 m, 2:15 Std.), es geht geradeaus auf einem schlechten Fuhrweg weiter. Dieser bleibt immer knapp über dem Bach, bis er das Gsieser Törl erreicht (2205 m, 3 Std.). Rechts sieht man die ehemaligen Kasernen der italienischen

Welsberg und das Gsieser Tal

Grenzer, am Übergang steht immer noch ein Schild, dass dies eine militärische Zone und das Betreten verboten sei. Von wegen! Also über den Zaun und auf der österreichischen Seite hinunter auf Weg 329, zunächst recht nass, denn viele Quellen entspringen hier. Weiter unterhalb erreicht man Wald, wunderschöne alte Nadelbäume, dann die Lappachalm mit alten und einer neuen Almhütte. Ab hier etwas besserer Weg durch Wald ziemlich steil bergab, im Spätsommer/Frühherbst ein Pilzparadies. Man erreicht ein Sträßchen, hält sich rechts und ist bald unten in Mariahilf, wo man den Bach quert und sich die Zeit bis zum Bus vielleicht im ausgezeichneten Gasthof Zollwirt vertreibt (1425 m, 5 Std.).

Tour-Infos Einfache Bergwanderung, Almen und Wald, auch **für Familien geeignet**, besonders schön im Herbst. Dauer 5 Std., wer beim Törl umdreht, muss mit 4:30 Std. rechnen. Höhenunterschied ↑ 900 m, ↓ 800 m. Karte: Tabacco (1:25.000) Blatt 32. Anfahrt am besten mit Bus ab Welsberg/Bahnhof bis St. Magdalena, Rückfahrt mit dem Bus nach Lienz (im Sommer 6- bis 7x tgl.), dann Lienz – Welsberg per Bahn.

Essen & Trinken Moosalm, zünftige kleine Alm im modernen Holzlook am Ende des Gsieser Tals und (im Winter) der Langlaufloipe, beliebter Treff für Gsieser Jungfamilien mit Kinderwägen am Sonntagnachmittag, Südtiroler Küche, sonnige Terrasse, ein wirklich nettes Platzerl, tgl. geöffnet. Pater-Steinmair-Weg 10, ✆ 348/4102419, www.moosalm.it.

Kradorfer Alm, Ende Mai bis Mitte Okt., auch in der Wintersaison geöffnet, ✆ 348/6961541, Mo Ruhetag.

Oberbergalm, Juni bis Okt., Mo Ruhetag, ✆ 0474/948034.

Gasthof Zollwirt, St. Jakob (Österreich), Oberrotte 60, ausgezeichnete Tiroler Küche im Gasthaus in Mariahilf, ✆ (0043)04873/5225, www.zollwirt.at.

Grenzverkehr im Gsieser Tal

Die Gsieser waren nie reich, eine Handvoll Bauern ausgenommen, die meisten Talbewohner mussten niedere Dienste als Knecht, Magd, Holzknecht oder Hirt verrichten, schlecht oder gar nicht bezahlt, nur Kost und Logis umsonst. Wobei Logis eine Heuschütte unterm Dach bedeutete, und die Kost, wenn's hoch kam, Knödel und Milchsuppe. Kein Wunder, dass das Schmugglergewerbe blühte, als der Übergang ins Defreggental 1919 plötzlich Staatsgrenze wurde. Die Zollwachhütte der Italiener steht immer noch beim Gsieser Jöchl (etwas versteckt, damit man sie von der österreichischen Seite nicht sehen kann), aber es ist niemand mehr drinnen. Auch das Schild, dass man sich der Grenze nicht nähern dürfe, gammelt vor sich hin – es ist seit 1971 funktionslos –, während Bergsteiger und Wanderer von beiden Seiten das Gatter passieren, als ob es keine Landesgrenzen mehr gäbe.

„Der Weg über die Jöcher": So nennen sich drei grenzüberschreitende Lehrpfade zwischen Gsieser Tal und Villgraten (Osttirol). Sie informieren über Almwirtschaft (Talschluss Gsieser Tal – Gsieserlenke – Ober-/Unterstalleralm), Schmugglerwesen (Talschluss Gsieser Tal – Kalkstein) sowie über Tradition und Brauchtum (St. Martin im Gsies – Gruberlenke – Kalkstein). Zwischen den Endpunkten dieser drei Wege fährt von Anfang Juli bis Mitte September jeweils Mi und Fr ein Wanderbus (9 €), für den man sich am Vortag in den Büros des Tourismusvereins anmeldet.

Im Höhlensteintal, im Hintergrund die Cristallogruppe (Ampezzo)

Das Hochpustertal

Einige der berühmtesten Dolomitenbilder kann man im Hochpustertal entdecken, dem Tal des Rienzflusses und der Drau zwischen der österreichischen Grenze und Niederdorf: Drei Zinnen, Zwölferkofel, Pragser Wildsee, die Barockkirche von Innichen, den Blick von der Sennesalpe zum Monte Cristallo – und das sind nur die bekanntesten.

In *Sexten, Innichen, Toblach, Niederdorf* und *Prags* warten ausreichend Fremdenbetten auf diejenigen, die nach langen Wanderungen, anstrengenden Mountainbiketouren, einer kleinen Dolomitenrundfahrt über Pässe mit endlosen Serpentinen oder einem richtig anstrengenden Faulenztag in die Falle sinken wollen. Sogar baden kann man im Hochpustertal, im *Pragser Wildsee, Dürrensee* oder *Toblacher See*. Wenn man sehr abgehärtet ist. Alternativ gibt es das Acquafun in Innichen, es soll ja auch mal regnen.

Drei Täler ziehen vom Hochpustertal nach Süden. Von *Niederdorf* reicht das *Pragser Tal* weit in die Dolomiten hinein, es ist übrigens neben dem Sextener Tal das einzige deutschsprachige Tal der Dolomiten, alle anderen sind ladinisch- oder italienischsprachig! Von *Toblach* führt das schmale, von steilen Wänden begrenzte *Höhlensteintal* zum romantischen Dürrensee, bis zum Pass Im Gemärk hinüber nach Cortina reicht der deutsche Sprachraum. In *Innichen*, dem historisch bedeutendsten all dieser Orte, biegt nochmals ein Tal vom Pustertal ab, es ist das *Sextener Tal*, an dessen Südrand die Sextener Dolomiten und die Drei Zinnen wachen, und an dessen Nordrand die Karnischen Alpen die Grenze zu Österreich bilden.

Information Drei-Zinnen-Marketing, neben den üblichen Zimmernachweisen (alle Kategorien in einer Broschüre) gibt's Prospekte zum Skisport, Wandern und Radfahren und die Infozeitschrift „Hochpustertaler Almanach" (2x jährl.). Zahlreiche Gastgeber vom Hotel bis zur Familienpension haben Prospekte, die in den jeweiligen Informationen aufliegen. Dolomitenstr. 29, I-39034 Toblach/Dobbiaco, ✆ 0474/913156, www.drei-zinnen.info.

Vorteilskarten 3 Zinnen Mountain Card (nur im Sommer), beinhaltet die Nutzung der Bergbahnen Haunold, Rotwand, Helm, Stiergarten und Col d'la Tenda inkl. Radtransport: 1 Tag 29 €, 3 (Berg- und Talfahrten) in 4 Tagen 36 €, 5 in 7 Tagen 46 €. Zwei Arten von Liftpässen bietet Dolomiti Supersommer: Die **Super Summer Card** beinhaltet die Nutzung von 100 Liftanlagen des Dolomiti Superski-Gebiets inkl. Radtransport: 1 Tag 45 €, 3 (Berg- und Talfahrten) in 4 Tagen 105 €, 5 in 7 Tagen 140 €. Die **Points Value Card** ist eine Wertkarte mit 800 Einheiten für 80 €, für 1.400 Punkte 140 €. Der kostenlose **Holiday Pass** berechtigt in der Wintersaison zur freien Benutzung der Skibusse, der öffentlichen Verkehrsmittel und der Landes-Seilbahnen.

Verbindungen Pkw: Die Straße durch das Pustertal umfährt die Orte Niederdorf, Toblach und Innichen, es gibt ausreichend Parkplätze.

Bus: Das Hochpustertal hat ein relativ dichtes Buslinennetz („Corriera"), das auch Cortina d'Ampezzo einbezieht.

Bahn: Gute Verbindungen nach Franzensfeste, Innsbruck und Bozen sowie nach Lienz/Villach.

Paragliding Cumulus Club Sexten bietet Flüge und Ausrüstung an, www.tandemfly.eu.

Radfahren/Mountainbiken Radwege: Der Pustertal-Radweg ist zwischen Mühlbach/Franzensfeste und Lienz komplett ausgebaut. Kostenlose Prospekte des Tourismusverbands, „Pustertaler Fahrradweg" mit Übersichtskarte sowie „Fahrradwege und Mountainbiketouren", zu erhalten in jeder Information. Radweg von Toblach nach Cortina und weiter – großenteils auf der alten Bahntrasse – nach Calalzo di Cadore (mit Radtransport zurück – Infos bei den Fremdenverkehrsämtern).

Bike-Shuttle-Service: Dolomiti Slowbike, ✆ 348/6633539, www.dolomitislowbike.com; Shuttle Servive Rogger, ✆ 348/8423779, www.puschtrabus.com.

In Niederdorf startet einer der Mountainbikeklassiker, das seit 1995 durchgeführte Rennen **Dolomiti Superbike**. Auf 113 km mit 3357 m Höhendifferenz oder 60 km mit 1783 m Höhendifferenz treffen sich Profis, trainierte Amateure und weniger versierte Mountainbiker und Jugendliche. Termin: 1. Wochenende im Juli, Startgeld 80–100 €. Befahren werden v. a. Forststraßen und -wege, man passiert Toblach, Innichen, Sexten und Prags. Mit Rahmenprogramm. Anmeldung unter www.dolomitisuperbike.com.

Veranstaltungen Einige Veranstaltungen werden von den Gemeinden des Hochpustertals gemeinsam ausgetragen, so das **Internationale Festival der Chöre** in der letzten Juniwoche, das Aufführungen in allen 5 Gemeinden beinhaltet, u. a. auch unter freiem Himmel bei der Haunoldhütte, dem Helmrestaurant, der Seebühne im neuen Kurpark von Niederdorf etc. Über das Programm, das Kirchenmusik, Volksmusik und Spirituals wie Jazz beinhaltet, informiert www.festivalpusteria.org.

Wandern Der „Hochpustertaler Wanderpass" gibt 71 Wandervorschläge mit Übersichtskärtchen und Beschreibungen (nicht ausreichend zur Durchführung, eher zur Einstimmung), er ist in den Tourismusbüros erhältlich.

Wintersport Die Skiregion Sextner Dolomiten ist Teil des Skiverbunds Dolomiti Superski (→ S. 73). Sie verbindet 7 Skigebiete in den Dolomiten miteinander, 93 km Pisten und 32 Aufstiegshilfen. Das größte Skigebiet Helm-Stiergarten-Rotwand bietet allein 65 km. Für Snowboarder gibt's u. a. den Drei-Zinnen-Snowpark am Helm. Neben kostenlosen Skibussen verbindet der *Ski Pustertal Express* die Skiregionen Sextner Dolomiten und Kronplatz im 30-Min.-Takt. **Langlauf** ist von wachsender Bedeutung, hier gibt es 200 km gespurte Loipen (Loipenmaut Hochpustertal 30 €/Woche). Das Eröffnungsrennen des Langlauf-Weltcups 2003/04 fand in Toblach statt, der Pustertaler Skimarathon im Januar wird 2018 42 Jahre alt, der Volkslauf Toblach – Cortina im Februar 41 Jahre. **Schneeschuhwandern** ist – wie überall in Südtirol – im Kommen. Es werden geführte Touren über die Alpinschule Drei Zinnen (www.alpinschule-dreizinnen.com) angeboten. Tipps für Touren auch beim Tourismusverein. **Rodeln** auf folgenden Rodelbahnen: Haunold (2,1 km), Rotwand (5 km) und Signaue (2,2 km).

Infos zum gesamten Wintersport unter www.drei-zinnen.info.

Toblach

Wo die „Alemagna", die alte Handelsachse von Venedig nach Süddeutschland, auf das Pustertal trifft, liegt Toblach. Um das kleine Ortszentrum mit der spätbarocken Pfarrkirche ist ein Kranz von Neubauten gewachsen – Toblach ist im Sommer und Winter einer der wichtigsten Fremdenverkehrsorte Südtirols.

Und das seit Langem: Schon im 19. Jh. entstanden Hotels wie das Grandhotel in Neutoblach, ja eine ganz neue Siedlung wie das „Neu" besagt. Im Ersten Weltkrieg lag Toblach in der Schusslinie der italienischen Stellungen auf dem Cristallino, Neutoblach ging – bis auf das geschützt liegende Grandhotel – in Flammen auf, auch die Pfarrkirche erhielt mehrere Treffer. Die Feinde von damals sind heute im August und um Weihnachten/Neujahr die wichtigsten Gäste, dann spricht man in *Dobbiaco*, wie der Ort nach 1919 getauft wurde, ganz selbstverständlich Italienisch. Die Umgebung ist das Kapital von Toblach. Einmal natürlich die *Drei Zinnen* im Hintergrund (man sieht sie vom Dorf Wahlen oberhalb des Orts) und dann das *Höhlensteintal* mit dem *Toblacher See* und dem *Dürrensee*. Die Alemagna passiert das Höhlensteintal in ganzer Länge in Richtung Cortina, das nur eine knappe Autostunde entfernt liegt. Toblach liegt verkehrsgünstig: nicht nur Cortina, auch das nahe Innichen, Bruneck und das österreichische Lienz sind leicht zu erreichen, selbst mit Bus und/oder Bahn. Also Wanderungen, Spaziergänge, Langlauf, Ausflüge zuhauf – was will man mehr?

Ehemaliges Grandhotel Toblach, heute Kulturzentrum mit Hotel- und Jugendherberge

Toblach

Basis-Infos

Information Tourismusverein, Mo–Fr 8–19 Uhr, Sa 8–12/14–18, So 10–12 Uhr. I-39034 Toblach/Dobbiaco, Dolomitenstr. 3, ✆ 0474/972132, www.toblach.it. Am Rathausplatz 1a befindet sich ein zweites Büro, das nur in der HS geöffnet ist.

Verbindungen Pkw: großer Parkplatz am Mittelweg. **Bahn:** Bhf. in Neutoblach, Fahrkartenautomat (kein Schalterdienst). **Bus:** Busbhf. in der Johannesstraße, Verlängerung der Dolomitenstraße. **Taxi:** Peer, ✆ 348/2688899, www.peer-shuttle.it.

Baden/Schwimmen Naturbadesee in der Sportzone Gries.

Einkaufen Guter Überblick über die Geschäfte unter www.toblachshopping.it.

Produkte der Sennerei Toblach in der **Schaukäserei Drei Zinnen** am westlichen Ortsrand an der Umfahrungsstraße. Es gibt neben einem Laden mit einer großen Auswahl an Käse und Milchprodukten ein kleines Museum mit Infos zur Käseherstellung („Wie wird aus Milch Käse?") und eine Schaugalerie, von der aus man einen Blick in jeden der Produktionsräume hat – sehr kindergeeignet! Eintritt 3,80 €, mit Verkostung 6,50/8,50 €. Pustertalerstr. 3c, ✆ 0474/971317, www.3zinnen.it.

Kaufhaus Wachtler, St.-Johannes-Str. 2, mit Supermarkt, Vinothek, Geschenkeladen.

Metzgerei Nocker, Dolomitenstr. 19a, zarter Speck, Tiroler Bergkäse.

Trachtenstüberl, St.-Johannes-Str. 69, Loden und Trachten, kompetente Beratung.

Bottazzi, St.-Johannes-Str. 12, Edelsteine, Schmuckdesign mit persönlichem Touch, da (Halb-)Edelsteine oft einen ungewöhnlichen Schliff aufweisen, große Auswahl an Steinketten, Mineralien, Fossilien.

Markt: 1. und 3. Mo des Monats im Dorfzentrum.

Internet WiFree-Hotspot auf dem Rathausplatz.

Radfahren Fahrradverleih: Papin Sport am Bahnhof, www.papinsport.com; Dolomiti Slowbike, Dolomitenstr. 28, ✆ 0474/771210, www.dolomitislowbike.com.

Radwege: Radwege nach Lienz (Osttirol/Österreich), Cortina (Provinz Belluno) bzw. Calalzo di Cadore und nach Mühlbach im Pustertal (mit Anschluss an Wipptal- und Eisacktalradweg) machen Toblach zu einem idealen Ausgangspunkt für Radwanderer!

Wandern/Bergsteigen/Klettern Klettergarten in Landro, Dürrensee (→ Höhlensteintal S. 527). Bergführerbüro Globo Alpin, Bahnhofstr. 3, ✆ 0474/976139, www.globoalpin.com. Bergführerbüro Toblach, Dolomitenstr. 5 neben Tourismusbüro Neutoblach, ✆ 0474/979065, www.bergfuehrertoblach.com.

Wintersport Toblach veranstaltet Anfang Februar den populären Volkslauf Toblach – Cortina (2018 zum 41. Mal). Skischule Toblach, Dolomitenstr. 5, ✆ 0474/972581, www.scuolasci-dobbiaco.com, Langlaufskischule Azzurra, ✆ 0474/972970, www.azzurra-ski.com; Langlaufzentrum am Eingang des Höhlensteintals www.langlaufarena-toblach.it. Naturrodelbahn (Ratsbergbahn, 2 km mit Flutlicht, Aufstieg 1 Std.). Kunsteisbahn in der Gustav-Mahler-Straße mit Schlittschuhverleih. Im Funpark Rienz finden Freestyler und Snowboarder alles, was ihr Brett begehrt.

Veranstaltungen Gustav-Mahler-Musikwochen, drei Wochen ab Mitte Juli, Konzerte regionaler und ausländischer Orchester und Ensembles, meist im Mahlersaal des Grandhotels.

Im Aug./Sept. finden die **Festspiele Südtirol** statt, die ebenfalls vor allem dem Werk Gustav Mahlers gewidmet sind. Das Haydn Orchester unter Arvo Volmer ist Hauptträger des Festivals. Infos und Tickets unter www.gustav-mahler.it oder www.festspielesuedtirol.it.

Zum **Nikolaustag** (6. Dez.) oder am Tag vorher, dem **Krampustag** (5. Dez.) geht in Toblach wie in vielen anderen Orten Südtirols der Krampus um, der schwarze Begleiter des Nikolaus, mit Perchtenmaske als Teufel ausstaffiert. Anfang Dezember findet ein großer, die gesamte „Krampuszone" des deutschen Sprachraums umfassender Krampuslauf statt (Teilnehmer aus Südtirol, Nordtirol, Kärnten, Salzburg, Südbayern und der Deutschschweiz). Wer Angst hat (die Krampusse haben Reisigbesen dabei und machen von denen besonders bei jungen Mädchen fleißig Gebrauch), kann sich in abgegrenzten Bereichen in Sicherheit wiegen und in Ruhe am Glühwein nippen.

Speziell für Kinder

Ein Muss ist der **Wildpark Altschluderbach**, aber auch das Erlebnisbad **Acquafun** in Innichen und der dortige große **Spielpark Burg** kommen immer gut an (→ S. 532). Die nicht mehr ganz so Kleinen werden den Besuch im **Naturparkhaus Drei Zinnen** schätzen (→ „Sehenswertes"), ebenso den Besuch in der **Schaukäserei** (→ „Einkaufen"). Direkt hinter dem Naturparkhaus lockt die **WaldWunderWelt**, ein amüsanter Lernparcours für Kinder. Am Eingang zum Höhlensteintal (beim Langlaufcenter) gibt es einen **Abenteuerpark** mit einem Riesennetz zwischen Bäumen (Mai bis Okt., unterschiedliche Öffnungszeiten, besser im Internet checken, ✆ 340/5678960, www.abenteuerpark.it).

Alles, was im Hochpustertal für Kinder interessant ist, findet sich im Prospekt „Von Kinderbetreuung bis Freizeitspaß", kostenlos bei den Tourismusvereinen erhältlich.

Übernachten

Toblach ist mit wenigen Ausnahmen ein 3-Sterne-Ort. Im August ist alles fest in italienischer Hand. Wer dem Trubel entgehen will, kann auf Aufkirchen, Niederdorf und Prags ausweichen.

In Alt-Toblach *** **Villa Monica**, kinderfreundliches Hotel im Stil eines Ansitzes mit großen Balkonen und seitlichem Erkertürmchen, bemerkenswerte Tirolerstube. DZ/HP 126–210 €. Gebr.-Baur-Str. 8, ✆ 0474/972 216, www.hotel-monica.com.

*** **Simpaty**, an das Tirolerhaus im Zentrum des Ortes schmiegt sich ein kleines Rundhaus mit Bar-Pub. Das will nicht recht zusammenpassen, beeinträchtigt aber weder Lage noch moderne Ausstattung des Hauses: Sauna, Whirlpool, Massage, gute Zimmer in freundlichen Farbtönen. DZ/HP 82–260 €. St.-Johannes-Str. 4, ✆ 0474/973330, www.dobbiaco.org.

Villa Bachmann, freundliche, sehr angenehme Pension, großer Frühstücksraum mit Glasveranda, Sauna und Liegewiese. DZ/FR 68–110 €, Apt. (2–3 Pers.) 55–150 €. Gustav-Mahler-Str. 28, ✆ 0474/972224, www.villabachmann.it.

Villa Taschler, freundliche, ruhige Apartments mit Balkon in einem Haus am Ortsrand in Richtung Wahlen, hilfsbereite Vermieter. 8 Apts. für 2 Pers., 40–52 €. Silvesterstr. 3, ✆ 0474/972267, www.villa-taschler.com.

In Neutoblach **** **Parkhotel Bellevue**, sehr gutes und kräftig aufgemöbeltes Traditionshotel nahe dem Bahnhof mit schönem, großem Park. Hallenbad, Sauna, Whirlpool, Massage, Radverleih. DZ/HP 164–288 €. Dolomitenstr. 23, ✆ 0474/972101, www.parkhotel-bellevue.com.

*** **Nocker**, gutbürgerliches Mittelklassehotel mit ebensolchen Preisen an der Dolomitenstraße (die meisten Zimmer zur Seite). Sauna, Dampfbad, Liegewiese, Radverleih. DZ/HP 84–164 €. Dolomitenstr. 21, ✆ 0474/972242, www.hotel-nocker.it.

Centro Vacanze Grand Hotel Dobbiaco, das noch aus altösterreichischer Zeit stammende Grand Hotel Toblach beherbergt heute Kultur- und Kongresszentrum, Naturparkhaus, eine komfortable Jugendherberge (s. u.) sowie wieder ein maßvoll plüschiges Hotel. Allerdings ist das „Grand" im Namen im Vergleich zu heutigen Standards übertrieben. Einfache Zimmer. DZ/HP 94–160 €, ✆ 0474/976168, www.dobbiacogh.com.

Jugendherberge im Grandhotel Toblach, Schlafsäle? Von wegen! Ein-, Zwei- und Dreibettzimmer, z. T. mit Dusche, Parkettböden. Und das Schönste: kein Mindestaufenthalt, keine Altersbegrenzung, kein JH-Ausweis nötig. Was noch? Bar, Fitnessraum, Waschmaschine, TV-Raum, Restaurant. DZ mit Dusche/FR 67–79 €, ohne Dusche 49–58 €. Dolomitenstr. 29, ✆ 0474/976 216, www.toblach.jugendherberge.it.

Am Toblacher See ** **Baur am See**, direkt an der Straße (Bushaltestelle), aber über dem See liegt dieses kleine Hotel mit großer Terrasse zum Wasser und anständigen Zimmern, Seeblick wählen! DZ/HP 118–180 €. Toblacher See 2, ✆ 0474/972106, www.hotelbaur.it.

*** **Camping Toblacher See**, hübsch nahe am See im Waldbereich, mit relativ viel Platz, Fahrradverleih, das neue Restaurant-Pizzeria Seeschupfe bietet regionale Küche. Stellplatz + 2 Pers. 24–37 €. Toblacher See 3, ✆ 0474/973138, www.toblachersee.com.

Umgebung *** **Hotel Kirchenwirt**, gemütlich eingerichtete Zimmer, teils frisch und mit Naturmaterialien renoviert, meist Balkon, kleiner Wellnessbereich mit Sauna, Dampfbad und neuem Hallenbad. DZ/HP 110–190 €. Aufkirchen 5, ✆ 0474/972195, www.kirchenwirt.it.

**** **Camping Olympia**, einer der besten Plätze der Region, alle Schikanen, Schwimmbad, Sauna, Pool, Kinderbecken, sehr gute Sanitäranlagen, Fahrradverleih, angeschlossen sind Hotel, Restaurant, Pizzeria Samyr am Eingang (Mi zu), abends Tanz und Animation während der Hochsaison. Ganzjährig geöffnet. Stellplatz + 2 Pers. 29–40 €. Apts. 70–105 € (2 Pers.), schicke Alpine Lodges 90–130 € (2 Pers.). Campingstr. 1, ✆ 0474/972147, www.camping-olympia.com.

Essen & Trinken

Was das Essen betrifft, ist Toblach keine Offenbarung. Ausnahmen bestätigen die Regel, etwa die Sterne-Küche von Chris Oberhammer oder die rustikale Küche des Seiterhofs in Kandellen.

Winkelkeller, Graf-Künigl-Str. 8, alter Hof, rustikale Atmosphäre, dazu passendes Essen und gute Stimmung. Leider vorne nur wenige Tische. Mi geschl. www.winkelkeller.it.

Pizzeria-Restaurant Hans, Pustertaler Str. 9, lassen Sie sich von der Lage direkt an der Staatsstraße nicht abhalten, hier eine Pizza (und delikate Desserts!) zu versuchen. Klassisch dünner Boden, nicht zu wenig, nicht zu viel Belag, keine Fantasiebeläge. Auch Restaurant-Speisekarte; ✆ 0474/972187, www.pizzeria-hans.com.

Pizzeria Dolomiten, Alemagnastr. 3, wenige Schritte von der Jugendherberge entfernt befindet sich im gleichnamigen Hotel eine empfehlenswerte Pizzeria, knuspriger Teig, fairer Preis, ungewöhnliche „Pizza bianca con nocciole, Gorgonzola e Parmiggiano". ✆ 0474/972136.

Tilia, Dolomitenstr. 31b, das Restaurant im Glaskubus im Park vor dem Grandhotel Toblach ist seit 2011 Toblachs erste Gourmetadresse. Chris Oberhammer, der 2001 bis 2010 das Tilia in Obervintl leitete, hat in Toblach ein eher kleines Gourmetreich geschaffen, in der er seine inspirierte moderne franko-italienische Küche pflegt. Seit 2014 hat er sich einen Michelin-Stern und 3 Gault-Millau-Hauben erkocht. Menü ab 60 €, aber auch à la carte. Unbedingt reservieren, nur wenige Tische. So abends und Mo geschl. ✆ 335/8127783, www.tilia.bz.

Seiterhof, Kandellen 7, im Bergweiler Kandellen steht dieser alte Bauernhof, dessen Wirtschaftsgebäude geschickt zum Gasthof mit ein paar hübschen Zimmern für Gäste umgebaut wurde. Pracht-Aussichtslage! Man kocht die Tiroler Gerichte des Pustertals so authentisch wie kaum anderswo: Speck, Spinatnocken, Marillenstrudel, Krapfen (ab ca. 25 €). Zu erreichen auf der Straße ins Tal von Wahlen, Schilder am Talschluss. DZ/FR 60 €. Di Ruhetag. ✆ 0474/976330, www.seiterhof.info.

Sehenswertes/Ausflüge

Pfarrkirche und Kreuzweg: Restauriert nach den Schäden des Ersten Weltkriegs, präsentiert sich die 1764 bis 1774 errichtete Pfarrkirche in der überquellenden Pracht des Spätbarocks. Baumeister war der Toblacher Rudolf Schraffl. Deckengemälde (Leben des hl. Johannes des Täufers) und Altarbilder sind Werke von Franz Anton Zeiller. Alles ist stuckiert und vergoldet und erstickt doch nicht in Schnörkeln. Der Kreuzweg entlang der zur Kirche und zum Friedhof führenden Maximilianstraße ist der älteste Tirols. Von den 1519 errichteten Passionskapellen haben sich fünf erhalten. Zusammen mit der ehemaligen görzischen Kapelle in der

Pfarrkirche und der auf dem Hügel weitum sichtbaren Rundkapelle am Ostausgang des Orts im Lerschach bildeten sie einen kompletten Kalvarienberg.

Naturparkhaus Drei Zinnen: Ein Kulturzentrum, das neue Centro Vacanze Grand Hotel, die Jugendherberge und das Naturparkhaus sind im früheren Grandhotel in Neutoblach zu Hause. Das Naturparkhaus informiert über die beiden Parks, die an Toblach grenzen und große Teile der Dolomiten umfassen, den *Naturpark Sextener Dolomiten* und den *Naturpark Fanes-Sennes-Prags*. Natur und Kultur, Geologie und Tierwelt, Pflanzen und Almwirtschaft werden in modernem Ambiente und z. T. interaktiv multimedial vorgestellt. Nicht versäumen!

Ende Dez. bis Ende März und Anfang Mai bis Ende Okt. Di–Sa 9.30–12.30/14.30–18 Uhr, im Juli/Aug. auch So sowie Do bis 22 Uhr, Eintritt frei. ✆ 0474/973017.

Nach Wahlen und zur Silvesterkapelle: Am Sonnenhang des bei Toblach mündenden **Silvestertals** liegt das Bauerndorf *Wahlen* mit einigen Pensionen und großen Bauernhöfen. Vom Dorf führt ein für motorisierte Fahrzeuge gesperrter Fahrweg auf gleicher Höhe talauswärts, nach 5 Min. erreicht man eine *Kapelle* mit Traumaussicht auf die Sextener Dolomiten samt Drei Zinnen. Im Ort ist die *Nikolauskirche* sehenswert, sie hat ein schönes spätgotisches Netzgewölbe. Interessant auch das Fresko neben dem Portal mit den armen Seelen im Fegefeuer. Nimmt man bei der Talgabelung oberhalb von Wahlen den rechten Ast, erreicht man zuerst auf der öffentlichen Straße und dann auf Sträßchen mit Markierung 1 b/a die Silvesterkapelle etwas oberhalb des Bodeneck-Joches. Sie ist ein alter Wallfahrtsort des Viehpatrons Sankt Silvester. Warum dieser Heilige gewählt wurde, dürfte bei einer zwischen Viehweiden liegenden Kapelle klar sein. Ein Gitter schützt das Innere mit seinen gotischen Fresken. Wer nicht nach Toblach zurückgehen will (oder muss, weil er am Straßenende das Auto stehen hat) wandert nach Innichen hinunter (zurück zum Bodeneck, auf der Forststraße nach links und bei der Abzweigung von Weg 3 auf diesem nach rechts weiter) und nimmt zurück den Bus.

Nach Aufkirchen und St. Peter im Kofl: Aufkirchen liegt zwischen Toblach und Niederdorf hoch oben auf der Sonnenseite. Hier dominiert die *Marienwallfahrtskirche*, die in der Spätgotik (1475) anstelle einer älteren, zu klein gewordenen Kirche errichtet wurde. Unübersehbar ist das überdimensionale Fresko an der Südwand, ein Werk des Simon von Taisten. Herrlicher Ausblick für Christophorus und Christuskind – und für uns. Im Ort empfehlenswertes Hotel mit ebendieser Aussicht (→ „Toblach/Übernachten", S. 522). Wer dem an der Kirche beginnenden „Besinnungsweg" mit seinen sieben Stationen folgt, gelangt zum Kirchlein *St. Peter im Kofl* auf 1450 m, angeblich die älteste Kirche des Pustertals.

Nach Altschluderbach – Gustav-Mahler-Haus (Trenkerhof) und Wildpark: Die Toblacher Mahlerfestspiele erinnern an drei Sommerbesuche des großen Komponisten Gustav Mahler in Toblach. Der viel beschäftigte Direktor der Wiener Staatsoper erholte sich auf dem Trenkerhof in Altschluderbach, gleichzeitig arbeitete er an seiner Neunten und der unvollendeten Zehnten Symphonie sowie am „Lied von der Erde". Im angrenzenden Wildpark Toblach befindet sich ein Komponierhäuschen aus Holz, das sich der Komponist errichten ließ, um ungestört arbeiten zu können. Auf einer Fläche von ca. 11 ha leben hier verschiedene Alpentiere wie Rotwild, Wildschweine, Eulen oder Murmeltiere, aber auch Esel, Ponys und Schafe. Einen kleinen Spielplatz gibt es auch.

Wildpark/Komponierhäuschen: erreichbar über Rienz (von der Straße ins Höhlensteintal auf Sträßchen unmittelbar nach der Bahnüberführung nach rechts abzweigen), Ende Juni bis Mitte Sept. und Mitte Dez. bis Ostern tgl. 9–16, in der HS 9–18 Uhr, Mitte Sept. bis Allerheiligen Do geschl.

Gustav Mahler Stube: Das Gustav-Mahler-Zimmer befindet sich im Trenkerhof, dort auch das Restaurant Gustav Mahler Stube mit deftiger Südtiroler Küche sowie 2 einfachen Apartments (bis 6 Pers., 25 €/Pers.). Geöffnet von Juni bis Allerheiligen und Mitte Dez. bis Ostern. ℡ 0474/972347, www.gustavmahlerstube.com.

Niederdorf

Die Pustertaler Straße in Richtung Toblach heißt in der Gemeinde Niederdorf Frau-Emma-Straße. *Frau Emma*, das war die weit über Tirol hinaus bekannte Emerentia Hausbacher, verheiratete Huttensteiner (1817–1904), die zusammen mit ihrem Mann von Niederdorf aus ein frühes Hotelimperium aufbaute. Der „Schwarze Adler" am Rathausplatz war der erste Schritt, es folgte ein Hotel am Pragser Wildsee, dann Häuser in Meran, in Innsbruck und im Vinschgau. Ihre Kochkünste waren so berühmt wie ihr Geschäftsgeist. Der Brief eines Amerikaners, so eine Anekdote, der an sie mit „Frau Emma in Europe, Autriche" adressiert war, wurde problemlos zugestellt. Das **Fremdenverkehrsmuseum Hochpustertal** mit seiner Ausstellung zum frühen Tourismus zwischen Niederdorf und Sexten, ist sicher ihretwegen hier eingerichtet worden. Ausstellungsort ist das spätmittelalterliche *Haus Wassermann* mit schönen Kassettendecken, alter Täfelung und Kachelöfen.

Neben attraktiven Häusern am Rathausplatz (Von-Kurz-Platz) mit Gerichtshaus und Spitalkirche lohnt die *Pfarrkirche* mit Annakapelle auf der anderen Seite des Rienzflusses den Besuch, außerdem die etwas außerhalb liegende Kirche *St. Magdalena im Moos* (Mai bis Ende Sept. So 14–18 Uhr), in der gelegentlich Konzerte stattfinden. Sie wurde 1491 gestiftet und bewahrt Fresken aus der Entstehungszeit von Simon von Taisten.

Information Tourismusverein Niederdorf/Villabassa im renovierten Bahnhofsgebäude (Bahnhof des Jahres 2013 in Südtirol), Bahnhofstr. 3, Niederdorf, ℡ 0474/745136, www.niederdorf.it, unterschiedliche Öffnungszeiten, ggf. vorher anrufen.

Gesundheit/Kuren Das bereits 1675 als „Magenbad" bekannte Bad Maistatt in der Nähe von Niederdorf ist heute wieder ein aufstrebender Standort für moderne Hydro-Therapie. Auf dem Untersteinerhof werden Kneipp-Schnupperkurse angeboten, und im Kurpark (am Fluss) gibt es eine besonders schöne, gebührenpflichtige Kneippanlage, außerdem dort zwei überdachte Bocciabahnen.

Internet WiFree im Ortszentrum.

Kinder Adventure Land heißt der große Spielplatz im neuen Kurpark.

Museum Fremdenverkehrsmuseum Hochpustertal, Hans-Wassermann-Str. 8, Juni bis Okt. Di–So 16–19 Uhr; Eintritt 4 €, erm. 3 €.

Römischer Meilenstein in Niederdorf

Veranstaltungen/Mountainbiken Niederdorf ist in der ersten Julihälfte Austragungsort des Mountainbike-Bergrennens **Dolomiti Superbike** (2018 zum 24. Mal). Der Ort schlägt aus seiner Bekanntheit unter Radfahrern Kapital und hat sich stark auf Mountainbike-Ferien eingestellt. So organisiert der Tourismusverein während der

Sommersaison halb- und ganztägige geführte Mountainbiketouren. 2008 wurde den Ambitionen des Ortes in dieser Hinsicht die Krone aufgesetzt: Niederdorf durfte die (UCI)-Mountainbike-WM austragen, www.dolomitisuperbike.com.

Übernachten/Essen ****** Adler**, das Hotel am zentralen Rathausplatz mit Nachfolger eines bereits im 17. Jh. bezeugten Gasthauses, man versteht sich also auf die Gastronomie. Angenehme Atmosphäre mit Kaminzimmer und schöner Stube, kleine Hausbibliothek, Radverleih. Im Restaurant guter Service, gute Karte (Wachtelbrust im Speckmantel mit Polenta, Hirschfilet im Polenta-Pilz-Mantel). Di Ruhetag. DZ/HP 170–260 €. Von-Kurz-Platz 3, Niederdorf, ✆ 0474/745128, www.hoteladler.com.

*** **Weiherbad**, schöner Gasthof mit großzügigen, teils im Naturstil renovierten Zimmern, kleinem Wellnessbereich und Mountainbike-Verleih. Küche mit guter traditioneller Kost (Tirtlan und Schlutzer etc.), an Novemberwochenenden Törggelen mit Live-Musik. DZ/HP 120–204 €. Weiherweg 7, ✆ 0474/745197, www.weiherbad.com.

Das Pragser Tal

Das Pragser Tal beginnt zwischen Niederdorf und Welsberg, teilt sich bald in einen Ast der zum Dorf Prags und zum Pragser Wildsee führt und in einen zweiten, der als Altpragser Tal zur Plätzwiese unter dem Dürrenstein leitet. Das Tal ist bäuerlich geblieben, der Fremdenverkehr nur mäßig entwickelt. Die beiden großen Attraktionen sind der See und die Plätzwiese.

Eines der Juwelen der Dolomiten ist der **Pragser Wildsee**, ein bis zu 36 m tiefer, auf 1489 m liegender See unter der gewaltigen Nordwand des Seekofels (2810 m), dem nördlichsten Gipfel der Pragser Dolomiten. Das Wasser ist immer wieder von anderer Farbe, einmal smaragdgrün, dann blau und dann wieder milchig, manchmal schwarz, durchsichtig bis zum Boden und kalt, kalt, kalt. Genau richtig für Forellen und die köstlichen Saiblinge. Auf Ruderbooten (Verleih am Bootshaus beim Hotel Pragser Wildsee) kann man zum Südende schippern, wo ein besonders schöner Kiesstrand zum Sonnenbaden lockt. Oder man macht die große Seerunde zu Fuß: 1–1:30 Std. ist man unterwegs, auf der Westseite auf (gesperrtem) Fahrweg, unter dem Seekofel auf einem guten Weg und dann an der Ostseite mit ihren fast senkrecht ins Wasser stürzenden Wänden auf einem gesicherten, an allen heiklen Stellen mit Geländer versehenen Steig, der bis zu 30 m über dem Wasser verläuft. Übrigens ist der See nicht nur im Sommer einen Besuch wert, sondern auch im Winter, wenn er von einer dicken Eisschicht bedeckt friedlich daliegt, oder im Frühjahr, wenn die gewaltige Eisdecke bei sinkenden Temperaturen knarzt und ächzt.

Von den Wanderungen ab dem Pragser Wildsee ist die **Seekofelrunde** (s. u.), die auf das Karstplateau der Sennes führt, die wohl eindrucksvollste. Wer den Abstecher auf den Seekofel hinzunimmt, steht mehr als 1300 m hoch über dem See. Aber auch die **Wanderung auf die Hochbrunnalmen** (mit rustikaler „Jausenstation") hat ihre Reize – übrigens auch für Mountainbiker, die ihr Rad zwar über ca. 200 Höhenmeter tragen müssen, aber ab dann von den Almen auf einem recht guten Fuhrweg nach St. Vigil in Enneberg (→ S. 564) hinunter brausen können. Die Wanderung führt an der Seewaldalm (→ Seekofelrunde) vorbei durch das Grünwaldtal, hin und zurück sollte man mit 5 Std. Gehzeit rechnen.

Information Tourismusverein Pragser Tal, Mo–Sa 9–12 und Mo–Fr 15–18 Uhr. Außerprags 78, Prags, ✆ 0474/748660, www.pragsertal.info.

Einkaufen Hofkäserei Patzleitner, Lechnerhof 37, Außerprags, Ziegen- und Kuhmilch werden direkt am Hof zu Rohmilchkäse verarbeitet, köstlich! Freitags können Sie den Käse auch auf dem Brunecker Bauernmarkt bekommen. Schöne Apts., 56–70 € (2 Pers.). ✆ 0474/748652, www.pragserkaese.com. ∎

Hof Alpe Pragas, Außerprags 38, Himbeeren, Erd- und Stachelbeeren als Fruchtaufstrich, Smoothy oder Chutney – die späten Beeren auf 1250 m sind besonders schmackhaft. Im Sommer Führungen Di und Do 10.30 Uhr, 5 €. ✆ 0474/749400, www.alpepragas.com.

Übernachten/Essen *****S Edelweiß**, Hotel im Tirolerstil mit blumengeschmückten Balkonen, reichlich, aber nicht zu viel Holz, „Wellnesswelt" mit Saunen, Dampfbad, Whirlpool, gute Zimmer mit allem Komfort. DZ/HP 128–220 €. Außerprags 65, ✆ 0474/748664, www.hoteledelweiss.info.

*** Pragser Wildsee, 1897 im Auftrag von Emma Hallensteiner (→ S. 527) erbautes Hotel in romantischer Lage direkt am See, das 1945 vorübergehend von der SS verschleppte prominente KZ-Häftlinge aufnahm. Grandhotel-Ambiente im historischem Speisesaal mit viel Holz und Fresken von 1899, Zimmer teilweise mit Seeblick, Balkon und Originalmöbeln von 1900, ausgezeichnet als historischer Gastbetrieb des Jahres 2013. DZ/HP 124–230 €. St. Veit 27, Prags, ✆ 0474/748602, www.pragserwildsee.com.

***S Brückele, Traditionshaus am Beginn der Straße auf die Plätzwiese, die jüngsten Umbaumaßnahmen haben dem Haus dennoch gut getan. Die neuen Zimmer sind hell und modern, der Wellnessbereich mit innovativer Sauna ausgestattet. Traditionelle Südtiroler Küche und Pizza, gekocht wird mit regionalen Bio-Zutaten. Mo geschl. DZ/HP 100–240 €. Außerprags 4, ✆ 0474/748613, www.hotel-brueckele.it.

Moserhof, Paarhof in Panoramalage, eindrucksvolles Ensemble, großartig erhaltener Wirtschaftstrakt, Balkonzimmer gemütlich mit viel Naturholz eingerichtet. Gute Küche in schönen Räumlichkeiten, Mo Ruhetag. DZ/HP 90–180 €. Innerprags 31, ✆ 0474/748653, www.moserhof-prags.com.

Camper-Stellplatz, neuer Großparkplatz am See mit Übernachtungsmöglichkeit, Schrankenregelung, Sanitäranlagen. Ticket 8 €/Nacht.

Die Plätzwiese

Die riesige gewellte Almwiese zwischen dem Pragser Tal und dem Höhlensteintal mit ihren vom Wind zerzausten und vom Blitz halb zerstörten Zirben ist ein Panoramabalkon. Rechts liegt die *Fanesgruppe* mit der Hohen Gaisl, vor dem Betrachter die *Cristallogruppe* (so nah scheint sie, dass man jedes Gletscherchen und jeden Firnrest erkennt), nach links ziehen sich die Almen zum *Dürrenstein* hinauf. Das Vieh hier oben weidet auf Gemeinschaftsalmen, im Gegensatz zu anderen Gebieten Südtirols und der Dolomiten gehen hier nicht die Bauern auf die Alm, sondern sie vertrauen ihre Tiere bezahlten Hirten an. Die Straße vom Brückele herauf ist gut in Schuss, hinunter zur Straße Toblach – Cortina führt eine alte Kriegsstraße (beliebte Mountainbikestrecke).

Verbindungen Busse von Prags bis zu 15x tgl. von Anf. Juni bis Mitte Okt., in dieser Zeit Privat-Pkw nur vor 10 und nach 16 Uhr, Maut 8 €, bis maximal 100 Autos/Tag.

Übernachten/Essen Berggasthof Plätzwiese, Außerprags 58, ganzjährig geöffnet, Mo Ruhetag. E-Bike-Ladestation von Bikeenergy. DZ/HP 110–114 €. ✆ 0474/748650, www.plaetzwiese.com.

Tour 21: Mit dem Rad durchs Höhlensteintal

Tour-Info: Der Radweg ist gut ausgebaut (bis auf eine etwas unangenehme Passage vor dem Dürrensee) und beschildert und als Tagesausflug von Toblach für die ganze Familie zu bewältigen, wenn man zurück den Bus nimmt. ↑300 m zwischen Toblach und Gemärk, dann ↓300 m nach Cortina, Streckenlänge 32 km, Fahrzeit gemütlich 3 Std.

Ein Gletscher schürfte das tief eingeschnittene Höhlensteintal südlich von Toblach aus. Es führt über einen niedrigen Talpass mit Namen *Im Gemärk* bis hinüber ins Ladinische nach Cortina d'Ampezzo. Die Gebirgsriesen zu beiden Seiten, Dürrenstein, Drei Zinnen, Cristallo, können nur auf steilen und für normale Wanderer nicht geeigneten Steigen erklommen werden. Bis in die 60er-Jahre des letzten Jahrhunderts verlief durch das Tal die Zweigbahn von Cortina und weiter ins Cadore bis Calalzo di Cadore. Als sie eingestellt wurde, entstand eine ungenutzte Trasse, die heute als **Radweg** ausgebaut ist – einer der angenehmsten und leichtesten, aber auch landschaftlich reizvollsten der Dolomiten.

Gleich am Anfang liegt der **Toblacher See** mit immerhin 14,3 ha Fläche (aber nur max. 3,5 m Tiefe). Wenn man von seiner Nordseite bei den Gaststätten (Ruderbootverleih!) auf das Höhlensteintal schaut, wirkt er besonders groß. Er ist Schutzgebiet, sein südlicher, verlandeter Bereich ist ein wichtiger Lebensraum für Lurche und Vögel. Fast flach geht es weiter bis zu einem *österreichischen Militärfriedhof* am Hang zur Rechten (großer Parkplatz, Hinweisschilder).

Der **Dürrensee** kündigt sich mit dem Hotel Drei Zinnen und dem Parkplatz Dreizinnenblick an. Lago di Landro heißt er auf Italienisch, so nannte sich auch der Vorgänger des heutigen Hotels, es wurde im Ersten Weltkrieg zerschossen. Nahe dem Hotel liegt auf der Westseite der abwechslungsreiche Klettergarten Landro (50 Führen). Der See ist sehr flach, im Herbst oft nur halb so groß wie im Frühjahr, wenn er mit Schmelzwasser gefüllt ist. Genau südlich liegt die gewaltige Burg des *Monte Cristallo* (3221 m), die Kanonen der italienischen Stellungen auf dem Monte Cristallino (2786 m) zu seiner Linken waren es, die Neutoblach in Schutt und Asche legten. Die wilden Wände an der Ostflanke des Sees gehören zum *Monte Piana*, der zum Großteil auf Bellueser Territorium liegt. Auf dem 1915–1917 hart umkämpften Berg befinden sich zahlreiche alte Stellungen, die heute in einem Freiluftmuseum zugänglich gemacht wurden. In **Schluderbach** errichtete der Bauer Ploner aus Alt-Schluderbach bei Toblach einen Einkehrgasthof, heute befinden sich an dieser Stelle das Ploner heißende Hotel sowie eine Apartmentsiedlung und ein Restaurant. Von Schluderbach führt eine hervorragend für Mountainbiker geeignete Kriegsstraße hinauf zur Plätzwiese (für motorisierte Fahrzeuge gesperrt).

Nur Autofahrer passieren den Pass **Im Gemärk** (oder Passo di Cimabanche). Der Berg halb rechts darüber ist die *Hohe Gaisl* (3146 m), von den Italienern aufgrund ihrer roten Gesteinsfarbe Croda Rossa genannt. Bei der Fahrt hinunter passiert man das **Ospitale**, ein altes Hospiz an der Alemagna, von dem heute noch die kleine gotische Kapelle auf der anderen Straßenseite zeugt. An der Haarnadelkurve der Straße 3 km unterhalb hat man einen Panoramablick auf die Fanesgruppe, die man sonst nur von ihrer West- oder Nordseite kennt.

Weiter nach Calalzo di Cadore → Band „Dolomiten" vom Autor dieses Buches.

Essen & Trinken Ausschließlich Laufkundschaft und doch vorzügliche Qualität? Das und sehr freundliche, effiziente Bedienung bietet das **Restaurant Dürrensee** mit Terrasse und Traumblick auf See und Berge. Knödel-Tris besonders zart und schmackhaft. ✆ 0474/972399.

Über den Misurinasee zu den Drei Zinnen

Von Schluderbach führt eine gute Straße (11 % Steigung) über ein niedriges Joch zum berühmten Misurinasee, der sich bereits im Cadore befindet (Provinz Belluno). Der Blick vom Parkplatz am Nordufer über den See hinweg zur Dolomiten-Gebirgsgruppe des Sorapis (3205 m) gehört zu den großen Eindrücken nicht nur der Dolomiten, sondern der Alpen überhaupt. Das *Grandhotel Misurina* am Südufer ist eines der ältesten Hotels der gesamten Region und heute wieder ein fashionabler Standort für Sommer- wie Winteraufenthalte.

Drei Zinnen

Dreizinnenhütte vor den Felsnadeln der Drei Zinnen

Vom Nordufer führt eine im oberen Abschnitt (ab der Alm *Rin Bianco*) mautpflichtige Straße in Richtung der Drei Zinnen, sie endet an Großparkplätzen etwas unterhalb der *Auronzohütte* (im Winter lässt sich diese Hütte in etwa 2 Std. ab Misurina auf einer einsamen Schneewanderung erreichen – oder man lässt sich mit dem Motorschlitten zur Hütte bringen, um dann die 5 km hinabzurodeln, Infos unter www.trecimeservice.com). Von dort aus wandert man zur *Dreizinnenhütte*, aber wer der unten beschriebenen Wanderung folgt, wird möglicherweise mehr von seinem Ausflug haben. Den berühmten Dreizinnenblick hat man nur von der Dreizinnenhütte und damit von der Südtiroler Seite, nicht von Süden aus!

Übernachten **** Grandhotel Misurina, das Hotel am Misurinasee, gründerzeitlicher und neuerer Trakt, elegantes Restaurant, großes Hallenbad, Wellnessbereich, Kinderprogramm (in Italienisch), gute Zimmer und Apartments. DZ/HP 130–260 €, in der Hochsaison Juli/Aug. nur VP. Via Monte Piana 21, ✆ 0435/39191, www.grandhotelmisurina.com.

Essen & Trinken Malga Rin Bianco, auf 1900 m an der Zufahrtsstraße zur Auronzohütte gelegen, schöne Aussichtsterrasse und hausgemachte Deftigkeiten, z. B. Gnocchi Cadorina mit flüssiger Butter und Hauskäse, aber auch Polenta. Innen gemütlich-rustikal mit kleinem Hofladen, der Ricotta, Butter, Käse und Speck anbietet, alles sehr lecker. Ganzjährig geöffnet, im Winter vom Parkplatz vor der Mautstelle (bis hierhin geräumt) in 15 Min. zu Fuß erreichbar, im Sommer großer Parkplatz vor der Hütte, ✆ 0435/39025.

Tour 22: Rund um die Drei Zinnen

Tour-Info: Einfache Bergwanderung mit großartigen Ausblicken. Anfahrt: Bus/Pkw (Mautstraße: Pkw 20 €) ab Misurina oder zu Fuß aus dem Marzontal von Auronzo di Cadore aus (ab Wanderparkplatz auf 1360 m ca. 3 Std. Aufstieg); Rückweg:

530 Das Hochpustertal

Vom Ende der Mautstraße **A**, die von Misurina zu den *Drei Zinnen* hinaufführt, nimmt man nicht wie 98 % der Ankommenden das zum Rifugio Auronzo und als Fahrweg zur Dreizinnenhütte führende Sträßchen, sondern Weg 105 in westlicher Richtung ab Ende des großen Parkplatzes **B**. Großartige Ausblicke auf Cadinspitzen, Monte Cristallo, Hohe Gaisl. Der Weg führt leicht ansteigend unter den Südwänden der Drei Zinnen zur *Forcella del Col de Medo* **C**, wo man einen neuen Ausblick hat: die Almenlandschaft des Rienzbodens (hier oben entspringt der Rienzfluss) und die abweisenden Grate des Rautkofels und der Bullköpfe. Man quert auf gutem Weg einen Schutthang und erreicht einen wieder neuen Ausblick **D** und nach dem kleinen Rienzursprungsee **E** die neue Hütte der *Langalm* **F** (2245 m, 45 Min.) mit frischer Milch und kaltem Imbiss. Nun hat sich das Panorama der

Bus/Pkw nach Toblach/Cortina. Dauer: 3 Std. Höhenunterschied: ↑↓350 m. Hütten: *Langalm* (frische Almmilch, kalte Imbisse); *Dreizinnenhütte* (Rif. Locatelli), 2405 m, 40 Betten, 100 Lager, ☎ 0474/-972002, Ende Juni bis Ende Sept.; Rif. Auronzo, ☎ 0435/39002, www.rifugio auronzo.it; Karte: Tabacco (1:25.000) Blatt 10.

Hinweis für Mountainbiker: Diese ehemals beliebte Tour ist – wie fast der gesamte Naturpark Sextener Dolomiten – für Fahrräder gesperrt (auch wenn sie in einschlägigen Führern auftaucht), offen ist nur der Fahrweg bis zur Dreizinnenhütte. Empfindliche Strafen!

Drei Zinnen aufgefaltet (ihr berühmter Anblick ist ja der von Norden). Um zum Paternkofel rechts von uns und zur Dreizinnenhütte zu kommen, muss noch die Alm gequert werden, 100 m hinunter (Wegweiser **G**), dann nach rechts **H** und wieder rechts **I** und auf Fahrweg links **J** 200 m hinauf. Bei diesem recht steilen Gegenanstieg wird man von Relikten des Dolomitengebirgskriegs (verrosteter Stacheldraht) begleitet.

Oben angelangt nach rechts **K** und endlich an der *Dreizinnenhütte* **L** (2405 m, 1:40 Std.): berühmter Dreizinnenblick, auf der anderen Seite des Jochs türmen sich die Gipfel der Sextener Dolomiten. Rückweg auf dem Fahrweg (von der Hütte aus kurzer Steig-Abschneider) zum *Paternsattel* **M** (2454 m, 2:20 Std.) östlich (für uns links) der Drei Zinnen, abwärts auf Steig und oberhalb der *Lavaredohütte* bleibend wieder auf Fahrweg **N**. Eine Kapelle **O** wird passiert, dann die *Auronzohütte* **P**, kurz darauf ist man am Parkplatz bzw. an der Bushaltestelle (3 Std.) **A**.

Innichen

Innichen muss seine Position unter den Orten des Pustertals nur mit Bruneck und Lienz teilen, im Hochpustertal ist es konkurrenzlos. Nur Innichen hat städtischen Charakter und kann auch ohne Tourismus leben, von dem es aber gern profitiert.

Mit der Stiftskirche in Innichen begann die Christianisierung und die Germanisierung des Pustertals – so liest man es in Geschichtsbüchern. Im dunklen Inneren der romanischen Stiftskirche fühlt man sich in diese Zeit versetzt, als in den dichten Wäldern um die winzige Siedlung noch Bären, Wölfe und Luchse lebten. Die Sonnenhänge im Rücken von Innichen, auf denen heute die Tirolerhöfe inmitten ihrer Wiesen und Weiden wie in einem Amphitheater aufgebaut stehen, waren damals noch nicht gerodet. Die Errichtung des Vorgängers der heutigen Kirche in der absoluten Wildnis muss für die wenigen slawischen Siedler des Tals, allesamt noch Heiden, ein epochales Ereignis gewesen sein.

Das große *Erlebnisbad Acquafun* soll den heutigen Vorsprung in Sachen Infrastruktur zementieren, wie auch die beiden Bergbahnen, die Sessellifte auf den Hausberg Haunold und von Vierschach auf den Helm in der Karnischen Hauptkette.

Basis-Infos

Information Tourismusverein, die üblichen Prospekte und zahlreiche private Werbung für Hotels, Restaurants und Sport. Mo–Fr 8–12/15–18, Sa 8–12 Uhr. I-39038 Innichen/San Candido, Pflegplatz 1, ☏ 0474/913 149, www.innichen.it.

Verbindungen Pkw: seitliche Gratisparkplätze am Südende der Freisinger Straße. **Bahn**: Bhf. **Bus**: Busbhf. an der Mantingerstraße (Westende P.-P.-Rainer-Str., oberhalb der Draubrücke), einige Busse gehen auch vom Bahnhofsvorplatz ab! Gute bis sehr

Marktplatz von Innichen mit Stifts- und Pfarrkirche

Speziell für Kinder

Großer **Kinderspielpark Burg** und Kinderspielplatz Pumes oberhalb des Sextnerbachtals, zu erreichen vom Parkhotel Sole Paradiso (Schilder, Markierung) oder über die Freisinger Straße (Querstraße zum Alten Markt) aus dem Ortszentrum.

Wenn's regnet, und nicht nur dann, ist **DoloMythos** ein kindgerechter Platz. Die abwechslungsreiche Sammlung zu allen möglichen Themen, die mit den Dolomiten zu tun haben, ist beliebt bei Kindern (und ihren Eltern). Ganzjährig 8–19 Uhr geöffnet, April/Mai und Okt./Nov. So geschl., Eintritt 9 €, Familien 22 €, Kinder 4–14 J. 5 €, P.-P.-Rainer-Str. 11, ✆ 0474/913462, www.dolomythos.com.

Auch der **Funbob** von der Haunold-Bergstation ist vor allem etwas für die Kleinen, man saust auf Mini-Wägelchen auf einer Metalltrasse ins Tal hinunter. Ende Mai bis Ende Sept., Erw. 8,50 €, in Verbindung mit Sessellift 15,90 €, Kinder 6/11,10 €. Mitte Juli bis Ende Aug. auch *Funbob by night* auf der erleuchteten Almwiese.

Riese-Haunold-Kinderfeste mit Bastelwerkstatt, Gruppenspielen und Hüpfburg finden freitags an der Bergstation der Haunold-Bahn statt. Mitte Juli bis Ende Aug.

Und – nicht zu vergessen – **Acquafun!**

gute Direktverbindungen mit Bruneck, Brixen, Sexten. **Taxi:** Burgmann, ✆ 348/2689996.

Ärztliche Versorgung Krankenhaus in der Freisinger Str. 2, zuständig für das gesamte Hochpustertal, ✆ 0474/917111.

Baden/Schwimmen Im modernen Erlebnisbad **Acquafun** mit lichtdurchfluteter Architektur und Wellnessbereich samt Beautyfarm (Heubäder, Massage etc.), M.-Hueber-Str. 2, Gratisparkplatz an der Herzog-Tassilo-Straße, von dort 2 Min., Mo, Mi–Fr 13–21, Sa/So/Fei 10.30–21 Uhr, Juli/Aug. tgl. 10.30–21 Uhr, Tageskarte Bad 10,80 €, Sauna 18,80 €. ✆ 0474/916200, www.acquafun.it.

Einkaufen Feinkost Senfter, Alter Markt 4, zum großen Metzger-Unternehmen Senfter gehörender Feinkostmarkt mit großem Wurst- und Fleischangebot, auch Öl, Wein etc. sowie neues Café-Bistro.

Bäckerei Trenker in der Benediktinergasse 1 (etwas versteckt hinter dem Pflegplatz).

Sennerei Innichen, Burgweg 1, im Verkaufsladen guter Innicher Bergkäse und andere Käsesorten.

Internet Auf dem Pfarrplatz und dem Michaelerplatz WLAN-Hotspot gratis.

Radfahren Radverleih und Werkstatt bei Papin Sports, Freisinger Str. 9, ✆ 0474/913450, www.papinsport.com.

Sportzentrum Im Sportzentrum Erschbaum an der Talstation der Haunoldseilbahn gibt es Tennis, Squash, Fitness, Spielplatz und Pizzeria mit Terrasse.

Wandern/Bergsteigen Alpinschule Pustertal, Bahnhofstr. 2, ✆ 0474/94466, www.alpinschule.com.

Wintersport Skischule Haunold, ✆ 0474/913374, www.skibaranci.com. Ski- und Snowboardschule Vierschach-Helm, an der Talstation, ✆ 0474/910081, www.skischoolhelm.it.

Rodelbahn Haunold von der Berg- zur Talstation (knapp 3 km), Rodelverleih an der Talstation.

Übernachten/Essen & Trinken

Ferienwohnungen bestimmen das Angebot in Innichen, die Liste (Fremdenverkehrsverein) scheint unerschöpflich zu sein ... jedoch nicht „wenn die Italiener kommen", in der ersten Augusthälfte ist der Ort ausgebucht!

Übernachten **** **Parkhotel Sole Paradiso**, der vor 1914 entstandene Bau mit seiner alten Holzveranda und der ruhigen Lage am Bach – trotz Nähe der Sextner Straße – hat drinnen jeden modernen Komfort inkl. Hallenbad, Sauna, Radverleih. Vom neuen (italienischen) Restaurantchef hört man Gutes. DZ/HP 180–320 €. Sextner Str. 13, ℡ 0474/913 120, www.soleparadiso.com.

****S Posthotel, im Zentrum gelegener, freundlicher Familienbetrieb, gepflegt und gediegen, 2014 grundlegend renoviert mit unterschiedlich gestalteten Zimmern – von klassisch gediegen bis stylish. Edel designter Wellnessbereich mit Hallenbad, Sauna, Dampfbad und Beautybehandlungen. Das Angebot des Hotels richtet sich an „Erwachsene über 14 Jahre" – für Familien mit Kindern gibt es das Almdorf Post Alpina mit Chalets in Vierschach. DZ/HP 204–340 €. Benediktiner Str. 1, ℡ 0474/913133, www.posthotel.it.

**** Joas, lichtes, filigran wirkendes Naturhotel mit viel hellem Holz innen und außen, Sauna, Dampfbad, behagliche, geräumige Zimmer, DZ/FR 118–186 €, Apt./FR (2–4 Pers.) 155–350 €. Helmweg 22, ℡ 0474/910 013, www.joas.it.

*** Letizia, kleines, angenehmes Garni in einer ruhigen Seitenstraße, gepflegt, hochwertiges Mobiliar à la Gründerzeit. Ansprechende Zimmer mit Balkon. DZ/FR 90–180 €. Firtalerstr. 5, ℡ 0474/913190, www.hotel-garni-letizia.it.

** Siebnerhof, preiswerte Frühstückspension, 2-, 3- und 4-Bett-Zimmer, teils mit Balkon, 2 neue Apartments mit Terrasse, schöner Frühstücks- und Aufenthaltsraum. DZ/FR 70–90 €, Apt. (2–4 Pers.) 60–150 €. Färberstr. 24, ℡ 0474/913428, www.siebnerhof.com.

Essen & Trinken Wiesthaler, Herzog-Tassilo-Str. 3, das Lokal geht auf das Jahr 1550 zurück, die Karte ist modern, feine Nudel- und Knödelgerichte (Nudeln mit Rohschinken und Rucola, Steinpilzknödel), Gerichte vom lokalen Lamm, opulente Grillplatte für zwei, gute Mehlspeisen (Topfenknödel auf marinierten Trauben, Marillenknödel), drei Gänge ab ca. 35 €. Die Stube liegt etwas unterhalb des Straßenniveaus (kein Wunder beim Alter des Hauses). Di geschl. ℡ 0474/913103, www.wiesthaler.com.

Uhrmachers Weinstube, Färberstr. 1, nicht zu übersehen der Holzbohleneingang mit zwei Weinfassböden, drinnen Weinkost und Tiroler Brotzeiten, große, ruhige Terrasse zur Straße (Fußgängerzone) und nach hinten. Tgl. 10–24 Uhr, NS Mi Ruhetag, www.enoro.it.

Senfter's Café Bistro, Alter Markt 4, Bistro der Metzgerei Senfter mit ausgezeichneten warmen und kalten Gerichten (viel Speck und Fleisch) und hausgemachten Mehlspeisen. ℡ 0474/913257, So geschl.

Sehenswertes/Ausflüge

Stiftskirche: Sie liegt am belebten Pflegplatz, ist aber durch den Friedhof von ihm getrennt. Herzog Tassilo III. von Bayern hatte 769 dem Abt Atto von Scharnitz ein großes Gebiet um das heutige Innichen geschenkt, um hier ein Kloster zu gründen. Die Stiftskirche ist der dritte Bau an dieser Stelle. Die erste Kirche wurde noch vor dem Jahr 1000 durch einen größeren Bau ersetzt, von dem sich die Krypta unter dem heutigen Chor erhalten hat. Ort und Kirche brannten um 1200 ab, Anlass für eine dritte Kirche. Diese wurde in romanischen Formen errichtet und 1284 geweiht – die heutige Stiftskirche. Das Südportal, das man vom Pflegplatz aus betritt, ist ein Trichterportal mit einem großartigen Relief (Christus und die Evangelistensymbole) im Tympanon. In der flachen Zone darüber bemerkt man das ganz frisch wirkende Fresko, es ist ein Werk *Michael Pachers*. Das Innere ist ein eindrucksvoller romanischer Kirchenraum mit drei Schiffen. Das Mittelschiff ist weit gespannt, eine Kreuzigungsgruppe von 1240 zieht die Blicke auf sich. Der Chor ist erhöht, darunter liegt die von beiden Seiten zugängliche Krypta. Die Stiftskirche besitzt eine 1628/29 von Andreas Putz gebaute und mehrfach umgebaute Orgel, die sich in der Originalfassung mit bemalten Flügeln und dekorativen Holzschnitzereien erhalten hat. Das neue Orgelwerk mit 24 Registern und 1242 Pfeifen wurde unter Verwendung des Bestandes der Putz-Orgel eingerichtet.

Dachlandschaft: Altöttinger und Heiliggrabkapelle

Pfarrkirche St. Michael: Runder romanischer Turm, gotischer Bau, der 1760 barockisierten Kirche, Hauptfassade wie eine Altararchitektur – das ist Innichens schönste Kirche. Ein Fernglas ist hilfreich für die Deckenmalereien von Christoph Anton Mayr.

Stiftsmuseum: Von der Attostraße aus betritt man das Museum mit dem Domschatz, sakraler Kunst und der Handschriftensammlung. Die Räume sind in einigen Fällen genauso spektakulär wie die Exponate: Im Kapitelsaal, in dem der Domschatz ausgestellt ist, zeigen Fresken die Wappen der Chorherren, und die Schulstube der Chorknaben mit Täfelung und riesigem grünem Kachelofen (um 1550) ist eine einzige Augenweide. Durch seine Größe kann das Innicher Bergkristallkreuz nicht imponieren, wohl aber durch seine Schönheit und die Seltenheit des Werkstoffes – eben purer Bergkristall – für ein Monstranzkreuz.
Juni bis Mitte Okt. Do–Sa 16–18, So 10–12 Uhr, in der HS zusätzlich Di–So 10–12, Do bis 14 und 16–18 Uhr. Eintritt 7 €.

Altöttinger und Heiliggrabkapelle: Eingezwängt zwischen Straße und Bahnlinie und tief unter dem heutigen Straßenniveau liegt dieser kuriose und in seiner Art einmalige Kirchenbau. Drei Türmchen deuten schon auf die drei Räume hin. Innen besteht der komplexe Bau aus einem Achteck mit aufgesetztem Turm *(Altöttinger Kapelle)* und dem angebauten Kirchenschiff mit Türmchen *(Passionskapelle)* sowie dem Rundbau mit Türmchen und dem Heiligen Grab *(Grabeskirche)*. Entstanden ist der Komplex zwischen 1633 und 1653. Der Stifter war ein gläubiger Innicher Bürger, der fleißig Pilgerfahrten machte. Aus Altötting brachte er eine Kopie des Gnadenbilds und den Plan der dortigen Gnadenkapelle mit, die hier in kleinem Maßstab kopiert wurde. Aus Jerusalem brachte er den Plan der Grabeskirche und des Heiligen Grabes mit, auch diese wurden kopiert. In Nischen und auf Konsolen stehen Statuen einzeln und in Gruppen, das Marienleben in der Altöttinger Kapelle, im Eingang zum Grab eine Holzstatue des toten Christus. Frappierend!
Di, Do, Sa und So 9.30–12.30/16–18 Uhr; freiwillige Spende.

Franziskanerkloster und -kirche: Im Westen des alten Orts nimmt das Kloster eine große Fläche ein. Die Kirche ist schlicht, dafür sind die Altäre barock verspielt mit einem sehr guten Gemälde von 1764, das die Gottesmutter mit Kind mit dem hl. Franziskus und dem vor ihr knieenden hl. Leopold (von Österreich) zeigt. Es stammt von dem bedeutenden Barockmaler *Christoph Unterberger*. Der Kreuzgang wurde im Barock von einem bäuerlichen Künstler mit mehr als 70 Szenen aus dem Leben des hl. Franziskus ausgemalt. Ganz naiv schildert der Maler die Realität seiner eigenen Zeit um 1700, von den modischen Kleidern der Damen bis zur Ausstattung der Räume.

Kirche tgl. 7.30–18.30 Uhr, **Kreuzgang** nur auf Anfrage.

Auf den Haunold: Direkt vor Innichens Haustür liegt der wenig auffallende bewaldete Berg mit der guten Skiabfahrt auf der Nordseite bis hinunter nach Innichen. Im Sommer sind hier zahlreiche einfache Wanderungen möglich. Vor allem bei Kindern und Jugendlichen beliebt ist die 1,7 km lange, bis 40 % geneigte Funbob-Sommerrodelbahn, die an der Bergstation beginnt und auf der man 36 km/h erreichen kann.

Bergbahn Sessellift Haunold Ende Mai bis Anf. Okt. 9–17.30 Uhr, im Sommer bis 18.30 Uhr, Berg 8,50 €, Berg/Tal 11,80 €, Kinder 6/8,20 €, www.dreizinnen.com.

Funbob Erw. 8,50 €, Kinder 6 €, Lift und Funbob 15,90/11,10 €.

Hütten Riese Haunoldhütte, große Almhütte an der Bergstation mit Spielplatz; **Jora Mountain Dining**, seitdem 2011 der Sohn die ehemalige Jorahütte übernahm, hat sich nicht nur der Name veredelt. Die Küche setzt auf Regionalität der Produkte, meist in Bio-Qualität. Traditionelle und vegetarische Gerichte finden sich auf der Karte. Es gibt Events wie das wöchentl. „Pasta on the rocks" mit wechselnden Pasta-Kreationen. Die Hütte ist eine von sieben, die Gault-Millau 2016 zum ersten Mal ausgezeichnet hat. 4-Gänge-Menü ab 47 €. ✆ 335/6561256, www.jora.it.

Der Pustertal-Radweg zwischen Mühlbach und Lienz (Osttirol)

Der grenzüberschreitende Radweg von Toblach nach Lienz ist im Sommer ungemein populär. Ganze italienische Großfamilien radeln mit Leihrädern die Drau entlang und lassen sich von der ÖBB, die dafür bis zu vier Radwaggons an ihre Züge hängt, abends wieder nach Innichen oder Toblach zurücktransportieren. Dieser Radweg ist nur die östlichste Teilstrecke (44 km) eines großen Radweges, der das gesamte Pustertal erschließt, von Franzensfeste im Westen, wo er vom Eisacktalradweg abzweigt, bis zur Europäischen Hauptwasserscheide bei Toblach (hier fließt die Rienz nach Westen zur Etsch und zur Adria und die Drau nach Osten zur Donau und zum Schwarzen Meer) und über die Grenze nach Lienz, wo das Pustertal endet. Der Weg ist komplett ausgebaut, sehr gut beschildert und in großen Teilen asphaltiert, also leicht zu fahren. Da der Radweg durch ein Tal mit Bahn- und Buslinie führt, ist ein Abbruch der Tour überall möglich. An mehreren Orten gibt es Radverleihe, das Rad kann man gegen einen kleinen Aufpreis auch an einem anderen Ort zurückgeben, muss also nicht unbedingt an den Ausgangspunkt zurück. Das Überblicksfaltblatt „Pustertaler Fahrradweg" mit Streckenverlauf und Rent-a-bike-Orten sowie Adressen ist kostenlos erhältlich bei allen Fremdenverkehrsvereinen.

Streckenlänge/Radverleih: Die Strecke Innichen – Lienz beträgt 44 km, die von Innichen nach Mühlbach 61 km; Radverleih z. B. bei Papin Sport in Innichen (s. o.) oder Dolomiti Slowbike (✆ 0474/771210, www.dolomitislowbike.com).

Sexten

Das Bergführer- und Bergsteigerdorf Sexten liegt in einem breiten grünen Tal zwischen den sanfteren Hängen der Karnischen Alpen und den schroffen Felswänden der Sextener Dolomiten. Von Sexten aus und vom etwas höher im Tal gelegenen *Moos* zieht sich das Fischleintal mitten hinein in die Dolomiten unter den Fuß des Zwölferkofels und der Drei Zinnen. Die Sextner Bergführerdynastie Innerkofler führte Bergsteiger aus England, Deutschland und den österreichischen Kronländern auf die Gipfel dieser Berge. Im Ersten Weltkrieg wurde Sexten zerstört – die italienische Artillerie stand am nahen Kreuzbergpass. Die heutigen Bauten sind meist weniger als 20 Jahre alt und oft aufgeplusterte, überdekorierte Pseudo-Tirolerhöfe von der Stange. Aber wer kommt schon wegen der Architektur nach Sexten, bei dieser Umgebung.

Basis-Infos

Information Tourismusverein, im Kongresshaus an der Talstation der Helmbahn, Ortsbibliothek und Skischule im gleichen Haus. Mo–Fr 8.30–12.30/14–18, Sa 9–12/15–18 Uhr, Juli bis Sept. auch So 10–12 Uhr. I-39030 Sexten/Sesto, Dolomitenstr. 45, ℅ 0474/710 310, www.sexten.it.

Verbindungen Pkw: großer Parkplatz am Kongresshaus bei der Talstation der Helmbahn. **Bus:** gute Anbindung an Innichen und Toblach; zum Kreuzbergpass mittlerweile ebenfalls ganzjährig (vom Pass gibt es keine Busverbindung ins Belluneser Cadore). **Taxi:** Holzer, ℅ 348/3823988, www.taxi-holzer.com.

Einkaufen Markt: gegenüber dem Hotel Waldheim, 1. und 3. Do des Monats ab 10. Febr. bis Ostern und Juni bis Sept.

Golf Driving Range beim Hotel Kreuzbergpass, St.-Josef-Str. 55, 6 Abschlagplätze.

Klettern Klettern kann man in den Sextener Dolomiten oder im Klettergarten am Dürrensee im Höhlensteintal (→ S. 528).

Die Kletterhalle **Dolomit Arena** in der Sportanlage Sport Sexten ist 16 m hoch, hat 1800 m² Kletterfläche und 400 m² Boulderfläche. Das Sportzentrum bleibt aber wegen Umbau bis auf Weiteres (Stand: Anfang 2018) geschl. Infos unter www.sportsexten.it.

Kuren 2500 m² Spa-Bereich im **Dolomites Spa Resort Bad Moos**, ℅ 0474/713100, www.badmoos.it.

Paragliding Tandemflüge über **Tandemfly** Sexten, www.tandemfly.eu.

Radfahren/Mountainbiken Verleih bei der Bike-Academy Sextner Dolomiten, Dolomitenstr. 45, an der Talstation der Helmbahn. Die Bikeschule bietet auch geführte Touren an. www.bikeacademy-sextnerdolomiten.com.

Reiten Reitstall Tschurtschenthaler, Fischleintalstr. 22, ℅ 0474/710620, www.reitstall.bz.it.

Sportzentrum Sport Sexten, Waldheimweg 23, bietet eine ganze Reihe Sportmöglichkeiten von Beachvolleyball bis Tennis, auch Schwimmhalle. Wegen Umbau bis auf Weiteres geschl. (s. o.), www.sportsexten.it.

Wandern/Bergsteigen Alpinschule Sexten, Dolomitenstr. 45, ℅ 0474/710375, www.alpinschule-dreizinnen.com.

Wintersport Skischule Sextener Dolomiten im Kongresshaus an der Talstation der Helmbahn, ℅ 0474/710375, www.skischool.it. **Rodelbahn** von der Bergstation der Rotwandseilbahn nach Bad Moos (5 km). **Eislauf** und **Eisstockschießen** im Sport Sexten (s. o.).

Veranstaltungen Der **Dreizinnenlauf** in der ersten Septemberhälfte wird von einem reichhaltigen Rahmenprogramm begleitet, Infos beim Tourismusverein. Der Marathonlauf selbst führt über 21 km/1500 Höhenmeter von Sexten über Zsigmondy- und Büllelejochhütte und Paternsattel zur Dreizinnenhütte, Kurzvariante 12 km/1100 m. Startgeld 65–90 €; Online-Anmeldung auf www.dreizinnenlauf.com.

Übernachten/Essen & Trinken

In Sexten ***** Monika, 5 Min. vom Dorfzentrum, schön ruhig im Grünen, üppiges Wellnessangebot mit Hallenbad, neuem Infinity Pool, Whirlpool und Sauna. Gepflegte, individuell designte Zimmer mit Balkon (z. T. Blick auf Sextener Dolomiten). Im Feinschmeckerrestaurant mit seiner eindrucksvollen Tiroler Stub'n 1881 wird hervorragende Südtiroler Küche auf hohem Niveau serviert. Menü ab 35 €, unbedingt reservieren, Mo Ruhetag. DZ/HP 260–400 €. Parkweg 2, ✆ 0474/710384, www.monika.it.

Tschurtschenthaler Anna, unweit von Sport Sexten, sympathische familiäre Pension, großer Frühstücksraum, freundlicher Wintergarten, vor der Tür klassischer Bauerngarten, Zimmer mit Balkon. DZ/FR 58–70 €. Waldheimweg 12, ✆ 0474/710238.

Grüne Laterne, Waldheimweg 10, beliebtes gutbürgerliches Restaurant mit internationaler Küche und Rosticceria mit großem Garten auf dem Weg zur Sportzone, auch Café-Konditorei – in der Hochsaison ziemlich belagert. Tagesmenü (3 Gänge) ab 17 €. Gerichte auch zum Mitnehmen. ✆ 0474/710140, www.gruenelaterne.it.

Waldruhe, Außerberg 4, bäuerliches Gasthaus hoch über dem Ort und fantastischer Aussicht. 2 Stuben, eine davon in Zirbenholz. Sehr gute Küche, Speck, Schlutzkrapfen … Man erreicht den Hof vom Dorfzentrum über Kirchweg/Kaiserstraße oder zu Fuß in 1 Std. über den Besinnungsweg. ✆ 0474/710512.

In Moos und im Fischleintal ****S Bad Moos, Wellnesshotel am Beginn des Fischleintals bei der Talstation der Rotwandbahn. Das Hotel nutzt das heilkräftige Wasser der Schwefelquelle am Fuß der Rotwand, Voll- und Teilbäder, Kneippgüsse, dazu Hallenbad, Saunen, abends Südtiroler Weinstube, Pianobar und gute Zimmer mit allem Komfort und Ausblick, edle Suiten im Haupthaus. DZ/HP 180–406 €, Suiten teurer. Fischleintalstr. 27, ✆ 0474/713100, www.badmoos.it.

**** **Dolomitenhof**, wo die öffentliche Straße ins Fischleintal endet, steht der Dolomitenhof mit schön in Zirbenholz renovierten Zimmern, das Badehaus mit Panoramahallenbad und Wellnessbereich im Garten, etwas abseits das dazugehörige Gründerzeithotel Alte Post. Die „Alte Post" wurde im Jahr 2007 100 Jahre alt und davor perfekt restauriert, sodass man den Eindruck eines typischen alpinen Hotels von vor 1914 be-

Sexten, am rechten Bildrand das wuchtige Hotel Drei Zinnen

kommt, als das Haus sich noch Post Gasthof Fischleintal nannte. Selbst die Möbel in den Zimmern sind Originale, und die Stube hat eine alte Kassettendecke. Der „Dolomitenhof" wurde 1904 vom berühmten Bergsteiger Sepp Innerkofler errichtet, die Familie leitet das Hotel noch heute. DZ/HP 200–320 €, Suiten teurer. Fischleintal 33, ✆ 0474/713000, www.dolomitenhof.com.

Schönfeld Naturapartments, Apartmenthaus der jungen Familie Happacher, das moderne Zimmerarchitektur mit alpinem Wohlfühlfaktor verbindet. 4 Apts. für 2–6 Pers., helle Räume, moderne Bäder, tolles Naturholzambiente, 90–210 €. Fischleintalstr. 14, ✆ 339/2543795, www.schoenfeld.it.

Restaurant-Pizzeria Martina, in der Pseudo-Almhütte befindet sich eine elegante Pizzeria mit schönem Holzofen. Es gibt neben guter Pizza (auch mit Büffelmozzarella) Pasta und Steak-/Schnitzel-/Spießgerichte (ab ca. 12 €). St.-Josef-Str. 17, ✆ 0474/710101.

Restaurant Reider, St.-Josef-Str. 27, einfache gutbürgerliche Küche im rustikalen Ambiente, Angebot von Schlutzkrapfen bis Rehgulasch. ✆ 0474/710404, www.reider.cc.

Richtung Kreuzbergpass **** **Hotel Kreuzbergpass**, auf dem Kreuzbergpass an der Provinzgrenze, nicht sonderlich auffällige Bauten im Tiroler Stil, aber drinnen äußerst komfortabel samt Hallenbad, Beauty- &Wellness-Center, Tennis, Golf-Driving-Range und Loipe vor der Tür. Von den Restaurants hervorragend das elegante „Reh:angl" (13 Gault-Millau-Punkte) mit international-italienischer Küche. DZ/HP 168–290 €. St.-Josef-Str. 55, ✆ 0474/710328, www.kreuzbergpass.com.

≫≫ Mein Tipp: **** **Caravanpark Sexten**, das Premiumangebot mit Glampingtouch unter den seltenen Dolomitenplätzen: 3-ha-

Winterliches Sexten

Platz für bis zu 600 Gäste, tolle Lage zwischen Sextnerbach und Straße im Grünen, z. T. Rasenplätze. Hervorragende Sanitäranlagen, neues Hallenbad, Pool und Sauna, der Berghof Patzenfeld mit Apartments und einem hervorragenden Restaurant sind angeschlossen. Gemütliche und luxuriös ausgestattete Baumhäuser mit eigener Sauna und diversen Paketangeboten (ab 250 €/2 Pers.). Nach Allerheiligen bis Anf. Dez. geschl., Gespann und 2 Pers. 32–64 €, Eintritt in die Saunawelt 21 €/3 Std. St.-Josef-Str. 54, Moos, ✆ 0474/710444, www.caravanparksexten.it. ≪≪

Ausflüge

Ins Fischleintal: Am schönsten erreicht man das tief in die Dolomiten führende Fischleintal mit seinem Blick auf den Gipfelkranz der sog. **Sextener Sonnenuhr** über locker von alten Lärchen bestandene Heuwiesen am linken Talhang (also gegenüber von Moos und Sexten). Am Stand der Sonne über den Gipfeln von *Elfer-*, *Zwölfer-* und *Einserkofel* konnte man in Sexten die jeweilige Uhrzeit ablesen. Beim Hotel Dolomiten herrliche Aussicht auf die Sonnenuhr, bis zur Talschlusshütte noch Staubsträßchen, ab dort Wanderwege.

Verbindungen Pferdekutsche vom Dolomitenhof zur Talschlusshütte im Fischleinboden, Liniendienst im Sommer. Im Winter Pferdeschlittenfahrten, Infos beim Reitstall Tschurtschenthaler (s. o.).

Richtung Kreuzbergpass

Übernachten/Essen Talschlusshütte, 1548 m, zur 50-Jahr-Feier des Bestehens (2003) komplett neu errichtetes Berggasthaus mit gemütlichen 4-, 6- und 10-Bett-Zimmern, Ü/HP 46 €. Mitte Mai bis Okt. und Weihnachten bis Ostern. NS Do Ruhetag. Fischleintalstr. 41, ✆ 0474/710606, www.talschlusshuette.com.

Auf die Sextener Rotwand: Von *Bad Moos* am Eingang des Fischleintals führt eine moderne Kabinenbahn auf die Rotwandwiesen. Toller Ausblick, mehrere Wanderwege (großer Plan an Tal- wie Bergstation), schöner Familienrundweg, Skiabfahrt. Wer weiter nach oben will, hat Pech, wenn er nicht mit versicherten Klettersteigen vertraut und entsprechend ausgerüstet ist. Nicht ein einziger der höher führenden Steige ist nicht wenigstens stellenweise Klettersteig. Auf die Sextener Rotwand führt ein relativ einfacher versicherter Klettersteig.

Bergbahn/Hütten Kabinenbahn Rotwand, Anf. Juni bis Mitte Okt. 8.30–17.30 Uhr, in Sommer ab 8 Uhr, einfach 13,20 €, Berg/Tal 18 €, Kinder 7,90/11 €; www.dreizinnen.com.

Rotwandwiesenhütte, 1924 m, in der Nähe der Bergstation Rotwand, Tiroler Küche, einfache Zimmer und Lager, ✆ 0474/710651, www.rotwandwiesenhuette.it.

Rudihütte, Bar-Restaurant auf 1950 m, neben der Bergstation der Rotwandbahn, in der 2007 gebauten Hütte wird gute Südtiroler Küche serviert, eigene Mehlspeisen und Deftiges. ✆ 0474/710436, www.rudihuette.it.

Auf den Kreuzbergpass (Passo Montecroce Comelico): Von Moos erreicht man den Kreuzbergpass (1636 m), der die Verbindung ins Cadore darstellt, mit dem Auto in wenigen Minuten (im Sommer Busverbindung bis zum Pass, keine Verbindung auf der anderen Seite). Wanderwege auf beiden Seiten, am Pass sehr gutes Hotel, im Winter Schlepplifte. Landschaftlich äußerst eindrucksvoll ist die Wanderung zum **Rifugio Berti al Popera** (1950 m, Weg 124, beginnt am Parkplatz beim Hotel, hin 2:30, zurück 1:30 Std.). Vom Rifugio aus sieht man Sextner Rotwand und Elfer von der ungewohnten Südostseite, was nicht minder eindrucksvoll ist.

Tiefschnee oder Tamariske – der Streit um die Drei-Zinnen-Seilbahn

Der Streit um die Drei-Zinnen-Seilbahn im Skigebiet Sexten/Helm ist exemplarisch für die erbitterten Kämpfe um neue Liftanlagen. Vordergründig ging es dabei auch um die seltene Deutsche Tamariske (*Myricaria germanica*), aber natürlich letztlich um viel mehr, nämlich um die Zukunft des Wintertourismus in den Sextener Dolomiten. Die Befürworter der Bahn um den Investor Franz Senfter und viele Sextener Bürger, die Anteile an dem Projekt halten, argumentierten mit neuen Arbeitsplätzen und neuen Skifahrer-Zielgruppen. Die Gegner sprachen vom Klimawandel, auf den ein Strukturwandel folgen müsse, und von der Zerstörung der Natur. Jahrelang wurde vor Gericht gestritten. Zwischen zwei Baustopps schafften die Befürworter Fakten und schlugen an einem Wochenende im August 2013 die Trasse durch den Wald. Im November 2014 wurde die Bahn feierlich eröffnet. Sie erschließt zwei neue Pisten von insgesamt 4 km Länge. Um die Deutsche Tamariske macht die Trasse zwar einen Bogen – die Diskussion über das Für und Wider der Bahn aber wird weitergehen. Und der nächste schneearme Winter kommt bestimmt …

Schmetterlings-Jausenstation

Auf der Nordseite ist die **Coltrondo Alm** ein beliebtes Ziel. Sie ist eine echte Alm mit Jausenstation, bewirtschaftet von der Familie Mair, lokale Bergbauernküche: Pressknödel, Wildkräuternocken mit Gorgonzola, Polenta mit geschmolzenem Almkäse, Apfelstrudel, Honig aus eigener Imkerei, eigener Ziegenkäse. 1915–1917 wurde in engster Umgebung der Hütte der Grabenkampf zwischen Österreichern (mit deutschen Truppen) und Italienern ausgetragen.

Hütten Rifugio Berti al Popera, 1950 m, 48 Lager, im Sommer bewirtschaftet, ✆ 0435 /67155, www.rifugioberti.it.

Coltrondo Alm, 1880 m, bewirtschaftet Juni bis Mitte Okt. und Weihnachten bis Ostern. Auf den Tisch kommt, was der Hof hergibt (✆ 340/4914101, www.coltrondo-alm.it). Fußweg 149 ca. 1,2 km nach dem Kreuzbergpass (in Richtung Auronzo), ca. 300 m Höhenunterschied, ca. 2 Std., zurück 1:30 Std. oder Fahrsträßchen, das nach etwa 5 km links abbiegt.

Auf den Helm: Die *Karnischen Alpen* ziehen sich von Sexten bis Tarvis, wobei sie immer die österreichisch-italienische Grenze bilden. Nur der äußerste Westen mit dem Helm fällt in den Bereich dieses Buchs. Drei Seilbahnen führen auf die Almen unter dem aussichtsreichen Gipfel (mit verfallener Hütte), eine von Vierschach/Innichen, zwei direkt von Sexten aus, darunter die umstrittene Drei-Zinnen-Bahn (→ Kasten, oben).

Bergbahnen/Hütte Kabinenbahn Drei Zinnen (Stiergarten) Juni bis Anf. Okt. 8.30–17.30 Uhr, **Kabinenbahn Helm** (Sexten) Ende Mai bis Mitte Okt. 8.30–17.30 Uhr, **Kabinenbahn Vierschach** (Innichen) Ende Juni bis Mitte Okt. 8.30–17.30 Uhr. Für alle drei Bahnen gelten folgende Preise: einfach 13,20 €, Berg/Tal 18 €, Kinder 7,90/11 €; **Sessellift Col d'la Tenda** Ende Juli bis Anf. Sept. 9–17 Uhr, www.dreizinnen.com.

Für Kinder Olperls Bergwelt, schön angelegter Rundwanderweg an der Bergstation Helm (1,5 km) mit Hüttendorf samt Ziegengehege, Kletterstationen, Infotafeln und Barfußwandern.

Helm-Restaurant, geräumiges Restaurant (für Massen an Skifahrern im Winter ausgelegt) an der gleichnamigen Bergstation mit großer Terrasse und fantastischem Ausblick. ✆ 0474/710255.

Wanderung auf den Helm: Von der Bergstation geht es auf dem Hüttensteig zunächst durch das Olperl-Hüttendorf und dem Weg folgend auf die Ostseite des Helm mit Blick auf die Lienzer Dolomiten. Durch Alpenrosen und Bergwiesen ansteigend, vorbei an verfallenen Unterkünften aus dem 1. Weltkrieg, gelangt man auf den Gipfel mit dem leider seit 1980 geschlossenen und verfallenden Helmhaus. Dafür wird man mit grandiosem Rundblick auf Cadore, Sextener Dolomiten und Pustertal belohnt. Der Abstieg führt an zwei kleinen Seen vorbei Richtung Süden und dann auf einen breiten Fahrweg Richtung Hahnspielhütte und zur Bergstation zurück (9,5 km, etwa 2:30 Std.).

Der Naturpark Sextener Dolomiten

Dieser Naturpark umfasst eines der großartigsten Gebiete der gesamten Dolomiten: die *Sonnenuhr* um Sexten zwischen *Rotwand, Elferkofel, Zwölferkofel* (3094 m) und *Einserkofel*, die isolierte *Dreischusterspitze* (3145 m), die weltberühmten *Drei Zinnen* (Große Zinne 2999 m) und das *Haunold-Massiv* (2966 m). Vom Kreuzbergpass bis zum Dürrensee folgt die Grenze des Naturparks der Provinzgrenze gegen Belluno. Wilde Felswände wie die des Zwölfers und der Drei Zinnen und zerrissene Felstürme wie auf der Rotwand sind nur die eine Seite dieser Gebirgslandschaft. Die andere ist die Almlandschaft zwischen den Drei Zinnen und dem Toblingerknoten sowie zwischen Toblingerknoten und dem Büllelejoch: kleine Seen, grüne Weiden, Almrausch. Der Naturpark ist um den Sextener Fischleinboden und die Drei Zinnen gut durch Wege und mit Hütten erschlossen, dagegen blieb der nordwestliche Zug zwischen Bullköpfen und Neunerkofel ein einsames Gebirgsland. Im Ersten Weltkrieg verlief die Front quer durch dieses Gebirge über Monte Piana, Toblingerknoten nördlich der Drei Zinnen, Büllelejochhütte und oberen Fischleinboden sowie Rotwand. Direkt neben den Steigen haben sich Stellungs- und Unterkunftsreste bis heute erhalten. Viele seltene Dolomitenpflanzen kommen hier vor wie der *Rhätische Mohn*, dessen leuchtend gelbe bis orangefarbene Blüten z. B. die Schutthänge zwischen Büllelejoch und Dreizinnenhütte zieren.

Information: Naturparkhaus im Kulturzentrum Grand Hotel Toblach (→ S. 524).

Tour 23: Auf den Helm und zur Sillianerhütte

Tour-Info: Leichte Bergwanderung auf guten Wegen, geringe Höhenunterschiede. An-/Rückfahrt nach Sexten (Pkw/Bus), großer Parkplatz an der Talstation der Helmbahn, auch Bahn ab Vierschach. Dauer 3:15 Std.; Höhenunterschied ↑↓ 450 m. Hütten: *Helmrestaurant*, 2050 m, ✆ 0474/710255. *Sillianerhütte*, 2447 m, ✆ (0043) 664/5323802, www.alpenverein.at, *Hahnspielhütte,* 2200 m, ✆ 340/2334546, www.hahnspielhuette.com. Karte: Tabacco (1:25.000) Blatt 10.

An den Bergstationen der beiden Helm-Seilbahnen kann man nicht gleich weitergehen, weil man das Panorama der Sextener Dolomiten bewundern muss. Wenn's dann weitergeht (Vierschachbahn-Bergstation = **A**), nimmt man den Steig mit der Bezeichnung „Hüttensteig" (Nr. 20), der zwischen den beiden Bergstationen beginnt **B**. Er führt auf der Nordseite durch Hochalmgebiet (nach kurzem Anstieg **C** weiter recht flach), man verlässt ihn nach ca. 20 Min. nach rechts (auf stärker begangenem, unmarkiertem Weg) und erreicht den Rücken des Karnischen Hauptkammes **D**. Nun links steiler auf dem Rücken weiter, Weg 20 wird wieder erreicht, an verlassenen Truppenunterkünften vorbei **E** geht es hinauf zum Gipfel des *Helm* mit seiner verschlossenen, verfallenden Hütte **F** (2434 m) und 1a-Rundblick. Weiter auf dem Kamm, teilweise auf österreichischem Gebiet (bei Gabelung links **G**), bis man wieder auf den Fahrweg trifft **H**, dem man bis zu einer Scharte **I** (2381 m) unter der *Sillianerhütte* und zu dieser hinauf **J** (2447 m, 2 Std.) folgt. Osttiroler (österreichisches) Essen – vom Südtiroler nicht verschieden. Rückweg auf dem breiten Hauptweg (bei Gabelung **K** links, Abzweigung Helm **L**) auf der italienischen Seite des Karnischen Hauptkammes, vorbei an der bewirtschafteten Hahnspielhütte **M** zurück zu den Bergstationen ab Sexten **N** und Vierschach (3:15 Std.).

Trutzige Burg Taufers am Eingang zum Ahrntal

Kassianer Tal und Fanesgruppe

Dolomiten rund um die Sella

Endlich – im Jahr 2009 nahm die UNESCO die Dolomiten in ihr Welterbe auf, und dieses außergewöhnliche Gebirgsland rund um das gewaltige Plateau der Sella bekam die Würdigung und den Schutz, den es verdient. Sella, Langkofel, Puezgruppe, Geislerspitzen, Fanes, Sennes (und außerhalb Südtirols Marmolada, die Tofanen usw.), das sind Namen, die jeder kennt, der Berge liebt. Und in diesen „Weißen Bergen" (denn das Dolomit- und Kalkgestein, aus dem sie bestehen, ist oft weiß) lebt im Gadertal und im Grödner Tal ein Volk, das sich Tiroler Tradition in seiner eigenen Sprache und seiner eigenen kulturellen Umformung bewahrt hat: die Ladiner. Sommer wie Winter („Dolomiti Superski" ist der größte Skiverbund der Welt) herrscht Hochbetrieb in St. Ulrich und Wolkenstein, Corvara und St. Kassian – wen wundert's?

Das Gadertal (Abteital)

Das Tal des Gaderbachs, das sich über mehr als 30 km vom Pustertal bei Bruneck bis an den Fuß des gewaltigen Sellamassivs zieht, ist gleichzeitig eines der touristisch am stärksten entwickelten und am wenigsten berührten Täler der Dolomiten und Südtirols.

Während man im Schatten des mächtigen Sellamassivs im Hochabteital (offiziell nur Alta Badia genannt) in den Fremdenverkehrsorten *Corvara, Kolfuschg, Stern/ La Villa* und *St. Kassian* manchmal das Gefühl hat, sich trotz der vielen Natur ringsum gegenseitig auf die Füße zu treten, scheint in manchen *Viles*, wie die Ladiner ihre eng gebauten Weiler nennen, die Zeit stehen geblieben zu sein. Das Hochabteital lockt Massen an Bergsteigern und Wanderern mit zahlreichen Hotels und Pensionen sowie mit Dutzenden bewirtschafteter Hütten auf den Almen. Dagegen sind die Weiler über *Pedratsches, St. Leonhard* oder *St. Martin in Thurn* im **mittleren Gadertal** kaum besucht. Das Tal ist hier grüner, breiter und fruchtbarer

Dolomiten rund um die Sella

als weiter oben im Hochabteital. Die **Talschaft Enneberg**, die dritte Landschaft des Gadertals, grenzt an Bruneck und den Kronplatz und damit an den deutschen Sprachraum. Ihr rasch gewachsener, quicklebendiger Hauptort *St. Vigil/San Vigilio* lebt vom Fremdenverkehr, die *Viles* auf dem Sonnenhang darüber immer noch von der Landwirtschaft. Das alte Pfarrdorf mit dem Namen *Enneberg Pfarre* ist heute nur noch ein unbedeutender Weiler.

Das Gadertal, wie sich das gesamte Tal samt allen Nebentälern nennt, wird oft auch *Abteital* genannt. Die italienische Bezeichnung *Val Badia* bedeutet nichts anderes, und *Badia* wird es auch von den Ladinern genannt. Im Mittelalter und der frühen Neuzeit gehörte nämlich das gesamte Tal – mit Ausnahme der Gegend von St. Martin in Thurn und Kolfuschg – den Nonnen des Klosters Sonnenburg im Pustertal, der Abtei eben.

Alta Badia – das Hochabteital

Kommt man vom Grödner Joch die Kehren herunter, wirkt das Becken von Kolfuschg und Corvara zwischen der Puezgruppe mit dem mächtigen Sass Songher und den Felsfluchten der Sella wie ein grünes Paradies.

Ein Paradies, in dem erst in den letzten Jahren viel gebaut wurde, in dem man aber schon suchen muss, um die alten Bauernhäuser zu finden, die sich um die Kirche von Kolfuschg scharen. Das Niveau der Hotellerie ist hoch, die Preise sind es ebenfalls – **Kolfuschg** und **Corvara** werben mit Qualität, nicht mit dem Preis. Nicht anders in **Stern/La Villa**, etwas weiter draußen im Tal, und in **St. Kassian** in seinem freundlichen Tal. Genügend Hotels und Pensionen also, reichlich Restaurants. Daneben Wanderwege, wohin das Auge blickt: Wiesenwanderungen am Fuß der Sella, Almwanderungen auf *Piz la Ila* und *Pralongià* im Osten, Touren auf die Fanesgruppe zur wunderschönen *Fanesalm* und von dort vielleicht weiter auf dem Dolomitenhöhenweg 1. Bergtouren in Sella- und Puezgruppe, Klettertouren zuhauf, ein schwieriger versicherter Klettersteig, der *Pisciadù-Steig*, und im Winter jede Menge Lifte und Abfahrten, darunter die weltberühmte schwarze *Gran Risa* der Ski-Weltcups, auf der *Alberto Tomba* seine Siege feierte.

Die Ladiner

Rund um die gewaltige Sella leben die Dolomitenladiner in den ladinischen Tälern *Grödner Tal, Gadertal, Fassatal, Buchenstein* und *Ampezzo*. In diesem Gebiet stellen sie die Mehrheit. Sie stammen von der romanisierten Urbevölkerung ab und sprechen eine eigene Sprache in mehreren Dialekten, das *Dolomitenladinische*. Es bildet mit den im Schweizer Kanton Graubünden gesprochenen Dialekten (Sursilvan, Sutsilvan, Surmiran, Puter, Vallader und Jauer) sowie mit dem Comelico-Ladinischen im obersten Cadore (z. B. in Auronzo) und dem Friaulischen die *rätoromanische Sprachgruppe*. Alle Sprecher rätoromanischer Sprachen können sich verständigen. Eine dolomitenladinische Grammatik oder Schriftsprache gibt es jedoch nicht, Schreibweisen können selbst innerhalb eines Tales unterschiedlich sein (ütia, ücia etc.). Derzeit werden etwa in Südtirol offizielle Texte in zwei Ausgaben veröffentlicht, in Grödnerisch und Gadertalerisch. Nach Schweizer Vorbild (seit 1982 existiert dort mit Rumantsch Grischun eine einheitliche Schriftsprache) wird unter dem Namen Ladin Dolomitan an einer Standardisierung gearbeitet, die auch Fassa-, Buchenstein- und Ampezzo-Ladinisch (vom umstrittenen Nonstal-Ladinisch wird abgesehen) umfasst. Viele Dolomitenladiner sind jedoch gegen die Standardisierung, weil sie fürchten, dass diese Kunstsprache zu sehr an das Italienische angelehnt ist. Andererseits handelt es sich bei Ladin Dolomitan um eine ausschließlich für den schriftlichen Gebrauch gedachte Dachsprache, die bestehende Dialekte keinesfalls verdrängen soll.

Die Deutschtiroler Südtirols, die Italienisch sprechenden Welschtiroler in der Provinz Trentino und die Ladiner verbindet eine lange gemeinsame Geschichte, lebte man doch seit der germanischen Landnahme im Frühmittelalter in einer Region zusammen, in Tirol. Ein halbes Jahrtausend lang regierten die Habsburger alle drei Volksgruppen. Gemeinsam entwickelten sie *eine* Kultur, sie trugen die gleiche Kleidung (Tirolerhüte), aßen das gleiche Essen (Schlutzkrapfen alias Casunziei), bauten so ziemlich die gleichen Häuser und pflegten den gleichen Lebensstil. Auch südlich der Sella, wo die Nachbarn keine Deutschtiroler waren, sondern Italiener, fühlten und fühlen sich die Ladiner als Tiroler und sind wie im ansonsten stark italienisch geprägten Cortina d'Ampezzo Mitglieder der typisch Tiroler Schützen. Auch im Fassatal, in Buchenstein und im Ampezzo fühlen sich die Ladiner eher mit den Deutschtirolern verbunden als mit den italienischen Nachbarn (in Buchenstein wurde im Sommer 2011 der Schützenverein nach fast hundert Jahren wieder gegründet – unter dem alten deutschen Namen Buchenstein). Nach dem Ersten Weltkrieg wurde Ladinien, das vorher als Teil Tirols zu Österreich gehörte, unter den Provinzen Bozen, Trient und Belluno aufgeteilt. Das Zusammengehörigkeitsgefühl der Ladiner und ihr Tirolertum hat das nicht beeinträchtigt. Mehrere Anläufe der Ladiner außerhalb Südtirols, vor allem der Fassaner (Trentino) und Buchensteiner (Belluno), an Südtirol angeschlossen zu werden (um von den dortigen besseren Schutzbedingungen für Ladiner zu profitieren), wurden von Rom abgewendet oder schlicht ignoriert. Das überwältigende Votum im Ampezzo (Cortina), Buchenstein (La Plié) und Colle Santa Lucia (alle drei in der Provinz Belluno), das im Referendum vom Herbst 2007 für den Provinzwechsel nach Südtirol erzielt wurde, hat allerdings bislang keine weitergehenden politischen Konsequenzen gehabt. Der italienische Staat fährt hier wohl eher die Strategie „Aussitzen" – was die Zukunft bringt, ist daher offen.

Literaturtipp: Es gibt mittlerweile mehrere lesenswerte Bücher zum Schicksal der Ladiner (→ Literaturtipps S. 79).

Alta Badia – das Hochabteital

Basis-Infos

Information Tourismusverband Alta Badia, neben den üblichen Listen und Broschüren gibt es in allen Büros Wander- und Skikarten mit kurzen Informationen, eine Broschüre zu den Langlaufloipen und Winterspaziergängen sowie zu MTB-Touren.
Mo–Sa 8–12/15–19 Uhr, So/Fei 9–12/16–18 Uhr. Streda Col Alt 36, I-39033 Corvara, ✆ 0471/836176, www.altabadia.org.

Weitere Büros in I-39030 Colfosco/Kolfuschg, Streda Pecëi 2, ✆ 0471/836145, Öffnungszeiten wie Corvara; I-39030 La Villa/Stern, Streda Colz 75, ✆ 0471/847037, Mo–Sa 8–12 Uhr, 15–19 Uhr, So/Fei 10–12/16–18 Uhr; I-39030 San Cassiano/St. Kassian, Streda Micurà de Rü 24, ✆ 0471/849422, Öffnungszeiten wie La Villa/Stern, La Val/Wengen, San Senese 1, ✆ 0471/843072, Mo–Sa 8.30–12 Uhr, 15.30–18.30 Uhr.

Verbindungen Pkw: In Corvara und Kolfuschg parken z. B. bei den Seilbahn-Talstationen, in St. Kassian Parkplatz bei der Mehrzweckhalle (Bushaltestelle) an der Durchgangsstraße und an der Talstation der Seilbahn Piz Sorega.

Bus: Die Südtiroler SAD verbindet die Orte des Hochabteitales v. a. untereinander und bis zu 14x tgl. mit Bruneck. Nach Westen (Gröden) und Süden (Buchenstein/Bellunese) sind die Verbindungen schlecht. Dafür gibt es im Sommer den **Bus 471 „Dolomitenpässe"**, der mehrmals tgl. in beiden Richtungen rund um den Sellastock fährt.

Bustransfer vom Flughafen: Ab den Flughäfen Bologna und Verona www.cortinaexpress.it, ab Innsbruck und München www.suedtirolbus.it.

Gratis-Skibus: zwischen Wengen und Stern/La Villa, zwischen Corvara und Pescosta sowie zwischen Corvara und Kolfuschg.

Taxi: Easy Ride Alta Badia, 24 Std., ✆ 0471/180180 oder ✆ 0471/180000, www.taxialtabadia.org.

Bergbahnen Die Lifte sind im Sommer meist nur von Juni bis Mitte Sept. in Betrieb, dazu natürlich in der Wintersaison. Betriebszeit ist meist 8.30–17.30 Uhr.

In Corvara: Kabinenbahn Col Alt, ✆ 0471/836034, einfach 7,20 €, Berg/Tal 11 €. Kabinenbahn Boè, ✆ 0471/836266, einfach 10 €, Berg/Tal 15,40 €. Sessellift Vallon einfach 5,60 €, Berg/Tal 8,50 €. Boè und Vallon zusammen einfach 14,50 €, Berg/Tal 22,10 €. Sessellift Pralongià einfach 6 €, Berg/Tal 9,10 €, Sessellift Braia Fraida einfach 4,80 €, Berg/Tal 7,30 €.

In Kolfuschg: Kabinenbahn Plans – Frara, ✆ 0471/836466, einfach 12,10 €, Berg/Tal 17,30 €. Kabinenbahn Col Pradat einfach 6,30 €, Berg/Tal 9 €.

In Stern/La Villa: Kabinenbahn Piz La Ila, ✆ 0471/847010, einfach 9,20 €, Berg/Tal 14 €. Sessellift Gardenaccia einfach 6 €, Berg/Tal 9,10 €.

In St. Kassian: Kabinenbahn Piz Sorega, ✆ 0471/849532, einfach 7,70 €, Berg/Tal 11,70 €.

In Badia: Sessellift Santa Croce, ✆ 0471/839645, einfach 7,40 €, Berg/Tal 11,30 €.

Gästekarten Die **Alta Badia Summer Card** gewährt freie Fahrt auf allen Liften im Hochabteital und gewährt weitere Rabatte und Vergünstigungen – dazu kann eine Mobilcard (für freie Fahrt in allen öffentlichen Verkehrsmitteln in ganz Südtirol) gebucht werden. **Preise:** 3 auf 4 Tage Erw. 50 €, Junior (8–16 J.) 35 €, 5 auf 7 Tage 63/44 €, es gibt auch 12 auf 14 Tage (114/80 €), eine Saisonkarte und eine Familienkarte. **Dolomiti Super Summer Cards** → Hochpustertal/Vorteilskarten S. 518.

Ärztliche Versorgung Ambulatorium für Gäste in La Villa im Gebäude des Weißen Kreuzes. Streda Boscdaplan, ✆ 0471/849300.

Internet WiFree in allen größeren Orten vor dem jeweiligen Tourismusbüro.

Märkte Wochenmarkt am zweiten und letzten Sa des Monats in Corvara, am letzten Do des Monats in Stern/La Villa.

Bauernmarkt jeden Mi ab 16 Uhr im Zentrum St. Kassians, freitags in Kolfuschg ab 16 Uhr (Juli bis Anf. Sept.).

Sportartikel Bei **Sport Kostner** am oberen Ende der Streda Col Alt 97 in Corvara, auch Verleih von Skiausrüstung und Fahrrädern. www.sportkostner.com.

Veranstaltungen Lebende Krippe am 26. Dez. in Badia.

In Stern/La Villa **Pferdeschlittenrennen** und Skijöring mit Fackelzug (wechselnde Termine), Pferdeschlittenfahrt „Slitada da paur" mit traditionellen Schlitten und Trachten in Badia im Febr.

Das Gadertal (Abteital)

Radmarathon „Maratona dles Dolomites", 3 verschiedene Strecken à 57 km, 110 km und 147 km. Anf. Juli, Start und Ziel in Alta Badia, www.maratona.it.

Dorffest „Païsc in Festa" in St. Kassian an mehreren Mittwochen im Sommer, 16–23 Uhr, Markt mit regionalen Produkten, Handwerk, Musik und Kinderprogramm.

Wein/Feinkost Ziger-Käse, einen haustypischen, rahmigen Käse, Schnittkäse und Joghurt bekommt man beim Bauernhof **Lüch da Pćëi** und am **Bauernmarkt** in St. Kassian sowie im Feinkostladen „Franz" in Corvara. www.altabadialat.it.

Grappe, Honig und eingelegte Früchte, Bauernspeck, Weine und Spirituosen, große Feinkostauswahl bei **Delizius**. Streda Micurà de Rü 51, St. Kassian, www.delizius.it.

Sport

Baden/Schwimmen Am **Biotop-See Sotscofes** in Corvara (mit botanischem Lehrpfad) befindet sich ein kleiner Badebereich mit 3 Naturteichen, Liegewiese, Spielplatz, Umkleidekabinen und Snackbar.

Hallenbad in der Mittelschule La Villa, 7 €, erm. 5,50 €. ☎ 0471/847888.

Bergsteigen/Wandern/Klettern Zwei künstliche Kletterwände in Corvara, Sportzone, ☎ 0471/836176, und in St. Kassian, Hotel Störes, Streda Plan 22. ☎ 0471/849486.

»» Mein Tipp: Sehr empfehlenswert ist die geführte kulturhistorische Wanderung ab Wengen zu den Viles Taéla, Rü, Miribun, Tolpëi, Ciablun, Rungg, Information und Anmeldung beim Tourismusverein Stern/La Villa. Unkostenbeitrag. **««**

Bergführerverein **Alta Badia Guides**, Streda Col Alt 94, Corvara, tgl. 17–19 Uhr, großes Veranstaltungsprogramm. ☎ 0471/836898, www.altabadiaguides.com.

Golf Golf Club Alta Badia, Streda Planac 9, Tranrüs oberhalb von Corvara an der Straße zum Campolongopass, 9-Loch-Platz (Par 72), Driving Range und Putting Green, auf 1700 m Höhe, seit 1997. ☎ 0471/836655, www.golfaltabadia.it.

Paragliding Centro Volo libero Alta Badia „Corvair", Tandemflüge z. B. von der Bergstation der Boè-Seilbahn auf 2150 m bis zur Talstation 15–20 Min. Flug. ☎ 347/0652549, www.tandemflights.it.

Radfahren/Mountainbiken MTB-Verleih: in Corvara Da Carlo, Str. Col Alt 70, ☎ 0471/830977, www.noleggiodacarlo.it; in La Villa BreakOut Sport, Str. Colz 18, ☎ 0471/847763, www.breakoutsport.it; in St. Kassian Alta Badia Bike Center, Str. Mikurà de Rü 48, ☎ 0471/849374, www.altabadiaskirental.com; in Badia Bike Top, Streda S. Linert 3, ☎ 0471/839685, www.skitop.it.

Service für E-MTBs: An den 3 Bergstationen Col Alto, Piz la Ila und Piz Sorega sowie an 2 Stationen in Corvara und La Villa können E-Bikes aufgeladen und abgegeben werden. Infos zu E-MTB-Sharing beim Tourismusverein.

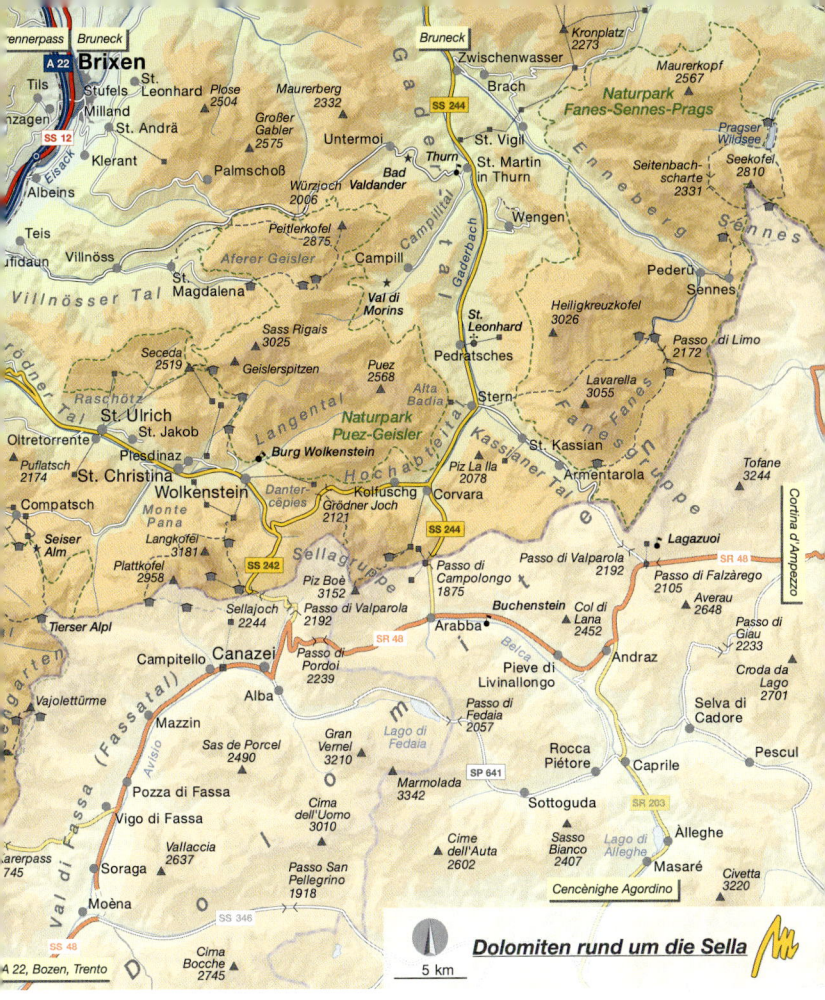

Dolomiten rund um die Sella
5 km

Sellaronda Mountainbike: Da einige Seilbahnen Räder mitnehmen (so die Kabinenbahn Plans/Kolfuschg – Frara/Grödner Joch), ist es auch für durchschnittliche Könner (aber nicht für Anfänger) möglich, die Sella mit dem Mountainbike an einem einzigen Tag zu umrunden. Ein kostenloses Faltblatt mit hilfreichem Luftbildplan und Erklärungen „Sellaronda Mountainbike" gibt es bei den Tourismusbüros.

Reiten Col Dala Vara, Streda Costadedoi 79, St. Kassian, ✆ 0471/849529, www.coldalavara.it.

Wintersport Jede Menge Möglichkeiten, die **Dolomiti-Superski-Region Alta Badia** hat 53 Skiliftanlagen und 130 km Pisten. Infos unter www.dolomitisuperski.com.

Skischulen: Information über www.altabadiaski.com in Stern/La Villa ✆ 0471/847258 und in St. Kassian ✆ 0471/849491.

Langlauf, Schneeschuhlaufen, Boarder/ Freerider: Langlaufzentrum Alta Badia, Langlaufloipen v. a. im Bereich St. Kassian-Armentarola (Loc. Sarè), Langlaufzentrum mit Skiverleih und -schule, Geräteservice und Bar, 4 Loipen beginnen vor dem Haus (4 €/Tag), zum Programm gehört seit Kurzem auch **Schneeschuhlauf** mit geführten Wanderungen und Kursen, ✆ 339/8068111, www.scuolafondo.it. Eine klassische Freerider-Abfahrt ist das Val de Mesdì, Boarder treffen sich im Snowpark Alta Badia auf dem Piz Sorega.

Eislauf: Eisstadion Corvara, tgl. 15–18/21–23.30 Uhr, bei Schlechtwetter 10–13, 14–18, 21–23.30 Uhr, ✆ 0471/830301. Außerdem am Sompunt-See in Badia, mit Schlittschuhverleih.

Speziell für Kinder

Im Sommer „Summer for Kids", für Familien und Kinder von 4 bis 14 J. mit zahlreichen Vergünstigungen und Unternehmungen, Sport, Spiel, Grillfest, Bauernhofbesuch etc. Ab Juni bis Mitte Juli und ab Ende Aug. (also nicht in der Hochsaison) in allen Orten des Tales. Hierfür benötigt man den Kinderpass Alta Badia, erhältlich beim teilnehmenden Gastgeber.

Relativ neu ist der **Movimënt Park**: An 2 Aussichtsplätzen auf der Hochebene zwischen Corvara, La Villa und St. Kassian befinden sich auf 2000 m Höhe Freizeitparks. Sie sind zu Fuß, mit Sessellift oder Seilbahn erreichbar. Dort gibt es Kneippanlagen und Fitnessgeräte zum Trainieren des Gleichgewichts und der Muskeln für die Erwachsenen, Trampoline, Slacklines, Kletterwände und Ziplines für die Kinder, Infotafeln über die Tierwelt der Dolomiten, Strecken zum Joggen und Nordic Walking – und Internet-Hotspots für die Erholungspausen dazwischen. Nahezu alle Aktivitäten sind kostenlos, außer E-MTB-Sharing, Bogenschießen und der Verleih von GPS-Geräten und Kinderwagen. Infos unter ✆ 0471/836366, www.moviment.it.

In Kolfuschg gibt es den kindgerechten **Hochseilgarten „Adventure Park"**, 5 Parcours im Wald, Juni bis Sept. tgl. 10–19 Uhr, in der NS 15–18 Uhr, 12–24 €, je nach Dauer und Schwierigkeit des Parcours, Kinderparcours 5–9 €; das Personal besteht aus geschulten Bergführern. Infos unter ✆ 347/6866545, www.altabadiaguides.com.

Im Winter Ski-Kindergärten bieten **Kinderbetreuung** für Kleinkinder, Infos bei den Skischulen Corvara, La Villa und Dolomites.

Großer Spielpark „Kids Fun Park" mit Rutschbahnen und Reifen an der Bergstation des Lifts von Stern/La Villa auf den Piz La Ila. Infos über die Skischule Dolomites, ✆ 0471/844018.

Im Winter bietet die Skischule Corvara Ladinia **Komplettbetreuung** von 9.30 bis 16.30 Uhr an Wochentagen, ✆ 0471/836126, gleiches Programm im Skiminiclub der Skischule La Villa in Stern/La Villa. ✆ 0471/847258.

Spielplatz Großer Platz (Scolina Salterina) am Sportzentrum St. Kassian an der Straße nach Armentarola, in Kolfuschg Spielplatz Parch mit Spielhäusern und Streichelzoo an der Straße nach Corvara.

Übernachten

In Corvara ***** **Sassongher**, besonders tirolerisch kommt das komplett renovierte Hotel daher, das jedes einzelne Zimmer in eine Stube verwandelte, einige mit altem Kachelofen zwei historische Original-Stuben. Hallenbad, Saunabereich, Smoker's Lounge. Gutes Restaurant „La Stua d'Jagher", v. a. aber traumhafte Lage auf dem Sonnenhang in Pescosta mit Blick auf die Sella. DZ/HP 340–900 €. Streda Sassongher 45. ✆ 0471/836085, www.sassongher.it.

Stern/La Villa und die Puezgruppe

Alta Badia – das Hochabteital

**** Romantikhotel La Perla, die „Romantik" ist stark tirolerisch mit viel Holz, auch in einem Teil der Zimmer à la Stube, möbliert mit Originalen aus dem 19. und 18. Jh. Wellnessbereich mit Sauna, Dampfbad, Fitnessraum. Bemerkenswerter Weinkeller mit eindrucksvoll hinter Glas präsentierten Raritäten (ein Hobby des Besitzers Michil Costa). Das dazugehörige Restaurant „La Stüa de Michil" hat 1 Michelin-Stern. DZ/HP 330–1100 €. Streda Col Alt 105, ✆ 0471/831000, www.hotel-laperla.it.

**** Posta Zirm, modernes Hotel, überlegt und bequem eingerichtet, Mobiliar im Tiroler Stil, freundliche „Stüa", die Lage ganz oben im Ort könnte nicht besser sein. Wellnessbereich mit Sauna und Pool. Neu gestaltete „Taverne" mit Restaurant und Pizzeria. DZ/HP 196–560 €, im Anbau auch gemütliche Apartments für 2–6 Pers., 134–421 €. Streda Col Alt 95, ✆ 0471/836175, www.postazirm.com.

***S La Tambra, zentral gelegenes Familienhotel, komfortabel, etwas verspieltes Dekor, im Hotelrestaurant Südtiroler Spezialitäten. Kleiner Wellnessbereich. DZ/HP 164–320 €. Streda Sassongher 2, ✆ 0471/836281, www.latambra.com.

**** Marmolada, Wellness im Zentrum an der Hauptstraße (auch für nicht im Haus wohnende Gäste des Ortes) mit Sauna, Dampfbad, römischer Sauna, Whirlpool, Kneippbecken, dazu Massage und div. Therapien. Gut ausgestattete Zimmer, meist mit Balkon. DZ/HP 172–430 €. Streda Col Alt 80, ✆ 0471/836139, www.marmolada.org.

***S Tablè, neueres Hotel der Mittelklasse mit angenehmen Zimmern, Sauna, Dampfbad, Whirlpool und Massage, im Haus gute Konditorei. DZ/HP 144–384 €. Streda Col Alt 8, ✆ 0471/836144, www.table.it.

Mersahof, es gibt sie noch, die Bauern in Corvara. Die Familie Pezzedi gehört zu den wenigen, die Urlaub auf dem Bauernhof anbieten, ruhig und sonnig an der wenige Meter weiter für Pkw gesperrten Straße zwischen Pescosta und Kolfuschg, Mitarbeit am Hof möglich, eigene Alm. DZ/FR 64–80 €. Streda Merscia 27, ✆ 0471/836125, www.roterhahn.it.

Tablé apartments, vermittelt Ferienwohnungen im Hochabteital. Streda Col Alt 8, Corvara. ✆ 0471/830168, www.agenziatable.it.

In Kolfuschg ****** Kolfuschger Hof**, von der Terrasse des großen Hotelkomplexes blickt man auf die Sella, die vom Val de Mesdì wie durch ein Riesenmesser in zwei Teile getrennt wird. Hallenbad, Sauna, Dampfbad, Whirlpool und Fitnessraum, Liegewiese und kleiner Kinderspielplatz, gepflegte Zimmer mit tollem Blick, Internetanschluss. Attraktive Stuben mit schönen Kaminen. DZ/HP 216–700 €. Streda Rönn 7, ✆ 0471/836188, www.kolfuschgerhof.com.

*** Belvedere, etwas eigenwillig mutet es schon an, das Äußere des Hotels mit den beiden überkragenden oberen Stockwerken. Aber angenehm, v. a. in den renovierten Zimmern dieser beiden Stockwerke mit ihrer Belvedere-Aussicht. Sauna, Dampfbad und nebenan viel Grün sind auch nicht zu verachten. DZ/HP 160–360 €. Streda Rönn 8, ✆ 0471/836355, www.belvederealtabadia.it.

** Settsass, Familienpension mit schlichten Zimmern und einer Suite für 4 Pers. DZ/FR 80–180 €. Streda Sorà 11, ✆ 0471/836006, www.garnisettsass.it.

》》》 Mein Tipp: ******S Arthotel Cappella**, wenn Sie gerne in einer luxuriösen Kunstgalerie Urlaub machen möchten, bietet sich das Cappella an. V. a. die aus 14 Tafeln bestehende Gemäldeserie im Erdgeschoss, die Sagen des Hochabteitals illustriert, ist einen Kunstabstecher wert: Es sind Arbeiten *Alfred Rollers*, des Schöpfers aufsehenerregender Bühnenbilder an der Wiener Staatsoper unter Gustav Mahler. Außerdem gibt es in einer separaten Galerie Werke moderner Maler (u. a. Guttuso, De Chirico, Ligabue) und Bildhauer zu sehen. Und damit man nachts nicht ohne Kunst leben muss, wurden einige Zimmer mit Werken lokaler und international bekannter Maler geschmückt und/oder vom Designer *Matteo Thun* entworfen – tolle Einfälle für die Bäder. Aber auch alle anderen wurden äußerst stilvoll eingerichtet, u. a. von Rolando Moroder und Gyan Antaro, 47 individuell gestaltete Zimmer. DZ/HP 246–830 €. Streda Pecëi 17, ✆ 0471/836183, www.hotelcappella.com. **《《《**

** Haflingerhof, freundliches Apartmenthaus hoch oben am Ortsrand unter der Puezgruppe, 6 gemütliche Apartments für 2–6 Pers., kinderfreundlich. Apt. 52–110 € (2 Pers.). Streda Ruac 13, ✆ 0471/836323, www.haflingerhof.cc.

* Camping Colfosco, zwischen Corvara und Kolfuschg am Waldrand unter dem Sass Songher, guter Sanitärbereich. Okt./Nov. und Mitte April bis Mai geschl. Stellplatz und 2 Pers. ca. 25–40 €, auch Bungalows für 2 oder 4 Pers. (80–100/130–150 €). Streda Sorega 15, ☎ 0471/836515, www.camping colfosco.org.

In Stern/La Villa ******S La Majun**, das große, vorwiegend aus Lärchenholz erbaute Hotel verfügt über sehr komfortable Zimmer in minimalistischem Design, was alle Elemente betrifft, vom Stuhl übers Bett bis zur Deckenbeleuchtung und zum Hallenbad mit seiner Traumaussicht. 4 Zimmer wurden vom Weltklassedesigner *Philippe Starck* entworfen. Großer Wellnessbereich mit Hallenbad und Saunen von edel-schlichtem Design. DZ/HP 180–559 €. Streda Colz 59, ☎ 0471/847030, www.lamajun.it.

**** Cristallo, relativ moderner Bau, innen komfortabel, Weinbar und Smoking Room, schickes Restaurant, sehr schön mit Holz getäfelte Stube mit typisch ladinischem Heizofen, im Haus Sauna und Dampfbad. „Wanderhotel" mit eigenem Wanderbus, Liegewiese, Kinderspielplatz, großzügig geschnittenen Zimmern. DZ/HP 172–400 €, Suiten teurer. Streda Verda 3, ☎ 0471/847762, www.hotelcristallo-altabadia.it.

** Garni Miriam, von der Terrasse des Garni und von den Balkonen der Zimmer schaut man auf die gewaltigen Abstürze des Kreuzkofels jenseits des Gadertals. Große Wiese mit Kinderspielplatz. Einfache Zimmer, auch 4-Bett-Zimmer und Apartments. DZ/FR 60–150 €, Apt. (3 Pers.) 90–135 €. Streda Marin 96, ☎ 0471/847018, www.garni miriam.it.

In St. Kassian ******* Rosa Alpina**, modern, komfortabel, elegant ist das ganze Hotel vom Restaurant über die Zimmer bis zum Hallenbad mit Wellness- und Beauty-Bereich. Geräumige, individuell eingerichtete Zimmer, schicke neue Suiten, komplett ausgestattete „Penthouse Suite" (200 m²). 4 Restaurants, darunter seit 2018 ein 3-Sterne-Restaurant, in dem der Südtiroler Starkoch Norbert Niederkofler (auch Kochbuchautor) wirkt. Gepflegter Garten in herrlicher Landschaft. DZ/FR 350–750 €, Suiten teurer. Streda Micurà de Rü 20, ☎ 0471/849500, www.rosalpina.it.

*** La Stüa, gutes Hotel, Zimmer mit großen Balkonen, im Haus Sauna und Dampfbad, Hydromassage, einmal wöchentlich ladinisches Essen im rustikalen Kellerlokal. DZ/HP 116–276 €. Streda Micurà de Rü 31, ☎ 0471/849456, www.hotel-lastua.it.

Lüch da Pcëi, neu erbautes Haus im alten ladinischen Stil in exponierter Lage über der Hauptstraße, Spa, geräumige und stilvolle Zimmer sowie Apt. bis 4 Pers., tolles Frühstück, DZ/FR 50–90 €, Apt. 92–242 €, HP möglich mit Abendessen im nahen, dazugehörigen Restaurant La Sieja (plus 32 €/Pers.). Streda Pecëi 17, ☎ 0471/849286, www.luchdapcei.it. Der zugehörige Bauernhof Majun da Pcëi mit seinen 60 Milchkühen versorgt den Hofladen mit leckerem Käse, Feinkost gibt es aber auch. www.alta badialat.it.

*** Camping Sass Dlacia, 4 km außerhalb von St. Kassian mitten im Wald unter den Wänden der Fanes, die Wanderwege sind einen Katzensprung, der Skilift Armentarola 800 m entfernt. Gute Sanitäranlagen mit Warmwasser rund um die Uhr, kleiner Markt, Bar, Kinderspielpark und Apartments. Ganzjährig geöffnet! Stellplatz und 2 Pers. ca. 25–50 €, Apt. (2 Pers.) 65–95 €. ☎ 0471/849527, www.campingsassdlacia.it.

Essen & Trinken/Nachtleben

Die Gastronomie des Hochabteitals ist als besonders exklusiv bekannt, im kleinen Dorf St. Kassian gibt es allein zwei Restaurants mit Michelin-Sternen (St. Hubertus und La Siriola). Andererseits sind die meisten Lokale, ob bürgerlich, rustikal oder Pizzeria, recht durchschnittlich – nicht die Preise, die sind gesalzen. Unter dem Label Skifahren mit Genuss bieten seit ein paar Jahren einige Berghütten des Hochabteitales im Winter verschiedene kulinarische Veranstaltungen an bestimmten Tagen an, z. B. Gourmetmenü, Weinverkostung etc. Infos unter www.alta badia.org.

In Corvara **La Stüa de Michil**, Streda Col Alt 105, Restaurant des Hotels La Perla, rustikal-raffinierte Stube wie Speisekarte, ausgestattet mit antikem Mobiliar, die Küche ist europäische Spitze (1 Michelin-Stern, 2 Gault-Millau-Hauben). Weinkeller als Gralsburg mit dem beleuchteten Gral hinter Glas – anschauen! Menü ohne Tiroler Anleihen,

Alta Badia – das Hochabteital

viel Seefisch, 2 Gänge kaum unter 50 €; zum La Perla gehören auch direkt vor dem Haus eine Osteria, L'Murin, das Bistro La Perla, das vegetarische Restaurant Les Stües und der Gasthof Ladinia. So, Mi und Do Ruhetag, unbedingt reservieren. ✆ 0471/836132, www.hotel-laperla.it.

La Tambra, Streda Sassongher 2, Trattoria des gleichnamigen Hotels, vorzügliche italienische Küche mit Tiroler bzw. alpinem Einschlag – Hauptgericht ab 15 €, abends nach Karte kaum unter 40 €, Mo geschl. ✆ 0471/836281.

Zirmstube, Streda Col Alt 95, traditionelles Restaurant des Hotels Posta Zirm, bürgerlich, zivile Preise. Tagesmenü inkl. Kaffee und Grappa 35 €, abends ab 30 €. ✆ 0471/836175.

Fornella, Streda Rütort 1 (Pescosta), im Wintergarten und auf der Terrasse der Fornella gibt es gute Pizza, Bruschetta und einheimische Gerichte wie Schlutzkrapfen, empfehlenswert die Salatteller, Pizza bis 23 Uhr. ✆ 0471/836103.

Konditorei Tablè, Streda Col Alt 8, im Hotel Tablè, mit Terrasse, exquisit, nicht nur die verschiedenen Strudel, super-delikat sind Flockentorte und Aprikosenkuchen. Ambiente à la Fin de Siècle, sehenswert.

Chocolaterie, Streda Col Alt 47 im Hotel Villa Eden, die Schoko-Stube (Café-Konditorei) bietet alles, was mit Schokolade zu tun hat, von 30 Kakaospezialitäten über Schokofondue bis zum Schokoeis.

In Kolfuschg **Cappella**, Str. Pecëi 17, das Restaurant des Hotels Cappella steigert ganz erheblich den Nimbus des Hotels: es gehört zu den besten Südtirols (2 Gault-Millau-Hauben). Beste (und teuerste) Rohstoffe, innovative Verarbeitung, perfekte Präsentation und toller Service – daran kann man sich gewöhnen. Hauptgang ab ca. 29 €. ✆ 0471/836183, kein Ruhetag, Reservierung empfehlenswert.

La Stria, Streda Val 18, feines Restaurant nahe der Kirche. Erich Costa schrieb Kochgeschichte mit seiner berühmten Heusuppe, ansonsten mit mediterrane Anklänge wie sepiaschwarze Tortellini mit Polpo, 2 Gault-Millau-Hauben, 3 Gänge nicht unter 40 €. ✆ 0471/836620.

Luianta, Streda Pecëi 31, Restaurant mit ladinischer Küche, aber auch mediterrane und internationale Gerichte und gute Pizza, 2 Gänge 20–25 €. ✆ 0471/836005, www.luianta.it.

Im Gadertal

Tea Room, Café-Eissalon des Hotels Cappella (→ „Übernachten"), eigenes Eis, köstliche Süßspeisen, man blickt von der Terrasse auf die Sella.

In Stern/La Villa **La Tor**, Streda Colz 9, Restaurant/Pizzeria des Hotels Dolomit mit ladinischer und Südtiroler Küche, Holzofenpizza. Am Di ladinischer Abend mit Live-Musik. ✆ 0471/844091, www.la-tor.it.

La Bercia, Streda Colz 13, alteingesessene Pizzeria mit schönem Wintergarten (Blick auf den Heiligkreuzkofel!), neben den Pizzen gibt es die regionalen Nudel- und Knödelgerichte, aber auch klassische Fleischspeisen. ✆ 0471/847014.

In St. Kassian St. Hubertus, Streda Micurà de Rü 20, Restaurant des Hotels Rosa Alpina, Flaggschiff der Südtiroler Gastronomie mit 3 Michelin-Sternen und 4 Gault-Millau-Hauben (mit 19 von 20 Punkten – besser geht es nicht) als einziger Gastronomiebetrieb in Südtirol – perfektes kulinarisches Cross-over zwischen Italien und Alpen, das eigentlich typisch für die Südtiroler Küche ist, hier jedoch auf allerhöchstem Niveau umgesetzt von Norbert Niederkofler. Köstlich und im Mund zergehend: Rinderfilet, das in einer Kruste aus Salz und Bergheu gegart wurde. Menü ab 80 €, abends auch Degustationsmenüs mit/ohne Wein (8 Gänge ca. 195 €). Di Ruhetag (nicht Hochsaison). ✆ 0471/849500, www.rosalpina.it.

Café-Konditorei Ploner, Streda Micurà de Rü 24, Eisdiele, Kuchen, Panini, Snacks.

La Siriola, Streda Prè de Vi 31, im Hotel Ciasa Salares, 2 Michelin-Sterne, 3 Gault-Millau-Hauben (17 Punkte), perfekter Mix aus diskret-elegantem Ambiente, unauffälligkenntnisreichem Service und einer Küche auf hohem internationalem Niveau, für die Matteo Metullio, der jüngste Sternekoch Italiens, verantwortlich ist. Menü ab 90 €. Nur abends geöffnet, Mo sowie Okt./Nov. und von April bis Juni geschl. ✆ 0471/849445, www.ciasasalares.it.

Sehenswertes/Ausflüge

Corvara: Den besten Gesamteindruck bekommt man im oberen Ortsteil, wo die *Streda Col Alt* einen Bogen macht, um Höhe zu gewinnen. Man blickt durch den ganzen neuen Ort und hinüber auf den Hang von *Pescosta*, wo die Häuser jedes Jahr mehr werden. Darüber erhebt sich mit gewaltiger Wand der *Sass Songher*, dessen zeltähnlicher Gipfel die südöstliche Aussichtskanzel der Puezgruppe bildet. Diese großartige Lage ist aber auch das Haupt-Ass von Corvara, sie nutzt auch der Golfplatz etwas oberhalb an der Straße zum Campolongo-Pass. Ansonsten ist Corvara ziemlich dröge mit Pseudo-Tiroler Einheitsarchitektur mit oftmals aufgesetzt wirkenden Dekors, unnötigen Balkonen und viel asphaltierten Freiflächen. Das Hotelniveau ist hoch, das Angebot gut und teuer, wen der Ort ästhetisch nicht anspricht, der kann ja jederzeit in die Natur ausweichen. Einen Blick ist die alte *Kirche* wert (die neue ist ein typischer Bau der 50er-Jahre), nicht mehr als eine Kapelle. Ihr Flügelaltar von 1520 besitzt ein der Donauschule (ein Schüler Albrecht Altdorfers?) zugeschriebenes Bild mit der Enthauptung der hl. Katharina.

Ein besonders hübscher Weg (Tafel „Grödnerjoch") führt von der Talstation der Boè-Seilbahn in Corvara zu den *Pisciadù-Wasserfällen* und zum Ausgang des Val de Mesdì. Von dort geht es über blumenreiche Wiesen nach Kolfuschg (Weg 650) mit tollen Blicken auf den Sass Songher.

Corvara im Alta Badia, überragt vom Sass Songher

Alta Badia – das Hochabteital 555

Kolfuschg: Während Corvara nach Norden schaut, bietet Kolfuschg sonnige Südlage und Blick auf die imponierende, bis zu 1000 m hohe und fast senkrechte Nordflanke der Sellagruppe. Das auf 1650 m liegende alte Dorf ist im Kreis der Neubauten kaum noch auszumachen. Dass das heute gut erreichbare Kolfuschg einmal total isoliert war, mag man kaum glauben: Bis ins späte 19. Jh. gab es keine Straße durch das Gadertal, der Ort hatte keine eigene Pfarre, sondern war von Lajen im Eisacktal abhängig (wie das gesamte Grödner Tal). Dorthin gab es aber keine Straße, sondern bis zum Bau der Straße übers Grödner Joch (erst um 1970 voll ausgebaut) nur einen Saumweg. Als Kolfuschg dann an die Gadertalstraße angebunden wurde, kam es verwaltungstechnisch zu Buchenstein jenseits des Campolongopasses, über den bereits seit 1901 eine Fahrstraße führt.

Sehenswert ist die *Kirche des hl. Vigil,* spätgotisch mit Spitzbogenfenstern und einer kleinen barocken Zwiebelhaube. Die eine oder andere altladinische *Ciasa* mit Steinmauerwerk im Erdgeschoss und teilweise hölzerner Außenverkleidung (zur Isolierung) steht noch im alten Dorf, einige alte *Majun,* die einfachen Heustadel, in den umgebenden Heuwiesen.

Die Sellagruppe: Eine Sella-Umrundung ist für Autofahrer, Motorradfahrer, Rennradfahrer, Wanderer und Skifahrer die größte Herausforderung. Das mächtige, im

Piz Boè bis zu 3152 m hohe Massiv liegt mitten in Ladinien, bis auf das Ampezzo haben alle ladinischen Täler hier ihren Ursprung. Gewaltige, an den meisten Stellen nur durch Kletterrouten und versicherte Klettersteige bezwingbare Wände umgeben ein wild bewegtes, zerrissenes Hochplateau. Karst prägt die Region, also kein fließendes Wasser, meist sehr karge Vegetation, heller Kalkstein, dessen Schichten und Banken im Aufriss der Sella immer noch gut zu sehen sind. Kein Wanderland, wer sich auf die Sella traut, sollte Bergsteiger sein und entsprechende Ausrüstung bei sich haben. Von Norden bildet die *Boè-Seilbahn* ab Corvara eine einfache Möglichkeit auch für Nicht-Bergsteiger ins Gebirge zu kommen, vom Süden her bietet die Seilbahn vom Pass Pordoi auf den Sass Pordoi ähnliche Möglichkeiten.

Auf dem Passo di Campolongo: Die weiche Almlandschaft um den ins Agordino nach Arabba (Buchenstein) führenden Pass ist ein angenehmes Wandergebiet mit einer ganzen Reihe bewirtschafteter Almen und Schutzhütten. Im Winter verwandelt sich die Landschaft in einen wahren Skizirkus, der keine großen Anforderungen stellt und somit für Familien und weniger geübte Skifahrer geeignet ist. Wanderweg 636, einer der eindrucksvollsten Anstiege auf den Sellastock, beginnt direkt am Pass.

Die Puezgruppe: Der auf Corvara blickende *Sass Songher* (2665 m) ist nur eine Aussichtskanzel des riesigen dahinterliegenden Plateaus der Puezgruppe. Dieses Bergland teilen sich Grödner Tal, Hochabteital und Villnösser Tal, die Zugänge vom Hochabteital sind vom Grödner Joch, von Kolfuschg und von Stern/La Villa. Trotz der Nähe zu den Touristenhochburgen ist es in weiten Bereichen des Plateaus einsam – die Sella gegenüber ist einfach populärer.

Die neue Seilbahn Plans – Frara von Kolfuschg ist nun der einfachste und vor allem schnellste Aufstieg bis unter die Felswände der Puezgruppe. Bei der meist umlagerten Hütte Ütia Jimmy (Haus-Grappa probieren) beginnt der viel begangene Aufstieg zur Puezhütte, aber auch der ungemein aussichtsreiche und leicht zu gehende Wanderweg durch die blumenreichen Bergwiesen am Fuß der Felswände, der bei der Edelweißhütte oberhalb von Kolfuschg in den Weg auf den Sass Songher mündet.

Puezgruppe mit Ansitz Ciastel Colz in Stern/La Villa

Ein fantastischer Halbtagesausflug auch für nicht sonderlich bergversierte Wanderer. Zur Puezgruppe siehe auch Villnösser Tal und Grödner Tal, zum Naturpark Puez-Geisler → S. 573.

Seilbahn Plans – Frara (mit Mittelstation/Umsteigen) von Kolfuschg bis oberhalb Grödner Joch auf 2222 m, einfach ca. 12,10 €, Berg/Tal 17,30 €, ✆ 0471/836466.

Ütia Jimmy (2220 m), besser bekannt als Jimmy-Hütte, urgemütlich und sehr beliebt, Essen wird gelobt, ✆ 333/4332266, www.jimmyhuette.com.

Ütia Edelweiß (1832 m), Restaurant und Pizzeria, ✆ 0471/836024, www.edelweisshuette.com.

Stern/La Villa/La Ila: Im alten Dorf oberhalb der Straße hat sich wenig verändert, nur wenige Häuser stehen zwischen der Kirche und dem *Ansitz Ciastel Colz* aus der Renaissance. Der Blick auf die Fanesgruppe, die sich vom Dorf mit Conturinesspitze (rechts, 3064 m), Lavarella (Mitte, 3055 m) und der Felswand nach Norden Richtung Kreuzkofel (links) präsentiert, ist umwerfend. Der Publikumsmagnet ist die Seilbahn auf den *Piz La Ila*, die Umlaufbahn kann bis zu 2200 Personen pro Stunde transportieren. Das ist v. a. im Winter wichtig, wenn z. B. im Dezember das *Weltcuprennen* auf der berühmten schwarzen Piste „Gran Risa" stattfindet.

Das Ski- und Wanderparadies Pralongià: „Gran Risa" nennt sich die berühmteste Piste des Hochabteitals, das ist die schwarze Abfahrtspiste vom Piz La Ila hinunter nach Stern. Der berühmte Skirennfahrer *Alberto Tomba* („Tomba la Bomba", so wurde er wegen seines, sagen wir mal, stämmigen Aussehens auch genannt) konnte hier achtmal auf dem Treppchen stehen. Der Weltcup-Skizirkus macht in der Vorweihnachtszeit hier Halt. Im Sommer ist das Gebiet zwischen der Bergstation auf dem Piz La Ila und dem Pralongià-Kamm ein **Familienwandergebiet**: Wiesen und Weiden wohin das Auge schaut, viel Wasser zum Planschen, keine gefährlichen Stellen. Und Hütten mit Verpflegung in kindgerechten Abständen!

Club Moritzino, 2100 m, die Edelhütte auf dem Piz La Ila ist ein Prominenten- und Schickimickitreff, das Essen ist fein (Grödner und Südtiroler Küche), aber wohl eher Nebensache. Pralongià, St. Kassian, ℡ 0471/847403, www.moritzino.it.

St. Kassian und das Kassianer Tal

Das **Kassianer Tal** zieht sich von Stern/La Villa über den Hauptort **St. Kassian** und den Weiler *Armentarola* bis hinauf unter die Wände des Lagazuoi im äußersten Süden der Fanesgruppe, wo man am Passo di Valparola (2168 m) den höchsten Punkt erreicht – der Falzàrego-Pass ist nur noch 2 km entfernt. Die Hotellerie in St. Kassian kann sich mit der wesentlich größerer Orte messen, an Wandermöglichkeiten fehlt es nicht: Fanesgruppe, Puezgruppe, die Sellagruppe um die Ecke, direkter Lift ins Wanderparadies Pralongià, nach Cortina 1 Std. Autofahrt ... Im Ort lohnt das **Ladinische Museum**, ein Höhlenbärenskelett aus der Conturineshöhle in der Fanesgruppe ist die größte Attraktion.

Museum Museum Ladin Ursus ladinicus, Streda Micurà de Rü 26. Mineralien- und Fossilienmuseum mit den Knochen, Zähnen und dem Schädel eines 40.000 Jahre alten Höhlenbären (des „Ursus ladinicus"). Ostern bis Ende Okt. Di–Fr 10–17, So 14–18 Uhr, Juli/Aug. Mo–Sa 10–18, So 14–18 Uhr, Ende Dez. bis Mitte Jan. tgl. 15–19 Uhr, Jan. bis Ostern Do–Sa 15–19 Uhr, Eintritt 8 €, Familien 16 €, der Eintritt schließt auch den ins Museum Ladin Ćiastel de Tor in St. Martin in Thurn ein. ℡ 0474/524020, www.museumladin.it.

Ausflug/Hütte Rifugio Scotoni, 2040 m, gemütliche, im Winter und Sommer geöffnete Schutzhütte auf dem Weg von Stern zum Lagazuoi, 45 Min. Fußweg vom Parkplatz an der Capanna Alpina (Stichstraße), gute Hausmannskost, hübsche Mehrbettzimmer. ℡ 0471/847330, www.scotoni.it.

Abenddämmerung hoch über dem Kassianer Tal, gesehen vom Lagazuoi-Gipfel

Das mittlere Gadertal

Das mittlere Gadertal zwischen Stern/La Villa und St. Martin in Thurn ist neben Buchenstein das ursprünglichste der ladinischen Täler. Das trifft nicht so sehr auf die Talstraße zu als auf die kleinen Dörfer weiter oben und die vielen Viles, die ladinischen Weiler.

Die Siedlungen *Pedratsches* und *St. Leonhard* – beide zusammen verwirrenderweise oft **Abtei/Badia** genannt –, **Wengen/La Val** und **St. Martin in Thurn** sind die Zentren eines weit verstreuten Siedlungsraums, der bis hoch hinauf unter die Felswände von Heiligkreuzkofel und Peitlerkofel reicht. Hier haben sich Bräuche und Fertigkeiten erhalten, die anderswo selten geworden sind: Noch wird die Kunstweberei von einigen Familien betrieben. Der Speck kommt meist aus der eigenen Räucherkammer. Wallfahrten wie diejenige vom Kloster Säben in Klausen werden wie seit Jahrhunderten zu Fuß unternommen. **St. Leonhard** veranstaltet noch immer seinen Leonhardiritt zu Ehren des Ortspatrons. Im **Val di Morins** kann man zusehen, wie bis vor Kurzem Korn gemahlen wurde. Und in den Küchen der Bäuerinnen wird konsequent gekocht, was seit Jahrhunderten auf dem Speisezettel stand. Eine Region für Nostalgiker, die gerne zu Fuß, mit dem Mountainbike, zu Pferd (die Pferdezucht ist ein Standbein der Landwirtschaft im Tal) unterwegs sind.

Seit der Heiligsprechung des Paters Josef Freinademetz aus Oies bei St. Leonhard im Oktober 2003 ist das mittlere Gadertal um ein Touristenziel reicher, denn nicht nur Gläubige wollen sehen, wo der „chinesische Heilige" zur Welt kam. Sogar einen Meditationsweg zum Leben des Heiligen gibt es bereits ...

Informationen zu Abtei, Wengen und St. Martin in Thurn durch den **Tourismusverband Alta Badia** (→ „Hochabteital", S. 545), über Enneberg durch den **Tourismusverband Kronplatz** (→ S. 490).

Abtei/Badia Ortsteile Pedratsches/Pedraces und St. Leonhard

Das Abteital weitet sich bei Pedratsches ein wenig, genug um zwei Orten Raum zu geben: Pedratsches an der Straße und St. Leonhard am östlichen Hang unter den gewaltigen Abstürzen des Heiligkreuzkofels, an dessen Fuß die alte *Kirche des Heiligen Kreuzes* mit Pilgerhospiz steht. *Viles* liegen verstreut in den Wiesen und Weiden. Einige scheinen noch immer im 19. Jh. zu leben, so wenig berührten sie die Veränderungen, die Südtirol seither überzogen haben.

Information Tourismusverein, I-39036 Pedraces, Streda Pedraces 29/A, Mo–Sa 8.30–12/16–19, So/Fei 10–12 Uhr (Aug. 10–12/16–18 Uhr), ✆ 0471/839695, www.altabadia.org.

Verbindungen Taxi: Taxi Badia, ✆ 335/737 3981, www.taxibadia.it.

Feste & Veranstaltungen Leonhardi-Ritt in St. Leonhard am 1. oder 2. Sonntag im November zu Ehren des Viehpatrons St. Leonhard.

Wintersport Skischule Pedraces, in Pedratsches (Nähe Talstraße), ✆ 0471/839648, www.scuolascibadia.it.

Übernachten/Essen *** **Hotel Lech da Sompunt**, freundliches Hotel direkt am kleinen See Sompunt, idyllisch gelegen: vorne See, hinten Wald, großer Spielplatz, eigene Konditorei/Eisdiele, Restaurant mit ladinischer Küche, am Do ladinischer Abend, frische Forellen. Sauna, Dampfbad, Fitnessraum, Zimmer mit Balkon, DZ/HP 150–300 €. Streda Sompunt 36, ✆ 0471/847015, www.lechdasompunt.it.

** **La Müda**, gleich nach der S-Kurve durch das Gadertal und noch vor der Talstation der Heiligkreuzbahn nach rechts. Am Ende der Straße liegt die ruhige, familiäre, nette

Pension mit Liegewiese, Zimmern mit Balkon und guter Küche. DZ/HP 130–184 €. St. Leonhard, Streda La Müda 13, ℘ 0471/839698, www.lamuda.it.

Badia Pub, Guinness vom Fass im schön altmodischen Bierheber am modernen Tresen, alte Fotos an der Wand, freundliche Bedienung. Es wird wohl nicht bei einem Bier bleiben (auch Snacks und Pizzen sind zu bekommen). Raucherzimmer im Wintergarten. Streda Pedraces 52, ℘ 389/6836901.

》》 Mein Tipp: Maso Runch, Streda Runch 11. Maria Nagler serviert im Weiler Runch (Rungg) oberhalb von Pedratsches bäuerliche Kost von der Gerstlsuppe mit Schweinefleisch oder als „Tutres e cajincì arstis" (Teigtaschen mit Spinat-Ricotta-Füllung) über die Knödel bis zu Gulasch mit Polenta und Strudel, komplettes Menü mit 6 Gängen 32 €. Unbedingt reservieren, ℘ 0471/839796, www.masorunch.it. 《《

Sehenswertes/Ausflüge

Pfarrkirche St. Leonhard in St. Leonhard: Im Dorf oberhalb von Pedratsches fällt die große Kirche auf, sie ist dem Viehpatron Leonhard gewidmet, einem der wichtigsten Heiligen für die Bauern des süddeutsch-österreichischen Raums. Reiche Rokokoausstattung von *Franz Singer* und *Matthäus Günther,* unbedingt anschauen! Schöner Blick auf die Kirche und die Puezgruppe im Hintergrund vom kleinen Spielplatz mit künstlichem Teich weiter oben.

Der Leonhardi-Ritt

Die Kirche des Viehpatrons im Ort St. Leonhard, dem sie den Namen gegeben hat, war früher am Leonharditag im November ein sehr wichtiges bäuerliches Pilgerziel. Wer sonst konnte die Krankheit vom Vieh abwehren und die Unfälle auf den Almen, wenn nicht der hl. Leonhard? Während der Messe am Leonharditag geweihte Objekte, z. B. kleine, aus Eisen gefertigte Modelle von Rind und Pferd, Ziege und Schaf, konnten Krankheit und Unfall abwehren. Wahrscheinlich entstand der an vielen anderen Orten mit demselben Patron (Bad Tölz) übliche Leonhardi-Ritt, weil die meisten Bauern mit dem Pferd zur Messe ritten oder Pferde vor den Karren gespannt hatten, auf dem sie mit Familie und Gesinde saßen. Der Leonhardi-Ritt am 1. oder 2. Sonntag im November ist immer noch eine Prozession, vorne Priester und Ministranten, Fahnen und Musikkorps samt Marketenderinnen, dann der Zug der reich geschmückten Pferde und Reiter. Bei dem späten Termin passiert es immer wieder, dass die Pferde im Schnee traben, dann werden Pferdeschlitten eingesetzt. Der Umzug findet nach der Messe in der Pfarrkirche von St. Leonhard mit ihrem prachtvollen barocken Innenraum statt. Umzug, Bauernmarkt, Blasmusik, Tanz, die Gasthöfe kochen ihr feinstes und traditionellstes ladinisches Essen – eben ein Volksfest. Wie schön, dass nicht nur der Sommer Feste bringt.

Wanderung zur Wallfahrtskirche und dem Hospiz Heiligkreuz: Die Kirche auf 2045 m, 1484 errichtet unter Bischof Konrad von Brixen, wurde im Barock erweitert, und ein Turm wurde angebaut. Das ehemalige Hospiz, in dem früher die Pilger nächtigten, wird heute als Schutzhütte geführt. Der Wirt ist gleichzeitig Mesner der Kirche und Koch, probieren Sie seine rustikalen Gerichte (Kaiserschmarrn!). Mit dem Sessellift von St. Leonhard geht es bis auf 1841 m, ab dort steiler Fußweg auf dem alten Kreuzweg (hin/zurück ca. 1:30 Std.).

Essen Schutzhütte Heiligkreuz (Rif. S. Croce), 2045 m, Pedratsches, altehrwürdiges Ambiente (Steinboden), rustikale Küche, Südtiroler Weine. ☎ 0471/839632, www.lacrusc.com.

Auf den Heiligkreuzkofel und die Conturinesspitze Der nicht unbedingt sicher ausgebaute, ausgesetzte Weg auf den Heiligkreuzkofel (2907 m) wurde mit guten Metallseilen ausgestattet. Der Aufstieg auf die Conturinesspitze (3064 m), ein relativ einfacher Klettersteig, wurde ebenfalls neu gebaut und mit Metallversicherungen (früher Holzstufen) versehen.

Geburtshaus des hl. Josef Freinademetz in Oies: Von St. Leonhard kann man mit dem Auto oder zu Fuß auf dem Meditationsweg zum Geburtshaus des 2003 heiliggesprochenen Paters Josef Freinademetz (1852–1908) wallfahren. Der damalige Papst Benedikt XVI. war während seines Südtirolurlaubs 2008 in Oies, ein Ereignis, das 4000 Pilger in den Ort brachte. Der Gadertaler wirkte ab 1881 als Missionar in China. Er war wohl auch deshalb erfolgreich, weil er sich nicht nur chinesisch kleidete und die Sprache sprach, sondern sich auch in seiner Lebensführung anpasste. In Oies steht sein schlichtes Geburtshaus, daneben eine neue Kapelle.

Broschüre in der Touristinformation Pedraces; Geburtshaus: Oies 6, tgl. 8–20 Uhr, ☎ 0471/839635, www.freinademetz.it.

Wengen/La Val

Das Dorf Wengen hat sich die Sonnenseite eines Nebentals ausgesucht, auch jeder einzelne der ladinischen *Viles* bekommt Sonne, kein einziger liegt am schattigen Hang südlich des Orts. Die Weiler von Wengen machen den Ort aus, das Zentrum selbst ist nicht größer. Wer hier den Sommerurlaub verbringt, lernt wieder, mit Ruhe umzugehen.

Information Tourismusverein Wengen/La Val, Pro Loco und Bank im Gemeindehaus, San Senese 1, Mo–Sa 8.30–12/15.30–18.30 Uhr. ☎ 0471/843072, www.altabadia.org.

Verbindungen Bus von/nach Bruneck und ins Hochabteital häufig, lokaler Bus Wengen – St. Martin – Campill 6x tgl., 3x weiter zum Würzjoch.

Taxi: Fa. Ploner in Pederoa, ☎ 335/8219145.

Einkaufen Kunstweberei: Nagler in der Handwerkerzone 13 in Pederoa, es werden traditionelle Stoffe hergestellt. Bei der Arbeit an den alten Webstühlen kann man zuschauen. Für Vorführungen vorher anrufen unter ☎ 0471/843188, www.tessituranagler.com.

Übernachten/Essen ***S Alpenrose**, bei der Kirche unterhalb der Ortsstraße, von den Balkonen Blick auf die Kirche oder das Gadertal, ladinischer Abend und Grillfeste, im Restaurant Südtiroler Küche, Sauna, Dampfbad, Massage. Gute Zimmer mit Balkon. DZ/HP 104–166 €. San Senese 11, ☎ 0471/843136, www.alpenrosehotel.it.

***S Pider**, kurz nach der Kirche, Gasthof mit einheimischer Küche (Speck, Gerstensuppe, Tirteln, Schlutzkrapfen). Sauna, Dampfbad, Whirlpool, im Untergeschoss „Bowling-Bar" mit Kegelbahn, E-MTB-Verleih und geführte Touren. Zimmer nach vorne mit toller Aussicht. DZ/HP 120–180 €. San Senese 22, ☎ 0471/843129, www.pider.info.

Maierhof, wunderschöner alter ladinischer Hof in typischer Steinbauweise im alten Weiler am Ende des Tals und der Straße, herrliches Panorama. Die Familie Rubatscher bietet Urlaub auf dem Bauernhof in 4 gemütlichen Apartments, Ausflüge auf die eigene Alm. Apt. für 2–4 Pers. 50–140 €. Streda Colz 4, ☎ 0471/843171, www.maierhof.it.

Lüch Miribung, Familie Miribung vermietet im Weiler Miribun etwas oberhalb von Wengen im neuen Haus 2 schöne Apartments für 2–4 Personen, sehr freundlich, herrlicher Blick vom Balkon. Apt. (2 Pers.) 44–58 €. Miribun 1, ☎ 0471/843255, www.miribunghof.it.

Soví, Privatzimmer im hübschen Neubau in Soví an der Straße nach Aiarëi (im Gadertal), ruhig, einsam, Wiesen und Wald, mit viel Holz angenehm neugestaltete Zimmer. DZ/HP 120–140 €. Streda Soví 1, ☎ 0471/843-349, www.hofsovi.it.

Trafói, Pederoa 30, Gaststube im Tiroler Stil, Holzofenpizza. ☎ 0471/843024, Mo Ruhetag, www.trafoei.com.

Sehenswertes/Ausflüge

Wengen und seine Viles: Wengen/La Val ist immer noch ein Dorf und Zentrum der Weiler im Tal des Rü de Ciampló mit Kirche (nur der Turm ist alt), Gasthaus, Rathaus und Post. Das eigentliche ladinische La Val sind aber die *Viles*, die rund um den Kirchort über den Hang verstreut sind, von **Pederoa** im Gadertal sind es **Ciampló** und **Lunz**, höher liegen **Runch** mit seinem gotischen Hof ohne Holzaufbau, in dem ehemals das Gericht tagte, **Ciablun**, **Miribun**, **Tolpëi**, keiner hat mehr als 10 Häuser, viele sind noch alt. Wer durch diese alte Kulturlandschaft wandert, die Bauernwege nimmt und mit den Leuten ins Gespräch kommt, wird eine Reise in die Vergangenheit tun.

Die Viles des Gadertals

Aus dem deutschsprachigen Tiroler Raum, etwa dem Pustertal, kennt man die isoliert gelegenen Paarhöfe, seltener liegen zwei Höfe nebeneinander, Ergebnis der Bevölkerungsexplosion im 17. Jh., als viele Höfe geteilt wurden. Wie bei den Deutschtirolern sind die Höfe Paarhöfe, bestehen also aus zwei Bauten, dem Wohn- und dem Wirtschaftstrakt. Aber nur im Ladinischen gibt es Weiler mit sieben, acht, sogar zehn dicht aneinander gebauten Paarhöfen. Besonders gut haben sie sich im Gadertal erhalten, wo sie heute noch die charakteristische Siedlungsform darstellen. Warum die Ladiner so siedelten und die Deutschtiroler anders, weiß man nicht. Ansonsten sind beide Gruppen kulturell einander so ähnlich, dass man sie ohne die unterschiedlichen Sprachen kaum auseinander halten könnte. Doch die Viles sind unverwechselbar: Brunnen und Backofen in der Mitte, eng die Häuser mit schmalen Durchgängen dazwischen, Bänke, damit man nach der Arbeit miteinander schwatzen kann. Die Häuser haben unten einen Stein-, darüber den Holzbau, der weit überkragt und zusätzliche Intimität schafft, ein Söller umgibt den Holzaufbau, darin konnte man die Ernte trocken und an der frischen Luft aufbewahren, bis sie nachgereift war. Die Holzflächen sind häufig mit Schnitzereien verziert, auf vielen verputzten Steinwänden sind Fresken mit Heiligen zu sehen, meist die Gottesmutter mit Kind. Fensterstöcke und Wände sind oft mit geometrischen Sgraffiti dekoriert, wie sie mit der Renaissance auch in bäuerlichen Gebieten üblich wurden. Die Wirtschaftsbauten stehen so am Hang bzw. sind so in ihn hineingebaut, dass an der Rückseite eine Brücke in den ersten Stock führt, in dem das Heu aufbewahrt wird, wogegen sich im Erdgeschoss der Stall befindet. Meist ist auch ein Kapellchen zu finden, und rundum stehen in vielen Viles noch die Harpfen, die überdimensionalen Gerüste zum Trocknen der Favas (Saubohnen) im Herbst.

Tour 24: Wanderung von Wengen durch die Viles

Tour-Info: Dauer ca. 2–2:30 Std., 150 Höhenmeter. Karte: Tabacco (1:25.000) Blatt 7.

Eine besonders schöne kleine Wanderung führt von Wengen hinauf nach Cians (Straße), in der letzten Rechtskurve nach links auf Weg 4 durch Wald zum völlig isoliert gelegenen Weiler Ciampëi, wo es ein komplett aus Holz errichtetes Wohnhaus zu sehen gibt. Vom oberen Dorfende geht es nach rechts durch Wiesen bergan und knapp unterhalb von Biëi zum Weiler Runch mit seinem gotischen Steinhaus, dem früheren Gerichtsgebäude. Von dort ohne Richtungsänderung auf dem Sträßchen nach Ciablun und Tolpëi, hier biegt man scharf rechts auf einen Fahrweg ein, der im Bachtal endet. Nach dem Brückchen über den Bach führt ein nicht markierter Weg weiter, auf dem man zum Wanderweg 6 und zu einem aussichtsreichen Kapellchen gelangt. Wengen sieht man dann schon schräg unter sich liegen.

Essen & Trinken Lüch de Survisc, Cians 13, Hofschank mit Speck, gefüllten Teigtaschen, diverse Mehlspeisen (Apfelkiechl) – nur auf Vorbestellung Menü (25 €): 0471/843149, www.survischof.bz. Der **Hof Ciablun** ist ebenfalls ein Hofschank mit hervorragender ladinischer Tiroler Küche (Spezialitäten vom Angusrind aus eigener Herde), So geschl. Ciablun 1, 349/8360496, www.ciablun.it.

St. Martin in Thurn/San Martin de Tor/ San Martino in Badia

Zwei Täler münden unterhalb von Wengen von Westen her ins Gadertal, das Campilltal und das Tal von Untermoi (Antermoia), zwischen ihnen liegt der locker über einen grünen Hügel verstreute Ort St. Martin in Thurn. Hier hatten die Brixner Fürstbischöfe ihren Verwaltungssitz für den Besitz im Gadertal. Das großartige *Schloss Thurn*, in dem heute das **Ladinische Museum** untergebracht ist, legt davon Zeugnis ab. Im Ort und in den Tälern geht es geruhsam zu. Wer mehr erfahren will über das Leben in den ladinischen Orten, in den oft sehr einsam gelegenen *Viles*, hat hier eine letzte Gelegenheit.

Information Tourismusverein, St. Martin ist wie Wengen, obwohl zum ladinischen Sprachgebiet gehörend, Mitglied des Tourismusverbandes Kronplatz (→ S. 491). I-39030 St. Martin, Tor-Str. 18, 0474/523175, www.sanmartin.it.

Feste & Veranstaltungen Mühlenfest im Aug. an den Mühlen des Val di Morins mit Verkostung in den Weilern Sères und Miscì.

Bauernmarkt in Campill (Longiarü) an 4 Tagen im Juli/Aug.

Reiten Sitting Bull Ranch in Longiarü, 0474/590160.

Wintersport Durch eine Skischaukel ist St. Martin in Thurn vom Ortsteil Piccolein

St. Martin in Thurn

mit Enneberg/Marebbe und damit mit dem Skizirkus Kronplatz verbunden.

Übernachten/Essen *** **Dasser**, alteingesessener Gasthof im Ort, schöner alter Steinbau (16. Jh.), gemütliche Zimmer, Mountainbikeverleih. DZ/HP 114–158 €. Streda Toer 20, ✆ 0474/523120, www.dasser.it.

Tlisörahof Speckstube, nicht nur bäuerliche Kost in der Speckstube, sondern auch gemütliche, holzbetonte Zimmer für Urlaub auf dem Bauernhof. DZ/HP 96–120 €, 1 Apt. (2–5 Pers.) 22–28 €/Pers. Streda Sères – Miscì 17, ✆ 0474/590145, www.tlisora.it.

Lüch de Vanc, Hausmannskost in der Stube eines Bauernhofs von Tirolerknödeln über Gulasch zur Buchweizentorte. Einfache Zimmer, fürs Restaurant vorbestellen. DZ/HP 100–120 €, Apt. (4–5 Pers.) 25–30 €/Pers. Streda Sères – Miscì 22, ✆ 0474/590 108, www.vanc.it.

Sehenswertes/Ausflüge

Ladinisches Museum im Schloss Thurn (Ćiastel de Tor): Das Landesmuseum besteht seit 2001 und ist ein unbedingtes Besichtigungsmuss, wenn man mehr über Ladinien und die Ladiner erfahren will. Die Landschaft zwischen Peitlerkofel und Sennesalpe, die historische Burg mit ihrem romanischen Baukörper, dem großen Bergfried und den vielen späteren Bauerweiterungen ist ein idealer Standort. Wo früher die Vögte der Brixner Fürstbischöfe deren Besitz im Gadertal verwalteten, dürfen wir heute einen fundierten Blick in Geschichte, Kultur und Lebensraum der Dolomitenladiner werfen, in (Ladinisch) *Natöra y cultura tles Dolomites*. Vier Stockwerke der Burg und der massive Bergfried sind zu besichtigen. Am interessantesten sind die Sparten *Kunsthandwerk* mit einer kompletten Puppenmacherwerkstatt, die *geologische Abteilung* mit Mineralien und Fossilien aus den Dolomiten, die als Ganzes hierher versetzte *Bauernstube* und schließlich die Abteilung zur *Sprache der Ladiner*, gut multimedial ausgestattet mit mehreren PCs. An das Museum ist das ladinische Kulturinstitut *Micurà de Rü* angeschlossen.

Museum Ladin Ćiastel de Tor: Ostern bis Ende Okt. Di–Fr 10–17, So 14–18 Uhr, Juli/Aug. Mo–Sa 10–18, So 14–18 Uhr, Ende Dez. bis Mitte Jan. tgl. 15–19 Uhr, Jan. bis Ostern Do–Sa 15–19 Uhr, Eintritt 8 €, Familien 16 €, der Eintritt schließt auch den ins Museum Ladin Ursus ladinicus in St. Kassian ein. Kinder (4–10 Jahre, in Begleitung der Eltern) werden an Donnerstagnachmittagen im Sommer altersgerecht mit dem Museum bekannt gemacht: Geschichten werden erzählt, das Museum wird spielerisch erschlossen. Am Freitagvormittag gibt es einen Ladinischkurs für Gäste in Zusammenarbeit mit dem Ladinischen Kulturinstitut. Anmeldung für beide Veranstaltungen unter ✆ 0474/524020. www.museumladin.it.

Das Campilltal (Longiarü/Lungiarü) und das Val di Morins: Das stille Campilltal ist ideal für Menschen, die im Urlaub Ruhe suchen. Sehr interessant ist das Teilstück *Val di Morins* (Mühlental), ein Museum unter freiem Himmel. Entlang dem Sèresbach haben die Bauern Wassermühlen gebaut, in denen früher das Korn gemahlen wurde. Heute wird hier oben kein Korn mehr angebaut, die Bauern haben auf Viehzucht umgestellt, die Felder sind verschwunden. Die Mühlen stehen noch und dank EU-Geldern sind sie hervorragend in Schuss und denkmalgeschützt. Ein idyllischer Spaziergang führt als **Rundweg** den Bach entlang und an den zehn Mühlen (davon zwei Doppelmühlen) vorbei. Er beginnt in **Sères** auf 1568 m am Ende der durch das Tal führenden Straße und führt bergan bis auf ca. 1730 m, dabei werden alle Mühlen berührt, auf dem Rückweg kommt man durch **Miscì**. Die beiden eng gebauten Viles Sères und Miscì gehören zu den ursprünglichsten und eindrucksvollsten des Gadertals. Im Sommer wird ab und an in einer der Mühlen Korn gemahlen, Infos bei der Auskunft in St. Martin, dort ist auch ein erklärender Faltprospekt erhältlich.

Mit dem Rad in Richtung Brixen: Von St. Martin in Thurn führt eine Straße hinüber zur Plose und nach Brixen. Sie passiert den kleinen Ort **Untermoi/Antermoia**, bevor sie das **Würzjoch** (2006 m) erreicht, den Pass zwischen Gadertal und Eisacktal mit Prachtblick auf die Nordabstürze des Peitlerkofels. Über das oberste Lüsner Tal und das Halsl (1867 m) führt sie nach einer Gabelung weiter nach Villnöss (links) und Afers bzw. Brixen (rechts). Die Strecke ist landschaftlich ausgesprochen lohnend.

*** **Ütia de Börz**, Gasthof auf dem Würzjoch, moderner Holzbau im alten Stil mit schönen Zimmern und 3 gemütlichen Familienzimmern, gutes Restaurant, Terrasse mit Panoramablick. Tagsüber wegen der Straße etwas laut (Motorräder). DZ/HP 140–180 €. Streda Börz 26, ✆ 0471/520066, www.wuerzjoch.com.

Wellness im Bauernbadl

Bad Valdander bei Untermoi ist eines der ganz wenigen Südtiroler Bauernbadln, die das 20. Jh. überlebt haben, ein Teil der alten Bausubstanz ist noch erhalten. In einem engen, kühlen Waldtal auf der entgegengesetzten Seite des Untermoitals liegt das seit 1820 bestehende Bad mit seinem an Kalzium, Schwefel und Fluor reichen Wasser. Das Wasser ist weich, schmeckt leicht salzig und etwas bitter und hilft bei Frauenleiden und chronischen Gelenkerkrankungen.

** **Gasthof Al Bagn Valdander**, einfache Zimmer, Trinkkur, traditionelle Gasthausküche. DZ/FR 74–88 €. Untermoi/Antermoia 9, Str. Valdander 21, ✆ 0474/520005, www.valdander.com.

Enneberg/Marebbe/Mareo

Das sonnige Tal von Enneberg (ital. Marebbe, ladin. Mareo), eigentlich ein Nebental des Gadertals, ist ein beliebtes Ferienziel geworden, sei es im Sommer mit Wanderungen in die Fanes- und Sennesgruppe, sei es im Winter mit dem Skizirkus Kronplatz, an den Enneberg von Süden Anschluss hat. Um den Hauptort **St. Vigil in Enneberg**, v. a. aber um **La Pli/Enneberg Pfarre**, scharen sich typisch ladinische *Viles*, während unten im Tal Hotel um Hotel, Apartmenthaus um Residence gebaut wird. Im Hintergrund aber, gleich am Ortsrand beginnend, liegt der **Naturpark Fanes-Sennes-Prags**, pure und einsame Dolomitennatur mit ein paar unvergesslichen Almen wie der *Großen Fanesalm* unter der Lavarella.

Basis-Infos

Information Tourismusverein San Vigilio, neben dem Üblichen ein kleiner kostenloser Führer mit Wandervorschlägen und ein Mountainbikeführer. I-39030 St. Vigil/Enneberg, Streda C. Lanz 14, ✆ 0474/501037, www.sanvigilio.com. Weitere Informationen gibt der **Tourismusverband Kronplatz** → S. 491.

Gästekarte (Holiday Pass San Vigilio beim Vermieter) beinhaltet Mobil Card Südtirol, den Mareo-Bus und Teilnahme an Veranstaltungen sowie Ermäßigungen bei Sportangeboten.

Verbindungen Bus: Bis zu 20x pro Tag nach Bruneck mit Umsteigen in Zwischenwasser. **Taxi:** Taxi San Vigilio, ✆ 0474/501 061, www. taxi-sanvigilio.it.

Einkaufen Kunstweberei und Holzobjekte bei Artejanat ladin, Streda Plan de Corones 9.

Gute **Bäckerei/Konditorei** Mupan in der Streda Fanes 4, gute Auswahl an „Südtiroler Brot" (die Marke ist geschützt).

In der Saison freitags **Bauernmarkt** mit Honig, Kräutern, Käse, Schnaps etc., aus lokaler Produktion.

Enneberg/Marebbe/Mareo

Altes Bauernhaus in Mantena bei Al Plan de Mareo/St. Vigil

Markt am ersten Do des Monats in St. Vigil beim Sportcenter Mareo.

Internet WLAN-Hotspot WiFree auf den beiden Plätzen im Hauptort.

Reiten Im Reitstall Mareo, Islandpferde und Ponys, beim Sportplatz Ciamaor, ✆ 331/2752268, www.horsetrekking.it.

Rad/Zipline E-Bikes und Segways verleiht AdrenalineX-Treme Adventures, Streda Catarina Lanz 24. Längste Zipline Europas, ✆ 331/4188007, www.adrenalineadventures.it.

Wintersport Enneberg ist Teil der **Skiregion Kronplatz (Dolomiti Superski)**. Die Miara- und die bei der Bergstation ansetzende Col-Toron-Kabinenbahn erlauben den Anschluss an den eigentlichen Skizirkus um den Kronplatz (www.skiarea-miara.it). Langlaufloipen im Valde Mareo/Rautal (23 km plus 2 km). Skischule Sporting Al Plan, Büro an der Talstation der Kabinenbahn Miara, ✆ 0474/506152, www.ski-sporting.com.

Übernachten/Essen & Trinken/Nachtleben

Übernachten ****S **Almhof Call**, am oberen Ortsrand im Grünen unter dem Kronplatz, großes Hotel mit seitlichem Rundturm, meist getäfelte Gemeinschaftsräume (Bibliothek, Kaminstube, Wintergarten ...). Gute Zimmer, 1200 m² großer attraktiv mit Kunstlandschaft und Wasserfall gestylter Wellnessbereich. DZ/¾-P 240–450 €. Plazoresstr. 8, ✆ 0474/501043, www.almhofcall.com.

****S **Emma**, das „Panoramahotel" macht dieser Bezeichnung Ehre, der Ausblick des erhöht stehenden, in den letzten Jahren aufgemöbelten Baus über Tal, Ort und Berge ist wirklich phänomenal. Sauna, Whirlpool, Wellness ... freundlich-helles Restaurant, Kinderspielplatz. DZ/¾-P 250–380 €. Streda Plan de Corones 39, ✆ 0474/501133, www.hotelemma.it.

*** **Bad Cortina**, das Kurbad im Waldtal des Rü d'Al Plan hat sich zum Wellnessbereich eines angenehmen Hotels gemausert, Enneberg geht eben mit der Zeit. Hübsche Silhouette mit Anklängen an Gründerzeithotels, viel Holz, angenehme Zimmer. DZ/HP 160–260 €. Streda Fanes 40, ✆ 0474/501215, www.aquabadcortina.com.

*** **La Stöa**, gemütliches Hotel mittlerer Größe, persönlich geführt, günstig gelegen

(5 Min. vom Zentrum, ruhig), Wellnessbereich mit Sauna. DZ/HP 112–260 €. Streda C. Lanz 30, ✆ 0474/501055, www.sanvigilio.net.

*** Paraccia, ganz am Waldrand, ideal für Naturfreunde und Kinder (Spielplatz gegenüber im Wald), ruhig gelegenes Familienhotel mit Sauna, Dampfbad, Whirlpool, Zimmer mit Balkon. DZ/HP 120–244 €. Streda Al Plan Dessora 41, ✆ 0474/501018, www.paraccia.com.

** Iosc, ein Garni, in dem man sich gleich wohl fühlt, herzliche Atmosphäre, freundliche Zimmer komplett in Holz und mit Balkon. Großer Frühstücks- und bequemer Aufenthaltsraum mit Blick auf die umgebenden Wiesen. DZ/FR 60–118 €, Apt. (2 Pers.) 80–110 €. Streda Al Plan Dessora 13, ✆ 0474/501136, www.iosc.it.

🌿 ****** Chalet Marlene**, Apartmenthaus im Grünen in biologischer Bauweise mit naturbelassenem Holz und anderen Biomaterialien, viel Wert wurde aufs Energiesparen gelegt, Holzöfen und Kachelöfen. Apt. für 2 Pers. 75–160 €. Streda Ciasè 4, ✆ 0474/501 806, www.chaletmarlene.com. ∎

*** Camping Al Plan, ein echter Camper sollte dem Schild in Zwischenwasser, das ins grüne Tal von Enneberg führt, nicht widerstehen: „4 km Camping Al Plan". Man wird nicht enttäuscht am oberen Ortsende: Berge im Hintergrund, Grün, Wiesen, Wald, Fitnessparcours und Reitstall, Naturparkhaus und Sportplatz Ciamaor um die Ecke. Ausgedehnter Platz (1 ha), z. T. schattig, kleiner Markt. Anf. April bis Mai und im Okt./Nov. geschl. Stellplatz und 2 Pers. 24–32 €. Streda C. Lanz 63, ✆ 0474/501694, www.campingalplan.com.

Essen & Trinken Ciolà, Streda Plan de Corones 17, Restaurant/Grill-Pub im Stil eines Ansitzes. „Ciolà" bezeichnet den Teil der Berghütte, in dem der Käse hergestellt wird. Rustikales (Bratwürste mit Polenta), Feines (Bandnudeln mit Pilzen) und Süßes (Pannacotta) aus dem italienischen und Tiroler Repertoire. Ab ca. 30 €, Do Ruhetag. ✆ 0471/501701, www.ciola.info.

Tabarel, Streda C. Lanz 27, „Enoteca Restaurant Bar Gelateria", leichte Südtiroler Jahreszeitenküche der ladinischen Art inkl. mediterraner Anklänge. Kinderfreundlich. Ab ca. 35 €. NS Di Ruhetag. ✆ 0474/501210, www.tabarel.com.

Café-Patisserie im Hotel Clara, Streda C. Lanz 25, ruhige Terrasse, gute Auswahl an Mehlspeisen.

》》》 Tipp: Garsun, Streda Mantena 14, Dorfwirtshaus alten Stils im Weiler **Mantena** zwischen St. Vigil und Zwischenwasser an der Straße. Keine Zugeständnisse an Touristen oder feine Leute, hier kommt ausschließlich auf den Tisch, was immer auf den Tisch kam: paniccia (Gerstlsuppe), cancij (Schlutzkrapfen), crafun (Bauernkrapfen mit süßer Füllung), Strudel. Nur nach tel. Vorbestellung (es gibt nur ein paar Tische), komplettes Set-Menü 25 €. Mo Ruhetag. ✆ 0474/501282. 《《《

Sehenswertes/Ausflüge

Al Plan de Mareo/St. Vigil: Die *Rokokopfarrkirche St. Vigil* ist seit der Bauzeit um 1728 nicht verändert worden, sie ist ein kunsthistorisches Juwel und ein Fest für die Augen. Wie in St. Leonhard waren der Maler *Matthäus Günther* und der Stuckateur *Franz Singer* hier beschäftigt, der Architekt war *Giuseppe de Costa,* ein Einheimischer. Das *Standbild der Catarina Lanz* auf dem Kirchplatz erinnert an die wehrhafte Dienstmagd aus den Franzosenkriegen.

Naturparkhaus Fanes-Sennes-Prags: am Ortsende von St. Vigil an der Straße in Richtung Pederü. Das interessante Haus zum Naturpark Fanes-Sennes-Prags hat die Form einer mit Holz verkleideten Rotunde. Die Sammlungen sind sehr kindgerecht aufbereitet, so gibt es einen Raum für *Kinderarchäologie* mit Exponaten zum Anfassen. Mai bis Ende Okt. und Ende Dez. bis Ende März Di–Sa 9.30–12.30/14.30–18 Uhr, Juli und Aug. auch So; Eintritt frei; ✆ 0474/506120.

La Pli de Mareo (Enneberg Pfarre/Pieve di Marebbe): Die *Wallfahrtskirche Unserer Lieben Frau vom Guten Rat* war seit ca. 1100 die Mutterpfarrei des gesamten Gadertals, erst 1449 bekam dann Abtei eine eigene Kirche. Die einstige Bedeutung kann man dem winzigen Ort La Pli, in dem sie steht, nicht ansehen. Die gotische

Kirche wurde im Barock umgebaut und ausgeschmückt, es entstanden die heutige Fassade mit der illusionistischen Lüftlmalerei, der schöne Hochaltar (1638) und im Spätbarock die Kanzel (1760). Besonders interessant sind vier Votivbilder in großem Format. Sie zeigen Pilgerprozessionen der Welsberger aus dem Pustertal, die nach der wundersamen Rettung vor der Pest 1636 zum Dank alle 100 Jahre stattfinden (die Tafeln sind von 1637, 1738, 1838, 1936).

Gran Ciasa, der eindrucksvolle Ansitz hinter der Kirche ist ein Gasthof, in dem auf Vorbestellung ladinische Speisen serviert werden, Fr Ruhetag. ✆ 0474/501511.

Unterwegs im Naturpark Fanes-Sennes-Prags

25.680 ha hat der Naturpark, in den das **Rautal (Val de Mareo und Val dai Tamersc/Valle di Tamores)** von St. Vigil her tief hineinführt. Auf einer öffentlichen Straße kann man selbst oder mit dem Linienbus bis nach Pederü fahren, wo man sowohl die Fanes- als auch die Sennesalpe auf befahrbaren, aber für den motorisierten Verkehr gesperrten Sträßchen erreicht. Fanes wie Sennes sind riesige Karstplateaus mit ausgedehnten Almen, mit wenigen, bald wieder versickernden Wasserläufen, mit Seelein in tonigen Mulden und mit seitlichen Gipfeln mit auffälligem Kalk, der wie eine Riesentreppe wirkt und am Rand steil abstürzt. Das Rautal ist das einzige größere Tal, das tiefer hineinführt, fast alle anderen Zugänge sind mit Steilanstiegen verbunden. Mehrere sehr angenehme Hütten bieten Verpflegung und Unterkunft.

In der **Fanesgruppe** führt das Fahrsträßchen von Pederü zur Kleinen Fanesalpe mit der Lavarella- und der Faneshütte, ein Seelein wird von einem Bach genährt, der eine halbe Wegstunde oberhalb in einer starken Schichtquelle entspringt. Über die höher liegende *Kleine Fanesalpe* mit Almwirtschaft (keine Übernachtung) führt das Sträßchen am Ostrand der Fanes bergab ins Ampezzo zur Straße Toblach – Cortina. Diese Strecke ist sowohl zu Fuß als auch mit dem Mountainbike leicht zu machen. Großartige Touren von der Lavarella- und Faneshütte über das Plateau auf die umgebenden Gipfel Heiligkreuzkofel, Lavarella, Conturinesspitze und auf dem Dolomitenhöhenweg 1 zum Kriegsmuseum Lagazuoi und zum Falzàrego-Pass oder hinunter nach St. Kassian.

In die Sennesgruppe muss man sich zuerst über ein steiles Serpentinensträßchen aus dem Ersten Weltkrieg hochquälen (für Mountainbiker anstrengend, da steil und viel loses Geröll). Bei der Hütte auf der Alm Fodara Vedla merkt man aber, dass sich die Mühe gelohnt hat, so freundlich ist diese grüne, wellige Alm mit den alten Almgebäuden zur Seite. Von hier einfache Wanderungen über das Plateau zur Senneshütte und Seekofelhütte (→ Tour 25) und auf den Kreuzkofel, aber auch hinunter zum Pragser Wildsee und nach Prags oder hinüber zur Hohen Gaisl (schwierig) und hinunter ins Ampezzo zur Straße Toblach – Cortina.

Maut auf der Straße ins Rautal (für Inhaber der Gästekarte Ermäßigung); **Taxidienst** der Hütten mit Voranmeldung.

Weiter in Richtung Bruneck: Folgt man dem kaum befahrenen Sträßchen nach Maria Saalen und St. Lorenzen (mit „Bruneck" ausgeschildert), kommt man im nächsten Bachtal an eine funktionstüchtige (aber stillgelegte) alte *Wassermühle*. Auf Straßen kann man die schönsten *Viles* oberhalb des Orts besuchen (kaum

Verkehr, daher auch als Spaziergang möglich): auf der Straße weiter bis Pliscia, zurück bis zur Abzweigung Ciaseles, von dort nach Ellemunt. Zurück bis *Brach*, dort nach Corterei und Frontü und wieder zurück nach La Pli.

Ciastel de Brach, Urlaub auf einem herrlich sonnig gelegenen Hof mit zugehörigem Schloss (Ciastel) in Steinbauweise im Weiler Brach an der Straße nach Maria Saalen. Echter Bauernhof mit Kühen und Schweinen, angenehme Apartments im Hof für 2–6 Pers., 90–120 € (2 Pers.). Ein Knüller sind die Apt. im neu renovierten Schloss bis max. 6 Pers., 90–124 € (2 Pers.). Ras Costa 6, ✆ 0474/501748, www.ciastel.it.

Mit dem MTB über Fanes und Sennes: Mit einer Nächtigung auf der Fanes- oder Lavarellahütte ist die Strecke von Enneberg über die Fanes ins Höhlensteintal eine beliebte Tour, die sich auch MTB-Fahrer leisten können, die sich nicht zu den Cracks zählen. Man nimmt von *Pederü* die private Zufahrtstraße bis zu einer der beiden Hütten und weiter auf die Große Fanesalm (streckenweise steil, aber technisch problemlos zu fahren). Von der Alm geht es auf dem guten Zufahrtsweg durch das Val di Fanes hinunter zur Straße Cortina – Toblach, die man in einer Haarnadelkurve mit Super-Panorama erreicht. Wieder aufwärts durch das oberste Val Boite erreicht man das Rifugio Sennes, von wo man das Sträßchen zum Rifugio Fodara Vedla und hinunter nach Pederü nimmt. Der letzte, kurvige steile Teil ist wegen Lockermaterials auf der Straße mit Vorsicht zu fahren.

Wanderer im Almdorf Fodara Vedla

Tour-Info: Länge ca. 35 km, Dauer ab ca. 4 Std., Höhenunterschied ca. ↑↓ 1250 m. Karte: Tabacco (1:25.000) Blatt 3. Hütten → Kasten Naturpark Fannes-Sennes-Prags S. 567.

Tour 25: Wanderung über die Sennes auf die Seekofelhütte

Tour-Info: Leichte Almwanderung, im Auf- und Abstieg zum Sennesplateau aber anstrengend steil. An-/Rückfahrt von St. Vigil mit Bus/Pkw nach Pederü. Dauer 6:30 Std.; Höhenunterschied ↑↓800 m. Karte: Tabacco (1:25.000) Blatt 31.

Eine Spritztour auf die Sennesalpe von Pederü aus kann ein Halbtagesausflug sein; der folgende Vorschlag benötigt einen ganzen Tag und führt zu drei gemütlichen Hütten. In Pederü (Parkplatz, Busendhaltestelle) nimmt man das Sträßchen, das kurz nach dem Gasthaus Pederü nach links ins Valón de Rü führt. Es steigt mit vielen Kurven sehr steil an, lockerer Schutt auf der alten Straßendecke (Kriegsstraße) macht das Gehen nicht leichter. Endlich wird der Anstieg sanfter, und bald erreicht man die Weiden und Wiesen der Alm Fodara Vedla, die jenseits des meist trockenen Bachs liegt. Die Ütia de Fodara Vedla (1966 m, 1:30 Std.) ist ein veritables Almgasthaus mit Sonnenterrasse. Etwas oberhalb liegt das eigentliche Almdorf, eine lockere Gruppe schöner, alter Holzbauten. Ein Sträßchen führt weiter bergan in nördliche Richtung. Weg 7 verläuft streckenweise auf dem Sträßchen, große Kur-

ven werden auf gut markierten Steigen (rot/weiß/rot und die 1 im Dreieck für den Dolomitenhöhenweg) abgeschnitten. In einer Mulde mit dem kleinen See de Sénes liegt eine weitere Schutzhütte, die Ütia de Sénes (2116 m, 2:30 Std.). Weiter auf dem Almzufahrtssträßchen, nach 10 Min. zweigt nach rechts Weg 6 (und Dolomitenhöhenweg 1) zur Seekofelhütte ab. Er führt über ein steiniges Karstplateau und erreicht kurz vor der Hütte wieder das Sträßchen. Rast auf der Seekofelhütte (2327 m, 3:30 Std., gutes Essen!).

Der Rückweg kann auf dem gleichen Weg erfolgen, interessanter ist der kleine Umweg über Weg 26 (in Fortsetzung des Sträßchens, bei der ersten Gabelung rechts), dem man bis zum stillen See Gran de Foses folgt (2142 m, 4:15 Std.), wo man bei einer Gabelung rechts und zurück zum Anstiegsweg geht. Den kleinen Umweg über die Fodara Vedla kann man beim Abstieg vermeiden, indem man den Weg 7, wo dieser auf die Almstraße führt, nach rechts folgt. Der letzte Teil über die unangenehm zu gehenden Serpentinen bis Pederü (6:30 Std.) bleibt einem aber nicht erspart.

Hütten Gasthaus/Schutzhütte Pederü, privat, 1548 m, gutes alpines Essen, ✆ 0474/501086, www.pederue.it. **Ütia Fodara Vedla**, 1966 m, privat, 16 Betten, 14 Lager, ✆ 0474/501093, www.fodara.it. **Ütia de Sénes**, 2126 m, privat, 32 Betten, 30 Lager, Abholdienst von Pederü, ✆ 0474/501092, www.sennes.com.

St. Magdalena vor der Silhouette der Geislerspitzen

Das Villnösser Tal

Wenige Dolomitenbilder sind so bekannt wie das der Geislerspitzen mit dem Kirchlein St. Johann in Ranui im grünen Vordergrund. Das Bild trügt nicht: Das Villnösser Tal ist eines der wenigen grünen, ruhigen und bäuerlichen Dolomitentäler Südtirols. Vom Eisacktal aus muss man zuerst eine schmale, tief eingeschnittene Waldschlucht durchqueren, bevor man unterhalb von St. Peter in die sonnige Weite des Villnösser Tals hinaustritt. Die lockere bäuerliche Siedlung bestand ehedem nur aus Einzelhöfen und Weilern, heute haben **St. Peter** und **St. Magdalena** wie auch das auf das Eisacktal hinunterschauende **Teis** Dorfcharakter. Überall begrenzen die Spitzen der Geislergruppe – nicht umsonst meist Geislerspitzen genannt – oder die der nicht minder schroffen **Aferer Geisler** den Blick. Die Bauern leben wie eh und je von der Landwirtschaft, ein wenig Urlaub auf dem Bauernhof und Zimmervermietung kommen hinzu. Der Urlaub hier ist nicht unbedingt gemächlich: *Reinhold Messner*, der aus Pitzak im mittleren Tal stammt, hat am **Sass Rigais**, dem höchsten und eindrucksvollsten Gipfel der Geislergruppe, das Klettern gelernt. Es spricht nichts dagegen, das im Urlaub auch zu versuchen. Oder mit dem Mountainbike aufs Halsl, wandern zur Schlüterhütte und zum Peitlerkofel, im Winter rodeln im hinteren Tal, Schlittenfahrten – so behäbig sich das Tal gibt, so viele aktive Freizeitmöglichkeiten gibt es.

Basis-Infos

Information Tourismusverein Villnöss, I-39040 Villnöss/St. Peter 11, ✆ 0472/840180, www.villnoess.com. Mo–Fr 8–12.30/15–17, Sa 9–12 Uhr. Büro liegt im Zentrum von St. Peter, neben den üblichen Broschüren gibt es eine Liste mit Beschreibungen der bewirtschafteten Almen („Mein Villnösser Almentagebuch") und eine Wanderkarte

Das Villnösser Tal

mit MTB-Routen. Mit der Gästekarte **DolomitiMobil Card** gibt es zahlreiche Ermäßigungen: www.dolomiticard-villnoess.com.

Verbindungen Pkw: von St. Magdalena bis Zanser Alm enge und kurvige Straße, großer Parkplatz an der Zanser Alm, Parkplatzgebühr 6 €, mit der DolomitiMobil Card 4 €.

Busse von Brixen bis zu 10x tgl. über Bhf. Klausen bis St. Magdalena, im Sommer 6–8x tgl. bis Zanser Alm. Im Aug. Kleinbusdienst 5x tgl. vom Parkplatz in Ranui zur Zanser Alm, 2 €.

Taxi: Geisler, ☏ 0472/840051 (St. Peter).

Ärztliche Versorgung Arzt in St. Peter.

Einkaufen In Villnöss gibt es noch das endemische Villnösser Brillenschaf (erkennbar an seinem schwarzen Augenfleck), etwa 500 Tiere weiden bis in 2500 m Höhe. Das **Lammfleisch** ist besonders zart und aromatisch und wird unter dem Namen *Furchetta* auch vor Ort (Metzgerei) vermarktet (www.furchetta.it). Schafwollprodukte aus Villnösser Naturwolle produziert **Naturwoll** in St. Valentin 22, ☏ 0472/840080, nur vormittags geöffnet, www.naturwoll.com.

Brillenschaf und Geisler Rind

Das Villnösser Brillenschaf, mittlerweile eine überregionale Berühmtheit, hat einen weniger bekannten großen Bruder, das „Graue Geisler Rind". Beide stehen für eine zunehmende Anzahl erfolgreicher Versuche, Traditionelles zu bewahren und in die touristische Gegenwart zu transportieren.

Das jahrhundertealte Brillenschaf, das wegen seines „unreinen" schwarzen Augenrings von den Nazis verboten wurde und in den 1970er-Jahren kurz vor der Ausrottung stand, hat sich mittlerweile wieder auf über 600 Exemplare vermehrt. Sie liefern zartes Fleisch, Schinken und Salami, und ihr immer freundlich blickendes Gesicht tut dies zunehmend von Werbeplakaten und Broschüren. Im Sommer weiden die Schafe im extrem unzugänglichen, steilen Gebiet an der Flitzer Scharte, sodass Wanderer sie nur selten zu Gesicht bekommen. Über das Tourismusbüro lässt sich ein Ausflug buchen, der einen Besuch des Weidegebiets mit einem anschließenden Essen im Pitzock (→ „Übernachten/Essen & Trinken") kombiniert.

Das Graue Geisler Rind wiederum weidet im Sommer auf den weitläufigen Wiesen der Wörndle-Loch-Alm. Ein 2013 gegründeter Verein unter dem Vorsitz von Günther Pernthaler, dem auch die Alm gehört, will dafür sorgen, dass die nur in dieser Gegend vorkommenden und daher seltenen Tiere reinrassig erhalten bleiben und ihr hochwertiges Fleisch als Markenprodukt bekannt wird. Für die teilnehmenden Bauern bedeutet die Umstellung von der lukrativeren Milch- auf die Fleischwirtschaft ein gewisses Risiko. So ist es ihnen und dem Grauen Geisler Rind zu wünschen, dass es eines Tages in die Fußstapfen des Brillenschafs tritt und die lokale Gastronomie sein Fleisch verarbeitet und anbietet – vielleicht gibt es dann künftig auch einmal „Spezialitätenwochen vom Grauen Geisler Rind".

Feste & Veranstaltungen Das **Speckfest**, bei dem man u. a. den schnellsten Speckaufschneider sucht, findet jährl. Ende Sept./Anf. Okt. statt, mit Musik und Bauernmarkt, in diesem Zeitraum auch **Lammwochen vom Villnösser Brillenschaf** in den Gaststätten, www.speckfest.it.

Hochseilgarten Hochseilgarten Villnöss in St. Magdalena, 9 Parcours in unterschiedlichen Höhen und Schwierigkeitsgraden, 14 m hoher Kletterturm. geöffnet Mitte Juni bis Mitte Sept. 9–18 Uhr, in der Nebensaison kurz anrufen, Erw. 20 €, Kinder bis 13 J. 13 €, 14–18 J. 18 €. ☏ 0472/840602, www.hochseilgarten-villnoess.it.

Das Villnösser Tal

Kirchlein St. Johann in Ranui

Internet WiFree-Hotspots im Zentrum von St. Magdalena und St. Peter.

Kinder Der Tourismusverein führt im Sommer (Mai bis Okt.) 1x wöchentlich ein **Kinderaktivprogramm** durch. Reiten, Schwimmen, Klettern, Mineraliensuche (Teiser Kugeln), Brotbacken auf dem Bauernhof. Infos bei den Tourismusvereinen Villnöss und Teis, Vergünstigungen mit der DolomitiMobil Card!

Klettern/Bergsteigen Klettergarten am Adolf-Munkel-Weg inmitten eindrucksvoller Gerölllandschaft, verschiedene Schwierigkeitsgrade, über den Tourismusverein werden Kinderkletterkurse angeboten, dienstags im Juli und Aug. **Verleih** von Kletterausrüstung und Kinderkraxen bei Sport Schatzer, St. Magdalena 30, ✆ 0472/840602, www.skischule-villnoess.com.

Post In St. Peter.

Reiten Reitstall Rieferhof, Coll 18, Kurse, Ausritte und Trekkingtouren, ✆ 0472/611013, www.rieferhof.it.

Radfahren/Mountainbiken Geführte **Mountainbiketouren** und **Kurse** sowie Tipps für **Routen** beim Tourismusverein, **Verleih** von MTBs bei Sport Schatzer. St. Magdalena 30, ✆ 0472 840602.

Wintersport Skischule Villnöss, St. Magdalena 30, Skikurse für Kinder und Erwachsene, Snow Fun Park, geführte Schneeschuhwanderungen und Schlittenfahrten, Verleih von Ausrüstung, ✆ 0472/840602, www.skischule-villnoess.com. 6 verschiedene **Rodelbahnen** (1–5 km Länge), z. B. Kaserill-Alm, Gampenalm, Geisleralm, Start jeweils vom Parkplatz Zans (dort auch Rodelverleih bei der Jausenstation); außerdem **Langlaufloipen** und im Sportzentrum St. Peter **Eislaufen**, Infos über den Tourismusverein.

Übernachten/Essen & Trinken

Der Großteil der Übernachtungsmöglichkeiten im Villnösser Tal besteht aus Zimmern mit Frühstück, Apartments und Urlaubsbauernhöfen (allein 15 in der Gemeinschaft „Roter Hahn"), doch gibt es auch ein paar angenehme Hotels und Gasthöfe.

**** Tyrol, wie das so ist mit den Tyrolerhöfen mit Y, sie haben einen besonders eindrucksvollen Ausblick: Das moderne Hotel mit Vollholzfassade, diversen Saunen und Freiluft-Whirlpool schaut über den eigenen Garten mit Swimmingpool und großer Liegewiese hinweg auf die Geislerspitzen. funktional-behagliche Zimmer mit viel Holz und Balkon, besonders schön die mit Blick auf die Geislerspitzen. DZ/HP 144–260 €. St. Magdalena 105, ✆ 0472/840104, www.tyrol-hotel.eu.

** Pension Veltierhof, auf einem sonnigen, ruhigen Platz liegt diese Familienpension mit Landwirtschaft, deren Produkte zum Frühstück und Abendessen auf den Tisch kommen. Alle 8 Zimmer mit Balkon, freundlich und schlicht. DZ/FR 74–80 €. St. Peter 47, ✆ 0472/840042, www.veltierhof.com.

*** Ranuimüllerhof, schönes Hotel mit viel hellem Holz und hellen Wänden außen und innen, im Talboden nahe dem Kirchlein in Ranui, Wald gleich hinter dem Hotel. Gutes Restaurant, reichhaltiges Frühstücksbüffet. Schleckermäuler kommen wegen der hausgemachten Mehlspeisen am Nachmittag. DZ/¾-P 1636–194 €. St. Magdalena 38, ✆ 0472/840182, www.ranuimuellerhof.com.

Der Naturpark Puez-Geisler

Eine gewaltige tektonische Bruchlinie trennt die sanften Wiesenhänge des Villnösser Tals von den schroffen Felsen der Geislerspitzen. Während die Wiesen über dem leicht abtragbaren roten Sandstein liegen, ist das Gebirge aus oft blendend weißem Schlerndolomit aufgebaut. Die aus Aferer Geislern im Nordosten und Geislerspitzen im Süden bestehende Geislergruppe ist zusammen mit dem Hochplateau der Puezgruppe Teil des Naturparks Puez-Geisler. Der Naturpark erstreckt sich also über deutsch- und ladinischsprachige Teile Südtirols und umfasst auch Teile des Grödner und des Abtei- bzw. Gadertals. Und der Naturpark ist ein prächtiges **Wandergebiet**: So kann man die Puezgruppe von Südwesten nach Nordosten auf einem einfachen Wanderweg durch hochalpines Gelände durchqueren, der Adolf-Munkel-Weg (s. u.) wird immer wieder als einer der schönsten Dolomitenwanderwege gerühmt. Motorisierte Fahrzeuge sind im Park genauso verboten wie das Zelten, Mountainbikes sind erlaubt, aber wegen der schwierigen Steige keine echte Option. Also lieber ganz klassisch zu Fuß mit viel Zeit, um die hier häufig kreisenden Steinadler zu beobachten. Auch andere seltene Vögel gibt es im Park, wie Birk- und Auerhähne, aber kaum ein Besucher bekommt sie zu sehen.

Das **Naturparkhaus Puez-Geisler** in St. Magdalena besticht durch seine schlichten, edlen Formen und bietet ausgezeichnete Informationen vor allem zum Thema Geologie der Dolomiten – im Naturpark sind fast alle geologischen Formationen der Dolomiten zu finden.

Tourismusverein Villnöss → S. 570.
Naturparkhaus Puez-Geisler, Anf. Mai bis Ende Okt. und Ende Dez. bis Ende März Di–Sa 9.30–12.30/14.30–18 Uhr, im Juli/Aug. auch So geöffnet; Eintritt frei; St. Magdalena 114a, ✆0472/842523.

*** Stern, sympathischer Wandergasthof nahe der Kirche, angenehm helle Zimmer, die meisten mit Balkon, Liegewiese mit beheiztem Pool, Kinderspielplatz und familiäre Atmosphäre. DZ/HP 112–148 €. Teis 7, ✆ 0472/844555, www.gasthof-stern.com.

»» Mein Tipp: Ansitz Ranuihof, erstmals 1370 urkundlich erwähnter historischer Hof mit sensationellen Fresken aus dem 17. Jh., die den gesamten 1. Stock schmücken und, der früheren Funktion des Hauses als Jagdsitz entsprechend, farbenprächtige Jagdszenen zeigen (nur für Hausgäste zu besichtigen). Gemütliche Zimmer und holzgetäfelte Stube, die malerische Kapelle St. Johann in Ranui liegt nur wenige Meter entfernt. DZ/FR 100 €. St. Magdalena 39, ✆ 0472/840506, www.ranuihof.com. **««**

*** Gsoihof, auf den Mauern eines der ältesten Villnösser Höfe (1268) völlig neu gestaltetes Bauernhofhotel mit holzgetäfelten, hellen Zimmern – gelungene Verknüpfung von moderner und historischer Architektur. Das Essen ist vorwiegend vegetarisch ausgerichtet (gibt's noch nicht oft in Südtirol), den hofeigenen Käse kann man genießen, aber auch kaufen. DZ/HP 150–222 €. Vollergnadenweg 4, ✆ 0472/840003, www.hotel-gsoihof.com.

»› Mein Tipp: Pitzock, Überraschung im Weiler Pitzock zwischen St. Peter und St. Magdalena: Zum alten Gasthof sind ein modern minimalistischer und ein streng holzbetonter Raum gekommen, in denen fantasievoll variierte Gerichte der italienischen Küche, einige mit Villnösser Pfiff, serviert werden. Koch Oskar Messner ist ein Fan vom Villnösser Brillenschaf und serviert dementsprechende Leckereien (lauwarmer Lammschinken auf Rote-Bete-Knödel-Salat, Tortelloni gefüllt mit Lammzüngerl und Thymianschaum und eine geschmorte Lammstelze auf Kräuterrisotto zu 40 €). Mi Ruhetag, Ende Okt. bis Mitte Nov. geschl. St. Peter 106, ✆ 0472/840127, www.pitzock.com. ‹‹‹

Fresken im Ranuihof

Almen und Hütten Straße oder Hüttentaxi zu allen genannten Hütten/Almen (Brogleshütte ab Grödner Tal).

Schlüterhütte (Rifugio Genova, 2306 m), CAI Genua, 90 Schlafplätze in Zimmern und Lagern, gute deftige Küche. Vom Parkplatz Zans ca. 1:30 Std. Ende Juni bis Mitte Okt. Ü/FR 35 €. ✆ 0472/670072, www.schlueterhuette.com.

Zanser Alm (1680 m), privat, ein paar Fußminuten vom Parkplatz Zans entfernt und entsprechend von Ausflüglern belagert, gutbürgerliche Küche, wer mit Freunden feiern will, kann dies bei einem Abendessen mit Köstlichkeiten auf heißer Steinplatte (reservieren). Mai bis Okt. DZ/FR 60–80 €. St. Magdalena 66, ✆ 0472/671443, www.zanseralm.com.

Gampenalm (2062 m), beliebtes Berggasthaus auf dem Weg vom Parkplatz Zans zur Schlüterhütte, Betten und Lager. Anf. Juni bis Anf. Nov. und zur Wintersaison. DZ/FR 82–84 €. St. Magdalena 69a, ✆ 0472/840001, www.gampenalm.com.

Gschnagenhardtalm (2006 m), Almhütte am Adolf-Munkel-Weg, rustikale Küche, Kinderspielplatz. Vom Parkplatz Zans ca. 1–1:30 Std. Mai bis Ende Okt. ✆ 0472/840158.

Geisleralm (1996 m), 2012 zur drittschönsten Almhütte Südtirols gewählt, gehört zum Ranuihof, Südtiroler Küche, Kinderspielplatz und Streichelzoo. Vom Parkplatz Zans ca. 1–1:30 Std. Mai bis Nov. (Mo Ruhetag), Ende Dez. bis März (Di und Mi Ruhetag), ✆ 339/6044685, www.geisleralm.com.

Kaserillalm (1920 m), kleine, gemütliche Almhütte etwas abseits der Hauptrouten. Eigene Käseproduktion und auch Verkauf. Vom Parkplatz Zans ca. 1 Std. Juni bis Mitte Okt., ✆ 0472/7840219 oder 339/3203512545, www.kaserillalm.com.

Wörndle-Loch-Alm (2150 m), keine richtige Einkehr, aber Familie Pernthaler stellt dem Wanderer eine Brotzeit und etwas gegen den Durst auf den Tisch, und er kann das Graue Geisler Rind bewundern (s. u.). Vom Parkplatz Zans ca. 1:30 Std. Ende Juni bis Ende Sept., ✆ 347/5555853.

Brogleshütte (2045 m), von Ranui ca. 2:30 Std., Zufahrt (Hüttentaxi) von St. Ulrich in Gröden, von der Seceda-Mittelstation ca. 1:30 Std. Ende Juni bis Anf. Okt., ✆ 0471/655642.

Jausenstation Zans, erst kürzlich völlig neu errichtete Almhütte am Parkplatz Zans, gemütlicher Außenbereich mit Holztischen. Eine deftige Brotzeit, ein Glas Wein oder Kaffee und Kuchen gibt es hier tagsüber bis in den frühen Abend. Treffpunkt für Wanderer, Radler, Skifahrer, Rodler, Einheimische. Hier ist eigentlich immer was los. ✆ 0472/840054.

Alter Bauenhof in St. Magdalena

Sehenswertes/Ausflüge

St. Peter: Auf einer sonnigen Terrasse über dem Tal liegt die *Pfarrkirche Peter und Paul*, um die sich das kleine Dorf mit Gasthäusern, Post, Bank und Laden schart. Interessanter als die häufig umgebaute und erneuerte Pfarrkirche sind zwei Kapellen in nahen Weilern. **St. Valentin in Pradell** hat einen prachtvollen spätmittelalterlichen Flügelaltar, dessen Gemälde mit Szenen aus dem Leben des hl. Valentin deutlich von *Michael Pacher* beeinflusst sind. Das Fresko des Christophorus an der Außenwand ist eines der schönsten Südtirols. Von hier aus kann man sehr schön zu Fuß zum Kapellchen **St. Jakob am Joch** aufsteigen. Auch hier ist ein Flügelaltar (von 1517) zu bewundern, er stammt wie der von St. Valentin in Pradell aus der Brixner Werkstatt.

Beide Kirchen Juni bis Ende Okt., St. Valentin Di/Do 16–18 Uhr, St. Jakob Do/So 16–18 Uhr.

St. Magdalena liegt dort, wo sich das Villnösser Tal wieder verengt, aber der Blick auf die Geislerspitzen besonders schön ist. Insbesondere das Kirchlein **St. Johann in Ranui** mitten in einer Wiese hat eine unvergleichliche Lage. Die Kirche entstand nach 1744, ihr schlankes Türmchen mit der Zwiebelhaube und die bemalte Front, die ein Gebälk vortäuschen soll, sind hübsch, aber das besonders Aparte entsteht durch die ungewöhnliche Position des Turms: Er ist um 45 Grad gegen das Schiff gedreht (Schlüssel zur Kirche im Ranuihof nebenan).

Teis: Mineraliensammlern sind die **Teiser Kugeln** ein Begriff, oft kugelrunde Geoden, also Steinkugeln mit einem Hohlraum, der mit Achat-, Amethyst- oder Calzedonkristallen gefüllt ist. Die Fundstellen befinden sich am Bach unweit des

Dorfes Teis in dort anstehenden Gesteinslagen von Quarzporphyrtuff. Das Schürfen ist verboten, es gibt auch nur noch entlegene Fundstellen. In Teis gibt es ein sehr interessantes kleines, aber modernes **Mineralienmuseum** (Sammlung Paul Fischnaller) mit den prächtigen Geoden aus dem Gostner Graben, aber auch spektakuläre Funde aus anderen alpinen Regionen und der Eifel (mit ähnlichem Muttergestein!).

Information/Internet Tourismusbüro Teis, nur Ostern bis Anf. Nov. geöffnet, Di–Fr 9–12, Sa 14–17 Uhr, ✆ 0472/844522, rundum WiFree-Hotspot.

Museum/Wanderung Mineralienmuseum Teis, im Vereinshaus, Palmsonntag bis So. nach Allerheiligen Di–Fr 10–12/14–16, Sa/So 14–17 Uhr, Eintritt 5 €, erm. 2 €, Führungen auf Anfrage (Tourismusbüro s. o.), www.mineralienmuseum-teis.it.

Tipp: Wer die **Teiser Kugeln** an Ort und Stelle sehen will, nimmt an der geführten Wanderung „Teiser Kugeln suchen mit Paul Fischnaller" teil, die vom Tourismusbüro Teis 25x im Jahr veranstaltet wird.

Wanderung zur Brogleshütte (Adolf-Munkel-Weg): Als einer der schönsten Wanderwege der Dolomiten gilt der Adolf-Munkel-Weg, der durch die Almwiesen und Bergwälder am Fuß der Geislerspitzen verläuft. Die Wanderung vom Parkplatz Zans über diesen Weg zur Brogleshütte und hinunter nach Ranui verläuft im Mittelstück auf einem um 1900 angelegten Weg. Odle, Sass Rigais, Fermeda, Seceda sind aus der Nähe zu sehen, und das für jeden einigermaßen bergtüchtigen Wanderer, denn der Weg hat keine Schwierigkeiten.

Dauer 5 Std., Höhenunterschied ↑ 600 m, ↓ 800 m, Karte: Tabacco (1:25.000) Blatt 30.

Wandertipp für Familien

Eine Familienwanderung vom Feinsten führt vom Parkplatz Zans zur Schlüterhütte mit ihrer prachtvollen Fernsicht, Gehzeit insg. 3:30–4 Std., Mittagspause auf der Hütte, auch Polentamuffel werden auf den Maisbrei mit Schmelzkäse abfahren oder auf das Wildgulasch mit Polenta, ungewohnt herzhaft der Graukäse mit Zwiebel. Besonders leckerer Nachtisch: Karotten- und Buchweizentorte, Apfelstrudel mit Vanillesauce und, einsamer Renner auf Berghütten, Joghurt mit frischen Früchten. Während die Erwachsenen noch mit dem Weizenbier beschäftigt sind, kann der Nachwuchs schon mal die ausgedehnten Wiesen unsicher machen.

Tour 26: Wanderung rund um die Aferer Geisler

Tour-Info: Mit dem Bus von der Haltestelle St. Magdalena nach Zans, die Tour endet wieder an der Haltestelle St. Magdalena. Dauer 6 Std., Höhenunterschied ↑ 650 m, ↓1100 m; Karte: Tabacco (1:25.000) Blatt 30.

Die Aferer Geisler sind das etwas kleinere Gegenstück zu den Geislerspitzen. Sie begrenzen das Villnösser Tal im Nordosten, an der Peitlerscharte sind sie mit dem weithin sichtbaren, steil aufragenden Peitlerkofel verbunden, im Norden ist die Plose (→ S. 154) der nächste Bergzug. Der nördliche Teil des Günther-Messner-Steigs (zur Erinnerung an den im Himalaja während einer Tour mit seinem Bruder Reinhold tödlich verunglückten Bergsteiger) kann bei einer Umrundung der Aferer Geisler benutzt werden, der über die Gipfel führende Südteil ist Klettersteiggehern vorbehalten.

Man beginnt am Parkplatz Zans und folgt dem zur Gampenalm und Schlüterhütte weisenden (linken) Fahrweg.

Wo er auf eine Alm trifft, quert man (gute Markierung) den meist trockenen *Kasserillbach* nach rechts und steigt auf einem gut sanierten, zunächst recht steilen Steig (Stufen) den Hang hinauf. Wo es flacher wird, toller Blick auf die Geislerspitzen! Bald ist man an der Gampenalm angelangt (1:15 Std.). Man passiert sie und geht rechts bergan auf einem Steig (der Fahrweg zur Schlüterhütte bleibt rechts) etwas mühsam in Serpentinen zur Schlüterhütte und zum etwas höher liegenden Kreuzkofeljoch (2 Std.) mit Traumaussicht auf den Kreuzkofel in der Fanesgruppe jenseits des Gadertals. Über dieses Joch kommen die Fußwallfahrer aus dem Abtei- und Gadertal, wenn sie die 3-tägige Fronleichnamsprozession nach Klausen/Säben mitmachen.

Vom Kreuzkofeljoch fast hangparallel nach links auf den Weg zum Peitlerkofel, der sich gewaltig vor uns aufbaut. Bei der ersten Gabelung links, bei der zweiten rechts halten (links geht es mit dem Günther-Messner-Weg auf die Aferer Geisler). Man erreicht die normalerweise umlagerte Peitlerscharte (2:45 Std.), denn alle Anwärter auf den Peitlerkofel machen hier Rast (man sieht es Vegetation und Boden leider an). Gleich links abwärts auf schottrigem Serpentinenweg und nach ca. 20 Min. bei einer Gabelung links, Bachquerung (meist etwas Wasser) und bei der nächsten Gabelung wieder links (die meisten gehen hier rechts zu ihrem an der Straße von Lüsen zum Halsl geparkten Auto). Der Berg mit der gerundeten Kuppe rechts ist die Plose.

Jetzt wird's einsam. Lärchen und Zirben, Almwiesen und Schuttströme, die ganz bequem auf gutem Steig gequert werden, bestimmen die nächsten 1:30 Std., wobei es die letzte Viertelstunde recht steil abwärts geht, ein gewaltiger, von den Aferer Geislern herunterziehender Schuttstrom bleibt links von uns. An der Straße (4:15 Std.) nach links und nach 10 Min. bei einem Kruzifix nach rechts auf einen Waldweg. Nach 5 Min. wird wieder die Asphaltstraße gequert, nun geht es auf einem für den Verkehr gesperrten Forststräßchen weiter bergab, dann nach links in ein Tälchen und leicht bergauf und schließlich endgültig bergab. Bei einer Bank (5:30 Std.) tritt man aus dem Wald: Man sieht die Kirche von St. Magdalena vor den Geislerspitzen. Beim obersten Hof, den man erreicht, geht es auf der Straße weiter, über St. Magdalena erreicht man den Talgrund und die Bushaltestelle (6 Std.).

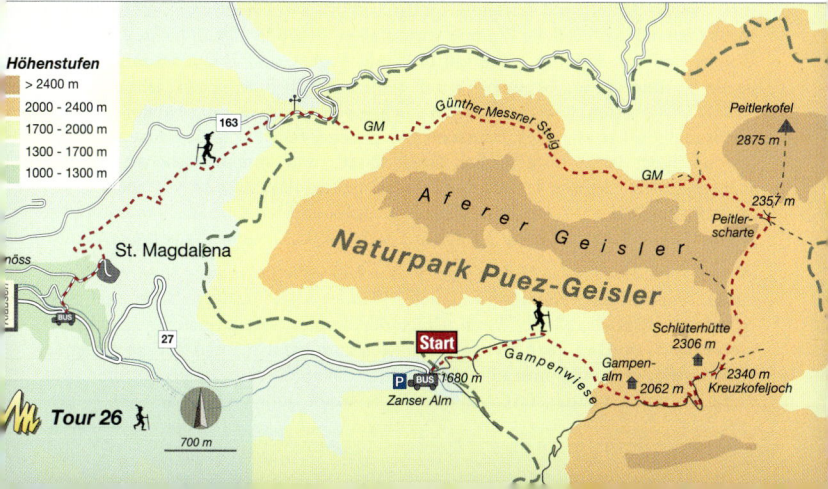

Goldener Herbst bei Wolkenstein mit Blick auf den Langkofel

Das Grödner Tal

Das Grödner Tal mag mal ruhig, idyllisch und bäuerlich gewesen sein, heute bilden die Orte St. Ulrich, St. Christina und Wolkenstein ein lautes und zu hundert Prozent touristisches Siedlungsband. Dafür sind die Sportmöglichkeiten schier unglaublich, angenehme Zimmer und Ferienwohnungen gibt es nicht nur in der obersten Preiskategorie, und das Nachtleben ist passabel.

Im Grödner Tal, auch einfach „Gröden" genannt (ladinisch Gherdëina und in der häufiger verwendeten italienischen Version Val Gardena), ist immer Saison, nicht nur, was die Hotel- und Restaurantpreise betrifft. Sieht man vom November ab, muss man in jedem Fall ein Zimmer vorbestellen. Besonders Weihnachten, Februar, Ostern und die Zeit von Mitte Juli bis Ende August sind Hauptsaisonzeiten mit großem Andrang. Im Grödner Tal mit seinen 10.000 Einwohnern gibt es knapp 18.000 Gästebetten, und man zählt jährlich jeweils mehr als zwei Millionen Übernachtungen – das sagt alles. Deutsche und Italiener teilen sich die Spitzenposition, abgeschlagen liegen Österreicher, Niederländer und andere Nationen auf den Plätzen (in den letzten Jahren sind immer mehr polnische und vor allem – bevorzugt im Winter – russische Gäste hinzugekommen). Und die Tradition? An Mariä Himmelfahrt, wenn die Mädchen Tracht samt „Krönchen" austragen.

Aber Sportmöglichkeiten ohne Vergleich: Rund 80 Lifte (Rekord für Südtirol und die italienischen Alpen), Hunderte Kilometer Wanderwege, unzählige Bergrouten aller Schwierigkeitsgrade, Kletterführen, einige der berühmtesten versicherten Klettersteige der Welt. Dazu jede Menge Berghütten zum Verschnaufen, für die Marende (den Südtiroler Imbiss) und zum Übernachten. Dann die Mountainbikerouten vom Hotel aus und auf guten Sträßchen und Wegen bis in Höhen weit über 2000 Meter.

Und schließlich noch Hallenbäder, Eislaufstadion, zahlreiche Langlaufloipen, Drachenfliegen, fast alle Aktivsportarten, Skiabfahrten aller Schwierigkeitsgrade (mehrere nach FIS-Standard) und ein flottes Skibussystem, das für ein paar Cent alle Lifte miteinander verbindet. Und „Wellness", wohin das Auge reicht.

Die Grödner Holzschnitzkunst

Grödner Holzschnitzereien sind weltweit bekannt. Was als Nebenerwerb und aus Not entstand – auf vielen Höfen war es früher sehr schwierig, allein von der Landwirtschaft zu leben –, wurde in der Neuzeit und vor allem ab dem 19. Jh. zum taltypischen Gewerbe. Krippen und Heiligenfiguren stellten früher das Gros der Arbeiten, dazu kam Spielzeug, heute haben Grödner Holzschnitzer wesentlich mehr Spielraum und können durchaus Ausflüge in die Kunst der Gegenwart machen. Maschinen haben aber in der Regel in großem Maßstab die Handarbeit abgelöst. Das Metier der Schnitzer ist leider durch Billigkonkurrenz aus (Süd-)Ostasien bedroht, da einige schwarze Schafe ihre Produktion dorthin verschoben haben. Um Grödner Arbeiten zu schützen und zu garantieren, dass sie weiterhin im Gröden entstehen, wurde das Gütesiegel „Gardena Art" geschaffen, dass nach Aufdeckung eines Skandals („echt Grödner Holzschnitzereien", die aus China kamen) besonders gefördert wird. Alte Grödner Weihnachtskrippen, wie sie seit dem 18. Jh. geschnitzt werden, besitzen z. B. die Kirche in St. Jakob oberhalb von St. Ulrich und das Grödner Heimatmuseum.

Information Tourismusverband Gröden, gemeinsame Prospekte, die in allen Touristenbüros des Tals aufliegen, gute Wander- und Loipenkarten, Veranstaltungsführer, Imagebroschüre, www.valgardena.it. Das Programm **Val Gardena Active** beinhaltet zahlreiche organisierte Aktivitäten, Näheres bei den Tourismusbüros oder unter www.valgardena-active.com.

Gästekarten Die **Gardena Card** (6 Tage 85 €, 3 Tage 65 €, Kinder 8–16 J. 59/45 €, unter 8 J. 5 €) erlaubt freie Benutzung von 12 Aufstiegsanlagen. Sie ist erhältlich bei den Tourismusbüros und den Liftanlagen, www.gardenacard.com.

Die **Val Gardena Mobilcard** erhält man als Gast bei den meisten Beherbergungsbetrieben. Sie ermöglicht die kostenlose Benutzung der Busse.

Die **Super Summer Card** beinhaltet die Nutzung von 100 Liftanlagen des Dolomiti-Superski-Gebiets inkl. Radtransport: 1 Tag 45 €, 3 aus 4 Tagen 105 €, 5 aus 7 Tagen 140 €, www.dolomitisupersummer.com. Die Points Value Card ist in Gröden nicht gültig!

Verbindungen Bustransfer von den Flughäfen Bergamo, Verona, München und Innsbruck: Zubringerdienst mehrmals tgl. über Bozen ins Grödner Tal. Buchung auf www.suedtirolbus.it.

Bus: Das Grödner Tal ist mit SAD-Bussen ganzjährig mit Bozen (über Kastelruth) und Brixen (über Lajen) verbunden; häufige Fahrten. Im Sommer Busse ab Wolkenstein auf Grödner Joch und Sellajoch mit Verbindung über Canazei, Arabba und Corvara rund um die Sella (SellaRonda) in beiden Richtungen. Im Winter gibt es den **Skibus** Gherdëina Ski-Express, der für 10 € eine Woche lang (1 Tag 3 €) alle Orte des Tales mit den Bergbahnen bis Plan de Gralba verbindet.

Taxi: im gesamten Gröden Taxi & Bus Autosella, ✆ 0471/790033, www.taxiautosella.it; Taxi & Bus Gardena, ✆ 366/4747327, www.taxi-busgardena.com.

Einkaufen L buteghier de Gherdëina: Die Kaufleutevereinigung in Gröden hat ein Buch über alle Geschäfte im Grödner Tal herausgebracht, das in den Tourismusbüros und einigen Geschäften erhältlich ist.

Feste & Veranstaltungen Gröden hat eine lange Liste gemeinsamer Veranstaltungen im Sommer und Winter. Darunter Konzertwochen wie das **FestiVal Gardena**

Musica mit klassischer Musik im Sommer, daneben Wanderwochen, das Abend-Shopping in der Hochsaison (z. T. bis 22.30 Uhr), das Fest **Gröden in Tracht** Anf. August usw. Die genauen Termine und Programme der Events stehen in der „Urlaubsfibel", die in jedem Tourismusbüro des Tals erhältlich ist.

Paragliding **Fly 2** bietet Tandemflüge, ✆ 335/5716500, www.fly2.info.

Radfahren/Mountainbiken Im Gröden stark beworbene Sportart, viele ausgeschilderte Tracks; **MTB-Schule Gröden**, ✆ 338/1181915, www.mtbvalgardena.com; **MTB School Ortisei**, auch Fahrradverleih, Via Val d'Anna 2, St. Ulrich, ✆ 0471/786242, www.mtbschool.it.

Wintersport Das Skigebiet Grödental ist ein Teil von **Dolomiti Superski** (→ S. 73) und eines der größten des Landes. Schneetelefon ✆ 0471/6792092. Ein Clou ist die **unterirdische Standseilbahn** namens „Gherdëina Ronda Express", die die Skigebiete Saslong/Ciampinoi und Col Raiser/Seceda verbindet und damit alle Skigebiete des Tals verlinkt. Für Gröden und Seiser Alm (Kastelruth) gibt es einen gemeinsamen Skipass.

Übernachten Im Winter ist, zumindest in der Hauptsaison, oftmals nur Halbpension erhältlich.

Campingplätze gibt es im Gröden nicht, für Wohnmobile bietet St. Ulrich einen Stellplatz an (→ S. 584); ein weiterer (gebührenpflichtig, 12 €) liegt in Plan de Gralba oberhalb von Wolkenstein. Das Nächtigen auf Parkplätzen ist nicht gestattet (aber an den Parkplätzen der Seilbahn-Talstationen die Regel – erkennbar an der schon frühmorgens hohen Zahl an Wohnmobilen).

St. Ulrich

St. Ulrich (ladinisch Urtijëi, italienisch Ortisei) ist der größte Ort des Grödner Tals, geschäftig und touristisch mit guten Hotels und entsprechend hochpreisig. Im Winter dominiert der Skilauf, im Sommer mischen sich Aktivurlauber mit Sommerfrischlern und Gelegenheitswanderern.

Die „herzliche Intimität eines Gebirgsdorfes", von dem ein Buch über Ladinien noch 1985 schwärmte, wird man in St. Ulrich heute vergeblich suchen. Beim Bummel über die Hauptstraße des Städtchens (Streda Rezia) von der Kirche hinunter zum Antoniboden passiert man einige schöne alte Häuser, von einem Dorf ist aber nichts zu bemerken. Alte Bauernhöfe gibt es im weiteren Ortsbereich nicht mehr, nur im sehenswerten *Heimatmuseum in der Cësa di Ladins* sieht man die alten Trachten der Gegend, die ehemals bescheidene Ausstattung der Bauernhäuser, das alte landwirtschaftliche Gerät. Vom Ort aus sieht man wie ein Wahrzeichen die schlanke Gestalt des *Langkofel*. Wenn die Sonne untergeht, beleuchten ihn ihre letzten Strahlen. Wenn man dort oben wäre bei Sonnenuntergang – ja warum denn nicht?

Achtung: Rein verwaltungstechnisch gehört die linke Talseite von St. Ulrich, „Oltretorrente", zu Kastelruth, organisatorisch und touristisch ist sie aber ein Teil von Gröden und St. Ulrich.

Basis-Infos

Information Tourismusverein, I-39046 Ortisei/St. Ulrich, Streda Rezia 1, Mo–Sa 8.30–12.30/14.30–18.30 Uhr, So 10–12 und (im Sommer) 17–18.30 Uhr. ✆ 0471/777600, www.val gardena.it. Die Touristeninformation liegt am oberen Ende der Fußgängerzone im Gebäudekomplex des Kongresshauses, Broschüren zu Wanderungen und Mountainbikerouten gibt es auf Anfrage. Vor dem Haus elektronische Schautafel mit freien Hotel- und Pensionszimmern.

Verbindungen Pkw und Wohnmobil: Der Durchgangsverkehr wird um den verkehrsberuhigten Ortskern herumgeführt, Staus sind trotzdem die Regel. Größere gebührenpflichtige Parkplätze liegen an der Talstation der Seiser-Alm-Seilbahn und der Secedabahn-Seilbahn, weiter draußen parkt man an der Streda Rezia, Abzweigung Streda Trebinger oder an der Bahnhofstraße. Wohnmobilstellplatz im Ortsteil Pontives.

Bus: zentrale Bushaltestelle auf der Plaza San Antone am unteren Ende der Fußgängerzone und Busparkplatz an der Seiser-Alm-Bahn.

Ärztliche Versorgung Ärztlicher Bereitschaftsdienst für Gäste am Nivesplatz in Wolkenstein, in der Streda Purger 14, tgl. 9–12 und 16–19 Uhr, telefonisch rund um die Uhr ✆ 0471/794266.

Baden/Sauna Hallen- und Freibad Erlebnisbad Mar Dolomit, Streda Promeneda 2, mit Kinder- und Außenheißbecken samt Strömungskanal (Salzwasser), dazu mehrere Saunatypen, Blockhaussauna aus echt skandinavischen Holzbohlen, von dort kommt man direkt ins Freie, wie es bei finnischen Saunen ja der Fall sein sollte. Ganzjährig offen mit wechselnden Öffnungszeiten, Kernzeit (Bad) tgl. 13–20 Uhr, in der HS tgl. 9.30–20, Di und Fr bis 22 Uhr, Ende April bis Ende Mai geschl. Tageskarte Schwimmbad 12,80 €, Kinder 6,50/9 €, Sauna/Bad 24 €. ✆ 0471/797 131, www.mardolomit.com.

Hochseilgarten Emozion Col de Flam, am Eingang zum Annatal neben der Talstation der Seceda-Bahn, Juni bis Sept., tgl. 10–19 Uhr, ab Mitte Sept. seltener. Erw. 18–25 €, Kinder und Jugendliche 8–17 €, je nach Parcours. Neu ist eine 680 m lange Fly-Line und mehrere Trampolins, die extra kosten. Außerdem ein kleiner Tierpark mit Ponyreiten. Geleitet wird der Hochseilgarten von der Alpinschule Catores, Infos bei der Talstation und unter www.coldeflam.it.

Internet WLAN-Hotspot WiFree in der Fußgängerzone, beim Touristenverein, am Kirchplatz und teilweise auf der Luis-Trenker-Promenade.

Kinder Spielplatz (einer von acht) an der Luis-Trenker-Promenade neben der nicht zu übersehenden Dampflok der ehemaligen Grödner Talbahn; großer Spielplatz am Spazierweg ins Annatal (Start an der Seceda-Talstation). **Kinderbetreuung** durch Ski- und Snowboardschule St. Ulrich (→ „Wintersport"), ✆ 0471/796153. Unbedingt besuchen: Spielzeugsammlung im Heimatmuseum.

In der Fußgängerzone von St. Ulrich

Radfahren/Mountainbiken Verleih bei Skischool Ortisei an der Talstation der Secedabahn, ✆ 0471/786242, www.mtbschool.it; E-Bikes bei E-Bike Val Gardena Dolomites, Str. Rezia 71, ✆ 0471/798225, www.ebikevalgardena.com. Für Mountainbiker gibt es die Karte „Funbike" mit 10 **Tourenvorschlägen** für das Grödner Tal (in der Info oder im Buchladen).

Wandern/Bergsteigen/Klettern Wandern ist der klassische Sport des Grödner Tals, man kann fast überall von der Tür des Hotels aus beginnen. Mehrere Aufstiegshilfen bringen einen in wenigen Minuten in kühle Wanderhöhen.

Alpinschule Catores Gröden, Kirchplatz, ✆ 0471/798223, www.catores.com.

Die Südseite des Kongressgebäudes ist als **Kletterwand** gestaltet, die Catores-Führer bieten dort im Juli/August jeden Mi um 21 Uhr Freeclimbing an. Die Alpinschule veranstaltet außerdem geführte Wanderungen, Kletter- und Klettersteigtouren. In der Tennishalle Runggaditsch Boulderhalle auf 220 m^2 sowie Kletterwand. www.gardenaclimb.it.

Etwa 400 m talauswärts von Runggaditsch gibt es rechts der Straße einen kleinen **Klettergarten** für Freikletterer.

Wintersport Der Verband der Inhaber der Liftanlagen Grödner Tal/Seiser Alm, ☏ 0471/795350, gibt Auskunft, welche Bergbahnen gerade in Betrieb sind.

Alpiner Skilauf, Skilanglauf, Snowboarding: Im Winter sprießen in St. Ulrich die Skiverleiher wie die Pilze aus dem Boden, im Sommer werden sie zugemacht. Hier nur einige verlässliche Adressen: Ski- & Snowboardschule St. Ulrich, Streda Rezia 75a und Streda Promeneda 1, ☏ 0471/796153, www.valgardenaski.com; Ski- & Snowboardschule Saslong, Streda Rezia 10, ☏ 0471/786 258, www.skisaslong.com. Weitere unter www.valgardena.it.

Rodeln: Ein Weg von der Berg- zur Mittelstation der Raschötz-Standseilbahn ist die längste Rodelstrecke des Tals (6 km), an der Talstation Rodelverleih.

Eislaufen: Freilufteislaufplatz „Setil" neben der Talstation der Seiser-Alm-Bahn, tgl. 16.30–19 Uhr, Di und So auch 20–22 Uhr.

Veranstaltungen An einem So Mitte Okt. traditionelles Kirchweihfest **Segra Sacun** an der Kirche St. Jakob oberhalb des gleichnamigen Dorfes.

Einkaufen

Die Streda Rezia rauf und runter erschließt in etwa das Shopping-Angebot von St. Ulrich.

Grödner Holzschnitzereien Musterschau und Kunstausstellung **ART 52** des Grödner Kunsthandwerks im Kongresshaus. Tgl. 9–22 Uhr, www.art52.it.

Im Aug. findet die **Grödner Skulpturmesse UNIKA** statt (im Tenniscenter Runggaditsch), dabei wird die Tennishalle in eine riesige Werkstatt verwandelt, in der rund 30 Bildhauer ihre Kunst zeigen. Streda Arnaria 9, ☏ 0471/792227, www.unika.org.

St. Ulrich/Urtijëi/Ortisei
150 m

Holzschnitzer: z. B. Carl-Conrad Moroder, Streda Rezia 198, ✆ 0471/996187.

Märkte **Wochenmarkt** jeden Fr in der Bahnhofstraße und **Bauernmarkt** am Kirchplatz.

Mitte Okt. **Blättermarkt (Segra Sacun)** zur Kirchweih St. Jakob am Montag danach. Die Birnen, die man an diesem Tag den Frauen gab, die beim Rechen des Heus geholfen hatten, werden heute schon mal durch z. B. Holzbirnen und rote Glühbirnen ersetzt. Kulinarische Spezialitäten und handwerkliche Produkte.

Lebensmittel/Feinkost/Wein Avesani, Streda Rezia 106, sehr gute Weinauswahl, große Auswahl an Grappe, getrockneten Pilzen, besten Olivenölen, www.avesani-shops.com.

Bäckerei Überbacher, Streda Pedetliva 36a, große Brotauswahl vom Breatl bis zum Schüttelbrot, über 50 Sorten.

Maso dello Speck, Streda Rezia 165, großes Angebot an Speck und Käse im betörend duftenden Ausstellungsraum.

Vinotheque Rabanser, Streda Arnaria 41, Weine, Destillate und Feinkost.

Bücher Athesia, Plaza S. Antone 82, große Auswahl an Südtirolensien und Belletristik in Deutsch und Italienisch, Landkarten, Postkarten, Kalender.

Übernachten

St. Ulrich ist wie das gesamte Gröden eher hochpreisig. In den aufkommensschwachen Zeiten machen viele Hotels einfach Pause (Nov. bis Mitte Dez., nach Ostern bis Mitte Juni). Zu den Winterferien, zu Ostern und im Juli/Aug. unbedingt reservieren! Die Hotels und Gasthöfe mit Restaurant vermieten in der Hauptsaison nur mit Halbpension. Am größten ist die Auswahl bei den Ferienwohnungen: Es gibt mehr als 250 Anbieter.

Übernachten
4 Adler
7 Stetteneck
10 Grones
13 Wohnmobilstellplatz
17 Pra Palmer
18 Hartmann
19 Villa Brunello

Nachtleben
5 Mario's Bar
6 Maurizkeller
14 Winebar Cascade

Essen & Trinken
1 Costamula
2 Concordia
3 Da Pauli
6 Maurizkeller
12 Vedl Mulin
15 Anna Stuben (Grödnerhof)
16 Mar Dolomit

Cafés
8 Demetz
9 Corso
11 Haiti

Altstadt und Luis-Trenker-Promenade

**** Grones [10], das kleine Hotel garni mit langer Tradition (seit 1930) wurde 2008 komplett neu gebaut. Großzügig geschnittene Zimmer, modern eingerichtet; großer Garten mit alten Bäumen, Liegewiese. DZ/HP 204–500 €. Streda Stufan 110, ✆ 0471/797040, www.hotelgrones.com.

***S Stetteneck [7], freundlicher Gründerzeitbau mit langer Geschichte an der Hauptstraße, wurde 1962 von der Familie Hans Sanoner übernommen und zum komfortablen Classic Hotel umgebaut. Große, angenehm und zurückhaltend eingerichtete Zimmer, z. T. mit Balkon oder vorne Erker. Neues, attraktives Hallenbad mit Sauna und Dampfbad. Im Sommer DZ/FR 88–232 €, im Winter versch. Pauschalpreise. Streda Rezia 14, ✆ 0471/796563, www.stetteneck.com.

***S Pra Palmer [17], Hotel garni an der Uferpromenade, hübsche Zimmer mit viel Holz, teils mit Balkon oder Loggia, Eintritt ins Mar Dolomit gratis. DZ/FR 102–170 €. Streda Promeneda 5, ✆ 0471/796710, www.prapalmer.com.

***** Adler [4], seit 1810 führt die Familie Sanoner das Traditionshotel mit mittlerweile 123 Zimmern und fünf Sternen. Der ehemalige Gasthof im Zentrum bietet heute als „Dolomiti Spa & Sport Resort" jeden erdenklichen Komfort. Eingangsbereich und Stiegenhaus wurden von Clemens Holzmeister entworfen, dem Architekten des Neuen Festspielhauses in Salzburg. Fitnesseinrichtungen von der „Dolasilla Vitalwelt" bis zur „Aquana Wasserwelt" (Hallenbad, Saunen, Felsengrotte, Kneippanlage auf 3500 m2) und ein parkähnlicher Garten. Sehr aufmerksamer Service. Short Stay (4 Tage) ab 495 € p. P. im DZ und mit HP, Suiten teurer. Streda Rezia 7, ☏ 0471/775000, www.adler-dolomiti.com.

Außerhalb *** Hartmann **18**, außerhalb von St. Ulrich, im Weiler Pescosta, liegt dieses generalüberholte Wellnesshotel mit nur 15 komfortablen Zimmern, die DZ alle mit Balkon und schönem Ausblick zum Langkofel. Kosmetik- und Körperpflegestudio, Ayurveda, Shiatsu & Co., Sauna, Whirlpool, Fitnessraum. Das Angebot richtet sich ausschließlich an Ruhe suchende Erwachsene. DZ/HP 110–380 €. Streda Rezia 308, ☏ 0471/774444, www.hotel-hartmann.com.

***S Villa Brunello **19**, ebenfalls außerhalb in Coi gelegenes komplett renoviertes Albergo, es bietet gemütlich eingerichtete Zimmer und Mini-Apartments, kleinen Saunabereich und Restaurant mit offener Küche. DZ/FR 80–130 €. Streda Coi 1, ☏ 0471/796487, www.brunello-it.com.

Wohnmobilstellplatz 13, beim Gasthof Pontives, Loc. Pontives 36. ☏ 0471/797991, www.pontives.com.

Essen & Trinken/Nachtleben → Karte S. 582/583

Spitzenleistungen darf man nicht erwarten, für gutes Essen muss man übers Grödner Joch ins Hochabteital und Gadertal fahren. Große Ausnahme: die Anna Stuben im Grödnerhof, die mit einem Michelin-Stern glänzen. Auch das Nachtleben ist nicht unbedingt eine Spezialität in einer Provinz, in der man um 21 Uhr die Läden runterklappt (in fast allen Restaurants endet die warme Küche um 21.30 Uhr). Ausnahmen sind vor allem Bars, die u. U. bis 2 Uhr früh offen haben, v. a. in der Wintersaison.

Restaurants/Pizzerien Anna Stuben **15**, Streda Vidalong 3, Anna Demetz eröffnete 1923 mit ihrem Gatten Anton eine Gastwirtschaft, nach ihr ist das Renommeerestaurant im heutigen Grödnerhof benannt. Die Küche beruht auf wenigen Zutaten von hoher Qualität, die möglichst wenig verändert bzw. aufgeschönt werden – das kann für nicht an Purismus gewöhnte Gourmets schon mal zu Enttäuschungen führen. Aber hohes Lob von allen Gastrokritikern, Reimund Brunner wurde mit einem Michelin-Stern und 3 Gault-Millau-Hauben bedacht. Menü ab 86 €, So Ruhetag. ☏ 0471/796315, www.annastuben.it.

»» Mein Tipp: Costamula **1**, Streda Cuca 184, grandios renovierter Hof aus dem 17. Jh. mit behaglicher Atmosphäre in den aus Bruchstein und massivem Holz gestalteten Galäumen, typische Südtiroler Küche mit hohem Niveau (Graukäseknödel probieren!), mittags und abends geöffnet, Primi ab 12 €, Menü ab 55 €, unbedingt reservieren, So und Mo abends geschl., ☏ 335/8163073, www.costamula.com. «««

Concordia **2**, Streda Roma 41, ein gutes, intimes Restaurant im oberen Ortsteil in einem Stockwerk einer Gründerzeitvilla. Gehobene Italo-Tiroler Küche vom Chef Rudi Pescosta: Hirschschinken mit Ziegenkäse und Vollkornscheiben, Kaninchenfilets in weißer Trüffelcreme mit Kroketten, Südtiroler Käseplatte, Birnensorbet ab ca. 30 €. Mi Ruhetag, ☏ 0471/796276.

Vedl Mulin **12**, Streda Rezia 142, ein großer, kaum unterteilter Saal, je 4 Tische zu einem Riesenquadrat zusammengeschoben – nicht gerade gemütlich. Aber sehr flinke Bedienung, durchschnittliches, aber preiswertes Essen Südtiroler Art, Warsteiner vom Fass und eine Auswahl an guter Pizza. 2 Gänge ab 25 €. ☏ 0471/796089, www.vedlmulin.com.

Mar Dolomit **16**, Streda Promeneda 2, das Restaurant mit Pizzeria im großen Grödner Hallenbad ist zu Recht gut besucht. Das Essen in dem lichten, mit dem Hallenbad durch ein gemeinsames Dach verbundenen Saal ist gut und günstig, die Pizza und Foccaccia (25 zur Auswahl) ist unten knusprig, oben schmackhaft, dazu rustikale Tiroler Kost. Kein Ruhetag. ☏ 0471/797352.

Da Pauli 3, Streda Purger 8, Restaurant-Pizzeria, gute Pizza, keine Reservierung möglich, Mo Ruhetag.

Cafés/Eisdielen **Demetz** 8, Streda Rezia 48, das sicher beste Café des Orts mit großer Terrasse und großen Räumen im klassischen Kaffeehausstil. Vorzügliche Torten, Kuchen und Strudel dank des Elans eines jungen Konditors.

Corso 9, Streda Rezia 74, schöne, sonnige Terrasse seitlich zur Straße, gutes Konditoreiangebot.

Haiti 11, Streda Rezia 115, Eisdiele und Snacks, zentral gelegen und entsprechend voll, die Konservenmusik kann sehr laut werden.

Nachtleben **Mario's Bar** 5, im Hotel Adler. Wer Pianomusik als Hintergrund für gepflegte Gespräche schätzt, ist hier richtig am Platz. ✆ 335/5280120.

Winebar Cascade 14, Streda Promeneda 1, in einem etwas kitschigen Neubau sind – trickreich aufgeteilt – ein kleines Restaurant, der „Coffee & Tea Room" und die hufeisenförmige Bar untergebracht. Am Tresen gibt's nicht nur Drinks, sondern auch diverse Weine.

Maurizkeller 6, Streda Rezia 32, Kellerlokal mitten in der Fußgängerzone, ganzjährig geöffnet, Pizza aus dem Holzofen, Tiroler Küche. Tanzlokal mit Unterhaltungsmusik und Après-Ski ab 23 Uhr. ✆ 0471/797301, www.maurizkeller.com.

Sehenswertes/Ausflüge

Ortsbild: Sagen wir's ganz offen. Außer dem Grödner Heimatmuseum (ein Muss) gibt's im Ort selbst nicht viel zu sehen. Man kommt wegen der Umgebung und den Sport-, Freizeit- und Erholungsmöglichkeiten.

Der Marktort zieht sich entlang der *Streda Rezia* von unterhalb des Kirchplatzes bis hinunter zum sogenannten Antoniboden mit seiner kleinen Kirche. Dieser Straßenabschnitt ist eine einzige Einkaufsmeile mit Boutiquen, aber auch mehreren

Belebtes Zentrum von St. Ulrich mit Pfarrkirche

Straßencafés und Gasthausterrassen. Sie ist der „Promenier-Salon" des Ortes, wie man sich hier ausdrückt – Fußgängerzone. Etwas oberhalb des westlichen Endes der Straße steht die *Pfarrkirche St. Ulrich*, ein Bau von 1797 (auf älteren Vorgängern). Von der Ausstattung ist das aus dem 18. Jh. stammende Kirchengestühl zu erwähnen. Zwischen Kirche und Straße schiebt sich der öde Betonklotz des 1970 entstandenen *Kongresshauses*, in dem sich auch der Tourismusverein befindet. Im Haus ist auch die ständige Ausstellung der Grödner Holzschnitzkunst untergebracht.

Am *Antoniboden* trennt der schlichte Kirchenbau die heutige Fußgängerzone von der großen Platzerweiterung mit der Bushaltestelle und dem Taxistandplatz. *St. Anton in Boder* (Plaza S. Antone) mit seinem spitzen Dach mit dem Dachreiter entstand 1673 und ist dem Wüsteneremiten Antonius gewidmet.

Museum Gherdëina in der Cësa di Ladins: Das Heimatmuseum im Ladinischen Kulturhaus zeigt eine Anzahl sehr interessanter Objekte, v. a. die Grödner Schnitzereien, darunter einige der bedeutenden Familie Vinazer, die von 1622 bis 1817 am Ort tätig war. Neben den Heiligenstatuen und Madonnen bewundert man Gliederpuppen, Hampelmänner, Nachziehpferde und bewegliches Spielzeug, das zwischen 1810 und 1940 entstand. Daneben Mineralien der Dolomiten und aus aller Welt, eine sehr interessante geologische Abteilung, die über die Entstehung der Dolomiten informiert, und schließlich ein ganzer Saal mit Erinnerungen an den Bergsteiger, Schriftsteller und Filmregisseur Luis Trenker sowie archäologische Funde. Im Aufgang zum Oberstock hängt ein riesiges Fastentuch aus der Kirche St. Jakob mit 20 Szenen der Passion Christi (17. Jh.). Früher hängte man es in der Fastenzeit vor Ostern im Chor der Kirche auf. Im Obergeschoss des Museums befindet sich das Original eines mittelalterlichen Bauernzimmers, das aus einem verfallenen Hof stammt und uralte Fresken birgt. Zu den vielen alten Höfen im Tal, von denen immer mehr abgerissen werden, gibt es auch eine Ausstellung (vor dem Eingangsbereich des Museums) und eine „Höfekarte". Leider bringt das Museum seit mehreren Jahren die etwa 6000 € nicht auf, die zur Publikation der Karte nötig wären. So muss man als interessierter Tourist die oftmals abgelegenen Gebäude mittels einer ungenauen Wanderkarte suchen gehen. Hier wird die große Chance verspielt, den Erhalt von einmaliger historischer Bausubstanz auch mittels Öffentlichkeitsarbeit voranzutreiben.

6. Dez. bis Ostern Di–Fr 10–12/14–18 Uhr; Mitte Mai bis Okt. Mo–Fr 10–12.30/14–18; Juli/Aug. auch Mo–Sa 10–18 Uhr. Eintritt 7 €, Familie 14 €. Streda Rezia 83, ✆ 0471/797554, www.museumgherdeina.it.

Kirche St. Jakob: Der hoch über die Bäume herausragende spitze Kirchturm verrät die Kirche des hl. Jakob (Sacun) schon von unten. Die leider ständig verschlossene gotische Kirche und ihr kreisrunder Friedhof (ständig offen) hinter einer hohen Mauer stehen auf einer Lichtung mitten im Wald, eine halbe Stunde oberhalb des Dorfs *St. Jakob*. Wer mit dem Wagen ankommt, lässt ihn bei der Abzweigung (mit Schild) stehen und geht zu Fuß weiter – eine Straße zur Kirche gibt es nicht.

Teile der barocken Ausstattung kann man im Heimatmuseum bewundern (s. o.), wie einige der Altarstatuen und das großartige Fastentuch. An der südlichen Außenwand – und deshalb mittags am besten beleuchtet – sind sehr schöne spätgotische Fresken: Ein riesiger hl. Christophorus trägt das Christuskind auf der Schulter. Ein Schmerzensmann vergießt sein Blut, das in kleinen Rinnsalen zu den Menschen rinnt. Auf deren Schultern hocken Teufel, aber auch Engel bemühen sich um sie.

Besichtigung und Führung im Sommer Mo–Fr 10.30–12, Mi und Fr 15.30–17 Uhr.

St. Ulrich

Auf der Luis-Trenker-Promenade und dem Alten Bahnweg nach Wolkenstein: Wie angenehm, dass es statt der Straße diesen bequemen Promenadenweg gibt, der über *St. Christina* bis nach Wolkenstein und Plan führt. Hier fuhr bis 1960 eine im Ersten Weltkrieg in nur viereinhalb Monaten von Soldaten, Zivilarbeitern, aber vor allem von russischen Kriegsgefangenen erbaute Schmalspurbahn. Das geringe Gefälle ermöglicht heute einen gemütlichen Spaziergang zwischen den drei Orten. Die Promenade beginnt als „Luis-Trenker-Promenade" in St. Ulrich an der Streda Stufan, kurz darauf liegt links der Tunnel zur Seceda-Seilbahn; außerhalb von St. Ulrich nennt sie sich nur noch „Alter Bahnweg". Noch im Ort passiert man eine Lok, die hier einmal eingesetzt war, und das Luis-Trenker-Denkmal.

Tour-Info: Gehzeit St. Ulrich – Wolkenstein ca. 1:30 Std., zurück unwesentlich kürzer. Zurück kann man auch den regelmäßig verkehrenden SAD-Bus nehmen.

Unterwegs mit Luis Trenker

Luis Trenker

Luis Trenker (1892–1990) stammte aus St. Ulrich und damit aus dem Herzen der Dolomiten. Mit einer Mischung aus Abenteuer, Bergromantik, Nervenkitzel, Schmalz und Sex-Appeal machte der gelernte Architekt als Bergsteiger, Buchautor, Filmschauspieler, Regisseur und Schriftsteller eine bergbezogene Karriere. Der Stummfilm „Kampf ums Matterhorn" katapultierte ihn 1928 unter die populären Regisseure. Die Heimattümelei und die Verherrlichung naturnahen Lebens als Gegensatz zur „verderbten" städtischen Zivilisation dieses Films und späterer wie „Berge in Flammen" gefielen auch den faschistischen Machthabern in Berlin und Rom. Trenker protestierte nicht gegen die Vereinnahmung durch die Diktatoren, was ihn nach 1945 besonders in der Bundesrepublik Deutschland zur Persona non grata machte. Was seine Popularität kaum beeinträchtigte, der fesche Bergfex mit der Pfeife und die schmalzige Bergtümelei seiner Filme blieben Teil der deutschsprachigen Massenkultur. St. Ulrich besitzt heute den Nachlass Luis Trenkers, das „Luis Trenker Zentralarchiv" ist seit 2004 ein Teil des *Museums Gherdëina*.

Auf dem Außerraschötz: Die neue *Raschötz-Standseilbahn* führt von St. Ulrich (Streda Resciesa, 1280 m) auf die Almweiden des Außerraschötz (2093 m). Der Blick auf Schlern, Seiser Alm und Langkofelgruppe ist phänomenal. Ein leichter

Spaziergang führt von der Bergstation zur *Raschötzhütte*, die 80 m Höhenunterschied schaffen fast alle. Wer besser zu Fuß ist, kann von dort aus die Spitze des *Außerraschötz* (2281 m) erreichen und einen Blick über imposante Felsabstürze ins Villnösser Tal auf der anderen Bergseite werfen.

Bergbahn Standseilbahn Raschötz, Mitte Mai bis Mitte Okt. 8.30–17 Uhr, in HS bis 18 Uhr, einfach 13,50 €, Berg/Tal 19 €, ✆ 0471/796174, www.resciesa.com.

Hütte Raschötzhütte, 2170 m, etwas oberhalb der Bergstation gelegen. Die Hütte wurde 2010 neu errichtet, Terrasse mit toller Aussicht, schöne Stube, Südtiroler Küche. Moderne Doppelzimmer, aber auch 4-, 8- und 14-Bett-Zimmer. DZ/FR 140 €, Ü/FR im Gemeinschaftszimmer 50 €, ✆ 335/436544, www.rifugioresciesa.com.

Wintersport Im Winter führt von der Bergstation eine **Abfahrt** zur Mittelstation der Seceda-Bahn (s. u.), über die man diesen Skizirkus erreicht. **Rodelbahn** (6 km) von der Berg- bis zur Mittelstation der Raschötzbahn, wer das Rodelerlebnis noch länger genießen mag, geht noch weiter Richtung Raschötzhütte, unterhalb der Hütte Abzweig zur Rodelbahn. Rodelverleih 10 €, Tageskarte der Bahn mit Rodelverleih 31 €, dann lässt sich das Vergnügen beliebig oft wiederholen.

Auf der Seceda: Hinauf kommt man mit der Kabinenseilbahn. Die Talstation zeigt, wie wichtig die Seceda-Bahn ist: Von der Fußgängerzone (Plaza San Antone) führt eine Serie von überdachten Rolltreppen hinauf zur Luis-Trenker-Promenade, von der aus ein Tunnel mit Rollbändern bis direkt an die Seilbahn führt! Die Seceda ist durch Schlepp- und Sessellifte für den Wintersport erschlossen. Am Beginn und Ende der Skisaison kann man nur bis zur Mittelstation abfahren. Im Sommer ist die Seceda ein echtes Wanderparadies. Genusswanderer bleiben auf den Almhängen der *Aschgleralm* und frequentieren die Jausenstationen (Troier, Daniel). Wer sehr gut zu Fuß ist und 1200 Höhenmeter Abstieg verkraften kann, geht nach St. Ulrich oder Wolkenstein hinunter.

Bergbahn Seceda-Bahn, Mitte Juni bis Mitte Okt. 8.30–17.30 Uhr, einfach 20 €, Berg/Tal 30 €, Kinder 10/15 €, Teilstrecke St. Ulrich – Furnes oder Furnes – Seceda einfach 10 €, Berg/Tal 20 €, Kinder 6/10 €. ✆ 0471/796531, www.seceda.it.

Hütte Baita Sofie, 2410 m, etwas unterhalb der Bergstation, freundliche Hütte mit Tiroler Spezialitäten und erlesenem Weinkeller. ✆ 335/5271240, www.seceda.com.

Tour 27: Wanderung von der Seceda zur Regensburger Hütte und nach Wolkenstein

Tour-Info: Einfache Bergwanderung, meist gute Wege über Almen. Anfahrt mit der Seceda-Seilbahn ab St. Ulrich, Rückfahrt mit dem Bus ab Wolkenstein. Dauer 2:45–3 Std.; Höhenunterschied ↑100 m, ↓1000 m. Karte: Tabacco (1:25.000) Blatt 5.

Wenn man auf der Seceda aussteigt **A**, schlägt das Herz schneller. Selbst die Draufsicht auf die gewaltigen Schutthänge, die von der Seceda nach Westen ziehen, ist abenteuerlich. Oben erwartet einen der Blick auf Geislerspitzen, Puez-

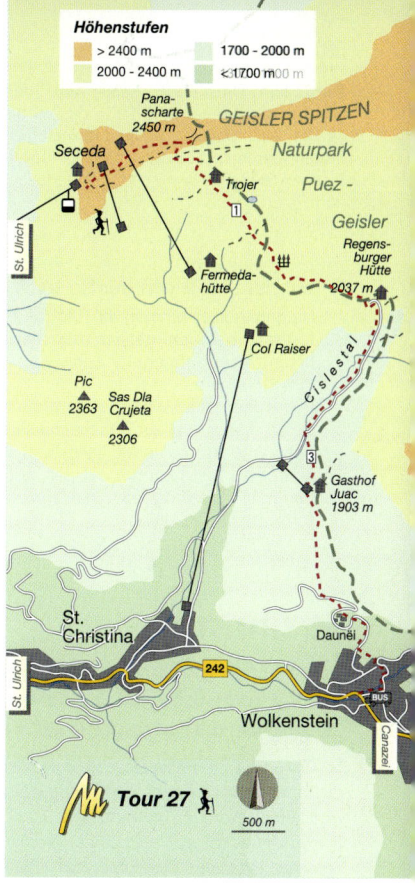

gruppe und über Almen hinweg auf Sella und Langkofel. Wir nehmen den wenig an Höhe verlierenden Weg zur *Panascharte* (gleich bei der Seilbahn bei Weggabelung **B** links in Richtung Sass Rigais und Geislerspitzen). Bei der Scharte **C** (2450 m) schwindelerregender Blick hinunter auf die Nordseite der Geislerspitzen, vom Villnösser Tal sieht man relativ wenig. Nun rechts und den Hang hinunter, zwei Abzweigungen nach links (**D+E**) werden ignoriert. Man passiert die tirolertümelnde *Jausenstation Troier* **F**, das alte Almhaus wurde leider abgerissen. Beim Troier mehr oder weniger geradeaus mit Weg 1 weiter (Wegkreuz **G**, hier geradeaus) und mit wenig Höhenverlust, zuletzt aber nach Weidezaun **H** steiler hinunter zur *Regensburger Hütte* **I** (2037 m, 1:15 Std.). Dort beginnt ein Zufahrtssträßchen, dem wir zunächst abwärts folgen, bis nach ca. 20 Min. Weg 3 nach links abbiegt **J**. Kurz nach dem modern gestalteten *Gasthof Juac* **K** (1905 m) sieht man von der Bergschulter **L** bereits auf Wolkenstein hinunter. Weg 3 führt meist durch Wald bergab, quert eine Asphaltstraße **M** (rechts Wanderparkplatz) und erreicht den Weiler *Daunëi* **N**. Weiter links auf der nach Wolkenstein führenden Straße, die man aber in der ersten großen Rechtskurve **O** verlässt, um auf einen Trampelpfad nach links über eine große Wiese abzukürzen. Am unteren Ende der Wiese **P** geht man auf der Puezstraße hinein nach Wolkenstein, hält sich rechts und erreicht so die Bushaltestelle in der Ortsmitte **Q** (1560 m, 3 Std.).

Hütten Jausenstation Troier, 2250 m, Tiroler Küche von Gerstlsuppe bis Kaiserschmarrn, ☎ 339/8212373, www.troier.com. Regensburger Hütte (Rif. Firenze) → S. 594. **Juac-Hütte**, 1905 m, traditionelle Küche, ein 4-Bett-Zimmer und 16 Lager, Ü/FR ab 40 €. ☎ 335/8082321, www.juac.it.

Auf die Seiser Alm: Von *Oltretorrente* (Streda Setil) führt eine Kabinenbahn flott auf die Seiser Alm (→ S. 606), die man auf 2005 m am *Col de Mesdì* erreicht. Blicke auf den Langkofel, so toll, dass man am liebsten gleich dableiben will, aber auch Wanderwege auf die Blumenwiesen der Seiser Alm. Scharen von oft nicht mehr ganz jungen Wanderern bevölkern die ganze warme Saison über die vielen Wege. Die Jausenstationen, Gasthöfe und Restaurants liegen jeweils nur einen Steinwurf voneinander entfernt. Im Winter wird dieser Teil der Seiser Alm mit vier Sessel- und mehreren Schleppliften zur beliebten Skiarena für nicht ganz so sportliche Skifahrer (keine Abfahrt ins Tal!).

Bergbahn Umlaufbahn Seiser Alm, Ende Mai bis Allerheiligen 8.30–17, in der HS bis 18 Uhr, Nachtfahrten zu bestimmten Terminen, einfach 12,20 €, Berg/Tal 18,30 €, Kinder 8,50/12,30 €, www.seiseralm-seilbahn.com.

Essen & Trinken Das **Bergrestaurant Mont Sëuc** mit Panoramafenstern bietet tagsüber warmes Essen und Brotzeiten. Mi abends Candlelightdinner (Bahn läuft bis 23.30 Uhr, Berg/Tal dann nur 4,50 €). ✆ 0471/727881, www.montseuc.com.

Mit dem MTB von der Seiser Alm hinunter ins Grödner Tal

Mountainbiker können ihr Rad mit dem Lift hinauf auf den Col de Mesdì befördern, nehmen danach das bei der Bergstation beginnende Sträßchen hinunter zur Schgaguler Schwaige und stellen fest, dass sie an der Einmündung in eine breitere Straße nach rechts und auf einen kleinen Pass kommen. Auf dieser Straße geht es in großem Linksbogen über die Hochflächen der Seiser Alm zuerst zur Ritschschwaige (bei Gabelung vorher links), zur Radauer Schwaige (dort wieder links) und über eine Forststraße durch das Val de lender bis fast hinunter auf den Talboden des Grödner Tals. Dort bleibt man bei einer Gabelung links und erreicht auf wenig befahrenen Sträßchen Oltretorrente und St. Ulrich.

St. Christina

Von den drei großen Grödner Orten der ursprünglichste, dennoch geschäftig und touristisch. Idealer Ausgangspunkt für Wanderungen, Berg- und Skitouren in die Puezgruppe, auf die Seiser Alm und zur Langkofelgruppe.

St. Christina ist ein lang gezogener Ort etwas oberhalb der Durchgangsstraße des Grödner Tals, das nach Eröffnung des unterhalb verlaufenden Umfahrungstunnels nun ausgesprochen verkehrsarm ist. Das Tal ist hier enger als in St. Ulrich, die Siedlung hat die steilen Hänge oberhalb des Orts gemieden. Erst auf der Sonnenterrasse zwischen Plesdinaz und Ulëta gibt es wieder Häuser, die einen fantastischen Ausblick auf Langkofelgruppe, Sella, Seiser Alm und Schlern haben. Nach Süden engt der kühle, steile Schatthang die Siedlung ein, dort will keiner wohnen, nur die Skifahrer interessieren sich für ihn und seine bis zum Tal reichenden Pisten. Sehenswürdigkeiten? *Pfarrkirche* und *Fischburg*, der Rest ist Natur.

Achtung: Verwaltungstechnisch gehört die linke Bachseite des Cislestals zu Wolkenstein (z. B. Supermarkt Maciaconi), im täglichen Leben ist sie Teil von St. Christina und wird hier eingeschlossen.

Basis-Infos

Information Tourismusverein, die Touristeninformation befindet sich im Gebäude des Rathauses oberhalb der Durchgangsstraße (Streda Dursan). I-39047 Santa Cristina/St. Christina, Streda Chemun 9. Mo–Sa 8.30–12/15–18.30 Uhr, So im Winter 10–12 Uhr, im Sommer schon ab 8.30 Uhr. ✆ 0471/777 800, www.valgardena.it.

Verbindungen Pkw: wenige Parkplätze an der Hauptstraße unterhalb des Rathauses, größere Parkplätze beim Centro Iman.

Bus: Haltestellen unterhalb des Rathauses, am Ortseingang und -ausgang (beim Kaufhaus Maciaconi).

St. Christina

Bergbahnen Umlaufbahn zum Col Raiser, Sessellift auf den Monte Pana, dort mehrere Schlepplifte, Kabinenbahn Sochers/Sasslong mit Verbindung zur Ciampinoi-Abfahrt (→ Wolkenstein, S. 594).

Bergsteigen Zweigstelle der **Alpinschule Catores** am Dosses-Platz, ℡ 0471/793099, www.catores.com.

Eislaufen/Klettern Im **Sportcenter Iman**, Streda Dursan 72 (aber sehr weit unterhalb, fast am Bach gelegen), mit Sportkletterhalle und Kletterwand, Natureisbahn mit Schlittschuhverleih, ℡ 0471/793046.

Paragliding Tandemflüge veranstaltet **Fly 2**, Streda Dursan 22 (Pizzeria Bruno). ℡ 335/5716500, www.fly2.info.

Radfahren Radverleih bei Bikeadolf, Streda Dursan 108, ℡ 0471/792199, www.skiadolf.com.

Wintersport Ski- und Snowboard-Schule St. Cristina „Ski-&-Boarders-Factory" im Center Iman, **auch Langlaufkurse** und Carving. ℡ 0471/792045, www.santacristinaski.com.

Speziell für Kinder

Die größte **Weihnachtskrippe** der Welt? Steht wahrscheinlich in St. Christina beim Sportcenter Iman – ganzjährig! Die lieben Kleinen können sich so auch im Sommer an den lebensgroßen Figuren freuen. Alle Figuren sind von Handwerkern aus dem Ort in Holz geschnitzt, beim 72-m^2-Stall stehen, sitzen oder knien Maria mit Kind, Josef, die drei Könige und ein Hirte, das Viechzeug nicht eingerechnet. Außerdem gibt es einen **Kinderspielplatz** in der Sportzone Iman.

Übernachten/Essen & Trinken/Nachtleben

Hotels **** Alpenhotel Plaza, 2017 modernisiertes Haus am östlichen Ortsrand oberhalb der Straße; erweiterter Saunabereich, neue Zimmer mit viel Holz, Hallenbad, Dampfbad und Sauna; DZ/HP 190–500 €. Streda Cisles 5, ℡ 0471/793463, www.alpenhotelplaza.com.

*** Uridl, zentral und ruhig bei der Pfarrkirche gelegenes „Charme-Hotel" mit langer (es heißt 400-jähriger) Tradition, das geschickt mit viel Holz und Glas modernen Ansprüchen angepasst wurde. Schöne holzgetäfelte Stube mit Kachelofen, gute Zimmer. DZ/HP 144–228 €. Streda Chemun 43, ℡ 0471/793215, www.uridl.it.

*** Cristallo, Für 3 Sterne ungewöhnlich: das Hallenbad. Zimmer recht ruhig, viele mit Balkon, von einigen Langkofelblick, die Ausstattung vor verhaltenem Schick. DZ/HP 148–280 €. Streda Dursan 84, ℡ 0471/792099, www.cristallo.bz.

***S Mirabel, angenehme Zimmer und gemütliche Apartments im Garnihotel der Familie Stuffer, in einem Haus, dessen Holzarbeiten Sorgfalt und handwerkliches Geschick verraten. Dazu verschiedene Saunen, schöner Ruhebereich und Außen-Whirlpool. DZ/FR 88–162 €, Apt. auf Anfrage. Streda J. Skasa 5, ℡ 0471/797037, www.mirabel.it.

Frühstückspensionen Kaserer, nur sechs einfache Doppelzimmer mit Balkon sind im Tirolerhaus oberhalb der Kirche zu vermieten. Kinderfreundlich, toller Ausblick auf die Langkofelgruppe. DZ/FR 68–122 €. Streda Paul 34, ℡ 0471/793345, www.kaserer.com.

Restaurants/Pizzerien Pizzeria-Restaurant Bruno, Streda Dursan 22, Lokal in einem der wenigen alten Steinhäuser im Ort. Innen viel Holz, rustikale Karte: Kartoffelnocken, Spinatspätzle, Bandnudeln mit Steinpilzen, Rehgulasch mit Polenta. 2 Gänge ab ca. 25 €, Pizza ca. 6–11 €. ℡ 0471/793042.

Cafés/Eisdielen Café Calés, Streda Val 55, einziges Eislokal am Ort, das sein Speiseeis selbst produziert. Gute Kuchen, bürgerliches Ambiente. ℡ 0471/793471.

Romantischer Anblick: die Fischburg

Sehenswertes/Ausflüge

Pfarrkirche: Die ursprüngliche, romanische Kirche, von der noch der Turm erhalten ist, wurde im 15. Jh. gotisiert, aus dieser Zeit stammt auch der Chor. Um 1730 hat man sie dann vergrößert und barock modernisiert, 1840–45 hat der Historismus noch seinen Teil beigesteuert. Der Hauptaltar in Gold, Bernstein und Weiß stammt noch aus der barocken Kirche (*Dominik Vinazer*, um 1690). Barock sind auch die Reliquienschreine unter den Seitenaltären, die in bestickte Gewänder gehüllten Gebeine mehrerer Heiliger liegen hinter Glas. Vor der Tür lädt der *Friedhof* zu einem Rundgang ein, die meisten Gräber haben schöne schmiedeeiserne Kreuze. Sehen Sie sich die massigen, mehrstöckigen Steinhäuser unterhalb der Kirche an, etwa die Grundschule *(scola elementera)*. Sie sind die einzigen Zeugen für die Zeit vor dem Tourismus.

Die Fischburg: Auf der anderen, schattigen Talseite liegt die hervorragend erhaltene Burganlage. Zwei Arkadenhöfe, zwei Wohntrakte, eine Kapelle, zwei viereckige Haupt- und drei Nebentürme bilden ein eindrucksvolles Ensemble. Die Burg wurde erst 1622–1641 unter einem Wolkensteiner errichtet, als man anderswo längst keine solchen Anlagen mehr baute. Keine Besichtigung, da in Privatbesitz.

Spaziergang auf der Via Crucis Col da Mëssa nach Plesdinaz: Von etwas oberhalb der Kirche von St. Christina führt der alte Kreuzweg hinauf zum lang gestreckten Weiler Plesdinaz auf seiner Sonnenterrasse. Im unteren Teil Weg, oben Straße, die 14 Kreuzwegstationen wurden von Grödner Künstlern neu gestaltet (Bronze auf Porphyr).

Auf dem Alten Bahnweg nach St. Ulrich → S. 587.

St. Christina

Monte Pana: Das grüne Plateau südlich von St. Christina ist zum Besteigen im Sommer wenig interessant, allerdings gibt es von der Talstation des Sessellifts Monte de Seüra ausgehend den „Erlebnisweg Monte Pana". Er führt an 8 Stationen (u. a. Labyrinth, Kletterstamm, Kistenbahn, Riesenschaukel) vorbei zur Kapelle vom Architekten Franz Baumann und ist für Kinderwagen geeignet (ca. 1 Std.). Im Winter ist der weiße Boden des Monte Pana ein ideales Revier für Skihaserl und Langläufer (Bergbahn). Letztere können sich auf einem leichten und einem mittelschweren Rundkurs austoben.

Vom Monte Pana gibt es im Winter einen **Skibus**, der bis zu den Liften von Saltria fährt, und im Sommer eine entsprechende Wanderbusverbindung.

Wanderung auf dem Mont de Sëura: Vom Monte Pana (s. o.) geht ein Sessellift auf die Höhe von 2025 m zum Almboden Mont de Sëura. Im Winter führen hier eine mittelschwere und eine schwere Abfahrt hinunter zum Monte Pana. Im Sommer ist die Bergstation Ausgangspunkt für großartige Wanderungen und Bergtouren. Besonders beliebt ist die leichte Wanderung zum *Rifugio Comici* (hin/zurück 1:30 Std.), wo man eine anständige Brotzeit bekommt. Und natürlich kann man hier die berühmte Tour rund um den Langkofel beginnen (→ Tour 28), von hier aus wirkt er wie ein völlig unersteigbarer Zahn. Wunderbare Ausblicke auf Seiser Alm und Schlern auf der einen, die Sellagruppe auf der anderen Seite.

Sessellift Monte Pana Mitte Juni bis Mitte Sept. 8.30–12.15/13.15–17.30 Uhr, einfach 8 €, Berg/Tal 15 € und **Sessellift Monte Pana – Mont de Sëura** Mitte Juni bis Mitte Sept. 8.30–17, in der HS bis 17.30 Uhr, einfach 10 €, Berg/Tal 16 €.

Wanderung auf dem Col Raiser: Flott ist man mit der Umlaufbahn in 2107 m Höhe angelangt, die *Fermeda-Hütte* lädt gleich zur Rast ein. Aber selbst nicht so aktive Bahnbenutzer wollen einen Spaziergang machen, da bietet sich der Bummel zur Regensburger Hütte im Cislestal an, nur 70 m tiefer gelegen (hin/zurück 1 Std.). Oder die sehr schöne kleine Wanderung durch die Blumenwiesen der Aschgleralm zur Jausenstation Troier mit der alten Almhütte neben dem Neubau. Wer sich

Streusiedlung vor der Sellagruppe: St. Christina

mehr zumuten kann und will, kann die Seceda besteigen (→ Tour 41 in umgekehrter Richtung), oder gar mit Klettersteigausrüstung den beherrschenden Gipfel der Geisler, den Sass Rigais.

Bergbahn Umlaufbahn Col Raiser, Anf. Juni bis Mitte Okt. 8.30–17 Uhr, in der HS bis 17.30 Uhr, einfach 13,50 €, Berg/Tal 19 €, Kinder 8,50/12,50 €. ✆ 0471/792059, www.colraiser.it.

Essen/Hütte Berghaus Fermeda, 2109 m, Restaurant und Pizzeria, es gibt auch Doppel- und Mehrbettzimmer. ✆ 335/7061089, www.fermeda.com.

Rifugio Firenze (Regensburger Hütte), 2040 m, 30 Min. von der Bergstation Col Raiser, klassische Berghüttenküche mit Speck, Röstkartoffeln und Polenta; 20 Betten und 70 Lager. Ü/FR 41 € p. P., HP 58 €, im Lager 24 €. Anf. Juni bis Mitte Okt. ✆ 0471/796307, www.rifugiofirenze.com.

Wolkenstein

Wolkenstein (ladinisch Sëlva, italienisch Selva Valgardena) ist der aktivste der drei großen Grödner Orte, eine „Nebensaison" kennt man nicht. Was vor ein paar Jahrzehnten noch ein Weiler war, ist heute ein international bekannter Urlaubsort, vor allem in der Skisaison ist meist alles ausgebucht.

Die meisten Quartiere sind Hotels in der oberen Preisklasse und Apartments, es gibt auch ein paar preiswertere Privatzimmer, billig wird's jedoch nirgends. Man kommt nicht wegen des netten Hotels oder des Essens (überwiegend durchschnittlich), man kommt, um selbst aktiv zu sein. Es dominiert der Wintersport mit Skifahren, Eislaufen (große Halle) und Rodeln. Drei Liftanlagen führen vom Ort auf die umgebenden Berge Langkofel, Sella und Puezgruppe, alle um und über 3000 m. Auch die sommerlichen Sportarten werden nicht vernachlässigt: Wandern, Bergsteigen, (Frei-)Klettern, Mountainbiken und Paragliding. Alternativ kann man ganz simpel Pilze suchen, schließlich gibt es an den Nordhängen der Langkofelgruppe schöne Fichtenwälder, in denen nicht nur die Italiener ihren Pilzbedarf decken.

Basis-Infos

Information Tourismusverein, I-39048 Wolkenstein/Sëlva, Streda Mëisules 213, Mo–Sa 8–12/14.30–18.30, 9–12/16–18.30 Uhr. ✆ 0471/797900, www.valgardena.it.

Verbindungen Pkw: kein Parken an der Hauptstraße, Parkhäuser nahe der Apotheke und neben dem Hotel Gran Baita.

Bus: nach Bozen, Brixen und Plan, im Sommer auch über das Sellajoch ins Hochabteital (Corvara) und Fassatal (Canazei). Mehrere Haltestellen entlang der Hauptstraße; im Winter **Skibus** Plan – St. Ulrich.

Ärztliche Versorgung Ärztlicher Bereitschaftsdienst im Gebäude auf dem Nivesplatz, tgl. 9–12/16–19 Uhr, ✆ 0471/794266.

Bergsport/Klettern Grödner Bergführervereinigung in der Kletterhalle, Nivesplatz 2, ✆ 0471/794133, www.gardenaguides.it.

Kletterhalle Nives im Zentrum am Nivesplatz. 320 m² Kletterfläche, 12 m Wandhöhe. Öffnungszeiten Mo, Mi, Do 18–22 Uhr, Infos und Kletterkurse über die Bergführervereinigung, ✆ 0471/794133, www.climbing-nives.it.

Bibliothek Bibliothek „Oswald von Wolkenstein" in der Streda Nives schräg gegenüber dem Rathaus. Moderner Bau innen wie außen, gute Auswahl an deutschsprachigen, italienischen und ladinischen Büchern zu Südtirol, Ladinien, Kunst und Kultur und natürlich Belletristik, dazu einige Zeitschriften. Mo, Fr 14.30–18.30 Uhr, Di–Do auch 9–11.30, So 10–12 Uhr. ✆ 0471/772181.

Einkaufen Beim Verkehrsverein gibt es einen empfehlenswerten Prospekt, in dem

Wolkenstein

Morgenstunde über Wolkenstein mit Blick auf den Sellastock

die Namen und Adressen sämtlicher **Holzschnitzer** des Ortes aufgeführt sind: „Scultori Bildhauer Selva Wolkenstein". Ein Kärtchen für das raschere Auffinden ist eingedruckt.

Sport Walter, Streda Mëisules 257, Loden, traditionelle Kleidung, Walkjanker, im Winter Skiverleih, www.sportwalter.it.

Intersport – Activ Sport, Streda Mëisules 171, angesagte (Berg-)Sportmode, auch italienische Marken, die es in Deutschland (noch) nicht zu kaufen gibt.

Avesani Primizie, Streda Mëisules 237, Feinkostladen mit hervorragender Auswahl an Wein, Grappa, Olivenöl, getrockneten Steinpilzen, Marmelade, Nudeln, frischem Obst und Gemüse. Sehr fachkundige und freundliche Bedienung.

Sigmund Linder, Streda Mëisules 221/223, einige der Arbeiten des jungen Holzschnitzers fallen aus dem üblichen Rahmen – Art déco in Holz, Umsetzung von Bildern auf Holzrelief etc. Arbeiten auch auf Bestellung. ☎ 0471/773077, www.villaelise.com.

Internet WiFree-Hotspot auf dem Nivesplatz und beim Tourismusverein, dort auch PCs mit Internetzugang, außerdem Surfpoint im Aaritz-Internetcafé gegenüber der Ciampinoi-Seilbahntalstation.

Kinder Spielplätze hinter dem Stadion Planives und in der Streda Nives neben dem Minigolfplatz.

Kultur Seit 2010 vereint das Kulturzentrum **Tublà da Nives** einen historischen Stadel mit einem futuristischen Anbau. In den mit viel Holz und Glas gestalteten Räumen finden Ausstellungen und kulturelle Veranstaltungen statt, www.tubladanives.it.

Radfahren Service und Verleih bei Dolomiti Adventures, Streda Mëisules 242, ☎ 0471/770905, www.dolomiti-adventures.com.

Reiten Reitstall Pozzamanigoni, Streda la Selva 51, ☎ 0471/794138, www.pozzamanigoni.it.

Slackline Der „erste offizielle Slackline-Park in Südtirol" befindet sich am nördlichen Ortsrand auf der Gemeindewiese. Es gibt 13 verschiedene Möglichkeiten für Anfänger und Fortgeschrittene, Slacklines anzubringen. Slacklines können selbst mitgebracht oder im Tourismusverein ausgeliehen werden. Es gibt auch Kurse für Anfänger, Infos beim Tourismusverein.

Veranstaltungen In den Tagen vor Silvester findet ein **Schneefiguren-Wettbewerb** statt, der immer mehr internationale Teilnehmer anzieht. Es gibt oftmals fantastische Schneegebilde zu bewundern.

Die beiden größten Veranstaltungen finden jedoch im Sommer statt: Beim **SellaRonda Bike Day** (gewöhnlich im Juni) werden die Pässe um die Sella zwischen 8.30 und 15.30 Uhr für den motorisierten Verkehr gesperrt, Tausende Radler versuchen sich mehr oder weniger erfolgreich an der Umrundung des Gesbirgsstocks; es herrscht Volksfestatmosphäre. Der meist kurz danach stattfindende **SellaRonda Hero** ist ein MTB-Rennen, das zur Weltcup-Serie gehört. Auch hier herrscht fantastische Stimmung, die Straßen sind voller buntgewandeter Berghelden, im Ortszentrum buhlen große Rad- und Getränkehersteller an Ständen um Kundschaft – einfach hindurchspazieren und sich für einen Moment wie ein Profi fühlen! www.sellarondabikeday.com und www.sellarondahero.com.

Wintersport Ski- und Snowboardschule 2000, Streda Mëisules 290 und 244, ✆ 0471/773125, www.scuolasci-selva.it. **Ski- und Snowboardschule Wolkenstein**, auch Langlaufschule im Langental, ✆ 0471/795156, www.scuolasciselva.com. **Skiverleih** auch bei Dolomiti Adventures, www.dolomiti-adventures.com.

Eisstadion Pranives, Anf. Juli bis Anf. April, mehrmals wöchentl. freier Schlittschuhlauf. Infos beim Tourismusverein oder unter ✆ 0471/795303, www.pranives.it.

DSV Nordic Aktiv, Skilanglaufzentrum im Langental.

SellaRonda – mit den Skiern um die Sella

Was Auto- und Motorradfahrer und natürlich Mountainbiker (→ Hochabteital, S. 545) können, das können Skifahrer schon lange – das muss die Grundidee der SellaRonda gewesen sein. Rund um die Sella sind die Lifte so dicht und die Pistennetze sind so eng verbunden, dass es tatsächlich möglich ist, an einem einzigen Tag um die Sella herumzufahren. Das Ganze ist allerdings einigermaßen anstrengend und hat den entscheidenden Haken, dass die letzten Lifte spätestens um 17 Uhr, meist aber schon um 16.30 Uhr bergan fahren. Und was tun, wenn man in Corvara hängen bleibt und doch ein Zimmer in Wolkenstein hat (gut, wenn es Handy und liebende Ehefrauen/-männer mit fahrbarem Untersatz gibt). Das „nicht schwierig" der Veranstalter ist keinesfalls richtig. Um die SellaRonda an einem Tag zu schaffen, muss man durchaus mittelschwere Pisten absolvieren, und das summiert sich an einem Tag. Wer sich's zutraut, soll diese faszinierende Ski-Runde drehen (dazu gibt es ja auch den „Dolomiti Superskipass" für 1 Tag), am Abend wird's allerdings nix werden mit dem ausgelassenen Après-Ski, denn nach insgesamt 26 km Pisten (40 km Gesamtstrecke) und 4500 m bewältigtem Höhenunterschied denkt man eher ans Bett als an die Bar.

Merkblatt und Übersichtsplan bei jeder Touristeninformation.

Übernachten

Wolkenstein ist eine der Tourismushochburgen Südtirols und in der Hauptsaison voll. Freie Zimmer sind dann trotz der Fantasiepreise nicht zu haben. Das Angebot ist im oberen Bereich angesiedelt. Am günstigsten und empfehlenswertesten sind die Zimmer mit Frühstück und Apartments, die von den wenigen verbliebenen Bauern als „Urlaub auf dem Bauernhof" angeboten werden.

Hotels ***** **Alpenroyal** 4, Wolkensteins einziges 5-Sterne-Hotel und „Grandhotel" liegt am westlichen Ortsrand, aufgrund der roten Fassade nicht zu übersehen. Rundum 15.000 m² Park. Großer Wellnessbereich mit Freibad, Natursee, Whirlpool, Sauna, Dampfbad und Beauty-Bereich, großzügige Zimmer und luxuriöse Suiten mit Balkon oder Terrasse, hervorragendes Restaurant (→ Essen & Trinken). DZ/HP ca. 300–800 €,

Übernachten
1 Solëiga
2 Tubla
3 La Majon
4 Alpenroyal
7 Dlaces
8 Tyrol
9 Hotel Nives
10 Villa al Bosco
13 Sun Valley
15 Stella
16 Elvis
17 Giardin
18 Passo Sella Dolomiti Mountain Resort
19 Chalet Gerard

Essen & Trinken
4 Alpenroyal Gourmet
9 Nives
11 Monica
12 Rino
13 Sun Valley Stübele

Cafés
5 Villa Frainela
6 Pranives

Nachtleben
14 Kronestube

Suite bis – nein, kein Druckfehler – ca. 11.000 €. Streda Mëisules 43, ☎ 0471/795555, www.alpenroyal.com.

****S **Nives** 9, direkt am zentralen Platz gelegenes neues Nobelhotel mit geräumigen Komfortzimmern und jeder Menge Suiten, viel Holz, Sauna, Spa, Hallenbad, Whirlpool im Außenbereich, Gourmet-Restaurant (→ Essen & Trinken). DZ/HP 300–818 €, Suiten teurer. ☎ 0471/773329, Streda Nives 4, www.hotel-nives.com.

**** **Chalet Gerard** 19, in fantastischer Panoramalage an der Straße zum Grödner Joch, einsam inmitten von Wiesen vor den Wänden der Sellagruppe gelegen, moderne Architektur mit geschwungenem Dach, helle Zimmer mit viel Holz, Sauna, Fitnessbereich und Whirlpool. Dafür gab es 2012 den Ambiente Award vom Gault-Millau. Der Blick auf die Sella und den Langkofel lohnt auch einen kurzen Stopp ohne Übernachtung, dafür mit Cappuccino und Buchweizentorte. Plan de Gralba 37, DZ/HP 110–440 €, Suiten teurer, ☎ 0471/795274, www.chalet-gerard.com.

**** **Passo Sella Dolomiti Mountain Resort** 18, wo bis zum Jahre 2013 das marode Sellajochhaus statt, prunkt seit Sommer 2014 ein ultramodernes, energieeffizientes Resort mit hellen, holzgetäfelten Zimmern, türkischem Dampfbad, Sauna und Kneippanlage. Mit Restaurant und Bar, in der man auch einfach nur einen Cappuccino trinken kann (Staunen inklusive). Mit der historischen Grandezza der früheren Passhäuser hat das alles nicht mehr viel zu tun, trotzdem ein charmantes Domizil. DZ/HP 180–380 €, Passo Sella 2, ☎ 0471/795136, www.passosella-resort.com.

****S **Tyrol** 8, als eines der 13 Viersternehotels, die Wolkenstein besitzt, hat das Tyrol ziemliche Konkurrenz, das spornt an. Die Lage ist gut, etwas oberhalb des Orts. Drinnen rustikale Gemütlichkeit. Die hellen Zimmer haben teilweise Balkon. DZ/HP 220–560 €. Streda Puez 12, ☎ 0471/774100, www.tyrolhotel.it.

**** **Sun Valley** 🔢, die Zimmer mit Südbalkon haben Blick auf den Langkofel, ruhige Lage. Zimmer meist komplett hell getäfelt, mit guten Betten, besonders angenehm diejenigen mit Südbalkon. Hallenbad, Sauna, Wellness & Beauty. DZ/HP 160–580 €. Streda Dantercëpies 7, ☎ 0471/795152, www.hotelsunvalley.it.

***S **Stella** 🔢, gutes Mittelklassehotel an der Hauptstraße, Rezeption mit Zirbenholz. Teilweise modern renovierte Zimmer mit Balkon zur Straße. Schöne Bar ganz aus Holz, Aufenthaltsraum. Neuer Wellnessbereich mit Sauna, Caldarium, Ruheraum. DZ/HP 130–500 €. Streda Mëisules 283, ☎ 0471/795162, www.hotel-stella.com.

Frühstückspensionen ***S **Giardin** 🔢, Garni-Hotel im obersten Ortsteil von Wolkenstein. Wellnessbereich mit Sauna und Hydromassage in rustikalem Hütten-Stil, Mountainbikeverleih. Angenehme Zimmer, farbenfroh eingerichtet. DZ/FR 138–480 €. Streda Frëina 3, ☎ 0471/795375, www.giardin.it.

***S **Dlaces** 🔢, Garni in Traumlage, kürzlich komplett renoviert und umgestaltet, alle Zimmer und Apartments sind modern eingerichtet und haben einen Holzbalkon. Schöner Frühstücksraum, Wellnessbereich mit Sauna, Dampfbad, Outdoor-Whirlpool und Liegewiese. Sehr freundliche, familiäre Betreuung, viele Stammgäste, rechtzeitig buchen! DZ/FR 110–259 €, Apt. ab 750 €/Woche. Streda La Sëlva 98, ☎ 0471/795446, www.dlaces.it.

*** **La Majon** 🔢, das Garni liegt auf einem grünen Hügel mit wunderbarer Aussicht, die Zimmer haben z. T. Balkon – Balkonzimmer zum Garten verlangen! Kleiner Wellnessbereich mit Sauna und Dampfbad. DZ/FR 114–186 €. Streda Larciunëi 28, ☎ 0471/794040, www.lamajon.it.

》》》 Mein Tipp **** **Elvis** 🔢, 4 geschmackvolle Apartments für 2–6 Pers., die gekonnt Holz und heimelige Atmosphäre mit moderner Architektur verbinden. Hausherrin Heidi Überbacher arbeitet zusätzlich im Tourismusbüro und hat, neben ihrer guten Laune, auch immer einen Tipp parat. 420–2870 €/Woche, in der NS auch für einige Tage möglich. Streda Ciampinëi 27–31, ☎ 0471/794639, www.villaelvis.com. **《《《**

Urlaub auf dem Bauernhof Solëiga 🔢, hübscher moderner Bau im alten Stil im Grünen, ruhig (wo sollte in Daunëi auf der Sonnenterrasse mit Langkofelblick der Lärm herkommen?). Es gibt auch 3 Apartments, auf Wunsch mit Frühstücksservice. DZ/FR 62–94 €, Apt. für 2 Pers. 400–1250 €/Woche. Streda Daunëi 77, ☎ 0471/795576, www.soleiga.com.

Villa al Bosco 🔢, die junge Familie Rabanser kümmert sich persönlich und aus Überzeugung um ihre Gäste, dabei ist das Haus allein wegen seiner Lage empfehlenswert: am Hang über der Fischburg, ruhig, allein stehend. Im Sommer kostenlose Mountainbikes, Bergtourenbegleitung auf Wunsch. Schöne Apartments, modern und gemütlich eingerichtet, mit Balkon oder Terrasse. Apt. für 2–4 Pers. 310–1250 €, für 6–9 Pers. 500–2150 € (1 Woche). Streda La Sëlva 76, ☎ 0471/794252, www.villaalbosco.com.

Tubla 🔢, neu errichteter Hof mit schönen Balkonen und Dolomitenblick in Daunëi, Produkte des Bauernhofs werden erworben werden und kommen auf den Tisch. DZ/FR 68–88 €, Apt. für 2 Pers. 434–735 €/Woche. Streda Daunëi 100, ☎ 0471/795360, www.tubla.it.

Essen & Trinken/Nachtleben → Karte S. 597

Restaurants/Pizzerien Alpenroyal Gourmet 🔢, ein Hotel, das bis zu mehr als 10.000 € pro Nacht für die feinste Suite verlangt, sollte schon ein gutes Restaurant haben – hat es: 1 Michelin-Stern und 2 Gault-Millau-Hauben. Küchenchef Mario Porcelli kreiert Gerichte wie Hirschcarpaccio mit Preiselbeergelee oder Rinderfilet in Heukruste, Hauptgang ab 30 €, Degustationsmenüs 80–98 €. ☎ 0471/795555.

Nives 🔢, das Gourmet-Restaurant des gleichnamigen Hotels bietet ausgefallene und auf den ersten Blick gewagte Gerichte auf hohem Niveau (14 Gault-Millau-Punkte), auf der Karte hausgemachte Pasta, hervorragende Lammgerichte und eine große Auswahl an Speck, Käse und Wein. Glutenfrei wird auch gekocht. Hauptspeisen ab 18 €. ☎ 0471/773329, www.restaurant-nives.com.

Pranives 🔢, Streda Mëisules 149, im Eisstadion. Wer im Winter einem Eishockeyspiel zuschauen und dabei eine vorzügliche Pizza verdrücken will, ist hier richtig – Tische re-

Kulturzentrum Tublà da Nives – Wolkenstein modern

servieren, der Andrang ist groß! Etwa 7–10 €, ✆ 0471/795303.

Sun Valley Stübele 13, Streda Dantercëpies 7, die Hotel-Pizzeria mit Terrasse (und Langkofelblick) bietet neben Pizza (abends) schmackhafte Pastagerichte und rustikale Grill- und Pfandlzubereitungen. Ab ca. 25 €.

Rino 12, Streda Mëisules 217, nahe Tourismusbüro und immer gut besucht, leckere Pizza ab 9 €, unten kross trotz reichlich Belag, aber auch Schnitzel & Co, ✆ 0471/795272.

Cafés/Eisdielen Monica 11, Streda Nives 47, angenehmes kleineres Café, nicht zu voll, da nicht an der Hauptstraße, viel lokales Publikum. Sacher-, Topfen-, Flockensahnetorte, Milchshakes und Eis, freundliche Bedienung.

Villa Frainela 5, Streda Dantercepies 66, gemütliche Teestube mit leckeren Kuchen und schöner Terrasse, auch Apartments, 850–1280 €/Woche, ✆ 0471/794339, www.villa frainela.it.

Nachtleben Kronestube 14, Streda Mëisules 266, hier geht's sehr urig und oft recht laut zu – die bis 1 Uhr früh geöffnete Gaststätte serviert zum späten Drink auch den Imbiss. Mi Ruhetag. ✆ 338/9379002.

Sehenswertes/Ausflüge

Ruine Wolkenstein: Die Reste des Stammsitzes der Wolkensteiner sind unspektakulär, dafür ist die Lage äußerst eindrucksvoll unter einem Felsüberhang und teilweise in ihn hinein gebaut, kaum vom umgebenden Fels zu unterscheiden. Im Bauernkrieg 1525 wurde die Burg zerstört.

Wanderung im Langental (Puezgruppe) und Dantercëpies: Das Langental führt auch Spaziergänger auf einfachem Weg tief hinein in den Naturpark Puez-Geisler. Vom Talschluss aus führen Wanderwege Bergsteiger auf die Höhen der Berggruppe. Ganz einfach ist der Weg bis zum Pra da Rì am Talschluss (ca. 1 Std., auch im Winter geräumt). Nach dem Pra da Rì wird der Weg schmaler, wer jetzt noch weiter will, muss fürs Bergsteigen ausgerüstet sein. Man kann über den Talschluss mit seinen sprudelnden Karstquellen zur modernen Puezhütte hinaufgehen (Weg 14) oder (Weg 14 a) zur Scharte Somafurcia und auf dem Dolomitenhöhenweg 2 durchs Kar über dem Crespeinasee zur Forcela Danter les Pizes und hinunter zur Bergstation der Seilbahn Dantercëpies.

Seit auf der Seite des Hochabteitales von Kolfuschg ebenfalls eine Seilbahn heraufführt, wenn auch nicht direkt, ist es an der Bergstation Dantercëpies noch belebter geworden. Zumindest den Spaziergang zwischen den beiden Bergstationen, also hinüber zur neuen Ütia Jimmy mit ihrer großen Terrasse, schafft fast jeder. Der kurze und leichte Spaziergang führt durch ein wahres Blumenparadies und schenkt prachtvolle Ausblicke auf die Sella.

Bergbahn Kabinenbahn Dantercëpies, Ende Juni bis Ende Sept. 8.30–17.30 Uhr, einfach ca. 12 €, Berg/Tal 17 €, ✆ 0471/795268.

Zur Bahn von der Kolfuschger Seite und zur Ütia Jimmy → Hochabteital, Kolfuschg, S. 545.

Hütte Puezhütte, 2475 m, 60 Betten, 30 Lager, Ü/FR ab 26,50 € p. P. ✆ 0471/795365, www.rifugiopuez.it.

Adler im Langental

Zwei bis drei Steinadlerpaare leben im Naturpark Puez-Geisler. Immer wieder kreisen sie an den Steilwänden der Stevia und lassen sich in kurzer Zeit vom Aufwind in schwindelerregende Höhen tragen. Allein im Langental sind sieben Horste bekannt, die schon einmal als Wohnsitz gedient haben. Die imponierenden Vögel können bis zu 35 Jahre alt werden. Männchen erreichen eine Flügelspannweite von 230 cm und werden fast 7 kg schwer. Da sie oft ganz weit oben im Himmelsblau kreisen, meint man als Wanderer, es seien Bussarde. Nicht so im Langental. Ein lautes Rauschen, ein schwarzer Schatten und dann: Staunen und Schweigen ...

Das Grödner Joch und das Sellajoch: Das Grödner Joch verbindet das Grödner Tal mit dem ladinischen Hochabteital und Gadertal und stellt die kürzeste Verbindung mit Bruneck her. Das Sellajoch verbindet mit dem Fassatal im Trentino, auch dieses Gebiet ist zwischen Canazei, das man auf der anderen Seite erreicht, und Moèna ladinisch. Das Grödner Joch ist von Gaststätten belagert, dagegen blieb das Sellajoch fast ohne Bebauung. Bei dem Neubau des „Passo Sella Dolomiti Mountain

Abendnebel über dem Grödner Tal vom Sellajoch aus

Resorts", → „Übernachten") befinden sich Parkplätze, von hier fährt der Lift zur *Langkofelscharte* mit der *Schutzhütte Toni Demetz* und hier starten die Wanderwege. Wer will, kann die unten beschriebene Wanderung rund um den Langkofel von hier starten. Auf die mit gewaltigen Wänden zum Pass abbrechende Sella allerdings kommen von hier aus nur Kletterer (auf dem versicherten Pössnecker Steig).

Bergbahnen Gondelbahn Langkofelscharte, Mitte Juni bis Anf. Okt. tgl. 8.15–17 Uhr, einfach 13 €, Berg/Tal 16 €, Kinder 8/11 €, ☏ 0471/795175. Die Bahn funktioniert ein bisschen anders als andere Seilbahnen: Man steht zu zweit hintereinander in einer schmalen Kabine, Zu- und Ausstieg sind nicht ganz einfach. Aber es gibt hilfsbereites Personal. Die neue 10er-Gondelbahn Piz Seteur und der neue Sessellift Gran Paradiso mit Sitzheizung stellen seit 2018 die Verbindung zur Stellaronda von Parkplatz Plan de Gralba her.

Hütte Rifugio Toni Demetz, 2685 m, spektakuläre Lage in der engen Scharte, drei 4-Bett-Zimmer und 17 Lager, Ü/FR 34–40 € p. P. ☏ 0471/795050, www.tonidemetz.it.

Der Ciampinoi (Ciampinëi): Vom Ciampinoi, den man von Wolkenstein aus mit der Umlaufbahn erreicht, geht nicht nur eine weltbekannte Skiabfahrt ins Tal, es führen auch Wanderwege in den Bereich nördlich des *Langkofels* und um ihn herum. Selbst wer an der Bergstation bleibt, hat seinen Tag gemacht: Das Panorama nach Süden zum Langkofel, nach Osten zur Sella, nach Norden in die Puezgruppe und nach Westen auf Seiser Alm und Schlern ist atemberaubend. Die Wanderung schlechthin ist natürlich die Langkofelumrundung, dazu unten!

Ciampinoi-Umlaufbahn, Mitte Juni bis Ende Sept. 8.30–17.30 Uhr, einfach 13 €, Berg/Tal 18 €, Kinder 7,50/12 €. ☏ 0471/795313, www.ciampinoi.it.

Tour 28: Wanderung rund um den Langkofel

Tour-Info: Anstrengende Bergwanderung, einige Strecken (Steinerne Stadt!) nicht ganz leicht zu gehen, Ausdauer erforderlich. Dauer 6:30–7 Std., ab Sellajoch etwa 1 Std. kürzer. Höhenunterschied ↑↓550 m. Karte: Tabacco (1:25.000) Blatt 5. An-/Rückfahrt ab Wolkenstein mit der Ciampinoi-Bahn.

Direkt von Wolkenstein führt die Ciampinoi-Bahn auf 2280 m **A**, wo unsere Wanderung beginnt. Wir nehmen den Weg hinunter zum Tiejasattel **B** (2127 m) und knapp danach den deutlichen Weg rechts in Richtung Rif. Comici **C**, er setzt sich nach Gabelungen **D** und **E** (jeweils links und oben bleiben) als Weg

526 a fort. Das große Kar nördlich unter den Langkofelwänden wird zuerst leicht absteigend, dann aufsteigend gequert. Viel Geröll, Bergsturzmassen, aber auch schöne alte Zirben – etwas anstrengend der Aufstieg zum *Ciaulonchsattel* F mit toller Aussicht vor allem auf Seiser Alm und Schlern (2113 m, 1 Std.). Vorsicht beim etwas ausgesetzten steilen, aber nur kurzen Wegstück nach dem Pass, der ins Langkofelkar führende *Stradalweg* wird gleich wieder ganz brav.

Im *Langkofelkar* (1:30 Std.) gabelt sich der Weg: Links geht es zur *Langkofelhütte* hinauf G, wir gehen geradeaus durch Latschenfelder weiter. Zwei Wege münden von unten und rechts (H und I), bevor man das Hüttensträßchen J erreicht und quert. Auf der anderen Seite führt der Weg 527 weiter, senkt sich zunächst durch den Südteil des Langkofelkares und führt dann bergan durch einen Hang mit Lärchenwiesen und Almgelände. Drei Abzweigungen nach rechts (K, L, M) bleiben unbeachtet. Der Weg mündet schließlich in ein steiles Fahrsträßchen N, dem man mit Markierung 9 nach links auf den Wiesenrücken unter dem Plattkofel mit der modern ausgestatteten Plattkofelhütte O (2300 m, 3 Std.) folgt. Dort beginnt der viel begangene, aussichtsreiche *Friedrich-August-Weg* (Nr. 4), benannt nach dem wanderlustigen sächsischen König. Die mehrfach ausgefranste Prachtnelke wächst an mehreren Stellen in den artenreichen Bergwiesen. Der Weg geht fast eben dahin, man passiert die *Pertinihütte* P, erreicht dann die *Friedrich-August-Hütte* Q (2298 m, 4:30 Std.) und kurz danach den *Col Rodela*, wo von rechts die Benutzer des Rodela-Lifts von Campitello und vom Fassatal her strömen. Wir folgen dem hier links beginnenden Fußweg R und dann S dem Sträßchen nach links, vorbei an der Salethütte T zu einem kleinen Joch U und auf dem Weg hinunter zum Sellajochhaus V (und versuchen, ab und zu einen Blick auf den Boden zu werfen – der Blick auf die Sella ist halt viel spannender).

Beim *Passo Sella Dolomiti Mountain Resort* (2180 m, 5:15 Std.), das keineswegs auf dem Sellajoch steht, wenden wir uns jenseits des Parkplatzes auf Wanderweg 526/528 (Schilder zur Comicihütte), der zunächst durch die sog. *Steinerne Stadt* führt, ein wildes Bergsturzgelände, wo man genau aufpassen sollte, wie man geht. Überstieg über Weidezaun, an der Wegkreuzung geht es geradeaus W. Die *Comicihütte* X liegt schon eine Weile dahinter (2153 m, 6 Std.), hier kann man sich für den Endspurt stärken, wieder zum Tiejasattel (vorher Abzweigung links Y nicht

Chillout vor dem Langkofel

Langkofel

beachten) und zuletzt steil zum Gipfel des Ciampinoi **A** (6:30 Std.).

Hinweis: Man kann die Tour um 1 Std. verkürzen, wenn man sie am Passo-Sella-Resort (Bus/Pkw) beginnt und beendet und auf den Abstecher zum Ciampinoi verzichtet!

Hütten Ciampinoi-Bergrestaurant, 2254 m, Selbstbedienung und Pizzeria, ☏ 0471/792 104. **Plattkofelhütte**, 2300 m, ☏ 0462/601721, www.plattkofel.com. **Rifugio Sandro Pertini**, 2300 m, ☏ 0462/750045, www.rifugiopertini.com. **Rifugio Friedrich August**, 2298 m, ☏ 0462/764919, www.friedrichaugust.com. **Rifugio Emilio Comici**, 2200 m, ☏ 0471/794121, www.rifugiocomici.com.

Endlose Wiesenkuppen: Seiser Alm

Das Seiser-Alm-Gebiet

Das Plateau von Völs, Seis und Kastelruth liegt hoch über dem Eisacktal. Noch 1000 m höher liegen die Weiden der Seiser Alm, eines der größten zusammenhängenden Almengebiete der Alpen. Und darüber erhebt sich, nochmals 600 m höher, das Kalkhochplateau des Schlern.

Jedes Jahr wieder veranstalten die *Kastelruther Spatzen*, inzwischen in Ehren ergraut, ihr herbstliches Festival in Kastelruth, und dann ist in Völs, Seis und Kastelruth auch mit viel Geld und Beziehungen nicht mal mehr eine lumpige Kammer zu bekommen. Man muss sich ja nicht ausgerechnet dieses Wochenende aussuchen. Vieles spricht für den Frühsommer mit milden Tagen und blühenden Küchenschellen. Oder den Sommer mit allen Freizeitmöglichkeiten und einem Badesee. Oder vielleicht sogar den Spätherbst mit dem leuchtenden Gelb der Lärchen vor dem Weiß der Schlerngruppe. Auch nicht schlecht – der Winter mit *Dolomiti Superski*, denn zusammen mit dem Grödental bildet die Seiser Alm die *Skiregion Gröden-Seiser Alm* mit 175 km gepflegten Pisten und 20 Liften in Kastelruth und auf der Seiser Alm.

Information Seiser Alm Marketing, I-39050 Völs am Schlern, Dorfstr. 15. ✆ 0471/709600, www.seiseralm.it.

Gästekarten Bei teilnehmenden Gastbetrieben erhält man die kostenfreie **Seiser Alm Live Card**, die kostenfreie Nutzung von bestimmten Bussen, der Bahn und bestimmten Liften ermöglicht. Für 39 € gibt es die **Combi Card** 3 in 7, gültig für 7 Tage und 3 Berg- und Talfahrten auf die Seiser Alm mit der Seiser-Alm-Bahn oder dem Seiser-Alm-Express, inbegriffen ist die Nutzung aller Shuttlebusse. Es gibt auch Combi Cards für 7/

Das Seiser-Alm-Gebiet

14 Tage (52/76 €) und die **Seiser Alm Card Gold** für 87 € mit umfassenderen Nutzungsmöglichkeiten. Für Langläufer gibt es im Winter den **Nordic Pass** 3 in 7 für 50 €, außerdem den Nordic Pass 7/14 für 70/108 €, der zusätzlich die Loipenmaut beinhaltet. www.seiseralm.it.

Verbindungen Bus aus Deutschland: Direktbus 3x tgl. von München nach Klausen mit Meinfernbus/Flixbus der Linie 095, Buchung: www.flixbus.com, ab Klausen mit Südtiroltransfer direkt zum Ferienort, www.suedtiroltransfer.com.

Nahverkehrsbusse bis zu 26x zwischen Bozen, Völs, Seis und Kastelruth, bis zu 7x zwischen Völs und dem Grödner Tal über Seis und Kastelruth.

Zur Umlaufbahn auf die Seiser Alm kostenloser **Shuttlebus** mit sechs Linien zwischen Panidersattel, Kastelruth, Talstation, Seis und Völs. Die Busse sind in der Hauptsaison zwischen 8 und 19 Uhr im Viertel- bis Halbstundenabstand unterwegs, Einzelfahrt 1,50 €. Auf die Seiser Alm nach Saltria verkehrt ab Seis der **Seiser-Alm-Express**, Ticket hin/zurück 17 €. Auf der Seiser Alm selbst verkehrt zwischen Compatsch und Saltria der **Almbus**, Ticket 2 €.

Taxi für Seiser Alm und Schlerngebiet, Taxi Albert, ☎ 338/2955032, www.taxialbert.com.

Ärztliche Versorgung Ambulatorium in Kastelruth, Vogelweiderstr. 10 (Martinsheim), ☎ 0471/705444.

Feste & Veranstaltungen **Oswald-von-Wolkenstein-Ritt** auf dem Plateau von Seis, ein Wochenende Ende Mai/Anf. Juni (2018 zum 36. Mal). Der Reiterwettbewerb zu Ehren des Dichters Oswald von Wolkenstein findet in den drei Ortschaften des Plateaus, Kastelruth, Seis und Völs, und bei Schloss Prösels statt. In der Form mittelalterlicher Turniere treffen Reitermannschaften aufeinander, das Volksfest präsentiert aber auch Musikkapellen, mittelalterlich gekleidete Gruppen, Spaßmacher und Artisten, www.ovwritt.com.

Wintersport Das **Skigebiet Seiser Alm**, das zum Verband Dolomiti Superski (→ S. 73) gehört, ist mit Gondelbahnen von Seis und St. Ulrich in Gröden erreichbar und bietet 21 Aufstiegsanlagen, den größten, jährlich preisgekrönten Snowpark Südtirols mit über 70 „obstacles", 11 Rodelbahnen (bis 3,5 km Länge), 15 Loipen (bis 15 km Länge) 3 Eislaufplätze und unzählige Möglichkeiten zum Schneeschuh- und Winterwandern. Skipassbüros an der Talstation der Seiser-Alm-Bahn, in Compatsch auf der Seiser Alm, in St. Ulrich Streda Rezia 77, in Kastelruth Wegscheidstr. 2. Infos über Seiser Alm Marketing, Völs am Schlern, ☎ 0471/709600, www.seiseralm.it.

Seis

Selbst im von spektakulären Hintergründen verwöhnten Südtirol gibt es wenige Orte, die spektakulärer liegen als Seis. Das ehemalige Bauerndorf und heutige geschäftige Ferienzentrum lagert in einer grünen Mulde unter der wild aufgebäumten Santnerspitze, einem abgesprengten Teil des anschließenden Schlernmassivs. Durch die 2003 eröffnete Umlaufbahn von Seis auf die Seiser Alm und gleichzeitige Schließung der dorthin führenden öffentlichen Straße hat Seis gegenüber der ständigen Konkurrentin Kastelruth einen eindeutigen Trumpf in der Hand.

Seis bietet gute Hotels und Pensionen, eine recht gute Gastronomie und in erster Linie aktiven Urlaub: Wandern, Bergsteigen, Klettern, Drachenfliegen, Mountainbiken im Sommer, alpiner Skilauf, Langlauf und Schneeschuhtouren im Winter. Und jede Menge Veranstaltungen, vor allem zahlreiche Konzerte mit Volksmusik. Als Sommerfrische hat Seis eine alte Tradition. Seit 1715 ist das Heilbad Ratzes bezeugt, seit dem 19. Jh. kamen zahlreiche bekannte Fremde wie der sächsische König samt Familie zur Erholung. Im Wald oberhalb des Orts (nahe Wanderweg 8) liegen die Reste der **Burg Hauenstein**, auf der der Minnesänger *Oswald von Wolkenstein* wohnte.

Das Seiser-Alm-Gebiet

Basis-Infos

Information Tourismusverein, I-39040 Seis am Schlern/Siusi allo Sciliar, Schlernstr. 16, Mo–Fr 8–18, Sa 9–18 Uhr, ℡ 0471/707024, www.seis.it.

Verbindungen Pkw: großer Parkplatz im Dorf beim Busbhf. (Schlern-/Valierstr.), große Parkplätze auch an der Talstation der Bahn auf die Seiser Alm am Ortsrand.

Taxi: ℡ 0471/706858.

Einkaufen Die **Laurin**- und die **Santnerstraße** sind die Einkaufsstraßen von Seis mit Sportgeschäften, Souvenirläden und Lebensmittelgeschäften.

Bauernmarkt am Dienstag, **Wochenmarkt** am Donnerstag.

Destillerie Zu Plun, Obstbrände, Grappa, Rum, aber auch Essig, oft aus biologisch angebauten Zutaten. Verkauf und Verkostung nur nach telefonischer Vereinbarung. Ansonsten kann man die Produkte in verschiedenen Önotheken oder Restaurants in der Umgebung erwerben. Seiser-Alm-Str. 9, ℡ 335/6009556, www.zuplun.it.

Heil- und Gewürzpflanzen aus biologischem Anbau offeriert der Kräuteranbau „Pflegerhof", St. Oswald 24, Verkauf auch auf dem Bauernmarkt (s. o.). ℡ 0471/706771, www.pflegerhof.com. ■

Radfahren Radverleih beim Sporthaus Fill, Compatsch Nordic Center, Seiser Alm, ℡ 0471/729063, oder Kastelruth, ℡ 0471/707 227, www.sporthausfill.it.

Reiten Reiterhof Oberlanzin → „Übernachten".

Wandern/Bergsteigen/Klettern Alpinkletterschule Schlern (im Garni Alpin), Schlernstr. 25, Tagestouren, Kurse. ℡ 0471/706285, www.alpinkletterschule.com.

Übernachten/Essen & Trinken

Übernachten **** **Diana**, ausgedehnter Hotelkomplex am Ortsrand von Seis, das Grün mit Liegewiese und Pool hat Parkmaße. Großer zentraler Kamin in der Empfangshalle schafft Atmosphäre. Hallenbad, 3 Saunen und Dampfbad, Zimmer meist mit Balkon, einige rustikal, die meisten 4-Sterne-Standard. DZ/HP 198–288 €. St.-Oswald-Weg 3, ℡ 0471/704070, www.hotel-diana.it.

**** **Europa**, zentrales Hotel am Kirchplatz mit familiärer Atmosphäre, wander- und kinderfreundlich, eigene Konditorei mit großer Terrasse, gut bestücktes Frühstücksbuffet, Steinsauna, Dampfbad und Whirlpool, Fitnessraum. Behaglich modernisierte Zimmer mit blumengeschmücktem Balkon. DZ/HP 180–298 €. Oswald-von-Wolkenstein-Platz 5, ℡ 0471/706174, www.wanderhoteleuropa.com.

**** **Bad Ratzes**, wo sich am Waldrand einmal das alte Heilbad befand, steht heute in den Wiesen ein ziemlich großes und sehr kinderfreundliches Hotel mit Hallenbad und Sauna sowie Heubad, das zur Südtiroler Gruppe der „Familienhotels" gehört – Kinderbetreuung tgl. 8–22 Uhr! Am angenehmsten sind die Zimmer im mittleren Trakt des Hotels. Kostenloser Busservice nach Seis. DZ/HP 224–318 €, Suiten teurer. Ratzesweg 29, ℡ 0471/706131, www.badratzes.it.

*** **Ritterhof**, den Ritter, den man im Werbebild des Hotels neben einer hübschen Blondine im pompösen Doppelbett liegen lässt, bekommen Sie wahrscheinlich nur gegen Aufpreis. Zum unten genannten Preis bietet das Hotel Sauna und Dampfbad im Wellnessbereich. Helle Zimmer, „Rittersuite" mit besonders großzügigem Zuschnitt und Essbereich im Turm (ohne Ritter). DZ/HP 210–292 €, Suiten teurer. Schlernstr. 37, ℡ 0471/706522, www.ritterhof.com.

**** **Schwarzer Adler**, sehr bequemes, kleineres, 2011 generalüberholtes Hotel mit Augenmerk aufs Detail: schöne Gaststube mit Kamin, individuell eingerichtete Zimmer mit Vollholzmöbeln, 2 gemütliche Apartments für 2–6 Pers., Dachterrasse. Und Saunen, Pool mit Liegewiese, Massagestudio. DZ/HP 146–226 €, Apt. (2 Pers.) 699–1455 €/Woche. Laurinstraße 7, ℡ 0471/706146, www.hotelschwarzeradler.it.

***S **Vigiler Hof**, Hotel etwas oberhalb der Straße nach Völs, besonders freundliche und persönliche Atmosphäre, gemütliche Zimmer mit viel Holz, die neuen Zimmer im angesagten Alpin-Style, Wellnessbereich mit Schwimmbad, Sauna und Whirlpool.

DZ/HP 180–320 €. Schlernstr. 29, ℘ 0471/706 450, www.vigilerhof.it.

*** **Pension Profanter**, ruhig und ganz isoliert am Rand des Hauensteiner Walds über Seis gelegene Pension mit Blick auf den Schlern, viel Grün auch im Garten mit Pool und auf den Balkonen der Zimmer. DZ/HP 122–174 €. Ratzesstr. 22, ℘ 0471/706508, www.profanter.com.

*** **Residence Kristiania**, schönes Tirolerhaus unweit des Dorfzentrums, ruhig gelegen, schöne Sonnenterrasse, Sauna, Ferienwohnungen (Brötchenservice). Apt. (2 Pers.) 65–100 €. Burgfriedenstr. 13, ℘ 0471/706439, www.residence-kristiania.com.

Ober- und Unterlanzin, der Reiterhof bietet auch Zimmer an, das teilen sich die beiden Höfe Oberlanzin und Unterlanzin, die beide der Familie Gasslitter gehören, untereinander auf. Helle Zimmer ohne Schnickschnack, Gästeküche, im oberen Hof Reitstunden möglich, geführter Treck zum Völser Weiher 55 €. DZ/FR 60–76 €, Ober- & Unterlanzin 61, ℘ 0471/706575, www.reiterhof-oberlanzin.com.

Verleierhof, Urlaub auf dem (neuen) Bauernhof mit Buschenschank (Törggelen!). Sauna, Kräuterdampfbad und „Vigiler Heubadl", man kann auch im Heu schlafen. Zimmer mit Balkon, Frühstücksbuffet, Küchenbenutzung möglich. DZ/FR 68–80 €. St. Vigil 12, ℘ 0471/707143, www.heubadl-verleierhof.com.

Essen & Trinken Die Seiser Restaurantszene ist begrenzt und schwankt zwischen Internationalität und bemühter Rustikalität. Dennoch kann man ganz anständig essen.

Trotzstube, Patenerstr. 4, geschmackvoll eingerichtetes Lokal im Hotel Arvina, abends Kerzenlicht, die Küche legt Wert auf regionale Produkte, ruhiger Standort. Über Weg 7 und ab St. Valentin Weg 6 auch zu Fuß gut zu erreichen (30 Min.). Für externe Gäste Mo, Di Ruhetag, ℘ 0471/706436, www.hotelarvina.com.

Sehnsuchtsvoller Bergblick ...

Ritterhof, Schlernstr. 37, das Café-Restaurant des Ritterhofs ist nachmittags auf Kaffee und Kuchen spezialisiert, die Auswahl hausgemachter Leckereien ist groß, Themenabende im Restaurant und im attraktiven Weinkeller. Mo Ruhetag, www.ritterhof.com.

Vigiler Hof, St. Vigil 29, an der Straße nach Völs, Restaurant des gleichnamigen Hotels oberhalb der Straße, schöner Ausblick von der Terrasse, gutbürgerliche Tiroler Küche mit einigen italienischen Akzenten. 2 Gänge ab ca. 20 €.

Sehenswertes/Ausflüge

Ortsbild: In Seis selbst gibt es wenig Bemerkenswertes, auch die barockisierte Pfarrkirche ist nicht umwerfend. Besuchenswert ist allerdings das **Kirchlein St. Valentin** oberhalb des Orts (nur Do 14–15 Uhr), von dem aus der Blick auf den Schlern wahrscheinlich der schönste von allen ist und sicher der umfassendste (Weitwinkelobjektiv!). Außen und innen hat das Kirchlein mit dem schlanken Turm und der roten Zwiebelhaube schöne Fresken (Ende 14. Jh.).

Burgruine Hauenstein: Den Spaziergang von Seis auf Wanderweg 8 und dann 3, der zuerst an der Burgruine vorbei und dann nach *Bad Ratzes* führt, sollte man sich nicht entgehen lassen. Er beginnt am Ende der Hauensteinstraße, die vom Ortszentrum abgeht (gegenüber der Touristeninformation). Wenig blieb erhalten von der mittelalterlichen Burg. Im 12. Jh. wurde sie von den Herren von Hauenstein erbaut, später fiel sie an die Wolkensteiner, die sie vergrößerten und wohnlicher machten. Einer von ihnen war der Dichter *Oswald von Wolkenstein*. Nach dem Bauernkrieg 1525 wurde die Burg aufgegeben und verfiel. Eine Marmortafel an der Ruine erinnert heute an ihren ehemaligen Besitzer Oswald von Wolkenstein.

Laranzerwald und „Sagenweg": Ab Seis führt ein Spazierweg durch den Laranzer Wald, der nicht besonders erwähnenswert wäre, gäbe es da nicht die riesigen Steinpilze, Schopftintlinge und Knollenblätterpilze neben Pfifferlingen und einigen anderen, die dort herumstehen. Keine echten bitte, diese Mega-Exemplare sind aus bemaltem Holz und ihr Schöpfer ist ein ausgebildeter Holzschnitzer, der sie dort im Einverständnis mit der Naturparkbehörde aufgestellt hat. Auch auf dem „Sagenweg" zwischen der Ruine Salegg und der Ruine Hauenstein begegnet man den Werken von Robert Winkler, nur dass es dort Sagengestalten sind, die den Weg bevölkern (bzw. werden – er ist erst im Entstehen begriffen).

Auf die Seiser Alm: → Abschnitt „Auf der Seiser Alm" ab S. 615.

Völs

Die Anlage des alten Dorfs auf einem die Hochfläche nochmals überragenden Hügel ist sehr reizvoll, besonders harmonisch ist der Kirchplatz. In der alten **Pfarrkirche Mariä Himmelfahrt** mit ihrem schlanken Glockenturm mit dem auffallenden Zwiebeldach wird ein romanisches Kruzifix (13. Jh.) aufbewahrt und der Flügelaltar des Meisters *Narziss von Bozen* von 1489 ist zu sehen. Im Pfarrhaus neben der *Friedhofskapelle St. Michael* befindet sich das kleine, aber sehr sehenswerte **Pfarrmuseum**. Es besitzt eine eindrucksvolle Sammlung v. a. spätgotischer Skulpturen, die aus den Kapellen der Pfarrgemeinde hierher in Sicherheit gebracht wurden (Öffnungszeiten/Führungen in der Sommersaison Di/Fr 11 Uhr).

Heubäder, eine Völser Spezialität

In Völs hatten Sommerfrischler erstmals in Tirol die Gelegenheit, ein Heubad zu nehmen, wie es die Bauern schon Generationen lang taten, um sich fit und frisch zu halten. Das „Hotel Heubad" erinnert daran, denn hier schickte der Arzt *Dr. Josef Clara* gleich am Anfang des 20. Jh. erstmals Touristen ins Heu. Und die waren begeistert.

Wie geht das mit dem Heubad? Der „Badreiber" gräbt den Gast in eine Heukuhle ein und hüllt ihn bis zum Hals mit Heu ein, dann deckt er ihn mit Tüchern ab und überlässt ihn seinem Schicksal: schwitzen. Nach 10 bis 25 Min., je nach Alter, Geschlecht und Gesundheitszustand, hat sich der Puls deutlich erhöht, der Gast hat genug geschwitzt und darf sich im Ruheraum, in warme Decken gewickelt, von den Strapazen erholen. Wie bei der Sauna darf man und soll man nun fleißig trinken (nein, eigentlich keinen Alkohol). Anschließend darf kräftig gegessen werden, die Südtiroler Kost eignet sich hervorragend dafür. Der Effekt des Heubads ist eine Entschlackung durch das Schwitzen und ein gutes Körpergefühl, insbesondere die Gelenke sind nachher gut geschmiert, und eventuelle Gelenkschmerzen lassen nach oder verschwinden ganz. Wenn sie wiederkommen, kann man ja wieder ein Heubad nehmen.

Mehr über Heubäder unter www.badlkultur.it.

Völs

Basis-Infos

Information Tourismusverein, I-39050 Völs am Schlern/Fiè allo Sciliar, Bozner Str. 4, Mo–Fr 9–18, Sa 9–12 Uhr, ✆ 0471/725047, www.voels.it.

Verbindungen Pkw: 2 Parkplätze, beide an der Dorfstraße, einer nahe der Bozner Str. unweit der Information, der 2. auf der anderen Dorfseite am Beginn des Schlosswegs. **Taxi** Service Weissenegger: ✆ 0471/725199.

Baden/Schwimmen Im **Völser Weiher** → „Sehenswertes/Ausflüge".

Bergführer Büro von **Arc Alpin Travel**, Schlernstr. 20, ✆ 338/2003388, www.arcalpin.it.

Einkaufen Bauernmarkt Samstag 8–13 Uhr auf dem Kirchplatz.

In der modernen Kafferösterei **Caroma** bietet Valentin Hofer eine große Auswahl verschiedener Röstungen an. Sein Geschäft ist eine wahre Erfolgsgeschichte, die Bohnen gibt es südtirolweit an über 150 Standorten zu kaufen. Im hauseigenen Schulungszentrum können auch Baristakurse belegt werden. Handwerkerzone 92, ✆ 0471/725651, www.caffe-caroma.it.

Bioprodukte vom Hof: Elf Bauern aus Völs und Tiers haben eine Vermarktungsinitiative gestartet, um die Produkte ihrer Höfe an den Mann und die Frau zu bringen. Geboten werden Gemüse, Obst, Beeren, Saft, Wein, Marmelade, Eier, Honig und Käse, alles zu seiner Zeit. Die Broschüre der Ökobauern ist beim Tourismusverein erhältlich. Bio-Beeren und Baumfrüchte, Fruchtaufstriche und Säfte gibt es z. B. beim Außerperskolerhof, Unteraichaweg 11, ✆ 0471/601134; ebenfalls Produkte aus Früchten und Beeren stellt der Partschillerhof her, Völser Ried 17, ✆ 335/1050500, www.partschillerhof.it. ∎

Feste & Veranstaltungen **Völser Kuchlkastl**, kulinarisches (und oft nachgeahmtes) Volksfest im Herbst, Verkostung lokaler Produkte und Speisen, Musik.

Das **Kulturprogramm auf Schloss Prösels** bietet Konzerte und Veranstaltungen im Rittersaal oder Innenhof, Klassik, Jazz, Liederabende und Volksmusik sowie begleitende Ausstellungen; → Schloss Prösels.

Übernachten/Essen & Trinken

Übernachten ****S **Romantikhotel Turm**, das freundliche Hotel liegt neben der Kirche in einem mittelalterlichen Gebäude (Turm aus dem 13. Jh.), das seine Gasthausvergangenheit nicht verbirgt. Sehr gutes Restaurant, Hallenbad und Heubad, schöner Garten, auch im Winter beheiztes Freischwimmbad, eigener Golfplatz. Über 2000 Ölbilder von teils berühmten Künstlern (Beuys, Kokoschka, Klee) befinden sich im Familienbesitz und grüßen an vielen Ecken von den Wänden. Im Restaurant eine feine Küche mit fantasievollen Kreationen (14 Gault-Millau-Punkte). DZ/FR 196–346 €. Do Ruhetag. Kirchplatz 9, ✆ 0471/725014, www.hotelturm.it.

**** **Heubad**, sehr elegantes und komfortables Hotel in Obervöls mit hervorragend ausgestattetem Wellnessbereich inklusive Hallenbad und beheiztem Außenpool sowie dem namengebenden Heubad, dem ältesten der gesamten Region (offiziell seit 1903). Das Restaurant mit zwei Stuben aus dem 17. Jh. wird gelobt, guter und persönlicher Service. Angenehme Zimmer, nur z. T. Balkon. DZ/HP 162–240 €. Schlernstr. 13, ✆ 0471/725020, www.hotelheubad.com. ∎

*** **Waldsee**, am Völser Weiher in ruhigster Lage und Waldumgebung. Erholung und Komfort, Hallenbad und Saunen, neues Dampf- und Vitalbad, sehr persönlicher Service. DZ/HP 140–224 €. Weiherstr. 28, ✆ 0471/725041, www.hotel-waldsee.com.

** **Zum Schlern**, freundlicher Gasthof mit gutem Restaurant, das bevorzugt biologische Produkte einsetzt, der Gastwirt kocht selbst. Der Gasthof liegt in St. Konstantin an der Straße nach Seis, großer Garten. Einfache Zimmer mit Balkon. DZ/FR 80–86 €. Seiserstr. 8, ✆ 0471/706425, www.gasthof-zum-schlern.it.

Wundereck, Apartmenthaus in herrlicher Alleinlage mit großem Garten. Schöne, gut ausgestattete Ferienwohnungen mit Balkon oder Terrasse, besonders romantisch sind die unterm Dach. Apt. (2 Pers.) 30–65 €. St. Konstantin 5, ✆ 0471/704187, www.wundereck.com.

Camping Seiser Alm, großzügiger, z. T. schattiger Campingplatz mit guten „Komfort Sanitäranlagen Dolomitenbad", eigenen Bädern für Kinder, Sauna, Restaurant. Mietzelte und moderne Bungalows für Familien. Nov. bis Mitte Dez. geschlossen. 2 Pers. und Stellplatz 24–47 €. Dolomitenweg 10 (zw. Völs und Seis), ℡ 0471/706459, www.camping-seiseralm.com.

Essen & Trinken Binderstube, Dorfstr. 10, angenehm schlicht und geschmackvoll eingerichtetes Lokal mit einer Vielzahl vegetarischer (Nudel-)Gerichte, auch glutenfrei, 10–15 €. Sehr sympathische Wirtsfamilie. So Ruhetag, ℡ 0471/725020.

》》》 Mein Tipp: Wassererhof, Völserried 21, Weingut und Buschenschank mit traditioneller Küche (Tipp: Erdbeerknödel) in altem Gemäuer, sehr harmonisch und behutsam renoviert. Weingut ganzjährig geöffnet, Buschenschank Ostern bis Juni und Sept. bis Dez. Do–So. ℡ 0471/724114, www.wassererhof.com. 《《《

Sehenswertes/Ausflüge

Schloss Prösels: Die Vorgängerin des heutigen Schlosses, eine kleine Burg, wurde 1027 vom Kaiser an den Bischof von Brixen übertragen, der sie wiederum einer Ministerialenfamilie übergab, die sich damals nach der Burg die Herren von Völs nannte. Die Säulen im Wappen der Völs kamen hinzu, als sich Leonhard von Völs, Landeshauptmann unter Kaiser Maximilian, den neuen Namen „Colonna" (Säule) bestätigen ließ, da die Familie angeblich von den altrömischen Colonna abstammte. Der energische Burgbesitzer ließ den Bau dem Geschmack der damals modernen Renaissance anpassen, er sollte prunken, komfortabel sein und den Ruhm des Hauses Völs-Colonna verbreiten. Es entstand ein Renaissanceschloss mit prachtvollen Sälen wie dem großen *Kaminsaal* mit Holzbalkendecke, dem Ehren- oder Rittersaal mit Renaissancetäfelung und fantastischen Schnitzereien an den Brüstungen der großen Innentreppe. Die Wände wurden mit Fresken bemalt, wo sie nicht getäfelt wurden, und in der *Burgkapelle* durfte *Hans Leonhard Schäufelein,* ein Meister der Dürer-Schule, zeigen, was nördlich der Alpen moderne Kunst war. Oft ist der

Schloss Prösels vor dem mächtigen Schlernmassiv

Gegensatz zwischen der spätgotischen Bautechnik und den Renaissancemalereien, Fresken und Schnitzmotiven recht pikant, wie in der *Loggia* des Innenhofs, wo sich zwischen den spätgotischen Spitzbögen antikisierende Bildnisse im Renaissancestil befinden.

Mai bis Okt. tgl. (außer Sa). Besichtigung nur mit **Führung**, im Juli/Aug. um 10, 11, 13, 14, 15, 16 Uhr, Juni/Sept. 11, 14, 15, 16 Uhr, sonst 11, 14, 15 Uhr. ✆ 0471/601062. Eintritt 9 €, Kinder 5 €. Mehr Information unter www.schloss-proesels.it.

Oachner Höfeweg: Ein beschilderter Kultur- und Naturwanderweg lädt in die Landschaft rund um Völs ein. Von Schloss Prösels bis St. Kathrein sind es 8 km, hin und zurück sollte man mit 4–5 Stunden rechnen, wobei man zurück am besten Weg 5 (oder den Bus) nimmt. Man passiert Eislöcher mit einem alten, restaurierten Wirtskeller, wo dank dieses mikroklimatischen Phänomens Lebensmittel auch im heißesten Sommer kühl gelagert werden konnten. Edelkastanien, Flaumeichen und Mannaeschen, eine interessante Flora und Fauna am Weg (Gottesanbeterin, Smaragdeidechse, Äskulapnatter), Weinberge und Maulbeerbäume werden passiert. Wo heute Grünland liegt, wurde früher Buchweizen angebaut, erklären Schilder oder das interessante Beiheft, das man im Tourismusbüro (gratis) bekommt. Der Fronthof, den man ebenfalls passiert, ist ein uralter Bau, seine Struktur ist noch gotisch.

Die Moarmühle: Von den 15 Getreidemühlen, die Völs 1860 noch hatte, ist ein funktionstüchtiges Exemplar erhalten. Die Moarmühle, eine sog. oberschlächtige Wassermühle, gibt es nachweislich mindestens seit 1554, die letzte Erweiterung samt neuem Dach stammt von 1881. Nach einer Restaurierung kann sie wieder zum Mahlen von Getreide verwendet werden.

Der Völser Weiher: Südtirol hat nicht gerade viele Badeseen, da ist Völs natürlich mit seinem Weiher gut dran. Angelegt wurde er als Karpfenteich für die Herren des Schlosses Prösels, schließlich brauchte man den Fisch für die vielen Fastentage im Jahr. Der am Rand moorige und teilweise verlandete Teich hat eine kleine Badeanstalt und unweit davon ein Gasthaus aus Holz, in dem Bilder zur Laurinsage hängen. Wer will, kann hier ein Ruderboot mieten – unter Umständen und an einem Augustsonntag wollen das viele. Der beliebte Weg hinauf zu Tuffalm (Aussicht!) ist ein „Straßenhatscher", kann aber durch den Wald abgekürzt werden.

Anfahrt/Fußweg Über Sträßchen ab Völs, alternativ Wanderweg 2 ab Vigilerhof an der Straße nach Seis.

Essen & Trinken/Sport Altes Gasthaus Völser Weiher mit schlichter Küche. Im Sommer Schwimmen, Sonnenbaden, Rudern, im Winter Eislaufen, gelegentlich Eisstockschießen. Mo geschl., ✆ 0471/725072.

Tuffalm, großer Gastbetrieb in weiter Wiesenfläche, rustikale traditionelle Küche, April bis Mitte Nov. ✆ 0471/726090, www.tuffalm.it.

Hofer Alpl, 1364 m, aussichtsreich auf einer großen Wiesenfläche gelegene Berghütte. Eine der 7 Südtiroler Hütten, die von Gault-Millau 2016 erstmals ausgezeichnet wurden, klassische Südtiroler Almküche. Auch mit dem MTB gut und einfach zu erreichen, für E-Bikes gibt's eine Ladestation. April bis Anf. Nov. und in der Wintersaison, kein Ruhetag. ✆ 0471/725288, www.hoferalpl.it.

Kastelruth

Im deutschen Sprachraum ist Kastelruth bekannt wie ein bunter Hund. Zumindest zwangsweise hat jeder von uns schon von den Kastelruther Spatzen gehört – 2018 feiern sie ihr 35jähriges Bandjubiläum, aktiv wie eh und je brachten sie 2017 ihre bislang letzte Platte „Tränen der Dolomiten" heraus und gehen 2018 auf Tournee.

Fast ebenso bekannt ist mittlerweile Peter Fill, der Gewinner des Skiabfahrtsweltcups 2016 und 2017. Darüber hinaus ist Kastelruth ein ausgesprochen angenehmer Urlaubsort, hübsch im Grünen gelegen mit Seiser Alm und Schlern im Hintergrund und mit einem einigermaßen intakten historischen Zentrum am Fuß des Burgbergs (ohne Burg). Beste Urlaubsbedingungen: hervorragende Hotellerie, ausgedehntes Freizeitangebot im Sommer wie im Winter. Allerdings ist alles oft ausgebucht, also frühzeitig anmelden. Die Atmosphäre ist vielleicht ein wenig betulich, das Durchschnittsalter der Gäste ist eher höher.

Basis-Infos

Information Tourismusverein Schlern Kastelruth, Krausplatz 1, I-39040 Kastelruth/Castelrotto, Mo–Sa 8.30–12/14.30–18, So 10–12 Uhr, ℅ 071/706333, www.kastelruth.com.

Verbindungen Pkw: großer Parkplatz im Dorf beim Busbhf. nahe dem Ortszentrum. Busreisen/Taxidienst: Fa. Goller, Paniderstr. 38, Taxidienst mit Abholung vom Bhf., ℅ 0471/706315, www.goller-reisen.com.

Einkaufen Natura, Paniderstr. 7, behauptet von sich, den besten Apfelstrudel des Plateaus zu backen – könnte stimmen, ℅ 0471/707244. ■

Bauernmarkt von Juni bis Okt. am Freitag, großes Bio-Angebot. ■

„Kastelruther Spatzen"-Laden, Dolomitenstr. 21, der Laden für eingefleischte Fans der Kastelruther Spatzen, CDs, T-Shirts, Andenken bis zum Abwinken. ℅ 0471/707439, www.spatzenladen.it.

Bücher, Zeitungen und CDs sowie Landkarten finden Sie bei **Atlas**, Paniderstr. 2.

Internet WiFree-Hotspot am Dorfplatz.

Paragliding Tandemflüge mit Paragliderin bietet **Tandemfly Dolomiti**, ℅ 335/2576055, www.tandemfly-dolomiti.com; oder **Tandem Paragliding**, ℅ 335/6036400, www.tandemparagliding.com.

Radfahren Verleih von Fahrrädern beim Sporthaus Fill, Wegscheid 10/A, ℅ 0471/707 227, www.sporthausfill.com.

Reiten Reiterhof Oberlanzin, Ober- & Unterlanzin 61, ℅ 0471/706575, auch Zimmer mit Frühstück für Pferdenarren, www.reiterhof-oberlanzin.com.

Sportzentrum Sportzentrum Telfen mit Boulderhalle, an der Straße zwischen Kastelruth und Seis, dort auch Tennis, Bowling, im Sommer Schwimmbad, im Winter Eislaufen. ℅ 0471/705090.

Wintersport → Seiser Alm S. 617.

Übernachten/Essen & Trinken

Übernachten ****** Goldenes Rössl**, bemerkenswertes Hotel im alten Haus (1393) mit schönen Zimmern, die meisten mit Balkon, einige mit Himmelbett, liebevoll und z. T. alt möbliert. Das Hotel hat 2 Saunen und ein hervorragendes Restaurant mit Pizzeria. Die Bar Fuego ist bis 1 Uhr früh geöffnet. DZ/HP 148–234 €. Krausplatz 2, ℅ 0471/706337, www.cavallino.it.

***S Alpenroyal, Hotel am Ortsrand und ruhig nahe der Talstation des Marinzenlifts, für seine Kategorie überraschend gut mit Saunen und Hallenbad ausgestattet, Speisesaal kräftig aufgemöbelt. Helle, z. T. getäfelte Zimmer, überwiegend mit Balkon, einige mit Komfortausstattung, die Standardkategorie jedoch im Gegensatz zur Aussage des Hotels nur in Standardgröße. DZ/HP 130–260 €. Paniderstr. 18, ℅ 0471/706350, www.alpenroyal.net.

*** Zum Wolf, traditionsreicher Gasthof mit Außenfresken und Hausbar, innen modern und ohne übertriebene „Tiroler" Atmosphäre, sieht man viel vom Holz ab. Zimmer ohne rustikalen Schnickschnack mit guten Möbeln, meist Balkon, einige mit Kachelofen. DZ/HP 84–138 €. Oswald-von-Wolkenstein-Str. 5, ℅ 0471/706332, www.hotelwolf.it.

**** Alpenflora, oberhalb des Orts in Panoramaposition gelegenes Hotel im „Ansitz"-Look mit Wellnessbereich: Pool mit Ausblick, Beautysalon, Hallenbad, Heubad, Pianobar. Außerdem kann man hier komfortabel wohnen, in recht großen Zimmern,

Kastelruth 613

nicht unbedingt mit Balkon. DZ/¾-P 184–386 €. Oswald-von-Wolkenstein-Str. 32, ☎ 0471/706 326, www.alpenflora.com.

*** **Zum Turm**, der traditionelle Gasthof in Steinwurfnähe zur Kirche hat sich zum angenehmen Hotel gemausert, ohne die alte Struktur oder die hübschen Fresken anzugreifen. Gutes Restaurant, trotz der Zentrumsnähe sehr ruhig. Zimmer mit Internetanschluss, die freundlichsten gehen nach vorne (diese ohne Balkon). DZ/HP 108–170 €. Kofelgasse 8, ☎ 0471/706349, www.zumturm.com.

**** **Pinei**, bei der Lage nahe dem Panidersattel ist der Rundblick selbstverständlich, desgleichen viel Ruhe, viel Grün (große Liegewiese) und Kinder können weitab vom Hotel toben. Zimmer mit Balkon, die Eckzimmer mit großzügigen Maßen. Neu ist die Ladestation für E-Autos, einen Hubschrauberlandeplatz für Betuchte gibt's nebenan. DZ/¾-P 130–308 €. St. Michael 37, ☎ 0471/700 009, www.panidersattel.com.

*** **Garni Jasmin**, Frühstückspension in Aussichtslage am Ende einer Stichstraße mit großem, umlaufendem Balkon und geräumigen Zimmern, Frühstücksbuffet sehr gut und bei Bedarf auch früh. Im Haus Saunen, Hallenbad im Hotel Sonnenhof kostenlos nutzbar. DZ/FR 72–124 €. Kleinmichlweg 14, ☎ 0471/705009, www.garnijasmin.it.

** **Garni Ploner**, so soll eine Frühstückspension sein: freundliche Atmosphäre, Zimmer und Apartments mit Balkon oder Erker, die obersten in Holz, großes Frühstücksbuffet, Liegewiese, ruhig und nur 5 Min. vom Dorfzentrum entfernt. DZ/FR 56–68 €, Apt. (2–4 Pers.) 60–73 €. Kleinmichlweg 37, ☎ 0471/706 451, www.haus-ploner.com.

Essen & Trinken **St. Michael**, St. Michael 21, bürgerliches Restaurant mit traditioneller Tiroler Küche und internationalen Gerichten, nahe dem Panidersattel, am Nachmittag kommen viele Spaziergänger zum Kaffeetrinken, denn das Restaurant liegt nahe der Bushaltestelle, die man von Kastelruth über Weg 9/7 erreicht, und anschließend kann man bequem mit dem Bus zurückfahren. Sa Ruhetag, ☎ 0471/700100, www.restaurant-stmichael.com.

Turmwirt, Kofelgasse 8, am Aufgang zum Kalvarienberg (hinter der Kirche rechter Durchgang), draußen schönes Gartenrestaurant, Cafébetrieb, drinnen wunderschöne, komplett alt getäfelte Krausenstube. Prachtvoller Barockkachelofen. Das Essen ist ganz überwiegend tirolerisch (Schlutzkrapfen, Steinpilze und Knödel, Kalbsstelze), 2 Gänge kaum unter 28 €. Mi Ruhetag, Reservierungen unter ☎ 0471/706349.

Café Doris, Oswald-von-Wolkenstein-Str. 29. Die Eisbecher, frischen Fruchtsäfte, Milchshakes, Torten, Kuchen und Strudel munden auf der Terrasse wie im hellen Inneren. Auch deftige Speisen. Di Ruhetag.

Café Pâtisserie Stern, Plattenstr. 5 (hinter Kirche linker Durchgang), gemütliches Café, eigenes Eis, große Terrasse, Super-Eisbecher. Mo Ruhetag.

🌿 **Buschenschank Lafogl**, in St. Oswald bei Kastelruth gibt es den Wein, den man oben im viel raueren Klima vergeblich sucht. Traditionelle Stuben in Holz, rustikale Südtiroler Küche, Verkauf von Äpfeln, Apfelessig, Apfelsaft, Himbeeren. 4 gemütliche Apt. (2 Pers.) 45–52 €. Ostern bis Ende Nov., Mo Ruhetag. St. Oswald 15, ☎ 0471/706624, www.lafoglerhof.com. ■

Sehenswertes/Ausflüge

Ortsbild: Im alten Ort gibt es einige Häuser mit Außenfresken, so das Haus Felseck, den Gasthof zum Wolf, das Mendelhaus. Besonders beim Gasthof Wolf fällt auf, dass die Fresken zwar im alten Stil gemalt sind, tatsächlich aber aus der späten Gründerzeit stammen, sie sind das Werk des lokalen Malers *Eduard Burgauner*. Doch das Wahrzeichen des Orts ist der frei stehende, völlig überdimensionierte *Glockenturm* der Pfarrkirche St. Peter und Paul, ein Barockbau (1756–58) mit Zwiebelhaube. Die Pfarrkirche selbst ist jünger (19. Jh.), sie ist ebenfalls in sehr großzügigen Maßen errichtet worden. Wer einen ungewöhnlichen Stilmix aus spätgründerzeitlicher Dekorationswut und Jugendstil sehen will, sieht sich die Villa Felseck an.

Spaziergang auf den Kalvarienberg (Kastelruther Kofel): Vom Ortskern führt ein steiles Sträßchen bergan, hier steht rechts das behäbige Gebäude des Turmwirts. Wer auf der Straße weitergeht oder am Straßenanfang den Weg nach rechts nimmt, kommt auf den *Kalvarienberg*. Hier stand einmal eine Burg, die aber schon 1202 zerstört wurde. Im Barock hat man dann den Stumpf des Bergfrieds zu zwei Kalvarienkapellen ausgebaut, daneben steht eine weitere Kapelle, die im 17. Jh. entstand. Der gut markierte Rundweg auf den Kastelruther Kofel dauert etwa 30 Minuten.

Wanderung nach Tisens und Tagusens: Auf Weg 1 gelangt man in einer halben Stunde nach Tisens (gesprochen Tiséns), einem zur Gemeinde Kastelruth gehörenden Dorf (vom zentralen Klausplatz in die Plattenstraße, rechts zweigt nach 150 m die Sabine-Jäger-Straße ab, diese führt als wenig befahrenes Sträßchen bis Tisens). Die dortige *Kirche St. Nikolaus* hat wie so viele andere Kirchen Südtirols an der Außenwand ein überdimensioniertes Christophorus-Bild.

Nach Tagusens gelangt man von Tisens auf einer Autostraße oder zu Fuß auf dem Weg 2, der ca. 750 m vor Tisens in einer Linkskurve im Bachtal nach rechts abzweigt und über den bewaldeten Moosbüchl nach Tagusens führt (ab Bachtal ca. 0:50 Std.). Unterhalb dieses einsam über dem Ausgang des Grödner Tals liegenden Weilers (das Dorf gegenüber ist Lajen!) liegt die *Kapelle St. Magdalena*. Ihr Turm stammt noch aus dem 14. Jh., das später barock umgebaute Schiff etwa von 1500. Hübsch ist der Barockaltar mit einem Gemälde von *Franz Xaver Unterberger*.

Außerdem nicht übersehen: Das *Schulmuseum* in Tagusens zeigt auf eindrucksvolle Weise, wie der Schulalltag noch vor einem halben Jahrhundert ausgesehen hat – das Gebäude war bis 1993 eine Grundschule.

Museum Schulmuseum, Ostern bis Allerheiligen Mo, Mi, Fr 10–16 Uhr. Tagusens 2, ✆ 0471/706661, Spende willkommen.

Essen & Trinken Restaurant-Pizzeria Lieg, auf halber Straßenstrecke zwischen Tisens und Tagusens im Hof Lieg. Dass man in dieser grünen Bauernlandschaft eine gute Pizza im modernen Saal bekommt, erwartet man nicht. Intakter Bauernhof, schöne Ausblicke auf den Ritten und ein freundliches Familienteam. Tagusens 14, ✆ 0471/705376.

Kastelruther Frühsommer mit Kirchturm von St. Valentin

Tour 29: Wanderung von Kastelruth über St. Valentin nach Seis

Tour-Info: Fast auf dem gesamten Weg zwischen Kastelruth und Seis hat man den Schlern und die wilde Santnerspitze vor Augen, das macht den Reiz dieser einfachen und kurzen Wanderung aus. Dauer 1 Std.; Höhenunterschied ↑ 100 m, ↓ 180 m. Karte: Tabacco (1:25.000) Blatt 5. An-/Rückfahrt per Bus (Kastelruth und Seis sind mehrmals tgl. durch Busse verbunden).

Man beginnt in Kastelruth am Klausplatz und nimmt zunächst die Straße zum Großparkplatz, biegt aber noch davor mit dem Hinweisschild auf Weg Nr. 6 nach rechts ein. Diese Straße quert die Hauptverbindungsstraße (Oswald-von-Wolkenstein-Str.) und führt als Marinzenweg gemächlich ansteigend weiter und aus dem Ort heraus. Der Fahrweg erreicht den höchsten Punkt bei einem Wegstern, wenn man ihn passiert hat, geht es in gleicher Richtung und weiterhin mit der 6 weiter. Traumausblicke! Nach ca. 300 m beginnt rechts ein sanft absteigender schmaler Weg, nunmehr mit der Nr. 7, der quer über Wiesen führt, die Seiser-Alm-Straße quert und zu einer Häusergruppe führt. Links und etwas abseits liegt die Kirche St. Valentin, deren Turm man schon länger gesehen hat. Weiter geradeaus bergab in Richtung der jetzt nicht mehr weit entfernten Ortschaft Seis, die man in der Nähe des Busbahnhofs (links) erreicht.

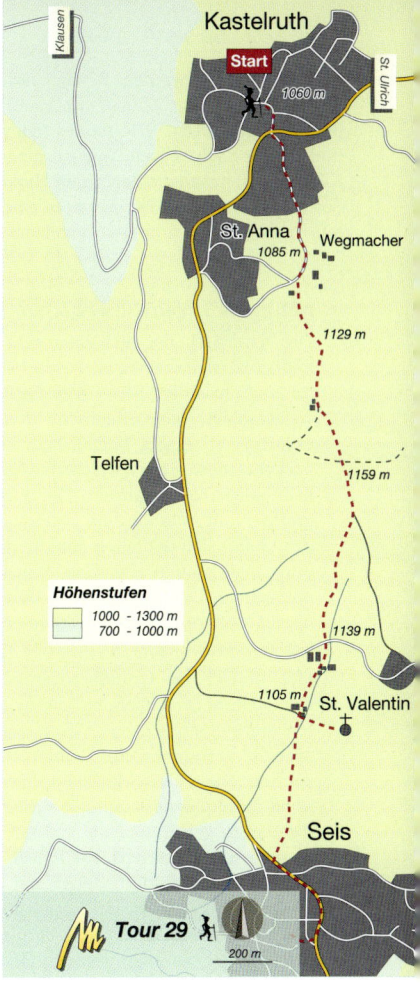

Auf der Seiser Alm

Wenn die Seiser Alm immer wieder als eine der schönsten Ferienlandschaften Europas bezeichnet wird, hat das seine Gründe. Kaum ein anderes Berggebiet kann in allen Jahreszeiten so viel bieten und ist doch so wenig vom Tourismus verändert worden. Überragt vom Schlern, von den Rosszähnen und ganz im Osten vom Langkofel, ist die Seiser Alm ein regelrechtes Erholungs- und Aktivsportdorado.

Das wellige Hochplateau der Seiser Alm, zwischen 1700/1800 m und 2100/2300 m hoch gelegen, ist in weiche Gesteine gebettet, die das Wasser oberflächlich abfließen lassen. Es gibt also viele kleine Gewässer, viele Nassstellen mit interessanter Vegetation und dazwischen ausgedehnte Wiesen und Weiden, die seit uralter Zeit für das Vieh genutzt werden. Bevor Landmaschinen und Kunstdünger ihren Einzug hielten, wurden die Wiesen von Hand gemäht und brachten zwar mäßigen, aber hochwertigen Ertrag. Wie gut das Heu war, konnte man an der Milch, an der Butter und am Käse schmecken. Wie gut die im Heu enthaltenen ätherischen Öle für den Körper sind, haben die Bauern im Umkreis seit Jahrhunderten gewusst und das Baden im Heu bei Gelenkkrankheiten eingesetzt – die heutigen **Heubäder** für Touristen, die in Seis und anderswo angeboten werden, gehen darauf zurück.

Naturpark Schlern-Rosengarten – nicht immer war man stolz darauf

Der Naturpark, der auch einen sehr kleinen Teil der Seiser Alm umfasst, ist Südtirols zweitältester, er wurde 1975 offiziell eröffnet. Er umfasst 6800 ha, im angrenzenden Seiser-Alm-Gebiet sind weitere 6817 ha Landschaftsschutzgebiet. Keine öffentliche Straße quert den Park, keine Dauersiedlung existiert auf seinem Boden. Hier stehen nur Alm- und Schutzhütten, die Verkehrsadern sind Wirtschaftswege und ein paar für den allgemeinen Verkehr gesperrte Zufahrten. Der Naturpark umfasst die gesamte Schlerngruppe, und zwar ab dem Waldrand oberhalb von Seis und die Rosszähne und den oberen Teil der Seiser Alm, in dem es weder Lifte noch andere Erschließungsmaßnahmen gibt. Das heißt, die außergewöhnlich artenreiche Flora und seltene Tiere (Murmeltier, Gämse, Hermelin, Kolkrabe, Steinadler) sind bis auf Weiteres in ihrem Bestand gesichert.

Die Durchsetzung des Naturparks durch die Südtiroler Landesregierung war nicht einfach. Die Grundbesitzer waren ablehnend, sahen ihre Hoffnung auf eine weitere „Erschließung" der Seiser Alm zunichte gemacht und fürchteten statt einer enormen Wertsteigerung den Wertverlust ihres Besitzes. Manche verkauften ihre Wälder und Wiesen, andere waren schlauer und kauften. Die Völser Musikkapelle weigerte sich geschlossen, bei der Eröffnung durch Landeshauptmann Magnago zu spielen. Inzwischen haben sich die Wogen gelegt, und die meisten Gegner von einst sind Befürworter geworden. Der Naturpark hat Arbeitsplätze geschaffen und nicht vernichtet, der Tourismus floriert wegen und nicht trotz des Naturparks. Das grüne Image von Seis, Völs und Kastelruth ist v. a. dem Naturpark zu verdanken, und dieses Image lässt sich in Euro und Cent ausdrücken. Das hat heute fast jeder Bürger der angrenzenden Gemeinden begriffen. Als der Park im Jahr 2003 von 5850 auf knapp 6800 ha vergrößert wurde (auf Tierser Gemeindegebiet) gab es keine Gegenstimmen. Was Insider nicht wunderte, denn schon 1972 waren die Tierser geschlossen für den Naturpark gewesen.

Mehr zu Naturpark, Naturparkhaus und zum wilden Tschamintal → S. 623.

Quert man die Böden der Seiser Alm mit ihren Almen und den vielen verstreuten Hütten, in denen das getrocknete Heu für den Winter aufbewahrt wurde, um dann per Schlitten ins Tal transportiert zu werden, gelangt man in die Gebirgsregion, die mindestens so spektakulär ist wie die Alm selbst. Der **Schlern**, der Völs und Seis so gewaltig dominiert, ist von der Seiser Alm leicht zu ersteigen, dasselbe gilt für die Rosszähne, die ihren Namen nicht von ungefähr haben. Der Schlern ist ein fantastischer Aussichtsberg und ein beliebter Kletterberg, allen voran mit *Santnerspitze* und *Euringerspitze,* zwei vom Plateau abgesprengten Felszacken. Sie haben ihre

Namen von ihren Erstbesteigern Johann Santner und Gustav Euringer. Die **Rosszähne** wiederum locken auch Klettersteiggeher: Vom Tierser Alpl mit dem gemütlichen Schutzhaus führt der – für einen versicherten Klettersteig – unschwierige Maximilianweg über den gesamten Kamm zum Schlern.

Compatsch

Der Tourismus hat sich gleich am Westende der Seiser Alm im Ort Compatsch festgekrallt. Hier befinden sich mehrere Hotels, riesige, nach Straßensperrung mittlerweile nicht mehr benötigte Parkplätze und die zentralen Einrichtungen wie Bank und Geschäfte, Imbisse und Gaststätten. Kein Ort zum Verweilen.

Basis-Infos

Information Tourismusverein Seiser Alm, Compatsch 50, I-39040 Seiser Alm/Siusi, Mo–Fr 8.30–12.30, Sa 9–12 Uhr, ✆ 0471/727 904, www.seiseralm.net.

Verbindungen Pkw: Die Straße von Seis/Kastelruth nach Compatsch ist im Sommer zwischen 9 und 17 Uhr gesperrt und nur mit der Seiser-Alm-Bahn zu erreichen. Das Parken in Compatsch ist teuer: 17 €/Tag. Gäste mit Unterkunft auf der Seiser Alm erhalten vom Gastgeber (oder Tourismusverein) eine Sonderfahrerlaubnis und dürfen die Straße dann vor 10 Uhr und nach 17 Uhr benützen. Auf der Seiser Alm gilt absolutes Fahrverbot (Ausnahme: Gäste von Hotels auf dem hinteren Teil der Seiser Alm).
Fahrrad: Die Umlaufbahn (s. u.) transportiert auch Fahrräder (2 €), wenn man die Auffahrt über die Straße (die nur für motorisierte Fahrzeuge gesperrt ist) scheut.

Bergbahn Umlaufbahn Seiser Alm, die von Seis auf die Seiser Alm führende Umlaufbahn hat eine Kapazität von bis zu 4000 Pers./Std. Die Talstation mit kostenlosen Großparkplätzen befindet sich in Seis bei der „Matschnsäge", die Bergstation in Compatsch; tgl. 8–19 Uhr, einfach 11 €, Berg/Tal 17 €, Kinder 7/10 €, Familie 26/35 €. Es gibt verschiedene Combi Cards; ✆ 0471/704270, www.seiseralmbahn.it.

Paragliding Start vom Spitzbühel (Sessellift ab Parkplatz Frommer an der Straße nach Compatsch).

Radfahren/Mountainbiken Radverleih und -zubehör bei Alpinsports, Compatsch 51, ✆ 0471/707641, www.alpinsports.it.

Wintersport Skischule Seiser Alm, alpiner Skilauf, Langlauf und Kinderskischule mit „Ski-Funpark-Kids". ✆ 0471/727909, www.skischule-seiseralm.com.

Verleih von Ausrüstung beim **Compatsch Nordic Center**, direkt an der Umlaufbahn, ✆ 0471/729063.

Übernachten/Essen & Trinken

Übernachten ⟫ **Mein Tipp:** **** **Goldknopf**, näher am Naturpark und zu den Rosszähnen kann man hoch übernachten, Sonderfahrerlaubnis bis zum Hotel. Die Familie Malfertheiner führt das Hotel mit Überlegung und Sorgfalt: schöner Wellnessbereich mit Saunen und Whirlpool, Küche mit Menüwahl und Salatbuffet, gemütliche Zimmer mit freundlichem Mobiliar aus natürlichen Materialien in hellen Tönen. Und ein „Panorama-Hallenbad". DZ/HP 230–390 €, Suiten teurer. Jochstr. 18, ✆ 0471/727915, www.goldknopf.com. ⟪

***S **Icaro**, „Wanderhotel" auf dem grünen Piz, Sonderfahrerlaubnis bis zum Hotel. Moderner Bau, tolle Aussicht von den Balkonen. Saunen, Outdoor-Whirlpool und Hallenbad, schöne, teils modern renovierte Zimmer. DZ/HP 208–420 €, Suiten teurer. Piz 18/1, ✆ 0471/729900, www.hotelicaro.com.

Essen & Trinken Spitzbühlhütte, Berggasthof in Aussichtslage auf dem Spitzbühl (Bergstation Sessellift). Der Aufwind am steilen Abfall direkt vor der Sonnenterrasse wird von Drachenfliegern und Paraglidern genutzt. Bei rustikaler Küche und Bier wird gefachsimpelt. ℡ 0471/705085.

Rauchhütte, kleiner Einkehrgasthof an der Straße nach Salten, Aussicht zum Langkofel und (teilweise) Rosszähne, warme und kalte Küche. ℡ 0471/727830, www.rauchhuette.com.

Gostner Schwaige, Seiser Alm nahe Hotel Panorama (Compatsch), die winzige Küche wurde zum Markenzeichen für diese Almwirtschaft mit Gourmetstatus (14 Gault-Millau-Punkte). Franz Mulser hat feine Küche bei den Herdgöttern der Provinz gelernt, und er zaubert sie mit minimalem Aufwand mit den Zutaten der Region, etwa mit selbst gepflückten Kräutern, die er in die Polenta gibt. Und bekommt schier die Tür eingerannt. Gerichte ab ca. 10 €. Juni bis Okt. und Dez. bis Anf. April mittags geöffnet, abends nach Voranmeldung. ℡ 347/8368154, www.aussergost.com.

Ausflug auf den Puflatsch: hübscher Weg auf einen fast flachen Aussichtsberg über Compatsch. Die sog. Hexenbänke liegen an der zum Grödner Tal gewandten Seite des Puflatsch: Der säulenförmige Augitporphyrit tritt hier in der Nähe der Felskante wie ein Steinpflaster zu Tage. An einer Stelle ist dieses Steinpflaster nicht nur zum Tal hin gestuft, sondern auch wie ein Lehnstuhl geformt. Wahrscheinlich handelt es sich um eine natürliche Bildung, aber die Menschen haben diese Formation schon immer als Sitz gedeutet und ihr einen übernatürlichen Ursprung zugeschrieben – wie heute noch die Bezeichnung „Hexenbank" deutlich macht.

Bergbahn Auf den Puflatsch führt die 2009 errichtete **Kabinenbahn Puflatsch**, Anf. Juni bis Okt., 9–17 Uhr, einfach 6 €, Berg/Tal 8,50 €.

Hütten/Essen Arnikahütte, Compatsch 77, meist gut besuchte Almhütte mit rustikaler Speisekarte, außerdem gibt's Strudel, Kuchen und Torten. Weißbier und Cappuccino fließen in Strömen, Kinderspielplatz. Sa Ruhetag. ℡ 0471/727812, www.arnikahuette.com.

AVS-Puflatschhütte, 1950 m, ehemalige Alpenvereinshütte, jetzt privat geführt, mit 34 Betten in Doppel- oder 4-Bett-Zimmern, Duschen, gutes Restaurant. Ü/FR im DZ 50 €, im 4-Bett-Zimmer 39 €. Compatsch 68, ℡ 0471/729090, www.dibaita-puflatschhuette.com.

Tour 30: Wanderung von der Seiser Alm auf den Schlern und zum Tierser Alpl

Tour-Info: Dauer 7 Std.; Höhenunterschied ↑↓ 800 m; Karte: Tabacco (1:25.000) Blatt 5. Anfahrt mit dem Bus oder Pkw bis Compatsch. Wasser und Tagesproviant mitnehmen.

In Compatsch (1850 m) wendet man sich nach Süden auf ein Sträßchen, das zur Bergstation des Panoramalifts führt, verlässt es aber bereits nach der ersten Linkskurve und schlägt Weg 10 nach rechts ein. Über Almwiesen geht es sanft aufwärts, man unterquert den Lift zur Laurinhütte und erreicht einen Rücken (1957 m), von dem es 100 m bergab zu einem Sträßchen geht. Diesem folgt man nach links mit Markierung 5 bis zur gemütlichen Saltnerhütte (1820 m, 1:45 Std.) am Beginn des Aufstiegs auf den Schlern. Nach Bachquerung rechts auf den „Touristensteig", flotter Aufstieg, kurvenreich, schweißtreibend. Man erreicht durch Legföhrenwald die Wiesen des Schlernplateaus (2318 m), über die es fast flach weitergeht bis zu einer Weggabelung (3:15 Std.). Rechts liegen die Schlernhäuser (2457 m), die einen Besuch wert sind, wer es eilig hat, geht gleich nach links weiter.

Langer Weg über das Plateau des Schlern (Weg 3/4), schöne Blicke auf den Rosengarten. Nach einem Sattel muss man nochmals nach oben steigen und wird am Ende des Plateaus unter den Rosszähnen (2520 m, 4 Std.) nach rechts und in eine wilde Schlucht geführt. Für die nächste halbe Stunde sind Trittsicherheit und Schwindelfreiheit Voraussetzung, der Weg ist gut, aber schmal und wer stürzt, fällt möglicherweise tief. Nach einer Querung am Fuß der Rosszähne (2375 m) und der Abzwei-

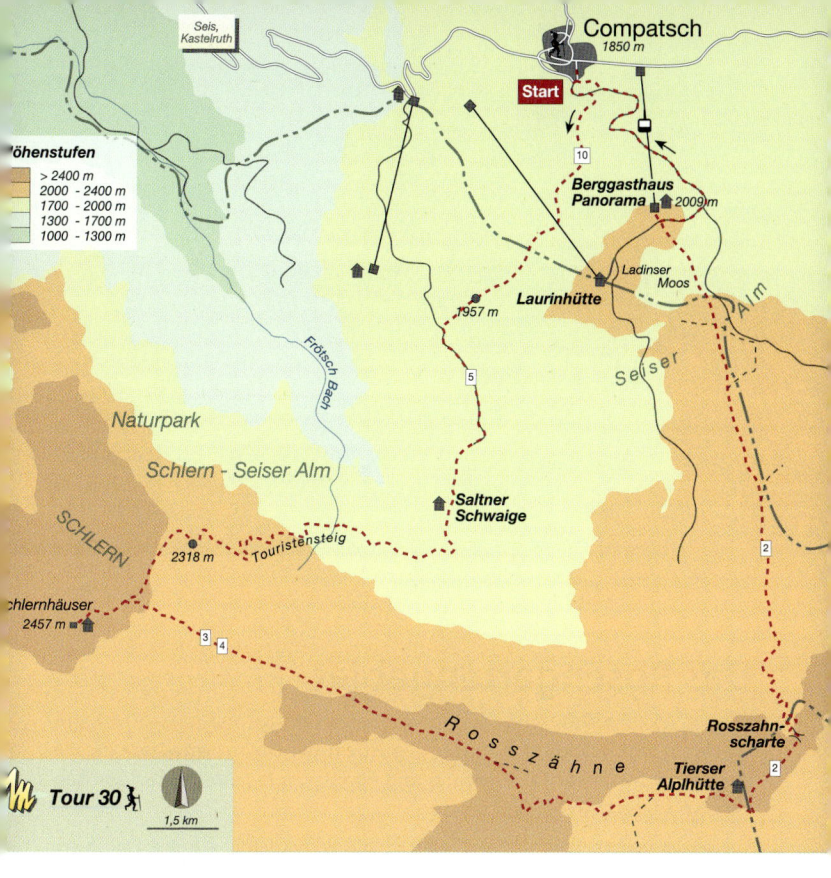

gung des Wegs durch das Bärenloch nach Tiers steigt man nochmals auf zur bereits lange vorher zu sehenden Tierser-Alpl-Hütte auf ihrem Bergjoch zwischen Rosszähnen und Rosengarten (2440 m, 4:45 Std.).

Nach der Pause jenseits weiter nach links (Weg 2) zur Rosszahnscharte, und zwar vorsichtig (Trittsicherheit nötig!) steil über Lockerschutt abwärts in ein Kar oberhalb der Seiser Alm. Der Weg wendet sich nach rechts, ist nun weniger steil, bei einer Gabelung bleibt man links. Almwiesen, ein feuchtes Tälchen (Ladinser Moos), und wir stehen oben beim Berggasthaus Panorama (2009 m, 6 Std.) Hier per Sessellift hinunter oder über das Sträßchen (7 Std.).

Hütten Jausenstation Saltner Schwaige, etwas weg vom Trubel, rustikales Essen (Speckknödel, Wildragout und Nudelgerichte, aber auch hausgemachten Joghurt mit Waldbeeren, Kaiserschmarrn mit Preiselbeeren und frische Almmilch). ☎ 0471/727804, www.saltner.eu.

Schlernhäuser, CAI Bozen, 2457 m, 30 Betten, 90 Lager, schöner rustikaler Speisesaal, DZ/FR 78 €, Lager 25 € p. P. Geöffnet Juni bis Okt. ☎ 0471/612024, www.schlernhaus.it.

Schutzhaus Tierser Alpl, privat, unter den Rosszähnen. Das rote Dach ist geblieben, ansonsten hat sich die Hütte 2015 in ein modernes Schutzhaus mit viel Holz im Gastraum und in den Zimmern verwandelt. Freundliche Atmosphäre, gutes Essen (der Kaiserschmarrn ist hoffentlich noch so genial wie früher). DZ/FR 98–106 €, Lager/FR 28 €. ☎ 0471/727958, www.tierseralpl.com.

Der Rosengarten vom Ritten aus gesehen

Das Rosengartengebiet

Wie ein so schroffes, schier unbezwingbares Gebirge nur so heißen kann? Da steckt ein Geheimnis dahinter: Die Flucht der Dolomitenwände im Hintergrund von Tierser Tal, Eggental und Regglberg leuchtet noch nach Sonnenuntergang märchenhaft in Rot.

Vor seiner Verwandlung war das Gebirge ein Rosengarten und König Laurin sein Herr. Das glauben Sie nicht? Macht nichts, die Sage ist trotzdem schön (→ S. 628). Und sie ist überall gegenwärtig im Raum zwischen *Tiers, Welschnofen, Karersee* und *Deutschnofen*. Da gibt es Laurinstuben und Rosengartenhotels und Andenken mit König Laurin und Laurinnächte usw.

Die mächtigen Wände des Rosengartenmassivs und des südlich anschließenden, ebenso schroffen, aber weniger sagenumwobenen Gebirgszugs des **Latemar** gehören zum Wirkungsbereich des Tourismusverbands *Eggental*. Genug von Laurin und Rosengarten? Auf den von Einzelhöfen und kleinen Weilern gekrönten Wiesen- und Waldkuppen des Regglbergs liegt nahe dem freundlichen Urlaubsdorf *Deutschnofen* Südtirols bedeutendster Wallfahrtsort *Maria Weißenstein*. Als Gegengewicht zur heidnischen Sagenwelt des Laurin ist der Ort der Marienverehrung sicher günstig gelegen. Und für den Besuch in der nicht zu umtriebigen, aber auch keineswegs langweiligen Ferienregion sowieso.

Information Tourismusverband Eggental, telefonische und schriftliche Auskünfte, Internet, guter Unterkunftskatalog inkl. Privatzimmer, diverse Prospekte, darunter das Heftchen für Kinder „Laurinio stellt euch sein Reich vor" mit Urlaubstipps, Spielen und Auflistung der für Kinder interessanten Einrichtungen der Region. Alle Unterlagen gibt es auch bei den unten genannten Tourismusvereinen. Die ausführliche Website des Tourismusverbands gibt u. a. auch die Schneehöhe in den Skigebieten an. I-39056 Welschnofen, ✆ 0471/619500, www.eggental.com.

Verbindungen Bustransfer aus Deutschland und der Schweiz → S. 42

Eggental Guest Card Zwischen Ende Mai und Mitte Okt. greifen die Ermäßigungen der Guest Card, die die Benutzung der Aufstiegshilfen in der Region sowie die Mobilcard Südtirol umfasst, 3 in 7 Tagen 43 €, 5 in 7 Tagen 56 €. Zahlreiche Veranstaltungen sind gratis.

Tiers und das Tierser Tal

Eine wildere Schlucht kann man sich kaum vorstellen als die des äußeren Tierser Tals. Vom Eisacktal quälte sich bis in die 70er-Jahre des 20. Jh. nur ein schmales Sträßchen bis hinauf nach Tiers, dem einzigen echten Dorf des Tals. Nur die Jungen sehen die Straße nach Völs und Seis als Selbstverständlichkeit. Von dieser Abgeschiedenheit ist aber heute kaum noch etwas zu merken, zumindest in Tiers selbst. Mit der neuen Straße kam der Geschäftsgeist. Eine ganze Reihe von Hotels, Gasthöfen und Pensionen, Ferienwohnungen und Privatzimmern bieten ein freundliches Quartier. Die Ski- und Wandergebiete von Rosengarten, Karersee und Latemar sind nahe, das bringt Gäste ins Haus. Vor allem aber lockt die großartige Natur des Tals mit den mächtigen Dolomitwänden im Hintergrund und die immer noch funktionierende bäuerliche Tradition samt Heumahd von Hand auf den Bergwiesen und der Käseproduktion auf der Alm.

Basis-Infos

Information Tourismusverein Tiers am Rosengarten, Prospekte, Unterkunftslisten, ausführlicher Veranstaltungskalender, Panoramakarte der Wanderungen mit Kurzbeschreibung. Mo–Fr 8–12 und 14–17 Uhr, Sa 8–12 Uhr. St.-Georg-Str. 79, I-39050 Tiers/Tires, ☏ 0471/642127, www.tiers.it.

Verbindungen Bus: nach Bozen bis zu 10x tgl. (So 5x), 2- bis 3x tgl. weiter zum Karerpass. Kostenloser **Wanderbus** von Anf. Mai bis 20. Juni bzw. zum Beginn der Schulferien (wenn der Sommerfahrplan des Südtiroler Busunternehmens SAD beginnt und die für Wanderer günstigen Busfrequenzen zunehmen).

Einkaufen Weindiele Tiers, St. Georgenstr. 9, große Auswahl an regionalem Wein und Feinkost, einen weiteren Laden gibt es in Völs, www.weindiele.com.

Baden/Schwimmen Freibad beim Försterhaus in Steinegg (oberhalb der Erdpyramiden). Geöffnet Ende Juni bis Sept.

Internet WiFree-Hotspot im Ortszentrum vor dem Tourismusbüro.

Wintersport Skigebiet Carezza; im Winter **kostenlose Skibusse** zwischen Karer Pass und Latemar sowie von Tiers über Welschnofen und Karer Pass nach Vigo di Fassa. Siehe auch S. 626.

Langlaufloipe ab Wieslhof, an der Gabelung der Straßen nach Karneid und Gummer.

In letzter Zeit stark im Kommen: **Schneeschuhwandern**, ein Sport, der für das liftlose Tiers ein Segen ist. Sogar Schneeschuhhotels gibt es bereits, bei denen man auch die Ausrüstung ausleihen kann (so im Hotel Cyprianerhof → „Übernachten"). Mittlerweile nennt sich Tiers „Südtirols Schneeschuhhochburg" und bietet fast täglich geführte Wanderungen an. Schneeschuh-Wanderkarte für 5,50 € im Tourismusbüro.

Eislaufplatz und Eisstockschießen in St. Zyprian.

Übernachten/Essen & Trinken

In Tiers **** **Dosses**, auf Wanderer spezialisiert, traditioneller Hotelbau im üblichen Tiroler Stil, freundlich, angenehm helle Zimmer ohne rustikalen Touch, dafür mit Balkon. Im Haus Sauna, Whirlpool und Fitnessraum. DZ/HP 150–230 €. St. Zyprian 61, ☏ 0471/642195, www.dosses.com.

St. Zyprian im Tierser Tal

>>> **Mein Tipp:** ****S Wanderhotel Cyprianerhof, ausgesprochen familiär und freundlich, mit viel hellem Holz innen und außen, Naturholzböden und Vollholzmöbeln. Im Restaurant auch vegetarische Gerichte, fantasievolle Zubereitungen, Bio-Ecke beim Frühstücksbuffet. Saunen und Kneippanlagen, großzügig geschnittene, ausgesprochen geschmackvoll eingerichtete Zimmer, im Winter werden geführte Schneeschuhwanderungen, im Sommer Mountainbiketouren und Wanderungen angeboten. DZ/HP 260–400 €, Suiten teurer. St. Zyprian 69, ☏ 0471/642143, www.cyprianerhof.com. <<<

*** **Dolomitenhotel Weißlahnbad**, das Hotel ist der Nachfolger des alten Rheumabades und hat auch seinen Namen „Weißlahnbad" übernommen, das Wasser kommt aus der eigenen Quelle. Das professionell geführte, angeschlossene Tierser Badl, Hallenbad, und die Heu-, Kräuter- und Milchbäder samt Sauna und Fitnessraum sind die Hauptattraktion des Hotels in schöner Lage. Zimmer mit Balkon. DZ/HP 122–184 €. Weißlahn 21, ☏ 0471/642126, www.weisslahnbad.com.

*** **Vajolet**, Neueröffnung nach Komplettrenovierung, verglaste Panorama-Lounge-Bar, Dampfbad und Sauna. DZ/HP 160–254 €. St.-Georg-Str. 42, ☏ 0471/642139, www.hotel-vajolet.it.

Veraltenhof, an der Oberstraße, dem alten Weg zwischen Tiers und St. Zyprian, sind die Ausblicke besonders weit. 5 einfache Zimmer, man kann reiten, beim Brotbacken zusehen und auf dem Hof mithelfen. Auch Spielplatz und Tischtennis. DZ/FR 70 €. Oberstr. 12, ☏ 0471/642332, www.veraltenhof.com.

In Steinegg ***S **Oberwirt** – Weißes Kreuz, altehrwürdiges Gasthaus mit toller holzgetäfelter Stube und modernem Anbau, großzügigem Hallenbad samt Whirlpool und Sauna, aufmerksamer Service, Frühstücksbuffet. Zimmer z. T. mit neuen Balkonen, auch Allergikerzimmer. DZ/HP 164–188 €. Peter-Anich-Weg 5, ☏ 0471/376525, www.gasthofoberwirt.com.

Sehenswertes/Ausflüge

Tiers: Der Ort besteht aus drei Teilen, dem eigentlichen Dorf mit der Pfarrkirche, dem Weiler *St. Zyprian* und dem Heilbadbereich um *Weißlahnbad*. Die *Pfarrkirche St. Georg* hat einen romanischen Turm, der Kirchenraum wurde erst im Spätbarock (1766) an den spätgotischen Chor angebaut.

Tiers und das Tierser Tal 623

Wanderung nach Weißlahnbad: Ein Wanderweg führt vom oberen Ortsende (Schilder) zur einsam auf einer Waldlichtung gelegenen *Pestkapelle zum hl. Sebastian*. Sie wurde im Pestjahr 1635 errichtet, nachdem 124 Menschen an der Seuche gestorben waren – Tiers war nach dieser Katastrophe nahezu ausgestorben. Von der Kapelle führt ein Fahrweg nach Weißlahnbad, wo früher wie heute Rheumakranke Linderung suchen. Das Wasser ist leicht säuerlich und schwach radioaktiv, Bademöglichkeiten in den dortigen Hotels. Zurück geht man über *St. Zyprian* auf der Oberstraße (Beginn bei der Kirche) mit noch einmal herrlichen Blicken auf das Tierser Tal und die Rosengartengruppe (hin/zurück 1:30–2 Std.).

Spaziergang zur Kirche St. Katharina in Breien: Im engen Tal zwischen Blumau und Tiers liegt der Weiler *Breien*. Nichts Aufregendes ist zu sehen, bis auf ein Kircherl, 200 m über dem Ort auf der Sonnenseite, das der hl. Katharina von Alexandria gewidmet ist. Die gotischen Wandgemälde der südlichen Außenwand erzählen vom Martyrium und Tod der Heiligen. 40 Min. auf dem Weg ab der Bushaltestelle, bei Gabelung links halten. Oberer Freskenbereich liegt u. U. im Schatten, da die Malereien durch ein vorspringendes Flugdach geschützt werden. Beste Fotozeit ist mittags.

Auf der Nigerpassstraße: Die Straße nach Karersee führt unter den Wänden des Rosengartens durch. Sie gehört zu den eindrucksvollsten alpinen Höhenstraßen. An mehreren Stellen Wanderparkplätze, Lifte zur Rosengartenhütte, im Winter Skilifte ab der Straße.

Das Tschamintal und der Naturpark Schlern-Rosengarten

Wer von Weißlahnbad weiter talaufwärts wandert, erlebt im Tschamintal, das Schlern und Rosengartengruppe trennt, wilde und ursprüngliche Natur. Wie wild es noch vor gar nicht so langer Zeit war, mag man daran ermessen, dass ein Nebental Bärenfalle heißt, und der Aufstieg auf den Schlern sich Bärenloch nennt. Das Tal ist übrigens ein Teil des Naturparks Schlern-Rosengarten. Kurz hinter Weißlahnbad passiert man das Naturparkhaus Schlern (Informationen zum Naturpark, großer Parkplatz, ab hier Fahrverbot, daneben Gasthaus Tschaminschwaige). Der Weg durch das Tschamintal in die Rosengartengruppe ist am schönsten im oberen Teil, wo eine Felsenschlucht auf einem Bohlensteg und Holztreppen bezwungen wird.

Naturparkhaus Schlern, Tschamintal, Anf. Juni bis Anf. Okt. Di–Sa 9.30–12.30/ 14–17.30 Uhr, Juli/Aug. auch So, ✆ 0471/ 642196 Das Naturparkhaus befindet sich in der ehemaligen Steger Säge von 1598, die nach wie vor betriebsbereit ist. Neben dem Mühlwerk und den ehemaligen Unterkünften des Sägewerkers gibt es Infos über Natur und Kultur des Schlern; Vorführung der Venezianer Säge Mi, 11, 15 und 16.30 Uhr, Eintritt frei.

Steinegg: Am Talausgang liegt auf sonniger Terrasse der Ort Steinegg, Teil der Gemeinde Karneid, erreichbar auf einer Serpentinenstraße von Blumau am Ausgang des Tierser Tals oder vom Eggental (unterhalb Birchabruck). Eine Zufahrtsstraße hat Steinegg erst seit ein paar Jahrzehnten, vorher gab es nur Steige und einen schlechten Güterweg. Seither wächst das Dorf mit jedem Jahr ein bisschen, denn unter Sommerfrischlern und begeisterten Anhängern des Südtiroler Herbstes hat sich herumgesprochen, wie schön es hier oben ist, wenn die Sonne scheint, während Etsch- und Eisacktal im Nebel begraben sind.

Interessant ist das **Heimatmuseum** unter der Kirche (mit stolzen 18 Räumen auf drei Stockwerken, insgesamt 1000 m^2 und u. a. mit historischer Getreidemühle). Am Ortsrand befinden sich *Erdpyramiden*. Sie entstanden im lockeren Moränenmaterial, als große Decksteine die Abtragung des Materials verhinderten. Etwas außerhalb steht die erste Sternwarte Südtirols, die **Sternwarte Gummer** (Volkssternwarte). Sie wurde von einer Gruppe von Amateuren errichtet, dem Hobbyastronomenverein Max Valier. Ihr Spiegelteleskop hat einen Durchmesser von 50 cm, was für uns Laien mehr als genug neue Aussichten auf den Sternenhimmel ermöglicht.

Heimatmuseum, Palmsonntag bis Ende Okt. geöffnet, Besichtigung nur mit Führung: Di–Fr 10 und 11 Uhr ohne Voranmeldung, Sa/So/Fei 15 und 16 Uhr, mit Anmeldung beim Tourismusverein Steinegg, Kirchweg 5, ✆ 0471/619560, www.museumsteinegg.com.

Sternwarte Gummer, ganzjährig jeden Do nach Einbruch der Dunkelheit; Eintritt 6 €, erm. 3 €. Anmeldung erforderlich: ✆ 0471/610020, www.sternwarte.it.

Das Eggental

Welschnofen ist der größte Ort des Eggentals, das als enge Schlucht bei Kardaun am östlichen Rand von Bozen beginnt und sich bei Birchabruck in zwei Täler gabelt, das eigentliche Eggental und den Ast von Welschnofen. Über Welschnofen führt die alte und neue Verbindung über den Karerpass ins Fassatal, heute viel befahrener Teil der Großen Dolomitenstraße.

Aber man muss nicht als Fan großartiger Hochgebirgsstraßen (und welche ist großartiger als die Dolomitenstraße) hierher kommen, denn die Landschaft allein schon ist interessant genug. **Rosengarten** und **Latemar**: Wandern, Bergsteigen und Klettern, Mountainbiketouren, Skifahren. Schließlich der **Karersee** als Glanzpunkt, in dem sich der Latemar spiegelt, weite Wälder und viele Wanderwege mit hübsch verteilten Jausenstationen.

Welschnofen

Das alte Dorf hat man schnell durchlaufen, vom „Gasthof Mondschein" bis zur Kirche geht man 5 Minuten. Das moderne Dorf mit seinen Hotels, Pensionen und Residences braucht ein Vielfaches an Platz, ist aber dennoch gut überschaubar: Von der Kirche weiter talabwärts an der Gummererstraße liegen die meisten Neubauten, man will schließlich vom Ausblick profitieren. Vom Weg zum Rosengarten profitieren hingegen die Bauten an der Rosengartenstraße im schmalen Frommerbachtal.

Zu den Skigebieten muss man auf der Karerseestraße weiterfahren bis Karersee oder nochmals runter nach Birchabruck und dann hinauf nach Obereggen. Da haben es die Sommergäste gut: raus aus dem Haus und rauf auf den Wanderweg. Und wenn es nur der im Übrigen wunderschöne Weg 7 ist, auf dem man bis zum „Schwarzen Adler" wandert, um dort gepflegt zu speisen oder Kaffee zu trinken und mit dem nächsten Bus nach Welschnofen zurückzufahren.

Auf der Großen Dolomitenstraße

Das erste Teilstück der heute weltberühmten Dolomitenstraße zwischen dem Eisacktal bei Bozen und Cortina d'Ampezzo war die Straße durch das Eggental nach Welschnofen. Die wilde Schlucht des Karneidbachs zwischen Eisack und Birchabruck unterhalb von Welschnofen erschien bis in die Mitte des 19. Jh. als unlösbare Aufgabe für Straßenbauer. Die Schluchtwände nähern sich an den engsten Stellen bis auf wenige Meter, bei Hochwasser gab es keine Möglichkeit, die Schlucht zu passieren. Aber clevere Ingenieure fanden die Lösung: Sie bauten die Straße als eine Folge von Hangbrücken unter Felsüberhängen so hoch über dem Bach, dass er sie auch bei Hochwasser nicht erreichen konnte; eine Talschlinge durchstießen sie mittels eines Tunnels. 1860 war Welschnofen schließlich auf der direkten Straße durch das Eggental erreichbar. Das stieg den Welschnofnern in den Kopf. Bis dato waren sie Teil der Gemeinde Kardaun, 1870 durften sie sich stolz als eigene Gemeinde konstituieren.

Dann kam der Wiener *Dr. Theodor Christomannos* mit seiner Idee einer Dolomitenstraße, die quer durch die österreichischen Dolomiten von Bozen nach Cortina führen sollte. Ein riesiges Touristenhotel nahe dem wunderschönen Karersee oberhalb Welschnofens zog bald viele Touristen in die Gegend – dass diese nicht über den Karerpass weiter nach Osten ziehen konnten, das war den Welschnofnern gerade recht. Noch im selben Jahr 1896 wurde die Karerpassstraße fertiggestellt, sie sollte bis 1909 auf 110 km Länge anwachsen.

Wer heute im Auto, auf dem Motorrad oder gar dem Rennrad auf der Großen Dolomitenstraße unterwegs ist, der hat eine sehr gut ausgebaute, nirgends steile (Maxima bei 12 %), durchgehend asphaltierte, aber sehr kurvenreiche Straße vor sich (für Gespanne östlich des Fassatals nicht geeignet). Ab dem Karerpass führt die Große Dolomitenstraße durch das Fassatal (Vigo, Pozza und Canazei in der Provinz Trento) zum Pordoijoch, hinunter nach Arabba in Buchenstein (Provinz Belluno) und von dort über den Falzàrego-Pass nach Cortina d'Ampezzo (Provinz Belluno).

Basis-Infos

Information Tourist-Information Eggental, reiches Infomaterial, u. a. ein nach Saison wechselnder Veranstaltungskalender mit vielen Adressen und Tipps sowie Panoramakarten Winter und Sommer, Broschüren zum Nordic Walking und „Bike Wandern". Mo–Fr 8–12/15–18, Sa 8–12 Uhr, Mitte Juli bis Mitte Sept. und in der Wintersaison auch Sa 15–18 Uhr. I-39056 Welschnofen, Dolomitenstraße 4, ✆ 0471/619500, www.eggental.com.

Verbindungen Pkw: Dolomitenstraße aus dem Eisacktal ab Bozen/Karneid, Autobahnabfahrt Bozen/Nord, der untere, sehr enge Abschnitt wurde durch Tunnel entschärft. Im Ort beschränkte Parkmöglichkeiten, Tankstelle talaufwärts an der Karerseestraße. Von Osten aus dem Fassatal Straße über Vigo und den Karerpass.

Bus: tgl. bis zu 10x nach Bozen, bis zu 6x zum Karersee, davon 3x weiter zum Karerpass und nach Vigo (Fassatal) mit Anschluss nach Canazei, zum Passo San Pellegrino und nach San Martino di Castrozza. Bushaltestelle im Ort bei der Touristeninformation bzw. gegenüber beim Supermarkt.

Das Rosengartengebiet

Der kostenlose Eggentaler **Wanderbus** verbindet im Sommer jeden Di und Do die Orte Karerpass, Welschnofen, Birchabruck, Eggen/Obereggen, Deutschnofen und Petersberg (Weißenstein).

Taxi: Latemar Taxiservice, ✆ 0471/613101.

Baden/Schwimmen Beheiztes **Freibad** in der Sportzone mit Whirlpool, Liegewiese und Bar, 10–20 Uhr.

Öffentliches Hallenbad im „Sporting Club Carezza" des Grand Hotels Carezza inkl. Saunen, Whirlpool, Schönheitscenter und Fitnessstudio.

Bergsport/Klettern Alpinzentrum Rosengarten, Planggenweg 31, Kletter- und Bergsportprogramm, geführte Kletter- und Wandertouren, Kletterkurse. Mitte Juni bis Mitte Okt. tgl. (außer Sa) 17–19 Uhr. ✆ 0471/613487, www.berge-erleben.com.

Klettergarten an der Straße zum Nigerpass bei der (für Pkw) gesperrten Abzweigung der Paolinahütte links: Bouldern in einem Bergsturzgelände.

Golf Golf Club Carezza am Karersee, der anspruchsvolle 9-Loch-Platz (Par 70, 2670 m) mit dem interessanten Namen „The Mountain Beast" wird momentan neu gestaltet und modernisiert. Die Anlage ist der Nachfolger eines bereits 1909 für die Gäste des ehemaligen Grand Hotels Karersee angelegten 18-Loch-Platzes. Karerseestr. 171, ✆ 0471/1660056, www.golfandcountry.it.

Internet WLAN-Hotspot in der Nähe der Touristeninformation (ebenfalls in Karersee), **Internetpoint** in der Pfarrbibliothek am Kirchplatz.

Radfahren Verleih bei Bike Rent Carezza beim Sporthotel Alpenrose, Karerseestr. 161a, ✆ 0471/612530.

Reiten Horsecenter Angerle Alm, Karersee, Schönblickweg, ✆ 334/6939047 www.horsecenter.it. **Zyprianhof**, Zischglweg 13, ✆ 328/6368753, www.zyprianhof.it.

Wintersport Das Skigebiet Carezza mit seinen 15 Aufstiegsanlagen und 41 km präparierten Abfahrten ist ein familienfreundliches Skiareal. Der **Regionalskipass Fassa-Carezza** (im Rahmen von Dolomiti Superski) gilt auch für die zahlreichen Aufstiegsanlagen des Fassatales (ab Vigo).

Kostenloser **Skibus** zwischen Welschnofen und Latemar sowie von Tiers über Welschnofen nach Karersee. **Schneeschuhverleih** z. B. Sport Carezza, Karersee und bei der Talstation des Sessellifts König Laurin.

Skischule Carezza, Karerseestr. 157, ✆ 0471/612236, www.schi-schule.com.

Außerdem 16 km (kostenlose) **Langlaufloipen** aller Schwierigkeitsgrade und **Eislaufen** in der Sportzone Welschnofen, Schlittschuhverleih, ✆ 0471/613273.

Übernachten/Essen & Trinken

In Welschnofen ****S **Engel**, Wellness wird im modernen „Engel" wirklich groß geschrieben, nicht nur bei den Einrichtungen wie Hallenbad, Sauna, Dampfbad, Fitnessraum, Radverleih, sondern auch im Servicebereich samt Heubad, Beautystudio und Massagemöglichkeit, Fango und Thalassotherapie. Vor Kurzem wurde der Wellnessbereich nochmals modernisiert und erweitert. Komfortable Zimmer zum Ausruhen: feste Betten, Terrasse oder Balkon. Hervorragendes Restaurant („Johannesstube"). DZ/HP 220–388 €. Gummererstr. 3, ✆ 0471/613131, www.hotel-engel.com.

****S **Post**, gleich am Anfang der langen Geraden der Karerseestraße steht das „Romantikhotel" in Aussichtsposition. Gepflegte Zimmer und gutes Freizeitangebot, das vom architektonisch interessanten Hallenbad mit Traumblick über einen großen Garten mit Pool bis zu „Cavallino Wellness und Spa" (über 1000 m^2) mit Sauna, Whirlpool und Beautysalon reicht. DZ/HP 200–330 €. Karerseestr. 30, ✆ 0471/613113, www.postcavallino.com.

***S **Rosengarten**, höher oben und ruhiger können Sie in Welschnofen nicht wohnen. Himmlische Ruhe, freundlich-familiäre Gastgeber. Das Ganze selbstverständlich komfortabel und modern. Großzügiger Wellnessbereich und neues Panoramahallenbad. Sehr gute Küche mit saisonalen Produkten, spezialisiert auf Kräuter. Zimmer nicht alle mit Balkon. DZ/¾-P 150–260 €. Rosengartenstr. 43, ✆ 0471/613262, www.hotelrosengarten.it.

***S **Friedrich** „Charmehotel", modernes Haus mit angenehmen Zimmern und neu designten Suiten mit Balkon oder Terrasse. Wellnessbereich mit Sauna, Dampfbad und einem Ruheraum mit Ausblick. Schöne Stube und Speisesaal. DZ/HP 163–183 €, Suiten teurer. Pretzenbergerweg 16, ✆ 0471/613104, www.friedrich.it.

Haus Luis Pardeller, freundliche Familienpension, einfache Zimmer mit Balkon. DZ/FR 50–60 €, Apt. (2–4 Pers.) 50–80 €. Romstr. 2, ✆ 0471/613493, www.luis-pardeller.com.

Johannesstube, Gummererstr. 3, erlesene Küche im Hotel Engel, mit Fantasie bei den Vorspeisen und Tradition bei den Hauptspeisen (1 Michelin-Stern, 2 Gault-Millau-Hauben). Küchenchef Theodor Falser veranstaltet auch Kochkurse für Hausgäste. Weinsommelier Johannes Kohler ist der Sohn des Hauses. Geöffnet für Nicht-Hausgäste nur Mi–Sa am Abend, Tischreservierung unter ✆ 0471/613131.

Weißes Rössl, Karerseestr. 30, Restaurant des Hotels Post, gute Küche, besonders gut die Knödel und Nudeln: Steinpilzravioli, Spinatknödel mit Käsefüllung. Kein Ruhetag, ✆ 0471/613113.

Grillstube Marion, Wirtsweg 4, hier werden die Steaks auf dem heißen Stein gegrillt, das schmeckt besonders gut (Grill 18–23 Uhr). Mi Ruhetag, ✆ 331/9490705, www.marionsgrillstube.it.

Hagner Alm, Hagnerweg 9, die Hütte ist unter kulinarischen Aspekten eine der 7 besten Almhütten Südtirols (Gault-Millau). Die Aussicht auf Rosengarten und Latemar ist grandios, die Südtiroler Küche deftig und durch eigene biologische Produkte wie Fleisch, Käse und Säfte verfeinert. ✆ 340/2251889, www.hagneralm.com.

In Karersee **** **Moseralm**, wirklich ruhig gelegenes Haus im Tiroler Stil, das innen wie außen auf rustikal und Tirol macht mit dem üblichen Überangebot an Holz. Der Effekt ist gemütlich, auch wenn die bäuerliche Atmosphäre nur Zitat ist. Freundlicher Service, gut gedeckter Frühstückstisch, Fitnessbereich samt Hallenbad, sehr freundliche Zimmer in hellen Tönen und mit Balkon, E-Bike-Ausleihmöglichkeit. DZ/HP 230–380 €. Schönblickstr. 8, ✆ 0471/612171, www.moseralm.com.

**** **Alpenrose**, „Sporthotel" – gediegenes Hotel an der Talstation des Paolinalifts, ruhig, Blick zum Rosengarten oder zum Latemar, Aufenthaltsräume rustikal (Stube) bis Tirolerkitsch (Almbar), aber Zimmer mit klaren Linien, schlicht-eleganten Möbeln, großen Fenstern, nicht alle mit Balkon. Großer Wellnessbereich mit Sauna, türkischem Bad,

Freiheit im Rosengarten

Fitnessraum. Ski- und Bikeverleih im Haus. Abends Disco-Pub. Die Kinder dürfen im Kinderzimmer oder auf dem Spielplatz toben. Ab Sommer 2018 neuer Indoor- und Outdoor-Pool. DZ/HP 194–294 €. Karerseestr. 161, ✆ 0471/612139, www.sporthotelalpenrose.com.

*** **Savoy**, freundlicher älterer, aber sorgfältig renovierter Steinbau mit blau-weißen Fenstern und Balkonen. Hallenbad und Sauna, gegenüber mündet die Skiabfahrt vom Latemar. Das Hotel liegt auf der Trentiner Seite des Passes. DZ/HP 90–250 €, im Sommer auch B&B möglich. Vigo di Fassa, Karerpass, ✆ 0471/612124, www.hotelsavoycarezza.it.

Angerlealm, Urlaub auf dem Bauernhof nicht nur für Reiter, vom Kinderspielplatz aus sieht man Pferde und Kühe. Im oberen Bereich des Feriendorfs Karersee. Apt. (2–6 Pers.) 50–198 €. Schönblickweg, ✆ 0471/612-224, www.angerlealm.com.

Sehenswertes/Ausflüge

Ortsbild: Hierher kommt man wegen der berauschenden Umgebung oder der zahllosen Sportmöglichkeiten, aber kaum wegen des Orts. Seine Sehenswürdigkeiten sind rasch abgehakt. Die *Pfarrkirche* liegt etwas über dem Zentrum und über der Straße, oberhalb ist immer noch Wiesengrün, der Blick reicht bis zum Rosengarten. Das *Dorfmuseum* im Haus der Dorfgemeinschaft gleich daneben zeigt Objekte des bäuerlichen Lebens (wechselnde Öffnungszeiten, Information beim Tourismusverein).

> ### König Laurin und der Rosengarten
> Die germanischen Stämme, die während der Völkerwanderung durch das Etschtal zogen, staunten nicht schlecht, als sie die rot glühenden Sonnenuntergänge der Dolomiten sahen, insbesondere des heute „Rosengarten" (italienisch Catinaccio) genannten Gebirges. So etwas waren sie nicht gewohnt. Klar, das konnte nicht mit rechten Dingen zugehen. Die im Vergleich mit den großen, blauäugigen Goten kleinen und dunklen Alpenromanen, die heutigen Ladiner, mussten ein Geheimnis kennen, das den Germanen verborgen war. Das ist Sagenstoff wie der auch anderswo vorkommende Zaubergürtel oder der Tarnhelm. Dietrich von Bern, der mit der Sage vom Rosengarten verbunden wurde, ist der historische Gotenkönig Theoderich, dessen Hauptsitz sich im nahen Verona (= Berne) befand. Und so (in Kürze) lautet die Sage vom Rosengarten:
>
> Wo sich heute nur noch kahler Fels befindet, hatte der Zwergenkönig Laurin seine Burg. Sein Stolz war ein Rosengarten, in dem das ganze Jahr über die roten Rosen blühten. Laurin besaß einen Gürtel, der ihm die Kraft von zwölf Männern verlieh, und eine Tarnkappe, die ihn unsichtbar machte. Er verliebte sich in die (natürlich) blonde Prinzessin Simhild, entführte und heiratete sie und lebte mit ihr ab sofort in seinem Schloss. Deren Bruder Dietleib ließ die Sache nicht auf sich beruhen. Er wandte sich an Dietrich von Bern, und die beiden zogen mit einer großen Schar von Rittern ins Gebirge, um Simhild zu befreien und Laurin zu bestrafen. Durch eine List gelang es ihnen, dem zunächst unangreifbaren, unsichtbaren Laurin Gürtel und Tarnkappe zu entreißen. Laurin konnte sich nicht rächen, aber er konnte zumindest sein Reich unzugänglich machen, sodass seine Überwinder mit leeren Taschen (aber mit Simhild, nehmen wir an) abziehen mussten. Durch einen Zauberspruch verschwand die Burg, der Rosengarten erbleichte. Aber Laurin hatte einen Fehler gemacht: Er hatte nicht die Dämmerung bedacht. So kommt es, dass wir heute zwischen Tag und Nacht den Rosengarten leuchten sehen, voller rot glühender Rosen, wie damals, als er noch der ganze Stolz des unglücklichen Zwergenkönigs war.

Wanderung auf der Elisabethpromenade: Kaiserin Elisabeth von Österreich (Sissi) verbrachte 1897 einen Erholungsurlaub im Grandhotel Karersee. Einer der Wege, die sie damals nahm, ist heute als „Elisabethpromenade" ausgebaut. Ein Denkmal erinnert an die unglückliche Kaiserin, die ein Jahr später in Genf ermordet wurde. Am besten beim Hotel Rosengarten im Frommerbachtal beginnen (Rosengartenstraße), von wo man auf Weg 3 direkt zum Elisabethdenkmal nahe dem Hof Zenai geführt wird, um dann auf der eigentlichen Promenade (Weg 6/9) gemütlich bis zum Hotel Karersee zu spazieren (im zweiten Teil für Pkw gesperrter Fahrweg). Dabei passiert man den Gasthof Schönblick mit Erfrischungsmöglichkeit. Bis zum höchsten Punkt des Wegs oberhalb des Denkmals ca. 1 Std. (300 m Steigung), von dort bis Grandhotel Carezza ca. 1:30 Std. (geringer Höhenunterschied). Bushaltestelle beim Grandhotel Carezza (zur Rückfahrt).

Im Rosengarten

So schroff wirkt der Rosengarten, dass man meint, es könne keine Steige für Bergwanderer geben. Weit gefehlt. Mehrere auch für durchschnittliche Bergwanderer geeignete Wege queren das Gebirge, und von den Stützpunkten, die man mit Seilbahn oder Hüttentaxi erreichen kann, können sogar Nichtbergsteiger einen Spaziergang in hochalpiner Umgebung wagen.

Die berühmtesten Gipfel der Rosengartengruppe sind nicht so sehr die höchsten (Catinaccio d'Antermoia/Kesselkogel, 3004 m, zwei versicherte Klettersteige), sondern die Gruppe der **Vajoletttürme** im Norden des Gebirgszugs. Von Westen aus sieht man sie abends so herrlich im Abendrot, das von den Ladinern „Enrosadüra" genannt wird. Diese drei Türme wurden unter z. T. abenteuerlichen Bedingungen erstbestiegen und sind heute noch erfahrenen Kletterern vorbehalten. Als erster Turm fiel 1887 der später nach ihm benannte *Winklerturm*, der Münchner Bergsteiger Georg Winkler bezwang ihn in 3 Std. im Alleingang. *Stabelerturm* und *Delagoturm* sind ebenfalls nach ihren Erstbesteigern benannt.

Bergbahnen Erreichbar sind: Paolinahütte mit Paolinalift ab Karersee, Rosengartenhütte/Kölner Hütte mit Laurinlift ab Welschnofen, Rifugio Ciampedìe mit Rosengartenlift ab Vigo di Fassa.

Blick vom Passo d'Antermoia auf die Vajoletttürme

Sessellift Paolina, Anf. Juni bis Mitte Okt. tgl. 8.30–17.30 Uhr, in der HS 8–18 Uhr, Mittagspause 12.15–13.30 Uhr, einfach 9 €, Berg/Tal 13 €, Kinder 4/6 €, ✆ 0471/612112.

Sessellift König Laurin (zur Kölner Hütte), Anf. Juni bis Mitte Okt. tgl. 8.30–17.30 Uhr, in der HS 8–18 Uhr, Mittagspause 12.15–13.30 Uhr, einfach 9 €, Berg/Tal 13 €, Kinder 4/6 €, ✆ 0471/614139.

Kabinenbahn Welschnofen – Laurin I (zur Frommeralm), Ende Mai bis Mitte Okt. tgl. 8.15–17.45 Uhr, in der HS 8–18.15 Uhr, einfach 9,50 €, Berg/Tal 13,50 €, Kinder 4/6,50 €, Kombikarte Kabinenbahn und Sessellift König Laurin 15/19 €, Familie 31/42 €, ✆ 0471/614139. Infos auch unter www.carezza.it.

Seilbahn Catinaccio Rosengarten (Vigo di Fassa – Ciampedìe), Anf. Juni bis Anf. Okt. tgl. 8.30–18 Uhr, im Aug. bis 18.30 Uhr, Mittagspause 13–14 Uhr, einfach 9 €, Berg/Tal 16 €, Kinder 5/7,50 €. ✆ 0462/763242, www.fassa.com.

Der Karersee

Der smaragdgrüne See, in dem sich die wilden Felstürme des Latemar spiegeln, umgeben von dichtem, grünem Wald, gehört zu den bekanntesten Bildern der Alpen. Leider gehört der See auch zu den am leichtesten erreichbaren Seen der Alpen, denn als man vor mehr als 100 Jahren die Karerseestraße schuf, trassierte man möglichst nahe am Ufer. Der See liegt in einer abflusslosen Karstmulde, so konnte man die Straße nur oberhalb (außer Sichtweite, aber sehr wohl in Hörweite) ziehen. Sehr oft hat der See im Spätsommer und Herbst einen so niedrigen Wasserstand, dass sein Westteil abgeschnitten ist und sich als kleines Seelein präsentiert.

Seit 2010 trägt ein hochmodernes **Besucherzentrum** der Popularität des Sees Rechnung. Ein großer Parkplatz im Wald (1 €/Std.) sowie ein Café und Geschäfte mit allerlei Schnickschnack locken Busladungen von Touristen an. Immerhin: Das

Geheimnisvoller Karersee mit wilden Latemarzacken

Zentrum fügt sich harmonisch in die Landschaft ein. Ein die Straße unterquerender Fußweg führt zu einer hölzernen Aussichtsplattform (Zugang tgl. 9–18 Uhr). Wem es gelingt, die ekstatisch knipsenden Nebenleute auszublenden, der kann sich dort der Magie des spiegelglatten Wassers mit der Latemar-Silhouette in HD-Schärfe hingeben. Wer den Massen etwas entfliehen möchte: Ein hübscher **Spazierweg** führt rund um den Karersee. Dauer etwa 25–30 Min., mit Abstiegen zu den einzelnen Aussichtspunkten gut und gerne über 1 Stunde.

Im Latemar

Die zerrissenen Felszacken des Latemar, die sich im Karersee spiegeln, bestehen aus leicht zerfallendem, oft in der Hand zerbröselndem Kalk. Das heißt größte Vorsicht beim Bersteigen und Klettern! Dementsprechend gibt es auf den Latemar kaum einen Wanderweg, sieht man vom Weg 18 zum Bivacco M. Rigatti auf der *Latemarspitze* ab (2791 m) – sie ist jedoch nicht die höchste Spitze, das ist der östliche Latemarturm mit 2842 m. Sehr schön sind jedoch **Wanderungen** am Bergfuß zwischen Karerpass, Latemarwiesen und im Geplänk, dem gewaltigen Schuttkar am Nordfuß der Wände. Wer will, kann auf Weg 21/21 a, der direkt am Karerpass beginnt, bis hinüber nach Obereggen wandern (ca. 1:30 Std.).

Mehr Informationen bei Obereggen und Umgebung → S. 635.

Die Klangfichten vom Latemar

Die Landesbildungsstätte der Südtiroler Forstschule liegt am Latemar, und ein großes Sägewerk befindet sich auch in der Nähe. Die Wälder zu Füßen des Felsmassivs sind tief, dunkel und dicht bewachsen. Der kalkreiche Boden ist eine Ursache dafür, dass die Fichten hier besonders hoch und gerade wachsen. Und deshalb kommen auch Musik- und Klangliebhaber aus der ganzen Welt hierher, Alphornbläser ebenso wie Klavierspieler und Gitarristen. Für gutes Klangholz werden bis zu 3000 €/m³ bezahlt. In geschützten Senken, wo sich das Grundwasser sammelt, und auf einer Höhe zwischen 1500 und 1800 m wachsen die besten Klangfichten. Allerdings muss gutes Klangholz 200 Jahre auf dem Buckel haben, mindestens. Und nach dem Schnitt (im Winter während der „Saftruhe", da werden aufgrund der Kälte weder Wasser noch Nährstoffe im Stamm transportiert) kann es gut und gerne nochmal mehrere Jahrzehnte bis 100 Jahre lagern. Was nach Adam Riese bedeutet, dass der, der's aussucht, oft von dem guten Stück nichts mehr hat, sondern erst sein Nachfolger.

Deutschnofen und Obereggen

Von Deutschnofen hat man einen Traumblick auf Latemar, Rosengarten und Schlern, gegen Westen auf Mendel und Adamello, gegen Nordwesten auf die Sarntaler und die Texelgruppe. Der Ort liegt im nur wenig bewegten Gelände und ist damit ideal für Spaziergänger. Mountainbiker müssen nicht unbedingt die schweren Touren der Dolomiten machen, sondern können mit der Familie den **Regglberg** erkunden, die waldbekleidete Hügellandschaft im Süden von Deutschnofen. Bergsteiger und Bergwanderer haben die Dolomiten direkt vor sich, auf der Straße

Das Rosengartengebiet

erreicht man sie leicht per Pkw oder Linienbus. Skifahrer wissen schon: In **Obereggen**, einem Gemeindeteil von Deutschnofen, beginnen die Lifte des *Skizirkus Obereggen/Latemar/Fleimstal*, auf denen man zwischen Südtirol und Trentino hin und her pendeln kann – mit einem regionalen Skipass.

Basis-Infos

Information Tourismusverein Eggental, I-39050 Deutschnofen/Nova Ponente, Dorf 9a, ℡ 0471/616567, www.eggental.com. In Obereggen, ℡ 0471/616795, www.obereggen.com. Büro an der Talstation des Oberholzlifts. Beide öffnen Mo–Fr 9–12, 14–17, Sa 9–12 Uhr.

Verbindungen Pkw: Straße aus dem Eisacktal ab Bozen/Karneid.

Bus: tgl. bis zu 10x Bozen – Deutschnofen; Busverbindung von Obereggen nach Deutschnofen nur mäßig, im Sommer z. T. nur 2x.

Taxi: Fa. Hofer Arnold, ℡ 348/7466036, www.taxiarnold.it.

Golf Golfclub Petersberg, 18-Loch-Platz (Par 71, Länge 5400 m). Der Platz liegt in ca. 1200 m Höhe auf der Hochfläche des Regglbergs südlich von Deutschnofen, normalerweise von April bis Nov. geöffnet. Petersberg, Unterwinkl 5, ℡ 0471/615122, www.golfclubpetersberg.it.

Radfahren Verleih und Reparatur bei Paul's Bikeshop, Egeregg 22, Deutschnofen, ℡ 0471/616338, www.bikeschuleeggental.com.

Reiten Reiter- und Biobauernhof Ortner Hof, Obereggen 18, ℡ 0471/615722, www.ortnerhof.it.

Wandern/Bergsteigen/Klettern Der kostenlose Eggentaler Wanderbus verbindet im Sommer am Di und Do die Orte Karerpass, Welschnofen, Birchabruck, Obereggen, Deutschnofen und Petersberg/Weißenstein. Ebenfalls kostenlos für Gäste ist die Teilnahme an 3 geführten Wanderungen des Tourismusvereins.

Geführte Tagesklettertouren, **Kletterwochen** und geführte Schneeschuhwanderungen bietet der Berg- und Skiführer Hans Welscher, die Ausrüstung ist meist im Preis inbegriffen. Dorf 53, Eggen, ℡ 0471/618035, www.welscher-hansjoerg.com.

Erlebnisreich Latemarium: Unter diesem Label wird seit 2014 ein Netz aus Hütten und Wanderwegen vermarktet, das um neue Erlebniswege (insgesamt acht) und eine 360°-Aussichtsplattform an der Bergstation Oberholz ergänzt worden ist. Dort gibt es seit 2017 auch einen spektakulären Hüttenneubau. Es gibt außerdem Kunst am Berg zu bewundern (latemar.art), Laufstrecken (latemar.run) und MTB-Routen (latemar.bike) und das Lärchenwaldele, einen Weg mit geschnitzten Tierfiguren oberhalb von Obereggen (das Latemarium reicht bis hinüber zur Alpe Pampeago im Trentino). Angeboten werden in der Sommersaison auch Familienwanderungen, Treffpunkt Mi um 10 Uhr an der Talstation Obereggen, 5 €/Pers. Teil des Erlebnisreichs ist der **Hochseilgarten** an der Talstation mit 4 verschiedenen Parcours. Juni bis Okt. tgl. 10–18 Uhr, Juni und ab Mitte Sept. erst ab 14 Uhr, Erw. 17–22 €, Kinder 12–17 €, www.latemarium.com.

Am Karerpass

Deutschnofen und Oberggen

Wintersport Das **Skigebiet** Latemar mit seinen 44 km Pisten und 18 Aufstiegshilfen gehört mit dem Fleimstal (Val di Fiemme) auf der Südseite des Latemar zur Skiregion Fiemme-Obereggen, 18 Aufstiegsanlagen, darunter die neue Laner-Kombibahn 48 km Pisten, 2 Rodelbahnen, darunter eine 2,5 km lange beleuchtete Bahn. **Infos** beim Infobüro Obereggen (s. o.). **Schneetelefon:** ✆ 0471/618200. Im Winter **Skibusse** Petersberg – Deutschnofen – Obereggen, mit Skipass gratis.

Für **Boarder** Snowpark und Halfpipe Obereggen; 100 km **Loipen** in Deutschnofen, Petersberg und auf dem Lavazèpass, Loipenmaut 4 €/Tag, kostenlose Karte mit Beschreibungen beim Tourismusverein.

Ski- und Snowboardschule Obereggen, Obereggen 16F, ✆ 0471/615667, www.obereggenski.com.

Eislaufplatz und Eisstockschießbahn im Sportcenter, Forastr. 1.

Übernachten/Essen & Trinken

In Deutschnofen ****S **Erica**, zentral, hell, Wellnessbereich mit Hallenbad und Freibad mit allen Schikanen inkl. Whirlpool und Kneippbad. Gut ausgestattete Zimmer, z. T. mit Balkon. Glutenfreie Küche. DZ/¾-P 174–426 €. Hauptstr. 17, ✆ 0471/616517, www.erica.it.

****S **Pfösl**, außerhalb des Orts an der Straße aus dem Eggental liegt auf einem kleinen Hügel ganz einsam dieses Hotel in idealer Sommerfrischenposition. Gediegenes Haus mit dem Ziel, Sportbegeisterte anzuziehen, so gibt es ein Golf-Package, das Zimmer und 5 Tage Greenfee im Golfclub Petersberg beinhaltet. Jede sportliche Ertüchtigung wird aber durch die kulinarisch üppige „Natur-Genießerpension" wettgemacht, was man wieder im Hallenbad und der Saunawelt abtrainieren muss (schicker großzügiger Wellnessbereich). Schöne Zimmer mit Balkon. Seit 2017 neue „Waldchalets", zwar nicht im Wald, aber stylische Architektur innen und außen aus Holz und Glas, DZ/¾-P 238–610 €. Schwarzenbach 2, ✆ 0471/616537, www.pfoesl.it.

*** **Obkircher**, am grünen Hang auf dem Obkircher Berg mit tollen Ausblicken samt Rosengarten, ruhig und verkehrsarm gelegen, doch in lockerer Fußentfernung vom Ort. Pool mit Panoramablick, Liegewiese, familiäre Atmosphäre, neue Suiten. Im Winter gelangt man vom Hotel direkt auf die Loipe. DZ/HP 146–208 €. Platzviertel 6, ✆ 0471/616542, www.hotelobkircher.it.

***S **Stern**, zentraler Hotel-Gasthof gegenüber der Kirche, eine lokale Einrichtung, wie man an Sonntagvormittagen bestens überprüfen kann. Motorradfahrerfreundlich. Kleines Hallenbad, Sauna und Sonnenterrasse, einfache, aber angenehme Zimmer, Apartments im Anbau. 2 schöne Stuben, gehobene gutbürgerliche Küche: Spinattagliatelle mit Wildragout, Lammnüsschen in Kräuterkruste. Restaurant Di Ruhetag. DZ/HP 130–176 €, Apt. (2 Pers.) 60–2120 €. Dorf 18, ✆ 0471/616518, www.hotel-stern.it.

*** **Residence Wiesenhof**, 19 Ferienwohnungen im Stammhaus und 8 moderne Apartments im neuen Anbau für 2–4 Personen, Hallenbad und Sauna. Apt. (2 Pers.) 45–113 €, Brötchenservice oder Frühstücksbuffet für 10 € p. P. Holzerstr. 4, ✆ 0471/616 501, www.faller-wiesenhof.it.

Schadnerhof, ganz am Ende der Straße und hoch über dem Brantental liegt dieser Hof, der Urlaub auf dem Bauernhof in Apartments und Zimmern mit Frühstück anbietet. Zimmer/Apartments meist mit Balkon, teilweise holzgetäfelt, Frühstücks- und Speiseraum im Wintergarten, Bauernstube als Aufenthaltsraum, kleiner Wellnessbereich mit Bio-Heu-Sauna, sympathische Wirtsfamilie. DZ/HP 62–144 €, Apt. (2–4 Pers.) 54–77 €. Prentnerviertel 22, ✆ 0471/616 586, www.schadnerhof.it.

Jausenstation Höggerhof, Familie Zelger bietet echte bäuerliche Küche mit Würsten, Sauerkraut, frischen Krapfen, Strudel. Auf der Terrasse, im Saal oder im Kellerlokal findet sich sicher ein Platz. Mi Ruhetag (außer Aug.). Es gibt auch 7 Zimmer, DZ/FR 70 €. Prentnerviertel 21, ✆ 0471/616585, www.hoeggerhof.com.

Sportcenter, Forastr. 1, Deutschnofens beste Pizza gibt es ab 17 Uhr in der rustikal eingerichteten Restaurant-Pizzeria des Sportzentrums. Wer auf der Terrasse isst, kann sich entscheiden, ob er Tennis, Fußball oder Basketball verfolgen will. Das Lokal ist bis 1 Uhr geöffnet. ✆ 0471/616412, Mo Ruhetag (außer im Aug.).

In Obereggen ******S Cristal**, viel Sport und Wellness im sehr komfortablen Hotel, das von außen ein wenig den Anschein eines Adelssitzes hat, innen aber eine eher zurückhaltende Eleganz besitzt, die im Vergleich zum Rustikalzauber der Konkurrenz wohltuend aufs Auge wirkt. Im Wellnessbereich Hallenbad, Saunenlandschaft und Beautybereich. Diskret-elegante Zimmer aus Zirben- oder Lärchenholz, alle mit Balkon. DZ/HP 236–380 €, Suiten teurer. Obereggen 31, ✆ 0471/615511, www.hotelcristal.com.

***S Royal, gutes Hotel seiner Kategorie, lichte Zimmer mit Balkon, schicker Wellnessbereich mit Hallenbad, Saunen, Heubett und Ruheraum, Frühstücksbuffet. DZ/HP 168–298 €. Obereggen 32, ✆ 0471/615891, www.h-royal.com.

**** Zischghof, der Zischghof im alten Obereggen war schon da, bevor die Skifahrer kamen, nur gab es damals noch nicht das freundliche „Kräuterhotel" am Berghang mit dem schönen Ausblick und der guten Atmosphäre. 2011 komplett renoviert. Kräuterküche und Kräuter-Wellness, Sauna, Hallenbad und Fitnessraum, freundlich-helle Zimmer, unbedingt Balkonzimmer zum Tal buchen! DZ/HP 170–366 €. Obereggen 8, ✆ 0471/615-761, www.zischghof.it.

Sonnalp Gourmetstube, einen Michelin-Stern und 2 Gault-Millau-Hauben hat das Gourmetlokal des Hotels Sonnalp in Obereggen nun zum 6. Jahr in Folge erreicht. Die Küche von Küchenchef Martin Köhl zeichnet sich durch die fantasievolle Zusammenstellung wie auch durch die besonders gute Qualität der verwendeten Produkte und die bekömmliche Zubereitung aus. Besonders gelobt: die zarten Fleischgerichte. Und die regionale Käseauswahl gibt's hier mit Traubensenfeis! Hauptgang ab ca. 27 €, 2 Degustationsmenüs (5 Gänge 65 €, 7 Gänge 78 €). So, Mo sowie Mai und Okt./Nov. geschl. ✆ 0471/615842, www.sonnalp.com.

Sehenswertes/Ausflüge

Kirche St. Ulrich in Deutschnofen: Die spätgotische Pfarrkirche besitzt vier Reliefs (1421–24) des gotischen Flügelaltars (Rahmen neugotisch) des *Hans von Judenburg*. Der Altar ist der erste bekannte Flügelaltar Tirols, er repräsentiert den sog. „Weichen Stil" – die Bezeichnung wird auch Kunstlaien klar, wenn sie sich die weich fließenden Gewandfalten ansehen. Der Altar befand sich ehemals in der Bozner Pfarrkirche, wo man ihn aber während der Barockisierung ausmusterte und den altmodisch gewordenen Kram den Deutschnofnern schenkte. Heute ist er der große Stolz von Dorf und Gegend, die fünf Holzreliefs fügen sich wunderbar in den Hochaltar (und in einen Seitenaltar), die vom schönen Netzgewölbe der Decke überspannt werden.

Spaziergang zur Kapelle der hl. Helena: Mitten in der Flur im Osten von Deutschnofen steht diese sehenswerte Kapelle (ca. 30 Min. Fußweg hin/zurück ab Gasthaus Pfösl an der Straße nach Birchabruck bzw. Obereggen auf einem guten, für Pkw gesperrten Sträßchen). Sie stammt wie der massige Turm aus dem 12. Jh. Innen ist sie vollständig mit Fresken der Bozner Schule ausgemalt (von 1410), die Szenen aus dem Alten und Neuen Testament zeigen. Die Ausmalung stellt eine wahre Bilderbibel dar, man kann Stunden damit verbringen, die einzelnen Bildelemente zu „lesen". Interessant etwa die Bilder der sieben Schöpfungstage in der Triumphbogenlaibung, vor allem aber die Darstellungen der vier Evangelisten im Gewölbe, deren Schreibpulte nicht nur Bücher und – seitlich befestigt – Tintenhörner enthalten, sondern auch Weinkrug und Glas zur Erfrischung, denn auch ein Evangelist braucht zwischendurch mal was zu trinken.
Den Schlüssel zur Kapelle erhalten Sie nebenan im Kreuzhof.

Wallfahrtskirche Maria Weißenstein: Die berühmte Kirche liegt ganz einsam an einem flachen Hang südlich von Deutschnofen, gehört aber zum Ort Petersberg. Ihre Gründung geht auf ein Gelübde zurück: Der Legende nach wurde ein gewisser

Maria Weißenstein

Leonhard, Bauer auf dem Weißensteinerhof und wahrscheinlich Epileptiker, von der Gottesmutter nach einem Sturz in eine Schlucht gerettet und bedankte sich mit dem Bau einer Kapelle. Leute, die ebenfalls Hilfe benötigten, begannen hierher zu pilgern. Die bald zu kleine Kapelle wurde 1561 durch eine Kirche ersetzt, die 1718 dem Servitenorden übergeben wurde. Der ließ die Kirche erweitern und vergrößern, 1753 barock erneuern und die beiden kleinen Türme sowie die Kuppel errichten. Die Fresken des Wiener Hofmalers *Adam Mölk* aus dieser Zeit sind im Inneren die größte künstlerische Attraktion (das Kloster war zwischen 1787 und 1836 aufgehoben, und Kloster wie Kirche wurden teilweise ihres Schmucks beraubt). Auf der linken Seite der Kirche befinden sich die alte Kapelle und die Sammlung der Votivgaben, die in Jahrhunderten der Gottesmutter überbracht wurden. An Marienfeiertagen, v. a. am 15. August, ist Maria Weißenstein Pilgerziel für Zehntausende. Selbst Papst Johannes Paul II. war seinerzeit da (1988).

Information/Kirche Wallfahrtsstätte Maria Weißenstein, ✆ 0471/615165, www.weissenstein.it. Die Kirche ist tgl. 7.30–19 Uhr geöffnet.

Übernachten/Essen ** **Gasthof Weißenstein**, breit hingelagerter Gasthof für Wallfahrer und E-5-Wanderer. Die großen Massen bedient man sinnvollerweise auch für alle Beteiligten angenehm in einem Selbstbedienungsrestaurant. DZ/FR 74–98 €. Weißenstein 10, Petersberg, ✆ 0471/615124, www.weissenstein.it.

Gasthaus Weber, Restaurant und Café mit Terrasse und modernem Gastraum. Renovierte, gemütliche Zimmer, teils mit Balkon. DZ/FR 92–110 €. Dorf 2, ✆ 0471/615166, www.gasthof-weber.com.

Die Kirche unterhält außerdem ein **Pilgerhaus** und eine **Jugendherberge** für Pilgergruppen, die vorübergehende Unterkunft oder einen Ferienaufenthalt suchen, Auskunft im Gasthof Weißenstein, www.weissenstein.it.

Auf dem Regglberg: Das wellige Hügelland südlich von Deutschnofen nennt sich Regglberg. Eine Fülle von Forststraßen, Wanderwegen und Steigen führt durch das dünn besiedelte Gebiet. Als einziger wirklicher Berg ragt das *Weißhorn* aus dem Waldgrün (einfache Besteigung von Osten vom Joch Grimm). Auch für Mountainbiker ein ideales Revier, solange sie den Bereich des *Bletterbachs* meiden, der den Südwesten durchschneidet. Das tiefe, steile Tal ist den Wanderern vorbehalten, die sich aber bei Regen zumindest vom Talgrund fernhalten sollten! Doch gibt es ab Deutschnofen einen hervorragenden, sehr gut beschilderten Weg, der die **Bletterbachschlucht** quert, es ist der *Europäische Fernwanderweg E 5*. (Mehr zu der Schlucht finden Sie im Kapitel „Überetsch und Unterland" im Abschnitt „Aldein und Radein/Ausflüge").

Obereggen und Umgebung: Das kleine Dorf gehört zur Gemeinde Deutschnofen, liegt aber weit entfernt im Tal unter den Felsspitzen des Latemar und ist bekannt für den *Skizirkus Fiemme/Obereggen*. Obereggen ist ein komfortables Skidorf mit zwei Liften, die direkt im Ort beginnen (Kabinenbahn Ochsenweide und Sessellift Oberholz), sowie einer Skischaukel, die sich durch neue Verbindungen bis Pampeago im Fleimstal erstreckt und sogar bis hinunter nach Predazzo. Aber auch ein angenehmer Sommeraufenthalt ist möglich, schließlich beginnen auch die Wanderwege auf den **Latemar** unmittelbar im Ort, wie der großartige Weg auf die auf einem schmalen Grat fantastisch aussichtsreich gelegene Latemarhütte (Rif. Torre di Pisa), oder man fährt auf 2150 m zur Bergstation des Sesselifts Oberholz mit seiner neuen Berghütte und beginnt dort. Von *Rauth* unterhalb von Eggen führt eine Straße zum **Lavazèjoch** mit kleinem Seelein an der Provinzgrenze und weiter hinunter nach *Cavalese*, dem Hauptort des Fleimstals. Die Bergbahnen hier oben wie auch jene auf dem Reiterjoch und in Pampeago, die man auf der in Obereggen beginnenden Straße nach Tèsero im Fleimstal erreicht, sind im regionalen Skipass Fiemme/Obereggen eingeschlossen. Vom Lavazèjoch gibt es eine Straße zum *Joch Grimm* unter dem Weißhorn und weiter nach Radein und Kaltenbrunn.

Sessellift Sessellift Obereggen – Oberholz, Ende Juni bis Anf. Okt. tgl. 8.30–18 Uhr, einfach 9,50 €, Berg/Tal 13 €, Kinder 8/11 €. ✆ 0471/618200, www.obereggen.com.

Hütte Latemarhütte (Rif. Torre di Pisa/Pisahütte), 2671 m, komplett renoviert mit Bruchstein und hellem Holz, Mitte Juni bis Anf. Okt., kein Ruhetag. ✆ 0462/501564, www.rifugiotorredipisa.it.

Oberholz, die neu erbaute Berghütte auf 2096 m Höhe an der Bergstation des Sessellifts ist ein architektonisches Meisterwerk aus Holz und Sichtbeton, unterteilt in drei Bereiche. Grandiose Aussicht, die durch große Glasfenster und auf einer großzügigen Sonnenterrasse genossen werden kann. Gute Südtiroler Küche. ✆ 0471/618299, www.oberholz.com.

Zum Fleimstal, Cavalese etc. → Band „Dolomiten" im Michael Müller Verlag.

Das Joch Grimm: Der Pass auf ca. 2000 m Höhe gehört zur Gemeinde Aldein (→ S. 263), liegt tatsächlich jedoch oberhalb von Radein, ist aber von dort aus *nicht* mit Privatauto zu erreichen. Zufahrt nur von Cavalese und Birchabruck/Eggental bzw. Deutschnofen. Auf dem Pass Skigebiet (www.jochgrimm.com), Wanderwege zum Schwarzhorn und Weißhorn, Hotels, im Winter zwei Sessel- und zwei Schlepplifte, 7 km alpine Pisten, 20 km Loipen – es gibt sogar eine Skischule (www.skischule-jochgrimm.com) und einen Skiverleih (www.rottensteiner.it).

** Schwarzhorn, Hotel am Pass etwas oberhalb der Straße, gleich hinter dem Haus die Schlepplifte zum Schwarzhorn. Sauna und Fitnessraum, die Zimmer in Ordnung, meist mit Balkon, unterschiedliche Größen. Kann besonders im Winter tagsüber wie nachts sehr belebt sein (Jugendgruppen). Übernachtung in DZ und Apt. mit 2–7 Betten. DZ/HP 100–160 €, Apt. p. P./HP 50–80 €. Varena/Joch Grimm, ✆ 0471/887180, www.schwarzhorn.com.

Auf das Weißhorn: → Tour 8: „Wanderung auf das Weißhorn", S. 267.

Weißhorn und Bletterbachschlucht von Südwesten

Register

Die in Klammern gesetzten Koordinaten verweisen auf die beigefügte Südtirol-Karte.

Abenteuersportarten 69
Abtei/Badia, Ort 558
Abteital (Gadertal) (L5) 544
ADAC-Notruf 46
Adler 600
Adolf-Munkel-Weg 576
Aferer Geisler, Berggruppe (K5) 570, 576
Agriturismo 53
Agums (C6) 431
Ahornach (M3) 498
Ahrntal (L/M2) 493, 501
Al Plan de Mareo/St. Vigil 566
Albert III., Graf von Tirol 88
Albrecht-Dürer-Weg 258
Aldein (H8) 263
Alemagna 520
Algund (F5) 298
Algunder Waalweg 303
Alm Fane (J3) 474
Almabtrieb 37
Almwesen 92
Alpenverein Südtirol (AVS) 75
Alta Badia (Hochabteital) (L6) 545
Altenburg (G8) 242
Alto Adige 96
Altrei (H9) 268
Altschluderbach, Ort/Wildpark (N5) 524
Andechs, Grafen von 87
Andrian (G7) 369
Angeln 69
Anreise 39
Ansitze 226, 249
Antholzer See (N3) 513
Antholzer Tal (M4) 509
Antholz-Mittertal (M4) 509
Apfelanbau 61, 400, 412
Apfelplateau (Obstanbaugebiet) 153
Apotheken 75
Apps 77
Armentarola (L6) 557
Ärztliche Versorgung 75
Aschbach (F6) 380
Auer (H8) 258
Auerhuhn 27
Aufkirchen (N5) 524
Aufklärung 92

Auslandsschutzbrief 46
Autobahnen 45
Autobahngebühren 45
Autonomiestatut 30, 96

Bad Ratzes 607
Bad Schörgau (H6) 208
Bad Valdander (L5) 564
Baden 69
Bahn 48
Banken 76
Barbian (I6) 161, 172, 173
Bären 28
Barock 103
Barrierefreiheit 75
Bauern 36
Bauernbadl 325, 564
Bauernkohlern (H7) 197
Bauernkrieg 91
Bed & Breakfast 53
Benzin 46
Bergbau 91, 501
Bergbauernhöfe 35, 387, 390
Bergbauwelt Ridnaun-Schneeberg 128
Berghütten 52
Berg-Isel-Schlacht 93
Bergrettung 72, 82
Bergsteigen 71
Bergwaal 443
Bergwerk Villanders 171
Biathlon 509
Bike-Hotels 54
Birchabruck (I7) 620
Birkhuhn 27
Birnlücke, Pass (N1/2) 508
Bistum Brixen 87
Bistum Säben 86
Bistum Trient 87
Bletterbachschlucht (I8) 635, 266
Böllerschießen 36
Boymont, Ruine (G7) 228
Bozen (H7) 175
Bozner Schule 102, 249
Brach, Weiler 568
Brandiswaalweg 343
Brauchtum 36
Breien, Weiler 623
Brennerautobahn 40
Brennerbad (I2) 110

Brenner-Basistunnel 42
Brennerpass (I2) 109
Brixen (J5) 137
Brixner Schule 103
Bruneck (L4) 479
Burgeis (B5) 454
Burggrafenamt 332
Burgstall (G6) 346
Buschenschanken 64
Busse (Provinz Südtirol) 47

Campilltal (Longiarü) (L5) 563
Camping 46
Campingplätze 54
Campolongo-Pass (L7) 554, 555
Castelfeder (H8) 261
Christomannos, Theodor 625
Churburg, Burg (C5) 442
Ciablun, Weiler 561
Ciampinoi, Berg 601
Ciampló, Weiler 561
Col de Mesdì, Berg 589
Col Raiser, Berg 593
Compatsch (J6) 617
Compton, Edward H. 439
Conturineshöhle 557
Corvara (L6) 545, 554

Dantercëpies, Berg (K6) 599
Deutscher Orden 124
Deutschnofen (I8) 631
Deutschnonsberg (F7) 353
Deutschtiroler 30
Dietenheim (L4) 486
Dietrich von Bern 628, 228
Dolomieu, Deodat de 23
Dolomit 22, 23
Dolomiten 24
Dolomiten 468, 544
Dolomiten (O5) 541
Dolomitenladiner 95, 546
Dolomitenpässe 47
Dolomiti Superski 73
Donauschule 554
Dorf Algund 301
Dorf Tirol (G5) 303
Dosser, Balthasar 156
Drachenfliegen 70

Register

Drau, Fluss (O/P5) 518
Drei Zinnen, Gebirgsstock (O6) 528
Dreiherrnspitze, Berg (N2) 508
Dreikirchen 173
Drei-Zinnen-Seilbahn 539
Dun (K3) 477
Dürer, Albrecht 258
Durnholz (I5) 212
Durnholzer See (I5) 212
Durnholzer Tal (H5) 211
Dürrensee (N6) 528
Dürrenstein, Berg (N5) 527

E-Bikes 49
EC-Bahnhöfe 42
Eggental (I7) 624
Ehrenburg, Ort (L4) 489
Ehrenburg, Schloss (L4) 489
Einkaufen 76
Eisacktal (I6) 136
Eisacktal-Radweg 166
Eisenzeit 85
Eislöcher (bei Eppan) (G7) 230
Elisabeth (Sissi), Kaiserin von Österreich 628, 274, 290
Engadiner Krieg 90
Enneberg (Marebbe, Mareo) (M5) 564
Enneberg Pfarre 564
Entiklar (G9) 251
Eppan (G7) 215
Eppan, Grafen von 87
Eppaner Burgendreieck (G7) 227
Erdbeeranbau 62, 415
Erdpyramiden 624, 204, 205, 311, 478, 486
Erlebnisbergwerk und Schutzhütte Schneeberg (G3) 329
Erster Weltkrieg 94
Essen & Trinken 55
Europäischer Fernwanderweg E 5 635
European Health Insurance Card 75

Fahrrad 48, 70
  Transport (DB) 42
  Transport (ital. Staatsbahn) 49
Fahrzeugpapiere 40

Faltschnalalm 330
Familienhotels 53
Fane, Alm (J3) 474
Fanesgruppe (M6) 567
Faschismus 96, 176
Feldthurns (J5) 157
Fennberg (G9) 252
Ferienwohnungen (Residences) 53
Fernsehen 78
Feste 36
Feuerwehr 82
Fischburg, Burg 592
Fischen 69
Fischleinboden (O5) 538
Flaas (H6) 197
Fleimstalbahn 262
Fodara Vedla, Hütte 567
Frankenreich 87
Franz II., Kaiser 93
Franzensfeste (J4) 135
Freienfeld (I3) 134
Freiheitskampf 93
Freinademetz, Josef (Pater) 150, 560
Friedensvertrag von St. Germain 95
Friedrich IV., Herzog 90
Frühgeschichte 84
Frühlingstal (G8) 231
Frühstück 57
Fugger (Familie) 91, 116

Gadertal (Abteital) (L5) 544
Gadertal, mittleres 558
Gaismair, Michael 91, 122
Ganglegg, archäolog. Park (C5) 443
Gästebusse 47
Gaulschlucht (G6) 342
Gebirgskrieg 95
Geiselsberg 492
Geislerspitzen, Berggruppe (K6) 570
Geld 76
Gemärk, Pass (N6) 528
Geschichte 84
Geschwindigkeitsregelung 46
Gesteine 22
Gesundheit 76
Getränke 63
Gießbach (L4) 486
Gilfenklamm (H3) 127
Gitschberg-Jochtal, Skigebiet (J4) 470, 474
Gleitschirmfliegen 70
Gletscherschwund 22

Glurns (B5) 445
Göflan (D6) 422
Goldrain (D6) 411
Goldrainer See 413
Golf 70
Görz-Tirol, Grafschaft 469
Gossensass (I3) 112
Gotik 101
Gottesdienste 78
Grätl, Bartlmä 312
Graun (B4) 461
Greifenstein, Burg (Sauschloss) (H7) 369
Grentealm (M4) 512
Gries, Stadtteil von Bozen 196
Grimm, Joch (I8) 636
Grissian (G6) 359
Grödner Joch (K6) 600
Grödner Tal (J/K6) 578
Große Dolomitenstraße 625, 94
Grünbodenalm (F4) 330
Gründerzeit 94, 103
Gschneirerwaal 445
Gsieser Tal (N4) 514
Gsieser Törl, Pass (O3) 516
GuestCard Meraner Land 277, 298
Gufidaun (J5) 166
Günther, Matthäus 114, 127, 152, 559, 566

Habsburger 89
Haderburg, Burg (G9) 254
Hafling (G5) 360
Haflinger 71, 207, 362
Haideralm (B4) 460
Haidersee (B5) 460
Halbpension 51, 56
Hallstattkultur 85
Handy 78
Hans von Bruneck 102, 123, 146
Hans von Judenburg 634, 102, 189
Haselburg, Burg (H7) 196
Hauenstein, Ruine (J6) 607
Haunold, Berg (O5) 535
Hausbacher, Emerentia (Frau Emma) 525
Haustiere 77
Heiligkreuz, Kirche/Hospiz 559
Herrenkohlern (H7) 197
Herz-Jesu-Feiern 37
Heubad 608
Hirzer, Berg (H5) 317, 324

Hochabteital (Alta Badia)
(L6) 545
Hocheppan, Burg (G7) 227
Hochpustertal (O/P5) 518
Hochsaison 52
Hochseilgärten 70
Hofer, Andreas 93, 320, 327
Hohenstaufen
(Adelsgeschlecht) 87
Höhlensteintal (N5) 527
Holzer,
Johann Evangelist 293
Holzschnitzereien 76, 579, 582
Huber, Johann 274
Huter, Jakob 91

Ifinger, Berg (G5) 296
Infodienste 82
Information 77
Innerkofler
(Bergführerdynastie) 536
Innerpflersch (H3) 114
Innichen (O5) 531
Internetpoints 78
Issing (L4) 479
Italiener 30

Jaufenburg, Ruine 326
Jaufenpass (H4) 129, 328
Jenesien (H6) 197
Joch Grimm (I8) 636
Johann, Erzherzog 316
Joseph II., Kaiser 92
Jugendherbergen 54
Juval, Schloss (E5) 388

Kaiserweg 206
Kaldiff, Ruine (H8) 257
Kalterer See, See (G8) 242
Kalterer See, Wein 236
Kaltern (G8) 233
Kampan, Schloss (G8) 241
Karersee (J8) 630
Karersee, Ort (J8) 627
Karl der Große 87
Karnische Alpen (P5) 540
Karthaus (E5) 394
Käse 61, 76
Kasern (N2) 507
Kassianer Tal (L6) 557
Kastelbell (E6) 401
Kastelruth (J6) 611
Kastelruther Spatzen 611
Katharinaberg (E5) 393
Keschtnweg 153

Kiens (L4) 489
Kinder 67
Kirchen 78
Klausberg, Berg/
Skigebiet (M2/3) 505
Klausen (J6) 161
Klerant (J5) 155
Klettern 71
Klettersteige 72
Klima 20
Klocker,
Hans 103, 149, 193, 262
Klöppeln 506
Knödel 59, 228
Knoller, Martin 248, 288
Kohlern 197
Kolfuschg (L6) 545, 555
Konsulate 78
Korb, Schloss (G7) 228
Kortsch (D6) 421
Kraftstoff 46
Krampus 37
Kranebitt 152
Krankenhäuser 75
Krimmler Tauern,
Pass (N2) 508
Kronplatz, Berg/
Skigebiet (L5) 490
Küche 55
Kuens (G5) 311
Kultur 78
Kunst 99
Kunter, Heinrich 89
Kunterweg 90
Kupferabbau 506
Kupferzeit 190
Kuren 276, 295
Kurtatsch (G8) 250
Kurtaxe 79
Kurtinig (G9) 250
Kurzras (D4) 397

La Pli de Mareo
(Enneberg Pfarre/
Pieve di Marebbe) 566
La Val/Wengen (L5) 560
La Villa/Stern (L6) 545, 556
Laas (C6) 422
Laaser Marmor 25, 424
Laatsch (B5) 454
Ladiner 30, 95, 546
Ladurner Alm 114
Lajen (J6) 168
Lana (G6) 335
Landesschützenordnung 92
Landkarten 79

Lanebach (L4) 498
Langental (K6) 599
Langkofel, Berg (K7) 601
Langlaufen 72
Langtauferer Tal (C4) 462
Lappach (K3) 499
Lärchenwiesen 197
Latemar,
Berggruppe (J8) 631
Latsch (E6) 404
Latschanderwaalweg 402, 407
Latschiniger Albl (E6) 408
Latzfons (J5) 164
Lauben 447
Bozen 192
Brixen 148
Meran 289
Neumarkt 255
Laurein (F7) 353
Laurin, sagenhafter König 628, 86
Lavarella, Berg (M6) 556
Lavazèjoch (I8) 635
Lawinenlagebericht 82
Lebenberg, Schloss 346
Lederer, Jörg 103, 291, 406, 422
Leitenwaal 444
Lengmoos (I6) 205, 206
Lengstein (I6) 206
Leonhard von Brixen 153, 164, 476, 516
Leonhardi-Ritt 558, 559
Leuchtenburg, Ruine (H8) 231
Lichtenberg (B6) 432
Lindenweg 473
Literatur 79
Loden 76
Lunz, Weiler 561
Lüsen (K5) 156
Lüsner Tal (K5) 156
Luttach (L3) 503
Lutz, Hans 189

Magdalener, Wein 196
Magnago, Silvius 97
Mahler, Gustav 524
Maiern (H3) 128
Mals (B5) 449
Marchegghof 393
Marebbe (Enneberg,
Mareo) (M5) 564
Mareit (H3) 127

Die spannendsten Seiten Südtirols – Commissario Grauner ermittelt

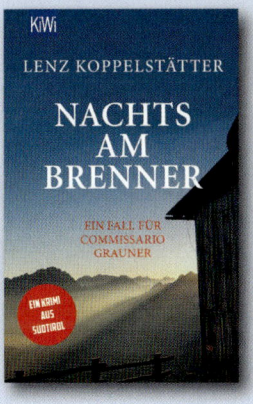

Auch als E-Book verfügbar   www.kiwi-verlag.de

Kiepenheuer & Witsch

Mareo (Enneberg, Marebbe) (M5) 564
Maretsch, Schloss (H7) 194
Margarethe Maultasch, Gräfin von Tirol 89, 308, 368
Margreid (G9) 250
Maria Himmelfahrt, Weiler 204
Maria Theresia, Kaiserin 92
Maria Trens (I3) 134
Maria Weißenstein (I8) 634
Marienberg, Kloster (B5) 457
Marillen 62
Marling (G5) 332
Marlinger Waalweg 332, 334
Marmorabbau 424, 475
Martell-Dorf (D6) 416
Martelltal (D6-C/D7) 414
Matsch (C5) 453
Matscher Tal (C5) 453
Maulbertsch, Franz Anton 293
Mauls (I4) 134
Maultasch, Ruine (Burg Neuhaus) (G7) 368
Maut 40, 45

Maximilian I., Kaiser 89
Meinhard II., Graf von Tirol 88, 445
Meister Leonhard 103
Melag (C4) 463
Mendelpass (G8) 230, 243
Meran (G5) 272
Meran 2000 (G5) 283, 296, 360
Meraner Höhenweg 310, 331
Meraner Land 298
Meransen (J4) 474
Merende 57
Messner Mountain Museum Firmian 224
Messner, Reinhold 225, 388, 440, 491, 570
Milland (J5) 150
Miribun, Weiler 561
Misurinasee (O6) 528
Mitterhofer, Peter 293, 378
Mitterlana 341
Mitterolang 492
Mitterplars 302
Mittertal (M4) 512
Mittleres Gadertal 558
Mobilcard 48

Moderne 103
Mölk, Adam 635, 134, 416, 421
Mölten (G6) 197, 363
Mont de Sëura, Berg/Skigebiet (K6) 593
Montan (H8) 258
Monte Pana, Berg/Skigebiet (K6) 593
Montiggler Seen (H7) 231
Mooseum (G4) 330
Morter (D6) 413
Motorrad 45
Motorroller 46
Mountainbiken 70
Mühlbach (Algund) 301
Mühlbach (Pustertal) (J4) 469, 472
Mühlbacher Klause, Ruine (J4) 472
Mühlwald (L3) 499
Mühlwalder Tal (K/L3) 498
Multscher, Hans 117, 124
Münstertal (A6) 464
Murmeltiere 28, 394
Museen 81
Museum-Mobilcard 48
Müstair (Schweiz) (B6) 466
Muthöfe 309

Nachkriegszeit 96
Nals (G6) 359
Napoleon Bonaparte 93
Naraun (G6) 359
Nationalpark Stilfserjoch (D7) 29, 416, 429
Natur 25
Naturns (F5) 380
Naturparks 29
- Fanes-Sennes-Prags (M6) 567
- Puez-Geisler (K6) 573
- Rieserferner-Ahrn 500
- Schlern-Rosengarten (I/J7) 623, 616
- Sextener Dolomiten (O5) 541
- Texelgruppe (F4) 302
- Trudner Horn (H9) 268

Naturschutz 29
Natz (J5) 153
Neuhaus, Burg (Ruine Maultasch) (G7) 368
Neumarkt (H8) 255
Neustift, Kloster (J5) 151
Neves-Stausee (K3) 499
Niederdorf (N5) 525
Niederlana 341
Niederolang 492
Niedervintl 476
Nigerpass (J7) 623
Nikolaus 37
Nikolaus von Kues, Kardinal 90, 146, 487
Nocken 59
Nörderberg 380
Notdienste 75
Notruf 82

Oberbozen (H7) 203
Oberdorf 317
Obereggen (I8) 631, 635
Oberer Vinschgau 427
Oberlana 341
Obermontani, Burg (D6) 414
Oberolang 492
Oberplars 302
Oberrasen (M4) 511
Obertal (N3) 512
Obervintl 476
Öffnungszeiten 82
Olang (M4) 492
Oltretorrente (J6) 589
Ortisei (St. Ulrich) (J6) 580
Ortler Skiarena 438
Ortler Skiarena 74

Oswald von Wolkenstein 147, 369, 608
Ottenbachtal (H5) 211
Ötzi 84, 390, 395

Pacher, Friedrich 189
Pacher, Michael 102, 196, 487, 497, 515, 533, 575
Palabirn (Birnenart) 61
Panascharte 589
Pannenhilfe 46, 82
Paragliding 70
Pariser Abkommen 96
Partschins (F5) 375
Partschinser Wasserfall (F5) 379
Passeiertal (G4) 320
Pawigl 349
Payer, Julius 439
Pederoa, Weiler (L5) 561
Pederü (M6) 568
Pedratsches/ Pedraces (L6) 558
Penser Joch (I4) 129
Pensionen 53
Pensionspflicht 51
Penz, Franz de Paula 103
Percha (M4) 486
Petersberg (H8) 632, 634
Pfalzen (L4) 477, 479
Pfelders (F4) 331
Pfitscher Joch (J2) 133
Pfitschtal (J3) 132
Pflanzen 25
Pflerscher Tribulaun, Berg (H2) 114
Pflerschtal (H3) 112, 114
Pfossental (E5) 393
Pfunderer Marmor 475
Pfunderer Tal (K3/4) 475
Pfunders (K3) 477
Pilze 60, 76
Pinzagen (J5) 153
Pinzon (H8) 262
Pisciadù-Wasserfälle 554
Piz Boè, Sella-Gipfel (K/L7) 555 f.
Piz La Ila, Berg (L6) 557
Planeiltal (C5) 453
Plars (F5) 302
Plätzwiese (N5) 527
Plaus (F5) 388
Plesdinaz, Weiler (K6) 592
Plose, Berg/Skigebiet (K5) 154
Polizei 82

Porto 78
Post 78
Postmoderne 103
Prad (C6) 429
Pragser Tal (M5) 526
Pragser Wildsee (M5) 526
Pralongià, Berg/Skigebiet 556
Präromanik 100
Prettau (M2) 506
Prissian (G6) 357
Prösels, Schloss (I7) 610
Proveis (F7) 353
Puezgruppe (K6) 555
Puflatsch, Berg (J6) 618
Pustertal (K4) 468
Pustertaler Schule 102
Pustertal-Radweg 488, 535

Quairwaal 443
Quarzporphyr 23, 24, 261

Radein (H8) 263
Radio 78
Radlsee (J5) 160
Radsport 70
Raier Moos (J5) 154
Ranui 575
Raschötz, Berggruppe (J6) 587
Rasen (M4) 511
Rastenbachklamm (G8) 243
Räter 85
Rätoromanisch 86, 371, 546
Ratschingstal (H4) 128
Rauchen 82
Rautal 567
Regglberg, Hügellandschaft (I8) 631, 635
Reifenegg, Ruine (H3) 127
Reifenstein, Burg (I3) 124
Rein in Taufers (M3) 500
Reinegg, Schloss (H6) 210
Reinswald (I5) 212
Reintal (M3) 500
Reischach (L4) 485
Reiseveranstalter 82
Reisezeit 82
Reiten 71
Reschen (B4) 462
Reschengebiet 458
Reschensee (B4) 461
Residences (Ferienwohnungen) 53
Restaurants 55
Rettungshubschrauber 82

Register 643

Ridnauntal (H3) 125
Rienz, Fluss (K4) 518
Riffian (G5) 311
Risorgimento 94
Ritten, Plateau (I6) 199
Rittner Horn, Berg (I6) 205
Rodeneck (K4) 473
Rodenegg, Burg (K4) 473
Rojental (B4) 458, 460
Roller, Alfred 551
Romanik 100
Römer 85
Rosengarten,
  Berggruppe (J7) 620, 629
Rosskopf (H3) 124
Rudolf IV. von Habsburg,
  Herzog 89
Runch, Weiler 561
Runkelstein,
  Schloss (H7) 195

Säben, Kloster (J6) 164
Sachsenklemme (I4) 135
SAD (Südtiroler
  Busgesellschaft) 47
Saisonzeiten/
  Betriebsferien 52
Sallegg, Schloss (G8) 241
Salten, Plateau 197
Salurn (G9) 253
Salurner Klause (G9) 253
San Martin de Tor
  (St. Martin in Thurn, San
  Martino in Badia) (L5) 562
Sand in Taufers (L3) 494
Sandersee 115
Sarntal (H6) 207
Sarnthein (H6) 210
Sass Rigais, Berg (K6) 570
Sauschloss (Burg
  Greifenstein) (H7) 369
Schabs (J4) 153
Schalders (J5) 150
Schartalm 447
Schäufelein, Hans
  Leonhard 343, 406, 610
Scheibenschlagen 37
Schenna (G5) 313
Schenna, Schloss 316
Schildhöfe 320, 324, 326
Schlacht an der
  Calwenbrücke 91, 445
Schlacht von Sempach 90
Schlanders (D6) 418
Schlangen 28
Schleis (B5) 454
Schlern, Berg (J7) 604, 616

Schlinig (B5) 457
Schliniger
  Tal (B5) 454, 457, 458
Schluderns (C5) 440
Schlutzer 60
Schmetterlinge 458
Schnalstal (D/E5) 390
Schnalswaal 389
Schnalswaalweg 403
Schnatterpeck,
  Hans 342, 388
Schneeberg (Passeier) (G3)
  116, 128, 329
Schnitzereien 76
Schöneben, Almgebiet 462
Schürzen 36
Schüttelbrot 60
Schutzhütten 83
Schwabenkinder 371
Schwemmalm 350
Schwimmen 69
Scooter 46
Sebatum (L4) 85, 479, 486
Seceda, Berg (K6) 588
Seis (J6) 605
Seiser Alm (J7) 589, 604, 615
Sella, Berggruppe (K/L7)
  544, 555
Sellajoch (K7) 600
SellaRonda 596
Selva Valgardena (Sëlva,
  Wolkenstein) (K6) 594
Sennesgruppe (M5) 567
Sesvennagruppe (A5) 458
Sexten (O5) 536
Sextener Rotwand,
  Berg (O5/6) 539
Sextener Sonnenuhr,
  Berggruppe 538
Sigmundskron,
  Schloss (H7) 224
Silbergruben 116, 329
Simon von Taisten 516, 524
Singer,
  Franz 103, 559, 566
Skifahren 72
Snowboarden 72
Sonnenberg (Naturns) 387
Sonnenburg,
  Kloster (L4) 486
Souvenirs 76
Soyalm 416
Spätgotik 101
Speck 58, 76
Speikboden,
  Berg/Skigebiet (L3) 503
Spiluck (J4) 150

Spitzen 76
Sport 69
Spronser
  Seenplatte (F5) 310
St. Andrä (J5) 155
St. Christina (K6) 590
St. Felix (G7) 353
St. Florian (G9) 257
St. Georgen (L4) 486
St. Gertraud (E7) 352
St. Jakob (bei St. Ulrich im
  Gröden) (K6) 586
St. Jakob am Joch (J5) 575
St. Jakob in Ahrn (M2) 506
St. Johann in Ahrn (L2) 504
St. Kassian (L6) 545, 557
St. Kathrein 361
St. Leonhard
  (Plose) (K5) 156
St. Leonhard
  in Abtei (L6) 558
St. Leonhard in Passeier
  (G4) 325
St. Lorenzen (L4) 486
St. Magdalena
  (bei Bozen) (H7) 195
St. Magdalena
  (Villnösser Tal) (K6) 575
St. Martin
  am Schneeberg 128, 330
St. Martin im Kofel (E6) 409
St. Martin
  in Passeier (G4) 324
St. Martin in Thurn
  (San Martin de Tor, San
  Martino in Badia) (L5) 562
St. Michael 229
St. Nikolaus (E7) 352
St. Oswald (I6) 613
St. Pankraz (F6) 349
St. Pauls (G7) 228
St. Peter (bei Lajen) (J6) 168
St. Peter
  (Villnösser Tal) (J6) 575
St. Sigmund (K4) 490
St. Ulrich (Ortisei) (J6) 580
St. Valentin
  in Pradell (J6) 575
St. Vigil
  in Enneberg (L5) 564
St. Walburg (F6) 350
St. Zyprian (J7) 622
Stadtverkehr 45
Stallersattel,
  Pass (N3) 509, 513
Starck, Philippe 552
Steinegg (I7) 623

Steinhaus (M2) 505
Stelzer, Alexandra 279
Stern/La Villa (L6) 545, 556
Sterzing (I3) 116
Stieber-Wasserfall (G4) 330
Stilfs (B6) 432
Stilfser Almen 433
Stilfser Joch (B7) 437
Stilfser Tal 428
Stockinger, Hans 102, 368
Stoffe 76
Straßenkarten 79
Straßenverkehr 46
Straßenzustandsbericht 47
Stufels (Ortsteil
  von Brixen) (J5) 149
Südtiroler
  Archäologiemuseum 193
Südtiroler
  Bergbaumuseum 505, 506
Südtiroler
  Obstbaumuseum im
  Ansitz Larchgut 343
Südtiroler
  Volkspartei (SVP) 97
Südtiroler Weinstraße 216
Sulden (C7) 437
Suldental (C7) 437
Suldner Höhenweg 439
Suppen 58
Süßspeisen 62

Tabland (E6) 388
Tagusens (J6) 614
Taisten (N4) 516
Talferschlucht (H6) 210
Tankstellen 46
Tanürz, Weiler (J6) 168
Tappeiner,
  Franz 276, 294, 295
Tarsch (E6) 407
Tartscher Bühel 453
Taser, Alm 317
Tassilo III., Herzog 86
Tauferer Tal (L3/4) 493
Taufers
  (Münstertal) (B5) 465
Taufers (Tauferer Tal),
  Burg 497
Taufers (Tauferer Tal),
  Ort 498
Tecneum 104
Teis (J5) 575
Teiser Kugeln 575
Telefonauskunft 78
Telefonzellen 78
Telfen (J6) 612

Terenten (K4) 477, 478
Terlan (G7) 366
Terroranschläge 97
Therme Meran 278
Thun, Matteo 551
Thurn, Schloss (L5) 563
Tiers (I7) 621
Tierser Alpl (J7) 618
Tierser Tal (I7) 621
Timmelsjoch (F3) 328
Tirol,
  Grafen von 88, 273, 307
Tirol, Schloss (G5) 307
Tiroler Landesfreiheiten 89
Tirtlen 60
Tisenjoch (E4) 396
Tisens
  (bei Kastelruth) (I/J6) 614
Tisens
  (bei Prissian) (G6) 357
Toblach (N5) 520
Toblacher See (N5) 528
Tolpëi, Weiler 561
Tomba, Alberto 556
Törggelen 64
Tourismus 294
Touristeninformation 77
Trafoi (B6) 433
Tramin (G8) 245
Traubenkur 278
Trauttmansdorff,
  Schloss (G5) 291
Trenker, Luis 587
Tretsee (G7) 355
Tris 60
Troger, Paul 103, 146, 515
Trostburg (I6) 174
Truden (H8) 268
Tschamintal (J7) 623
Tschars (E6) 403
Tscherms (G6) 345
Tschermser
  Waalweg 335, 345
Tschiffnon, Weiler (J5) 157
Tschirland 388
Tschöfas, Weiler (J6) 168
Tschöggelberg (H6) 360

Überetsch (G7) 214
Überetscher Stil 215, 226
Übernachten 50
Ultental (E7) 346
Umbrailpass
  (Schweiz) (B6) 467
Unsere Frau (Unser Frau)
  in Schnals (E5) 395

Unsere Liebe Frau im
  Walde (F7) 353
Unterberger,
  Christoph 535
Unterberger,
  Franz Xaver 171, 614
Unterberger, Michelangelo
  103, 242, 293
Unterer Vinschgau 400
Unterinn (I7) 205
Unterland (G8) 214
Untermoi/
  Antermoia (L5) 564
Untermontani,
  Ruine (D6) 414
Unterpustertal 468
Unterwegs in Südtirol 44
Urgestein 22
Urlaub auf
  dem Bauernhof 53

Vahrn (J5) 150, 153
Vahrner See 153
Vajolettürme,
  Berggruppe (J7) 629
Val di Morins
  (Mühlental) (L6) 563
Valser Tal (J3/4) 469
Vellau (F5) 303
Velthurns, Schloss (J5) 158
Veranstaltungskalender 37
Verdings (J5) 164
Verena von Stuben,
  Äbtissin 90
Verkehrsregeln 46
Vernagt-Stausee (D5) 396
Versicherung 40
Vetzan (D6) 422
Via Claudia
  Augusta 43, 85, 371
Viacard 41
Vigiljoch (F6) 344, 349
Vignetten 40
Viles 35, 561
Vill (H8) 257
Villanderer Alm 171
Villanders (I6) 161, 169
Villnöss (J6) 570
Villnösser Tal (J/K6) 570
Vinazer, Dominik 592
Vinschgau 370
Vinschgau, oberer 427
Vinschgau, unterer 400
Vinschger Radweg 374
Vinschgerbahn 372
Vinschgerl 60
Vintl (K4) 475

Register

Vintler (Familie) 195, 228
Völlan (G6) 343
Vollpension 56
Völs (I7) 608
Völser Weiher (I7) 611
Vöran (G6) 363, 365
Vorgeschichte 84
Vorwahl (in Italien) 78
Vorwahl (international) 78

Waale 32, 442
Wahlen (N5) 524
Waidbruck (I6) 172
Walther von der
  Vogelweide 168, 188
Wanderhotels 53
Wanderkarten 72
Wandern 71
Watles, Berg (B5) 458
Wein 64
Weinstraße 216
Weißenstein (I8) 634
Weißlahnbad (J7) 623
Wellness 76
Wellnesshotels 52
Welsberg (M4) 514
Welschnofen (I7) 624
Welsperg, Schloss (N4) 516
Wengen/La Val (L5) 560
Wetterinformation 82
Wiedertäufer 91
Wiener Kongress 94
Wildtiere 26
Windegg, Schloss 241
Winepass plus 66
Wintersport 72
Wipptal (I4) 108
WLAN 78
Wohnmobile, -wagen 46
Wolfsgrubener See 204
Wolfsthurn,
  Schloss (H3) 127
Wolkenstein
  (Sëlva, Selva
  Valgardena) (K6) 594
Wolkenstein, Ruine 599
Wollbachtal (M2) 506

Zaalwaal 422
Zeiller, Franz Anton 147,
  516, 523
Zeitungen 83
Zirben 26, 352
Zoggler Stausee (E7) 350
Zoll 83
Zoller, Josef Anton 476
Zufritt-Stausee (D7) 417
Zweiter Weltkrieg 96
Zwischenkriegszeit 94

Aktuelle Infos zu unseren Titeln, Hintergrundgeschichten zu unseren Reisezielen sowie brandneue Tipps erhalten Sie in unserem regelmäßig erscheinenden Newsletter, den Sie im Internet unter **www.michael-mueller-verlag.de** kostenlos abonnieren können.

ISBN 978-3-95654-389-0

© Copyright Michael Müller Verlag GmbH, Erlangen 2004–2018. Alle Rechte vorbehalten. Alle Angaben ohne Gewähr. Druck: Hofmann Infocom, Nürnberg.

Die in diesem Reisebuch enthaltenen Informationen wurden vom Autor nach bestem Wissen erstellt und von ihm und dem Verlag mit größtmöglicher Sorgfalt überprüft. Dennoch sind, wie wir im Sinne des Produkthaftungsrechts betonen müssen, inhaltliche Fehler nicht mit letzter Gewissheit auszuschließen. Daher erfolgen die Angaben ohne jegliche Verpflichtung oder Garantie des Autors bzw. des Verlags. Autor und Verlag übernehmen keinerlei Verantwortung bzw. Haftung für mögliche Unstimmigkeiten. Wir bitten um Verständnis und sind jederzeit für Anregungen und Verbesserungsvorschläge dankbar.

Was haben Sie entdeckt?

Haben Sie einen schönen Wanderweg, ein freundliches Gasthaus oder eine idyllische Herberge entdeckt? Wenn Sie Empfehlungen aussprechen möchten oder Ihnen Ungenauigkeiten aufgefallen sind, die sich trotz gründlicher Recherche immer wieder einschleichen können, lassen Sie es uns bitte wissen. Ihr Tipp kommt der nächsten Auflage zugute.

Schreiben Sie an: Florian Fritz, Stichwort „Südtirol"
c/o Michael Müller Verlag GmbH | Gerberei 19, D – 91054 Erlangen
florian.fritz@michael-mueller-verlag.de

Abruzzen • Ägypten • Algarve • Allgäu • Allgäuer Alpen • Altmühltal & Fränk. Seenland • Amsterdam • Andalusien • Andalusien • Apulien • Australien – der Osten • Azoren • Bali & Lombok • Barcelona • Bayerischer Wald • Bayerischer Wald • Berlin • Bodensee • Bretagne • Brüssel • Budapest • Chalkidiki • Chiemgauer Alpen • Chios • Cilento • Cornwall & Devon • Comer See • Costa Brava • Costa de la Luz • Côte d'Azur • Cuba • Dolomiten – Südtirol Ost • Dominikanische Republik • Dresden • Dublin • Düsseldorf • Ecuador • Eifel • Elba • Elsass • Elsass • England • Fehmarn • Franken • Fränkische Schweiz • Fränkische Schweiz • Friaul-Julisch Venetien • Gardasee • Gardasee • Genferseeregion • Golf von Neapel • Gomera • Gomera • Gran Canaria • Graubünden • Hamburg • Harz • Haute-Provence • Havanna • Ibiza • Irland • Island • Istanbul • Istrien • Italien • Italienische Adriaküste • Kalabrien & Basilikata • Kanada – Atlantische Provinzen Karpathos • Kärnten • Katalonien • Kefalonia & Ithaka • Köln • Kopenhagen • Korfu • Korsika • Korsika Fernwanderwege • Korsika • Kos • Krakau • Kreta • Kreta • Kroatische Inseln & Küstenstädte • Kykladen • Lago Maggiore • Lago Maggiore • La Palma • La Palma • Languedoc-Roussillon • Lanzarote • Lesbos • Ligurien – Italienische Riviera, Genua, Cinque Terre • Ligurien & Cinque Terre • Limousin & Auvergne • Limnos • Liparische Inseln • Lissabon & Umgebung • Lissabon • London • Lübeck • Madeira • Madeira • Madrid • Mainfranken • Mainz • Mallorca • Mallorca • Malta, Gozo, Comino • Marken • Mecklenburgische Seenplatte • Mecklenburg-Vorpommern • Menorca • Midi-Pyrénées • Mittel- und Süddalmatien • Montenegro • Moskau • München • Münchner Ausflugsberge • Naxos • Neuseeland • New York • Niederlande • Niltal • Norddalmatien • Norderney • Nord- u. Mittelengland • Nord- u. Mittelgriechenland • Nordkroatien – Zagreb & Kvarner Bucht • Nördliche Sporaden – Skiathos, Skopelos, Alonnisos, Skyros • Nordportugal • Nordspanien • Normandie • Norwegen • Nürnberg, Fürth, Erlangen • Oberbayerische Seen • Oberitalien • Oberitalienische Seen • Odenwald • Ostfriesland & Ostfriesische Inseln • Ostseeküste – Mecklenburg-Vorpommern • Ostseeküste – von Lübeck bis Kiel • Östliche Allgäuer Alpen • Paris • Peloponnes • Pfalz • Pfälzer Wald • Piemont & Aostatal • Piemont • Polnische Ostseeküste • Portugal • Prag • Provence & Côte d'Azur • Provence • Rhodos • Rom • Rügen, Stralsund, Hiddensee • Rumänien • Rund um Meran • Sächsische Schweiz • Salzburg & Salzkammergut • Samos • Santorini • Sardinien • Sardinien • Schottland • Schwarzwald Mitte/Nord • Schwarzwald Süd • Schwäbische Alb • Schwäbische Alb • Shanghai • Sinai & Rotes Meer • Sizilien • Sizilien • Slowakei • Slowenien • Spanien • Span. Jakobsweg • St. Petersburg • Steiermark • Südböhmen • Südengland • Südfrankreich • Südmarokko • Südnorwegen • Südschwarzwald • Südschweden • Südtirol • Südtoscana • Südwestfrankreich • Sylt • Teneriffa • Teneriffa • Tessin • Thassos & Samothraki • Toscana • Toscana • Tschechien • Türkei • Türkei – Lykische Küste • Türkei – Mittelmeerküste • Türkei – Südägäis • Türkische Riviera – Kappadokien • Umbrien • USA – Südwesten • Usedom • Varadero & Havanna • Venedig • Venetien • Wachau, Wald- u. Weinviertel • Westböhmen & Bäderdreieck • Wales • Warschau • Westliche Allgäuer Alpen und Kleinwalsertal • Wien • Zakynthos • Zentrale Allgäuer Alpen • Zypern

Reisehandbuch   MM-City   MM-Wandern

Der Umwelt zuliebe
Unsere Reiseführer werden klimaneutral gedruckt.

Eine Kooperation des Michael Müller Verlags mit myclimate

Sämtliche Treibhausgase, die bei der Produktion der Bücher entstehen, werden durch Ausgleichszahlungen kompensiert. Unsere Kompensationen fließen in das Projekt »Kommunales Wiederaufforsten in Nicaragua«:

- Wiederaufforstung in Nicaragua
- Speicherung von CO_2
- Wasserspeicherung
- Überschwemmungsminimierung
- klimafreundliche Kochherde
- Verbesserung der sozio-ökonomischen und ökologischen Bedingungen
- Klimaschutzprojekte mit höchsten Qualitätsstandards
- zertifiziert durch Plan Vivo

Einzelheiten zum Projekt unter myclimate.org/nicaragua.

Michael Müller Reiseführer
So viel Handgepäck muss sein.

Die Webseite zum Thema:
www.michael-mueller-verlag.de/klima